Jahrbuch 2002

Jahrbuch 2002

Leopoldina Reihe 3, Jahrgang 48

Herausgegeben von
Benno Parthier
Präsident der Akademie

Deutsche Akademie der Naturforscher Leopoldina, Halle (Saale) 2003
In Kommission bei Wissenschaftliche Verlagsgesellschaft mbH Stuttgart

Redaktion: Dr. rer. nat. Michael KAASCH und Dr. rer. nat. Joachim KAASCH

Die Schriftenreihe wird gefördert durch das Bundesministerium für Bildung und Forschung und das Kultusministerium des Landes Sachsen-Anhalt.

Bitte zu beachten:
Die Leopoldina Reihe 3 bildet bibliographisch die Fortsetzung von:
(R. 1) Leopoldina, Amtliches Organ ... Heft 1–58 (Jena etc. 1859–1922/23)
(R. 2) Leopoldina, Berichte ... Band 1–6 (Halle 1926–1930)

Zitiervorschlag: Jahrbuch 2002. Leopoldina (R. 3) *48* (2003)

Jede Verwertung des Werkes außerhalb der Grenzen des Urheberrechtes ist unzulässig und strafbar. Dies gilt insbesondere für Übersetzung, Nachdruck, Mikroverfilmung oder vergleichbare Verfahren sowie für die Speicherung in Datenverarbeitungsanlagen.

Die Wiedergabe von Gebrauchsnamen, Warenbezeichnungen und dgl. in diesem Jahrbuch berechtigt nicht zu der Annahme, daß solche Namen ohne weiteres von jedermann benutzt werden dürfen. Vielmehr handelt es sich häufig um gesetzlich geschützte eingetragene Warenzeichen, auch wenn sie nicht eigens oder als solche gekennzeichnet sind.

© 2003 Deutsche Akademie der Naturforscher Leopoldina e. V.
Emil-Abderhalden-Straße 37, 06108 Halle (Saale),
Postfach 11 05 43, 06019 Halle (Saale), Tel. (03 45) 4 72 39 34

Herausgeber: Prof. Dr. Dr. h. c. Benno PARTHIER, Präsident der Akademie
ISSN 0949-2364
ISBN 3-8047-2076-5
Printed in Germany
Satz und Druck: druck-zuck GmbH Halle (Saale)

Inhalt

1. Personelles

Präsidium 9
Wahlen von Senatoren und Obleuten 11
Neugewählte Mitglieder 17
W. Andres, E. Arzt, T. Bieber, T. Boehm, H.-R. Bork, A. M. Bradshaw, E.-B. Bröcker, R. J. Brook, L. Brunnberg, G. Burckhardt, R. F. E. Busse, M. Che, L. J. Daston, H. Dralle, G. Ertl, H. Eschrig, K. O. K. Fehlhaber, E. Fehr, K. Fiedler, A. Fürstner, J. Gayon, R. Genzel, C. F. Gethmann, M. Giaquinta, U. M. Gösele, G. Graßhoff, D. Häussinger, I. A. Hanski, F. U. Hartl, W. Hillen, W. Hohenberger, H. Hoppeler, J. Jost, J. R. Kalden, G. Keck, H. Kessler, J. M. R. Kirschner, J. Knop, P. Leiderer, H. Lichte, D. Lohse, L. Lovász, F. C. Luft, M. P. Manns, N. Moussiopoulos, S. Müller, U. Müller, H. Müller-Krumbhaar, C. Niehrs, V. Nutton, O. Oncken, H. Palme, F. U. Pappi, M. Pouchard, G. Pritschow, I. Procaccia, H.-J. Rheinberger, B. C. Rossier, M. Rothmund, P. J. Sansonetti, W. A. Scherbaum, P. M. Schlag, W. P. Schleich, D. O. W. Schlöndorff, W. Schneider, P. Schopfer, V. A. Shuvalov, W. K. Spohn, U. M. Staudinger, D. Stoyan, M. Thelen, H. R. Thierstein, D. Vestweber, M. Weber, E. W. Weiler, H. Wekerle, N. Wermuth, C. Weyrich, J.-D. Wörner

Verstorbene Mitglieder 97
W. Andres, E. J. Ariens, A. Bangerter, H. Bauer, K.-R. Biermann, E. Chargaff, I. Chlupáč, K. Dietzel, J. T. Edsall, G. Fritz, C. Frondel, B. Hess, A. Jahn, W. Känzig, C. Milstein, J. E. Mitscherlich, K. Mühlethaler, E. Niggli, K. Oberdisse, M. F. Perutz, M. Peter, G. Porter, A. M. Prochorov, R. Raynal, J. Rehn, L.-C. Schulz, R. Stämpfli, R. Thom, V. Weisskopf

Auszeichnungen
Verleihung der Ehrenmitgliedschaft an Gottfried Geiler 103

Glückwunschschreiben (zum 80. Geburtstag) 105
an A. Bohr, O. Braun-Falco, A. S. V. Burgen, G. Carstensen, J. Civatte, G. Delorme, G. Dhom, H. Frauenfelder, R. Haag, P. Hartman, B. Hassenstein, H. Heimann, E. J. M. Helmreich, B. Hess, L. F. Hollender, G. Holton, R. Hoppe, I. Jahn, H. G. Khorana, O. A. Ladyshenskaja, F. Lembeck, A. Mayr, C. Nezelof, P. Otte, C. R. Pfaltz, D. Plester, H. Rössler, E. Sander, M. Sangiorgi, A. Schlüter, R. Schmid, G. Sterba, W. Trautwein, H. T. Witt

Persönliches aus dem Kreise der Mitglieder
Jubiläen 2002 191
Personelle Veränderungen und Ehrungen 195

2. Mitteilungen des Präsidenten 205

3. Leopoldina-Förderprogramm

Ergebnisbericht 2002 zum Leopoldina-Förderprogramm
(Bericht: *Roland Riedel* und *Andreas Clausing*) 207
Grundsätze zum Leopoldina-Förderprogramm (Postdoc-Stipendien) 217
Leopoldina-Postdoc-Stipendium (Förderprogramm) 221

4. Wissenschaftliche Veranstaltungen

Festveranstaltungen zur Gründung der Akademie vor 350 Jahren
am 17. und 18. Januar 2002 in Schweinfurt und vom 18. bis
20. Juni 2002 in Halle (Saale)
(Bericht: *Michael Kaasch* und *Joachim Kaasch*) 223

Tagungen und Kolloquien

Symposium: Self-organization and Structure–Function Relation
of Biomolecules
(Bericht: *Rainer Jaenicke*) 251

Symposium: Nonlinear Dynamics and the Spatiotemporal Principles
of Biology
(Bericht: *Friedrich Beck*, *Marc-Thorsten Hütt* und Ulrich *Lüttge*) 265

Symposium: Parasitism, Commensalism, Symbiosis – Common
Themes, Different Outcome
(Bericht: *Jörg Hacker*) 271

Symposium: Pränatale, perinatale und neonatale Infektionen
(Bericht: *Theodor Hiepe*) 279

Symposium: Naturwissenschaften in der frühen Neuzeit
(Bericht: *Michael Kaasch*) 281

Podiumsdiskussion: Wissenschaft und Macht – Wissenschaft als Macht? (Bericht: *Michael Kaasch*) 287

Festveranstaltung anläßlich des 70. Geburtstages von Professor Dr. Dr. h. c. Benno Parthier (Bericht: *Michael Kaasch*) 289

Beteiligung an der Langen Nacht der Wissenschaften in Halle (Saale) (Bericht: *Michael Kaasch*) 293

Sitzungsberichte

Helmut Sies: Biochemie des Oxidativen Stress: Oxidantien und Antioxidantien 297

Gernot Neugebauer: Pulsare, Schwarze Löcher, Weiße Zwerge – Einsteins kosmische Labors [Kurzfassung] 307

Brigitte M. Jockusch und *Ulrike Fock*: Gewebebildung bei Mensch und Tier: das Knüpfen von Kontakten 309

Günther Wolfram: Fett – ein janusköpfiger Nährstoff für den Menschen 321

Wolfram Sterry, *Peter Walden* und *Uwe Trefzer*: Immuntherapie maligner Tumore der Haut: Eine Bestandsaufnahme 337

Dieter Stöffler: Der Mond und die Kollisionsgeschichte der terrestrischen Planeten 355

Hans-Joachim Queisser: Solarzellen mit hohem Wirkungsgrad 389

Hasso Scholz: Zur Pharmakologie sogenannter Lifestyle-Präparate. Antiadiposita, Finasterid und Sildenafil 401

Wilhelm Barthlott, *Zdenek Cerman* und *Kerstin Koch*: Mikro- und Nanostrukturen pflanzlicher Oberflächen: Vielfalt, Entstehung, Funktion und technische Umsetzung 415

Reinhard Graf: Fortschritte in Diagnose und Therapie der sogenannten angeborenen Hüftluxation (DDH) durch die Sonographie 423

Helmut Werner: Metallhaltige Kohlenstoffstangen – ein Kapitel aus der Grundlagenforschung 435

Hans-Detlev Saeger: Der unklare Pankreastumor: Diagnostisches und therapeutisches Dilemma [Kurzfassung] 449

Florian Holsboer: Antidepressiva-Entwicklung durch Hypothesen oder Pharmakogenomik? [Kurzfassung] 451

Ādolfs Krauklis: Landschaftsökologische Erkundungen im
Mittelsibirischen Bergland 453
Leo Montada: Gerechtigkeit: nur eine rationale Wahl? 475
Frank Rösler: Auf der Suche nach dem Engramm – Wie und
Wo speichert das Gehirn Informationen? 491
Volker Diehl: Morbus Hodgkin: Vom Molekül zur Heilung
[Kurzfassung] 519
Alfred Pühler: Mikrobiologie im Zeitalter von Bioinformatik und
Genomforschung 521
Fritz Krafft: Pharmazie im Dienste der Theologie: Aussage und
Geschichte des Sinnbildmotivs »Christus als Apotheker« 539

Wissenschaftshistorische Seminare 579

5. Reden, Berichte, Abhandlungen

Benno Parthier: Grußadresse zur 95. Jahresversammlung der Deutschen
Zoologischen Gesellschaft am 22. Mai 2002 in Halle 581
Benno Parthier: Grußadresse zur Festveranstaltung der Jungen Akademie
am 29. Juni 2002 in Berlin 585
Benno Parthier: Hommage der Leopoldina für Manfred Eigen 589
Benno Parthier: Address from the Leopoldina Academy –
Delivered at the International Congress on Traditional Asian
Medicine in Halle, August, 19, 2002 593
Benno Parthier: Leopoldina und GDNÄ 597

6. Veröffentlichungen der Akademie 603

7. Spender für das Archiv und die Bibliothek 2002 613

Personenregister 617

1. Personelles

Präsidium

Präsident:
Prof. Dr. Dr. h. c. Benno PARTHIER, Halle (Saale)

Vizepräsidenten:
Prof. Dr. Dr. h. c. mult. Paul B. BALTES, Berlin
Prof. Dr. Gunter S. FISCHER, Halle (Saale)
Prof. Dr. Volker TER MEULEN, Würzburg
Prof. Dr. Dr. h. c. Ernst-Ludwig WINNACKER, München

Sekretar für Mathematik und Naturwissenschaften:
Prof. Dr. Dr. Gunnar BERG, Halle (Saale)

Sekretar für Medizin:
Prof. Dr. Dietmar GLÄSSER, Halle (Saale)

Präsidiumsmitglieder:
Prof. Dr. Dr. h. c. Johannes ECKERT, Zürich (Schweiz)
Prof. Dr. Dr. h. c. Kurt KOCHSIEK, Würzburg
Prof. Dr. Dr. h. c. mult. Hans MOHR, Freiburg im Breisgau
Prof. Dr. Peter SCHUSTER, Wien (Österreich)
Prof. Dr. Herbert WALTHER, Garching

Altpräsidialmitglieder mit beratender Stimme:
Prof. Dr. Dr. h. c. Klaus BETKE, Lochham
Prof. Dr. Dr. h. c. mult. Otto BRAUN-FALCO, München
Prof. Dr. Gottfried GEILER, Leipzig
Prof. Dr. Dr. Dr. h. c. Werner KÖHLER, Jena
Prof. Dr. Dr. Dr. h. c. Joachim-Hermann SCHARF, Halle (Saale),
Director Ephemeridum
Prof. Dr. Alfred SCHELLENBERGER, Halle (Saale)

Wahlen von Senatoren und Obleuten

Vom Präsidium wurden die folgenden, von den zuständigen Mitgliedern gewählten Amtsinhaber nach deren schriftlichem Einverständnis bestätigt:

Sektion 1 – Mathematik

Hans FÖLLMER, Berlin, Obmann der Teilsektion Angewandte Mathematik und Senator bis Oktober 2006
Helmut KOCH, Berlin, Obmann der Teilsektion Reine Mathematik und stellvertretender Senator bis Oktober 2006

Sektion 2 – Informationswissenschaften

Gerhard KRÜGER, Karlsruhe, Obmann und Senator (kommissarisch)

Sektion 3 – Physik

Gisbert Frhr. ZU PUTLITZ, Heidelberg, Obmann der Teilsektion Experimentelle Physik bis Januar 2005
Gernot NEUGEBAUER, Jena, Obmann der Teilsektion Theoretische Physik bis Oktober 2006 und stellvertretender Senator bis Oktober 2006
Joachim TRÜMPER, Garching, Obmann der Teilsektion Astrophysik/Astronomie bis September 2005 und Senator bis Oktober 2006

Sektion 4 – Chemie

Herbert W. ROESKY, Göttingen, Obmann der Teilsektion Anorganische Chemie und Senator bis Oktober 2006
Wolfgang STEGLICH, München, Obmann der Teilsektion Organische Chemie und stellvertretender Senator bis Oktober 2006
Jürgen TROE, Göttingen, Obmann der Teilsektion Physikalische Chemie bis Oktober 2006

Sektion 5 – Geowissenschaften

Friedrich A. SEIFERT, Bayreuth, Obmann der Teilsektion Geologie/Mineralogie und Senator bis Oktober 2006
Jürgen HAGEDORN, Göttingen, Obmann der Teilsektion Geographie und stellvertretender Senator bis Oktober 2006

Heinrich SOFFEL, München, Obmann der Teilsektion Geophysik/Meteorologie bis November 2004

Sektion 6 – Agrar- und Ernährungswissenschaften

Gottfried BREM, Wien, Obmann und Senator bis Oktober 2006
Klaus EDER, Halle (S.), stellvertretender Senator bis Oktober 2006

Sektion 7 – Ökowissenschaften

Peter FRITZ, Leipzig, Obmann und Senator bis Oktober 2006
Ernst-Detlev SCHULZE, Jena, stellvertretender Senator bis Oktober 2006

Sektion 8 – Organismische Biologie

Rüdiger WEHNER, Zürich, Obmann der Teilsektion Zoologie und stellvertretender Senator bis Oktober 2006
Ulrich LÜTTGE, Darmstadt, Obmann der Teilsektion Botanik und Senator bis Oktober 2006

Sektion 9 – Genetik/Molekularbiologie und Zellbiologie

Heinz SAEDLER, Köln, Obmann der Teilsektion Genetik/Molekularbiologie und stellvertretender Senator bis Oktober 2006
Walter NEUPERT, München, Obmann der Teilsektion Zellbiologie und Senator bis Oktober 2006

Sektion 10 – Biochemie und Biophysik

Rudolf K. THAUER, Marburg, Obmann der Teilsektion Biochemie und Senator bis Oktober 2006
Georg E. SCHULZ, Freiburg (Br.), Obmann der Teilsektion Biophysik und stellvertretender Senator bis Oktober 2006

Sektion 11 – Anatomie und Anthropologie

Werner LINSS, Jena, Obmann und Senator bis Oktober 2006
Detlev DRENCKHAHN, Würzburg, stellvertretender Senator bis Oktober 2006

Sektion 12 – Pathologie und Rechtsmedizin

Ulrich PFEIFER, Bonn, Obmann der Teilsektion Pathologie und Senator bis Oktober 2006
Bernd BRINKMANN, Münster, Obmann der Teilsektion Rechtsmedizin und stellvertretender Senator bis Oktober 2006

Sektion 13 – Mikrobiologie und Immunologie

Werner GOEBEL, Würzburg, Obmann der Teilsektion Mikrobiologie und Senator bis Oktober 2006
Fritz MELCHERS, Basel, Obmann der Teilsektion Immunologie und stellvertretender Senator bis Oktober 2006

Sektion 14 – Humangenetik und Molekulare Medizin

Harald ZUR HAUSEN, Heidelberg, Obmann und Senator bis Oktober 2006

Sektion 15 – Physiologie und Pharmakologie/Toxikologie

Eberhard FRÖMTER, Frankfurt/M., Obmann der Teilsektion Physiologie und stellvertretender Senator bis November 2004
Harald REUTER, Bern, Obmann der Teilsektion Pharmakologie/Toxikologie und Senator bis Oktober 2006

Sektion 16 – Innere Medizin und Dermatologie

Peter C. SCRIBA, München, Obmann der Teilsektion Innere Medizin und Senator bis Oktober 2006
Enno CHRISTOPHERS, Kiel, Obmann der Teilsektion Dermatologie und stellvertretender Senator bis Oktober 2006

Sektion 17 – Chirurgie, Orthopädie, Anästhesiologie

Christian HERFARTH, Heidelberg, Obmann der Teilsektion Chirurgie und Senator bis Oktober 2006
Hans Wolfram NEUMANN, Magdeburg, Obmann der Teilsektion Orthopädie und stellvertretender Senator bis Oktober 2006
Klaus PETER, München, Obmann der Teilsektion Anästhesiologie bis Oktober 2006

Sektion 18 – Gynäkologie und Pädiatrie

Hermann HEPP, München, Obmann der Teilsektion Gynäkologie und stellvertretender Senator bis Oktober 2006
Lothar PELZ, Rostock, Obmann der Teilsektion Pädiatrie und Senator bis Oktober 2006

Sektion 19 – Neurowissenschaften

Johannes DICHGANS, Tübingen, Obmann der Teilsektion Neurologie und Senator bis Oktober 2006

Wolfgang MAIER, Bonn, Obmann der Teilsektion Psychiatrie bis Oktober 2006 und stellvertretender Senator bis Oktober 2006

Sektion 20 – Ophthalmologie, Oto-Rhino-Laryngologie, Stomatologie

Gernot DUNCKER, Halle (S.), Obmann der Teilsektion Ophthalmologie und stellvertretender Senator bis Oktober 2006
Jan HELMS, Würzburg, Obmann der Teilsektion Oto-Rhino-Laryngologie bis Oktober 2006
Johannes SCHUBERT, Halle (S.), Obmann der Teilsektion Stomatologie und Senator bis Oktober 2006

Sektion 21 – Radiologie

Thomas HERRMANN, Dresden, Obmann und Senator bis Oktober 2006
Friedrich KAMPRAD, Leipzig, stellvertretender Senator bis Oktober 2006

Sektion 22 – Veterinärmedizin

Holger MARTENS, Berlin, Obmann und Senator bis Oktober 2006
Hartwig BOSTEDT, Gießen, stellvertretender Senator bis Oktober 2006

Sektion 23 – Wissenschafts- und Medizingeschichte

Menso FOLKERTS, München, Obmann und Senator bis Oktober 2006
Werner F. KÜMMEL, Mainz, stellvertretender Senator bis Oktober 2006

Sektion 24 – Wissenschaftstheorie

Jürgen MITTELSTRASS, Konstanz, Obmann und Senator bis Oktober 2006
Martin CARRIER, Bielefeld, stellvertretender Senator bis Oktober 2006

Sektion 25 – Ökonomik und Empirische Sozialwissenschaften

Wolfgang FRANZ, Mannheim, Obmann und Senator bis Oktober 2006
Karl Ulrich MAYER, Berlin, stellvertretender Senator bis Oktober 2006

Sektion 26 – Empirische Psychologie und Kognitionswissenschaften

Frank RÖSLER, Marburg, Obmann und Senator bis Oktober 2006
Angela D. FRIEDERICI, Leipzig, stellvertretende Senatorin bis Oktober 2006

Sektion 27 – Technikwissenschaften

Sigmar WITTIG, Köln, Obmann und Senator bis Oktober 2006
Claus WEYRICH, München, stellvertretender Senator bis Oktober 2006

Senatoren für die Adjunktenkreise Deutschland, Österreich, Schweiz

Deutschland

Rudolf K. THAUER, Marburg, Senator (nat.) bis auf weiteres
Manfred SCHULZ, Merseburg, stellvertretender Senator (nat.) bis auf weiteres
Hans Konrad MÜLLER-HERMELINK, Würzburg, Senator (med.) bis auf weiteres
Heinz BIELKA, Berlin, stellvertretender Senator (med.) bis auf weiteres

Österreich

Helmut DENK, Graz, Senator bis Oktober 2006
Horst ASPÖCK, Wien, stellvertretender Senator bis Oktober 2006

Schweiz

Philipp U. HEITZ, Zürich, Senator bis Oktober 2006
Walter J. GEHRING, Basel, stellvertretender Senator bis 2006

Neugewählte Mitglieder

Das Präsidium wählte von Januar bis Dezember 2002 folgende Mitglieder:

Andres, Wolfgang (*25. 4. 1939 Berlin – †1. 5. 2002 Düsseldorf), Dr. phil. nat. (1966 U Frankfurt/Main), zuletzt C4-Prof. f. Physische Geographie U Frankfurt/Main (seit 1991) [Stud. Geographie, Geologie, Meteorologie u. Physik 1958–1961 U Gießen u. 1961–1966 U Frankfurt (Main); 1966–1976 wiss. Ass., Akad. Rat, Akad. Oberrat u. Akad. Dir. Geograph. Inst. Fachbereich Geowiss. U Mainz; 1974 Habil. u. Venia legendi f. Geographie U Mainz; 1976–1991 C3-Prof. f. Physische Geographie U Marburg]. *Ämter*: 1992–1998 Mitgl. Präsidium Alfred-Wegener-Stift.; 1994–2000 Koordinator Schwerpunktprogr. »Wandel der Geo-Biosphäre während der letzten 15 000 Jahre – Kontinentale Sedimente als Ausdruck sich verändernder Umweltbedingungen«; 1994–2002 Mitgl. DFG-Senatskommission f. geowiss. Gemeinschaftsforschung; 1996–2002 DFG-Fachgutachter f. Fachgebiet Physische Geographie u. stellv. Vorsitz. Fachgutachterausschuß Geographie; 1996–2002 Mitgl. Nationalkomitee f. Global-Change-Forschung (DFG u. Bundesministerium f. Bildung u. Forschung); bis 2002 Vorsitz. Gutachterausschuß Forschungsprogr. DEKLIM (Klimavariabilität und Signalanalyse) bzw. DEKLIM C (Klimawirkungsforschung) Bundesministerium f. Bildung u. Forschung; bis 2002 Mitgl. Wiss. Beirat Natl. Komitee f. Katastrophenvorsorge; 1997–2002 Mitgl. Wiss. Beirat Verband d. Geographen an Dt. Hochschulen. *Redaktionelle Tätigkeiten*: Mithrsg. *Zeitschrift für Geomorphologie*.

Hauptarbeitsgebiete: Geomorphologie und Geomorphogenese des Rheinischen Schiefergebirges und seiner Randgebiete; Geomorphodynamik, Relief- und Klimaentwicklung arider und semiarider Gebiete (Marokko, Ägypten, Sahel Burkina Fasos); Paläogeographie und Geoarchäologie (Ägypten); Jungquartäre Klima- und Reliefentwicklung (speziell Mitteleuropa, Westafrika, Spanien).

Aufgenommen am 26. 3. 2002 (Matrikel-Nr. 6776), Sektion Geowissenschaften (Geographie).

Arzt, Eduard (*1. 5. 1956 Linz), Dr. phil. (1980 U Wien), C4-Prof. Inst. f. Metallkunde (Metallphysik) U Stuttgart (seit 1990) u. Wiss. Mitgl. Max-Planck-

Gesellsch. u. Dir. am Max-Planck-Inst. f. Metallforschung Stuttgart (seit 1990) [1974–1980 Stud. Physik u. Mathematik (Doktoratsstud. Metallphysik) U Wien; 1977–1980 Anfertigung d. Doktorarbeit Inst. f. Metallkunde u. Werkstoffprüfung Montan-U Leoben; 1977–1980 Forschungsass. Inst. f. Metallkunde u. Werkstoffprüfung Montan-U Leoben; 1981–1982 Forschungs- u. Lehrass. Dept. of Engineering U Cambridge (England); 1982–1989 wiss. Mitarb. Max-Planck-Inst. f. Metallforschung Stuttgart; 1989–1990 Visit. Prof. Dept. of Materials Science and Engineering U Stanford (USA); 1996–1997 Visit. Prof. Dept. of Materials Science Massachusetts Inst. of Technology Cambridge (USA); 1999 Forschungssemester Massachusetts Inst. of Technology u. U Stanford (USA)]. *Mitglied*: Österr. Akad. d. Wiss. (korresp., seit 1997). *Ämter*: 1992–1994 Mitgl. Gutachterausschuß »Materialforschung« Bundesministerium f. Forschung u. Technologie; 1992–1996 DFG-Fachgutachter; 1993–1996 Sprecher Arbeitsgemeinsch. »Materialwissenschaft und Werkstofftechnologie« U Stuttgart; seit 2000 Geschäftsf. Dir. Max-Planck-Inst. f. Metallforschung; Gründungs- u. Vorstandsmitgl. SFB 381 »Charakterisierung des Schädigungsverlaufs in Faserverbundwerkstoffen mittels zerstörungsfreier Prüfung« U Stuttgart; Mitgl. Wiss. Beirat Inst. f. Festkörper- u. Werkstofforschung Dresden; Mitgl. Kuratorium Erich-Schmid-Inst. f. Materialwiss. Österr. Akad. d. Wiss.; Mitgl. Visit. Committee Dept. des Materiaux ETH Lausanne; Mitgl. Preiskuratorium Alfried-Krupp-von-Bohlen-und-Halbach-Stift.; Mitgl. Scientif. Adv. Board Netherlands Inst. f. Metals Res.; Councillor Materials Res. Soc. (Warrendale, USA); Mitgl. Framework Progr. Expert Adv. Gr. »Innovative Products, Processes and Organisation« Europ. Commission. *Auszeichungen*: Masing-Gedächtnispreis (Dt. Gesellsch. f. Metallkunde, 1985), Heinz-Maier-Leibnitz-Preis (Bundesministerium f. Bildung u. Wissenschaft, 1988), Acta Metallurgica Outstanding Paper Award (1990), Max-Planck-Forschungspreis (1991, zusammen mit Nix, Stanford), Gottfried-Wilhelm-Leibniz-Förderpreis (DFG, 1996), R. S. Williams Lecturer (Massachusetts Inst. of Technology, USA). *Redaktionelle Tätigkeiten*: Edit. Board/Adv. Board *MRS Bulletin* (Materials Res. Soc., USA), *Materials Science and Technology*, *Progress in Materials Science*, *Advanced Engineering Materials*, *Zeitschrift für Metallkunde*.

Hauptarbeitsgebiete: Strukturwerkstoffe (Metallmatrix-Verbundwerkstoffe, Schäume und Leichtlegierungen); Mikro- und Nanomechanik an Dünnschichten und miniaturisierten Materialsystemen; Mechanismen der Elektromigration in Mikrodrähten; Zuverlässigkeit nanoskaliger Verdrahtungen; Mikromechanik biologischer Strukturen.

Aufgenommen am 26. 3. 2002 (Matrikel-Nr. 6777), Sektion Physik (Experimentelle Physik).

Anschrift: Max-Planck-Institut für Metallforschung und Institut für Metallkunde, Universität Stuttgart, Heisenbergstraße 3, 70569 Stuttgart, Tel. ++49

(0) 7 11 / 6 89 34 10, Fax ++49 (0) 7 11 / 6 89 34 12, E-Mail: arzt@mf.mpg.de; [privat] Baumwiesenweg 18, 70569 Stuttgart, Tel. ++49 (0) 7 11 / 6 87 43 62, Bundesrepublik Deutschland.

Bieber, Thomas (*19. 10. 1957 Saargemünd/Frankreich), Dr. med. (1984 U Strasbourg), Dr. és sciences (= Dr. rer. nat.) (1994 U Strasbourg), C4-Prof. f. Dermatologie u. Dir. Klinik u. Poliklinik f. Dermatologie U Bonn (seit 1997) [1976–1982 Stud. Humanmedizin, 1982 Ärztl. Prüf. U Strasbourg; 1982–1985 Ass.-Arzt Dermatol. Klinik U Strasbourg; 1985–1986 Ass.-Arzt Dermatol. Klinik LMU München; 1988 Arzt f. Dermatologie u. Venerologie; 1989–1991 Oberarzt Dermatol. Klinik u. Poliklinik LMU München; 1989 Habil. f. Dermatologie u. Venerologie u. 1990 Lehrbefugnis u. Priv.-Doz. LMU München; 1991 Zusatzbezeichnung Allergologie; 1991–1993 Heisenberg-Stip.; 1991–1992 Gastprof. f. Dermatologie u. Venerologie Med. Fak. U Wien; 1994–1997 Oberarzt Dermatol. Klinik u. Poliklinik LMU München; 1994 C3-Prof. f. Dermatologie u. Venerologie Med. Fak. LMU München; 2002–2003 Gastprof. f. Allergologie u. Immunologie U Pierrre et Marie Curie Paris]. *Mitglied*: Ungar. Dermatol. Gesellsch. (Ehrenmitgl., seit 2000); Mitgl. Dt. Dermatol. Gesellsch. (seit 1988), Arbeitsgemeinsch. Dermatol. Forschung (seit 1985), Dt.-Franz. Gesellsch. f. Dermatologie (seit 1986), Europ. Soc. f. Dermatol. Res. (seit 1986), Dt. Gesellsch. f. Allergologie- u. Immunitätsforschung (seit 1990), Fondation René Touraine f. Dermatol. Forschung (seit 1992), Collegium Internationale Allergologicum (seit 1992), Europ. Acad. of Allergology and Clin. Immunology, Amer. Acad. of Dermatology (seit 1993), Pharmacia Allergy Res. Fondation (seit 1994), Nordrhein-Westfäl. Akad. f. Wiss. u. Fortbildung in d. Dermatologie (seit 1999), Dt. Akad. f. Allergologie u. Umweltmedizin (seit 2000), Amer. Acad. of Immunology (seit 2002), Amer. Acad. of Allergy, Asthma and Immunology (seit 2002). *Ämter*: seit 1997 Vorsitz. Erich-Hoffmann-Gesellsch. f. Förderung d. int. wiss. Zusammenarbeit in d. Dermatologie; 1998–2000 Mitgl. Wiss. Beirat Pharmacia Allergy Res. Fondation; 1998 Mitgl., 2000 Vorsitz. Tumorzentrum Bonn; 2002 Prodekan f. Finanzen u. Strukturfragen Med. Fak. U Bonn; Gutachter f. DFG, Stifterverband f. d. Dt. Wiss., Minerva-Komitee d. Max-Planck-Gesellsch., Bayer. Forschungsstift., Europ. Kommission, Wellcome Trust, Österr. Fonds zur Förderung d. Wiss. Forschung, Inst. Natl. de la Santé et de la Recherche Médicale, Schweizer. Nationalfonds zur Förderung d. wiss. Forschung, Natl. Inst. of Health. *Redaktionelle Tätigkeiten*: Mithrsg. *Hautarzt* (1997–2000); Assoc. Edit. *Allergy, Aktuelle Dermatologie, Atopic Insights, European Journal of Dermatology*; Edit. Board *Journal of European Academy of Dermatology and Venerology*. *Auszeichungen*: International Award of the Amer. Acad. of Allergology and Clin. Immunology (1989), Karl-Hansen-Gedächtnispreis (Dt. Gesellsch. f. Allergologie u. Immunitätsforschung,

1990), Grünenthal-Forschungspreis (1991), Award of the Europ. Acad. of Allergology and Clin. Immunology (1992), 1. Preis d. Roche-Posay Int. Foundation f. Dermatol. Res. (1993), International Award of the Pharmacia Allergy Res. Foundation (1994), Forschungsförderpreis d. Dt. Haut- und Allergiehilfe (1996), Gold Medal of the Fondation f. Allergy Res. in Europe (2001).

Hauptarbeitsgebiete: Untersuchungen zur Ontogenese, Funktion und pathophysiologischen Rolle von dendritischen Zellen bei Hauterkrankungen und allergischen Erkrankungen; immunoallergologische und molekularbiologische Aspekte der Pathophysiologie der Neurodermitis; Diagnostik und Therapie der Neurodermitis; Tumorimmunologie und Immuntherapie mit dendritischen Zellen bei malignem Melanom.

Aufgenommen am 11. 9. 2002 (Matrikel-Nr. 6813), Sektion Innere Medizin und Dermatologie (Dermatologie).

Anschrift: Universitätsklinikum Bonn, Klinik und Poliklinik für Dermatologie, Sigmund-Freud-Straße 25, 53105 Bonn, Tel. ++49 (0) 2 28 / 2 87 43 88, Fax ++49 (0) 2 28 / 2 87 48 81, E-Mail: thomas.bieber@ukb.uni-bonn.de; [privat] Höhenweg 101, 53127 Bonn, Tel. ++49 (0) 2 28 / 9 28 86 44, Fax ++49 (0) 2 28 / 9 28 85 22, Bundesrepublik Deutschland.

Boehm, Thomas (*21. 7. 1956 Gelnhausen), Dr. med. (1982 U Frankfurt/Main), Wiss. Mitgl. d. Max-Planck-Gesellsch. u. Dir. Arbeitsber. Entwicklung d. Immunsystems Max-Planck-Inst. f. Immunbiologie Freiburg (Br.) (seit 1997) u. Hon.-Prof. Med. Fak. U Freiburg (Br.) (seit 1998) [1975–1982 Stud. Humanmedizin U Frankfurt (Main); 1979 Studienaufenth. Columbia U New York (USA) u. Royal Marsden Hospital London (Großbritannien); 1982 Ärztl. Prüf., Approbation; 1982–1984 wiss. Angest. Zentrum d. Biol. Chemie U Frankfurt (Main); 1984–1986 wiss. Angest. Zentrum d. Kinderheilkunde U Frankfurt (Main); 1986 wiss. Angest. Zentrum d. Biol. Chemie U Frankfurt (Main); 1987–1988 Visit. Scientist MRC Lab. of Mol. Biology Cambridge (Großbritannien); 1988 Habil. f. Biol. Chemie Fachbereich Humanmedizin U Frankfurt (Main); 1989–1991 Member Scient. Staff MRC Lab. of Mol. Biology Cambridge (Großbritannien); 1991–1994 C3-Prof. f. Med. Molekularbiologie U Freiburg (Br.); 1994–1997 C4-Prof. f. Exp. Therapie Dt. Krebsforschungszentrum Heidelberg]. *Mitglied*: Europ. Mol. Biology Organ. (EMBO, seit 2002). *Ämter*: 1995–1997 stellv. wiss. Stiftungsvorstand Dt. Krebsforschungszentrum Heidelberg. *Auszeichnungen*: Nachwuchspreis d. Gesellsch. d. Freunde Paul Ehrlichs e. V. (1983), Preis d. Dr.-Paul-u.-Cilli-Weill-Stift. f. wiss. Nachwuchs (1986), Fritz-Acker-Preis f. onkol. Forschung (1987), Forschungspreis d. Kind-Philipp-Stift. f. Leukämieforschung (1988), Wilhelm-Warner-Preis f. Krebsforschung (1992), Preis d. Else-u.-Rudolf-Kern-Stift. (1992), Gottfried-Wilhelm-Leibniz-Preis (DFG, 1997).

Hauptarbeitsgebiete: Thymusdifferenzierung (Identifizierung von Genen mit Einfluß auf die Thymusentwicklung; Charakterisierung neuer Mitglieder der Winged-Helix-Protein-Familie; Schritte der Differenzierung des Thymusepithels; Isolation von Genen, die die Funktion von Thymusepithelzellen im Verlauf der Thymusentstehung kontrollieren); lymphoide Organogenese; Identifikation des ersten T-zellspezifischen Onkogens; Prinzipien in der Genese menschlicher Tumoren; Arbeiten zur Entstehung und Evolution des adaptiven Immunsystems.

Aufgenommen am 18. 11. 2002 (Matrikel-Nr. 6831), Sektion Humangenetik und Molekulare Medizin.

Anschrift: Max-Planck-Institut für Immunbiologie, Stübeweg 51, 79108 Freiburg, Tel. ++49 (0) 7 61 / 5 10 83 28, Fax ++49 (0) 7 61 / 5 10 83 23, E-Mail: boehm@immunbio.mpg.de; [privat] Freiburger Straße 30, 79279 Vörstetten, Bundesrepublik Deutschland.

Bork, Hans-Rudolf (*5. 8. 1955 Gießen), Dr. rer. nat. (1982 TU Braunschweig), C4-Prof. f. Ökosystemforschung u. Dir. Ökologie-Zentrum U Kiel (seit 2000) [1974–1976 Stud. Geographie, Bodenkunde u. Geologie U Gießen; 1976–1978 Stud. Geographie, Bodenkunde, Landwirtschaftl. Wasserbau u. Geologie TU Braunschweig; 1978 Diplom-Geograph TU Braunschweig; 1978–1982 Doktorand TU Braunschweig; 1978–1980 wiss. Hilfskraft im Forschungsvorhaben »Auswirkungen von Waldbrand und Sturmwurf in Ostniedersachsen auf Bodeneigenschaften und -funktionen« TU Braunschweig; 1979 Forschungsaufenth. in Südbrasilien; 1980–1985 wiss. Angest., dann Koordinator DFG-Forschergr. »Wasser- und Stoffhaushalt landwirtschaftlich genutzter Einzugsgebiete« TU Braunschweig; 1986–1987 wiss. Angest. DFG-SFB 179 »Wasser- und Stoffdynamik in Agrar-Ökosystemen« TU Braunschweig; 1987–1988 Hochschulass. (C1) Inst. f. Geographie TU Braunschweig; 1988 Habil., Venia legendi f. Physische Geographie u. Geoökologie u. Priv.-Doz. TU Braunschweig; 1988–1989 C2-Prof. auf Zeit f. Geoökologie Inst. f. Geographie TU Braunschweig; 1989–1992 C3-Prof. f. Regionale Bodenkunde Inst. f. Ökologie TU Berlin; 1992–1999 Wiss. Dir. Zentrum f. Agrarlandschafts- u. Landnutzungsforschung (ZALF) e. V. Müncheberg; 1994 Hon.-Prof. Landwirtsch.-Gärtner. Fak. HU Berlin; 1996–2000 C4-Prof. f. Landschaftsökologie u. Bodenkunde Inst. f. Geoökologie U Potsdam; Forschungsreisen nach Chile, Costa Rica, Israel, Ägypten, Kanada, USA, China, Belgien, Polen]. *Mitglied*: Dt. Bodenkundl. Gesellsch., Int. Bodenkundl. Union, Europ. Soc. f. Soil Conservation, Int. Assoc. of Landscape Ecology, Gesellsch. f. Ökologie, Dt. Quartärvereinigung, Dt. Landeskulturgesellschaft., Verband d. Geographen an Dt. Hochschulen, Hess. Archäol. Gesellsch., Fördergesellsch. Albrecht Daniel Thaer zu Möglin, Förderverein Archäol.-Ökol. Zentrum Albersdorf, Förderverein f. ärchäol. Forschungen am Römerlager in Lahnau-Waldgirmes, Verband f. Geoökologie in Deutschland. *Ämter*: 1983–1986 Wiss. Koordinator DFG-Forschergr. »Wasser- u. Stoffhaushalt landwirtschaftlich genutzter Einzugsgebiete«; 1986–1988 Geschäftsf. u. Koordinator, 1989 stellv. Sprecher DFG-SFB »Wasser- u. Stoffdynamik in Agrarökosystemen«; 1989–2000 Mitgl. Council, seit 1998 Ltr. Task Force »Longterm Effects of Land Use on Soil Erosion in a Historical Perspective« Europ. Soc. f. Soil Conservation; 1991–1992 Dekan Fachbereich Landschaftsentwicklung TU Berlin; 1991–1997 Mitgl. Dt. Nationalkomitee UNESCO-Progr. »Der Mensch u. die Biosphäre«; 1992–1993 Sachverst. Arbeitsgr. »Umweltforschung« Wissenschaftsrat; 1992–1997 Mitgl. Vorstand, 1995 Mitgl. Präsidium Wissenschaftsgemeinsch. »Blaue Liste«; seit 1993 Vorsitz. Fördergesellsch. Albrecht Daniel Thaer zu Möglin; seit 1993 Gutachter f. DFG u. Bundesministerium f. Bildung u. Forschung; 1993–1995 Ltr. ZALF-Verbundprojekt »Agrarlandschaftswandel in NO-Deutschland«; seit 1994 Mitgl., 2000 Vorsitz. Beirat Oberste Naturschutzbehörde Land Brandenburg; seit 1995 Begutachtung wiss. Institutionen; 1996–1999 Vorsitz. Vorstand u. Kollegium ZALF Müncheberg; 1996–2000 stellv. Dir. Zentrum f. Umweltwiss. U Potsdam; 1998–2000 Geschäftsf. Ltr. Inst. f. Geoökologie U Potsdam; 1998–2002 Sprecher Forschungsverbundvorhaben »GRANO – Ansätze für eine dauerhaft umweltgerechte landwirtschaftliche Produktion in Nordostdeutschland«; seit 2002 Geschäftsf. Dir. Ökologie-Zentrum U Kiel. *Redaktionelle Tätigkeiten*: Hrsg. *Petermanns Geographische Mitteilungen. Zeitschrift für Geo- und Umweltwissenschaften* (seit 1999); Review Edit. *Soil Technology* (1988–1994), *CATENA* (1989–1994), *Modelling of Geo-Biosphere Processes* (1992–1994), *Agrophysics* (1993–1999), *Archives of Nature Conservation and Landscape Research/Archiv für Naturschutz und Landschaftsforschung* (seit 1995), *Journal of Mountain Research* (seit 2000), *Eiszeitalter und Gegenwart* (seit 2002).

Hauptarbeitsgebiete: Geomorphologie; Bodengeographie; Bodenkunde; Bodenerosionsforschung; Landschafts-, (Geo-)ökologie- und Umweltforschung; Geosystemanalyse; Ökosystemforschung; Agrarlandschaftsentwicklung.

Aufgenommen am 18. 11. 2002 (Matrikel-Nr. 6832), Sektion Geowissenschaften (Geographie).

Anschrift: Christian-Albrechts-Universität zu Kiel, Ökologie-Zentrum, Olshausenstraße 40, 24098 Kiel, Tel. ++49 (0) 4 31 / 8 80 39 53, Fax ++49 (0) 4 31 / 8 80 40 83, E-Mail: hrbork@ecology.uni-kiel.de; [privat] Am Wohld 20c, 24109 Kiel, Tel. ++49 (0) 4 31 / 5 37 78 30, Fax ++49 (0) 4 31 / 5 37 78 31, E-Mail: mail@hans-rudolf-bork.de, Bundesrepublik Deutschland.

Bradshaw, Alexander Marian (*12. 7. 1944 Bushey/Großbritannien), Ph. D. (1968 Queen Mary Coll. U London), Wiss. Mitgl. Max-Planck-Gesellsch. u. Wiss. Dir. Max-Planck-Inst. f. Plasmaphysik Garching (seit 1999) [Stud. Chemie, 1965 B. Sc. f. Chemie Queen Mary Coll. U London; 1968–1970 Postdoc-Fellow-Stip. d. Royal Soc. am Inst. f. Physikal. Chemie TU München; 1970–1973 wiss. Mitarb., 1973 Verwalter einer Ass.-Stelle, dann Ass. Inst. f. Physikal. Chemie TU München; 1974 Habil. TU München; 1976–1980 wiss. Mitarb. im akad. Mittelbau Fritz-Haber-Inst. Berlin d. Max-Planck-Gesellsch.; 1980–1999 Wiss. Mitgl. d. Max-Planck-Gesellsch. u. Dir. am Fritz-Haber-Inst. d. Max-Planck-Gesellsch. (1999 beurlaubt); 1981 apl. Prof. Fachbereich Chemie FU Berlin; 1981–1985 u. 1988–1989 Wiss. Geschäftsf. Synchrotronstrahlungsquelle BESSY Berlin; 1997 Hon.-Prof. f. Experimentalphysik TU Berlin; 2000 Hon.-Prof. f. Experimentalphysik TU München]. *Mitglied*: Berlin-Brandenburg. Akad. d. Wiss. (seit 1999), Academia Europaea (seit 2000); Dt. Physikal. Gesellsch., Physikal. Gesellsch. zu Berlin, Amer. Vacuum Soc. *Ämter*: 1990–1991 Mitgl. Wissenschaftsratskommission zur Evaluierung d. Physik-Inst. d. Akad. d. Wiss. d. DDR; 1990–1992 Vorsitz. Physikal. Gesellsch. zu Berlin; Mitgl. Int. Komitee zur Begutachtung d. Physik in Schweden, 1994–1998 stellv. Vorsitz. bzw. Vorsitz. Large-Scale Facilities Committee d. EU; 1996–1998 Mitgl. Vorstand, 1998–2000 Präs. Dt. Physikal. Gesellsch.; 2000 Chairman Evaluation Panel f. Physics in the UK; seit 2000 Vorsitz. Fusion Technology Committee d. EU; seit 2000 Mitgl. Wiss.-Techn. Ausschuß Forschungszentrum Karlsruhe; 2001–2002 Mitgl. Evaluierungskommission Physikal.-Techn. Bundesanstalt; 2001–2003 Auswärt. Mitgl. Council Inst. f. Mol. Science Okazaki (Japan); seit 2001 Mitgl. Hochschulrat U Kassel; Gutachter f. DFG, Bundesministerium f. Bildung u. Forschung, Max-Planck-Gesellsch., Science and Engineering Res. Council (Großbritannien). *Auszeichnungen*: Max-Planck-Forschungspreis (1994, zusammen mit D. P. WOODRUFF, U of Warwick), Yarwood Medal (Brit. Vacuum Council, 1996), Medal for Public Understanding of Physics (Europ. Physical Soc., 2001), Bundesverdienstkreuz am Bande (2002). *Redaktionelle Tätigkeiten*: Edit.-in-Chief *New Journal of Physics* (seit 2001).

Hauptarbeitsgebiete: Oberflächenphysik und -chemie; Photoionisationsphänomene in freien Molekülen, auf Oberflächen und in festen Stoffen; Kernfusion als zukünftige Energiequelle, allgemeine Energiefragen.

Aufgenommen am 26. 3. 2002 (Matrikel-Nr. 6778), Sektion Physik (Experimentelle Physik).

Anschrift: Max-Planck-Institut für Plasmaphysik, Boltzmannstraße 2, 85748 Garching, Tel. ++49 (0) 89 / 32 99 13 42, Fax ++49 (0) 89 / 32 99 10 01, E-Mail: alex.bradshaw@ipp.mpg.de; [privat] Am Lichtfeld 7, 85386 Eching/

Dietersheim bzw. Hirtbacher Weg 18a, 12249 Berlin, Tel. ++49 (0) 30 / 7 72 19 10, Bundesrepublik Deutschland.

Bröcker, Eva-Bettina (*1. 6. 1946 Bielefeld), Dr. med. (1972 U Kiel), C4-Prof. f. Haut- u. Geschlechtskrankheiten U Würzburg (seit 1991) u. Dir. U-Hautklinik Würzburg (seit 1992) [1965–1971 Stud. Humanmedizin U Kiel u. U Leeds (Großbritannien); 1971 Med. Staatsexamen U Kiel; 1973 Approbation; 1973–1975 DFG-Stip. Immunologie U Kiel u. U Basel; 1975 Ausbild. zur Dermatologin U-Hautklinik Münster; 1982 Anerkennung als Ärztin f. Dermatologie u. Venerologie; 1984 Habil. f. Dermatologie u. Venerologie U Münster; 1986 Zusatzbezeichnung Allergologie; 1986 C2-Prof. auf Zeit f. Dermatologie U Münster; 1996 Zusatzbezeichnung Umweltmedizin u. Phlebologie]. *Mitglied*: Bayer. Akad. d. Wiss. (seit 2001); Gesellsch. f. Immunologie, Arbeitsgemeinsch. Dermatol. Forschung, Arbeitsgemeinsch. Dermatol. Onkologie, Dt. Dermatol. Gesellsch., Dt. Arbeitsgemeinsch. f. Gentherapie, Vereinigung Rheinisch-Westfäl. Dermatologen, Dt. Krebsgesellsch. e. V., Dt. Gesellsch. f. Allergie- u. Immunitätsforschung, Südwestdt. Dermatol. Gesellsch., Berufsverband d. Dt. Dermatologen, Würzburger Dermatol. Gesellsch., Europ. Soc. of Dermatol. Res., Europ. Organ. f. Res. and Treatment of Cancer, Israel.-Dt. Dermatol. Gesellsch., Amer. Acad. of Dermatology. *Ämter*: Mitgl. Ausschuß Bundesministerium f. Bildung u. Forschung; Gutachter f. DFG, Bundesministerium f. Bildung u. Forschung, Dt. Krebshilfe, Mildred-Scheel-Stift., Bayer. Forschungsstift., Wilhelm-Sander-Stift., Boehringer Ingelheim Fonds, Humboldt-Stift., Basotherm-Förderkreis, German Israeli Foundation, Fonds zur Förderung d. wiss. Forschung (Österreich), Berliner Krebsgesellsch., VERUM (Stift. f. Verhalten u. Umwelt); Mitgl. Interdiszipl. Zentrum f. Klin. Forschung U Würzburg; Mitgl. Zentrum f. Infektionsforschung U Würzburg; Mitgl. Wiss. Techn. Beirat d. Bayer. Staatsregierung; Mitgl. Tumorzentrum Würzburg. *Auszeichnungen*: Johannes-Fabry-Medaille (1989), Verdienstkreuz am Bande d. Verdienstordens d. Bundesrepublik Deutschland (1997), »Pro Meritis Scientiae et Litterarum« (Bayer. Staatsministerium f. Wissenschaft, Forschung u. Kunst, 2000), Bayer. Maximiliansorden f. Wissenschaft und Kunst (2001). *Redaktionelle Tätigkeiten*: Hrsg. *Jahrbuch der Dermatologie, Melanoma Research, Experimental Dermatology, Journal of Investigative Dermatology, Der Hautarzt, Journal der Deutschen Dermatologischen Gesellschaft.*

Hauptarbeitsgebiete: Immuntherapie des Melanoms; Tumorimmunologie; Autoimmundermatosen; Dermatohistologie.

Aufgenommen am 11. 9. 2002 (Matrikel-Nr. 6814), Sektion Innere Medizin und Dermatologie (Dermatologie).

Anschrift: Universität Würzburg, Klinik und Poliklinik für Haut- und Geschlechtskrankheiten, Josef-Schneider-Straße 2, 97080 Würzburg, Tel. ++49 (0) 9 31 / 20 12 63 51, Fax ++49 (0) 9 31 / 20 12 64 62, E-Mail: broecker_e@klinik.uni-wuerzburg.de; [privat] Friesstraße 4, 97074 Würzburg, Tel. ++49 (0) 9 31 / 78 30 01, Bundesrepublik Deutschland.

Brook, Sir *Richard* John (*12. 3. 1938 Leeds), Sc. D. (1966 Massachusetts Inst. of Technology Cambridge/USA), Chief Executive at Engineering and Physical Sciences Res. Council u. Dir. The Leverhulme Trust London (seit 1994) [Stud., 1962 B. Sc. in Ceramics U Leeds (Großbritannien); Aufenth. an U of Southern California Los Angeles (USA); 1970–1974 Gr.-Ltr. »Electrical Ceramics« Atomic Energy Res. Establishment Harwell (Großbritannien); 1974–1988 Prof. u. Head Dept. of Ceramics U Leeds; 1988–1991 Wiss. Mitgl. Max-Planck-Gesellsch. u. Dir. am Max-Planck-Inst. f. Metallforschung Stuttgart; Hon.-Prof. U Stuttgart; 1991 Cookson-Prof., 1995 Prof. of Materials Science U Oxford u. Fellow St. Cross Coll. Oxford (Großbritannien)]. *Mitglied*: Royal Acad. of Engineering; Amer. Ceramic Soc., Institute of Ceramics, Brit. Ceramic Soc.; Soc. Française de Métallurgie et Matériaux (Ehrenmitgl.). *Ämter*: Dean of Engineering U Leeds. *Auszeichnungen*: Stuijts Award (Europ. Ceramic Soc.), Officer of the Brit. Empire (1988). *Redaktionelle Tätigkeiten*: Edit. *Journal of the European Ceramic Society*.

Hauptarbeitsgebiete: Werkstoffwissenschaften; Reduzierung der Sprödigkeit und technische Nutzbarkeit keramischer Werkstoffe.

Aufgenommen am 26. 3. 2002 (Matrikel-Nr. 6779), Sektion Technikwissenschaften.

Anschrift: The Leverhulme Trust, 1 Pemberton Row, London EC4A 3BG, UK, Tel. ++44 2 07 / 8 22 69 37, Fax ++44 2 07 / 8 22 50 84, E-Mail: rbrook@leverhulme.org.uk; [privat] 129 Banbury Road, Oxford OX2 7AJ, UK, Tel. ++44 18 65 / 55 31 84, Fax ++44 18 65 / 27 37 89, richard.brook@materials.ox.ac.uk, Großbritannien.

Brunnberg, Leo (*27. 7. 1945 Wickede/Ruhr), Dr. med. vet. (1974 LMU München), C4-Prof. f. Krankheiten d. kleinen Haustiere Fachbereich Veterinärmedizin FU Berlin (seit 1993) u. Dir. d. Klinik f. kleine Haustiere (seit 1995) [1967–1972 Stud. Tiermedizin LMU München; 1972 Tierärztl. Prüf.; 1973 Approbation; 1973–1975 Verwalter d. Dienstgeschäfte eines wiss. Ass., 1975–1983 wiss. Ass. Chirurg. Tierklinik LMU München; 1978 Fachtierarzt f. Chirurgie; 1983–1984 Akad. Rat (Beamtenverhältn. auf Probe), 1984 Beamter auf Lebenszeit, 1987 Fachtierarzt f. Radiologie; 1988 Habil. u. Priv.-Doz. LMU München; 1989–1991 Akad. Oberrat Chirurg. Tierklinik LMU München; 1987, 1988, 2000 Gasttätigkeit Veterinär-U Wien; 1989 Gastaufenth. Royal Veterinary Coll. U London (Großbritannien); 1989, 1991 Gasttätigkeit Klinik u. Poliklinik f. kleine Haustiere FU Berlin; 1991–1993 C3-Prof. f. Krankheiten d. kleinen Haustiere Tierärztl. HS Hannover]. *Mitglied*: Dt. Veterinärmed. Gesellsch., Europ. Soc. of Veterinary Urology (seit 1984), Gesellsch. f. Veterinär-Ophthalmologie (seit 1986). *Ämter*: seit 1985 korresp. Mitgl. Arbeitskreis f. Veterinär-Orthopädie; 1986–1991 Schriftf. Münchener Tierärztl. Gesellsch.; seit 1988 Mitgl. erw. Vorstand Dt. Veterinärmed. Gesellsch. (Fachgr. Kleintierkrankheiten); seit 1989 Mitgl. Arbeitskreis f. Osteosynthesefragen; seit 1991 Mitgl. Vorstand d. Akad. f. tierärztl. Fortbildung; seit 1992 Mitgl. Kreis »Continuing Education in Veterinary Small Animal Medicine« Michigan State U (USA); seit 1997 Dir. Europ. Veterinary Coll. of Surgery Residency Progr. in Berlin; seit 1999 Mitgl. Akad. Senat FU Berlin; seit 1999 Mitgl. Fachbereichsrat Veterinärmedizin FU Berlin; seit 1999 2. Vorsitz. Dt. Veterinärmed. Gesellsch. (Kleintierkrankheiten); seit 2000 Schriftf. Berliner Tierärztl. Gesellsch. *Redaktionelle Tätigkeiten*: Schriftltr. *Kleintierpraxis* (seit 1996).

Hauptarbeitsgebiete: Veterinärmedizinische Chirurgie, Traumatologie und Orthopädie, insbesondere Gelenkerkrankungen (Ellbogengelenk, Kniegelenk, Hüftgelenk) im Wachstumsalter; Rheumaforschung; Arthroseforschung; Optimierung der Frakturversorgung durch neue Behandlungswege; Wundheilung und Wundheilungsstörungen; Tumorforschung; Peritonitis.

Aufgenommen am 11. 9. 2002 (Matrikel-Nr. 6815), Sektion Veterinärmedizin.

Anschrift: Freie Universität Berlin, Fachbereich Veterinärmedizin, Klinik und Poliklinik für kleine Haustiere, Oertzenweg 19b, 14163 Berlin, Tel. ++49 (0) 30 / 83 86 23 98, Fax ++49 (0) 30 / 83 86 25 21, E-Mail: brunnberg@vetmed.fu-berlin.de; [privat] Elsternstieg 23A, 14532 Kleinmachnow, Tel. ++49 (0) 3 32 03 / 2 59 53, Fax ++49 (0) 3 32 03 / 2 59 54, Bundesrepublik Deutschland.

Burckhardt, Gerhard (*1. 8. 1947 Kaiserslautern), Dr. med. (1974 U Frankfurt/Main), C4-Prof. f. Physiologie u. Ltr. Abtl. Vegetative Physiologie u. Pathophysiologie Zentrum f. Physiologie u. Pathophysiologie U Göttingen (seit 1991) [1966–1972 Stud. Humanmedizin U Frankfurt (Main); 1972 Ärztl. Staatsexamen U Frankfurt (Main); 1972–1973 Med.-Ass.; 1973 Approbation; 1973–1978 wiss. Angest. Gustav-Embden-Zentrum f. Biol. Chemie U Frankfurt (Main); 1978 Stip., 1979–1991 Arbeitsgr.-Ltr. Abtl. Physiologie Max-Planck-Inst. f. Biophysik Frankfurt (Main); 1988 Habil. u. Venia legendi f. Physiologie U Frankfurt (Main)]. *Mitglied*: Dt. Physiol. Gesellsch. (seit 1982),

Amer. Physiol. Soc. (seit 1989), Gesellsch. f. Nephrologie (seit 1992), Amer. Soc. of Nephrology (seit 1993), Int. Soc. of Nephrology (seit 1994), Europ. Kidney Res. Assoc. (seit 2001). *Ämter*: 1991–1995 Geschäftsf. Dir. Zentrum Physiologie u. Pathophysiologie U Göttingen; 1997–2006 Sprecher DFG-Graduiertenkolleg 335 »Klinische, zelluläre und molekulare Biologie innerer Organe« U Göttingen; 1998–2000 Sprecher Planungs- u. Strukturkommission Med. Fak. U Göttingen. *Auszeichnungen*: Preis des Jahres 1975 zur Förderung des Wissenschaftlichen Nachwuchses (Paul-Ehrlich-Stift., 1975).

Hauptarbeitsgebiete: Stofftransport durch biologische Membranen; aktive und passive Mechanismen des Protonentransports; Transportmechanismen für Gallensalze und organische Anionen und Kationen; Strukturanalyse von Transportproteinen (Charakterisierung der Substratspezifität der klonierten Anionentransporter; Aufklärung ihrer Regulation durch Proteinkinasen; Nachweis von Aminosäuren, die innerhalb der Transportproteine für Bindung und Transport der Anionen zuständig sind); Physiologie der Niere und der Leber.

Aufgenommen am 18. 11. 2002 (Matrikel-Nr. 6833), Sektion Physiologie und Pharmakologie/Toxikologie (Physiologie).

Anschrift: Georg-August-Universität Göttingen, Bereich Humanmedizin, Zentrum Physiologie und Pathophysiologie, Abteilung Vegetative Physiologie und Pathophysiologie, Humboldtallee 23, 37073 Göttingen, Tel. ++49 (0) 5 51 / 39 58 81, Fax ++49 (0) 5 51 / 39 58 83, E-Mail: gburckh@gwdg.de; [privat] Brüder-Grimm-Allee 56, 37075 Göttingen, Tel. ++49 (0) 5 51 / 4 28 92, Bundesrepublik Deutschland.

Busse, Rudi Franz Eckart (*21. 11. 1943 Bayreuth), Dr. med. (1971 U Erlangen-Nürnberg), C4-Prof. f. Physiologie U Frankfurt (Main) (seit 1993) [1965–1971 Stud. Humanmedizin U Erlangen-Nürnberg; 1971 Staatsexamen; 1971–1972 Med.-Ass. U Klinik Erlangen-Nürnberg; 1973–1976 wiss. Ass., 1976–1980 apl. Prof., 1980 C3-Prof. Inst. f. Physiol. U Erlangen-Nürnberg; 1981 C3-Prof., 1986 C4-Prof. f. Angewandte Physiologie U Freiburg (Br.)]. *Ämter*: seit 1998 stellv. Sprecher DFG-SFB 553; seit 2000 DFG-Fachgutachter; seit 2001 Mitgl. Auswahlausschuß Alexander-von-Humboldt-Stift.; Gutachter f. Österr. Fonds zur Förderung d. wiss. Forschung, Wellcome Trust, Br. Heart Foundation, Schweizer. Nationalfonds zur Förderung d. wiss. Forschung, Natl. Inst. of Health. *Auszeichnungen*: Thiersch-Preis (Med. Fak. U Erlangen-Nürnberg, 1976), Fraenkel-Preis (Dt. Gesellsch. f. Herzforschung, 1983), Sandoz-Preis (Dt. Pharmakol. Gesellsch., 1993), Paul-Morawitz-Preis (Dt. Gesellsch. f. Herzforschung, 2000). *Redaktionelle Tätigkeiten*: Edit./Assoc. Edit. *Circulation Research, Endothelium, British Journal of Pharmacology* (1995–1999); Edit. Board *American Journal of Physiology/Heart and Circulation Physiology*,

American Journal of Physiology/Regulatory, Integrative and Comparative Physiology, Basic Research in Cardiology, European Journal of Physiology/ Pflügers Archiv, Fundamental and Clinical Pharmacology, Hypertension, Journal of Vascular Research, Nitric Oxide; Consult. Edit. *Journal of Cardiovascular Pharmacology.*

Hauptarbeitsgebiete: Physiologie und Pharmakologie des Herzens und des Kreislaufs; Signaltransduktion und Genexpression in Gefäßzellen; Physiologie und Pathophysiologie endothelialer Autakoide; Pathogenese der Artherosklerose und des Bluthochdrucks.

Aufgenommen am 18. 11. 2002 (Matrikel-Nr. 6834), Sektion Physiologie und Pharmakologie/Toxikologie (Physiologie).

Anschrift: Klinikum der Johann-Wolfgang-Goethe-Universität Frankfurt am Main, Institut für Physiologie I, Kardiovaskuläre Physiologie, Theodor-Stern-Kai 7, 60590 Frankfurt (Main), Tel. ++49 (0) 69 / 63 01 60 49, Fax ++49 (0) 69 / 63 01 76 68, E-Mail: r.busse@em.uni-frankfurt.de; [privat] Sonnhalde 105, 79104 Freiburg (Br.), Tel. ++49 (0) 7 61 / 5 61 22, Fax ++49 (0) 7 61 / 5 56 18 87, E-Mail: rudi.busse@t-online.de, Bundesrepublik Deutschland.

Che, Michel (*29. 12. 1941 Lyon/Frankreich), Dr. ès Sciences (1968 U Lyon), Distinguished Prof. U Pierre et Marie Curie Paris (seit 1992) u. Prof. Boris Imelik Chair of Surface Reactivity and Catalysis Inst. Universitaire de France Paris (seit 1995) [1964 Chem. Engineering Degree École Supérieure de Chimie Industrielle de Lyon; 1964–1968 Attaché, 1968–1974 Chargé, 1974–1975 Maître de Recherche Natl. Center f. Scientif. Res. (CNRS), Inst. f. Catalysis Villeurbanne (Frankreich); 1969–1970 NATO Postdoc Fellow, 1970–1971 AEC Res. Assoc. U Princeton (USA); 1972–1983 wiederholt im Sommer Visit. Scientist Atomic Energy Res. Establishment Harwell (Großbritannien); 1975–1976 Assoc. Prof., 1976–1992 Prof. U Pierre et Marie Curie Paris]. *Mitglied*: Academia Europaea (seit 1992); Ungar. Akad. d. Wiss. (auswärt., seit 1993); Romanian Catalysis Soc. (Ehrenmitgl., 1995). *Ämter*: 1976–1984, 1991–2000 gewählt. Mitgl. National Committee (Frankreich); 1989–1994 Präs. Catalysis Division French Chem. Soc.; 1990–1995 Gründungspräs. Europ. Federation of Catalysis Soc.; 1992–1995 Vizepräs., 1995–1996 Acting-Präs. Council of the Int. Congress on Catalysis; 1996–2000 gewählt. Präs., seit 2000 Präs. Int. Assoc. of Catalysis Soc.; seit 1997 ern. Mitgl. Scientif. Council of Inst. Français du Pétrole; seit 1999 Mitgl. Int. Review Committee of the State Key Lab. of Catalysis Dalian Inst. of Chem. Physics Dalian (China); 2003 Chairman Dept. of Inorganic Chemistry U Pierre et Marie Curie Paris. *Auszeichnungen*: Van't Hoff Award (Royal Netherlands Acad. of Sciences, 1972), Scientif. Foundation L. Chatin Award (Frankreich, 1975), Medal of the City of Montpellier at the occasion of the first Europ. Congress on Catalysis (Frankreich, 1993), Pierre Sue Award (French Chem. Soc., 1995), Marie Skłodowska-Curie and Pierre Curie Award (French and Polish Chem. Soc., 1997), Von Humboldt Gay-Lussac Award (Alexander-von-Humboldt-Stiftung, 1997), Alexander Joannides Grand Prize of Chemistry (Acad. des Sciences, 1999), Dr. h. c. (U Krakow/Polen, 2000), Dr. h. c. (TU Lissabon/Portugal, 2001), Prof. h. c. (U Bukarest/Rumänien, 2002). *Redaktionelle Tätigkeiten*: Edit./Adv. Board *Journal of Catalysis, Journal of the Chemical Society – Faraday Transactions* (bis 1994), *Critical Review in Surface Chemistry, Catalysis Reviews, European Journal of Solid State and Inorganic Chemistry* (bis 1991), *Catalysis Letters, Research on Chemical Intermediates, Bulletin de la Société Chimique de France* (Assoc. Edit. bis 1997), *Topics in Catalysis, Catalysis Surveys from Japan, Industrial Catalysis News, Encyclopedia of Catalysis, The Chemical Record* (Japan; Foreign. Edit. f. Interdisciplinary Fields in Chemistry, 2001–2003), *Accounts of Chemical Research* (2001–2003), *Applied Magnetic Resonance* (2001–2003), *Advances in Catalysis*.

Hauptarbeitsgebiete: Grenzflächenkoordinationschemie (Untersuchung der Einzelschritte der Katalyse an geträgerten Katalysatoren; Untersuchung von molekularen Übergangsmetallkomplexen; Vorgänge an den Grenzflächen flüssig/fest, gasförmig/fest und fest/fest bei der Katalyse); Grundlagen zur Herstellung von Katalysatoren.

Aufgenommen am 27. 5. 2002 (Matrikel-Nr. 6805), Sektion Chemie (Anorganische Chemie).

Anschrift: Institut Universitaire de France and Université Pierre et Marie Curie, Laboratoire de Réactivité de Surface, UMR 7609 – CNRS, 4 place Jussieu, Tour 54–55, 2 étage, Casier 178, 75252 Paris Cedex 05, France, Tel. ++33 1 44 27 55 60, Fax ++33 1 44 27 60 33, E-Mail: che@ccr.jussieu.fr; [privat] 23 Ter, Avenue du Château, 92340 Bourg la Reine, France, Tel. ++33 1 47 02 88 06, Frankreich.

Daston, Lorraine Jenifer (*9. 6. 1951), Ph. D. (1979 Harvard U Cambridge/USA), Wiss. Mitgl. Max-Planck-Gesellsch. u. Dir. am Max-Planck-Inst. f. Wissenschaftsgesch. (seit 1995) u. Hon.-Prof. HU Berlin (seit 1997) [1973 A. B. History of Science Harvard U Cambridge (USA); 1974 Diploma History and Philosophy of Science Harvard U Cambridge (USA); 1980–1983 Ass. Prof. History of Science Harvard U Cambridge (USA); 1983–1986 Ass. Prof. History/History of Science U Princeton (USA); 1986–1990 Assoc. Prof. History/History of Science Brandeis U Waltham (USA), Dibner Chair f. the History of Science; 1987–1988 Fellow Wissenschaftskolleg Berlin; 1989 Gastprof. Inst. f. Wissenschaftstheorie u. Wissenschaftsforschung U Wien; 1989–1990

Fellow Center f. Adv. Study in the Behavioral Sciences Stanford (USA); 1990–1992 C4-Prof. u. Dir. Inst. f. Wissenschaftsgeschichte U Göttingen; 1992–1997 Prof. History/History of Science U Chicago (USA); 1992, 1997 u. 2000 Dir. d'études invité École des Hautes Études en Sciences Sociales Paris (Frankreich); 1998 Gastprof. Committee on Social Thought and Dept. of History U Chicago (USA); 1999 Isaiah Berlin Lecturer in the History of Ideas U Oxford (Großbritannien)]. *Mitglied*: Berlin-Brandenburg. Akad. d. Wiss. (seit 1998), Amer. Acad. of Arts and Sciences; History of Science Soc., Amer. Hist. Assoc., Dt. Gesellsch. f. Geschichte d. Medizin, Naturwiss. u. Technik e. V. *Ämter*: 1980–1981 Mitgl. U Council Harvard U Cambridge (USA); 1980 Mitgl. Schuman Prize Committee History of Science Soc.; 1981–1982 Mitgl. Committee Undergraduate Teaching Harvard U Cambridge (USA); 1983–1990 Mitgl. Committee on Prizes, 1986–1988 Mitgl. Council History of Science Soc.; 1986–1988 Mitgl. Adv. Board Dibner Inst. f. History of Science (Brandeis representative); 1986 Program Co-chairman History of Science Soc. Meetings; 1987 Chair Pfizer Prize Committee History of Science Soc.; 1988 Mitgl. Sloan Committee Brandeis U Waltham (USA); seit 1988 Mitgl. Berlin-Verbund f. Wissenschaftsgeschichte; 1992–2000 Mitgl. Int. Adv. Board Einstein-Forum Potsdam; 1993–2000 Mitgl., 1998–2000 Vorsitz. Beirat Int. Forschungszentrum Kulturwiss. Wien; 1993–1994 Mitgl. Fac. Board of Publications U Chicago Press; 1994–1995 Mitgl. Committee on the Status of History and Philosophy of Science U Chicago (USA); 1995–1996 Mitgl. Ethnologie-Kommission Max-Planck-Gesellsch.; 1996–2000 Mitgl. Beirat Forschungszentrum f. Eur. Aufklärung Potsdam; 1997–2000 Mitgl. Arbeitsgr. Akademiegeschichte Berlin-Brandenburg. Akad. d. Wiss.; 1997–2000 Geschäftsf. Dir. Max-Planck-Inst. f. Wissenschaftsgeschichte Berlin; 1998–2000 Mitgl. Perspektiven-Kommission Geisteswiss. Sektion Max-Planck-Gesellsch.; 1998–2000 Sprecherin Arbeitskreis Frauen in Akademie u. Wissenschaft Berlin-Brandenburg. Akad. d. Wiss.; 1998–2000 Mitgl. Forschungspreis-Auswahlkommission Max-Planck-Gesellsch. u. Alexander-von-Humboldt-Gesellsch.; seit 1998 Mitgl. Beirat Alexander-von-Humboldt-Forschungsstellen-Kommission Berlin-Brandenburg. Akad. d. Wiss.; 1998–2001 Mitgl. Beirat Herzog-August-Bibliothek Wolfenbüttel; 1999–2000 Mitgl. Experten-Kommission Bundesministerium f. Bildung u. Forschung; seit 1999 Mitgl. Kommission Evol. Anthropologie Max-Planck-Gesellsch.; 1999–2000 Mitgl. Zentrenkomitee Minerva-Stift.; 1999–2000 Mitgl. German-Amer. Acad. Council Foundation; 2000–2002 Mitgl. Beirat Projekt »Digitalisierung Wissenschaftsgeschichte des 18./19. Jahrhunderts« Göttingen; 2001–2004 Mitgl. Kuratorium Einstein-Forum Potsdam. *Auszeichnungen*: Pfizer Prize (History of Science Soc., 1989 u. 1999 mit K. PARK), Bainton Prize (Sixteenth Century Studies Conference, 1999 mit K. PARK). *Redaktionelle Tätigkeiten*: Adv. Edit. *Isis* (1985–1990, 1993–1996); Edit. Board *Philosophia Naturalis* (1988–1991); Consult. Edit. *Science in Context*.

Hauptarbeitsgebiete: Wissenschaftsgeschichte (Wunder und Ordnung in der Natur, Untersuchungen zur Geschichte der Rationalität); historische Epistemologie (epistemische Kategorien wie »Erfahrung«, »Tatsache«, »Objektivität«, »Beweis«; zum Entstehen von Wissen gehörende Emotionen wie »Neugierde«, »Staunen«, »Aufmerksamkeit«; Kontextualisierung); Untersuchungen zur Wahrscheinlichkeitstheorie von der Mitte des 17. bis ins frühe 19. Jahrhundert (»Erwartung«, »Evidenz«, »Gewißheit«); frühneuzeitliche Empirie (Formierung des modernen Typs naturwissenschaftlicher Rationalität; Grenze zwischen dem »Natürlichen« und dem »Widernatürlichen«, zwischen »Naturwunder« und naturwissenschaftlicher »Tatsache«).

Aufgenommen am 18. 11. 2002 (Matrikel-Nr. 6835), Sektion Wissenschafts- und Medizingeschichte.

Anschrift: Max-Planck-Institut für Wissenschaftsgeschichte, Wilhelmstraße 44, 10117 Berlin, Tel. ++49 (0) 30 / 22 66 71 31, Fax: ++49 (0) 30 / 22 66 72 93, E-Mail: ldaston@mpiwg-berlin.mpg.de; [privat] Fürstenstraße 22, 14163 Berlin, Tel. ++49 (0) 30 / 8 17 14 72, Fax: ++49 (0) 30 / 84 70 70 90, Bundesrepublik Deutschland.

Dralle, Henning (*3. 12. 1950 Celle), Dr. med. (1976 U Heidelberg), C4-Prof. f. Allgemein-, Viszeral- u. Gefäßchirurgie u. Dir. U Klinik f. Allgemein-, Viszeral- u. Gefäßchirurgie U Halle-Wittenberg (seit 1994) [1969–1975 Stud. Humanmedizin U Kiel, Würzburg, Mainz, Hamburg; 1975 Ärztl. Prüf. U Hamburg; 1976–1977 Med.-Ass. Inst. f. Pathologie U-Klinik Hamburg-Eppendorf, Abtl. Innere Med. Marienkrankenhaus Hamburg, Chirurg. U-Klinik Hamburg-Eppendorf; 1977 Approbation; 1977–1979 Inst. f. Gerichtsmedizin u. Inst. f. Pathologie U Hamburg; 1979–1980 Abtl. Allgemeinchirurgie Marienkrankenhaus Hamburg; 1980–1994 Zentrum Chirurgie Med. HS Hannover; 1985 Weiterbild. Klinik f. Unfallchirurgie, Klinik f. Herz-, Thorax- u. Gefäßchirurgie u. Klinik f. Abdominal- u. Transplantationschirurgie Med. HS Hannover; 1985–1994 Oberarzt Klinik f. Abdominal- u. Transplantationschirurgie Med. HS Hannover (seit 1991 auch Vertretung d. Klinikdir.); 1986 Habil. f. Chirurgie Med. HS Hannover; 1990 apl. Prof. Med. HS Hannover]. *Mitglied*: Dt. Gesellsch. f. Chirurgie, Dt. Gesellsch. f. Endokrinologie, Europ. Thyroid Assoc., Soc. Int. de Chirurgie, Int. Assoc. of Endocrine Surgeons, Vereinigung Nordwestdt. Chirurgen, Österr. Gesellsch. f. Chirurgie, Chirurgenvereinigung Sachsen-Anhalt, Brit. Assoc. of Endocrine Surgeons, Amer. Assoc. of Endocrine Surgeons, Dt. Gesellsch. f. Verdauungs- u. Stoffwechselkrankh., Dt. Interdiszipl. Vereinigung f. Intensiv- u. Notfallmed., Europ. Board of Surgery (Division of Endocrine Surgery), Faculty of the Royal Coll. of Surgeons of England (seit 2000). *Ämter*: 1987–1992 stellv. Vorsitz., 1997–2000 Vorsitz. Chirurg. Arbeitsgemeinsch. Endokrinologie Dt. Gesellsch. f. Chirurgie; 1990–1993, seit 1999 Mitgl. Beirat Sektion Schilddrüse Dt. Gesellsch. f. Endokrinologie; Mitgl. Sektion Calcium-regul. Hormone u. Knochenstoffwechsel Dt. Gesellsch.

f. Endokrinol.; seit 1997 Mitgl. Exekutivkomitee Int. Assoc. of Endocrine Surgeons; seit 1999 Sekr. Europ. Board of Surgery (Division of Endocrine Surgery); 1999 Initiator Joint Europ. Study Gr. f. Clin. Investigation within Endocrine Surgery; Mitgl. Chirurg. Arbeitsgemeinsch. Onkologie (CAO) Dt. Gesellsch. f. Chirurgie; Mitgl. EORTC Thyroid Study Gr.; 1999–2001 Vorsitz. Chirurgenvereinigung Sachsen-Anhalt. *Auszeichnungen*: Johann-Georg-Zimmermann-Förderpreis (1982/83), Hermann-Kümmell-Preis (Vereinigung Nordwestdt. Chirurgen, 1985), Merck European Thyroid von Basedow Research Prize (1997).

Hauptarbeitsgebiete: Endokrine Chirurgie (minimal-invasive Techniken); Schilddrüsenresektion, subtotale Adrenalektomie beim Phäochromozytom, organ- und funktionserhaltende Resektionsverfahren bei beidseitigen Nebennierenoperationen; sporadische unilaterale adrenomedulläre Hyperplasie; Qualitätssicherungsstudien zur Schilddrüsenchirurgie; onkologische Chirurgie; pankreo-hepatobiliäre Chirurgie; ösophago-gastrointestinale Chirurgie (zervikoviszerale Eingriffe an Larynx, Trachea und Ösophagus beim organüberschreitenden Schilddrüsenkarzinom); Gewebebank; Tumobiologie; Thyreoglobulin-Immunhistochemie.

Aufgenommen am 18. 11. 2002 (Matrikel-Nr. 6836), Sektion Chirurgie, Orthopädie und Anästhesiologie (Chirurgie).

Anschrift: Martin-Luther-Universität Halle-Wittenberg, Klinikum der Medizinischen Fakultät, Zentrum für Chirurgie, Universitätsklinik und Poliklinik für Allgemein-, Viszeral- und Gefäßchirurgie, Ernst-Grube-Straße 40, 06097 Halle (Saale), Tel. ++49 (0) 3 45 / 5 57 23 14, Fax ++49 (0) 3 45 / 5 57 25 51, E-Mail: henning.dralle@medizin.uni-halle.de; [privat] Amselweg 2, 06179 Schochwitz, Tel. ++49 (0) 3 46 09 / 2 37 97, Fax ++49 (0) 3 46 09 / 2 37 96, Bundesrepublik Deutschland.

Ertl, Georg (*12. 6. 1950 Neuburg am Rhein), Dr. med. (1975 U Mainz), C4-Prof. f. Innere Med. u. Dir. Med. Klinik U Würzburg (seit 1999) [1968–1974 Stud. Humanmedizin U Mainz u. U Graz; 1974–1975 Staatsexamen; 1974–1975 Med.-Ass. in Pfronten u. II. Med. U-Klinik U Mainz; 1975 Approbation; 1975–1976 Wehrpflichtiger Stabsarzt b. Dt. Bundeswehr Marinegeschwader III Nordholz; 1977–1979 wiss. Ass. Physiol. Inst. (Lehrstuhl I) U Düsseldorf; 1979–1980 DFG-Forschungsstip. Harvard U Cambridge (USA) u. Peter Bent Brigham Hosp. Boston (USA); 1981–1986 wiss. Ass. u. Ausbild. zum Internisten Med. Klinik U Würzburg; 1986 Anerkennung als Internist, Oberarzt u. Habil. U Würzburg; 1987 Lehrbefugnis u. Anerkennung Teilgebietsbezeichnung »Kardiologie« (Landesärztekammer Bayern); 1991 C3-Prof. U Würzburg; 1995–1998 C4-Prof. f. Kardiologie Fak. f. Klin. Med. Mannheim d. U Heidelberg u. Dir. II. Med. Klinik sowie stellv. Ärztl. Dir. Klinikum Mannheim]. *Mitglied*: Amer. Assoc. f. the Advancement of Science, Amer. Soc. of Physiology, Amer. Federat. f. Med. Res., Dt. Gesellsch. f. Innere Med., Dt.-

Chines. Gesellsch. f. Med. e. V., Dt. Gesellsch. f. Kardiologie/Herz- u. Kreislaufforschung, Dt. Gesellsch. f. internist. Intensivmed., Dt. Herzstiftung e. V., Dt. Physiol. Gesellsch., Europ. Gesellsch. f. Kardiologie, Europ. Soc. f. Magnetic Resonance in Medicine and Biology, Gesellsch. f. Fortschritte in d. Inneren Medizin. *Ämter*: Mitgl. Council of Basic Science Amer. Heart Assoc.; Mitgl. Vorstand Dt. Gesellsch. f. Kardiologie/Herz- u. Kreislaufforschung; Mitgl. Vorstand Dt. Herzstiftung e. V.; 1993–1994 u. seit 1999 stellv. Sprecher, seit 2000 Sprecher DFG-SFB 355 »Pathophysiologie der Herzinsuffizienz«; stellv. Vorsitz. Ethikkommission U Würzburg; Vorsitz. Laborkommission u. Mitgl. Gerätekommission Med. Fak. U Würzburg; stellv. Mitgl. Klinikumsvorstand als Vetreter d. Med. Fak. U Würzburg; Gutachter f. DFG, Dt. Gesellsch. f. Kardiologie/Herz- u. Kreislaufforschung, Israel Science Foundation, Wissenschaftsrat, Dt. Stift. f. Herzforschung. *Auszeichnungen*: Franz-Loogen-Preis.

Hauptarbeitsgebiete: Regulation der Koronardurchblutung unter Ischämiebedingungen; Herzinfarkt und chronische kardiale Dysfunktion (Herzrhythmusstörungen; Beziehungen zwischen Morphologie und Prognose; Bedeutung von endothelialen Transmittern und freien Sauerstoffradikalen); neurohumorale Veränderungen nach Myokardinfarkt (Aktivierung des Renin-Angiotensin-Systems durch den akuten Infarkt; therapeutische Konsequenzen; Therapiekonzept Angiotensin-Konversionsenzymhemmer zur Prävention von Umbauprozessen); zentralnervöse Veränderungen bei kardialer Dysfunktion; Heilungsprozesse des Herzens (insbesondere im Rahmen der koronaren Herzkrankheit; Heilungsprozesse nach ischämischer oder mechanischer Verletzung).

Aufgenommen am 11. 9. 2002 (Matrikel-Nr. 6816), Sektion Innere Medizin und Dermatologie (Innere Medizin).

Anschrift: Julius-Maximilians-Universität Würzburg, Medizinische Universitätsklinik, Josef-Schneider-Straße 2, 97080 Würzburg, Tel. ++49 (0) 9 31 / 20 13 63 01, Fax ++49 (0) 9 31 / 20 13 63 02, E-Mail: g.ertl@medizin.uni-wuerzburg.de; [privat] Simon-Breu-Straße 11a, 97074 Würzburg, Tel. ++49 (0) 9 31 / 3 53 68 80, Bundesrepublik Deutschland.

Eschrig, Helmut (*2. 7. 1942 Thierfeld/Sa.), Dr. rer. nat. (1972 TU Dresden), C4-Prof. f. Physik TU Dresden (1992), Wiss. Dir. u. Sprecher Leibniz-Inst. f. Festkörper- u. Werkstoffforschung Dresden e. V. (seit 1998), Wiss. Mitgl. Max-Planck-Gesellsch. (seit 2000) [1957–1961 Ingenieurstud. f. Kraftfahrzeugbau in Zwickau, 1959 Kraftfahrzeughandwerker, 1961 Ing.; 1961–1969 Fernstud. Physik TU Dresden; 1969–1975 wiss. Ass. Sektion Physik TU Dresden; 1975–1990 wiss. Mitarb. Zentralinst. f. Festkörperphysik u. Werkstoffforschung d. Akad. d. Wiss. d. DDR in Dresden; 1990–1991 stellv. Dir. Zentralinst. f. Festkörperphysik u. Werkstoffforschung Dresden; 1991–1992 Gründungsdir. Inst. f. Festkörper- u. Werkstoffforschung Dresden e. V.; 1992 Habil. TU Dresden;

1992–1997 Ltr. Max-Planck-Arbeitsgr. »Theorie komplexer und korrelierter Elektronensysteme« Fachrichtung Physik TU Dresden]. *Mitglied*: Sächs. Akad. d. Wiss. zu Leipzig (seit 2000). *Ämter*: 1987–1989 Mitgl. Koordinierungsgr. Hochtemperatur-Supraleitung beim Ministerium f. Wiss. u. Technik d. DDR; 1991–1994 Mitgl. Sachverständigenkreis Supraleitung beim Bundesminister f. Forschung u. Technologie; 1991–1994 Mitgl. Senatsausschuß f. DFG-Sonderforschungsbereiche; 1991–1994 Mitgl. Vorstandsrat Dt. Physikal. Gesellsch.; 1992–1996 stellv. Vorsitz. Forschungsbeirat beim Sächs. Staatsministerium f. Wiss. u. Kunst; 1992–1998 Mitgl. Wiss. Beirat Hygienemuseum Dresden; 1994–2000 Mitgl. Wissenschaftsrat Bundesrepublik Deutschland; seit 1996 Vorsitz. Fachbeirat Max-Planck-Inst. f. Mikrostrukturphysik Halle (Saale); seit 1996 Vorsitz. Fachbeirat Max-Planck-Inst. f. Physik komplexer Systeme Dresden; seit 1999 Mitgl., seit 2001 Vorsitz. Wiss. Beirat Inst. f. Festkörperforschung Forschungszentrum Jülich; seit 2000 Mitgl. Vorauswahlkomitee Karl-Heinz-Beckurts-Stift.; seit 2000 Mitgl. Preiskomitee f. Pohl-Preis d. Dt. Physikal. Gesellsch.; seit 2001 Vorstandsvorsitz. Materialforschungsverbund Dresden e. V.; seit 2002 Mitgl. Jury f. d. Wissenschaftspreis Stifterverband »Gesellschaft braucht Wissenschaft«. *Auszeichungen*: Max-von-Laue-Medaille (Akad. d. Wiss. d. DDR, 1983). *Redaktionelle Tätigkeiten*: Edit. Board *Solid State Communications*.

Hauptarbeitsgebiete: Quantentheorie des Festkörpers, insbesondere Gitterdynamik; Elektron-Phonon-Wechselwirkung; Theorie der inelastischen Neutronenstreuung; Dichtefunktional-Theorie der elektronischen Struktur; Legierungstheorie; Theorie des Magnetismus; Theorie der konventionellen und Hochtemperatur-Supraleitung.

Aufgenommen am 26. 3. 2002 (Matrikel-Nr. 6780), Sektion Physik (Experimentelle Physik).

Anschrift: Leibniz-Institut für Festkörper- und Werkstofforschung Dresden, PF 270016, 01171 Dresden, Tel. ++49 (0) 3 51 / 4 65 93 80, Fax ++49 (0) 3 51 / 4 65 95 00, E-Mail: h.eschrig@ifw-dresden.de; [privat] Kleinsteinstraße 6b, 01218 Dresden, Tel. ++49 (0) 3 51 / 4 76 56 96, Bundesrepublik Deutschland.

Fehlhaber, Karsten Otto Karl (*13. 7. 1946 Freren), Dr. med. vet. (1972 HU Berlin), C4-Prof. f. Lebensmittelhygiene u. Verbraucherschutz u. Dir. Inst. f. Lebensmittelhygiene U Leipzig (seit 1992) [1965 Abitur u. Abschluß d. Berufsausbild. als Rinderzüchter; 1965–1971 Stud. Vet.-med., 1971 Diplom HU Berlin; 1972–1979 wiss. Ass., 1979 Oberass. Bereich Lebensmittelhygiene Sektion Tierproduktion u. Vet.-med. HU Berlin; 1978–1980 postgrad. Stud. Fachtierarzt f. Hygiene u. Nahrungsgüterwirtschaft; 1980 Fachtierarzt; 1982 Dr. sc. med. vet. (1992 umgewandelt in Dr. habil.); 1983 Hochschuldoz. f. Lebensmittelhygiene HU Berlin; 1985 o. Prof. f. Lebensmittelhygiene u. Ltr. Wissenschaftsbereich Lebensmittelhygiene Sektion Tierproduktion u. Vet.-med. U Leipzig; 1990 Studienaufenth. Food u. Drug Administration (FDA) Washington u. U of California Davis (USA)]. *Mitglied*: Dt. Vet.-med. Gesellsch. (seit 1991), Dt. Gesellsch. f. Hygiene u. Mikrobiologie (seit 1993). *Ämter*: seit 1992 Mitgl. Vorstand Arbeitsgebiet Lebensmittelhygiene Dt. Vet.-med. Gesellsch.; seit 1993 Mitgl. Dt. Lebensmittelbuch-Kommission; seit 1994 Vorsitz. Entwicklungs- u. Planungskommission Vet.-med. Fak. U Leipzig; seit 1995 Ltr. Arbeitskreis »Lehre in den lebensmittelhygienischen Fächern der deutschsprachigen Länder« Dt. Vet.-med. Gesellsch.; seit 1997 Mitgl. Vorstand Dt. Vet.-med. Gesellsch.; seit 1998 Mitgl. Beirat Bundesanstalt f. Fleischforschung Kulmbach; 1998–2002 Mitgl. Wiss. Beirat Bundesinst. f. Verbraucherschutz u. Vet.-med. Berlin; seit 1999 Mitgl. Wiss. Rat Inst. f. agrar- u. stadtökol. Projekte HU Berlin; seit 1999 Mitgl. Ausschuß Lebensmittel-, Fleisch- u. Milchhygiene d. Bundestierärztekammer; seit 1999 Vorsitz. Fachausschuß Nr. 6 (Feinkostsalate) Dt. Lebensmittelbuch-Kommission; seit 2000 Vorsitz. Ausschuß f. Öffentlichkeitsarbeit Sächs. Landestierärztekammer. *Redaktionelle Tätigkeiten*: Beirat *Fleischwirtschaft* (seit 1995), *Deutsche tierärztliche Wochenschrift* (seit 1998).

Hauptarbeitsgebiete: Lebensmittelinfektionen (vor allem Zoonosen); Lebensmittelmikrobiologie; Salmonellose (Rolle des Hühnereis in der Infektkette); Grundlagenerkenntnisse zur mikrobiellen Translokation von Mikroorganismen bei prämortalen Belastungen des Schlachtschweins; Vorhersagemodell für Verderbnisprozesse bei Lebensmitteln (Untersuchung mikrobieller Enzymaktivitäten); Erkennung und Bekämpfung von Zoonoseerregern in Tierbeständen mit molekularbiologischen Methoden (Erfassung der Erreger – Monitoring; Aufklärung der Infektketten u. a. bei Salmonellen, *Campylobacter, Yersinia enterocolitica, Toxoplasma gondii* u. a.).

Aufgenommen am 11. 9. 2002 (Matrikel-Nr. 6817), Sektion Veterinärmedizin.

Anschrift: Universität Leipzig, Institut für Lebensmittelhygiene, An den Tierkliniken 1, 04103 Leipzig, ++49 (0) 3 41 / 9 73 82 20, Fax ++49 (0) 3 41 / 9 73 82 49, E-Mail: kfehlhab@vmf.uni-leipzig.de; [privat] Marienbrunnenstraße 9, 04299 Leipzig, Tel. ++49 (0) 3 41 / 8 61 36 74, E-Mail: fehlhaber@leipzig-mbs.de, Bundesrepublik Deutschland.

Fehr, Ernst (*21. 6. 1956 Hard in Voralberg/Österreich), Dr. rer. oec. (1986 U Wien), o. Prof. f. Volkswirtschaft (seit 1994) U Zürich [1975–1980 Stud. Ökonomie, 1980 Diplom U Wien; 1980–1986 Doktorandenstud. U Wien; 1980–1982 wiss. Ass. Inst. Public Finance and Economic Policy; 1980–1982 Weiterbild. in Ökonomie Inst. f. Adv. Studies Wien; 1982–1988 Ass.-Prof. Dept. of Economics and Economic Policy TU Wien; 1988–1989 Res. Fellow London School of Economics and Political Science (Großbritannien); 1989–1991

Ass.-Prof. Dept. of Economics and Economic Policy TU Wien; 1991 Habil. in Ökonomie; 1991–1994 Assoc.-Prof. Dept. of Economics and Economic Policy TU Wien; seit 1993 Dir. Ludwig-Boltzmann-Inst. f. Wachstumsforschung]. *Mitglied*: Amer. Economic Assoc., Europ. Economic Assoc., Austrian Economic Assoc., Royal Economic Soc., Verein f. Sozialpolitik. *Ämter*: seit 1995 Mitgl. Res. Initiative MacArthur Found. Chicago (USA). *Auszeichungen*: Gossens-Preis (Verein f. Sozialpolitik, 1999), Hicks-Tinberger Medal (2000). *Redaktionelle Tätigkeiten*: Edit. Board *Quarterly Journal of Economics, Games and Economic Behavior, Experimental Economics, European Economic Review, Journal of Socio-Economics*.

Hauptarbeitsgebiete: Rolle von Anreizen und Normen für den Ablauf wirtschaftlicher Prozesse; Konzept der Reziprozität mit den Elementen »Fairness« und »Vergeltung«; Entwicklung ökonomischer Verhaltensmodelle (z. B. zur Erklärung der Arbeitsmoral).

Aufgenommen am 18. 11. 2002 (Matrikel-Nr. 6837), Sektion Ökonomik und Empirische Sozialwissenschaften.

Anschrift: Universität Zürich, Institut für Empirische Wirtschaftsforschung, Blümlisalpstrasse 10, CH-8006 Zürich, Tel. ++41 1 / 6 34 37 09, Fax ++41 1 / 6 34 49 07, E-Mail: efehr@iew.unizh.ch; [privat] Scheuchzerstrasse 71, CH-8006 Zürich, Tel. ++41 1 / 3 61 74 16, Schweiz.

Fiedler, Klaus (*7. 9. 1951 Wetzlar), Dr. phil. (1979 U Gießen), C4-Prof. f. Sozialpsychologie U Heidelberg (seit 1992) [1970–1975 Stud. Psychologie, 1975 Diplom U Gießen; 1975–1978 wiss. Ass. in einem Projekt zur Computernutzung im Studium d. Psychologie; 1978–1980 wiss. Ass. Psychol. Inst. U Gießen; 1980–1982 Habil.-Stud.; 1982–1987 apl. Prof. U Gießen; 1984 Habil. U Gießen; 1987–1990 C2-Prof. f. Psychologie (Kognitive u. Sozialkognitive Psychologie); 1990–1992 C3-Prof. f. Sozialpsychologie u. Mikrosoziologie U Mannheim]. *Mitglied*: Dt. Gesellsch. f. Psychologie, Europ. Assoc. of Exp. Social Psychology, Soc. of Personality and Social Psychology. *Ämter*: Mitgl. Fachgr. Sozialpsychologie Dt. Gesellsch. f. Psychologie; 1994–2000 Koordinator DFG-Schwerpunkt »Information processing in social context«; 1996–2002 Mitgl. Executive Committee Europ. Assoc. of. Exp. Social Psychology; Mitgl. DFG-SFB »Rationalitätskonzepte, Entscheidungsverhalten und ökonomische Modellierung«; Mitgl. Beirat Max-Planck-Inst. f. Bildungsforschung Berlin; Koordinator Erasmus/Socrates-Austauschprogramm. *Auszeichnungen*: Leibniz-Preis (DFG). *Redaktionelle Tätigkeiten*: Assoc. Edit. *European Journal of Social Psychology* (1989–1994), *Psychological Review* (1998–2000), *Journal of Experimental Social Psychology* (seit 2003).

Hauptarbeitsgebiete: Sprache und Kognition (Beziehungen zwischen Sprache, Sprachgebrauch und kognitiven Vorgängen; Stimmungseinflüsse auf Gedächtnis und Sprachgebrauch); soziale Kognition (Einflüsse von Emotionen, Wertungen, Interessen, Stimmungen und sozialen Kontexten auf Urteile, andere kognitive Leistungen und Gedächtnisleistungen); psychische und soziale Einflüsse auf Informationsverarbeitung; Validität von Lügendetektoren; Diskriminationslernen; Sportpsychologie; Computersimulationsmodelle.

Aufgenommen am 18. 11. 2002 (Matrikel-Nr. 6838), Sektion Empirische Psychologie und Kognitionswissenschaften.

Anschrift: Ruprecht-Karls-Universität Heidelberg, Psychologisches Institut, Sozialpsychologie, Hauptstraße 47–51, 69117 Heidelberg, Tel. ++49 (0) 62 21 / 54 73 61, Fax: ++ 49 (0) 62 21 / 54 77 45, E-Mail: kf@psychologie.uni-heidelberg.de; [privat] Steig 16A, 69493 Hirschberg, Tel. ++49 (0) 62 01 / 87 32 47, Bundesrepublik Deutschland.

Fürstner, Alois (*23. 7. 1962 Bruck/Mur), Dr. rer. nat. (1987 TU Graz), Wiss. Mitgl. Max-Planck-Gesellsch. u. Dir. am Max-Planck-Inst. f. Kohlenforschung Mülheim (Ruhr) (seit 1998) [1980–1985 Stud. Chemie TU Graz; 1990–1991 Postdoktorand U Genf; 1992 Habil. f. Organ. Chemie TU Graz; seit 1993 Lehrauftrag U Dortmund; 1993–1998 Arbeitsgr.-Ltr. Max-Planck-Inst. f. Kohlenforschung Mülheim (Ruhr); 1994 Gastprof. U Lyon I (Frankreich); seit 1998 apl. Prof. U Dortmund; 1999 Gastprof. École Normale Supérieure Paris (Frankreich)]. *Ämter*: 1999 Mitgl. Wiss. Kommission zur Evaluation d. U von Niedersachsen; seit 2002 Mitgl. Auswahlkommission Alexander-von-Humboldt-Stift. f. d. Feodor-Lynen-Progr. *Auszeichnungen*: Dozentenstip. d. Fonds d. Chem. Industrie (1994), Ruhrpreis für Wissenschaft und Kunst der Stadt Mülheim (1998), Leibniz-Preis (DFG, 1999), Thieme-IUPAC-Preis f. Synthetische Organ. Chemie (2000), AstraZeneca Award in Organic Chemistry (2000), Arthur C. Cope Scholar Award (Amer. Chem. Soc., 2002). *Redaktionelle Tätigkeiten*: Edit. Board/Adv. Board *Topics in Organometallic Chemistry* (seit 1997), *Advanced Synthesis & Catalysis* (seit 2000), *Organic Synthesis* (seit 2001), *Journal of Organic Chemistry* (seit 2002); wiss. Hrsg. *Chemical Communications* (seit 2001).

Hauptarbeitsgebiete: Metallorganische Chemie und homogene Katalyse; Entwicklung neuer Synthesemethoden und deren Anwendung in der Naturstoff- und Wirkstoffchemie; Metallaktivierung; Kohlenhydrat- und Alkaloidchemie.

Aufgenommen am 27. 5. 2002 (Matrikel-Nr. 6806), Sektion Chemie (Organische Chemie).

Anschrift: Max-Planck-Institut für Kohlenforschung, Kaiser-Wilhelm-Platz 1, 45470 Mülheim (Ruhr), Tel. ++49 (0) 2 08 / 3 06 23 42, Fax ++49 (0) 2 08 / 3 06 29 94, E-Mail: fuerstner@mpi-muelheim.mpg.de; [privat] Arnoldstraße 33, 45478 Mülheim (Ruhr), Tel. ++49 (0) 2 08 / 38 40 50, Bundesrepublik Deutschland.

Gayon, Jean (*15. 6. 1949 Saint-Maur des Fossés/Frankreich), Dr. phil., Prof. f. Geschichte u. Philosophie d. Wiss. u. Dir. Doktoratsprogr. f. Erkenntnistheorie, Wissenschaftsgeschichte u. Fachdidaktik U Paris I (seit 2001) [Stud. Philosophie u. Biologie; Prof. f. Philosophie u. Geschichte d. Wiss. U Dijon; 1991–1995 Dir. Abtl. Philosophie U von Burgund; 2000–2001 Dir. d. Doktoratsprogr. f. Erkenntnistheorie, Wissenschaftsgeschichte u. Fachdidaktik U Paris VII]. *Ämter*: Mitgl. Nationalkomitee Natl. Center f. Scientif. Res. (CNRS); Mitgl. Nationalkomitee d. U f. d. Fach Philosophie; Mitgl. Nationalkomitee f. Geschichte u. Philosophie d. Wiss. Acad. des Sciences; Mitgl. Wiss. Beirat Max-Planck-Inst. f. Wissenschaftsgeschichte Berlin; Mitgl. Beirat Nationalmuseum f. Naturgeschichte Paris; Mitgl. Kommission d. Int. Union f. Geschichte u. Philosophie d. Wiss. (IUHPS). *Auszeichnungen*: Chevalier des Palmes Académiques (1997), Grammaticakis-Neumann-Preis (Acad. des Sciences Paris, 2002).

Hauptarbeitsgebiete: Wissenschaftstheorie der Biowissenschaften; Geschichte der Biologie, insbesondere der Evolutionstheorie (methodologische Schwierigkeiten des Selektionsprinzips; Geschichte des theoretischen Darwinismus von 1859 bis 1970; Beziehungen zwischen Philosophie und Darwinismus), Genetik (begriffliche und erkenntnistheoretische Aspekte) und Biometrie; Allgemeine Wissenschaftstheorie (Begriff und Rolle des Zufalls, biologischer Artbegriff, Reduktionsprobleme bei evolutionären Erklärungen; Begriff des Determinismus; Fragen unterschiedlicher Forschungsstile).

Aufgenommen am 18. 11. 2002 (Matrikel-Nr. 6839), Sektion Wissenschaftstheorie.

Anschrift: UFR de Philosophie, Université Paris 1-Panthéon Sorbonne, 75005 Paris, Tel. ++33 1 45 30 31 42, Fax ++33 1 40 46 31 57, E-Mail: gayon@noos.fr; [privat] 366ter, rue Vaugirard, 75015 Paris, Frankreich.

Genzel, Reinhard (*24. 3. 1952 Bad Homburg), Dr. rer. nat. (1978 U Bonn), Wiss. Mitgl. Max-Planck-Gesellsch. u. Dir. am Max-Planck-Inst. f. extraterrestrische Physik Garching (seit 1986) u. Hon.-Prof. f. Physik LMU München (seit 1988) [Stud. Physik, 1975 Diplom U Bonn; Doktorarb. Max-Planck-Inst. f. Radioastronomie Bonn; 1978–1980 Postdoc Fellow Harvard-Smithsonian

Center for Astrophysics Cambrigde (USA); 1980–1982 Miller Fellow U of California Berkeley (USA); 1981–1985 Assoc. Prof. of Physics, Assoc. Res. Astronomer Space Science Lab. U of California Berkeley; 1985–1999 Visit. Prof. of Physics, seit 1999 Full Prof. of Physics U of California Berkeley; 1998 Kingsley-Prof. California Inst. of Technology Pasadena (USA); 2000 Oort-Prof. U Leiden]. *Mitglied*: Academia Europaea (seit 1995), Acad. des Sciences (Frankreich, seit 1998), Natl. Acad. of Sciences USA (seit 2000); Amer. Physical Soc. (seit 1985); Amer. Astronom. Soc. (seit 1987), Dt. Astronom. Gesellsch. (seit 1987), Dt. Physikal. Gesellsch. (seit 1987), Int. Astronom. Union (seit 1987), Royal Astronom. Soc. (seit 1994). *Ämter*: 2000 Mitbegr. UCM-MPG Center f. Int. Exchange in Astrophysics and Space Sciences U of California Berkeley (USA); Gutachter f. DFG, Alexander-von-Humboldt-Stift., Bundesministerium f. Bildung u. Forschung, Minerva-Stift., Natl. Science Foundat. (USA), Smithsonian Inst. (USA), Netherlands Org. f. Scient. Res. (Niederlande), Israel Science Foundat. (Israel), Schweizer. Nationalfonds zur Förderung d. wiss. Forschung (Schweiz); 1986–1989, 1996–1998 Mitgl. Astronom. Working Gr. u. 1995–1998 Mitgl. Space Science Adv. Committee Europ. Space Agency (ESA); Mitgl. Verwaltungsrat Stratospheric Observatory f. Infrared Astronomy Science Council d. NASA (USA); Mitgl. Fachbeirat Netherland Foundat. f. Res. in Astronomy (Niederlande), James Clerk Maxwell Telescope (Hawaii), Dépt. d'Astrophysique, de Physique des Particules, de Physique Nucléaire et de l'Instrumentation Associée Commisariat de l'Energie Atomique (Frankreich). *Auszeichnungen*: Otto-Hahn-Medaille für 1978 (Max-Planck-Gesellsch., 1980), Presidential Young Investigators Award (1984), Newton-Lacy-Pierce-Preis (Amer. Astronom. Soc., 1986), Leibniz-Preis (DFG, 1990), de Vaucouleurs Medal (U of Texas Austin, 1999), Prix Janssen (Soc. Astronomique de France, 2000).

Hauptarbeitsgebiete: Sternentstehung; galaktische Kerne; Schwarze Löcher; Galaxienentwicklung; interstellares Medium.

Aufgenommen am 26. 3. 2002 (Matrikel-Nr. 6781), Sektion Physik (Astrophysik/Astronomie).

Anschrift: Max-Planck-Institut für extraterrestrische Physik, Giessenbachstraße, 85748 Garching, Tel. ++49 (0) 89 / 3 00 00 32 80, Fax ++49 (0) 89 / 3 00 00 36 01, E-Mail: genzel@mpe.mpg.de; [privat] Rheinlandstraße 14, 80805 München, Tel. ++49 (0) 89 / 32 36 93 04, Bundesrepublik Deutschland.

Gethmann, Carl Friedrich (*22. 1. 1944 Landsberg/Warthe), Dr. phil. (1971 U Bochum), C4-Prof. f. Philosophie U Essen (seit 1991) u. Dir. Europ. Akad.

zur Erforschung von Folgen wiss.-techn. Entwicklungen Bad Neuenahr-Ahrweiler GmbH (seit 1996) [Stud. Philosophie, Logik u. Pädagogik 1964–1966 U Bonn, 1966–1968 U Innsbruck, 1968–1972 U Bochum; 1967 Lizentiat in Philosophie; 1968–1971 wiss. Ass. Seminar f. Pädagogik u. Philosophie, 1971–1972 wiss. Ass. Seminar f. Philosophie, 1972 Doz. f. Philosophie Pädagog. HS Ruhr/Abtl. Essen; 1972–1979 U-Doz. f. Philosophie U Essen; 1976–1977 Lehrbeauftragter f.»Wissenschaftstheorie der Naturwissenschaften« Gesamthochschule Duisburg; 1977–1981 Lehrbeauftragter »Moderne Logik« U Düsseldorf; 1978 Habil.; 1978–1979 Priv.-Doz. U Konstanz; 1978–1979 Vertretung H4-Prof. f. Philosophie U Duisburg; 1979 Wiss. Rat u. Prof., 1980 C3-Prof., 1988 C3-U-Prof. f. Philosophie U Essen; 1981–1982 Vertretung C4-Prof. f. Philosophie U Göttingen (nebenamtlich); 1991 Stip. Karl-Heinz-Bekkurts-Stift.]. *Mitglied*: Academia Europaea (seit 1991), Berlin-Brandenburg. Akad. d. Wiss. (seit 1998); Dt. Vereinigung f. Math. Logik u. Grundlagenforschung (seit 1990), Gesellsch. Dt. Naturforscher u. Ärzte (seit 1994). *Ämter*: 1972–1974 Prorektor f. Stud. u. Lehre u. Vorsitz. Kommission f. Stud. u. Lehre U-Gesamthochsch. Essen; 1974 Gründung u. Ltg. Projektgr. »Wissenschaftstheorie« U Essen; 1974–1977 Mitarb. Projekt »Studien zum Problem der Identität« U Essen; 1975–1982 Vorsitz. Zentrale Kommission zur Förderung d. wiss. Nachwuchses; 1976–1982 Sprecher Fachgr. Philosophie U Essen; 1976–1977 Mitgl. Arbeitskreis »Rolle und Funktion der Philosophie« d. Fritz-Thyssen-Stift.; 1980–1991 Vorsitz. Promotionsausschuß Fachbereich 1 U Essen; ab 1981 gewählt. Mitgl. *Heidegger Conference* (USA); 1981–1984 Mitgl. Fachbereichsrat 1 U Essen; 1983–1992 Mitgl. Senat U Essen; 1984–1988 Beauftr. d. Rektorats f. d. Förderung d. wiss. Nachwuchses u. Vorsitz. Vergabeausschuß f. d. Förderung d. wiss. Nachwuchses; 1987–1991 Mitgl. Arbeitsgr. »Umweltstandards« Akad. d. Wiss. zu Berlin (West); 1988–1993 Ordentl. Kollegiat Gottlieb-Daimler- u. Karl-Benz-Stift. (Ladenburg) Arbeitsgr. »Umweltstaat«; 1990–1991 Sachverständ. Evaluierungskommissionen »Geisteswissenschaften« u. »Sozialwissenschaften« Wissenschaftsrat; 1991–1994 Planungsbeauftragter d. Senators f. Wiss. u. Forschung d. Landes Berlin u. Vorsitz. d. Struktur- u. Berufungskommission zur Erneuerung d. Philosoph. Inst. an d. HU Berlin; seit 1993 Sprecher Fachgr. Philosophie Fachberereich 1 U Essen; 1993–1995 Mitgl. DFG-Arbeitsgr. »Forschungsbehinderung«; 1993–1996 stellv. Vorsitz. Verein f. Wissenschaft u. Ethik u. Dir. Abtl. f. Technikfolgenabschätzung Inst. f. Wissenschaft u. Ethik Bonn; seit 1995 Mitgl. Kuratorium Karl-Heinz-Beckurts-Stift.; seit 1995 Mitgl., seit 1997 stellv. Vorsitz. Feodor-Lynen-Auswahlaussch. d. Alexander-von-Humboldt-Stift.; seit 1996 ständ. Gast Kuratorium f. Technikfolgenabschätzung in Baden-Württemberg; seit 1996 Geschäftsf. Europ. Akad. zur Erforschung von Folgen wiss.-techn. Entwicklungen Bad Neuenahr-Ahrweiler GmbH; seit 1998 Mitgl. Sachverständigenkreis »Biodiversitätsforschung« Bundesministerium f. Bildung, Wissenschaft, Forschung u. Technologie; seit 1999 Mitgl. Gr. de travail sur l' Ethique de l'Espace d. UNESCO (Paris); seit 1999 Mitgl. Technologiebeirat d. Landes Rheinland-Pfalz; seit 1999 Sprecher Arbeitsgr. »Gesundheitsstandards« Berlin-Brandenburg. Akad. d. Wiss.; seit 2000 Mitgl. Arbeitsgr. »Gentechnologiebericht« Berlin-Brandenburg. Akad. d. Wiss.; seit 2000 Mitgl. Bio-Ethikkommission Rheinland-Pfalz. *Redaktionelle Tätigkeiten*: Mithrsg. *Enzyklopädie Philosophie und Wissenschaftstheorie* (ab 1978); Wiss. Beirat *Zeitschrift für Didaktik der Philosophie* (1979–1989); *Argumentation* (1986–1995); Mithrsg. *Gaia. Ecological Perspectives in Science, Humanities and Economics* (seit 1991); Hrsg. *Philosophie und Wissenschaft. Transdisziplinäre Studien*.

Hauptarbeitsgebiete: Heidegger- und Phänomenologieforschung; Logik-Konzeptionen; Wissenschaftstheorie; Argumentationstheorie; Sprachphilosophie; Angewandte Philosophie (Medizinische Ethik, Umweltethik, Technikfolgenabschätzung).

Aufgenommen am 18. 11. 2002 (Matrikel-Nr. 6840), Sektion Wissenschaftstheorie.

Anschrift: Universität Duisburg-Essen, Fachbereich 1 – Philosophie, 45117 Essen, Tel. ++49 (0) 2 01 / 1 83 34 86, Fax ++49 (0) 2 01 / 1 83 34 85, E-Mail: gethmann@uni-essen.de; [privat] Jägerweg 13, 45525 Hattingen, Tel. ++49 (0) 23 24 / 5 23 77, Fax ++49 (0) 23 24 / 2 75 69, Bundesrepublik Deutschland.

Giaquinta, Mariano (*14. 3. 1947 Caltagirone), Dr. rer. nat., Prof. f. Mathematische Analysis Scuola Normale Superiore di Pisa (seit 1999) u. Dir. Math. Forschungsinst. »Ennio De Giorgi« (seit 2001) [1965–1969 Stud. Mathematik, 1969 Laurea (Examen) U Pisa; 1971–1976 wiss. Ass. Lehrstuhl f. Math. Analysis U Pisa; 1976 o. Prof. f. Math. Analysis U Modena; 1976 o. Prof. f. Math. Analysis U Ferrara; 1978 o. Prof. f. Math. Analysis U Florenz; 1996 o. Prof. f. Math. Analysis U Pisa; Forschungsaufenthalte u. Gastvorlesungen in Bonn, Heidelberg, Prag (Tschechien), Paris VI (Frankreich), Tianjin (China), Beijing (China), Canberra (Australien), Minneapolis (USA), Zürich, Djursholm (Schweden), Lissabon (Portugal), Oberwolfach]. *Auszeichnungen*: Giuseppe-Bartolozzi-Preis (Italien. Mathematikerunion, 1979), Alexander-von-Humboldt-Forschungspreis (Alexander-von-Humboldt-Stift., 1990), Luigi-Tartufari-Preis für Mathematik, Mechanik und Anwendungen (Accademia Nazionale dei Lincei, 1998). *Redaktionelle Tätigkeiten*: Geschäftsf. Hrsg. *Calculus of Variations and Partial Differential Equations*; Hrsg.-Gremium *Proceedings of the Royal Society of Edinburgh*, *Nonlinear Differential Equations and Applications*, *Annali della Scuola Normale Superiore (Classe di Scienze)*; *Progress in Nonlinear Differential Equations*.

Hauptarbeitsgebiete: Variationsrechnung; Partielle Differentialgleichungen; Theorie der Minimalflächen über Hindernissen und zur Existenz von Flächen vorgeschriebener mittlerer Krümmung; Regularitätstheorie nichtlinearer elliptischer Systeme (Regularität der Minimierer von Variationsintegralen; Regularität bei ungleichmäßigem Wachstum des Integranden); Fragen der nichtlinearen Elastizitätstheorie und des elastoplastischen Verhaltens; Theorie flüssiger Kristalle; Anwendungen der Geometrischen Maßtheorie in der Theorie nicht-parametrischer Variationsprobleme (»kartesische Ströme«).

Aufgenommen am 26. 3. 2002 (Matrikel-Nr. 6782), Sektion Mathematik.

Anschrift: Scuola Normale Superiore, Piazza dei Cavalieri 7, I-56100 Pisa, Tel. ++39 (0) 50 / 50 92 56, Fax ++39 (0) 50 / 50 90 45, E-Mail: giaquinta@sns.it; [privat] Via Dino Compagni 30, I-50133 Firenze, Tel. ++39 (0) 5 55 / 00 05 45, Italien.

Gösele, Ulrich Michael (*25. 1. 1949 Stuttgart), Dr. rer. nat. (1975 U Stuttgart), Wiss. Mitgl. Max-Planck-Gesellsch. u. Dir. am Max-Planck-Inst. f. Mikrostrukturphysik (seit 1993), Prof. f. Werkstoffe d. Elektrotechnik U Halle (seit 1994) u. Adj. Prof. Duke U Durham (USA) (seit 1998) [Stud. Physik U Stuttgart u. FU Berlin; Doktorarbeit am Max-Planck-Inst. f. Metallforschung u. U Stuttgart; 1976–1977 Visit. Scientist Atomic Energy Board Pretoria (Südafrika); 1980–1981 Visit. Scientist IBM Watson Res. Center New York (USA); 1983 Habil. U Stuttgart; 1984–1985 Forschungsing. Siemens Corp. Forschungslab. München; seit 1985 Full Prof. of Materials Science, seit 1994 J. B. Duke Prof. of Materials Science Duke U Durham (USA); 1991 Visit. Scientist NTT LSI Lab. Atsugi (Japan)]. *Mitglied*: Dt. Physikal. Gesellsch., Amer. Physical Soc., Inst. of Physics, Electrochem. Soc., K. u. K. Böhmisch Physikal. Gesellsch. *Auszeichnungen*: Electronics Division Award (Electrochem. Soc., 1999).

Hauptarbeitsgebiete: Halbleiter, Kinetik, Dotierung, Diffusion, Wafer Bonding.

Aufgenommen am 26. 3. 2002 (Matrikel-Nr. 6783), Sektion Physik (Experimentelle Physik).

Anschrift: Max-Planck-Institut für Mikrostrukturphysik, Weinberg 2, 06120 Halle (Saale), Tel. ++49 (0) 3 45 / 5 58 26 57, Fax ++49 (0) 3 45 / 5 58 25 57, E-Mail: goesele@mpi-halle.de; [privat] Rathenauplatz 14, 06114 Halle (Saale), Tel./Fax ++49 (0) 3 45 / 5 22 03 06, Bundesrepublik Deutschland.

Graßhoff, Gerd (*12. 6. 1957 Homberg), Dr. rer. nat. (1986 U Hamburg), o. Prof. f. Wissenschaftstheorie u. Wissenschaftsgeschichte U Bern (seit 1999) [1976–1978 Stud. Philosophie, Physik u. Mathematik U Bochum; 1978–1985

Stud. Philosophie u. Geschichte d. Naturwiss. U Hamburg; 1980–1981 Stud. St. John's Coll. Oxford (Großbritannien); 1982/83 Magister Artium in Philosophie U Hamburg; 1983–1986 wiss. Mitarb. Inst. f. Philosophie U Hamburg; 1985 Stud. Massachusetts Inst. of Technology Cambridge (USA); 1986–1987 Mitgl. Inst. f. Adv. Sudy Princeton (USA); 1988–1995 Hochschulass. Inst. f. Philosophie U Hamburg; 1988–1990 Visit. Member Inst. f. Adv. Study Princeton (USA); 1990–1991 Minerva Fellow Cohn Inst. f. History and Philosophy of Science and Ideas Tel-Aviv (Israel); 1995 Habil. u. Venia legendi Philosophie U Hamburg; 1995–1999 Senior Researcher Max-Planck-Inst. f. Wissenschaftsgeschichte Berlin; 1995–1996 Vertretungsprof. Inst. f. Philosophie U Hamburg; 1997–1998 Vertretungsprof. Lehrstuhl f. Wissenschaftsgeschichte U Göttingen]. *Ämter*: 2001 Mitgl. Euler-Kommission Schweizer. Akad. d. Naturwiss. *Auszeichnungen*: Preis d. Inst. f. Adv. Study Princeton (Neugebauer Fund, 1987), Heinz-Maier-Leibnitz-Preis (DFG, 1992).

Hauptarbeitsgebiete: Konzepte wissenschaftlicher Experimente (kognitive Modelle des Entdeckungsvorganges; Entdeckung des Harnstoffzyklus durch Hans KREBS und Kurt HENSELEIT; Computermodellierung wissenschaftlicher Entdeckungsprozesse); Naturphilosophie des 19. und 20. Jahrhunderts; Astronomiegeschichte; antike Naturwissenschaft; Geschichte wissenschaftlicher Instrumente.

Aufgenommen am 18. 11. 2002 (Matrikel-Nr. 6841), Sektion Wissenschafts- und Medizingeschichte.

Anschrift: Universität Bern, Institut für Philosophie, Länggassstrasse 49a, CH-3012 Bern, Tel. ++41 31 / 6 31 80 56, Fax ++41 31 / 6 31 37 79, E-Mail: gerd.grasshoff@philo.unibe.ch; [privat] Bühlstrasse 40, CH-3012 Bern, Schweiz.

Häussinger, Dieter (*22. 6. 1951 Nördlingen), Dr. med. (1976 LMU München), C4-Prof. f. Innere Medizin u. Dir. Med. Klinik f. Gastroenterologie, Hepatologie u. Infektiologie U Düsseldorf (seit 1994) [1970–1976 Stud. Humanmedizin LMU München; 1973–1975 Dr.-Arbeit am Inst. f. Physiol. Chemie u. Physikal. Biochemie LMU München; 1976–1977 Med.-Ass. Kreiskrankenh. Nördlingen; 1977 Approbation; 1977 Ass.-Arzt Abtl. Innere Medizin Kreiskrankenh. Nördlingen; 1977 Geschwaderarzt 1. U-Bootgeschwader Kiel; 1979 Ass. Physiol.-Chem. Inst. LMU München; 1979–1994 Ass., ab 1987 Oberarzt Med. U Klinik Freiburg (Br.), Facharzt f. Innere Medizin u. Erwerb d. Zusatzbezeichnung »Gastroenterologie«; 1980–1982 Mitgl. Forschergr. »Leber« Freiburg (Br.); 1983–1994 Mitgl. DFG-SFB 154 »Klinische und Experimentelle Hepatologie«; 1984 Habil. u. Venia legendi f. Innere Medizin; 1985–1990 Heisenberg-Stip.; 1988 apl. Prof. U Freiburg (Br.); 1991–1994 Inhaber einer Schilling-Prof. d. Dt. Stifterverb.; 1994 Übernahme u. Fortführung Forschergr. »Leberschädigung«; 1994 Friedrich-Merz-Stift.-Gastprof. U Frankfurt (Main); 1995 Gastprof. U Siena]. *Mitglied*: Ungar. Gesellsch. f. Gastroenterologie (Ehrenmitgl.); Dt. Gesellsch. f. Innere Medizin, Dt. Gesellsch. f. Verdauungs- u. Stoffwechselkrankh., German Assoc. f. Study of the Liver, Europ. Assoc. f. Study of the Liver, Int. Assoc. f. Study of the Liver, Europ. Soc. f. Enteral and Parenteral Nutrition, Gesellsch. Dt. Naturforscher u. Ärzte, Gesellsch. f. Biol. Chemie, Biochem. Soc. London, Gesellsch. f. Klin. Chemie u. Klin. Biochemie, Gesellsch. f. Fortschritte auf dem Gebiet der Inneren Medizin, Nordrhein-Westfäl. Gesellsch. f. Innere Medizin, Nordrhein-Westfäl. Gesellsch. f. Gastroenterologie, Amer. Assoc. of Gastroenterology. *Ämter*: 1994–1997 Mitgl. Scientif. Committee Europ. Soc. of Parenteral and Enteral Nutrition; 1995–1998 Mitgl. Scientif. Committee Europ. Assoc. f. Study of the Liver; seit 1995 Mitgl. DFG-SFB 503 »Exogene Noxen« U Düsseldorf; 1997–2001 Mitgl. DFG-Senatsausschuß f. SFB-Angelegenheiten; seit 1999 Mitgl. DFG-SFB 542 »Zytokingesteuerte Entzündungsprozesse« TH Aachen; Sprecher DFG-SFB 575 »Experimentelle Hepatologie« U Düsseldorf; seit 1998 Dekan Med. Fak. U Düsseldorf; seit 1999 Mitgl. Wiss. Beirat MEDICA; seit 2000 Mitgl. Medizinausschuß d. Wissenschaftsrates; 2001 Präs. Nordrhein-Westfäl. Gesellsch. f. Gastroenterologie; Mitl. Kuratorium Heinz-Ansmann-Stift.; Vorsitz. Kuratorium Lucie-Bolte-Stift.; Vorsitz. Beirat Vereinigung Leberkranker e. V.; Vorsitz. Med. Gesellsch. Düsseldorf; Mitgl. Wiss. Beirat Dt. Inst. f. Ernährungsforschung Potsdam; Mitgl. Arbeitsgr. »Klinische Pharmakologie« Wissenschaftrat; Mitgl. Expertenrunde »Klinische Forschung« d. Präs. d. Max-Planck-Gesellsch.; Mitgl. Kuratorium Heinrich-Wieland-Preis; Mitgl. Medizinausschuß Wissenschaftrat. *Auszeichnungen*: Wewelka-Preis (1983), Thannhauser-Preis (Dt. Gesellsch. f. Verdauungs- u. Stoffwechselkrankh., 1989), Gottfried-Wilhelm-Leibniz-Preis (DFG, 1990), Ehrenpreis d. Dt. Druiden-Ordens (1995), Kone Award Glasgow (Großbritannien, 1998), Hetenyi-Medaille (Ungar. Gesellsch. f. Gastroenterologie). *Redaktionelle Tätigkeiten*: Edit. Board *Biological Chemistry Hoppe-Seyler* (1986–1998), *Biochemical Journal* (1990–1998), *Hepatology* (1991–1994), *Cellular Physiology and Biochemistry* (seit 1991), *Klinische Wochenschrift/Clinical Investigator* (1991–1994), *Journal of Hepatology* (seit 1995), *European Journal Medical Research* (seit 1995), *Medizinische Klinik* (seit 1996), *Journal of Parenteral and Enteral Nutrition* (seit 1997).

Hauptarbeitsgebiete: Intermediärstoffwechsel, Experimentelle und Klinische Hepatologie (Zell-Zellinteraktionen in der Leber; Kommunikation und Signalübertragung; Leberzellheterogenitäten; hepatische Enzephalopathie; Säurebasenregulation; Zellvolumenregulation; Eikosanoidstoffwechsel; hepatorenale und hepatointestinale Interaktionen; Proteinturnover; Aminosäuretransport; hepatobiliärer Transport; Hormonwirkungsmechanismen; Regulation der Genexpression; Osmolytstrategien; Zytoprotektion; Klinik und Pathobiochemie der Virushepatitis und erblicher Stoffwechselkrankheiten der Leber; zelluläre Hydratation und Zellfunktion;

Signaltransduktion); Grundlagen der Ernährungswissenschaft (Zellernährung; Ernährung des gesunden und kranken Menschen).

Aufgenommen am 26. 3. 2002 (Matrikel-Nr. 6784), Sektion Agrar- und Ernährungswissenschaften.

Anschrift: Heinrich-Heine-Universität Düsseldorf, Klinik für Gastroenterologie, Hepatologie und Infektiologie, Moorenstraße 5, 40225 Düsseldorf, Tel. ++49 (0) 2 11 / 8 11 75 69, Fax ++49 (0) 2 11 / 8 11 88 38, E-Mail: haeussin@uni-duesseldorf.de; [privat] Hauptstraße 19, 40597 Düsseldorf, Tel. ++49 (0) 2 11 / 71 97 17, Bundesrepublik Deutschland.

Hanski, Ilkka Aulis (*14. 2. 1953 Lempäälä), D.Phil. (1979 U Oxford), Res. Prof. Acad. of Finland (seit 1996) u. Prof. of Zoology (Animal Ecology) U Helsinki (seit 1993) [Stud. Zoologie u. Botanik, 1976 FK Zoology and Botany, 1976 FL Zoology U Helsinki; 1979–1980 Res. Fellowship Acad. of Finland; 1981–1987 Junior Res. Scientist Acad. of Finland; seit 1981 Doz. U Helsinki; seit 1983 Doz. U Joensuu (Finnland); 1988 Senior Res. Scientist Acad. of Finland; 1988–1991 Acting Prof. of Zoology (Animal Ecology) U Helsinki; 1991–1992 Senior Res. Scientist Acad. of Finland]. *Mitglied*: Finnish Acad. of Science and Letters (seit 2001), Academia Europaea (seit 1998); Royal Swedish Acad. of Sciences (auswärt. Mitgl., seit 2000); Amer. Soc. of Naturalists, Amer. Soc. of Mammalogists, Brit. Ecol. Soc., Ecol. Soc. of America, Finnish Biol. Soc., Nordic Soc. of Oikos, Royal Entomol. Soc. of London, Royal Geograph. Soc. (London), Soc. f. the Study of Evolution. *Ämter*: 1988–1990 Mitgl. Expert Panel Natural Res. Council of Finland; 1991–1994 Mitgl. Life Sciences Committee of the National Environment Res. Council of the UK (Großbritannien); 1992 Auswärt. Vizepräs. Soc. f. the Study of Evolution; seit 1993 Mitgl. Scientif. Staff Int. Ecol. Inst.; 1993–1998 Mitgl. Steering Committee of the Europ. Science Foundat. Progr. in Population Biology; 1993–1996 Mitgl. Working Gr. United Nations Environment Progr. Global Biodiversity Assessment; 1993–1996 Mitgl. DIVERSITAS Steer. Gr. (IUBS-SCOPE-UNESCO) Progr. on Biodiversity; seit 1996 Mitgl. Board E. J. Sariola Foundat.; 1996–1998 u. seit 2001 Mitgl. Scientif. Adv. Board U Helsinki; 1997–2000 Mitgl. Scientif. Adv. Board Natl. Center f. Ecol. Analysis and Synthesis Santa Barbara (USA); 1998 Vorsitz. Ecol. Panel Natl. Res. Council of Finland; seit 2001 Mitgl. Board Finnish Cultural Foundat.; 2001–2002 Mitgl. Governm. Committee on Forest Conservation. *Auszeichnungen*: President's Gold Medal (Brit. Ecol. Soc., 1999), Prize in Terrestrial Ecology (Int. Ecology Inst., 1999), Award for a successful graduate school (Ministry of Education, 2000), Balzan Price for Ecological Sciences (2000), Sewall Wright Award

(Amer. Soc. of Naturalists, 2001). *Redaktionelle Tätigkeiten*: Assoc. Edit. *Trends in Ecology and Evolution* (seit 2000), *The American Naturalist* (1997–2000), *Oecologia* (seit 1991), *Theoretical Population Biology* (1989–1997); Edit./Adv. Board *Journal of Insect Conservation* (seit 1997), *Global Change in Biology* (seit 1994), *Annales Zoologici Fennici* (seit 1993), *Oikos* (seit 1991), *Acta Theriologica* (seit 1990).

Hauptarbeitsgebiete: Populationsökologie (Metapopulationen als Systeme aus mehreren bis vielen Einzelpopulationen, die durch Zu- und Abwanderung miteinander verbunden sind; Kleinschmetterling als Modelltier; Überleben von Tierarten in stark zerstückelten Landschaften); Natur- und Landschaftsschutz; Biodiversitätsproblematik.

Aufgenommen am 27. 5. 2002 (Matrikel-Nr. 6807), Sektion Ökowissenschaften.

Anschrift: Metapopulation Research Group, Department of Ecology and Systematics, Pobox 65, Viikinkaari 1, Fin-00014 University Helsinki, Tel. ++35 89 19 15 77 45, Fax ++35 89 19 15 76 94, E-Mail: ilkka.hanski@helsinki.fi; [privat] Puolaharju 48, Fin-00930 Helsinki, Tel. ++35 89 32 84 36 60, Finnland.

Hartl, Franz *Ulrich* (*10. 3. 1957 Essen), Dr. med. (1985 U Heidelberg), Wiss. Mitgl. Max-Planck-Gesellsch. u. Dir. am Max-Planck-Inst. f. Biochemie Martinsried (seit 1997) u. Hon.-Prof. f. Biochemie LMU München (seit 1997) [1976–1982 Stud. Humanmedizin, 1982 Med. Staatsexamen U Heidelberg; 1982 Approbation; 1982–1985 wiss. Mitarb. Inst. f. Biochemie I U Heidelberg; 1985–1986 Postdoktorand Inst. f. Physiol. Chemie LMU München; 1987–1989 Gr.-Ltr. Inst. f. Physiol. Chemie LMU München; 1989–1990 Forschungstip. U of California Los Angeles; 1990–1991 Gr.-Ltr. (Akad. Rat) Inst. f. Physiol. Chemie LMU München; 1991–1992 Assoc. Member Progr. in Cellular Biochemistry and Biophysics Sloan-Kettering Inst. New York u. Assoc. Prof. of Cell Biology and Genetics Cornell U Graduate School of Med. Sciences New York; 1993–1997 Member Progr. in Cellular Biochemistry and Biophysics Sloan-Kettering Inst. New York u. Prof. of Cell Biology and Genetics Cornell U Graduate School of Med. Sciences New York; 1994–1997 Assoc. Investigator Howard Hughes Med. Inst. New York; 1995 William E. Snee Chair of Cellular Biochemistry Sloan-Kettering Inst. New York]. *Mitglied*: Nordrhein-Westfäl. Akad. Wiss. Düsseldorf (auswärt., 1997), Amer. Acad. of Art and Sciences (auswärt., 2000), Europ. Mol. Biol. Organ. (EMBO, 1998). *Ämter*: 1995–1997 Mitgl. Natl. Inst. of Health Study Section »Molecular Cytology«; seit 1998 Mitgl. Vorstand, seit 2001 Vizepräs. Dt. Gesellsch. f. Biochemie u. Molekularbiologie; seit 2000 DFG-Gutachter. *Auszeichnungen*: Vinci Award (LVMH Science for Art competition, 1996), Lipman Award (Amer. Soc. of Biochemistry and Mol. Biology, 1997), Akademiepreis d. Berlin-Brandenburg. Akad. d. Wiss. (1999), Wilhelm Vaillant Prize (2000). *Redaktionelle Tätigkeiten*: Edit. *Biological Chemistry* (1994–1999 Executive Edit., seit 2000 Edit.-in-Chief); Edit. Board *Chemistry and Biology* (seit 1994), *Structure with Folding and Design* (seit 1995), *Cell Stress and Chaperones* (1995–1997), *The Journal of Cell Biology* (seit 1996), *Protein Science* (seit 1998), *Current Biology* (seit 1999), *The EMBO Journal* (seit 1999), *EMBO Reports* (seit 2000).

Hauptarbeitsgebiete: Faltung, Sortierung und Transport von Proteinen (u. a. Mitochondrien; Katalyse der Proteinfaltung); Aufklärung der Wirkungsweise der molekularen Chaperone; degenerative neurologische Erkrankungen (Parkinsonismus, Prionerkrankungen); Biogenese von Zellorganellen.

Aufgenommen am 27. 5. 2002 (Matrikel-Nr. 6808), Sektion Genetik/Molekularbiologie und Zellbiologie (Zellbiologie).

Anschrift: Max-Planck-Institut für Biochemie, Am Klopferspitz 18A, 82152 Martinsried bei München, Tel. ++49 (0) 89 / 85 78 22 33/22 44, Fax ++49 (0) 89 / 85 78 22 11, E-Mail: uhartl@biochem.mpg.de; [privat] Schulstraße 12, 82288 Kottgeisering, Bundesrepublik Deutschland.

Hillen, Wolfgang (*24. 4. 1948 Osnabrück), Dr. rer. nat. (1977 U Münster), C4-Prof. u. Dir. Inst. f. Mikrobiologie, Biochemie u. Genetik U Erlangen-Nürnberg (seit 1986) [1969–1974 Stud. Chemie, 1974–1977 Biochemie U Münster; 1974 Diplomchemiker U Münster; 1977–1978 Postdoktorand Inst. f. Biochemie TH Darmstadt; 1978–1980 Postdoc. Res. Fellow Dept. of Biochemistry U of Wisconsin Madison (USA); 1980–1984 Mitarb. Inst. f. Biochemie TH Darmstadt; 1984 Habil. f. Biochemie TH Darmstadt; 1984–1986 Prof. f. Physikal. Biologie Inst. f. Physikal. Biologie U Düsseldorf; 1993 Forschungsaufenth. American Cyanamid Lederle Res. Lab. Pearl River (USA); 1999/2000 Forschungsaufenth. Dept. of Biology U of California San Diego (USA)]. *Mitglied*: Gesellsch. Dt. Chemiker, Gesellsch. f. Biol. Chemie, Vereinigung Allg. u. Angewandt. Mikrobiologen, Amer. Soc. of Microbiology, Amer. Assoc. f. the Advancement of Science, Soc. f. General Microbiology (Großbritannien). *Ämter*: 1985–1987 Sprecher Studiensektion »Recombinant DNA Technology« Gesellsch. f. Biol. Chemie; 1989–1995 Sprecher Forschungsgr. »Cis and Trans Active Elements for Transcription«; 1988–1992 Mitgl. DECHEMA Biotechnologie-Komitee; 1989–1996 Sprecher Forschungsgr. »Transkriptionskontrolle und Regulationsproteine«; seit 1997 Sprecher DFG-SFB »Schaltvorgänge der Transkription«; 1999–2001 Vizepräs., seit 2001 Präs. Dt. Gesellsch. f. Mikrobiologie; seit 2000 Sprecher Bavaria California Technology Center; seit 2001 Mitgl. Erweit. Kuratorium Fonds d. Chem. Industrie; seit 2002 Sprecher Graduiertenkolleg »Protein-Protein-Interaktionen in der Signaltransduktion«. *Auszeichnungen*: Carl-Duesberg-Preis (Gesellsch. Dt. Chemiker, 1986), Max-Planck-Forschungspreis (Alexander-von-Humboldt-Stift., 1997). *Redaktionelle Tätigkeiten*: Edit. *Applied Microbiology and Biotechnology* (seit 1993), *European Journal of Biochemistry* (seit 1998).

Hauptarbeitsgebiete: Analyse der Tetracyclin-Resistenz in *Escherichia coli*; Tetracyclinrepressor/ -operator als Modellsystem für die molekulare Wirkungsweise von Repressoren; molekulare Mechanismen der C-Katabolitrepression in Gram-positiven Bakterien (Charakterisierung beteiligter Enzyme).

Aufgenommen am 11. 9. 2002 (Matrikel-Nr. 6818), Sektion Mikrobiologie und Immunologie (Mikrobiologie).

Anschrift: Friedrich-Alexander-Universität Erlangen-Nürnberg, Lehrstuhl für Mikrobiologie, Staudtstraße 5, 91058 Erlangen, Tel. ++49 (0) 91 31 / 8 52 80 81, Fax ++49 (0) 91 31 / 8 52 80 82, E-Mail: whillen@biologie.uni-erlangen.de; [privat] Maria-Gebbert-Straße 17, 91095 Uttenreuth, Tel. ++49 (0) 91 31 / 53 77 81, Bundesrepublik Deutschland.

Hohenberger, Werner (*3. 7. 1948 Helmbrechts/Oberfranken), Dr. med. (1973 U Erlangen-Nürnberg), C4-Prof. f. Chirurgie u. Dir. Chirurg. Klinik U Erlangen-Nürnberg (seit 1995) [Stud. Humanmedizin U Erlangen-Nürnberg; 1973 Med. Staatsexamen U Erlangen; wehrpflichtiger Truppenarzt in Nürnberg u. Bayreuth; Facharztausbild. f. Chirurgie 1975 in Münchberg (Oberfranken), 1976 Chirurg. U-Klinik Erlangen u. Inselspital Bern; 1982 Facharzt f. Chirurgie; 1984 Habil.; 1985–1986 interimist. Ltg. Klinik f. Viszeralchirurgie U Bern am Inselspital; 1988 C2-Prof., 1991 C4-Prof. f. Chirurgie U Regensburg]. *Ämter*: 1991–1993 Prodekan, 1993–1994 Dekan Med. Fak. U Regensburg; seit 1993 Mitgl. Ausschuß, 2001–2002 Präs. Vereinigung d. Gastroenterologen in Bayern e. V.; seit 1994 Mitgl. Vorstand Bayer. Krebsgesellsch.; 1995–2000 Mitgl. Vorstand Tumorzentrum U Erlangen-Nürnberg; seit 1995 Mitgl. Ausschuß, 1997–1998 1. Vorsitz. Vereinigung Bayer. Chirurgen e. V.; seit 1996 Mitgl. Bau- u. Haushaltsausschuß Med. Fak. U Erlangen-Nürnberg; 1997–2001 Prodekan Med. Fak. U Erlangen-Nürnberg; 1997–2001 Vorsitz. Kommission f. d. Lehrstuhlerneuerungsprogr. d. Med. Fak. U Erlangen-Nürnberg; seit 1999 Mitgl. Kommission Klin. Studien Dt. Krebsgesellsch.; seit 1999 1. Vorsitz. Chirurg. Arbeitsgemeinsch. f. Onkologie Dt. Gesellsch. f. Chirurgie u. Dt. Krebsgesellsch.; seit 1999 Mitgl. Council, 2001–2002 Präs. Europ. Assoc. of Coloproctology; seit 2001 Mitgl. Med. Beirat Dt. Krebshilfe e. V.; seit 2001 Mitgl. Arbeitskreis »Krankenhaushygiene« Arbeitsgemeinsch. d. Wiss. Med. Fachgesellsch; Mitgl. Beirat Pflegeakademie U-Klinikum Erlangen; Prüfer d. Bayer. Landesärztekammer f. Facharztbezeichnung Chirurgie u. Schwerpunktbezeichnung Viszeralchirurgie. *Redaktionelle Tätigkeiten*: Wiss. Beirat *Chirurgische Gastroenterologie, Chirurg, Colorectal Disease, Digestive Surgery, Langenbeck's Archives of Surgery.*

Hauptarbeitsgebiete: Viszeralchirurgie (Standardisierung des Vorgehens; Evaluation der Stagingsysteme und deren Weiterentwicklung); chirurgische Onkologie (Beziehungen zwischen Qualität der Chirurgie und Prognose; Stadiendefinition beim Magenkarzinom; Bedeutung der mesorektalen Resektion beim Rektumkarzinom; Multicenterstudien zur Chirurgie des kolorektalen Karzinoms; Rektumchirurgie und Schließmuskelerhaltung; Chemo- und Chemoradiotherapie; Weichteiltumoren); Immunmodulation bei abdominellen Eingriffen; Zytokine und Zytokinantwort; Pharmakokinetikuntersuchungen bei der isolierten Extremitätenperfusion.

Aufgenommen am: 11. 9. 2002 (Matrikel-Nr. 6819), Sektion Chirurgie, Orthopädie und Anästhesiologie (Chirurgie).

Anschrift: Friedrich-Alexander-Universität Erlangen-Nürnberg, Chirurgische Klinik mit Poliklinik, Krankenhausstraße 12, 91054 Erlangen, Tel. ++49 (0) 91 31 / 8 53 32 01, Fax ++49 (0) 91 31 / 8 53 65 95, E-Mail: werner.hohenberger@chir.imed.uni-erlangen.de; [privat] Am Gründla 23, 91074 Herzogenaurach, Tel. ++49 (0) 91 32 / 63 06 94, Fax ++49 (0) 91 32 / 74 70 50, E-Mail: hohenberger.werner@gmx.de, Bundesrepublik Deutschland.

Hoppeler, Hans (*26. 8. 1948 Zürich), Dr. med. (1974 U Bern), o. Prof. u. Ltr. Abtl. f. Systemat. Anatomie Anatom. Inst. U Bern (seit 1995) u. Wiss. Ltr. Sportmed. Zentrum Bern (seit 2000) [1967–1974 Stud. Humanmedizin U Bern; 1971–1974 Doktorand Anatom. Inst. U Bern; Ass.-Arzt Regionalspital Burgdorf 1974–1975 Gynäkol. Abtl., 1975–1976 Med. Abtl., 1976–1977 Anästhesie; 1977–1980 Ass. Anatom. Inst. U Bern; 1980–1981 Oberarzt u. Elektronenmikroskopie-Stationsltr. Anatom. Inst. U Bern; 1982 Hon. Fellow Physiol. Inst. U Birmingham (Großbritannien); 1983 Oberarzt Anatom. Inst. U Bern; seit 1985 Res. Assoc. Harvard U Cambridge (USA); 1986 Priv.-Doz. u. Venia docendi f. Anatomie u. Histologie; 1988 vollamtl. Extraordinarius u. Abtl.-Ltr. »Systematische Anatomie« Anatom. Inst. U Bern; 1991 Ltr. Forschungsinst. d. Eidgenöss. Sportschule Magglingen; 1992–1994 Ltr. Sportwiss. Inst. Eidgenöss. Sportschule Magglingen u. Abtl.-Ltr. »Systematische Anatomie« Anatom. Inst. U Bern]. *Mitglied*: Union Schweizer. Gesellsch. f. Exp. Biologie (seit 1978), Freie Vereinigung d. Anatomen an Schweizer. Hochschulen (seit 1978); Int. Soc. f. Stereology (seit 1979), Schweizer. Gesellsch. f. Med. Informatik (seit 1988), Int. Soc. f. Mountain Medicine (seit 1991), Amer. Physiol. Soc. (seit 1997). *Ämter*: seit 1992 Präs. Kommission f. Sport u. Sportwiss.; seit 1992 Vizepräs. Sportwiss. Ausschuß Eidgenöss. Turn- u. Sportkommission; seit 1997 Präs. Schweizer. Gesellsch. f. Sportmedizin; seit 1998 Vizepräs. Schweizer. Med. Interfakultärkommission; seit 1999 Mitgl. Commission on Work and Exercise Physiology Int. Union of Physiol. Sciences; seit 2000 Präs. (interim.) Progr. f. interfakultäre Ausbild. d. Forschungsnachwuchses; seit 2001 Präs. Fachkommission f. Dopingbekämpfung. *Auszeichnungen*: Theodor-Kocher-Preis (U Bern, 1985), Preis d. Schweizer. Gesellsch. f. Innere Medizin (1988). *Redaktionelle Tätigkeiten*: Edit. *Journal of Experimental Biology* (seit 1995), Edit. Board *Science & Sports* (seit 1999), *Respiration Physiology* (1987–1994), *International Journal of Sports Medicine* (1990), *Clinical Journal of Sports Medicine* (1990–1999), *Arzt und Sport* (1991).

Hauptarbeitsgebiete: Integrative Leistungsphysiologie des Bewegungsapparates (Energieversorgung; vergleichend-physiologische Untersuchungen der strukturellen Grundlagen der Muskelfunktion beim Menschen und beim Säugetier); Leistungsforderungen unter Einbezug modernster Methoden (funktionelle NMR, quantitative Elektronenmikroskopie, molekularbiologische Verfahren).

Aufgenommen am 18. 11. 2002 (Matrikel-Nr. 6842), Sektion Physiologie und Pharmakologie/Toxikologie (Physiologie).

Anschrift: Universität Bern, Anatomisches Institut, Bühlstrasse 26, CH-3000 Bern 9, Tel. ++41 31 / 6 31 46 37, Fax ++41 31 / 6 31 38 07, E-Mail: hoppeler@ana.unibe.ch; [privat] Hühnerbühlrain 40, CH-3065 Bolligen, Tel. ++41 31 / 9 22 17 57, Fax ++41 (0) 31 / 9 22 30 01, Schweiz.

Jost, Jürgen (*9. 6. 1956 Münster), Dr. rer. nat. (1980 U Bonn), Wiss. Mitgl. Max-Planck-Gesellsch. u. Dir. am Max-Planck-Inst. f. Mathematik in d. Naturwiss. Leipzig (seit 1996) u. Hon.-Prof. U Leipzig (seit 1998) [Stud. Mathematik, Physik, Volkswirtschaft u. Philosophie; 1984 Habil. in Mathematik U Bonn; 1984 Prof., 1987 C4-Prof. U Bochum]. *Mitglied*: Akad. d. Wiss. u. Literatur Mainz (seit 1998), Sächs. Akad. d. Wiss. Leipzig (seit 2001); Santa Fe Inst. (seit 2000). *Auszeichnungen*: Gottfried-Wilhelm-Leibniz-Preis (DFG, 1993). *Redaktionelle Tätigkeiten*: Gründungs- u. Geschäftsf. Hrsg. *Journal of the European Mathematical Society*; Mithrsg. *Calculus of Variations and Partial Differential Equations, Theory in Biosciences*.

Hauptarbeitsgebiete: Kognitive Strukturen und komplexe Systeme, neuronale Netze und dynamische Netzwerke; dynamische Systeme, Variationsrechnung, partielle Differentialgleichungen in Physik und Biologie; Riemannsche Geometrie und geometrische Analysis; Stringtheorie.

Aufgenommen am 26. 3. 2002 (Matrikel-Nr. 6785), Sektion Mathematik.

Anschrift: Max-Planck-Institut für Mathematik in den Naturwissenschaften, Inselstraße 22–26, 04103 Leipzig, Tel. ++49 (0) 3 41 / 9 95 95 50, Fax ++49 (0) 3 41 / 9 95 95 55, E-Mail: jost@mis.mpg.de; [privat] Stieglitzstraße 48,

04229 Leipzig, Tel. ++49 (0) 3 41 / 4 80 55 44, Fax ++49 (0) 3 41 / 4 80 55 22, Bundesrepublik Deutschland.

Kalden, Joachim Robert (*23. 11. 1937 Marburg), Dr. med. (1966 U Tübingen), Prof. f. Innere Medizin u. Dir. Med. Klinik III u. Inst. f. Klin. Immunologie Med. Fak. U Erlangen-Nürnberg (seit 1977) [Stud. Medizin; 1967–1970 Res. Fellow Dept. of Therapeutics U Edinburgh u. Med. Res. Council's Clin. Endocrinology Unit U Edinburgh (Großbritannien); 1970–1973 Ass. Abtl. f. Klin. Immunologie u. Bluttransfusion Klinik f. Innere Medizin Med. HS Hannover; 1973 Habil. u. Venia legendi f. Klin. Immunologie u. Innere Medizin Med. HS Hannover; 1973 Spezialisierung in Innere Medizin; 1974–1976 Arzt Klinik f. Innere Medizin, Klin. Immunologie u. Rheumatologie Med. HS Hannover; 1998 Visit. Prof. Mac Gill U Montreal (Kanada)]. *Mitglied*: Bayer. Akad. d. Wiss. (seit 1998), New York Acad. of Science; Brit. Soc. f. Immunology, Amer. Assoc. f. Immunology, Amer. Coll. of Rheumatology, Dt. Gesellsch. f. Innere Medizin, Dt. Gesellsch. f. Rheumatologie, Gesellsch. f. Fortschritte auf dem Gebiet der Medizin, Int. Interferon Soc., Dt. Gesellsch. d. Freunde d. Weizmann Inst., Henry Kunkel Soc.; Romanian Soc. f. Rheumatology (Ehrenmitgl., 1996), Dt. Gesellsch. f. Immunologie (Ehrenmitgl., 2002). *Ämter*: 1982–1991 Mitgl. Senatskommission f. Krebsforschung d. DFG; 1983–1990 Präs. Gesellsch. f. Immunologie; 1986–1992 Vorsitz., seit 1992 stellv. Vorsitz. WHO/IUIS Standardization Committee; 1986–1992 Mitgl. Scientif. Board »Analytika« München; seit 1987 Mitgl. Wiss. Beirat Paul-Ehrlich-Inst. Frankfurt (Main); 1986–1994 Mitgl., seit 1994 Präs. Beirat Dt. Rheumaforschungszentrum Berlin; 1989–1998 Vorsitz. Int. Scientif. Committee Dt. Krebsforschungsinst. Heidelberg; 1991–1997 Mitgl. Kuratorium Sandoz Stift. f. Therapeutic Res.; 1992–1995 Mitgl. Wiss. Beirat Bernhard-Nocht-Inst. f. Tropenmedizin Hamburg; 1992–1998 Mitgl. Council Int. Union of Immunol. Soc.; seit 1993 Mitgl. Wiss. Beirat Paul-Ehrlich-Gesellsch.; 1993–1994 Präs. Dt. Gesellsch. f. Rheumatologie; seit 1994 Mitgl., seit 1999 Vorsitz. Kuratorium Carol Nachman Award; 1993–1997 Mitgl. ACR Annu. Meeting Planning Committee; 1996–1997 Mitgl. Wiss. Beirat Bundesgesundheitsrat Bundesministerium f. Forschung u. Technologie; seit 1996 Mitgl. Board of Trustees GlaxoSmithKline Foundat.; 1997–2001 Mitgl., seit 2001 Vorsitz. Wiss. Beirat Forschungs-Inst. Borstel; seit 1997 Mitgl. Komitee f. Klin. Forschung Max-Planck-Gesellsch.; seit 1997 Vorsitz. EULAR (Europ. Rheumaliga) Stand. Committee f. Clin. Trials; seit 1997 Vorsitz. Wiss. Beirat Interdiszipl. Zentrum f. Klin. Forschung U Münster; seit 1998 Mitgl. Senat U Erlangen-Nürnberg; 1999–2001 design. Präs., seit 2001 Präs. EULAR; seit 1999 Mitgl. Stift.-Rat Wilhelm-Sander-Stift.; 2000 Mitgl. Wiss. Delegation d. Bundesministerium f. Forschung u. Technologie in Polen; 2000 Vorsitz. Assoc. of Interdisciplin.

Centers f. Clin. Res. in Germany; Gutachter f. DFG, Volkswagen-Stift., Bundesministerium f. Forschung u. Technologie, Dt. Wissenschaftsrat, Swiss Natl. Fonds, Österr. Natl. Fonds, Sander-Stift., Mildred-Scheel-Stift., Wellcome Trust, Irish Natl. Fund, Dutch Arthritis Foundat., Human Frontier Science Progr., German-Israeli Foundat. *Auszeichnungen*: Georg-Zimmermann-Preis f. Krebsforschung (Med. HS Hannover, 1976), Verdienstkreuz am Bande d. Verdienstordens d. Bundesrepublik Deutschland (1995); Ehrenurkunde d. Dt. Gesellsch. f. Immunologie (1995), Dr.-Franziscus-Blondel-Medaille (Aachen, 1997), Dr. h. c. (HU Berlin, 1998), Bayer. Verdienstorden (2000). *Redaktionelle Tätigkeiten*: Edit. *Rheumatology International*; Section Edit. *Therapiehandbuch, Rationelle Diagnostik und Therapie in der Inneren Medizin*; Adv./Edit. Board *Journal of Clinical and Experimental Immunology, Journal of Clinical Chemistry and Biochemistry, Immunobiology, Journal of Laboratory and Clinical Immunology, Clinical and Experimental Rheumatology, Rheumatology Review, Lupus Journal, Molecular Medicine, Scandinavian Journal of Immunology, Arthritis and Rheumatism*.

Hauptarbeitsgebiete: Rheumatologie; Immunologie (Immunregulation bei rheumatoider Arthritis und immunologischen Systemerkrankungen).

Aufgenommen am 11. 9. 2002 (Matrikel-Nr. 6820), Sektion Innere Medizin und Dermatologie (Innere Medizin).

Anschrift: Friedrich-Alexander-Universität Erlangen-Nürnberg, Medizinische Klinik III mit Poliklinik, Krankenhausstraße 12, 91054 Erlangen, Tel. ++49 (0) 91 31 / 8 53 34 18, Fax ++49 (0) 91 31 / 8 53 47 70, E-Mail: joachim.kalden@med3.imed.uni-erlangen.de; [privat] Loewenichstraße 19, 91054 Erlangen, Tel. ++49 (0) 91 31 / 20 12 88, Bundesrepublik Deutschland.

Keck, Gérard (*12. 12. 1949 Rouffach/Frankreich), Dr. vet. med. (1975 École Nationale Vétérinaire Lyon), Nommé Prof. de Pharmacie-Toxicologie École Nationale Vétérinaire Lyon (seit 1989) [Stud. Veterinärmedizin, 1973 Diplôme Fin d'études vétérinaires École Nationale Vétérinaire Lyon; 1974 Ass. Pharmacie-Toxicologie École Nationale Vétérinaire Lyon; Postgraduale Stud. 1977 DEA Ecologie, Certificats: 1976 Biochimie, 1976 Chimie Organique, 1977 Pharmacologie U Lyon 1; 1977 Maîtrise de Pharmacologie; 1977 Maître Ass. Pharmacie-Toxicologie u. Maître Ass. suppléant Anatomie École Nationale Vétérinaire Lyon; 1979 Agrégation des Écoles Nationales Vétérinaires (Pharmacie-Toxicologie)]. *Ämter*: Secrétaire Gal du Centre National d'Informations Toxicologiques Vétérinaires; Expert pharmacovigilance vétérinaire à l'Agence Européenne des Médicaments; Responsable de la Pharmacie des Cliniques de l'Écoles Nationale Vétérinaire Lyon; Mitgl. Board Coll. Europ. de Pharmacologie et Toxicologie Vétérinaire; Gerichtsexperte f. Toxikologie; Enseignant et encadrant dans trois formation universitaire 3e cycle sur l'environnement; Responsable de module dans deux Mastères Spécialisés; Co-responsable de formation continue »Médecine Vétérinaire des Catastrophes et de l'Environnement«; Präs. Réseau Santé Déchets; Responsable des Relations Internationales École Nationale Vétérinaire Lyon; Secrétaire Gal du Coopérations Echanges Vétérinaires Est Ouest; Präs. Méditerranée Vétérinaire; Mitgl. Conseil d'Administration de Bioforce; Expert Projet Tempus Tacis Sus Food Ukraine; Conseiller Municipal de Saint Didier au Mont d'Or, chargé de l'Environnement; Mitgl. Syndicat Mixte des Monts d'Or.

Hauptarbeitsgebiete: Veterinärmedizinische Toxikologie und Pharmakologie (Pharmakokinetik bei Haustieren); Arzneimittelkontrolle und -bewertung (Arzneimitteltoleranzstudien); Umweltschutz (Ökotoxikologie); Fremd- und Zusatzstoffe in Nahrungsmitteln.

Aufgenommen am 11. 9. 2002 (Matrikel-Nr. 6821), Sektion Veterinärmedizin.

Anschrift: École Nationale Vétérinaire Lyon, 1, avenue Bourgelat, BP 83, 69280 Marcy l'Etoile, Tel. ++33 4 78 87 26 32, Fax ++33 4 78 87 80 12, E-Mail: g.keck@vet-lyon.fr; Frankreich.

Kessler, Horst (*5. 4. 1940 Suhl), Dr. rer. nat. (1966 U Tübingen), C4-Prof. f. Organ. Chemie u. Biochemie TU München (seit 1989) [1958–1961 Stud. Chemie U Leipzig; 1961–1963 Stud. Chemie U Tübingen; 1963 Diplom U Tübingen; 1964–1970 wiss. Ass. U Tübingen; 1969 Habil. in Organ. Chemie, 1970 Doz. U Tübingen; 1971–1988 C4-Prof. f. Organ. Chemie U Frankfurt (Main); Gastprof. 1975 Dalhousie U Halifax (Kanada), 1985 U Tokyo (Japan), 1988 U of Wisconsin Madison (USA), 1990 Technion Haifa (Israel), 1997 U of Texas Austin (USA), 1998 Hebrew U Jerusalem (Israel)]. *Mitglied*: Bayer. Akad. d. Wiss. (seit 1996); Amer. Chem. Soc. (seit 1974), Amer. Peptide Soc. (seit 1991), Bund d. Freunde u. Förderer d. TU München; Europ. Peptide Soc. (seit 1992), Gesellsch. Dt. Chemiker (seit 1966), Hans-Fischer-Gesellsch. (seit 1992), Liebig-Vereinigung f. Organ. Chemie (seit 1998), Max-Bergmann-Kreis zur Förderung d. Peptidchemie (seit 1984). *Ämter*: 1978–1982 Vorsitz., 1991–1994 u. seit 2001 Mitgl. Vorstand Fachgr. »Magnetische Resonanzspektroskopie« Gesellsch. Dt. Chemiker; 1986–1989 Mitgl. Kuratorium Degussa-Stift.-Prof.; 1989–1996 Mitgl. Fachbereichsrat Fak. f. Chemie TU München; seit 1990 Mitgl. Kuratorium Leonard-Lorenz-Stift.; 1991–1995 Vorsitz. Max-Bergmann-Kreis; 1992–1994 Vorsitz. Ortsverband Gesellsch. Dt. Chemiker u. Münchener Chem. Gesellsch.; 1994–1996 Dekan Fak. f. Chemie, Biologie u. Geowiss. TU München; 1994–1996 Mitgl. Senat TU München; seit 1995 Mitgl. Vorstand, seit 1999 stellv. Vorsitz. Fachgr. »Medizinische Chemie« Gesellsch. Dt. Chemiker; seit 1995 Vertrauensdoz. d. Gesellsch. Dt. Chemiker f. TU München; seit 1996 DFG-Fachgutachter; 1996–2001 Vorsitz. Wiss. Beirat Max-Bergmann-Kreis; seit 1997 Mitgl. Beirat Forschungsinst. f. Mol. Pharmakologie Berlin; seit 1997 Mitgl. Wiss. Beirat Max-Planck-Inst. f. Biochemie Martinsried; seit 1998 Vertrauensdoz. Fonds d. Chem. Industrie f. TU München; seit 1998 Mitgl. Kommission zur Vergabe d. Pracejus-Preises d. Gesellsch. Dt. Chemiker; 1999–2000 Gutachter Subkomitee Abtl. f. Strukturelle Studien Lab. f. Mol. Biology MRC Cambridge (Großbritannien). *Auszeichnungen*: Medaille auf der »Deutschen Woche« in Gent (1963), Otto-Bayer-Preis (1986), Max-Bergmann-Medaille für Peptidchemie (1988), Emil-Fischer-Medaille (Gesellsch. Dt. Chemiker, 1997), Max-Planck-Forschungspreis (2001), American Peptide Society's Vincent Du Vigneaud Award (2002), Hans-Herloff-Inhoffen-Medaille (2002), Dr. h. c. (U Leipzig, 2002). *Redaktionelle Tätigkeiten*: Edit. Board *Magnetic Resonance* in *Chemistry* (seit 1981), *Biopolymers* (seit 1987), *Journal of Peptide Research* (seit 1997, seit 1987 *International Journal Peptide & Protein Research*), *Liebigs Annalen der Chemie* (1989–1994), *Journal of Biomolecular NMR* (seit 1991), *Helvetica Chimica Acta* (1992–1998), *Journal of Magnetic Resonance* (seit 1993), *Letters in Peptide Science* (seit 1994), *Journal of Peptide Science* (seit 1995), *Current Topics in Peptide & Protein Research* (seit 1996), *Journal of Medicinal Chemistry* (1997–2001), *Biopolymers* (*Nucleic Acids Research*) (seit 1997), *Biopolymers* (*Peptide Science*) (seit 1998), *Tetrahedron* (seit 1998), *Tetrahydron Letters* (seit 1998), *Tetrahedron: Asymmetrie* (seit 1998), *ChemBioChem* (*Chemical Biology and Biological Chemistry*) (seit 2000); Mitgl. Kuratorium *Angewandte Chemie* (seit 1996, 1998–2000 stellv. Vorsitz., seit 2000 Vorsitz.)

Hauptarbeitsgebiete: Bioorganische Chemie; rationales Moleküldesign auf der Basis der Konformation; Synthese und Struktur von Peptiden und Peptidmimetica; Entwicklung und Anwendung von NMR-Techniken und Rechenverfahren zur Bestimmung der Molekülstruktur.

Aufgenommen am 27. 5. 2002 (Matrikel-Nr. 6809), Sektion Chemie (Organische Chemie).

Anschrift: Technische Universität München, Institut für Organische Chemie und Biochemie – Lehrstuhl II, Lichtenbergstraße 4, 85747 Garching, Tel. ++49 (0) 89 / 28 91 33 00/01, Fax ++49 (0) 89 / 28 91 32 10, E-Mail: Horst.Kessler@ch.tum.de; [privat] Lörenskogstraße 4, 85748 Garching, Tel. ++49 (0) 89 / 3 29 26 23, Bundesrepublik Deutschland.

Kirschner, Jürgen Michael Rudolf (*18. 4. 1945 Arendsee/Altmark), Dr. rer. nat. (1974 TU München), Wiss. Mitgl. d. Max-Planck-Gesellsch. u. Dir. am Max-Planck-Inst. f. Mikrostrukturphysik Halle (Saale) (seit 1992) [1964–1967

Stud. Physik, Vordiplom LMU München; Stud. Physik 1967 U Freiburg (Br.), 1967–1968 U Marseille/Nizza (Frankreich), 1968–1970 TU München; 1971 Diplom TU München; 1971–1974 Promotionsstip. d. Max-Planck-Gesellsch. Max-Planck-Inst. f. Plasmaphysik Garching; 1974–1975 wiss. Angest. Max-Planck-Inst. f. Plasmaphysik Garching; 1975–1988 wiss. Angest. Inst. f. Grenzflächenforschung u. Vakuumphysik Kernforschungsanlage Jülich; 1976 Gastprof. U Rio de Janeiro (Brasilien); 1982 Habil. u. Venia legendi RWTH Aachen; 1984 Gastprof. Waseda U Tokyo (Japan); 1988–1992 C4-Prof. f. Experimentalphysik FU Berlin.] *Mitglied*: Dt. Physikal. Gesellsch., Amer. Physical Soc., Dt. Vakuumgesellsch. *Ämter*: Mitgl. External Adv. Panel of Graduate Res. School at the Res. Inst. f. Materials Nijmegen (Niederlande); Mitgl. Int. Adv. Committee of »Center for Nanospinics of Spinotronic Materials« (Korea); Mitgl. Res. Center »International Center for Quantum Structure« Beijing, Chinese Acad. of Sciences (China); Mitgl. Int. Adv. Board Center for Nano-Materials Eindhoven (Niederlande); Mitgl. Wiss. Beirat Inst. f. Schichten u. Grenzflächen Forschungszentrum Jülich GmbH; Mitgl. Preiskomitee Walter-Schottky-Preis d. Dt. Physikal. Gesellsch.; Mitgl. Wiss. Beirat Hahn-Meitner-Inst. Berlin. *Auszeichnungen*: Gaede-Preis (Dt. Arbeitsgemeinsch. Vakuum f. »Grundlegende u. bahnbrechende Arbeiten zur Wechselwirkung spinpolarisierter Elektronen mit Festkörperoberflächen und dünnen Schichten«). *Redaktionelle Tätigkeiten*: Guest Edit. *Applied Physics*, Assoc. Edit. *Journal of Magnetism & Magnetic Materials*, *Philosophical Magazine B*; Edit./Adv. Board *Encyclopedia of Nanoscience and Nanotechnology*.

Hauptarbeitsgebiete: Elektronische Struktur und Magnetismus von Materie in reduzierten Dimensionen: Oberflächen, monoatomare Schichten und mesoskopische Strukturen.

Aufgenommen am 26. 3. 2002 (Matrikel-Nr. 6786), Sektion Physik (Experimentelle Physik).

Anschrift: Max-Planck-Institut für Mikrostrukturphysik, Weinberg 2, 06120 Halle (Saale), Tel. ++49 (0) 3 45 / 5 58 26 55, Fax ++49 (0) 3 45 / 5 58 25 66; [privat] Rathenauplatz 14, 06114 Halle (Saale), Tel. ++49 (0) 3 45 / 5 22 03 08, Bundesrepublik Deutschland.

Knop, Jürgen (*21. 9. 1941 Hagen), Dr. med. (1968 U Freiburg/Br.), C4-Prof. f. Dermatologie u. Venerologie u. Dir. Hautklinik U Mainz (seit 1988) [1962–1967 Stud. Humanmedizin U Freiburg (Br.); 1969–1972 wiss. Ass. Max-Planck-Inst. f. Immunbiologie Freiburg (Br.); 1972 Approbation; 1972–1974 Forschungsaufenth. Dept. Immunology and Microbiology U Adelaide (Australien); 1977 Ph. D. U Adelaide (Australien); 1974–1975 Fortbildungsstip. Max-Planck-Inst. f. Immunbiologie Freiburg (Br.); 1975 wiss. Mitarb. Abtl.

Biochemie-Forschung (Immunologie) Behringwerke Marburg; 1976 wiss. Ass. U-Klinik Münster, Weiterbild. z. Arzt f. Dermatologie u. Venerologie; 1977 Habil. u. Venia legendi f. Immunologie U Münster; 1980 Anerkennung als Arzt f. Dermatologie u. Venerologie; 1981 Erweiterung d. Venia legendi f. Dermatologie u. Venerologie; 1980 Oberarzt, 1981 apl. Prof., 1982 C3-Prof. (auf Zeit) Hautklinik U Münster; 1985 Zusatzbezeichnung Allergologie]. *Mitglied*: Gesellsch. f. Immunologie, Europ. Soc. of Dermatol. Res., Arbeitsgemeinsch. Dermatol. Forschung, Dt. Dermatol. Gesellsch., Norweg. Gesellsch. f. Dermatologie (korresp., 1986). *Ämter*: 1993 Sprecher Klin. Forschergr. d. DFG »Zelluläre u. molekulare Mechanismen allergischer Krankheiten«; 1999 Sprecher DFG-SFB 548 »Analyse und Modulation allergischer und autoimmunologischer Krankheiten«; 1995 Mitgl. Auswahlausschuß Heisenberg-Stip. d. DFG. *Auszeichnungen*: Paul-Gerson-Unna-Preis (1985).

Hauptarbeitsgebiete: Analyse der immunologischen Steuerung der Kontaktallergie; Allergie- und Autoimmunitätsforschung (Bearbeitung dermatologischer Autoaggressionskrankheiten); Immuntherapie des malignen Melanoms.

Aufgenommen am 11. 9. 2002 (Matrikel-Nr. 6822), Sektion Innere Medizin und Dermatologie (Dermatologie).

Anschrift: Johannes-Gutenberg-Universität Mainz, Klinikum, Hautklinik, Langenbeckstraße 1, 55131 Mainz, Tel. ++49 (0) 61 31 / 17 71 12, Fax ++49 (0) 61 31 / 17 34 70, E-Mail: knop@hautklinik.klinik.uni-mainz.de; [privat] Gartenbrunnenweg 3, 55543 Bad Kreuznach, Tel. ++49 (0) 6 71 / 7 53 40, Bundesrepublik Deutschland.

Leiderer, Paul (*9. 4. 1944 Dorfen/Obb.), Dr. rer. nat. (1973 TU München), C4-Prof. f. Physik U Konstanz (seit 1988) [1963–1969 Stud. Physik, 1969 Diplom TU München; 1969–1973 Promovend TU München; 1973–1974 Forschungsaufenth. Cornell U Ithaca (USA); 1975 wiss. Ass. Fachbereich Physik TU München; 1979 Habil.; 1981 C2-Prof. TU München; 1982 C3-Prof. U Mainz]. *Mitglied*: Akad. d. Wiss. Heidelberg (seit 2001); Dt. Physikal. Gesellsch., Europ. Physical Soc., Dt. Hochschulverband. *Ämter*: 1988–1997 Mitgl. Beirat Forschungsinst. Glas/Keramik GmbH Höhr-Grenzhausen; 1991–1995 Sprecher DFG-SFB 306 »Mikroskopische und strukturbedingte Prozesse der atomaren und molekularen Bewegung«; 1992–1996 Ltr. EU-HCM-Netzwerk »Electrons on Cryogenic Surfaces«; 1995–1999 Mitgl. Großer Senat, seit 1999 Mitgl. Senat U Konstanz; 1995–1999 Mitgl. Ausschuß f. Forschungsfragen U Konstanz; 1990–1995 Vorsitz Ständiger Prüfungsausschuß Physik U Konstanz; Vorsitz Helium-Kommission U Konstanz; seit 1996 Sprecher DFG-SFB 513 »Nanostrukturen an Oberflächen und Grenzflächen«; seit 1996 stellv.

Sprecher Zentrum für moderne Optik Konstanz; seit 1996 DFG-Fachgutachter; seit 1997 stellv. Sprecher DFG-Forschergr. »Quantengase«; seit 1998 Mitgl. Kuratorium Stern-Gerlach-Preis d. Dt. Physikal. Gesellsch. *Auszeichnungen*: Dornier-Forschungspreis (1999). *Redaktionelle Tätigkeiten*: Edit. Board *Journal of Low Temperature Physics*.

Hauptarbeitsgebiete: Tieftemperaturphysik (Verhalten von Quantenflüssigkeiten, z. B. Benetzungsverhalten auf Alkalimetallen; Adsorption von Helium auf Graphit oder von Wasserstoff auf verschiedenen Unterlagen bei tiefen Temperaturen; Supraleitung; Verhalten von Elektronen auf Oberflächen des flüssigen Heliums; Untersuchung der von Temperatur und Elektronendichte abhängigen Phasenübergänge vom Wigner-Kristall zum entarteten Fermigas); Nanostrukturen auf Oberflächen (Phänomene der Grenzfläche fest-flüssig; Benetzung fester Oberflächen; Herstellung von Nanostrukturen; Kristallisationsvorgänge; Oberflächenstruktur und Dynamik von dünnen Filmen; Grenzflächen kondensierter Quantenmaterie; kolloidale Systeme).

Aufgenommen am 26. 3. 2002 (Matrikel-Nr. 6787), Sektion Physik (Experimentelle Physik).

Anschrift: Universität Konstanz, Fachbereich Physik, Universitätsstraße 10, Gebäude P, Raum P 909, Tel. ++49 (0) 75 31 / 88 37 93/92, Fax ++49 (0) 75 31 / 88 30 91, E-Mail: paul.leiderer@uni-konstanz.de, Bundesrepublik Deutschland.

Lichte, Hannes (*23. 10. 1944 Braunschweig), Dr. rer. nat. (1977 U Tübingen), C4-Prof. f. Physikal. Meßtechnik Inst. f. Angew. Physik TU Dresden (seit 1994) [Stud. Physik 1966 U Kiel, 1967–1972 Tübingen; 1972 Diplom U Tübingen; 1972–1983 wiss. Angest. Inst. f. Angew. Physik U Tübingen; 1983–1987 Akad. Rat mit den Aufgaben Wissenschaftsverwaltung d. Inst. f. Angew. Physik u. Mitarb. in Forschung u. Lehre; 1987 Habil.; 1987 Beurlaubung als Akad. Rat zur Wahrnehmung d. Vertretung einer Prof. f. Angew. Physik U Tübingen; 1988 Lehrbefugnis; 1989 C3-Prof. f. Angew. Physik U Tübingen u. Ltr. Arbeitsgr. »Elektronenholographie«]. *Ämter*: 1990–1992 stellv. Dir. Inst. f. Angew. Physik U Tübingen; 1993–1994 Dekan Fak. f. Physik U Tübingen. *Auszeichnungen*: Carus-Medaille der Leopoldina u. Carus-Preis d. Stadt Schweinfurt (1987), Ernst-Ruska-Preis (Ernst-Ruska-Förderverein d. Dt. Gesellsch. f. Elektronenmikroskopie, 1989).

Hauptarbeitsgebiete: Elektronenholographie (Einsatz zur Eliminierung und Minimierung von Abbildungsfehlern in der Elektronenmikroskopie).

Aufgenommen am 26. 3. 2002 (Matrikel-Nr. 6788), Sektion Physik (Experimentelle Physik).

Anschrift: Technische Universität Dresden, Fakultät für Naturwissenschaften, Institut für Angewandte Physik, 01062 Dresden, Tel. ++49 (0) 3 51 / 21 50 89 10,

Fax ++49 (0) 3 51 / 21 50 89 20, E-Mail: Hannes.Lichte@physik.tu-dresden.de, [privat] Sandweg 14, 01328 Dresden, Tel. ++49 (0) 3 51 / 2 65 46 87, Bundesrepublik Deutschland.

Lohse, Detlef (*15. 9. 1963 Hamburg), Dr. rer. nat. (1992 U Marburg), Prof. f. Fluiddynamik u. Wärmetransfer Dept. of Applied Physics U Twente Enschede (Niederlande) (seit 1998) [Stud. Physik, 1986 Vordiplom U Kiel, 1989 Diplom U Bonn; 1992–1993 wiss. Mitarb. Fachbereich Physik U Marburg; 1993–1995 Postdoc. Res. Fellow James Franck Inst. U of Chicago (USA); 1995–1998 wiss. Mitarb. Fachbereich Physik U Marburg; 1997 Habil. u. Priv.-Doz. f. Theor. Physik Fachbereich Physik U Marburg; 1998 Heisenberg-Stip. LMU München]. *Ämter*: 2002–2005 Mitgl. Board Dutch Physical Soc.; 2002–2006 Mitgl. FOM werkgemeenschappscommissie fenomenologische fysica; seit 2002 Mitgl. Scientif. Adv. Board Lorentz-Center Leiden. *Auszeichnungen*: Heinz-Maier-Leibnitz-Preis (1997), Winner of the FOM-projectruimte (1999), Winner of the »Gallery of Fluid Motion« (Amer. Physical Soc., 2000, 2001). *Redaktionelle Tätigkeiten*: Edit. Board *Nonlinearity* (2002–2003).

Hauptarbeitsgebiete: Blasendynamik und Sonolumineszenz, Kavitation, Sonochemie; Mehrphasenströmung; vollentwickelte Turbulenz und Turbulenzübergang; Biophysik; Granular-Medien; nichtlineare Dynamik und komplexe Systeme.

Aufgenommen am 26. 3. 2002 (Matrikel-Nr. 6789), Sektion Physik (Theoretische Physik).

Anschrift: University of Twente, Faculty of Applied Physics, P.O. Box 217, 7500 AE Enschede, The Netherlands, Tel. ++31 53 / 4 89 80 76, Fax ++31 53 / 4 89 80 68, E-Mail: d.lohse@tn.utwente.nl, [privat] von Weberlaan 6, 7522 KB Enschede, The Netherlands, Tel. ++31 53 / 4 36 25 77, Niederlande.

Lovász, László (*9. 3. 1948 Budapest), Dr. rer. nat. (1971 Eötvös Loránd U Budapest), Senior Researcher Microsoft Research Redmond (USA) [Stud. Mathematik; 1970 Candidate of Math. Sci. Ungar. Akad. d. Wiss. Budapest; 1971–1975 Res. Assoc. Eötvös Loránd U Budapest; 1972–1973 Gastaufenth. Vanderbilt U Nashville (USA); 1975–1978 Doz. U Szeged; 1977 Dr. Math. Sci. Ungar. Akad. d. Wiss. Budapest; 1978–1979 Gastaufenth. U Waterloo (Kanada); 1978–1982 o. Prof. f. Geometrie U Szeged; 1980 Adj. Prof. U Waterloo (Kanada); 1982–1987 A. D. White-Prof.-at-Large Cornell U Ithaca (USA); 1983–1993 Prof. f. Computer Science Eötvös Loránd U Budapest; 1984–1985 Gastaufenth. U Bonn; 1984 Hon.-Prof., 1985 John-von-Neumann-Prof. U Bonn; 1985 Gastaufenth. U of Chicago (USA); 1985 Gastaufenth. Cornell U Ithaca

(USA); 1986 Gastaufenth. Math. Scie. Res. Inst. Berkeley (USA); 1987, 1989, 1990–1991, 1992–1993 Gastaufenth. U Princeton (USA); 1988 Hon.-Prof. Acad. Sinica (China); 1993–2000 Prof. Dept. Computer Science Yale U New Haven (USA)]. *Mitglied*: Ungar. Akad. d. Wiss. (korresp. seit 1979, regulär seit 1985), Europ. Acad. of Sciences, Arts and Humanities (seit 1981), Academia Europaea (seit 1991), Nordrhein-Westfäl. Akad. d. Wiss. (korresp., seit 1993). *Ämter*: 1986–1994 Mitgl. Execut. Committee Int. Math. Union; 1990–1993 Mitgl. Präsidium Ungar. Akad. d. Wiss. *Auszeichnungen*: Grünwald Géza Prize (Bolyai Soc., 1970), George Pólya Prize (Soc. Ind. Appl. Math., 1970), Best Information Theory Paper Award (Inst. of Electrical and Electronics Engineers, 1981), Ray D. Fulkerson Prize (Amer. Math. Soc., Math. Progr. Soc., 1982), Ungar. Staatspreis (1985), Tibor Szele Medal (Bolyai Soc., 1992), Brouwer Medal (Dutch Math. Soc., Royal Netherland Acad. Sci., 1993), Ungar. Verdienstorden (1998), Bolzano Medal (Czech Math. Soc., 1998), Wolf Prize (Israel, 1999), Knuth Prize (Assoc. f. Computing Machinery – Special Interest Group on Algorithms and Computing Theory, 1999). *Redaktionelle Tätigkeiten*: Edit.-in-Chief *Combinatorica*; Edit. Board *Advances in Mathematics, Journal of Combinatorial Theory* (B), *Discrete Mathematics, Discrete Applied Mathematics, Journal of Graph Theory, European Journal of Combinatorics, Discrete and Computational Geometry, Random Structures and Algorithms, Acta Mathematica Hungarica, Acta Cybernetica, Electronic Journal of Combinatorics*.

Hauptarbeitsgebiete: Graphentheorie; Kombinatorik; Kombinatorische Optimierung; Theoretische Informatik.

Aufgenommen am 26. 3. 2002 (Matrikel-Nr. 6790), Sektion Mathematik.

Anschrift: Microsoft Research, One Microsoft Way, Redmond, WA 98052 (USA), E-Mail: lovasz@microsoft.com; USA/Ungarn.

Luft, Friedrich C. (*4. 3. 1942 Berlin), M.D. (1968 Jefferson Med. Coll. Philadelphia/USA), C4-Prof. f. Innere Medizin (Nephrologie, Hypertensiologie u. Genetik) u. stellv. Dir. Franz-Volhard-Klinik am Max-Delbrück-Centrum f. Mol. Medizin, Med. Klinik mit Schwerpunkt Nephrologie u. Hypertensiologie (Buch) U-Klinikum Charité HU Berlin (seit 1992) u. Chefarzt Abtl. Innere Medizin (Nephrologie) (seit 1993) [1960–1964 Stud. Zoologie, B. A. in Zoologie Colorado Coll. Colorado Springs (USA); 1964–1968 Stud. Medizin Jefferson Med. Coll. Philadelphia (USA); 1968–1969 Intern in Medicine, 1969–1970 Ass. Resident in Medicine Indiana U School of Medicine Indianapolis (USA); 1970–1971 Captain United States Army Med. Corp (Flight surgeon); 1972–1973 Clin. Fellow, 1973–1974 Res. Fellow Division of Nephrology Indiana U School of Medicine Indianapolis (USA); 1974–1975 Chief

Resident in Medicine Indiana U Hospital Indianapolis (USA); 1975 Accepted to Faculty Rank (Habil.); 1975–1978 Ass. Prof., 1978–1982 Assoc. Prof., 1982–1989 Prof. of Medicine Nephrology Section Indiana U School of Medicine Indianapolis; 1975–1989 Dir. Renal Failure Intensive Care Unit, 1978–1982 Assoc. Prof. Indiana U School of Medicine Indianapolis; 1984–1989 Gastprof. f. Pharmakologie U Heidelberg; 1985–1989 Prof. f. Pharmacology and Toxicology Indiana U School of Medicine Indianapolis (USA); 1989–1992 C3-Prof. f. Innere Medizin (Nephrologie) u. stellv. Dir. Med. Klinik IV (Innere Medizin, Nephrologie) U Erlangen-Nürnberg; 1990 Anerkennung als Internist Teilgebietsbezeichnung Nephrologie u. Klin. Pharmakologe (Bayer. Landesärztekammer)]. *Mitglied*: Amer. Coll. of Physicians (1977), Royal Coll. of Physicians (1995), Amer. Heart Assoc. (2001); Sigma Chi, Sigma Xi, Amer. Soc. of Nephrology, Int. Soc. of Nephrology, Amer. Federation f. Clin. Res., Amer. Coll. of Physicians, Amer. Soc. of Microbiology, Central Soc. f. Clin. Res., Amer. Soc. of Hypertension, Int. Soc. of Hypertension, Amer. Physiol. Soc., Midwest Salt and Water Club, Amer. Heart Assoc., Soc. f. Exp. Medicine and Biology, Amer. Soc. f. Clin. Pharmacology and Therapeutics, Federation of Amer. Scientists, Physicians f. Social Responsibility, Amer. Assoc. f. the Advancement of Science, Amer. Coll. of Nutrition, Dt. Gesellsch. f. Ernährung, Dt. Liga zur Bekämpfung d. hohen Blutdruckes, Gesellsch. f. Nephrologie, Europ. Dialysis and Transplant Assoc., Europ. Soc. of Hypertension, Dt. Gesellsch. f. Sportmedizin, Dt. Gesellsch. f. Innere Medizin, Gesellsch. f. Nephrologie Berlin-Brandenburg; Gesellsch. f. Fortschritte in der inneren Medizin; Hungarian Soc. of Nephrologie (Ehrenmitgl.). *Ämter*: 1975–1989 Mitgl. Dialysis and Transplantation Committee Indiana U Indianapolis (USA); 1975–1978 Mitgl. U Diagnostic Med. Assoc. Board Indiana U Indianapolis (USA); 1975–1989 Mitgl. Med. Intensive Care Committee Indiana U Indianapolis (USA); 1978–1981 Mitgl. Veterans Administr. Res. and Developm. Committee Indiana U Indianapolis (USA); 1980–1989 Mitgl. Committee on the Protection of Human Subjects (Ethics Committee) Indiana U Indianapolis (USA); 1981–1984 Mitgl. House Staff Selection Committee Indiana U Indianapolis (USA); 1982–1984 Mitgl. Faculty Promotions Committee Indiana U Indianapolis (USA); 1985–1987 Mitgl. Animal Care Committee Indiana U Indianapolis (USA); 1985–1989 Mitgl. Foreign Students Committee (German Adviser) Indiana U Indianapolis (USA); seit 1987 Mitgl. USA Natl. Committee Natl. Kidney Found. (Blood Pressure Education); 1987–1988 Mitgl. USA Natl. Committee Natl. Kidney and Urol. Disease Adv. Board to Natl. Inst. of Diabetes & Digestive & Kidney Diseases (Natl. Inst. of Health); 1988–1992 Mitgl. Arteriosclerosis, Hypertension and Lipid Metabolism Adv. Committee Natl. Heart, Lung, and Blood Inst. (Arteriosclerosis, Hypertension, and Lipid Metabolism Advis. Committee); seit 1988 Mitgl. Education Committee Council f. High Blood Pressure Res. (Amer. Heart Assoc.); seit 1989 Mitgl. Ad hoc advisor in Germany Indiana U Indianapolis (USA); Mitgl. Council f. High Blood Pressure Res.; 1989–1992 Mitgl. Landesärztekammer Bayern (Erlangen); 1989–1992 Vorsitz, seit 1992 Mitgl. Res. Task Force Klinik f. Innere Medizin (Nephrologie) U Erlangen-Nürnberg; 1989–1992 Vorsitz., seit 1992 Mitgl. House Staff Education Task Force Klinik Innere Medizin (Nephrologie) U Erlangen-Nürnberg; seit 1992 Mitgl. Forschungs- u. Planungskomitee Max-Delbrück-Center Berlin-Buch; seit 1993 Mitgl. Klinikums-Vorstand U-Klinikum »Rudolf Virchow«; seit 1992 Mitgl. Krankenhausltg. d. mit d. Rudolf-Virchow-Klinikum assozierten Kliniken Berlin-Buch; seit 1993 Mitgl. Krankenhausltg. Klinikum Berlin-Buch; seit 1993 Mitgl. Wiss. Einrichtungen d. Rudolf-Virchow-Klinikums Standort Berlin-Buch; seit 1993 Mitgl. Fachbereichsrat Charité Berlin; seit 1993 Mitgl. Ethikkomitee Max-Delbrück-Centrum u. koop. Kliniken d. Charité Berlin; seit 1993 Präs. Gesellsch. f. Nephrologie Berlin-Brandenburg; Mitgl. Dt. Inst. f. Blutdruckforschung; seit 1993 Mitgl. Landesärztekammer Berlin; seit 1993 Mitgl. Phoenix Alliance; seit 1999 Mitgl. Selection Committee AHA Novartis Prize f. Hypertension Res. *Auszeichnungen*: Frank H. J. Figge Award (Sobotta Prize) (Colorado Coll., Colorado Springs/USA, 1964), C. V. Mosby Scholar Award (Jefferson Coll., Philadelphia/USA, 1968), Max-Rubner-Preis (Dt. Gesellsch. f. Ernährung, 1988); Franz-Groß-Preis (Dt. Liga zur Bekämpfung d. hohen Blutdruckes, 1992), AMA Physicians' Recognition Award (1998, 1999), Galenus-von-Pergamon-Preis f. Forschungen auf d. Gebiet d. Präklampsie, 1999), Arthur C. Corcoran Award (Amer. Heart Assoc., Council f. High Blood Pressure Res., 2000), Lingen-Preis (2001), Dr. phil. h. c. (U Pecs/Ungarn, 2001). *Redaktionelle Tätigkeiten*: Assoc. Edit. *Hypertension* (seit 2001, 1989–2001 Edit. Board); Edit. Board *Antimicrobial Agents and Chemotherapy* (1976–1980), *American Journal of Kidney Diseases* (1988–1993), *Journal of Hypertension* (seit 1993), *American Journal of Hypertension* (seit 2000), *Clinical Nephrology* (seit 2000), *Nephrology Dialysis Transplantation* (seit 1998), *Journal of Molecular Medicine* (seit 1994), *Journal of the American Society of Nephrology* (seit 2000).

Hauptarbeitsgebiete: Hypertonie (Pathophysiologie, Gefäß- und Endorganschädigung von Niere und Herz); Molekulargenetik der familiären Hypercholesterinämie, der autosomalen Hypertonie mit Brachydaktylie und der salzsensitiven Hypertonie; zentralnervöse Blutdruckregulation; Pathophysiologie, Klinik und Therapie von diabetischer Nephropathie, Adipositas, Dyslipidämien und Hypertonie.

Aufgenommen am 11. 9. 2002 (Matrikel-Nr. 6823), Sektion Innere Medizin und Dermatologie (Innere Medizin).

Anschrift: Universitätsklinikum Charité, Medizinische Fakultät der Humboldt-Universität Berlin, Franz-Volhard-Klinik am Max-Delbrück-Centrum für Molekulare Medizin, Medizinische Klinik mit Schwerpunkt Nephrologie und Hypertensiologie, Campus Berlin-Buch, Wiltbergstraße 50, 13125 Berlin, Tel. ++49 (0) 30 / 94 17 22 02, Fax ++49 (0) 30 / 94 17 22 06, E-Mail: luft@fvk-berlin.de; [privat] Karower Straße 22, 16341 Schwanebeck, Tel. ++49 (0) 30 / 9 41 37 76, Fax ++49 (0) 30 / 94 39 79 23, Bundesrepublik Deutschland.

Manns, Michael Peter (*16. 11. 1951 Koblenz), Dr. med. (1976 U Mainz), C4-Prof. f. Innere Medizin mit Schwerpunkt Gastroenterologie und Hepatologie Med. HS Hannover (seit 1991) u. Dir. Abtl. Gastroenterologie, Hepatologie u. Endokrinologie Zentrum Innere Medizin Med. HS Hannover (seit 2001) [1970–1976 Stud. Humanmedizin U Mainz u. U Wien; 1973 Famulatur St.-Josef-Krankenhaus Koblenz; 1974 Famulatur Royal Devon and Exeter Hosp. Exeter (Großbritannien); 1975 Famulatur New Hampshire Hosp. Division of Neurology Dartmouth Med. School New Hampshire (USA); 1976 Med. Staatsexamen U Mainz; 1976 Examen Educational Commission f. Foreign Med. Graduates (USA); 1977 Approbation; 1976–1977 Med.-Ass. II. Med. Klinik u. Poliklinik U Mainz, Inst. f. Pharmakologie U Mainz, Abtl. f. Chirurgie Stadtkrankenhaus Rüdesheim; 1977–1981 wiss. Mitarb. Abtl. Innere Medizin u. Poliklinik Klinikum Charlottenburg FU Berlin; 1981–1985 wiss. Ass. I. Med. Klinik u. Poliklinik U Mainz; 1984 Anerkennung als Arzt f. Innere Medizin; 1985 Teilgebietsbezeichnung Gastroenterologie; 1985 Habil. u. Venia legendi f. Innere Medizin; 1986 C2-Prof. auf Zeit U Mainz; 1986–1991 Oberarzt I. Med. Klinik u. Poliklinik U Mainz; 1987–1988 Forschungsaufenth. Scripps Clinic and Res. Found. Autoimmune Disease Center Division of Res. Rheumatology La Jolla (USA)]. *Mitglied*: Dt. Gesellsch. f. Verdauungs- u. Stoffwechselkrankh. (seit 1982), Europ. Assoc. f. the Study of the Liver (seit 1983), Dt. Arbeitsgemeinsch. zum Studium d. Leber (seit 1985), Dt. Gesellsch. f. Innere Medizin (seit 1985), Dt. Gesellsch. f. Immunologie (seit 1986), Int. Gastro-Surgical-Club (seit 1989), Gesellsch. f. Fortschritte auf d. Gebiet d. Inneren Medizin (seit 1989), Amer. Assoc. f. the Study of Liver Diseases (seit 1990), Norddt. Gesellsch. f. Gastroenterologie (seit 1992), Dt. Gesellsch. f. Gentherapie (seit 1995), Dt. Transplantationsgesellsch. (seit 1995), Dt. Krebsgesellsch., Gesellsch. Dt. Naturforscher u. Ärzte. *Ämter*: 1985–1988 Mitgl. Auswahlkomitee, 1988–1991 Sekr. Dt. Arbeitsgemeinsch. zum Studium d. Leber; 1988–1989 Kongreßsekr., seit 1989 Mitgl. Beirat, seit 1991 Schriftf. Dt. Gesellsch. f. Verdauungs- u. Stoffwechselkrankh.; 1991–1994 Mitgl. Scientif. Committee Europ. Assoc. f. the Study of the Liver; seit 1992 Mitgl. Vorstand Norddt. Gesellsch. f. Gastroenterologie; seit 1992 Projektltr. DFG-SFB 244 »Chronische Entzündungen«; seit 1993 Projektltr., seit 1997 Sprecher DFG-SFB 265 »Immunreaktionen und Pathomechanismen bei Organtransplantation«; seit 1993 Mitgl. Arzneimittelrat d. Dt. Ärzteschaft;

1993–1997 Stimmberecht. Mitgl. Klinikumsvorstand u. stellv. Ärztl. Dir. Med. HS Hannover; seit 1993 Stellv. Sprecher DFG-SFB 280 »Gastrointestinale Barriere«; seit 1994 Stimmberecht. Mitgl. Vorstand u. stellv. Dir. Zentrum Innere Medizin u. Dermatologie Med. HS Hannover; seit 1995 Mitgl. Vorstand Tumorzentrum Hannover an d. Med. HS Hannover; 1997–1999 Ärztl. Dir. Med. HS Hannover; seit 1997 Sprecher DFG-SFB »Immunreaktion und Pathomechanismen nach Organtransplantation«; seit 1998 Mitgl. Aufsichtsrat Klinikum U Erlangen-Nürnberg; seit 1998 Mitgl. Wiss. Beirat Robert-Koch-Inst. Berlin; seit 2001 Vorsitz. Wiss. Beirat Forschungsschwerpunkt »Immunologie« Land Sachsen-Anhalt; seit 2002 Mitgl. Vorstand DFG-SFB »Pathobiologie der gastrointestinalen Mukosa«. *Auszeichnungen*: Boehringer-Ingelheim-Preis 1985 (Med. Fak. U Mainz, 1986), Asche-Preis (Dt. Gesellsch. f. Verdauungs- u. Stoffwechselkrankh., 1987), NATO Collaborative Research Award (1990), Wissenschaftspreis »Klinische Forschung« (SmithKline Beecham Stift. Göttingen, 1990), Clemens von Pirquet Award (U of California Davis/USA, 1991), International Hans Popper Award (Basel, 1995), Dr.-Robert-Pfleger-Forschungspreis (Bamberg, 2002). *Redaktionelle Tätigkeiten*: Mithrsg. *Zeitschrift für Gastroenterologie, Der Internist*; Assoc. Edit. *Journal of Hepatology* (seit 1995); Edit. Board *American Journal of Physiology* (1997–2000), *Leber-Magen-Darm, Hepatology* (seit 1993), *Medizinische Klinik, Journal of Gastroenterology, Hepatology Research, Cytokines and Molecular Therapy, Liver Transplantation, Digestion, Endoskopy*.

Hauptarbeitsgebiete: Innere Medizin, Hepatologie, Gastroenterologie; Klinische Immunologie; Untersuchungen zur Immunpathogenese entzündlicher Lebererkrankungen (Autoimmune Lebererkrankungen, Autoimmunhepatitis, primär biliäre Zirrhose, primär sklerosierende Cholangitis, Virushepatitis); Transplantationsmedizin; Studium der gastrointestinalen Barriere; genetische Lebererkrankungen und gentherapeutische Aspekte (organspezifische Genexpression und -regulation, Gentransfer, Entwicklung von Vektoren und präklinische Untersuchungen zum Transfer des LDL-Rezeptorgens in die Leber); Klinische Pharmakologie; Stoffwechselerkrankungen; Endokrinologie (vor allem Autoimmunerkrankungen endokriner Organe und Diabetologie); Fettstoffwechsel; Ernährungsmedizin.

Aufgenommen am 11. 9. 2002 (Matrikel-Nr. 6824), Sektion Innere Medizin und Dermatologie (Innere Medizin).

Anschrift: Medizinische Hochschule Hannover, Abteilung Gastroenterologie, Hepatologie und Endokrinologie, Zentrum Innere Medizin, Carl-Neuberg-Straße 1, 30625 Hannover, Tel. ++49 (0) 5 11 / 5 32 33 06, Fax ++49 (0) 5 11 / 5 32 48 96, E-Mail: manns.michael@mh-hannover.de; [privat] Sonnenallee 23, 30916 Isernhagen, Tel. ++49 (0) 5 11 / 77 51 06, Fax ++49 (0) 5 11 / 77 51 72, E-Mail: mpmanns@aol.com, Bundesrepublik Deutschland.

Moussiopoulos, Nicolas (*1. 1. 1956 Athen), Dr. rer. nat. (1982 U Karlsruhe), Prof. u. Ltr. Inst. f. Wärmeübertragung u. Umwelttechnik Fak. f. Maschinenbau U Thessaloniki (Griechenland) (seit 1989) u. Hon.-Prof. Fak. f. Maschinenbau U Karlsruhe (seit 1996) [1973–1978 Stud. Fak. f. Maschinenbau U Karlsruhe; 1977 Karman Inst. f. Fluid Dynamics (Belgien); 1978–1982 Promovend Inst. f. Techn. Thermodynamik U Karlsruhe; 1978–1983 wiss. Mitarb. Inst. f. Techn. Thermodynamik U Karlsruhe; 1983–1989 Hochschul-Ass. u. Ltr. Forschungsgr. Atmosphärische Transportvorgänge Fak. f. Maschinenbau U Karlsruhe; 1986–1987 Lehrbeauftragter Gesamthochschule Kassel; 1989 Habil. Fak. f. Maschinenbau u. Venia legendi f. Technische Thermodynamik U Karlsruhe; 1989–1996 Lehrbeauftragter U Karlsruhe]. *Mitglied*: Europ. Assoc. f. the Science of Air Pollution, Amer. Meteorol. Soc., Verein Dt. Ingenieure, Verband griech. Ingenieure, Hellen. Gesellsch. f. Abfallwirtschaft. *Ämter*: 1990–1995 stellv. Koordinator Subprojekt EUROTRAC (Project on the Transport and Chemical Transformation of Environmentally Relevant Trace Constituents in the Troposphere over Europe innerhalb EUREKA) EUMAC (European Modelling of Atmospheric Constituents); 1990–1991 Berater d. Umweltministers Griechenlands; 1990–1995 Vertreter Griechenlands Exekut.-Komitee von EUROTRAC; 1991–1992 Verantwortl. f. Aufbau d. Fak. f. Maschinenbau U von Thessalien; seit 1993 Mitgl. Komitee Europ. Assoc. f. the Science of Air Pollution; 1994–2001 Mitgl. Wiss. Rat Natl. Oberservatorium Athen; 1994–1998 Vertreter Griechenlands bei d. Aktivität COST 615; 1995–2000 Mitgl. Lenkungsausschuß Europ. Topic Centre on Air Quality d. Europ. Umweltagentur; 1995–1997 Prodekan, 1997–1999 Dekan Fak. f. Maschinenbau U Thessaloniki; seit 1996 Mitgl. Lenkungskomitee EUROTRAC-2; 1998–2001 Mitgl. Hellen. Natl. Forschungsrat; seit 1999 Vertreter Griechenlands bei d. Aktivität COST 715; seit 1999 Koordinator Umweltrat U Thessaloniki; 1999–2001 Mitgl. Wiss. Rat Stift. f. Forschung u. Technologie – Hellas; seit 2000 Mitgl. Gutachtergremium zur Atmosphärenforschung d. Bundesministerium f. Bildung u. Forschung; 2000–2002 Mitgl. Vorstand Hellen. Gesellsch. f. Abfallwirtschaft; seit 2000 Vertreter Griechenlands Jury zur Vergabe d. Lillehammer-Preises von EUREKA; seit 2001 Mitgl. UAG »HALO« d. Arbeitsgr. »Großgeräte der naturwissenschaftlichen Grundlagenforschung« dt. Wissenschaftsrat. *Auszeichnungen*: Senator-Dr.-Koch-Preis (1975), Redtenbacher-Preis (1978), Heinrich-Hertz-Preis (1990), Bundesverdienstkreuz am Bande d. Bundesrepublik Deutschland (2002). *Redaktionelle Tätigkeiten*: Hrsg. *Environmental Modelling & Software* (seit 1989).

Hauptarbeitsgebiete: Energietechnik und thermische Verfahrenstechnik; Energiesysteme und rationelle Energienutzung; Einsatz und Nutzung erneuerbarer Energiequellen; Luftreinhaltung im städtischen und lokalen Maßstab; Methoden zur Beschreibung von Transport und Umwandlung von Luftschadstoffen; Umweltinformatik und -management; Abfallwirtschaft; nachhaltige Produktion und Lebenszyklus-Analyse.

Aufgenommen am 26. 3. 2002 (Matrikel-Nr. 6791), Sektion Technikwissenschaften.

Anschrift: Aristotle University Thessaloniki, Laboratory of Heat Transfer and Environmental Engineering, Box 483, GR-54124 Thessaloniki, Tel. ++30 23 10 / 99 60 11, Fax ++30 23 10 / 99 60 12, E-Mail: moussio@eng.auth.gr, [privat] Grammou 33, P.O. Box 21528, GR-55210 Panorama, Tel./Fax ++30 23 10 / 34 15 54, Griechenland.

Müller, Stefan (*15. 3. 1962 Wuppertal), Ph. D. (1990 U Edinburgh/Großbritannien), Wiss. Mitgl. Max-Planck-Gesellsch. u. Dir. am Max-Planck-Inst. f. Mathematik in d. Naturwiss. Leipzig [1983–1989 Stud. Mathematik U Bonn, U Edinburgh (Großbritannien) u. U Paris VI (Frankreich); 1987 Diplom U Bonn; 1989–1990 Zeev Nehari Ass. Prof. Carnegie-Mellon U Pittsburgh (USA); 1990–1992 wiss. Mitarb. DFG-SFB 256 U Bonn; 1993–1994 Habil.-Stip.; 1993 Mitgl. Inst. f. Adv. Study Princeton (USA); 1994 Habil. f. Mathematik U Bonn; 1994 C4-Prof. f. Mathematik U Freiburg (Br.); 1995 o. Prof. f. Mathematik ETH Zürich]. *Mitglied*: Berlin-Brandenburg. Akad. d. Wiss. (seit 1999). *Ämter*: 1994–2000 stellv. Dir. u. Mitgl. Vorstand Math. Forschungsinst. Oberwolfach; Mitgl. DFG-Senats-Komitee f. SFBs; 1995–2000 Koinitiator DFG-Forschungsprogr. »Analysis, ergodic theory and efficient simulation of dynamical systems«; seit 2000 Koinitiator DFG-Forschungsprogr. »Analysis, modelling and simulation of multiscale problems«. *Auszeichnungen*: Preis der Stadt Paris anläßlich d. ersten europ. Mathematiker-Kongresses (1992), Max-Planck-Forschungspreis (zusammen mit V. SVERAK, 1993), CICIAM Collatz-Preis (Int. Congress of Industrial and Applied Mathematics 1999), Gottfried-Wilhelm-Leibniz-Preis (DFG, 2000). *Redaktionelle Tätigkeiten*: Mithrsg. *Mathematische Annalen* (1996–2001), *Archive of Rational Mechanics and Analysis*, *Annales IHP Analyse non lineaire* (1996–2001), *Interfaces and Free Boundaries*, *International Mathematical Research Notices*, *Zeitschrift für Analysis und ihre Anwendungen*, *Multiscale Modeling, Analysis, and Simulation*.

Hauptarbeitsgebiete: Variationsrechnung und nichtlineare partielle Differentialgleichungen (insbesondere Anwendungen auf Probleme in den Naturwissenschaften, z. B. nichtlineare Elastizitätstheorie, Phasenübergänge, Mikrostrukturen); mathematische Aspekte der Materialwissenschaften.

Aufgenommen am 26. 3. 2002 (Matrikel-Nr. 6792), Sektion Mathematik.

Anschrift: Max-Planck-Institut für Mathematik in den Naturwissenschaften, Inselstraße 22–26, 04103 Leipzig, Tel. ++49 (0) 3 41 / 9 95 96 35, Fax ++49 (0) 3 41 / 9 95 96 33, E-Mail: sm@mis.mpg.de; [privat] Paul-Gruner-Straße 68, 04107 Leipzig, Tel. ++49 (0) 3 41 / 9 61 37 22, Bundesrepublik Deutschland.

Müller, Uwe (*25. 8. 1956 Bad Kissingen), Dr. phil. (1983 U Erlangen-Nürnberg), Ltr. Stadtarchiv u. Stadtbibliothek Schweinfurt (seit 1987) [1975–1983 Stud. U Erlangen-Nürnberg; 1981/1982 Erste Staatsprüf. f. Lehramt an Gymnasien in Geschichte, Deutsch u. Sozialkunde; 1984–1987 Stud. Archivschule München; 1987 Zweite Staatsprüf. f. höheren Archivdienst in Bayern; 1994 Ernennung zum Archivdir.]. *Mitglied*: Gesellsch. f. Wissenschaftsgeschichte, Gesellsch. f. fränkische Geschichte. *Ämter*: Mitgl. Fachaussch. f. Archivtechnik/Kommission f. Restaurierung d. Bundeskonferenz d. Kommunalarchive beim Dt. Städtetag; 2. Vorsitz. Histor. Verein Schweinfurt; Mitgl. Beirat Rückert-Gesellsch. Schweinfurt.

Hauptarbeitsgebiete: Frühneuzeitliche Stadtgeschichte (Schweinfurt; Unterfranken); Wissenschafts- und Personengeschichte; Leopoldinageschichte (Leben der Präsidenten Johann Lorenz BAUSCH und Heinrich Friedrich VON DELIUS, Schweinfurt zur Gründerzeit der Akademie).

Aufgenommen am 18. 11. 2002 (Matrikel-Nr. 6843), Sektion Wissenschafts- und Medizingeschichte.

Anschrift: Stadtarchiv und -bibliothek, Friedrich-Rückert-Bau, Martin-Luther-Platz 20, 97421 Schweinfurt, Tel. ++49 (0) 97 21 / 5 13 82, Fax ++49 (0) 97 21 / 5 17 28, E-Mail: uwe.mueller@schweinfurt.de; [privat] Falkenring 1b, 97422 Schweinfurt, Tel. ++49 (0) 97 21 / 4 37 61, Fax ++49 (0) 97 21 / 4 99 70 67, E-Mail: uwemueller.handfest@t-online.de, Bundesrepublik Deutschland.

Müller-Krumbhaar, Heiner (*20. 4. 1944 Liegnitz), Dr. rer. nat. (1973 TU München), C4-Prof. f. Theor. Physik RWTH Aachen (seit 1981) u. Dir. Inst. Theorie III am Inst. f. Festkörperforschung Forschungszentrum Jülich (seit 1981) [Stud. Physik, 1970 Diplom TU München; 1973 Postdoktorand IBM-Forschungslabor Zürich; 1974 wiss. Mitarb. Inst. f. Festkörperforschung Jülich; 1976 Postdoktorand Carnegie-Mellon U Pittsburgh (USA); 1977 Habil. f. Theor. Physik U Köln; 1978 Prof. f. Theor. Physik TU Hannover]. *Mitglied*: Dt. Physikal. Gesellsch. *Ämter*: 1997–2000 Sprecher Fachverband »Dynamik und Statistische Physik« Dt. Physikal. Gesellsch.; 1998 Sprecher Arbeitskreis Schulphysik d. Hochschulen in Nordrhein-Westfalen; 1998 Gründungsmitgl. Statistical and Nonlinear Physics Division Europ. Physical Soc.; 1999 Beauftragter f. Aktionen von Dt. Physikal. Gesellsch. u. Bundesministerium f. Bildung u. Forschung zum »Jahr der Physik« (2000) im Vorstand Dt. Physikal. Gesellsch.; 2000 Mitgl. Vorstandsrat Dt. Physikal. Gesellsch. *Auszeichnungen*: Walter-Schottky-Preis (Dt. Physikal. Gesellsch., 1979), Bundesverdienstkreuz am Bande (2002). *Redaktionelle Tätigkeiten*: Edit.-in-Chief *Europhysics Letters* (2001).

Hauptarbeitsgebiete: Theoretische Physik (Statistische Physik); Kristallwachstum; kollektive Effekte (auch in fermionischen Systemen); Strukturbildung und Selbstorganisation.

Aufgenommen am 26. 3. 2002 (Matrikel-Nr. 6793), Sektion Physik (Theoretische Physik).

Anschrift: Institut für Festkörperforschung, Theorie III, Forschungszentrum Jülich GmbH, 52425 Jülich, Tel. ++49 (0) 24 61 / 61 34 28, Fax ++49 (0) 24 61 / 61 26 20, E-Mail: h.mueller-krumbhaar@fz-juelich.de; [privat] Poststraße 5, 40789 Monheim, Tel. ++49 (0) 21 73 / 5 17 73, Fax ++49 (0) 21 73 / 93 69 68, Bundesrepublik Deutschland.

Niehrs, Christof (*29. 4. 1962 Berlin), Dr. rer. nat. (1990 U Heidelberg), C4-Prof. f. Mol. Embryologie (seit 2000) u. Ltr. Abtl. Mol. Embryologie (seit 1994) Dt. Krebsforschungszentrum Heidelberg [1981–1985 Stud. Biochemie FU Berlin; 1985–1986 Diplomand Europ. Molekularbiol. Lab. (EMBL) Heidelberg; 1986 Diplom Biochemie FU Berlin; 1986–1990 Doktorand Europ. Molekularbiol. Lab. Heidelberg; 1990–1993 Postdoktorand U of California Los Angeles (USA); 1997 Habil. u. Venia legendi f. Zoologie Fak. f. Biologie U Heidelberg]. *Mitglied*: Dt. Gesellsch. f. Entwicklungsbiologie, Int. Soc. of Differentiation, Dt. Hochschullehrerverband; Europ. Mol. Biology Organ. (EMBO, seit 1999). *Auszeichnungen*: Freudenberg-Preis (Akad. Wiss. Heidelberg, 1998), Biologiepreis (Akad. d. Wiss. Göttingen, 1999), EMBO Gold Medal Award (Europ. Molecul. Biology Organ., 2000), Otto-Mangold-Preis (Gesellsch. f. Entwicklungsbiologie, 2001), Landesforschungspreis Baden-Württemberg (2002), Gottfried-Wilhelm-Leibniz-Preis (DFG, 2003). *Redaktionelle Tätigkeiten*: Edit. *Differentiation*.

Hauptarbeitsgebiete: Aufklärung der molekularen Mechanismen der Embryonalentwicklung beim Wirbeltier; embryonale Achsenentwicklung bei Wirbeltieren (*Xenopus*-Entwicklung); Kopfinduktion; Spemann-Organisator; Wnt-Signalweg; globale embryonale Genexpressionsanalyse.

Aufgenommen am 18. 11. 2002 (Matrikel-Nr. 6844), Sektion Humangenetik und Molekulare Medizin.

Anschrift: Deutsches Krebsforschungszentrum, Abteilung Molekulare Embryologie, Im Neuenheimer Feld 280, 69120 Heidelberg, Tel. ++49 (0) 62 21 / 42 46 90, Fax ++49 (0) 62 21 / 42 46 92, E-Mail: niehrs@dkfz.de; [privat] Klingenteichstraße 6b, 69117 Heidelberg, Tel. ++49 (0) 62 21 / 2 68 49, Bundesrepublik Deutschland.

Nutton, Vivian (*21. 12. 1943 Halifax/England), Ph. D. (1970 U Cambridge/Großbritannien), Prof. of the History of Medicine U Coll. London (seit 1993) [1962–1965 Stud. Classics Selwyn Coll. Cambridge (Großbritannien); 1965–1966

Dumont-Koe Stud., 1966–1967 Winter Warr Stud. U Cambridge; 1965 B. A., 1969 M. A. U Cambridge; 1967–1969 Res. Fellow Selwyn Coll. Cambridge; 1969–1977 Fellow, Lecturer u. Dir. of Studies in Classics Selwyn Coll. Cambridge; 1977–2000 Historian (Ancient) Wellcome Inst. f. the History of Medicine London; 1977–1979 Hon. Lecturer, 1979–1993 Hon. Senior Lecturer U Coll. London; 1988 Visit. Prof. Johns Hopkins U Baltimore (USA); 1998 Visit. Prof. Russian Peoples' Friendship U Moscow (Rußland); 2000 Fellow Inst. f. Adv. Study Princeton (USA)]. *Mitglied*: Acad. int. d'Histoire des Sciences (seit 1993), Academia Europaea (seit 2000); Dt. Gesellsch. f. Gesch. d. Medizin, Naturwiss. u. Technik (korresp., seit 1983), Int. Acad. of the History of Medicine (1985–1989); Royal Coll. of Physicians of London (Hon. Fellow, seit 1999); Mitgl. Cambridge Philological soc. (seit 1966), Soc. f. the Promotion of Roman Studies (seit 1966), Classical Assoc. (seit 1968), Soc. f. the History of Medicine (seit 1977), Int. Soc. f. the History of Medicine (seit 1977), Amer. Assoc. f. the History of Medicine (seit 1983), Europ. Assoc. f. the History of Medicine and Health (seit 1989). *Ämter*: 1972–1977 Dean Selwyn Coll. Cambridge; 1975–1979 Mitgl. Committee Soc. f. the Promotion of Roman Studies; 1986–1989 Sekr. Int. Acad. of the History of Medicine; 1986–1989 Vorsitz. U of London Library Sub-Committee on History and Philosophy of Science; 1990–1992 Mitgl. Wellcome Trust History of Medicine (Grants and Units) Panel; seit 1994 Mitgl. Adv. Board L'Associazione Paola Manuli per lo Studio della Medicina Antica (Italien); 1995–2001 Mitgl. Adv. Council Inst. of Class. Studies London; 1996–2000 Head Acad. Unit Wellcome Inst. u. Sub-Dept. of the History of Medicine U Coll. London; 1996–1999 Vorsitz. Natl. Action Gr. f. the History of Medicine in Med. Schools; 1997–2000 Mitgl. Wellcome Trust Library Panel; seit 1998 Mitgl. Adv. Council Warburg Inst.; seit 2000 Mitgl. Res. Adv. Panel Hannah Inst. Toronto (Kanada). *Auszeichnungen*: Médaille d'honneur (U Tours/Frankreich, 1987), Medal d. Pieter van Foreest Stichting (1997). *Redaktionelle Tätigkeiten*: Joint Edit. *Medical History* (1980–1999); Senior Edit. *Wellcome Rodopi Series in the History of Medicine* (seit 1996); Adv. Board *Pharmacy in History* (1986–1988), *Medizinhistorisches Journal* (seit 1986), *Isis* (1995–1998); Edit. Board *Notes and Records of the Royal Society* (seit 2001).

Hauptarbeitsgebiete: Geschichte der Medizin von der Antike bis zur Gegenwart (römische Medizin; klassische Tradition der Medizin vor 1650; Leben, Werk und Einfluß von GALEN VON PERGAMON, Übersetzung, Kommentar, Textkritik; Geschichte der Medizin im 15. und 16. Jahrhundert in Wittenberg, Wien, Cambridge, Paris und Padua; Konzept »Ansteckung«; Historiographie der Medizin im 19. und 20. Jahrhundert).

Aufgenommen am 18. 11. 2002 (Matrikel-Nr. 6845), Sektion Wissenschafts- und Medizingeschichte.

Anschrift: The Wellcome Trust Centre for the History of Medicine, University College of London, 24 Eversholt Street, London, NW1 1AD, GB, Tel. ++44 (0) 2 07 / 6 79 81 46, Fax ++44 (0) 2 07 / 6 79 81 95, E-Mail: ucgavnu@ucl.ac.uk; [privat] 225 Sandbit Lane, St. Albans, Herts, AL4 0BT, Tel. ++44 (0) 17 27 / 63 16 23, E-Mail: v.nutton.@virgin.net, Großbritannien.

Oncken, Onno (*4. 6. 1955 Kehl/Rhein), Dr. rer. nat. (1982 U Köln), C4-Prof. f. Dynamik d. Erdkruste FU Berlin (seit 1994) u. Ltr. Projektbereich Struktur, Evolution und Geodynamik GeoForschungszentrum Potsdam (seit 1992) [1975–1980 Stud. Geologie, 1980 Diplom U Köln; 1980–1982 Promovend U Köln; 1982–1983 Postdoktoranden-Stip. d. Thyssen-Stift. Geol. Inst. U Münster; 1983–1989 Hochschul-Ass. f. Strukturgeologie Geol.-Paläontol. Inst. U Frankfurt (Main); 1988 Habil. f. Geologie u. Paläontologie U Frankfurt (Main); 1989–1992 C3-Prof. f. Strukturgeologie U Würzburg]. *Mitglied*: Berlin-Brandenburg. Akad. d. Wiss. (seit 1999). *Ämter*: 1994 Projektltr. Dt. Kontinentales Reflexionsseismisches Progr.; 1997 Sprecher DFG-SFB »Deformationsprozesse in den Anden«; 1998 Mitgl. Vorstand Geol. Vereinigung; Sprecher d. seismischen Experimentes »Andean Continental Research Project«. *Auszeichnungen*: Gottfried-Wilhelm-Leibniz-Preis (DFG, 1998).

Hauptarbeitsgebiete: Beziehungen zwischen Strukturen und Prozessen in konvergenten geodynamischen Situationen; Rekonstruktionen und Modellierungen der Kontinent-Kontinent-Kollision und der Ozean-Kontinent-Kollision; Verständnis von Massentransfer und gekoppelter Effekte in Orogenen verschiedenen Typs; orogener Massentransfer an konvergenten Plattenrändern (Kollisionszonen am Beispiel der Varisciden Zentraleuropas); thermische Effekte während der Wiederherstellung der krustalen Gleichgewichte.

Aufgenommen am 26. 3. 2002 (Matrikel-Nr. 6794), Sektion Geowissenschaften (Geologie/Mineralogie/Kristallographie).

Anschrift: GeoForschungszentrum Potsdam, Aufgabenbereich 3 – Struktur und Evolution der Lithosphäre, Projektbereich 3.1 – Struktur/Geodynamik, Albert-Einstein-Straße (Telegrafenberg), Haus G, 14473 Potsdam, Tel. ++49 (0) 3 31 / 2 88 13 10, Fax ++49 (0) 3 31 / 2 88 13 70, E-Mail: oncken@gfz-potsdam.de; [privat] Philipp-Franck-Weg 21, 14109 Berlin, Tel. ++49 (0) 30 / 8 05 54 37, Bundesrepublik Deutschland.

Palme, Herbert (*4. 4. 1943 München), Dr. phil. (1971 U Wien), C4-Prof. f. Mineralogie Inst. f. Mineralogie u. Geochemie U Köln (seit 1994) [1964–1971 Stud. Physik u. Mathematik U Wien; 1971–1973 Stipendiat, 1973–1976 wiss. Mitarb. Max-Planck-Inst. f. Chemie Mainz; 1976–1977 Res. Assoc. Enrico

Fermi Inst. U Chicago (USA); 1977–1994 wiss. Mitarb. Max-Planck-Inst. f. Chemie Mainz; 1985 Habil. f. Mineralogie U Mainz; 1985 Gastaufenth. Lunar and Planetary Lab. U of Arizona Tucson (USA); 1991 Gastaufenth. California Inst. of Technology Pasadena (USA)]. *Mitglied*: Nordrhein-Westfäl. Akad. d. Wiss. (seit 2000), Österr. Akad. d. Wiss. (korresp., seit 2000); Meteoritical Soc. (seit 1986). *Ämter*: 1983–1987 Mitgl. Council Meteoritical Soc.; 1986–1988 Mitgl. Lunar and Planetary Review Panel Houston (USA); 1994–1996 Mitgl. Joint Publications Committee Geochem. u. Meteoritical Soc.; 1993–1997 Mitgl. Council Europ. Assoc. of Geochemistry; 1994–1996 Ltr. Sektion Geochemie Dt. Mineral. Gesellsch.; seit 1997 Vorsitz Working Gr. Extraterrestrial Geochemistry Int. Assoc. of Geochemistry and Cosmochemistry; seit 1997 Koordinator DFG-Schwerpunktprogr. »Bildung, Transport und Differentiation von Silikatschmelzen«; seit 1998 Mitgl. Kommission f. Geowiss. Hochdruckforschung Bayer. Akad. d. Wiss. *Redaktionelle Tätigkeiten*: Assoc. Edit. *Journal of Geophysical Research* (1985–1987), *Geochimica et Cosmochimica Acta* (1987–1994, seit 1999), *European Journal of Mineralogy* (seit 1998).

Hauptarbeitsgebiete: Elementverteilung und -fraktionierung bei der Entstehung des Sonnensystems sowie speziell von Erde, Mond und Mars; Entwicklung des Schalenaufbaues der Erde; mineralogisch-chemische Meteoritenforschung; Vorgänge bei Meteoriteneinschlägen auf der Erde und im Kosmos; experimentelle Geo- und Kosmochemie bei hohen Temperaturen und (meist) niedrigen Drücken.

Aufgenommen am 26. 3. 2002 (Matrikel-Nr. 6795), Sektion Geowissenschaften (Geologie/Mineralogie/Kristallographie).

Anschrift: Universität zu Köln, Institut für Mineralogie und Geochemie, Zülpicherstraße 49b, 50674 Köln, Tel. ++49 (0) 2 21 / 4 70 31 98, Fax ++49 (0) 2 21 / 4 70 51 99, E-Mail: palme@min.uni-koeln.de; [privat] Rosmerthastraße 80, 55126 Mainz, Tel. ++49 (0) 61 31 / 47 27 32, Bundesrepublik Deutschland.

Pappi, Franz Urban (*10. 3. 1939 Pfarrkirchen), Dr. phil. (1967 LMU München), C4-Prof. f. Politikwiss. Fak. f. Sozialwiss. U Mannheim (seit 1990) [1958–1964 Stud. Soziologie, Geschichte, Psychologie u. Öffentliches Recht U Heidelberg, FU Berlin, LMU München; 1964–1967 Verwalter d. Dienstgeschäfte eines wiss. Ass. Soziol. Inst. LMU München; 1967–1974 wiss. Ass. Zentralarchiv f. emp. Sozialforschung U Köln; 1972–1974 DFG-Habil.-Stip.; 1972 Visit. Scholar Dept. of Sociology U of Michigan Ann Arbor (USA); 1974–1978 wiss. Ltr. Zentrum f. Umfragen, Methoden u. Analysen Mannheim; 1977 Habil. u. Venia legendi f. Soziologie Wirtschafts- u. Sozialwiss. Fak. U Köln; 1978–1990 C4-Prof. f. Soziologie Wirtschafts- u. Sozialwiss. Fak. U Kiel; 1986 Gastprof. Dept. of Sociology U of Chicago (USA); 1988 Fellow

Inst. f. Adv. Study Indiana U Bloomington (USA)]. *Mitglied:* Dt. Gesellsch. f. Soziologie, Amer. Sociol. Assoc., Amer. Polit. Science Assoc. *Ämter:* 1980–1981 Mitgl. Vorstand Arbeitsgemeinsch. sozialwiss. Inst.; 1981–1983 Dekan Wirtschafts- u. Sozialwiss. Fak. U Kiel; 1982–1999 Mitgl. Zentrum f. Umfragen, Methoden u. Analysen Mannheim; 1987–1990 Prorektor U Kiel; 1993–1996 Geschäftsf. Dir. Mannheimer Zentrum f. Europ. Sozialforschung; 1996–1998 Dekan Fak. f. Sozialwiss. U Mannheim; seit 1999 Mitgl. Kuratorium Gesellsch. Sozialwissenschaft. Infrastruktureinrichtungen. *Redaktionelle Tätigkeiten:* Mithrsg. *Zeitschrift für Soziologie* (1975–1979); Consult. Edit. *American Journal of Sociology* (1977–1979).

Hauptarbeitsgebiete: Politische Soziologie; Sozialstrukturanalyse und Schichtforschung; Analyse kommunaler Elite- und Machtstrukturen; Netzstrukturen von Unternehmensverflechtungen; allgemeine politische Theorie; vergleichende Regierungslehre; Forschungen zum Wählerverhalten in gegebenen Wahl-, Parteien- und Interessengruppensystemen (Identifizierung der ideologischen Dimensionen des Parteienwettbewerbs, Modelle der Parteienkonkurrenz); Prozesse politischer Entscheidungen im politischen System Deutschlands, der Europäischen Union und in internationalen Verhandlungssystemen.

Aufgenommen am 18. 11. 2002 (Matrikel-Nr. 6846), Sektion Ökonomik und Empirische Sozialwissenschaften.

Anschrift: Universität Mannheim, Lehrstuhl für Politische Wissenschaft I, Seminargebäude A 5, 68131 Mannheim, Tel. ++49 (0) 6 21 / 1 81 20 61, Fax ++49 (0) 6 21 / 1 81 20 67, E-Mail: fupappi@rumms.uni-mannheim.de; [privat] Waldstraße 67, 67434 Neustadt (Weinstraße), Tel. ++49 (0) 63 21 / 3 46 67, Bundesrepublik Deutschland.

Pouchard, Michel (*23. 1. 1938 Avrille-les Ponceaux/Frankreich), Dr. (1967), Prof. Solide State Chemistry Inst. de Chimie de la Matière condensée U Bordeaux I [Stud. Physik u. Chemie, 1959 Diplom (Licence de Physique et Licence de Chimie) U Rennes; 1960 Stagiaire de Recherches, 1961 Attaché de Recherches, 1967 Chargé de Recherches Natl. Center f. Scientif. Res. (CNRS); 1967 Maître de Conférences; 1970 Promotion au choix (1er–2ème échelon); 1970 Prof. sans chaire; 1970 Promotion au choix (3ème– 4ème échelon); 1971 Promotion au choix (4ème– 5ème échelon); 1972 Prof. titulaire; 1974 Promotion au choix (1er–2ème échelon); Promotion au choix (2ème– 3ème échelon); 1985 Prof. de classe exceptionelle]. *Mitglied:* Inst. Universitaire de France (1992), Inst. Acad. des Sciences (1992), Academia Europaea (1998), Acad. de Technologie (seit 2000); Materials Res. Soc. of India (seit 1994). *Ämter:* 1973–1975 Mitgl. Gr. de Prospective de Chimie du Solide et de Métallurgie CRNS; 1977–1991 Mitgl. Comité Natl. des Universités; 1980 Mitgl. Comité »Génératuers Electrochimiques« de la DGRST puis du MIR et du MRT (Ministère de la Recherche et la Technologie); 1982 Mitgl. Comité Ad hoc du Centre Natl. d'Étudess Spatiales dans le domaine de l'élaboration des Matériaux dans l'espace; 1983–1990 Mitgl. Commission Natl. de la Répartition des Allocations de Recherches du MIR puis du MRT; 1984–1986 Mitgl. Commission d'ATP du CNRS »Chimie du Solide et Catalyse«; Mitgl. Gr. d'Étudess Techniques du Ministère de l'Education Natl. (Chimie des Matériaux); 1986–1990 Consultant Matériaux à la Direction des Recherches et des Étudess Doctorales du Ministère de l'Education Natl. de la Jeunesse et des Sports; seit 1987 Consultant Scientif. Soc. Rhône-Poulenc; 1988 Mitgl. Conseil d'Administration U Bordeaux I; 1991 Expert Comité Natl. d'Evaluation; 1991–1994 Coordonnateur régional du PIRMAT; 1991–1995 Mitgl. Comité Natl. de la Recherche Scientif.; 1993–1997 Administrateur Inst. Universitaire de France; 1993 Mitgl. Conseil Supérieur de la Recherche Universitaire placé auprès du Ministre; seit 1995 Mitgl. Commission Pédagogique Natl. »Science et Génie des Matériaux«; seit 1995 Mitgl. Conseil d'Administration de la Fondation de la Maison de la Chimie; seit 1996 Mitgl. Commission »Avenir de la Recherche Universitaire« Acad. des Sciences; seit 1997 Consultant scientif. de ELF-ATOCHEM; seit 1998 Mitgl. Conseil Scientif. d'Electricité de France; seit 2002 Mitgl. Conseil d'Orientation du réseau technologique PACO. *Auszeichnungen*: Prix de l'Academie des Sciences an hommage aux savants français assassinés par les nazis en 1940–45 Raymon Berr, Gabriel Florence et André Wahl (1977), Chevalier (1978), Officier (1983), Commandeur (1996) dans l'ordre des Palmes Académiques (1983); Chevalier dans l'ordre de la Légion d'Honneur (1997). *Redaktionelle Tätigkeiten*: Rédacteur-in-Chief *Comptes Rendus de l'Académie des Sciences* (seit 1995).

Hauptarbeitsgebiete: Feststoffchemie (Methoden zur Erzeugung von neuen Festsubstanzen mit angepaßten Strukturen und gezielt vorbestimmten Eigenschaften; Alkali-Atome enthaltende Silizium- und Germanium-Fullerene); Stabilisierung ungewöhnlicher Oxydationsstufen; Erzeugung von $Cr_{1-x}Rh_xO_2$- oder $Cr_{1-x}Ir_xO_2$-Nadeln für die Informationsspeicherung.

Aufgenommen am 26. 3. 2002 (Matrikel-Nr. 6796), Sektion Chemie (Anorganische Chemie).

Anschrift: Université de Bordeaux I, Institut de Chimie de la Matière condensée, 87 Avenue du Docteur Schweitzer, 33608 Pessac Cedex, France, Tel. ++33 5 56 84 83 74, Fax ++33 5 56 84 83 73, E-Mail: pouchard@icmcb.u-bordeaux.fr; [privat] 97 Rue J. Giraudoux, 33290 Le Pian-Medoc, France, Tel. ++33 5 56 35 13 72, Frankreich.

Pritschow, Günter (*3. 1. 1939 Berlin), Dr.-Ing. (1972), C4-Prof. f. Steuerungstechnik d. Werkzeugmaschinen u. Fertigungseinrichtungen u. Dir. Inst. f. Steuerungstechnik U Stuttgart (seit 1984) [1959–1966 Stud. Nachrichtentechnik TU Berlin; 1966–1984 Tätigkeit in der Industrie; 1969–1972 wiss. Mitarb. Inst. f. Werkzeugmaschinen TU Berlin; 1976–1980 Prof. f. Automatisierungstechnik, Qualitätssicherung u. Fertigung TU Berlin]. *Ämter*: 1986–1990 Prorektor f. Lehre U Stuttgart; 1990–1992 Mitgl. Landeshochschulstrukturkommission Berlin; 1990–1993 Mitgl. Landesforschungsbeirat Baden-Württemberg; 1990–1993 Mitgl. Sächs. Hochschulkommission; 1996–2000 Rektor U Stuttgart. *Auszeichnungen*: Dr. h. c. (TU Wrocław/Polen, 1992), Dr. h. c. (TU Cluj-Napoca/Rumänien, 1996).

Hauptarbeitsgebiete: Modernisierung und Fortentwicklung der Steuerungs- und Automatisierungstechnik.

Aufgenommen am 26. 3. 2002 (Matrikel-Nr. 6797), Sektion Technikwissenschaften.

Anschrift: Universität Stuttgart, Institut für Steuerungstechnik der Werkzeugmaschinen und Fertigungseinrichtungen, Seidenstraße 36, 70174 Stuttgart, Tel. ++49 (0) 7 11 / 1 21 24 10, Fax ++49 (0) 7 11 / 1 21 28 08, E-Mail: prof.pritschow@isw.uni-stuttgart.de; [privat] Grünewaldstraße 38b, 70192 Stuttgart, Tel. ++49 (0) 7 11 / 81 83 14, Bundesrepublik Deutschland.

Procaccia, Itamar (*29. 9. 1949 Tel Aviv/Israel), Ph. D. (1976 U Jerusalem), Prof. f. Physics Dept. of Chem. Physics Weizmann Inst. of Science Rehovot (Israel) (Barbara and Morris L. Levinson Professorial Chair in Chemical Physics) (seit 1985) [Stud. Chemie, 1973 B.Sc. U Jerusalem; 1967–1970 u. 1973–1974 Dienst Israel Defense Forces; 1975–1976 Teaching Ass. U Jerusalem; 1977–1979 Postdoc. Fellow Massachusetts Inst. of Technology Cambridge (USA); 1979–1980 Senior Scientist, 1980–1984 Assoc. Prof. Dept. of Chem. Physics Weizmann Inst. of Science Rehovot; 1981 Visit. Prof. City Coll. City U New York (USA); 1981 Consultant Exxon Res. and Engineering Co.; 1984–1985, 1986, 1987, 1988, 1990–1991, 1992, 1993 Visit. Prof. U of Chicago (USA); 1985 Visit. Prof. Columbia U New York (USA); 1987, 1992, 1999 Fellow Japan Soc. f. the Promotion of Science; 1988, 1992, 1997 Visit. Prof. Inst. des Hautes Études Scientifiques Bures-sur-Yvette (Frankreich); 1991 Visit. Prof. Nordic Inst. f. Theoretical Physics (NORDITA) u. Niels Bohr Inst. Kopenhagen (Dänemark); seit 1992 Adj. Prof. NORDITA Kopenhagen (Dänemark); 1995, 1999 Visit. Fellow Issac Newton Inst. U Cambridge (Großbritannien); 1995 C. N. Yang Visit. Prof. Chinese U Hong Kong; 1995–2000 UNESCO Prof. in Science and Sustainable Development; 1997 Visit. Prof. Rockefeller U New York (USA); 1999 Res. Fellow Natl. Res. Council (Großbritannien)]. *Ämter*: 1987–1988 Head Dept. of Chem. Physics Weizmann Inst. of Science Rehovot; 1989–2001 Dean Fac. of Chemistry Weizmann Inst. of Science Rehovot; seit 1996 Mitgl. Scientif. Committee Int. Center of Condensed Matter Physics Brazilia (Brasilien); 2000 Mitgl. Prize Committee f. the Young Europ. Prize in Mathematics; 2000 Mitgl. Centro Int. de Ciencias Cuernavaca Morelos (Mexiko). *Auszeichnungen*: Israel Chemical Soc. Prize (1972), G. Y. Yashinsky Prize for Distinguished Thesis (1976), Aharon Katchalsky Prize (1977), S. Sachs Prize (1982), E. D. Bergmann Prize (Israel Acad. of Sciences and Humanities, 1989), Award of the Royal Soc. (Großbritannien, 1995), Fiorino d'Oro (Muncipality of Florence/Italien, 1998). *Redaktionelle Tätigkeiten*: Edit.-in-Chief *Nonlinearity* (1991–1999, Edit. Board 1988–1991); Edit. Board *Physica A (Statistical and Theoretical Physics)* (1987–1991), *Physics Reports, Chaos, Solitons and Fractals, Physical Review E* (1992–1998).

Hauptarbeitsgebiete: Nonequilibrium-Thermodynamik; Statistische Mechanik; stochastische Theorien; Instabilitäten; nonlineare Systeme und chaotische Bwegungen; Turbulenz und turbulente Transportprozesse; Fraktale in der Physik.

Aufgenommen am 26. 3. 2002 (Matrikel-Nr. 6798), Sektion Physik (Theoretische Physik).

Anschrift: Weizmann Institute of Science, Department of Chemical Physics, 76100 Rehovot, Israel, Tel. ++97 28 / 9 34 38 10, Fax ++97 28 / 9 34 41 23, E-Mail: itamar.procaccia@weizmann.ac.il, Israel.

Rheinberger, Hans-Jörg (*12. 1. 1946 Grabs/Schweiz), Dr. rer. nat. (1982 FU Berlin), Wiss. Mitgl. Max-Planck-Gesellsch. (seit 1996) u. Dir. am Max-Planck-Inst. f. Wissenschaftsgeschichte Berlin (seit 1997) u. Hon.-Prof. f. Wissenschafts- u. Technikgeschichte TU Berlin (seit 1998) [1966–1968 Stud. Biochemie u. Philosophie U Tübingen; 1968–1973 Stud. Philosophie, Linguistik u. Soziologie FU u. TU Berlin; 1973 Magister Artium in Philosophie; 1973–1978 Stud. Biologie u. Chemie FU Berlin; 1978–1979 Diplomarbeit am Max-Planck-Inst. f. Molekulargenetik Berlin-Dahlem; 1979 Diplom Biologie; 1979–1982 Doktorand, 1982–1985 wiss. Mitarb. u. 1985–1990 Gr.-Ltr. Max-Planck-Inst. f. Molekulargenetik Berlin-Dahlem; 1987 Habil. FU Berlin; 1987–1990 Gastprof. f. Geschichte d. Naturwiss. U Innsbruck; 1989 Hon.-Prof. f. Geschichte d. Naturwiss. U Salzburg; 1989–1990 Sabbatical U Stanford (USA); 1990–1994 apl. Prof. Inst. f. Geschichte d. Medizin u. Naturwiss. Med. U Lübeck; 1992–1993 Res. Assoc. Committee on the History and Philosophy of Science U of Maryland College Park (USA); 1992–1993 Gastprof. f. Geschichte d. Naturwiss. U Göttingen; 1993–1994 Fellow Wissenschaftskolleg Berlin; 1994–1996 o. Prof. f. Mol. Biologie u. Geschichte d. Naturwiss. Fak. f. Naturwiss. U Salzburg; 2000 Gast Coll. Helveticum]. *Mitglied*: Berlin-Brandenburg. Akad. d. Wiss. (seit 1998).

Hauptarbeitsgebiete: Geschichte der Molekularbiologie (Geschichte der Proteinsynthese); Epistemiologie des Experimentierens (Experimentalsysteme); Geschichte der Physiologie (insbesondere Neuro-, Sinnes- und Psychophysiologie) im 19. Jahrhundert.

Aufgenommen am 18. 11. 2002 (Matrikel-Nr. 6847), Sektion Wissenschafts- und Medizingeschichte.

Anschrift: Max-Planck-Institut für Wissenschaftsgeschichte, Wilhelmstraße 44, 10117 Berlin, Tel. ++49 (0) 30 / 22 66 71 61, Fax ++49 (0) 30 / 22 66 71 67, E-Mail: rheinbg@mpiwg-berlin.mpg.de; [privat] Knesebeckstraße 17, 10623 Berlin, Tel. ++49 (0) 30 / 3 13 18 17, Fax ++49 (0) 30 / 31 50 68 37, Bundesrepublik Deutschland.

Rossier, Bernhard C. (*24. 2. 1941 Lausanne), Dr. med. (U Lausanne), Prof. ordinaire f. Pharmakologie u. Toxikologie (seit 1981) u. Dir. Inst. de Pharmacologie et de Toxicologie U Lausanne (seit 2000) [1959–1966 Stud. Humanmedizin U Lausanne; 1965 Certificate of the Educational Council for Foreign Medical Graduates (USA); 1966 Diplôme de Médicine de la Confédération Helvétique; 1966–1968 Ass. Inst. de Physiologie U Lausanne; 1968–1969 Ass. Division de Médicine Hôpital de La Chaux-de-Fonds; 1969–1971 Ass. Dépt. de Médicine Hôpital Cantonal U Genf; 1971–1972 Clin. Fellow Dept. of Medicine, Division of Nephrology U of California San Francisco (USA); 1972–1974 Adv. Res. Fellow Cardiovascular Res. Inst. u. Dept. of Biochemistry and Biophysics U of California San Francisco (USA); 1974–1975 Maître-Ass., 1975–1981 Prof.-Ass. Inst. Pharmacologie U Lausanne]. *Mitglied*: Academia Europaea (seit 1993), Amer. Acad. of Arts and Sciences (auswärt. Ehrenmitgl., seit 1999); Soc. Suisse de Pharmacologie, Soc. Suisse de Néphrologie, Soc. Suisse d'Endocrinologie, Endocrine Soc. (USA), Amer. Soc. f. Cell Biology, Soc. of General Physiologists (USA), Amer. Soc. of Nephrology, Int. Soc. of Nephrology, Europ. Mol. Biology Organ. (EMBO, 2001). *Ämter*: 1988–1992 Prodekan, 1996–2000 Dekan Med. Fak. U Lausanne; 1990–1996 Dir. Inst. de Pharmacologie et de Toxicologie U Lausanne; seit 1994 Mitgl. Scientif. Council Schweizer. Nationalfonds; seit 1997 Mitgl. Scientif. Adv. Board Dept. Clin. Res. Med. Fak. U Bern; seit 1997 Mitgl. Comité Scientif. de la Fondation Jeantet; seit 1999 Mitgl. Comité Scientif. de la Fondation Cloëtta. *Auszeichungen*: Prix Marc Dufour (U Lausanne, 1970), Prix Suzanne Picot-Roux (U Lausanne, 1973), Prix Marcel Benoist (1996), Homer Smith Award (1996), Dr. h. c. (U Pierre et Marie Curie Paris/Frankreich, 1999), Beering Award (U Indianapolis/USA, 2001). *Redaktionelle Tätigkeiten*: Edit. Board *Experimental Nephrology, Physiological Reviews, Annual Review of Physiology, Journal of General Physiology, European Journal of Physiology, EMBO Journal, EMBO Report.*

Hauptarbeitsgebiete: Regulation des epithelialen Transportes von Natrium; molekulare Identifizierung und Charakterisierung der einzelnen Transportmechanismen (Natrium/Kalium-ATPase; epithelialer Natriumkanal); Identifizierung und Charakterisierung von zellulären Regulationssystemen (Regulationsfaktoren) auf physiologische und pathophysiologische Veränderungen des epithelialen Transportes von Natrium; Charakterisierung von Veränderungen in der molekularen Struktur des epithelialen Natriumkanals als Ursache genetisch bedingter Veränderungen im Blutdruck.

Aufgenommen am 18. 11. 2002 (Matrikel-Nr. 6848), Sektion Physiologie und Pharmakologie/Toxikologie (Physiologie).

Anschrift: Université de Lausanne, Institut de Pharmacologie et de Toxicologie, Rue du Bugnon 27, CH-1005 Lausanne, Switzerland, Tel. ++41 21 / 6 92 53 51, Fax ++41 21 / 6 92 53 55, E-Mail: Bernhard.Rossier@ipharm.unil.ch; [privat] Rue du Signal 4, En Genevrey, 1091 Grandvaux, Switzerland, Tel. ++41 21 / 7 99 35 31, Schweiz.

Rothmund, Matthias (*15. 4. 1942 Darmstadt), Dr. med. (1970 U Mainz), C4-Prof. f. Chirurgie u. Dir. Klinik f. Visceral-, Thorax- u. Gefäßchirurgie U Marburg (seit 1987) [1963–1968 Stud. Humanmedizin U Mainz u. U Innsbruck; 1968 Med. Staatsexamen U Mainz; 1968–1970 Med.-Ass.; 1970 Approbation; 1970 Arzt, 1978 Oberarzt Chirurg. U-Klinik Mainz; 1975 Facharzt f. Chirurgie; 1976 Habil. f. Chirurgie U Mainz; 1979 C2-Prof. auf Lebenszeit U Mainz; 1980 Teilgebietsbezeichnung Gefäßchirurgie; 1998 Teilgebietsbezeichnung Viszeralchirurgie]. *Mitglied*: Dt. Gesellsch. f. Chirurgie, Dt. Gesellsch. f. Endokrinologie, Dt. Gesellsch. f. Gastroenterologie, Dt. Gesellsch. f. Gefäßchirurgie, Soc. Int. de Chirurgie, Int. Assoc. of Endocrine Surgeons, Amer. Coll. of Surgeons, Soc. of Surgical Oncology, Royal Coll. of Surgeons of England. *Ämter*: 1987–1992 Vorsitz., seit 1992 Mitgl. Vorstand Arbeitsgemeinsch. f. Endokrine Chirurgie Dt. Gesellsch. f. Chirurgie; 1988–1993 Mitgl. Council Int. Assoc. of Endocrine Surgeons; 1993–1996 Mitgl. Vorstand, seit 1996 Vorsitz. Sektion f. Klin. Forschung Dt. Gesellsch. f. Chirurgie; 1994–1998 DFG-Gutachter; 1996–2000 Mitgl. Präsidium Dt. Gesellsch. f. Chirurgie; seit 2000 Mitgl. Medizinausschuß Wissenschaftsrat; 2002–2003 Präs. Dt. Gesellsch. f. Viszeralchirurgie. *Auszeichnungen*: Langenbeck-Preis (Dt. Gesellsch. f. Chirurgie, 1977). *Redaktionelle Tätigkeiten*: Schriftltg. *Deutsche Medizinische Wochenschrift* (seit 1989); Edit. *British Journal of Surgery*; Edit. Board *Der Chirurg* (seit 1990), *Acta Chirurgica Austriaca* (1990–2000), *Journal de Chirurgie*, *World Journal of Surgery* (1991–2001), *Digestion* (seit 1987), *Der Arzneimittelbrief*.

Hauptarbeitsgebiete: Endokrine Chirurgie (Autotransplantation der Nebenschilddrüsen; Transplantation von Nebenschilddrüsengewebe durch Mikrokapsulation; Somatostatin-Rezeptor-Szintigraphie); Pankreaskarzinom (Planung neuer Verfahren bei endokrinen Tumoren des Pankreas, vor allem bei Insulinomen; Molekularuntersuchungen; maligne Tumormarker beim Cystadenom des Pankreas); Onkologie des oberen und unteren Gastrointestinaltraktes (Prognosesicherung, Stadieneinteilung).

Aufgenommen am 11. 9. 2002 (Matrikel-Nr. 6825), Sektion Chirurgie, Orthopädie und Anästhesiologie (Chirurgie).

Anschrift: Klinikum der Philipps-Universität Marburg, Klinik für Visceral-, Thorax- und Gefäßchirurgie, Baldingerstraße, 35033 Marburg, Tel. ++49 (0) 64 21 / 28 64 41, Fax ++49 (0) 64 21 / 28 89 95, E-Mail: rothmund@mailer.uni-marburg.de; [privat] Am Berg 36, 35041 Marburg, Tel. ++49 (0) 64 21 / 6 26 36, Bundesrepublik Deutschland.

Sansonetti, Philippe Joseph (*9. 4. 1949 Paris), M. D. (1979 U Paris VI), Prof. f. Microbiologie u. Head Unité de Pathogénie Microbienne Moléculaire and Unité INSERM 389 Paris (Frankreich) [Stud. Humanmedizin, Biochemie u. Mikrobiologie; 1974–1979 Interne Hopitaux de Paris; 1976–1980 Res. Fellow Unité de Bactériologie Inst. Pasteur Paris; 1978 Master in Sciences U Paris VII; 1980–1981 Postdoc. Fellow Dept. of Enteric Diseases S. B. Formal, Walter Reed Army Inst. of Res. Washington (USA); 1981–1985 Chief de Clinique-Ass. Hopitaux de Paris; 1981–1987 wiss. Ass., 1987–1989 Chef de Lab. Unité des Entérobactéries Inst. Pasteur; 1985–1990 Head of the Outpatient Unit Inst. Pasteur Hospital; 1989 Head Unité de Pathogénie Microbienne Moléculaire Inst. Pasteur; 1992–1995 Chargé Development of Clin. Res. Inst. Pasteur; 1994 Prof., 2000 Prof. Classe Exceptionelle Inst. Pasteur Paris; 1995 Visit. Prof. Rockefeller U New York (USA); 1996 MacLaughlin Visit. Prof. U of Texas (USA); 1997 Edwin H. Beachey Visit. Prof. U of Tennessee (USA); 1998 Marvin A. Brennicke Visit. Prof. Washington U St. Louis (USA); 2000 Visit. Prof. of Paediatrics Harvard Med. School U Cambridge (USA)]. *Mitglied*: French Acad. des Sciences (korresp. 1996, o. 2001), French Acad. de Médicine (seit 2002), Academia Europaea (seit 2001); Amer. Acad. of Microbiology; Europ. Mol. Biology Organ. (EMBO, seit 1993). *Ämter*: 1989–1992 Chairman Dept. of Bacteriology and Mycology Inst. Pasteur Paris; 1991–1995 Mitgl., Sekr., Vice-Chairman Scientif. Council Inst. Pasteur; 1991–1995 Chairman Intercommission of Infectious and Parasitic Diseases Institut Natl. de la Santé et de la Recherche Médicale (INSERM); 1991–1995 Mitgl., seit 1995 Chairman Steering Committee on Diarrheal Vaccines World Health Organization (WHO); seit 1992 Mitgl. PVD-Task Force on Vaccine Development WHO; seit 1993 Mitgl. Scientif. and Techn. Adv. Committee of the United Nations Develop. Programme/World Bank/WHO Special Progr. f. Res. and Training in Tropical Diseases; 1995–1999 Med. Dir. Inst. Pasteur Paris; 2002 Chairman Dept. of Cell Biology and Infection; 1995–1998 Mitgl. Scientif. Council IN-

SERM; 1997–2001 Chairman Scientif. Council of Natl. Progr. de Recherche Fondamentale en Microbiologie, Maladies Infectieuse et Parasitaires Ministère de la Recherche; seit 2000 Vorsitz. Wiss. Beirat Max-Planck-Inst. f. Infektionsbiologie Berlin; seit 2000 stell. Vorsitz. Wiss. Beirat Bernhard-Nocht-Inst. f. Tropenmedizin Hamburg; seit 2001 Vice-Chairman Scientif. Council Found. pour la Recherche Médicale. *Auszeichnungen*: Prix Jacques Monod (1983), Prix AGIR (Pasteur-Weizmann Council, 1984), Grand Prix (French Acad. de Médicine, 1990), Chevalier de la Légion d'Honneur (1994), Prix Louis Jeantet de Médicine (Genf, 1994), Robert-Koch-Preis (Bonn, 1997), André Lwoff Medal (2000), Prix AGF Athéna (Inst. de France, 2000). *Redaktionelle Tätigkeiten*: Edit. *Infection and Immunity* (1992–1998), *Cellular Microbiology* (seit 1998); Assoc. Edit. *Research in Microbiology*, *Microbes and Infection*; Edit. Board *Microbial Pathogenesis*, *FEMS Microbiology Reviews*, *Trends in Microbiology*, *Infectious Agents and Disease*, *International Journal of Medical Microbiology*, *EMBO Journal*, *EMBO Reports*.

Hauptarbeitsgebiete: Molekulare Pathogenitätsforschung (Wechselwirkung zwischen Ruhrerreger *Shigella flexneri* und Wirtszellen; Ausscheidung von Genprodukten, die durch Virulenzplasmid kodiert werden; Aufklärung entsprechender Mechanismen; Apoptose durch bakterielle Proteine; Ausbreitung von Shigellen im Gewebe; Konzept der »Zellulären Mikrobiologie«; Analyse der Wirts-Pathogen-Interaktion

Aufgenommen am 11. 9. 2002 (Matrikel-Nr. 6826), Sektion Mikrobiologie und Immunologie (Mikrobiologie).

Anschrift: Unité de Pathogénie Microbienne Moléculaire, INSERM U 389, Institut Pasteur, 28 rue du Docteur Roux, F-75724 Paris Cedex 15, France, Tel. ++33 1 45 68 83 42, Fax ++33 1 45 68 89 53, E-Mail: psanson@pasteur.fr; [privat] 131 Boulevard Brune, F-75014 Paris, France, Tel. ++33 1 45 39 31 74, Fax ++33 1 43 95 69 49, E-Mail: sansonetti@noos.fr, Frankreich.

Scherbaum, *Werner* Alfons (*28. 6. 1947 Neuhausen/Kreis Esslingen), Dr. med. (1975 U Tübingen), C4-Prof. f. Innere Medizin (Schwerpunkt Endokrinologie u. Stoffwechsel) u. Ltr. Klin. Abtl. f. Endokrinologie Dt. Diabetes-Forschungsinst. U Düsseldorf (seit 1997) [1968–1974 Stud. Humanmedizin U Tübingen u. U Hamburg; 1974 Med. Staatsexamen U Tübingen; 1975 Approbation; 1975–1980 wiss. Ass. Med. Poliklinik U Tübingen sowie Abtl. Kardiologie Med. Klinik U Tübingen; 1980 Anerkennung als Internist; 1981–1982 zweijähriges DFG-Forschungsstip. Dept. of Immunology Middlesex Hosp. London; 1983 Teilgebietsbezeichnung Endokrinologie; 1983–1984 wiss. Ass. Med. Poliklinik U Tübingen; 1984–1992 Oberarzt u. Ltr. Sektion Rheumatologie Med. Klinik u. Poliklinik U Ulm; 1986 Habil. f. Innere Medizin U Ulm;

1989 Teilgebietsbezeichnung Rheumatologie; 1990 apl. Prof. U Ulm; 1993–1997 C4-Prof. f. Innere Medizin mit Schwerpunkt Endokrinologie u. Stoffwechsel u. Ltr. Med. Klinik u. Poliklinik III (Abtl. Endokrinologie, Diabetologie, Gerontologie, Stoffwechselerkrankungen, Nephrologie u. Bildgebende Diagnostik) U Leipzig; 1994 Fachkunde Laboratoriumsmedizin in d. Inneren Medizin]. *Mitglied*: Dt. Gesellsch. f. Endokrinologie (seit 1978), Royal Soc. of Medicine (seit 1981), Gesellsch. f. Immunologie (seit 1986), Dt. Gesellsch. f. Innere Medizin (seit 1987), Bund Dt. Internisten (seit 1987), Dt. Gesellsch. f. Rheumatologie (seit 1988), Europ. Assoc. f. the Study of Diabetes (seit 1989), Int. Diabetes Federation (seit 1990), Endocrine Soc. (seit 1991), Amer. Diabetes Assoc. (1992), Gesellsch. f. Fortschritte in d. Inneren Medizin (1994). *Ämter*: Initiator u. Sprecher Interdiszipl. Zentrum f. Klin. Forschung U Leipzig; Dir.-Sprecher u. Forschungsbeauftragter Med. Fak. U Leipzig; Mitbegr. Graduiertenkolleg Neurowissenschaften U Leipzig; 1992–1993 Sachverständiger Wissenschaftsrat; 1995–1997 Vorsitz. Sächs. Gesellsch. f. Stoffwechselkrankh. u. Endokrinopathien; seit 1996 Beauftragter f. d. Fach Endokrinologie u. Stoffwechsel beim Inst. f. med. u. pharmazeut. Prüfungsfragen; 1997–1998 Präs., seit 1997 Vorsitz. Leitlinienkommission Dt. Diabetes-Gesellsch.; seit 1997 Liaisonperson f. Deutschland St. Vincents Initiative d. Weltgesundheitsorganisation; seit 1999 Vorsitz. Nordrhein-Westfäl. Gesellsch. f. Endokrinologie u. Diabetologie; Wiss. Ltr. Ausbildungsstelle f. Diabetesassistentinnen Dt. Diabetes-Gesellsch. bei d. Dt. Gesellsch. f. Ernährung u. Diätetik U Düsseldorf; 1997–1999 Wiss. Ltr. Wiss. Beirat Diabetes AOK-Bundesverband; DFG-Fachgutachter f. d. Fach Endokrinologie. *Auszeichnungen*: Frerichs-Preis (Dt. Gesellsch. f. Innere Medizin, 1987). *Redaktionelle Tätigkeiten*: Edit.-in-Chief *Hormone and Metabolic Research* (seit 1994).

Hauptarbeitsgebiete: Endokrinologie und Immunologie (Diabetologie; Typ-I-Diabetes und Immunerkrankungen der Schilddrüse wie Morbus Basedow und Hashimoto-Thyreoiditis).

Aufgenommen am 11. 9. 2002 (Matrikel-Nr. 6827), Sektion Innere Medizin und Dermatologie (Innere Medizin).

Anschrift: Deutsche Diabetes-Klinik, Deutsches Diabetes-Forschungsinstitut, Auf'm Hennekamp 65, 40225 Düsseldorf, Tel. ++49 (0) 2 11 / 3 38 22 00, Fax ++49 (0) 2 11 / 3 36 91 03, scherbaum@ddfi.uni-duesseldorf.de; [privat] Saddeler Straße 5, 40593 Düsseldorf, Bundesrepublik Deutschland.

Schlag, Peter Michael (*22. 4. 1948 Passau), Dr. med. (1974 U Düsseldorf), C4-Prof. f. Chirurgie u. Chirur. Onkologie HU Berlin, Dir. Klinik f. Chirurgie u. Chirur. Onkologie Robert-Rössle-Klinik am Max-Delbrück-Centrum U-Klinikum Charité Campus Berlin-Buch (seit 1999) u. Ärztl. Ltr. Robert-Rössle-Klinik Charité HELIOS Kliniken GmBH Berlin (seit 2001) [1967–1973 Stud. Humanmedizin, 1973 Med. Staatsexamen U Düsseldorf; 1973–1974 Med.-Ass. Chirur. Abtl. u. Innere Abtl. Städt. Krankenhaus Düsseldorf-Benrath; 1974 Approbation als Arzt; 1974–1980 Facharztausbild. Abtl. f. Chirurgie U Ulm (Abtl. f. Allgemeinchirurgie; Abtl. f. Thorax- u. Gefäßchirurgie; Abtl. f. Unfall-, Plastische u. Wiederherstellungschirurgie); 1979 Forschungsaufenth. Comprehensive Cancer Center U of Arizona Tucson (USA); 1980 Facharztanerkennung f. Chirurgie; 1980 Forschungsaufenth. Division of Oncology U of Texas San Antonio (USA) u. Veterans Administration Surgical Adjuvant Cancer Chemotherapy Study Gr. Washington (USA); 1981 Habil. U Ulm; 1981–1982 Oberarzt Abtl. f. Allgemeinchirurgie U Ulm; 1982–1992 C3-Prof. u. Ltr. Abtl. f. Allgemeinchirurgie, Unfallchirurgie u. Poliklinik Chirur. U-Klinik Heidelberg; 1987 Stip. d. Dt. Gesellsch. f. Chirurgie Besuch chirur.-onkol. Zentren in den USA; 1987–1988 Gastarzt Thorax-Klinik Heidelberg-Rohrbach; 1988–1990 Visit. Prof. Roswell-Park-Memorial Inst. Buffalo (USA); 1992–1999 C4-Prof. f. Chirurgie u. Chirur. Onkologie FU Berlin]. *Mitglied*: Dt. Gesellsch. f. Chirurgie (seit 1976), Dt. Krebsgesellsch. (seit 1980), Europ. Soc. of Surgical Oncology (seit 1982), Amer. Soc. of Clin. Oncology (seit 1983), Dt. Gesellsch. f. Senologie (seit 1984), Amer. Soc. of Surgical Oncology (seit 1985), World Assoc. of Hepato-Pancreato-Biliary Surgery (seit 1986), Metastasis Res. Soc. (seit 1987), Berliner Krebsgesellsch. (seit 1994), Europ. Soc. of Surgery (seit 1994), MedTech (Gesellsch. zur Förderung von Forschung, Technologietransfer, Präsentation u. Weiterbildung in d. Medizin u. Technik, seit 1994), Europ. Digestive Surgery (seit 1995), Dt. Gesellsch. f. Verdauungs- u. Stoffwechselkrankh. (seit 1996), Dt. Gesellsch. f. Endoskopie u. Bildgebende Verfahren e. V. (seit 1997), Leeds Castle Polyposis Gr. (seit 1999); Acad. Chirurgica di Roma (Ehrenmitgl., 2001). *Ämter*: Mitgl. EORTC Gastrointestinal Cancer Study Gr.; Mitgl. EORTC Study Gr. Soft Tissue Sarcoma; EORTC Melanoma Study Gr.; Mitgl. Execut. Committee Europ. School of Oncology; Mitgl. Scientif. Committee Europ. School of Oncology Germany; Mitgl. Scientif. Committee Europ. Soc. of Surgical Oncology; Mitgl. u. 1984–1990 stellv. Vorsitz. Chirur. Arbeitsgemeinsch. f. Onkologie Dt. Gesellsch. f. Chirurgie; Mitgl. Arbeitsgr. Nachsorge und Rehabilitation Gesamtprogr. zur Krebsbekämpfung d. Bundesministerium f. Forschung u. Technologie; Mitgl. Vorstand Dt. Krebsgesellsch.; Mitgl. Vorstand Berliner Krebsgesellsch.; Mitgl. Vorstand Tumorzentrum Berlin; Mitgl. Leitkommission Krebs-Therapiestudien Dt. Krebshilfe u. Dt. Krebsgesellsch.; Mitgl. Vorstand Dt. Gesellsch. f. Computer- u. Roboterassist. Chirurgie; Vorsitz. Arbeitsgemeinsch. f. Tele- u. Computerassist. Chirurgie Dt. Gesellsch. f. Chirurgie; Mitgl. Kuratorium Center of Excellence in Med. Technology; Mitgl. 7-Jahreskomm. U Tübingen. *Auszeichnungen*: Mamma-Karzinom-Preis (Dt. Gesellsch. f. Chirurgie, 1981), Wissenschaftlicher Preis der Stadt Ulm (1981), Carlo-Erba-Preis (1983), Gösta-Bomansson-Medaille (Swedish Surgical Soc., 1988), Dr. h. c. (U Pleven/Bulgarien), Preis der Deutschen Krebsgesellsch. (1999), Deutscher Innovationspreis Medizin und Gesundheit (2001). *Redaktionelle Tätigkeiten*: Edit. Board *European Journal of Cancer, Annals of Surgical Oncology, The Oncologist, Gastric Cancer, Current Treatment Options in Oncology, Langenbeck's Archives of Surgery, Acta Chirurgica Austriaca, Der Onkologe, Onkologe, Der Chirurg, Aktuelle Onkologie.*

Hauptarbeitsgebiete: Chirurgische Onkologie mit Schwerpunkt im Bereich der bösartigen Erkrankungen des oberen und unteren Gastrointestinaltraktes mit Leber und Pankreas; bösartige Weichteiltumoren; Einführung von neuen Kombinationstherapien mit Chirurgie (präoperative Hyperthermie mit Radiochemotherapie beim fortgeschrittenen Rektumkarzinom, Kombinationstherapie mit Chemotherapie und Behandlung mit Tumornekrosefaktor); neue diagnostische Verfahren (dreidimensionale Ultraschallbildgebung bei Tumoren der Extremitäten; immunhistochemische Erkennung von Lymphknotenmetastasen); klinisch-diagnostische Arbeiten (Rolle der Laparoskopie bei gastrointestinalen Tumoren).

Aufgenommen am 11. 9. 2002 (Matrikel-Nr. 6828), Sektion Chirurgie, Orthopädie und Anästhesiologie (Chirurgie).

Anschrift: Universitätsklinikum Charité, Medizinische Fakultät der Humboldt-Universität Berlin, Campus Buch, Robert-Rössle-Klinik, Klinik für Chirurgie und Chirurgische Onkologie, Lindenberger Weg 80, 13125 Berlin, Tel. ++49 (0) 30 / 94 17 14 00, Fax ++49 (0) 30 / 94 17 14 04, E-Mail: schlag@rrk-berlin.de; [privat] Frohnauer Straße 17a, 13467 Berlin, Tel. ++49 (0) 30 / 4 04 03 69, Bundesrepublik Deutschland.

Schleich, *Wolfgang* Peter (*23. 2. 1957 Mühldorf/Inn), Dr. rer. nat. (1984 LMU München), C4-Prof. f. Theor. Physik U Ulm (seit 1991) [Stud. Physik, 1981 Diplom LMU München; 1980–1984 Diplomand u. Promovend Max-Planck-Inst. f. Quantenoptik Göttingen; 1982–1983 Gastaufenth. Inst. of Modern Optics Albuquerque (USA); 1984–1986 Postdoktorand Center f. Theor. Physics U Austin (USA); 1986–1991 wiss. Mitarb. Max-Planck-Inst. f. Quantenoptik Garching; 1989 Habil. LMU München]. *Mitglied*: Opt. Soc. Amer. (Fellow, 1997), Amer. Physical Soc. (Fellow, 2000), Dt. Physikal. Gesellsch. *Ämter*: 1996–1998 Vorsitz. Fachverband Quantenoptik Dt. Physikal. Gesellsch.; seit 2000 Mitgl. u. stellv. Vorsitz. U-Rat U Ulm; seit 2002 Mitgl. DFG-Senatskommission f. Belange d. Sonderforschungsbereiche. *Auszeichnungen*: Otto-Hahn-Medaille (Max-Planck-Gesellsch., 1983), Preis der Deutschen Physikalischen Gesellschaft (Dt. Physikal. Gesellsch., 1991), Ernst-Abbé-Medaille (Int. Commission f. Optics, 1993), Gottfried-Wilhelm-Leibniz-Preis (DFG, 1995). *Redaktionelle Tätigkeiten*: Mithrsg. *Fortschritte der Physik* (seit 1996), *Optics Communications* (seit 1996); Divisional Assoc. Edit. *Physical Review Letters* (seit 2000); Edit. Board *New Journal of Physics* (seit 2000), *Quantum and Semiclassical Optics* (1993–1996).

Hauptarbeitsgebiete: Theoretische Quantenoptik; fundamentale Fragen der Quantenmechanik; Allgemeine Relativitätstheorie; Statistische Mechanik und Nichtlineare Dynamik; Quantenchaos.

Aufgenommen am 26. 3. 2002 (Matrikel-Nr. 6799), Sektion Physik (Theoretische Physik).

Anschrift: Universität Ulm, Abteilung für Quantenphysik, Albert-Einstein-Allee 11, 89069 Ulm, Tel. ++49 (0) 7 31 / 5 02 30 80, Fax ++49 (0) 7 31 / 5 02 30 86, E-Mail: schleich@physik.uni-ulm.de; [privat] Jörg-Syrlin-Straße 102, 89081 Ulm, Tel. ++49 (0) 7 31 / 38 26 63, Bundesrepublik Deutschland.

Schlöndorff, Detlef Olaf Wolfgang (*15. 1. 1942 Wiesbaden), Dr. med., C4-Prof. f. Innere Medizin u. Dir. Med. Poliklinik Innenstadt (seit 1993) sowie komm. Dir. Med. Klinik Innenstadt LMU München (seit 2000) [1961–1962 Stud. Humanmedizin U Mainz; 1962–1963 Fulbright-Stip. Yale U New Haven (USA); Stud. Humanmedizin 1963–1965 U Mainz, 1965 LMU München; 1965–1966 Stip. U Paris (Frankreich); 1966–1968 Stud. Humanmedizin LMU München; 1968 Staatsexamen LMU München; 1968–1970 Med.-Ass. I. Med. Klinik LMU München, Humboldt-Krankenhaus Berlin, Med. Klinik U Frankfurt (Main); 1970 Approbation; 1970–1971 Med. Internship Brooklyn Cumberland Hosp. New York (USA); 1971–1973 Med. Residency Montefiore Hosp. Med. Center New York (USA); 1973 Facharzt f. Innere Medizin; 1978 Facharzt f. Nephrologie; 1973–1974 wiss. Ass. Zentrum Innere Medizin U Frankfurt (Main); 1974–1976 Fellow in Nephrology, 1976 Instructor in Medicine, 1977 Ass. Prof. of Medicine, 1981 Assoc. Prof. of Medicine Albert Einstein Coll. of Medicine New York (USA); 1982–1983 Gast-Prof. U Paris (Frankreich); 1985 Prof. of Medicine, 1988 Prof. of Medicine with tenure, 1988 Dir. Division of Nephrology Albert Einstein Coll. of Medicine New York (USA); 1991 Abraham Levitt Chair in Medicine; 1993 Anerkennung als Internist u. Nephrologe Bayer. Landesärztekammer]. *Mitglied*: New York Acad. of Sciences; Amer. Soc. f. Clin. Investigation, Assoc. of Amer. Physicians, Amer. Soc. of Nephrology, Int. Soc. of Nephrology, Amer. Federation f. Clin. Res., Salt and Water Club, Dt. Gesellsch. f. Innere Medizin, Gesellsch. f. Nephrologie. *Auszeichnungen*: Irma T. Hirschl Carrer Scientist Award (1979). *Redaktionelle Tätigkeiten*: Edit. Board *Journal of Clinical Investigation, American Journal of Physiology, Pflügers Archiv – European Journal of Physiology, International Yearbook of Nephrology, Kidney International, Experimental Nephrology.*

Hauptarbeitsgebiete: Molekulare und zellbiologische Grundlagen der glomerulären Schädigung bei Nierenerkrankungen; Rolle von Chemokinen und Chemokinrezeptoren bei entzündlichen Nierenerkrankungen.

Aufgenommen am 11. 9. 2002 (Matrikel-Nr. 6829), Sektion Innere Medizin und Dermatologie (Innere Medizin).

Anschrift: Ludwig-Maximilians-Universität München, Klinikum der Universität, Medizinische Poliklinik – Innenstadt, Pettenkoferstraße 8a, 80336 München, Tel. ++49 (0) 89 / 51 60 35 00, Fax ++49 (0) 89 / 51 60 44 39, E-Mail: sdorff@pk-i.med.uni-muenchen.de; [privat] Kaiserplatz 2, 80803 München, Tel. ++49 (0) 89 / 39 59 51, Bundesrepublik Deutschland.

Schneider, Wolfgang (*19. 6. 1950 Völklingen/Saar), Dr. phil. (1979 U Heidelberg), C4-Prof. f. Päd. Psychologie U Würzburg (seit 1991) [1969–1970 Stud. Theologie Kirchl. HS Wuppertal; 1970–1975 Stud. Psychologie, Philosophie u. Theologie U Heidelberg; 1975 Diplom in Psychologie U Heidelberg; 1981–1982 Forschungsaufenth. U Stanford (USA); 1981–1989 wiss. Mitarb. Max-Planck-Inst. f. psychol. Forschung München; 1983 Lehrauftrag Psychol. Inst. U Heidelberg; 1983–1984 Lehrauftrag U d. Bundeswehr München; 1986–1987 Lehrauftrag Psychol. Inst. LMU München; 1988 Habil. f. Psychologie Fak. f. Psychologie u. Pädagogik LMU München; C3-Prof. Max-Planck-Inst. f. psychol. Forschung München; 1990 Vertretung C4-Prof. f. Psychologie IV (Päd. Psychologie) U Würzburg]. *Mitglied*: Int. Acad. of Education (seit 1998); Dt. Gesellsch. f. Psychologie, Soc. f. Res. in Child Development, Amer. Educational Res. Assoc., Int. Soc. f. Study of Behavioral Development, Europ. Assoc. f. the Study of Learning and Instruction, Amer. Psychol. Assoc., Wilhelm-Wundt-Gesellsch. *Ämter*: 1983–1986 gewählt. Mitgl. Geisteswiss. Sektion im Wiss. Rat d. Max-Planck-Gesellsch.; 1984–1986 Mitgl. Intersekt. Ausschuß Max-Planck-Gesellsch.; 1991–1993 Mitgl. Fach- u. Berufungskommission Psychologie U Jena; 1991–1992 Gründungsbeauftr. Fach Psychologie Päd. HS Erfurt/Mühlhausen; 1992–1996 Prodekan Philosoph. Fak. III U Würzburg; 1992–1996 DFG-Ersatzgutachter, 1996–2002 DFG-Fachgutachter f. Entwicklungsphysiologie u. Päd. Psychologie; 2000–2002 stellv. Vorsitz. DFG-Fachausschuß Psychologie; 1993 u. 1995 Geschäftsf. Vorstand Inst. f. Psychologie U Würzburg; 1993–1994 Mitgl. Ausbildungskommission Dt. Gesellsch. f. Psychologie; 1993–1995 Sprecher Fachgr. Entwicklungsphysiologie Dt. Gesellsch. f. Psychologie; 1996–1998 Dekan Philos. Fak. U Würzburg; 1998 Mitgl. Senat U Würzburg; 2000 1. Vizepräs., 2001 Präs. Dt. Gesellsch. f. Psychologie; Mitgl. Arbeitsgr. f. Empirische Päd. Forschung. *Redaktionelle Tätigkeiten*: Mithrsg. *European Journal of Psychology of Education* (1991–2000), *Zeitschrift für Pädagogische Psychologie* (1994–1999), *Zeitschrift für Entwicklungspsychologie und Pädagogische Psychologie* (seit 2000); Consult. Edit. *Cognitive Development* (seit 2001), *Journal of Educational Psychology* (seit 1996), *Memory & Cognition* (1994–1999), *High Ability Studies* (seit 1996), *Journal of*

Experimental Psychology: Learning, Memory, and Cognition (seit 2000); Wiss. Beirat *Psychologie in Erziehung und Unterricht* (1991–1997).

Hauptarbeitsgebiete: Entwicklungspsychologie; Gedächtnisentwicklung (Bedeutung von Strategien; Metagedächtnis; bereichsspezifisches Vorwissen; Intelligenz; Funktionsschwächen; Rolle des Arbeitsgedächtnisses); entwicklungspsychologische Lehr-Lern-Forschung in der frühen und mittleren Kindheit; Pädagogische Psychologie (Legasthenie; sprachliche Defizite; Aspekte der sprachlichen Bewußtheit); Hochbegabung und Hochleistung; Glaubwürdigkeit kindlicher Zeugen.

Aufgenommen am 18. 11. 2002 (Matrikel-Nr. 6849), Sektion Empirische Psychologie und Kognitionswissenschaften.

Anschrift: Universität Würzburg, Institut für Psychologie, Lehrstuhl für Psychologie IV, Wittelsbacherplatz 1, 97074 Würzburg, Tel. ++49 (0) 9 31 / 8 88 48 22, Fax ++49 (0) 9 31 / 8 88 48 91, E-Mail: schneider@psychologie.uni-wuerzburg.de; [privat] Neubergstraße 30, 97273 Kürnach, Tel. ++49 (0) 93 67 / 30 03, Fax ++49 (0) 93 67 / 98 28 77, Bundesrepublik Deutschland.

Schopfer, Peter (*19. 12. 1938 Stuttgart), Dr. rer. nat. (1966 U Freiburg/Br.), C4-Prof. f. Pflanzenphysiologie U Freiburg (Br.) (seit 1995) [Stud. Biologie, Chemie, Geographie u. Philosophie 1958–1960 TH Stuttgart, 1960–1961 U Innsbruck, 1961–1962 U Freiburg, 1962 U Tübingen, 1963–1965 U Freiburg; 1965 Diplom in Biologie U Freiburg; 1966–1967 Forschungsaufenth. Brookhaven Natl. Lab. Long Island (USA); 1967–1973 wiss. Ass. Botan. Inst. U Freiburg; 1971 Habil. f. Pflanzenphysiologie U Freiburg; 1973 U-Doz., 1976 Wiss. Rat u. Prof., 1976 apl. Prof., 1978 U-Prof. U Freiburg]. *Mitglied*: Dt. Botan. Gesellsch. (seit 1972), Amer. Soc. of Plant Biologists (seit 1966). *Ämter*: 1977–1978 Dekan Fak. f. Biologie U Freiburg; DFG-Gutachter. *Redaktionelle Tätigkeiten*: Edit. Board *Biochemie und Physiologie der Pflanzen* (1980–1993), *Journal of Plant Physiology* (seit 1985), *Botanica Acta* (1988–1991), *Seed Science Research* (1991–1999), *Protoplasma* (seit 1998), *Planta* (seit 2002).

Hauptarbeitsgebiete: Fragen der Organellentwicklung während der Photomorphogenese (Phytochromwirkung bei der Differenzierung von Chloroplasten, Mitochondrien und Microbodies; Phytochromwirkung bei der Umdifferenzierung von Glyoxysomen zu Blattperoxisomen); Steuerung der Samenkeimung durch Licht und Hormone; Mechanismen des hormongesteuerten Zellwachstums (Erforschung des Streckungswachstums an der Gramineenkoleoptile; Wirkung von Abscinsäure; Modifikationen der Zellwanddehnbarkeit; Funktion der kortikalen Mikrotubuli; Hypothesen zum auxininduzierten Wachstum bei der Bildung potentieller Wandlockerungsfaktoren).

Aufgenommen am 27. 5. 2002 (Matrikel-Nr. 6810), Sektion Organismische Biologie und Evolutionäre Biologie (Botanik).

Anschrift: Albert-Ludwigs-Universität Freiburg, Institut für Biologie II, Lehrstuhl für Botanik, Schänzlestraße 1, 79104 Freiburg, Tel. ++49 (0) 7 61 / 2 03

26 65, Fax ++49 (0) 7 61 / 2 03 26 12, E-Mail: peter.schopfer@biologie.uni-freiburg.de; [privat] Hallerstraße 8, 79117 Freiburg, Tel. ++49 (0) 7 61 / 6 38 27, Bundesrepublik Deutschland.

Shuvalov, Vladimir Anatolievich (*13. 10. 1943 Omsk/Rußland), Ph. D. (1969), Dr. d. Biol. Wiss. (1982), Prof. f. Biophysik u. Dir. Inst. f. Fundamentale Biol. Probleme Russ. Akad. d. Wiss. (seit 1998), Ltr. Abtl. Wiss. Belozersky-Forschungsinst. f. Physikal.-Chem. Biologie u. Hon.-Prof. U Moskau [1960–1965 Stud. Physik, Mathematik u. Physikal. Chemie, 1965 Diplom U Moskau; 1965 Kand. d. Wiss.; 1965–1968 Postdoktorand; 1968–1969 Senior-Lab.-Ass.; 1969–1972 Junior-Forscher A.-N.-Bach-Inst. f. Biochemie Akad. d. Wiss. d. UdSSR Moskau; 1972–1979 Senior-Forscher, 1979–1982 Ltr. Lab. f. Primärprozesse d. Photosynthese Inst. f. Photosynthese Akad. d. Wiss. d. UdSSR Puschkino; 1982–1996 Ltr. Lab. f. Primärprozesse d. Photosynthese Inst. f. Bodenkunde und Photosynthese Akad. d. Wiss. d. UdSSR Puschkino]. *Mitglied*: Russ. Akad. d. Wiss. (korresp. seit 1991, Vollmitgl. 1997), Amer. Acad. of Arts and Sciences (1998); Amer. Soc. of Plant Physiologists (seit 1997). *Ämter*: seit 1988 Mitgl. Präsidium Forschungszentrum Puschkino; 1996 stellv. Dir., 1996–1998 Dir. Inst. f. Bodenkunde u. Photosynthese Akad. d. Wiss. d. UdSSR Puschkino; Dir. Abtl. Puschkino U Moskau; seit 2001 Mitgl. Präsidium Russ. Akad. d. Wiss.; seit 1996 Kopräs. Gesellsch. d. Photobiologen in Rußland; Mitgl. Wiss. Rat U Moskau; Mitgl. Wiss. Beirat Inst. f. Fundamentale Biol. Probleme Russ. Akad. d. Wiss.; Mitgl. Wiss. Inst. f. Zellbiophysik; Mitgl. Wiss. Beirat »Pflanzenphysiologie und Photosynthese« u. »Biophysik« Russ. Akad. d. Wiss. *Auszeichnungen*: Staatspreis der UdSSR (1991). *Redaktionelle Tätigkeiten*: Edit. Board *Biochimica Biophysica Acta* (1996–1999), *Photosynthesis Research* (seit 1999), *Comparative Biochemistry and Physiology* (seit 2002), *Biophizika, Biokhimiya*.

Hauptarbeitsgebiete: Photosyntheseforschung; Anordnung und Wechselwirkung der Pigmentkomponenten der Reaktionszentren von photosynthetischen Bakterien (Bakterienchlorophyll, Bakterienphaeophytin) und höheren Pflanzen; Energetik der Primärprozesse in den Reaktionszentren; zeitliche Auflösung der Reaktionsfolgen in den Reaktionszentren (am Beispiel Photosystem I der höheren Pflanzen); Reaktionszentrum von Photosystem II der höheren Pflanzen; ökophysiologische Fragestellungen.

Aufgenommen am 18. 11. 2002 (Matrikel-Nr. 6850), Sektion Organismische und Evolutionäre Biologie (Botanik).

Anschrift: Russian Academy of Sciences, Institute of Fundamental Biological Problems, Pushchino-na-Oka 142292, Tel. ++79 67 / 73 36 01, Fax ++79 67 / 33 05 32, E-Mail: shuvalov@genebee.msu.su, [privat] Ratnaya Street, House 12, Building 2, Flat 13, Moscow 113216, Rußland.

Spohn, *Wolfgang* Konrad (*20. 3. 1950 Tübingen), Dr. phil. (1976 LMU München), C4-Prof. f. Philosophie U Konstanz (seit 1996) [1968–1969 Stud. Mathematik U Stuttgart; 1969–1976 Stud. Philosophie, Logik/Wissenschaftstheorie u. Mathematik, 1973 Magister Artium LMU München; 1971–1973 wiss. Mitarb. DFG-Projekt »Die subjektivistische Grundlegung der Wahrscheinlichkeitstheorie«; 1976 Verwalter d. Dienstgeschäfte eines wiss. Ass., 1976–1984 wiss. Ass. Seminar f. Philosophie, Logik u. Wissenschaftstheorie LMU München; 1984 Habil. u. Lehrbefugnis f. Philosophie u. Logik/Wissenschaftstheorie LMU München; 1984 Vertretung Lehrstuhl Abtl. Philosophie U Bielefeld; 1984–1986 Akad. Oberrat Seminar f. Philosophie, Logik u. Wissenschaftstheorie LMU München; 1985–1986 Wiss. Mitgl. Wissenschaftskolleg zu Berlin; 1986–1991 Fiebiger-Prof. f. Philosophie U Regensburg (bis 1987 C2-Prof., dann C3-Prof.); 1988 Visit. Prof. Dept. of Philosophy U of California Irvine (USA); 1991–1996 C4-Prof. Lehrstuhl »Philosophie der Wissenschaften« Abtl. Philosophie U Bielefeld u. Mitgl. Vorstand Inst. f. Wissenschafts- u. Technikforschung U Bielefeld]. *Mitglied*: Dt. Gesellsch. f. Philosophie (seit 1985), Gesellsch. f. Analyt. Philosophie (seit 1991), Verein d. Mitgl. u. Freunde d. Wissenschaftskollegs. *Ämter*: 1992–1993 Dekan Fak. f. Geschichtswiss. u. Philosophie U Bielefeld; 1992–1996 Mitgl. Vorstand Graduiertenkolleg »Genese, Strukturen und Folgen von Wissenschaft und Technik« Inst. f. Wissenschafts- u. Technikforschung U Bielefeld; 1997–2000 Sprecher DFG-Forschergr. »Logik in der Philosophie«; 2000 Mitgl. Forschungsgr. »Making Choices. An Interdisciplinary Approach to Modelling Decision Behaviour« Zentrum f. interdiszipl. Forschung U Bielefeld; DFG-Gutachter. *Redaktionelle Tätigkeiten*: Hrsg. *Erkenntnis* (seit 1988, 1998–2001 geschäftsf.); Edit. Board *Philosophy and Economics* (seit 1994); Mithrsg. Reihe *Probability, Induction, and Decision Theory* (seit 1989) u. *Philosophische Impulse* (seit 1997).

Hauptarbeitsgebiete: Allgemeine Wissenschaftstheorie und Erkenntnistheorie (Kausalität, Rationalität, Kohärenz und Begründung); Entscheidungstheorie; Struktur und Rolle der Philosophie.

Aufgenommen am 18. 11. 2002 (Matrikel-Nr. 6851), Sektion Wissenschaftstheorie.

Anschrift: Universität Konstanz, Fachbereich Philosophie, Universitätsstraße 10, 78464 Konstanz, Tel. ++49 (0) 75 31 / 88 25 03, Fax ++49 (0) 75 31 / 88 41 21, E-Mail: wolfgang.spohn@uni-konstanz.de; [privat] Mozartstraße 4a, 78464 Konstanz, Tel. ++49 (0) 75 31 / 6 78 61, Bundesrepublik Deutschland.

Staudinger, *Ursula* Marie (*3. 4. 1959 Nürnberg), Dr. phil (1988 FU Berlin), C4-Prof. f. Entwicklungspsychologie d. Lebensspanne TU Dresden (seit 2001) u. Geschäftsf. Dir. Inst. f. Päd. Psychologie u. Entwicklungspsychologie TU Dresden (seit 1999); [1977–1984 Stud. Psychologie, 1984 Diplom U Erlangen; 1980–1981 Graduate Studies Clark U Worcester (USA); 1984–1985 wiss. Mitarb. U Bielefeld; 1985–1988 Promotionsstip. Max-Planck-Inst. f. Bildungsforschung; 1988 Hospitation (Internship) Aging Unit UNO Wien; 1988–1991 wiss. Mitarb. Arbeitsgr. »Altern und gesellschaftliche Entwicklung« Akad. d. Wiss. zu Berlin (West); 1992–1999 wiss. Mitarb. Projekt »Weisheit und lebenslange Entwicklung« Max-Planck-Inst. f. Bildungsforschung Berlin; 1997 Habil. u. Venia legendi f. Psychologie FU Berlin; 1997–1998 Vertretungsprof. Entwicklungspsychologie U Halle-Wittenberg; 1999–2001 C3-Prof. f. Entwicklungspsychologie TU Dresden]. *Mitglied*: Akad. d. Wiss. Heidelberg (koresp., seit 2002); Amer. Psychol. Assoc., Amer. Psychol. Soc., Berufsverband Dt. Psychologen, Dt. Gesellsch. f. Psychologie, Gerontol. Soc. of America, Int. Soc. of Social and Behavioral Development. *Ämter*: seit 1988 Mitgl. Arbeitsgr. »Altern und gesellschaftliche Entwicklung« Akad. d. Wiss. zu Berlin (West), später Berlin-Brandenburg. Akad. d. Wiss.; seit 1989 Mitgl. Forschergr. Berliner Altersstudie; 1993–1999 Network Assoc. MacArthur Network on Successful Midlife Development; 1997–2001 wiss. Konsultantin *International Encyclopedia of the Behavioral and Social Sciences*; 1998–2000 Mitgl. Taskforce »Positive Psychology«; 1998 Expertin b. d. Erarbeitung Progr.-Konzept »Lebenslanges Lernen« Bundesministerium f. Bildung, Wissenschaft, Forschung u. Technologie; 1999 Expertin f. Altenbericht d. Bundesregierung; 1999 Expertin Komitee »Human Capital in the Social Sciences« Social Science Res. Council (USA); 1999–2000 Mitgl. int. Gutachtergremium zur Evaluierung d. Schwerpunktes »Altenforschung« Schwed. Social Science Res. Council (Schweden); seit 2001 Mitgl. Expertenkommission »Zukunft des Alterns« Bertelsmann-Stift.; seit 2002 Mitgl. Beirat Modellprogr. »Erfahrungswissen für Initiativen« Bundesministerium f. Familie, Senioren, Frauen u. Jugend; 2002 Mitgl. dt. Delegation UN-Weltkonferenz zur Verabschiedung des 2. Weltaltenplans. *Redaktionelle Tätigkeiten*: Edit. Board *International Journal of Behavioral Development* (1997–2001), *Psychology and Aging* (seit 1997), *Journal of Gerontology* (seit 2000); Hrsg.-Beirat *Psychologie-Forschung-Aktuell*.

Hauptarbeitsgebiete: Leben als Betrachtungseinheit psychologischer Forschung; Lebenseinsicht (selbstbezogen und allgemein); Wissen und Strategien zu grundlegenden Fragen des Lebens (Altersverläufe, Adaptivität, Reserven und deren Grenzen; Weisheitsbezogenes Wissen und Urteilen; Selbsteinsicht); Lebensgestaltung (Strategien der Handlungs- und Entwicklungsregulation; Bewältigungsformen; Persönliches Lebensinvestment); lebenslange Entwicklung der Integration von Kognition, Emotion und Motivation.

Aufgenommen am 18. 11. 2002 (Matrikel-Nr. 6852), Sektion Empirische Psychologie und Kognitionswissenschaften.

Anschrift: Technische Universität Dresden, Fakultät Mathematik und Naturwissenschaften, Institut für Pädagogische Psychologie und Entwicklungspsychologie, 01062 Dresden, Tel. ++49 (0) 3 51 / 46 33 41 62, Fax ++49 (0) 3 51 / 46 33 72 94, E-Mail: staudinger@psychologie.tu-dresden.de; [privat] Kuno-Fischer-Straße 13, 14057 Berlin, Tel. ++49 (0) 30 / 32 10 23 01, Fax ++49 (0) 30 / 32 10 23 02, Bundesrepublik Deutschland.

Stoyan, Dietrich (*26. 11. 1940 Berlin-Lichterfelde), Dr.-Ing. (1967 Bergakademie Freiberg), C4-Prof. f. Angew. Stochastik TU Bergakademie Freiberg (seit 1992) [1959–1964 Stud. Mathematik TU Dresden; 1964–1969 wiss. Mitarb. Dt. Brennstoffinst. Freiberg; 1966–1968 Dienstreisen in d. Sowjetunion; 1969–1971 Oberass. Sektion Mathematik Bergakademie Freiberg; 1971–1975 wiss. Mitarb. Brennstoffinst. Freiberg; 1975 Dr. sc. nat. (1991 als Habil. anerkannt); 1975–1990 Doz. Sektion Mathematik Bergakademie Freiberg; 1990–1991 Reisen nach England, Frankreich u. Finnland; 1996–1997 Reisen nach Israel u. in d. USA]. *Mitglied*: Akad. d. Wiss. d. DDR (korresp., 1990); Academia Europaea (seit 1992); Inst. of Math. Statistics (Fellow, 1997), Int. Statist. Inst. (seit 1998). *Ämter*: 1990–1991 Prorektor f. Bildung, 1991–1997 Rektor TU Bergakademie Freiberg; 1992–1999 Mitgl. Auswahlausschuß Alexander-von-Humboldt-Stift.; seit 1996 Sprecher DFG-Graduiertenkolleg »Räumliche Statistik«. *Auszeichnungen*: Schrödinger-Medaille (Alexander-von-Humboldt-Stift., 1999). *Redaktionelle Tätigkeiten*: Edit. Board *Advances of Applied Probability, Applied Stochastic Models in Business and Industry, Annals of the Institute of Statistical Mathematics, Biometrical Journal, Mathematische Nachrichten, Statistics*.

Hauptarbeitsgebiete: Angewandte Stochastik; stochastische Geometrie und deren wahrscheinlichkeitstheoretische Grundlagen (Anpassung der wahrscheinlichkeitstheoretischen Modelle an empirische Daten); Stereologie.

Aufgenommen am 26. 3. 2002 (Matrikel-Nr. 6800), Sektion Mathematik.

Anschrift: TU Bergakademie Freiberg, Fakultät für Mathematik und Informatik, Institut für Stochastik, Agricolastraße 1, 09596 Freiberg, Tel. ++49 (0) 37 31 / 39 21 18, Fax ++49 (0) 37 31 / 39 35 98, E-Mail: stoyan@orion.hrz.tu-freiberg.de; [privat] Stauffenbergstraße 14, 09599 Freiberg, Tel. ++49 (0) 37 31 / 76 86 05, Bundesrepublik Deutschland.

Thelen, Manfred (*20. 2. 1940 Aachen), Dr. med., C4-Prof. f. Radiologie u. Dir. Klinik u. Poliklinik f. Radiologie U Mainz (seit 1979) [1959–1965 Stud. Medizin U Bonn; 1965–1967 Med.-Ass. Med. Klinik Städt. Krankenanstalten Aachen, Krankenhaus Aachen-Forst, Abtl. Kardiologie Med. Klinik U Bonn; 1967–1968 wiss. Ass. Abtl. Kardiologie Med. Klinik U Bonn; 1968–1979 wiss.

Ass. u. Oberarzt Radiol. Klinik U Bonn; 1977 apl. Prof. U Bonn]. *Mitglied*: Dt. Röntgengesellsch. (seit 1976), Dt. Gesellsch. f. Senologie (seit 1986), Dt. Gesellsch. f. Kardiologie-, Herz- u. Kreislaufforschung (seit 1997), Dt. Gesellsch. f. Radio-Onkologie (seit 1995). *Ämter*: seit 1980 Ltr. Staatl. Lehranstalt f. med.-techn. Radiologieass.; 1984–1989 Mitgl., 1995–2001 Vorsitz. DFG-Apparateausschuß; 1987–1991 Dekan Fak. Medizin U Mainz; 1983–1985, 1995–2000 Ärztl. Dir., seit 2000 stellv. Ärztl. Dir. Klinikum U Mainz; seit 1996 Sachverständiger Arbeitsgr.»Struktur- und Finanzierungsfragen der Hochschulmedizin« Wissenschaftsrat; seit 1998 Mitgl. Aufsichtsrat Klinikum U Heidelberg, 1999–2001 Mitgl. Strukturkommission f. d. Med. Einrichtungen d. U d. Landes Nordrhein-Westfalen; seit 2001 Mitgl. Steuerungsgremium Med. Fak. U Tübingen; Mitgl. Beirat Robert-Müller-Stift.; Mitgl. Vorstand Stift. »Tumorforschung Kopf-Hals«; Gutachter d. Bundesministerium f. Bildung u. Forschung; Mitgl. Arbeitsgr. »Positronen-Emissions-Tomographie« Wissenschaftsrat; Gutachter Expertenkommission zur Evaluation d. Berliner Schulmedizin. *Auszeichnungen*: Körber-Preis für die Europäische Wissenschaft (Körber-Stift., 1998). *Redaktionelle Tätigkeiten*: Hrsg. *RöFo* (seit 1989).

Hauptarbeitsgebiete: Diagnostische Radiologie; moderne Verfahren der Lungendiagnostik; Kernspintomographie; interventionelle Radiologie; radiologisch-kardiologische Diagnostik; Mammadiagnostik; Traumatologie.

Aufgenommen am 11. 9. 2002 (Matrikel-Nr. 6830), Sektion Radiologie.

Anschrift: Klinik und Poliklinik für Radiologie, Johannes Gutenberg-Universität Mainz, Langenbeckstraße 1, 55131 Mainz, Tel. ++49 (0) 61 31 / 17 73 70, Fax ++49 (0) 61 31 / 17 73 59, E-Mail: thelen@radiologie.klinik.uni-mainz.de; [privat] Annabergstraße 41, 55131 Mainz, Tel. ++49 (0) 61 31 / 33 83 48, Fax ++49 (0) 61 31 / 55 73 96, Bundesrepublik Deutschland.

Thierstein, *Hans* R. (*27. 5. 1944 Zürich), Dr. phil. II (1972 ETH Zürich), o. Prof. f. Mikropaläontologie ETH Zürich u. U Zürich (seit 1985) [1965–1969 Stud. Naturwiss., 1969 Diplom Geologie U Zürich; 1969–1972 Doktorand Geol. Inst. ETH Zürich; 1970–1972 Unterrichts-Ass., 1972–1973 Forschungs-Ass. Geol. Inst. ETH Zürich; 1973–1976 Postdoktorand d. Schweizer. Nationalfonds Lamont-Doherty Geol. Observatory Columbia U New York u. Woods Hole Oceanographic Inst. (USA); 1976–1985 Ass., Assoc. u. Full Prof. of Geology Scripps Inst. of Oceanography and Revelle Coll. U of California San Diego (USA)]. *Mitglied*: Schweizer. Geol. Gesellsch. (seit 1969), Schweizer. Paläontol. Gesellsch. (seit 1990), Geol. Soc. of America (seit 1974), Int. Nannoplancton Assoc. (seit 1979). *Ämter*: 1976–1979 Mitgl. Joint Oceanographic Institutions f. Deep Earth Sampling Adv. Panel on Ocean Paleoenvironments; 1979–1984 Mitgl. Int. Union of Geol. Sciences Subcommission on Cretaceous Stratigraphy; 1986–1990 Mitgl. Scientif. Committee of Europ. Consortium f. the Ocean Drilling Progr.; 1982–1984 Mitgl. Natl. Science Found. Panel Marine Geology and Geophysics (USA); seit 1991 Mitgl., seit 1994 Präs. Expertengr. Schwerpunktprogr. Umwelt Schweizer. Nationalfonds; seit 1995 Mitgl. ProClim-Kuratorium Schweizer. Akad. d. Naturwiss.; 1996–1998 Mitgl. Ltg.-Ausschuß Kommission »Strategie Umweltforschung und nachhaltige Entwicklung in der Schweiz« Schweizer. Wissenschaftsrat; 1997 Mitgl. Bewertungsgr. GEOMAR Kiel Wissenschaftsrat; 1998 Ltr. Gutachtergr. Klimaforschung Helmholtz-Gemeinsch.; seit 1999 Mitgl. Jury HGF Wissenschaftspreis. *Auszeichnungen*: Preisträger d. Stift. Dr. J. E. Brandenberger (1998). *Redaktionelle Tätigkeiten*: Co-Edit.-in-Chief *Marine Micropaleontology* (1985–1995, Edit. Board seit 1976); Edit. Board *Palaeogeography, Palaeoclimatology, Palaeoecology* (seit 1987), *Paleoceanography* (1985–1991), *Cretaceous Research* (1981–1985).

Hauptarbeitsgebiete: Paläontologie; Paläozeanographie; Mikropaläontologie des Nannoplanktons (Evolution des Nannoplanktons); Biostratigraphie; Paläoklimatologie (Umwelt); Kreide/Tertiär-Grenze; Paläobiogeographie; Neogen-Chronologie; Arbeiten zur paläogenen Vereisung der Antarktis; stabile Isotope und Karbonatzyklen in der Unterkreide; transdisziplinäre Umweltforschung.

Aufgenommen am 26. 3. 2002 (Matrikel-Nr. 6801), Sektion Geowissenschaften (Geologie/Mineralogie/Kristallographie).

Anschrift: Eidgenössische Technische Hochschule Zürich, Geologisches Institut, ETH Zentrum, Sonneggstrasse 5, CH-8092 Zürich, Tel. ++41 1 / 6 32 36 66, Fax ++41 1 / 6 32 10 80, E-Mail: thierstein@erdw.ethz.ch; [privat] Seestraße 20, CH-8942 Oberrieden, Tel. ++41 1 / 7 22 23 59, Schweiz.

Vestweber, Dietmar (*16. 3. 1956 Wuppertal), Dr. rer. nat. (1985 U Tübingen), C4-Prof. f. Zellbiologie Inst. f. Zellbiologie Zentrum f. Molekularbiologie d. Entzündung U Münster (seit 1994), Wiss. Mitgl. Max-Planck-Gesellsch. (seit 1999) u. Dir. Max-Planck-Inst. f. vaskuläre Biologie (seit 2001) [1976–1982 Stud. Biochemie U Tübingen u. Max-Planck-Inst. f. Biochemie Martinsried; 1982 Diplomand u. 1983–1985 Doktorand, 1986 Postdoktorand Friedrich-Miescher-Lab. d. Max-Planck-Gesellsch. Tübingen; 1987–1989 Postdoktorand Biozentrum U Basel; 1990 Habil. u. Venia docendi f. Biochemie U Basel; 1990–1994 Ltr. Nachwuchsgr. Hans-Spemann-Lab. Max-Planck-Inst. f. Immunbiologie Freiburg (Br.); 1999 Dir. Max-Planck-Inst. f. Physiol. u. klin. Forschung]. *Mitglied*: Academia Europaea (seit 1998). *Auszeichnungen*: Otto-Hahn-Medaille (Max-Planck-Gesellsch., 1985), Forschungspreis d. Landes

Baden-Württemberg (Minister. f. Wissenschaft u. Forschung Baden-Württemberg, 1993), Preis d. Berlin-Brandenburg. Akad. d. Wiss. (1996), Wissenschaftspreis für Medizinische Grundlagenforschung (SmithKline Beecham Stift., 1996); Gottfried-Wilhelm-Leibniz-Preis (DFG, 1998).

Hauptarbeitsgebiete: Molekulare Entwicklungsbiologie (Embryonalentwicklung der Maus; Identifizierung sowie biochemische und funktionale Analyse des Zelladhäsionsmoleküls E-Cadherin; Identifizierung von Cateninen); Proteintransport in Mitochondrien (Transport von Proteinen durch biologische Membranen; Identifizierung von Transportkomponenten der äußeren Mitochondrienmembran; Studium der Leukozyten-Endothel-Interaktionen (Funktion der Selectine; Funktion der Selctin-Glycoprotein-Liganden; Studium der Prinzipien der polypeptidspezifischen Glykosylierung; Studium der transendothelialen Migration der Leukozyten.

Aufgenommen am 27. 5. 2002 (Matrikel-Nr. 6811), Sektion Genetik/Molekularbiologie und Zellbiologie (Zellbiologie).

Anschrift: Max-Planck-Institut für vaskuläre Biologie c/o Institut für Zellbiologie (ZMBE) Universität Münster, Von-Esmarch-Straße 56, 48149 Münster, Tel. ++49 (0) 2 51 / 8 35 86 17, Fax ++49 (0) 2 51 / 8 35 86 16, E-Mail: vestweb@uni-muenster.de; [privat] Michaelweg 20, 48149 Münster, Bundesrepublik Deutschland.

Weber, Martin (*13. 1. 1952 Stuttgart), Dr. rer. pol. (1981 RWTH Aachen), C4-Prof. f. Allgemeine Betriebswirtschaftslehre u. Finanzwirtschaft, insbesondere Bankbetriebslehre U Mannheim (seit 1993) [Stud. Mathematik, 1975 Diplom-Mathematiker, 1977 Diplom-Wirtschaftsmathematiker RWTH Aachen; 1988 Habil. f. Betriebswirtschaftslehre RWTH Aachen; 1988–1989 Prof. f. Betriebswirtschaftslehre U Köln; 1989–1996 Prof. f. Betriebswirtschaftslehre U Kiel; Gastaufenth. Fuqua School of Business Duke U Durham (USA), Dept. of Psychology U Stanford (USA), U Wien, Graduate School of Management U of California Los Angeles (USA), Wharton School U of Pennsylvania Philadelphia (USA); Helsinki School of Economics (Finnland)]. *Ämter*: 1993–1998 Mitgl. Vorstand Verein f. Socialpolitik; Mitgl. Ausschuß f. Unternehmenstheorie, Mitgl. Theor. Ausschuß, Mitgl. u. 1997–1999 Präs. Socialwiss. Ausschuß Verein f. Socialpolitik; 1996–1999 Mitgl. Vorstand (Europ. Secretary) Economic Science Assoc.; 1997–2002 Sprecher DFG-SFB 504 »Rationalitätskonzepte, Entscheidungsverhalten und ökonomische Modellierung«; 2002–2005 Res. Fellow Center f. Economic Policy Res. London (Großbritannien). *Redaktionelle Tätigkeiten*: Edit. Board *Management Science* (1998–2002), *Journal of Risk and Uncertainty*, *International Journal of Game Theory*, *Theory and Decision*, *OR-Spektrum*, *Experimental Economics*, *Perspektiven der Wirtschaftspolitik*, *Journal of Psychology and Financial Markets*, *Decision Analysis*.

Hauptarbeitsgebiete: Betriebswirtschaftslehre; Finanzwirtschaft (Finanzmarktökonomik; Verhalten von Anlegern; Anomalien auf den Finanzmärkten; »Behavioral Finance«); Bankbetriebslehre.

Aufgenommen am 18. 11. 2002 (Matrikel-Nr. 6853), Sektion Ökonomik und Empirische Sozialwissenschaften.

Anschrift: Universität Mannheim, Lehrstuhl für Allgemeine Betriebswirtschaftslehre u. Finanzwirtschaft, insbesondere Bankbetriebslehre, L 5, 2, 68131 Mannheim, Tel. ++49 (0) 6 21 / 1 81 15 32, Fax ++49 (0) 6 21 / 1 81 15 34, E-Mail: weber@bank.BWL.uni-mannheim.de; [privat] Jahnstraße 20, 68259 Mannheim, Tel. ++49 (0) 6 21 / 79 16 16, Fax ++49 (0) 6 21 / 7 90 01 31, Bundesrepublik Deutschland.

Weiler, Elmar Wilhelm (*13. 6. 1949 Bochum), Dr. rer. nat. (1977 U Bochum), C4-Prof. f. Pflanzenphysiologie Fak. f. Biologie U Bochum (seit 1988) [1970–1974 Stud. Biologie u. Chemie, 1974 Staatsexamen U Bochum; 1974–1977 Doktorand U Bochum; 1975–1977 mit Verwaltung einer wiss. Ass. beauftragt, 1977–1982 wiss. Ass.-Stelle U Bochum; 1978–1979 Forschungsaufenth. Biology Dept. U of South Florida Tampa (USA); 1982 Habil. u. Venia legendi f. Botanik U Bochum; 1983–1985 Priv.-Doz. u. Akad. Rat Lehrstuhl. f. Pflanzenphysiologie U Bochum; 1985–1988 C4-Prof. f. Pflanzenphysiologie U Osnabrück; seit 1991 Dir. Zentrales Isotopenlab. U Bochum]. *Mitglied*: Berlin-Brandenburg. Akad. d. Wiss. (seit 1995 o., 1996 ao.), Nordrhein-Westfäl. Akad. d. Wiss. (seit 1996), Academia Europaea (seit 1996); Dt. Botan. Gesellsch., Gesellsch. f. Biol. Chemie, Amer. Soc. of Plant Physiologists, Skand. Gesellsch. d. Pflanzenphysiologen, Japan. Gesellsch. d. Pflanzenphysiologen. *Ämter*: 1990–2000 Sprecher DFG-Graduiertenkolleg »Biogenese und Mechanismen komplexer Zellfunktionen«; 1993–1995 Dekan Fak. f. Biologie U Bochum; 1998–2001 Sprecher DFG-SFB 480 »Molekulare Biologie komplexer Leistungen von botanischen Systemen«; bis 2000 Mitgl. Beirat Inst. f. Pflanzenbiochemie Halle (Saale); bis 2000 Mitgl. Fachausschuß Landwirtschaftl. Biotechnologie d. DECHEMA; seit 2000 Mitgl. DFG-Senat; Mitgl. Forschungsbeirat Fonds d. Chem. Industrie; Mitgl. Beirat Gesellsch. f. Biochemie u. Molekularbiologie. *Auszeichnungen*: Tate and Lyle Award (Phytochem. Soc. of Europe, 1983), Grüne Rosette der Europäischen Wissenschaft u. Förderpreis für Europäische Wissenschaft (Körber-Stift., 1989), Gottfried-Wilhelm-Leibniz-Preis (DFG, 1995), Carus-Medaille der Leopoldina u. Carus-Preis d. Stadt Schweinfurt (Dt. Akad. d. Naturforscher Leopoldina, Stadt Schweinfurt, 1997). *Redaktionelle Tätigkeiten*: Edit. Board *Planta*.

Hauptarbeitsgebiete: Pflanzenphysiologie; stoffwechsel-, entwicklungs- und reizphysiologische Aspekte der pflanzlichen Wirkstoffe; Einsatz von Methoden der Mikroanalytik (Radioimmunologie) zur Lösung pflanzenphysiologischer Probleme (z. B. Bewegung von Ranken und Lianen).

Aufgenommen am 27. 5. 2002 (Matrikel-Nr. 6812), Sektion Organismische und Evolutionäre Biologie (Botanik).

Anschrift: Ruhr-Universität Bochum, Fakultät für Biologie, Lehrstuhl für Pflanzenphysiologie, Gebäude ND, Etage 3, Zimmer 31, Universitätsstraße 150, 44801 Bochum, Tel. ++49 (0) 2 34 / 3 22 42 91, Fax ++49 (0) 2 34 / 3 21 41 87, E-Mail: elmar.weiler@ruhr-uni-bochum.de; [privat] Gropiusweg 33, 44801 Bochum, Tel. ++49 (0) 2 34 / 70 11 44, Bundesrepublik Deutschland.

Wekerle, Hartmut (*30. 5. 1944 Waldshut/Baden-Württemberg), Dr. med. (1971 U Freiburg/Br.), Wiss. Mitgl. Max-Planck-Gesellsch. u. Dir. am Max-Planck-Inst. f. Neurobiologie Martinsried (seit 1988) u. Hon.-Prof. LMU München (seit 1993) [Stud. Humanmedizin, 1969 Med. Staatsexamen; 1970 Med. Ass. Abtl. f. Chirurgie Diakoniekrankenhaus Rotenburg (Wümme); 1970 Med. Ass. Abtl. Innere Medizin Krankenhaus Maria Hilf Bergisch-Gladbach; 1970–1973 Postdoc. Fellow Dept. Cell Biology Weizman Inst. of Science Rehovot (Israel); 1970–1982 wiss. Mitarb. Max-Planck-Inst. f. Immunologie Freiburg (Br.); 1977 Habil. u. Venia legendi, 1980 Prof. f. Immunologie U Freiburg (Br.); 1981 Approbation; 1982–1989 Ltr. Klin. Forschergr. »Multiple Sklerose« d. Max-Planck-Gesellsch. an d. Neurol. Klinik U Würzburg; Gastprof. U of Chicago (USA), U of Ontario London (Kanada), U of California Los Angeles (USA)]. *Mitglied*: Gesellsch. f. Immunologie, Israel Soc. of Immunology. *Ämter*: Mitgl. Vorstand Mildred-Scheel-Stift. f. Krebsforschung; Vorsitz. Scientif. Adv. Board Heinemann Found. (München-Rehovot/Israel); bis 2002 Vorsitz. Scientif. Adv. Board Robert Koch Center of Immunology Weizmann Inst. of Science Rehovot (Israel). *Auszeichnungen*: Jung-Preis (1982), Duchenne-Preis (1984), Käte-Hammersen-Preis (1988), Zülch-Preis (1999), Charcot Award 2001 (Int. Federat. Multiple Sclerosis Soc., 2001), Louis D Preis (Institut de France, 2002). *Redaktionelle Tätigkeiten*: Edit. Board *European Journal of Immunology, Immunobiology, Acta Neuropathologica, Journal of Autoimmunity, Journal of Neuroimmunology, Multiple Sclerosis, GLIA, Brain Pathology, International Archives of Allergy and Immunology, Acta Pharmacologica Sinica.*

Hauptarbeitgebiete: Autoimmunerkrankungen des Zentralnervensystems (Multiple Sklerose); Aufklärung der immunologischen Erkennungs- und Effektormechanismen; modulatorische Wirkung von Zytokinen, Wachstumsfaktoren und Chemokinen am Ort der autoimmunen Entzündung.

Aufgenommen am 18. 11. 2002 (Matrikel-Nr. 6854), Sektion Neurowissenschaften (Neurologie).

Anschrift: Max-Planck-Institut für Neurobiologie, Abteilung Neuroimmunologie, Am Klopferspitz 18A, 82152 Martinsried, Tel. ++49 (0) 89 / 85 78 35 50, Fax ++49 (0) 89 / 85 78 37 90, E-Mail: hwekerle@neuro.mpg.de; [privat] Brennereistraße 4A, 81375 München, Tel. ++49 (0) 89 / 7 77 49 22, Bundesrepublik Deutschland.

Wermuth, Nanny (*4. 12. 1943 Frankfurt/Main), Ph. D. (1972 Harvard U Cambridge/USA), Prof. f. Statistik u. Psychol. Methodenlehre U Mainz (seit 1978) [Stud. Volkswirtschaft, 1967 Diplom U Frankfurt (Main) u. LMU München; Stud. Mathematik u. Statistik 1967–1968 U Jayhawk (Kanada) u. 1968–1970 Harvard U Cambridge (USA); 1969–1972 wiss. Ass. Harvard U Cambridge (USA); 1972–1973 wiss. Ass. U Dortmund; 1973–1978 wiss. Ass. Inst. f. Med. Statistik U Mainz; 1977 Habil. f. Med. Statistik u. Prof. f. Med. Statistik u. Dokumentation U Mainz; 1984–1985 Gastaufenth. Dept. Statistics U Princeton (USA); 1988–1989 Gastaufenth. Nuffield Coll. Oxford (Großbritannien); 1997–2000 Dir. Abtl. Forschung u. Entwicklung Zentrum f. Umfragen, Methoden u. Analysen Mannheim; 2001–2002 Gastaufenth. Radclife Inst. f. Adv. Study Harvard U Cambridge (USA)]. *Mitglied*: Royal Statist. Soc. (1988), Amer. Statist. Assoc. (1989), Int. Statist. Inst. (1982), Int. Biometric Soc. *Ämter*: Präs. u. Mitgl. Council Int. Biometric Soc.; Vorsitz. Life Science Committee Int. Statist. Inst.

Hauptarbeitsgebiete: Statistik; Biometrie; mathematische Fragen in der Psychologie (Studien der Beziehungen zwischen vielen Variablen in konkreten Situationen; Pfadanalyse; Präzisierung des Kausalitätsbegriffs).

Aufgenommen am 26. 3. 2002 (Matrikel-Nr. 6802), Sektion Mathematik.

Anschrift: Johannes-Gutenberg-Universität Mainz, Psychologisches Institut, Staudingerweg 9, 55099 Mainz, Tel. ++49 (0) 61 31 / 3 92 23 46, Fax ++49 (0) 61 31 / 3 92 37 05, E-Mail: nanny.wermuth@uni-mainz.de; [privat] Stahlbergstraße 6, 55131 Mainz, Tel. ++49 (0) 61 31 / 5 31 98, Bundesrepublik Deutschland.

Weyrich, Claus (*6. 1. 44 Brünn/Tschechische Republik), Dr. phil. (1969 U Innsbruck), Mitgl. Vorstand Siemens AG München (seit 1996) u. Hon.-Prof. Fak. f. Elektrotechnik u. Informationstechnik TU München (seit 1992) [1962–1969 Stud. Physik U Innsbruck; 1966–1969 Doktorand U Innsbruck; 1969 Sachbearbeiter Forschungslab. Siemens AG München; 1975 Ltr. Fachgr. »Lumineszenzbauelemente« Abtl. »Halbleiterforschung« Forschungslab. Siemens AG München; 1978 Ltr. Fachabtl. »Optoelektron. Halbleiter« im Fachgebiet »Festkörperelektronik« Forschungslab. Siemens AG München; 1983 Ltr. Fachgebiet »Angewandte Materialforschung« Forschungslab. Siemens AG München; 1987 Ltr. Hautabtl. »Materialwissenschaften und Elektronik« (später »Basistechnologien«), 1994 Ltr. Hauptabtl. »Forschung und Entwicklung Technik« Zentralabtl. Forschung und Entwicklung Siemens AG München; 1996 Ltr. Zentralabtl. Corporate Technology Siemens AG München]. *Mitglied*: Königl. Schwed. Akad. d. Ingenieurwiss. (seit 2000). *Ämter*: seit 1993 Mitgl. Hochschulrat U Marburg; seit 1995 Mitgl. Vorstand Karl-Heinz-Beckurts-Stift.; seit 1996 Mitgl. Präsidialarbeitskreis Forschung u. Entwicklung Zentralverband Elektrotechnik u. Elektroindustrie; seit 1996 Mitgl. Senat Fraunhofer-Gesellsch.; seit 1997 Mitgl. Wiss.-Techn. Beirat Bayer. Staatsregierung (zugl. Wiss. Beirat Bayer. Forschungsstift.); 1999 Mitgl. Board of Overseers Koc U Istanbul (Türkei); seit 1999 Mitgl. Forum Umwelt – Wissenschaft – Technik d. Süddeutschen Zeitung; seit 2000 Mitgl. Carl-Friedrich-von-Siemens-Stift.; seit 2000 Mitgl. BDI-Ausschuß Forschung u. Technologiepolitik; seit 2000 Mitgl. Kuratorium TU Ilmenau; seit 2001 Mitgl. Konvent f. Technikwiss. *Auszeichnungen*: Karl-Winnacker-Preis (Marburger Universitätsbund e. V., 1999), Dr.-Ing. E. h. (Fak. f. Elektrotechnik U Karlsruhe), Dr. h. c. (Fak. f. Sozial- u. Wirtschaftswiss. U Linz).

Hauptarbeitsgebiete: Optoelektronik; Materialforschung; III–V-Halbleiter; Optische Nachrichtentechnik.

Aufgenommen am 26. 3. 2002 (Matrikel-Nr. 6803), Sektion Technikwissenschaften.

Anschrift: Siemens AG, Mitglied des Vorstands, Corporate Technology, Otto-Hahn-Ring 6, 81739 München, Tel. ++49 (0) 89 / 63 64 43 62, Fax. ++49 (0) 89 / 63 64 77 76, E-Mail: claus.weyrich@siemens.com; [privat] Nelkenstraße 41b, 85521 Riemerling, Tel. ++49 (0) 89 / 60 35 64, Fax ++49 (0) 89 / 66 00 29 90, Bundesrepublik Deutschland.

Wörner, *Johann-Dietrich* (*18. 7. 1954 Kassel), Dr.-Ing. (1985 TH Darmstadt), C4-Prof. f. Statik TU Darmstadt (seit 1995) u. Ltr. Inst. f. Konstruktiven Glasbau (seit 1993) [Stud. Bauingenieurwesen 1973–1975 TU Berlin, 1975–1979 TH Darmstadt; 1979–1990 Mitarb. Ingenieurbüro König & Heunisch Frankfurt (Main); 1982–1983 Forschungsaufenth. in Japan; 1990 C3-Prof. f. Massivbau u. Ltr. Prüf- u. Versuchsanstalt TH Darmstadt; 1994 Gründung Ingenieurbüro Wörner und Partner Darmstadt; 1994 Ernennung zum Prüfingenieur f. Baustatik f. Massivbau]. *Mitglied*: Berlin-Brandenburg. Akad. d. Wiss. (seit 2002). *Ämter*: seit 1990 Vorsitz. Wiss. Beirat Inst. f. Konstruktiven Glasbau Gelsenkirchen; 1992–1994 Dekan Fachbereich Bauingenieurwesen TU

Darmstadt; seit 1995 Präs. (Wiederwahl 2001) TU Darmstadt; 2000 Mitgl. Hochschulrat École Central Paris (Frankreich); 2001 Vizepräs. europ. U-Netzwerk TIME; 2002 stellv. Sprecher d. U in d. Hochschulrektorenkonferenz; 2002 Mitgl. Konvent f. Technikwiss. *akatech*; 2002 Mitgl. Beirat Chin.-Dt. Hochschulkolleg Tongji-U Shanghai (China); 2002 Vizepräs. Conference of Europ. Schools f. Adv. Engineering Education and Res.; Vorsitz. Akkreditierungsverbund f. Ingenieurstudiengänge; Mitgl. Vorstand Akkreditierungsagentur f. Studiengänge d. Ingenieurwesens u. d. Informatik; Sprecher Evaluationsverbund U Karlsruhe, U Kaiserslautern, ETH Zürich u. TU Darmstadt; Vorsitz. Kuratorium INI-Graphicsnet-Stift.; Sachverständiger gemäß VAWS f. Bauwerke beim Umgang mit wassergefährdeten Stoffen; Mitgl. in den Sachverständigenausschüssen »Glas im Bauwesen«, »Klebetechnik«, »Bewehrungsschlüsse« u. »Prüf-, Überwachungs- und Zertifizierungsstellen« Dt. Inst. f. Bautechnik; Mitgl. Bauüberwachungsverein e. V.; Mitgl. Arbeitskreis »Tragende Kunststoffbauteile« u. »Konstruktiver Glasbau«; Mitgl. Stahlbauverband; Mitgl. Dt. Betonverein; Mitgl. Industrie- u. Handelskammer Darmstadt; Mitgl. Aufsichtsrat Hess. Technologiestift. GmbH Wiesbaden; Mitgl. Aufsichtsrat Röhm GmbH Darmstadt; Mitgl. Aufsichtsrat Zentrum f. integrierte Verkehrssysteme GmbH; Vorsitz. Regionales Dialogforum z. Ausbau d. Frankfurter Flughafens im Auftrag d. hess. Landesregierung; 1999–2001 Vorsitz. Konferenz hess. U-Präs.; 2000–2001 Mitgl. Hochschulstrukturkommission Land Sachsen-Anhalt. *Auszeichnungen*: Preis d. Vereinigung von Freunden d. TH Darmstadt (1988), Dr. h. c. (State U New York/USA, 1998), Dr. h. c. (TU Moldawien, 1999), Dr. h. c. (TU Bukarest/Rumänien, 2000), Dr. h. c. (U f. Wirtschaft u. Verkehr St. Petersburg/Rußland).

Hauptarbeitsgebiete: Bauingenieurwesen; Konstruktiver Glasbau; Konstruktiver Ingenieurbau mit Kunststoffen; Materialwissenschaften; umweltgerechtes Bauen; objektorientiertes Konstruieren; Sicherheitsreserven von Kraftwerkskomponenten bei Erdbebeneinwirkung.

Aufgenommen am 26. 3. 2002 (Matrikel-Nr. 6804), Sektion Technikwissenschaften.

Anschrift: Der Präsident der Technischen Universität Darmstadt, Karolinenplatz 5, 64289 Darmstadt, Tel. ++49 (0) 61 51 / 16 21 20, Fax ++49 (0) 61 51 / 16 68 08, E-Mail: praesident@tu-darmstadt.de; [privat] Gerhard-Hauptmann-Straße 12, 64291 Darmstadt, Bundesrepublik Deutschland.

Jahrbuch 2002 der Deutschen Akademie der Naturforscher Leopoldina (Halle/Saale)
LEOPOLDINA (R. 3) 48 (2003): 97–102

Verstorbene Mitglieder

(1. Januar – 31. Dezember 2002 und Nachträge)

Zusammengestellt von Susanne HORN und Dipl.-Theol. Erna LÄMMEL. Außer den bis Redaktionsschluß bekannt gewordenen Nekrologen wurden auch Laudationes u. ä. verzeichnet, die dem Archiv zugänglich sind. Hinweise auf weitere Nachrufe (bzw. Separata) nimmt das Archiv der Akademie dankbar entgegen.

Name, Geburtsdatum und -ort	Sektion und Jahr der Wahl Matrikel-Nr.	Sterbedatum und -ort
Andres, Wolfgang 25. 4. 1939 Berlin	Geowissenschaften 2002 6776	1. 5. 2002 Düsseldorf

Würdigung zum 60. Geburtstag [1] DITTMANN, A. (Ed.): Geomorphologie und Paläoökologie: Festschrift für Wolfgang Andres zum 60. Geburtstag. Frankfurt (Main): Inst. Physische Geogr. 1999.

Ariëns, Everardus Jacobus 29. 1. 1918 Wijk/Niederlande	Physiologie und Pharmakologie/ Toxikologie 1974 5800	3. 3. 2002 Nijmegen

Laudatio zum 80. Geburtstag [1] Jahrbuch 1998. Leopoldina (R. 3) *44*, 93–95 (1999).

Bangerter, Alfred 22. 4. 1909 Biel	Ophthalmologie, Oto-Rhino-Laryngologie und Stomatologie 1962 5189	22. 3. 2002 St. Gallen

Laudatio zum 80. Geburtstag [1] Leopoldina (R. 3) *35.1989*, 11–12 (1992).

Bauer, Heinz 31. 1. 1928 Nürnberg	Mathematik 1986 6203	15. 8. 2002 Erlangen

Biermann, Kurt-R. 5. 12. 1919 Bernburg	Wissenschafts- und Medizingeschichte 1972 5719	24. 5. 2002 Berlin

Würdigung ist bibliographiert [1] Jahrbuch 1998. Leopoldina (R. 3) *44*, 144 (1999). *Würdigungen zum 60. Geburtstag* sind bibliographiert [2] Leopoldina (R. 3) *27.1981*, 59 (1983).

97

Name, Geburtsdatum und -ort	Sektion und Jahr der Wahl Matrikel-Nr.	Sterbedatum und -ort

[3] Leopoldina (R. 3) *25.1979*, 70 (1982). *Würdigungen zum 70. Geburtstag*: [4] *Anonym*: Prof. em. Dr. habil. Kurt-Reinhard Biermann zum 70. Geburtstag. Z. Gesch. Naturwiss. Techn. u. Med. *26/2*, 73–74 (1989), m. Bild. [5] BECK, H.: Kurt-R. Biermann. Miscellanea Humboldtiana. Dt. Lit. Ztg. *112/9*, 527–528 (1991). *Würdigung zum 70. Geburtstag* ist bibliographiert [6] Leopoldina (R. 3) *35.1989*, 74 (1992). *Würdigung zum 75. Geburtstag* [7] SIEGMUND-SCHULTZE, R.: Kurt-Reinhard Biermann zum Fünfundsiebzigsten. AvH Magazin *65*, 82 (1995), m. Bild. *Würdigung zum 80. Geburtstag* ist bibliographiert [8] Jahrbuch 1999. Leopoldina (R. 3) *45*, 128 (2000). *Laudationes zum 80. Geburtstag*: [9] Jahrbuch 1999. Leopoldina (R. 3) *45*, 77–79 (2000). [10] SIEGMUND-SCHULTZE, R.: Kurt-Reinhard Biermann zum 80. Geburtstag. Z. Gesch. Naturwiss., Techn. u. Med. *7*, 244 (1999), m. Bild. *Nachrufe*: [11] SCHWARZ, I.: Kurt-Reinhard Biermann. Kultur u. Techn. *2*, 61 (2002). [12] SIEGMUND-SCHULTZE, R.: Im Gedenken an Kurt-Reinhard Biermann (1919–2002). Z. Gesch. Naturwiss., Techn. u. Med. *10*, 190–191 (2002), m. Bild.

Chargaff, Erwin 11. 8. 1905 Czernowitz/Österreich	Biochemie und Biophysik 1971 5650	20. 6. 2002 New York

Biographisches: [1] *Anonym*: Man braucht eine kritische Naturwissenschaft. Nachr. Chem., Techn. u. Labor. *25/1*, 5–11(1977), m. Bild. [2] CHARGAFF, E.: A fever of reason in the early way. Annu. Rev. Biochem. *44*, 1–18 (1975). [3] CHARGAFF, E.: Das Feuer des Heraklit: Skizzen aus einem Leben vor der Natur. Stuttgart: Klett-Cotta 1979. [4] HARMS, I.: In den Wörtern liegen unsere Gene. FAZ *289*, III–IV (11. 9. 1999), m. Bild. *Würdigung*: [5] BAUER, C.: The Dr. H. P. Heineken Prize. Amsterdam: Heineken Stichting, *75*, 31 S. *Laudatio zum 80. Geburtstag*: [6] Leopoldina (R. 3) *31.1985*, 10–11 (1986). *Würdigung zum 85. Geburtstag*: [7] ADAM, K.: Der Prophet. FAZ (11. 8. 1990). *Würdigung zum 90. Geburtstag*: [8] ROSS, J.: Abscheu vor der Weltgeschichte. FAZ (11. 8. 1995), m. Bild. *Laudatio zum 95. Geburtstag* ist bibliographiert [9] Jahrbuch 2000. Leopoldina (R. 3) *46*, 156 (2001). *Nachrufe*: [10] HARMS, I.: Niemand hat uns je gelesen, niemand wird uns je lesen. FAZ (25. 6. 2002), m. Bild. [11] JAENICKE, L.: Erwin Chargaff, 11. August 1905 – 20. Juni 2002. Biospektrum *8/5*, 619–621 (2002), m. Bild. [12] JAENICKE, L.: Ein Kämpfer mit den Fachmännern. Nachr. aus d. Chem. *50*, 1228–1233 (2002), m. Bild.

Chlupáč, Ivo 6. 12. 1931 Benesov	Geowissenschaften 6442 1994	7. 11. 2002 Prag
Dietzel, Kurt 8. 10. 1912 Gera	Ophthalmologie, Oto-Rhino-Laryngologie und Stomatologie 1969 5508	25. 9. 2002 Warnemünde
Edsall, John T. 3. 11. 1902 Philadelphia	Wissenschafts- und Medizingeschichte 1958 4974	12. 6. 2002 Boston

Biographisches [1] EDSALL, J. T.: Some personal history and reflections from the life of a biochemist. Annu. Rev. Biochem. *40* (1971). *Laudatio zum 80. Geburtstag*: [2] Leopoldina (R. 3) *28.1982*, 15–16 (1985). *Nachruf*: [3] *Anonym*: John T. Edsall, 99, Biochemist. The New York Times, 22 (7. 8. 2002).

Name, Geburtsdatum und -ort	Sektion und Jahr der Wahl Matrikel-Nr.	Sterbedatum und -ort
Fritz, Gerhard 14. 12. 1919 Mittelhofen	Chemie 1972 5680	9. 2. 2002 Karlsruhe

Biographisches ist bibliographiert [1] Leopoldina (R. 3) *29.1983*, 86 (1986). *Laudatio zum 80. Geburtstag*: [2] Jahrbuch 1999. Leopoldina (R. 3) *45*, 86–88 (2000).

| *Frondel*, Clifford 8. 1. 1907 New York | Geowissenschaften 1961 5112 | 12. 11. 2002 Winchester |

Nachruf: FRANCIS, C. A.: In Memoriam. Clifford Frondel (1907–2002). Rocks & Minerals *78/2*, 137–138 (2003), m. Bild.

| *Hess*, Benno 22. 2. 1922 Berlin | Biochemie und Biophysik 1970 5603 | 16. 11. 2002 Heidelberg |

Laudatio zum 80. Geburtstag: [1] Jahrbuch 2002. Leopoldina (R. 3) *48*, S. 137–138 (2003).

| *Känzig*, Werner 7. 2. 1922 Zürich | Physik 6250 1987 | 23. 10. 2002 Weiningen |
| *Milstein*, César 8. 10. 1927 Bahia Blanca/Argentinien | Genetik/Molekularbiologie und Zellbiologie 1982 6080 | 24. 3. 2002 Cambridge (GB) |

Würdigung ist bibliographiert [1] Leopoldina (R. 3) *28.1982*, 77 (1985). *Laudationes zum Nobelpreis für Medizin* sind bibliographiert [2] Leopoldina (R. 3) *30.1984*, 80 (1986). *Nachrufe*: [3] *Anonym*: César Milstein. Der Spiegel *14*, 202 (2002), m. Bild. [4] RAJEWSKY, K.: César Milstein (1927–2002). Nature *416/6883*, 806 (25. 4. 2002), m. Bild. [5] SPRINGER, T. A.: César Milstein (1927–2002). Science *296/5571*, 1253 (17. 5. 2002), m. Bild.

| *Mitscherlich*, Jürg Eilhard 25. 7. 1913 Königsberg | Veterinärmedizin 1973 5742 | 28. 3. 2002 Göttingen |

Laudatio zum 80. Geburtstag: [1] Jahrbuch 1993. Leopoldina (R. 3) *39*, 63–64 (1994).

| *Mühlethaler*, Kurt 27. 10. 1919 Grünenmatt | Genetik/Molekularbiologie und Zellbiologie 1969 5557 | 17. 5. 2002 Bassersdorf |

Laudatio zum 80. Geburtstag: [1] Jahrbuch 1999. Leopoldina (R. 3) *45*, 99–100 (2000).

| *Oberdisse*, Karl 18. 3. 1903 Bochum | Innere Medizin und Dermatologie 1966 5377 | 8. 1. 2002 Baden-Baden |

Laudatio zum 80. Geburtstag: [1] Leopoldina (R. 3) *29.1983*, 44–45 (1986). *Laudatio zum 90. Geburtstag* ist bibliographiert [2] Jahrbuch 1993. Leopoldina (R. 3) *39*, 78 (1994).

| *Perutz*, Max Ferdinand 19. 5. 1914 Wien | Humangenetik und Molekulare Medizin 1964 5243 | 6. 2. 2002 Cambridge (GB) |

Name, Geburtsdatum und -ort	Sektion und Jahr der Wahl Matrikel-Nr.	Sterbedatum und -ort

Biographisches: [1] *Anonym*: Max Ferdinand Perutz. Jahrbuch 2001. The Pontifical Academy of Sciences, 177–179 (2001), m. Bild. *Würdigung* ist bibliographiert [2] Leopoldina (R. 3) *29.1983*, 89 (1986). *Würdigung zum 60. Geburtstag*: [3] *Anonym*: Max F. Perutz 60. FAZ *115*, 25 (18. 5. 1979). *Laudatio* ist bibliographiert [4] Jahrbuch 1993. Leopoldina (R. 3) *39*, 79 (1994). *Laudatio zum 80. Geburtstag*: [5] Jahrbuch 1994. Leopoldina (R. 3) *40*, 78–80 (1995). *Nachrufe*: [6] CRICK, F.: Max Ferdinand Perutz. Physics Today *55*/8, 62–63 (2002), m. Bild. [7] HOLMES, K. C.: Max Perutz – 1914–2002. Naturwiss. Rdsch. *55*/7, 367–370 (2002), m. Bild. [8] HUXLEY, H. E.: Max Perutz. (1914–2002). Nature *415*, 851–852 (21. 2. 2002), m. Bild. [9] KLUG, A.: Max Perutz (1914–2002). Science *295*/5564, 2382–2383 (29. 3. 2002), m. Bild. [10] MÜLLER-HILL, B.: Nanoröhrchen im Gehirn. FAZ (29. 5. 2002). [11] R. W.: Die Farbe des Blutes. Molekularbiologe Max Perutz gestorben. FAZ (8. 2. 2002).

Peter, Martin	Physik	25. 7. 2002
12. 7. 1928	1981	Vésenaz-Genève
Basel	6045	

Porter, Lord George	Physik	31. 8. 2002
6. 12. 1920	1970	London
Steinforth/England	5614	

Biographisches: [1] *Anonym*: George Porter (Baron). Jahrbuch 2001. The Pontifical Academy of Science, 183–184 (2001), m. Bild. *Würdigung* ist bibliographiert [2] Leopoldina (R. 3) *31.1985*, 75 (1986). *Laudatio zum 80. Geburtstag*: [3] Jahrbuch 2000. Leopoldina (R. 3) *46*, 139–140 (2001). *Nachruf*: [4] PHILIPS, D.: George Porter (1920–2002). Nature *419*, 578 (10. 10. 2002), m. Bild.

Prochorov, Alexandr M.	Physik	8. 1. 2002
11. 7. 1916	1983	Moskau
Atherton/Australien	6108	

Würdigung: [1] *Anonym*: Russischer Nobelpreisträger neuer Ehrendoktor in Bremen. Dt. Univ. Ztg. *19*, 30 (1997), m. Bild. *Laudatio* ist bibliographiert [2] Leopoldina (R. 3) *33.1987*, 78 (1989). *Laudatio zum 80. Geburtstag*: [3] Jahrbuch 1996. Leopoldina (R. 3) *42*, 71–72 (1997). *Nachrufe*: [4] DATH, D.: Maservater. Zum Tod des Physikers Alexander M. Prochorow. FAZ Nr. 8 vom 10. 1. 2002, 42 (2002). [5] JUNGE, K.: In Memoriam. Alexander Michailovitsch Prochorov. *17. 07. 1916 †08. 01. 2002 [http://www2.rz.hu-berlin/leibniz-soziataet/nekrologe/prochorov.htm]

Raynal, René	Geowissenschaften	23. 4. 2002
25. 9. 1914	1975	Strasbourg
Tolouse	5849	

Laudatio zum 80. Geburtstag: [1] Jahrbuch 1994. Leopoldina (R. 3) *40*, 82–83 (1995).

Rehn, Jörg	Chirurgie, Orthopädie und	8. 9. 2002
15. 3. 1918	Anästhesiologie	Denzlingen
Hamburg	1984	
	6120	

Laudatio zum 80. Geburtstag: [1] Jahrbuch 1998. Leopoldina (R. 3) *44*, 127–129 (1999).

Schulz, Leo-Clemens	Veterinärmedizin	10. 9. 2002
22. 8. 1923	1983	Hannover
Guttstadt	6109	

Name, Geburtsdatum und -ort	Sektion und Jahr der Wahl Matrikel-Nr.	Sterbedatum und -ort
Stämpfli, Robert 9. 6. 1914 Bern	Physiologie und Pharmakologie/ Toxikologie 1963 5203	17. 5. 2002 Homburg

Würdigung: [1] *Anonym*: ohne Titel. Campus. Univ. d. Saarlandes S. 32 (29. 7. 1999), m. Bild. *Laudatio zum 80. Geburtstag*: [2] Jahrbuch 1994. Leopoldina (R. 3) *40*, 85–86 (1995). *Nachrufe*: [3] *Anonym*: Professor Robert Stämpfli ist gestorben. Saarbrücker Ztg. (4. 6. 2002). [4] MEVES, H.: In memoriam Prof. Dr. Dr. Robert Stämpfli. Saarländisches Ärztebl. *7*, 39–40 (2002), m. Bild.

Thom, René 2. 9. 1923 Montbéliard	Mathematik 1978 5970	25. 10. 2002 Bures-sur-Yvette

Nachrufe: [1] DATH, D.: Ob Sonne oder Regen, er war gewiß dagegen. FAZ S. 40 (9. 11. 2002), m. Bild. [2] EKELAND, I.: René Thom (1923–2002). Nature *420*/6917, 758 (19./26. 12. 2002), m. Bild.

Weisskopf, Victor 19. 9. 1908 Wien	Physik 1974 5799	21. 4. 2002 Newton

Biographisches: [1] *Anonym*: Victor Frederick Weisskopf. Jahrbuch 2001. The Pontifical Academy of Science, 248–249 (2001), m. Bild. [2] HAMMOND, A. L.: Weisskopf on the Frontiers and Limits of Science. Science *188*/4189, 721 (16. 5. 1975). [3] WEISSKOPF, V. F.: The joy of insight: passions of a physicist. New York: Basic Books 1991, XIV, 336 S. [4] WEISSKOPF, V. F.: Mein Leben. Aus dem Amerik. von L. JULIUS. 1. Aufl. Bern: Scherz 1991. [5] WEISSKOPF, V. F.: The privilege of being a physicist. New York: Freeman 1989. *Biographisches* ist bibliographiert [6] Jahrbuch 1993. Leopoldina (R. 3) *39*, 81 (1994). *Würdigungen* sind bibliographiert [7] Leopoldina (R. 3) *26.1980*, 74 (1982). [8] Leopoldina (R. 3) *32.1986*, 95 (1988). *Würdigung zum 60. Geburtstag*: [9] PAUL, W.: Victor Frederick Weisskopf 60 Jahre. Physikal. Bl. *23*, 598 (1967). *Würdigung zum 70. Geburtstag*: [10] H. Z.: Victor F. Weisskopf zum Siebzigsten. FAZ *205*, 21 (19. 9. 1978). *Würdigung zum 75. Geburtstag*: [11] MEYER-BERKHOUT, U., und PAUL, W.: Victor Weisskopf zum Fünfundsiebzigsten. Physikal. Bl. *39*/9, 323–324 (1983). *Laudatio zum 80. Geburtstag*: [12] Leopoldina (R. 3) *34.1988*, 40–42 (1991). *Würdigung zum 85. Geburtstag*: [13] ULBIG, S.: Interview Victor Weisskopf mit S. Ulbig. Curiosity and Compassion. Physikal. Bl. *49*/9, 783–787 (1993). *Würdigung zum 90. Geburtstag*: [14] *Anonym*: Alles über nichts. Zum Neunzigsten des Physikers Victor F. Weisskopf. FAZ *218*, 38 (19. 9. 1998). *Laudatio zum 90. Geburtstag* ist bibliographiert [15] Jahrbuch 1998. Leopoldina (R. 3) *44*, 148 (1999). *Nachrufe*: [16] *Anonym*: Weisskopf dies at 93, was protégé of physicist Niels Bohr. MIT Tech. Talk S. 5 (24. 4. 2002), m. Bild. [17] G. P.: Manhattan-Veteran. Zum Tode von Victor Weisskopf. FAZ (25. 4. 2002). [18] GOTTFRIED, K.: Victor F. Weisskopf (1908–2002). Nature *417*/6887, 396 (23. 5. 2002), m. Bild. [19] JACOBI, M.: Victor F. Weisskopf (1908–2002). Physik in uns. Zeit *33*/6, 269–273 (2002), m. Bild. [20] TELEGDI, V.: Nachruf auf Victor Weisskopf. Physik J. *1*/78, 118 (2002), m. Bild.

Name, Geburtsdatum und -ort	Sektion und Jahr der Wahl Matrikel-Nr.	Sterbedatum und -ort

Nachträge

Bethge, Heinz	Physik	9. 5. 2001
15. 11. 1919	1964	Halle (Saale)
Magdeburg	5248	

Nachrufe: [1] PARTHIER, B.: Heinz Bethge (15. 11. 1919–9. 5. 2001). Jahrbuch 2001–2002 d. Sächs. Akademie der Wissenschaften zu Leipzig. S. 523–527. Leipzig: Verlag d. Sächs. Akademie d. Wiss. zu Leipzig 2003. [2] PARTHIER, B.: Nachruf. Prof. Dr. Heinz Bethge. 15. November 1919 – 9. Mai 2001. Jahrbuch 2001 d. Berlin-Brandenburg. Akad. d. Wiss. S. 92–96. Berlin: Akademie Verlag 2002.

Jahn, Alfred	Geowissenschaften	1. 4. 1999
22. 4. 1915	1977	Wrocław
Lwów	5931	

Laudatio zum 80. Geburtstag: [1] Jahrbuch 1995. Leopoldina (R. 3) *41*, 66–67 (1996).

Niggli, Ernst	Geowissenschaften	7. 12. 2001
29. 9. 1917	1984	Liebefeld
Wald	6124	

Laudatio zum 80. Geburtstag: [1] Jahrbuch 1997. Leopoldina (R. 3) *43*, 71 73 (1998).

Auszeichnungen

Verleihung der Ehrenmitgliedschaft

Während der Vorweihnachtssitzung der Akademie am 10. Dezember 2002 teilte Präsident PARTHIER mit, daß der ehemalige Vizepräsident der Akademie, Herr Gottfried GEILER, nach Entscheidung des Leopoldina-Präsidiums und des Senates anläßlich seines 75. Geburtstages am 13. Dezember 2002 als Wertschätzung für seine engagierte langjährige Mitarbeit im Präsidium zum *Ehrenmitglied der Leopoldina* ernannt wurde. Die Ehrenmitgliedschaft ist die höchste Auszeichnung der Akademie. Die Urkunde mit der Laudatio wird ihm zur nächsten Jahresversammlung im Oktober 2003 überreicht.

Glückwunschschreiben

(Die durch den Präsidenten ausgesprochenen Glückwünsche anläßlich der 80. Geburtstage, die wir hier wiedergeben, beruhen auf Entwürfen der unter der Unterschrift des Präsidenten in Klammern genannten Mitglieder.)

Herrn
Prof. Dr. Dr. h. c. mult. AAGE BOHR
Kopenhagen, Dänemark

Halle (Saale), zum 19. Juni 2002

Sehr verehrter Herr BOHR!

Zur Vollendung Ihres 80. Lebensjahres möchte ich Ihnen, zugleich auch im Namen des Präsidiums der Deutschen Akademie der Naturforscher Leopoldina, zu deren Mitgliedern wir Sie seit 1981 zählen dürfen, sehr herzlich gratulieren. Ich verbinde damit meine besten Wünsche für Ihre Gesundheit und ungetrübte Lebensfreude.

Am 19. Juni 1922 in Kopenhagen als Sohn des berühmten Theoretischen Physikers Niels BOHR geboren, der die Grunderkenntnisse der Physik des 20. Jahrhunderts entscheidend mitprägte, war es Ihnen vergönnt, bereits in Ihrer Kindheit im Bereich des damaligen Instituts für Theoretische Physik, das heute den Namen Niels-Bohr-Institut trägt, die internationale Atmosphäre in der von Ihrem verehrten Vater geschaffenen Kopenhagener Schule der Theoretischen Physik unmittelbar mitzuerleben. Viele der herausragenden Physiker der damaligen Zeit wie H. A. KRAMERS, O. KLEIN, Y. NISHINA, W. HEISENBERG, W. PAULI und noch weitere wurden zu Ihren »Onkels«. Dank der gastfreundlichen kulturellen Offenheit Ihres Elternhauses setzte sich dieser Einfluß auf die Entwicklung Ihrer Persönlichkeit auch nach dem Umzug Ihrer Familie nach Carlsberg im Jahre 1932 fördernd fort.

Kurz nach der 1940 erfolgten Nazi-Okkupation Dänemarks begannen Sie in Kopenhagen Ihr Physikstudium, wobei Sie neben Ihren Studienverpflichtungen Ihrem Vater in den Angelegenheiten der wissenschaftlichen Korrespondenz und mit Zuarbeit für Publikationen Hilfe leisten konnten. Auf diese

Weise wurden Sie mit aktuellen Forschungsgegenständen Ihres Vaters in jenen Jahren vertraut, der sich mit speziellen Problemen der Kernphysik und der Wechselwirkung zwischen atomaren Teilchen beim Durchdringen von Materie beschäftigte.

Leider wurde diese fruchtbare Zeit Ihres Lebens im Oktober 1943 durch das Kriegsgeschehen jäh unterbrochen: Ihr Vater mußte, um einer Verhaftung durch die Nazis zu entgehen, aus Dänemark fliehen. Über Schweden gelangte er nach England. Sie folgten ihm und wurden sein Assistent bei der Bearbeitung von Aufgabenstellungen aus dem Bereich des Atomenergie-Projektes. Offiziell waren Sie Mitglied des Britischen Teams, angestellt bei dem *Department of Scientific and Industrial Research* in London. Ihre dienstlichen Reisen führten Sie auch in die amerikanischen Atomforschungszentren in Washington und Los Alamos.

Bald nach Kriegsende kehrten Sie im August 1945 in Ihre geliebte dänische Heimat zurück, setzten Ihr Studium in Kopenhagen fort, schlossen es 1946 auf dem Gebiet der Atomphysik mit dem Mag. scient. ab und wurden 1954 zum Dr. phil. promoviert. Im Jahre 1956 erfolgte Ihre Berufung zum Professor für Theoretische Physik am Institut für Theoretische Physik der Kopenhagener Universität, dessen Direktor Sie nach dem Tode Ihres Vaters (1962) im Jahre 1963 wurden. Die Leitung des Institutes oblag Ihnen bis 1970. Die Physik der Atomkerne sollte Ihr weiteres Forscherleben bestimmen.

Im Jahre 1948 führte Sie nämlich ein erneuter Studienaufenthalt in die USA. Sie wurden Mitglied des *Institute of Advanced Study* in Princeton und lernten bei einem Besuch der *Columbia University* den bekannten Atomforscher I. I. RABI kennen, der Ihr Interesse für einen gerade neu entdeckten Effekt bei der Hyperfeinstruktur des Deuteriums weckte. Daraus resultierte dann Ihr Aufenthalt an dieser Universität in den beiden Jahren 1949 und 1950. Sie betonen, daß dies für Ihr Forscherleben eine besonders fruchtbare Zeit war.

Zurückgekehrt nach Kopenhagen, begann Ihre langanhaltende, intensive Zusammenarbeit mit Ihrem Kollegen Ben MOTTELSON, die nach Ihrer eigenen Einschätzung innerlich abgestimmt in Geistesverwandtschaft erfolgte. Die anschließenden 15 Jahre führten Sie dann zum Höhepunkt Ihrer physikalischen Erkenntnisse bei der Modellierung des Atomkerns. Sie konnten viele Details zur Atomkernstruktur aufklären, die in der international hochgeachteten zweibändigen Monographie über Atomkernmodelle festgehalten sind: Band I »Single Particle Motion« (1969) und Band II »Nuclear Deformations« (1975). Diese persönliche Kooperation war für Sie beide ein Forscherglück. Bald weitete sich die Zusammenarbeit auch auf weitere Kollegen des ganzen Institutes aus.

In diesem Zusammenhang muß darüber hinaus auch auf das, insbesondere für die skandinavischen Länder, 1957 neu geschaffene Nordische Institut für

Theoretische Atomphysik (NORDITA) hingewiesen werden. Sie gehörten vom Zeitpunkt der Gründung bis 1975 zum Board von NORDITA und wurden 1981 erfolgreicher Direktor dieses als internationales Signal der Kooperation verstandenen nordeuropäischen Institutes. Gern möchte ich diese Gelegenheit nutzen, Ihnen auch für Ihre Förderung der wissenschaftlichen Kooperation zwischen Mitgliedern der Leopoldina und NORDITA zu danken. Frühzeitig haben Ihr Vater und in seiner Nachfolge Sie erkannt, daß die praktizierte Internationalität der Wissenschaft mit notwendigem kontinuierlichem Kontakt zwischen Wissenschaftlern aus allen Ländern der Erde ein unabdingbarer Faktor für eine gedeihliche Wissenschaftsentwicklung ist. Das Kopenhagen von damals leuchtet uns auch heute als beispielgebende Fackel den erfolgreichen Weg in die Zukunft aus. Sie haben daran einen beachtlichen Anteil!

Sehr verehrter Herr BOHR, dieses Gratulationsschreiben zu Ihrem Ehrentag verzichtet darauf, im einzelnen Ihre herausragenden Leistungen aus einer kaum noch überschaubaren Zahl von Publikationen aufzuzählen. Sie wurden durch Mitgliedschaften in hervorragenden internationalen Akademien und Gesellschaften geehrt, dazu kamen Ehrenpromotionen durch zahlreiche Universitäten verschiedener Länder. In der Verleihung von hoch angesehenen Medaillen und Preisen, darunter der Nobelpreis für Physik von 1975, widerspiegelt sich der Stellenwert Ihrer Persönlichkeit in der internationalen Wissenschaftsgemeinschaft.

Wir sind stolz darauf, Sie als Mitglied der Leopoldina in unseren Reihen zu wissen. Bleiben Sie uns noch lange erhalten.

Mit herzlichen Grüßen
Ihr sehr ergebener
Benno PARTHIER
Präsident
(Entwurf: Ernst SCHMUTZER, Jena)

Herrn
Prof. Dr. Dr. h. c. mult. OTTO BRAUN-FALCO
München

Halle (Saale), zum 25. April 2002

Sehr verehrter, lieber Herr BRAUN-FALCO!

Es ist mir eine große Freude, Ihnen als langjährigem Mitglied, als mehrjährigem Vizepräsidenten, als Freund und Berater unserer Leopoldina, zugleich auch im Namen des Präsidiums, anläßlich der Vollendung Ihres 80. Lebensjahres besonders herzlich zu gratulieren. Möge ein hoffentlich von Gesundheit und schönen Erlebnissen geprägtes neues Dezennium vor Ihnen liegen. In Ihrer Persönlichkeit steht vor mir das Bild eines glücklichen, von Arbeit und unzähligen Erfolgen gekrönten Arztlebens, ein beispielhafter Hochschullehrer von erstaunlicher Kreativität, Schaffensfreude, mit der besonderen Gabe, lehrend junge Menschen zu begeistern. Diese Begeisterungsfähigkeit, die gepaart ist mit überlegener Sachkenntnis und menschlicher Wärme, hat uns und mich immer wieder erfreut und glücklich gemacht in dem Wissen, daß Sie zu unseren Besten gehören. Lassen wir die Bilder und Geschehnisse Ihres Lebens in gebotener Kürze sprechen.

1922 am 25. April erblickten Sie in Saarbrücken das Licht der Welt und studierten nach Ihrem Schulabschluß ab 1940 bis 1943 an der Universität Münster Medizin. Sie erlebten die beiden letzten Jahre des Zweiten Weltkrieges an der Front, wurden Kriegsgefangener, konnten dann aber von 1946 bis 1948 Ihr Medizinstudium fortsetzen. Während der folgenden Jahre entwickelten Sie sich mit beeindruckender Geradlinigkeit zum Hochschullehrer, Arzt für Dermatologie und Oberarzt an der Hautklinik der Universität Mainz. Nach Ihrer Habilitation 1954 erfolgte die Ernennung zum apl. Professor im Jahre 1960 und 1961 bereits die Berufung auf den Lehrstuhl für Dermatologie und Venerologie an der Universität Marburg (Lahn) und die Ernennung zum Direktor dieser Universitäts-Hautklinik. Dank Ihrer außerordentlich hohen organisatorischen Fähigkeiten wurden Sie im Jahre 1965/66 Dekan und erhielten 1964 einen Ruf auf den Lehrstuhl für Dermatologie und Venerologie der Universität Köln, den Sie aber ablehnten. Zwei Jahre später folgten Sie dem Ruf auf den Lehrstuhl für Dermatologie und Venerologie der Ludwig-Maximilians-Universität in München. Insgesamt 24 Jahre waren Sie in München Ordinarius und Direktor der wohl größten Hautklinik Deutschlands. Zwei weitere Rufe nach Wien und Zürich im Jahre 1972 und 1977 lehnten Sie ebenfalls ab.

Eine große Zahl von Publikationen (insgesamt 850) sowie Buchbeiträgen (110), herausgegebenen Büchern (19) und Lehrbüchern (15) sind untrüglicher Beweis für Ihre erfolgreiche wissenschaftliche und didaktische Tätigkeit. Tausende Studenten, Hunderte Kollegen danken es Ihnen.

Ihr akademisches Leben ist geprägt von zahllosen Ehrungen, wissenschaftlichen Auszeichnungen, Orden sowie insgesamt vier Ehrendoktorwürden, die Ihnen von der Reichsuniversität Gent in Belgien, der Philipps-Universität Marburg, der Humboldt-Universität zu Berlin und der Universität Lüttich in Belgien verliehen worden sind. Hervorzuheben unter Ihren Ehrungen ist die Cothenius-Medaille in Gold, die Ihnen unsere Leopoldina im Jahre 1997 verliehen hat für Ihr großartiges Lebenswerk, »für sein vorbildhaftes ärztliches Wirken als Primarius der deutschen dermatologischen Forschung, Lehre und Erziehung« – wie es in der Urkunde heißt. Neben diesen Ehrungen wurden Sie in zahlreichen nationalen und internationalen Gesellschaften mit Ehrenmitgliedschaften ausgezeichnet, wobei hier die stolze Zahl von insgesamt 33 verschiedenen internationalen Gesellschaften zu erwähnen ist. Unter Ihrer Leitung wurden eine Reihe von Gesellschaften gegründet, zu nennen ist die *European Society for Dermatological Research* im Jahre 1970 oder beispielhaft die Gründung der *Bayerischen Aids-Stiftung* im Jahre 1986.

Lieber Herr BRAUN-FALCO, ich möchte dankbar abrunden, in welch umfangreicher Weise Sie in den zurückliegenden 20 Jahren für unsere Leopoldina tätig waren. So gehörten Sie von 1982 bis 1990 als Obmann der Sektion Dermatologie während zweier Amtsperioden dem Senat der Leopoldina an und wurden 1989 zum auswärtigen Vizepräsidenten unserer Akademie gewählt. Dieses Amt hatten Sie bis 1995 inne. Im Jahre 1999 wurde Ihnen der Vorsitz des Adolf-Butenandt-Förderkreises angetragen, und ich darf mit Bewunderung vermelden, daß Sie dieses Amt bis zum heutigen Tag mit großem Erfolg ausüben.

Zu dem fachspezifischen Ansehen, das Sie in der ganzen Welt genießen, gesellt sich die besondere Verehrung, die Ihnen als Hochschullehrer, Arzt und Forscher in unserem Lande entgegengebracht wird. Sie sind der Doyen aller Dermatologen unseres Landes. Alle, die Sie kennen, dürfen stolz sein auf die Begegnung mit Ihnen, die immer von einem herzlichen und fröhlichen Gespräch geprägt wird.

In großer Dankbarkeit, mit herzlichen Grüßen und allen guten Wünschen, in die wir Ihre verehrte liebe Frau einschließen, bin ich Ihr sehr ergebener

Benno PARTHIER
Präsident
(Entwurf: Enno CHRISTOPHERS, Kiel)

Sir
ARNOLD S. V. BURGEN
Cambridge, UK

Halle (Saale), zum 20. März 2002

Dear Sir BURGEN!

On 20th March, you will celebrate your eightieth birthday. It is my great pleasure to extend to you my sincere and most cordial congratulations, not only personally but also in the name of your colleagues and friends in the Deutsche Akademie der Naturforscher Leopoldina. This anniversary is a good opportunity to recollect briefly your remarkable contributions to the field of pharmacology and your general services to science.

After your medical education at the Middlesex Hospital Medical School, University of London, you soon started a career in pharmacology. If one looks at the list of your publications, it is quite remarkable to see how early your goals in this field of medical sciences became apparent. Already your first publication entitled »Physiological effects of alkyl polyphosphates«, published in *Nature* in 1947, indicated your interest in molecular mechanisms of drug actions. This was quite in the tradition of the British founding fathers of molecular pharmacology, such as J. N. LANGLEY, A. J. CLARK and J. H. GADDUM. The demonstration of the presynaptic action of botulinus toxin at the neuromuscular junction was a first cornerstone for your subsequent extensive studies of mechanisms of release of acetylcholine from nerve terminals, of its binding to receptors, and its enzymatic synthesis and degradation. Early on you and your colleagues could dissect reversible and irreversible inhibition of acetylcholinesterase by drugs. In this context, the discovery that phosphorylation of the reactive center of this enzyme is essential for its inhibition by alkylphosphates served as an example for future studies of structure-function relationships. In the early fifties, shortly after the first impalements of microelectrodes into cardiac cells, you explored this new electrophysiological technique for its possible use in measuring drug effects on cell membranes. However, your main interest remained in the field of structure-activity relationships between drugs, enzymes and receptors. The development of new physical techniques, such as nuclear magnetic resonance spectroscopy, provided fresh opportunities to gain insight into the conformational changes associated with drug-enzyme and drug-receptor interactions. The study of the specific reactions of antibodies with antigens by means of these techniques turned out to be most useful for subsequent investigations of the specificity of drug-receptor interactions. Looking back at the scientific achievements in your academic career, it is not difficult to find a consistent pattern of how you made use of the respective most advanced techniques and methods to achieve your experimental goals. Acetylcholine and its muscarinic and nicotinic receptors remained in the center of your interests. Our knowledge in the field of molecular pharmacology has been greatly advanced by your contributions. You have truly been a pioneer in this rapidly expanding field, and we are most grateful for that.

You have worked in different academic institutions. After starting in the Department of Pharmacology, Middlesex Hospital Medical School in London, you became Professor of Physiology at McGill University in Montreal. Already in 1962 you moved to Cambridge to take the Chair in Pharmacology. From there you went to London in 1971 to succeed Sir Peter MEDAWAR as Director of the National Institute for Medical Research, Mill Hill. Finally, you were Master of Darwin College in Cambridge from 1982–1989. In addition to those academic posts, you were Member and President of numerous national and international institutions and committees, and editor of prominent journals.

Your contributions to science have earned you many distinguished honours of which I will mention only a few. Early in your career you were elected Fellow of the *Royal Society*, and later you served as its Vice-President. You received Honorary Doctorates from several universities inside and outside of Britain. In addition to several other prestigious academies, the *Deutsche Akademie der Naturforscher Leopoldina* elected you as a Member in 1984, and the *National Academy of Sciences*, USA, as a Foreign Associate in 1988.

Your enthusiasm and support for science as an international enterprise led to the foundation of the *Academia Europaea* in 1988, of which you were the first President. There is little doubt that this academy could serve a tremendously useful purpose within the European Union. It is one of our wishes for you for the years to come that this brainchild of yours may succeed and develop. For all your activities and your joy for life I wish you good health, energy and luck.

The Leopoldina is proud to have you among its most distinguished members.

Yours sincerely,
Benno PARTHIER
President
(Entwurf: Harald REUTER, Bern)

Herrn
Prof. Dr. Dr. h. c. GERT CARSTENSEN
Mülheim

Halle (Saale), zum 11. April 2002

Sehr verehrter Herr CARSTENSEN!

Zur Vollendung Ihres 8. Lebensjahrzehnts übermittle ich Ihnen meine persönlichen herzlichen Grüße und Glückwünsche wie auch im Namen des Präsidiums der Deutschen Akademie der Naturforscher Leopoldina. Wir alle hoffen, daß Sie Ihren Ehrentag in Gesundheit und Freude im Kreise Ihrer Familie verleben können.

Aus diesem besonderen Anlaß sei es erlaubt, an einige wichtige Stationen Ihres Lebensweges und Ihres wissenschaftlichen Werkes zu erinnern. Als zweiter Sohn eines Chirurgen in Melle geboren, legten Sie die Reifeprüfung am Humanistischen Ratsgymnasium zu Osnabrück ab. Schon mit siebzehn Jahren begannen für Sie fünf schwere Jahre als Soldat. Sie nahmen das Medizinstudium bereits in Danzig auf, um es nach dem Krieg in Heidelberg fortzusetzen und schließlich 1949 mit dem Staatsexamen in Göttingen abzuschließen. Ihre

Weiterbildung absolvierten Sie zunächst an den Chirurgischen Universitätskliniken in Göttingen und Madrid sowie an den Medizinischen und Gynäkologischen Kliniken wiederum an der Universität Göttingen. 1953 traten Sie an der Chirurgischen Universitätsklinik in Würzburg die Weiterbildung zum Chirurgen unter Ihrem unvergessenen Lehrer Werner WACHSMUTH an. 1960 wurde Ihnen die *Venia legendi* für das Fach Chirurgie verliehen. Sechs Jahre später ernannte Sie die Würzburger Fakultät zum Außerordentlichen Professor. Sie sind Mitglied des Lehrkörpers dieser Fakultät geblieben – auch nach Ihrer Wahl zum Chefarzt der Chirurgischen Klinik des Evangelischen Krankenhauses Mülheim an der Ruhr im Jahre 1962.

Ihre wissenschaftlichen Arbeiten befassen sich neben der Chirurgie im allgemeinen (z. B. Nierenfunktionsstörungen bei Hirntrauma und bei Narkose) vor allem mit der Gefäßchirurgie. Neben klinischen Untersuchungen über eine große Anzahl von Aortenrupturen arbeiteten Sie als einer der ersten in Deutschland experimentell an der Konservierung homologer Arterien und dem Aufbau einer Gefäßbank – Arbeiten, die in Ihre Habilitationsschrift mündeten. Schließlich aber war es Ihr Engagement für die Behandlung der zerebrovaskulären Insuffizienz, das Ihren Ruf überregional bekannt machte. Zahlreiche Vortragseinladungen waren die Folge, die Sie in fast alle europäischen Länder und nach Übersee führten. Hervorzuheben ist dabei Ihr Bemühen, den Kontakt zu Kollegen in der damaligen DDR, auch durch manchmal beschwerliche, Vortragsreisen zu pflegen.

Als einer der ersten suchten Sie das Gespräch mit den Juristen zur Problematik des Chirurgen zwischen Auftrag und Gesetz. Bis heute vertreten Sie Ihre chirurgischen Kollegen im Arbeitskreis Ärzte und Juristen. Durch Ihre ausgewogenen Stellungnahmen zu heiklen Gebieten der Aufklärungspflicht und der Behandlungsfehler haben Sie viel zur Entkrampfung der Beziehungen zwischen diesen beiden Berufsgruppen beigetragen.

Ihre Leistungen wurden durch vielfältige Auszeichnungen gewürdigt. An erster Stelle steht Ihre denkwürdige Präsidentschaft der Deutschen Gesellschaft für Chirurgie und die damit verbundene Leitung des 92. Deutschen Chirurgenkongresses in München im Jahre 1975. Ihre Wahl zum Mitglied unserer Akademie erfolgte 1985. Die Freie Universität zu Berlin verlieh Ihnen 1997 die Ehrendoktorwürde in Anbetracht Ihrer Verdienste um die Entwicklung der Gefäßchirurgie und Ihres unermüdlichen Einsatzes als Vermittler auf dem schwierigen Feld von Medizin und Recht. Schließlich sind Sie Ehrenmitglied zahlreicher in- und ausländischer Chirurgenvereinigungen, darunter der Deutschen Gesellschaft für Chirurgie, der Van-Swieten-Gesellschaft und der Österreichischen Gesellschaft für Chirurgie.

Verehrter Herr CARSTENSEN, die Deutsche Akademie der Naturforscher Leopoldina ist stolz auf Ihre Lebensleistung und dankt Ihnen für die vielen Jahre treuer Verbundenheit, bewiesen durch Vortragstätigkeit 1987 auf einer unserer monatlichen Vortragssitzungen und 1997 zur damaligen Jahresversammlung. Zu danken ist Ihnen auch für Ihre vorzügliche Vorbereitung der Laudatio, als unser Mitglied Fritz HOLLE 80 Jahre alt wurde. Heute nun sind Sie der Jubilar! Dankbar haben wir auch immer Ihre Beratung und Unterstützung bei Zuwahlen neuer Mitglieder als hilfreich empfunden. Wir wünschen Ihnen in Bewunderung Ihres Werkes und in leopoldinischer Verbundenheit noch viele erfüllte Jahre in körperlicher und geistiger Vitalität.

Mit herzlichen Grüßen
Ihr sehr ergebener
Benno PARTHIER
Präsident
(Entwurf: Michael TREDE, Mannheim)

Herrn
Prof. Dr. Dr. h. c. mult. JEAN CIVATTE
Paris, Frankreich

Halle (Saale), zum 14. März 2002

Sehr verehrter, lieber Herr CIVATTE!

Es ist mir eine ganz besondere Freude, Ihnen auch im Namen des Präsidiums der Deutschen Akademie der Naturforscher Leopoldina zur Vollendung Ihres 80. Lebensjahres zu gratulieren und die besten Wünsche für Gesundheit, Glück und Wohlergehen sowie weitere erstrebenswerte Lebensziele zu übermitteln. Unsere Akademie gratuliert einem international anerkannten, hochgeschätzten und hochverdienten Wissenschaftler und Kliniker, der sein berufliches und akademisches Leben der Dermatologie gewidmet hat.

Lieber Herr CIVATTE, zwei wesentliche Vorzüge haben Ihr Leben mitgeprägt. Zum einen sind Sie der Sohn Ihres berühmten Vaters A. CIVATTE, der – wie Sie später – als Professor für Dermatologie in Paris am *Hôpital Saint-Louis* gewirkt und sich besonders der dermatologischen Histologie gewidmet hatte. Bereits im Jahre 1957 führten Sie den ersten Band des Atlas »Histopathologie cutanée« Ihres verstorbenen Vaters zu Ende. Auf diesem Wege sind Sie dann konsequent weitergegangen. Zum anderen hatten Sie in der Kindheit bereits den unschätzbaren Vorteil einer internationalen Erziehung mit der Befähigung, sich in den Weltsprachen Französisch, Englisch, Deutsch und Spanisch perfekt auszudrücken und zu verständigen. So kann man nachempfinden, daß sich Ihr beruflicher Weg bei dem Ihnen eigenen Fleiß konsequent vollzog und zu weltweiter Anerkennung führte. Sozusagen auf dem Boden genetischer Prägung entwickelte sich Ihr bleibendes Interesse für die makroskopische und mikroskopische Morphologie in der Dermatologie zu bewundernswerter Vollkommenheit. Früh gelangten Sie zu der Erkenntnis, daß Dermatologie in innerstem Wesen makroskopische und mikroskopische Morphologie sein und bleiben muß und daß sich auf dieser Basis natürlich und zeitgemäß weitere Entwicklungen im Fachgebiet der Dermatologie aufbauen müssen.

Bereits 1953/54 verbrachten Sie einen Studienaufenthalt in einem pathologischen Institut in New York, waren gleichzeitig Gast bei den berühmten Wissenschaftlern Marion SULZBERGER und Rudolf BAER an der *Skin and Cancer Unit* der *New York University*. Daran anschließend folgte Ihre Tätigkeit als Dermatologe am weltbekannten *Hôpital Saint-Louis* in Paris. Zusammen mit Ihrem Lehrer Robert DEGOS, einem großen Kliniker und weltweit geschätzten Dermatologen, über viele Jahre tätig, konnten Sie sich nicht zuletzt auch als Mitwirkender an dessen Standardwerk der französischen Dermatologie eine große Reputation erwerben. Sie folgten ihm 1976 als *Professeur titulaire de la Clinique des Maladies Cutanées et Syphilitiques*, wo Sie bis 1989 tätig waren. Mit großem Erfolg haben Sie dazu beigetragen, das Erbe Ihres Vaters und Ihres Lehrers Robert DEGOS weiterzutragen und die klassische französische dermatologische Schule nicht nur in Frankreich, sondern auch in der übrigen Welt zur Geltung zu bringen. Ausländische Studenten und Gastärzte verschiedenster Nationalitäten, nicht nur aus Europa, sondern auch aus Nordafrika und Schwarzafrika, dem Mittleren Orient, Lateinamerika und Kanada, waren stets willkommen, um in Paris unter Ihrer Ägide der klassischen Dermatologie Erfahrungen zu sammeln und das Diplom zu erwerben.

Stets aber stand der Patient im Mittelpunkt Ihrer Bemühungen. Die Erarbeitung der Diagnose in fachkundiger Abwägung wichtiger Differentialdiagnosen war für Sie ein wesentliches Element Ihrer Tätigkeit als Dermatologe und repräsentierte sich nicht nur in vielen kasuistischen Beiträgen höchster Prägnanz und Qualität, sondern auch in der Erkenntnis einer Reihe von bislang nicht beschriebenen dermatologischen Erkrankungen und Neubildungen. Auch die historisch guten Beziehungen zwischen der französischen und deutschen Dermatologie, die bereits auf Paul Gerson UNNA im 19. Jahrhundert zurückgehen, wurden von Ihnen nachdrücklich weitergeführt und neu inspiriert. Diese Bemühungen führten zu einer deutsch-französischen histopathologischen Vereinigung, die nunmehr auch europäische Dimensionen erreicht hat. Dies trotz nicht immer einfacher sprachlicher Probleme, die vielleicht in der Zukunft überwunden werden. Im Jahre 1982 kamen Sie nach München, um die Leo-von-Zumbusch-Gedächtnisvorlesung zu halten, der 1985 in Hamburg Ihre Alfred-Marchionini-Gedächtnisvorlesung folgte. Bereits 1966 hielten Sie in unserem Nachbarland Österreich die erste Ferdinand-von-Hebra-Gedächtnisvorlesung. Über 600 Publikationen, vielfach mit Kollegen Ihrer Arbeitskreise oder mit Gästen aus dem Ausland, sind Zeugnis Ihrer großen wissenschaftlichen Aktivität. Stets förderten Sie Team-Arbeit und konnten wesentliche Beiträge zur Gesamtentwicklung der klinischen Dermatologie liefern. Unter Ihrer Ägide wurde das *Hôpital Saint-Louis* zu einem dermatologischen Mekka, welches von vielen bewundernd und mit großem Fortbildungseffekt aufgesucht wurde. Natürlich war es Ihre verbindliche, kooperative und kontaktstarke Persönlichkeit, die wesentlich dazu beigetragen hat.

Ihr wissenschaftliches Lebenswerk ist immens, mit besonderer Akzentuierung der Histopathologie von Hauterkrankungen, wie es Ihre Monographie »Histopathologie Cutanée« (1. Auflage 1967, 2. Auflage 1982) bezeugen kann. Besonderer Sinn für das Sehen und Erkennen, was vor den Augen liegt, verdeutlicht sich beispielhaft auch in der Erkennung und Erstbeschreibung des Klarzellakanthoms, eines benignen Tumors der Haut, der sozusagen zu den »Klassikern« der histopathologischen Diagnose gehört. Durch Ihre akademischen Funktionen, Ihre weltweite Vortragstätigkeit und die unermüdliche Publikation neuer dermatologischer Erkenntnisse wurde die französische Dermatologie weltweit gefördert.

Ihr großes wissenschaftliches Werk, Ihre weltoffene Persönlichkeit und stete kollegiale Hilfsbereitschaft wurden vielfach gewürdigt und geehrt. So wurden Sie 1972 zum Präsidenten der *Societé Française de Dermatologie et Sifiligrafie* gewählt, 1982 beim XVI. Weltkongress für Dermatologie dann zum Präsidenten des *International Committee for Dermatology* und der *International League of Dermatological Societies*, Institutionen, denen Sie 20 Jahre dienten. Als Präsident der Internationalen Liga Dermatologischer Gesellschaften war es Ihre Aufgabe, 1987 den großartig verlaufenen XVII. Weltkongreß für Dermatologie in Berlin zu präsidieren. Damit sollte zugleich der große Beitrag französischer Dermatologen zur Entwicklung unseres Fachgebietes gewürdigt werden. Sie haben in dieser Funktion Enormes geleistet und viel zur weltweiten freundschaftlichen Verständigung der Dermatologen beigetragen. So ist es wohl auch Ihnen mitzuverdanken, daß der XX. Weltkongreß für Dermatologie 2002 in Paris stattfinden wird. Sehr bemerkenswert sind auch Ihre Ausführungen zu den deutsch-französischen dermatologischen Beziehungen, die Sie aus Anlaß des 15. Internationalen Symposiums der *Association Jean-Louis Alibert* über »Aktuelle Aspekte in der Photodermatologie« 1995 in München zum Ausdruck gebracht haben. Auch daraus kann man ersehen, daß sich auf der Basis eines guten gegenseitigen fachlichen Verständnisses über ein Jahrhundert hin viele intensive persönliche französisch-deutsche Beziehungen und Freundschaften entwickelt haben. Für das, was Sie für die Dermatologie verdienstvoll als Wissenschaftler und akademischer Fachvertreter national und international geleistet haben, sind Ihnen vielfältige Ehrungen zuteil geworden. Es seien Ihre Ehrenpromotionen der Universitäten Thessaloniki (1983) und Coimbra (1989) erwähnt, ferner Ihre Mitgliedschaften bei der Französischen Nationalen Akademie für Medizin, der Akademie für Medizin von Brasilien, der Akademie für Medizin von Buenos Aires und Ihre Ehrenmitgliedschaften in über 30 auswärtigen Fachgesellschaften. Die deutschen Dermatologen danken Ihnen an Ihrem Ehrentag für Ihre stete kollegiale Freundschaft.

Sehr verehrter, lieber Herr CIVATTE, die Deutsche Akademie der Naturforscher Leopoldina ist stolz darauf, Sie seit 1973 in den Reihen ihrer Mitglieder zu wissen. Wir bewundern Ihr Lebenswerk und hoffen, daß Sie auch in Zukunft noch viele Jahre in Wohlergehen und Freude am Erreichten – auch in der Dermatologie – verleben werden.

Mit herzlichen Grüßen
Ihr sehr ergebener
Benno PARTHIER
Präsident
(Entwurf: Otto BRAUN-FALCO, München)

Herrn Prof. Dr. GUY DELORME
Merignac, Frankreich

Halle (Saale), zum 10. April 2002

Sehr verehrter Herr DELORME!

Zur Vollendung Ihres 80. Lebensjahres übermittle ich Ihnen persönlich und zugleich im Namen des Präsidiums der Deutschen Akademie der Naturforscher Leopoldina, zu deren Mitgliedern wir Sie seit 1985 zählen dürfen, die herzlichsten Grüße und besten Wünsche für Ihr weiteres Wohlergehen und den Erhalt Ihrer geistigen und körperlichen Frische als Voraussetzung dafür.

Sie wurden am 10. April 1922 in Lothringen geboren. Ihre Schul- und Jugendzeit verlebten Sie dort bis zum Juni 1940. Darauffolgend mußten Sie mit Ihrer Familie in den nicht besetzten Teil Frankreichs fliehen und kamen in die Nähe der Stadt Bordeaux. In den Kriegsjahren 1943 bis 1944 wurden Sie nach Deutschland deportiert. In Erfurt (Thüringen) arbeiteten Sie als Hilfsarzt in der Abteilung für Gynäkologie und Geburtshilfe, denn viele deutsche Ärzte waren zu diesem Zeitpunkt bereits in die Armee eingezogen worden.

Ihr »Diplôme d'Électroradiologie« erhielten Sie bereits im Juli 1951, bis dahin waren Sie in der Klinik von Bordeaux in verschiedenen Positionen tätig. Sie prägten das akademische Leben dieser Universität von Anbeginn Ihrer beruflichen Tätigkeit und übernahmen bereits 1968 den Lehrstuhl für Électroradiologie Médicale. Sie unterzogen sich auch der Last des Amtes eines Vizepräsidenten der Universität von Bordeaux II.

Ihr wissenschaftliches Werk umfaßt über 450 Publikationen in den Themenbereichen Radiodiagnostik, Radiotherapie, Radiobiologie und Sonographie sowie verschiedenste radiologisch-klinische Untersuchungstechniken. Das radiologische Fach verdankt Ihnen eine Reihe von herausragenden Lehrbüchern. Ihre wissenschaftlichen Leistungen haben Ihr Fach insbesondere im Bereich der angiographischen Radiologie des Abdomens geprägt und getragen, jedoch blieben Sie nie monoman auf einen bestimmten Themenbereich fixiert. Grundlagen und Anwendungen aktueller Strahlentherapieverfahren sowie die Fortschritte der nuklearmedizinischen Diagnostik und Therapie standen ebenfalls im Zentrum Ihres wissenschaftlichen Interesses. Neben dieser intensiven wissenschaftlichen und klinischen Arbeit fanden Sie immer noch Zeit, den Wissensaustausch mit vielen Ländern und deren wissenschaftlichen Gesellschaften zu pflegen. Herausragend sei genannt Ihre Präsidentschaft zum 5. Kongreß der Europäischen Gesellschaft für Radiologie in Bordeaux im Jahre 1983, Ihre Ehrenmitgliedschaft in dreizehn nationalen Fachgesellschaften und nicht zuletzt Ihre Aufnahme in unsere Akademie Leopoldina.

Ein ganz besonderes Anliegen Ihrerseits war immer die Pflege der fachlichen und persönlichen Verbindung zur deutschen Radiologie. Wann immer möglich, besuchten Sie unsere nationalen Kongresse und publizierten auch in deutschen Fachzeitschriften. Als Mitglied des Röntgenpreis-Komitees, der höchsten Auszeichnung, welche die Deutsche Röntgengesellschaft für Nachwuchswissenschaftler zu vergeben hat, waren Sie stets engagiert tätig. Kein Wunder, daß Ihnen weitere vielfältige Ehrungen zuteil wurden. »Officier dans l'Ordre des Palmes Académiques«, »Chevalier de la Légion d'Honneur« seien nur stellvertretend für andere genannt.

Ihrem steten Anliegen, grundlegende und anwendungsorientierte wissenschaftliche Erkenntnisse in Ihrem Fach voranzutreiben, gleichzeitig Brücken zwischen den Nationen zu bauen und internationale Kontakte zu pflegen, sind Sie konsequent gefolgt und diesen Idealen auch treu geblieben. Viele unserer Kollegen haben Ihren wiederholten Einladungen in Ihr Feriendomizil in Arcachon folgen dürfen. Wir feiern Sie als einen Promotor auch der deutsch-französischen Freundschaft und der wissenschaftlich engen, fruchtbaren und wegweisenden Zusammenarbeit.

Ich wünsche Ihnen anläßlich Ihres Ehrentages viel Freude im Kreise Ihrer Familie und für die Zukunft alles erdenklich Gute. Mögen Sie auch Ihre Hobbys wie Skifahren und Tennis, ungeachtet Ihres Eintritts in die neunte Lebensdekade, weiterhin pflegen können und schlußendlich auch die exzellente Küche und die hervorragenden Weine Ihrer Region noch lange Zeit genießen dürfen!

Mit herzlichen Grüßen
Ihr sehr ergebener
Benno PARTHIER
Präsident
(Entwurf: Karl-Jürgen WOLF, Berlin)

Herrn Prof. Dr. GEORG DHOM
Homburg

Halle (Saale), zum 16. Mai 2002

Sehr verehrter, lieber Herr DHOM!

Zur Vollendung Ihres 80. Lebensjahres übermittle ich Ihnen persönlich und im Namen des Präsidiums der Deutschen Akademie der Naturforscher Leopoldina die herzlichsten Glückwünsche, vor allem verbunden mit der Hoffnung, daß Sie sich weiterhin guter Gesundheit und ungebrochener Aktivität erfreuen können.

Sie hatten das Glück, in einem Elternhaus aufzuwachsen, das – von einem christlich-humanistischen Geist geprägt – Werte vermittelte, die Sie in den Zeiten ideologischer Verirrungen unseres Vaterlandes eine klare und eindeutige Haltung bewahren ließen. Am 16. Mai 1922 im oberbayerischen Endorf geboren, wo Ihr Vater bis 1933 als leitender Arzt der Kuranstalt Ströbing tätig war, besuchten Sie das humanistische Gymnasium Traunstein, später nach der Übersiedlung der Familie nach Eichstätt das dortige Gymnasium, um schließlich in Regensburg die Schule mit dem Abitur zu beenden. Bald nach Kriegsbeginn traten Sie als Sanitäts-Fahnenjunker in die Wehrmacht ein und wurden in die Berliner Militärärztliche Akademie aufgenommen, was Ihnen von 1940 an trotz des Krieges das Medizinstudium ermöglichte, unterbrochen von einem Fronteinsatz als Hilfsarzt in Rußland. Sie studierten in Würzburg, München und Berlin und konnten dort 1945 das Staatsexamen abschließen und promovieren. Nach einigen Jahren klinischer Tätigkeit in Regensburg und Weiden/Oberpfalz traten Sie als Assistent in das Pathologische Institut Regensburg ein, das unter Leitung von Professor Eugen KIRCH stand, dem Sie nach dessen Berufung nach Würzburg als von der Pathologie begeisterter Mitarbeiter folgten. Die Würzburger Jahre mit intensiver Tätigkeit in der Forschung, Lehre und in den ärztlichen Versorgungsaufgaben im Sektions- und Biopsiewesen waren entscheidende Jahre für Ihre Reife im Fach und Ihre akademische Laufbahn. 1954 erfolgten die Habilitation und die Ernennung zum Oberarzt. Nach der Emeritierung von Eugen KIRCH 1957 leiteten Sie anderthalb Jahre kommissarisch das Institut, eine gute Zurüstung für Ihre spätere Tätigkeit als Institutsdirektor. 1965 erfolgte Ihre Berufung auf den Lehrstuhl für Allgemeine Pathologie und Pathologische Anatomie an der Universität des Saarlandes in Homburg, den Sie zweiundzwanzig Jahre bis zu Ihrer Emeritierung 1987 innehatten. Die in Würzburg begonnene wissenschaftliche Arbeit haben Sie in Homburg mit großem Erfolg fortgeführt, unterstützt von einem Kreis wissenschaftlicher Mitarbeiter, deren Förderung Ihnen besonders am Herzen lag. Die Konzentration auf die Morphologie und Pathologie der inneren Sekretion hat weit über die Grenzen Deutschlands hinaus zu einer hohen Akzeptanz Ihrer wissenschaftlichen Ergebnisse geführt. Studien zum Wachstum der Nebennierenrinde im Kindesalter und zur Pathologie der Nebennierenrinde einschließlich ihrer Alterungsprozesse bilden dabei einen Schwerpunkt. Sie fanden 1981 im *Handbuch der Speziellen Pathologie* ihren Niederschlag. In einem zweiten Arbeitsgebiet haben Sie in überzeugender Weise die notwendige und nützliche Zusammenarbeit zwischen Pathologie und Klinik auf dem Gebiet der Krebsfrüherkennung unter Beweis gestellt. Die Einrichtung eines Prostata-Karzinom-Registers für die Bundesrepublik Deutschland hat wesentlich zur Klassifikation dieser Tumorgruppe und zur Verbesserung ihrer Therapie beigetragen. In sogenannten Schnittseminaren konnten viele Pathologen unter Ihrer Anleitung die eigene Diagnostik trainieren und verbessern. Ihr Interesse an der Diagnostik, Therapie und dem Verlauf maligner Tumoren fand in der Etablierung eines Krebsregisters für das Saarland seinen Niederschlag. Das Register ist ein wichtiger Beitrag für die epidemiologische Forschung in Deutschland.

Lieber Herr DHOM, Ihre reiche wissenschaftliche Ernte ist durch zahlreiche Publikationen im nationalen und internationalen Schrifttum belegt. Sie findet einen Höhepunkt in einem Werk, das Sie nach Ihrer Emeritierung in über zehnjähriger konsequenter Arbeit verfaßt haben: *Die Geschichte der Histopathologie*. Dieses 2001 im Springer-Verlag erschienene Buch ist eine herausragende Publikation auf dem Gebiet der Medizingeschichte.

In einer schwierigen Periode der hochschulpolitischen Entwicklung wurden Sie 1969 zum Dekan der Medizinischen Fakultät gewählt und haben dieses Amt mit Klugheit und unbeirrt von den Aufgeregtheiten dieser Periode geführt. In der Deutschen Gesellschaft für Pathologie waren Sie lange Zeit Schriftführer und 1983/84 erster Vorsitzender.

Unter den vielen Ehrungen, die Sie erfahren haben, sollen zwei hervorgehoben werden, die Ernennung zum Korrespondierenden Mitglied der Akademie der Wissenschaften und der Literatur zu Mainz und die zum Mitglied der Deutschen Akademie der Naturforscher Leopoldina. Seit 1971 sind Sie unserer Akademie in besonderer Weise verbunden. Als langjähriger Obmann der Sektion Pathologie haben Sie sich aktiv für die Entwicklung dieser Sektion eingesetzt und als Mitglied des Senats die Geschicke der Gesamtakademie mitbestimmt. Das von Ihnen durchgeführte Meeting zur Stellung der Pathologie in der Medizin war sehr erfolgreich, es hat der Selbstbestimmung des Faches und seiner Perspektiven gedient. Die Leopoldina ist Ihnen sehr dankbar für Ihre durch drei Jahrzehnte bewährte Treue.

Wenn sich an Ihrem Ehrentag Familie, Freunde und Schüler versammeln, wird Ihre liebe Frau fehlen. Sie werden sich ihrer in großer Dankbarkeit für die vielen Jahre der Gemeinsamkeit und des Beistandes erinnern, der Ihren erfolgreichen Einsatz als Hochschullehrer und Wissenschaftler ermöglicht hat.

In der Hoffnung, daß Ihnen bei stabiler Gesundheit im Kreis Ihrer Familie und Freunde noch viele Jahre vergönnt sein mögen, bin ich

mit herzlichen Grüßen
Ihr sehr ergebener
Benno PARTHIER
Präsident
(Entwurf: Gottfried GEILER, Leipzig)

Herrn Prof. Dr. Dr. h. c. mult. HANS FRAUENFELDER
Los Alamos, USA

Halle (Saale), zum 28. Juli 2002

Sehr verehrter Herr FRAUENFELDER,

zur Vollendung Ihres 80. Lebensjahres gratuliere ich Ihnen, auch im Namen des Präsidiums der Deutschen Akademie der Naturforscher Leopoldina und ihrer Mitglieder, und wünsche Ihnen für Gegenwart und Zukunft alles erdenkliche Gute. Wir sind stolz, Sie seit 1974 in den Reihen unserer Mitglieder zu wissen, und wir danken Ihnen für die vielen Jahre treuer Verbundenheit und von aktivem Interesse an unserer Akademie.

Sie haben Ihre akademischen Lehrjahre zunächst an der ETH in Zürich verbracht, wo Sie auch 1946–1952 als Assistent gewesen sind. Während dieser Zeit haben Sie 1947 auch Ihr Diplom (Silber-Medaille) und 1950 Ihren PhD abgelegt. Sie sind dann 1952 nach den USA ausgewandert, wo Sie sich in Illinois (Urbana-Champaign), zunächst als *Research Associate* (1952), dann als *Assistant Professor* (1952–1956), als *Associate Professor* (1956–1958) und schließlich als *Professor of Physics* (1958–1992) der Physik in spektraler Breite gewidmet haben. Seit 1992 wirken Sie als Professor Emeritus der Physik, Chemie und Biophysik in Los Alamos (Tesuque), wo Sie seit 1985 Direktor des Zentrums für nicht-lineare Studien sind.

Ihre Ehrungen sind so zahlreich, daß sich eine Aufzählung verbietet. Sie sind Fellow der Amerikanischen Physikalischen Gesellschaft, der *American Association for the Advancement of Science* und der *New York Academy of Science* und Ehrenmitglied der deutschen biophysikalischen Gesellschaft, der Eötvös-Physikalischen Gesellschaft in Ungarn. Zu Ihren zahlreichen Ehrenpromotionen zählen die der Universität von Pennsylvania, der Technischen Universität München und der Universität von Stockholm. Für deutsche Verhältnisse sei noch erwähnt, daß Sie 1987 das Senior-Wissenschafts-Stipendium der Humboldt-Gesellschaft erhalten haben.

Sie gehören zu den genialsten Experimentalphysikern überhaupt. Ihr Arbeitsspektrum ist ungewöhnlich breit. Es erstreckt sich von der Kernphysik, wo Sie vor allem durch Ihre Beiträge im Bereich der Winkelkorrelation von Kaskadenübergängen bekannt geworden sind, über die Mößbauer-Spektroskopie, worüber Sie ein Buch veröffentlicht haben, das noch heute zu den Standardwerken gehört, über Elementarteilchen-Physik, wo Sie zahlreiche Kernniveaus untersucht haben, über die Reaktionskinetik bis hin zur Biophysik. In der Biophysik haben Sie, ausgehend von der Mößbauer-Spektroskopie, als erster Proteine in der Nähe des absoluten Nullpunktes untersucht. Ihre Arbeiten über das dynamische Verhalten von Proteinen sind berühmt, weil sie erste Schritte in Richtung auf ein dynamisches Verhalten biologisch aktiver Zentren darstellten. Sie konnten insbesondere zeigen, daß bei Abkühlung zum absoluten Nullpunkt die einzelnen Wirkungsgruppen des aktiven Zentrums selektiv eingefroren werden. Sie konnten ferner, insbesondere mit Hilfe der Röntgenbeugungsmethode zeigen, daß Aussagen über die dynamische Flexibilität der Enzyme gemacht werden können. Des Weiteren seien Ihre Studien zur Reaktionskinetik bei tiefen Temperaturen besonders hervorgehoben, wobei eine experimentelle Bestätigung der Existenz einer temperatur-unabhängigen Reaktionsrate bei tiefen Temperaturen und die allgemeine Anwendbarkeit von quantenmechanischen Tunnelprozessen auf molekulare Vorgänge erreicht wurden. Die enorme Anzahl Ihrer umfangreichen »Citations« tragen Ihrer wissenschaftlichen Bedeutung in der heutigen Physik und darüber hinaus Rechnung.

Ebenso wichtig und weitreichend war Ihr Wirken als akademischer Lehrer. Ihre Schüler konnten sich bei Ihnen in intellektueller Freiheit entwickeln, ohne daß Ihre führende Hand als Einschränkung empfunden wurde. Ihre liebenswürdige Art zeigte hier Ihre besonderen Früchte: Ihre zahlreichen Schüler verehren Sie wie einen Vater, der streng auf die Einhaltung wissenschaftlicher Maßstäbe achtete, zugleich liebevoll mit ihnen umging. Sie erinnern sich gern an die Begeisterung für die Physik, die von Ihren Vorlesungen, Seminaren und Vorträgen ausgingen. Sie schätzten auch Ihre humorvolle natürliche Art und Ihre Fähigkeit, auch einmal über sich selbst lachen zu können. Menschliches hat für Sie immer im Vordergrund gestanden und Formales hatte nur sekundäre Bedeutung.

Als Emeritus können Sie sich nun auch Bereichen außerhalb Ihrer noch immer umfassenden Tätigkeit zuwenden. Wir wünschen Ihnen den Erhalt Ihrer körperlichen Vitalität, die durch Ihre bergsteigerischen Aktivitäten noch unterstrichen wird, sowie den Erhalt der geistigen Fähigkeiten, die Begleitung durch gute Freunde und die Begegnung mit viel Schönem. *Ad multos annos!*

Mit herzlichen Grüßen
Ihr sehr ergebener
Benno PARTHIER
Präsident
(Entwurf: Rudolf L. MÖSSBAUER, Garching)

Herrn Prof. Dr. Dr. h. c. RUDOLF HAAG
Schliersee-Neuhaus

Halle (Saale), zum 17. August 2002

Sehr verehrter Herr HAAG,

zur Vollendung Ihres 80. Lebensjahres gratuliere ich Ihnen, auch im Namen des Präsidiums der Deutschen Akademie der Naturforscher Leopoldina, und wünsche Ihnen für Gegenwart und Zukunft alles erdenklich Gute. Ganz besonders möchten Ihnen auch die Mitglieder der Sektion Physik ihre herzlichen Grüße und viele gute Wünsche übermitteln. Wir sind sehr stolz, Sie seit Ihrer Zuwahl 1980 in den Reihen unserer Mitglieder zu wissen und bedanken uns sehr herzlich für die vielen Jahre treuer Verbundenheit mit unserer Akademie.

Sie haben am 17. August 1922 im württembergischen Tübingen das Licht der Welt erblickt. Nach der Grundschule und dem Besuch der Oberrealschule in Stuttgart-Feuerbach legten Sie im Frühjahr 1939 dort Ihr Abitur ab, in bedrohlicher, schicksalhafter Zeit. Prägende Erfahrungen Ihres besonderen Lebensweges in der Kriegszeit bleiben zunächst hinter der nüchternen Angabe verborgen, daß Sie dann in der schwierigen Nachkriegszeit von Anfang 1946 bis zum sehr schnellen Diplomabschluß im August 1948 an der Technischen Hochschule Stuttgart Physik studierten. Anschließend führte Sie Ihr wissenschaftlicher Weg an die Ludwig-Maximilians-Universität in München zum Promotionsstudium. Bereits nach zwei Jahren, im September 1951, wurden Sie dort zum Doktor rer. nat. promoviert. Und schon 1954 erfolgte Ihre Habilitation.

Ihnen wurde das Glück zuteil, daß Sie in einem anregenden und von Ihnen hochverehrten Elternhaus als das jüngste von drei Kindern aufwachsen durften. Schon früh begegneten Sie durch Ihren Vater, der als Studienrat am Gymnasium unterrichtete, Ihrer späteren Lebensaufgabe, der Mathematik und Physik. Sowohl Ihr Vater, besonders auch durch seine natur-philosophischen Interessen – mit denen er in Wien promoviert hatte und über die er zahlreiche Aufsätze veröffentlichte und Rundfunkvorträge hielt – als auch Ihre Mutter, die Autorin zahlreicher Romane, Kurzgeschichten und Erinnerungsbücher, haben die häusliche Atmosphäre geprägt. Aufgewachsen in großer geistiger Aufgeschlossenheit, Freude an Musik, Naturverbundenheit und Wandern, ist Ihnen das selbst zum Vorbild für Ihr Leben, Denken und Wirken geworden. In dieser Atmosphäre ist der von seinen zahlreichen späteren Schülern, seinen Freunden und Kollegen so sehr bewunderte, warmherzige, bescheidene Mensch und begeisternde, originelle Wissenschaftler herangewachsen. Hier hat er seine starke menschliche Ausstrahlungskraft entwickelt.

Sehr früh zeigte sich Ihre außergewöhnliche Begabung. Das dadurch mit siebzehn Jahren schon früh erreichte Abitur und das anschließende freie Jahr in England in der schwesterlichen Familie führten ganz unversehens zur Internierung und zu Jahren in englischen und kanadischen Zivilinterniertenlagern. Arm an Hilfsmitteln und ganz auf das eigene, reiche Denken gestellt, beschäftigten Sie sich aber dort weiter mit Mathematik und Physik. So konnten Sie sich nach Ihrer durch das Kriegsende möglich gewordenen Rückkehr bald in Stuttgart einschreiben. In der damaligen geistigen Aufbruchsstimmung, mit unbändiger Lust am Lernen und ungewöhnlich guten Vorkenntnissen, gelang so eine rasche wissenschaftliche Entwicklung. Die großartige Förderung durch die Professoren Ulrich DEHLINGER, Erwin FUES und – dann in München – Fritz BOPP (die beiden letzteren auch Mitglieder unserer Leopoldina), haben Sie immer mit großer Dankbarkeit in Erinnerung behalten.

Deutschland war wieder mit der internationalen Wissenschaft verbunden, was Ihren weiteren Lebensweg entscheidend beeinflußte. Wenn ich einige Ihrer weiteren Stationen während Ihrer Assistentenzeit in München und in Göttingen schildere, so deshalb, weil das bei Jüngeren die Augen leuchten läßt, so wie es Ihnen damals wohl selbst ergangen sein wird: Mitarbeit in der CERN-Studiengruppe *Theoretische Physik* in Kopenhagen (bei Niels BOHR), Austausch mit Arthur S. WIGHTMAN, mit Carl MOELLER (dem Namensgeber der Moeller-Operatoren der modernen Streutheorie, die Sie dann selbst so befruchten konnten), und die Begegnung mit dem großen Eugene WIGNER. Nach einer zweijährigen Gastprofessur in Princeton und einigen Monaten in Marseille übernahmen Sie als inzwischen hoch anerkannter junger Wissenschaftler Ihre erste länger währende Aufgabe. Es wurden sechs wissenschaftlich fruchtbare Jahre an der *University of Illinois* in Urbana, von 1960 bis 1966. Anschließend fanden Sie zu unserem Glück Ihren Weg zurück in das inzwischen sehr veränderte Deutschland, an das Institut für Theoretische Physik an der Universität Hamburg, Ihrer bleibenden Wirkungsstätte. Dabei haben viele ausgezeichnete andere Wirkungsstätten um die Ehre geeifert, Sie für sich zu gewinnen.

Ihre wissenschaftliche Arbeit war in der geschilderten Zeit für die Entwicklung der mathematischen Physik wegweisend. Ihre Brillanz und die ganz außergewöhnliche Klarheit, mit der Sie Ihre tiefen, originellen Einsichten zu vermitteln vermochten, haben die Theoretische Physik der Zeit wesentlich weiter entwickelt. Ihre Arbeiten haben Ihre Kollegen beeindruckt und Ihre Freunde fasziniert. Viele hochbegabte Schüler und Mitarbeiter sind zu Ihnen gekommen. Diese wirken inzwischen teilweise selbst als Professoren. Das hat Ihre wissenschaftliche Ausstrahlung und Wirkung zu Ihrer großen Freude vervielfacht.

Besonders gilt das natürlich in dem von Ihnen geliebten wichtigsten Interessengebiet, der Quantentheorie der Felder. Bereits Ihre erste, 1955 veröffentlichte Arbeit hierzu, *On Quantum Field Theories*, erfuhr größte Beachtung. Sie war unter dem Einfluß der Wignerschen gruppentheoretischen Strukturierung des Teilchenbegriffs in der relativistischen Quantenphysik entstanden. Sie konnten dann die Quantenfeldtheorie mehr und mehr weiter ausarbeiten. Das geschah in Arbeiten zur Axiomatik, über die zentrale Rolle des Vakuumzustands, über die Zusammenführung von Feld und Lokalität, über die Teilchenaspekte in Quantenfeldern, über die erfolgreiche Beschreibung durch algebraische Methoden. Seitdem ist vieles in der Quantenphysik der Felder mit Ihrem Namen verbunden.

Die große Wertschätzung Ihres Werkes gilt aber keineswegs nur für Ihr besonders geliebtes Interessengebiet, die relativistische Quantenfeldtheorie. Es wird Sie freuen, wenn berichtet wird, daß in so manchem Bücherschrank auch heute noch nach dem viel gelesenen und entsprechend zerfledderten Sonderdruck über die »Allgemeine Quantentheorie der Stoßprozesse« aus dem Jahre 1959 gegriffen wird. Und wie erlösend war Ihre Arbeit über die mathematische Struktur des Bardeen-Cooper-Schrieffer-Modells der Supraleitung, waren die Beiträge zur Charakterisierung des statistischen Gleichgewichtszustands, die aus wenigen Grundannahmen zwingende Folgerung des kanonischen Operators. Sie haben erkannt und uns gelehrt, welche tiefen mathematischen Konsequenzen der vollzogene thermodynamische Limes auf die Formulierung der Statischen Physik hat. Als wichtige Beiträge werden ferner Ihre in den 70er Jahren entstandenen Publikationen über die Grundlagen der Quantenmechanik geschätzt, welche die großen Physiker ja immer wieder neu angezogen haben.

Ihr Buch über *Local Quantum Physics* (Springer 1992/1997) als Summe Ihrer gewonnenen Erkenntnisse erforderte schon nach wenigen Jahren eine erweiterte Neuauflage. Weitere werden sicher folgen.

Mit Aufmerksamkeit verfolgen wir Ihre Beschäftigung mit dem schier unendlichen Problem der Zusammenführung der beiden großen Säulen der Physik, der Gravitation/Relativität und der Quantenphysik. Dieser großen Aufgabe haben Sie Ihre späten Arbeiten gewidmet.

Als eine besonders wertvolle Leistung ihres Kollegen Rudolf HAAG schätzen die Theoretischen Physiker aber auch Ihren Einsatz als Herausgeber der *Communications in Mathematical Physics*. Sie haben dieses Journal durch Ihre Qualitätsstandards zu großem Ansehen gebracht. Es wurde zu einem Mittelpunkt der wissenschaftlichen Diskussionen über neue Ergebnisse und Fortschritte der mathematischen Grundlagen in Quantenphysik und Statistischer Mechanik. Von dort hat es auf andere Gebiete mit starken mathematischen Methoden und Strukturen ausgestrahlt.

So viele großartige wissenschaftliche Erfolge und so beeindruckende menschliche Ausstrahlung und Wertschätzung brachte Ihnen auch viel sichtbare große Anerkennung, und das schon sehr früh. Als besonders ehrenvoll ist die 1970 erfolgte Auszeichnung des 48jährigen Rudolf HAAG mit der Max-Planck-Medaille zu nennen. Hiermit wurden Ihre herausragenden Leistungen in der Quantentheorie denen der ganz großen Vorgänger zur Seite gestellt. Ein weiteres Zeichen besonderer Anerkennung war die Verleihung der Ehrendoktorwürde der Universität Aix-Marseille im Jahre 1979. Noch im selben Jahr erfolgte die Aufnahme in die Bayerische Akademie der Wissenschaften, der Sie heute als korrespondierendes Mitglied angehören. Ein Jahr später wählte Sie die Leopoldina zu ihrem Mitglied und im darauffolgenden Jahr die Akademie der Wissenschaften zu Göttingen. Sie wurden Mitglied der Joachim-Jungius-Gesellschaft und wurden als korrespondierendes Mitglied der Österreichischen Akademie der Wissenschaften ausgezeichnet. 1997 erfolgte die ehrenvolle Verleihung des Daniel-Iagolnitzer-Preises der *International Association for Mathematical Physics*.

Sehr verehrter Herr HAAG, Sie dürfen mit Stolz und Dankbarkeit auf ein erfolgreiches Leben und Wirken als Forscher und akademischer Lehrer zurückblicken, dessen originelle, herausragende Leistungen Vorbild für zahlreiche Schüler, Freunde und Kollegen bleiben. Wir wünschen Ihnen noch langen Erhalt Ihrer körperlichen und geistigen Vitalität, die Begleitung durch gute Freunde, die Freude an viel Schönem und Geborgenheit in der Familie.

Mit sehr herzlichen Grüßen
Ihr sehr ergebener
Benno PARTHIER
Präsident
(Entwurf: Siegfried GROSSMANN, Marburg)

Herrn
Prof. Dr. PIET HARTMAN
Zeist, Niederlande

Halle (Saale), zum 11. April 2002

Sehr verehrter Herr HARTMAN!

Mit großer Freude nehme ich die Vollendung Ihres 80. Lebensjahres zum Anlaß, Ihnen sehr herzlich zu Ihrem Ehrentag persönlich und zugleich auch im Namen des Präsidiums der Deutschen Akademie der Naturforscher Leopoldina und ihrer Mitglieder zu gratulieren. Unsere besten Wünsche begleiten Sie in Ihr neues Lebensjahr und damit auch in einen neuen Lebensabschnitt.

Sie wurden am 11. April 1922 in Veendam in den Niederlanden geboren und haben nach der Schulzeit Chemie an der Universität Groningen studiert mit Blick auf Mineralogie und Kristallographie. Nach Ihrer Promotion blieben Sie noch einige Jahre als wissenschaftlicher Mitarbeiter am Kristallographischen Institut in Groningen und arbeiteten dann an der Universität Leiden, zunächst als Lektor, dann als Ordinarius für Kristallographie. Als solcher gingen Sie später an die Universität von Utrecht und blieben dieser treu bis zu Ihrer Emeritierung.

An vielen Stellen steht man in den Naturwissenschaften vor der Aufgabe, den Zusammenhang zwischen dem mikroskopischen inneren Aufbau und der makroskopischen Erscheinung zu verstehen. In der Kristallographie ist es die Erklärung der Kristallgestalt (Morphologie) aus der Struktur der Kristalle. Dieses Jahrhunderte alte Problem hatte es Ihnen angetan, Ihre wesentlichen Arbeiten hängen damit zusammen. Das Problem läßt sich in einer (überraschend) befriedigenden Näherung rein geometrisch lösen, wie es BRAVAIS, FEDOROW, NIGGLI, FRIEDEL, DONNAY und HARKER getan hatten. Als Chemiker war Ihnen aber klar, daß es bessere Lösungen geben muß als rein geometrische, denn die Teilchen einer Kristallstruktur sind gebunden, und diese Bindungen müssen auch für das Auftreten und die Größe der Flächen am Kristall ausschlaggebend sein. Aus diesem Gedanken heraus entwickelten Sie in Ihrer Dissertation die »Periodic Bond Chain«-Methode (PBC-Methode), die im Allgemeinen die Kristallgestalt sehr gut erklären oder vorhersagen kann, weit besser als die rein geometrischen Verfahren. Die PBC-Methode ist durchsichtig und relativ einfach, da die Kristalle periodische Gebilde sind, von der Oberfläche abgesehen. Man muß bei ihrer Anwendung allerdings sorgfältig die Gegebenheiten der Kristallstrukturen beachten, wie Sie an vielen Beispielen gezeigt haben. Ihre »Gebrauchsanweisungen« geben dazu die Richtlinien. Die PBC-Methode wurde sehr rasch aufgenommen und hat Sie mit einem Schlage in der kristallographischen Welt weithin bekannt gemacht. Mit ihr werden Bindungsenergien direkt als Anlagerungsenergien bei den Morphologie-Berechnungen berücksichtigt. Die Anzahl der Bindungen in einer Fläche bestimmt die morphologische Wichtigkeit dieser Fläche, d. h. die Häufigkeit ihres Auftretens bei einer Kristallart und ihre relative Größe; die von Ihnen eingeführte Einteilung in F- (*flat*), S- (*stepped*) und K- (*kinked*) Flächen beruht darauf. In der Folgezeit haben Sie und andere Wissenschaftler die PBC-Methode vielfach angewandt, ausgebaut und verfeinert. Sie sind Autor oder Ko-Autor von etwa 100 Veröffentlichungen zu diesem Thema.

Ihre Theorie der Kristallgestalt ist auch von erheblicher praktischer Bedeutung. Die Gestalt der Kriställchen kann bei industriellen Prozessen der Massenkristallisation von großer Bedeutung sein, z. B. in der Pharmazie, bei Düngemitteln, bei Pigmenten, bei der Verfestigung des Zements oder der Bildung von Belägen. Wie in der Wissenschaft geschehen auch in der Praxis die Berechnungen heute mit Computern, z. B. mit dem Programm »HP Morphology« der Molecular Simulations Inc., ›HP‹ steht für »Hartman-Perdok«.

Sie haben sich ganz Ihrer Arbeit gewidmet und sich deshalb in Ihrer ruhigen, bescheidenen und zurückhaltenden Art nicht besonders um eine Betätigung in der Wissenschaftspolitik bemüht. Doch haben Sie Ihren Beitrag an die Allgemeinheit als Mitglied des Vorstandes der Niederländischen Stiftung FOMRE und Vorsitzender Ihrer Fachgruppe an der Universität Utrecht sowie in der »Commission on Crystal Growth« der *International Union of Crystallography* national und international geleistet.

Die Bedeutung Ihres Werkes ist international anerkannt. Die Königliche Niederländische Akademie der Wissenschaften hat Sie 1982 zu ihrem Mitglied gewählt. Wir freuen uns und sind stolz darauf, daß auch die Leopoldina Sie zu ihren Mitgliedern zählen darf und dies bereits seit Ende 1981. Daß Ihnen die Mitgliedschaft in unserer Akademie Ehre und Freude zugleich bedeutet hat, haben Sie mit Aktivitäten dokumentiert, für die wir Ihnen dankbar sind. Erwähnt sei gleich im Folgejahr nach Ihrer Wahl Ihr interessanter Vortrag über »Habitus und Tracht von Kristallen« auf der Vortragssitzung am 23. November 1982, die Teilnahme an der Jahresversammlung 1982 und Ihre großartige Unterstützung bei der Abfassung einer Laudatio zum 80. Geburtstag von Frau Carolina MACGILLAVRY noch unter der Präsidentschaft von Herrn BETHGE. Auch wenn es um Kandidaten für Mitgliedschaften in unsere Akademie ging, haben Sie uns zuverlässig beraten.

Lieber Herr HARTMAN, zu meinem großen Bedauern hörte ich, daß Ihre Gesundheit angegriffen sei. Möge es Ihnen und Ihrer Gattin vergönnt sein, noch lange wie bisher mit unvermindertem Interesse und dem Ihnen eigenen gelassenen Humor die Entwicklung und Reife der Früchte Ihrer Ideen und Ihrer Arbeit zu verfolgen. *Ad multos annos*!

Mit herzlichen Grüßen
Ihr sehr ergebener
Benno Parthier
Präsident
(Entwurf: Hans WONDRATSCHEK, Karlsruhe)

Herrn
Prof. Dr. Dr. h. c. BERNHARD HASSENSTEIN
Merzhausen

Halle (Saale), zum 31. Mai 2002

Sehr verehrter, lieber Herr HASSENSTEIN!

Mit glücklichen Gefühlen möchte ich Ihnen zur Vollendung Ihres 80. Lebensjahres ganz persönlich und natürlich auch im Namen des Präsidiums der Deutschen Akademie der Naturforscher Leopoldina, der Sie seit so vielen Jahren angehören und eng verbunden sind, gratulieren und herzliche Glückwünsche für den Eintritt in das neunte Lebensjahrzehnt übermitteln. (Einer der wenigen Eintritte, für den man kein Entgelt zu entrichten hat; aber man glaube nicht, daß er nichts kostet. Als Biologe werden Sie jedoch besser als das Gros der Gleichaltrigen die Problematik verstehen.)

Ungewöhnlich und weit gespannt ist der Bogen Ihres wissenschaftlichen Lebens, Erlebens und Forschens, das Sie selbst als Brückenschlag zwischen Biologie, Kybernetik und Anthropologie im Allgemeinen und des Kindes im Besonderen verstehen. Sie haben auf dem Gebiet der Sinnesphysiologie wie auf dem der Verhaltensforschung bahnbrechende Arbeit geleistet und sind so zu einem Pionier der Biokybernetik und einer »Biologie des Kindes« geworden.

Am 31. Mai 1922 in Potsdam geboren, wo Ihr Vater als Astronom an der Sternwarte tätig war, war der Fund von vier Raupen des Wolfsmilchschwärmers, die Sie als Neunjähriger bis zum Ausfliegen der Falter pflegten, das »Schlüsselerlebnis«, das Sie zum Biologen werden ließ. Nach dem Abitur begannen Sie zunächst 1940 in Berlin Biologie, Chemie und Physik zu studieren, wechselten 1941 nach Göttingen und hatten das Glück, schon im dritten Semester die Aufmerksamkeit des Dozenten für Tierphysiologie, unseres späteren (1957) Mitglieds Erich VON HOLST zu gewinnen, der Sie für die messende Verhaltensforschung begeisterte. Der Kriegsdienst unterbrach bereits 1941 diese erste Studienzeit, brachte jedoch auch die Begegnung mit dem jungen Physiker Werner REICHARDT, der das Interesse für Mathematik bei Ihnen weckte und mit dem sich nach dem Krieg eine außerordentlich fruchtbare Zusammenarbeit ergab. Nach der Flucht aus der Kriegsgefangenschaft in Schleswig-Holstein konnten Sie in Göttingen, im ersten Nachkriegssemester einer deutschen Universität, das Studium wieder aufnehmen. Sie wurden dort wieder Schüler von Erich VON HOLST, dem Sie auf seinem weiteren Weg über die Universität Heidelberg und schließlich als Assistent 1948 an die Abteilung für Verhaltensphysiologie an das Max-Planck-Institut in Wilhelmshaven folgten. Dort vollendeten Sie Ihre Promotionsarbeit, welche die Frage klären sollte, wie Insekten Bewegungen wahrnehmen. Sie erfanden dafür eine geniale Versuchsanordnung. Das am Rücken fixierte Versuchstier (der Rüsselkäfer *Chlorophanus viridis*) hielt an seinen Füßen einen aus sechs Strohstangen zusammengesetzten sogenannten »Spangenglobus« fest, den es im »Laufen am Ort« unter sich drehte. Umgeben war der Käfer von einem sich gleichmäßig drehenden Streifenzylinder, auf dessen optische Bewegungsreize der Käfer mit entsprechenden Wendebewegungen reagierte. Mit dieser Methode war es erstmals möglich, die Intensität optomotorischer Reaktionen eines Tieres exakt zu messen.

Nachdem Sie von Wilhelmshaven 1954 als wissenschaftlicher Assistent an das Zoologische Institut der Universität Tübingen gewechselt waren, gelang es, mittels der an *Chlorophanus* gewonnenen Ergebnisse in Zusammenarbeit mit Werner REICHARDT zu zeigen, daß die Bewegungswahrnehmung darauf beruht, daß die von zwei benachbarten Sehzellen wahrgenommenen Signale im Zentralnervensystem (ZNS) durch eine mathematische Operation, nämlich eine Multiplikation nach Betrag (Geschwindigkeit) und Vorzeichen (Richtung der Bewegung), verrechnet werden. Diese grundlegende Erkenntnis war eine Sternstunde der messenden Verhaltensforschung und die Geburtsstunde der Biokybernetik. Das veranlaßte Sie, 1958 zusammen mit Werner REICHARDT und dem Diplomphysiker Hans WENKING die »Forschungsgruppe Kybernetik« am Max-Planck-Institut für Biologie in Tübingen zu gründen. Die grundlegende Bedeutung Ihrer Untersuchungen zum Bewegungssehen der Insekten fand auch darin eine besondere Anerkennung, daß Ihre Versuchsanordnung aus den 50er Jahren seit 1995 im Deutschen Museum in Bonn als Exponat mit dem Titel »Spangenglobus und Korrelationsauswertung« zu sehen ist.

Nach Ihrer Habilitation in Tübingen 1957 erhielten Sie 1960 den Ruf auf den Lehrstuhl für Zoologie an der Universität Freiburg und waren dort als Forscher und inspirierender Lehrer einer großen Zahl akademischer Schüler bis zu Ihrer Emeritierung 1984 tätig. In dieser Zeit haben Sie Ihre Erkenntnisse über die Datenverarbeitung im ZNS auch zur Erklärung des Farbensehens der Menschen, des Lernens aus Erfahrung und des Übersprungverhaltens eingesetzt. Die im ZNS ablaufenden Vorgänge haben Sie schematisch in Form von »Funktionsschaltbildern« dargestellt, die sich als Diskussionsgrundlage der komplexen Vorgänge vielfach bewährt haben und durch Ihr Lehrbuch *Biologische Kybernetik* (1. Auflage 1956) weite Verbreitung gefunden haben.

Von der Kybernetik der Lernprozesse führte Sie der Weg zur Befassung mit kindlichen Verhaltensstörungen, die ja vielfach als Reaktionen auf negative Umwelteinflüsse ein Ergebnis verhängnisvoller Lernprozesse sind. Damit war der Schritt vollzogen zur Entwicklung eines neuen Forschungsfeldes im Bereich der Anthropologie – zur »Verhaltensbiologie des Kindes«. Das ist der Titel Ihres zusammen mit Ihrer Frau Helma verfaßten, grundlegenden Buches, das gerade in 5. Auflage erschienen ist.

Ihr Interesse an der theoretischen Biologie – vielleicht auch an der Lust zu fabulieren und zu philosophieren – zeigt sich am deutlichsten in den von Ihnen geprägten neuen wissenschaftlichen Begriffen, die ja ganz allgemein neue Fragestellungen eröffnen können. Zur Kennzeichnung des menschlichen Säuglings prägten Sie 1973 den Begriff »Tragling« (der Getragene) und hoben ihn damit von dem im Tierreich verbreiteten »Nesthocker« bzw. »Nestflüchter« ab. Damit betonten Sie gleichzeitig die Bedeutung der innigen Mutter-Kind-Bindung für eine gedeihliche Entwicklung des Kindes. Da es in der Natur vielfach fließende Übergänge zwischen unterschiedlichen Phänomenen gibt, haben Sie für Gegenstandsfelder mit intern fließenden Grenzen im Unterschied zur scharf abgrenzenden »Definition« den neuen Begriff »Injunktion« gebildet, einen Begriffstyp, der durch seinen Kernbereich festgelegt ist, aber kontinuierlich in den Bedeutungsbereich benachbarter Begriffe übergehen kann.

Sie waren stets bestrebt, Ihre wissenschaftlichen Erkenntnisse und Erfahrungen auch in der akademischen Praxis bzw. in konkreter Wissenschaftspolitik wirksam werden zu lassen. Von 1967 bis 1970 vertraten Sie die Biologie im Kreise der 16 Wissenschaftler im Wissenschaftsrat, um dort auf höchster Ebene Wissenschafts- und Bildungspolitik zu betreiben. Von 1974 bis 1981 waren Sie Vorsitzender der Kommission »Anwalt des Kindes«, die das Kultusministerium Baden-Württemberg eingesetzt hatte, um unter anderem auch schulpädagogische Vorschläge zu entwickeln.

Ihre großen wissenschaftlichen Verdienste sind vielfach gewürdigt worden. 1961 wurden Sie Mitglied der Heidelberger Akademie der Wissenschaften, 1965 Mitglied der Leopoldina, in der Sie viele Jahre Obmann für Zoologie waren und die Ihnen 1993 für Ihr herausragendes wissenschaftliches Lebenswerk die Cothenius-Medaille verliehen hat. 1976 wurden Sie Ehrenmitglied der Deutschen Gesellschaft für Kinderheilkunde und 1982 Ehrendoktor der Universität Prag.

Unsere Akademie ist stolz darauf, Sie in ihren Reihen zu wissen und dankt Ihnen herzlich für Ihre langjährige Verbundenheit und Ihr besonderes Engagement. Jeder, der Ihnen begegnet ist, wird Sie als einen der anregendsten Diskussionspartner in der Erinnerung behalten. Ihre Vorträge zu den verschiedenen Anlässen in der Leopoldina garantierten einen vollen Saal, und zu Zeiten der DDR auch volle kirchliche Räume mit jungen Menschen, die Sie für Ihren Mut, Ihre Ehrlichkeit und Begeisterungsfähigkeit bewunderten und noch immer bewundern.

Mögen Ihnen Ihre geistige und körperliche Vitalität gestatten, gemeinsam mit Ihrer verehrten Frau Gemahlin einen schönen Lebensabend genießen zu können mit Freude an der Wissenschaft und an allen Wundern in der Biologie, die Ihnen beiden am Herzen liegen. Und bleiben Sie uns noch lange in alter Frische erhalten.

Mit herzlichen Grüßen
Ihr sehr ergebener
Benno PARTHIER
Präsident
(Entwurf: Günther OSCHE, Freiburg)

Herrn
Prof. Dr. Hans Heimann
Tübingen

Halle (Saale), zum 25. April 2002

Sehr verehrter Herr Heimann!

Zur Vollendung Ihres 80. Lebensjahres möchte ich Ihnen, zugleich auch im Namen des Präsidiums der Deutschen Akademie der Naturforscher Leopoldina und der Mitglieder ihrer Sektion Neurowissenschaften, von ganzem Herzen gratulieren und Ihnen für das neue Dezennium alles erdenklich Gute wünschen. Wir sind stolz, und es gereicht auch der Leopoldina zur Ehre, Sie seit 1986 in den Reihen ihrer Mitglieder zu wissen, und wir danken Ihnen für viele Jahre treuer Verbundenheit, die Sie nicht nur mit reger Teilnahme an unseren Jahresversammlungen und mit Anregungen und kritischer Beratung bei Zuwahlen in Ihre Sektion zum Ausdruck brachten, sondern Sie haben auch zur Unterstützung des Präsidiums von 1987 bis 1993 als Obmann der damaligen Sektion Psychiatrie, Medizinische Psychologie und Neurologie dem Senat unserer Akademie angehört als Sprecher für die Mitglieder der Fachrichtung Psychiatrie.

In Ihnen begeht ein multilingualer Zentraleuropäer aus Biel im Schweizer Jura seinen großen Ehrentag, der seit seiner Berufung 1974 auf den psychiatrischen Lehrstuhl der Universität Tübingen dieser Stadt treu geblieben ist, ohne seine Bindung an die Heimat mit Ferienhaus am Bieler See aufzugeben. Immer wieder beeindrucken Sie durch Ihre vielfältige Bildung von durchdachter Breite und Tiefe und durch Ihre charakteristische Offenheit für human- wie naturwissenschaftliche Nachbardisziplinen Ihres Faches. Erwähnenswert sind Ihre frühen Arbeiten zur philosophischen Reflexion psychiatrischer Probleme, etwa denen der erfahrungswissenschaftlichen Methodik in der Psychiatrie, und zu Berührungen zwischen Religion und Psychiatrie. In Ihrer Tübinger Antrittsvorlesung 1974 setzten Sie sich kenntnisreich und kämpferisch mit einem ideologisch und absolutistisch agierenden antipsychiatrischen Zeitgeist auseinander und betonten die humanitäre Bedeutung des »medizinischen Modells« psychischer Krankheit. Den von Ihnen als Präsident der Psychiatrischen Fachgesellschaft, der Deutschen Gesellschaft für Psychiatrie, Psychotherapie und Nervenheilkunde (DGPN), gestalteten Kongreß 1984 stellten Sie unter das Motto »Die Stellung der Psychiatrie im Konzert ihrer Nachbardisziplinen«. Und eigentlich selbstverständlich gehörten Sie auch zu den Gründungsvätern der Arbeitsgemeinschaft Europäischer Psychiater (AEP), deren Vizepräsident Sie 1986 wurden.

Ihre vielfältigen Interessen konnten Sie in langen Jahren (1948–1964) ortsbeständiger Entwicklung in der Psychiatrischen Universitätsklinik Waldau, Bern, zunächst unter Jakob KLAESI und danach unter Max MÜLLER entfalten, anschließend von 1964 bis 1974 als Leiter der Forschungsabteilung für Psychopathologie an der Psychiatrischen Universitätsklinik Lausanne bei Christian MÜLLER ausbauen und damit schließlich ab 1974 in Tübingen Studenten und Mitarbeiter für die Psychiatrie begeistern.

Eigenständig setzten Sie sich mit den vorherrschenden Forschungsthemen der zeitgenössischen Psychiatrie auseinander. Als einer der ersten untersuchten Sie 1953 nicht nur den Einfluß der kurz zuvor entdeckten psychischen Wirkungen des Chlorpromazins auf das kognitive Leistungsverhalten beim Menschen, sondern Sie nutzten zur Interpretation ein von dem Ihnen befreundeten Pharmakologen WITT entwickeltes originelles Modell zur Dosis-Wirkungsbeziehung psychotroper Substanzen am Netzbau der Spinne (1954). Es folgten in den 50er Jahren psychopathologische und elektroenzephalographische Untersuchungen mit psychotogenen Substanzen, insbesondere mexikanischen Rauschdrogen. Damit erzeugte Modellpsychosen nutzten Sie klinisch in der Behandlung therapieresistenter Neurosen sowie wissenschaftlich im Sinne einer experimentellen Psychiatrie zur Provokation von individualtypisch-zentralnervösen Wirkungen und zum Studium ihres Zusammenhanges mit bestimmten psychopathologischen Phänomenen. Zur genaueren Untersuchung dieser Korrelationen entwickelten Sie einerseits Methoden zur quantifizierenden Erfassung psychopathologischer Ausdrucksphänomene, insbesondere der Mimik, und machten andererseits die Analyse psychophysiologischer Korrelate depressiver und schizophrener Syndrome zum zentralen Thema Ihrer Tübinger Forschungsgruppe. Sie erkannten die Einschränkung der Reagibilität auf spezielle Situationen bzw. die Verminderung der modulatorischen Kapazität psychophysiologischer Systeme als Charakteristikum psychischer Erkrankungen. Die Unspezifität pathophysiologischer Mechanismen belegten Sie mit dem Nachweis der Hemmung der Orientierungsreaktion bei depressiven wie schizophrenen Syndromen. Einen hohen Prozentsatz fehlender Orientierungsreaktionen fanden Sie besonders bei schizophrenen Kranken mit Negativsymptomatik und Denkstörungen. Die psychophysiologische Bestimmung solcher homogener Untergruppen innerhalb nosologisch-diagnostischer Einheiten sahen Sie als eine wichtige Voraussetzung für die Entwicklung spezifischer Indikationen der psychiatrischen Therapie an. Vor diesem Hintergrund ordneten Sie die Ergebnisse Ihrer zahlreichen, insbesondere methodenkritischen Studien zur psychiatrischen Pharmakotherapie. Deren Anerkennung und Ihre Bedeutung für dieses Gebiet fanden auch Ausdruck in dem von Ihnen (mit G. LANGER) herausgegebenen Handbuch *Psychopharmaka* (1983) sowie in Ihrer Wahl 1975 zum Vorsitzenden der Arbeitsgemeinschaft für Neuropsychopharmakologie und Pharmakopsychiatrie (AGNP) und 1982 zum Vizepräsidenten des Collegium Internationale Neuropsychopharmakologicum (CINP).

Sie haben sich immer wieder engagiert zu psychiatriepolitischen Fragen geäußert und dabei besonders aus Ihrer Sicht auf gefährliche Entwicklungen in der Versorgung psychisch Kranker aufmerksam gemacht. So vehement Sie sich für die psychisch Kranken einsetzen konnten, so verständnisvoll und geduldig begegneten Sie dem einzelnen Patienten im psychotherapeutischen Gespräch. Diese humane Einstellung zum psychisch Kranken ließ Sie sich auch mehrmals zu ärztlich-ethischen Fragen äußern, so zur notwendigen Balance zwischen nomothetischem und idiographischem Zugang zum Kranken als Person in der psychiatrischen Forschung oder zur Bedeutung ethischer Begriffe für die Psychiatrie. Mit dieser ärztlichen Einstellung haben Sie die Mitarbeiter Ihrer großen Klinik zu viel beachteten wissenschaftlichen und therapeutischen Erfolgen geführt.

Lieber Herr HEIMANN, in die große Schar der Gratulanten von Familie, Freunden, Kollegen und Mitarbeitern reihen wir uns im Namen unserer Leopoldina, die auch Ihnen geistige Heimat geworden ist, von ganzem Herzen ein und wünschen Ihnen an der Seite Ihrer ebenso tatkräftigen wie liebenswürdigen Frau Annemarie und im Kreise Ihrer großen Familie stabile Gesundheit und Heiterkeit für die kommenden Jahre. Bleiben Sie uns noch lange verbunden!

Mit herzlichen Grüßen
Ihr sehr ergebener
Benno PARTHIER
Präsident
(Entwurf: Hanfried HELMCHEN, Berlin)

Herrn
Prof. Dr. ERNST J. M. HELMREICH
Würzburg

Halle (Saale), zum 1. Juli 2002

Sehr verehrter Herr HELMREICH!

Zur Vollendung Ihres 80. Lebensjahres möchte ich Ihnen zugleich auch im Namen des Präsidiums der Deutschen Akademie der Naturforscher Leopoldina, zu deren Mitgliedern wir Sie seit 1976 zählen dürfen, herzlich gratulieren und Ihnen alles erdenklich Gute wünschen, vor allem den Erhalt Ihrer geistigen und körperlichen Vitalität. Mit Ihren »jugendlichen« achtzig Jahren haben Sie die Biochemie auf der Gipfelbesteigung ihrer funktionellen Höhen miterlebt und mitgestaltet – zunächst als Träger, auch des Marschallstabs im Tornister, an entscheidenden Stellen, oft in Kontakt mit den Bergführern und an einzelnen Steilwänden als Erstbesteiger! Ein solcher Sport ist Erb- und Umweltgut in einem Münchener mit Leidenschaft für die Traunsteiner Alpen.

Als Sie 1922 geboren wurden, wußte man erst wenig von Enzymproteinen. Der große Richard WILLSTÄTTER in München wollte der zweiten Hälfte des Wortes nur eine der Aktivkohle im Platinkatalysator vergleichbare Funktion zugestehen. Man hatte ganz andere Leitbilder und Vergleichsvorstellungen, abgeleitet aus einer unbestimmten Kolloidwissenschaft, die zu Hilfe genommen wurde, wenn Chemie und Physik versagten. Es gab nur vage Vorstellungen von den Reaktionsschritten in den einfachsten Stoffwechselwegen, die erst um die vorige Jahrhundertwende der Münchener Eduard BUCHNER überhaupt der chemischen Forschung zugänglich gemacht hatte. Von den Stoffwechselzyklen oder gar ihrer Regulation wußte man gar nichts. Als Sie 1940 die Schule verließen und das Medizinstudium begannen, waren bereits die Grundzüge der Hauptwege kartiert, die Musterbeispiele gesetzt, aber noch nicht in die Lehrbücher gedrungen. In Deutschland nämlich trat die dynamische biochemische Forschung weitgehend auf der Stelle. Das Fach war über den Atlantik abgewandert als eine »Gabe« des Adolf HITLER. Hierzulande war sie entweder statische Naturstoffchemie biologisch interessanter Stoffe, wofür dann auch Nobelpreise vergeben wurden, oder qualitative, auch quantifizierende chemische Hilfswissenschaft der Klinik, um mittels zugänglicher Körperausscheidungen auf dessen Zustand zu schließen. Helfen konnte man wenig, aber die bettnahe Magd wollte weder der Physiologe aus der Gesindekammer noch der Internist in die Freiheit entlassen. Auch war der Analytiker ohne objektive und schnelle Hilfsmittel. Die Kolorimetrie wurde erst zur Spektrophotometrie durch die Kombination von physikalischer Erbmasse mit chemischem Training und biologischem Genie bei Otto WARBURG. Aber der war ein Kapitel für sich. Wir in Deutschland also litten in doppelter Hinsicht: Verlust an biochemischem Talent und traditionellem Führerprinzip.

Sie erkannten das bald in Ihrem Studium, das Sie mit Glück über den Krieg brachte: *Bedside*-Doktor der gelernten Symptomatik wollten Sie nicht werden. Es zog Sie ins Labor zu grundsätzlichen Fragen nach der Ursache der Stoffwechselleiden, die Sie im Hörsaal vorgeführt bekamen. Aber Sie erkannten auch zugleich, daß ein Mediziner, der sich für die chemischen Vorgänge interessiert, zuallererst eine gute Chemie-Ausbildung braucht. Diese Erkenntnis führte Sie zu dem biochemisch interessierten Stefan GOLDSCHMIDT an der Technischen Hochschule in München, einem der ganz wenigen, die Aufforderung und Mut hatten, die Geschichte hinter sich zu lassen. Er nahm sich, hilfreich wie stets, Ihrer an, und Sie konnten die Lehrjahre in Chemie zugleich mit dem Gesellenstück der Habilitation verbinden, die Sie mit W. LAMPRECHT über den erst in Umrissen bekannten Alternativstoffwechsel der Fruktose ausführten. Damit waren Sie in einem Gebiet, das gerade ins Zentrum der Forschung über Diabetes und Glukoneogenese kam. In den USA wurden dazu seit einigen Jahren, besonders durch das Ehepaar CORI und ihren durch sie motivierten Kreis junger Biochemiker, Versuche mit markierten Substraten gemacht. Das und dort war auch Ihr Ziel: Die Techniken des Umgangs und der Messung mit Radioisotopen vor Ort zu lernen und sich die Konzepte anzueignen, die solche Forschung befruchten.

Ganz wie zuvor ergriffen Sie die Initiative, an und aus der Quelle zu schöpfen, also in den USA in St. Louis bei den CORIS. Tatsächlich brachte 1953 ein NSF-Stipendium Sie und Ihre Familie an das Ziel Ihrer Sehnsucht, direkt zu Gerty Theresa und Carl Ferdinand CORI, die kurz zuvor den Nobelpreis erhalten hatten für den »Cori-Zyklus« des Glykogens zwischen Muskel und Leber und sich nun dessen Regelung zuwandten. Dort kamen Sie in eine anregende Atmosphäre von gescheiten, rührigen jungen Leuten wie Arthur KORNBERG oder E. SUTHERLAND, mit denen Sie bald *pari* halten und Peer werden konnten, so daß ein fruchtbares Klima gegenseitiger Achtung und Anregung entstand. In dieser Atmosphäre konnten Sie durch Ihre Kontaktfreudigkeit, Ihren wissenschaftlichen Elan und Ihre Gabe, originell ein- und mitzudenken, bald produktiv und selbständig arbeiten. Die Anregung zur Untersuchung der Regelung der Glykogenphosphorylase, die Sie dann bald 30 Jahre beschäftigen wird, kam von C. F. CORI, als dessen bewundernden Schüler Sie sich immer fühlten. Das erste Projekt war die Aktivierung des Muskelenzyms durch Adenylat. Es kam die Vorstellung der allosterischen Regelung aus Paris, und Sie zeigten, daß tatsächlich hier ein weiterer Fall vorliegt. Das Konzept wurde für Sie auch in anderer Hinsicht schicksalbestimmend. Es interessierte die Physikochemiker, mit denen Sie auch gelernt hatten zu reden, und so kam eine Zusammenarbeit mit Manfred EIGEN zustande, deren bleibendes Ergebnis war, daß Sie dem Coulomb-Gesetz verfielen, als Sie unter die Attraktionskräfte gerieten, die von der bayerischen Heimat ausgingen, und ihr nahekamen.

Auch Gegenkräfte gab es. Die CORIS erwiesen sich als wunderbare Gastgeber und Institutsleiter, jeder auf seine Art. Sie genossen die Arbeitsweise in St. Louis und in den Staaten allgemein, desgleichen auch Ihre Frau und Kinder, so daß es harmonische, fruchtbare Jahre wurden und Sie voll aufgenommen waren. Die Entscheidung fiel schwer, auf dem schönen Weg weiterzulaufen oder Ihre Erfahrungen der akademischen Systeme jenseits der bunten Grenzpfähle auch der enggebliebenen Heimat nutzbar zu machen. Sie erhielten den Ruf auf den Würzburger Lehrstuhl, den nach D. ACKERMANN zuvor C. MARTIUS und F. TURBA innehatten, und schwankten: Ein Neuanfang in einem Altinstitut, das schon für Rudolf VIRCHOW gebaut war, ein amerikanisierter Münchener in Mainfranken, Talarlosigkeit gegen Ritualien? Aber Ihre Hilfsbereitschaft und auch Ihr Wunsch nach Heimat und Selbstentfaltung siegten zum Glück, so daß Sie beginnen konnten, in Würzburg einen Arbeitskreis Ihrer Wahl und

Ihres Zieles aufzubauen. Das gelang. Es gelang so gut, daß nicht nur die Wissenschaft profitierte, sondern Ihr Rat auch in Dingen gefragt (wohl aber nicht immer befolgt!) wurde, in denen es um akademische und institutionelle Strukturen ging. Sie ließen sich aber auch durch mauernde Gremien und Verwaltungen nicht abschrecken, es immer wieder zu versuchen, ohne Mut und Laune zu verlieren. In die Heimat zurückzukehren, war jedenfalls eine große und für uns dankenswerte Entscheidung, von der auch Ihre Familie profitierte. Sie alle haben sich wieder eingelebt, neu-alte Freunde gefunden, und der Wechsel ist der Wissenschaft allgemein, der Biochemie im Besonderen fruchtbar geworden. Sie trafen auch in Würzburg kooperierende, helfende und kluge Kollegen, bei den Medizinern auf Aufgeschlossenheit – natürlich durch die Ihre katalysiert – und in München die Freunde aus der Wieland-Schule. Sie richteten Ihr Institut mit Mitarbeitern unterschiedlichster Charaktere zu einer Zentrale der enzymatischen Kontrollforschung ein. Eine Anzahl Ihrer Zöglinge ist am Ort oder durch Berufungen landesweit in Ihre Fußstapfen getreten. Die »Helmreich-Schule« ist ein Gütesiegel!

Sie wußten früh die nötigen Analysengeräte für fortschrittliche physikalisch-chemische Forschung an Enzymen und ihren Katalysemechanismen herbeizuschaffen und zu betreiben. Das hat auch methodisch interessierte Forscher angelockt und zu einem breiten Strom von Arbeiten in vielen Richtungen geführt, die immer aktuelle Themen behandelten und mit alten Vorstellungen durch intelligente Interpretationen brachen. Sie selbst interessierte zunächst vor allem die Frage, ob das Pyridoxalphosphat an der Phosphorylasereaktion direkt oder indirekt teilnimmt, und Sie fanden durch überzeugend interpretierte Experimente und dank Ihrer chemischen Vorschulung in dem phosphorylierten Kofaktor den Schlüssel zur Säure/Base-Katalyse der Glukosidspaltung. Dann kamen die G-Proteine infolge der cAMP-Regelung der Enzym-Kaskade als weitere Glieder von Signalketten von außen nach innen zu Relaisstationen oder zum Genom. Die gelungene Rekonstitution eines solchen Regelvorganges in künstlichen Zellen war in der Tat eine eindrucksvolle Ersttat, welche die Konkurrenz verblüffte und die anderen begeisterte. Sie haben damit viele Nachfolger gefunden, die das Ihre zur Ausweitung des Konzeptes beitrugen, das Sie erst kürzlich in einer gelungenen monographischen Zusammenfassung über die Prinzipien und Beispiele der Zell-Signalisierung vorgestellt haben. Dies die Wissenschaft, in der es Ihnen eine »Lust ist zu leben«. Wissenschaft aber braucht Rahmen und Organisation. Das haben Sie natürlich gewußt. So waren Sie früh damit beschäftigt, die Biologischen Wissenschaften in Würzburg »unter einem Dach« zu einem Forschungszentrum zusammenzuführen, und haben das Ziel zäh und selbstlos, politisch und kollegial geschickt verfolgt, das schließlich auch unter dem Namen Theodor BOVERIS, des bedeutenden Würzburger (und mit einer Amerikanerin verheirateten) Zellbiologen, gelungen ist.

Man hat das mit Ehrungen anerkannt: Sie erhielten Orden und wurden Akademie-Mitglied in München und bei uns in der Leopoldina, der Sie nicht nur durch Ihren Rat und Zuführung von Mitgliedern geholfen haben, sondern für die Sie auch besonders aktiv tätig waren als Senator (Adjunkt für die medizinische Abteilung des Adjunktenkreises Nordbayern von 1990 bis 1996) und als Referent auf Vortragssitzungen der Leopoldina. Viele unserer Jahresversammlungen haben Sie ungeachtet der oft erschwerten Bedingungen unter dem ehemaligen DDR-Regime besucht und Ihre enge Verbundenheit zu uns und mit uns unter Beweis gestellt. Auch hierfür gebührt Ihnen unser aufrichtiger Dank. Man hat Sie oft und immer wieder mit Gutachterarbeit belastet, die Sie gerecht und hilfreich ausgeführt haben. Aber das Beste ist, daß Sie aufrecht und auch unter Streß unentwegt beispielgebend waren, wofür Ihnen sehr viele dankbar sind. Es wäre nicht möglich gewesen ohne Ihre Frau, die in aller Stille und Weisheit die Dinge zusammenhält, die das Leben verschönen und verlängern helfen. *Ad multos annos*!

Mit herzlichen Grüßen
Ihr sehr ergebener
Benno PARTHIER
Präsident
(Entwurf: Lothar JAENICKE, Köln)

Herrn
Prof. Dr. BENNO HESS
Heidelberg

Halle (Saale), zum 22. Februar 2002

Sehr verehrter lieber Herr HESS!

Zur Vollendung Ihres 80. Lebensjahres möchte ich Ihnen auch im Namen des Präsidiums der Deutschen Akademie der Naturforscher Leopoldina, zu deren Mitgliedern wir Sie seit 1970 zählen dürfen, die herzlichsten Grüße und Glückwünsche übermitteln. Wenn es einem lieben Kollegen vergönnt ist, an seinem großen Ehrentag auf ein so bedeutendes wissenschaftliches Lebenswerk zurückblicken zu können, und wenn er gleichzeitig als akademischer Lehrer die Entwicklung und Ausbildung so vieler junger Menschen zu international herausragenden Wissenschaftlern positiv beeinflußt und gefördert hat, dann darf man ihm wahrhaftig von ganzem Herzen gratulieren.

Sie haben in den Jahrzehnten Ihres intensiven Schaffens als einer der erfolgreichsten Wissenschaftler auf den Gebieten der Organisation, Dynamik und

Selbstorganisation zellulärer Prozesse das molekulare Denken in der Medizin entscheidend bereichert und durch Ihre aufsehenerregenden Studien zur nichtlinearen Dynamik ausgewählter chemischer und biochemischer Modellreaktionen maßgeblich zum Verständnis der zellulären Stoff- und Regelsysteme beigetragen.

Zahlreiche Auszeichnungen, Mitgliedschaften und Ehrenmitgliedschaften, deren Aufzählung Sie mir bitte erlassen mögen, belegen die internationale Anerkennung Ihres Wirkens, das noch nicht zu Ende ist. Besonders Ihre rezenten, gewiß noch nicht letzten Beiträge, in denen Sie wieder zu den Wurzeln Ihres wissenschaftlichen Werdeganges zurückkehren (»Pathologie molekularer Dimensionen« als Schwerpunkt zukünftiger medizinischer Forschungsprojekte), belegen die zukunftsweisende Richtung des von Ihnen eingeschlagenen Lebensweges. Hierin zeigt sich der wahre Wissenschaftler!

Auch die Leopoldina war und ist Ihnen eine wissenschaftliche Heimat; immer wieder haben Sie dieses durch Ihre Aktivitäten, durch Beratung und Mitwirkung eindrucksvoll bewiesen.

In diesem Gratulationsbrief möchte ich mich bei Ihnen besonders für Ihre brillanten Beiträge anläßlich der Leopoldina-Jahresversammlungen und Symposien von 1967, 1977, 1979, 1983, 1988 und 1991 bedanken. Sie haben damit den Biochemikern im Osten geholfen, ihren Kontakt zu den aktuellen Entwicklungen der Welt zu erhalten und auszubauen. In einer Zeit, als die Wissenschaft in Deutschland um ihre Einheit kämpfen mußte, haben Sie keine Mühe gescheut zusammenzuführen, was eine politisch vernarrte Gesellschaftsordnung zu trennen versuchte. Unvergessen sind die zahllosen persönlichen Gespräche, in denen Sie durch erfahrenen Rat Ihre Anteilnahme am Leben unserer Akademie immer wieder bekundet haben. Wir alle, die Akademie Leopoldina, das Präsidium und ich selbst stehen tief in Ihrer Dankesschuld.

Lieber Herr Hess, zur 80. Wiederkehr Ihres Geburtstages erwartet Sie eine fröhliche und harmonische Feier im Kreise Ihrer Familie, Ihrer Schüler und zahlreichen Freunde, auf die Sie noch lange in der Erinnerung mit Freude zurückblicken werden. Ich wünsche Ihnen, und schließe Ihre liebe Frau mit ein, gute, stabile Gesundheit, damit Sie die danach kommenden Geburtstage ebenso festlich begehen und wir auf manches erfreuliche Wiedersehen hoffen können.

Mit herzlichen Grüßen
Ihr sehr ergebener
Benno Parthier
Präsident
(Entwurf: Alfred Schellenberger, Halle)

Herrn
Prof. Dr. Dr. h. c. mult. Louis François Hollender
Strasbourg, Frankreich

Halle (Saale), zum 15. Februar 2002

Sehr verehrter Herr Hollender!

Zur Vollendung Ihres 80. Lebensjahres möchte ich Ihnen auch im Namen des Präsidiums der Deutschen Akademie der Naturforscher Leopoldina, zu deren Mitgliedern wir Sie seit 1974 zählen dürfen, die besten Wünsche für die vor Ihnen liegenden, hoffentlich langen Jahre übermitteln, Sie herzlich grüßen und Ihnen, gemeinsam mit vielen, die Ihr Lebenswerk schätzen und bewundern, gratulieren. Ihr Ehrentag ist mir willkommener Anlaß zu einer für die Leopoldina traditionellen Rückschau auf Ihr wissenschaftliches Lebenswerk.

Sie erhielten nach Ihrem Medizinstudium in Strasbourg, Freiburg (Br.) mit Abschluß in Paris Ihre Ausbildung unter Professor Weiss (1945–1951) an der 2. Chirurgischen Universitätsklinik in Strasbourg. Sie habilitierten sich 1955, wurden 1964 außerordentlicher Professor und schließlich 1970 ordentlicher Professor für Allgemeine und Viszerale Chirurgie sowie gleichzeitig Direktor der Chirurgischen Universitätsklinik für Allgemeine und Viszerale Chirurgie der *Université Louis Pasteur* in Strasbourg, ein Amt, das Sie bis zu Ihrer Emeritierung im Jahre 1991 innehatten.

Ihr wissenschaftliches Werk erstreckt sich auf Arbeiten aus dem Bereich der Chirurgie des oberen Gastrointestinaltraktes, des hepato-bilio-pankreatischen Systems und des Dick- und Mastdarmes.

Das Ziel, eine breite internationale Erfahrung in der modernen Chirurgie zu gewinnen, verfolgten Sie konsequent mit frühen »akademischen Wanderjahren«. Ende der 40er Jahre und in den 50er Jahren arbeiteten Sie bei Sir Price Thomas in London und bei Professor Clarence Crafoord am Karolinska-Klinikum in Stockholm. Als Stipendiat des Französischen Staates und als *Fullbright Fellow* arbeiteten bzw. hospitierten Sie an führenden akademischen klinischen Einrichtungen in den USA (Barnes Hospital, Washington University Saint Louis, Memorial Hospital Cornell University und Presbyterian Hospital Columbia University in New York, Harvard Medical School, Massachusetts General Hospital, Lahey Clinic, Children's Hospital Boston und Billings Hospital der Universität von Chicago). Immer waren es kurze und sehr prägende Aufenthalte, die über die aktuellsten Fortschritte der kardiovaskulären Chirurgie, endokrinen Chirurgie und Viszeralchirurgie informierten.

Sie haben eine Reihe von Büchern über viszeralchirurgische und pathophysiologische Themen geschrieben bzw. herausgegeben und waren Mitherausgeber und Beiratsmitglied namhafter chirurgischer Zeitschriften (*World Journal of Surgery, Digestive of Surgery, Langenbecks Archiv* und andere).

An einer Vielzahl großer anerkannter Universitätskliniken wirken Sie als Gastprofessor, und stets haben Sie besonderen Kontakt zu den großen medizinischen und akademischen Einrichtungen der lateinamerikanischen Staaten gepflegt. Mit besonderem Engagement, großem Entgegenkommen und kollegialer liebenswürdiger Offenheit bürgten Sie mit für eine Drei-Länder-Kooperation mit dem akademischen Dreieck Strasbourg, Freiburg und Basel. Hierzu gehört auch die Präsidentschaft der multinationalen Chirurgen des »Mittelrhein« zwischen Zürich und Basel, Strasbourg und Luxemburg linksrheinisch und auf der anderen Rheinseite Konstanz, Freiburg, Heidelberg sowie rheinabwärts Frankfurt, Marburg, Mainz und Bonn zusammen mit begleitenden großen akademischen Krankenhäusern. Gerade in dem Lebensabschnitt des großen akademischen Erfolges betonten Sie auch stets Ihre Freundschaft und Ihre Verbundenheit zur akademischen Chirurgie in Deutschland. Als Sprecher der ausländischen Teilnehmer auf dem Deutschen Chirurgenkongreß 2000 hielten Sie einen äußerst beachteten Festvortrag, in dem Sie auf die Beziehungen zwischen Frankreich und Deutschland eingingen. Sätze von Ihnen bleiben unvergessen wie: »Die Größe einer Nation läßt sich nicht allein an Anhäufung materieller Schätze messen. Sie erwächst gleichermaßen aus dem Geschichtsbewußtsein des jeweiligen Volkes, aus seinem Glauben, seiner Seele und vor allem aus seiner kulturellen Ausstrahlung.« Sie sprachen von einem »Deutschtum«, das geprägt ist von seinen schöpferischen Kräften, seinen Träumen und auch von seinen Enttäuschungen. Sie sahen die zentraleuropäischen Nationen in einer Kontinuität mit ihrem Erbe des Heiligen Römischen Reiches Deutscher Nation. Sie waren ein Bewunderer der großen französischen und deutschen Philosophen und sprachen begeistert von GOETHE und SCHILLER und liebten die Musik BACHS. Für Sie war die »deutsche Seele« Sehnsucht nach dem Entschwundenen und dem Unerreichbaren, Sinn für das Mysterium des Lebens, Hingabe an die Fruchtbarkeit der Träume und Weltzugewandtheit.

Weltoffenheit, akademische Großzügigkeit, universitärer Schwung, breite Allgemeinbildung, ausgeprägte Toleranz und Bewunderung der großen Leistungen weltweit zeichnen den Menschen und Wissenschaftler Louis HOLLENDER aus, und zahlreiche Ehrungen wurden Ihnen in Anerkennung Ihres großen Lebenswerkes zuteil. Sie sind »Chirurgien Honoraire« der Krankenhäuser von Strasbourg, die Universitäten Athen, Rom und Cordoba (Argentinien) verliehen Ihnen die Ehrendoktorwürde, Sie waren Präsident der Akademie der Chirurgie in Frankreich, korrespondierendes Mitglied der Nationalen Akademie für Medizin (Paris), Präsident des Kollegiums der französischen Chirurgen, an die 20 Ehrenmitgliedschaften nationaler chirurgisch-wissenschaftlicher Gesellschaften wurden Ihnen angetragen, und unter anderem sind Sie *Honorary Fellow* des *Royal College of Surgeons*, des *American College of Surgeons*, Ehrenmitglied der Gesellschaft für Chirurgie der ehemaligen DDR und korrespondierendes Mitglied der Deutschen Gesellschaft für Chirurgie in der Bundesrepublik.

Hervorheben möchte ich noch herausragende Auszeichnungen der Französischen Nation: Offizier der Ehrenlegion, Offizier der »Palmes Académiques« und Träger mehrerer Ehrenmedaillen, u. a. der *Médaille D'Argent de la Croix-Rouge Française* und der Aschoff-Medaille der Universität Freiburg. Auf Grund Ihres überragenden akademischen Wissens und Ihrer Erfahrung in der internationalen medizinischen Gemeinschaft wurden Sie Mitglied einer Reihe von Beratungsgremien des Vereinigten Europas und ministerieller Kommissionen für die Organisation und Weiterentwicklung der klinischen und akademischen Chirurgie in Frankreich und in der Europäischen Union.

Verehrter Herr HOLLENDER, Sie sind ein Kosmopolit, gleichzeitig ein kultureller Vertreter des Abendlandes sowie ein stolzer Bürger der Französischen Nation mit einem eindrucksvollen Geschichtsbewußtsein. Sie sind ein großer Freund und Anhänger einer gebildeten Weltkultur und folgen dem, was ARISTOTELES den »Willen zum miteinander« nannte. So verdanken wir alle Ihnen, daß Sie durch Ihre große nationale und internationale persönliche Ausstrahlung Wertvolles für die akademische Zusammenarbeit zwischen Deutschland und Frankreich im engeren Sinne, aber auch gleichzeitig für die europäischen Länder und die internationale akademische Gemeinschaft weltweit eingebracht haben.

Möge es Ihnen noch lange vergönnt sein, die Früchte Ihrer Arbeit und Ihres Wirkens zu genießen und sich über Neuentstandenes und zu Hegendes zu freuen.

Mit herzlichen Grüßen
Ihr sehr ergebener
Benno PARTHIER
Präsident
(Entwurf: Christian HERFARTH, Heidelberg)

Herrn
Prof. Dr. GERALD HOLTON
Cambridge, USA

Halle (Saale), zum 23. Mai 2002

Sehr verehrter Herr HOLTON!

Zur Vollendung Ihres 80. Lebensjahres möchte ich Ihnen, zugleich auch im Namen des Präsidiums der Deutschen Akademie der Naturforscher Leopoldina, sehr herzlich gratulieren. Ich verbinde damit meine besten Wünsche für Gesundheit und ungetrübte Lebensfreude.

Am 23. Mai 1922 wurden Sie in Berlin als Sohn österreichischer Eltern geboren und verbrachten Ihre Jugend und Schulzeit in Wien. Anschließend besuchten Sie die *School of Technology of the City of Oxford* und erwarben dort 1940 das *National Certificate of Electrical Engineering*. Sie setzten Ihr Studium in den Vereinigten Staaten an der *Wesleyan University* in Middleton/Connecticut und an der *Harvard University* fort und verfaßten, während Sie bereits an der *Wesleyan University*, der *Brown University* und der *Harvard University* unterrichteten, an letzterer unter Anleitung von Prof. Percy W. BRIDGMAN (Nobelpreisträger und Begründer des Operationalismus in der Physik) eine Dissertation über experimentelle Hochdruckphysik, mit der Sie 1948 promoviert wurden.

Neben den beiden eingangs erwähnten Professuren hatten Sie seit 1967 eine *Visiting Professorship* am MIT als Gründungsmitglied des »Program on Science, Technology and Society« inne, auch weilten Sie seit 1960 wiederholt als Gastprofessor oder als Forschungsstipendiat an anderen Institutionen des In- und Auslandes: am CNRS in Paris als *National Science Foundation Fellow*, an der Universität Leningrad, am *Institute for Advanced Study* in Princeton, am *University College* in London, an der *New York University* sowie als Teilnehmer am *Distinguished Scholars Exchange Program* in China im Frühjahr 1985.

Sie haben eine ungewöhnlich umfangreiche und vielseitige Bibliographie aufzuweisen – ungewöhnlich auch hinsichtlich der Anzahl von Aufsätzen und Büchern, die in viele andere Sprachen übersetzt wurden. Das Spektrum der behandelten Themen reicht von der Hochdruckphysik bis zu methodischen Problemen der Wissenschaftsgeschichtsschreibung. Insbesondere betreffen Ihre historischen Arbeitsschwerpunkte die Physik- und Astronomiegeschichte. In letzterer haben Sie unter anderem in einer inzwischen klassischen Arbeit den Einfluß metaphysischer Vorstellungen und Begriffe auf die Entwicklung der Keplerschen Himmelsmechanik untersucht, in der Physikgeschichte beschäftigten Sie sich in Ihren Arbeiten vor allem mit der Entstehung der Relativitätstheorie EINSTEINS, der Quantenphysik (PLANCK, BOHR, HEISENBERG) sowie ganz allgemein mit den Auswirkungen der modernen Physik auf unsere Zivilisation und Kultur. An der Schwelle von Physik und Wissenschaftsgeschichte lassen sich zwei Bücher von Ihnen ansiedeln: der *Project Physics Course* und die *Introduction to Concepts and Theories of Physical Science*. Mit dem Titel eines weiteren Buches *Science and Culture* aber wird eines Ihrer Hauptanliegen deutlich, nämlich die Frage nach der Stellung der modernen Naturwissenschaften in unserer Kultur im weitesten Sinne. Es entstanden Arbeiten über Ausbildungsprobleme in Physik und Wissenschaftsgeschichte, Studien zur Entwicklung der Physik als Profession (die Physik in den 20er Jahren in den USA, die Auswirkung der Einwanderung von Physikern aus Europa während des Dritten Reiches, FERMIS Bedeutung für die Erstarkung der Physik in Italien) bis hin zur Auseinandersetzung mit der »humanistischen Basis wissenschaftlicher Arbeit«, ethischen Problemen von Naturwissenschaft und Technik, der Verantwortung der Wissenschaft (OPPENHEIMER; Teilnahme am Hearing des US-Senats 1985) und zu Reflektionen über den modernen Terrorismus.

Zu all dem hätte noch viel mehr gesagt werden können, aber der Anlaß heute zwingt zu gebotener Kürze unter Verzicht auf Details und muß skizzenhaft bleiben. Etwas aber soll auf jeden Fall noch Erwähnung finden zur vollständigen Charakterisierung Ihrer Persönlichkeit. Neben Ihren Lehr- und Forschungsprofessuren, die Sie im Laufe Ihrer Karriere innehatten, ist es der Hinweis auf Ihre sonstigen, auch organisatorischen Tätigkeiten in der Wissenschaft und auf die vielen Ihnen zuteil gewordenen Ehrungen und Auszeichnungen. Ihrer Vita zu entnehmen ist die Mitwirkung in neun verschiedenen Herausgebergremien wichtiger Zeitschriften oder Buchreihen und über ein Dutzend weitere ehrenamtliche Tätigkeiten – einige davon in höchsten Positionen – in wissenschaftlichen Fachgesellschaften, nationalen und internationalen Gremien und Akademien und herausgehoben Ihre Präsidentschaft der *History of Science Society*. Sie haben es in einmaliger Weise verstanden, dieser (1924 von George SARTON gegründeten) seit langem international hoch angesehenen und bedeutendsten Gesellschaft für Wissenschaftsgeschichte neue Aufgaben und Ziele zu setzen, die dafür notwendigen finanziellen Mittel und organisatorischen Strukturen zu schaffen und damit die Bedeutung wissenschaftsgeschichtlicher Forschung und Lehre im Sinne der Universalität aller Wissenschaften einer breiten Öffentlichkeit ins Bewußtsein zu rufen.

Die Ihnen zuteilgewordenen Auszeichnungen (u. a. die R. A. Millikan-Medaille 1967, die Oersted-Medaille 1980, die John-P.-McGovern-Medaille von Sigma Xi 1985 und die ehrenvolle ›Presidential Citation for Service to Education 1984‹) wie die Wahl in die *National Academy of Science* (USA) und in die verschiedensten akademischen Gremien sind Anerkennung des scharfsinnigen, vielseitigen und gebildeten Wissenschaftlers und Gelehrten wie des energischen, befähigten Organisators Gerald HOLTON, der bei allen seinen Forschungen über die Professionalisierung der Physik und über deren Verhältnis zur Gesellschaft ein feines Gespür dafür entwickelt hat, wie in unserer heutigen Zeit die Wissenschaft aus ethischer Verantwortung heraus ihre Stimme in der Öffentlichkeit zu Gehör bringen muß und kann. Ihre Wahl 1987 zum Mitglied unserer Leopoldina war nahezu logische Folge, und wir sind stolz, Sie ungeachtet der geographischen Entfernung in ideeller Nähe zu wissen. Bleiben Sie uns noch lange erhalten!

Mit herzlichen Grüßen
Ihr sehr ergebener
Benno PARTHIER
Präsident
(Entwurf: Fritz KRAFFT, Marburg)

Herrn
Prof. Dr. Dr. h. c. mult. Rudolf HOPPE
Gießen

Halle (Saale), zum 29. Oktober 2002

Sehr verehrter lieber Herr HOPPE!

An diesem festlichen Nachmittag, drei Tage nach der Vollendung Ihres 80. Lebensjahres, werde ich keine 7. Grußadresse abliefern, sondern die Laudatio der Leopoldina für den hochverehrten Jubilar vortragen. Dabei berufe ich mich auf meinen Amtsvorgänger Heinz BETHGE, der Ihnen, lieber Herr HOPPE, am 15. Oktober 1982 vorausschauend schrieb: »Ein armer Präsident könnte sich voll und ganz damit abgeben, Geburtstagsbriefe zu schreiben! Um diese Möglichkeit einzudämmen, konzentrieren wir uns ganz auf den 80. Wenn ich doch einem im Amt noch jungen Senator zum 60. Geburtstag gratuliere, so tue ich es schlicht mit dem Wunsch, daß Ihnen auch der 80. Geburtstag, dann mit großer Laudatio, beschieden sein möge.« – Das verpflichtet – hier und heute!

Die Rückschau über die verflossenen Jahrzehnte Ihres Lebens ist wie ein Blick in ein Kaleidoskop vielfältiger und reicher menschlicher Beziehungen, großartiger chemischer Wissenschaft und ungewöhnlich vielseitiger Betätigung jenseits der Grenzen Ihres eigentlichen wissenschaftlichen Fachgebietes.

In Wittenberge (Prignitz) geboren und aufgewachsen, wurden Sie im Jahre 1941 gleich nach der Abiturprüfung zur Kriegsteilnahme verpflichtet. So konnten Sie erst im Jahre 1945, aus britischer Kriegsgefangenschaft heimgekehrt, das Chemiestudium an der Universität Kiel aufnehmen. Die Kriegsjahre waren jedoch für Ihre spätere Entwicklung keineswegs ganz verloren, denn Sie arbeiteten sich im Selbststudium in verschiedene Themenkreise aus Chemie und Physik ein, korrespondierten mit namhaften Wissenschaftlern dieser Disziplinen, die Ihre Gedanken sehr zu würdigen wußten, was schließlich in einem Empfehlungsschreiben Werner HEISENBERGS mündete, Ihnen so früh wie möglich Gelegenheit zu wissenschaftlicher Arbeit an einer Universität zu geben.

Auch in Ihrem Leben gab es sie, die alles entscheidenden Weichenstellungen. Eine davon bestand in Ihrem Entschluß, sich Wilhelm KLEMM für die Diplom- und Doktorarbeit anzuvertrauen, der den Wettbewerb verschiedener führender Hochschullehrer der Chemie um den hochbegabten jungen Studenten mit nicht immer ganz sanften Methoden für sich entschied. Selbstbewußt brachten Sie als eigenes Thema mit, die kühne Idee, »richtige« Edelgasverbindungen, nämlich Xenonfluoride, zu synthetisieren. Hier erkennt man als eines Ihrer auffälligsten Wesensmerkmale, keine gedanklichen Mauern zu akzeptieren, sie vielmehr auf ihre Standfestigkeit zu prüfen und – wenn nötig – einzureißen. Zunächst aber verordnete der von Ihnen stets hochverehrte und geachtete Mentor Bodenständigeres: die Darstellung und Charakterisierung komplexer Fluoride von Silber und Gold. Nach Abschluß der Diplomarbeit folgten Sie im Jahre 1951 Ihrem Lehrer Wilhelm KLEMM an die Universität Münster in Westfalen, und in demselben Jahr heirateten Sie Karin SOBOROWSKI. Mit einer Dissertation über präparative Fluorchemie und übergeordnete Ausführungen zur Struktursystematik wurden Sie 1954 promoviert. Vier Jahre später erhielten Sie die *Venia legendi* für das Fach Anorganische Chemie.

Ihre wissenschaftlichen Erfolge machten Sie bald in der Fachwelt bekannt, und in schneller Folge wurden Ihnen attraktive Positionen angeboten. Im Jahre 1962 wurden Sie zunächst zum außerplanmäßigen Professor an der Universität Münster ernannt und kurze Zeit später zum wissenschaftlichen Rat in das Beamtenverhältnis auf Lebenszeit berufen. Schließlich übernahmen Sie 1964, ebenfalls in Münster, ein neu eingerichtetes Extraordinariat. Von den drei Rufen auf Ordinariate in Düsseldorf, Bochum und Gießen, die Sie im Jahr darauf erhielten, nahmen Sie den auf den Lehrstuhl für Anorganische und Analytische Chemie an der Justus-Liebig-Universität in Gießen an. Dieser Wirkungsstätte blieben Sie trotz ehrenvoller Angebote aus Hannover oder Stuttgart bis zu Ihrer Emeritierung treu und haben die Chemie in Gießen über zweieinhalb Jahrzehnte prägend mitgestaltet.

Ihr wissenschaftliches Werk ist in fast 670 Publikationen dargelegt. Sie haben es immer verstanden, Ihre Ergebnisse und Einsichten der engeren und weiteren Fachwelt in mitreißenden Vorträgen zu vermitteln. Bereits Ihre frühen Arbeiten, angefangen mit der Habilitationsschrift, lassen die Ansätze Ihres breit angelegten und konsequent verfolgten Forschungsprogramms erkennen. Der präparativen Festkörperchemie mit Leidenschaft anhängend, haben Sie Hunderte von neuen Oxiden und Fluoriden beschrieben, kaum ein Element des Periodensystems blieb bei Ihren systematischen Untersuchungen ausgespart. Ihr Werk ist reich an wissenschaftlichen Höhepunkten, die inzwischen größtenteils Eingang in die Standardlehrbücher der Anorganischen Chemie gefunden haben. Es gelang Ihnen, ungewöhnliche, teils nicht für möglich gehaltene Valenzzustände zu realisieren, darunter vierwertiges Kupfer, Cobalt und Nickel, zwei- und dreiwertiges Silber als besonders hohe Oxidationsstufen, einwertiges Eisen, Cobalt und Nickel als neuartig niedrige. Mit den zuletzt genannten Beispielen haben Sie das Paradigma durchbrochen, demzufolge niedrige Oxidationsstufen von weichen Liganden, nicht aber von Sauerstoff oder Fluor stabilisiert würden. Zahlreich sind die von Ihnen entdeckten neuen Strukturmotive.

Ihre alles überstrahlende und sicherlich Zeiten überdauernde Leistung ist in der Synthese von Xenondifluorid, dem ersten binären Edelgasfluorid, zu sehen. Fest auf Ihre eigene Abschätzung vertrauend, nach der Xenonfluoride thermodynamisch stabil sein sollten, haben Sie die Elemente Xenon und Fluor in spektakulär einfacher Weise zur Reaktion gebracht. Ein Wermutstropfen in den Becher der Freude fiel, als Sie feststellen mußten, daß zwar erwiesenermaßen unabhängig von Ihnen, aber nahezu zeitgleich, zwei amerikanische Gruppen ebenfalls Valenzverbindungen von Xenon dargestellt hatten. Uneingeschränkt Ihr alleiniges Verdienst aber bleiben die frühen Überlegungen und Begründungen, die zur Überschreitung der damals dogmatisch streng gültigen Grenze der Valenzlehre geführt haben. Von Anbeginn waren Ihre experimentellerkundend angelegten Untersuchungen durch konzeptionelle Ansätze begleitet und untermauert, die auf eine Strukturierung, Einordnung und ein verstehendes Durchdringen der Experimentalbefunde abzielten. Hervorzuheben sind hier die Konzepte der effektiven Koordinationszahl (EcoN) oder des mittleren effektiven Ionenradius (MEFIR), vor allem die Berechnung des Madelunganteils der Gitterenergie (MAPLE) als Instrument zum Vergleich von Kristallstrukturen und der Validierung ihrer Bestimmungen.

Ihre eindrucksvollen Leistungen fanden zu Recht hohe Anerkennung, und Ihre wissenschaftliche Laufbahn ist von zahlreichen angesehenen Ehrungen begleitet. Hervorheben möchte ich hier den Preis der Göttinger Akademie der Wissenschaften (1963), den Alfred-Stock-Gedächtnispreis der Gesellschaft Deutscher Chemiker (1974), ganz besonders den Otto-Hahn-Preis für Chemie und Physik (1989) oder auch die Lavoisier-Medaille der *Société Française de Chimie* als Beispiel für eine internationale Ehrung. Besonders gefreut haben Sie sich über die Verleihung der Ehrendoktorwürde durch die Mathematisch-Naturwissenschaftliche Fakultät Ihrer ehemaligen *Alma mater*, der Christian-Albrechts-Universität zu Kiel. Neben Ihrer Mitgliedschaft in unserer Leopoldina gehören Sie der Bayerischen Akademie der Wissenschaften und als korrespondierendes Mitglied der Österreichischen Akademie der Wissenschaften an.

In beispielhafter Weise haben Sie über viele Jahre der Deutschen Forschungsgemeinschaft gedient und als Mitglied von Beiräten oder Kuratorien verschiedenen wissenschaftlichen Einrichtungen Ihren Rat gewährt. Sie waren Mitherausgeber mehrerer wissenschaftlicher Zeitschriften, wobei Ihr Engagement und Ihre Liebe ganz besonders der von Ihnen nachhaltig geförderten *Zeitschrift für allgemeine und anorganische Chemie* galt und heute noch gilt.

Glücklich schätzen darf sich, wer als Ihr Schüler unter Ihrer Obhut und von Ihrem Enthusiasmus mitgerissen die Chemie in ihrer ganzen Schönheit und unermeßlichen Tiefe erfahren durfte. Ihren Mitarbeitern, Sie haben weit über einhundert Doktoranden betreut, haben Sie stets das Gefühl gegeben, Mitglied einer Familie zu sein, mit allen Höhen und Tiefen eines herkömmlichen Familienlebens. In unnachahmlicher Weise können Sie in ein Ensemble von Menschen, wie etwa in Ihren Arbeitskreis, »kinetische Energie« hineintragen, um es in der Sprache der Chemiker auszudrücken, und es so in einen hoch angeregten Zustand versetzen. Jeder einzelne Ihrer Schüler hat die Zeit mit Ihnen als menschlich und wissenschaftlich prägend erfahren.

Diese Würdigung Ihres wissenschaftlichen Lebensweges bliebe unvollkommen, wenn das Leopoldina-Mitglied Rudolf HOPPE keine spezielle Erwähnung fände. 1969 wurden Sie in unsere Akademie gewählt und dreizehn Jahre später zum Sprecher des Adjunktenkreises Hessen und damit zum Senator berufen, in ein Amt, das Sie mehr als 10 Jahre in vorbildlicher Pflichterfüllung ausübten. Ein reger Briefwechsel mit den beiden Präsidenten belegt dies. Immer waren es »Schicksalsfragen« unserer ehrwürdigen Gelehrtengesellschaft, die Sie aufgriffen, sei es die Frage einer deutschen Nationalakademie, die uns gerade wieder stark beschäftigt; und ich zitiere hier einen Satz aus einem Brief, den Sie mir im September 1991 schrieben: »Wenn wir, Herr Präsident, es schon ablehnten, den vorüberflatternden Zipfel der Geschichte im Sinne einer Nationalen Akademie zu ergreifen, kann nur eine Verjüngung helfen, die Attraktivität und den Ruhm unserer Leopoldina, und damit blieben wir ja schlicht, was wir waren, zu erhalten.« Oder sei es das Überalterungsproblem der Mitglieder mit Ihrem 1991 eingebrachten Vorschlag zur Verjüngung, die Kollegen mit Erreichen des 75. Lebensjahres aus der aktiven Mitgliedschaft zu entlassen; in wenig variierter Weise sind wir vor zwei Jahren diesem Vorschlag nachgekommen. Zwischenzeitlich (von 1992 bis 1994) waren Sie Vorsitzender einer neu geschaffenen Preisvergabekommission. Kurzum: Für vielfältige Unterstützung mit Rat und Tat ist die Leopoldina Ihnen zu Dank verpflichtet. Häufig waren Sie in Halle zu diversen Veranstaltungen, stets willkommen auch im »Hotel Issleib«. – Schließlich möchte ich Ihre ebenso persönlichen wie originellen Neujahrsgrüße nicht vergessen, stets illustriert mit einem Photo exotischen oder tierischen Inhalts, meist beides zusammen.

Lieber Herr HOPPE, in Hochachtung vor Ihrem Lebenswerk danken wir Ihnen für das im Dienste der Wissenschaft Geleistete und wünsche Ihnen und Ihrer Frau Gemahlin, die Ihnen als ruhender Pol in all den Jahren geholfen hat, Anspannung, Arbeit und Ärger auszugleichen, noch viele gemeinsame Jahre in Gesundheit und mit Freude am Erreichten.

»Rudolf Hoppe ist wie eine Kerze, die an beiden Enden gleichzeitig brennt.« – So, lieber Herr HOPPE, nahmen viele Menschen Sie in Ihrer unmittelbaren Umgebung wahr, und so charakterisierte Sie mancher Kollege voller Bewunderung. Alle freuen sich, Sie heute gewohnt temperamentvoll und bei guter Gesundheit zu erleben. Auch im Namen des Präsidiums der Deutschen Akademie der Naturforscher Leopoldina übermittle ich die herzlichsten Grüße und Glückwünsche zur Vollendung Ihres 80. Lebensjahres.

Mit herzlichen Grüßen
Ihr sehr ergebener
Benno PARTHIER
Präsident

Frau
Dr. ILSE JAHN
Berlin

Halle (Saale), zum 2. Februar 2002

Sehr verehrte, liebe Frau JAHN!

Zur Vollendung Ihres 80. Lebensjahres möchte ich Ihnen persönlich und zugleich im Namen des Präsidiums der Deutschen Akademie der Naturforscher Leopoldina, zu deren Mitgliedern wir Sie seit 1986 zählen dürfen, ganz herzlich gratulieren und Ihnen für Heute, Morgen und Übermorgen alles erdenklich Gute wünschen. Mit Freude und Dankbarkeit reihen wir uns in die Schar der Gratulanten ein, die Sie zu Ihrem Ehrentag beglückwünschen, an dem Sie mit gutem Gewissen und berechtigtem Stolz auf Ihr Lebenswerk zurückblicken können.

Die Geschichte der Wissenschaften ist unmittelbar mit der Geschichte von Menschen verbunden, Wissenschaftsgeschichte hängt ebenfalls mit biographischen Schicksalen zusammen. Zugleich unterscheidet sich in Dynamik und Autonomie, in Subjektivität und Objektivität, in Fortschritt und Stagnation, in Wandel und Dauer das Leben des einzelnen Menschen von der Entwicklung oder den Veränderungen der Gesellschaft, Wissenschaft und Kultur. Im Blick auf Ihre Vita und Ihr Werk, verehrte Frau Jubilarin, manifestieren sich auf eindrucksvolle Weise diese komplexen Zusammenhänge. Detaillierter läßt sich das alles aus der folgenden Laudatio ablesen, die wir Ihnen – wie allen Mitgliedern zur Vollendung des 80. Lebensjahres – auf den Gabentisch legen in der Hoffnung, daß wir Sie in Ihrer Erinnerung bestärken, die Erinnerung an uns, die Leopoldina, wach zu halten. Bisher spricht alles dafür, daß auch unsere Wünsche in Erfüllung gehen.

Am 2. Februar 1922 wurden Sie als Tochter des Großhandelskaufmannes Paul TROMMER und seiner Frau Olga in Chemnitz geboren. Die künstlerisch begabten Eltern förderten die Tochter Ilse und ihre drei Jahre jüngere Schwester Käthe auch in den Künsten wie im Sport. Bereits in der Schulzeit entwickelte sich bei Ihnen eine tiefe Neigung zur Biologie. Nach dem Abitur 1941 studierten Sie während dreier Semester von 1941 bis 1942 in Jena Biologie, wobei die nationalsozialistische Ideologie offensichtlich und zum Glück kaum den universitären Unterricht beeinflußte. Zu den Hochschullehrern gehörten Gerhard HEBERER (1901–1973), Victor FRANZ (1883–1950), Hans HOFFMANN (1896–1946), Eduard UHLMANN (1888–1974), Theodor HERZOG (1880–1961) und Otto RENNER (1883–1960). Damals knüpften Sie den ersten Kontakt zu dem gerade gegründeten Ernst-Haeckel-Haus, und nebenbei galt Ihr besonderes Interesse dem Klavier- und Orgelunterricht sowie dem Modellieren. 1942 schlossen Sie die Ehe mit dem Juristen Wilhelm JAHN und brachen das Studium ab. 1943 wurde die Tochter Isolde geboren. Leider verloren Sie Ihren Gatten, der am 12. April 1945 in sowjetischer Kriegsgefangenschaft starb. Bis 1952 widmeten Sie sich der keineswegs lukrativen Kunstmalerei, waren Mitglied im Verband Bildender Künstler und beteiligten sich an der »Mittelsächsischen Kunstausstellung 1951« in Chemnitz. Für Sprachheilschulen zeichneten Sie Bilder, mit denen Kinder dieser Einrichtungen zum Erzählen angeregt werden sollten.

1952 jedoch kehrten Sie zum Biologiestudium in Jena zurück, gaben dabei aber Ihre künstlerischen Neigungen nicht auf; Sie entwarfen und illustrierten Puppenspiele nach Märchenmotiven für Ihre Tochter, die während dieser Zeit bei der Großmutter aufwuchs. Ihre Diplomarbeit galt einem entomofaunistischen Thema. Die Stellen einer wissenschaftlichen Hilfskraft ab 1954 und einer wissenschaftlichen Assistentin ab 1956 am Ernst-Haeckel-Haus unter der damaligen Leitung des Lyssenkoisten Georg SCHNEIDER (1909–1970) führten Sie zur Biologiegeschichte. Für diesen Wechsel war vor allem Georg USCHMANN (1913–1986) mit seinen fakultativen Lehrveranstaltungen über Geschichte der Biologie sowie seinen Forschungen zur Entwicklung der Zoologie verantwortlich. Vor die Wahl einer sicheren und auskömmlichen Stelle an den FEWA-Werken in Chemnitz und der bescheidenen und ungesicherten Stelle einer Assistentin für Biologiegeschichte gestellt, entschieden Sie sich für die letztere mit Promotionsaussicht, obwohl Sie zusätzlich für Ihre Tochter und Ihre Mutter zu sorgen hatten. Der Schwerpunkt der Forschungen lag in der Botanik. 1957 begann Ihre eigene Vortrags- und Publikationstätigkeit. 1963 wurden Sie in Jena mit der Arbeit *Geschichte der Botanik in Jena von der Gründung der Universität bis zur Berufung Pringsheims (1558–1864)* unter der Leitung von Georg USCHMANN zum Dr. rer. nat. promoviert.

Ab 1962 hatten Sie eine Stelle an der Alexander-von-Humboldt-Forschungsstelle der Deutschen Akademie der Wissenschaften zu Berlin inne, hielten seit 1965 und mit Unterbrechung erneut seit 1976 biologiehistorische Vorlesungen an der Humboldt-Universität. 1967 wechselten Sie an das Museum für Naturkunde dieser Universität. Die Arbeit am Museum galt vor allem zoologischen Ausstellungen und museumspädagogischen Aktivitäten wie nicht zuletzt administrativen Aufgaben. Von 1971 bis 1974 waren Sie Stellvertretende Direktorin für Bildungsarbeit am Museum für Naturkunde. 1978 erfolgte Ihre Habilitation mit der Arbeit *Die Museologie als Lehr- und Forschungsdisziplin mit spezieller Berücksichtigung ihrer Funktion in naturhistorischen Museen – Geschichte, gegenwärtiger Stand und theoretische Grundlagen.* 1980 erfolgte Ihre Ernennung zur Universitätsdozentin für »Naturhistorische Museologie«. Ab 1980 konnten unter Ihrer Leitung fünf Promotionen und zwei Habilitationen durchgeführt werden.

Die mit Rolf LÖTHER und Konrad SENGLAUB unter Mitwirkung verschiedener weiterer Forscher verfaßte *Geschichte der Biologie. Theorien, Methoden,*

Institutionen, Kurzbiographien gelangte 1982 zum Druck und erfuhr bislang zwei weitere Auflagen (1985 und 1998) sowie im Jahre 2000 einen Nachdruck und vorher 1989 eine spanische Übersetzung.

Mit großem Einsatz und Geschick engagierten Sie sich immer wieder für das Fach Medizin- und Wissenschaftsgeschichte. Von 1969 bis 1973 waren Sie Vorstandsmitglied der Gesellschaft für Geschichte der Medizin und Leiterin der Arbeitsgruppe Medizinhistorisches Museum. Seit 1977 sind Sie Redaktionsmitglied der Fachzeitschrift *NTM, Schriftenreihe der Naturwissenschaften, Technik und Medizin*, seit 1982/83 Mitherausgeberin der Reihen *Biographien hervorragender Naturwissenschaftler, Techniker und Mediziner, Sudhoffs Klassiker der Medizin* und *Ostwalds Klassiker der exakten Wissenschaften*.

Ihre Forschungen, verehrte Frau JAHN, beziehen sich auf die Geschichte der Naturwissenschaften, insbesondere der Biologie mit einem Schwerpunkt auf dem 17. bis 19. Jahrhundert, der Biographik und Institutionsgeschichte sowie der Geschichte und Theorie naturhistorischer Museen. Dabei richtete sich Ihr spezifisches Interesse auf Alexander VON HUMBOLDT, an dessen Briefedition Sie seit 1962 beteiligt waren und über den Sie mehrfach publizierten; besonders sei die Monographie *Dem Leben auf der Spur. Die biologischen Forschungen Alexander von Humboldts* (1969) erwähnt. Zu vielen Naturforschern der Vergangenheit verfaßten Sie Einzeldarstellungen in Lexika, aber auch als selbständige Veröffentlichung wie zum Beispiel 1978 *Carl von Linné* und 1982 *Charles Darwin*.

Wiederholt verbanden Sie in Ihren Studien historische und theoretische Dimensionen der Biologie (Naturgeschichte, Systematik, Zellenlehre, Evolutions- und Artbegriff, Akademiestreit zwischen CUVIER und GEOFFROY SAINT HILAIRE, Ökologie). Ebenso veröffentlichten Sie eine große Anzahl von Studien zur Museumskunde. 1987 gaben Sie *Klassische Schriften zur Zellenlehre* heraus; 1990 erschienen Ihre *Grundzüge der Biologiegeschichte*, die Sie Ihrem Lehrer Georg USCHMANN widmeten, der Direktor des Ernst-Haeckel-Hauses in Jena von 1959 bis 1979, seit 1964 Mitglied der Leopoldina und von 1967 bis 1986 Direktor deren Archivs war. Ihre zahlreichen Arbeiten haben große Resonanz bei den Wissenschaftshistorikern und Biologen erfahren. Die *Geschichte der Biologie* gilt als ein Standardwerk des Faches. Eindrucksvoll ist ebenfalls Ihre aktive und intensive Vortragstätigkeit, die mit zahlreichen Reisen ins In- und Ausland verbunden gewesen ist. Nicht nur von den Quellen, sondern auch von Kolleginnen und Kollegen ließen und lassen Sie sich gern anregen; die menschlichen Kontakte mit Kollegen Ihres Faches sind entsprechend weitgespannt und stimulierend.

Äußere Anerkennung blieb Ihnen nicht versagt. Die Mitgliedschaft in unserer Akademie war eine davon, und von Anfang an bewiesen Sie Ihr vielfältiges Engagement in der inhaltlichen und organisatorischen Mitarbeit in der Sektion Wissenschafts- und Medizingeschichte unserer Akademie. So waren Sie aktiv und ideengebend an mehreren diesbezüglichen Veranstaltungen beteiligt. 1991 wurden Sie zur ersten Vorsitzenden der neu gegründeten Deutschen Gesellschaft für Geschichte und Theorie der Biologie gewählt. Zu Ihrem 70. und 75. Geburtstag wurden Symposien veranstaltet, deren Vorträge auch im Druck erschienen. Neben Ihren fundierten und substantiellen Publikationen beeindrucken Sie aber auch durch Ihre Persönlichkeit, durch Ihren frischen Humor, Ihre Lebensfreude, Ihre Phantasie, Ihre menschliche Wärme und Ihren Optimismus. Tiefgreifende politische, soziale und auch private Brüche wurden von Ihnen erlebt und mußten bewältigt oder in das eigene Selbstverständnis und die berufliche Entwicklung integriert werden. Diese Erfahrungen ließen Sie in der Darstellung der Geschichte der Biologie nie den einzelnen Naturforscher vergessen. Mit Recht kann in dieser Perspektive die bekannte Wendung des anthropologischen Mediziners Viktor VON WEIZSÄCKER »um Lebendes zu erforschen, muß man sich am Leben beteiligen« (*Gestaltkreis* 1940) für unsere Jubilarin ergänzt werden: »Wer sich am Leben beteiligt hat, kann auch vergangenes Leben verstehen.«

Der 80. Geburtstag wird für Sie, liebe Frau JAHN, zur Freude Ihrer Freunde und Kollegen und zum Gewinn der Wissenschaftsgeschichte aber gewiß keine Zäsur, nicht Ruhe oder Stillstand bedeuten. Ihre Gesundheit und Vitalität mögen fürderhin gute Lebensbegleiter bleiben, und unsere und meine Glückwünsche an diesem Tag gelten Ihrer ganzen bewundernswerten Persönlichkeit.

Mit herzlichen Grüßen
Ihr sehr ergebener
Benno Parthier
Präsident
(Entwurf: Dietrich VON ENGELHARDT, Lübeck)

Herrn
Prof. Dr. Dr. h. c. mult. HAR GOBIND KHORANA
Cambridge, USA

Halle (Saale), zum 9. Januar 2002

Sehr verehrter Herr KHORANA!

Zur Vollendung Ihres 80. Lebensjahres möchte ich Ihnen auch im Namen des Präsidiums der Deutschen Akademie der Naturforscher Leopoldina, der Sie seit 1968 angehören, ganz herzlich gratulieren und Ihnen für die nächsten Jahre eine stabile Gesundheit und viel Freude wünschen. Ihr Ehrentag ist uns willkommener Anlaß, Ihrer besonders zu gedenken mit der Erinnerung an Ihr vielschichtiges Lebenswerk und stellvertretend für Ihre Fachkollegen für alles zu danken, was Sie durch Ihre chemische Synthesekunst und Ihr tiefes Eindringen in die molekularen Zusammenhänge der zellulären Signalisierung, besonders der Dechiffrierung der genetischen Kern-Information, und der Umwandlung von Lichtenergie in Stoffwechselpotentiale gegeben haben.

Ihr Lebenslauf beeindruckt durch die Konsequenz der Entfaltung aus unscheinbaren Anfängen, aber auch durch die schöpferische Verarbeitung der Impulse von Lehrern und Förderern, denen Sie kongenial begegneten; ein Kapital, das Sie hochverzinst an Ihre Schüler und Mitarbeiter, Ihre Freunde und Kollegen weitergegeben haben. Es ist eine wahre Globalisierung der Wissenschaft, in deren Zentrum Sie stehen, konzentrierend durch Beharrlichkeit und Phantasie, ausstrahlend in alle Richtungen des biochemischen zellulären Geschehens. Sie sind durch Vorstellungskraft und Scheidekunst ein Chemiker *par excellence*, aber es ist keine Ironie, daß Sie 1968 mit dem Nobel-Preis für Medizin oder Physiologie ausgezeichnet wurden, denn die Grundlagen der Heilkunst sind molekular, also chemisch, und stehen im Wechselspiel zu den physikalischen Kräften, die in der Physiologie manifest werden. Das Nobel-Komitee hat das anerkannt, als es Sie zusammen mit R. HOLLEY und M. NIRENBERG für den molekularen Beweis des grundsätzlichen Algorithmus der Evolution zum Ritter der Naturwissenschaften adelte.

Es war nicht an Ihrer Wiege gesungen, aber eine Fee muß an den Scheidewegen Ihres Lebens gewacht und es in die Zentren der aktuellen biologischen Probleme gelenkt haben. Sie stammen aus einer kinderreichen Familie als Jüngster von Fünfen in dem Punjab-Dorf Raipur. Ihr schriftkundiger Vater ermöglichte Ihnen vorausschauend eine umfassende Schulbildung. Danach konnten Sie an der Punjab-Universität in Lahore unter guter Schulung das Chemie-Studium abschließen. Wie Ihr Lehrer in der Schule die Liebe zur Wissenschaft anregte und förderte, hegte Ihr Tutor deren chemischen Zweig mit solchem Erfolg, daß Sie bald – Ihre Heimat war inzwischen geteilt – mit einem indischen Regierungsstipendium nach England gehen konnten, wo Sie in Liverpool bei A. ROBERTSON binnen zwei Jahren promoviert wurden. Die bei aller Hilfe distanzierende neue Umwelt und auch das nachfolgende Postdoktorandenjahr in der Schweiz vereinsamten, bis Sie Stützung in der Familie fanden. Ausgleich schuf auch Ihre Arbeit unter V. PRELOGS passionierter Zürcher Aura, die Sie prägte und in Zielsetzung, -strebung und schließlichem Zieltreffen Leitstern wurde, dem Sie von da an folgten. Es blieb immer etwas von Schweizerqualität in Ihrer chemischen Kunst. Diese konnten Sie in Cambridge bei A. R. TODD in interdisziplinär anregender Atmosphäre weiterpflegen, in der Sie erstmals mit biochemischen Problemen der Peptid- und Nukleotidsynthese in Berührung kamen. TODDS Persönlichkeit und enzyklopädische Erfahrung verhalfen Ihnen zu wesentlichen Erfolgen, die so eindrücklich waren, daß das von Ihnen so vielfach und zielsicher für Kondensationen in wäßrigem Milieu gebrauchte, von E. SCHMIDT dargestellte und von F. ZETSCHE eingeführte Dicyclohexalcarbodiimid mit großer Selbstverständlichkeit »Khorana-Reagenz« genannt wurde und diese Bezeichnung immer noch trägt. Ihnen ist die Organische Mechanistik ein Buch ohne Siegel, allerdings nicht so sehr, um Reaktionen nachzuvollziehen, als um sie auszuführen.

Als synthetisierender Chemiker suchten Sie nach Objekten für die Anwendung Ihrer Kunst und fanden sie reichlich in der in den fünfziger Jahren vehement aufblühenden Bio- und Stereochemie der synthetisierenden Natur. Diese geht hoch-intelligent evolvierte Wege, um die Energiebarrieren kondensierender Reaktionen zu überwinden. Sie waren unter den ersten, die nachvollziehende Schritte in dieser Richtung machten, die Ihnen durch Zusammenarbeit mit Biochemikern gewiesen wurde, mit denen Sie grenzüberschreitend wissenschaftliche und persönliche Freundschaft schlossen. So haben Sie das damals entdeckte S-Adenosylmethionin, den vielseitigen Methyl-Überträger, präparativ zugänglich gemacht und das gerade aufgefundene Phosphoribosylpyrophosphat – die Nabe, um die sich alle Nukleotidsynthese dreht, – synthetisch binnen weniger Wochen verifiziert und den Forschern bereitgestellt. Sie haben – wie auch die Cambridger Schule – Koenzyme und Nukleotide aufgebaut, sind aber darüber hinausgegangen, indem Sie diese mit chemischen und enzymatischen Methoden zu exakt definierten Oligonukleotiden verbanden, die Anstoß und Schlüssel zu bahnbrechenden Erkenntnissen wurden, als sie in Translations- und Transkriptionssystemen als Matrizen und Informationsträger entsprechende Aminosäure- oder Nukleotidsequenzen auslösten. Der Grund zu diesen Arbeiten, die sich in logischem Bezug auch mit den Phosphodiesterasen befaßten, wurde in Vancouver, unter den gegebenen Zwängen improvisierend, mit beeindruckendem Erfolg ausgeführt. Von 1952 bis 1960 blieben Sie in diesem fruchtbaren Reservat der organischen Biochemie, bis Sie an das *Institute for Enzyme Research* nach Madison berufen wurden. In der großzügigen Atmosphäre am Mentota-See gingen Ihre Polynukleotid-Studien systematisch und zielstrebig auf breiterer Basis voran. Befruchtend wirkte auf Ihre Arbeiten die Erkenntnis im Arbeitskreis von S. OCHOA und M. NIRENBERG, daß die Codierung von Aminosäuren bei der Translation in der Tripelsequenz von Nukleotiden aus dem Messenger festgelegt ist. Während die Biochemiker synthetisch an die Aufgabe der Entschlüsselung gingen, nahmen Sie den direkten Weg, wie es einem unternehmenden und harte Bretter mit Augenmaß bohrenden Synthetiker ansteht. Mit Ihrer Methodik bauten Sie systematisch alle Triplett-Permutationen der vier Nukleotide auf und ließen sie vom ribosomalen biologischen System der Proteinsynthese ablesen. Sie entschlüsselten damit den Code, der die grundlegende und primordiale Sprache des Lebens darstellt. Zugleich holten Sie zu einem weiteren kühnen Unterfangen aus: Sie synthetisierten DNA-Ketten definierter Nukleotidsequenz aus kurzen synthetischen DNAs bekannter Basenfolge, die Sie als Matrizen für die DNA-Polymerase einsetzten. Hierbei entdeckten Sie, daß die Polymerase-Kettenreaktion das wichtigste Werkzeug der Molekulartechnologie ist. Ein bedeutsames Beispiel Ihrer Kunst ist die chemisch/biochemische Synthese des Gens der Tyrosin-Repressor-DNA. Es sind Meilensteine auf dem Weg zur heutigen und zukünftigen Anwendung molekularbiologischer und molekulargenetischer Verfahren in Ernährung, Landwirtschaft und Medizin zur automatisierten Analyse und Synthese von Biomakromolekülen.

Es ist klar, daß diese fundamentalen Arbeiten in ihrer scheinbar schlichten Klarheit einen ungeheuren Eindruck in der Wissenschaftsgemeinschaft machten, die sie mit ihren höchsten Auszeichnungen und Preisen ehrte. Sie sind vielfacher Ehrendoktor und Mitglied zahlreicher Akademien, unter deren ersten die Leopoldina figuriert. Sie erhielten die höchsten nationalen und internationalen Preise, bereits sehr früh den Nobel-Preis, und blieben immer der bescheidene Mann, der durch Person und Kunst, durch Fleiß und Denkschärfe alle beeindruckt, die mit ihm zusammenkommen. Als Sie die Reise nach Stockholm antraten, um die königliche Zeremonie zu zieren, waren es knapp 47 Jahre, seit Sie 1922 in das ungewisse Schicksal eines indischen Dorfes geboren wurden. Nun sind 80 Jahre vergangen, und niemand kann sagen, daß Ihr Lebensrhythmus langsamer geworden wäre. Im Gegenteil! Nachdem Sie auf dem Feld der Chemie der Vererbung Ihre forschende Neugier gestillt hatten, wandten Sie sich in neuer Herausforderung der Molekularbiologie der Zelle zu: Sie begannen sich für die biologischen Membranen und die Wechselwirkung mit ihren Proteinen zu interessieren, wobei Sie exemplarisch das Bacteriorhodopsin mit allen Mitteln der chemischen und biophysikalischen Kunst untersuchten.

In diesen fünfundzwanzig Jahren haben Sie und Ihre Mitarbeiter an die 350 Arbeiten über die Licht-getriebene Protonenpumpe, die Photorezeption in den Retinapigmenten und die Energiewandlung von Licht zu Nervenströmen publiziert, stets auf chemischer Grundlage die physikalische Signalisierung, die Wechselwirkungen zwischen Biomolekülen in Membranen und die Faltung der Membranproteine im und durch das lipophile Milieu der Doppelschichten. Als Sonden synthetisierten Sie passende Indikatormoleküle und studierten die Effekte mit einer wachsenden Zahl von Postdoktoranden, denen Sie Mentor und Ansporn bleiben. Auch nach Rückkehr aus Ihrem Einflußkreis, beeindruckt und befruchtet, machen sie guten Gebrauch vom Erlernten und Erfahrenen. »Khorana-Schule« bleibt ein Qualitätsbegriff für einfallsreiche, solide und problemorientierte Chemie des Erkennens von biologischen Vorgängen. Das Theoretische, die Mechanistik, ergab sich für den Prelog/Todd-Schüler aus dem Räumlichen und den Kraftfeldern.

Um so komplexe Fragen an die Natur stellen zu können in Erwartung einer Antwort, erfordert vom Fragesteller Logik, findet er die Antwort, dann ist es neben Glück und Genie auch eiserner Disziplin und Hingabe zu verdanken. So begann Ihr Tag stets früh, und nach einer Tasse Tee arbeiteten Sie an Manuskripten und bereiteten den langen Labortag (von 7.30 bis 18 Uhr) vor, unterbrochen von erholsamer Schwimmpause nach Seminaren, Arbeitsbesprechungen und Literaturstudien. Auch hier half immer eine Tasse Tee, Energie und Lebensfeuer ungedämpft zu erhalten. Wanderungen in den Bergen in Ihrer Freizeit und Aufenthalt in Ihrem Sommerhaus an der Küste trugen dazu bei, Ihre Kräfte zu regenerieren. So waren und sind Sie voll Schaffenskraft und voller Pläne und stellen immer wieder neue und originelle kritische Fragen an die bewundernswerte Natur. Sie waren glücklich, Antworten auf viele Fragen zu finden, wissen aber von den Grenzen allen einseitigen Bemühens. Doch zögerten Sie nie, aus neuen Umständen neue Impulse aufzunehmen. Nach Ihrer Emeritierung in Wisconsin vor Jahren nahmen Sie zugleich einen Lehrauftrag an der *Cornell University* in New York und die Sloan-Professur am *Massachusetts Institute of Technology* in Cambridge, Massachusetts, an und erhielten Mittel und Möglichkeiten, weiter zu lehren, zu fragen und zu forschen, weiter zu schreiben und Erfahrung zu verbreiten, weiter Ihren Arbeitskreis zu Seminaren und Symposien zusammenzuhalten und voranzubringen durch synergistische Kooperation, durch Ihr Beispiel und durch Ihre tiefe Verwurzelung in der Handlungsweise der Natur und der Philosophie der Forschung, in der Sie die Kulturen von Ost und West miteinander verbinden.

Im Namen unserer Akademie danke ich Ihnen für das großartige, Leben erklärende Lebenswerk. Sie zeigen als Vorbild und Meister, als Weiser und Seher, was und wie ein Wissenschaftler sein soll. Sie sind Paradigma und nobel im wahren Sinn, ein durch sich wirkender Ansporn für uns. Wir wünschen und hoffen, daß Sie dies noch recht lange, durch Geistes- und Leibestraining gestählt, auch für uns bleiben können.

Mit herzlichen Grüßen
Ihr sehr ergebener
Benno Parthier
Präsident
(Entwurf: Lothar Jaenicke, Köln)

Frau
Prof. Dr. Olga Alexandrovna LADYSHENSKAJA
St. Petersburg, Rußland

Halle (Saale), zum 22. März 2002

Sehr verehrte Frau LADYSHENSKAJA!

Zur Vollendung Ihres 80. Lebensjahres möchte ich Ihnen persönlich und zugleich auch im Namen des Präsidiums der Deutschen Akademie der Naturforscher Leopoldina sehr herzlich gratulieren, Ihnen persönliches Wohlergehen und weiterhin viel Freude bei Ihrer unermüdlich fortgeführten wissenschaftlichen Tätigkeit im Kreise Ihrer Schüler und Kollegen wünschen.

In den vergangenen fünfzig Jahren haben Sie sich als Mathematikerin Weltruf erworben. Ihr Lebenswerk knüpft an tiefe Probleme der Analysis und mathematischen Physik an, die mit großen Namen in der Geschichte der Mathematik verbunden sind wie NEWTON, EULER, LAGRANGE, GAUSS, RIEMANN, POINCARÉ und HILBERT. Im Jahre 1900 hielt der Göttinger Professor David HILBERT auf dem Weltkongreß der Mathematiker in Paris einen Vortrag, der die Entwicklung der Mathematik des 20. Jahrhunderts wesentlich beeinflußt hat. Er formulierte dreiundzwanzig offene Probleme. Im neunzehnten und dreiundzwanzigsten Problem stellte HILBERT den Mathematikern die Aufgabe, die Glattheitseigenschaften der Lösungen partieller Differentialgleichungen genauer zu untersuchen und die Methoden der Variationsrechnung wesentlich weiterzuentwickeln. Diese Problematik ist von zentraler Bedeutung für eine mathematische Naturbeschreibung. Seit NEWTON wissen wir, daß sich Naturgesetze einfach formulieren lassen, wenn man zu unendlich kleinen Entfernungen und Zeiträumen übergeht. Dann kann man die Naturerscheinungen in wenigen fundamentalen Differentialgleichungen kodieren, wie z. B. den Newtonschen Bewegungsgleichungen für Himmelskörper, den Gleichungen der Elastizitätstheorie und der Strömungsmechanik, den Maxwellschen Gleichungen der Elektrodynamik, der Schrödinger-Gleichung und der Dirac-Gleichung der Quantenmechanik, den Einsteinschen Feldgleichungen der allgemeinen Relativitätstheorie, den Gleichungen der Quantenelektrodynamik oder den Gleichungen der Eichfeldtheorie im Rahmen des Standardmodells der Elementarteilchen. Hinzu tritt die erstaunliche Tatsache, daß sich die Naturprozesse durch ein Variationsprinzip – das Prinzip der kleinsten Wirkung – beschreiben lassen und somit auf Variationsprobleme führen. Die Aufgabe des Mathematikers besteht darin, die in den Differentialgleichungen enthaltenen Informationen zu entschlüsseln. Das bedeutet, die Differentialgleichungen zu lösen. Da die Differentialgleichungen der mathematischen Physik Phänomene modellieren, die einen sehr komplexen Charakter besitzen, wie zum Beispiel die Turbulenz einer Strömung oder die Explosion einer Supernova, kann man nicht generell erwarten, daß die Lösungen sehr glatt sind. Von Beginn Ihrer Karriere als leidenschaftliche Forscherin haben Sie sich, angeregt durch Ihre Lehrer GELFAND und SOBOLEV, mit dem Problem befaßt, wie man den Lösungsbegriff einer partiellen Differentialgleichung so verallgemeinern kann, daß man hinreichend allgemeine Phänomene in streng mathematischer Form erfassen kann.

Die Liebe zur Mathematik wurde Ihnen von Ihrem Vater, einem Mathematiklehrer, in die Wiege gelegt. Aufgewachsen im Kostromaer Bezirk an der oberen Wolga in einem Elternhaus voll an mathematischen Sphärenklängen, nahmen Sie im Jahre 1939 am Leningrader Pädagogischen Institut Ihr Lehrerstudium auf und arbeiteten in den beiden ersten Kriegsjahren von 1941 bis 1943 in Ihrem Heimatbezirk als Lehrerin. Wir wissen um das unendliche Leid, das Ihrem Land durch den deutschen Überfall zugefügt wurde. Im Jahre 1943, inmitten der Kriegswirren, nahmen Sie das Studium der Mathematik an der Moskauer Lomonossow-Universität auf. Dort hatten Sie akademische Lehrer von Weltruf wie GELFAND, KUROSCH, PETROVSKIJ und SOBOLEV, die Ihre mathematische Begabung rasch erkannten. Im Jahre 1947 nahmen Sie Ihre Aspirantur in Leningrad auf. Neben der Moskauer mathematischen Schule wurden Sie nun auch mit der traditionsreichen Sankt Petersburger/Leningrader Schule auf dem Gebiet der mathematischen Physik vertraut, die solch klangvolle Namen wie EULER, LJAPUNOV, STEKLOV, GJUNTER, SOBOLEV und SMIRNOV ihr eigen nennt. Im Jahre 1949 verteidigten Sie Ihre Dissertation, und 1953 habilitierten Sie sich zum Doktor der Wissenschaften. Im Geiste Ihres Lehrers SOBOLEV beschäftigten Sie sich zunächst mit der Frage, wie man die Lösungen partieller Differentialgleichungen diskretisieren kann und in welchem Sinne diese approximativen Lösungen gegen die exakten Lösungen konvergieren. Dabei entwickelten Sie erstmalig die Technik der Sobolevschen Einbettungssätze für Diskretisierungsverfahren. Ihre Habilitationsschrift zeigt, daß eine Meisterin und zugleich Künstlerin der Mathematik am Werk ist, die sich nicht mit der Lösung einer einzelnen Differentialgleichung begnügt, sondern den strategischen Blick für das Ganze besitzt und solche Methoden entwickelt, die sich effektiv auf große Problemklassen anwenden lassen und weit in die Zukunft reichen. Diesem Wesenszug Ihrer frühen wissenschaftlichen Arbeit sind Sie Zeit Ihres Lebens treu geblieben.

Jeder Analytiker in der Welt kennt Ihren Namen, weil er aus Ihren Standardwerken über lineare und nichtlineare partielle Differentialgleichungen Wesentliches gelernt hat. In Ihrem Buch über viskose Flüssigkeiten haben Sie in harmonischer und eleganter Weise die wichtigen Beiträge von Jean LERAY und Eberhard HOPF über die Navier-Stokesschen Differentialgleichungen mit Ihren eigenen bahnbrechenden Forschungsergebnissen verbunden. Robert FINN von der *Stanford University* (USA) schrieb am Ende seiner Rezension über Ihr Buch: »The book represents an important scientific accomplishment, which no other living person could have achieved so well. In its elucidation of the use of abstract methods as a way to obtain qualitative insight into hydrodynamical problems, this volume exhibits the spirit of modern applied mathematics in one of its best and most fruitful forms. The reviewer recommends it as essential reading and a valuable reference work for anyone with a serious interest in the nonlinear problems of mathematical physics.«

Sehr verehrte, liebe Frau LADYSHENSKAJA! Mit Ihrem Lebenswerk haben Sie einen grundlegenden Beitrag zur Entwicklung der Mathematik des 20. Jahrhunderts geleistet. Ihre Liebe zur Mathematik haben Sie über viele Jahre in Leningrad an Ihre Studenten weitergegeben, aus deren Kreis Meister ihres Faches hervorgegangen sind, die selbst Weltruf erlangt haben. Seit 1985 sind Sie Mitglied der Deutschen Akademie der Naturforscher Leopoldina, die als älteste naturwissenschaftliche Akademie in diesem Jahr ihr 350jähriges Bestehen feiert. Die Leopoldina blickt mit Stolz und Bewunderung auf Ihr reiches Lebenswerk und wünscht, daß es Ihnen vergönnt sein möge, noch viele Ihrer wissenschaftlichen Vorhaben zu verwirklichen.

Wir reihen uns ein in die große Schar der Gratulanten aus aller Welt und sind aus der Ferne mit allen guten Wünschen dabei.

Mit herzlichen leopoldinischen Grüßen
Ihr sehr ergebener
Benno PARTHIER
Präsident
(Entwurf: Eberhard ZEIDLER, Leipzig)

Herrn
Prof. Dr. Fred LEMBECK
Graz, Österreich

Halle (Saale), zum 4. Juli 2002

Sehr verehrter Herr LEMBECK!

Zur Vollendung Ihres 80. Lebensjahres gratuliere ich Ihnen, zugleich im Namen des Präsidiums der Deutschen Akademie der Naturforscher Leopoldina, sehr herzlich und verbinde die Geburtstagsgrüße mit den besten Wünschen für Ihr weiteres Wohlergehen.

Als Sie 1983 zum Mitglied unserer Akademie gewählt wurden, hatten Sie auf den Forschungsgebieten der Neurotransmitter, vor allem des Neuropeptids Substanz P sowie der Schmerz- und Streßforschung, eine führende Position inne. Vierzig Jahre zuvor mußten Sie durch den Krieg bedingt Ihr 1940 in

Wien begonnenes Medizinstudium unterbrechen, das Sie dann 1945 in Graz wieder aufnahmen und mit Examen und Promotion 1947 abschlossen. Sie traten in das Grazer Pharmakologische Institut unter H. HÄUSLER ein, habilitierten sich 1954 und folgten 1961 einem Ruf als Ordinarius für Pharmakologie der Universität Tübingen. 1969 wurden Sie dann nach Graz berufen und waren bis zu Ihrer Emeritierung 1992 Direktor des Instituts für Experimentelle und Klinische Pharmakologie, in dem sich zehn Ihrer Schüler habilitieren konnten.

Zu Beginn Ihrer wissenschaftlichen Tätigkeit in der Pharmakologie hatten Sie die glückliche Gelegenheit, ein WHO *Fellowship* 1948 bis 1949 für einen Laboraufenthalt in Großbritannien zu erhalten. Im Institut von John GADDUM in Edinburgh erlernten Sie die Techniken des Bioassays, der automatisierten »Zappelpharmakologie« und der biometrischen Evaluierung von Versuchsergebnissen, die auf dem Kontinent damals noch nicht Allgemeingut der Zunft waren. Zurückgekehrt in das heimische Graz und im Umfeld ehemaliger Loewi-Schüler traten Sie in das Rennen um die Auffindung der »Erregungssubstanz sensibler Nerven« ein. In der letzten Arbeit vor seiner Vertreibung 1938 aus Graz hatte Otto LOEWI (mit H. HELLAUER) schon festgestellt, daß die Hinterwurzeln des Rückenmarks – im Gegensatz zu den Vorderwurzeln – frei von Acetylcholin sind, so daß diese Substanz als Überträgerstoff nicht in Frage kam. In der Nachkriegszeit wurde das Thema von mehreren Autoren in Graz wieder aufgegriffen. Es stellte sich heraus, daß eine noch undefinierte »Aktionssubstanz« in den Hinterwurzeln konzentriert war, die durch eine lokale Gefäßerweiterung aufgespürt werden konnte. Vielleicht bewirkte dieses Agens sowohl die Erregungsübertragung der sensiblen Nerven im Rückenmark als auch den dilatatorischen Axonreflex? Ihre ausgezeichnete Literaturkenntnis und Ihr Gespür führten Sie durch das »Gestrüpp« vieler möglicher Transmitterkandidaten auf den richtigen Pfad: Die von VON EULER und GADDUM 1931 erstmals beschriebene Substanz P. In Ihrer Arbeit von 1953 konnten Sie mit Hilfe damals neuester Methoden die Identität des in den Hinterwurzeln angereicherten Stoffes mit einem Eulerschen Standardpräparat von Substanz P nachweisen und postulierten bahnbrechend deren Funktion als Neurotransmitter afferenter Neurone. War das Interesse für Substanz P zunächst auf wenige Arbeitsgruppen beschränkt, so setzte etwa ab 1970 eine explosive Entwicklung der Forschung ein, als die Aufklärung der Struktur als Undekapeptid und die Synthese dieses Neuropeptid allgemein zugänglich machten. Mit Hilfe von Capsaicin, das eine weitgehend selektive Ausschaltung neuropeptidhaltiger afferenter Nervenfasern bewirkt, konnten Sie und viele andere durch Ihre Forschungen angeregte Untersucher den Verlauf solcher Bahnen verfolgen und die physiologischen Funktionen eruieren, welche durch diese Neurone vermittelt werden. Die Rolle von Substanz P für Entzündung, Schmerz, Streß und die Ausschüttung von Hormonen ließ sich so an vielen Wirkungsorten klären. Der »klinische Bezug« Ihrer Forschungsgegenstände war immer deutlich. So erwies sich auch Ihr Nachweis von Serotonin in Carcinoidmetastasen 1953 für die Pathophysiologie endokriner Tumoren von weitreichender Bedeutung und führte zur heute unverzichtbaren Tumordiagnostik mit chemischen Methoden. Die in den 90er Jahren von Ihrer Arbeitsgruppe erstellten pharmakologischen Profile von Kinin-Antagonisten geben der präklinischen therapeutischen Forschung neue Impulse.

Über die experimentelle Tätigkeit hinaus haben Sie noch eine beeindruckende Aktivität als Buchautor vorzuweisen: Acht Titel, die insgesamt zwanzig Auflagen erzielten! Darunter die maßgebliche, weil am besten dokumentierte Biographie von Otto LOEWI (zusammen mit W. GIERE, 1968). Auch zahlreiche Aufsätze über verschiedene Themen der Pharmakologie- und Medizingeschichte stammen aus Ihrer Feder. Sie haben aber nicht allein den Publikationen viel Zeit gewidmet, sondern jahrzehntelang als Herausgeber und Referent für Fachzeitschriften und damit hilfreich für andere Autoren gewirkt. Besonders *Naunyn-Schmiedeberg's Archives of Pharmacology* verdankt es Ihnen, daß Sie Anfang der 70er Jahre, gegen heftige Widerstände der älteren Herausgeber im Kollegium, in mehreren Schritten und dann zusammen mit anderen jüngeren Fachgenossen die Aufnahme englischer Manuskripte und endlich die ausschließliche Publikation auf Englisch durchgesetzt haben, die der Zeitschrift einen steigenden »Impact« sicherte. Ihre besondere Anerkennung durch die Kollegenschaft zeigte sich in Ihrer Wahl zum Schriftführer der Deutschen Pharmakologischen Gesellschaft von 1963 bis 1968, zu ihrem 1. Vorsitzenden 1969 und zum Generalsekretär der *International Union of Pharmacology* von 1972 bis 1975.

In vielen wissenschaftlichen Gesellschaften sind Sie Mitglied oder sogar Ehrenmitglied. Unter den zahlreichen Ehrungen, die Ihnen zuteil wurden, sind besonders angesehen die *Ulf von Euler Lecture* (Stockholm 1988), die *Rudolf Buchheim Lecture* (Hamburg 1988) und die Verleihung der Schmiedeberg-Plakette 1995, der höchsten Auszeichnung der Deutschen Pharmakologischen Gesellschaft.

Heute, noch nach 55 Jahren erfolgreichen Schaffens als Forscher und Lehrer, ist Ihre wissenschaftliche Aktivität ungebrochen und nicht erlahmt – haben Sie sich doch für Anfang Juli als aktiver Teilnehmer an einem Symposion in San Francisco angemeldet! Für Ihre künftige Tätigkeit wünsche ich Ihnen weiteren Erfolg, so wie er Sie als Wegbereiter in der Forschung über biologisch aktive Peptide stets begleitet hat, und den Erhalt Ihrer geistigen und körperlichen Vitalität.

Mit herzlichen Grüßen
Ihr sehr ergebener
Benno PARTHIER
Präsident
(Entwurf: Erich MUSCHOLL, Mainz)

Herrn
Prof. Dr. Dr. h. c. mult. Anton MAYR
Starnberg

Halle (Saale), zum 6. Februar 2002

Sehr verehrter Herr MAYR!

Zur Vollendung Ihres 80. Lebensjahres möchte ich Ihnen auch im Namen des Präsidiums der Deutschen Akademie der Naturforscher Leopoldina und ihrer Sektion Veterinärmedizin ganz herzlich gratulieren und Ihnen alles erdenklich Gute wünschen.

Als Sie am 6. Februar 1922 in Dürrnhaar bei München das Licht der Welt erblickten, war nicht vorauszusehen, daß Ihr Jahrgang später von den Unbilden des Zweiten Weltkrieges besonders schwer betroffen sein würde. – Nach Besuch des humanistisch geprägten Theresien-Gymnasiums in München mit dem Abiturabschluß 1940 studierten Sie Naturwissenschaften an der Universität Wien, vorrangig nahmen Sie jedoch als junger Offizier der 100. Jägerdivision unmittelbar am Kriegsgeschehen teil. Nach Verwundung und Kriegsgefangenschaft in der Sowjetunion und Polen konnten Sie 1946 heimkehren. Neben den Naturwissenschaften (1947–1949) wandten Sie sich nach Kriegsende dem Studium der Tiermedizin von 1947 bis 1950 an der Münchener Universität zu und bestanden das tierärztliche Staatsexamen mit dem Prädikat »sehr gut«. Im selben Jahr schlossen Sie Ihre studienbegleitend angefertigte Dissertation zum Thema »Die Veränderungen von Tuberkelbakterien nach Einwirkung von Streptomycin und TBI 698 in vitro« mit der Note »summa cum laude« ab. Schon vier Jahre später (1955), nach Assistententätigkeit (1951/52) und Wirken als Bakteriologe und Virologe an der Bayrischen Landesimpfanstalt in München, erlangten Sie mit einer Habilitationsschrift »Experimentelle Arbeiten über die Pockenerreger« die *Venia legendi* für das Fach Mikrobiologie an der Universität München. Noch heute wird Ihr Habilitationsvortrag als ein »High Light« in der über 200jährigen Geschichte der traditionsreichen Münchner Tierärztlichen Fakultät eingeschätzt. Nach achtjähriger Tätigkeit von 1955 bis 1963 als Leiter der Mikrobiologischen Abteilung der Bundesforschungsanstalt für Viruskrankheiten der Tiere in Tübingen und geschäftsführender Präsident dieser Bundesanstalt (1959–1963) wurden Sie 1963 als ordentlicher Professor auf den Lehrstuhl und zum Vorstand des Institutes für Medizinische Mikrobiologie, Infektions- und Seuchenmedizin der Tierärztlichen Fakultät der Ludwig-Maximilians-Universität München berufen. Hier wirkten Sie bis 1990 und anschließend als Emeritus außerordentlich erfolgreich; Sie schufen eine international hochanerkannte Schule der Mikrobiologie und Infektionsbiologie.

Mehr als 500 Publikationen und die Herausgabe von über 13 renommierten Fachbüchern – darunter das Standardwerk *Rolle/Mayr*, dessen 8. Auflage derzeit in Vorbereitung ist – legen davon beredtes Zeugnis ab. In Ihrer mehr als 50jährigen wissenschaftlichen Tätigkeit haben Sie – basierend auf soliden naturwissenschaftlichen Kenntnissen und tiefgründigem veterinärmedizinischem Wissen – das Gesamtbild der Mikrobiologie und Infektionskrankheiten befruchtet. Ihr Hauptaugenmerk richteten Sie dabei auf die Virologie, insbesondere auf die Entwicklung und Optimierung von Virusimpfstoffen, wobei Sie stets auf die Analyse der Immunantworten und die Konsequenzen bedacht waren. Am Beispiel der Pockenschutzimpfungen erkannten Sie, daß diese auf andere Infektionen wie zum Beispiel Herpes eine positive Auswirkung erzielten. Sie bezeichneten dies als Paramunitätseffekt. Darauf aufbauend untersuchten Sie das Paramunitätsphänomen und schufen die sogenannten Paramunitätsinduzer. Diese von Ihnen geschaffene Forschungsrichtung wurde zunächst mit Zurückhaltung aufgenommen, aber die Zytokinforschung der letzten Jahre hat die wissenschaftliche Berechtigung Ihrer Untersuchungen bestätigt.

Unvergessen wird Ihre Pionierarbeit auf dem Gebiet der Entwicklung zahlreicher Impfstoffe sein wie beispielsweise eines inaktivierten und attenuierten Impfstoffes aus Zellkulturen gegen die Poliomyelitis des Schweins, Impfstoffe mit attenuiertem Virus gegen Geflügelpocken, den Virusabort des Pferdes, das virusbedingte Pulmonalsyndrom des Pferdes, die Rindergrippe, den Zwingerhusten des Hundes sowie die *Mucosal Disease*. Weltweite Bedeutung erlangte Ihr Auffinden eines attenuierten Virusstammes (MVA-Stamm) für den Pockenimpfstoff des Menschen. Stets waren Sie darum bemüht, die von Ihnen und Ihrer Schule gewonnenen wissenschaftlichen Erkenntnisse in die Praxis zu überführen.

Mit Hochachtung werden Ihre Lehrtätigkeit und die Priorität, die Sie den Lehrverpflichtungen beigemessen haben, als mustergültig dargestellt. Ihre intensive Tätigkeit in Forschung und Lehre wurde ergänzt durch zahlreiche öffentliche Funktionen. So leiteten Sie von 1964 bis zu Ihrer Emeritierung 1990 zusätzlich das Institut für Blutgruppen- und Resistenzforschung in München, waren langjährig im Beirat für Tierseuchenbekämpfung im Bundesministerium für Ernährung, Landwirtschaft und Forsten sowie im Bundesgesundheitsrat und im Veterinärausschuß des Bundes und nicht zuletzt als langjähriger Vorsitzender und nunmehriger Ehrenvorsitzender der Deutschen Veterinärmedizinischen Gesellschaft tätig. Als Ihr besonderes Verdienst gilt die Gründung der Felix-Wankel-Stiftung für die Tierforschung. – Ihre außergewöhnlichen Leistungen wurden auf nationaler und internationaler Ebene hoch anerkannt und durch zahlreiche Ehrungen gewürdigt. Drei Ehrendoktorwürden, der Bayerische Verdienstorden 1983, das Bundesverdienstkreuz 1. Klasse 1991, die Pfeiffer-Medaille (Gießen), die Robert-von-Ostertag-Plakette der Deutschen Tierärzteschaft sind einige davon.

Verehrter Herr MAYR, die Deutsche Akademie der Naturforscher Leopoldina ist stolz darauf, Sie seit 1970 in den Reihen ihrer Mitglieder zu wissen. Wir danken Ihnen insbesondere für Ihre Mitwirkung in Vorbereitung und Durchführung der Leopoldina-Podiumsdiskussion der Sektion Veterinärmedizin über *Spongiforme Enzephalopathien*. Immerwährendes Wohlergehen, Gesundheit und viel Freude sowie unermüdliche Schaffenskraft mögen an der Seite Ihrer Frau Gemahlin Ihre ständigen Wegbegleiter sein.

Mit herzlichen Grüßen
Ihr sehr ergebener
Benno PARTHIER
Präsident
(Entwurf: Theodor HIEPE, Berlin)

Herrn
Prof. Dr. Christian NEZELOF
Paris, Frankreich

Halle (Saale), zum 19. Januar 2002

Sehr verehrter Herr NEZELOF!

Zur Vollendung Ihres 80. Lebensjahres sende ich Ihnen auch im Namen des Präsidiums der Deutschen Akademie der Naturforscher Leopoldina und ihrer Mitglieder die herzlichsten Glück- und Segenswünsche. Es war nicht nur für Sie, sondern auch für uns Ehre und Freude zugleich, Sie seit 1979 zu unseren Mitgliedern zählen zu dürfen. Wir wissen um Ihre große Bedeutung in der Pathologie Frankreichs und weltweit als Repräsentant der Pädopathologie. Sie sind außerdem Kinderarzt und daher dem klinischen Bedürfnis des Pathologen besonders zugetan.

Sie erhielten Ihre Ausbildung als Pathologe bei den Professoren LEROUX und GAUTHIER-VOLLARS in Paris und gingen dann für ein Jahr zu Professor BODIAN nach London in das Department für Pathologie am *Hospital for Sick Children*, Great Ormond Street. Zurückgekehrt nach Paris gründeten Sie zwei Departements für Pathologie. Das eine galt vorzugsweise der Histopathologie des Erwachsenen, es war angesiedelt am Amerikanischen Hospital und hatte die amerikanische Armee zu versorgen. Das andere befand sich im *Hôpital Necker – Enfants Malades*, wo Sie die Belange der pädiatrischen Diagnostik und Forschung vertraten. Hier war auch Ihr Lehrstuhl der Medizinischen Fakultät Paris angesiedelt. Diesen hatten Sie bis zu Ihrer Emeritierung inne. Anschließend arbeiteten Sie in verschiedenen Instituten von Paris.

Ihre Hauptarbeitsgebiete umfaßten das neue weite Gebiet der Immunmangelkrankheiten – unter besonderer Berücksichtigung des Thymus – und das der Histiozyten. Bei der morphologischen Erforschung der Immunmangelkrankheiten stießen Sie 1968 auf eine neue Entität, einen kombinierten Immundefekt, der durch eine extreme Thymushypoplasie mit Mangel an T-Lymphozyten in Blut und peripheren lymphatischen Organen sowie durch funktionell inkompetente Antikörper gekennzeichnet ist. Man nennt ihn kurz *Nezelof-Syndrom*. Unter Ihren Histiozytose-Forschungen sind vor allem Ihre breit angelegten Studien zur Histiocytosis X von Bedeutung: Sie erkannten, daß die Histiocytosis-X-Zellen wegen Ihrer elektronenmikroskopisch nachweisbaren »Birbeck-Granula« als Langerhanszellen, also als Zellen, die vor allem in der Haut vorkommen und dem T-Zellensystem zuzuordnen sind, aufgefaßt werden müssen.

Sie haben nicht nur bahnbrechende Arbeiten auf dem Gebiet der Kinderpathologie vorgelegt, Sie waren sich auch nicht zu schade, selbstlose organisatorische Aktivitäten zu entfalten. Sie gründeten schon bald nach Ihrer Rückkehr nach Paris die Französische Sektion der *International Academy of Pathology* und führten 1980 in Paris einen vielgerühmten Weltkongreß dieser Akademie durch. Es ist also kein Wunder, daß Sie einer der ersten waren, der – 1998 – die Goldmedaille der *International Academy of Pathology* erhielt. Ihre zweite altruistische Aktivität bezieht sich auf die *Society of Histiocytosis*, die Sie über die Jahre ihres Bestehens tatkräftig förderten. Dies hat man mit der Schaffung des jährlich zu verleihenden »Nezelof Award« honoriert. Und schließlich war Ihnen das Zusammenwachsen der europäischen Pathologen ein besonderes Anliegen. Es galt vor allem zuerst der Einbeziehung der osteuropäischen Kollegen. Sie haben von 1977 bis 1979 der *European Society of Pathology* als Präsident vorgestanden und ihre Entwicklung maßgeblich beeinflußt.

Nach Ihrer Emeritierung wandten Sie sich der Historie zu, speziell derjenigen der Pathologie. Sie gründeten 1996 zusammen mit Henry AZAR die *History of Pathology Society*, die seitdem beträchtlich gewachsen ist und im Rahmen internationaler Kongresse wiederholt getagt hat. Auch sind etliche Publikationen entstanden, unter anderem von Ihnen über Ernest BESNIER (1831–1909), der als Dermatologe (am Hospital St. Louis, Paris) die Biopsie als *die* diagnostische Methode der heutigen Pathologie eingeführt hat.

Ihre Freunde schätzen an Ihnen Ihre umfassende Bildung, Ihren Humor und Ihre kultivierte Gastlichkeit, welche Sie mit Ihrer gütigen Gattin Luce charmant pflegen. Und daß Sie ein Meister der hohen Schule französischer Weinkultur sind, haben Sie in einem Bulletin der *International Academy of Pathology* kürzlich demonstriert. *Ergo bibamus* – auf Ihr Wohl und vor allem Ihre Gesundheit in Gegenwart und Zukunft!

Mit herzlichen Grüßen
Ihr sehr ergebener
Benno PARTHIER
Präsident
(Entwurf: Karl LENNERT, Kiel)

Herrn
Prof. Dr. Paul OTTE
Mainz

Halle (Saale), zum 14. November 2002

Sehr verehrter Herr OTTE,

im Namen des Präsidiums der Deutschen Akademie der Naturforscher Leopoldina übersende ich Ihnen zur Vollendung Ihres 80. Lebensjahres herzliche Glückwünsche und die besten Grüße. Ein solches Datum wird Ihre Gedanken zurückschweifen lassen.

Am 14. 11. 1922 wurden Sie in Kolberg/Pommern geboren, besuchten das Domgymnasium Ihrer Heimatstadt bis zum Abitur 1940. In München begannen Sie Ihr Medizinstudium, das Sie bis zum dritten Trimester durchführen konnten, dann zur Wehrmacht einberufen wurden und es schließlich 1949 mit dem Staatsexamen beenden konnten. In der Zwischenzeit waren Sie mehrfach in Rußland im Fronteinsatz, intermittierend mit sogenannter Frontbewährung, dann aber wurden Sie freigestellt zur Fortsetzung des Studiums mit Physikum an der Universität Danzig. Anschließend waren Sie Arzt im Felde, und der Krieg war für Sie im April 1945 im Feldlazarett im ostpreußischen Pillau zu Ende, als Sie mit einem Verwundetentransport nach Dänemark ausgeschifft wurden. Dort gelangten Sie in englische Gefangenschaft und konnten in der Chirurgischen Abteilung im Krankenhause eines großen Flüchtlingslagers arbeiten. 1947 wurden Sie nach Deutschland entlassen und beendeten Ihr Studium mit dem Staatsexamen in Hamburg. Im gleichen Jahr promovierten Sie mit einer Arbeit über das Verhältnis vom Lymphozyten und Granulozyten in Pleuraexsudaten.

Sie suchten Weiterbildung in Neurologie und Orthopädie. 1942 begann die Fachausbildung in Orthopädie, 1954 wurde Ihnen die Möglichkeit zur Einrichtung eines histologischen Labors gegeben, wo Sie morphologisch, histochemisch und manometrisch Untersuchungen von tierischen Gelenken und humanem Operationsmaterial durchführten. Dabei gelang es Ihnen, erstmals Cytochromoxidase und eine spezifische 5-Nukleotidase im Gelenkknorpel nachzuweisen. Sie habilitierten sich 1962 über ein solches Thema und wurden von 1963 bis 1969 Oberarzt an der Orthopädischen Universitätsklinik in Hamburg-Eppendorf. Von 1970 bis zu Ihrer Emeritierung waren Sie apl. Professor und Wissenschaftlicher Rat sowie Leitender Oberarzt an der Orthopädischen Universitätsklinik in Mainz, in ihrem eigentlichen Lebensberuf, der orthopädischen Rheumatologie.

Grundlagenforschung und klinische Forschung auf dem Gebiet von Wachstum, Kinetik, Atrophie und Regeneration der Gelenkknorpel blieben Ihr wichtigstes Forschungsgebiet. Als bahnbrechend bezeichnen kann man Ihre grundlegenden Erkenntnisse über das Wachstum des Gelenkknorpels. Damit waren Sie erstmals imstande, wissenschaftlich fundierte Erklärungen für die schlechte oder auch fehlende Regenerationsfähigkeit dieser Knorpelart zu liefern. 1966 erhielten Sie für diese neuen Erkenntnisse den Heine-Preis der Deutschen Gesellschaft für Orthopädie. Auch der Begriff der »aktivierten Arthrose« geht auf Sie zurück, im Zusammenhang mit dem 1969 erstmals publizierten Modell einer Wechselbeziehung zwischen dem Detritus der arthrotischen Knorpeldestruktion und dem Schmerz- bzw. Entzündungsphänomen im Synovium. Sie haben über den ganzen Arthroseprozeß umfassend und monographisch publiziert. Es dauerte allerdings geraume Zeit, bis Ihre Befunde allgemein Anerkennung fanden, nachdem Ihre Erkenntnisse den bis dato geltenden Vorstellungen der Knorpelregeneration vollständig widersprachen.

Noch in der Hamburger Zeit trugen Sie zur Osteoporoseforschung bei, die dann in Mainz in die »Diskusexpansion« einmündeten. Ihre Forschungsergebnisse an den Bandscheiben waren der Grund Ihrer Zuwahl in einige Fachgesellschaften, und andere Anerkennungen folgten. Aufgrund Ihrer Forschungstätigkeit an den Gelenkknorpeln und damit der Arthrose pflegten Sie besonders intensiv die Zusammenarbeit mit der Rheumatologie. In den Jahren zwischen 1977 und 1980 wurden Sie Mitbegründer des Rheumazentrums in Mainz-Bad Kreuznach, gleichzeitig wurden Sie Präsident der Deutschen Gesellschaft für Rheumatologie.

Sie sind mehrfach ausgezeichnet worden durch Ehrenmitgliedschaften, so in der Assoziation für die Orthopädische Rheumatologie, in der Deutschen Gesellschaft für Orthopädie und Traumatologie und in der Deutschen Gesellschaft für Rheumatologie.

Lieber Herr OTTE, seit 1974 sind Sie unser Mitglied, zunächst in der orthopädischen Sektion und schließlich nach Zusammenlegung mit der Chirurgie und Anästhesiologie auch Mitglied in der entsprechenden Großsektion. Sie haben uns in vielfacher Weise durch Rat und Tat unterstützt, wofür wir Ihnen sehr dankbar sind.

Wir wünschen Ihnen, daß Ihnen noch eine lange gute Zeit in Gesundheit und Zufriedenheit geschenkt sein möge, damit Sie, sowohl im privaten Kreise wie mit Kollegen, noch viele Jahre der Freude und Erfüllung erleben können.

In dankbarer
leopoldinischer Verbundenheit
Benno PARTHIER
Präsident
(Entwurf: Erwin MORSCHER, Basel)

Herrn Prof. Dr. Carl Rudolf PFALTZ
Binningen BL, Schweiz

Halle (Saale), zum 16. Mai 2002

Sehr verehrter Herr PFALTZ!

Zur Vollendung Ihres 80. Lebensjahres möchte ich Ihnen auch im Namen des Präsidiums der Deutschen Akademie der Naturforscher Leopoldina ganz herzlich gratulieren und Ihnen für Gegenwart und Zukunft alles erdenklich Gute wünschen. Wir freuen uns, und es gereicht auch der Leopoldina zur Ehre, Sie seit 1979 unter ihren Mitgliedern zu wissen. 80 Jahre bewegtes und erfolgreiches Leben und Wirken veranlassen nicht nur den Jubilar zu einer gedankenvollen Rückschau, sondern traditionsgemäß auch den Präsidenten der Leopoldina im Namen aller Sektionsmitglieder.

Am 16. Mai 1922 in Basel geboren, legten Sie 1940 das Abitur ab und entschlossen sich, nach reiflicher Überlegung, sich nicht der Jurisprudenz, sondern der Medizin beruflich zuzuwenden. Während des Studiums in Basel bei bedeutenden Lehrern wie Adolf PORTMANN (Zoologie), Gerhard WOLF-HEIDEGGER (Anatomie), Andreas WERTHEMANN (Pathologie) und Carl HENSCHEN (Chirurgie) erfolgte eine nachhaltig wirksame Motivation zu wissenschaftlich-klinischem Arbeiten. Unmittelbar nach Abschluß des Examens erlangten Sie 1947 eine Assistentenstelle am Anatomischen Institut der Universität Basel, und eine bedeutsame Dissertation ermöglichte Ihnen ein Stipendium der »Schweizerischen Akademie der Medizinischen Wissenschaften« mit nachfolgendem Einstieg in die experimentelle Pathologie am Krebsforschungsinstitut Villejuif in Frankreich unter Charles OBERLING.

1950 kehrten Sie nach Basel zurück und hier an die Chirurgische Universitätsklinik, die damals unter der Leitung von Maurice SCHÜRCH stand. Die Organisation dieser Klinik entsprach noch stark klassischem, hierarchischem Denken und so weitgehend der reinen Krankenversorgung, daß eine aufgeschlossene, moderne Forschung kaum angesehen und entsprechend auch nicht gefördert wurde. Auf Rat von G. WOLF-HEIDEGGER erschien es besser, »nicht als kleiner Fisch in einem großen Teich, sondern als größerer Fisch in einem kleinen Teich zu schwimmen«. 1951 nahmen Sie Ihre Ausbildung in der Hals-Nasen-Ohrenheilkunde auf mit dem Ziel, nicht nur klinische Routine zu praktizieren, sondern auch weiter zu forschen. Das überschaubare Fachgebiet erschien einerseits vom topographisch-anatomischen Standpunkt aus anspruchsvoll, und als chirurgisches Fach nahm es, mit der Entwicklung der Mikrochirurgie, eine Vorreiterrolle in der klinischen Entwicklung ein. Ihr fachlicher Lehrer wurde Erhard LÜSCHER (1894–1979), unter dessen Leitung die moderne Ohrphysiologie gemeinsam mit J. ZWISLOCKI, einem der später in den USA führenden Audiologen, entwickelt wurde. Das elektroakustische Labor erwarb international großes Ansehen durch bahnbrechende Arbeiten auf dem Gebiet der Grundlagenforschung in der Audiologie sowie ihrer klinischen Nutzung.

Erhard LÜSCHER war Mitglied unserer Leopoldina (von 1940 bis zu seinem Tode 1979), Mitglied der *Royal Society of Medicine* sowie Ehrenmitglied zahlreicher internationaler Fachgesellschaften. LÜSCHER förderte wissenschaftlich interessierte Assistenten nachdrücklich und gewährte ihnen die notwendige persönliche Freiheit. Er baute im Rahmen dieser Klinik, nach entsprechenden weiteren Forschungen, ein zytodiagnostisches Labor auf, welches die klinische Endoskopie sinnvoll ergänzte und, bis zur Übernahme durch das Pathologische Institut 1966, dem Fach der Hals-Nasen-Ohrenheilkunde sowie der Pneumologie und der Thoraxchirurgie diente.

Ende 1952 erhielten Sie die Möglichkeit, sich im *National Hospital for Nervous Diseases* in London in ein junges Teilgebiet des Faches einzuarbeiten, nämlich die Neuro-Otologie. Mit einem Stipendium des *Medical Research Council* (MRC) begannen Sie einen Forschungsaufenthalt unter Charles Skinner HALLPIKE (1900–1979). Seine grundlegenden Arbeiten zur Diagnostik und zum Wesen des Morbus Menière haben ihren bahnbrechenden Wert bis heute behalten. In diesem Institut erfolgte weiterhin eine strenge wissenschaftliche Schulung, und zusätzlich ergaben sich für Sie zahlreiche Möglichkeiten der Kontaktaufnahme in Kolloquien für neurologische Grenzgebiete. Das Arbeitsklima am National Hospital war für junge Wissenschaftler ideal: Die Atmosphäre war aufgeschlossen, entspannt, aber zugleich auch von einem gewissen kompetitiven Geist geprägt. Die erkennbaren hierarchischen Strukturen beruhten nicht auf Äußerlichkeiten, sondern auf wissenschaftlicher Qualifikation. In eigenen tierexperimentellen Arbeiten befaßten Sie sich mit dem Problem des Nachweises nystagmogener Zentren im Kleinhirn, vestibulärer Habituation und Adaptation. Gemeinsam mit Kollegen wurden an Kaninchen einige physiologische Grundlagen dieser Vorgänge geklärt, die später beim Training der Astronauten eine Rolle spielen sollten.

Nach zwei Jahren kehrten Sie 1954 nach Basel zurück, beendeten Ihre Facharztausbildung, wurden 1955 Oberarzt und wandten sich wissenschaftlich der Neuro-Otologie zu. Entsprechend einem Ratschlag von HALLPIKE und mit der Unterstützung des Klinikchefs richteten Sie eine leistungsfähige Untersuchungsstation für Gleichgewichtsstörungen ein, die zusätzlich vom Chef der Neurologie, F. GEORGI, eine Förderung erfuhr. Gemeinsam mit H. R. RICHTER gelang Ihnen die Entwicklung einer neuen Methode zur Registrierung der Augenbewegungen (Photo-Elektro-Nystagmographie), und es entstanden zahlreiche wissenschaftliche Publikationen.

Das Angebot, 1957 die Chefarztstelle in St. Gallen zu übernehmen, lehnten Sie ab, um weiter forschen zu können. 1958 erfolgte Ihre Habilitation mit einer Arbeit über »Die normale thermische Labyrinthreaktion«, und es folgten, gemeinsam mit H. R. RICHTER, Arbeiten zur Weiterentwicklung und Standardisierung vestibulärer Untersuchungsmethoden. 1962 erfolgte Ihre Ernennung zum Extraordinarius, und 1965 wurde Ihnen nach der Emeritierung Ihres Lehrers LÜSCHER die Leitung der Baseler Universitäts-Hals-Nasen-Ohrenklinik übertragen. Die Weiterführung der Forschungen wurde vom Schweizer Nationalfonds unterstützt, die Personalstärke für die Forschung konnte erhöht werden, und zahlreiche Kontakte zu japanischen Universitätskliniken führten über japanische Schüler zur Besetzung von Lehrstühlen in Japan.

Nach Wiederaufnahme Ihrer in London mit J. D. HOOD begonnenen Arbeiten über vestibuläre Habituations-, Adaptations- und Kompensationsvorgänge entstanden zahlreiche Publikationen bis 1988 zu diesem Thema. 1991 erfolgte Ihre Emeritierung.

In der Selbstverwaltung der Universität haben Sie wichtige Aufgaben übernommen, waren von 1968 bis 1992 Mitglied des Rektorates, von 1986 bis 1988 Rector designatus, von 1988 bis 1990 Rektor der Baseler Universität und von 1990 bis 1992 Prorektor.

Auch außeruniversitär wurden Ihnen zahlreiche Ämter übertragen, und es erfolgten ehrenvolle Mitgliedschaften in nationalen und internationalen Fachgesellschaften. Sie waren von 1986 bis 1993 erster Vizepräsident des Stiftungsrates und Mitglied der Geschäftsprüfungskommission des Schweizerischen Nationalfonds zur Förderung der wissenschaftlichen Forschung, von 1976 bis 1986 Generalsekretär und 1990/1991 Präsident des *Collegium Otorhinolaryngologicum Amicitiae Sacrum* (CORLAS). Sie sind korrespondierendes Mitglied der Französischen und Schwedischen Fachgesellschaft, Ehrenmitglied des Collegium ORLAS, des *Bureau International d'Audio-Phonologie*, der Schweizerischen, Deutschen, Österreichischen und Italienischen Fachgesellschaften, waren von 1970 bis 1971 Präsident der Deutschen Gesellschaft für Hals-Nasen-Ohrenheilkunde, Kopf- und Halschirurgie und von 1975 bis 1976 Präsident der Schweizerischen Gesellschaft für Oto-Rhino-Laryngologie, Hals- und Gesichtschirurgie, und es erfolgten noch zahlreiche weitere Ehrungen. Von 1968 bis 1984 waren Sie Hauptschriftleiter des *Journal of Oto-Rhino-Laryngology and Related Specialities*, 1972 bis 1992 Mitherausgeber der Monographienreihe *Advances in Oto-Rhino-Laryngology*, 1965 bis 1992 Mitglied des Herausgeberkollegiums des Deutschen Archivs für Hals-Nasen-Ohrenheilkunde und der Zeitschrift *HNO*, und die Fachwelt kann von Ihrer eigenen intensiven Publikationstätigkeit profitieren, denn Ihre Publikationsliste umfaßt 236 Publikationen, 12 Buch- und Handbuchbeiträge.

Lieber Herr PFALTZ, wir alle wünschen Ihnen den Erhalt Ihrer geistigen und körperlichen Vitalität, damit Sie in den kommenden Jahren noch viel Freude am Erreichten und am Entstehenden haben und die Früchte Ihres wissenschaftlichen Lebens genießen können.

Mit herzlichen Grüßen
Ihr sehr ergebener
Benno PARTHIER
Präsident
(Entwurf: Jan HELMS, Würzburg)

Herrn
Prof. Dr. Dr. h. c. Dietrich PLESTER
Tübingen

Halle (Saale), zum 23. Januar 2002

Sehr verehrter Herr PLESTER!

Zur Vollendung Ihres 80. Lebensjahres übermittle ich Ihnen, zugleich auch im Namen des Präsidiums der Deutschen Akademie der Naturforscher Leopoldina, die herzlichsten Grüße verbunden mit allen guten Wünschen für die Zukunft, vor allem für Gesundheit, weiterhin ungebrochene Schaffenskraft und Lebensfreude.

Nach den Ereignissen des Zweiten Weltkrieges und Ihren medizinischen Lehr- und Wanderjahren im Rheinland lebten und wirkten Sie mehr als drei Jahrzehnte in Tübingen. Unter welch schwierigen Verhältnissen Sie Ihren Lebensweg nach dem Abitur zunächst weiterbeschritten, wird einem bewußt, wenn man erfährt, daß Sie nach Ihrem Medizinstudium von 1940 bis 1945 – kaum Soldat – zunächst in dreijährige Kriegsgefangenschaft gerieten. 1948 begannen Sie Ihre wissenschaftliche Laufbahn als Assistent am Institut für Pharmakologie und Toxikologie in Düsseldorf. Diese Jahre prägten Sie so sehr, daß Sie sich lebenslang mit den pharmakologischen und biochemischen Möglichkeiten der Beeinflussung des Innenohres, insbesondere auch der Hörermüdung, befaßten. Im Jahr 1951 wandten Sie sich der Hals-Nasen-Ohren-Heilkunde zu und erlernten zunächst bis 1954 das Handwerk des Hals-Nasen-Ohren-Arztes. In dieser Zeit konnten Sie den Grundstein für Ihre spätere weltweite Anerkennung legen, indem Sie modernste Verfahren der Mikrochirurgie des Ohres, die damals vollkommen neu waren, erlernten und vervollkommneten. Pharmakologie zum einen und Hals-Nasen-Ohren-Heilkunde zum anderen – Ihr Engagement ging weiter. 1954/1955 führte Sie eine siebenmonatige völkerkundliche Forschungsreise in den Sudan und nach Äthiopien, und Sie entdeckten die Völkerfamilie der Präniloten, die Sie seinerzeit erstmalig in der *Zeitschrift für Völkerkunde* beschrieben. Drei weitere völkerkundliche Forschungsreisen sollten folgen.

1955 in die Hals-Nasen-Ohren-Klinik der Universität Düsseldorf eingetreten, bauten Sie dort die gehörverbessernde Chirurgie auf und widmeten sich parallel der Stoffwechseluntersuchung unterschiedlicher Zellgruppen im Innenohr. Doch Ihre Habilitationsschrift »Prinzip und Methodik gehörverbessernder Operationen« verriet, wo der Schwerpunkt für Ihr weiteres wissenschaftliches Leben liegen sollte. Als bereits weltweit anerkannte Kapazität auf diesem Gebiet erhielten Sie 1966 den Ruf als Direktor der Universitäts-Hals-Nasen-Ohren-Klinik in Tübingen. Sie sind dieser Universität und dieser Stadt bis heute treu geblieben.

Eine große Zahl von jungen Ärzten konnte von einem Manne lernen, der über Jahrzehnte die deutsche und internationale Hals-Nasen-Ohren-Heilkunde maßgeblich beeinflußt hat und weiter beeinflussen sollte. Gastärzte aus den USA, Südamerika, Asien und Europa wurden von ihren Heimatländern über Monate bis Jahre zu Ihnen in die Tübinger HNO-Klinik geschickt, um diese neuen Operationsmethoden zu erlernen. Eine bedeutende Zahl Ihrer Schüler wurde auf Ämter als Klinikchef berufen.

Ihr hohes Engagement spiegelt sich auch in der korrespondierenden und Ehrenmitgliedschaft zahlreicher internationaler wissenschaftlicher Gesellschaften einschließlich der *Royal Society of Medicine* und unserer Akademie der Naturforscher Leopoldina wider. 1967 erhielten Sie die Sir-Joshi-Medaille und 1981 die Yearsley-Medaille der *Royal Society of Medicine*. Darüber hinaus sind Sie Ehrendoktor der Universität Poznań. Die Bundesrepublik Deutschland ehrte Sie mit dem Bundesverdienstkreuz erster Klasse.

Zahlreiche wissenschaftliche Arbeiten und Monographien und wichtige mitverfaßte Publikationen in anderen Monographien sowie Beiträge in Sammelwerken zeugen ebenso wie zahlreiche Vorträge im In-und Ausland von Ihren wissenschaftlichen Aktivitäten, wobei Sie stets Wert darauf gelegt haben, daß neben grundlegenden Forschungen die klinische Forschung – ausgehend vom Krankenbett und dorthin wieder zurückkehrend – an einer klinischen Einrichtung Priorität haben muß im Hinblick auf eine möglichst gutfundamentierte Ausbildung der Hals-Nasen-Ohren-Ärzte.

Verehrter Herr PLESTER, Sie haben Ihr ganzes Leben mit Elan und hoher Einsatzbereitschaft in Ihrem Beruf gearbeitet und können auf besondere wissenschaftliche Erfolge und auch Anerkennung von Seiten der Patienten, der Kollegen und wissenschaftlichen Institutionen zurückblicken. Ein großes Zeichen der Ehrung und Anerkennung war 1984 auch Ihre Wahl zum Mitglied unserer Akademie, und wir danken Ihnen, daß Sie uns in Ihrer langjährigen Mitgliedschaft auch in schweren Zeiten die Treue gehalten und uns immer mit wohlabgewogenem Rat unterstützt und zur Seite gestanden haben. Bleiben Sie uns noch viele Jahre in geistiger und körperlicher Frische erhalten!

Mit herzlichen Grüßen
Ihr sehr ergebener
Benno PARTHIER
Präsident
(Entwurf: Hans-Peter ZENNER, Tübingen)

Herrn
Prof. Dr. Helmut RÖSSLER
Bonn

Halle (Saale), zum 22. März 2002

Sehr verehrter Herr RÖSSLER!

Zur Vollendung Ihres 80. Lebensjahres möchte ich Ihnen persönlich und zugleich auch im Namen des Präsidiums der Deutschen Akademie der Naturforscher Leopoldina die herzlichsten Grüße und Glückwünsche übermitteln. Wir wünschen Ihnen, daß Sie Ihren Ehrentag mit viel Freude im Kreise Ihrer Familie verbringen und auch die kommenden Jahre in Frieden, Zufriedenheit und Gesundheit erleben mögen.

Sie dürfen auf ein hervorragendes Lebenswerk zurückblicken, welches Sie vor dem Hintergrund eines Jahrhunderts geschaffen haben, das durch einen enormen Wissenszuwachs und unter anderem auch durch gewaltige technische Fortschritte gekennzeichnet war. Auch Ihr Fachgebiet, die Orthopädie, wandelte sein Gesicht aufgrund einer zunehmend einsetzenden Grundlagenforschung, im Verein mit Nachbardisziplinen, ganz erheblich. Mit der weiteren Klärung der Ätiopathogenese der Erkrankungen des Haltungs- und Bewegungsapparates gewannen die Ergebnisse der konservativen und technischen Orthopädie sowie der medizinischen und sozialen Rehabilitation bis hin zur Orthopädischen Chirurgie an Qualität und Zuverlässigkeit. Sie, verehrter Herr RÖSSLER, waren einer der Pioniere dieser Vertiefung unserer Erkenntnisse und der Vergrößerung der Spannbreite Ihres ursprünglich »kleinen« Faches mit seinen weitreichenden sozialbiologischen Bezügen. Sie sind angesichts der fortschreitenden Spezialisierung zu einem der letzten, wenn nicht dem letzten Generalisten Ihrer Generation geworden, dem noch der Überblick über seine Disziplin gegeben war. Kaum ein Gebiet der genannten Zweige haben Sie nicht kritisch bearbeitet und unsere Wissensgrenzen mit hinausgeschoben. Dabei arbeiteten Sie anfangs mehr in der Grundlagenforschung, später griffen Sie vielfach aktuelle Fragestellungen auf und wandten sich Grenzgebieten und interdisziplinären Problemen zu.

Ihr beruflicher Werdegang nach dem Abitur in Rochlitz/Sachsen (1940) und der Ableistung der Arbeitsdienstpflicht fiel anfänglich in den Zweiten Weltkrieg. Sie konnten das Medizinstudium in Leipzig aufnehmen, später nach Kriegseinsätzen, zum Teil als Angehöriger einer Studentenkompanie, an der Universität Münster fortsetzen mit Abschluß durch das medizinische Staatsexamen und die Promotion 1948. Ihre Weiterbildung erfolgte am Physiologisch-chemischen Institut der Universität Münster (Prof. Emil LEHNARTZ) neben ärztlicher Tätigkeit bis 1954. Ihre chirurgische Ausbildung erfuhren Sie hauptsächlich an der Berufsgenossenschaftlichen Unfallklinik in Bochum (Prof. Heinz BÜRKLE DE LA CAMP); Ihr orthopädischer Lehrer wurde Prof. Peter PITZEN in Münster. Hier konnten Sie sich bereits 1953 mit einer Arbeit über »Neuere Erkenntnisse über die Biologie der Mesenchymerkrankungen und ihre praktische Bedeutung für die Orthopädie« habilitieren. 1955 gingen Sie an die Chirurgische Universitätsklinik Bonn (Prof. GÜTGEMANN) als Oberarzt der Unfallchirurgie mit dem Auftrag zum Aufbau einer orthopädischen Abteilung. Trotz mancher Widrigkeiten gelang Ihnen dort 1961 die Schaffung einer selbständigen Orthopädischen Universitätsklinik und Poliklinik mit Ihrer Berufung zunächst als außerordentlicher Professor auf den neu errichteten Lehrstuhl für Orthopädie, gefolgt von der ordentlichen Professur sechs Jahre später. Wie viele Kräfte der Aufbau einer kompletten operativen Universitätsklinik neben der Forschung und Lehre erforderte, kann ein Außenstehender kaum ermessen. Hervorzuheben ist die Schaffung einer Forschungsabteilung für den Knochen- und Knorpelstoffwechsel, für die Biomechanik und, in Zusammenarbeit mit dem Institut für experimentelle Hämatologie und Bluttransfusion (Prof. EGLI), die Etablierung eines Hämophilie-Zentrums mit der Entwicklung operativer Behandlungsmöglichkeiten für Bluter. Erwähnt sei ferner die Gründung eines Zentrums für spastisch gelähmte Kinder.

Studienaufenthalte in England, den USA und Schweden kamen in früheren Jahren vorwiegend Ihrer eigenen Fortbildung zugute, z. B. in der Handchirurgie. Später erhielten Sie durch zahlreiche internationale Kontakte – unter anderem in Japan, England und in der Sowjetunion – manche fachliche Anregung, wie Sie umgekehrt durch Gastprofessuren Ihr reiches Wissen und Ihre Erfahrung in Vorlesungen, Kursen und Operationen weitergaben, vorwiegend in Ländern des vorderen Orients bis hin nach Indien. Viele junge Kollegen aus Ländern der 3. Welt (Afrika, Lateinamerika, Asien) lernten zeitweise an Ihrer Klinik. Sie konnten, ebenso wie Ihre Assistenten, die Tugend der Geduld in der Orthopädie erkennen und erfahren, daß in Zeiten zunehmender Operationsfreudigkeit die Indikation zur Operation, neben der Technik, ganz besonders in der Orthopädie die hohe Schule darstellt, da es angesichts der Möglichkeiten einer sich teilweise überschneidenden, hochentwickelten konservativen wie operativen Behandlung vielfach auf die Wahl des rechten Zeitpunktes zum operativen Eingriff ankommt: Nicht zu früh, aber auch nicht zu spät!

Wissenschaftliche wie klinische Schwerpunkte waren: Teilgebiete der Bindegewebsforschung, der Pathophysiologie des Bindegewebes und der Gelenke, biologisches und biomechanisches Verhalten der Gewebe, der Mineralstoffwechsel, orthopädische Erkrankungen im Wachstumsalter, die Wirbelsäulenchirurgie, orthopädische Maßnahmen bei Bluter-Kranken, wiederherstellende Eingriffe bei Erkrankungen, Verletzungen und Infektionen, dies auf dem Hintergrund vieler Zuweisungen aus der 3. Welt (in der seinerzeitigen Bundeshauptstadt).

In annähernd 200 Arbeiten, die in Fachzeitschriften, Monographien und Handbuchartikeln niedergelegt sind, liegen Ihre Forschungs- und Behandlungsergebnisse verstreut vor. Sie werden zusammengefaßt von Ihrem »Flaggschiff«, dem Lehrbuch der Orthopädie, ursprünglich als *Pitzen-Rössler*, heute völlig umgearbeitet als *Rössler-Rüther*, im Jahre 2000 in 18. Auflage erschienen. Lizenzausgaben existieren in Spanisch, Portugiesisch und Italienisch.

Ihr Engagement war weit ausgreifend. Stichwortartig seien lediglich angeführt: die Präsidentschaft der Nordwestdeutschen und der Deutschen Gesellschaft für Orthopädie, Delegierter der Arbeitsgemeinschaft wissenschaftlicher Fachgesellschaften (AWMF) und der Europäischen Fachärztekonferenz, zuletzt als Vizepräsident, Mitglied und später Vorsitzender des Beirates für Orthopädie beim Bundesministerium für Arbeit und Sozialordnung. Ihre internationale Ausstrahlung fand ihre Anerkennung vor allem in der korrespondierenden und Ehrenmitgliedschaft diverser nationaler Fachgesellschaften einschließlich der Deutschen Gesellschaft für Orthopädie. 1972 wurden Sie besonders geehrt durch die Mitgliedschaft in unserer Leopoldina, der Sie in den vielen Jahren Ihrer Zugehörigkeit zu uns auch vielfach Ihre treue Verbundenheit bewiesen haben. Ich erinnere an Ihre Besuche in Halle zu unseren Jahresversammlungen, als das Reisen noch bestimmten störenden Präliminarien unterlag.

Ihr handwerkliches Geschick kam Ihnen gewiß nicht nur bei Operationen und bei der Befassung mit orthopädisch-technischen Problemen zustatten, sondern auch in schwierigen Situationen bei Ihrem Hobby, dem Segeln. Die schönste Freizeitbeschäftigung stellte wohl das Malen dar, worauf schon die Ausstellung malender Orthopäden anläßlich Ihres Bonner Kongresses hinwies, und das Zeichnen von Karikaturen, welches durch exaktes Beobachten der orthopädischen Blickdiagnostik nur förderlich gewesen sein kann.

Das Präsidium und die Akademie schätzen sich glücklich, einen so vielseitigen, begabten und erfolgreichen, lauteren und bescheidenen Forscher in ihren Reihen zu wissen. Wir alle wünschen Ihnen an der Seite Ihrer liebenswürdigen und liebenswerten Gattin in Ihrem schönen Bonner Heim und in Norditalien noch viele glückliche Jahre bei stabiler Gesundheit.

Mit herzlichen Grüßen
Ihr sehr ergebener
Benno PARTHIER
Präsident
(Entwurf: Hans MAU, Tübingen)

Herrn
Prof. Dr. Eberhard SANDER
Halle (Saale)

Halle (Saale), zum 21.12.2002

Sehr verehrter Herr SANDER!

Zur Vollendung Ihres 80. Lebensjahres gratuliere ich, auch im Namen des Präsidiums der Deutschen Akademie der Naturforscher, ganz herzlich. Am 21. Dezember 1922 wurden Sie in Breslau geboren und sind im oberschlesischen Bad Carlsruhe aufgewachsen. Vorausbestimmend für Ihr Leben wurden die Kindheits- und Jugendjahre in der waldreichen Heimat und die enge Verbindung mit Ihrem Vater. Er war Arzt, und Sie durften ihn quasi als Sprechstundenhilfe bei Hausbesuchen begleiten. Ihr Vater war zugleich Jäger, die gemeinsamen Jagderlebnisse weckten Ihr Interesse an der Natur, und Sie spielten mit dem Gedanken, eventuell Forstmann zu werden. Nach dem Abitur haben Sie sich für die Medizin entschieden und nahmen als aktiver Marinesanitätsoffizier das von vielen Fronteinsätzen unterbrochene Studium in Tübingen auf. Die Ausbildung zum Facharzt für Chirurgie begann in den Krankenanstalten Dessau-Alten und wurde 1950 an der Chirurgischen Universitätsklinik Halle bei Professor BUDDE fortgesetzt. Als weitere Stationen Ihrer Laufbahn nenne ich die Facharztanerkennung für Chirurgie (1952), und 1954 wurden Sie Facharzt für Urologie. 1964 ist das Jahr Ihrer Habilitation, die Ernennung zum Dozenten erfolgte ein Jahr später, schließlich kam 1973 die Berufung zum ordentlichen Professor für Chirurgie. Seit 1976 sind Sie Mitglied unserer Akademie.

Diese Laufbahn verdanken Sie der Förderung durch die Ordinarien Franz MÖRL (auch er ein Jägersmann) und Karl Ludwig SCHOBER, die bald Ihre manuelle und wissenschaftliche Begabung erkannten und Ihr Bestreben, die Entwicklung der Chirurgie voranzutreiben. Sie haben das Fachgebiet nicht verwaltet, sondern gestaltet. Ihre Amtszeit fällt in die Periode tiefgreifender Umgestaltungen der großen Fachgebiete, die Zeit der Spezialisierungen. Für die Vertreter der traditionellen Chirurgie waren das elementare Ereignisse, für Sie die Chance, Wege zu gehen, die noch keine Karte verzeichnete. Mit großer Energie und Weitsicht halfen Sie, die Traumatologie und die Dringliche Medizinische Hilfe zu profilieren. Unvergessen bleibt bei den mitteldeutschen Chirurgen, daß es Ihnen unter den tristen Bedingungen der DDR gelang, das schweizerische AO-System einzuführen und auszubauen. Unter Ihrer Führung entstand in Halle ein Zentrum für operative Knochenbruchbehandlung. In kontinuierlichen Arbeitstagungen für Ärzte und Schwestern haben Sie Ihr Wissen vorbehaltlos weitergegeben. Es gelang Ihnen, Ihren Assistenten Studienaufenthalte in der Schweiz zu ermöglichen – in der DDR eine Sensation. Für den praktisch denkenden Arzt erlangte der Aufbau einer strukturierten Unfallchirurgie im Industriedreieck Halle-Leuna-Merseburg besondere Bedeutung. Das war wohl das beherrschende Thema in Ihrem breit gefächerten Arbeitsleben.

Die hallesche Chirurgie ist ohne Eberhard SANDER nicht denkbar. Weit über 50 Jahre standen Sie im Dienst der Chirurgischen Universitätsklinik und waren Leiter der Traumatologischen Abteilung; darüber hinaus übten Sie mit sicher urteilendem Kopf das heikle, immer zwischen den Fronten stehende Amt eines stellvertretenden Klinikdirektors unter immerhin vier Ordinarien aus. Zusätzliche Aufgaben erwuchsen aus dem Klinik-Neubau in Halle-Kröllwitz. Das zählbare wissenschaftliche Werk berührt, auch als Ausdruck einer breit angelegten Ausbildung, Themen aus allen Gebieten der Chirurgie. Der Spezialist ist beispielgebend Generalist geblieben. In über 50 Veröffentlichungen, in zwei Lehrbüchern sowie über 100 Vorträgen kann man Ihre Forschungsergebnisse finden. Von außergewöhnlichem Wert ist die mit SCHOBER verfaßte Abhandlung über zweieinhalb Jahrhunderte Chirurgie in Halle.

An Ausbildung und Lehre hatten Sie besondere Freude. Den Lernenden flogen Ihre erfahrungsreichen medizinischen Kenntnisse zu und dem attraktiven Herrn Professor die Herzen, nicht nur der Studentinnen, und Ihre Ausbildungsassistenten sprechen noch heute lobend und dankend von Ihnen. *Summa summarum* können Sie auf ein gelungenes und weithin anerkanntes Arbeitsleben als Arzt und Chirurg, als Wissenschafter und Hochschullehrer, als Klinikdirektor und Organisator zurückblicken. Sie haben die Entwicklung der Chirurgie mit großer innerer Logik in dem Bewußtsein vorangetrieben, daß sich Fortschritte auch in uns selbst vollziehen müssen. Aber Sie haben sich auch den Aufgaben der Zeit gestellt. So wie Ihr Lehrer Werner BUDDE trotz einer schweren Wirbelsäulenerkrankung 1945 die Chirurgische Klinik übernahm, stellten Sie sich nach der Wiedervereinigung für den heiklen Evaluierungsprozeß an Ihrer Universität zur Verfügung. So schließt sich der Kreis und erlaubt die Aussage, daß Ihr Leben aufzeigt, wer Sie sind und was Sie wollten.

Ihre persönliche Integrität und eine subtile Kenntnis der medizinischen Einrichtungen im halleschen Raum, der chirurgischen im deutschsprachigen

Raum, machte Sie zum idealen medizinischen Sekretar in unserem Präsidium, wie auch der Senat durch einstimmiges Votum befand. Fünf Jahre, von 1990 bis 1995, waren Sie ein gewichtiger Gesprächs- und Beratungspartner bei den Zuwahlen und in vielen anderen Entscheidungen, die gerade im ersten Jahrfünft nach der Wende kompetente und sensible Berater benötigten. Der Dank des Präsidenten ist so nachhaltig wie berechtigt.

Hinter dem Lebenswerk steht eine real denkende, kontaktfreudige und selbstbewußte Persönlichkeit mit sicherem Blick für das Machbare. Anders wären Sie nicht aus den vielen kritischen Situationen herausgekommen, die der grausame Krieg, die unsichere Nachkriegszeit und auch das existenzbedrohende System der DDR heraufbeschworen haben. Am Verlust Ihrer schlesischen Heimat tragen Sie wohl noch immer. Heimat ist nicht nur ein geographischer Begriff, sondern auch das Gefäß für *Zu-Hause-Sein*, für die Kindheit und die Basis für das Selbst. Persönliches Leid blieb Ihnen nicht erspart. Einen Ihrer Söhne haben Sie in frühen Jahren verloren. Auf staatlich verordnete Querelen sei an einem Geburtstag nur hingewiesen. Sie haben den aufrechten Gang beibehalten, wohl wissend, daß man auf Knien nicht unbeschadet vorankommen kann. Sie mußten Haltung, Gefaßtheit und jene schwer verdauliche Mischung von Hoffnung und Verzweiflung aufbringen, um das Leben in einer Welt und unter Menschen durchzustehen, die es uns auf vielerlei Weise nicht leicht machen.

Herausragend steht auf der Habenseite Ihres Lebens jene Begegnung an einer Eisbude in Oppeln, die bestimmende Bedeutung für Ihre Vita erlangen sollte. In frühesten Jugendjahren sahen Sie dort erstmals Ihre lebenskluge und überaus charmante Frau Gemahlin. Wie gut, daß Sie diesen »Augenblick« nicht auf Eis gelegt haben. Unauffällig hat Frau Ruth geholfen, die Wechselfälle des Lebens auszubalancieren und Kurs zu halten. Ihre knapp bemessene Freizeit gehörte Antiquitäten, Zinngefäßen im besonderen, und moderner Kunst, speziell aus den Werkstätten der Burg Giebichenstein. Als Emeritus fanden Sie Zeit zum Studium der Lebensläufe herausragender Zeitgenossen. So rundet sich das Bild eines über den Tellerrand seines Fachgebietes schauenden Wissenschaftlers. Und noch immer können Sie in erstaunlich perfekter Weise dem Skisport huldigen, hochalpin selbstredend, so wie Sie, lieber Herr SANDER, nun 80 Jahre lang auf den Höhen des Lebens Ihren Weg gesucht und gefunden haben. Ihre geistige und allgemeine Fitneß bewahrte Sie zuverlässig vor Abstürzen. Möge das so bleiben!

Mit den besten Wünschen für Ihre Gesundheit und für alle Wege und Gedanken.

Mit herzlichen Grüßen
Ihr sehr ergebener
Benno PARTHIER
Präsident
(Entwurf: Fritz MEISSNER, Leipzig)

Herrn
Prof. Dr. Mario SANGIORGI
Rom, Italien

Halle (Saale), zum 20. Juli 2002

Sehr verehrter Herr SANGIORGI!

Zur Vollendung Ihres 80. Lebensjahres gratuliere ich Ihnen auch im Namen des Präsidiums der Deutschen Akademie der Naturforscher Leopoldina und ihrer Mitglieder und wünsche Ihnen für Gegenwart und Zukunft alles erdenklich Gute. Wir sind stolz, Sie seit 1984 in den Reihen unserer Mitglieder zu wissen und danken Ihnen für die vielen Jahre treuer Verbundenheit und aktiver Teilnahme am Leben unserer Akademie. Ganz besonders hat uns gefreut, daß wir Sie anläßlich der 350-Jahrfeier der Leopoldina vom 18. bis 20. Juni 2002 in Halle begrüßen konnten, als Mitglied und zugleich als Vertreter der römischen *Accademia Lancisiana*, der ältesten italienischen medizinischen Akademie.

Sie haben am 20. Juli 1922 in Catania das Licht der Welt erblickt und sind in Bari aufgewachsen, wo Ihr Vater Professor für Hygiene und Mikrobiologie an der Universität war. Er hat gewiß Ihr Interesse für die wissenschaftliche Arbeit geweckt, hatte aber als Kenner der europäischen Sprachen und der klassischen Musik auch darüber hinaus prägenden Einfluß auf Ihre Entwicklung. Das Studium der Medizin haben Sie an der Universität Bari absolviert und 1945 mit der Dissertation abgeschlossen. Anschließend waren Sie zunächst Assistent an den Kliniken für Innere Medizin der Universitäten Catania und Rom. In Rom hat besonders Ihr Lehrer, Professor L. CONDORELLI, Ihre wissenschaftlichen Interessen gefördert. Weitere Stationen Ihres beruflichen Weges waren die Professur (ass. Prof.) für kardiovaskuläre Krankheiten an der Universität Rom La Sapienza und die Professur (*Full*-Professor) ab 1977 an dieser Universität, ab 1981 an der Universität Rom Tor Vergata. Auch nach Ihrer Emeritierung (1997) sind Sie weiterhin wissenschaftlich aktiv, vor allem als Mitglied des Council für die Forschung auf dem Gebiet der kardiovaskulären Pathophysiologie.

Ihre wissenschaftliche Arbeit hat auf dem Gebiet der Gastroenterologie mit Untersuchungen der Elektrolyte und ihres Einflusses auf die Magensaftsekretion begonnen. Sie haben sich dann aber rasch der Kardiologie zugewandt. Erste Arbeiten befassen sich mit den kardialen Manifestationen des rheumatischen Fiebers und ihrer Therapie. Ein Schwerpunkt war dabei die EEG-Analyse verschiedener Blockierungstypen des Reizleitungssystems. Vektorkardiographische Studien befaßten sich mit den Veränderungen des elektrischen Feldes unter verschiedenen Bedingungen, zum Beispiel beim Pneumomediastinum und bei Malposition des Herzens. In klinischen Arbeiten haben Sie erstmals den hämorrhagischen Infarkt ohne Verschluß der Koronargefäße beschrieben. Eine weitere herausragende Arbeit ist die elektrokardiographische und szintigraphische Diagnose der Pseudoischämie des Herzens. Sie befaßten sich ferner mit der Prognose der verschiedenen Blockierungstypen des Reizleitungssystems. Schließlich hatte eine große Zahl Ihrer wissenschaftlichen Arbeiten die Kardiomyopathien zum Thema. Sie haben gezeigt, daß in einigen Fällen diese Erkrankungen familiär gehäuft auftreten. Wichtig war ferner die Beschreibung der hypertrophen obstruktiven Kardiomyopathie des rechten Ventrikels.

In Untersuchungen zur Pathophysiologie des kardiovaskulären Systems, die vor allem mit der Gruppe von Professor TALLARIDA durchgeführt wurden, haben Sie bei Studien zur peripheren Kreislaufregulation zwei Rezeptoren in den kleinen muskulären Arterien entdeckt, von denen der eine auf Kinine reagiert, der andere Rezeptor wahrscheinlich für die Schmerzauslösung verantwortlich ist.

Nicht zuletzt haben Sie sich mit allgemeinen Fragen der Inneren Medizin beschäftigt und auf diesem Gebiet wichtige Arbeiten vorgelegt, so zu den Methoden der Diagnostik Innerer Krankheiten, zu Ausbildungsfragen von Studenten und Graduierten und zur Organisation der Hochschulmedizin. Von Erfolg gekrönt war auch Ihr Bestreben, Ihre Wissenschaft weiterzuvermitteln. Unter Ihren Schülern sind zwei *Full*-Professoren und acht *Associate*-Professoren für Innere Medizin in Italien. Auf internationalem Gebiet haben Sie Ihren Dienst zur Organisation und Tätigkeit der Inneren Medizin als Präsident der Europäischen Gesellschaft (AEMIE, 1977–1981) und der Internationalen Gesellschaft (ISIM, 1986–1988) geleistet.

Mit vielen Ehrungen ist Ihr wissenschaftliches Werk gewürdigt worden. Unter anderem wurden Ihnen 1954 der Nationale Preis für Kardiologie verliehen, 1985 die Goldmedaille für Verdienste um das öffentliche Gesundheitssystem in Italien und 1989 die Botnik-Medaille der Gesellschaft für Therapie der UdSSR. Sie sind nicht nur unser Mitglied, sondern auch Mitglied mehrerer italienischer und ausländischer Akademien. So können Sie insgesamt auf ein sehr erfolgreiches Leben und Wirken als Arzt und Forscher zurückblicken. Als Emeritus werden Sie sich nun auch Bereichen außerhalb der Medizin zuwenden können. Für alles wünschen wir Ihnen den Erhalt Ihrer geistigen und körperlichen Vitalität, die Begleitung durch gute Freunde und die Begegnung mit viel Schönem. *Ad multos annos*!

Mit herzlichen Grüßen
Ihr sehr ergebener
Benno PARTHIER
Präsident
(Entwurf: Wolfgang GEROK, Freiburg)

Herrn
Prof. Dr. Arnulf SCHLÜTER
München

Halle (Saale), zum 24. August 2002

Sehr verehrter lieber Herr SCHLÜTER,

der Leopoldina und meine herzlichsten Glückwünsche übermittle ich Ihnen zur Vollendung Ihres 80. Lebensjahres. Es gehört zur langen Tradition und zu den angenehmen Pflichten des Präsidenten der Leopoldina, sich aus Anlaß solchen Jubiläums mit dem Schaffen eines verdienten Mitgliedes unserer Akademie laudatorisch zu befassen. Es ist unser Rückblick auf das verdienstvolle Wirken eines verdienstvollen Mitglieds.

Der entscheidende Schritt in Ihrem wissenschaftlichen Leben war wohl Ihr Eintritt in HEISENBERGS Max-Planck-Institut in Göttingen im Jahre 1948. Dort leitete der vielseitige Ludwig BIERMANN eine astrophysikalische Arbeitsgruppe. Hier entstanden schon frühzeitig die Pläne für den Bau elektronischer Rechenmaschinen. Dort schrieben Sie Arbeiten zur Radiostrahlung der Sonnenkorona und zur Rolle von Magnetfeldern in Sternen und im interstellaren Raum. So wurde die Plasmaphysik Ihr eigentliches Arbeitsgebiet. Sie formulierten die Grundgleichungen dazu und wandten die Plasmaphysik auf zahlreiche brennende Probleme der Astrophysik an. In Zusammenarbeit mit BIERMANN und später mit Reimar LÜST entstanden fundamentale Arbeiten über die Eigenschaften und Wirkungen kosmischer Magnetfelder. In vielen Fällen konnten Sie dazu die am Institut entwickelten elektronischen Rechner benutzen. Es ist für eine Arbeitsgruppe nicht leicht, mit ihren Arbeiten an die Spitze eines Forschungsgebietes zu gelangen. Die damalige Göttinger Gruppe hatte dieses Glück – und das war ganz wesentlich Ihr Verdienst.

Dieses Glück blieb den Göttinger Physikern um Arnulf SCHLÜTER treu. Um das Jahr 1957 waren die Entwicklungen und Erkenntnisse so weit gediehen, daß es im Prinzip möglich sein müßte, die Fusion von Wasserstoff, von der die Sonne ihre Energie bezieht, zur Energiegewinnung auf der Erde heranzuziehen. Sofort begannen BIERMANN und Sie mit theoretischen Arbeiten darüber. Damals wurden die Anstrengungen der amerikanischen Forschungsgruppen zur Fusion noch geheim gehalten. Als dann im Jahre 1958 die amerikanischen Wissenschaftler ihre Ergebnisse bekannt geben durften, zeigte sich, daß sie nicht wesentlich weiter waren als die Göttinger.

Diese Gruppe von Theoretikern zusammen mit mehreren Experimentalphysikern wurde schließlich der Kern des später gegründeten Max-Planck-Instituts für Plasmaphysik in Garching, an dem Sie bis zu Ihrer Emeritierung in leitender Stellung arbeiteten. Neben Ihren fundamentalen Veröffentlichungen zur Plasmaphysik haben Sie wesentlich zur Entwicklung von Rechenmethoden für elektronische Rechenmaschinen beigetragen. Als Hochschullehrer an der Münchener Ludwig-Maximilians-Universität haben Sie Ihre Schüler angeregt, Probleme der Hydrodynamik und der numerischen Behandlung des N-Körper-Problems auf neue Art aufzugreifen.

Daneben haben Sie sich in wissenschaftlichen Organisationen forschungsfördernd verdient gemacht, nicht nur in der Max-Planck-Gesellschaft, auch als Senator der Deutschen Forschungsgemeinschaft. Als Präsident der Bayerischen Akademie der Wissenschaften haben Sie die Besonderheiten und Stärken dieser Akademie in der deutschen Akademienlandschaft erhalten und gefördert. Die Leopoldina, zu deren Mitglied Sie 1975 gewählt wurden, und der Sie mit Rat und Tat zugetan sind, verdankt Ihnen viel für das harmonische Miteinander und die gegenseitige Hochachtung zwischen den Gelehrtengesellschaften. Mit Ihrem Physikkollegen und Präsidenten Heinz BETHGE, danach mit dessen Nachfolger, haben Sie manches hilfreiche Gespräch geführt. In lebendiger Erinnerung ist uns Ihr Vortrag über die späte Entwicklung des Kosmos und die Bedeutung der Quantenmechanik im Rahmen der Jahresversammlung 1993 geblieben.

Es sind Gelehrte wie Sie, lieber Herr SCHLÜTER, die der Leopoldina das Ansehen verleihen, das wir für unsere Arbeit in der Gesellschaft benötigen. Bleiben Sie noch lange gesund Ihrer Familie und der Wissenschaft erhalten!

In dankbarer leopoldinischer Verbundenheit
Benno PARTHIER
Präsident
(Entwurf: Rudolf KIPPENHAHN, Göttingen)

Herrn
Prof. Dr. Dr. Rudi SCHMID
Kentfield, CA, USA

Halle (Saale), zum 2. Mai 2002

Sehr verehrter Herr SCHMID!

Zur Vollendung Ihres 80. Lebensjahres möchte ich Ihnen auch im Namen des Präsidiums der Deutschen Akademie der Naturforscher Leopoldina, deren langjähriges Mitglied Sie sind, sehr herzlich gratulieren. Wir wünschen Ihnen stabile Gesundheit und Freude an allem, was Sie noch in Angriff nehmen. Wir ehren in Ihnen ein Mitglied von internationaler Reputation als biochemisch orientierter klinischer Forscher, in dessen Interessenmittelpunkt der Porphyrin- und Häm-Stoffwechsel steht.

In Glarus in der Schweiz am 2. Mai 1922 geboren, studierten Sie in Zürich, Lausanne und Genf Medizin. Seit 1948 sind Sie in den Vereinigten Staaten von Amerika tätig. Von besonderer Bedeutung für Ihre wissenschaftliche Entwicklung war sicher die Zusammenarbeit mit C. J. WATSON und mit D. SHEMIN an der Universität von Minnesota bzw. an der Columbia-Universität in New York. Seit 1955 waren Sie als Hämatologe im NIH Bethesda. Seit 1945 gehörten Sie zur *Harvard Medical School, Boston City Hospital*. 1962 übernahmen Sie den Lehrstuhl für Innere Medizin an der *University of Chicago* und wechselten 1966 auf die gleiche Position an der *University of California* in San Francisco. Hier entstand eine der führenden klinischen Einheiten für Gastroenterologie und Hepatologie. Von 1983 bis 1989 waren Sie Dekan an dieser Universität. Nach Ihrer Emeritierung im Jahre 1991 haben Sie mit der Übernahme verschiedenster, auch internationaler Aufgaben sowohl Ihrer Universität als auch weltweit gedient.

Zu Ihren Beiträgen gehört die Klassifizierung der erblichen Porphyrie auf Grund genetischer Defekte. Sie zeigten ferner, daß das direkte Bilirubin ein Diglukuronid ist. *McArdle's Disease*, eine Glykogenose, wurde auf das Fehlen der Muskelphosphorylase zurückgeführt. In weiteren Ihrer Studien beschäftigten Sie sich mit dem enterohepatischen Bilirubinkreislauf.

Seit 1966 sind Sie Mitglied unserer Leopoldina, und zwar eines der wenigen aus Übersee, denen die engen Verbindungen zur Leopoldina ein Herzensbedürfnis sind. Zahlreiche andere wissenschaftliche Gesellschaften in der ganzen Welt zählen Sie zu ihren Mitgliedern, und Ihr wissenschaftliches Werk ist mit vielen Preisen und Ehrungen gewürdigt worden. Sie sind im *Editorial Board* wichtiger, international anerkannter Zeitschriften (*Blood, Journal of Clinical Investigation, Gastroenterology* u. a.). In Freiburg (Br.) wurden Sie 1981 mit der Aschoff-Medaille geehrt, und Sie wurden 1988 zum Mitglied des *Royal College of Physicians* berufen. Viele deutsche Nachwuchswissenschaftler danken Ihnen, daß Sie als deutschsprachiger Wissenschaftler ihnen geholfen und Wege geebnet haben.

Lieber Herr SCHMID, mögen Ihre Wege in der Wissenschaft und privat in das neue Dezennium geebnet und geistige und körperliche Vitalität Ihr weiterer Lebensbegleiter bleiben. Wir gratulieren unserem verdienten Mitglied in Anerkennung seiner Lebensleistung und wünschen Ihnen und uns noch manches Wiedersehen mit guten Gesprächen. Daß wir Sie im Juni anläßlich der 350-Jahrfeier unserer Akademie in Halle als offiziellen Vertreter der *National Academy of Sciences* der USA begrüßen können, wird uns außerordentlich freuen.

Mit herzlichen Grüßen
Ihr sehr ergebener
Benno PARTHIER
Präsident
(Entwurf: Peter C. SCRIBA, München)

Herrn
Prof. Dr. Günther STERBA
Markkleeberg

Halle (Saale), zum 20. Mai 2002

Sehr verehrter Herr STERBA!

Die Vollendung Ihres 80. Lebensjahres ist für mich und gleichzeitig für das gesamte Präsidium der Deutschen Akademie der Naturforscher Leopoldina Anlaß, Ihnen zu gratulieren und von ganzem Herzen alles Gute für die weitere Zukunft zu wünschen.

Wir haben allen Grund, Ihnen bei dieser Gelegenheit auch recht herzlich zu danken für Ihre langjährige aktive Mitarbeit in unserer Akademie, der Sie seit nunmehr 32 Jahren angehören. Über ein Jahrzehnt haben Sie als Adjunkt an verantwortlicher Stelle die Geschicke unserer Akademie mitbestimmt. Bei den Auswahlsitzungen unseres Förderprogramms für den wissenschaftlichen Nachwuchs war Ihre kritische Sachkenntnis oft ein entscheidender Faktor bei der Einschätzung der zoologischen Forschungsprojekte; acht Jahre lang haben Sie hier der Leopoldina wertvolle Unterstützung gegeben.

Am 20. Mai 1922 in der Bergbaustadt Brüx im Sudetenland geboren, haben Sie nach dem Krieg in Jena eine neue Heimstadt gefunden. Hier waren es besonders die Professoren Jürgen Wilhelm HARMS und Otto PFLUGFELDER am Zoologischen Institut der dortigen Universität, die Sie anregten, sich endokrinologischen Fragen bei niederen Wirbeltieren zuzuwenden. Sie begannen mit histogenetischen Untersuchungen am Thymus des Krallenfrosches *Xenopus laevis*, in denen Ihnen unter anderem der Nachweis gelang, daß die Thymozyten aus dem Mesenchym in die epithelialen Thymusknospen einwandern. Mit dieser Arbeit wurden Sie 1949 zum *Doctor rerum naturalium* promoviert. Gleichzeitig wurden mit Ihrer Anstellung als 1. Assistent am Zoologischen Institut und einer außerplanmäßigen Habilitationsaspirantur die Weichen für Ihre weitere berufliche Entwicklung endgültig in Richtung Zoologie fixiert. Später verlagerte sich der Schwerpunkt Ihrer Arbeiten auf die Histologie und Histogenese der endokrinen Kiemendarmderivate beim Bachneunauge (*Petromyzon planeri*), wobei Sie Beobachtungen und Experimente zur mikroskopischen Anatomie des Kiemendarms, zur Atmung, Ernährung und Biologie dieser interessanten und ursprünglichen Wirbeltiere einbezogen. Mit diesen Arbeiten konnten Sie sich für das Fachgebiet Allgemeine Zoologie an der Friedrich-Schiller-Universität Jena habilitieren.

Noch in Jena, angeregt durch Manfred GERSCH, begann Ihre Beschäftigung mit dem Phänomen der Neurosekretion bei Wirbeltieren, die Sie nach Ihrer Berufung auf den Zoologischen Lehrstuhl an der Universität Leipzig 1959 mit einem Kreis engagierter Mitarbeiter über viele Jahre hinweg intensiv und erfolgreich fortführten. Eine wesentliche Rolle spielte dabei die Ausarbeitung einer fluoreszenztechnischen Methode mit Pseudoisocyanin, mit der die Trägerproteine der Hinterlappenhormone der Wirbeltiere wesentlich empfindlicher und spezifischer als mit den herkömmlichen Färbemethoden nachgewiesen werden konnten. Mit dieser Methode wiesen Sie mit Ihren Schülern nach, daß viele Neuronen des Hypothalamus nicht nur, wie man wußte, zur Neurohypophyse ziehen, sondern auch aufsteigend in verschiedene andere Areale des Gehirns ausstrahlen, manche sogar das Nachhirn und das Rückenmark erreichen. Diese grundlegend neue Erkenntnis, erstmalig 1973 auf dem internationalen Symposium für Neurosekretion in London vorgetragen, stieß naturgemäß zunächst auf große Skepsis, forderte sie doch eine erhebliche Revision althergebrachter Vorstellungen. Breite Anerkennung fanden die Befunde erst Ende der 70er Jahre mit der Einführung immunhistochemischer Methoden.

Ein weiteres Forschungsthema, das Sie und Ihre Mitarbeiter in Leipzig über viele Jahre erfolgreich bearbeitet haben, betraf das sogenannte Subkommissuralorgan im Dach des Zwischenhirns der Wirbeltiere. Diese Struktur setzt den Reissnerschen Faden in den 3. Ventrikel hinein frei, der sich bei fast allen Wirbeltieren bis in das hinterste Ende des Zentralkanals im Rückenmark fortsetzt. Dieses Organ zählt zu den sogenannten Zirkumventrikulären Organen, denen Sie mit Wolfgang BARGMANN zusammen im April 1975 ein internationales Leopoldina-Symposium in Reinhardsbrunn widmeten, welches das Interesse der Fachwelt fand.

Die Darstellung Ihrer Arbeiten bliebe allerdings ziemlich unvollständig, würde man nicht auch Ihrer aquaristisch-ichthyologischen Buchpublikationen gedenken. Ihre zweibändige *Aquariumkunde* fand gute Aufnahme und einen großen Leserkreis, wovon die 13 Auflagen in der damaligen DDR, die Mitdrucke für die Bundesrepublik Deutschland, Österreich und die Schweiz sowie die Lizenzausgaben in England, den USA, Holland und der Tschechoslowakei ein beredtes Zeugnis ablegen. Ein ähnlicher internationaler Erfolg war Ihrem umfangreichen Buch *Süßwasserfische aus aller Welt* (später ab 1987 *Süßwasserfische der Welt*) und dem von Ihnen editierten *Lexikon der Aquaristik und Ichthyologie* beschieden.

Sehr verehrter Jubilar, lieber Herr STERBA, mit den allerbesten Wünschen zu Ihrem Ehrentag verbinden wir den aufrichtigen Wunsch, daß Sie auch weiterhin bei stabiler Gesundheit Ihren vielseitigen wissenschaftlichen Interessen und künstlerischen Neigungen nachgehen können – zu Ihrer und unser aller Freude!

Mit herzlichen Grüßen
Ihr sehr ergebener
Benno PARTHIER
Präsident
(Entwurf: Heinz PENZLIN, Jena)

Herrn
Prof. Dr. Wolfgang TRAUTWEIN
Homburg

Halle (Saale), zum 8. Januar 2002

Sehr verehrter Herr TRAUTWEIN!

Zur Vollendung Ihres 80. Lebensjahres möchte ich Ihnen auch im Namen des Präsidiums der Deutschen Akademie der Naturforscher Leopoldina ganz herzlich gratulieren und Ihnen für Gegenwart und Zukunft alles erdenklich Gute wünschen. Wir freuen uns, und es gereicht auch der Leopoldina zur Ehre, Sie seit 1985 unter ihren Mitgliedern zu wissen. 80 Jahre bewegtes und erfolgreiches Leben und Wirken veranlassen nicht nur den Jubilar zu einer gedankenvollen Rückschau, sondern traditionsgemäß auch den Präsidenten der Leopoldina im Namen aller Sektionsmitglieder.

Während Ihrer Gymnasialzeit in Ihrer Geburtsstadt Konstanz brach der Zweite Weltkrieg aus. Sie konnten nach dem Abitur 1940 das Medizinstudium beginnen mit den Stationen Berlin, Würzburg und Gießen, wurden aber bald in den Kriegsdienst geschickt, der für Sie mit Verwundung und Gefangenschaft endete. Nach dem Krieg haben Sie Ihr Medizinstudium 1946/47 mit der Promotion in Freiburg beendet. Ihre Laufbahn als Physiologe begann bei Professor H. SCHAEFER am W.-G.-Kerkhoff-Institut in Bad Nauheim, mit dem Sie später an das Institut für Physiologie der Universität Heidelberg wechselten. Untersuchungen über die Mechanismen, die zum Herz-EKG beitragen, haben eine Vielzahl von Publikationen hervorgebracht, und Sie haben sich mit dieser Thematik 1954 habilitiert. Diese beschreibende Art der Physiologie wurde von Ihnen jedoch nicht sonderlich geliebt, und Hans SCHAEFERS Auftrag, das Wackeln eines Tisches durch die Herztätigkeit (Ballistokardiogramm) ähnlich intensiv wie das EKG zu erforschen, ist von Ihnen nicht akzeptiert worden. Sie antworteten vielmehr mit einer eigenen Konzeption, die – nach Ihrem Amerika-Aufenthalt – in Deutschland die Herz-Elektrophysiologie und in Heidelberg ein eigenes II. Institut für Physiologie entstehen lassen sollten.

Schon 1950 haben Sie sich bemüht zu ergründen, welche elektrischen Phänomene im Inneren der Herzzellen die EKG-Signale erzeugen. Ihr Besuch bei S. WEIDMANN in Bern führte zu ersten eigenen intrazellulären Messungen in Heidelberg, die 1952 veröffentlicht wurden. Geprägt wurden Sie in Ihrer Forscherpersönlichkeit aber vor allem durch Ihren USA-Aufenthalt 1955 bei S. KUFFLER. Sie waren einer der ersten Deutschen, der sich nach dem angezettelten und verlorenen Krieg als Gast in den USA bewähren sollte, und dies unter den kritischen Augen der jüdischen Gemeinschaft. In der *Johns Hopkins*

Medical School in Baltimore haben Sie mit intrazellulären Glas-Mikroelektroden zeigen können, wie der Nervus vagus über die Potentiale der Schrittmacherzellen im Sinus venosus die Schlagfrequenz des Froschherzens steuert. Die Ergebnisse dieser mit Otto HUTTER gemeinsam durchgeführten Experimente finden sich heute in jedem Lehrbuch der Physiologie.

Auf Grund Ihrer Erfolge hat die Heidelberger Universität Sie 1959 zum außerordentlichen Professor ernannt und Ihnen 1962 ein zweites Institut für Physiologie eingerichtet. Aus diesem Institut in Heidelberg resultierten bis 1970 eine Vielzahl bahnbrechender Arbeiten. In diesen Arbeiten wurde das Membranpotential multizellulärer Papillarmuskeln und Purkyně-Fasern mit zwei intrazellulären Mikroelektroden geklemmt, und es konnten die Ionenströme gemessen werden, welche die elektrischen Erregungen (Aktionspotentiale) erzeugen. Diese von Ihnen eingeführte Methode der »Zwei-Mikroelektroden-Spannungsklemme« kardialer Präparate hat sich in der Folgezeit über die ganze Welt verbreitet. Gastwissenschaftler wie FREYGANG, MORAD oder MASCHER sind noch heute stolz darauf, mit Ihnen in dieser Heidelberger Zeit zusammengearbeitet zu haben. Umgekehrt wurden die jungen Mitarbeiter dieser Zeit ins Ausland geschickt, damit sie dort, ähnlich wie Sie in Baltimore, neue Freunde, Arbeitsgebiete und Methoden kennenlernen sollten. So sind der Heidelberger Schule der Herz-Elektrophysiologie Physiologen entsprungen, die sich später ganz anderen Richtungen zuwandten, wie die Neurophysiologen DUDEL und SCHMIDT oder die Muskelphysiologen RÜDEL und PEPER.

1969 bis 1970 wirkten Sie als Dekan in Heidelberg. Diese »68er« Jahre, in denen die Studenten gegen die etablierte Gesellschaft aufbegehrten, waren politisch wichtig, aber für einen Dekan schwierig. Durch die Dekanspflichten wurde Ihre Möglichkeit zur wissenschaftlichen Arbeit praktisch verhindert. Dies mag Sie bewogen haben, Deutschland für die Zeit eines Jahres den Rücken zu kehren, um in Los Angeles und Salt Lake City als *Visiting Professor* der *American Heart Association* über die Bedeutung des Ca^{2+}-Einstroms bei der Steuerung der Kontraktion durch die Erregung zu forschen. Für diese Fragen zur elektromechanischen Kopplung haben Sie Mikroelektroden- mit Saccharosetrennwandmethodik kombiniert. In Salt Lake City haben Sie sich immer wieder mit dem Gedanken der Immigration getragen. Dennoch sind Sie 1971 nach Deutschland zurückgekehrt, um im ruhigen Homburg den von der Universität des Saarlandes erteilten Ruf an das II. Physiologische Institut anzunehmen. Sie haben in Homburg rasch eine aktive Gruppe von Elektrophysiologen aufgebaut, mit der Sie über die elektromechanische Kopplung am Herzen die Aussage erarbeiteten, daß nicht der Ca^{2+}-Einstrom, sondern die Ca^{2+}-Leitfähigkeit die entscheidende Größe darstellt, mit der die Erregung die Kontraktion des Herzmuskels steuert.

Als es im Jahre 1980 im Homburger Nachbarlabor gelang, aus adultem Myokard vitale Einzelzellen zu isolieren, haben Sie und Ihre Mitarbeiter diese Möglichkeit genutzt, im *Patch-Clamp* die Eigenschaften einzelner Ca^{2+}-Kanäle im Detail zu analysieren, Arbeiten, die für eine Reihe anderer Forschungslabors richtungsweisend waren. Sie haben die erhaltenen Aussagen weitergetrieben mit Arbeiten zur Regulation der Ca^{2+}-Kanäle durch den Nervus sympathicus und die nachfolgenden zellulären Signalkaskaden. Der große Erfolg dieser Homburger Zeit ruht gewissermaßen auf zwei Säulen: Einmal haben Sie talentierte junge Physiologen wie D. PELZER, T. MCDONALD und J. HESCHELER für Ihre Thematik begeistern können, zum anderen haben Sie eine Zusammenarbeit inauguriert zwischen Ihrem Fach »Zellphysiologie« und dem der »Zellbiochemie«, eine Zusammenarbeit, die in den achtziger Jahren für Deutschland erstmalig war und die dem Fach Richtung gewiesen hat. Aus dieser Zusammenarbeit, insbesondere mit den Instituten von F. HOFMANN und G. SCHULZ, sind Arbeiten entstanden, die für das Verständnis der *Second-Messenger*-Funktion, speziell im Hinblick auf die Regulation von Kanalproteinen, bahnbrechend waren. Auch in dieser Homburger Zeit wurde Ihr Labor rege von Gastwissenschaftlern besucht, Physiologen, die nach dem Homburg-Aufenthalt diese Anliegen in ihrer Heimat weiter vorangetragen haben, besonders in Japan.

Die Emeritierung im Jahre 1990 hat Ihre aktive Arbeit nicht vollständig beendet. In der Klinik für Urologie bekamen Sie die Möglichkeit, mit jungen Wissenschaftlern Ihre Gedanken zur Kontraktionssteuerung von der Herz- auf die glatte Muskulatur von Ureter und Schwellkörper zu übertragen. Ihre große Fähigkeit, immer wieder neue Fragen der Herzphysiologie aufzunehmen und erfolgreich zu beantworten, mag sich auf mehrere Ursachen gründen. Eine davon ist sicher Ihre Passion, selbst zu experimentieren. Der mit elektrischen Methoden arbeitende Forscher hat das Glück, Hypothesen schon während des Experiments (»on-line«) bekräftigen oder ablehnen zu können. Ihre vielen Schüler haben Sie als Experimentator im Experiment singend (und brummend) erlebt und von Ihnen die Liebe zum eigenen Experiment übernommen. Als zweite Wurzel Ihres Erfolges sollte man Ihren Mut erwähnen, in unbekannte Gefilde der Wissenschaft aufzubrechen, durch den später die Fachgebiete Zellphysiologie und Zellbiochemie so erfolgreich verschmolzen wurden.

Sie haben Schüler und Kollegen mit Ihrer Neugier auf Neues und Unbekanntes erfreut und stimuliert, und wir teilen die Hoffnung, daß das nicht nur in diesem Jahr unverändert so bleibt, sondern auch noch während vieler Folgejahre und daß Ihnen körperliche und geistige Frische als Voraussetzung für alle Aktivitäten und Unternehmungen noch recht lange erhalten bleiben.

Mit herzlichen Grüßen
Ihr sehr ergebener
Benno PARTHIER
Präsident
(Entwurf: Gerrit ISENBERG, Halle/Saale)

Herrn
Prof. Dr. Horst T. WITT
Berlin

Halle (Saale), zum 1. März 2002

Sehr verehrter Herr WITT!

Zur Vollendung Ihres 80. Lebensjahres möchte ich Ihnen persönlich und auch im Namen des Präsidiums der Deutschen Akademie der Naturforscher Leopoldina ganz herzlich gratulieren. Unsere Akademie, der Sie seit 1970 angehören, schätzt sich glücklich, mit Ihnen einen der führenden Vertreter der biophysikalischen Chemie in ihren Reihen zu haben.

Bereits als Schüler beschäftigten Sie sich erfolgreich mit wissenschaftlichen Fragestellungen, was Ihnen schon als 18jährigen den Lilienthal-Preis einbrachte. Das Studium der Physik in Göttingen und die Promotion 1950 in Experimentalphysik mit einem Thema über die elektrische Leitfähigkeit von Halogenidkristallen bei dem Altmeister R. W. POHL markieren konsequente Weiterführungen dieser Entwicklung. Während der Doktorarbeit erwachte aber bereits auch Ihr Interesse an einer Fragestellung, die Sie Ihr Leben lang beschäftigen sollte, nämlich der Mechanismus der Photosynthese. Diese Aufgabe konnten Sie nach dem Wechsel an das von K. F. BONHOEFFER ebenfalls in Göttingen geleitete Max-Planck-Institut für Physikalische Chemie und später als Assistent von Hans KUHN an der Universität Marburg mit großem Einsatz und Erfolg in Angriff nehmen. Zur experimentellen Erfassung der Kinetik und der damit verbundenen Prozesse entwickelten Sie die Methode der Blitzlicht-Photolyse zu einem leistungsfähigen Werkzeug mit immer höherer Auflösung und Empfindlichkeit. 1958 erfolgte Ihre Habilitation und vier Jahre später die Berufung zum ordentlichen Professor für Physikalische Chemie und Direktor des Max-Volmer-Instituts der Technischen Universität Berlin. Dieser Hochschule blieben Sie trotz mehrerer ehrenvoller Rufe in die USA sowie nach München und Göttingen treu und sind dort weiterhin – wie auch ein Blick auf Ihre Publikationsliste zeigt – an vorderster Front der Forschung erfolgreich tätig.

Mit Hilfe der Methode der Blitzlicht-Photolyse und weiterer in Ihrem Arbeitskreis entwickelter Techniken wurden von Ihnen und Ihren Mitarbeitern beharrlich und konsequent die Einzelschritte der Photosynthese, die bekanntlich die Grundlage des irdischen Lebens darstellt, aufgeklärt. Heute wissen wir, daß der Prozeß der Umwandlung von Sonnenenergie in chemische Energie über zwei in Membranen eingebettete hochkomplexe molekulare Maschinen abläuft, die als Photosystem I und II bezeichnet werden. Ihre bewundernswert fortlaufenden Bemühungen auf diesem Gebiet wurden durch die von

Ihnen und Ihrem Team kürzlich erfolgreich durchgeführte Aufklärung mit nahezu atomarer Auflösung der Strukturen dieser beiden Photosysteme (aus speziellen Organismen) gekrönt, wie dies durch zwei ausführliche Artikel in dem führenden Publikationsorgan *Nature* im vergangenen Jahr belegt wird.

Ihre so erfolgreiche wissenschaftliche Tätigkeit erfuhr hochverdiente nationale und internationale Anerkennung: Sie erhielten den Bodenstein-Preis der Deutschen Bunsengesellschaft, den Feldberg-Preis aus England, den Charles-F.-Kettering-Preis aus den USA und die Otto-Warburg-Medaille. Neben der Leopoldina wählten Sie die Österreichische Akademie der Wissenschaften, die Akademie der Wissenschaften zu Göttingen, die Akademie der Wissenschaften zu Berlin sowie die Berlin-Brandenburgische Akademie der Wissenschaften zum Mitglied. Wir danken Ihnen nicht nur für die 32 Jahre treue Mitgliedschaft, sondern herausgehoben auch für die Unterstützung des Präsidiums durch Ihr Engagement als Senator und Adjunkt von 1987 bis Ende 1992. Unvergessen sind Ihre Vorträge zu der monatlichen Vortragsitzung Anfang März 1974, als Herr MOTHES noch Präsident war, und zur Jahresversammlung »Systeme und Systemgrenzen« im Oktober 1975 unter der Präsidentschaft von Herrn BETHGE.

Lieber Herr WITT, wir wünschen Ihnen von Herzen weiterhin stabile Gesundheit bei ungebrochener Schaffenskraft sowie viel Freude an den übrigen schönen Dingen.

Mit herzlichen Grüßen
Ihr sehr ergebener
Benno PARTHIER
Präsident
(Entwurf: Gerhard ERTL, Berlin)

Persönliches aus dem Kreise der Mitglieder

Jubiläen 2002

65 Jahre wurden: *Rudolf Bauer*, Mils, am 25. Dezember – *Sir Colin Berry*, London, am 28. September – *August Böck*, München, am 23. April – *Carl de Boor*, Madison, am 3. Dezember – *Peter Fritz*, Leipzig, am 18. März – *Jan Helms*, Würzburg, am 3. März – *Roald Hoffmann*, Ithaca, am 18. Juli – *Robert Huber*, Martinsried, am 20. Februar – *Hans Kende*, East Lansing, am 18. Januar – *Hans-Dieter Klingemann*, Berlin, am 3. Februar – *Ādolfs Krauklis*, Riga, am 25. März – *Werner Linß*, Jena, am 22. Juni – *Horst Malke*, Jena, am 10. Juni – *Yuri I. Manin*, Bonn, am 16. Februar – *Marian Mikołajczyk*, Łódź, am 7. Dezember – *Andrei D. Mirzabekov*, Moskva, am 19. Oktober – *Sigrid D. Peyerimhoff*, Bonn, am 12. Januar – *Werner Rathmayer*, Konstanz, am 7. März – *Andrzej Schinzel*, Warszawa, am 5. April – *Martin Schmidt*, Schriesheim, am 23. Dezember – *Hasso Scholz*, Hamburg, am 24. August – *Dieter Seebach*, Zürich, am 31. Oktober – *Klaus Starke*, Freiburg (Br.), am 1. November – *Günter Stein*, Jena, am 21. Oktober – *Christian Thiel*, Erlangen, am 12. Juni – *Pieter Adriaan van Zwieten*, Amsterdam, am 20. Mai.

70 Jahre wurden: *Harald Aurich*, Polenz, am 23. April – *André Authier*, Peyrat-le-Chateau, am 17. Juni – *Neil Bartlett*, Orinda, am 15. September – *Gottfried Benad*, Beselin, am 15. März – *Friedrich Bonhoeffer*, Tübingen, am 10. August – *Vlastislav Červený*, Praha, am 26. April – *Rudolf Cohen*, Konstanz, am 13. Juni – *Barry Dawson*, Edinburgh, am 19. Juni – *Jacques J. Diebold*, Paris, am 8. November – *Dietmar Gläßer*, Halle (Saale), am 23. Mai – *Alexander von Graevenitz*, Zürich, am 8. November – *Herbert Gürtler*, Kitzen, am 19. April – *Günter Haase*, Leipzig, am 16. Januar – *Helmut Koch*, Berlin, am 5. Oktober – *Jürgen van de Loo*, Münster, am 22. April – *Philippe Matile*, Uerikon, am 20. Januar – *Klaus Müntz*, Gatersleben, am 30. Juli – *Yasutomi Nishizuka*, Kobe, am 12. Juli – *Benno Parthier*, Halle (Saale), am 21. August – *Heinz Penzlin*, Jena, am 26. Januar – *Stephan Perren*, Davos, am 7. Oktober – *Hermann Schmalzried*, Hannover, am 21. Januar – *Karl-Heinz Schmidt*, Potsdam, am 3. April – *Max Schwab*, Halle (Saale), am 1. März – *Andreas Tammann*, Basel, am 24. Juli – *Peter K. Vogt*, La Jolla, am 10. März – *Ekkehard Winterfeldt*, Isernhagen, am 13. Mai.

75 Jahre wurden: *Bogdan Baranowski*, Warszawa, am 27. Oktober – *Rüdiger Becker*, Münster, am 12. April – *Hans-Georg Borst*, München, am 17. Oktober – *Sydney Brenner*, La Jolla, am 13. Januar – *Dimitrij A. Charkevič*, Moskva, am 30. Oktober – *Bertalan Csillik*, Szeged, am 10. November – *Erol Düren*, Beşiktaş-Istanbul, am 13. März – *Hans J. Eggers*, Köln, am 26. Juli – *Friedrich Ehrendorfer*, Wien, am 26. Juli – *Manfred Eigen*, Göttingen, am 9. Mai – *Gottfried Geiler*, Leipzig, am 13. Dezember – *Gerhard H. Giebisch*, New Haven, am 17. Januar – *Zbigniew R. Grabowski*, Warszawa, am 11. Juni – *Klaus Hafner*, Darmstadt, am 10. Dezember – *Hermann Haken*, Stuttgart, am 12. Juli – *Friedrich Hirzebruch*, St. Augustin, am 17. Oktober – *Enno Kleihauer*, Weißenhorn, am 6. Juli – *Friedhart Klix*, Berlin, am 13. Oktober – *Erkki Koivisto*, Tampere, am 19. Januar – *Fritz Krause*, Bergholz-Rehbrücke, am 14. März – *Otto L. Lange*, Würzburg, am 21. August – *Zvi Laron*, Ramat Efal, am 6. Februar – *Zdeněk Lodin*, Praha, am 11. Juni – *Dieter Lohmann*, Leipzig, am 9. Dezember – *Zdeněk Lojda*, Praha, am 7. Dezember – *Roland Mayer*, Dresden, am 26. Januar – *Marshall W. Nirenberg*, Bethesda, am 10. April – *David E. Poswillo*, Bickley (Kent), am 1. Januar – *Gerhard Quinkert*, Frankfurt (Main), am 7. Februar – *Herbert Röller*, Houston, am 2. August – *Peter J. Roquette*, Leimen, am 8. Oktober – *Klaus Schreiber*, Halle (Saale), am 25. Januar – *Rudolf Schubert*, Halle (Saale), am 26. August – *Udo Schwertmann*, Freising-Weihenstephan, am 25. November – *Alfred Seeger*, Stuttgart, am 31. August – *Kurt Semm*, Grünwald, am 23. März – *Hans Slezak*, Wien, am 24. August – *Walter E. Thirring*, Wien, am 29. April – *Emanuel Vogel*, Köln, am 2. Dezember.

80 Jahre wurden: *Aage Bohr*, Kobenhavn, am 19. Juni – *Otto Braun-Falco*, München, am 25. April – *Sir Arnold Burgen*, Cambridge (GB), am 20. März – *Gert Carstensen*, Mülheim, am 11. April – *Jean Civatte*, Paris, am 14. März – *Guy Delorme*, Merignac, am 10. April – *Georg Dhom*, Homburg, am 16. Mai – *Setsuro Ebashi*, Okazaki, am 31. August – *Hans Frauenfelder*, Los Alamos, am 28. Juli – *Ludwig Genzel*, Stuttgart, am 17. Februar – *Rudolf Haag*, Schliersee-Neuhaus, am 17. August – *Piet Hartman*, Zeist, am 11. April – *Bernhard Hassenstein*, Merzhausen, am 31. Mai – *Hans Heimann*, Tübingen, am 25. April – *Ernst J. M. Helmreich*, Würzburg, am 1. Juli – *Benno Hess*, Heidelberg, am 22. Februar – *Louis François Hollender*, Strasbourg, am 15. Februar – *Gerald Holton*, Cambridge (USA), am 23. Mai – *Rudolf Hoppe*, Gießen, am 29. Oktober – *Ilse Jahn*, Berlin, am 2. Februar – *Werner Känzig*, Weiningen, am 7. Februar – *H. Gobind Khorana*, Cambridge (USA), am 9. Januar – *Olga A. Ladyženskaja*, St. Petersburg, am 22. März – *Fred Lembeck*, Graz, am 4. Juli – *Anton Mayr*, München, am 6. Februar – *Christian Nezelof*, Paris, am 19. Januar – *Paul Otte*, Mainz, am 14. November – *Carl Rudolf Pfaltz*, Binningen, am 16. Mai – *Dietrich Plester*, Tübingen, am 23. Januar – *Helmut Rössler*, Bonn, am 22. März – *Eberhard Sander*, Halle (Saale), am 21. Dezember – *Mario San-

giorgi, Roma, am 20. Juli – *Arnulf Schlüter*, München, am 24. August – *Rudi Schmid*, Kentfield, am 2. Mai – *Günther Sterba*, Markkleeberg, am 20. Mai – *Wolfgang Trautwein*, Homburg, am 8. Januar – *Horst T. Witt*, Berlin, am 1. März.

85 Jahre wurden: *Martin Allgöwer*, Basel, am 5. Mai – *Christian de Duve*, Nethen, am 2. Oktober – *Rudolf Gross*, Köln, am 1. Oktober – *Sir Andrew F. Huxley*, Cambridge (GB), am 22. November – *Michel Jaubert de Beaujeu*, Lyon, am 5. Juni – *Wolf D. Keidel*, Erlangen, am 14. Dezember – *Fritz Kümmerle*, Mainz, am 14. Februar – *Walter H. Munk*, La Jolla, am 19. Oktober – *Hilgard O'Reilly Sternberg*, Berkeley, am 5. Juli – *Ilya Prigogine*, Bruxelles, am 25. Januar – *Karl Steinbuch*, Ettlingen, am 15. Juni – *Valeria A. Troitskaya*, Macleod, am 15. November – *Bernhard Witkop*, Chevy Chase, am 9. Mai.

90 Jahre wurden: *Rodolfo Amprino*, Torino, am 5. Januar – *Gertrude Henle*, Newtown Square, am 3. April – *Leonard B. W. Jongkees*, Amsterdam, am 5. Juni – *Vasilij V. Kuprijanov*, Moskva, am 1. Januar – *George E. Palade*, La Jolla, am 19. November – *Wolfgang Schneider*, Vörstetten, am 31. Juli – *Carl Friedrich Frhr. von Weizsäcker*, Rott am Inn, am 28. Juni.

91 Jahre wurden: *Oskar Glemser*, Göttingen, am 12. November – *Leopold Horner*, Mainz, am 24. August – *Gerhard Michael*, Stuttgart, am 25. März – *Hans Joachim Müller*, Großhansdorf, am 11. November – *Frederick Seitz*, New York, am 4. Juli.

92 Jahre wurden: *Ben Roy Burmester*, Petaluma, am 13. Juni – *Baron Wolf von Engelhardt*, Tübingen, am 9. Februar – *Arnold Graffi*, Berlin, am 19. Juni – *J. Ariëns Kappers*, Laren, am 9. Juli – *Wilhelm Menke*, Leverkusen, am 18. Juni – *André Pirson*, Göttingen, am 26. März – *Władysław Pożaryski*, Konstancin, am 4. Dezember – *Hugo Strunz*, Unterwössen, am 24. Februar – *Armen L. Takhtajan*, St. Petersburg, am 10. Juni – *Herbert Wilhelmy*, Tübingen, am 4. Februar.

93 Jahre wurde: *Hermann Klare*, Dresden, am 12. Mai.

94 Jahre wurden: *William Beveridge*, Wentworth Falls, am 23. April – *Heinrich Harms*, Stralsund, am 5. Februar – *Rostislaw Kaischew*, Sofia, am 16. Februar – *Boris V. Petrovskij*, Moskva, am 27. Juni – *Sourindra Sircar*, Calcutta, am 1. März – *Dimitrij F. Tschebotarew*, Kiev, am 17. September.

95 Jahre wurden: *Hansjochem Autrum*, München, am 6. Februar – *Nikolaj P. Dubinin*, Moskva, am 4. Januar – *Clifford Frondel*, Cambridge (USA), am 8. Januar – *Leonid I. Sedov*, Moskva, am 14. November.

96 Jahre wurden: *Reinhard Aschenbrenner*, Hamburg, am 15. Juni – *Hans Bethe*, Ithaca, am 2. Juli.

97 Jahre wurde: *Ehrhard Voigt*, Hamburg, am 28. Juli.

98 Jahre wurde: *Ernst Mayr*, Cambridge (USA), am 5. Juli.

99 Jahre wurde: *Hans Erhard Bock*, Tübingen, am 31. Dezember.

Personelle Veränderungen und Ehrungen

2002 und Nachträge

André Aeschliemann, Rochefort (Schweiz): Prix internat. de parasitologie Emile Brumpt décerné à Paris

Michael Bamberg, Tübingen: Johann-Georg-Zimmermann-Preis zur Förderung d. Krebsforschung, *dazu*: [1] DUZ *1–2*, 51 (2002)

Friedrich G. Barth, Wien: Karl-Ritter-von-Frisch-Medaille d. Dt. Zool. Gesellsch., *dazu*: [1] Mitteldt. Ztg. vom 23. 5. 2002

Wilhelm Barthlott, Bonn: Goldener Kaktus von Monaco, *dazu*: [1] DUZ *15–16*, 40 (2002)

Günter Blobel, New York (USA): Wahl in den Orden »Pour le mérite« am 3. 6. 2002, *dazu*: [1] FAZ 3. 6. 2002 (Nr. 125), S. 52

August Böck, München: am 30. 9. 2002 emeritiert, *dazu*: [1] Biospektrum *9/1*, 72 (2003)

Alexander Bradshaw, Garching (München): Bundesverdienstkreuz am Bande, *dazu*: [1] Physik J. *1/7–8*, 27 (2002)

Bertram Brenig, Göttingen: o. Mitgl. d. Math.-Physikal. Kl. d. Akad. d. Wiss. Göttingen, *dazu*: [1] DUZ *15–16*, 38 (2002)

Sydney Brenner, La Jolla (USA): Nobelpreis f. Medizin 2002, *dazu*: [1] *Anonym*: Der Tod ist lebensnotwendig. Mitteldt. Ztg. vom 8. 10. 2002; [2] HOBOM, B.: Der Tod als Wegbereiter des Lebens. FAZ vom 8. 10. 2002; [3] HOBOM, B.: Ein planmäßiges Massensterben. Wer findet die »Überlebensfaktoren«: Der Nobelpreis für Medizin. FAZ vom 8. 10. 2002; [4] JAHN, A.: Ein fader Wurm im Fadenkreuz der Freitod-Forscher. Spektrum der Wissenschaft *12/2002*, 10–11 (2002); [5] KOERT, U.: Aufklärung des programmierten Zelltods. Chemie in uns. Zeit *6*, 404 (2002); [6] MANNHERZ, H. G.: Physiologie oder Medizin. Den Nobelpreis für Physiologie oder Medizin des Jahres 2002 hat das Stockholmer Karolinska Institut zu gleichen Teilen Sydney Brenner, H. Robert Horvitz und John E. Sulston zugesprochen. Naturwiss. Rdsch. *55/12*, 655–658 (2002); [7] MARX, J.: Nobels Run the Gamut. From Cells to the Cosmos. Tiny Worm Takes a Star Turn. Science *298*, 526 (2002)

Jean-Pierre Changeux, Paris (Frankreich): Les Prix Balzan 2001, *dazu*: [1] La lettre de l'Académie des Sciences 2 (2001)

Bodo Christ, Freiburg (Br.): Vorsitz. Anatom. Gesellsch.

Klaus-Michael Debatin, Ulm: Dt. Krebspreis 2002, *dazu*: [1] Naturwiss. Rdsch. 55/6, 338 (2002)

Georg Dhom, Homburg: Laudatio zum 80. Geburtstag: [1] WAGNER, H. J.: Professor Dr. Georg Dohm zum 80. Geburtstag. Saarländ. Ärztebl. 5, 42 (2002), mit Bild

Johannes Dichgans, Tübingen: Wiederwahl Vizepräs. d. DFG, *dazu*: [1] DUZ 18, 31 (2002)

Günter Dörner, Berlin: Großes Verdienstkreuz d. Verdienstordens d. Bundesrepublik Deutschland

Hans Peter Dürr, München: Dr. h. c. U Oldenburg, *dazu*: [1] Physik J. 1/3, 37 (2002)

Jürgen Ehlers, Golm: Max-Planck-Medaille 2002 d. Dt. Physikal. Gesellsch., *dazu*: [1] Physik J. 1/3, 70 (2002)

Michel Eichelbaum, Stuttgart: Galenus-von-Pergamon-Preis, *dazu*: [1] DUZ 1–2, 51 (2002)

Peter K. Endress, Zürich: Intern. Symposium an d. U Zürich aus Anlaß d. 60. Geburtstages (2002); Koresp. Mitgl. d. Amer. Soc. of Plant Taxonomists (2002); McBridge Prof. d. National Tropical Botanical Garden, Kauai, Hawaii (USA) für das Jahr 2002

Gerhard Ertl, Berlin: Mitgl. Natl. Acad. of Sciences USA, *dazu*: [1] Physics Today 55/7, 74 (2002)

Helmut Eschrig, Dresden: Max-Planck-Forschungspreis f. Physik d. Max-Planck-Gesellsch. u. d. Alexander-von-Humboldt-Stift. (2002), *dazu*: [1] Physik J. 2/2, 28 (2003)

Michael Frotscher, Freiburg (Br.): Ernst-Jung-Preis f. Medizin (7. 6. 2002 in Hamburg)

Wolfgang Frühwald, Augsburg: Alfried-Krupp-Wissenschaftspreis 2002 d. Krupp-von-Bohlen-und-Halbach-Stift.; Reinhold-Schneider-Plakette 2002 d. Reinhold-Schneider-Gesellsch.; Max-Herrmann-Preis 2002, gestiftet von d. Freunden d. Staatsbibliothek Berlin; Mitgl. d. Turiner Akad. d. Wiss., *dazu*: [1] Humboldt Kosmos *80*, 49–50 (2002)

Walter J. Gehring, Basel (Schweiz): Balzan-Preis für sein wiss. Lebenswerk, *dazu*: [1] POLACZEK, D.: Erste ihrer Zunft. Balzan-Preisverleihung in Rom. FAZ vom 14. 11. 2002; Dr. med. h. c. U Turin

Herbert Gleiter, Karlsruhe: Dr. rer. nat. h. c. TU Darmstadt

Jane Goodall, Hants (Großbritannien): Konrad-Lorenz-Preis 2002, *dazu*: [1] Naturwiss. Rdsch. *55*/6, 338 (2002)

Peter Gruss, Göttingen: Präs. d. Max-Planck-Gesellsch. 2002

F. Ulrich Hartl, Martinsried: Leibniz-Preis 2002, *dazu*: [1] Forschung *1–2*, 18 (2002)

Helma und Bernhard Hassenstein, Merzhausen: Reinhold-Schneider-Preis 2002 d. Stadt Freiburg (Br.), *dazu*: [1] Naturwiss. Rdsch. 55/6, 338 (2002)

Jörg Hacker, Würzburg: Dr. h. c. med. U Umeå 2002

Heinz Häfner, Mannheim: Amer. Medal of Honour; Ehrenmedaille d. Dt. Gesellsch. f. Public Health (f. seine Verdienste um d. Aufbau von Public Health in Deutschland)

Fritz Hartmann, Hannover: Euricius-Cordus-Medaille d. U Marburg, *dazu*: [1] DUZ *21*, 33 (2002)

Michael Hecker, Greifswald: Fellow Amer. Acad. of Mikrobiology, *dazu*: [1] DUZ *14*, 32 (2002)

Jan Helms, Würzburg: Dr. h. c. Nat. Med. U of Mongolia

Thomas Henning, Heidelberg: Dir. Max-Planck-Inst. f. Astronomie Heidelberg, *dazu*: [1] DUZ *1–2*, 49 (2002)

Friedrich Hensel, Marburg: Dr. rer. nat. h. c. U Rostock

Wolfgang A. Herrmann, Garching (München): Dr. h. c. U Nova de Lisboa, *dazu*: [1] DUZ *11*, 31 (2002)

Friedrich Hirzebruch, St. Augustin: Helmholtz-Medaille d. Berlin-Brandenburg. Akad. d. Wiss., *dazu*: [1] Naturwiss. Rdsch. *55*/9, 511 (2002); Dr. h. c. U Oslo, *dazu*: [2] DUZ *18*, 32 (2002)

Franz Hofmann, München: Max-Planck-Forschungspreis f. Chemie u. Pharmazie, *dazu*: [1] Biospektrum *9*/1, 6 (2003), [2] DUZ *5*, 31 (2003)

Peter Hans Hofschneider, Martinsried: Dr. rer. nat. h. c. U Witten/Herdecke

Bert Hölldobler, Würzburg: Andrew D. White Professor Cornell U Ithaca, NY

Herbert Jäckle, Göttingen: Vizepräs. d. Max-Planck-Gesellsch. f. d. Biologisch-Medizin. Sektion, *dazu*: [1] DUZ *15–16*, 38 (2002)

Ilse Jahn, Berlin: Dr. h. c. U Jena (Festakt 13. 2. 2002 U Jena); Treviranus-Medaille d. Verbandes d. dt. Biologen u. biolog. Fachgesellsch. e. V. (2002)

Joachim R. Kalden, Erlangen: Ehrenmitgl. d. Dt. Gesellsch. f. Immunologie, *dazu*: [1] DUZ *23*, 31 (2002)

Horst Kessler, Garching: Hans-Herloff-Inhoffen-Medaille d. TU München, *dazu*: [1] DUZ *14*, 35 (2002); Dr. h. c. U Leipzig, *dazu*: [2] DUZ *17*, 37 (2002)

Andreas Kleinert, Halle (Saale): Mitgl. Acad. internat. d'histoire des sciences, *dazu*: [1] Mitteldt. Ztg. vom 25. 7. 2002

Arthur Konnerth, München: Max-Planck-Forschungspreis f. Neurophysiologen, *dazu*: [1] DUZ *1–2*, 48 (2002)

Bernhard Korte, Bonn: Großes Verdienstkreuz d. Bundesrepublik Deutschland, *dazu*: [1] DUZ *23*, 33 (2002)

Martin Kramer, Wiesbaden: Ehrenmitgl. Dt. Gesellsch. f. Exp. u. Klin. Pharmakologie u. Toxikologie e. V. (7. 9. 2002), *dazu*: [1] SCHRENK, D.: Ehrenmitgliedschaft d. DGPT f. zwei verdiente Toxikologen. Biospektrum *8*/3 (2002)

Werner Kümmel, Mainz: Karl-Sudhoff-Gedächtnisplakette Gesellsch. f. Geschichte u. Technik e. V. 2002, *dazu*: [1] Nachrichtenbl. DGGMNT *52*/3, 172 (2002)

Bernd-Olaf Küppers, Jena: Wahl in d. Senat d. Europ. Akad. d. Wiss. u. Künste, *dazu*: [1] DUZ *21*, 31 (2002)

Olga Ladyšenskaja, St. Petersburg (Rußland): Dr. h. c. U Bonn, *dazu*: [1] DUZ *11*, 31 (2002)

Jürgen van de Loo, Münster: Dr. h. c. U Greifswald, *dazu*: [1] DUZ *3*, 33 (2002)

Yuri I. Manin, Bonn: King Faisal Prize, *dazu*: [1] Physics Today *55*/2, 66 (2002); Dr. h. c. U Oslo, *dazu*: [2] DUZ *18*, 33 (2002)

François Mathey, Palaiseau (Frankreich): Wahl zum korresp. Mitgl. d. Math.-Physikal. Kl. d. Akad. d. Wiss. Göttingen, *dazu*: [1] DUZ *15–16*, 38 (2002)

Fritz Melchers, Basel (Schweiz): Emil-von-Behring-Preis 2002 U Marburg, *dazu*: [1] Marburger U J. *13*, 7 (2002)

Jürgen Mittelstraß, Konstanz: Präs. Acad. Europaea, London (f. 3 Jahre); Mitgl. Pontifical Acad. of Sciences (Berufung durch Papst Johannes Paul II.), *dazu*: [1] DUZ *22*, 17 (2002), mit Bild

Achim Müller, Bielefeld: Dr. h. c. Lucian-Blaga-U Sibiu/Hermannstadt, Rumänien, *dazu*: [1] DUZ *13*, 37 (2002)

Gottfried O. H. Naumann, Erlangen: Dr. h. c. Med. Akad. Lublin, *dazu*: [1] DUZ *17*, 37 (2002); Gonin-Gold-Medaille d. U Erlangen-Nürnberg, *dazu*: [2] DUZ *22*, 33 (2002)

Hans Wolfram Neumann, Magdeburg: Prodekan U Magdeburg (Wiederwahl), *dazu*: [1] DUZ *21*, 32 (2002)

Dieter Oesterhelt, Martinsried: Paul-Karrer-Medaille U Zürich, *dazu*: [1] Naturwiss. Rdsch. *55*/10, 566 (2002)

Andreas Oksche, Giessen: Ombudsmann U Giessen (2. Amtsperiode 2002–2005); 50jähriges Doktordiplom an d. Philipps-U Marburg

Günther Osche, Freiburg (Br.): Dr. h. c. U Bonn, *dazu*: [1] DUZ 3, 33 (2002)

Benno Parthier, Halle (Saale): Dr. rer. nat. h. c. U Würzburg (3. 7. 2002), *dazu*: [1] RIEDERER, M.: Laudatio. In: PARTHIER, B. (Ed.): Umtrunk 2002. Ein *Curriculum vitae* in essayistischen Fragmenten und anderen Darlegungen. S. 37–41. Halle (Saale): Leopoldina 2002; Ehrenbecher d. Stadt Halle (2. 10. 2002), *dazu*: [2] Mitteldt. Ztg. vom 23. 8. 2002, S. 9. *Ehrungen zum 70. Geburtstag am 21. 8. 2002*: Geburtstagsfeier am 30. 8. 2002 im Inst. f. Pflanzenbiochemie Halle (Saale), dazu [3] WOBUS, U.: Grußworte. In: PARTHIER, B. (Ed.): Umtrunk 2002. Ein *Curriculum vitae* in essayistischen Fragmenten und anderen Darlegungen. S. 53–58. Halle (Saale): Leopoldina 2002; Festkolloquium der Leopoldina am 4. 10. 2002, *dazu*: [4] MOHR, H.: Warum wir ihn loben – eine Laudatio auf Benno Parthier. In: PARTHIER, B. (Ed.): Umtrunk 2002. Ein *Curriculum vitae* in essayistischen Fragmenten und anderen Darlegungen. S. 73–75. Halle (Saale): Leopoldina 2002; [5] RIESENHUBER, H.: Die Leopoldina unter der Präsidentschaft von Benno Parthier. In: PARTHIER, B. (Ed.): Umtrunk 2002. Ein *Curriculum vitae* in essayistischen Fragmenten und anderen Darlegungen. S. 77–85. Halle (Saale): Leopoldina 2002

Sigrid D. Peyerimhoff, Bonn: Emeritierung am 28. 2. 2002, *dazu*: [1] DUZ 6, 30 (2002)

Nikolaus Pfanner, Freiburg (Br.): Max-Planck-Forschungspreis 2002, *dazu*: [1] Biospektrum 9/1, 6 (2003)

Günter Pritschow, Stuttgart: Verdienstkreuz 1. Klasse d. Verdienstordens d. Bundesrepublik Deutschland, *dazu*: [1] DUZ 8, 35 (2002)

Reinhard Putz, München: Dr. h. c. U Ovidius in Constanta, Rumänien, *dazu*: [1] DUZ 17, 37 (2002)

Harald Reuter, Bern (Schweiz): Ernst-Jung-Medaille f. Medizin in Gold 2002 d. Jung-Stift. f. Wiss. u. Forschung

Herbert W. Roesky, Göttingen: Mitgl. Acad. des Sciences, Frankreich; Präs. Akad. d. Wiss. Göttingen, *dazu*: [1] Naturwiss. Rdsch. 55/8, 454 (2002)

Martin Röllinghoff, Erlangen: Wahl in d. Vorstand Dt. Gesellsch. f. Hygiene u. Mikrobiologie, *dazu*: [1] DUZ 4, 29 (2002)

Frank Rösler, Marburg: Max-Planck-Forschungspreis f. Geistes- und Sozialwiss. 2002, *dazu*: [1] DUZ 4, 32 (2002)

Peter J. Roquette, Leimen: Ehrenmitgl. Math. Gesellsch. Hamburg, *dazu*: [1] DUZ *14*, 32 (2002)

Hans-Detlef Saeger, Dresden: Dekan Med. Fak. Carl Gustav Carus d. TU Dresden, *dazu*: [1] Wiss. Zeitschr. TU Dresden *51*/4–5, 185 (2002)

Rolf Sauer, Erlangen: Ehrenmitgl. Ungar. Krebsgesellsch., *dazu*: [1] DUZ *4*, 29 (2002)

Rudolf Manfred Schmidt, Halle (Saale): Mitgl. Royal Soc. of Medicine (1. 4. 2002)

Wolfgang Peter Schleich, Ulm: Max-Planck-Forschungspreis 2002

Werner Schreyer, Bochum: Roebling-Medaille in Gold d. Mineral. Soc. of Amer. 2002

Martin Schwab, Zürich: Zülch-Preis f. Neurowissenschaftler, *dazu*: [1] Wandelbares Hirn. FAZ vom 16. 9. 2002; [2] MPG-Forschung *3*, 80–81 (2002); Dr. h. c. U Basel, *dazu*: [3] Basler Ztg. vom 1. 12. 2002

Gerhard Seifert, Hamburg: Ehrenmitgl. Dt. Gesellsch. f. Pathologie, *dazu*: [1] Verhandl. Dt. Gesellsch. f. Pathologie *86*, 17 (2002); *Laudatio zum 80. Geburtstag*: [2] KLÖPPEL, G.: News from the editorial board, 2001–2002. Virchows Arch. *440*, 1–2 (2002)

Helmut Sies, Düsseldorf: Präs. Nordrhein-Westfäl. Akad. d. Wiss., *dazu*: [1] Naturwiss. Rdsch. *55*/5, 281 (2002)

Kai Simons, Dresden: Felix Hoppe-Seyler Lecturer 2002, *dazu*: [1] HARTL, F. U.: Felix Hoppe-Seyler Lecturer 2002: Kai Simons. Biospektrum *9*/1, 50 (2003), mit Bild

Karl O. Stetter, Regensburg: o. Mitgl. Bayer. Akad. d. Wiss.

J. Peter Toennis, Göttingen: Stern-Gerlach-Medaille Dt. Physikal. Gesellsch., *dazu*: [1] Physik J. *1*/3, 70–71 (2002)

Wolfgang Trautwein, Homburg: *Laudatio zum 80. Geburtstag*: [1] Saarländ. Ärztebl. *55*/1, 38–40 (2002), mit Bild

Ernst Volkmar Trommsdorff, Zürich (Schweiz): Abraham-Gottlob-Werner-Medaille in Silber Dt. Mineral. Gesellsch.

Joachim Trümper, Garching: Bayer. Verdienstorden, *dazu*: [1] Physik J. 1/9, 35 (2002); Basic Science Award for Significant and Lasting Contributions to the Aeronautical Sciences

Axel Ullrich, Martinsried (München): Robert-Koch-Preis 2001, *dazu*: [1] Naturwiss. Rdsch. 55/2, 115 (2002)

Herbert Walther, Garching (München): Alfried-Krupp-Wissenschaftspreis 2002 Krupp-von-Bohlen-und-Halbach-Stift.

Rüdiger Wehner, Zürich (Schweiz): Marcel-Benoist-Preis 2002 d. Schweiz, *dazu*: [1] Naturwiss. Rdsch. 56/1, 54 (2003)

Carl Friedrich von Weizsäcker, Rott am Inn: *Laudationes zum 90. Geburtstag*: [1] Rechenberg, H.: Vom Atomkern zum kosmischen Wirbel. Dem Physiker, Philosophen und Friedensforscher Carl Friedrich von Weizsäcker zum 90. Geburtstag mit herzlichen Glückwünschen gewidmet. Physik J. 1/6, 59–61 (2002); [2] RÖTHLEIN, B.: »Ein in seiner hellen Kraft überlegener Geist« (zum 90. Geburtstag). Physik J. 1/7–8, 12 (2002)

Horst Tobias Witt, Berlin: Peter Mitchell Medal Award 2002

Sigmar Wittig, Köln: Vorsitz. Vorstand Dt. Zentrum f. Luft- u. Raumfahrt ab 1. 3. 2002 (5 Jahre), *dazu*: [1] Pressemittl. DLR vom 4. 12. 2001, [2] FAZ vom 7. 12. 2001

Zhongbi Wu, Wuhan (Volksrepublik China): Großes Verdienstkreuz mit Stern d. Bundesrepublik Deutschland 2002

Kurt Wüthrich, Zürich (Schweiz): Nobelpreis f. Chemie 2002, *dazu*: [1] ADAM, D.: Structured approach bags chemistry prize. Nature 419, 659 (2002); [2] *Anonym*: Baupläne und Windtunnel – Nobelpreise an fünf Forscher. Mitteldt. Ztg. vom 10. 10. 2002; [3] *Anonym*: Nobelpreise. Aufgeklärte Makromoleküle. Chemie in uns. Zeit 36/6, 405 (2002); [4] CHO, A., and NORMILE, D.: Mastering Macro-Molecules. Science 298, 527–528 (2002); [5] GROSS, M.: Bilder von Biomolekülen – lebensecht und live. Spektrum der Wissenschaft 12/2002, 16–22 (2002); [6] LINDINGER, M.: Biomoleküle unter der Lupe. Chemie-Nobelpreis: John Fenn, Koichi Tanaka und Kurt Wüthrich. FAZ vom 10. 10. 2002; [7] SCHWALBE, H., und GRIESINGER, C.: Auf die dynamische Struktur der Proteine kommt es an. Analyse von Biomolekülen in natürlicher Umgebung mit Kernspinresonanz / Zum Nobelpreis für Chemie an Kurt Wüthrich. FAZ vom 16. 10. 2002; [8] SJ: Chemie: Strukturanalyse von Proteinen. Physik J. *1*/11, 6–7 (2002); [9] TRUEB, L. F.: Nobelpreise 2002. Chemie. Naturwiss. Rdsch. *55*/12, 652–653 (2002)

Hans-Peter Zenner, Tübingen: Jacob-Henle-Medaille U Göttingen, *dazu*: [1] DUZ *8*, 33 (2002)

2. Mitteilungen des Präsidenten

Senatssitzung am 18. Juni 2002 in der Leopoldina

Wichtigster Tagesordnungspunkt war die Wahl eines Nachfolgers im Präsidentenamt, das gemäß der 1998 geänderten Satzung fünf Jahre dauert – bei einer zulässigen Wiederwahl. Der amtierende Präsident hatte bereits anläßlich seiner Wiederwahl (1997) angedeutet, daß er von dieser Neuerung Gebrauch machen werde. So war rechtzeitig eine Findungskommission für die Präsidialwahlen eingesetzt worden, deren Vorsitz Vizepräsident WINNACKER am 6. Dezember 2001 übernahm. In der Präsidiumssitzung vom 22. April 2002 beschloß das Präsidium einstimmig, den Vizepräsidenten für Medizin, Herrn Professor Dr. Volker TER MEULEN, Universität Würzburg, als Nachfolgekandidaten für das Präsidentenamt dem Senat zur Wahl vorzuschlagen. Diese Wahl erfolgte in der Senatssitzung am 18. Juni 2002 und ergab nach geheimer schriftlicher Abstimmung bei einer Stimmenthaltung 32 Ja-Stimmen der stimmberechtigten Senatoren für Herrn TER MEULEN. Dieser dankte für das Vertrauen und nahm die Wahl an.

Damit endete eine 125 Jahre währende Periode von zehn in Halle ansässigen Präsidenten der Leopoldina. Es kann hier nur beiläufig darauf hingewiesen werden, daß diese Konstellation in zweifacher Hinsicht den politischen Gegebenheiten der früheren und jüngeren Vergangenheit in Deutschland zuzuschreiben ist. Einerseits ließen diktatorische Regimes über faktisch 60 Jahre hinweg andere Lösungen nicht sinnvoll erscheinen, und andererseits versetzte die Wiedervereinigung Deutschlands die Akademie in eine Position, für die einen externen Präsidenten zu wählen richtig erschien, um den überregionalen bzw. nationalen Charakter der Leopoldina klarer hervorzuheben. Herr TER MEULEN betonte, daß es für ihn keine leichte Aufgabe sei, als ein nicht mit dem Sitzort der Akademie verwurzeltes Mitglied die Aufgaben des Präsidenten zu übernehmen, doch sei er davon überzeugt, daß die modernen Kommunikationsmöglichkeiten und das Vorhandensein einer guten und weitgehend selbständig funktionierenden Geschäftstelle ihm die Arbeit erleichtern werde.

Als Termin der Amtsübergabe wurde Frühjahr 2003 (später genauer: 13. Februar 2003) festgelegt.

Benno PARTHIER

3. Leopoldina-Förderprogramm

Ergebnisbericht 2002 zum Leopoldina-Förderprogramm

Von Roland RIEDEL und Andreas CLAUSING (Halle/Saale)

Das Postdoc-Förderprogramm ist das Bindeglied der Akademie zum Wissenschaftsnachwuchs und damit zu kommenden Generationen der wissenschaftlichen Gesellschaft in Deutschland. Es hat sich im Berichtsjahr gegenüber dem Vorjahr weiter konsolidiert, aber auch weiter verändert. Durch die finanziellen Reduzierungen konnte die im Konzept von 1996 angestrebte Zahl von jährlich 50 Stipendiaten in Förderung nicht länger aufrecht erhalten werden. Die Förderkapazität von nunmehr 40 Personen wurde zum Jahreswechsel erreicht. Durch weitere Mitgliederzuwahlen verfügt die Akademie über einen stetig wachsenden Pool an kompetenten Fachgutachtern für aktuelle Forschungsprojekte. Dies ist insbesondere aufgrund der immer stärkeren Spezialisierung in den Einzeldisziplinen zweckdienlich. Der im Vorjahr erweiterte Förderausschuß wurde beibehalten und konnte den Erfordernissen für die anfallende Vielfalt an Forschungsprojekten gerecht werden. Damit wurde die Basis für eine solide Weiterentwicklung in den Folgejahren weiter gestärkt.

Zwei personelle Veränderungen prägten die technische Abwicklung des Förderprogramms: Ende Januar 2002 schied die langjährig bewährte Sachbearbeiterin Frau Johanna MOGALLE aus dem Dienst aus. Ihre Tätigkeiten konnte Frau Xenia CONRAD ab Februar übernehmen. Zum Jahreswechsel erfolgte mit dem altersbedingten Ausscheiden von Herrn Dr. Roland RIEDEL eine sehr markante Veränderung. Sie kennzeichnete das Ende seiner elfjährigen erfolgreichen Tätigkeit, in der er das Förderprogramm in seinen unterschiedlichen Varianten begleitet hat. Zum 1. Januar 2003 trat der Diplom-Geologe Herr Dr. Andreas CLAUSING die Nachfolge in der Position des Förderprogramm-Koordinators an.

Bewerberaufkommen

Gegenüber dem Vorjahr nahm die Zahl der Bewerbungen geringfügig ab. Ursache war vor allem ein Bewerberrückgang aus dem Bereich Medizin. Der Personalmangel vieler Kliniken führte dazu, daß viele potentielle Kandidaten frühzeitig aufgefangen und zum Teil übernommen wurden. In den klassischen Naturwissenschaften war der Bewerberandrang dagegen unverändert. Die anhaltend schlechte Arbeitsmarktlage bei den »harten« Naturwissenschaften drängt viele Jungwissenschaftler verstärkt ins Ausland (bzw. in die Arbeitslosigkeit). Eine Ausnahme bilden weiterhin die Biowissenschaften, deren Entwicklung zwar durch wachsenden Konkurrenzdruck auf dem Arbeitsmarkt geprägt ist, aber sich dennoch weiterhin durch vergleichsweise breite und neue Felder an Arbeitsplatzmöglichkeiten auszeichnet. Die meisten Bewerbungen erfolgten demzufolge auch aus den Biowissenschaften, darunter besonders der Biotechnologie. Aber auch aus der Physik und Chemie sind im Vergleich zu den Vorjahren mehr Anträge eingegangen. Ein genereller Bewerberschwund war nicht zu bemerken. Aufgrund der schwachen Konjunktur war auch keine ausgeprägte Tendenz zugunsten der Industrie festzustellen.

Auf verschiedenen Ebenen wurde weiter Werbung für das Programm betrieben. Im Jahr 2002 erfolgte diese primär über Briefaktionen und Veranstaltungen an Wissenschaftseinrichtungen. Eine bewährte Vorgehensweise sind Werbeveranstaltungen in Verbindung mit dem Besuch neu aufgenommener Stipendiaten an ihrem jeweiligen Heimatinstitut. Diese Aktivitäten bewirkten eine Konsolidierung der Bewerberanzahl.

Der gestiegene Bekanntheitsgrad der Akademie und ihres Förderprogramms trug mit zu dieser Entwicklung bei. Grundlage waren zum einen die Briefaktionen, zum anderen der gute Ruf, den das Programm durch Äußerungen zurückkehrender Stipendiaten erhalten hat. Rückfragen bestätigten, daß die mündliche Propaganda häufig zu den Bewerbungen anregte. Eine weitere Quelle für Anträge sind Institutionen, die durch frühere Förderung bereits mit dem Programm vertraut sind.

Fördervergaben

Wie in den vergangenen Jahren fanden zwei Vergabesitzungen zum Förderprogramm statt. In den Sitzungen am 2. Juli und 26. November 2002 hatte der Förderausschuß über 15 beziehungsweise 19 Anträge zu entscheiden, einer davon in Zweitvorlage. Das Ergebnis der Beratungen unterstreicht die hohe Qualität der Bewerber und der beantragten Projekte. Es ist zudem das Resultat einer vom Vorauswahlausschuß durchgeführten Sichtung der Anträge vor der offiziellen Annahme der Bewerbung. Als Bilanz für das Jahr 2002 ergaben sich daraus:

- 27 Förderzuerkennungen,
- 5 Ablehnungen und
- 2 Zurückstellungen, um Anträge zu überarbeiten.

Drei Kandidaten wollten die ihnen bewilligte Förderung nicht in Anspruch nehmen. Die nachstehend aufgeführten 24 Bewerberinnen und Bewerber erhielten das Leopoldina Postdoc-Stipendium, in der Regel für eine Dauer von zwei Jahren:

- Christiane BEER, Gesellschaft für Biotechnologische Forschung Braunschweig,
- Lars BLANK, Institut für Biotechnologie der ETH Zürich,
- Marcus FISCHER, Klinik für Innere Medizin II der Universität Regensburg,
- Ulrike FOCK, Zoologisches Institut der TU Braunschweig,
- Brigitte FORSTER, Zentrum Mathematik der TU München,
- Stefan GLEITER, Institut für Biotechnologie der Universität Halle-Wittenberg,
- Martin HAGER, Institut für Biotechnologie der Universität Freiburg,
- Oliver HUCKE, Institut für Physikalische Chemie der Universität Freiburg,
- Dirk JANASEK, Institut für Biotechnologie der Universität Halle-Wittenberg,
- Christoph JOCHUM, Zentrum für Innere Medizin der Universität GHS Essen,
- Martin JUDEX, Klinik für Innere Medizin I der Universität Regensburg,
- Gregor JUNG, Fachbereich Physikalische Chemie der Universität München,
- Andreas KORN, Max-Planck-Institut für extraterrestrische Physik Garching,
- Frank LANGER, Chirurgische Klinik im Universitätsklinikum des Saarlandes Homburg,
- Andreas LASAROW, Mathematisches Institut der Universität Leipzig,
- Maik Joerg LEHMANN, Deutsches Krebsforschungszentrum Heidelberg,
- Niklas MANZ, Institut für Experimentelle Physik der Universität Magdeburg,
- Karsten OBST, Institut für Geologische Wissenschaften der Universität Greifswald,
- Tania SINGER, Max-Planck-Institut für Bildungsforschung Berlin,
- Ulrich STEGMANN, Abt. Philosophie der Universität Bielefeld,
- Frank STELZER, Max-Planck-Institut für Kohlenforschung Mülheim,
- Maike STÖHR, Institut für Laser- und Plasmaphysik der Universität GHS Essen,
- Alexander SUDAU, Institut für Chemie der Freien Universität Berlin,
- Jeanette WINTER, Institut für Biotechnologie der Universität Halle-Wittenberg.

Erstmals wurden auch Projekte aus den Bereichen Psychologie und Wissenschaftstheorie beantragt. Darüber hinaus wurde fünf weiteren Stipendiaten eine Verlängerung ihrer Förderung zwischen zwei Monaten und einem Jahr gewährt, nachdem eine positive Beurteilung für die erbrachten Leistungen in der regulären Förderzeit erfolgte.

- Michaela ARNDT, Deutsches Krebsforschungszentrum Heidelberg,
- Matthias BLÜHER, Med. Klinik u. Poliklinik III der Universität Leipzig,
- Julia BOIKE, Alfred-Wegener-Institut für Polar- und Meeresforschung, Forschungsstelle Potsdam,

– Hartmut Geiger, Max-Planck-Institut für Immunbiologie Freiburg,
– Christiane Löhr, Institut für Veterinärpathologie der Universität Gießen.

Die Neubewerbungen aus der Medizin waren gegenüber denen aus den übrigen Naturwissenschaften wieder rückläufig. Dies entspricht dem Trend von vor zwei Jahren. Unter den Herkunftsinstitutionen der Stipendiaten sind außeruniversitäre Einrichtungen gleichbleibend niedrig vertreten. Es kommen diesmal:

– 14 aus universitären Instituten der Naturwissenschaften,
– 1 aus universitärem Institut der Philosophie,
– 4 aus universitären Kliniken und
– 5 aus außeruniversitären Forschungsstätten.

Bei den gewünschten Forschungsaufenthalten stehen für die genannten Stipendiaten Zielorte in den USA weiter an erster Stelle, dicht gefolgt von Großbritannien:

– 11 der ausgewählten Gastinstitute befinden sich in den Vereinigten Staaten,
– in Europa waren 7 mal Großbritannien, 3 mal die Schweiz und je einmal Dänemark, Schweden und Österreich bzw. Belgien das Ziel des Aufenthalts.

Als Folge der bewilligten Projektanträge ist mit Jahresbeginn 2003 der angestrebte Sollstand von durchschnittlich 40 Stipendiaten im laufenden Förderungszeitraum erreicht. Aus den Leopoldina-Stammländern Schweiz und Österreich werden derzeit keine Nachwuchswissenschaftler gefördert, da entsprechende Bewerbungen fehlten.

Im Jahresverlauf berief Präsident Parthier Herrn Eberhard Hofmann zum Präsidiumsbeauftragten für das Förderprogramm im Bereich Medizin, zu dessen Stellvertreterin Frau Renate Hanitzsch und als Stellvertreter des Präsidiumsbeauftragten für den Bereich Naturwissenschaften Herrn Rudolf Taube. Sie bilden nun gemeinsam mit Vizepräsident Fischer den Vorauswahlausschuß, der u. a. für die Benennung der Gutachter zuständig ist.

Nach langjährig verdienstvollem Wirken wurden die bisherigen Mitglieder Dietmar Glässer, Dieter Lohmann und Johannes Heydenreich von ihren Pflichten entbunden. Dietmar Glässer, Werner Köhler, Walter Roubitschek, Alfred Schellenberger und Josef Zemann schieden auf eigenen Wunsch als Mitglieder des Förderausschusses nach langer erfolgreicher Tätigkeit aus.

Nach der Novembersitzung verabschiedete sich Präsident Parthier als Vorsitzender des Vergabeausschusses wegen des Amtswechsels in der Akademiepräsidentschaft. Zugleich dankte er bei dieser Sitzung Herrn Roland Riedel im Namen der Akademie für seine elfjährige zuverlässige Amtsführung als Förderbeauftragter.

Förderverlauf und -Fördererergebnisse

Die Durchführung der Projekte an den Gasteinrichtungen verlief für die Stipendiaten ohne gravierende Probleme. Der Verlauf war dabei aber durchaus individuell geprägt. Abweichungen ergaben sich durch einige Verlängerungen von 1, 2, 3 und 6 Monaten, einige 1-monatige und eine 6-monatige Unterbrechung. Zwei Abbrüche der Förderung waren zu verzeichnen. Sie erfolgten nach jeweils rund 1 ½ Jahren zugunsten einer langfristigen Anstellung. Der eine Kandidat kehrte dafür an eine deutsche Universität zurück, der andere Stipendiat blieb in den USA. Damit ist ein Ziel des Leopoldina-Programms, ausgezeichnete Wissenschaftler im Ausland zu qualifizieren und dann für Stellen in Deutschland attraktiver zu machen, nicht erreicht worden. Unter den gegenwärtigen Stipendiaten ist die Meinung über Möglichkeiten einer erfolgreichen Arbeitsaufnahme nach der Rückkehr nach Deutschland sehr geteilt.

Die in den Zwischenberichten der Stipendiaten ausgewiesenen Ergebnisse wurden von den Gutachtern und von fachkompetenten Ausschußmitgliedern überwiegend mit Anerkennung bedacht, gelegentlich wurde auf Mängel beim bisherigen Vorgehen hingewiesen oder Kritik an der Darstellung geübt. Für die Stipendiaten wirkten sich diese helfenden Hinweise positiv auf den weiteren Förderverlauf aus. Die in den Abschlußberichten ausgewiesenen Leistungen und Ergebnisse wurden von den bewertenden Fachleuten als durchweg wissenschaftlich interessant und wertvoll eingeschätzt. Die bei der Antragstellung ausgewiesene ursprüngliche Zielstellung wurde allerdings nicht immer erreicht. Die Gründe dafür beruhten aber nicht auf mangelnden Aktivitäten der Stipendiaten, sondern auf vorher nicht einschätzbaren technischen Problemen. Einzelne herausragende Leistungen wurden als sehr erfolgreich oder exzellent gewürdigt. Die wissenschaftlichen Ergebnisse aus der Förderung finden sich in zahlreichen Manuskripten zur Publikation in Fachzeitschriften und in Vorträgen auf Fachtagungen wieder. Im Durchschnitt wurden von jedem Stipendiaten drei Arbeiten angefertigt und überwiegend in den fachspezifischen Organen publiziert. Die Annahme von Arbeiten in Spitzenzeitschriften, wie *Nature* und *Science*, betont die exzellente Qualität einzelner Stipendiaten.

Nach Neustrukturierung des Leopoldina-Förderprogramms fand am 8. und 9. November 2002 wieder ein Meeting ehemaliger Stipendiaten unter dem Titel »Leopoldina-Förderstipendiaten berichten III« statt.

Der Einladung des Präsidenten folgten 39 ehemalige Stipendiaten, davon etwa zur Hälfte solche aus der ersten Förderphase, die nur auf die neuen Bundesländer ausgerichtet war. Die Akademie war durch 12 ihrer Mitglieder (Angehörige des Vergabeausschusses und einige besonders aktive Gutachter), die Generalsekretärin SCHNITZER-UNGEFUG und ein Mitglied der Jungen Akademie vertreten. Herr Regierungsdirektor SCHMIDT-KÜNTZEL repräsentierte das BMBF, den Finanzträger des Förderprogramms. Einige Interessenten aus benachbarten Universitäten und Familienangehörige fanden ebenfalls den Weg zum Treffen.

Präsident PARTHIER gab in seiner Begrüßung einen kurzen Abriß zum Anliegen und zur Geschichte der Förderung. Der Hauptteil des Programms war der Präsentation fachlicher Ergebnisse durch einige in letzter Zeit geförderte Stipendiaten vorbehalten. Der Eröffnungsvortrag widmete sich der neu formierten Disziplin Geobiologie, mit weiteren 12 Fachvorträgen wurde ein vielfältiges Bild moderner wissenschaftlicher Forschung quer durch die Naturwissenschaften und Medizin präsentiert. Von Mitgliedern der Akademie moderiert, wurden die Vorträge anschließend diskutiert. Den Vortragenden gelang es, ihre Ergebnisse allgemeinverständlich wiederzugeben, so daß sich auch Fachfremde die jeweiligen Erkenntnisse erschließen konnten. Zusätzlich wurden Forschungsergebnisse in fünf Posterpräsentationen dargestellt.

Vizepräsident FISCHER moderierte die abschließende Diskussion. Die Erfahrungen, Anregungen und Vorschläge der Teilnehmer gaben wertvolle Hinweise für eine innovative Weiterführung des Förderprogramms.

Die Publikation der Vorträge in einem Supplementum zur *Nova Acta Leopoldina* als »Ergebnisse des Leopoldina-Förderprogramms III.« wird gegenwärtig vorbereitet.

Die Zeit nach der Förderung

Die generell schwierige Situation der Naturwissenschaftler auf dem deutschen Arbeitsmarkt zeigt ihre Auswirkungen, wenn auch in geringem Maße, auf das Förderprogramm. Zwei Stipendiaten beendeten das geförderte Projekt frühzeitig, drei traten es trotz Zuerkennung gar nicht an. Günstigere Arbeitsverhältnisse und die damit verbundene soziale Sicherheit wurden in diesen Fällen höher eingestuft als Zuwachs an wissenschaftlicher Erkenntnis und Abschluß von Forschungsvorhaben. Diese Tendenz dürfte sich nach gegenwärtiger Einschätzung der Situation, auch durch die Stipendiaten selber, vorerst nicht ändern.

Positiv zu vermerken ist, daß nahezu alle Stipendiaten im Anschluß an die Förderung ein ihrer Qualifikation adäquates Anstellungsverhältnis gefunden haben, meist aber auf befristeten Positionen. Die Mehrzahl arbeitet in der Industrieforschung, einzelne haben diesen beruflichen Weg gegenüber der akademischen Laufbahn bevorzugt, wenn sie vor der Wahl standen. Für den akademischen Berufsweg sind Universitätsinstitute bzw. -kliniken und außeruniversitäre Forschungsstätten gleichermaßen bei der weiteren beruflichen Laufbahn der Geförderten vertreten.

Wiederholt wurde Stipendiaten an ihrem Gastinstitut nach Ablauf der Förderzeit eine bezahlte Anstellung für einige Monate zur Vollendung oder Ausweitung ihres Projekts angeboten. Dies erwies sich in einzelnen Fällen auch als positiv zur Überbrückung bei der Suche nach einer geeigneten Arbeitsstelle in der Heimat. Dies belegt ein erfreuliches Interesse von Gasteinrichtungen an einer Weiterführung der aufgebauten Wissenschaftskooperation, die während der Förderungsphase aufgebaut wurde.

Exemplarisch sollen hier einige Leistungen genannt werden, durch die sich Stipendiaten im Jahr 2002 auszeichneten: Eine Präsentation von Henryk BARTHEL zur Zellbiologie wurde auf der Tagung der Deutschen Gesellschaft für Nuklearmedizin hervorgehoben. Mathias JASCHHOF konnte eine neue Fliegenart beschreiben, die zugleich eine eigenständige Familie begründet und widmete diese der Akademie: *Rangomarama leopoldinae*. Jochen JAEGER publizierte beim renommierten Ulmer-Verlag ein Buch zur Landschaftsdestruktion, das als transdisziplinäres Werk Aspekte der unterschiedlichsten Arbeitsrichtungen miteinander verbindet. Die Arbeiten von Martin GÖPFERT über das »Hören« von Insekten fanden nicht nur in der Wissenschaft Beachtung, sondern fanden auch Eingang in die wissenschaftliche Berichterstattung der überregionalen Presse. Einige der ehemaligen Stipendiaten teilten der Akademie den erfolgreichen Abschluß ihrer Habilitation mit, in wenigen Fällen auch die Berufung auf eine Professur. Nora NOFFKE erhielt den Ruf auf eine Professur für Geobiologie an der *Old Dominion University* in Virginia und ist für die NASA an der Vorbereitung von Experimenten für die Mars-Mission 2009 beteiligt; auch sie hatte sich in Deutschland vergebens nach einer weiterführenden Stelle umgesehen.

Nachbetreuung

In der Nachbetreuung besteht weiterhin die Möglichkeit, besonders positiv aufgefallene Stipendiaten bei Tagungsbesuchen, Arbeitsaufenthalten und der Publikation von Ergebnissen finanziell zu unterstützen. Die Maßnahme wird einer nach Leistungskriterien und Berufslaufbahn getroffenen Auswahl von bisher Geförderten gewährt. Von Beschäftigten in kommerziellen Bereichen wurde diese Förderung praktisch nicht genutzt. Förderabsolventen, die das wissenschaftliche Leben im akademischen Bereich sehr aktiv und produktiv mitgestalten, nahmen die Unterstützung hingegen gerne in Anspruch.

Insgesamt konnten 22 Maßnahmen gefördert werden: Sechs Arbeitsaufenthalte wurden unterstützt und die Teilnahme an 16 Tagungen und Konferenzen ermöglicht. Dadurch konnte wirksam mitgeholfen werden, wissenschaftliche Ergebnisse, die direkt oder in Folge der Förderung erwachsen sind, in die wissenschaftliche Öffentlichkeit einzubringen. Gleichzeitig wurden während der Förderung entstandene wissenschaftliche Kooperationen gefestigt und vertieft. Durch das Teilprogramm konnten auch die Beziehungen zwischen der Akademie und 19 ehemaligen Stipendiaten über die Zeit der aktiven Förderung hinaus aufrecht erhalten werden.

In das Programm zur Nachbetreuung fällt auch das Meeting ehemaliger Stipendiaten, das zukünftig wieder in zweijährigem Wechsel mit der Jahresversammlung der Akademie statt finden soll.

Finanzierung

Durch Zuwendungen des Bundesministeriums für Bildung und Forschung erhielt das Förderprogramm im Jahr 2002 Finanzmittel in Höhe von rund 1472 TEUR. Von dem zu Jahresbeginn verfügbaren Betrag wurden 1262 TEUR verausgabt. Nachdem sich im November ein Minderbedarf von 35 TEUR abzeichnete, wurden die Zuwendungen neu auf 1365 TEUR fest gesetzt. Zu Jahresende wurden 210 TEUR ins Folgejahr übertragen, um die fristgerechte Zahlung der Stipendien zu Jahresbeginn 2003 sicherzustellen. An Ausgaben fielen an:

- 1156 TEUR als Fördermittel für Stipendiaten,
- 26 TEUR für Nachbetreuung ehemals Geförderter,
- 77,8 TEUR für Verwaltungsausgaben (Gehälter, Bürobedarf und Werbung),
- 2 TEUR für Dienstreisen.

Die veranschlagten Ausgaben wurden durch die vorzeitigen Abbrüche und mehrfachen Unterbrechungen der Förderung nicht vollständig genutzt. Auf die Sachmittel wurde in vielen Fällen nur sparsam zugegriffen. Gegenüber dem Vorjahr sind die Förderausgaben aber annähernd identisch (Ausgaben 2001: 2496 TDM = 1276 TEUR). Allerdings konnten mit diesen Mitteln weniger Stipendiaten als ursprünglich vorgesehen in die Förderung aufgenommen werden. Dies beruht auf gestiegenen Zahlungen an die Stipendiaten durch Stipendienerhöhungen, Alterszulagen, Auslandszuschläge und Kaufkraftausgleich. Das Verhältnis von Labor- und Reisekosten änderte sich im Jahresvergleich nicht merklich, der Anteil an Fördermitteln zur Nachbetreuung stieg um 0,5%. Der Verwaltungsanteil an den Ausgaben beträgt weiterhin etwa 6%.

Ausblick

Der Schwerpunkt bei der Weiterführung des Postdoc-Programms liegt in der Förderung besonders herausragender und leistungsfähiger Bewerber. Um diese zu gewinnen sollen die Anstrengungen weiter verstärkt werden. Es gilt besonders, eine deutliche Abgrenzung gegenüber konkurrierenden Stipendienprogrammen zu erreichen, beispielsweise durch einen qualitativ höheren Standard und erheblich verkürzte Zeiträume bis zur Bewilligung. Der erreichte Bekanntheitsgrad des Leopoldina-Programms stellt dafür eine Grundlage dar, die weiter ausgebaut werden muß. Die aktive Beteiligung aller Leopoldina-Mitglieder im Auffinden besonders begabter Jungwissenschaftler soll durch geeignete Werbematerialien unterstützt werden. Entsprechende Aktivitäten sind für das folgende Berichtsjahr geplant und werden derzeit entwickelt.

Selbstverständlich muß der erworbene gute Ruf des Programms auch weiter gepflegt werden. Neben dem hohen Leistungsniveau der ausgewählten Kandidaten gründet er sich auf der subjektiven Einschätzung durch die Stipendiaten selbst. Diese hoben den vergleichsweise geringen bürokratischen Aufwand, das auch zeitlich überschaubare Bewerbungsverfahren, den flüssigen Ablauf und die individuelle Betreuung lobend hervor. Diese natürlich auch stark mit der Person des Programmbeauftragten verbundene Einschätzung, soll auch in den kommenden Jahren Bestand haben. Alle Leopoldina-Mitglieder sind aufgerufen, die erfolgreiche Weiterführung des qualitativ hochstehenden Förderprogramms durch Werbung exzellenter junger Wissenschaftlerinnen und Wissenschaftler zu gewährleisten.

Dr. Roland RIEDEL
Dr. Andreas CLAUSING
Förderprogramm-Koordinator
Deutsche Akademie der Naturforscher
Leopoldina
Emil-Abderhalden-Straße 37
06108 Halle (Saale)
Bundesrepublik Deutschland
Tel.:   ++49 (0) 34 54 72 39 50
Fax: ++49 (0) 34 54 72 39 59
E-Mail: stipendium@leopoldina-halle.de

Grundsätze zum Leopoldina-Förderprogramm (Postdoc-Stipendien)

1. Ziel und Zweck des Förderprogramms

Ziel des Leopoldina-Förderprogramms ist es, besonders befähigte Nachwuchswissenschaftler mit *Post-doc*-Status aus den Ländern Deutschland, Schweiz und Österreich zu fördern. Die Bearbeitung von Forschungsthemen aus dem disziplinären Wissenschaftsspektrum der Leopoldina wird unterstützt; d. h. in den Naturwissenschaften, der Medizin und zugehörender Wissenschaftsgeschichte.

2. Gegenstand der Förderung

Gegenstand der Förderung ist die Durchführung eines originellen und herausragenden Forschungsprojekts in führenden Forschungseinrichtungen der Welt. Die Förderung soll einen zusammenhängenden Zeitraum von in der Regel zwei bis drei Jahren umfassen. Den geförderten Wissenschaftlerinnen und Wissenschaftlern soll durch entsprechende Forschungsbedingungen eine eigenständige Vertiefung von Wissen und Können in einer Spezialdisziplin ermöglicht werden, um den Weg in die nationale und internationale Fachelite zu finden.
  Eine Habilitationsförderung erfolgt nicht.

3. Fördermittel

Als Fördermittel zur Projektbearbeitung am Gastinstitut sind ein Stipendium, Reisekosten- und projektbezogene Sachbeihilfen (Verbrauchsmittel) vorgesehen. Die dafür zweckgebundenen Mittel werden der Akademie vom Bundesministerium für Bildung und Forschung zur Verfügung gestellt.
  Deutschen wird ein in seiner Höhe gestaffeltes monatliches *Stipendium* gewährt, das sich zudem am sozialen Stand des Geförderten und den Gegebenheiten des Einsatzlandes orientiert. Es besteht aus

- einem (altersabhängigen) Grundstipendium, das
  unter 31 Jahren   1365,00 EUR,
  von 31 bis unter 35 Jahren 1416,00 EUR,
  ab 35 Jahren   1467,00 EUR beträgt,

- einem Zuschlag in Höhe von 205,00 EUR, wenn der Bewerber verheiratet ist und das Einkommen des Ehegatten 410,00 EUR nicht übersteigt,
- einem vom Einsatzland abhängigen Auslandszuschlag, der eine Begleitung durch Familienangehörige berücksichtigt (derzeit z. B. für einen ledigen Stipendiaten in den USA 960,00 EUR),
- einem Kaufkraftausgleich, der als prozentualer Zuschlag in manchen Ländern gewährt wird, vom Auswärtigen Amt monatlich festgelegt wird und Währungsschwankungen mindert.

Die Höhe der Stipendien, Zuschläge und Sachkosten orientiert sich an den jeweils geltenden Sätzen für Postdoktoranden-Stipendien bei der Deutschen Forschungsgemeinschaft (DFG). Bei besonders herausragenden Leistungen während der Förderung kann das Grundstipendium um bis zu 10 v. H. erhöht werden.

Ein Kinderbetreuungszuschlag kann bei entsprechenden Voraussetzungen beantragt werden, er richtet sich nach den Regelungen der DFG. Ein Krankenversicherungszuschuß wird nicht gewährt. Die Stipendien sind im Rahmen der Bestimmungen des § 3 Nr. 44 EStG steuerfrei.

Für Bewerber aus der Schweiz oder aus Österreich sind monatliche Stipendienbeträge vorgesehen, die sich an die Sätze der Alexander-von-Humboldt-Stiftung (AvH) anlehnen. Sie betragen zwischen 1840,00 und 2250,00 EUR; der Vergabeausschuß legt die Höhe nach individuellen Gegebenheiten fest. Eine spätere Anpassung der Förderbeträge an Einkommens- und Preisentwicklung ist möglich.

Im Rahmen eines jährlichen Fonds können Druckkostenzuschüsse gewährt werden, falls spezifische Anforderungen bei der Veröffentlichung aus der Förderung hervorgegangener Ergebnisse dies notwendig machen sollten.

4. Ausschreibung

Die Bekanntgabe des Postdoc-Förderprogramms erfolgt durch regelmäßige öffentliche Ausschreibung in ausgewählten überregional erscheinenden Zeitungen, in wissenschaftlichen Fachzeitschriften und sonstigen geeigneten Medien, auf der Homepage der Akademie im Internet, durch Aushänge in Wissenschaftseinrichtungen und Forschungsstätten und durch Präsentationen auf nationalen Tagungen und Kongressen.

5. Bewerbung

Wissenschaftler aus den Stammländern der Leopoldina Deutschland, Österreich und der Schweiz können sich jederzeit um das Stipendium des Förderprogramms bewerben. Eine Bewerbung kann

- vom Institutsleiter des interessierten Wissenschaftlers,
- über Empfehlung eines Leopoldina-Mitgliedes oder
- vom interessierten Wissenschaftler selbst

eingereicht werden. Im letzteren Fall sind zwei Referenzen von Hochschullehrern oder Institutsdirektoren notwendig.

Voraussetzungen für eine Bewerbung sind:
- eine abgeschlossene Promotion,
- Erfahrungen in selbständiger Forschungstätigkeit an einer Hochschule, einer Forschungseinrichtung oder einem Industrieunternehmen,
- Ergebnisse selbständiger Forschungstätigkeit,
- ein Lebensalter unter 36 Jahren.

6. Bewerbungsunterlagen

Die *Bewerbungen* sind an den Präsidenten der Deutschen Akademie der Naturforscher Leopoldina, PF 11 05 43 in 06019 Halle/Saale zu richten. Den *Bewerbungsunterlagen* sind beizufügen:

- Kurzangaben des Vorschlagenden oder der zur Referenz genannten Wissenschaftler über die bisherigen Forschungsleistungen des Bewerbers und das erhoffte Ergebnis;
- ein tabellarischer Lebenslauf, der besonders auf den Bildungsweg und die beruflichen Etappen eingeht und die künftige berufliche Orientierung ausweist;
- eine ausführliche Projektskizze, die das wissenschaftliche Vorhaben mit Zielstellung, Lösungsweg, Methoden- und Geräteeinsatz sowie die Laufzeit des Vorhabens enthält;
- die begründete Angabe von möglichen Gastinstituten und fachlich betreuenden Wissenschaftlern sowie die Zusicherung der Aufnahmebereitschaft der Gastinstitute;
- einen mit den jeweiligen gastgebenden Einrichtungen einvernehmlich abgesprochenen Arbeitsplan zur Projektausführung, in dem Arbeitsetappen und Teilziele ausgewiesen sind;
- Zeugnisse sowie Belege und Referenzen, die zur Forschungsbefähigung des Bewerbers Auskunft geben;
- Listen der wissenschaftlichen Publikationen, Patente und Vorträge.

7. Begutachtung

Die Leopoldina holt zu jeder Bewerbung Fachgutachten über Forschungsprojekt und Bewerber von mindestens drei anerkannten Experten ein, vorrangig aus dem Kreis der Akademiemitglieder. Auf der Grundlage der Gutachten entscheidet ein Vergabeausschuß (vgl. Punkt 8) über die Anträge.

8. Vergabe

Der Vergabeausschuß besteht aus Akademiemitgliedern der naturwissenschaftlichen und medizinischen Disziplinen (wobei auch Mitglieder aus der Schweiz und Österreich einbezogen werden) und einem Vertreter des Bundesministeriums für Bildung und Forschung. Der Ausschuß tagt in der Regel zweimal jährlich unter Vorsitz des Präsidenten der Akademie. Vergabeentscheidungen werden mit einfacher Stimmenmehrheit getroffen, bei Stimmengleichheit entscheidet die Stimme des Vorsitzenden. Der Beschluß wird den Bewerbern durch den Präsidenten der Leopoldina schriftlich mitgeteilt.

Auf die Förderung besteht kein Rechtsanspruch. Die Mittel werden nach Maßgabe des Bundeshaushalts bereitgestellt.

9. Nachbetreuung

An die Förderung beim Gastaufenthalt kann sich eine *Nachbetreuung* anschließen, durch die gewährleistet wird, daß

- erreichte Ergebnisse aus der Förderphase der wissenschaftlichen Öffentlichkeit vorgestellt werden;
- ausgewiesene Wissenschaftskooperationen in begründeten Fällen weitergeführt werden können;
- Geförderte zusammengeführt, ihre Kontakte zur Akademie gewahrt und ihre Erfahrungen zur künftigen Förderung genutzt werden.

Für die Nachbetreuung stehen Reisemittel sowie Mittel für ein zweijährig stattfindendes Leopoldina-Meeting und einen daraus hervorgehenden Berichtsband zur Verfügung.

10. Kontakt

Der Förderprogramm-Koordinator ist Ansprechpartner für alle Belange des Postdoc-Programms sowie die Verwaltung und technische Abwicklung. Gegenwärtig ist dies:

Dr. Andreas CLAUSING
Deutsche Akademie der Naturforscher
Leopoldina
Emil-Abderhalden-Straße 37
06108 Halle (Saale)
Tel.: ++49 (0) 34 54 72 39 50
Fax: ++49 (0) 34 54 72 39 59
E-Mail: stipendium@leopoldina-halle.de
http://www.leopoldina-halle.de

Leopoldina-Postdoc-Stipendium (Förderprogramm)

Die Deutsche Akademie der Naturforscher Leopoldina bietet in einem Förderprogramm ausgewählten

Wissenschaftlerinnen und Wissenschaftlern aus Deutschland, Österreich und der Schweiz

mit einem **Leopoldina-Postdoc-Stipendium** Unterstützung in ihrer beruflichen Entwicklung.

In das Leopoldina-Förderprogramm werden herausragende *promovierte* Nachwuchswissenschaftler *unter 36 Jahren* aus **naturwissenschaftlichen** und aus **medizinischen Fachgebieten** aufgenommen.

Die Förderung ermöglicht die vollständige Bearbeitung eines eigenständigen Forschungsprojektes von zwei- bis dreijähriger zusammenhängender Dauer an renommierten Forschungsstätten im Ausland. Sie hat eine Vertiefung von Kenntnissen und Befähigungen in der jeweiligen Spezialdisziplin zum Ziel, nicht jedoch die Habilitation.

Die Förderung umfaßt

- ein monatliches Stipendium während der Gastaufenthalte (orientiert an Sätzen und Zuschlägen der DFG bzw. der AvH-Stiftung für promovierte Wissenschaftler),
- Beihilfe zu Reisekosten,
- beschränkte Mittel für Laborbedarf.

Sie wird von Zuwendungen des Bundesministeriums für Bildung und Forschung (BMBF) getragen.

Eine Bewerbung um Zuerkennung des Leopoldina-Stipendiums kann jederzeit von einem Mitglied der Akademie Leopoldina, vom Institutsleiter der Bewerberin/des Bewerbers oder mit zwei Referenzen durch die Bewerberin/den Bewerber selbst eingebracht werden. Sie ist zu richten an die

Deutsche Akademie der Naturforscher Leopoldina
Postfach 11 05 43
06019 Halle (Saale).

Die eingehenden Anträge werden von einer Vergabekommission unter Einbeziehung von Fachgutachten bewertet und entschieden. Ein Rechtsanspruch auf Förderung besteht nicht.

Eine Bewerbung sollte enthalten:

- formlose Antragstellung an den Präsidenten der Akademie Herrn Prof. Dr. TER MEULEN,
- tabellarischer Lebenslauf,
- Zeugnisse und Referenzen,
- Listen der Publikationen, Patente und Vorträge,
- Projektskizze,
- Arbeitsplan,
- Gastinstitute und Betreuer.

Weitere Informationen, insbesondere zu den Bewerbungsunterlagen und den gebotenen Förderleistungen, können bei Herrn Dr. Andreas CLAUSING, Tel.: ++49 (0) 34 54 72 39 50, Fax: ++49 (0) 34 54 72 39 59, E-Mail: stipendium@leopoldina-halle.de oder unter http://www.leopoldina-halle.de eingeholt werden.

4. Wissenschaftliche Veranstaltungen

Festveranstaltungen zur Gründung der Akademie vor 350 Jahren
am 17. und 18. Januar 2002 in Schweinfurt und vom 18. bis 20. Juni 2002 in Halle (Saale)

Im Jahr 2002 hatte die Deutsche Akademie der Naturforscher Leopoldina Gelegenheit, ihrer Gründung vor 350 Jahren zu gedenken. »Welche glückliche Gemeinschaft, die gleich zweimal im Jahr, in diesem Jahr, ihren Gründungstag feiert!«, bemerkte Leopoldina-Präsident Benno PARTHIER in seiner Begrüßungsansprache zur Feier in Halle.[1] Tatsächlich organisierte die Akademie zwei Festveranstaltungen, und zwar eine in der Gründungsstadt Schweinfurt, die mehr der historischen Rückbesinnung auf die Wurzeln jener *Academia Naturae Curiosorum* in ihrer Gründungs- und Konsolidierungsphase sowie der aktuellen Standortbestimmung der Deutschen Akademie der Naturforscher Leopoldina vorbehalten war, und eine am gegenwärtigen Sitzort Halle (Saale), in der sich die Akademie gemeinsam mit Vertretern der *Royal Society* (London), der *Académie des Sciences* (Paris) und der *Accademia Nazionale dei Lincei* (Rom) der europäischen Dimension in gesellschaftlichem Auftrag und wissenschaftlichen Aufgaben von Akademien im 21. Jahrhundert verpflichtet sah.

Am Neujahrstag 1652 nach dem Julianischen Kalender[2] gründeten vier Ärzte aus der Freien Reichsstadt Schweinfurt die *Academia Naturae Curiosorum*: Dr. med. Johann Lorenz (Laurentius) BAUSCH (1605–1665), der 1630 an der Universität Altdorf promoviert worden und seit 1636 Stadtphysicus war, Dr. med. et phil. Johann Michael FEHR (1610–1688), der 1641 an der Universität Padua promoviert worden war, Dr. med. Georg Balthasar WOHLFARTH (1607–1674), der 1634 an der Universität Basel die Promotion erlangt hatte, und Dr. med. Georg Balthasar METZGER (1623–1687), der 1650 ebenfalls in Basel mit der Doktorwürde versehen worden war. Sie wählten BAUSCH zu ihrem Präsidenten, gaben der Gründung erste »Leges«, einen Namen und ein Symbol und beschlossen die Verleihung von Beinamen an Mitglieder sowie erste Arbeitsaufgaben.

---

1 PARTHIER 2003d.
2 TOELLNER 2002, S. 15, da die Freie Reichsstadt Schweinfurt den Gregorianischen Kalender erst am 23. September 1699 einführte.

In der Historiographie der europäischen Akademiebewegung wurde die Schweinfurter Gründung weitgehend übersehen, hatte sie doch nach Meinung einiger Historiker zwei »Konstruktionsfehler« aufzuweisen. *Erstens* war sie als eine rein private Vereinigung konzipiert, so daß ihr die für größere Aktivitäten erforderlichen finanziellen Mittel fehlten, und *zweitens* sei »nicht ›Utilität‹, sondern Befriedigung der ›Curiosität‹« das Motiv ihrer Mitglieder gewesen.[3] Es spricht jedoch eher gegen die Sicht der Historiker und für die Akademie, daß aus jenem unter den ungünstigen Bedingungen in der Periode nach dem Dreißigjährigen Krieg gezeugten Pflänzchen in einer kontinuierlichen, wenn auch wechselvollen Geschichte eine bedeutende Naturforscherakademie hervorgegangen ist.

Bis zum Rücktritt des zweiten Präsidenten FEHR vom Amt 1686 hatte die Akademie ihren Sitz in Schweinfurt. Danach begann sie ein Wanderleben, indem sie den jeweiligen Präsidenten an deren Arbeitsort folgte: Unter Johann Georg (VON) VOLCKAMER (1616–1693) kam sie von 1686 bis 1693 nach Nürnberg, unter Lucas (VON) SCHROECK (1646–1730) von 1693 bis 1730 nach Augsburg, unter Johann Jakob (VON) BAIER (1677–1735) von 1730 bis 1735 nach Altdorf. Mit dem VI. Präsidenten Andreas Elias (VON) BÜCHNER (1701–1769) gelangte die Akademie zunächst von 1735 bis 1745 nach Erfurt und wechselte schließlich für die Zeit von 1745 bis 1769 nach Halle (Saale). Danach führte sie ihr Wanderdasein unter Ferdinand Jacob (VON) BAIER (1707–1788) nach Nürnberg zurück, bevor sie unter den Präsidenten Heinrich Friedrich (VON) DELIUS (1720–1791) von 1788 bis 1791, Johann Christian Daniel (VON) SCHREBER (1739–1810) von 1791 bis 1810 und Friedrich (VON) WENDT (1738–1818) von 1811 bis 1818 in Erlangen residierte. Der XI. Präsident Christian Gottfried Daniel NEES VON ESENBECK (1776–1858) begann seine Präsidentschaft zwar 1818 noch in Erlangen, nahm dann aber die Akademie in seiner vierzigjährigen Amtszeit von 1819 bis 1830 nach Bonn und schließlich von 1830 bis 1858 nach Breslau mit. Anschließend gelangte die Akademie unter Dietrich Georg (VON) KIESER (1779–1862) von 1858 bis 1862 nach Jena, bevor sie unter den Präsidenten Carl Gustav CARUS (1789–1869) von 1862 bis 1869 und Wilhelm Friedrich Georg BEHN (1808–1878) von 1869/70 bis 1878 in Dresden ihre zeitweilige Bleibe fand. 1878 zog die Akademie schließlich mit ihrem XV. Präsidenten Carl Hermann KNOBLAUCH (1820–1895) in die Saalestadt Halle, wo sie von da an ihre Heimstatt trotz wechselhafter Zeiten hatte: von 1878 bis 1895 unter KNOBLAUCH, von 1895 bis 1906 unter Karl Frhr. VON FRITSCH (1838–1906), von 1906 bis 1921 unter Albert WANGERIN (1844–1933), von 1921 bis 1924 unter August GUTZMER (1860–1924), von 1924 bis 1931 unter Johannes WALTHER (1860–1937), von 1932 bis 1950 unter Emil ABDERHALDEN (1877–

---

3 BÖGER 1997, Bd. 1. S. 45. Auf diesen Zusammenhang weisen TOELLNER 2002, S. 21–24, sowie TOELLNER 2003 hin.

1950), von 1952 bis 1953 unter Otto SCHLÜTER (1872–1959)[4], von 1954 bis 1974 unter Kurt MOTHES (1900–1983), von 1974 bis 1990 unter Heinz BETHGE (1919–2001) und seit 1990 unter Benno PARTHIER.
Trotz dieser vielfach wechselnden Wirkungsorte blieb die Akademie neben ihrer langjährigen Arbeitsstätte Halle vor allem mit ihrer Gründungsstadt Schweinfurt immer verbunden, und gerade Jubiläen boten Anlässe, die Beziehung zu pflegen. Als 1852 der 200. Gründungstag unter Präsident NEES VON ESENBECK zu feiern war, überlegte man auf einer Adjunktenversammlung vom 20. bis 22. Oktober 1851 in Schweinfurt, »an der Wiege der Akademie, unsern Herzen am nächsten, [...], die ganze Akademie auf diesen ersten Januar des nahenden Jahres in ihrer Geburtsstadt, ja in ihrem Vaterhause selbst auf einige Stunden ernster Erinnerungen, ernster Beschlüsse zu versammeln«.[5] »Es wäre gewiss ein schöner Tag gewesen für alle Versammelten«, so NEES, »wahrscheinlich kalt von aussen, – aber desto wärmer von Innen«, doch sei man zu der Überzeugung gekommen, daß eine solche Einladung bei der zu erwartenden Kälte und den »allgemeinen Abhaltungen eines Neujahrstages an jedem Orte« »für excentrisch« gehalten worden wäre und sich kaum jemand eingefunden hätte. Man beging den 200. Geburtstag dann nicht im Januar in Schweinfurt, sondern am 21. September 1852 im Rahmen der 29. Versammlung der Gesellschaft Deutscher Naturforscher und Ärzte in Wiesbaden.
Zum 300. Jubiläum 1952 feierte man nicht nur in Halle am 16. und 17. Februar mit einem Festakt die Gründungstat der vier Schweinfurter Ärzte (und gleichzeitig den Beschluß der DDR-Regierung, »die Leopoldina als zu Recht bestehend anzuerkennen und ihre wissenschaftlichen Bestrebungen weitgehend zu fördern«[6]), sondern entwickelte auch in der Geburtsstadt entsprechende Initiativen. Dabei wären im unsicheren politischen Umfeld jener Jahre beinahe Verstimmungen aufgetreten. Leopoldina-Mitglied Adolf BUTENANDT (1903–1995) wies Präsident SCHLÜTER auf eine an ihn ergangene Mitteilung hin, die ihn mit Sorge erfüllte: »Nach diesem Schreiben scheint man in Schweinfurt der Meinung zu sein, es sei noch notwendig, die Leopoldina von Schweinfurt aus neu zu beleben und in Anlehnung an die Gesellschaft Deutscher Naturforscher und Ärzte zu ›erhalten‹. / Nach den Ereignissen im Frühjahr dieses Jahres und der 300-Jahr-Feier in Halle scheint mir dieses Schweinfurter Bestreben verfehlt und eher eine Gefahr für den gerade bei Ihnen vorangehenden Aufbau dazustellen.«[7] BUTENANDT bat, dafür zu sorgen, »dass

---

4 SCHLÜTER vertrat als Vizepräsident bereits seit 1945 den von Halle abwesenden, in Zürich lebenden ABDERHALDEN, der allerdings bis zu seinem Tode Präsident blieb.
5 NEES 1854, S. IX.
6 SCHLÜTER 1952, S. 8.
7 Abschrift der Passage zu Schweinfurt aus dem Brief von BUTENANDT an SCHLÜTER im Brief (Durchschlag) von SCHLÜTERS Sekretärin an Rudolph ZAUNICK vom 5. 5. 1952, HAL MM 4109 Rudolph Zaunick.

man in Schweinfurt nicht über das Ziel hinausschiesst«, und hielt es für besser, »der Schweinfurter Veranstaltung einen lokalen Charakter zu geben«. Ganz in diesem Sinne – und dennoch äußerst diplomatisch – agierte dann der *Director ephemeridum* Rudolph ZAUNICK (1893–1967) als offizieller Vertreter von Leopoldina-Präsident SCHLÜTER auf der vom 13. bis 15. Juni 1952 in der Leopoldina-Geburtsstadt abgehaltenen *Feier zum Gedenken an die vor 300 Jahren in Schweinfurt erfolgte Gründung der Kaiserlich Leopoldinisch-Carolinisch Deutschen Akademie der Naturforscher* in seiner Ansprache: »Die Hallische Festfeier war die *offizielle*[8] Akademiefeier für ihre Mitglieder und alle ihre Gäste. [...] Das alte freundnachbarliche Verhältnis zwischen hallischer Universität und Leopoldina wird beiden Institutionen auch weiterhin zum Besten dienen. / Nach altem Brauche folgt aber jeder Feier noch eine *Nachfeier*[9]! Und so betrachten wir Leopoldiner Ihre Schweinfurter Gedenkfeier [...] als eine erholsame, das Ganze rundende örtliche Feier.«[10] So konnten atmosphärische Störungen vermieden und Einvernehmen hergestellt werden. Die Beziehungen der Akademie zu ihrer Gründungsstadt Schweinfurt im westlichen Deutschland sollten sich in den kommenden fünfzig Jahren – mitunter zwar durch die politischen Verhältnisse in Mitleidenschaft gezogen – unkomplizierter gestalten als zu Halle, dem Sitzort der Akademie, im Machtbereich des DDR-Staates. Zunächst war sogar vorgesehen, die Jahresversammlungen der Akademie abwechselnd in Halle und Schweinfurt durchzuführen. Allerdings fand nur die Jahresversammlung »Das Virus-Problem« 1957 in Schweinfurt statt. Die für 1961 geplante Veranstaltung verhinderte der Mauerbau. Es kann daher also nicht verwundern, daß die Leopoldina für ihre 350-Jahrfeier die beiden am engsten mit ihrer Geschichte verbundenen Städte als Tagungsorte auswählte.

Feierliche Eröffnung der 350-Jahrfeier in Schweinfurt

Das festliche Ereignis in Schweinfurt begann am Vormittag des 17. Januar 2002 mit der Eröffnung einer Ausstellung zum 350. Akademiegeburtstag unter dem Motto »›die Natur zu erforschen zum Wohle der Menschen‹ – Idee und Gestalt der Leopoldina im 17. Jahrhundert« in der »Bibliothek Otto Schäfer«.[11] Sie zeigte öffentliche und private Lebenszeugnisse der vier Gründer sowie Archivalien aus dem Archiv der ehemaligen Reichsstadt Schweinfurt, die Umfeld und Voraussetzungen der Gründung beleuchten.

---

8 Im Original gesperrt.
9 Im Original »Nach« gesperrt.
10 ZAUNICK 1954, S. 395.
11 Siehe dazu MÜLLER 2003.

Um 14. 00 Uhr begrüßte – nach einer musikalischen Einleitung mit Mozart-Klängen durch das Klavierquintett der Musikschule Schweinfurt – Leopoldina-Präsident Benno PARTHIER zur *Feierlichen Eröffnung der 350-Jahrfeier* die zahlreich erschienenen Mitglieder und Gäste,[12] darunter u. a. die Oberbürgermeisterinnen von Schweinfurt, Gudrun GRIESER, und Halle, Ingrid HÄUSSLER, sowie Werner WELZIG, Präsident der Österreichischen Akademie der Wissenschaften und Literatur, Bernard HAUCK, Präsident des Rates der schweizerischen wissenschaftlichen Akademien, Clemens ZINTZEN, Vorsitzender der Union der deutschen Akademien der Wissenschaften und Präsident der Mainzer Akademie der Wissenschaften, sowie als Präsidenten bzw. deren Vertreter Rudolf SMEND von der Göttinger Akademie der Wissenschaften, Heinrich NÖTH von der Bayerischen Akademie der Wissenschaften, Werner KÖHLER von der Akademie gemeinnütziger Wissenschaften zu Erfurt, Gisbert Freiherr ZU PUTLITZ von der Heidelberger Akademie der Wissenschaften, Helmut SIES von der Nordrhein-Westfälischen Akademie der Wissenschaften, Heinz PENZLIN für die Sächsische Akademie der Wissenschaften, Joachim KLEIN für die Braunschweigische Wissenschaftliche Gesellschaft und Rainer KIESOW für die Junge Akademie. Die forschungsfördernden Wissenschaftsinstitutionen Deutschlands waren vertreten durch den Präsidenten der Deutschen Forschungsgemeinschaft und Leopoldina-Vizepräsidenten Ernst-Ludwig WINNACKER, den Altpräsidenten der Max-Planck-Gesellschaft und Leopoldina-Ehrenförderer Hans ZACHER sowie den Altpräsidenten der Alexander-von-Humboldt-Stiftung und Leopoldina-Ehrenmitglied Reimar LÜST.

Der Begrüßung folgten zwei wissenschaftshistorische Festvorträge. Lorraine DASTON (Berlin) sprach über »Die Akademien und die Neuerfindung der Erfahrung im 17. Jahrhundert«[13] und beleuchtete damit insbesondere das geistige Umweltfeld der Leopoldina-Gründung. Ausgehend vom *Begriff* der Erfahrung zeigte sie, daß *Erfahrung* in der Wissenschaft nicht nur von ihrer Rhetorik, sondern auch von ihren Praktiken her verstanden werden muß. Diese Praktiken haben eine Geschichte und sind das Resultat von Arbeit und Zeit. Die Referentin beschäftigte vor allem die Frage, auf welche Art *Erfahrung* die Mitglieder der neu gegründeten Akademie zielten. Betrachte man etwa die frühen Veröffentlichungen der *Academia Naturae Curiosorum*, die umfangreichen Monographien über ein Tier, eine Pflanze oder ein Mineral auf der einen Seite bzw. auf der anderen die Zeitschrift *Miscellanea curiosa*, die erstmals 1670 erschien und mit *Observationes*, Einzelbeobachtungen, gefüllt war, wäre zwar das ernsthafte Bemühen um Erforschung und Verständnis der Natur wahrnehmbar, so die Referentin, doch erschienen Inhalt und Aufmachung, gemessen an den Maßstäben moderner wissenschaftlicher Veröffentli-

---

12 PARTHIER 2003a.
13 DASTON 2003.

chungen, »einigermaßen bizarr«. Obwohl die frühen Ansätze der *Academia Naturae Curiosorum* dem heutigen Leser eher »ein Kindheitsstadium der Wissenschaft« aufzuzeigen scheinen, bewies die Festrednerin in ihren Ausführungen, daß jene Projekte der Akademie nach den Maßstäben der Naturphilosophie des 17. Jahrhunderts als wirklich innovativ gelten können und durchaus Verbindungen zu den inzwischen allgemein akzeptierten Idealen und Praktiken der *Scientific Community* hatten. Die *Academia Naturae Curiosorum* trug auf diese Weise, gemeinsam mit den wenig später gegründeten Akademien in London und Paris, dazu bei, eine neue Form wissenschaftlicher Erfahrung zu schaffen. Alle frühen wissenschaftlichen Zeitschriften enthielten Berichte über seltsame Erscheinungen (Mißgeburten, wundersame Wetterbeobachtungen, exotische Tiere und Pflanzen). Zudem teilten auch die Großen der Wissenschaft jener Zeit, von Galileo GALILEI (1564–1642) über Robert BOYLE (1627–1691), René DESCARTES (1596–1650), Isaac NEWTON (1643–1727) bis hin zu Gottfried Wilhelm LEIBNIZ (1646–1716), das Interesse für wundersame Naturerscheinungen.

Lorraine DASTON entwarf ein Bild von dem zwischen 1605 und 1620 entwickelten Programm Francis BACONS (1561–1626) zur Reform der Naturphilosophie und Naturgeschichte, das, obwohl es im 17. und 18. Jahrhundert überaus einflußreich war, doch niemals vollständig realisiert wurde. BACON vertrat die Auffassung, daß eine Naturgeschichte der Wunder geeignet sei, naturphilosophische Axiome, die allein aus alltäglichen Phänomenen abgeleitet waren, zu korrigieren und Wege zu Neuerungen in den mechanischen Künsten aufzuzeigen. Auf diesem Pfade folgten ihm nach Ansicht der Vortragenden auch die Vertreter der *Academia Naturae Curiosorum*, wenngleich unklar sei, inwieweit die frühen Mitglieder der Akademie BACONS Werke rezipierten und seine reformierte Naturphilosophie bewußt übernahmen. Die Gründungsmitglieder waren als Ärzte, von denen einige an der Universität Padua studiert hatten, zumindest mit den Quellen, die BACON selbst inspiriert hatten, vertraut. Eine wesentliche Rolle spielte in diesem Zusammenhang »die explizit medizinische Ausrichtung der *Academia Naturae Curiosorum* in ihrer Anfangszeit«, so DASTON. Die Ärzte gingen einer Philosophie des Außernatürlichen nach und versuchten, »Geheimnisse«, also verborgene und unsichtbare Eigenschaften, der Erfahrung zugänglich zu machen. Damit verknüpft war eine Psychologie der forschenden Neugier. Das Unternehmen, die Geheimnisse der Natur zu erkunden, war eine so schwierige und gewaltige Aufgabe, daß sie auf Dauer nur durchführbar blieb, wenn eine vom Staunen genährte Neugier die Forscher leitete.

Richard TOELLNER (Rottenburg) führte in seinem Vortrag »Im Hain des Akademos auf die Natur wißbegierig sein: Vier Ärzte der Freien Reichsstadt Schweinfurt begründen vor 350 Jahren eine Naturforscherunternehmung«[14] die Zu-

---

14 TOELLNER 2003.

hörer unmittelbar in die Zeit und an den Ort der Gründung, Schweinfurt am Jahresbeginn 1652, zurück, indem er Einzelheiten eines möglichen Szenarios phantasievoll ausbreitete. Schweinfurt war etwa hundert Jahre zuvor im zweiten Markgräfler Krieg fast völlig zerstört worden, war bis zum Dreißigjährigen Krieg jedoch wiederaufgebaut und hatte diesen fast unversehrt überstanden, – zwar geschatzt, aber nur wenig beschossen und gar nicht gesengt, so TOELLNER. Wechselnde Besatzungen, Hunger und Seuchen hatten allerdings zu erheblichen Schwierigkeiten geführt, die Bevölkerungszahl war gesunken. Insgesamt war daher mit »der Reichsstadt des alten Römischen Reiches Deutscher Nation [...] im frühmodernen Staat politisch und wirtschaftlich kein Staat mehr zu machen«, doch waren ihre große Tradition, ihre Ratsverfassung, ihr Handwerk und ihre Kultur geblieben und bildeten sicher nicht unwichtige Voraussetzungen für jene weitreichende Initiative der vier Ärzte, die alle nicht aus alteingesessenen Schweinfurter Familien stammten, sondern aus Aufsteigerfamilien, Nachkommen von Zuwanderern (möglicherweise wegen des Glaubensbekenntnisses). Sie waren die einzigen Heilkundigen von akademischem Stand in der Stadt, deren Dienste jedoch nur eine Minderheit Gutbetuchter in Anspruch zu nehmen vermochte, während die Mehrheit auf die Bader und Barbiere oder gar die »heilenden« Landfahrer und Kräuterweiber verwiesen war, mit denen die Ärzte als städtische Medicinal-Aufsicht manchen Strauß auszufechten hatten. Dabei spielte die therapeutische Ohnmacht der Ärzte jener Zeit eine entscheidende Rolle, waren sie ihren Konkurrenten in der Heilkunde – den Schäfern, Hebammen, Kräuterweibern, ja Scharlatanen verschiedenster Art – zwar an Stand, Ansehen und Gelehrsamkeit überlegen, jedoch nicht im Heilerfolg. Hier aber lag eine Wurzel für das Anliegen der neuen Vereinigung, Material zur Verbesserung der Heilkunde zu sammeln.

Ausführlich verglich TOELLNER die Lebensumstände des in der fränkischen Provinz wirkenden Stadtarztes BAUSCH mit jenen seines Zeitgenossen REMBRANDT (1606–1669) in den Generalstaaten, die sich aus fast vergessenen Provinzen am nordwestlichen Rand des Imperiums zur größten See- und Handelsmacht der Welt emporgearbeitet hatten. Das Reich hingegen befand sich im wirtschaftlichen Niedergang, seine endgültige Auflösung schien unabwendbar. Konfessionelle und geistige Spaltung herrschten. Während die Niederlande durch ein Höchstmaß an geistiger Freiheit zur intellektuellen Vormacht Europas werden sollten, waren in der Mitte des geschwächten alten Reiches die Voraussetzungen für eine weittragende wissenschaftliche Unternehmung denkbar ungünstig. Dennoch geschah aber gerade hier, in Schweinfurt, der Aufbruch zu neuen wissenschaftlichen Ufern. Zwar hatte das Unternehmen viele Vorbilder in Italien, doch waren sowohl das Ziel als auch der Weg zu dessen Erreichung neu: die gemeinsame Anstrengung vieler gleichgesinnter Ärzte nach verabredeten Regeln die in der Natur vorhandenen Heilmittel systematisch zu erfassen und damit der praktischen Heilkunde einen

Nutzen zu schaffen. Für TOELLNER war daher *Utilitas* durch *Curiositas* der unüberhörbare Haupttenor des Einladungsschreibens, und auch der erste Paragraph der *Leges* in der Fassung von 1662 betonte das eindeutig: »Die Ehre Gottes, die Verbesserung der ärztlichen Kunst und daraus folgend das Wohl des Nächsten ist Ziel und einziger Leitstern der Akademie der Naturforscher.«

Danach analysierte TOELLNER das eigenartige Verhältnis der Historiographen des Akademiegedankens zur Schweinfurter Gründung, die in den meisten Untersuchungen aus fadenscheinigen Gründen »außer Betracht« habe bleiben müssen. In Abgrenzung von diesen leichtfertigen Urteilen behandelte der Vortragende umfassend die Voraussetzungen für eine erfolgreiche Akademiegründung. Dazu gehörte der Wechsel in der Legitimationsinstanz der Wissenschaft von der Autorität der Alten zur Autorität der Natur sowie die neue Bewertung der Neugier, die »bis zur Mitte des 16. Jahrhunderts aus einer Todsünde über eine läßliche Sünde eine Tugend« geworden war. Einer Abnahme des Vertrauens in die Zuverlässigkeit der Alten stand ein Anwachsen des Vertrauens in die Zuverlässigkeit der Natur gegenüber: »Die Legitimation der Natur als ältester Autorität gab der Wissenschaft die Freiheit, sich bei ihrer Suche nach gewisser Erkenntnis nicht mehr an den Alten und ihren Texten, sondern an den Sachverhalten selbst, wie sie durch Erfahrung und Vernunft in der Natur zu finden waren, zu orientieren«, so der Referent. Das Einladungsschreiben verdeutlichte genau diesen Schritt. In TOELLNERS Sicht eröffnete die Gründung der *Academia Naturae Curiosorum* daher Zukunft.

Larghetto und Allegretto aus dem Quintett Es-Dur KV 452 von Wolfgang Amadeus MOZART (1756–1791), vorgetragen vom *Collegium Musicum* der Musikschule Schweinfurt, beschlossen den ersten Veranstaltungsteil.

Festakt in Schweinfurt

Der eigentliche Festakt anläßlich des 350-jährigen Jubiläums der Leopoldina fand dann verbunden mit dem Neujahrsempfang 2002 der Stadt Schweinfurt ab 19.00 Uhr im Stadttheater statt. Das Leipziger Vokalensemble *amarcord* eröffnete virtuos mit Werken von Rolande DE LASSUS (Orlando DI LASSO) (1532–1594), Alonso DE ALBA (gest. nach 1519), Johann Sebastian BACH (1685–1750) und Adriano BANCHIERI (1568–1634) die Veranstaltung.

In ihrer Begrüßung konnte die Schweinfurter Oberbürgermeisterin Gudrun GRIESER erneut viele Ehrengäste willkommen heißen,[15] an ihrer Spitze nun den Ministerpräsidenten des Freistaates Bayern Edmund STOIBER. Zu den Geladenen zählten neben den Akademiemitgliedern und ihren Begleitungen auch die Bürgermeister zweier zeitweiliger Sitzorte der Akademie, nämlich der Stadt

---

15 GRIESER 2003a.

Jena, Peter RÖHLINGER, und der Stadt Nürnberg, Helen JUNGKUNZ, zahlreiche Vertreter aus Verwaltung und Wirtschaft Schweinfurts und eine Reihe um das Stadtwohl hochverdienter Schweinfurter Bürger. Die Oberbürgermeisterin wünschte, daß für die Gemeinschaft der Versammelten, die von höchstrangigen Persönlichkeiten aus Politik, Wissenschaft und Wirtschaft bis zu ganz im Stillen wirkenden Bürgern reichte, die beiden Anlässe des Festaktes, das Gründungsjubiläum der Leopoldina und der Neujahrsempfang der Stadt Schweinfurt, nicht unverbunden nebeneinander stehen mögen, sondern sich zu einem »ganzheitlich empfundenen Höhepunkt des Schweinfurter Stadtlebens« zusammenfügen sollten.

In seinem Grußwort[16] betonte der bayerische Ministerpräsident Edmund STOIBER, daß man auch heute jenes in den Gründungsstatuten formulierte Ziel der Gelehrtengemeinschaft – »die weitere Aufklärung auf dem Gebiet der Heilkunde und den daraus hervorgehenden Nutzen für die Mitmenschen« – nicht besser formulieren könne. Bemerkenswert seien sowohl der Ansatz, Naturwissenschaften und Medizin über die Disziplingrenzen hinweg zu erforschen, als auch die internationale Ausrichtung der Akademie gewesen. Daß die Leopoldina über Jahrhunderte hinweg florierte, verdanke sie ihren Mitgliedern als treibender Kraft. Mit Tagungen, Symposien und Diskussionen sowie mehreren Schriftenreihen bereichere die Akademie die Wissenschaftslandschaft. Durch die herausragende Qualität ihrer Aktivitäten habe sie sich große Anerkennung erworben. Dem Doppelcharakter des Festaktes gemäß, betonte STOIBER die Bezüge und Verbindungen zu Schweinfurt und ging auf die wirtschaftliche Lage der Stadt ein. Darüber hinaus nutzte der bayerische Ministerpräsident die Gelegenheit, Überlegungen zur Wissenschafts- und Bildungspolitik im Nachklang der für Deutschland und seine Zustände im Bildungswesen wenig schmeichelhaften PISA-Studie vor der versammelten Leopoldina-Wissenschaftlergemeinde zu diskutieren. Abschließend gratulierte STOIBER der Leopoldina zu ihrem »runden Geburtstag« und wünschte ihr alles Gute und Gottes Segen für die Zukunft.

Als Vertreter des Leopoldina-Stammlandes Schweiz überbrachte Bernard HAUCK, Präsident des Rates der schweizerischen wissenschaftlichen Akademien, der Leopoldina Glückwünsche.[17] In seiner Grußadresse betonte HAUCK die Mittlerrolle der Leopoldina, die viel mehr als eine Akademie von nur deutschsprachigen Ländern sei. Sie habe schon immer auf die »Karte internationaler Verankerung« gesetzt und wäre daher »zu einem wichtigen Werkzeug der Kulturen übergreifenden wissenschaftlichen Zusammenarbeit« geworden. Darüber hinaus spiele die Leopoldina – wie auch die Akademien der Schweiz –

---

16 STOIBER 2003.
17 HAUCK 2003.

in einem föderalen Staat eine bedeutende Rolle für den nationalen Zusammenhalt. Für HAUCK sind Akademien wie die Leopoldina der rechtmäßige Ort für ethische Debatten über Entwicklungen in der gegenwärtigen Wissenschaft. Dabei sollen sie den Wissenschaften in Politik und Gesellschaft als Sprachrohr dienen und Begegnungen und Diskurse über enge Fachgrenzen hinaus befördern.

Für das Stammland Österreich lieferte Werner WELZIG, Präsident der Österreichischen Akademie der Wissenschaften in Wien, eine Grußadresse.[18] WELZIG betonte seinen Respekt vor der Leopoldina-Gründung. Pointiert setzte er dem sprachgeschichtlich beleuchteten Wahlspruch der Leopoldina »Nunquam otiosus! – Nimmer müßig!« ein nachdenkliches »Weil Muße fehlt« entgegen, seinerzeit von Karl KRAUS (1874–1936) in seiner Zeitschrift Die Fackel als aus SCHLEGELS Übersetzung bezogenes Shakespeare-Zitat verwendet. Die Leopoldina und ihr Wahlspruch fordere heraus, so WELZIG, darüber nachzudenken, ob eine akademische Einrichtung mit jenem »nunquam otiosus« heute noch ihre Umgebung ansprechen und ihre Existenz begründen könne. Karl KRAUS verwendete jenes konträre »Weil Muße fehlt« 1924 am Ende eines Aufsatzes, in dem es um Krieg und Nachkrieg geht und er die Schande jener anprangert, die den Weltkrieg »mit den Betriebsmitteln derselben Dummheit und derselben hoffnungslosen Verschlampung« geführt haben, mit denen sie auch den Frieden gefährden. »Weil Muße fehlt« – ein warnender Hinweis, »daß uns in einer rastlosen Welt die Fähigkeit verloren gegangen ist, Atem zu holen«, so WELZIG.

An der Antike orientierte Anknüpfungspunkte der Leopoldina-Gründung, die sich in den Beinamen (Cognomen) der Akademiegründer widerspiegeln, nahm Clemens ZINTZEN, Präsident der Union der deutschen Akademien der Wissenschaften, als Ausgang für seine Grußadresse.[19] BAUSCH habe sich in einem mythischen Kontext (der nicht den Inhalt des angestrebten Programms, wohl aber die einbettende Form der Tradition berührte) mit seinem Beinamen Jason an die Spitze der Argonauten gestellt, und wie jene die lange gefahrvolle Reise nach Kolchis unternahmen, um das Goldene Vlies nach Griechenland zu holen, habe die Academia Naturae Curiosorum von Anfang an sich dem langwierigen und schwierigen Unterfangen verschrieben, das Gold der Wissenschaft einzubringen. Mancher tüchtige präsidiale Kapitän habe das Schiff im Laufe der Jahrhunderte gesteuert, mancher tüchtige Argonaut sei unter wechselnden Geschicken an Bord gewesen.

ZINTZEN überbrachte der Leopoldina als ältester Schwester die Glückwünsche der in der Union vereinigten Familie jüngerer Wissenschaftsakademien

---

18 WELZIG 2003.
19 ZINTZEN 2003.

und betonte, daß die Leopoldina bis dato der Versuchung widerstanden habe, einen Primat auszuüben. Er anerkannte die Sonderstellung der Leopoldina, da sie nicht nur die älteste, sondern mit ihrer Orientierung auf die Naturwissenschaften und ihrer überregionalen Ausrichtung auf die deutschsprachigen Länder auch von anderem Charakter als die föderal-strukturierten Schwesterakademien ist. Sie säße aber mit diesen im selben Boot, wenn über die eigentlichen Arbeitsfelder von Akademien in der Gegenwart nachzudenken sei: als Gelehrte Gesellschaften zu wirken und wissenschaftliche Arbeit zu organisieren. Akademien – so ZINTZEN – seien immer zwischen Tradition und Fortschritt gestellt und müßten diesen Spagat bewältigen. Der Redner ging auf die von der Leopoldina entwickelten Vorstellungen ein, die Kompetenzen der verschiedenen Akademien zu bündeln (Konvent), und betonte, daß die Tür der Union für die Leopoldina auch weiterhin offenstehe.

Präsident Benno PARTHIER unterzog die Jubilarin zu fortgeschrittener Stunde im Hauptvortrag »Die Leopoldina heute« einer Standortbestimmung.[20] Ausgehend von der nicht erst in der Gegenwart heiß diskutierten Frage »Wen interessieren denn heute noch Jahrhunderte alte Akademien und deren Hauptbeschäftigung, Wissenschaft?« versuchte PARTHIER, Herkommen und Gegenwart der Leopoldina auszuloten. Historische Reminiszenzen belegen, daß manches vom altehrwürdigen humanistischen Gedankengut der Gründungsväter auch heute nicht verstaubt ist. Jubiläen sind – so PARTHIER – »Besinnungsdaten zwischen Gestern und Heute«, aber auch »Ermutigungen für Morgen«. Die Akademie sei »im schmalen Zeitfenster zwischen einer relativ langen Vergangenheit und der schwer kalkulierbaren Periode ihrer Zukunft angelangt«. Präsident PARTHIER lieferte einen kurzgefaßten Abriß des Wirkens der Leopoldina während seiner seit dem 30. Juni 1990 währenden Amtszeit. Er betonte, daß Unabhängigkeit und Freiheit zur wissenschaftlichen Betätigung zu den unabdingbaren Voraussetzungen einer Akademie in der Demokratie gehören. Im Mittelpunkt seiner Amtszeit habe die Kernfrage nach Anspruch und Wirklichkeit der Akademie in einem Jahrhundert sich mehrfach vollziehender Paradigmenwechsel in den Wissenschaften gestanden. Die Leopoldina habe nach der Wende 1989 anfangs keiner Zäsur unterworfen werden müssen, wie das für die anderen Wissenschaftseinrichtungen in Ostdeutschland charakteristisch war. Dennoch waren mit der Wiedervereinigung ihre einstmals wichtigsten wissenschaftspolitischen Aufgaben im geteilten Deutschland obsolet geworden. Man habe auf verstärkte internationale Zusammenarbeit gesetzt. PARTHIER erwähnte das Angebot von Forschungsminister Heinz RIESENHUBER im Jahr 1992, die Leopoldina innerhalb eines Jahrzehntes zu einer die nationalen wissenschaftlichen Belange Deutschlands koordinierenden

---

20 PARTHIER 2003b.

und repräsentierenden Nationalakademie auszugestalten, welches der Leopoldina-Senat seinerzeit ablehnte. Er ging auf die Sicherung der Finanzierung der Akademie ein und verband das mit dem Dank an Bund und Land Sachsen-Anhalt als Geldgeber. Eine wichtige Entscheidung sei die Wahl des juristischen Status einer eingetragenen Vereinigung auf der Grundlage eines rechtskräftigen Statutes gewesen. PARTHIER berichtete über Initiativen zur Förderung des wissenschaftlichen Nachwuchses und die Veranstaltungen der Akademie (Jahresversammlungen, Symposien, Meetings) zu Themen wie »Gentechnik als Herausforderung«, »Klonen – Forschung und Ethik im Konflikt«, »BSE – Wahnsinn und Wirklichkeit«, »Biodiversität und Landschaftsnutzung«, »Klimawechsel«, »Der alte Mensch und die Gesellschaft«, »Implantate, Transplantate«, Einzelmolekül-Chemie, Krebsforschung, pflanzliche Molekularbiologie, Festkörperphysik usw., die sich auch in den Schriftenreihen der Akademie widerspiegeln. Als neue Arbeitsformen seien *Ad-hoc*-Kommissionen zu wissenschafts- und gesellschaftsrelevanten Themen, etwa »Probleme der Infektionskrankheiten« und »Risiken in Nahrungsketten«, sowie wissenschaftshistorische Seminare eingeführt worden. Den sich aus der Wissenschaftsentwicklung ergebenden Anforderungen versuchte die Leopoldina mit einer Änderung der Sektionsstrukturen (Zusammenlegungen und Neugründungen) und der reorganisierten Zusammensetzung des Senates zu entsprechen.

Nach der Rechenschaftslegung beschäftigte sich der Präsident mit der Frage: *Quo vadis, Leopoldina?* Er analysierte die Stellung der Leopoldina im Netzwerk der wissenschaftsfördernden Einrichtungen, und insbesondere der Akademienlandschaft, und versuchte, Perspektiven aufzuzeigen. Dabei wurden sowohl die *ad acta* gelegten bilateralen Ansätze mit der Berlin-Brandenburgischen Akademie der Wissenschaften (»Codewort: Deutsche Akademie der Wissenschaften Leopoldina«) als auch die erfolgreiche Evaluierung der Leopoldina durch den Wissenschaftsrat, der weitere Förderwürdigkeit in Form und Aufgaben feststellte, dargestellt. Weiterhin wurde die mit vielen Schwierigkeiten belastete Diskussion um eine »Nationalakademie«, zu der die Leopoldina den Vorschlag »Deutscher Wissenschaftskonvent«[21] beisteuerte, angesprochen.

Den Abschluß des Festaktes bildeten vom *ensemble amarcord* inspirierend interpretierte Lieder von Robert SCHUMANN (1810–1856), Franz SCHUBERT (1797–1828), Felix MENDELSSOHN-BARTHOLDY (1809–1847) und Carl Friedrich ZÖLLNER (1800–1860). »Der Speisezettel« von letzterem, ein Scherz für Män-

---

21 PARTHIER 2003b, S. 87: »Der Wissenschaftskonvent sollte eine ›nationale Institution‹ verkörpern, deren Autorität aus der Integration der wissenschaftlich legitimierten Mitglieder so viel Gewicht auf die Waagschale bringt, daß Gesellschaft und Politik sich von ihm in wissenschaftlichen Angelegenheiten nicht nur strategisch beraten, sondern auch national repräsentieren lassen.«

nerstimmen, leitete dann bereits zum Neujahrsempfang der Stadt Schweinfurt über, der anschließend in den Räumen des Stadttheaters stattfand.

Verleihung des Carus-Preises

Der zweite Tag der Schweinfurter Feier war der Verleihung des Carus-Preises durch die Stadt Schweinfurt vorbehalten. Zu den vielfältigen Verbindungen zwischen der Akademie und ihrer Gründungsstadt gehört nicht nur, daß außer vielen Mitgliedern auch die Stadt Schweinfurt 1955 Gold für die Amtskette des Leopoldina-Präsidenten spendete, sondern auch die Stiftung des Carus-Preises 1961 durch die Leopoldina-Geburtsstadt, der seitdem als finanziell ausgestattete »Zugabe« an die Preisträger der Carus-Medaille der Akademie vergeben wird. Traditionsgemäß findet die Verleihung zu Beginn des auf die Leopoldina-Jahresversammlung jeweils folgenden Jahres statt. Zur Vergabe des Carus-Preises 2002 konnte Oberbürgermeisterin GRIESER erneut zahlreiche illustre Gäste im Stadttheater begrüßen.[22] Präsident PARTHIER richtete ein Grußwort an die Versammelten.[23] Leopoldina-Vizepräsident Gunter S. FISCHER (Halle/Saale) hielt die Laudatio[24] auf den Würzburger Mikrobiologen Jörg HACKER, der für seine pathogenitätsanalytischen Arbeiten zu Virulenz- und Resistenzmechanismen sowie bakteriellen Pathogenitätsinseln geehrt wurde. Philipp U. HEITZ (Zürich) würdigte die Arbeiten seines Zürcher Landsmannes Martin E. SCHWAB,[25] der für seine Pionierarbeiten zur verletzungsbedingten Regeneration im zentralen Nervensystem, besonders zum Wirkmechanismus des Nervenwachstumsfaktors, ausgezeichnet wurde. Nach der Übergabe des Preises durch die Oberbürgermeisterin der Stadt Schweinfurt, Gudrun GRIESER, lieferten die Geehrten einen Einblick in ihre Forschungsgebiete. HACKER sprach zum Thema »Menschen, Gene, Infektionen – Wie aus harmlosen Mikroben Krankheitserreger werden«[26], während sich SCHWAB mit der Frage »Wird Querschnittlähmung heilbar?«[27] beschäftigte. Die Veranstaltung wurde durch Harfenmusik, vorgetragen von Christine EBERHERR von der Musikschule Schweinfurt, umrahmt.

Mit der Verleihung des Carus-Preises im Rahmen der Festveranstaltung wurde eine erfolgreiche Tradition weitergeführt. Frühere Träger der Carus-Medaille der Leopoldina und des Carus-Preises der Stadt Schweinfurt waren u. a. 1961 Feodor LYNEN (1911–1979), 1967 Manfred EIGEN, 1985 Georges KÖHLER (1946–1995), 1989 Christiane NÜSSLEIN-VOLHARD sowie 1991 Erwin NEHER und Bert SAKMANN.

---

22 GRIESER 2003b.
23 PARTHIER 2003c.
24 FISCHER 2003.
25 HEITZ 2003.
26 HACKER 2003.
27 SCHWAB und KLUSMANN 2003.

Festakt in Halle

Der zweite Höhepunkt im Jubiläumsjahr fand vom 18. bis 20. Juni 2002 in der Heimatstadt der Akademie Halle (Saale) statt. Treffen vieler Sektionen und eine Senatssitzung gingen der Veranstaltung voraus, die am Abend des 18. Juni mit einem Festlichen Konzert des Thomanerchores Leipzig unter Leitung von Georg Christoph BILLER im Dom der Saalestadt eröffnet wurde. Es erklangen *A-capella*-Meisterwerke aus mehreren Jahrhunderten – von den Thomaskantoren Johann Sebastian BACH (1685–1750), Moritz HAUPTMANN (1792–1868), Ernst Friedrich RICHTER (1808–1879), Wilhelm RUST (1822–1892), Gustav SCHRECK (1849–1918) und Kurt THOMAS (1904–1973), aber auch von Johannes BRAHMS (1833–1897) und Hartmut WALLBORN (*1956) sowie Orgelwerke von Felix MENDELSSOHN-BARTHOLDY (1809–1847) und BACH. Ullrich BÖHME konzertierte an der Orgel. Eine würdigere Einstimmung auf das Jubiläumsfest wäre kaum vorstellbar gewesen.

Die Festveranstaltung am 19. Juni im *Kempinski Hotel & Congress Centre Rotes Ross* begann mit triumphalen Trompetenklängen – Barockmusik aus England, Italien, Frankreich und Deutschland – den Ländern, aus denen etwa zeitgleich mit der Leopoldina entstandene Akademien in Halle vertreten waren. Der Intrada von Pietro TORRI (1650–1737) und Musik aus dem Augustinerchorherrenstift Weyarn folgten glanzvolle Stücke von Jeremia CLARKE (1674 bis 1707), Giuseppe TORELLI (1658–1709), Jean-Baptiste LULLY (1632–1687) und Georg Philipp TELEMANN (1681–1767), hervorragend intoniert von Jürgen HARTMANN mit dem Trompeten-Ensemble und dem Orchester *musica laetitia*.

Präsident Benno PARTHIER konnte zur zweiten Feier des Gründungsjubiläums eine ansehnliche Festversammlung begrüßen.[28] Die Liste der gratulierenden Ehrengäste führte Bundespräsident Johannes RAU an. Weiterhin hieß der Präsident besonders willkommen den Ministerpräsidenten des Landes Sachsen-Anhalt Wolfgang BÖHMER, den Staatssekretär im Bundesministerium für Bildung und Forschung Wolf-Michael CATENHUSEN, die Wissenschaftsministerin des Freistaates Thüringen und Vorsitzende der Kultusministerkonferenz der Bundesrepublik Dagmar SCHIPANSKI, den ehemaligen sächsischen Staatsminister für Wissenschaft und Leopoldina-Senator Hans Joachim MEYER, den Kultusminister von Sachsen-Anhalt Jan-Hendrik OLBERTZ und die Oberbürgermeisterinnen von Schweinfurt und Halle (Saale), Gudrun GRIESER und Ingrid HÄUSSLER. Gemäß der besonderen europäischen Ausrichtung der Veranstaltung konnte PARTHIER als Vertreter der fast gleichalten Schwesterinstitutionen für die *Royal Society* in London Präsident Lord Robert MAY, für die *Académie des Sciences* in Paris den vormaligen Präsidenten Guy OURISSON und für die *Accademia Nazionale dei Lincei* in Rom Sergio CARRÀ (als Vertreter des verhin-

---

28 PARTHIER 2003d.

derten Präsidenten Edoardo VESENTINI) begrüßen. Weitere internationale Ehrengäste waren Pieter DRENTH, Präsident der *Federation of All European Academies* (ALLEA), Rudi SCHMID für die *National Academy of Sciences* der USA, Kazuhiko NISHIJIMA für die Japanische Akademie, Carl VAN DE VELDE, Präsident der *Royal Flemish Academy of Belgium for Science and the Arts*, Szilveszter VIZI, Präsident der Ungarischen Akademie der Wissenschaften, Janis STRADINS, Präsident der Lettischen Akademie der Wissenschaften, Willem LEVELT, Präsident der *Royal Netherlands Academy of Arts and Sciences*, Peter SCHUSTER, Vizepräsident der Österreichischen Akademie der Wissenschaften, Ewald WEIBEL, Vizepräsident der Schweizer Akademie der Medizinischen Wissenschaften, Felix UNGER, Präsident der *European Academy of Sciences and Arts*, František ŠMAHEL für die Akademie der Wissenschaften der Tschechischen Republik, Friedbert FICKER für die *Serbian Academy of Sciences* sowie Mario SANGIORGI für die *Lancisiana*.

Die deutschen Akademien der Wissenschaften waren durch Präsidenten bzw. deren Abgesandte vertreten: Clemens ZINTZEN für die Union der deutschen Akademien und von der Mainzer Akademie der Wissenschaften und der Literatur, Dieter SIMON von der Berlin-Brandenburgischen Akademie der Wissenschaften, Herbert ROESKY von der Göttinger Akademie, Heinz NÖTH von der Bayerischen Akademie, Gotthard LERCHNER von der Sächsischen Akademie, Willi JÄGER von der Heidelberger Akademie, Helmut SIES von der Nordrhein-Westfälischen Akademie, Werner KÖHLER von der Akademie der gemeinnützigen Wissenschaften zu Erfurt, Lothar PELZ von der Jungius-Gesellschaft zu Hamburg, Joachim KLEIN von der Braunschweigischen Wissenschaftlichen Gesellschaft sowie Jürgen MITTELSTRASS als designierter Präsident der *Academia Europaea*. Als Vertreter der Universitäten waren die Magnifizenzen Volker BIGL aus Leipzig, Karl-Ulrich MEYN aus Jena, Klaus Erich POLLMANN aus Magdeburg und Wilfried GRECKSCH aus Halle anwesend. Für die Max-Planck-Gesellschaft begrüßte PARTHIER den Präsidenten Peter GRUSS, für die Deutsche Forschungsgemeinschaft den Präsidenten Ernst-Ludwig WINNACKER, für die Gottfried-Wilhelm-Leibniz-Gesellschaft Henning SCHEICH sowie für den Wissenschaftsrat den Vorsitzenden Karl Max EINHÄUPL. Neben den Ehrenmitgliedern, Mitgliedern und Gästen der Leopoldina hieß PARTHIER besonders die Vertreter der Jungen Akademie willkommen. Zum Abschluß der Begrüßungsworte teilte Präsident PARTHIER mit, daß der Leopoldina-Senat Volker TER MEULEN aus Würzburg zu seinem Nachfolger und damit XXV. Leopoldina-Präsidenten gewählt habe.

Bundespräsident Johannes RAU dankte in seinem Grußwort[29] dem scheidenden Präsidenten PARTHIER und beglückwünschte den designierten. RAU be-

---

29 RAU 2003.

tonte, er sei aus Neugier zur Leopoldina gekommen. Neugier aber sei gewiß nicht die schlechteste Eintrittskarte zu einer Akademie, hätten doch die Gründer der *Academia Naturae Curiosorum* alle auf die Natur Neugierigen zur Mitgliedschaft eingeladen. Auch habe schon GOETHE die Neugier ausdrücklich gelobt. Die Leopoldina habe in der jüngeren Vergangenheit ihre Unabhängigkeit gegen politisch widrige Umstände verteidigt und wäre auch in den Zeiten der DDR allein der wissenschaftlichen Redlichkeit und dem Zusammenhalt der Wissenschaftler in Ost und West verpflichtet gewesen. Dafür gebühre ihr Dank. Der Bundespräsident fügte dem noch den Respekt vor der persönlichen Leistung und vor dem Engagement der Mitglieder und der Präsidenten der Leopoldina hinzu, die in schwierigen Zeiten Rückgrat bewiesen hätten. Es sei gut, wenn Akademien sich selber treu bleiben und die Unabhängigkeit der Wissenschaften verteidigen, doch müßten sie ihre Rolle im geistigen Leben immer wieder neu bedenken und ihre Aufgaben der Entwicklung anpassen. Der Bundespräsident sah in den Akademien ein ideales Forum für interdisziplinäre Arbeiten. Akademien seien der Ort, an dem man »wenigstens gelegentlich noch den Luxus der Entschleunigung und des Nachdenkens in Muße« genießen dürfe, da sie in erfolgreichen Fällen dann mit neuen Fragen und Ansätzen auf die Universitäten zurückwirken. Aus der Sicht des Bundespräsidenten sind die Akademien sehr gut gerüstet, den Wunsch von Gesellschaft und Politik nach Expertise zu erfüllen. Dabei sei gerade ihre Selbständigkeit und ihre ausschließliche Verpflichtung auf das Ethos der Wissenschaft ein besonderer Vorteil. Der Bundespräsident wollte daher in der Beratung der Politik eine Aufgabe der Akademien von wachsender Bedeutung ausmachen. Er hoffte, daß die »Akademien helfen können, den Menschen unbegründete Sorgen zu nehmen und sie zu wohlbegründeter Vorsicht zu bewegen«. Wissenschaft und Technik sollten für die Öffentlichkeit zugänglicher und verständlicher werden. Das sei eine wichtige Voraussetzung, damit wir auch im technischen Zeitalter mündige Bürger bleiben können.

Der Ministerpräsident von Sachsen-Anhalt Wolfgang BÖHMER ging in seiner Ansprache[30] auf persönliche Erinnerungen zurück und berichtete, wie er mit dem Wirken der Akademie bekannt wurde. Sei es mit einer kleinen Broschüre zum Amtswechsel der Leopoldina-Präsidenten von Kurt MOTHES zu Heinz BETHGE oder mit Vorträgen – immer bot die Leopoldina Beachtenswertes und Erstaunliches unter den Bedingungen der DDR, da sich die Akademie nur der Wissenschaft und der Wahrheit verpflichtet fühlte und sich nicht in den Dienst der Zeitpolitik nehmen ließ. Zwar wäre es immer Anliegen der Akademie gewesen, die Wunder der Welt zu erklären, doch bedürfe man gerade heute dabei besonderer Hilfe. Sachsen-Anhalt habe auf dem Gebiet der Wissenschaft ei-

---

30 BÖHMER 2003.

niges zu bieten, und man sei stolz, daß die Leopoldina gerade hier, in Halle, ihre Heimstatt gefunden habe. Das Land habe sich gemeinsam mit dem Bund zu einem Finanzierungsvertrag verpflichtet, der fortlaufend die Finanzierung der Akademie sicherstellen wird. Die Zukunft der Leopoldina sei gesichert.

Der Parlamentarische Staatssekretär des Bundesministeriums für Bildung und Forschung Wolf-Michael CATENHUSEN überbrachte der Leopoldina die Glückwünsche von Bundeskanzler Gerhard SCHRÖDER und von Ministerin Edelgard BULMAHN zum 350. Gründungsjubiläum.[31] 350 Jahre – so der Staatssekretär – sei es »diesem Netzwerk von Naturwissenschaftlern und Medizinern gelungen, über die unterschiedlichsten staatlichen Ordnungen und Unordnungen, über die Revolutionen in den Naturwissenschaften selbst hinweg sich als Knotenpunkt der Naturwissenschaften in Europa zu erhalten und zu entwikkeln«. Das sei eine erstaunliche »Kontinuität im Wandel«, die auf den erfolgreichen Gründungsgedanken zurückgehe, sich der medizinisch-naturwissenschaftlichen Wißbegierde und dem Austausch zwischen den Fächern in den jeweils zeitgemäßen Formen der Wissenschaftskommunikation zu widmen. Die Leopoldina sei heute eine der großen international ausgerichteten Gelehrtengesellschaften in den Naturwissenschaften. Nur wenige vergleichbare Einrichtungen besäßen einen ähnlich hohen Anteil an ausländischen Wissenschaftlern und eine so breite Ausdifferenzierung der naturwissenschaftlichen Disziplinen wie die Leopoldina.

Gegenwärtig werde im Wissenschaftssystem vor allem über Reformen und Reformfähigkeit nachgedacht, und auch an den Akademien könne die notwendige Überprüfung der Wissenschaftsstrukturen nicht folgenlos vorübergehen. Wissenschaft in Deutschland müsse zukunftsfähig gemacht werden. Schritte zur Internationalisierung, Qualitätssicherung und Leistungsorientierung von Wissenschaft und Forschung in Deutschland stehen auf der Tagesordnung. Die deutschen Akademien seien ein eindrucksvolles Beispiel für eine regional gewachsene Wissenschaftskultur. Die wünschenswerte Rolle in nationalem und internationalem Kontext erfordere jedoch, daß diese föderale Strukturierung hinterfragt werde. CATENHUSEN erwähnte in Zusammenhang mit derzeit debattierten Vorstellungen auch den Leopoldina-Vorschlag eines »Nationalen Wissenschaftskonvents«. Die Diskussion der Modelle werde vom Wissenschaftsrat weitergeführt. Der Staatssekretär ermutigte die Leopoldina, in Zukunft »einen noch aktiveren Part in unserer Wissenschaftslandschaft zu spielen«. Als Schritt in die richtige Richtung wertete er die Gründung der Jungen Akademie, mit der Leopoldina und Berlin-Brandenburgische Akademie einen interessanten neuen Weg eingeschlagen hätten.

---

31 CATENHUSEN 2003.

Guy OURISSON trat als Vertreter der *Académie des Sciences* Paris an das Rednerpult und wünschte der Leopoldina weitere glückliche Jahrhunderte.[32] Gemeinhin sei das Alter eine Last, das gelte jedoch nicht für Wein und Akademien. In den 350 Jahren, welche die Leopoldina-Geschichte währe, seien Frankreich und Deutschland nur die letzten fünfzig Jahre friedlich und freundschaftlich miteinander umgegangen. Endlich habe man verstanden, »daß von allen Wissenschaften die Geschichte die wirklich lebensgefährlichste« sein könne, wenn man sie mißbrauche. Jedoch sei eben der »deutsche« Alexander VON HUMBOLDT auch der »französische« Alexandre DE HUMBOLDT, der 20 Jahre lang in Paris lebte. OURISSON sagte, es sei für ihn eine besondere Ehre, die *Académie des Sciences* hier in der Feier der Leopoldina zu vertreten, wäre er doch vor 32 Jahren von der Leopoldina erstmals in eine Akademie gewählt worden – 11 Jahre bevor er in die *Académie des Sciences* aufgenommen wurde. Akademien – so OURISSON weiter – gelten als Klubs von alten Wissenschaftlern, könne man doch nur etablierte Wissenschaftler zur Mitgliedschaft einladen. Es sei jedoch eine unabweisbare Pflicht der Akademien, jungen Wissenschaftlern zu helfen, früh genug eine produktive Karriere zu starten. Leider seien die Akademien nicht reich und könnten daher nur in begrenztem Umfang die erforderliche Förderung gewähren.

Für die ALLEA gratulierte Pieter J. D. DRENTH (Amsterdam) der Leopoldina zum 350. Jahrestag.[33] Die Gründungszeit sei durch eine explosionsartige Entwicklung der Wissenschaft und des Wissens gekennzeichnet gewesen, die sich als eine Revolution in der Kenntnis sowohl des Makrokosmos als auch des Mikrokosmos beschreiben lasse – so der Referent. In diesem Prozeß spielten die Gelehrten Gesellschaften eine viel wesentlichere Rolle als die Universitäten. Diese »Akademien« waren in erster Linie Forschungsinstitute, die unabhängiger von kirchlich-dogmatischen Lehren agieren konnten. Neben der Leopoldina nannte er die *Accademia dei Lincei* (Rom, 1603), die *Académie Française* (Paris, 1635), die *Royal Society* (London, 1662), die *Académie des Sciences* (Paris, 1666) und die *Sozietät der Wissenschaften* (Berlin, 1700). Die Leopoldina war von Anfang an auf die Naturwissenschaft ausgerichtet und damit – nach der Überzeugung des Redners – auf die experimentell-empirische Methode, die Denkweise im Geiste von DESCARTES und BACON. Dieser Ansatz erwies sich für die Entwicklung der Wissenschaft und der Technologie als entscheidend. Die Leopoldina sei mit der Zeit gegangen, habe seitdem neue Bereiche integriert und einen interdisziplinären Zugang für multidimensionale Erscheinungen und Prozesse entwickelt, der über die Methoden rein naturwissenschaftlicher Analysen hinausgehe. Zudem sind viele in diesem Kontext

---

32 OURISSON 2003.
33 DRENTH 2003.

heute relevante Fragen in stärkerem Maße mit moralisch-ethischen Fragestellungen verknüpft bzw. in ein sozial-ethisches Umfeld eingebunden. Die Leopoldina habe sich diesen Herausforderungen gestellt. In der Sicht von DRENTH ist die Triebfeder der Wissenschaft die wissenschaftliche *curiositas* und nicht die gesellschaftliche *utilitas*. Dem sei die Leopoldina gefolgt – im Unterschied zu anderen Akademien, etwa der *Royal Society* und der *Académie des Sciences*, besonders aber der durch LEIBNIZ gegründeten Brandenburgischen Akademie in Berlin, die sich ausdrücklich gesellschaftlichen und technologischen Zielsetzungen verschrieben. Jedoch spiele dieser Orientierungsunterschied gerade im gegenwärtig recht schwierigen Verhältnis von Grundlagenforschung und angewandter Forschung wieder eine große Rolle. Zum Glück aber gibt es Institute wie die Leopoldina, Verteidiger der reinen Wissenschaft – so DRENTH.

Symposium »Science and Society«

Herzstück der Festveranstaltung in Halle war ein Symposium »Science and Society« in englischer Sprache unter der Moderation von Leopoldina-Vizepräsident Ernst-Ludwig WINNACKER.

Lord Robert M. MAY, Präsident der *Royal Society* London, eröffnete den Vortragsreigen mit seinem Beitrag »Academies in the 21st Century: Science Advice, Policy Making and Public Trust«.[34] Er hob hervor, daß sich das tägliche Leben heute in ganz bedeutendem Ausmaße von jenem der Gründungszeit der Akademie vor 350 Jahren unterscheidet. Viele dieser Veränderungen sind das Ergebnis des Fortschreitens der wissenschaftlichen Erkenntnis und der entsprechenden Umsetzung wissenschaftlicher Resultate in Anwendungen in Industrie und Technik. MAY versuchte, der Frage nachzugehen, was Individuen und Gesellschaften veranlasse, Wissenschaft zu treiben: von den ersten Vorformen in einer Mischung aus Kunst, Magie und Mystizismus – bis hin zu den mehr systematischen Ansätzen der Wissensproduktion. Alle wirkliche Erkenntnis öffne neue Türen. Das gilt für Verbesserungen der Jagdtechnik in prähistorischer Zeit ebenso wie für die gegenwärtigen Bemühungen um Genomik, Nanotechnologie, Neurowissenschaften oder Sozialgeschichte. MAY bemühte sich, die gesellschaftlichen Voraussetzungen von Kreativität aufzuzeigen und zu untersuchen, wie das Streben nach wissenschaftlicher Erkenntnis in einem bestimmten gesellschaftspolitischen Kontext am besten zu realisieren ist. Er lieferte dazu u. a. einen Ländervergleich der Forschungsinvestitionen und der Ergebnisse (gemessen an den Veröffentlichungen pro Kopf der Bevölkerung!). In der Regel zeigt sich, daß es schwieriger ist, die zarte Pflanze Wissenschaft zum Blühen zu bringen, als ein kreatives Umfeld zu vernichten.

---

34 MAY 2003.

Das beweisen auch historische Beispiele, etwa die deutsche Wissenschaft unter dem NS-Regime oder der Lyssenkoismus in der Sowjetunion und den sozialistischen Staaten Osteuropas. Doch auch unter freien Bedingungen sind kreative Unternehmungen, die Wissen hervorbringen, gefährdet: Erfolg kann nie garantiert werden. Auch kann Wissenschaft durchaus unerwartete negative Wirkungen zeitigen. Viele nehmen an, daß das Mißtrauen gegenüber der Forschung wachse. Nach MAY müsse man jedoch bedenken, daß es gegenüber dem »Neuen« stets Mißtrauen gegeben habe. Es ist daher notwendig, klarzustellen, welche Art von Zukunft wir wünschen, welchen Nutzen wir von Wissenschaft erwarten, welche Risiken wir bereit sind einzugehen usw. Dabei kann es durchaus schwierig werden, zwischen dem Ideal und seiner Umsetzung zu vermitteln. Welchen ethischen Problemen oder Sicherheitsgefahren man sich aber auch gegenüber wähnt, Voraussetzung für eine Auseinandersetzung ist das Verständnis der wissenschaftlichen Fakten. MAY erläuterte, wie nach seinen Vorstellungen mit kontroversen Sichtweisen und Bewertungen umgegangen werden sollte. Doch nicht nur die Vermittlung ist kompliziert, in der Wissenschaft selbst bleiben noch viele unverstandene Probleme, z. B. die Evolution kooperativer Fähigkeiten.

Jean-Pierre KAHANE von der *Académie des Sciences* in Paris untersuchte das Verhältnis von Wissenschaft und Demokratie (»Science and Democracy«).[35] Man könne behaupten, so der Sprecher, es gäbe keine Beziehungen zwischen Wissenschaft und Demokratie, da Wissenschaft nicht durch demokratische Prinzipien erzeugt wird und es gefährlich wäre, in der Wissenschaft etwa auf die öffentliche Meinung zu setzen. Dann jedoch wäre die Fragestellung erschöpft. Folglich müsse man wohl davon ausgehen, daß es zwischen Wissenschaft und Demokratie Beziehungen geben müsse. Sowohl Wissenschaft als auch Demokratie haben einen großen Bedarf an Kommunikation, denn sie ist ein allgemeines Erfordernis – sowohl für den *Prozeß Wissenschaft* als auch für *die Gesellschaft*. Um Aussagen zum Verhältnis von Wissenschaft und Demokratie zu gewinnen, ist jedoch vor allem eine Betrachtung der wissenschaftlichen Praxis erforderlich. Funktionierende Wissenschaft ist in gewisser Weise ein Lehrbeispiel für Demokratie, andererseits zeigt der Blick in den Forscheralltag auch viele Hindernisse für Demokratie auf. So war einer der Fehler des Sowjetsystems seine Geheimhaltungspraxis, die Forscher hinderte, am internationalen wissenschaftlichen Diskurs teilzunehmen. Ein positives Beispiel, das KAHANE anführte, liefert das *European Center of Nuclear Research* (CERN), in dem seit den späten 50er Jahren nach den Prinzipien freier Kommunikation Programme, Methoden und Resultate diskutiert werden konnten. Welche Probleme auch unter demokratischen Verhältnissen eine Rolle spielen, zeigte

---

35 KAHANE 2003.

ein Hinweis auf Patent- und Copyright-Fragen, etwa in Zusammenhang mit der Patentierung von Teilsequenzen des menschlichen Genoms oder der unkontrollierbaren Vervielfältigung wissenschaftlicher Publikationen. Diese Konfliktpotentiale erscheinen bedeutsam, dürften aber zu entschärfen sein. Wissenschaftliche Debatten und andere Formen der wissenschaftlichen Kommunikation weisen demokratische Aspekte auf. Es gibt dabei keine andere Autorität als die Wahrheit. In guten wissenschaftlichen Diskussionen werden die kritischen Punkte aufgedeckt, und im Wettbewerb der Ideen und Meinungen setzen sich schließlich die besten Konzepte durch, weil sie am überzeugendsten sind. In diesem Prozeß spielen Fragen nach Bildung und Ausbildungsstandards eine entscheidende Rolle. Während wir einerseits mit immer mehr Erkenntnissen und Resultaten, also einem ständig größeren Umfang an Wissen, insbesondere in den mannigfach differenzierten Naturwissenschaften, konfrontiert werden, nimmt andererseits die Anzahl der Studierenden in diesen Fächern weltweit ab. Hinzu kommt, daß die wissenschaftliche Welt nicht ausbalanciert ist. Wissenschaftlichen Weltmächten, allen voran die USA, stehen eine Reihe stark benachteiligter Entwicklungsländer gegenüber. Wissenschaftler, so KAHANE, bedürfen der Freiheit zu forschen, was sie wollen. Sie sind effektiver, wenn sie in Teams zusammenarbeiten. Es wäre durchaus denkbar, daß sie ihre Leiter wählen und diese nicht durch Autoritäten höheren Ranges vorgesetzt erhalten. Wissenschaft braucht die Kontrolle, die Evaluierung – Prozesse, in denen Demokratie verwirklicht sein muß. Wissenschaftliche Forschung kann nicht isoliert von der Gesellschaft im viel kritisierten Elfenbeinturm stattfinden, sie braucht die Rückkoppelung in die Gesellschaft. Demokratie ist erforderlich, damit alle – nicht nur die Elite der Forschenden – an diesem großartigen, aber schwierigen Unternehmen »Wissenschaft« Anteil nehmen können.

Sergio CARRÀ von der *Accademia Nazionale dei Lincei* in Rom beschäftigte sich mit Erwartungen und Enttäuschungen in Verbindung mit Wissenschaft und Technik zur Jahrtausendwende (»Science, Technology at the Turn of the Millennium: Expectations and Pitfalls«).[36] Er führte aus, daß es in den Jahren nach dem Zweiten Weltkrieg verbreitete Ansicht gewesen sei, eine lineare Beziehung zwischen wissenschaftlichem Fortschritt und ökonomischer Entwicklung anzunehmen. Die ständige Verfügbarkeit von neuen und revolutionären Erkenntnissen stärkte damals die Überzeugung, daß Wissenschaft und Technik die besten Grundlagen bieten, den Bedarf an Gütern aller Art – an Medikamenten, Düngemitteln, Werkstoffen, Transport- und Kommunikationsmitteln – zu befriedigen. Von der Neugier-orientierten Grundlagenforschung

---

36 CARRÀ 2003.

schien ein gerader Weg über die angewandte Forschung zu technischen Lösungen zu führen. Folglich herrschte in jener Epoche in bezug auf wissenschaftliche Machbarkeit ein sehr optimistisches Klima, das auf der Überzeugung fußte, daß ein Anwachsen der wissenschaftlichen Kenntnisse auch mit wachsendem allgemeinem Wohlstand verbunden sei. Gegen Ende des 20. Jahrhunderts erwies sich diese Vision jedoch als nicht mehr haltbar. Vielmehr wurde eine Krise wahrgenommen, die das Gefühl einschloß, daß gerade jene ökonomischen, sozialen und kulturellen Fähigkeiten, welche die Errungenschaften einst hervorgebracht hatten, nunmehr in der Gesellschaft abnahmen. Nach CARRÀ wurde diese Sicht durch die postmoderne Kritik verstärkt, welche Wissenschaft als soziale Konstruktion deutete. Die wissenschaftskritische Haltung findet wenigstens zum Teil ihre Rechtfertigung in der Bedrohung durch chemische und biologische Waffen. Zudem steht eine Lösung für viele als besonders alarmierend wahrgenommene Gegenwartsprobleme, wie z. B. globale Klima-Erwärmung oder Mißbrauch der Biotechnologien, noch aus. Obwohl eine Vielzahl ungelöster Fragen, z. B. die erforderliche Ausrottung bestimmter heimtückischer Krankheiten, noch keineswegs in Erfolg versprechender Weise angegangen worden sei, gäbe es doch das zunehmende Gefühl, daß die vordringlichen Menschheitsfragen schon beantwortet wären. Die »einfachen« Probleme sind abgearbeitet; die Komplexität der anstehenden bedingt, daß die experimentelle Arbeit immer aufwendiger und teurer wird. In den bisherigen Zugängen sind möglicherweise die eigentlichen Gegenstände der realen Welt teilweise übergangen worden. Die Wissenschaft habe sich – so CARRÀ – mit einem gewissen Maße an Selbstüberschätzung auf die Betrachtung komplexer Systeme verlegt, ohne die dabei aus scheinbar vernachlässigbaren Störungen (im System) hervorgehenden unvorhersehbaren Konsequenzen in den Griff zu bekommen. Es gelang weder das instabile und chaotische Verhalten einiger physikalischer Systeme zu bändigen, noch die unvorhersehbaren Folgerungen in ähnlich strukturierten Systemen im ökonomischen und sozialen Leben handhabbar zu machen. Statt mehr Wohlstand im imaginären *Utopia* sollte Anpassungsfähigkeit, statt Orientierung auf geplante sollte freie Wirtschaft Lösungen bieten.

Das prekäre Verhältnis von Wissenschaft und Politik nahm Hans MOHR von der Deutschen Akademie der Naturforscher Leopoldina in Halle (Saale) in seinen Ausführungen in den Blick (»The Precarious Relationship between Science and Politics«).[37] Wissenschaft – so MOHR – sei ein globales Abenteuer, das die gesamte Menschheit umfasse. Daher sei gemeinsame Forschung auch eine Brücke für den Frieden. Verläßliches Wissen entstehe nur, wenn die wissenschaftliche Methode angewandt und die wissenschaftsinternen ethischen

---

37 MOHR 2003.

Normen eingehalten werden. Wissenschaft ziele auf Erkenntnis und objektives Wissen, Politik hingegen handele »lediglich« nach Überzeugungen. Folglich müsse man beide voneinander abgrenzen. Für MOHR sind Wissenschaft und Politik weitgehend getrennte Teilsysteme der Gesellschaft mit eigenen Zielsetzungen und abweichenden Verhaltensmustern, deren Zuordnung von Kompetenz und Verantwortung nicht verwischt werden darf. Wissenschaft aber bedürfe der Alimentation, und Politik bedürfe der Kenntnisse, ohne die eine moderne Gesellschaft nicht zu führen ist; so daß beide doch sich aufeinander beziehen. Von dem einzelnen Forscher muß erwartet werden, daß er ein loyales Mitglied der *Scientific Community* ist; er sollte aber auch ein loyaler Bürger seiner politisch definierten Gesellschaft sein können. Konflikte treten vor allem dann auf, wenn diese beiden Erwartungen nicht gleichermaßen erfüllbar sind. Kein Wissenschaftler dürfe gezwungen werden, Forschungen auszuführen, die er aus ethischen Überzeugungen ablehne. Kommt er zu der Einschätzung, daß seine Forschungen im betreffenden gesellschaftlichen Kontext Schaden stiften können, so darf er sie jederzeit aufgeben. Allerdings muß er sich darüber im klaren sein, daß seine Entscheidung auf seinem individuellen Wertesystem beruht und eben nicht innerhalb *der Wissenschaft* vorgegeben ist. MOHR wandte sich in seinem Beitrag gegen Versuche, von den Forschern nicht nur verläßliches Wissen nach den disziplininhärenten Normen, sondern »sozial robustes« Wissen, also der Gesellschaft vermittelbares und vermeintlich zumutbares Wissen, zu verlangen und zu fordern, daß der Prozeß der Erkenntnisgewinnung – nicht nur der Anwendung – transparent und partizipativ werden solle. In MOHRS Sicht wäre die Beteiligung sogenannter Laien-Experten an der Wissensproduktion eine völlige Verkennung des unabdingbaren Verhältnisses von Wissenschaft und Gesellschaft und letztlich in seinen Konsequenzen eine Katastrophe. Im Verhältnis von Wissenschaft und Politik gehe es vor allem um Vertrauen: Vertrauen der Politik in die Sachkompetenz und Unbestechlichkeit der Wissenschaft *und* Vertrauen der Wissenschaft auf Respektierung von Sachwissen und Logik in politischen Entscheidungsprozessen. Gute Politik erfordere jedoch neben Sachwissen und logischer Stringenz insbesondere *politische* Urteilskraft und *politische* Kunst. Wissenschaftliche Expertenkompetenz und politische Weisheit müssen jedoch nicht Hand in Hand gehen. Fachliche Kompetenz und wissenschaftlicher Ruhm bedingen keinesfalls automatisch auch ungewöhnliche politische Urteilskraft. MOHR sah in verläßlichem Wissen und wissenschaftlicher Wahrheit den größten Schatz der Menschheit. Die moderne Welt sei auf wissenschaftliche Wahrheit angewiesen, und es sei Aufgabe der Akademien, diese zu schützen und die kulturellen Voraussetzungen für ihre Bewahrung zu sichern. Politik und Wissenschaft dienen nach MOHRS Ansicht der Gesellschaft am besten als weitgehend getrennte Teilsysteme der gesellschaftlichen Wirklichkeit, deren Zusammenwirken durch klare Verfahrensregeln bestimmt sein sollte. Die Hauptaufgabe sei, das Vertrauen der Öffentlichkeit wieder herzustellen. Dazu ist eine positive Zusammenarbeit der Wissenschaft mit politischen Institutionen erforderlich.

Am Abend baten Leopoldina und Stadt Halle zu einem Empfang, den Leopoldina-Vizepräsident TER MEULEN eröffnete. Einer Vorstellung der Stadt Halle durch Oberbürgermeisterin Ingrid HÄUSSLER schlossen sich ernste und weniger ernste, persönlich gefärbte, mit Halle und der Leopoldina verbundene Erinnerungen des einzigen Leopoldina-Ehrensenators Hans-Dietrich GENSCHER an.

Workshop »Science Goes Pop?«

Am 20. Juni 2002 erfreute die Junge Akademie mit einem Workshop »Science and Society: Science Goes Pop?« auf unkonventionelle Weise ihre jubilare Mutterakademie. Nach der Begrüßung durch Leopoldina-Vizepräsident Paul B. BALTES, führte der Sprecher der Jungen Akademie, Rainer Maria KIESOW (Frankfurt/Main), in das Tagungsthema ein.[38] Das Programm der Veranstaltung gliederte das Thema in drei Zugangsebenen: Introspektion durch Autoren, Inspektion durch wissenschaftliche Analyse und Vision. Der *Introspektion durch Autoren* widmeten sich unter dem Vorsitz von Martin KORTE (München) Albrecht BEUTELSPACHER (Gießen) mit seinem Beitrag »My Experience in Writing Popular Science Books« und Ernst Peter FISCHER (Konstanz) mit seinem Plädoyer »Verständnis für Wissenschaft durch Gestaltung von Wissenschaft – Entwurf für ein Grundsatzpapier zur Verbesserung des ›Public Understanding of Science‹ in Deutschland«.[39]

Inspektion durch wissenschaftliche Analyse unternahmen unter der Moderation von Doris KOLESCH (Berlin) Jürgen MITTELSTRASS (Konstanz) mit »Science – the Last Adventure«, Helga NOWOTNY (Zürich) mit »Science in Search of its Audience« sowie Henning SCHMIDGEN (Berlin) mit »Experiments on Stage?«. Dem schloß sich eine multimediale vieldeutige Präsentation von *Diderot's Molecules* durch Katja BECKER-BRANDENBURG (Gießen) und Martin KORTE (München) an, die Wissenschaft weit auf dem (Ab-?)Weg zum Pop zeigte.[40]

Vision war unter Vorsitz von Sebastian CONRAD (Berlin) der Zugang für Ulrich RAULFF (München) über »Wissenschaftskritik im deutschen Feuilleton«, Alexandra M. FREUND (Berlin), die Wissenschaftler in den Augen der Öffentlichkeit als »Crazy Men in White Lab Coats« porträtierte, sowie Claus

---

38 BALTES 2003, KIESOW 2003.
39 Der Beitrag von BEUTELSPACHER konnte leider nicht veröffentlicht werden, da er kein Manuskript zur Verfügung stellte. Der ursprünglich für diese Sektion geplante Vortrag von Yves COPPENS (Paris) »Roots, Time and People; Lucy, Abel, Orrorin, Little Foot Superstars« mußte wegen Verhinderung des Autors leider entfallen. FISCHER 2003.
40 MITTELSTRASS 2003, NOWOTNY 2003, SCHMIDGEN 2003, KORTE und BECKER-BRANDENBURG 2003.

PIAS (Weimar), der »Science und Pop« mit »Drei Beobachtungen und ein(em) Vorschlag« verband. Für den Abschlußvortrag »What's Popular in Science?« war Carl DJERASSI (San Francisco, Stanford/CA, USA) gewonnen worden.[41]

Den eigentlichen Abschluß der Festtage und einen besonderen Glanzpunkt bildete die Szenische Lesung des Stücks *Oxygen* von Carl DJERASSI und Roald HOFFMANN (Ithaca/NY, USA), beides Mitglieder der Akademie, in der deutschen Übersetzung von Edwin ORTMANN und in einer Aufführung des *Mainfranken Theaters Würzburg* (Regie: Isabella GREGOR). Das Stück führte an den Hof des schwedischen Königs GUSTAV III. (1746–1792) im Jahr 1777. Hier versammeln sich gemeinsam mit ihren Frauen die drei Chemiker Antoine Laurent LAVOISIER (1743–1794), Joseph PRIESTLEY (1733–1804) und Carl Wilhelm SCHEELE (1742–1786), um Experimente vorzuführen und zu diskutieren. Alle drei sehen sich als Entdecker des Sauerstoffs. Die Gespräche der drei Forscher untereinander, mit ihren Ehefrauen, aber auch der Ehefrauen untereinander, enthüllen Ansprüche, Hoffnungen und Zweifel der Protagonisten. Die Handlung springt sodann ins Jahr 2001 und zeigt die Beratungen im Nobelpreiskomitee der Königlich Schwedischen Akademie der Wissenschaften. Das Gremium, dargestellt von den Schauspielern aus der historischen Szene, möchte zum hundertjährigen Preisjubiläum erstmals einen »Retro-Nobelpreis« vergeben. Einer der drei genannten Chemiker soll geehrt werden, jedoch fällt die Wahl keineswegs leicht. Im Komitee werden historische und ethische Fragen aufgeworfen, zudem spielen auch Emotionen und persönliche Konflikte eine Rolle, so daß die Auseinandersetzungen in leidenschaftlicher Weise ausgetragen werden.

Pünktlich zur Festveranstaltung in Halle wurde die Festschrift der Leopoldina *350 Jahre Leopoldina – Anspruch und Wirklichkeit* vorgelegt, herausgegeben von Präsident PARTHIER und Dietrich VON ENGELHARDT, in der 30 Autoren (Mitglieder bzw. Mitarbeiter der Akademie sowie Wissenschaftshistoriker) die 350-jährige Geschichte in ihren verschiedenen Perioden und Sachzusammenhängen beleuchten.[42] Die Gründungsfeier der Akademie wurde durch großzügige Spenden von Mitgliedern unterstützt, denen das Präsidium dafür sehr dankbar ist.

---

41 RAULFF 2003, FREUND 2003, PIAS 2003, DJERASSI 2003.
42 Siehe Veröffentlichungen der Akademie in diesem Jahrbuch.

Literatur

BALTES, P. B.: Die Junge Akademie: Old for Young and Young for Old. In: PARTHIER, B. (Ed.): Academia 350. Die Leopoldina-Feiern in Schweinfurt und Halle 2002. Nova Acta Leopoldina NF Bd. *87*, Nr. 325, 185–190 (2003)

BÖGER, I.: »Ein seculum ... da man zu Societäten Lust hat«. Darstellung und Analyse der Leibnizschen Sozietätspläne vor dem Hintergrund der europäischen Akademiebewegung im 17. und frühen 18. Jahrhundert. 2 Bde. München: Utz 1997

BÖHMER, W.: Grußwort des Ministerpräsidenten des Landes Sachsen-Anhalt. In: PARTHIER, B. (Ed.): Academia 350. Die Leopoldina-Feiern in Schweinfurt und Halle 2002. Nova Acta Leopoldina NF Bd. *87*, Nr. 325, 131–133 (2003)

CARRÀ, S.: Science, Technology at the Turn of the Millennium: Expectations and Pitfalls. In: PARTHIER, B. (Ed.): Academia 350. Die Leopoldina-Feiern in Schweinfurt und Halle 2002. Nova Acta Leopoldina NF Bd. *87*, Nr. 325, 163–175 (2003)

CATENHUSEN, W.-M.: Grußwort des Parlamentarischen Staatssekretärs des Bundesministeriums für Bildung und Forschung. In: PARTHIER, B. (Ed.): Academia 350. Die Leopoldina-Feiern in Schweinfurt und Halle 2002. Nova Acta Leopoldina NF Bd. *87*, Nr. 325, 135–136 (2003)

DASTON, L.: Die Akademien und die Neuerfindung der Erfahrung im 17. Jahrhundert. In: PARTHIER, B. (Ed.): Academia 350. Die Leopoldina-Feiern in Schweinfurt und Halle 2002. Nova Acta Leopoldina NF Bd. *87*, Nr. 325, 15–33 (2003)

DJERASSI, C.: What's Popular in Science? In: PARTHIER, B. (Ed.): Academia 350. Die Leopoldina-Feiern in Schweinfurt und Halle 2002. Nova Acta Leopoldina NF Bd. *87*, Nr. 325, 245–248 (2003)

DRENTH, P. J. D.: Grußwort der ALLEA. In: PARTHIER, B. (Ed.): Academia 350. Die Leopoldina-Feiern in Schweinfurt und Halle 2002. Nova Acta Leopoldina NF Bd. *87*, Nr. 325, 141–143 (2003)

FISCHER, E. P.: Verständnis für Wissenschaft durch Gestaltung von Wissenschaft – Entwurf für ein Grundsatzpapier zur Verbesserung des »Public Understanding of Science« in Deutschland. In: PARTHIER, B. (Ed.): Academia 350. Die Leopoldina-Feiern in Schweinfurt und Halle 2002. Nova Acta Leopoldina NF Bd. *87*, Nr. 325, 197–205 (2003)

FISCHER, G. S.: Laudatio für Herrn Prof. Dr. Jörg Hacker, Würzburg. In: PARTHIER, B. (Ed.): Academia 350. Die Leopoldina-Feiern in Schweinfurt und Halle 2002. Nova Acta Leopoldina NF Bd. *87*, Nr. 325, 95–97 (2003)

FREUND, A. M.: Scientists Are Crazy Men in White Lab Coats. Scientists and Science in the Public Eye. In: PARTHIER, B. (Ed.): Academia 350. Die Leopoldina-Feiern in Schweinfurt und Halle 2002. Nova Acta Leopoldina NF Bd. *87*, Nr. 325, 235–237 (2003)

GRIESER, G.: Ansprache der Oberbürgermeisterin. In: PARTHIER, B. (Ed.): Academia 350. Die Leopoldina-Feiern in Schweinfurt und Halle 2002. Nova Acta Leopoldina NF Bd. *87*, Nr. 325, 53–57 (2003a)

GRIESER, G.: Begrüßung durch die Oberbürgermeisterin. In: PARTHIER, B. (Ed.): Academia 350. Die Leopoldina-Feiern in Schweinfurt und Halle 2002. Nova Acta Leopoldina NF Bd. *87*, Nr. 325, 91–92 (2003b)

HACKER, J.: Menschen, Gene, Infektionen – Wie aus harmlosen Mikroben Krankheitserreger werden. In: PARTHIER, B. (Ed.): Academia 350. Die Leopoldina-Feiern in Schweinfurt und Halle 2002. Nova Acta Leopoldina NF Bd. *87*, Nr. 325, 103–108 (2003)

HAUCK, B.: Grußwort des Präsidenten des Rates der schweizerischen wissenschaftlichen Akademien. In: PARTHIER, B. (Ed.): Academia 350. Die Leopoldina-Feiern in Schweinfurt und Halle 2002. Nova Acta Leopoldina NF Bd. *87*, Nr. 325, 65–67 (2003)

HEITZ, P. U.: Laudatio für Herrn Prof. Dr. Martin E. Schwab, Zürich. In: PARTHIER, B. (Ed.): Academia 350. Die Leopoldina-Feiern in Schweinfurt und Halle 2002. Nova Acta Leopoldina NF Bd. *87*, Nr. 325, 99–102 (2003)

KAHANE, J.-P.: Science and Democracy. In: PARTHIER, B. (Ed.): Academia 350. Die Leopoldina-Feiern in Schweinfurt und Halle 2002. Nova Acta Leopoldina NF Bd. *87*, Nr. 325, 155–161 (2003)

KORTE, M., und BECKER-BRANDENBURG, K.: Diderot's Molecules – Eine Installation der Jungen Akademie. In: PARTHIER, B. (Ed.): Academia 350. Die Leopoldina-Feiern in Schweinfurt und Halle 2002. Nova Acta Leopoldina NF Bd. *87*, Nr. 325, 225–230 (2003)

KIESOW, R. M.: Science and Society: Science Goes Pop? In: PARTHIER, B. (Ed.): Academia 350. Die Leopoldina-Feiern in Schweinfurt und Halle 2002. Nova Acta Leopoldina NF Bd. *87*, Nr. 325, 191–195 (2003)

MAY, R. M.: Science Advice, Policy Making and Public Trust. In: PARTHIER, B. (Ed.): Academia 350. Die Leopoldina-Feiern in Schweinfurt und Halle 2002. Nova Acta Leopoldina NF Bd. *87*, Nr. 325, 147–153 (2003)

MITTELSTRASS, J.: Science – the Last Adventure. In: PARTHIER, B. (Ed.): Academia 350. Die Leopoldina-Feiern in Schweinfurt und Halle 2002. Nova Acta Leopoldina NF Bd. *87*, Nr. 325, 207–209 (2003)

MOHR, H.: On the Precarious Relationship Between Science and Politics. In: PARTHIER, B. (Ed.): Academia 350. Die Leopoldina-Feiern in Schweinfurt und Halle 2002. Nova Acta Leopoldina NF Bd. *87*, Nr. 325, 177–181 (2003)

MÜLLER, U.: Eröffnung der Ausstellung am 17. Januar 2002. In: PARTHIER, B. (Ed.): Academia 350. Die Leopoldina-Feiern in Schweinfurt und Halle 2002. Nova Acta Leopoldina NF Bd. *87*, Nr. 325, 115–118 (2003)

NEES VON ESENBECK, C. G.: Vorwort (und Anhänge). Nova Acta Leopoldina Bd. *XXIV*, P I, unpag. u. IX–XXVI (1854)

NOWOTNY, H.: Science in Search of its Audience. In: PARTHIER, B. (Ed.): Academia 350. Die Leopoldina-Feiern in Schweinfurt und Halle 2002. Nova Acta Leopoldina NF Bd. *87*, Nr. 325, 211–215 (2003)

OURISSON, G.: Grußadresse. In: PARTHIER, B. (Ed.): Academia 350. Die Leopoldina-Feiern in Schweinfurt und Halle 2002. Nova Acta Leopoldina NF Bd. *87*, Nr. 325, 137–139 (2003)

PARTHIER, B.: Begrüßung. In: PARTHIER, B. (Ed.): Academia 350. Die Leopoldina-Feiern in Schweinfurt und Halle 2002. Nova Acta Leopoldina NF Bd. *87*, Nr. 325, 11–14 (2003a)

PARTHIER, B.: Die Leopoldina heute. In: PARTHIER, B. (Ed.): Academia 350. Die Leopoldina-Feiern in Schweinfurt und Halle 2002. Nova Acta Leopoldina NF Bd. *87*, Nr. 325, 79–88 (2003b)

PARTHIER, B.: Grußwort des Leopoldina-Präsidenten. In: PARTHIER, B. (Ed.): Academia 350. Die Leopoldina-Feiern in Schweinfurt und Halle 2002. Nova Acta Leopoldina NF Bd. *87*, Nr. 325, 93–94 (2003c)

PARTHIER, B.: Begrüßung. In: PARTHIER, B. (Ed.): Academia 350. Die Leopoldina-Feiern in Schweinfurt und Halle 2002. Nova Acta Leopoldina NF Bd. *87*, Nr. 325, 121–125 (2003d)

PARTHIER, B., und ENGELHARDT, D. VON (Eds.): 350 Jahre Leopoldina. Anspruch und Wirklichkeit. Festschrift der Deutschen Akademie der Naturforscher Leopoldina 1652–2002. Halle (Saale): Druck-Zuck 2002

PIAS, C.: Science und Pop. Drei Beobachtungen und ein Vorschlag. In: PARTHIER, B. (Ed.): Academia 350. Die Leopoldina-Feiern in Schweinfurt und Halle 2002. Nova Acta Leopoldina NF Bd. *87*, Nr. 325, 239–243 (2003)

RAU, J.: Grußwort des Bundespräsidenten der Bundesrepublik Deutschland. In: PARTHIER, B. (Ed.): Academia 350. Die Leopoldina-Feiern in Schweinfurt und Halle 2002. Nova Acta Leopoldina NF Bd. *87*, Nr. 325, 127–129 (2003)

RAULFF, U.: Wissenschaftskritik im deutschen Feuilleton. In: PARTHIER, B. (Ed.): Academia 350. Die Leopoldina-Feiern in Schweinfurt und Halle 2002. Nova Acta Leopoldina NF Bd. *87*, Nr. 325, 231–234 (2003)

SCHLÜTER, O.: Begrüßungsansprache. In: Bericht über den Festakt. In: SCHLÜTER, O. (Ed.): Bericht über den Verlauf der Feier des 300jährigen Bestehens der Deutschen Akademie der Naturforscher (Leopoldina) am 16. und 17. Februar 1952 in Halle/Saale. Nova Acta Leopoldina NF Bd. *15*, Nr. 104, 7–13 (1952)

SCHMIDGEN, H.: Experiments on Stage? In: PARTHIER, B. (Ed.): Academia 350. Die Leopoldina-Feiern in Schweinfurt und Halle 2002. Nova Acta Leopoldina NF Bd. *87*, Nr. 325, 217–224 (2003)

SCHWAB, M. E., und KLUSMAN, I.: Wird Querschnittlähmung heilbar? In: PARTHIER, B. (Ed.): Academia 350. Die Leopoldina-Feiern in Schweinfurt und Halle 2002. Nova Acta Leopoldina NF Bd. *87*, Nr. 325, 109–112 (2003)

STOIBER, E.: Grußwort des Bayerischen Ministerpräsidenten. In: PARTHIER, B. (Ed.): Academia 350. Die Leopoldina-Feiern in Schweinfurt und Halle 2002. Nova Acta Leopoldina NF Bd. *87*, Nr. 325, 59–64 (2003)

TOELLNER, R.: Im Hain des Akademos auf die Natur wißbegierig sein: Vier Ärzte der Freien Reichsstadt Schweinfurt gründen die *Academia Naturae Curiosorum*. In: PARTHIER, B., und ENGELHARDT, D. VON (Eds.): 350 Jahre Leopoldina. Anspruch und Wirklichkeit. Festschrift der Deutschen Akademie der Naturforscher Leopoldina 1652–2002. S. 15–43. Halle (Saale): Druck-Zuck 2002

TOELLNER, R.: Im Hain des Akademos auf die Natur wißbegierig sein: Vier Ärzte der Freien Reichsstadt Schweinfurt begründen vor 350 Jahren eine Naturforscherunternehmung. In: PARTHIER, B. (Ed.): Academia 350. Die Leopoldina-Feiern in Schweinfurt und Halle 2002. Nova Acta Leopoldina NF Bd. *87*, Nr. 325, 35–49 (2003)

WELZIG, W.: »Nunquam otiosus«. Grußwort des Präsidenten der Österreichischen Akademie der Wissenschaften. In: PARTHIER, B. (Ed.): Academia 350. Die Leopoldina-Feiern in Schweinfurt und Halle 2002. Nova Acta Leopoldina NF Bd. *87*, Nr. 325, 69–71 (2003)

ZAUNICK, R.: Ansprache des Vertreters des Präsidiums der Leopoldinisch-Carolinisch Deutschen Akademie der Naturforscher (Leopoldina) zu Halle/Saale. In: Festakt. In: SAFFERT, E., und ZAUNICK, R. (Eds.): Bericht über die in Schweinfurt vom 13. bis 15. Juni 1952 abgehaltene Feier zum Gedenken an die vor 300 Jahren in Schweinfurt erfolgte Gründung der Kaiserlich Leopoldinisch-Carolinisch Deutschen Akademie der Naturforscher. Nova Acta Leopoldina NF Bd. *16*, Nr. 114, 394–398 (1954)

ZINTZEN, C.: Grußwort des Vorsitzenden der Union der deutschen Akademien der Wissenschaften. In: PARTHIER, B. (Ed.): Academia 350. Die Leopoldina-Feiern in Schweinfurt und Halle 2002. Nova Acta Leopoldina NF Bd. *87*, Nr. 325, 73–77 (2003)

Bericht:
Dr. Michael KAASCH
Dr. Joachim KAASCH
Deutsche Akademie der Naturforscher
Leopoldina
Postfach 110543
06019 Halle (Saale)
Bundesrepublik Deutschland
Tel.:   ++49 (0) 34 54 72 39 34
Fax: ++49 (0) 34 54 72 39 39
E-Mail: kaasch@leopoldina-halle.de

Tagungen und Kolloquien

Symposium
Self-organization and Structure–Function Relation of Biomolecules

Organisiert von der Deutschen Akademie der Naturforscher Leopoldina und der Naturwissenschaftlichen Fakultät der Martin-Luther-Universität Halle-Wittenberg vom 17. bis 20. April 2002 in Wittenberg

Das Symposium mit ca. 200 Teilnehmern aus Belgien, Deutschland, Großbritannien, Frankreich, Holland, Israel, der Schweiz, Slowenien und den Vereinigten Staaten von Amerika wurde von R. JAENICKE (Regensburg/London) und R. RUDOLPH (Halle) organisiert. Beide waren an der längst historisch gewordenen ersten Internationalen Konferenz über Protein-Faltung beteiligt, die vor mehr als 20 Jahren in Regensburg stattfand (R. JAENICKE, Ed., Protein Folding, Elsevier/North-Holland, Amsterdam, New York, 1980, 587 S.). Mittlerweile hat nicht nur ein weiterer Generationswechsel stattgefunden, sondern zugleich der methodische Sprung von der klassischen physikalischen Biochemie zur gentechnisch arbeitenden Molekularbiologie. Damit ergab sich als Selbstverständlichkeit die Ausweitung des Themas in Richtung *Genomics*, *Proteomics* mit allen Varianten des *Rational* und *Evolutionary Molecular Designs*. Wie bei jedem »Paradigmenwechsel« überrascht es nicht, daß SCHRÖDINGERS und DELBRÜCKS Nachfolger aus der Physik sich damit mitnichten aus der »für die Biologen zu schweren Biologie« resigniert zurückgezogen hätten; sie haben mittlerweile mit Erfolg das Niveau der Analyse von Einzelmolekülen erreicht. Damit wird plausibel, daß die Vortragenden bei ihrer unterschiedlichen Herkunft aus der Physik, Chemie, Genetik, Mikrobiologie, Molekularbiologie bis hin zur Evolutionsbiologie entsprechend gefordert waren, in ihren »konzentrierten Selbstgesprächen« nicht ihre Zuhörer zu verlieren. Nach allen Rückmeldungen zu urteilen, gelang dies in überraschendem Maße. Die Gründe liegen auf der Hand: *1.* Die Tagung hat seit 1980 eine alte Tradition als eine regelmäßige Folge von Minisymposien und ist damit zu einer Art »Familientreffen« geworden, in dem man uneingeschränkt seine Ergebnisse, ob publiziert oder nicht publiziert, offenlegen kann. Diesmal boten die Centenarien die Gelegenheit zu einem größeren Rahmen. *2.* Es gelang, mit finanzieller Unterstützung der Chemischen Industrie und der Leopoldina, auf den verschiedenen Arbeitsgebieten führende Wissenschaftler für die Vorträge zu gewinnen. 3. Wittenberg erwies sich wiederum als glückliche Wahl, weil ohne Konkurrenz in bezug auf die Kompetenz der Verwaltung (Fr. K. BECKER) und der technischen Assistenz (Hr. W. LEPS) und wegen Konzentrierung aller Teilnehmer an einem Ort.

Als *Genius loci* stand seinerzeit beim Regensburger Symposium Johannes KEPLER mit seiner Idee Pate, die Struktur der Materie sei von ihren intrinsischen Eigenschaften determiniert, und diese bestimmten in biologischen Systemen die Funktion. Diesen Gedanken hat die Biophysikalische Chemie erfolgreich über Jahrzehnte verfolgt, und C. CHOTHIAS Schlußfolgerung schien logisch, daß *what we discover at the level of simple systems cannot fail to be relevant in considering larger, more complex biological systems.* Freilich scheiterte die Etablierung einer »allgemeinen Theorie der biologischen Struktur« und die darauf basierende allgemeine Lösung zellbiologischer Probleme an der Schwierigkeit, Codes für die Voraussage von Struktur, Stabilität und Funktion aufzudecken, und obendrein an der Unmöglichkeit, im zellulären Multikomponentensystem Wechselwirkungen in ihren Prioritäten und regulatorischen Zusammenhängen zu sortieren. Angesichts der heute gegebenen Datenfülle stellt sich die Frage, ob *Genomics, Proteomics, Metabolomics* etc. auch qualitativ neue Einsichten in biologische Fragestellungen erhoffen lassen.

Ausgangspunkt des Programms war vor diesem Hintergrund die Diskussion des gegenwärtigen Standes der Bioinformatik im Hinblick auf die Korrelation der ca. 10^7 bekannten Aminosäure-Sequenzen mit den annähernd 15 000 hoch-aufgelösten 3D-Strukturen von Proteinen. Janet THORNTON, Direktorin des *European Bioinformatics Institute* (Hinxton, Cambridge, UK), gab eine brillante Einführung, in der sie die Brücke von den stereochemischen Grundlagen der Chiralität der natürlichen Aminosäuren, über Motive kurzer Peptide, Topologien kompletter globulärer Proteine bis zu deren Funktionen schlug. Sie konnte dabei auf ihren eigenen bahnbrechenden Beiträgen zur CATH-Klassifizierung von Protein-Familien und deren funktionellen Beziehungen aufbauen, und schon ihr Titel *Protein Structures: From Famine to Flood* illustrierte die dem Ansatz zugrundeliegende Philosophie. Ergänzt wurde die Einführung durch den Beitrag von Friedrich LOTTSPEICH (Max-Planck-Institut für Biochemie, Martinsried), der in den vergangenen Jahren die Methoden der Trennung und Sequenzierung von Proteinen bis zu einer Perfektion verfeinert hat, die nun Proteomics (im eigentlichen Sinne des Wortes) ermöglicht, was bedeutet, daß er die einzelnen Proteinkomponenten im Ablauf der Ontogenie eines Organismus an entscheidenden Punkten der Entwicklung isolieren, quantifizieren und in ihrer Zusammensetzung und Sequenz charakterisieren kann. Anwendungen dieser sich rasch entwickelnden Ultramikroanalytik auf medizinisch und zellbiologisch relevante Probleme diskutierten M. HUBER (Schering A. G., Berlin) und E. VAN ANKEN (Bio-Organic Chemistry, University of Utrecht, NL). Was sich aus der unerhörten Datenfülle fast zwangsläufig ergibt, sind die allerorten sich regenden Initiativen, technische Assistenz und Kompetenz durch Roboter zu ersetzen. Aus dem Boden schießende »Strukturfabriken« gehen in diese Richtung, wobei derlei Überlegungen naturgemäß in der Industrie vorrangig betrieben werden. M. LANZENDÖRFER (Roche Pharma GmbH, Penzberg) diskutierte in diesem Zusammenhang das Konzept der »High-throughput Production of Proteins for Structure-function Analysis«. Daß derlei Ansätze, gekoppelt mit den Methoden der *Combinatorial Chemistry* und anschließender Quantifizierung der Bindungskonstanten der Produkte mit spezifischen Rezeptoren, zum Drug-Design genutzt werden sollen, ist evident. Ein wissenschaftsgeschichtlicher Nebeneffekt dieser Entwicklung erscheint bemerkenswert, nämlich die Tatsache, daß sich angesichts der durch Automation beschleunigten experimentellen Strukturanalyse die »Aufklärung der 2. Hälfte des genetischen Codes«, d. h. die theoretische Voraussage der 3D-Struktur von Proteinen aus ihrer Aminosäuresequenz, faktisch erledigt; entsprechende Aktivitäten haben in den vergangenen 30 Jahren weltweit die klügsten Köpfe beschäftigt, nun liefert die »Fabrik« die Struktur in wesentlich höherer Auflösung, als man sie aus optimierten Potentialfunktionen jemals hätte erhoffen können.

Es versteht sich von selbst, daß sich der Hauptteil des weiteren Struktur-orientierten Programms auf die jüngsten Ergebnisse der Röntgenstruktur-Analyse komplexer Systeme bezog. Hier wurden in den vergangenen Jahren solch unerhörte Fortschritte erreicht, daß es schwer fällt, darüber ohne detaillierte Illustrationen zu berichten. Diese sind nicht nur von der Größe und Komplexität der Systeme her beeindruckend, sondern zeigen (zumindest durch das Medium der *Computergraphics* Programme) auf molekularem Niveau ein Maß an Schönheit, das KEPLERS STRENA in den Schatten stellt. Vortragende waren zum einen Georg E. SCHULZ (Institut f. Organische Chemie und Biochemie, Universität Freiburg), zum anderen Dirk HEINZ (GBF, Research Center for Biotechnology, Braunschweig). G. E. SCHULZ konzentrierte sich in seinem Vortrag auf Membranproteine, insbesondere die von ihm seit vielen Jahren als Spitzenreiter bearbeiteten β-Barrel-Porine. Im Gegensatz zu α-helikalen Membranproteinen, die anhand der statistischen Analyse genomischer DNA und bekannter Proteinsequenzen etwa 20 % aller derzeit bekannten Proteine ausmachen, bereitet sowohl die Struktur-Voraussage als auch die Struktur-Aufklärung transmembraner β-Faltblattstrukturen große Schwierigkeiten. Hier gelang der Freiburger Gruppe ein Durchbruch mittels rekombinanter Expression im Zytosol und anschließender Renaturierung der Membranproteine in Mizellen. Bereits bei der ersten gelungenen Analyse zweier Porine aus *Rhodobacter capsulatus* und *Rhodopseudomonas blastica* ergaben sich allgemeine Prinzipien ihrer Konstruktion im Sinne einer trimeren Quartärstruktur mit einem Gürtel aromatischer Aminosäuren in der hydrophoben Grenzschicht der Membran und einem durch eine spezifische Ladungsverteilung gegebenen transversalen elektrischen Feld. Qualitativ erweisen sich die Anforderungen an Membranproteine in der Lipidmatrix als völlig anders im Vergleich zu denjenigen, die an lösliche globuläre Proteine im Zytosol gestellt sind. Die erwähnte Positionierung aromatischer Reste gibt in diesem Zusammenhang als Beispiel einen Einblick in den Mechanismus, mit dem Mikroorganismen leckfrei Porine in die fluide Lipidmatrix integrieren. Die diskutierten Ergebnisse schlossen verschiedene *Outer-membrane Proteins* (OmpA, OmpLA, OmpT, OmpX, FhuA und FepA) ein; als Beispiel stellt OmpX aus *Escherichia coli* ein kleines peripheres β-Barrel-Porin mit hoher Affinität zu fremden α-strukturierten Oberflächenproteinen dar, das offensichtlich unter Streß Abwehrfunktion besitzt. Insgesamt zeichnen sich alle bisher aufgeklärten Strukturen, abgesehen von ausgeprägten Größenunterschieden, durch eine ungewöhnliche strukturelle und funktionelle Vielfalt aus, die durch gezielte Mutagenese ebenso wie durch physikalische Überlegungen als abgesichert gelten darf.

Ein anderes Feld, auf dem Kristallographie detaillierte mechanistische Information liefert, stellte D. HEINZ mit dem Enzym Glutamyl-tRNA-Reduktase vor. Das Objekt ist als Katalysator des 1. Schrittes der Tetrapyrrol-Synthese und damit der Bereitstellung von Häm, Chlorophyll und Vitamin B12 von zentraler Bedeutung im Stoffwechsel. Besonderes Interesse verdient es insofern, als es für die Überalles-Reaktion einen ternären tRNA-Bienzymkomplex bildet, für den sowohl das Peptid-Rückgrat als auch die Substratbindung und der katalytische Mechanismus bis zur atomaren Auflösung gelöst werden konnten. Da das Enzym in Mensch und Tier nicht vorkommt, besteht ein beträchtliches Interesse an seiner Erprobung im Hinblick auf neue Antibiotika und Herbizide.

Die verbleibenden Analysen betrafen »molekulare Maschinen«, mit dem Chromatin, der ATPase und den G-Proteinen derzeit wohl die atemberaubendsten Objekte der biochemisch-biophysikalischen Strukturforschung. Hier gelang es, Nenad BAN (Inst. f. Molekularbiologie und Biophysik, ETH Zürich, CH) und Robert HUBER (Max-Planck-Institut für Biochemie, Martinsried) als Vortragende zu gewinnen. N. BAN diskutierte die von ihm gelöste komplette atomare 2.4-Å-Struktur der großen ribosomalen Untereinheit von *Haloarcula marismortui*, bekanntermaßen ein Komplex aus 2833 Proteinuntereinheiten und 3045 Nukleotiden, in dem 27 der insgesamt 31 Protein-Species identifiziert wurden. Das Ergebnis ist bezüglich der Komplexität der Strukturelemente und der rRNA-Protein-Interaktionen ein faszinierendes Rätsel und damit zugleich eine Goldgrube, was die funktionelle Deutung angeht; sie wird N. BANS Gruppe für viele Jahre in Atem halten. Ähnliches gilt für die drei molekularen Maschinen, das Proteasom, die ATP-abhängigen Proteasen HslV/HslU und die Tricorn-Protease, mit denen R. HUBER noch bis zum Ende des Programms einen Höhepunkt des Symposiums aufsparte. Es ist seit langem bekannt, daß eine der wesentlichen Funktionen von Proteinen in ihrem eigenen Abbau besteht, sei es zum Schutz, sei es zur Regulation, oder als Aminosäure-Speicher. Im Falle der erwähnten Proteasen wird diese Funktion gekoppelt mit der Clearence im Sinne einer Qualitätskontrolle, die dadurch erforderlich wird, daß in der Zelle wie auch in subzellulären Kompartimenten falsch gefaltete und falsch assemblierte Proteine oder regulatorische Proteine durch Proteolyse abgebaut werden müssen. Die entsprechenden Proteasen sind multimere Käfige, in denen die aktiven Zentren in definiertem Abstand an der Innenwand angeordnet sind. Der Zugang für die Proteinsubstrate wird durch Subkomplexe oder Domänen der Untereinheiten reguliert, wobei ATP-Hydrolyse bei der Entfaltung mitwirken kann. Die vier erwähnten Proteasen unterscheiden sich nicht nur in ihrer Untereinheitenstruktur, sondern auch in ihren enzymatischen Mechanismen und deren Regulation. Offensichtlich sorgt die Natur bei der Qualitätskontrolle der Translation in höchst spezifischer Weise dafür, mißgefaltete Polypeptidketten zu eliminieren. Ein Grund für diese Sorgfalt ergibt sich klar aus pathologischen Erscheinungen wie Alzheimer, BSE, CJD und verschiedenen Amyloidosen. Sie legen die Hypothese nahe, daß die Evolution von Proteinsequenzen wesentlich davon bestimmt ist, Mißfaltung und damit die Deponierung von Proteinaggregaten zu vermeiden. Daraus folgt zugleich, daß die hier diskutierten Systeme von extremem, aktuellem medizinischem Interesse sind.

Die zuvor angedeutete Vielfalt der für den Proteinabbau verantwortlichen molekularen Maschinen hat ihre Entsprechung auf der Ebene der Adressierung von Proteinen in die unterschiedlichen Kompartimente der Zelle. Hier wird im Falle eukaryotischer (Glyko-)Proteine auf dem Weg vom Ribosom über das endoplasmatische Retikulum und den Golgi-Apparat bis hin zur möglichen Sezernierung eine ganze Prozessierungskette durchlaufen, deren molekulare Details von den beiden Hauptvertretern dieses Gebietes der Zellbiologie, A. HELENIUS (Institut für Biochemie, ETH Zürich, CH) und S. JENTSCH (Max-Planck-Institut für Biochemie, Martinsried), trotz der unerhörten Komplexität, in überzeugender Klarheit dargestellt wurden. Wir haben es hier nicht mehr mit einzelnen Maschinen zu tun, sondern im verwendeten Bild mit vielstufigen Maschinen-Aggregaten, in denen das naszierende Protein im Verlauf seiner Selbstorganisation unterschiedlichen Prozessierungen, inklusive kovalenten Modifikationen, unterworfen wird, um schließlich am vorprogrammierten Ort seine Funktion zu entfalten oder abgebaut zu werden. Einzelheiten würden an dieser Stelle zu weit führen.

Das Gebiet der Proteinfaltung befindet sich Dank der jüngsten Fortschritte von Molekulardynamik, *Computational Structural Genomics* (M. LEVITT) und aufgrund der Einbeziehung statistisch-mechanischer und Polymer-theoretischer Konzepte seit etwa 1995 in einer Phase vielstimmiger Kontroversen zwischen dem »classical view« der experimentellen Analyse und Beschreibung im Sinne sequentieller oder verzweigter Prozesse mit meßbar populierten Intermediaten und dem »new view«, demzufolge das Erreichen des Energieminimums durch eine Vielfalt von Pfaden in einer »Energie-Landschaft« beschrieben wird. Die Alternativen scheinen zu einem nicht geringen Teil eher hermeneutischer als mechanistischer Art; andererseits sind die Evidenzen für *multiple pathways* nicht in allen Fällen widerspruchsfrei. In Wittenberg wurde daher das Schwergewicht auf die experimentellen Grundlagen und die Frage des Nutzens bestimmter theoretischer Ansätze gelegt. Hier half als experimenteller Biophysiker mit langjähriger Erfahrung auf den Gebieten des *Computer Modeling* und der Molekulardynamik in dankenswerterweise E. WESTHOF (Institute de Biologie Structurale, Université Louis Pasteur, Strasbourg, F). Sein Überblick über die Möglichkeiten und den gegenwärtigen Stand molekulardynamischer Simulationen gab (unter Verwendung von Transfer-Ribonukleinsäure (tRNA) und deren Anticodon-Arm als Beispiel) den nötigen Hintergrund, die Grenzen der Methode abzuschätzen. Wie neue Simulationen zeigen, gelingt die quantitative Analyse der C-H...O-Bindungen innerhalb der tRNA und zwischen tRNA und dem Lösungsmittel mit zusätzlichen Informationen über die Hydratation und die Ionen-Bindung und deren Temperaturabhängigkeit. Die Ergebnisse korrelieren gut mit denen experimentell hochaufgelöster Strukturen. In E. WESTHOFS zweitem Beitrag über *RNA-Tectonics*, d. h. über die modulare und hierarchische Assemblystruktur von RNAs, wurde die Analogie zur Hierarchie der Proteine deutlich; sie wird dadurch noch unterstrichen, daß RNA ja nicht nur genetische Information kodiert, sondern – im Fall von Ribozymen – auch katalytische Funktion besitzt. Ihre polyanionische Natur bedingt, daß für ihre Faltung, Substratbindung und Katalyse die Gesetze der Elektrostatik in wesentlich höherem Maße von Bedeutung sind, als dies für Proteine gilt. Experimentelle und theoretische Studien zur 3D-Struktur von Ribozymen beweisen, daß nach der Bildung von H-Brücken innerhalb proximaler Sequenzbereiche benachbarte Helices gebildet werden, die ihrerseits anschließend Bündel bilden und schließlich durch Paarung von Tertiärstrukturmotiven in der kompakten Tertiärstruktur ihr Energieminimum finden. Offensichtlich gibt es in der Gesamtheit der bisher untersuchten Strukturen nur eine kleine Zahl von »Ankerpositionen«. Die Stabilisierung doppel-helikaler Stammregionen, die z. B. für die katalytische Core-Region in Ribozymen verantwortlich sind, beruht auf Kontakten großer Reichweite. Es scheint derzeit so, als ob die Domänen-Wechselwirkungen (unabhängig von der Größe der RNA) eine gewisse Ähnlichkeit aufweisen, von Ribozymen bis hin zu Motiven, die jüngst in ribosomaler RNA gefunden wurden.

Die Diskussion von Faltungsmechanismen von Proteinen konzentrierte sich auf die Elementarprozesse der Sekundärstruktur-Bildung im Zeitfenster von < 1 µs bis Millisekunden, die von T. KIEFHABER (Abt. Biophysikalische Chemie, Biozentrum der Universität Basel, CH) an Oligopeptidmodellen mit Hilfe von Triplett-Triplett-Energietransfer-Messungen untersucht worden sind.

Offensichtlich setzt die Diffusion der Peptidkette der Geschwindigkeit des gesamten Faltungsprozesses eine Grenze, so daß unterhalb 0.05 µs keine zusätzlichen Elementarprozesse mehr beobachtet werden können. In diesem Zusammenhang sei an den klassischen α-Helix-Coil-Übergang von Polyaminosäuren erinnert, der im gleichen Zeitfenster liegt, während die Faltung eines kleinen all-β-Proteins ca. 1 ms erfordert. Bei dem zuletzt genannten System handelt es sich um das bakterielle Kälteschock-Protein CSP, das sich Dank der Arbeiten von F. X. SCHMID (Laboratorium f. Biochemie, Universität Bayreuth) und B. SCHULER (Laboratory of Chemical Physics, NIH, Bethesda, MD, USA, und Institut f. Physikalische Biochemie, Universität Potsdam) zum Standard-System zur Analyse der Faltung und Stabilität von Proteinen entwikkelt hat. B. SCHULER hat mittels Förster-Resonanz-Energietransfer CSP-Einzelmoleküle hinsichtlich des Mechanismus und der Kinetik der Strukturbildung untersucht. Dabei gelang es, sowohl den Trägheitsmassen-Radius des entfalteten Proteins als auch den Kollaps der Polypeptidkette im Gleichgewichtsübergang der Faltung mit einer Faltungsgeschwindigkeit < 1 ms zu bestimmen. Frühere Messungen der Bayreuther Gruppe bestätigen diesen Befund. Durch detaillierte Studien mit Hilfe von *PROSIDE* (=*Protein Stability Increased by Directed Evolution*) konnten im Fortgang der Untersuchungen unter Verwendung des fd-Phagensystems CSP-Varianten unterschiedlicher Stabilität erzeugt und mit einem kompletten Datensatz aller relevanten Aminosäure-Substitutionen die Stabilitätsunterschiede strukturell, thermodynamisch und kinetisch charakterisiert werden. Die Ergebnisse erhärten in eindrucksvoller Weise den komplexen Mechanismus der Stabilisierung von globulären Proteinen in wäßriger Lösung. Wie R. STERNER (Biochemisches Institut, Universität Köln) in seinem Vortrag über die molekulare Adaptation und Evolution an einer Vielzahl thermophiler Enzyme zeigte, beruht die erwähnte Komplexität letztlich darauf, daß selbst im Falle maximaler Stabilitätsunterschiede die Änderung der freien Stabilisierungsenthalpie nicht mehr ist als das Äquivalent von einigen wenigen schwachen Wechselwirkungen. Damit ist ein praktisch unerschöpfliches Repertoire von Stabilisierungsmöglichkeiten gegeben, und es verwundert nicht, daß alle bisherigen Versuche, Technologen mit »Verkehrsregeln der Protein-Stabilisierung« zu bedienen, fehlgeschlagen sind. Bemerkenswert war bei Vergleichen der als Beispiel herangezogenen homologen Tryptophansynthasen (aus *Thermotoga maritima*) der Befund, daß auch die Regel, das Inventar mesophiler und extremophiler Organismen liege unter physiologischen Optimalbedingungen in »korrespondierenden Zuständen« vor, nur bedingt Gültigkeit besitzt: Im Falle labiler Intermediärprodukte des Stoffwechsels (wie im vorliegenden Falle des Indols) erweisen sich thermophile Enzyme als anomal hoch aktiv, ein Beleg dafür, daß extremophile Umweltparameter auf alle biologisch relevanten Moleküle einwirken und nicht lediglich auf Biopolymere.

Die zuvor kurz erwähnten Faltungsreaktionen entsprachen in guter Näherung der Annahme, daß im Faltungsprozeß nur der entfaltete und der nativ-gefaltete Zustand postuliert sind. Dies gilt nicht, wenn beide Zustände durch kinetische Barrieren mit hohen Aktivierungsenergien voneinander getrennt sind. In diesen Fällen hat die Evolution durch Faltungskatalysatoren für die Beschleunigung der Faltung gesorgt. Zwei Spezifitäten haben sich in diesem Zusammenhang als wichtig herausgestellt, die Prolin-Isomerisierung (durch Prolin-*cis-trans*-Isomerase, PPI) und die Cystein/Cystin-Redoxreaktion (durch Protein-Disulfid-Isomerase, PDI). Gunter S. FISCHER (Forschungsstelle »Enzymologie der Proteinfaltung« der MPG, Halle), der Pionier auf dem PPI-Gebiet, stellte sich die Frage, ob auch andere als die X-Pro-Bindung einer Enzym-katalysierten *cis-trans*-Isomerisierung unterliegen. Tatsächlich gelang C. SCHIENE-FISCHER mit dem Hsp70-Chaperon DnaK der Nachweis einer neuen Klasse von Enzymen, welche die Isomerisierung sekundärer Amid-Peptidbindungen katalysieren (APIasen). Die Beweisführung erfolgte, abgesehen von der katalytischen Beschleunigung der Isomerisierung verschiedener Dipeptide, einerseits anhand von NMR-*Exchange Cross-peaks* zwischen den *cis/trans*-Konformeren von Oligopeptiden und andererseits durch die Katalyse der Isomerisierung der P39A-Mutante von Ribonuklease T1. Die APIase-Aktivität erwies sich als regio- und stereo-selektiv. Sie wird durch das komplette DnaK/GrpE/DnaJ/ATP-Chaperon-System signifikant erhöht; dabei besteht ein Synergismus zwischen der Chaperon-Bindungsstelle von DnaK und dem aktiven Zentrum der APIase. Das Substrat ist die teil-gefaltete Polypeptidkette. Zwar scheint die katalytische Aktivität gering zu sein, aber die Tatsache, daß Chaperone überhaupt katalytische Aktivität besitzen, ist überraschend genug. Die Experimente legen die Verallgemeinerung nahe, daß Faltungshelfer-Proteine generell zur Katalyse der Isomerisierung der Peptidbindung beitragen.

Im Bereich der PDI-analogen Aktivitäten in der Zelle hat in den vergangenen Jahren J. C. A. BARDWELL (Department of Biology, University of Michigan, Ann Arbor, MI, USA) im Hinblick auf den Mechanismus der SH-SS-Austauschreaktion entscheidende Beiträge geleistet. Hier ist einmal mehr die Stabilisierung von Cystin-verbrückten Proteinaggregaten als Ursache pathologischer Mißfaltungs- und Aggregations-Reaktionen von medizinischer Bedeutung. In seinem Vortrag *Disulfide-bond Formation in E. coli* konzentrierte sich J. BARDWELL auf die Wechselbeziehung von SH-Oxidation und Metabolismus. Die Organisation des katalytischen PDI-Komplexes von *Escherichia coli* liegt nach jahrelanger intensiver Forschung nun vor: Das Substrat-oxidierende DsbA-Protein wird vom membranständigen DsbB *via* SH-SS-Austausch reoxidiert; dabei entstammen die Redox-Äquivalente dem Ubichinon der Elektronentransportkette. Die experimentell bestimmten Redox-Potentiale der einzelnen am Austauschmechanismus beteiligten Cystein-Paare erlauben die Formulierung des kompletten katalytischen Mechanismus. Um den Gesamtzusammenhang der Disulfid-Isomerisierung zu verstehen, bleiben allerdings die Funktionen einer ganzen Anzahl weiterer Komponenten (DsbC, DsbD, DsbG) aufzuklären, die sowohl in bezug auf die Proteinkomponenten als auch die Kofaktoren einige Überraschungen bereithalten. Als Beispiel seien lediglich die Ergebnisse von U. JAKOB vom gleichen Institut erwähnt, die mit ihrer Gruppe ein Cystein-abhängiges Redox-reguliertes Hitzeschockprotein (Hsp33) entdeckt hat, das offensichtlich die Zelle bei O_2-Streß vor Oxidationsreaktionen durch reaktive Sauerstoff-Species schützt. Es gelang nicht nur die detaillierte Charakterisierung des Proteins von der Sequenz bis zur 3D-Struktur, sondern auch die Aufklärung des Reaktionsmechanismus, an dem sowohl eine Dimerisierung der inaktiven Hsp33-Untereinheit als auch Zn^{2+} als Teilnehmer an der Regulation beteiligt sind; nicht-native Proteinsubstrate werden auch hier durch das zelluläre Proteasesystem entsorgt.

Dem aufmerksamen Leser dürfte im Vorangegangenen kaum der Zusammenhang von Faltungskatalyse und Hitzeschock entgangen sein. Tatsächlich erweist sich aufgrund der oben erwähnten marginalen Stabilität von Proteinen die Selbstorganisation als Gratwanderung, so daß C. ANFINSEN bereits 1970 molekulare *Templates* als akzessorische Faltungshelfer postulierte. Sie wurden später als Hitzeschockproteine identifiziert und erhielten, da sie auch ohne Hitzeschock ubiquitär für die korrekte Faltung mitverantwortlich sind, das Etikett »molekulare Chaperone«. J. BUCHNER (Biotechnologie, Technische Universität München) zeigte in seinem Vortrag, daß sie entgegen dieser Bezeichnung nicht nur für die »heranwachsende« Polypeptidkette zuständig sind; vielmehr sind sie unter Streß auch im endgültig gefalteten, nativen Zustand mit für den Strukturerhalt verantwortlich und schützen das funktionelle Protein vor Denaturierung und Aggregation. Eine grundlegende Eigenschaft ist ihre Fähigkeit, nicht-native Proteine zu erkennen und stabil zu binden, wobei vermutlich hydrophobe Wechselwirkungen mit Aminosäuren verantwortlich sind, die im nativen Zustand des Substratproteins im Molekül-Inneren versteckt liegen. Durch die Komplexierung wird die unspezifische, »falsche« Aggregation teilgefalteter Proteine verhindert. Die meisten Chaperone sind ATPasen, die bei der ATP-Bindung und -Hydrolyse Konformationsänderungen erfahren, welche mit der Prozessierung und Freisetzung des Substrates korrelieren. Das in seinem Struktur-Funktions-Zusammenhang am besten untersuchte Chaperon ist das bezüglich seiner Proteinsubstrate unspezifische GroE-System aus *E. coli*: Seine käfigähnliche $(S_7L_7L_7S_7)$-Assemblystruktur aus 60kDa (L)- und 10 kDa (S)-Untereinheiten, erinnert an die zuvor erwähnten *molekularen Maschinen*, selbstverständlich ohne deren Protease-Funktion. Einen originellen Ansatz zur Optimierung der Substratspezifität verwendete J. WEISSMAN (Howard Hughes Medical Institute, UCSF, San Francisco, CA., USA), indem er mit Hilfe gerichteter Evolution, d. h. durch wiederholtes *DNA-Shuffling* und Selektion mit dem grün-fluoreszierenden Protein (GFP) als Substrat, GroEL/ES-Varianten herstellte. Änderungen der Substrat-Spezifität, die eine Erhöhung der Polarität des »Anfinsen-Käfigs« anzeigen und den ATPase-Zyklus ändern, wiesen auf eine erstaunliche Plastizität des GroEL/ES-Systems hin, die genutzt werden könnte, um die Faltung rekombinanter Proteine zu optimieren. Sie lassen einen Konflikt zwischen der Spezialisierung auf ein Substrat und der erwähnten »Promiskuität des Chaperons« erkennen, insofern die Optimierung der GFP-Faltung zu Lasten der von G. LORIMER früh nachgewiesenen omnivoren Gefräßigkeit des GroE-Systems geht.

Ausgehend von der Korrelation von Hitzeschock und Chaperon-Aktivität stellte sich die Frage, ob auch in (hyper-)thermophilen Organismen mit ihrem an hohe Temperaturen angepaßten Protein-Inventar die Selbstorganisation von Proteinen auf Chaperone angewiesen ist. Die Antwort ist nicht trivial, da *in vitro* Denaturierungs-Renaturierungs-Experimente klar gezeigt haben, daß thermoadaptierte Proteine bis zur physiologischen Maximaltemperatur korrekt falten. Die von J. REINSTEIN und Y. GRÖMPING (Max-Planck-Institut für Molekulare Physiologie, Dortmund) experimentell gegebene Antwort ist positiv, insofern das ATP-abhängige Hsp70/DnaK/GrpE-Chaperonsystem von *Thermus thermophilus* in der GrpE-Komponente einen Thermosensor aufweist, der bei der Chaperonreaktion den Nukleotidaustausch moduliert: Unter nonpermissiven Bedingungen verhindert die reversible thermische Denaturierung von GrpE die Dissoziation des Proteinsubstrats vom DnaK-ADP-Substrat-Komplex. B. BUKAU und E. DEUERLING (Institut für Biochemie und Molekularbiologie, Universität Freiburg) konnten am gleichen Chaperonsystem im Zusammenhang mit der Frage, welche akzessorischen Proteine beim Austritt der naszierenden Polypeptidkette aus dem Ribosom (im Fall von E. coli) mitwirken, das ribosomale »Exit-Protein« L23 und den Triggerfaktor TF als primäre Bindungspartner identifizieren. Ein exponierter Glutamatrest von L23 ist für die Wechselwirkung und die Chaperonfunktion verantwortlich. Die Einbeziehung kleiner Hitzeschockproteine (sHsp), zusätzlich zum DnaK/ClpB-System, scheint sowohl *in vitro* als auch *in vivo* die Auflösung von Proteinaggregaten zu bewirken.

Die letzte Stufe in der Hierarchie der Proteinstruktur ist die Bildung oligomerer und multimerer Quartärstrukturen, die letztlich in Assemblysystemen hoher Komplexität enden. Eine Reihe von Beiträgen war sowohl ultrastrukturellen als auch technischen Problemen auf dieser höchsten Stufe der zellulären Organisation gewidmet. Dabei war zunächst nach möglichen Grenzen der *In-vitro*-Rekonstitution rekombinanter Proteine zu fragen, um abzuschätzen, wieweit zelluläre Faktoren wie Genom-Organisation, *Scaffolding*-Proteine u. a. akzessorische Proteine, ko- oder posttranslationale kovalente Prozessierungsreaktionen oder dergleichen für die Strukturbildung essentiell sind. Hier gelangen R. RUDOLPH (Institut für Biotechnologie, Universität Halle-Wittenberg) mit der erfolgreichen *In-vitro*-Rekonstitution der in *E. coli* rekombinant überexprimierten N-terminalen extrazellulären Domänen des humanen Parathyroidhormon-Rezeptors (PTH-R1) und des Glukagon-ähnlichen Peptid-Rezeptors (GLP1-R) sowie der Rekonstitution von GLP1-R-Fusionsproteinen Erfolge, die alle bisherigen Versuche mit Membranproteinen in den Schatten stellen. Zell-Lyse, reduzierende Solubilisierung der *Inclusion Bodies* und anschließende Rückfaltung in Redoxpuffer, in Gegenwart von lediglich Detergentien und niedermolekularen Additiven, lieferten nach allen relevanten Kriterien die nativen Rezeptoren. Naheliegenderweise stand bei dem Projekt eine medizinische Frage, nämlich die Entwicklung von Rezeptor-Agonisten oder -Antagonisten, im Hintergrund. Ähnliches gilt für Untersuchungen von E. SCHWARZ und T. SCHEUERMANN (aus dem gleichen Institut), die sich auf die Fibrillenbildung des N-terminalen Teils des nukleären poly(A)-bindenden Proteins PABPN1 bezogen, das in der Zelle die Länge von poly(A)-Tails bei der Prä-mRNA Prozessierung kontrolliert. Hier bedingen anomale Verlängerungen der im Wildtyp 10 Alaninreste zählenden Sequenz auf bis zu 17 Reste eine spezielle Form von Muskeldystrophie, die begleitet von intranukleären PABPN1-Einschlüssen ist. Zur Analyse der pathologischen Startreaktion wurde das rekombinante Protein mit N-terminalen Fragmenten mit unterschiedlich langen Poly-L-Ala-Sequenzen verglichen und dabei festgestellt, daß die Verlängerung der Poly-L-Ala-Sequenz bis zur kritischen pathologischen Länge zur Ausbildung von α-helikalen Strukturen führt, die nach längerer Inkubation aus antiparallelen β-Faltblättern bestehende Amyloidähnliche Fibrillen bilden. Wie auch für andere Amyloide berichtet, wird die Nukleationsreaktion drastisch durch *Seeding* beschleunigt.

Bei der Strukturbildung von Proteinen mit Ketten aus Hunderten von Aminosäureresten treten Topologien und Mechanismen auf, die sich in vielerlei Hinsicht von denen kleiner Proteine unterscheiden. In der Regel erweisen sie sich als *Domänenproteine* aus unabhängig faltenden Tertiärstrukturelementen, die häufig bestimmten Funktionen zuzuordnen sind. So stellen viele Enzyme Kombinationen von Koenzym- und Substrat-Bindungsdomänen dar; die korrekte Paarung der Domänen bedingt die Funktion, wogegen falsche Wechselwirkungen meist zu Aggregation führen. R. SECKLER (Physikalische Biochemie, Universität Potsdam) stellte den Mechanismus der Faltung und Assoziation dreier »großer« *Solenoid-Proteine* vor, die sämtlich durch langlebige Zwischenstufen charakterisiert sind: das *Tailspike*-Protein (Tsp) des Bakteriophagen P22, das bakterielle Enzym Pektat-Lyase und Internalin B, das Oberflächenprotein eines pathogenen Bakteriums. Im Falle von Tsp und bei der Pektat-Lyase führt die Destabilisierung der Zwischenstufen durch Aminosäureaustausche oder Temperaturerhöhung zu einer Blockierung der Faltung und zur Aggregation des Intermediats. Solche Aggregationsvorgänge spielen eine wichtige Rolle bei Proteinfaltungskrankheiten ebenso wie bei der gentechnischen Produktion von Proteinen in Bakterien. Da die Aggregationsprozesse *in vivo* und *in vitro* den gleichen Verlauf zeigen, bieten sich Solenoide als Modellsysteme molekular-medizinischer Experimente an.

R. GLOCKSHUBER und seine Gruppe (Institut für Molekularbiologie und Biophysik, ETH Zürich, CH) haben sich, nach der erfolgreichen Strukturbestimmung der C-terminalen Hälfte des Prion-Proteins und abschließenden Experimenten zur Faltung und Stabilität von Deletionsvarianten von PrP(121-231) (H. EBERL) einem hoch komplexen Selfassembly-System, nämlich den fibirillären Typ-1-Pili von *E. coli*, zugewandt, die für die Mannose-vermittelte Anheftung des Bakteriums an die Oberfläche ihrer Wirtszellen verantwortlich sind. Sie bestehen aus bis zu 3000 Protein-Untereinheiten und sind in bis zu 500 Kopien in der äußeren *E.-coli*-Membran verankert. *In vivo* beteiligen sich an der spontanen helikalen Assemblierung zwei *Scaffolding*-Proteine, der periplasmatische Assemblierungsfaktor FimC und das äußere Membranprotein FimD. Das erste bindet stöchiometrisch an die einzelnen Pilus-Untereinheiten im Periplasma und transportiert sie zu FimD, wo die zuvor gebildeten Komplexe wieder dissoziieren und die freigesetzten Untereinheiten durch eine von FimD erzeugte Pore hindurch in den wachsenden Pilus integriert werden. M. VETSCH und M. NISHIYAMA konnten zeigen, daß FimC nur gefaltete Pilus-Untereinheiten bindet und diese gegenüber vorzeitiger Assemblierung und unspezifischer Aggregation im Periplasma schützt. Darüber hinaus ergab sich, daß die beiden *Scaffolding*-Proteine durch fein abgestimmte Affinitäten für homologe Typ1-Untereinheiten auch für die Untereinheiten-Zusammensetzung und die Stöchiometrie der Pili verantwortlich sind.

Wie die beiden zuletzt erwähnten Beispiele zeigen, hat die Natur gerichtete Assoziationssysteme unterschiedlichster Art hervorgebracht, um damit die Multifunktionalität zu perfektionieren. Diese naturgegebene Tendenz verfolgte H. LILIE (Institut für Biotechnologie, Universität Halle-Wittenberg) mit gentherapeutischer Zielsetzung in seinem Bericht über polyionische Fusionspeptide als Adaptoren für die gerichtete Assoziation von Proteinen. Unter Verwendung von Dekapeptiden der Sequenz $AlaCysLys_8$ und $AlaCysGlu_8$ als »Tails« gelang es, Proteine elektrostatisch und/oder oxidativ zu konjugieren. Da die Kopplung ohne Änderung der funktionellen Eigenschaften der Partner erfolgt, lassen sich unterschiedliche Funktionen kombinieren oder zelloberflächenspezifisch adressieren.

Ein letztes Gebiet medizinischer Anwendung unseres Themas bedarf keiner weiteren Erklärung mehr, nachdem eine Tagung zum Thema Proteinfaltung ohne eine Sektion »Folding and Disease« heute kaum mehr denkbar ist. Um so erfreulicher, wenn einmal nicht die Stammkunden zu Worte kommen. Das Hefe-Prion war Gegenstand von zwei Beiträgen: J. S. WEISSMAN (Cellular & Molecular Pharmacology, Univ. Cal. San Francisco, CA, USA) berichtete über die bekannte konformationelle Diversität von Y-PrP, die dazu führt, daß infektiöse Partikel von ein und demselben Prion-Protein zu unterschiedlichen

Phänotypen führen können. Unter Verwendung eines neuen technischen Verfahrens, des *Single-fiber growth assay*, bei dem zur Charakterisierung der Heterogenität des Y-Sup35p-Prion-Proteins eine einzelne Amyloid-Faser verwendet wird, konnte gezeigt werden, daß Sup35p spontan multiple Fasertypen bildet, die sich dramatisch in ihrem Polaritätsgrad und in ihrer Wachstumsgeschwindigkeit unterscheiden. Das Verfahren reflektiert die Variationsbreite der »Prion Strains« *in vivo*. Die Korrelation zu strukturellen Unterschieden ist ungeklärt; eine schlüssige Einzelmolekül-Analyse dürfte auf sich warten lassen. Der zweite Beitrag von T. SCHEIBEL (Biotechnologie, Technische Universität, München) konzentrierte sich auf die Kinetik der Amyloidbildung von Sup35p. Die Etablierung der geänderten Proteinstruktur aufgrund des Übergangs von der löslichen in die aggregierte Form des Proteins wurde *in vitro* unter Verwendung eines Fluoreszenzmarkers verfolgt. Dabei ergab sich ein sequentieller Nukleationsmechanismus mit der Bindung von löslichem Sup35p an Nukleationskeime und der anschließenden Konformationsänderung des gebundenen Proteins als geschwindigkeitsbestimmenden Schritten.

Selbstverständlich kann der vorliegende Bericht nur einige Facetten eines Programms herausgreifen, das mehr als 20 Stunden an Vorträgen mit zeitlich uneingeschränkter Diskussion umfaßte, die 45 Posters nicht mitgezählt und schon gar nicht die Nachtstunden bei Tante Emma am Markt. Wesentlich zum Gelingen beigetragen hat die Tatsache, daß die Mehrzahl der aus den unterschiedlichen Ländern angereisten Teilnehmer am ganzen Programm der Tagung aktiv teilgenommen hat und daß dadurch ein intensiver Gedankenaustausch nicht nur zwischen alten Bekannten und Freunden, sondern auch zwischen Wissenschaftlern aus Forschungsinstituten, Industrie-Laboratorien und Universitäten möglich war. Daß die Thematik attraktiv war und zunehmend Zulauf findet, geht aus manchem Detail des Berichts hervor. Die Attraktivität läßt sich belegen mit der Zahl von Interessenten, die bei später Anmeldung nicht mehr zugelassen werden konnten, der Zulauf durch die Feststellung, daß seit dem Beginn im letzten Viertel des vorigen Jahrhunderts nun schon die Ururenkel-Schüler ihre Posters zeigen. Es ist vereinbart, daß im Jahre 2003 ein 16. Faltertreffen stattfindet, dann freilich wieder ohne historisches Brimborium.

Bericht:
Prof. Dr. Rainer JAENICKE
Ostpreußenstraße 12
65824 Schwalbach am Taunus
Bundesrepublik Deutschland
Tel: ++49 (0) 61 96 80 77 89
Fax: ++49 (0) 61 96 80 77 90
E-Mail: rjaenicke@gmx.de

Jahrbuch 2002 der Deutschen Akademie der Naturforscher Leopoldina (Halle/Saale)
LEOPOLDINA (R. 3) 48 (2003): 265-269

Symposium
Nonlinear Dynamics and the Spatiotemporal Principles of Biology

vom 12. bis 15. Mai 2002 in Darmstadt

Vom 12. bis zum 15. Mai 2002 fand in Darmstadt ein internationales Leopoldina-Symposium mit dem Titel »Nonlinear Dynamics and the Spatiotemporal Principles of Biology« statt, das von der Leopoldina in Zusammenarbeit mit dem DFG-Graduiertenkolleg 340 an der TU Darmstadt und mit der Jungen Akademie veranstaltet wurde. Organisiert wurde das Symposium von Friedrich BECK, Marc-Thorsten HÜTT und Ulrich LÜTTGE.

Die Hauptthemen, die in diesem Symposium intensiv diskutiert wurden, waren nichtlineare Dynamik im allgemeinen, stochastische Resonanz und Synchronisation. Alle diese Themen wurden mit engem Bezug zu aktuellen Anwendungen in der Biologie im Wechselspiel von Theorie und Empirie behandelt.

Wenn man bei dem Versuch, ein mathematisches Modell eines biologischen Phänomens zu entwerfen, die dynamischen Variablen (zum Beispiel Metabolitenpools, Populationsgrößen und Konzentrationen) über lineare Flüsse miteinander verbindet, findet die Beschreibung im Rahmen der *linearen* Systemtheorie statt. Sobald nichtlineare Wechselwirkungen einbezogen werden (etwa Rückkopplungen, (auto-)katalytische Effekte, allosterische und regulierte Enzymreaktionen, Kooperation), gelangt die Modellierung in den Bereich der *nichtlinearen Dynamik*. Dieser Schritt führt auf ein sehr viel größeres Repertoire dynamischer Verhaltensformen, etwa auf stabile Grenzzyklen, und – unter bestimmten Bedingungen – deterministisches Chaos. Auf der nächsten Ebene der Komplexität einer mathematischen Modellbildung können Rauschen und Fluktuationen einbezogen werden. Erneut ist man mit einer größeren dynamischen Vielfalt konfrontiert. Rauschen kann Ordnung *zerstören* oder, in bestimmten nichtlinearen Systemen, Ordnung *erzeugen*. Rauschinduzierte Übergänge zwischen Gleichgewichtszuständen oder rauschverstärkter Strukturbildung sind ein wichtiger Schwerpunkt gegenwärtiger Forschung. Oft ist es nötig, nicht ein einzelnes isoliertes Modellsystem zu betrachten, sondern das kollektive Verhalten vieler identischer (oder nahezu identischer) Kopien eines solchen Systems. In diesem Fall kann man untersuchen, wie die Kopplung der Elemente, die Spezifika der Dynamik des Einzelelements und die Wirkung von Rauschen die raumzeitliche Musterbildung dieses Ensembles von Elementen, die Synchronisation der Elemente, beeinflussen und wie das System auf externe Störungen reagiert.

Vor diesem allgemeinen gedanklichen Hintergrund war das Darmstädter Leopoldina-Symposium angesiedelt.

Nun ist die Verwendung nichtlinearer Modelle in der Biologie und Chemie keine neue Erfindung. VERHULST führte 1838 die logistische Gleichung zur Beschreibung von Populationsdynamiken ein. Er kannte jedoch ihre chaotischen Lösungen nicht (oder wagte nicht, davon zu berichten). LOTKA (1920) und VOLTERRA (1926) eröffneten mit ihrem Rückkopplungsmodell von Räuber-Beute-Zyklen den Weg für die Verwendung von Ratengleichungen bei der Modellierung biologischer und chemischer Systeme. Mit seiner richtungsweisenden Veröffentlichung von 1976 zeigte MAY, gefolgt von den mathematischen Analysen von GROSSMANN und THOMAS (1977) und FEIGENBAUM (1978) die Lösungsvielfalt der einfachen logistischen Gleichung auf. Es stellt sich daher die Frage, welche neuen Erkenntnisse diese Verbindung zwischen nichtlinearer Dynamik und Biologie so faszinierend machen. Dieser Frage ging das Symposium auf den Grund.

Eine Verbindung ergibt sich unter anderem durch die Untersuchung raumzeitlicher Muster in Phänomenen, die bisher als rein zeitlich, und zeitlich-räumlicher Muster, die meist als Strukturen im Raum betrachtet worden sind. In der theoretischen Sicht fließt beides zu einem grundlegenden Konzept zusammen, und im Empirischen erlauben es moderne experimentelle Techniken heute, die Rolle der räumlichen Dimension für die Dynamik des Gesamtsystems überzeugend nachzuweisen.

Vollkommen neue Phänomene sind zuerst theoretisch formuliert und dann in der Natur gefunden worden, etwa konstruktive Beiträge von Rauschen zu zeitlichen und raumzeitlichen Dynamiken oder Kritizität als Organisationsform eines Ökosystems. Umgekehrt können bestehende empirische Beobachtungen der zeitlichen Strukturbildung im Raum (z. B. in der Entwicklungsbiologie) oder räumlich in der Zeit (z. B. in Biorhythmen) eine theoretische Analyse herausfordern, die neue Erkenntnisse über die zugrundeliegenden Mechanismen der Selbstorganisation schafft. Ein System aus elementaren Bausteinen besitzt andere Eigenschaften als die Bausteine selbst, die sich aus den nichtlinearen Wechselwirkungen der Bausteine ergeben und nicht unmittelbar ohne weiteres theoretisches Rüstzeug zu verstehen sind. Hier liegt die wesentliche Funktion des Zusammenwirkens von nichtlinearer Dynamik und Biologie.

Obwohl die nichtlineare Dynamik keinesfalls das Ende ihrer Entwicklung erreicht hat, kann sie doch schon jetzt der biologischen Forschung beeindruckende und leistungsfähige Werkzeuge zur Beschreibung komplexer Strukturen in Raum und Zeit zur Verfügung stellen. Vor diesem Hintergrund war die Struktur des Symposiums intensiv geplant worden, und die eingeladenen Beiträge waren darauf abgestimmt, in einem interdisziplinären Dialog die Möglichkeiten der Verzahnung von Empirie und Theorie auszuloten.

In vier Teilen wurde das Thema beleuchtet. Im ersten Teil bauten drei fundamentale Beiträge zur statistischen Physik biologischer Komplexität, zu Oszillationen und Synchronisation in der Neurobiologie und zur stochastischen Resonanz mit Anwendung in der Sinnesphysiologie den Rahmen auf. Der zweite Teil war neueren Entwicklungen in der nichtlinearen Dynamik gewidmet. In den meisten Fällen war einem eher theoretisch ausgerichteten Vortrag eine entsprechende experimentelle Darstellung gegenübergestellt. Der dritte Abschnitt zielte auf die Verbindung zweier zentraler Begriffe *Chaos* und *Synchronisation*. Das Ziel war, für zeitliche und raumzeitliche Dynamiken die Fähigkeit der Systemkomponenten zur Synchronisation zu verstehen. Eine wichtige Frage war, ob verrauschte und chaotische Systeme unterschiedliche Synchronisationseigenschaften besitzen, aber auch, ob deterministisches Chaos als Modell von Fluktuationen in biologischen Systemen herangezogen werden kann. Der vierte Teil schließlich war der Darstellung und der theoretischen Analyse raumzeitlicher biologischer Phänomene gewidmet. Unsere Hoffnung, daß die experimentellen Schwierigkeiten und offenen Fragen, aber auch die Gemeinsamkeiten bei diesen Systemen im Licht der vorangegangenen Teile stärker hervortreten und sich Lösungsansätze ergeben, wurde voll und ganz erfüllt.

Die Kernthemen, die sich aus unserer Wahl des Gegenstandes ergeben, sind Oszillationen, zeitliche und räumliche Synchronisation und Rauschen. Die im Rahmen des Symposiums diskutierten Oszillationen in der Natur reichen von ultradianen zu circadianen Rhythmen, von der Dynamik einzelner Enzyme zu Zellen, Organismen und Populationen (in den Beiträgen von W. SINGER, M. HAUSER, F. JÜLICHER, H. A. BRAUN, H. MALCHOW, M. MITTAG und U. RASCHER). Die Diskussion von Synchronisation (siehe die Beiträge von W. SINGER, A. PIKOVSKY, H. A. BRAUN) reicht von springenden Brownschen Teilchen (P. HÄNGGI), Ionenkanälen (siehe die Beiträge von G. THIEL und J. C. BEHRENDS), Mikroalgen, Wasserflöhen (Daphnien) (A. ORDEMANN), Zellen in einem Organ (U. RASCHER), Neuronen (S. GRÜN), entwicklungsbiologischen Organisations- und Signalzentren (T. W. HOLSTEIN), Fischen in einem Vortex (in den Beiträgen von A. ORDEMANN und W. EBELING) bis hin zu Planktonpopulationen (H. MALCHOW). Rauschen ließ sich als Umwelteinfluß oder als interner Beitrag schneller Dynamiken beschreiben. Es wurde gezeigt, daß biologische Variabilität in nichtlinearen Systemen, ähnlich wie Rauschen, raumzeitliche Muster zu induzieren vermag (M.-T. HÜTT).

Mit dem Auftreten nichtlinearer Phänomene in der Biologie stellt sich auch die Frage eines evolutionär wirksamen Nutzens für das biologische System. So können Oszillationen etwa den evolutionären Vorteil einer Zeitreferenz und einer inneren Uhr mit sich bringen. Beiträge zu diesem Symposium konnten solche funktionellen Vorteile in der Synchronisation biologischer Prozesse und im auf Brownsche Motoren wirkenden Rauschen ausmachen (etwa im Beitrag von P. HÄNGGI) oder in der Kontrolle von Krankheiten (siehe den Beitrag von P. TASS).

Eine der wichtigsten Schlußfolgerungen des Symposiums war, daß die nichtlineare Struktur ihrer Dynamik lebenden Systemen Robustheit verleiht. Es bleiben jedoch eine Reihe von offenen Fragen zu dem Zusammenhang von Dynamik, Evolution und Darwinscher Fitneß.

Ein Thema, das immer wieder in den Diskussionen auftauchte, war die Frage, in welchem Maße biologische Systeme dieses Verhalten funktionell nutzen. Man könnte sich die theoretisch beschriebenen Phänomene der nichtlinearen Dynamik (vor allem deterministisches Chaos und stochastische Resonanz) auch als ungenutzte Nebeneffekte der anderen, tatsächlich physiologisch relevanten regulatorischen Eigenschaften vorstellen. Tatsächlich wurde dies in den frühen 1980er Jahren bereits mit Blick auf ultradiane Rhythmen diskutiert. Es schien denkbar, daß die Rückkopplungsregulation, die zur Erzeugung eines stabilen Gleichgewichtszustandes nötig ist, als Nebenprodukt in einem gewissen Parameterbereich auch stabile Oszillationen hervorruft, die keine physiologische Bedeutung haben. Das bemerkenswerte Phänomen der Frequenzkodierung bei Calciumoszillationen hat einen wichtigen Beitrag dazu geleistet, ultradiane Rhythmen als funktionell wichtige Eigenschaft biologischer Systeme anzuerkennen.

In ganz ähnlicher Weise wurde die Rolle von Rauschen diskutiert. Die Beiträge von F. MOSS und J. FREUND boten eine Fülle von empirischem und theoretischem Material zum Phänomen der stochastischen Resonanz. In diesem Fall ist eine Anpassung der Rauschintensität erforderlich, um ein System in den Bereich zu bewegen, in dem eine Signalverstärkung durch das Rauschen auftritt. In biologischen Systemen ist die Rauschintensität jedoch im allgemeinen durch externe Kontrollparameter (z. B. die Temperatur) oder interne Dynamiken festgelegt. Es stellt sich daher die Frage, auf welche Weise ein solches System von dem Phänomen der stochastischen Resonanz profitieren kann. Gibt es ein auf diese Weise intern reguliertes System, das sich evolutionär entwickelt hat? Diese Frage läßt sich derzeit nicht beantworten.

Die Rolle von deterministischem Chaos in der Biologie ist zur Zeit noch nicht klar. Trotz erheblicher Fortschritte in den Methoden der nichtlinearen Zeitreihenanalyse reicht oft die Datenqualität nicht aus, um diese Dynamik zweifelsfrei nachzuweisen. Ebenso kann das Zusammenspiel von Fixpunkten, Grenzzyklen und Rauschen ohne Beteiligung von deterministischem Chaos zu irregulären Oszillationen führen. Der Beitrag von H. KANTZ bot in diesem großen Themenfeld eine interessante neue Perspektive zur prinzipiellen Frage nach dem Wirken von deterministischem Chaos in lebenden Systemen.

Die mathematische Modellierung biologischer Prozesse basiert nahezu vollkommen auf der Theorie klassischer dynamischer Systeme und auf der klassischen Mechanik. Können Quantenprozesse signifikant zu biologischen Systemen beitragen? Im allgemeinen wird dies verneint, da (selbst rein thermisches) Rauschen Quantenkohärenz vollkommen zerstört. Dennoch ist diese Antwort nicht vollständig. So könnten Elektronentransfer und Quantentunneln eine wichtige Rolle bei der Steuerung von Ionenkanälen besitzen. Die Frage nach funktionell relevanten Beiträgen von Quantenprozessen zu biologischen Abläufen wurde in den Präsentationen von P. Hänggi und T. Dittrich diskutiert.

Neben dem interdisziplinären Anspruch war ein wichtiges Anliegen des Symposiums der Dialog zwischen den Wissenschaftlergenerationen. Aufgrund der großzügigen Förderung durch die Bogs-Stiftung konnte eine starke Beteiligung von Nachwuchswissenschaftlern erreicht werden. Es war spürbar, wie gerade diese Ausrichtung den wissenschaftlichen Dialog über die Schwelle des reinen Interesses hin zur Planung konkreter Zusammenarbeiten getragen hat. Es wurden experimentelle Daten ausgetauscht, Analysewerkzeuge in andere Disziplinen getragen und neue Veranstaltungen geplant. Diese erste gemeinsame Veranstaltung der Leopoldina mit der Jungen Akademie war somit auch in dieser Hinsicht ein beachtlicher Erfolg.

Bericht:
Prof. Dr. Friedrich Beck
Institut für Kernphysik
Technische Universität Darmstadt
Schloßgartenstraße 9
64289 Darmstadt
Bundesrepublik Deutschland

Prof. Dr. Marc-Thorsten Hütt
Prof. Dr. Ulrich Lüttge
Institut für Botanik
Technische Universität Darmstadt
Schnittspahnstraße 3–5
64287 Darmstadt
Bundesrepublik Deutschland
Tel.:   ++49 (0) 61 51 16 32 02
Fax: ++49 (0) 61 51 16 46 30
E-Mail: huett@bio.tu-darmstadt.de

Symposium
Parasitism, Commensalism, Symbiosis –
Common Themes, Different Outcome

vom 24. bis 26. Juli 2002 in Würzburg

Die Jahresversammlung der Leopoldina im Jahre 1973 war dem Thema »Evolution« gewidmet. Darauf wies die Vizepräsidentin der Deutschen Forschungsgemeinschaft, Frau Bärbel FRIEDRICH (Berlin), bei ihrem Statement zur Eröffnung des Leopoldina-Symposiums »Parasitism, Commensalism, Symbiosis – Common Themes, Different Outcome«, das vom 24. bis 26. Juli 2002 in Würzburg stattfand, hin. Viele Beiträge der Jahresversammlung 1973 interpretierten die Evolution der Organismen im Lichte der sich gerade entwickelnden Molekularen Biologie. Der berühmte Evolutionsbiologe Ernst MAYR (Boston) faßte seine Meinung damals in dem folgenden Satz zusammen: »Ich bin überzeugt, daß die Hauptprobleme der Evolution durch die darwinistische Theorie gelöst worden sind.« Er fügte weiter hinzu, daß auch die Entdeckungen der Molekularbiologie die »darwinistische« Sicht der Evolution stützen würden.

Das internationale Symposium über »Parasitismus, Kommensalismus und Symbiose« wurde 29 Jahre nach der Evolutions-Jahresversammlung der Leopoldina abgehalten. Organisiert wurde dieses Symposium von Roy GROSS, Werner GOEBEL und weiteren Wissenschaftlern der Universität Würzburg. Die Evolution war wiederum das beherrschende Thema der Konferenz, allerdings wurden die Evolutionsvorgänge nunmehr im Lichte der Genomik-Ära beleuchtet. Wenn Ernst MAYR an der Konferenz teilgenommen hätte, würde er sicherlich gesagt haben, daß auch die neuen Daten der Genom-Untersuchungen die darwinistische Theorie der Evolution stützen würden. Die darwinistischen Prinzipien gehen ja davon aus, daß die genetische Variabilität die Basis der Evolution bildet, welche zu neuen Proteinen und dann zu neuen Funktionen führt. Diese neuen Eigenschaften werden auf dem »Marktplatz der natürlichen Selektion« getestet. Entscheidend für den »Erfolg« der neuen Varianten ist letztendlich die Fähigkeit der Organismen zu überleben und sich zu vermehren. Die genetische Variabilität als Grundlage der Evolution ist in Prokaryoten, zu denen die Bakterien zählen, im Wesentlichen auf horizontalen Gentransfer, Umlagerungen der DNA (»rearrangements«) und auf Punktmutationen zurückzuführen. Deshalb war es verständlich, daß viele Beiträge des Leopoldina-Symposiums die Sicht stützten, die bereits von DARWIN 130 Jahre zuvor formuliert und von Ernst MAYR vor fast 30 Jahren bekräftigt wurde, daß nämlich Variabilität zu neuen Eigenschaften führt, die dann Selektionsprozessen unterworfen sind. Das dies nicht nur für sich selbst replizierende Organismen, sondern auch für bioaktive Moleküle zutrifft, machte Manfred EIGEN (Göttingen) in seinem Würzburger Einführungsvortrag deutlich. Er interpretierte die darwinistischen Gesetze auf der Basis sich selbst replizierender Nukleinsäuremoleküle. Dabei konnte er zeigen, daß die Nukleinsäuresequenzen in verschiedenen biologischen Systemen variieren, wobei als Beispiele die $\varphi\beta$-Phagen und ribonukleolytische Enzyme genannt wurden, die auf die Adaptation der Moleküle an wechselnde Bedingungen hin untersucht wurden.

Während der Konferenz wurden verschiedene Beispiele zu Prozessen der Symbiose, des Kommensalismus und der Pathogenese beschrieben. Pathogenetische Prozesse werden bei Interaktionen von Mikroben mit Pflanzen, Vertebraten und Nichtvertebraten gefunden. Aber auch »friedliche« Interaktionen wie Symbiosen sind weit verbreitet beim Wechselspiel zwischen Mikroben und Protozoen sowie anderen Nichtvertebraten. Es ist jedoch interessant zu konstatieren, daß bis auf wenige Ausnahmen, beispielsweise symbiontische Magenbakterien bei Rindern, Symbiosen zwischen bestimmten Bakterien und Säugern kaum vorkommen. Interessanterweise sind Interaktionen zwischen Bakterien mit Zellen der Metazoa mehr als 600 Millionen Jahre alt, wie Ute HENTSCHEL (Würzburg) in ihrem Beitrag zeigen konnte, der sich mit symbiontischen Interaktionen zwischen Bakterien und Salzwasserschwämmen auseinandersetzte. Hierbei wurde auch klar, daß man unterscheiden muß zwischen primären Symbiosen, bei denen beide Partner aufeinander angewiesen sind, und jüngeren sekundären Symbiosen, die zunächst einmal eine eher zufällig entstandene »freundliche« Interaktion darstellen.

In der Pathogenitätsforschung wurde vor mehr als 20 Jahren das Konzept der Virulenz- oder Pathogenitätsfaktoren etabliert. Mit Hilfe dieses Konzeptes ist es möglich, pathogenetische Interaktionen zwischen virulenten Bakterien und Eukaryoten auf der molekularen Ebene zu beschreiben. Es ist interessant festzustellen, daß auch symbiontische Mikroorganismen spezifische Faktoren produzieren, die ähnliche Funktionen aufweisen wie Pathogenitätsfaktoren und die deshalb in Analogie zu diesen auch als »Symbiosefaktoren« bezeichnet werden. Lange war man der Meinung, daß Pathogenitätsfaktoren auf pathogene Mikroorganismen beschränkt sind. Während des Leopoldina-Symposiums wurde jedoch klar, daß viele dieser Faktoren auch von Kommensalen oder sogar von symbiontischen Organismen produziert werden können. Ein Beispiel bilden Eisenaufnahmesysteme. Rhizobien beispielsweise produzieren solche Faktoren, die eine Rolle bei der Symbiose mit Leguminosen spielen können, wie Alfred PÜHLER (Bielefeld) aufzeigen konnte. Typ-III-Sekretionssysteme (TTSS) spielen eine wichtige Rolle bei parasitären Interaktionen, insbesondere von intrazellulären Pathogenen und Wirtszellen. Mehrere dieser Systeme werden von pflanzenpathogenen Bakterien wie *Xanthomonas campestris* produziert, wie von Ulla BONAS (Halle) dargelegt wurde. Wolf-Dietrich HARDT aus Zürich beschrieb die molekularen Mechanismen der Interaktionen von Salmonellen und ihren Wirtszellen, wo ebenfalls Typ-III-Sekretionssysteme eine wichtige Rolle spielen. Interessanterweise besitzt auch der primäre Endosymbiont *Sodalis glossinideus*, der mit Tsetse-Fliegen interagiert, ein Typ-III-Sekretionssystem, das von Howard OCHMANN (Tucson) entdeckt wurde.

Neben Typ-III- wurden im Rahmen der Konferenz auch Typ-IV-Sekretionssysteme beschrieben, so von Sebastian SUERBAUM (Würzburg) für verschiedene *Helicobacter*-Spezies und von Ernst NESTER (Seattle) für *Agrobacterium tumefaciens*. Derartige Sekretionssysteme werden ebenfalls von Pathogenen, Kommensalen und Symbionten gebildet. Interessanterweise sind diese Typ-IV-Sekretionssysteme in der Lage, sowohl Proteine als auch DNA-Moleküle von Bakterien in Wirtszellen zu transferieren. Auch *Heat-shock*-Proteine, wie das GroEL-Protein, und Toxine spielen eine Rolle in der Symbiose, wie Andres MOYA (Valencia) für *Buchnera*-Arten und Frank KUNST (Paris) für *Photorhabdus luminescens* zeigen konnten. *Photorhabdus* ist ein extrem interessanter Organismus, der als Symbiont in Nematoden wirkt. Infolge dieser Kooperation sind beide Partner in der Lage, Infektionen in Insektenlarven auszulösen. Gerade diese Daten zeigten auf, daß parasitäre, kommensale und symbiontische Bakterien ähnliche molekulare Eigenschaften aufweisen, die jedoch zu unterschiedlichen Wirkungen auf der organismischen Ebene führen können. Einerseits tragen sie zu gefährlichen Interaktionen von Pathogenen und Wirtszellen bei, andererseits spielen sie eine Rolle bei der Kooperation zwischen Symbionten und Eukaryoten.

Viele Beiträge des Symposiums stellten den Gentransfer als einen wichtigen Mechanismus für die Entwicklung von pathogenen und von symbiontischen Bakterien in den Mittelpunkt der Betrachtungen. Pathogene *Neisseria*-Spezies wurden von Ulrich VOGEL (Würzburg) beschrieben, während verschiedene *Listerien*-Arten von Jürgen KREFT (Würzburg) beleuchtet wurden. Enterobakterien wie pathogene *Escherichia coli* stellen ein interessantes Beispiel für die Entwicklung von pathogenen Organismen durch horizontalen Gentransfer dar, wie James KAPER (Baltimore) ausführte. Große Plasmide spielen dabei eine Rolle, wie anhand des Beispieles der plasmidinduzierten Interaktion von symbiontischen Rhizobien und Pflanzenzellen von Haucke HENNECKE (Zürich) ausgeführt wurde. Horizontaler Gentransfer führt oft zur Entstehung von »Genominseln«, die als »Pathogenitätsinseln« oder als »Symbiosisinseln« bezeichnet werden, je nachdem für welche Funktionen sie verantwortlich sind. In beiden Fällen stellen sie große DNA-Regionen dar, die horizontal transferiert werden können und die für Funktionen kodieren, die in pathogenetische bzw. symbiontische Prozesse involviert sein können.

In den letzten zehn Jahren wurde die Bedeutung des horizontalen Gentransfers für die Evolution von pathogenen Organismen herausgearbeitet. Ein wichtiges Resultat des Leopoldina-Symposiums war jedoch die Tatsache, daß zusätzlich zu Prozessen der Genaufnahme auch Prozesse der Genomreduktion außerordentlich wichtig für die Evolution von prokaryotischen Genomen sind. Mittlerweile sind die Genome vieler pathogener Bakterien und verschiedener symbiontischer Arten vollständig sequenziert worden. Elisabeth CARNIEL (Paris) zeigte auf, daß das Genom des Pesterregers, *Yersinia pestis*, eine starke Reduktion aufweist, insbesondere dann, wenn es mit den Genomen anderer *Yersinia*-Arten wie *Yersinia enterocolitica* oder *Yersinia pseudotuberculosis* verglichen wird. Es scheint, daß der Verlust von Genen die Anpassung von *Y. pestis* an die Pestfliege, die als Vektor bei der Übertragung der Krankheit von den Ratten auf den Menschen fungiert, bewirkt hat. Interessanterweise ist auch das Genom von *Mycobacterium lepra*, dem Auslöser der Lepra, stark reduziert, wenn man es mit den Genomen anderer Mykobakterien vergleicht.

Die Genome von *Buchnera*- und *Blochmannia*-Endosymbionten, die mit Blattläusen und Ameisen interagieren, sind ebenfalls verkleinert, wenn sie mit den verwandten Genomen von Enterobakterien verglichen werden. Das konnten Paul BAUMANN (Davis) und Nancy MORAN (Tucson) aufzeigen. Es scheint, daß Enterobakterien und die Endosymbionten gemeinsame Vorfahren haben, von denen sie sich vor ca. 150–200 Mio. Jahren getrennt haben. Die Genome der Endosymbionten sind sehr AT-reich, sie zeigen eine Veränderung im Codongebrauch, und sie besitzen viele Pseudogene. Interessanterweise leben die Symbionten der *Buchnera*- und *Blochmannia*-Gruppe als obligat intrazelluläre Mikroorganismen ähnlich wie die pathogenen Bakterien der Rickettsien und Chlamydien in eukaryotischen Zellen. Diese beiden Gruppen von Pathogenen zeigen ebenfalls ein stark verkleinertes Genom, wie Michael WAGNER (München) und Thomas R. FRITSCHE (Seattle) demonstrierten. Diese Organismengruppen, Rickettsien und Chlamydien nutzen weiterhin die Möglichkeit, sich in freilebenden Amöben zu vermehren.

Zusätzlich zu den genetischen Prozessen, die an den intrazellulären Lebensrhythmen von Mikroorganismen beteiligt sind, wurden physiologische und biochemische Anpassungsprozesse beschrieben. Nicole DUBILIER (Bremen) charakterisierte die metabolen Adaptationsprozesse von chemoautotrophen sulfidoxidierenden Symbionten in marinen Nematoden. Darüber hinaus wurden die Adaptationsprozesse von *Legionella pneumophila* von Nicholas CIANCIOTTO (Chicago) beleuchtet. Legionellen leben als kommensale Organismen in Amöben. Sie haben die Fähigkeit, sich in der Vakuole zu vermehren. Nach Übertragung auf den Menschen können sie die Legionärskrankheit auslösen.

Im Gegensatz zu den Legionellen vermehren sich pathogene Listerien und Rickettsien im Zytosol von eukaryotischen Zellen wie Werner GOEBEL (Würzburg) und Herbert WINKLER (Mobile) aufzeigen konnten. Das eukaryotische Zytosol stellt ein nährstoffreiches Kompartiment dar; die bakterielle Vermehrung in diesem System findet jedoch nur statt, wenn spezifische Adaptationsfunktionen erworben wurden. Darüber hinaus wurde von Achim HOERAUF (Hamburg) über Mikroben der *Wolbachia*-Gruppe berichtet, die mit Nematoden interagieren, welche als Auslöser der Flußblindheit fungieren. Es ist von großer praktischer Bedeutung, daß eine Behandlung der Würmer mit dem antibakteriellen Antibiotikum Tetracyclin die pathogenetischen Prozesse aufhebt. Darüber hinaus wurde das intrazelluläre Verhalten von *Blochmannia*-Endosymbionten von Roy GROSS (Würzburg) beschrieben, der aufzeigen konnte, daß diese Organismen viele Ähnlichkeiten mit intrazellulär parasitierenden pathogenen Bakterien aufweisen.

In der letzten Zeit zeigte sich, daß das Studium der Mikroben-Wirts-Interaktion den Einsatz von Modellorganismen notwendig macht. Brett FINLEY (Vancouver) beschrieb die Vorteile des Maus-Systems für die Analyse von enterobakteriellen Pathogenen wie *E. coli*, *Citrobacter* und *Salmonella*. Aber auch sogenannte »surrogate«-Wirtssysteme haben sich bei der Analyse der Wirt-Pathogen-Wechselwirkung bewährt. Ein solches Beispiel stellt der Schleimpilz *Dictyostelium discoideum* dar, der von Michael STEINERT (Würzburg) vorgestellt wurde und der als Wirtssystem bei der Interaktion von Eukaryoten mit Legionellen verwendet wird. Weiterhin wird der Fadenwurm *Caenorhabditis elegans* häufig als Wirtssystem verwendet, beispielsweise um die Interaktion mit *Pseudomonas aeruginosa* zu untersuchen, wie Jonathan EWBANK (Marseille) in seinem Beitrag erläuterte. Es sollte nicht unerwähnt bleiben, daß auch die Fruchtfliege *Drosophila melanogaster* als ein Modellsystem für die Mikrobe-Wirt-Interaktion fungieren kann.

Zusätzlich zu der Interaktion mit eukaryotischen Zellen haben Mikroben eine Reihe von Systemen generiert, um intermikrobielle Kommunikationsprozesse zu bewerkstelligen. Dabei spricht man häufig von »quorum sensing«. Diese interbakteriellen Wechselwirkungen wurden für den Symbionten *Vibrio fischeri*, der mit Tintenfischen interagiert, von Ed RUBY (Honolulu) sowie für pathogene Enterobakterien von James KAPER (Baltimore) beschrieben. Es zeigte sich während des Symposiums, daß alle »Spieler«, Pathogene, Symbionten und kommensale Bakterien sowie Wirtsorganismen, in ein globales System integriert werden müssen, um die Wirt-Pathogen-Interaktion auf verschiedenen Ebenen studieren zu können. Dabei spielen sowohl die Analysen der Genome, Funktionsanalysen der Genprodukte sowie Studien auf organismischer Ebene sowie auf Populationsebene eine Rolle. Nur wenn alle diese Ebenen integriert werden, können pathogene, symbiontische und kommensale Wechselwirkungen angemessen analysiert werden.

Zusammenfassend zeigten die Beiträge des Symposiums eine Reihe von Entwicklungen auf, die in der Zukunft eine bedeutende Rolle spielen werden und die wie folgt beschrieben werden können:

- Das Studium der molekularen Mechanismen der Genomreduktion wird in der Zukunft neue Einsichten in generelle Evolutionsmechanismen mikrobieller Genome öffnen.
- In Analogie zu den Virulenzfaktoren wird die Analyse der »Symbiosefaktoren« mehr Licht in die molekularen Prozesse der Interaktion von Symbionten und ihren Wirtsorganismen bringen. Dabei wird es notwendig sein, die Methoden der »zellulären Mikrobiologie« von Pathogenen auch auf symbiontische Modellsysteme zu übertragen.
- Mikroben werden nicht nur auf der Basis individueller Zellen, sondern auf der Ebene von Populationen beschrieben werden. Das Wechselspiel von pathogenen sowie symbiontischen Organismen mit anderen Mikroben, beispielsweise im Hinblick auf *Quorum-sensing*-Prozesse wird eine große Bedeutung für die Analyse der Interaktion dieser Organismen mit Wirtszellen gewinnen.
- Ein weiteres in der Zukunft stark beachtetes Thema wird die physiologische Wechselwirkung von pathogenen und symbiontischen Organismen und ihren Wirtszellen sein. Dies wird zu einer Renaissance der Disziplin der mikrobiellen Physiologie führen und die Integration dieser Disziplin in die Analyse von Genomen mit sich bringen.
- In der Zukunft wird die Analyse der Wirtszellen bei den Interaktionsprozessen an Bedeutung zunehmen. Die Etablierung von Gesamtgenomsequenzen verschiedener Wirtssysteme von *Dictyostelium* über die Maus bis hin zum Menschen weist exzellente Möglichkeiten auf, um die Wirt-Mikroben-Wechselwirkung bei parasitären sowie bei symbiontischen Interaktionen auf genomischer Ebene zu studieren.

Sicherlich werden wir in der Zukunft neue Einsichten in die Evolutionsprozesse gewinnen, die zu neuen Interpretationsmöglichkeiten von pathogenetischen und von symbiontischen Prozessen führen werden. Insofern werden die Mikroben-Wirt-Interaktionen im Lichte der Evolution neu bewertet werden müssen. Der bekannte Evolutionsbiologe DOBZHANSKY schrieb Mitte des vorhergehenden Jahrhunderts den Satz »nothing makes sense in biology but in the light of evolution«. Die Analyse der evolutionären Aspekte wird als integrales Moment bei der Bewertung der verschiedenen Systeme und der unterschiedlichen Ebenen der Wirt-Mikroben-Interaktion dienen. Während des Leopoldina-Symposiums wurde klar, daß die Evolution selbst, aber auch das Studium von evolutiven Prozessen immer noch als »work in progress« bezeichnet werden muß.

Eine Zusammenfassung der Vorträge ist in der Zeitschrift *Molecular Microbiology* erschienen. Die einzelnen Vorträge werden in der Akademieschriftenreihe *Nova Acta Leopoldina* Band *89* Nr. 333 veröffentlicht werden.

Bericht:
Prof. Dr. Dr. h. c. Jörg HACKER
Universität Würzburg
Institut für Molekulare Infektionsbiologie
Röntgenring 11
97070 Würzburg
Bundesrepublik Deutschland
Tel.:   ++49 (0) 9 31 31 25 75
Fax: ++49 (0) 9 31 31 25 78
E-Mail: j.hacker@mail.uni-wuerzburg.de

Symposium
Pränatale, perinatale und neonatale Infektionen

vom 27. bis 28. September 2002 in Klosterneuburg bei Wien

Ausgehend von der Erkenntnis, daß Embryonen, Föten und Neonaten infektionsgefährdet sind, war es das Anliegen, den gegenwärtigen Wissensstand auf der Basis neuer Erkenntnisse auf diesem Arbeitsgebiet vorzustellen, zu diskutieren und Anregungen für weitere Forschungen zu geben. Die wissenschaftliche Organisation und Vorbereitung der Veranstaltung besorgten die Leopoldina-Mitglieder Horst Aspöck (Wien), Heinz Flamm (Klosterneuburg), Theodor Hiepe (Berlin) und Werner Köhler (Jena).

Die breit angelegte Thematik ist unter vergleichend-medizinischen Aspekten synoptisch vorgestellt worden. Klosterneuburg als Tagungsort wurde gewählt, weil unser dort ansässiges Mitglied Heinz Flamm bereits 1959 mit einer vielbeachteten Monographie »Die pränatalen Infektionen des Menschen unter besonderer Berücksichtigung von Pathogenese und Immunologie« weit vorausschauend wesentliche mikrobiologische Vorleistungen zu diesem Problemkreis erbracht hat. Das Stift des Augustiner-Klosters bot äußerst günstige Bedingungen und erwies sich dankenswerterweise als vorzüglicher Gastgeber.

Im Beisein des General-Abts folgten nach der Eröffnung (H. Aspöck) Begrüßungsansprachen durch den Hausherrn sowie unseren Akademie-Präsidenten und ein einführender Vortrag (Th. Hiepe und Mitorganisatoren). Anschließend stimmten mit fundamentalen Ausführungen – H. Bostedt (Gießen) über »Morphologische und funktionelle Besonderheiten der Plazentationsformen bei Haustieren und Mensch«, S. Schäfer-Somi et al. (Wien) »Die Frühgravidität: Immunologische Regelmechanismen während der Invasionsphase« und M. Hengstschläger (Wien) »Genetische Prädisposition für pränatale, perinatale und neonatale Infektionen?« – die Symposiumsteilnehmer auf die nachfolgenden, nach Erregergruppen geordneten 21 Vorträge ein: Infektionen durch Prionen /Viren (3), Bakterien (8), Protozoen (8), Helminthen (2). Die Vortragsserie endete mit einem Referat von M. Beck (Wien) »Ethische Aspekte pränataler Infektionen«.

Trotz der Vortragsfülle war das Symposium geprägt von lebhaften Diskussionen, die in den Pausen fortgesetzt wurden. Den Abschluß bildete die traditionelle Leopoldina-Podiumsdiskussion, die – von H. Aspöck und O. Liesenfeld

(Berlin) moderiert – der »Laboratoriumsdiagnostik pränataler Infektionen« gewidmet war. Die auf hohem wissenschaftlichen Niveau stehenden Vorträge unterstrichen die Notwendigkeit einer systematischen wissenschaftlichen Forschung auf diesem Gebiet; als besonders erfreulich sind die Beiträge der Nachwuchswissenschaftler zu bewerten.

Die Aktualität des Themenkreises wird durch eine soeben erschienene Veröffentlichung »Congenital Transmission of Trypanosoma cruzi Infection in Argentina« (R. E. GÜRTLER et al.: Emerging Infect. Dis. 9, 29–32 [2003]) unterstrichen.

Vor dem Schlußwort durch H. ASPÖCK würdigte W. KÖHLER, vormals langjähriger Vizepräsident der Leopoldina, die Verdienste unseres scheidenden Präsidenten Benno PARTHIER um die während seiner Amtszeit besonders geförderte Serie von Symposien und öffentlichen Veranstaltungen der Leopoldina.

Das Rahmenprogramm, beginnend mit dem Referenten-Essen, fortgesetzt mit einer faszinierenden Führung durch das Stift (K. HOLUBAR, Wien), dem großzügigen Empfang des Landeshauptmanns von Niederösterreich verbunden mit einem begeisternden Vortrag (H. FLAMM) »Historisches zu Klosterneuburg« bis hin zum Ausklang in einem für Klosterneuburg typischen Heurigenabend, wurde von den Teilnehmern gern angenommen.

Prof. Dr. Dr. h. c. mult. Theodor HIEPE
Humboldt-Universität zu Berlin
Lehrstuhl für Molekulare Parasitologie
Philippstraße 13
10115 Berlin
Bundesrepublik Deutschland
Tel.:   ++49 (0) 30 20 93 64 03
Fax: ++49 (0) 30 20 93 60 51
E-Mail: theodorhiepe@rz.hu-berlin.de

Jahrbuch 2002 der Deutschen Akademie der Naturforscher Leopoldina (Halle/Saale)

Symposium
Naturwissenschaften in der Frühen Neuzeit

am 14. und 15. Oktober 2002 in der Lutherstadt Wittenberg
gemeinsam veranstaltet von der Martin-Luther-Universität Halle-Wittenberg, der Otto-von-Guericke-Universität Magdeburg, der Otto-von-Guericke-Gesellschaft e. V. Magdeburg und der Deutschen Akademie der Naturforscher Leopoldina

Mit dem Symposium *Naturwissenschaften in der Frühen Neuzeit* eröffnete die Martin-Luther-Universität Halle-Wittenberg ihre zweite Festwoche im Jubiläumsjahr 2002. Die Veranstaltung war drei Jubiläen gewidmet:
- dem 500. Gründungstag der Universität Halle-Wittenberg;
- dem 400. Geburtstag Otto VON GUERICKES;
- dem 350. Gründungstag der Deutschen Akademie der Naturforscher Leopoldina.

Es ist daher nicht verwunderlich, wenn sich unter den Veranstaltern neben der halleschen Universität auch die Magdeburger Otto-von-Guericke-Universität, die Otto-von-Guericke-Gesellschaft und die Leopoldina finden. Mit der Feier des 500. Gründungstages ging die hallesche *Alma mater* auf ihre Wittenberger Wurzeln zurück. Für das Symposium zur Eröffnung der zweiten Festwoche hatte man mit der Leucorea zu Wittenberg als Veranstaltungsort historischen Boden gewählt.

Kaiser MAXIMILIAN I. (1459–1519) hatte am 6. Juli 1502 in Ulm das Gründungsprivileg auf Bitte des sächsischen Kurfürsten FRIEDRICH DES WEISEN (1486–1525) ausgestellt.[1] Am 18. Oktober desselben Jahres wurde in Wittenberg die Bildungsanstalt feierlich eröffnet; erst später folgte das päpstliche Einvernehmen. Erster Rektor der noch scholastisch geprägten Bildungseinrichtung wurde der Mediziner Martin POLLICH VON MELLERSTADT (um 1455–1513). 1508 erhielt die Wittenberger Universität durch Kurfürst FRIEDRICH III. DEN WEISEN neue Satzungen für die artistische, theologische, juristische und medizinische Fakultät. Auf Ersuchen des Generalvikars der Augustiner-Eremiten

---

1 Die Angaben zur Universität Halle-Wittenberg folgen der aus Anlaß des Universitätsjubiläums erstellten Zeittafel zur Universitätsgeschichte auf der Homepage der Einrichtung.

kam im gleichen Jahr Martin LUTHER (1483–1546) aus Erfurt nach Wittenberg. Bereits 1504 hatten die Augustiner-Eremiten begonnen, in der Südostecke der Altstadt neben dem ehemaligen Elstertor einen Klosterbau zu errichten. Nach der Säkularisierung ging dessen dann von der Universität genutzter Südflügel 1524 in den Besitz Martin LUTHERS über. Seine Erben verkauften 1564 das umgebaute Wohnhaus an die Universität, die es als Alumnat von 1565 bis 1568 umbaute. Weitere von der Universität und ihren Angehörigen genutzte Gebäude waren das »Fridericianum« (Altes Collegium von 1503) und das Neue Collegium (1509–1511), die Raum für öffentliche Vorlesungen und Unterkünfte boten.

1512 erhielt LUTHER eine Bibelprofessur und wirkte ab 1525 als festbesoldeter Professor an der Wittenberger Universität. Er setzte sich für die Aufwertung der nichttheologischen Fächer ein und sprach sich für eine Universitätsreform aus. Am 31. Oktober 1517 richtete LUTHER einen Brief mit 95 Thesen zur Ablaßfrage an den Magdeburger und Mainzer Erzbischof ALBRECHT VON BRANDENBURG (1490–1545). Mit der einsetzenden Reformationsbewegung erlangten LUTHER und sein Wirkungsort Wittenberg Weltgeltung. LUTHER entfaltete eine umfassende Publikationstätigkeit, und seine Studenten trugen die Grundsätze der lutherischen Reformation in ihre Heimatländer. An der Formierung der lutherischen Bewegung waren auch Angehörige der Wittenberger Universität beteiligt, u. a. Andreas BODENSTEIN, genannt KARLSTADT (1486–1541) und Philipp MELANCHTHON (1497–1560).

Wittenberg zeigte sich als eine Reformuniversität, die den humanistischen Reformimpuls des 16. Jahrhunderts aufgriff und in Emanzipationsstreben gegen Papst- und Kaisertum umsetzte. Die Anzahl der Immatrikulierten wuchs gewaltig. Während man 1518 nur 273 Neuimmatrikulationen gezählt hatte, waren es 579 im Jahre 1520. In den sogenannten Wittenberger Unruhen von 1521/22 kam es zu ersten sozialen Auswirkungen der Reformation. Der Landesherr des Erzbistums Magdeburg, Kardinal ALBRECHT, erhielt 1531 von einem päpstlichen Legaten das Privileg, in Halle eine katholische Universität, ein »Trutz-Wittenberg«, errichten zu dürfen. Dazu ist es jedoch nicht gekommen. 1536 erließ der Kurfürst JOHANN FRIEDRICH I. DER GROSSMÜTIGE (1503–1554) für Wittenberg eine Fundationsurkunde. Allen seinen Nachfolgern wurde die Pflicht auferlegt, die Universität vor Zerrüttung zu bewahren, und es wurde bestimmt, daß sich jeder Geistliche vor Amtsantritt im Kurfürstentum Sachsen einer Prüfung in Wittenberg unterziehen müsse. Wittenberg rezipierte als eine der ersten Universitäten die copernikanische Lehre. Im ersten Jahrhundert ihres Bestehens hatte die Universität Wittenberg mit 43 802 Studenten die höchste Besucherfrequenz aller deutschen Universitäten. Viele Studenten im ausgehenden 16. Jahrhundert kamen aus dem europäischen Ausland, vor allem aus Ungarn, Polen und Skandinavien. Die streng lutherisch orthodox ausgerichtete Leucorea besaß durch das Wirken namhafter Mediziner, Juristen,

Mathematiker, Philologen und Historiker zunächst weiterhin überregionale Bedeutung. Die Auswirkungen des Dreißigjährigen Krieges (1618–1648) führten jedoch in Wittenberg zu einem Tiefstand. 1637 wurden nur 12 Einschreibungen gezählt.

Unmittelbar nach dem Dreißigjährigen Krieg mit seinen verheerenden Folgen gründeten 1652 in der Freien Reichsstadt Schweinfurt vier Ärzte unter Führung des Stadtarztes Johann Lorenz (Laurentius) BAUSCH (1605–1665) die *Academia Naturae Curiosorum* und wagten damit in düsterer Zeit einen wissenschaftlichen Aufbruch. Neben Stadtärzten wurden auch angesehene Universitätsprofessoren Mitglieder dieses Zusammenschlusses, der eine Verbesserung der Heilkunde durch intensivere Kommunikation unter den Ärzten und die gemeinschaftliche Sammlung der Kenntnisse über alle bekannten Heilmittel anstrebte. Kaiser LEOPOLD I. (1640–1705) stattete die Akademie 1687 mit ansehnlichen Privilegien aus, die von KARL VI. (1685–1740) (1712) und KARL VII. (1697–1745) (1742) bestätigt und erweitert wurden.

Aus Wittenberg waren u. a. Georg Kaspar KIRCHMAIER (1635–1700), seit 1677, Johann Gottfried VON BERGER (1659–1736), seit 1690, sowie Abraham VATER (1684–1751), seit 1712, Mitglied der Akademie. Auch der vorübergehend in Wittenberg lesende und mit seinem Standardwerk *Ars vitraria experimentalis, oder vollkommene Glasmacher-Kunst* als Begründer der wissenschaftlichen Glastechnologie angesehene Johann KUNCKEL Ritter VON LÖWENSTERN (1630–1703) gehörte seit 1693 der *Academia* an.

Nachdem bereits 1680 eine Ritterakademie in Halle gegründet worden war, erfolgte 1694 am Geburtstag des brandenburgisch-preußischen Kurfürsten FRIEDRICH III. (1657–1713, seit 1701 als FRIEDRICH I. König von Preußen) die Gründung einer Universität. Alle vier Fakultäten waren gleichberechtigt, und ein religiöses Toleranzversprechen lockte viele herausragende Gelehrte nach Halle. Wie Wittenberg seinerzeit erwies sich nun Halle als bedeutende Reformgründung, die Anregungen für die künftige Gestaltung von Universitäten gab, bis hin zu den Gründungen in Göttingen und Berlin. Von den halleschen Akademie-Mitgliedern jener Frühzeit der Universität seien nur zwei genannt – die Mediziner Friedrich HOFFMANN (1660–1742, Mitglied seit 1696), der mit seinem Hauptwerk *Medicina rationalis systematica* erstmals den Versuch unternahm, die gesamte Medizin aus dem mechanischen Prinzip der Bewegung abzuleiten, und Georg Ernst STAHL (1659–1734, Mitglied seit 1700), dessen Name sich mit dem als Animismus bezeichneten psychodynamistischen Krankheitskonzept in der Medizin und der Phlogistontheorie in der Chemie verbindet.

Johann Lorenz BAUSCH, der während einer zweijährigen Studienreise durch Italien Anregungen für jene Ärzte-Akademie gesammelt hatte, deren erster Präsident er von 1652 bis 1665 werden sollte, war ein Zeitgenosse des genialen Ingenieurs Otto VON GUERICKE (1602–1686). GUERICKE, in Magdeburg geboren, begann seine Studien in Leipzig und Helmstedt und setzte sie dann in

Jena und Leiden fort. 1631 erlebte er die starke Zerstörung seiner Heimatstadt im Dreißigjährigen Krieg und danach den schweren Wiederaufbau bis 1680. Seit 1626 Mitglied des Magdeburger Rates diente er seiner Stadt als Bauherr und Bürgermeister sowie in komplizierten politischen und diplomatischen Missionen, u. a. nahm er an Verhandlungen zum Westfälischen Frieden von 1646 bis 1649 teil. Er befaßte sich mit naturwissenschaftlichen Forschungen, u. a. auf dem Gebiet der Elektrizität, erfand die Luftpumpe und ein Manometer. Bekannt wurden seine Vakuumversuche mit den »Magdeburger Halbkugeln«. Er erkannte die Pumpfähigkeit und Elastizität der Luft, fand eine Möglichkeit, das noch von der aristotelischen Physik geleugnete Vakuum zu erzeugen, und benutzte Schwankungen des Luftdrucks für meteorologische Voraussagen. Mitglied der Leopoldina ist der bedeutende Ingenieur allerdings nicht geworden.

Nach Zeiten herausragender Bedeutung kamen sowohl für die Universitäten Wittenberg und Halle als auch für die Akademie wiederholt kritische Phasen. Im dritten Jahrhundert ihres Bestehens fiel an der Universität Wittenberg die Anzahl der Neuimmatrikulationen. Die Beliebheit der Ausbildungsstätte ging mit dem Übertritt des sächsischen Herrschers AUGUST II. DES STARKEN (1670–1733) zum katholischen Glauben und wohl auch in Verbindung mit mehrfachen Belagerungen zurück. Halle hingegen hatte 1742 mit 1500 Studenten die höchste Anzahl an Immatrikulierten an einer deutschen Universität im 18. Jahrhundert. Die Napoleonischen Kriege (1806–1813) brachten das Wirken der Leopoldinschen Akademie fast zum Erliegen, und auch die hallesche Universität wurde durch zeitweilige Schließung in Mitleidenschaft gezogen. Unter westfälischer Verwaltung kam es zwar zur Reform einiger medizinischer Einrichtungen, doch verlor Halle herausragende Gelehrte, wie Johann Christian REIL (1759–1813, Leopoldina-Mitglied seit 1793), an die wissenschaftsorientierte Universität in Berlin (Gründung 1810). Als unter NAPOLEON I. (1769–1821) 1813 Wittenberg zur Festung ausgebaut werden sollte, forderten die Professoren von der Landesregierung die Verlagerung der Universität. Nach NAPOLEONS Niederlage kam Wittenberg durch die neuen politischen Grenzziehungen nach Preußen, und 1817 erfolgte die Vereinigung der ehemals sächsischen Universität Wittenberg mit der brandenburg-preußischen von Halle zur »Vereinten Friedrichs-Universität«. Seit 1878 hat auch die Leopoldina ihren Sitz in der Saalestadt. Die Zusammenarbeit zwischen der Leopoldina und der Universität, die seit 1933 den Namen Martin-Luther-Universität Halle-Wittenberg trägt, war nicht immer frei von Problemen, doch standen bis 2003 Gelehrte an der Spitze der ältesten naturwissenschaftlich-medizinischen Gelehrtengesellschaft Deutschlands, deren Wirken eng mit Halle und seiner Universität verbunden war.

Während diese Beziehungen von Akademie und Universität wiederholt im Fokus der Aufmerksamkeit standen (u. a. 1994 zur Feier des 300. Jubiläums des Hallenser Zweiges der Universität), boten die drei angesprochenen Jubiläen Gelegenheit, der vielfältigen Verbindungen von Personen und Einrichtungen der Gelehrtenrepublik in der Frühen Neuzeit nachzugehen.

Das Symposium begann am 14. Oktober 2002 mit der Begrüßung durch den Vorstandsvorsitzenden der Stiftung Leucorea Gunnar BERG, Sekretar für Naturwissenschaften der Akademie. Er lieferte eine Einführung zum ausgewählten Tagungsort. Der Ministerpräsident des Landes Sachsen-Anhalt, Wolfgang BÖHMER, äußerte sich in seiner Ansprache zu aktuellen wissenschaftspolitischen Fragen und nahm eine Analyse der Aufgabenfelder der Politik im Bereich »Lehre/Wissenschaft/Forschung« vor. Danach eröffnete der Rektor der Martin-Luther-Universität Halle-Wittenberg Wilfried GRECKSCH die zweite Festwoche der Universität unter dem Thema »Universität in Europa«.

Anschließend gab Udo STRÄTER (Halle/Saale) eine Einführung in die Fragestellungen des Symposiums, bevor sich Fritz KRAFFT (Marburg, Mitglied der Akademie) in seinem Festvortrag mit dem Thema »Aufbruch ins Neue: Die Naturwissenschaften der Frühen Neuzeit« auseinandersetzte. Nach einem kleinen Empfang in der Leucorea begaben sich die Teilnehmer in die Aula des Melanchthon-Gymnasiums zum Eröffnungskonzert zur Zweiten Akademischen Festwoche, das vom Kammerorchester der Martin-Luther-Universität Halle-Wittenberg und dem Kammerorchester der Medizinischen Fakultät der Martin-Luther-Universität Halle-Wittenberg gestaltet wurde.

Das wissenschaftliche Programm am 15. Oktober 2002 begann mit dem Referat von Eberhard KNOBLOCH (Berlin, Mitglied der Akademie), das »Otto von Guericke und die Kosmologie im 17. Jahrhundert« behandelte. Dem schlossen sich die Betrachtungen von Helmut GRÖSSING (Wien) an, der sich mit der Problematik »Johannes Kepler und die Astrologie: Weltharmonie und/oder Chaos« beschäftigte. Typen und Arbeitsformen von Akademien in der Frühen Neuzeit, insbesondere in Italien, bildeten den Inhalt des Vortrages von Dietrich VON ENGELHARDT (Lübeck, Mitglied der Akademie) unter dem Titel »Ziele und Funktionen der naturwissenschaftlich-medizinischen Akademien des 17. Jahrhunderts«. Bezogen sich die ersten beiden Vorträge in ihrem Kontext mehr auf GUERICKE bzw. das Umfeld seines Denkens, so wurde mit dem dritten Beitrag der mit dem Jubiläum der Leopoldina verbundene Akademiegedanke im 17. Jahrhundert in vergleichender Weise mit jeweils spezifischen zeit- und ortsgebundenen Ausprägungen dargestellt.

Nachdem die Mittagspause Gelegenheit zur Besichtigung der Stadt oder des Melanchthonianums geboten hatte, widmete sich die Nachmittagssitzung zwei theologischen Fragestellungen. Die Ausführungen von Walter SALTZER (Frankfurt/Main) standen unter der Überschrift »Der Einstieg der Jesuiten in die Weltbild-Diskussion im 17. Jahrhundert«, während Udo STRÄTER die Beziehungen von Protestantischer Theologie und Naturwissenschaften im 17. Jahrhundert analysierte.

Die Veranstaltung zeigte die enge Verbindung verschiedener Reformansätze in Universitäten und Akademien der Frühen Neuzeit.

Bericht:
Dr. Michael KAASCH
Deutsche Akademie der Naturforscher
Leopoldina
Postfach 110543
06019 Halle (Saale)
Bundesrepublik Deutschland
Tel.:   ++49 (0) 34 54 72 39 34
Fax: ++49 (0) 34 54 72 39 39
E-Mail: kaasch@leopoldina-halle.de

Podiumsdiskussion
Wissenschaft und Macht – Wissenschaft als Macht?
veranstaltet unter Beteiligung der Deutschen Akademie der Naturforscher Leopoldina im Rahmen der 122. Versammlung der Gesellschaft Deutscher Naturforscher und Ärzte am 22. September 2002

Die Gesellschaft Deutscher Naturforscher und Ärzte (GDNÄ) nahm den 500. Jahrestag der Gründung der Universität Wittenberg zum Anlaß, um ihre 122. Versammlung unter dem Rahmenthema »Kosmos – Erde – Leben« vom 21. bis 24. 9. 2002 in Halle auszurichten. Die 1502 gegründete Universität Wittenberg bildet neben der 1694 gegründeten Universität Halle eine der Wurzeln der seit 1817 vereinten und heute unter dem Namen Martin-Luther-Universität Halle-Wittenberg bekannten mitteldeutschen Bildungseinrichtung. Seit 1878 ist Halle auch ständiger Sitz der Deutschen Akademie der Naturforscher Leopoldina. Daher beteiligte sich die Leopoldina auf der diesjährigen Versammlung der GDNÄ mit einer Podiumsdiskussion »Wissenschaft und Macht – Wissenschaft als Macht?« am Tagungsprogramm. Sie wurde von Leopoldina-Mitglied Jürgen MITTELSTRASS, Direktor des Zentrums für Philosophie und Wissenschaftstheorie der Universität Konstanz, vorbereitet und moderiert. An der Diskussion beteiligten sich mit kurzen Vorträgen Manfred ERHARDT, Generalsekretär des Stifterverbandes für die Deutsche Wissenschaft e. V., Essen, Manfred GENTZ, Mitglied des Vorstandes der DaimlerChrysler AG, Stuttgart, und Carl Friedrich GETHMANN, Universität Essen, Direktor der Europäischen Akademie zur Erforschung von Folgen wissenschaftlich-technischer Entwicklungen GmbH, Bad Neuenahr-Ahrweiler (seit 2002 Mitglied der Akademie).

Obwohl das Problem »Wissenschaft und Macht« ein altes Thema ist, erweist es sich als ein Dauerbrenner im öffentlichen Diskurs. Weder aus der Sicht der Wissenschaft noch aus dem Blickwinkel der Gesellschaft ist dieses zwiespältige Verhältnis endgültig geklärt. Die Veranstaltung versuchte, sich der Komplexität der Thematik aus den drei recht verschiedenen Perspektiven von Wissenschaft, Wissenschaftspolitik und Wirtschaft zu nähern. Wenngleich durchaus konträre Ansichten entwickelt wurden, mußte doch der größte Teil der angeschnittenen Fragen weiterhin offen bleiben.

Bericht:
Dr. Michael KAASCH
Deutsche Akademie der Naturforscher
Leopoldina
Postfach 110543
06019 Halle (Saale)
Bundesrepublik Deutschland
Tel.:   ++49 (0) 34 54 72 39 34
Fax: ++49 (0) 34 54 72 39 39
E-Mail: kaasch@leopoldina-halle.de

Festveranstaltung anläßlich des 70. Geburtstages von Professor Dr. Dr. h. c. Benno Parthier
am 4. Oktober 2002 in Halle (Saale)

Am 21. August 2002 beging Leopoldina-Präsident Benno PARTHIER seinen 70. Geburtstag. Freunde, Weggefährten, Präsidium und Mitglieder der Akademie sowie Leopoldina-Mitarbeiter gratulierten ihm im Garten seines Hauses. Seine ehemalige Wirkungsstätte, das Institut für Pflanzenbiochemie Halle (Saale), veranstaltete am 30. August 2002 im Saal der Einrichtung eine Feier. Nach der Begrüßung durch den Geschäftsführenden Institutsdirektor Dierk SCHEEL, Mitglied der Akademie, richtete Ulrich WOBUS,[1] Mitglied der Akademie, Grußworte an den Jubilar, bevor Claus WASTERNACK mit einem wissenschaftlichen Vortrag »Vom Seneszenzfaktor zum Stress- und Entwicklungssignal – die Karriere der Jasmonsäure« auf neue Entwicklungen im Arbeitsgebiet des Geehrten einging. Benno PARTHIER dankte mit einer subjektiv akzentuierten Analyse der Institutsentwicklung seit den Tagen unter seinem Lehrer Kurt MOTHES. Er erinnerte an die schwierige DDR-Zeit und führte den Reigen schließlich von den umgestaltungsintensiven Nachwendetagen bis zur Gegenwart.[2]

Die Deutsche Akademie der Naturforscher Leopoldina feierte ihren Präsidenten am 4. Oktober 2002 mit einer Festveranstaltung im Freylinghausen-Saal der Franckeschen Stiftungen in Halle (Saale), zu der das Präsidium der Akademie eingeladen hatte. Zahlreiche Mitglieder und Gäste waren der Einladung gefolgt. Die Veranstaltung eröffnete Musik von Frédéric CHOPIN (1810–1849), exzellent interpretiert von Juliane TAUTZ am Flügel. Der *Konzertetüde E-dur op. 10 No. 3* folgte das *Fantaisie-Impromptu cis-moll op. 66* – ein eindrucksvoller Kontrast zwischen Moll und Dur,[3] wie er auch für einen erfüllten Lebensweg stehen mag.

Vizepräsident Volker TER MEULEN begrüßte den Jubilar und die Festversammlung. Ihre enge Verbundenheit mit Präsident PARTHIER und der Leo-

---

1 WOBUS 2002.
2 PARTHIER 2002a.
3 Das 1834/35 entstandene, aber erst postum veröffentlichte Fantaisie-Impromptu cis-moll op. 66 steht in dreiteiliger Liedform (ABA). Einem wiederkehrenden, in eleganter Virtuosität dahinfließenden ersten Teil (cis-moll) steht dabei ein langsamerer Mittelteil (Des-Dur = Cis-Dur) mit einem liedhaften, ruhigen Charakter gegenüber.

poldina brachten durch ihre Anwesenheit u. a. zum Ausdruck Clemens ZINTZEN, Vorsitzender der Union der deutschen Akademien der Wissenschaften, Herbert ROESKY, Präsident der Göttinger Akademie der Wissenschaften, Gotthard LERCHNER, Präsident der Sächsischen Akademie der Wissenschaften zu Leipzig, Helmut SIES, Präsident der Nordrhein-Westfälischen Akademie der Wissenschaften, und Werner KÖHLER, Präsident der Akademie gemeinnütziger Wissenschaften zu Erfurt, sowie Helmut OBST, Direktor der Franckeschen Stiftungen in Halle, Wilfried GRECKSCH, Rektor der Martin-Luther-Universität zu Halle-Wittenberg, und Volker BIGL, Rektor der Universität Leipzig.

Leopoldina-Präsidiumsmitglied Hans MOHR hielt die Laudatio »Warum wir ihn loben«. Lobreden, meinte MOHR, seien so eine Sache, zähle das Loben doch seit der Antike zur Rhetorik, und damit zu den Künsten. Er jedoch wolle »mit einfachen Worten – ohne rhetorischen Anspruch« – »eher narrativ als im einzelnen dokumentierend« – darüber berichten, wie er »über die Jahrzehnte hinweg« Benno PARTHIER erlebt habe – »als einen gradlinigen, unerschrockenen Mann, als einen fähigen Wissenschaftler und als einen prinzipienstarken Wissenschaftsmanager«.[4] Es folgten dann, neben Reminiszenzen zum Lebenslauf des Geburtstagkindes, persönlich gehaltene Erinnerungen an Begegnungen und Gespräche mit dem Jubilar und seiner Frau. PARTHIERS Weggefährten – so MOHR – hätten immer wieder »seine Tatkraft bewundert und über seine wissenschaftspolitische Kompetenz gestaunt«. Mit dem Wunsch *Ad multos annos!* schloß der Laudator seine Ausführungen.

Den Festvortrag hielt der Bundesminister a. D. Heinz RIESENHUBER. Gewissermaßen als außerhalb der Akademie Stehender, aber dennoch zeitweilig als politischer Verantwortungsträger einflußreich an ihrem Schicksal Beteiligter, wagte RIESENHUBER einen Blick auf »Die Leopoldina unter der Präsidentschaft von Benno Parthier«.[5]

Der Festredner hob die Gestaltung der Akademie durch PARTHIER hervor, die 1991 zu einer zeitgemäßen Satzung führte und die Leopoldina über das traditionell verankerte Fächerspektrum aus den Naturwissenschaften und der Medizin hinaus auch für die Ökologie, für die Empirische Psychologie, für die Informationswissenschaften u. a., »was an Wissenschaften neu entstand«, öffnete. PARTHIER habe »unter schwierigen Verhältnissen die Leopoldina geführt und geprägt«, indem er auf eine internationale Vernetzung der Akademie orientierte und neue Instrumente einführte, z. B. die *Ad-hoc*-Kommissionen, die zu aktuellen Fragen Stellung nahmen. 70 Fachtagungen, Symposien bzw. Meetings hätten »die Stärke und den Reichtum der Leopoldina unter den Bedin-

---

4 MOHR 2002.
5 RIESENHUBER 2002.

gungen der Freiheit und der offenen Welt« eindrucksvoll dokumentiert. Die Akademie habe sich unter PARTHIERS Führung »kraftvoll entfaltet«, u. a. wurden neue Wege zur Förderung von Nachwuchswissenschaftlern beschritten. Es sei selbstverständlich, daß in einer so erfolgreichen Bilanz auch einige Punkte offen bleiben mußten, u. a. sei die Frage Leopoldina und Nationalakademie ein Desiderat geblieben. Für ihn, RIESENHUBER, sei die Leopodina jedoch »immer ein Solitär in der deutschen Wissenschaftslandschaft« gewesen. Der Redner beschrieb die Akademie als eine Einrichtung, welche eine Vielfalt von Aktivitäten vereint, um den Aufbruch in eine neue interdisziplinäre und vernetzte Welt zu gewährleisten. Dabei bildet die Komplexität der in Wissenschaft und Gesellschaft ablaufenden Prozesse die grundlegende Herausforderung. Die Akademien müßten dafür ein Ort der Reflexion, des Gesprächs, der Auseinandersetzung und der Kontroverse sein und bleiben. Erwünschte Politikberatung dürfe nicht mit Indienstnahme der Wissenschaft und der Wissenschaftler durch die Politik verwechselt werden. »Das freie und unabhängige Urteil der Wissenschaft, eben jene Autonomie gegenüber allen anderen Autoritäten, die ihren Gegenstandsbereich betreffen, und das damit verbundene Selbstbewußtsein der Wissenschaft sollten die Grundlage des Dialogs bilden«, führte RIESENHUBER aus. Er wünschte der Leopoldina, daß ihr auch unter Führung eines neuen Präsidenten, nach dem im Februar 2003 anstehenden Amtswechsel, PARTHIER weiterhin mit seiner persönlichen Bescheidenheit, aber auch seiner Entschlossenheit, der Sache zu dienen, seinen klugen Rat nicht vorenthalten werde. Herzliche Geburtstagswünsche schlossen die Würdigung des Lebenswerkes von Präsident PARTHIER ab.

Benno PARTHIER dankte den Festrednern MOHR und RIESENHUBER für »zwei rhetorisch klassische, inhaltlich natürlich unterschiedliche Geburtstagssträuße«, die sie »an einen romantisch veranlagten Jubilar« überreicht hätten und mit denen sie nachgewiesen hätten, »wie gut und elegant« sie »die Kunst des Lobens« beherrschten.[6] Außerdem nutzte er die Gelegenheit, allen Mitgliedern und Kollegen für die zahlreichen persönlichen Glückwünsche zu danken, die er »als Zeichen des Vertrauens und der Verbundenheit« bewertete und die ihn tief berührt hatten. Er meinte, er habe nichts anderes getan, als seinen mit dem Präsidentenamt selbstverständlich verbundenen Pflichten nachzugehen.

Die Veranstaltung schloß mit einem weiteren Klavierstück von CHOPIN, der *Ballade I g-moll*. Anschließend fand in den Räumen der Franckeschen Stiftungen ein kleiner Empfang statt.

---

6 PARTHIER 2002b.

Literatur

MOHR, H. : Warum wir ihn loben – eine Laudatio auf Benno Parthier. In: PARTHIER, B. (Ed.): Umtrunk 2002. Ein *Curriculum vitae* in essayistischen Fragmenten und anderen Darlegungen. S. 73–75. Halle (Saale): Leopoldina 2002
PARTHIER, B.: Dankrede. In: PARTHIER, B. (Ed.): Umtrunk 2002. Ein *Curriculum vitae* in essayistischen Fragmenten und anderen Darlegungen. S. 59–65. Halle (Saale): Leopoldina 2002a
PARTHIER, B.: Dankesworte in eigener Sache. In: PARTHIER, B.: Umtrunk 2002. Ein *Curriculum vitae* in essayistischen Fragmenten und anderen Darlegungen. S. 87–93. Halle (Saale): Leopoldina 2002b
RIESENHUBER, H.: Die Leopoldina unter der Präsidentschaft von Benno Parthier. In: PARTHIER, B. (Ed.): Umtrunk 2002. Ein *Curriculum vitae* in essayistischen Fragmenten und anderen Darlegungen. S. 77–85. Halle (Saale): Leopoldina 2002
WOBUS, U.: Grußworte. In: PARTHIER, B. (Ed.): Umtrunk 2002. Ein *Curriculum vitae* in essayistischen Fragmenten und anderen Darlegungen. S. 53–58. Halle (Saale): Leopoldina 2002

Bericht:
Dr. Michael KAASCH
Deutsche Akademie der Naturforscher
Leopoldina
Postfach 110543
06019 Halle (Saale)
Bundesrepublik Deutschland
Tel.:   ++49 (0) 34 54 72 39 34
Fax: ++49 (0) 34 54 72 39 39
E-Mail: kaasch@leopoldina-halle.de

Beteiligung an der Langen Nacht der Wissenschaften in Halle (Saale) am 20. September 2002

Universitäre und außeruniversitäre wissenschaftliche Einrichtungen der Stadt Halle öffneten am 20. September 2002 ihre Türen für die Öffentlichkeit und luden die Bürger aus Stadt und Umland zur ersten *Langen Nacht der Wissenschaften* ein. Die Einladung hatte – im Namen aller Beteiligten – neben Oberbürgermeisterin Ingrid HÄUSSLER und Universitätsrektor Wilfried GRECKSCH auch Leopoldina-Präsident Benno PARTHIER mit unterzeichnet. Außer den Instituten, Kliniken und Seminaren der Martin-Luther-Universität, die mit Experimentalvorlesungen und Diskussionsrunden zu publikumsträchtigen Themen lockten, beteiligten sich an dem nächtlichen »Wissenschaftsevent« weitere Wissenschafts- und Forschungseinrichtungen wie die Hochschule für Kunst und Design Burg Giebichenstein, die Franckeschen Stiftungen, das Fraunhofer-Institut für Werkstoffmechanik Freiburg/Halle, das Institut für Agrarentwicklung in Mittel- und Osteuropa, das Institut für Pflanzenbiochemie, das Institut für Wirtschaftsforschung Halle, die Max-Planck-Forschungsstelle für Enzymologie der Proteinfaltung, das Max-Planck-Institut für Ethnologische Forschung, das Max-Planck-Institut für Mikrostrukturphysik, das Umweltforschungszentrum Leipzig-Halle GmbH und das Zentrum für Sozialforschung Halle e. V. sowie die Deutsche Akademie der Naturforscher Leopoldina. Halle zeigte sich einmal mehr als attraktiver Wissenschaftsstandort; und es fiel den Gästen sicher nicht leicht, aus der Vielfalt der Angebote auszuwählen.

Die Leopoldina präsentierte sich mit einer Vortragsveranstaltung zu der gesellschaftlich relevanten Frage: »Wie sicher sind unsere Nahrungsmittel?« Sie wurde von Theodor HIEPE (Berlin), Mitglied der Akademie, und Hartwig PRANGE (Halle/Saale) moderiert und fand ausgezeichneten Zuspruch. Klaus EDER (Halle/Saale), Mitglied der Akademie, sprach über »Fehlernährung«, und Karsten FEHLHABER (Leipzig), Mitglied der Akademie, referierte über »Lebensmittelinfektionen«. Anschließend beschäftigte sich HIEPE mit der Frage: »Parasiten in Nahrungsmitteln – eine Gefahr für den Menschen?« Roland KÖRBER (Halle/Stendal) behandelte »Fremdstoffe/Rückstände in Nahrungsmitteln«, während PRANGE den aktuellen Stand der BSE-Risiken vorstellte.

Einen zweiten Schwerpunkt des Leopoldina-Angebotes bildete eine Posterpräsentation zur Frage: »Welche Klimaschwankungen gab es schon, bevor der Mensch in das Geschehen eingriff?« Offensichtlich kamen bereits lange, bevor das vom Menschen verursachte Ozonloch die Gemüter erregte, größere Klimaschwankungen vor. Mit verschiedenen Modellen ist es möglich, die Klimageschichte nachzuzeichnen, Schwankungen nachzuweisen und Prozesse, wie die Eiszeiten, zu verstehen. Vertreten waren in der Poster-Ausstellung mit ihren Arbeiten Markus Schwab und Jörg Negendank (Potsdam, »Holozäne paläoseismische und klimatische Aufzeichnungen in laminierten Sedimenten des Toten Meeres, Israel«, »Pleistozäne Maar Seen in der Eifel. Gewarvte Seesedimente als hochauflösende Archive für Umweltänderungen und Klimavariabilität«, »Eine 78 000 Jahre umfassende Aufzeichnung klimatischer Änderungen aus dem Huguang Maar See (Huguangyan), Südost China«, »Klima in Historischen Zeiten (KIHZ) Projekt: I. Natürliche Klimavariationen in Historischen Zeiten: Überblick und Klimaarchive. II. Numerische Modellierung in der Paläoklimatologie. III. Hochauflösende Multi-Parameter-Netzwerke und Synthetische Zeitskala im Projekt KIHZ«), Claudia Kubatzki (Potsdam, »Die Entstehung der Sahara – Modell und Daten«), Martin Claussen und Reinhard Calov (Potsdam, »Simulation eiszeitlicher Klimaänderungen«), Jörn Thiede und Robert F. Spielhagen (Kiel, »Aufbau und Zerfall kontinentaler Vereisungen im nördlichen Europa und Asien und ihr Abbild in arktischen Tiefseeablagerungen«, »Der nacheiszeitliche Meeresspiegelanstieg in der Arktis – Ein Beispiel aus der Laptevsee«), Karin Labitzke und Katja Matthes (Berlin, »Einfluss des 11-jährigen Sonnenfleckenzyklus auf die Atmosphäre«), Jens Zinke und Wolf C. Dullo (Kiel, »Korallen als Klimaarchive«) sowie Peter Fritz (Leipzig), Mitglied der Akademie, und Michael Rode (Magdeburg, »Integriertes Flussgebietsmanagement am Beispiel der Saale«).

Die Leopoldina lud weiterhin zur Besichtigung ihrer Bibliothek ein. Die Offerte wurde gern angenommen. Außerdem stellten sich die wissenschaftshistorischen Projekte der Akademie mit Postern und Exponaten, u. a. ausgewählten Archivalien, vor. Als Ausgangspunkt für Gespräche mit interessierten Gästen dienten eine Videobeamerpräsentation über »Johann Wolfgang von Goethe als Mitglied der Akademie und die Leopoldina-Ausgabe seiner Schriften zur Naturwissenschaft« und ein dazu gehörender Experimentalaufbau zu Goethes Farbenlehre (Thomas Nickol) sowie Poster zu den Themen »Leben und Wirken des Leopoldina-Präsidenten Nees von Esenbeck (1776–1858): Schlüssel zur Wissenschaftspolitik im 19. Jahrhundert« (Johanna Bohley), »Der Geologe Johannes Walther (1860–1937) als Leopoldina-Präsident« (Michael Kaasch und Joachim Kaasch), »Der Leopoldina-Präsident Emil Abderhalden (1877–1950) und sein soziales Engagement in Halle« (Michael Kaasch und Joachim Kaasch) und »Das Wirken der Leopoldina unter den Bedingungen staatlicher Diktatur (NS-Zeit, DDR-Diktatur)« (Sybille Gerstengarbe).

Fast konnte man den Eindruck gewinnen, daß die Regel galt, je später der Abend, desto zahlreicher die Gäste. Das Angebot, die Leopoldina kennenzulernen, wurde von vielen Interessierten genutzt, und sei es auch nur, um einfach einmal in den sonst mehr oder weniger unzugänglichen Räumlichkeiten der altehrwürdigen Akademie vorbeizuschauen.

Bericht:
Dr. Michael KAASCH
Deutsche Akademie der Naturforscher
Leopoldina
Postfach 110543
06019 Halle (Saale)
Bundesrepublik Deutschland
Tel.:   ++49 (0) 34 54 72 39 34
Fax: ++49 (0) 34 54 72 39 39
E-Mail: kaasch@leopoldina-halle.de

# Sitzungsberichte

Biochemie des Oxidativen Stress: Oxidantien und Antioxidantien

Von Helmut SIES, Düsseldorf
Mitglied der Akademie
Mit 2 Abbildungen

(Kurzfassung des in der Sitzung der Akademie am 22. 1. 2002 gehaltenen Vortrages)

Einleitung: Sauerstoff und Oxidantien

Seit SCHEELE, LAVOISIER und PRIESTLEY hat der molekulare Sauerstoff Forscher in Chemie, Biologie und Medizin beschäftigt. Schon der Begriff Atmungskette macht deutlich, daß Sauerstoff eine zentrale Rolle in der Bioenergetik (oxidative Phosphorylierung) spielt. Die vollständige Reduktion des Sauerstoffs zu Wasser bei Oxidation von Wasserstoffdonatoren ist die energieliefernde Reaktion aeroben Lebens. Schon früh wurde auch die Ein-Elektronen-Reduktion des Sauerstoffs eingehend untersucht (BATTELLI und STERN 1912, WARBURG 1928). MICHAELIS (1946) betonte, daß die sukzessiven Ein-Elektronen-Schritte der Sauerstoffreduktion, die zur intermediären Bildung von Radikalen führen, von allgemeiner Bedeutung für die biologische Chemie sind. Sauerstoff bildet die Radikale O_2^- und O^- und die korrespondierenden protonierten Formen HO_2· bzw. HO·. Wie HABER und WEISS (1934) in ihrer Arbeit zu der durch Eisensalze katalysierten Umsetzung von H_2O_2 erkannten, haben die Radikale Perhydroxyl (HO_2·) und Hydroxyl (HO·) Bedeutung für chemische, photochemische und elektrochemische Prozesse. Der Bezug zwischen Sauerstofftoxizität und Strahlenschädigung wurde von GERSCHMAN et al. (1954) aufgezeigt. Die Erforschung der biologischen Rolle des Radikals O_2^- wurde durch die Entdeckung des Enzyms Superoxid-Dismutase durch MCCORD und FRIDOVICH (1969) stimuliert.

Andere reaktive Sauerstoffspezies sind nichtradikalisch. Wasserstoffperoxid (H_2O_2), die protonierte Form des Zwei-Elektronen-Reduktionsproduktes O_2^{2-}, interessiert in der Enzymologie seit der Entdeckung von Katalase-»Compound I« durch CHANCE (1947). Mit dem Nachweis der Bildung von H_2O_2 im normalen aeroben Stoffwechsel in intaktem Organ durch SIES und CHANCE (1970) erhielt die

Erforschung der genannten Oxidantien in der Biomedizin weiteren Auftrieb (Übersicht: CHANCE et al. 1979).

Zudem werden in biologischen Systemen auch die elektronisch angeregten Zustände des Sauerstoffs, wie Singulettsauerstoff ($^1O_2$) und angeregte Carbonylverbindungen, gebildet. KAUTSKY (1931) erkannte früh die potentiell wichtige Rolle einer metastabilen aktiven Sauerstoffspezies (KAUTSKY und DE BRUIJN 1931), und SCHENCK (1957) und GOLLNICK (1968) trugen grundlegende Arbeiten zur Photochemie der Photooxygenierungsreaktionen bei. FOOTE klärte die Rolle des Singulettsauerstoffs bei der Photooxygenierung (FOOTE und WEXLER 1964).

Diese grundlegenden Arbeiten sind die Basis des Forschungsgebietes »Biochemie des oxidativen Stress« (SIES 1986), welches in zunehmendem Maße Bedeutung in der biomedizinischen Forschung gewonnen hat.

Oxidativer Stress

Oxidativer Stress beschreibt eine Stoffwechsellage, der eine Auslenkung des Fließgleichgewichts zwischen den obengenannten sowie weiteren (s. u.) Oxidantien auf der einen Seite und dem Netzwerk der sogenannten Antioxidantien auf der anderen Seite zugunsten der Oxidantien zugrundeliegt (SIES 1985, 1986, 2000). Dabei sind geringfügige Auslenkungen im Rahmen eines Normbereiches als »physiologischer oxidativer Stress« bezeichnet worden, während stärkere Auslenkungen zur Induktion von Adaptationsprozessen und weiteren zellulären Antworten wie Apoptose führen. Darüber hinausgehende oxidative Belastungen sind toxisch und führen zum Zelltod durch Nekrose.

Die Erforschung oxidativer Belastung lebender Systeme ist durch methodische Fortschritte in den letzten Jahren deutlich vorangekommen. Hier seien nur die analytischen Fortschritte in der direkten Messung von Radikalen durch Elektronenspinresonanz oder die verfeinerte Proteinanalytik durch MALDI-Techniken erwähnt.

Neue Forschungsgebiete sind beispielsweise der »dietary (nutritional) oxidative stress« (BECK und LEVANDER 1998, LEVANDER 2000) bzw. »postprandial oxidative stress« (URSINI und SEVANIAN 2002). Weitere Termini, wie »exercise-induced oxidative stress« sowie »reductive stress« und »nitrosative stress«, sind bei SIES (2000) beschrieben. Der Begriff des nitrosativen Stress wurde von HAUSLADEN et al. (1996) eingeführt und verdient besondere Beachtung, da die Rolle von Stickoxid, Peroxynitrit und anderen sogenannten reaktiven Stickstoffspezies zunehmend als bedeutsam in der biomedizinischen Forschung erkannt wird.

Antioxidantien

Die Verteidigungsstrategie des Organismus gegen Oxidantien ist vielfältig, sie ist auf mehreren Ebenen organisiert: Prävention, Interzeption und Reparatur (SIES

1993). Es ist zu unterscheiden zwischen niedermolekularen Stoffen und antioxidativ wirksamen Enzymsystemen, die ein antioxidatives Netzwerk bilden. Erstere haben als herausragende Vertreter antioxidativ wirksame Vitamine, z. B. Askorbat (Vitamin C), Tokopherole (Vitamin E), und sekundäre Pflanzenstoffe wie Carotinoide (β-Carotin, Lycopin, Zeaxanthin, Lutein etc.), Flavonoide, Anthocyane und andere mehr. Außerdem zählen Spurenelemente wie Selen und Zink dazu, die als Bestandteile von Proteinen in Form spezieller Aminosäuren (Selenocystein, Selenomethionin) bzw. als Strukturkomponenten (Zinkfinger, Zink-Metallothionein usw.) von Bedeutung sind. Glutathion als spezielles Tripeptid wird in praktisch allen Zelltypen als Redoxmetabolit verwendet, synthetisiert aus den Aminosäuren Cystein, Glycin und Glutamat (Übersicht: SIES 1999). Die besondere Rolle von Cystein in Proteinen für Struktur und Funktion ist sowohl in der Chemie wie in Biologie und Medizin auf starkes Interesse gestoßen (Übersicht: JACOB et al. 2003).

Aspekte für die Gesundheit: Prävention durch Antioxidantien?

Prävention ist, um mit GALEN zu sprechen, vor die Heilung zu setzen. Die Frage erhebt sich, ob Antioxidantien der Schädigung durch Oxidantien entgegenwirken bzw. diese verhindern können. Dieses Gebiet ist sowohl von wissenschaftlicher Seite als auch grenz-wissenschaftlich bearbeitet worden, und zu Recht besteht Interesse der Öffentlichkeit an diesem Konzept. Die Prävention zielt vornehmlich auf Langzeitprozesse, die in der Pathogenese degenerativer Erkrankungen bedeutsam sind und physiologisch auch im Prozeß des Alterns ablaufen. Der derzeitige Kenntnisstand ist kürzlich zusammengetragen worden (CUTLER und RODRIGUEZ 2003). Hier soll nur exemplarisch auf einige unserer eigenen Arbeiten der jüngsten Zeit eingegangen werden.

Profile der Antioxidantien im Plasma

Um eine sinnvolle Beurteilung der Bedeutung prooxidativer Prozesse in der Pathogenese degenerativer Erkrankungen vorzunehmen, ist die Messung von Parametern des oxidativen Stress am Menschen erforderlich. Dies sollte vorzugsweise mit nichtinvasiven Methoden geschehen. Die Analyse von Komponenten in Körperflüssigkeiten, etwa Messung der Schädigung von Proteinen, DNA und Lipiden, sowie Verfolgung der Plasmaspiegel von Antioxidantien und sogenannten Biomarkern dient der Einschätzung oxidativer Schädigungen. Ein erster Einblick wird über das Profil von Antioxidantien im Plasma des Patienten gegeben (POLIDORI et al. 2001).

Einfluß von in der Nahrung enthaltenen Komponenten auf biologische »Endpunkte«
Die funktionellen Effekte von Antioxidantien in der Nahrung (ASTLEY und LINDSAY 2002) sind vielfältig und erfordern eine Palette von methodischen Ansätzen zu deren Bewertung. Hier sei nur ein Beispiel herausgegriffen, der Einfluß von Nahrungsbestandteilen auf die Haut, und hier als »Endpunkt« der Protektionseffekte: die Fähigkeit der Haut, einer Ultraviolettbestrahlung zu widerstehen, gemessen als die Rötung der Haut (Erythem; eine erste leicht meßbare biologische Antwort bei Sonnenbrand). Interessanterweise ist die erythemerzeugende UV-Belastung weit überwiegend auf die Sonnenexposition im normalen Alltag zurückzuführen (GODAR et al. 2001): bei einer Belastung von 25 000 J/m^2/Jahr beträgt die Einstrahlung während der Standardferien in den USA nur 7 800 J/m^2/Jahr.

Carotinoide als endogener Sonnenschutz: Unter den antioxidativ wirkenden Komponenten in der menschlichen Haut befinden sich auch einige Carotinoide. Diese haben durch ihr ausgeprägtes Polyengerüst eine besonders ausgeprägte Fähigkeit, Singulettsauerstoff abzufangen (FOOTE und WEXLER 1964). Lycopin, der rote Farbstoff der Tomate, und β-Carotin haben hohe Reaktionskonstanten mit Singulettsauerstoff (DIMASCIO et al. 1989) und sind daher zum Schutz gegen photooxidativen Stress prädestiniert. Beide Carotinoide kommen in der menschlichen Haut vor. Unter Verwendung nichtinvasiver optischer Methoden kann ihr Gehalt in der Haut bestimmt werden; die Messung der Erythembildung durch Chromametrie ist ebenfalls nichtinvasiv möglich. In unserer Arbeitsgruppe wurde zunächst mit β-Carotin-Supplementen (STAHL et al. 2000), dann mit lykopinreichem Tomatenmark als Nahrungsquelle für einen derartigen Mikronährstoff (Abb. 1; STAHL et al. 2001) und kürzlich auch mit Mischungen (HEINRICH et al. 2003) gezeigt, daß die in die Haut eingelagerten Carotinoide einen Sonnenschutzeffekt ausüben. Da die Verwendung von topischen Sonnenschutzmitteln im Alltag kaum erfolgt, kommt trotz einer gegenüber den topisch applizierbaren Sonnenschutzprodukten geringen Wirkung der Ausstattung der Haut mit endogenen Schutzmolekülen in der Prävention Bedeutung zu. Dies dürfte sich über die eher geringfügig einzuschätzende direkte Sonnenbrandreaktion hinaus auch auf die Prozesse der Hautalterung und des Hautkrebses erstrecken.

Flavonoide und Schutz vor kardiovaskulären Erkrankungen: Seit die inverse epidemiologische Beziehung zwischen Mortalität an koronarer Herzerkrankung und der Aufnahme von Flavonoiden mit der Nahrung bekannt wurde (HERTOG et al. 1993, siehe KNEKT et al. 2002), hat der molekulare Mechanismus der möglichen präventiven Rolle von in der Nahrung enthaltenen Flavonoiden (Polyphenolen) bei der Pathogenese kardiovaskulärer Erkrankungen erhebliches Interesse erfahren. In Arbeiten unserer Forschungsgruppe haben wir die Beobachtung aufgegriffen, daß Flavonoide, die in *Theobroma cacao* und damit auch in Schokolade enthalten sind, das Verhältnis von Leukotrienen zu Prostazyklin im Blutplasma

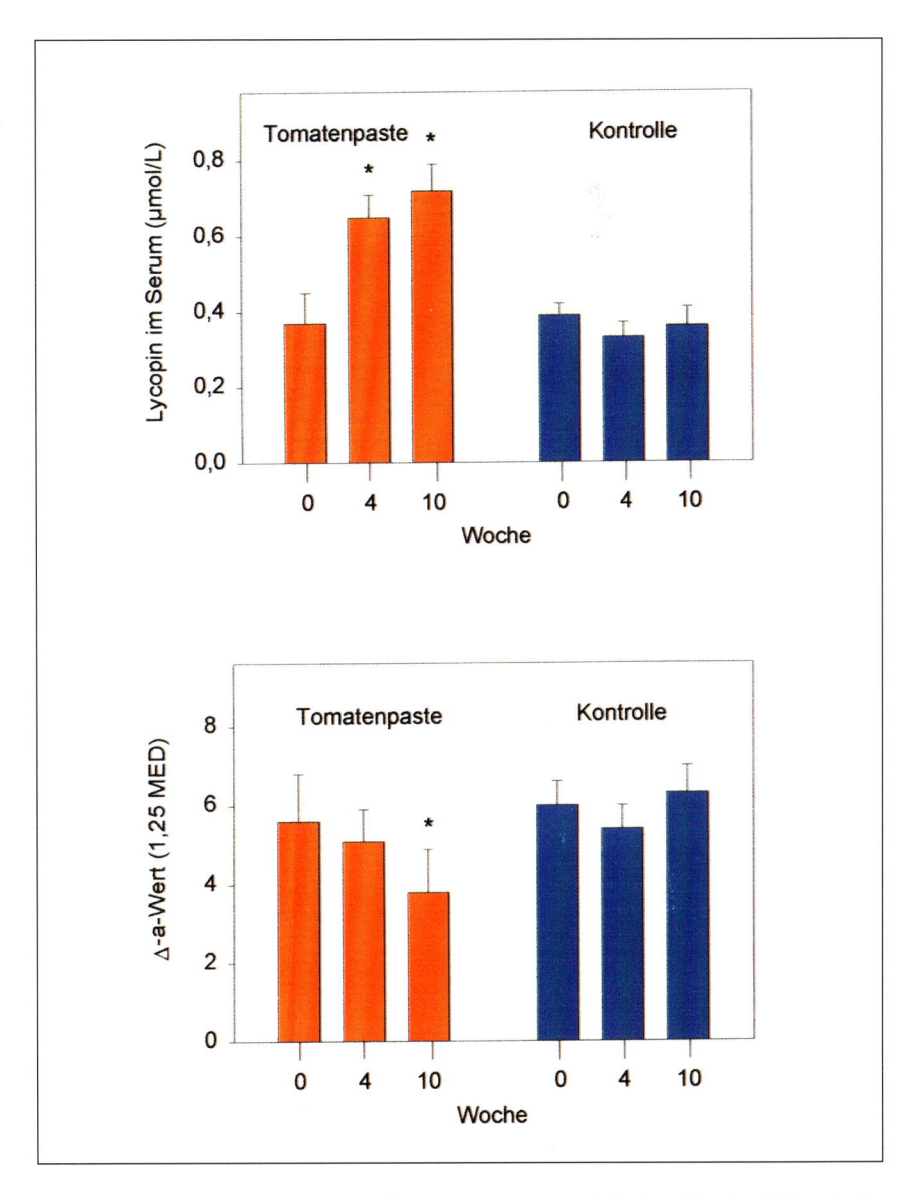

Abb. 1 *Endogener Sonnenschutz*. Lycopinkonzentration im Serum (*oben*) und Erythembildung in der Haut (*unten*) bei Probanden, die über einen Zeitraum von 10 Wochen Tomatenpaste verzehrten (*rot*); Kontrollgruppe (*blau*). Angegeben sind Mittelwerte von $n = 9$ (Tomatenpaste) und $n = 10$ (Kontrolle). Die Erythemintensität wurde mittels Chromametrie bestimmt und als Δ-a-Wert angegeben (Rotwert der Haut 24 h nach Bestrahlung minus Rotwert vor Bestrahlung). MED: minimale Erythemdosis. * Signifikant verschieden vom Ausgangswert und signifikant verschieden von der entsprechenden Kontrolle (nach STAHL et al. 2001).

erniedrigen (SCHRAMM et al. 2001). Ein solcher Effekt kann als anti-inflammatorisch angesehen werden und dürfte sich positiv auf das Gefäßsystem auswirken. Wir konnten beobachten, daß im Kakao enthaltene Flavonoide die menschliche 5-Lipoxygenase und 15-Lipoxygenase hemmen, Enzyme, welche die Bildung von inflammatorischen Leukotrienen katalysieren (SCHEWE et al. 2001, 2002). Für die Effekte an der 15-Lipoxygenase wurde eine Struktur-Wirkungs-Analyse mit Flavonoiden durchgeführt (SADIK et al. 2003). Auch die Myeloperoxidase, ein Enzym, das bei der Initiation der Lipidperoxidation an Entzündungsherden eine Rolle spielt (ZHANG et al. 2002), wird durch Flavonoide aus Kakao gehemmt (KOSTYUK et al. 2003). In Versuchen an Probanden konnten wir kürzlich zeigen, daß die Konzentration der im Plasma zirkulierenden NO-Verbindungen (als RNO zusammengefaßt; S-Nitrosothiole und N-Nitrosoproteine) 2 h nach Gabe eines Kakaotrunkes, der reich an Flavonoiden ist, deutlich ansteigt, während der Verzehr eines Kontrollgetränks mit dem üblichen niedrigeren Gehalt an Flavonoiden keinen Effekt hatte (HEISS et al. 2003). In dieser Studie zeigte sich auch ein positiver Effekt auf die sogenannte *flow-mediated dilation* (FMD), einen nichtinvasiv meßbaren Parameter, der zur Beurteilung einer möglichen endothelialen Dysfunktion herangezogen wird (KELM 2002).

Eine weitere Beobachtung ist in diesem Zusammenhang von Interesse: Wir fanden, daß (-)-Epicatechin die Zell-Zell-Kommunikation über *Gap Junctions* stimuliert (ALE-AGHA et al. 2002). In Abbildung 2 sind Zellen in Kultur gezeigt (WB-F344-Zellen), bei denen die Anhäufungen von *Gap Junctions* zwischen den kommunizierenden Zellen (immunhistochemisch gelb angefärbt) zu sehen sind. Wurden Zellen dem Flavonoid ausgesetzt, so erhöhte sich die Zell-Zell-Kommunikation. Dies könnte eine günstige Rolle in der Pathogenese von Herzkrankheiten spielen, bei denen Arrhythmien beteiligt sind, da die über *Gap Junctions* gebildeten Synzytien für die geordnete Reizleitung erforderlich sind (ALE-AGHA et al. 2002, JONGSMA und WILDERS 2000, OLGIN und VERHEULE 2002).

Schlußbemerkung

Mit dieser kurzen Skizze ist das Forschungsgebiet des »oxidativen Stress« als sich entwickelnde interdisziplinäre Forschungsrichtung dargestellt worden. Der Begriff wird teilweise überstrapaziert, insbesondere im Bereich der Medizin. In welchem Umfang oxidative Schädigungen ursächlich, d. h. auslösend, an Krankheiten beteiligt sind, wird weiterhin zu untersuchen sein. Sicher ist, daß bei praktisch allen degenerativen Erkrankungen oxidative Reaktionen im Rahmen der Zellschädigung zu beobachten sind, eventuell aber eher als Folge, denn als Ursache des initialen auslösenden Prozesses. Die beiden Beispiele aus unserem Arbeitskreis belegen modellhaft, daß antioxidativ wirksame Mikronährstoffe im Rahmen der Prävention eingesetzt werden können und geeignete Biomarker modulieren. Es mehren sich die Hinweise, daß Oxidantien als Signalmoleküle bei einer Reihe zen-

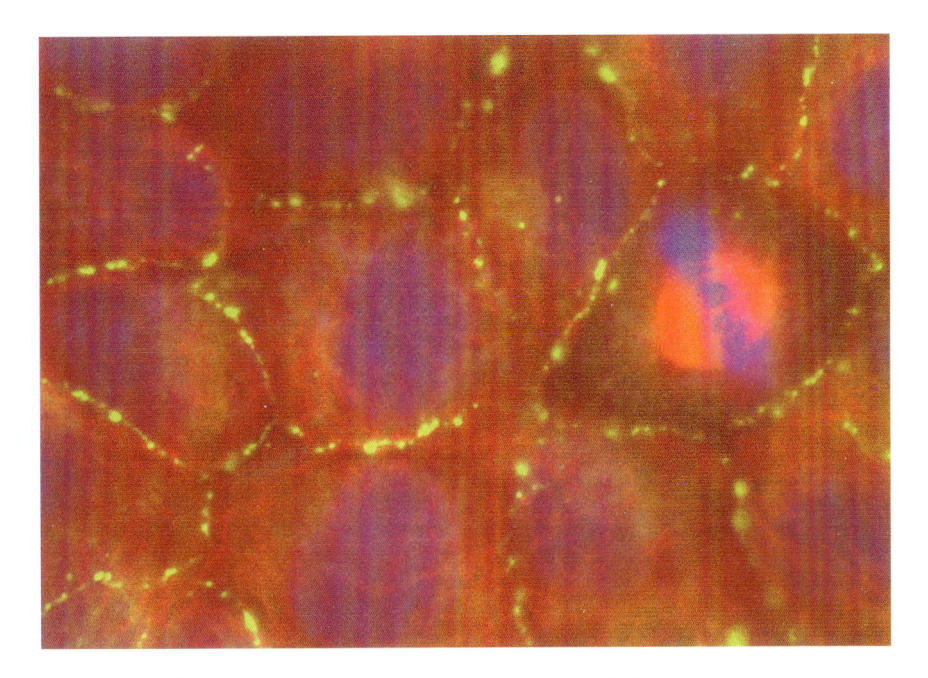

Abb. 2 Zell-Zell-Kommunikation über *Gap Junctions*. Leberepithelzellen (WB-F344) in Kultur wurden immunhistochemisch angefärbt (Connexin 43, *gelb*). Eine Zelle befindet sich in der Mitose. (H. POSSEL, H. SIES, unveröffentlicht)

traler Schaltprozesse beteiligt sind und somit auch bei Primärvorgängen der Pathogenese eine Rolle spielen (DRÖGE 2002, KLOTZ 2002, SIES und PACKER 2002, JACOB et al. 2003).

Dank

Den im Text genannten sowie den nichtgenannten Kollegen meiner Arbeitsgruppe und den auswärtigen Kooperationspartnern danke ich hiermit herzlich für ihr Engagement und ihre Mitarbeit. Die laufenden Arbeiten wurden dankenswerterweise unterstützt durch die Deutsche Forschungsgemeinschaft (Sonderforschungsbereiche 503 und 575, Schwerpunktprogramm Selenoproteine), die *National Foundation for Cancer Research*, Bethesda, MD, und das Biologisch-Medizinische Forschungszentrum der Universität. Die fruchtbare Zusammenarbeit mit Kollegen aus der Industrie (Cognis, Unilever, Masterfoods, Beiersdorf) wird ebenfalls dankend erwähnt.

Literatur

ALE-AGHA, N., STAHL, W., and SIES, H.: Biochem. Pharmacol. *63*, 2145 (2002)
ASTLEY, S. B., and LINDSAY, D. G. (Eds.): European Research on the Functional Effects of Dietary Antioxidants. Molecular Aspects of Medicine *23*, 1 (2002)
BATTELLI, F., und STERN, L.: Ergeb. Physiol. *12*, 96 (1912)

Beck, M. A., and Levander, O. A.: Annu. Rev. Nutr. *18*, 93 (1998)
Chance, B., Sies, H., and Boveris, A.: Physiol. Revs. 59, 527 (1979)
Chance, B.: Acta Chem. Scand. *1*, 236 (1947)
Cutler, R. G., and Rodriguez, H. (Eds.): Oxidative Stress and Aging. Vols. I–III. New Jersey: World Scientific 2003
DiMascio, P., Kaiser, P. S., and Sies, H.: Arch. Biochem. Biophys. *274*, 532 (1989)
Dröge, W.: Physiol. Rev. *82*, 47 (2002)
Foote, C. S., and Wexler, S.: J. Amer. Chem. Soc. *86*, 3879 (1964)
Gerschman, R., Gilbert, D. L., Nye, S. W., Dwyer, P., and Fenn, W. O.: Science *119*, 623 (1954)
Godar, D. E., Wengraitis, S. P., Shreffler, J., and Sliney, D. H.: Photochem. Photobiol. *73*, 621 (2001)
Gollnick, K.: Adv. Photochem. *8*, 1 (1968)
Haber, F., and Weiss, J.: Proc. R. Soc. London *A147*, 2332 (1934)
Hausladen, A., Privalle, C. T., Keng, T., DeAngelo, J., and Stamler, J. S.: Cell *86*, 719 (1996)
Heinrich, U., Gaertner, C., Wiebusch, M., Eichler, O., Sies, H., Tronnier, H., and Stahl, W.: J. Nutr. *133*, 98 (2003)
Heiss, C., Dejam, A., Kleinbongard, P., Schewe, T., Sies, H., and Kelm, M.: JAMA, in press (2003)
Hertog, M. G., Feskens, E. J., Hollmann, P. C., Katan, M. B., and Kromhout, D.: Lancet *342*, 1007 (1993)
Jacob, C., Giles, G. I., Giles, N. M., and Sies, H.: Angew. Chem. *115*, 2; Int. Ed. *42*, 2
Jongsma, H. J., and Wilders, R.: Circ. Res. *86*, 1193 (2000)
Kautsky, H., und de Bruijn, H.: Naturwissenschaften *19*, 1043 (1931)
Kelm, M.: Amer. J. Physiol. Heart Circ. Physiol. *282*, H1 (2002)
Klotz, L.-O.: Biol. Chem. *383*, 443 (2002)
Knekt, P., Kumpulainen, J., Jarvinen, R., Rissanen, H., Heliovaara, M., Reunanen, A., Hhakulinen, T., and Aromaa, A.: Amer. J. Clin. Nutr. *76*, 560 (2002)
Kostyuk, V. A., Kraemer, T., Sies, H., and Schewe, T.: FEBS Lett. *537*, 146 (2003)
Levander, O. A.: Nutr. Rev. *58*, S17 (2000)
McCord, J., and Fridovich, I. J.: Biol. Chem. *244*, 6049 (1969)
Michaelis, L.: In: Green, D. E. (Ed.): Currents in Biochemical Research; p. 207. New York: Interscience 1946
Olgin, J. E., and Verheule, S.: Cardiovasc. Res. *54*, 280 (2002)
Polidori, M. C., Stahl, W., Eichler, O., Niestroj, I., and Sies, H.: Free Radic. Biol. Med. *30*, 456 (2001)
Sadik, C., Sies, H., and Schewe, T.: Biochem. Pharmacol. *65*, 773 (2003)
Schenck, G. O.: Angew. Chem. *69*, 579 (1957)
Schewe, T., Kühn, H., and Sies, H.: J. Nutr. *132*, 1825 (2002)
Schewe, T., Sadik, C., Klotz, L.-O., Yoshimoto, T., Kühn, H., and Sies, H.: Biol. Chem. *382*, 1687 (2001)
Schramm, D. D., Wang, J. F., Holt, R. R., Ensunsa, J. L., Gonsalves, J. L., Lazarus, S. A., Schmitz, H. H., German, J. B., and Keen, C. L.: Amer. J. Clin. Nutr. *73*, 36 (2001)
Sies, H.: In: Fink, G. (Ed.): Encyclopedia of Stress. Vol. *3*, p. 102. San Diego: Academic Press 2000
Sies, H.: In: Sies, H. (Ed.): Oxidative Stress; p. 1. London: Academic Press 1985
Sies, H., and Chance, B.: FEBS Lett. *11*, 176 (1970)
Sies, H., and Packer, L. (Eds.): Methods in Enzymology. Vol. *347* and *348*. San Diego: Academic Press 2002
Sies, H.: Angew. Chem. *98*, 1061 (1986)
Sies, H.: Eur. J. Biochem. *215*, 213 (1993)
Sies, H.: Free Rad. Biol. Chem. *27*, 916 (1999)
Stahl, W., Heinrich, U., Jungmann, H., Sies, H., and Tronnier, H.: Amer. J. Clin, Nutr. *71*, 796 (2000)

STAHL, W., HEINRICH, U., WISEMAN, S., EICHLER, O., SIES, H., and TRONNIER, H.: J. Nutr. *131*, 1449 (2001)
URSINI, F., and SEVANIAN, A.: Biol. Chem. *383*, 599 (2002)
WARBURG, O.: Über die katalytische Wirkung der lebendigen Substanz. Berlin: Springer 1928
ZHANG, R., BRENNAN, M. L., SHEN, Z., MACPHERSON, J. C., SCHMITT, D., MOLENDA, C. E., and HAZEN, S. L.: J. Biol. Chem. *277*, 46116 (2002)

Prof. Dr. Dr. h. c. Helmut SIES
Heinrich-Heine-Universität Düsseldorf
Institut für Biochemie und Molekularbiologie I
Postfach 101007
40001 Düsseldorf
Bundesrepublik Deutschland
Tel: ++49 (0) 21 18 11 27 07
Fax: ++49 (0) 21 18 11 30 29
E-Mail: sies@uni-duesseldorf.de

In der Vortragssitzung der Akademie am 22. 1. 2002 hielt Herr Gernot NEUGEBAUER, Jena, Mitglied der Akademie, einen Vortrag über das Thema:

Pulsare, Schwarze Löcher, Weiße Zwerge – Einsteins kosmische Labors.

Die Schwerkraft (Gravitation) ist dafür verantwortlich, daß ein Apfel zur Erde fällt, aber sie hält auch das Weltall zusammen, bestimmt die Gestalt von Sternensystemen und Galaxien, und sie beeinflußt in ganz entscheidender Weise die Lebensgeschichte von Sternen. Astrophysiker mit ihren immer moderneren Beobachtungsmöglichkeiten vermögen auch Laien faszinierende Einblicke in die Entwicklungsgeschichte von Sternen zu vermitteln. Zu ihrem theoretischen Rüstzeug gehört heutzutage auch EINSTEINS Allgemeine Relativitätstheorie, die sich übrigens nicht nur in der Astrophysik und der Kosmologie bewährt hat, sondern sogar über das Navigationssystem GPS (»Global Positioning System«), das auch dem Autofahrer den Weg weist, Eingang in die Alltagstechnologie gefunden hat. Gernot NEUGEBAUER ging in seinem Vortrag auf drei exotisch anmutende »Endstadien« der Sternenentwicklung ein, die nur im Rahmen der Allgemeinen Relativitätstheorie zu erklären sind: auf Pulsare (Sterne extrem großer Materiedichte, die sehr schnell rotieren und pulsartige Strahlung aussenden), Weiße Zwerge (Sterne, die infolge ihrer hohen Temperatur Strahlung mit größerem »Blauanteil« als z. B. unsere Sonne ausstrahlen, wodurch sie »weißer« erscheinen) und Schwarze Löcher (Gebiete im Kosmos, aus denen nicht einmal Lichtteilchen herausgelangen können).

Ein Autorenreferat liegt nicht vor.

Gewebebildung bei Mensch und Tier: das Knüpfen von Kontakten

Von Brigitte M. Jockusch, Mitglied der Akademie, und Ulrike Fock[1]

Mit 6 Abbildungen

(Kurzfassung des in der Sitzung der Akademie am 26. 2. 2002 gehaltenen Vortrages)

Vielzellige Lebewesen wie Tiere und Pflanzen zeichnen sich dadurch aus, daß sich die Mehrzahl ihrer morphologisch und funktionell unterschiedlichen Zelltypen zu Geweben zusammenschließen, wobei verschiedene Gewebe wiederum zu Organen vereint werden können. In den Geweben sind die Zellen verankert und bilden dazu Adhäsionsverbindungen aus. Der Prozeß der Gewebebildung setzt relativ früh in der Embryogenese ein. So werden im Mausembryo bereits auf dem Acht-Zellen-Stadium Proteine synthetisiert, die eine strukturelle und funktionelle Verbindung benachbarter Zellen herstellen und damit die »Kompaktion« des Embryos bewirken (Kemler et al. 1977), die für die anschließende Entwicklung zur Blastula und der weiteren Embryonalstadien obligatorisch ist.

Die Verankerung von Zellen im Prozeß der Zelladhäsion erfolgt sowohl mit direkt benachbarten Zellen als auch mit der extrazellulären Matrix, die aus sezernierten Proteinen und Glykoproteinen besteht. Matrixsubstanzen bilden ein Schutzgerüst um die Zellen, können erstaunliche Mengen an Wasser binden und dienen als Leitschienen bei der Zellwanderung. Die Verankerung von Zellen im Verband mit Nachbarzellen sowie mit der extrazellulären Matrix verläuft über morphologisch diskrete Kontaktstrukturen, die nicht nur mechanische, sondern auch kommunikative Aufgaben erfüllen: Zahlreiche Signalprozesse werden durch diese Kontakte geleitet, und zwar in beiden Richtungen (im Prozeß des »outside in« und »inside out signalling«). Zelladhäsion ist daher ein biologisches Phänomen, dessen molekulare Basis ein attraktives und aktuelles Forschungsgebiet darstellt. Dabei gilt es ebenso, die Grundlagen der normalen Prozesse aufzuklären wie auch pathologische Entgleisungen zu analysieren, die zu verschiedenen Erkrankungen führen können. Dazu gehören sowohl Erbkrankheiten wie erworbene Krankheiten. Beim Menschen

---

[1] Ulrike Fock ist Stipendiatin der Deutschen Akademie der Naturforscher Leopoldina.

werden z. B. Muskeldystrophien, verschiedene Erkrankungen des Nervensystems und Tumorerkrankungen auf fehlerhafte Kommunikation von gewebebildenden Zellen mit ihrem »Milieu« zurückgeführt. Der Dialog der Zellen mit ihrer Umgebung ist daher nicht nur essentiell für das Überleben, die Vermehrung, die Differenzierung und die Funktionen der einzelnen Zellen, sondern ist ein wesentlicher Faktor in der spezifischen Funktion jedes Gewebes.

Zelladhäsion wird durch Zellkontakte vermittelt

Die Adhäsionsverbindungen der Zellen (Zell-Zell- und Zell-Matrix-Kontakte) sind im Elektronenmikroskop als morphologisch diskrete Spezialisierungen an der Plasmamembran erkennbar. Sie werden durch Proteine aufgebaut, und Proteine vermitteln darin auch als Kommunikatoren zwischen Zelle und Umgebung den bidirektionalen Austausch von Information. Zur Etablierung, Reifung und Dynamik beider Typen von Zellkontakten ist eine Vielzahl von Proteinen erforderlich, die permanent oder transient miteinander wechselwirken. Sowohl der Katalog der Kontaktproteine wie auch ihr Wechselspiel müssen dabei fein reguliert werden. Wenn beispielsweise gesunde Zellen zu metastasierenden Tumorzellen transformieren, geht dies häufig mit einer Veränderung in Zell-Zell- und/oder Zell-Matrix-Kontakten einher, die sowohl deren Proteinausstattung wie auch die Wechselwirkung einzelner Komponenten miteinander betreffen können.

Zellkontakte zeigen eine verblüffende Komplexität

In einem gegebenen Gewebe kommen immer sowohl Zell-Zell- wie Zell-Matrix-Kontakte vor, allerdings in unterschiedlichem Verhältnis und in variabler Ausprägung. Während in Geweben mit dichtem Zellverband wie z. B. Haut, Nieren- oder Leber-Gewebe die Zell-Zell-Kontakte sehr auffällig sind, zeigen Bindegewebszellen, die in lockerem Verbund angeordnet sind, prominente Zell-Matrix-Kontakte (Abb. 1). Die typischen Zell-Zell-Kontakte der Deckgewebe (Epithelien) sind dabei durch Mitglieder der Cadherin-Familie, die Zell-Matrix-Kontakte durch die Proteine der Integrin-Familie gekennzeichnet. Cadherine und Integrine gelten daher als Leitproteine für diese beiden Kontakt-Typen. Beide, Cadherine und Integrine, sind Transmembran-Proteine, deren extrazelluläre Domänen im Fall der Cadherine mit Zellmembranen der Nachbarn, im Fall der Integrine mit Komponenten der extrazellulären Matrix, z. B. mit dem Sekret-Protein Fibronektin, wechselwirken. Beide sind über ihre intrazellulären Domänen mit dem Zytoskelet verbunden, insbesondere mit dem Mikrofilamentsystem der Zellen. Mikrofilamente bestehen hauptsächlich aus fädigen Polymeren des Strukturproteins Aktin, die rasch auf- und abgebaut werden können und sich mit Hilfe anderer Proteine in der Zelle zu par-

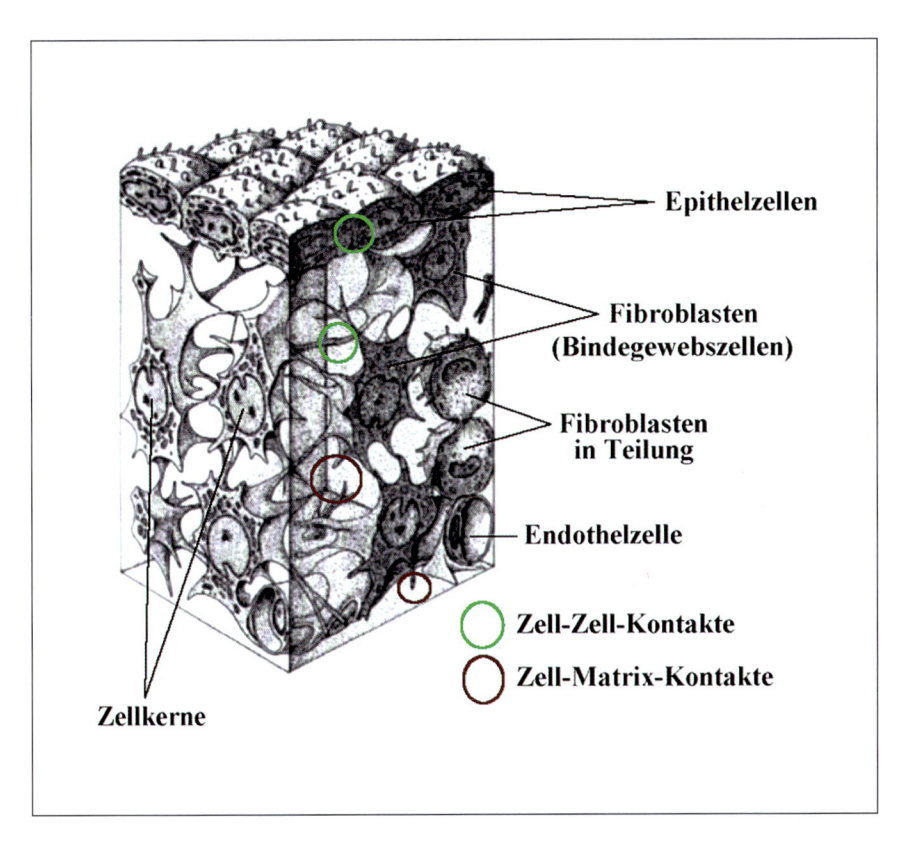

Abb. 1 Schema der Zellkontakte in verschiedenen embryonalen Geweben der Maus (nach KRISTIC 1982). Gezeigt ist ein Gewebeblöckchen aus der Darm-Anlage. Im Deckgewebe bilden die Pflasterstein-artigen Epithelzellen diskrete Zell-Zell-Kontakte, durch die die Zellen dicht aneinander gelagert werden (*grün markiert*). Die darunter liegenden Bindegewebszellen zeichnen sich durch zipfelartige Fortsätze aus, mit denen sie im extrazellulären Raum Kontakt mit der Matrix aufnehmen (*rot markiert*).

allelen Bündeln zusammenlagern. Solche Bündel enden an der Plasmamembran in den Zell-Matrix-Kontakten.

In den 70er Jahren des vorigen Jahrhunderts wurde zunächst angenommen, daß nur ein einziges Protein (»Protein X«) die Verbindung zwischen einzelnen Aktinfilamenten und der Zellmembran herstellt (Abb. 2). In den vergangenen dreißig Jahren wurde jedoch eine Vielzahl von Proteinen als Komponenten der Zell-Kontakte identifiziert (GEIGER et al. 1995). Methodisch war dabei ausschlaggebend, daß monoklonale Antikörper gegen einzelne Kandidatenproteine als hochspezifische Werkzeuge für die Lokalisation in Adhärenz-Verbindungen entwickelt wurden. In Abbildung 3 ist beispielhaft die

Identifizierung des Proteins Vinculin als Bestandteil von Zell-Matrix-Kontakten mittels Immunfluoreszenz gezeigt. Eine Vielzahl ähnlicher Studien, kombiniert mit der Charakterisierung isolierter Komponenten, führte schließlich zu der heute aktuellen Vorstellung, daß die Zell-Kontakte eine Fülle verschiedener Proteine beherbergen (JOCKUSCH et al. 1995, BURRIDGE und CHRZANOWSKAWODNICKA 1996, ZAMIR und GEIGER 2001). Abbildung 4 zeigt einen Katalog der Bestandteile, die in Zell-Matrix-Kontakten gefunden wurden, der

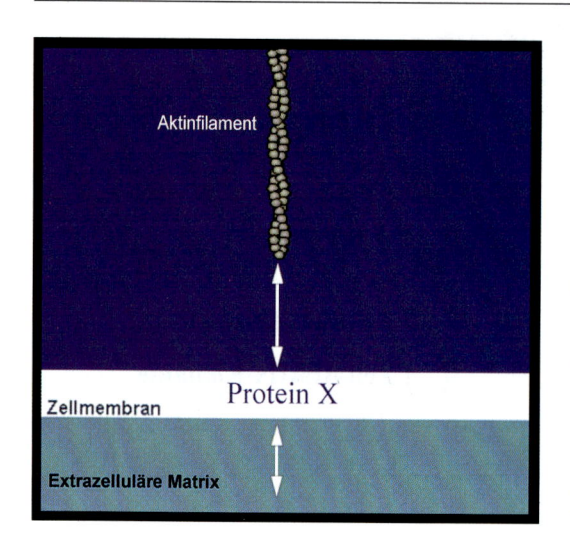

Abb. 2 Ursprüngliche Modellvorstellung zur Anheftung der Aktinfilamente an der Zellmembran, wie sie 1970 diskutiert wurde. Man vermutete, daß in den Zell-Matrix-Kontakten ein einziges, noch unbekanntes Transmembranprotein (»Protein X«) als Brücke die Verbindung zwischen einzelnen Aktinfilamenten im Zytoplasma der Zelle und der extrazellulären Matrix herstellt.

aber keineswegs vollständig ist. Ein Vergleich des in Abbildung 2 dargestellten Modells mit dem Netzwerk in Abbildung 4 macht eines deutlich: Die Zelle benutzt offenbar eine Vielzahl von Wechselwirkungen, die jede für sich von relativ niedriger Affinität sein kann. Auf diese Weise können Bildung, Reifung und Dynamik der Kontakte den jeweiligen Bedürfnissen der Zellen im Geweberband rasch angepaßt und effizient reguliert werden.

Der Katalog der Komponenten läßt sich nach Funktionen ordnen

Die biochemische Charakterisierung gereinigter, häufig in Bakterien rekombinant hergestellter Polypeptide führte zu einer relativ groben Klassifizierung in *strukturelle* (z. B. Talin, Filamin, α-Aktinin und Vinculin) und *regulatorische* Proteine (verschiedene Familien von Kinasen sowie in geringer Kopienzahl vorhandene andere Proteine, die die Hauptkomponenten in ihrer Aktivi-

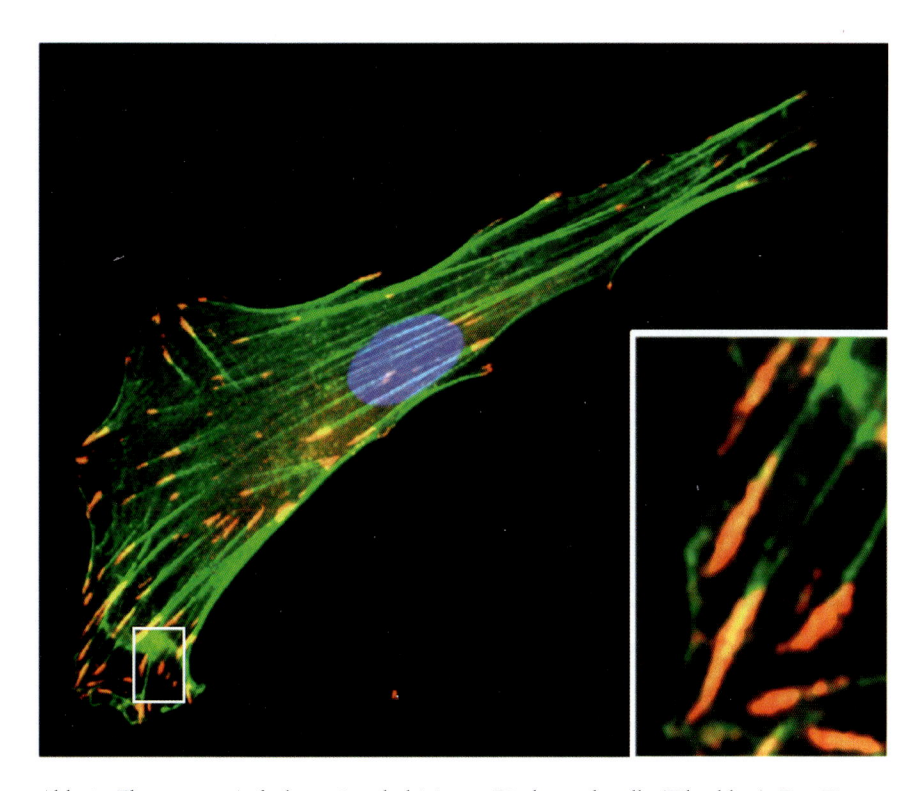

Abb. 3 Fluoreszenz-Aufnahme einer kultivierten Bindegewebszelle (Fibroblast). Der Einsatz Fluorochrom-gekoppelter Antikörper ermöglichte die Lokalisation von Kandidatenproteinen in den Adhäsionskontakten, wie sie hier am Beispiel von Vinculin gezeigt wird. In dieser dreifach gefärbten Aufnahme sind der Zellkern blau, die Aktinfilamentbündel grün markiert. An ihren peripheren Enden, die die Plasmamembran erreichen, ist das Protein Vinculin konzentriert (*rot*) und qualifiziert damit als eine Komponente der speerspitzenförmigen, prominenten Zell-Matrix-Kontakte. Die Überlappung von grün und rot zeigt die räumliche Nähe von Aktin und Vinculin an und ergibt eine gelbe Fluoreszenz (Ausschnittvergrößerung). Aufnahme: S. ILLENBERGER.

tät modifizieren können). Diese Einteilung ist in vielen Fällen unbefriedigend, da wir inzwischen wissen, daß zahlreiche Kontaktproteine eine Doppelfunktion haben. Sie erlaubt aber gewisse generalisierende Aussagen über die Kontakte und erweist sich daher als nützlich.

Die Einteilung in strukturelle und regulatorische Komponenten der Kontakte basiert auf umfangreichen Daten, die mit einer Palette verschiedener Techniken erzielt wurden. Verschiedene methodische Strategien haben sich sehr bewährt. Eine biochemische und biophysikalische Charakterisierung der Eigenschaften einzelner Komponenten muß kombiniert werden mit Lokalisationsstudien, die sowohl Antikörper-basierte Immunfluoreszenz umfassen wie

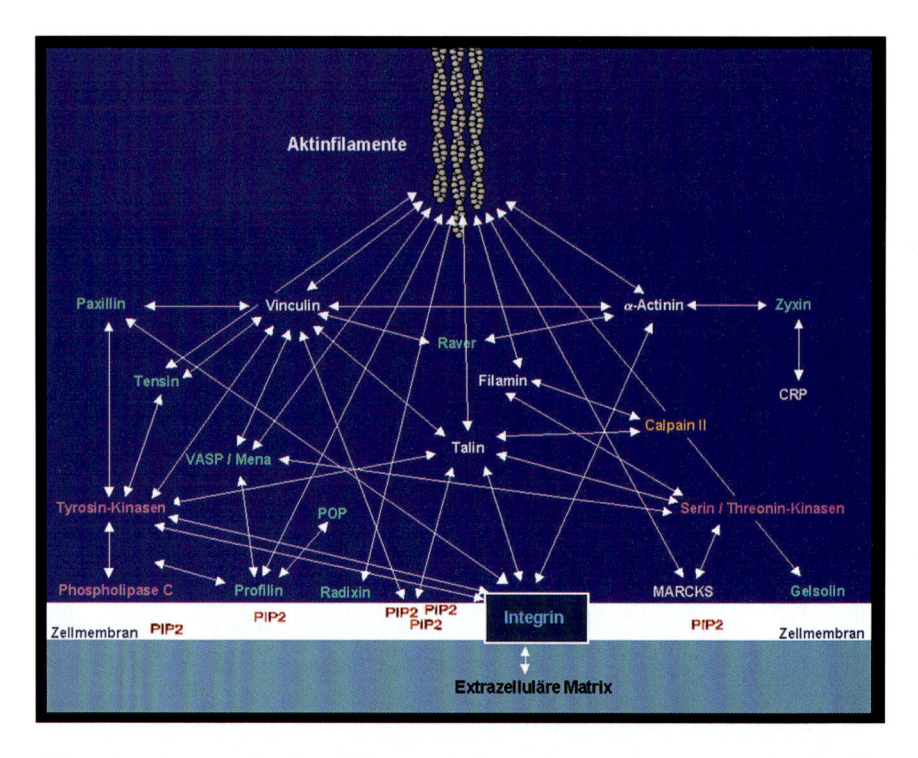

Abb. 4 Ausschnitt aus dem heute bekannten Spektrum der Kontakt-Proteine zu der Aktinfilament-Membran-Verbindung in Zell-Matrix-Kontakten. In diesem Schema sind Daten vieler Arbeitsgruppen enthalten, die in verschiedenen Übersichtsartikeln zitiert sind (z. B. JOCKUSCH et al. 1995, BURRIDGE und CHRZANOWSKAWODNICKA 1996, ZAMIR und GEIGER 2001). Die Doppelpfeile zeigen direkte, biochemisch charakterisierte Wechselwirkungen der Komponenten an. Strukturelle Kontakt-Proteine, wie Vinculin, α-Actinin, Talin und Filamin, werden durch die nichtkovalente Bindung anderer Proteine (*grün*) in ihren Eigenschaften modifiziert. Kinasen und Phosphatasen (*pink*) übertragen oder entfernen kovalent gebundene Phosphatgruppen, die das biochemische Verhalten der so modifizierten Proteine entscheidend ändern. Zur Entstehung der Kontakte müssen zunächst die Transmembranproteine der Integrin-Familie durch Oligomerisierung, Talin durch Bindung an PIP2 und Vinculin durch Konformationsänderung (siehe Abb. 5) aktiviert werden. Ein Netzwerk aller hier dargestellten Komponenten in einem gegebenen Zell-Matrix-Kontakt zu einem definierten Zeitpunkt ist hingegen unwahrscheinlich.

Videomikroskopie an lebenden Zellen, die mit fluoresziierenden Proteinen transfiziert wurden. Weiterhin sollten einzelne Komponenten gezielt ausgeschaltet werden, z. B. durch Deletion des betreffenden Gens oder durch »RNA silencing«. Änderungen in der Zelladhäsion und dem Wanderungsverhalten der betroffenen Zellen nach solchen Manipulationen lassen dann Rückschlüsse auf die Funktion der betroffenen Komponenten zu. Eine Synopse der so erhaltenen Daten sollte Antworten auf eine ganze Reihe von Fragen liefern:

Welche Komponenten sind bereits an der Etablierung der ersten, noch kleinen und punktförmigen Kontakte beteiligt? Gibt es einen Wechsel zu einem anderen Sortiment, das für große, reife Kontakte typisch ist? Welche Proteine beteiligen sich an der beobachteten Dynamik der Kontakte? Letztere wird besonders beim Betrachten kultivierter Zellen deutlich: Während der Zellteilung und der Zellwanderung werden beide Typen von Kontakten aufgelöst und später wieder neu geknüpft. Was passiert beim »Altern« von Kontakten? Bisher können wir nur in Einzelfällen Antworten auf solche Fragen geben.

In naszierenden Zell-Matrix-Kontakten werden zunächst molekulare Verbindungen zwischen wenigen Komponenten hergestellt

Die Analyse kultivierter Bindegewebszellen hat gezeigt, daß der erste Kontakt zwischen einer Zellmembran und Komponenten der extrazellulären Matrix zu Veränderungen in der Membran selbst führt: Die Integrine aggregieren zu einem »Cluster«, und die Konzentration eines membranständigen sauren Phospholipids (Phospho-Inositol-4,5-Bisphosphat, PIP2) wird vorübergehend stark erhöht (McNamee et al. 1993). PIP2 fungiert dabei als ein Mitglied verschiedener Signalketten. Durch Kontakt mit dem Fibronektin der extrazellulären Matrix wird die Konformation einzelner Integrine so verändert, daß sie mit den intrazellulären, membranständigen Adhäsionsproteinen Talin und α-Aktinin wechselwirken (Burridge und Chrzanowskawodnicka 1996). Ebenfalls sehr früh wird das Protein Vinculin in diese Bereiche rekrutiert, vermutlich durch seine Affinität für Talin (Critchley et al. 1991, Burridge 1983). Vinculin (Geiger 1979) ist eine besonders interessante Komponente der Zellkontakte. Es existiert offenbar in allen tierischen Organismen, die echte Gewebe ausbilden können, sowohl in Invertebraten (Nematoden, Insekten) wie in Vertebraten. Das einzige Gen kodiert für ein Polypeptid von 116 kD, das charakteristisch gefaltet ist: Ein N-terminaler, kompakter Kopfbereich ist über eine flexible Halsregion mit einem annähernd stäbchenförmigen Schwanzbereich verbunden (Abb. 5). Die Hauptmenge dieser »Kaulquappen«-ähnlichen-Vinculin-Polypeptide befindet sich in einem intrazellulären Pool, in dem die Moleküle durch eine gut charakterisierte »Kopf-Schwanz«-Interaktion gefaltet (Johnson and Craig 1994) und damit biologisch inaktiv, d. h. unfähig zur Interaktion mit anderen Komponenten, sind. Erst die räumliche Nähe zur Plasmamembran und die Bindung des dort lokalisierten Phospholipids PIP2 entfaltet das Molekül (Abb. 5) und ermöglicht eine Vielzahl von Wechselwirkungen mit anderen Komponenten der Adhäsionskontakte (Hüttelmaier et al. 1998, Zamir and Geiger 2001). Vinculin ist außerdem ein Substrat verschiedener Kinasen und kann daher auch durch Phosphorylierung modifiziert werden (Schwienbacher et al. 1996, Ziegler et al. 2001). In frühen wie in reifen Kontakten ist Vinculin als eine Hauptstrukturkomponen-

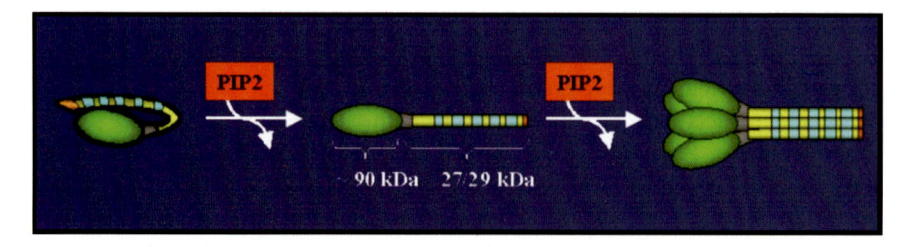

Abb. 5 Molekulare Organisation des Adhäsionsproteins Vinculin (Schema nach HÜTTELMAIER et al. 1998). Die Polypeptidkette ist gefaltet in einen relativ kompakten annähernd globulären N-terminalen Kopf (*grün*) und einen elongierten C-terminalen Schwanz (*gelb*), der fünf α-Helices enthält (BAKOLITSA et al. 1999, *blau*). Beide Domänen sind durch eine flexible Halsregion (*grau*) verbunden. Im inaktiven Zustand ist das Molekül durch eine Kopf-Schwanz-Interaktion gefaltet. Die Bindung an saure Phospholipide wie Phospho-Inositol-4,5-Bisphosphat (PIP2) inhibiert diese Interaktion und streckt das Molekül. Durch diese Konformationsänderung werden Motive zur Bindung verschiedener Liganden exponiert (JOHNSON und CRAIG 1995, HÜTTELMAIER et al. 1998). Außerdem bilden aktivierte Vinculin-Moleküle durch Selbstassoziation der Schwanzteile Oligomere (HÜTTELMAIER et al. 1998), so daß die Ligandenbindung in den Adhäsionskontakten verstärkt werden kann.

te zu finden, gleichzeitig nimmt es aber über seinen Aktivierungsmechanismus auch an der Signalübertragung in Kontaktstellen teil.

Adhäsionsverbindungen wachsen durch konzertierte Aktionen der Komponenten

Ein hypothetisches Modell zu den initial ablaufenden Vorgängen bei der Zell-Matrix-Kontakt-Bildung ist in Abbildung 6 skizziert. Nach Etablierung des ersten Kontakts zwischen den durch die extrazelluläre Matrix aktivierten Integrinen binden diese an Talin und das Aktinfilament-vernetzende Protein α-Aktinin. Vinculin wird zur Membran rekrutiert, durch PIP2 geöffnet und damit aktiviert. Sowohl das globuläre Kopfstück wie auch der Schwanz können dann weitere Verbindungen eingehen, die durch eine Oligomerisierung des Vinculins verstärkt werden: Der Kopf bindet an Talin, im Schwanzbereich werden die Enden der membrannahen Aktinfilamente gebunden und zu pfeilspitzenähnlichen Strukturen gebündelt. Ein weiteres Protein, das »Vasodilator Stimulated Phosphoprotein«, VASP, ist ebenfalls ein Vinculin-Ligand (BRINDLE et al. 1996, REINHARD et al. 1996) und trägt als Adapterprotein zusätzlich zur Aktinbündelung bei (HARBECK et al. 2000). Schließlich müssen in den naszierenden Kontakten auch die Aktinfilamente verlängert werden, um ein Wachstum der reifenden Kontakte zu ermöglichen. Dies geschieht unter Beteiligung des regulatorischen Proteins Profilin (SCHLÜTER et al. 1997), das die monomeren Bausteine der Aktinfilamente, das G-Aktin, herantransportiert. Das quervernetzende Protein α-Aktinin stabilisiert schließlich die gebildeten Aktinfilamente.

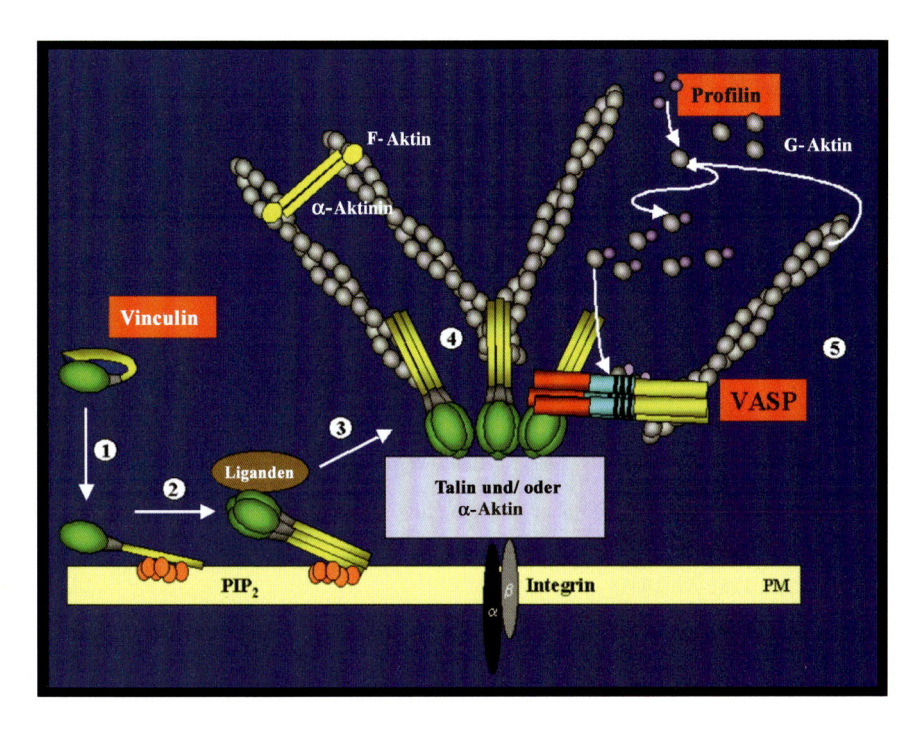

Abb. 6 Initiale Schritte bei der Bildung von Zell-Matrix-Kontakten. Nach Bindung von Talin oder α-Aktinin an heterdimere α/β-Integrine, die in »clustern« vorliegen (nicht gezeigt) erfolgt über die Aktivierung von Vinculin (Schritte 1–5) die Bildung und Stabilisierung der Kontakte, wobei zusätzliche Adaptorproteine wie VASP und regulatorische Proteine wie Profilin beteiligt sind (HÜTTELMAIER 2000). Weitere Einzelheiten siehe Text.

Ausblick

Die Sequenzierung tierischer Genome hat in vielen Fällen zu der Erkenntnis geführt, daß die Zahl der kodierenden Sequenzen geringer ist als erwartet und nicht so weit von der bei Prokaryoten gefundenen abweicht, wie man vermutet hatte. Die Betrachtung der Adhäsionsverbindungen von Zellen, die sich in Zell-Zell- wie in Zell-Matrix-Verbindungen manifestieren, liefert jedoch ein schönes Beispiel dafür, daß die sehr viel höhere Komplexität der eukaryotischen Organismen nicht durch massive Erhöhung der Anzahl der Gene, sondern durch andere Strategien erreicht wird. Bei der tierischen Gewebebildung gehört dazu die konzertierte Interaktion der Komponenten in diskreten, morphologisch gut definierten Strukturen, wobei strukturelle wie regulatorische Moleküle multiple, aber zeitlich und räumlich fein regulierte Wechselwirkungen eingehen können. Die gleichzeitige Nutzung der etablierten Kontakte als Plattformen für die Aufnahme und Weitergabe extra- und intrazellulärer Signale ist eine elegante Lösung der Natur, die zur Verfügung stehenden Ressourcen mehrfach zu nutzen.

Dank

Unser hier geschildertes Bild der Zell-Kontaktbildung beruht auf Originaldaten vieler früherer und gegenwärtiger Mitarbeiter, denen wir zu Dank verpflichtet sind. Für die finanzielle Unterstützung durch die Deutsche Forschungsgemeinschaft (BMJ), den Fonds der chemischen Industrie und durch die Deutsche Akademie der Naturforscher Leopoldina (UF) sind wir ebenfalls sehr dankbar.

Literatur

BAKOLITSA, C., PEREDA, J. M. DE, BAGSHAW, C. R., CRITCHLEY, D. R., and LIDDINGTON, R. C.: Crystal structure of the vinculin tail suggests a pathway for activation. Cell 99, 603–613 (1999)

BRINDLE, N. P. J., HOLT, M. R., DAVIES, J. E., PRICE, C. J., and CRITCHLEY, D. R.: The focal-adhesion vasodilator-stimulated phosphoprotein (VASP) binds to the proline-rich domain in vinculin. Biochem. J. 318, 753–757 (1996)

BURRIDGE, K.,: Studies on alpha-actinin and vinculin: proteins of the adhesion plaque. Anat. Rec. Suppl. 1, 51–65 (1983)

BURRIDGE, K., and CHRZANOWSKAWODNICKA, M.: Focal adhesions, contractility, and signaling. Annu. Rev. Cell Dev. Biol. 12, 463–518 (1996)

CRITCHLEY, D. R., GILMORE, A., HEMMINGS, L., JACKSON, P., McGREGOR, A., OHANIAN, V., PATEL, B., WAITES, G., and WOOD, C.: Cytoskeletal proteins in adherens-type cell-matrix junctions. Biochem. Soc. Trans. 19, 1028–1033 (1991)

GEIGER, B.: A 130 kDa protein from chicken gizzard: its localization at the termini of microfilament bundles in cultured chicken cells. Cell 187, 193–205 (1979)

GEIGER, B., YEHUDA LEVENBERG, S., and BERSHADSKY, A. D.: Molecular interactions in the submembrane plaque of cell-cell and cell-matrix adhesions. Acta Anatomica 154, 46–62 (1995)

HARBECK, B., HÜTTELMAIER, S., SCHLÜTER, K., JOCKUSCH, B. M., and ILLENBERGER, S.: Phosphorylation of the vasodilator-stimulated phosphoprotein regulates its interaction with actin. J. Biol. Chem. 275, 30817–30825 (2000)

HÜTTELMAIER, S.: Aspects of cell adhesion: the function of vinculin and vasodilator-stimulated phosphoprotein VASP in actin-membrane attachment. Diss. TU Braunschweig 2000

HÜTTELMAIER, S., MAYBORODA, O., HARBECK, B., JARCHAU, T., JOCKUSCH, B. M., and RÜDIGER, M.: The interaction of the cell-contact proteins VASP and vinculin is regulated by phosphatidylinositol-4,5-bisphosphate. Current Biol. 8, 479–488 (1998)

JOCKUSCH, B. M., BUBECK, P., GIEHL, K., KROEMKER, M., MOSCHNER, J., ROTHKEGEL, M., RÜDIGER, M., SCHLÜTER, K., STANKE, G., and WINKLER, J.: The molecular architecture of focal adhesions. Annu. Rev. Cell Dev. Biol. 11, 379–416 (1995)

JOHNSON, R. P., and CRAIG, S. W.: An intramolecular association between the head and tail domains of vinculin modulates talin binding. J. Biol. Chem. 269, 12611–12619 (1994)

JOHNSON, R. P., and CRAIG, S. W.: F-actin binding site masked by the intramolecular association of vinculin head and tail domains. Nature 373, 261–264 (1995)

KEMLER, R., BABINET, C., EISEN, H., and JACOB, F.: Surface antigen in early differentiation. Proc. Natl. Acad. Sci. USA 74, 4449–4452 (1977)

KRISTIC, R. V.: Die Gewebe des Menschen und der Säugetiere. Berlin: Springer 1982

McNAMEE, H. P., INGBER, D. E., and SCHWARTZ, M. A.: Adhesion to fibronectin stimulates inositol lipid synthesis and enhances PDGF-induced inositol lipid breakdown. J. Cell Biol. 121, 673–678 (1993)

REINHARD, M., RÜDIGER, M., JOCKUSCH, B. M., and WALTER, U.: VASP interaction with vinculin: A recurring theme of interactions with proline-rich motifs. FEBS Lett. *399*, 103–107 (1996)
SCHLÜTER, K., JOCKUSCH, B. M., and ROTHKEGEL, M.: Profilins as regulators of actin dynamics. Biochim. Biophys. Acta *27*, 97–109 (1997)
SCHWIENBACHER, C., JOCKUSCH, B. M., and RÜDIGER, M.: Intramolecular interactions regulate serine/threonine phosphorylation of vinculin. FEBS Lett. *384*, 71–74 (1996)
ZAMIR, E., and GEIGER, B.: Components of cell-matrix adhesions. J. Cell Sci. *114*, 3577–3579 (2001)
ZIEGLER, W. H., TIGGES, U., ZIESENISS, A., and JOCKUSCH, B. M.: A lipid regulated docking site on vinculin for protein kinase C. J. Biol. Chem. *277*, 7396–7404 (2001)

Prof. Dr. Brigitte M. JOCKUSCH
Technische Universität Braunschweig
Zoologisches Institut
Abteilung Zellbiologie
Spielmannstraße 7
38092 Braunschweig
Bundesrepublik Deutschland
Tel.: ++49 (0) 53 13 91 31 82
Fax: ++49 (0) 53 13 91 82 03
E-Mail: bmj@tu-bs.de

Jahrbuch 2002 der Deutschen Akademie der Naturforscher Leopoldina (Halle/Saale)
LEOPOLDINA (R. 3) 48 (2003): 321–336

Fett – ein janusköpfiger Nährstoff für den Menschen

Von Günther WOLFRAM, Freising-Weihenstephan
Mitglied der Akademie
Mit 4 Abbildungen und 4 Tabellen

(Kurzfassung des in der Sitzung der Akademie am 26. 2. 2002 gehaltenen Vortrages)

Einführung

Fett ist wegen seiner hohen Energiedichte ein wichtiger Energieträger in der Nahrung des Menschen (WOLFRAM 1997). Bei sehr hohem Energiebedarf läßt sich die Energieversorgung aus Volumengründen ohne Fett nicht bewerkstelligen. Fett ist auch Träger von fettlöslichen Vitaminen, deren Bedeutung nicht nur in der Verhinderung von Mangelkrankheiten liegt, sondern bei Vitamin E und β-Carotin auch in der antioxidativen Wirkung gegen die Entwicklung von Arteriosklerose und Krebs. Als Träger von fettlöslichen Geschmacksstoffen ist Fett auch attraktiv und fördert bei geringer körperlicher Aktivität die Entwicklung einer Fettsucht. Die vielfältigen positiven und negativen Wirkungen der verschiedenen Fettsäuren erlauben, von einem janusköpfigen Nährstoff für den Menschen zu sprechen.

Für das Verständnis der Wirkungen von Fett in der menschlichen Ernährung sind zwar die biochemischen und physiologischen Grundlagen sehr wichtig, entscheidend ist jedoch die Wirkung der Nahrungsfettsäuren im Experiment am Menschen selbst in seiner gewohnten Ernährungssituation. Wie bei keinem anderen Nährstoff gilt beim Fett, daß Ernährung nicht einfach die Summe aller lebensnotwendigen Nährstoffe ist, sondern vor allem das Ergebnis von Interaktionen und Synergismen aller Bestandteile einer vollwertigen Ernährung. Aus diesem Grund kann man Ernährung, strenggenommen, nicht in Faktoren zerlegen. Dies ist zwar zur Untersuchung von Ursachen und Wirkungen in der Ernährungsforschung immer wieder notwendig, die dabei erhobenen Befunde müssen aber im Kontext der Ernährung am Menschen selbst, d. h. ganzheitlich und speziesgerecht, abschließend bewertet werden.

Der Ernährungsbericht 2000 der *Deutschen Gesellschaft für Ernährung* weist aus, daß in Deutschland die Zufuhr von Gesamtfett mit 126 %, die von gesättigten Fettsäuren mit 148 % der von den ernährungswissenschaftlichen Gesellschaften herausgegebenen Referenzwerte zu hoch und die Zufuhr von mehrfach ungesättigten Fettsäuren mit 84 % zu niedrig liegt (*Deutsche Gesellschaft für Ernährung* 2000).

Übergewicht

Nach den neuesten Erhebungen haben etwa 50 % der Erwachsenen in Deutschland Übergewicht (BMI > 25) und etwa 20 % eine Fettsucht (BMI > 30) (THEFELD 2000). Dieses Übergewicht ist besonders in seiner androiden Form gefährlich, da als seine Folgen Stoffwechselkrankheiten wie Diabetes, Hyperlipidämie, Hypertonie und Gicht auftreten mit einer vorzeitigen Arteriosklerose wie z. B. Herzinfarkt. Nach neuesten Untersuchungen hat dieses auch Metabolisches Syndrom genannte Krankheitsbild in den USA eine Prävalenz von 23,7 %, wobei diese von 6,7 % in der dritten Lebensdekade bis auf 43,5 % in der siebten Lebensdekade ansteigt (FORD et al. 2002).

Metabolisches Syndrom

Als Ursachen des Metabolischen Syndroms wird die spezielle Anhäufung von Fettgewebe im Abdomen mit vermehrter Lipolyse und nachfolgender Erhöhung der freien Fettsäuren und einer Insulinresistenz diskutiert. Auch Störungen im Hormonhaushalt kommen als Ursache in Frage. In diesem Zusammenhang sind jüngste Ergebnisse mit transgenen Mäusen von besonderem Interesse. Bei der Fettsucht des Menschen sind die Konzentrationen von Corticoiden im Plasma normal, während im Fettgewebe erhöhte Mengen gefunden werden. Das Fettgewebe des Menschen hat eine erhöhte Aktivität der 11 β-Hydroxysteroiddehydrogenase Typ 1 (11 β HSD-1), die aus inaktiven 11 Ketoformen aktive Glucocorticoide bilden kann. Diese transgenen Mäuse exprimieren 11 β HSD-1 im Fettgewebe in einem Ausmaß, wie es im Fettgewebe des fettsüchtigen Menschen zu finden ist. Sie entwickeln erhöhte Konzentrationen von Corticosteroiden im Fettgewebe und gleichzeitig eine Zunahme des abdominalen Fettgewebes. Außerdem besteht ein insulinresistenter Diabetes, eine Hyperlipidämie und eine Hyperphagie. Interessanterweise wurde bei den transgenen Mäusen durch fettreiches Futter die viszerale Fettsucht stärker entwickelt als bei den nicht transgenen Kontrolltieren. Dieses Tiermodell spricht der 11 β HSD-1 eine Schlüsselrolle in der Pathogenese des Metabolischen Syndroms zu und zeigt darüber hinaus, daß fettreiche Ernährung bei den transgenen Tieren verstärkt zu viszeraler Fettsucht und deren Folgen führt (MASUZAKI et al. 2001).

Fett macht fett

Kontrollierte und bilanzierte Untersuchungen am Menschen haben gezeigt, daß Kohlenhydratzufuhr und Kohlenhydratoxidation streng reguliert sind, während die Fettzufuhr auf die Fettoxidation nur einen sehr geringen Einfluß hat (HORTON et al. 1995). So wird nach einer Energiezulage von 50 % in Form von Fett die Fettoxidation kaum gesteigert und diese zusätzliche Fettmenge direkt im Fettgewebe abgelagert. Wir konnten zeigen, daß bei gesunden Versuchspersonen in einer streng kontrollierten Versuchsanordnung, gewissermaßen in einer Stoffwechselkammer, mit einer definierten Energiezufuhr der Vergleich einer kohlenhydratreichen (80 Energieprozent) mit einer fettreichen (68 Energieprozent) Kost nach zwei Wochen zu keinem signifikanten Unterschied im Energieumsatz führt (Tab. 1) (WOLFRAM et al. 1985). Unter kontrollierten Bedingungen herrscht also trotz der vorher geschilderten Unterschiede in der Oxidation von Kohlenhydraten und Fett eine ausgeglichene Regulation in der Oxidation der Energieträger. Dennoch haben in neuerer Zeit umfangreiche Metaanalysen von Interventionsstudien gezeigt, daß bei freiem Zugang zur Nahrung eine fettärmere Ernährung mit einem geringeren Körpergewicht einhergeht (ASTRUP 2001). Dies läßt sich so erklären, daß Fett wegen seiner größeren Energiedichte in kleineren Volumina und auch rascher verzehrt werden kann. Fett ist Träger von Geschmacks- und Aromastoffen, welche die Speisen attraktiver machen. Schließlich löst Fett ein schwächeres Sättigungsgefühl aus als Kohlenhydrate und Eiweiß. Die Einhaltung einer moderaten Fettzufuhr ist für die Prävention der Fettsucht wichtig, für ihre Therapie ist zusätzlich eine negative Energiebilanz unter anderem durch erhöhte körperliche Aktivität unerläßlich.

Tab. 1 Energiebilanz ($\bar{x} \pm s$, MJ/Tag) gesunder Versuchspersonen (n = 6) bei fettreicher (68 en%) und bei kohlenhydratreicher (80 en%) Kost (WOLFRAM et al. 1985)

	Fett-Diät (MJ/Tag)		KH-Diät (MJ/Tag)		Δ (F-KH)
	$\bar{x}$	s	$\bar{x}$	s	$\bar{x}$
Aufnahme	9,98	0,97	9,72	1,02	0,26
Stuhl	1,15	0,33	0,81	0,12	0,34
Urin	0,34	0,06	0,36	0,03	− 0,02
umsetzbare Energie	8,49	0,92	8,55	0,94	− 0,06
Wärme	8,74	1,35	8,94	1,69	− 0,20
Energieretention	− 0,25	0,73	− 0,39	0,93	0,14
Proteinretention	− 0,15	0,19	− 0,04	0,11	− 0,11
Fettretention	− 0,10	0,67	− 0,35	0,87	0,25

Arteriosklerose

Die Fettsucht ist ein wichtiger Manifestationsfaktor mehrerer Stoffwechselkrankheiten wie Diabetes, Dyslipoproteinämie oder Hypertonie, die zu einer vorzeitigen Arteriosklerose, z. B. in Form eines Herzinfarkts, führen können. Erbanlagen und Umwelt, speziell die Ernährung, bestimmen das Geschehen der Atherogenese, das nicht erst im Erwachsenenalter, sondern bereits beim Fetus im Mutterleib als streifenförmige Fetteinlagerungen in der Intima (= *fatty streaks*) seinen Anfang nimmt (NAPOLI et al. 1997). Beim jungen Erwachsenen muß man mit irreversiblen Veränderungen in Form von bindegewebig durchsetzten Plaques (= *fibrous plaques*) rechnen. An den initialen Veränderungen sind Zellen des Endothels, Thrombozyten und Makrophagen, die aus Monozyten des Blutes oder glatten Muskelzellen aus der Media der Gefäßwand entstehen können, beteiligt (Abb. 1). Der Einstrom von LDL-Cholesterin aus dem Blut in die Gefäßwand ist von dessen Konzentration im Blut abhängig, so wie HDL-Partikel in Abhängigkeit von ihrer Konzentration im Blut aus der Gefäßwand Cholesterinester wieder abtransportieren können. Erhöhter Blutdruck, Diabetes und andere Risikofaktoren beschleunigen die Entwick-

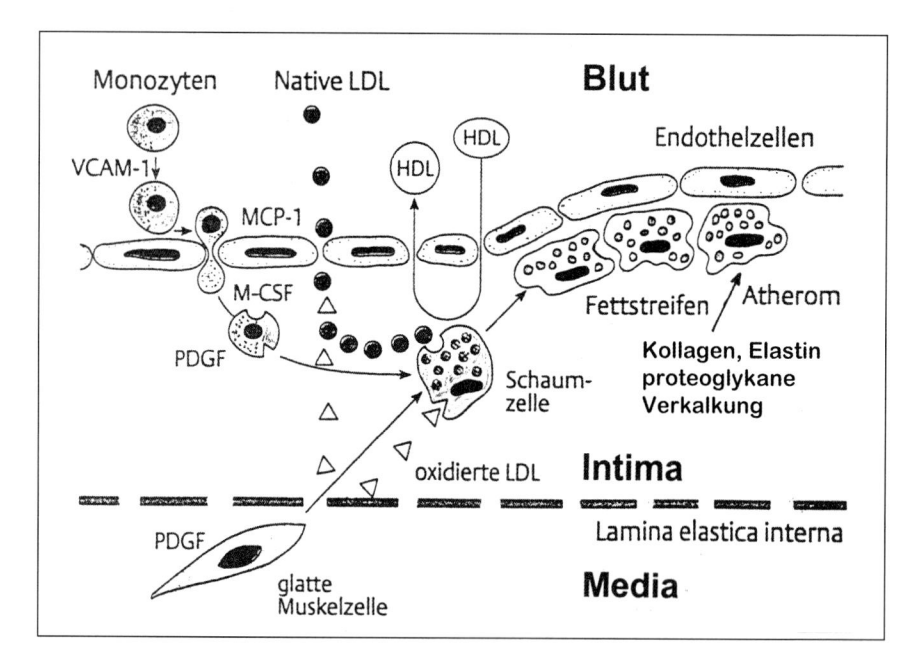

Abb. 1 Grobschematische Darstellung der Atherogenese mit den wichtigsten daran beteiligten Lipoproteinen, Zellen und Zytokinen. Normale LDL (●), oxidierte LDL (△). Nähere Erklärungen im Text (modifiziert nach WOLFRAM 1997a,b).

lung einer vorzeitigen Arteriosklerose. Darüber hinaus sind aber noch weitere Mechanismen wie z.B. eine gestörte Endothelfunktion, ein erhöhter Tonus der Gefäßwand, ein Mangel an Relaxationsfaktoren und eine erhöhte Thrombozytenaggregation an der Atherogenese beteiligt.

In die Intima eingedrungene LDL-Partikel werden von Makrophagen, die aus Monozyten des Blutes oder glatten Muskelzellen der Media gebildet wurden, über den LDL-Rezeptor aufgenommen. Diese Makrophagen wandeln sich durch die erhöhte Einlagerung von Cholesterinestern und anderen Lipiden in Schaumzellen um und bilden die Basis für frühe subendothelial gelegene Fettstreifen. Durch bindegewebige Durchsetzung sowie Einlagerung von Kollagen, Elastin, Proteoglykanen und schließlich Verkalkungen entsteht ein Plaque, der nicht mehr reversibel ist (Abb. 1). Die Ernährung der Intima erfolgt durch Diffusion direkt aus dem Blut, während die Media und Adventitia der Gefäßwand durch Vasa vasorum versorgt werden. Durch die Einlagerung von Fettmaterial kommt es zu einer Verdickung der Intima und letztlich in Folge der längeren Wegstrecken bei der Versorgung zu einer Atrophie der unteren Schichten des Atheroms, was zu einer Ruptur des Atheroms mit Thrombozytenaggregation, Thrombusbildung und den klinischen Folgen eines Arterienverschlusses führen kann.

Fettsäuren

Die biochemischen, physiologischen und funktionellen Eigenschaften der Nahrungsfette werden durch ihre Fettsäuren bestimmt. Hier sollen nur die gesättigten und die mehrfach ungesättigten ω-3- und ω-6-Fettsäuren differenzierter angesprochen werden.

Nahrungsfettsäuren beeinflussen in Abhängigkeit von ihrer Struktur nicht nur die Konzentrationen von Plasmalipoproteinen und die Blutviskosität, sondern dienen in Form von ω-3- und ω-6-Fettsäuren als Ausgangssubstanzen für die Bildung von Eicosanoiden, die unter anderem auf die Thrombusbildung und die Endothelfunktionen Einfluß nehmen. Fettsäuren mit einer großen Zahl von Doppelbindungen sind auch leichter oxidierbar und dadurch ein mögliches atherogenes Risiko (Tab. 2).

Nahrungsfett und Lipoproteine

Erhöhtes LDL-Cholesterin und erniedrigtes HDL-Cholesterin sind gesicherte Risikofaktoren für den Herzinfarkt. Die Beeinflussung des Lipoproteinmusters im Plasma ist deshalb ein wichtiger Faktor bei der ernährungsphysiologischen Beurteilung von Nahrungsfettsäuren. Langkettige gesättigte Fettsäuren heben die Konzentration von LDL-Cholesterin im Plasma doppelt so stark an, wie mehrfach ungesättigte Fettsäuren sie senken. Die einfach ungesättigte Öl-

Tab. 2 Fettsäuren und ihre Wirkungen (wenn sie gegen die gleiche Menge Stärke ausgetauscht werden) (steigend ↑ oder senkend ↓ bzw. günstig + oder ungünstig −)

Fettsäure	Cholesterin LDL	Cholesterin HDL	Triglyzeride VLDL	Viskosität	Eicosanoide	Thrombozyten-Aggregation	Endothel-Funktionen	Transkriptionsfaktoren	Peroxidbildung
Gesättigte Fettsäuren	↑↑	↑	↑	↑		↑			
ω-9-Ölsäure	(↓)	↑	↓	(↓)					↑
ω-6-Linolsäure	↓	(↓	↓	↓		↓	−	○	↑↑
Arachidonsäure					○	↑↑	− −		○	↑↑↑
ω-3-α-Linolensäure	↓	↑/↓	↓	↓		↓	+	○	↑↑↑
EPA/DHA	↑/↓	↑/↓	↓↓	↓↓	○	↓↓	++	○	↑↑↑↑

säure senkt das LDL-Cholesterin nur, wenn sie gesättigte Fettsäuren in der Nahrung ersetzt und dadurch deren cholesterinanhebende Wirkung abschwächt. HDL-Cholesterin wird generell durch Fettzufuhr angehoben, allerdings durch gesättigte Fettsäuren stärker als durch mehrfach ungesättigte Fettsäuren. Diese Einflüsse sind sowohl in zahlreichen kontrollierten experimentellen Ernährungsversuchen wie auch in Populationsstudien bewiesen. Entsprechende Änderungen der Fettzufuhr ändern die Lipoproteine im Plasma nicht nur für einige Tage, sondern auf Dauer.

Gesättigte Fettsäuren

Wegen den ungünstigen Wirkungen von langkettigen gesättigten Fettsäuren auf die Cholesterinkonzentrationen im Plasma haben diese Fettsäuren ein negatives Image. Inzwischen ist bekannt, daß die Myristinsäure (14 : 0), die im Körper synthetisiert werden kann, gleichzeitig ein unentbehrliches Strukturelement der Zellmembran ist. Als *Myristoylated Alanin-Rich C-Kinase-Substrat* (MARCKS) fixiert diese gesättigte Fettsäure das C-Kinase-Enzym an der Innenseite der Zellmembran und ist deshalb eine wichtige Voraussetzung für dessen Funktion (ARBUZOVA et al. 1998). Interessant ist dabei, daß in Makrophagen der Maus das Mac MARCKS durch eine erhöhte Zufuhr von Myristinsäure mit der Nahrung deutlich verstärkt wird (HUBBARD et al. 1996). Die exogene Zufuhr einer nicht essentiellen Fettsäure kann also die Bereitstellung eines Enzymsystems der Zellmembran steigern.

Mehrfach ungesättigte Fettsäuren

Bis vor kurzem wurde die cholesterinsenkende Wirkung der mehrfach ungesättigten Fettsäuren allein auf eine Erhöhung der Aktivität der LDL-Rezeptoren zurückgeführt (DIETSCHY 1998). Neuere Untersuchungen zeigen, daß die mehrfach ungesättigten Fettsäuren über den Peroxisomen-Proliferator-Activated Rezeptor α (PPARα) die Fettsäureoxidation steigern und über das Sterol-Regulatory-Element-Binding Protein-1 (SREBP-1) die Fettsäuresynthese hemmen (JUMP und CLARKE 1999, CLARKE 2001). ω-3-Fettsäuren bilden mit PPARα einen Komplex, der im Zellkern die Transskription von Genen für die Synthese von mehreren Apolipoproteinen, Transportproteinen und Enzymen steigern kann (JUMP und CLARKE 1999). Die Wirkungen der mehrfach ungesättigten Fettsäuren reichen demnach bis zu den Genen, welche den Stoffwechsel von Fettsäuren und Lipoproteinen kontrollieren.

Zusätzlich zu ihren Einflüssen auf LDL- und HDL-Cholesterin im Plasma wirken die Fettsäuren auch durch ihre physikalischen Eigenschaften auf die Fluidität von Membranen der Blutzellen und damit die Viskosität des Blutes. Darüber hinaus beeinflussen Nahrungsfettsäuren über die Faktor-VII-Aktivität und die Plasminogen-Activator-Inhibitor-1-Aktivität (TEMME et al. 1999) sowie durch Senkung des Fibrinogens (SAYNOR und GILLOTT 1992) auch die Gerinnung und damit die Thrombusbildung.

ω-3- und ω-6-Fettsäuren

ω-3- und ω-6- Fettsäuren sind essentiell und müssen mit der Nahrung zugeführt werden. Die Linolsäure (18:2 ω-6) und α-Linolensäure (18:3 ω-3) konkurrieren bei der Synthese ihrer höhermolekularen ungesättigten Vertreter um ein gemeinsames Desaturase-Elongase-Enzymsystem des endoplasmatischen Retikulums der Zelle. Die δ-6-Desaturase hat als erstes Enzym Schrittmacherfunktion und wird durch mehrere Faktoren wie Ernährung, Hormone und Alter des Menschen beeinflußt. Die Affinität der mehrfach ungesättigten Fettsäuren zu diesem Desaturase-Elongase-System nimmt in der Reihenfolge ω-3-, ω-6-, ω-9-Fettsäuren ab. Deshalb hemmt α-Linolensäure die Desaturierung von Linolsäure und noch stärker die von Ölsäure (18:1 ω-9). In unserer üblichen Ernährung überwiegt aber die Linolsäure so stark, daß die Bildung der langkettigen Eicosapentaensäure (20:5 ω-3, EPA) und Docosahexaensäure (22-6 ω-3, DHA) aus α-Linolensäure nur sehr langsam erfolgt (WOLFRAM 1997b). Um die Bildung von längerkettigen ω-3-Fettsäuren nicht zu stark zu behindern, wird in den DACH-Referenzwerten ein Verhältnis von Linolsäure zu α-Linolensäure von 5:1 empfohlen (*Deutsche Gesellschaft für Ernährung* 2000). Interessanterweise liefert dieses Verhältnis auch die besten Ergebnisse bei zentralnervösen Funktionen der Ratte (YEHUDA und CARASSO 1993).

Die Wirkung der längerkettigen ω-3-Fettsäuren ist deutlich stärker als die von α-Linolensäure. Wir konnten in mehrwöchigen Ernährungsversuchen am Menschen mit Formuladiäten, die sich lediglich in ihrem Gehalt an α-Linolensäure und Eicosapentaensäure unterschieden, zeigen, daß in bezug auf die Thrombozytenaggregation und die Blutgerinnung EPA 10 mal wirksamer ist als die α-Linolensäure (ADAM et al. 1984). Da EPA und DHA fast nur mit Seefisch aufgenommen werden können, sollte auch aus diesem Grund auf das bereits zitierte Verhältnis zwischen Linolsäure und α-Linolensäure von 5:1 in der Nahrung geachtet werden.

Die längerkettigen ω-3-Fettsäuren, insbesondere DHA, haben auch als Strukturlipide in Zellmembranen spezielle Wirkungen, so im Nervengewebe, z. B. der Retina bei der Sehfunktion, und im Herzmuskel, wo sie durch Membranstabilisierung eine verminderte Anfälligkeit gegen lebensbedrohliche Herzrhythmusstörungen bewirken sollen (SISCOVICK et al. 1995).

Eicosanoide

Auch bei der Bildung der Eicosanoide konkurrieren längerkettige ω-3- und ω-6-Fettsäuren auf dem Weg zu den Prostanoiden (Thromboxane, Prostzykline) um das Enzym Zyklooxigenase und auf dem Weg zu Leukotrienen um das Enzym Lipoxigenase (WOLFRAM 1997b) (Abb. 2). Durch ein größeres Angebot eines Vertreters der jeweils anderen Fettsäurefamilie können sie sich gegenseitig verdrängen. Daraus folgt, daß es bei therapeutischer Anwendung nicht allein auf eine Erhöhung der Zufuhr von ω-3-Fettsäuren ankommt, sondern auf eine Verbesserung des Verhältnisses von ω-3- zu ω-6-Fettsäuren.

Eicosanoide erfüllen als Gewebshormone und Botenstoffe vielfältige Funktionen in nahezu allen Körpergeweben. Bei der Atherogenese interessieren vor allem die Wirkungen der von Thrombozyten gebildeten Thromboxane, der von den Endothelzellen gebildeten Prostazykline und der von Leukozyten gebildeten Leukotriene, die je nach ihrer Herkunft aus der ω-6- oder der ω-3-Fettsäurenfamilie entgegengesetzte Reaktionen auslösen können (Abb. 2). Sie beeinflussen so wichtige Vorgänge wie Gefäßtonus und Blutdruck, Herzrhythmus, Thrombozytenaggregation, Entzündung und Immunreaktionen.

Zytokine

Neben den Eicosanoiden steuern noch weitere Zytokine Reaktionen im Rahmen der Atherogenese (Abb. 1). Die Haftung der Monozyten am Endothel der Gefäße wird durch das *Vascular Cell Adhesion Molecule* (VCAM-1) verstärkt. Gleichzeitig unterstützt das *Monocyte Chemoattractant Protein* (MCP-1) den Durchtritt der Monozyten durch das Endothel in die Gefäßwand. Der

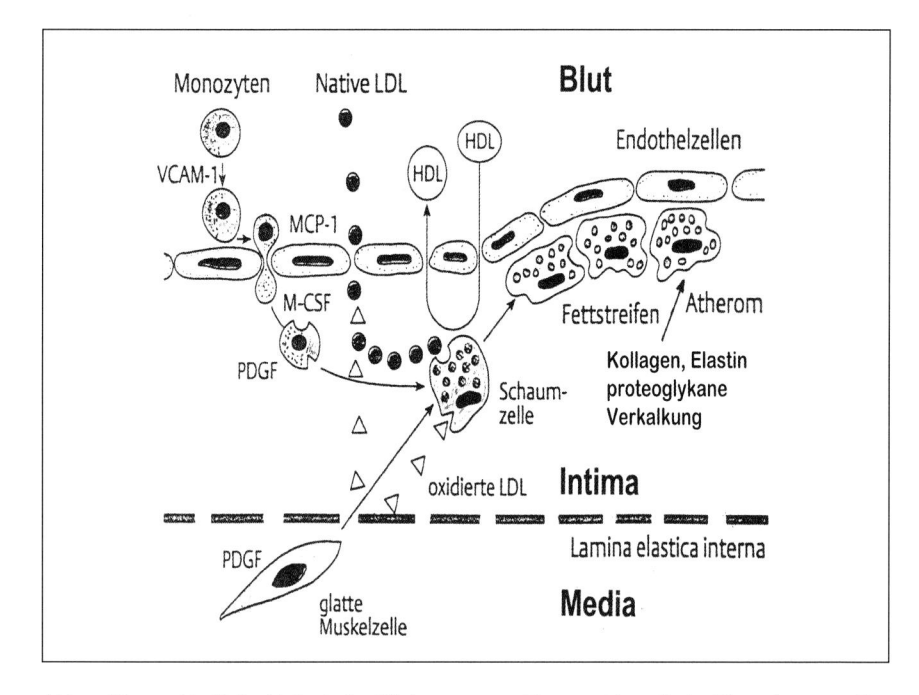

Abb. 2 Unterschiedliche biologische Wirkungen von Eicosanoiden, die in Thrombozyten, Endothelzellen und Leukozyten aus Arachidonsäure (ω-6) und Eicosapentaensäure (ω-3) gebildet werden (WOLFRAM 1997a,b).

Macrophage Colony Stimulating Factor (M-CSF) aktiviert gemeinsam mit dem *Platelet Derived Growth Factor* (PDGF) die Umwandlung von Monozyten in Makrophagen und Schaumzellen. Der PDGF stimuliert auch die Proliferation und Einwanderung glatter Muskelzellen aus der Media in die Intima mit nachfolgender Umwandlung in Schaumzellen. Die Expression dieser Zytokine wird durch Nahrungsfettsäuren unterschiedlich beeinflußt. So stimuliert Linolsäure die Messenger-RNA von MCP-1 und VCAM-1, während α-Linolensäure die dafür zuständigen Gene deutlich weniger induziert (TOBOREK et al. 2002). ω-3-Fettsäuren reduzieren in einem weiteren Versuch ebenfalls die endotheliale Expression von VCAM-1 (DE CATERINA und LIBBY 1996). In einem anderen Ernährungsversuch am Menschen konnte gezeigt werden, daß ω-3-Fettsäuren die Genexpression von PDGF in Monozyten reduzieren und dadurch antiatherogen wirken (KAMINSKI et al. 1993). Dieser Effekt wurde in einem weiteren Ernährungsexperiment am Menschen an nicht stimulierten und stimulierten Monozyten für PDGF und MCP-1 bestätigt (BAUMANN et al. 1999).

Oxidationsprodukte

Mit der Zahl der Doppelbindungen in den Fettsäuren steigt auch das Risiko einer Bildung von Oxidationsprodukten. Nach heutiger Ansicht geht die oxidative Veränderung von Lipoproteinen im Plasma von den mehrfach ungesättigten Fettsäuren aus und erfaßt dann auch Cholesterin und Apoproteine. Freie Radikale, die endogen im Stoffwechsel oder durch exogene Einflüsse wie z. B. Rauchen entstehen, führen zur Oxidation der LDL, und zwar aller Bestandteile: der mehrfach ungesättigten Fettsäuren, des Cholesterins und des Apoproteins B. Oxidativ verändertes LDL wird nicht mehr über den durch den Cholesteringehalt der Zelle gesteuerten LDL-Rezeptor, sondern über den nicht regulierten Scavenger-Rezeptor in die Makrophagen aufgenommen (Abb. 1). Da dieser Rezeptor nicht vom Cholesteringehalt der Zelle gesteuert wird, kommt es zur Anhäufung von Lipiden und zur stärkeren Ausbildung von Schaumzellen, die wesentliche Bestandteile des Atheroms sind.

Wir haben mehrere Versuche *ex vivo* und *in vivo* am Menschen dem Vorkommen von Cholesterinoxidationsprodukten (COP) in Lebensmitteln, deren Absorption und ihrer Verteilung in Plasmalipiden gewidmet (LINSEISEN und WOLFRAM 1998). Wir konnten zeigen, daß diese COP in lange gelagerten Lebensmitteln wie Salami oder Parmesan in größeren Mengen enthalten sind und aus dem Darm absorbiert werden. Im Blut steigen die COP an und verteilen sich in alle Lipoproteinfraktionen (Abb. 3) (LINSEISEN und WOLFRAM 1998a,b). In weiteren Versuchen am Menschen konnten wir zeigen, daß durch eine erhöhte Aufnahme von Vitamin E und β-Carotin die Ausbildung von COP reduziert wird (LINSEISEN et al. 1998). Dies spricht dafür, daß durch eine erhöhte Zufuhr von antioxidativ wirksamen Substanzen die Bildung von COP gehemmt werden kann. Allerdings können Ballaststoffe in der Nahrung die antioxidative Wirkung von α-Tocopherol und β-Carotin reduzieren (HOFFMANN et al. 1999) wie andere Biosubstanzen, z. B. Kaffeesäure und Quercetin, ihre Wirkungen potenzieren (YEOMANS et al. 2000, 2001).

Die im Reagensglas nachgewiesenen antioxidativen Wirkungen von Vitamin E, β-Carotin und Vitamin C ließen sich bisher in Interventionsstudien durch die Supplementierung der üblichen Ernährung des Menschen mit hohen Dosen dieser Vitamine nicht in erfolgreiche Prävention umsetzen (WOLFRAM und FREMANN 2000). Mehrere große Interventionsstudien mit den antioxidativen Vitaminen C, E oder β-Carotin in Form von Tabletten führten zu keinem überzeugenden Erfolg, weder gegen Herzinfarkt noch gegen Krebs. Interessant ist eine neuere Kohorten-Studie, die an fast 35000 Frauen nach der Menopause mit einer Supplementierung von Vitamin E im Bereich von 25 bis über 250 mg pro Tag nach 7 Jahren keinen Einfluß auf die Häufigkeit der koronaren Todesfälle zeigen konnte (KUSHI et al. 1996). In der gleichen Studie konnte aber eine deutliche inverse Korrelation zwischen der Aufnahme von Vitamin E mit

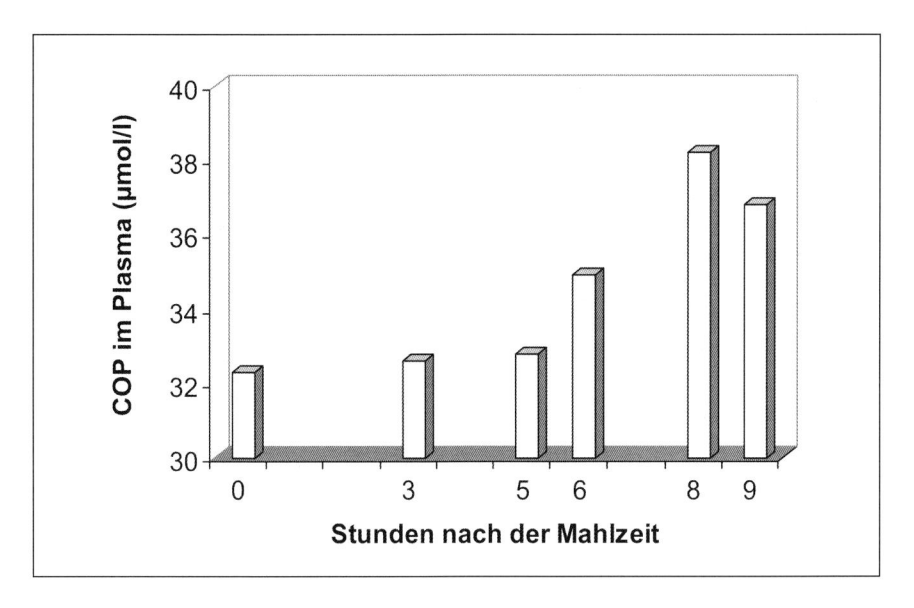

Abb. 3 Veränderungen der Konzentrationen von Cholesterinoxidationsprodukten (COP) (Summe aus 7 verschiedenen COP) im Plasma nach Zufuhr von 150 g Salami und 150 g Parmesan (n = 5) (LINSEISEN und WOLFRAM 1998a,b).

der Nahrung in Mengen von 5 bis mehr als 10 mg pro Tag und den koronaren Todesfällen gezeigt werden. Allerdings waren in der Gruppe mit der höchsten Vitamin-E-Zufuhr in der Nahrung weniger Raucher und auch Menschen mit deutlich höherer körperlicher Aktivität. Die antioxidative Kapazität des Menschen besteht aus einer ineinander greifenden Kaskade mehrerer antioxidativ wirksamer Reaktionen. Deshalb kann man durch die Gabe einer einzigen Substanz in höherer Dosis, z. B. als Vitamintablette, nicht das ganze System in seiner antioxidativen Kapazität steigern, sondern nur durch eine vollwertige Ernährung mit einer Vielfalt von antioxidativen Substanzen in ausreichenden Mengen.

Nahrungsfette und Arteriosklerose

In einer Fülle von epidemiologischen Kohorten- und Interventionsstudien wurde der Einfluß von Nahrungsfetten und von einzelnen Fettsäuren auf das Risiko für den Herzinfarkt und die Gesamtmortalität untersucht (WOLFRAM und FREMANN 2000, 2001). In mehreren Interventionsstudien sehr gut belegt ist die schützende Wirkung von ω-3-Fettsäuren, insbesondere von den langkettigen EPA und DHA, vor dem Herzinfarkt, begleitet von einer Absenkung der Gesamtmortalität. Beim Einsatz von α-Linolensäure ist aus den genannten Gründen auch auf das Verhältnis zur Linolsäure von etwa 1:5 zu achten. Gut belegt ist auch die vor der Koronarsklerose schützende Reduktion gesättigter Fettsäuren in der Nahrung. Für einzelne weitere Fettsäuren bzw. Merkmale der Fettzufuhr sind die epidemiologischen Befunde nicht so überzeugend. Dennoch wurde in einer großen Metaanalyse von Interventionsstudien zum Einfluß von Nahrungsfett (ohne ω-3-Fettsäuren) auf die Prävention von Herzkreislaufkrankheiten die Wirksamkeit einer Ernährungsintervention mit Fettreduktion bzw. Modifikation nachgewiesen. Diese Auswertung von 27 randomisierten, kontrollierten klinischen Studien (30902 Personenjahre von deutlich mehr Männern als Frauen) kommt zu dem Ergebnis, daß die kardiovaskulären Ereignisse signifikant um 16 % (RR = 0,84) und, bei Eingrenzung auf Studien mit mehr als zwei Jahren Dauer, um 24 % (RR = 0,76) signifikant gesenkt worden sind (HOOPER et al. 2001). Da die Arteriosklerose schon früh beginnt und sich über Jahrzehnte entwickelt, ist verständlich, daß eine Studiendauer von mehr als zwei Jahren einen Erfolg mit größerer statistischer Sicherheit bringt. Die Richtwerte für die Fettzufuhr (Tab. 3) sind das Ergebnis zahlreicher Untersuchungen zur Physiologie, Pathophysiologie und Epidemiologie der Ernährung (*Deutsche Gesellschaft für Ernährung* 2000). Die Forderung nach einem günstigen Verhältnis von ω-3- zu ω-6-Fettsäuren wird am besten mit Leinöl und Rapsöl sowie einmal in der Woche Seefisch erfüllt.

Tab. 3 Richtwerte für die Fettzufuhr (DACH-Referenzwerte 2000)

Die **Gesamtfettzufuhr** sollte bei Personen – mit leichter Arbeit nicht mehr als **30% der Energie,** kann aber – bei nennenswerter Muskelarbeit **35% der Energie** und – bei Schwerstarbeit **40% der Energie** betragen. **Gesättigte Fettsäuren** liefern nicht mehr als **10% der Energie.** **Mehrfach ungesättigte Fettsäuren** können **7% der Energie,** oder sogar **10% der Energie** erreichen, wenn die Zufuhr von gesättigten Fettsäuren **10% der Energie** überschreitet. Das **Verhältnis** von Linolsäure **(n-6)** zu α-Linolensäure **(n-3)** sollte bei **5 : 1** liegen. **Einfach ungesättigte Fettsäuren** können die Differenz zu empfohlenen Gesamtfettzufuhr abdecken. **Trans-Fettsäuren** sollten weniger als **1% der Energie** liefern.

Vollwertige Ernährung

Ernährung ist nicht einfach die Summe aller lebensnotwendigen Nährstoffe, sondern das Ergebnis von Interaktionen und Synergismen aller Bestandteile einer vollwertigen Ernährung. Eingebetet in eine vollwertige Ernährung sind Maßnahmen der Fettreduktion und Fettmodifikation noch wesentlich wirksamer. In den USA wurde in einer Kohortenstudie mit 44875 Männern im Alter von 50–75 Jahren im Verlauf von 8 Jahren in der Quintile mit der erfolgreichsten Umsetzung einer *Prudent Diet* eine Senkung des Risikos der koronaren Herzkrankheit um 25 % in Vergleich zu der Quintile mit der geringsten Umsetzung dieser *Prudent Diet* festgestellt (HU et al. 2000) (Tab. 4). Die Kennzahlen der Ernährung der letzteren Quintile sind mit den Daten für die deutsche Bevölkerung aus dem Ernährungsbericht 2000 der *Deutschen Gesellschaft für Ernährung* vergleichbar, während die Zusammensetzung der Ernährung in der erstgenannten Quintile einer vollständigen Ernährung gemäß den DACH-Referenzwerten entspricht (Abb. 4). Daß derartige Ernährungsregeln auch bevölkerungsweit umsetzbar sind, beweisen die Ergebnisse einer *Public Health Nutrition Campagne* in Finnland, wo im Verlauf von zwei Jahrzehnten eine signifikante Veränderung der Ernährungssituation mit Senkung der Risikofaktoren für den Herzinfarkt und der Herzinfarktfälle erreicht werden konnte (VARTIAINEN 1994).

Zusammenfassung

Fett ist wegen seiner hohen Energiedichte ein wichtiger Energieträger in der Nahrung des Menschen. Es wird auch von fettlöslichen Vitaminen begleitet, so daß die Aufnahme einer bestimmten Fettmenge mit der Nahrung notwendig

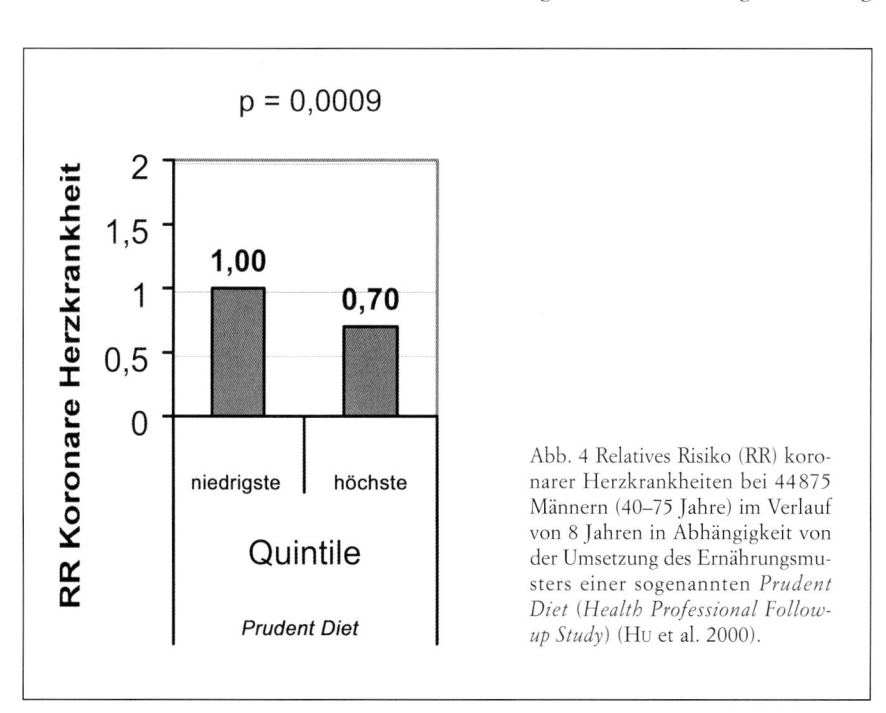

Abb. 4 Relatives Risiko (RR) koronarer Herzkrankheiten bei 44 875 Männern (40–75 Jahre) im Verlauf von 8 Jahren in Abhängigkeit von der Umsetzung des Ernährungsmusters einer sogenannten *Prudent Diet* (*Health Professional Follow-up Study*) (HU et al. 2000).

Tab. 4 Kennzahlen der Ernährung nach *Prudent Diet* (hoher Verzehr von Gemüse, Hülsenfrüchten, Obst, Vollkornprodukten, Seefisch, Geflügel) Ernährungsbericht 2000 und DACH-Referenzwerte

Energie	%	Umsetzung der *Prudent Diet*		EB 2000	Referenzwerte
		niedrig	hoch	»ist«	»soll«
Gesamtfett	%	37	30	38	30
Gesättigtes Fett	%	12	9	14	< 10
Mehrf. ungesätt. Fett	%	6	6	6	7
Protein	%	16	20	14	10
Kohlenhydrate	%	43	49	42	55
Alkohol	g/d	11	12	23	20
Ballaststoffe	g/d	15	28	24	> 30
Cholesterin	mg/d	322	288	419	300

ist, um einem Vitaminmangel vorzubeugen. Fett enthält aber auch Geschmacksstoffe, welche dazu verführen, davon mehr als nötig zu konsumieren. Eine fettreiche Ernährung begünstigt die Entwicklung einer Fettsucht und des Metabolischen Syndroms. Die Fettsäuren der Nahrungsfette sind über ihren Energiegehalt hinaus verantwortlich für vielfältige weitere – positive und negative – Wirkungen. Gesättigte Fettsäuren haben einerseits unverzichtbare Strukturaufgaben in jeder Zelle (z. B. MARCKS) und können andererseits die Konzentration des LDL-Cholesterins im Plasma und damit das Risiko für einen Herzinfarkt erhöhen. ω-3 und ω-6 mehrfach ungesättigte Fettsäuren müssen mit der Nahrung zugeführt werden und sind Ausgangssubstanzen von Botenstoffen (Eicosanoiden), welche in Thrombozyten, Leukozyten und Endothelzellen gebildet, auf den Kreislauf, den Blutdruck, den Herzrhythmus und die Atherogenese Einfluß haben. Darüber hinaus haben diese Fettsäuren unterschiedliche Wirkungen auf die Expression von weiteren Zytokinen und auf Transkriptionsfaktoren mit zentraler Bedeutung für den Stoffwechsel. Aus diesen Gründen muß wie bei keinem anderen Nährstoff beim Nahrungsfett Qualität vor Quantität stehen.

Literatur

ADAM, O., WOLFRAM, G., und ZÖLLNER, N.: Diätische Beeinflussung der Thrombozytenaggregation und der Blutungszeit durch Linolen- und Eicosapentaensäure (EPA). Ernährungsumschau *8*, 241–242 (1984)

ARBUZOVA, A., MURRAY, D., and MCLAUGHLIN, S.: Marcks, membranes, and calmodulin: kinetics of their interaction. Biochimica et Biophysica Acta *1376*, 369–379 (1998)

ASTRUP, A.: The role of dietary fat in the prevention and treatment of obesity. Efficacy and safety of low-fat diets. Int. J. Obesity *25*, 546–550 (2001)

BAUMANN, K. H., HESSEL, F., LARASS, I., MÜLLER, T., ANGERER, P., KIEFL, R., und SCHACKY, C. VON: Dietary ω-3, ω-6, and ω-9 unsaturated fatty acids and growth factor and cytokine gene expression in unstimulated and stimulated monocytes. Arterioscler. Thromb. Vasc. Biol. *19*, 59–66 (1999)

CLARKE, S. D.: Polyunsaturated fatty acid regulation of gene transcription: A molecular mechanism to improve the metabolic syndrome. J. Nutr. *131*, 1129–1132 (2001)

CATERINA, R. DE, and LIBBY, P.: Control of endothelial leukocyte adhesion molecules by fatty acids. Lipids *31*, 57–63 (1996)
Deutsche Gesellschaft für Ernährung, Österreichische Gesellschaft für Ernährung und Schweizerische Gesellschaft für Ernährung (Hrsg.): Referenzwerte für die Nährstoffzufuhr. Umschau-Braus, 1. Auflage. Frankfurt am Main 2000
Deutsche Gesellschaft für Ernährung: Ernährungsbericht 2000. Frankfurt am Main: Druckerei Henrich 2000
DIETSCHY, J. M.: Dietary fatty acids and the regulation of plasma low density lipoprotein cholesterol concentrations. J. Nutr. *128*, 444–448 (1998)
FORD, E. S., GILES, W. H., and DIETZ, W. H.: Prevalence of the metabolic syndrome among US adults: findings from the third National Health and Nutrition Examination Survey. JAMA *287*, 356–359 (2002)
HOFFMANN, J., LINSEISEN, J., RIEDL, J., and WOLFRAM, G.: Dietary fiber reduces the antioxidative effects of a carotenoid and alpha-tocopherol mixture on LDL oxidation ex vivo in humans. Eur. J. Nutr. *38*, 278–285 (1999)
HOOPER, L., SUMMERBELL, C. D., HIGGINS, J. T., THOMPSON, R. L., CAPPS, N. E., SMITH, G. D., RIEMERSMA, S. R., and EBRAHIM, S.: Dietary fat intake and prevention of cardiovascular disease: systematic review. BMJ *322*, 757–763 (2001)
HORTON, T. J., DROUGAS, H., BRACHEY, A., REED, G. W., PETERS, J. C., and HILL, J. O.: Fat and carbohydrate overfeeding in humans: different effects on energy storage. Amer. J. Clin. Nutr. *62*, 19–29 (1995)
HU, F. B., RIMM, E. B., STAMPFER, M. J., ASCHERIO, A., SPIEGELMAN, D., and WILLETT, W. C.: Prospective study of major dietary patterns and risk of coronary heart disease in men. Amer. J. Clin. Nutr. *72*, 912–921 (2000)
HUBBARD, N. E., SOCOLICH, R. J., and ERICKSON, K. L.: Dietary myristic acid alters acylated proteins in activated murine macrophages. J. Nutr. *126*, 1563–1570 (1996)
JUMP, D. B., and CLARKE, S. D.: Regulation of gene expression by dietary fat. Annu. Rev. Nutr. *19*, 63–90 (1999)
KAMINSKI, W. E., JENDRASCHAK, E., KIEFL, R., and SCHACKY, C. VON: Dietary ω-3 fatty acids lower levels of platelet-derived growth factor mRNA in human mononuclear cells. Blood *81*, 1871–1879 (1993)
KUSHI, L., FOLSOM, A., PRINEAS, R., MINK, P., WU, J., and BOSTICK, R.: Dietary antioxidant vitamins and death from coronary heart disease in postmenopausal women. New Engl. J. Med. *334*, 1156–1162 (1996)
LINSEISEN, J., HOFFMANN, J., RIEDL, J., and WOLFRAM, G.: Effect of a single oral dose of antioxidant mixture (vitamin E, carotenoids) on the formation of cholesterol oxidation products after ex vivo LDL oxidation in humans. Eur. J. Med. Res. *3*, 5–12 (1998)
LINSEISEN, J., and WOLFRAM, G.: Absorption of cholesterol oxidation products from ordinary foodstuff in humans. Ann. Nutr. Metab. *42*, 221–230 (1998)
LINSEISEN, J., and WOLFRAM, G.: Origin, metabolism, and adverse health effects of cholesterol oxidation products. Fett/Lipid. *100*, 211–218 (1998)
MASUZAKI, H., PATERSON, J., SHINYAMA, H., MORTON, N. M., MULLINS, J. J., SECKL, J. R., and FLIER, J. S.: A transgenic model of visceral obesity and the metabolic syndrome. Science *294*, 2166–2170 (2001)
NAPOLI, C., D'ARMIENTO, F. P., MANCINI, F. P., POSTIGLIONE, A., WITZTUM, J. L., PALUMBO, G., and PALINSKI, W.: Fatty streak formation occurs in human fetal aortas and is greatly enhanced by maternal hypercholesterolemia. Intimal accumulation of low density lipoprotein and its oxidation precede monocyte recruitment into early atherosclerotic lesions. J. Clin. Invest. *100*, 2680–2690 (1997)
SAYNOR, R., and GILLOTT, T.: Changes in blood lipids and fibrinogen with a note on safety in a long term study on the effects of ω-3 fatty acids in subjects receiving fish oil supplements and followed for seven years. Lipids *27*, 533–538 (1992)

SISCOVICK, D. S., RAGHUNATHAN, T., KIND, I., et al.: Dietary intake and cell membrane levels of long-chain n-3 polyunsaturated fatty acids and the risk of primary cardiac arrest. J. Amer. Med. Assoc. *274*, 1363–1367 (1995)
THEFELD, W.: Verbreitung der Herz-Kreislauf-Risikofaktoren Hypercholesterinämie, Übergewicht, Hypertonie und Rauchen in der Bevölkerung. Bundesgesundheitsbl.-Gesundheitsforsch.-Gesundheitsschutz. *43*, 415–423 (2000)
TEMME, E. H., MENSINK, R. P., and HORNSTRA, G.: Effects of diets enriched in lauric, palmitic or oleic acids on blood coagulation and fibrinolysis. Thromb. Haemost. *81*(2), 259–263 (1999)
TOBOREK, M., LEE, Y. W., GARRIDO, R., KAISER, S., and HENNING, B.: Unsaturated fatty acids selectively induce an inflammatory environment in human endothelial cells. Amer. J. Clin. Nutr. *75*, 119–125 (2002)
VARTIAINEN, E., PUSKA, P., PEKKANEN, J., TUOMILEHTO, J., and JOUSILAHTI, P.: Changes in risk factors explain changes in mortality from ischaemic heart disease in Finland. BMJ *309*, 23–27 (1994)
WOLFRAM, G.: Fett als Energieträger, Träger von essentiellen Fettsäuren und von fettlöslichen Inhaltsstoffen: Empfehlung zur Fettzufuhr Gesunder. In: WENK, C., AMADO, M., und DUPUIS, M. (Eds.): Fett in Nahrung und Ernährung. S. 153–159. Stuttgart: Wiss. Verl.-Ges. 1997
WOLFRAM, G.: Was sind und wie wirken ω-3 Fettsäuren? Ern. Umschau. *44S*, 36–41 (1997)
WOLFRAM, G., und FREMANN, D.: Krankheitsprophylaxe mit vollwertiger Ernährung. In: *Deutsche Gesellschaft für Ernährung* (Ed.): Ernährungsbericht 2000. Frankfurt: Druckerei Henrich GmbH 2000
WOLFRAM, G., und FREMANN, D.: Referenzwerte mit Gewähr – Richtwerte für die Fettzufuhr. Ern. Umschau *48*, 274–283 (2001)
WOLFRAM, G., KIRCHGESSNER, M., MÜLLER, H. L., und HOLLOMEY, S.: Energiebilanzversuche mit fettreicher Diät beim Menschen. Ann. Nutr. Metab. *29*, 23–32 (1985)
YEHUDA, S., and CARASSO, R. L.: Modulation of learning, pain thresholds, and thermoregulation in the rat by preparations of free purified α-linolenic and linoleic acids: Determination of the optimal ω3-to-ω6 ratio. Proc. Natl. Acad. Sci. USA *90*, 10345–10349 (1993)
YEOMANS, V., LINSEISEN, J., GRASSMANN, J., and WOLFRAM, G.: Synergistic interaction of quercetin and caffeic acid during low density lipoprotein oxidation and their structural relationship. Ann. Nutr. Metab. *45* (Suppl. 1), 324 (2001)
YEOMANS, V., LINSEISEN, J., und WOLFRAM, G.: Synergieeffekte von Kaffeesäure, Ascorbinsäure und a-Tocopherol auf die oxidative Stabilität von LDL. Proc. Germ. Nutr. Soc. *2*, 39 (2000)

Prof. Dr. med. Günther WOLFRAM
Department für Lebensmittel und Ernährung
Technische Universität München
Lehrstuhl für Ernährungslehre
Alte Akademie 16
85350 Freising-Weihenstephan
Tel.:   ++49 (0) 81 61 71 37 60
Fax: ++49 (0) 81 61 71 39 31
E-Mail: gwolfram@wzw.tum.de

Jahrbuch 2002 der Deutschen Akademie der Naturforscher Leopoldina (Halle/Saale)
LEOPOLDINA (R. 3) 48 (2003): 337–354

Immuntherapie maligner Tumore der Haut: Eine Bestandsaufnahme

Von Wolfram STERRY, Mitglied der Akademie, Peter WALDEN und Uwe TREFZER, Berlin

Mit 9 Abbildungen und 1 Tabelle

(Kurzfassung des in der Sitzung der Akademie am 26. 3. 2002 vom Erstautor gehaltenen Vortrages)

1. Einleitung

Maligne Tumoren der Haut sind die häufigste Krebsart des Menschen geworden. Unter den bekannten Ursachen, die dieser seit Jahrzehnten anhaltenden Zunahme der Inzidenz zugrunde liegen, ist am ehesten der unkritische Umgang mit dem Sonnenlicht zu nennen. Unsere Bürger setzen sich nicht nur während der Sommerzeit und in den Ferien vermehrt der UV-Strahlung aus, sondern verbringen auch während der Wintermonate ihre Urlaube in Regionen mit hoher UV-Belastung. Häufig wird die unpigmentierte Haut dann überfallsartig der tropischen Sonne ausgesetzt, so daß die Reparaturmechanismen des Organismus vollständig überfordert werden. Hinzu kommen noch weitere schädigende Einflüsse, wie etwa der zu häufige Besuch von Solarien.

Das Ultraviolettlicht führt in Abhängigkeit von der Wellenlänge zu DNA-Schäden, die beim UVB in der Regel über eine Pyrimidindimer-Bildung mit fehlerhafter Reparatur ablaufen. Derartige fehlerhafte Reparaturvorgänge lassen sich auch anhand der hinterlassenen typischen Sequenz in Tumorzellen nachweisen und sind ein sicheres Indiz für eine UV-Ätiologie eines Hauttumors. Demgegenüber induziert UVA-Licht über freie Radikale Schäden der DNA. Darüber hinaus beeinflußt das UV-Licht das Immunsystem, wobei nicht nur eine lokale Immunsuppression beobachtet wird, sondern auch an unbestrahlten Hautarealen systemische immunsuppressive Effekte beobachtet werden können.

Bedingt durch die soeben geschilderten Ursachen ist es zu einer rasanten Zunahme des Hautkrebs gekommen, die die Medizin in der Früherkennung und auch in der Therapie vor neue, auch von der numerischen Situation her nie da gewesene Probleme stellt. Vor diesem Hintergrund haben sich immuntherapeutische Verfahren in den letzten Jahren einen zunehmenden Stellenwert verschafft, und die Entwicklung dieser neuen Behandlungsmöglichkeiten ist noch keineswegs abgeschlossen. Grundsätzlich ist zwischen spezifischen immuntherapeutischen Ansätzen, bei denen Antigene des jeweiligen Tumors (tumorassoziierte Antigene, TAA) gezielt zur Immunstimulation eingesetzt werden, und unspezifischen immuntherapeutischen Prinzipien, bei denen im wesentlichen das angeborene Immunsystem aktiviert wird und wodurch ebenfalls eine Rückbildung von Tumoren erreicht werden kann, zu unterscheiden. Bevor diese einzelnen therapeutischen Optionen näher geschildert werden, soll zunächst auf die wichtigsten Tumortypen der menschlichen Haut eingegangen werden.

2. Häufige Tumorentitäten der Haut

Mit Abstand die häufigste Tumorart des Menschen überhaupt ist das Plattenepithelkarzinom der Haut (Tab. 1). Wie alle Karzinome durchläuft es eine aus vielen Schritten bestehende Entwicklung, an deren Anfang ein auf das Epithel beschränktes Tumorwachstum steht (*In-situ*-Karzinom) und an deren Ende metastasierungsfähige Tumorzellen stehen können. Unter den Ursachen für das Plattenepithelkarzinom steht das UV-Licht mit weit über 95 % an der Spitze der auslösenden Ursachen, gefolgt von ionisierenden Strahlungen, Chemikalien, aber auch humanen Papillom-Viren. Insbesondere letzteren wird in der gegenwärtigen Forschung eine bedeutende Rolle als Kofaktor beigemessen. Daß im übrigen diese zahlenmäßige Entwicklung noch nicht abgeschlossen ist, zeigen Daten aus Australien, wo bei der weißhäutigen Bevölkerung die Inzidenz für epitheliale Hauttumoren bei 2000 je 100 000 Einwohner liegt (in Deutschland 100, siehe Tab. 1)!

Tab. 1 Beobachtete Inzidenz von häufigen Tumorarten der Haut und die auf den bisherigen Steigerungsraten geschätzte Entwicklung bis zum Jahr 2010 (für Deutschland)

Jahr	Epithelial		Melanozytär	
	Fälle/Jahr/ 100 000	Fälle/Jahr insgesamt	Fälle/Jahr/ 100 000	Fälle/Jahr insgesamt
2000	100	80 000	15	12 000
2010	200	160 000	20	16 000

In-situ-Plattenepithelkarzinome der Haut werden klinisch je nach dem ätiologischen Agens als aktinische Keratosen (UV-Licht), Strahlenkeratosen (ionisierende Strahlen) oder Morbus Bowen (bowenoide Papulose; HPV-Viren) bezeichnet. Eine typische aktinische Keratose sowie die dabei beobachteten feingeweblichen Veränderungen ist in Abbildung 1*A* und 1*B* wiedergegeben.

Nach Durchlaufen weiterer Mutationen und eines Entkommens aus der Kontrolle des Immunsystems wachsen derartige maligne epitheliale Zellen auch in das Bindegewebe der Haut ein und können metastasieren. Ein typisches Beispiel eines invasiven Plattenepithelkarzinoms der Haut ist in Abbildung 2 wiedergegeben. Es sei am Rande erwähnt, daß Patienten, die eine Suppression ihres Immunsystems aufweisen (z. B. Organtransplantierte, Tumorpatienten oder mit dem humanen Immundefizienzvirus infizierte Personen) zu einer deutlich rascheren Entwicklung von Plattenepithelkarzinomen der Haut neigen. In der Tat ist bei Organtransplantierten das metastasierte Plattenepithelkarzinom die häufigste Todesursache geworden.

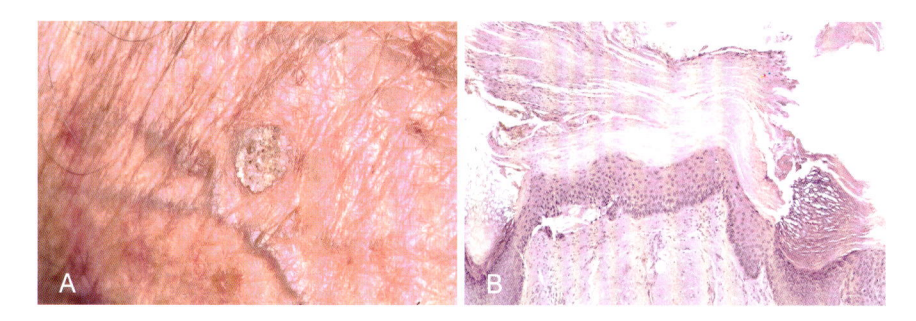

Abb. 1 (*A*) Aktinische Keratose am Handrücken; scharf begrenzte, festhaftende Hyperkeratose. (*B*) Histologie einer aktinischen Keratose: neben der verdickten und kernhaltigen Hornschicht erkennt man den Verlust der normalen epithelialen Schichtung mit mäßigen Kern- und Zellatypien in diesem *In-situ*-Plattenepithelkarzinom.

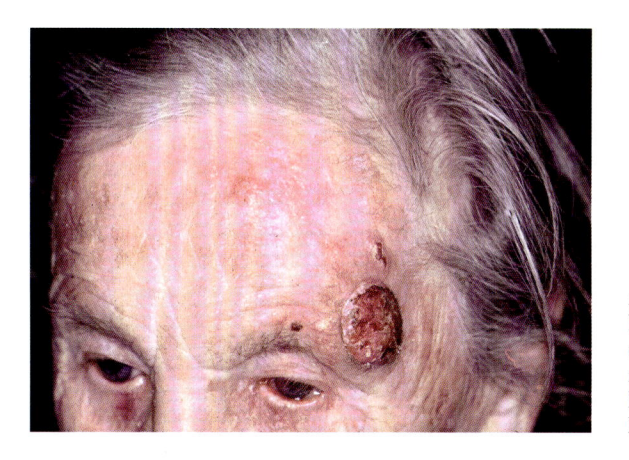

Abb. 2 Invasives Plattenepithelkarzinom der Haut. Beachte die zusätzlich bestehenden multiplen *In-situ*-Plattenepithelkarzinome in gleicher Lokalisation.

Etwa zehnmal seltener als das Plattenepithelkarzinom ist das Basalzellkarzinom der Haut, eine Tumorart, die durch Mutationen in einem Signaltransduktionsweg ausgelöst wird, der für die embryonale Entwicklung der Haaranlage von zentraler Bedeutung ist, der sogenannte *Sonic-hedgehog*-Signaltransduktionsweg. Dementsprechend weisen die Tumoren des Basalzellkarzinoms histologisch eine Vielfalt auf, die den Entwicklungsmöglichkeiten des embryologischen Haarkeims mit Ausbildung der Haarwurzel, der Talgdrüse, der apokrinen Drüse oder auch nur der Proliferation von Matrixzellen entspricht. Basalzellkarzinome sind in der Regel ebenfalls in UV-exponierten Hautarealen lokalisiert; ein typisches klinisches und histologisches Beispiel eines Basalzellkarzinoms ist in Abbildung 3*A* und *B* wiedergegeben.

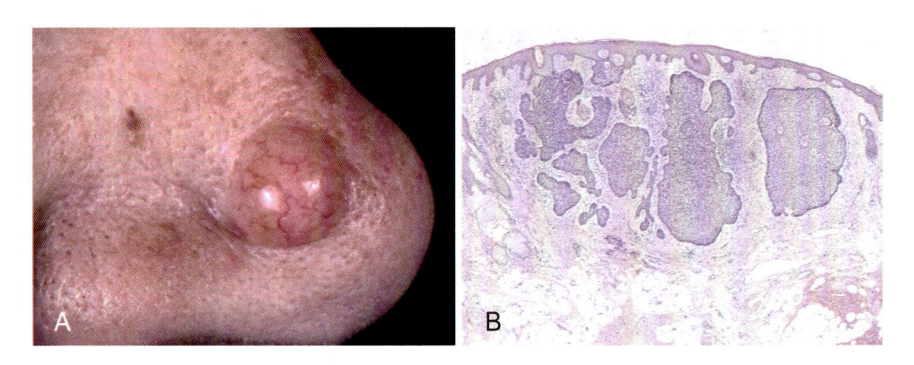

Abb. 3 (*A*) Knotiges Basaliom am Nasenflügel. (*B*) Histologie eines knotigen Basalioms; die Ähnlichkeit der proliferienden Tumorzellen zu Haarmatrixzellen ist auffällig.

3. Tumoren der pigmentbildenden Hautzellen (Melanome)

Maligne Tumoren der pigmentbildenden Zellen der Haut, der Melanozyten, sind mit einer Inzidenz von etwa 15–20 und einer jährlichen Zunahme der Inzidenz um 5–7% in die Gruppe der häufigsten Tumoren des Menschen gekommen: Mußte ein 1935 Geborener nur mit einer Wahrscheinlichkeit von 1:1500 damit rechnen, ein Melanom zu bekommen, so ist diese Wahrscheinlichkeit für einen im Jahre 2000 Geborenen statistisch gesehen 1:75! Wegen der raschen Entwicklung und der hohen Metastasierungsfreudigkeit bei weitgehend fehlenden Therapieoptionen im metastasierten Stadium ist die Gefährlichkeit von Melanomen der Haut weitaus höher einzuschätzen als die von epithelialen Tumoren der Haut. Melanozyten können ebenfalls durch UV-Licht Mutationen erleiden, die langfristig zur klinisch manifesten und unkontrollierten Proliferation dieser Zellen führen. Eine besondere präventive Aufgabe kommt der gesamten Medizin insofern zu, als Melanome durch ihre Lokalisation an der frei sichtbaren Haut bereits früh diagnostiziert werden sollten und einer Exzision zugeführt werden können, bereits bevor sich metastatische Zellen im Organismus absiedeln konnten. Leider haben derzeit 20% aller Patienten, die zur Exzision eines malignen Melanoms zum Hautarzt kommen, bereits einen Lymphknotenbefall, und wiederum die Hälfte dieser Patienten erleidet einen metastatischen Verlauf. Die mittlere Überlebensrate eines malignen Melanomens mit Fernmetastasen liegt bei etwa einem Jahr. Die konventionelle Chemotherapie und Strahlentherapie, aber auch immunstimulierende Therapieansätze mit Interferonen oder Interleukin-2 haben die mittlere Überlebenszeit nur unwesentlich verlängern können. Diese Situation macht ebenfalls die Bedeutung der Entwicklung neuer alternativer Therapieansätze deutlich. Zwei typische Beispiele von Melanomen der Haut sind in Abbildung 4A und 4B dargestellt.

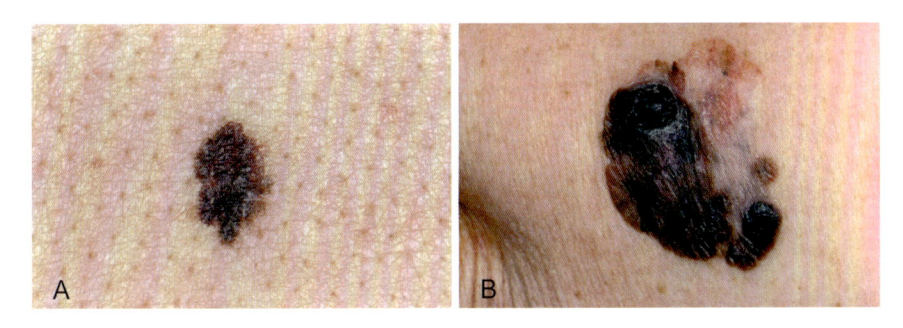

Abb. 4 (A) Frühes Melanom der Haut vom oberflächlich spreitenden Typ. Kleine unregelmäßige Ausläufer zeigen unterschiedlich rasch wachsende Subklone des Tumors an. (B) Weit entwickeltes Melanom mit klinisch sichtbaren unterschiedlichen Tumorklonen (rötliche Farbe, unterschiedlicher Pigmentierung) und Regressionszonen durch zytotoxische T-Zellen.

4. Tumoren des Immunsystems der Haut (maligne kutane Lymphome)

Das Immunsystem der Haut kann ebenfalls maligne entarten, die Häufigkeit liegt in derselben Größenordnung wie die des häufigsten Lymphknotenkrebses, des sogenannten Morbus Hodgkin. Lymphozyten, die in die Haut einwandern, tun dies aufgrund der Expression von spezifischen Adhäsionsmolekülen, die auch zumindest anfänglich nach der malignen Transformation weiter exprimiert werden. Dies bedeutet, daß derartige Tumorzellen sich präferentiell in der Haut ansiedeln und dort zu plattenartigen oder knotenförmigen Tumormanifestationen Anlaß geben. Entsprechend der Dichotomie des menschlichen Immunsystems in T- und B-Lymphozyten werden auch an der Haut sowohl T- als auch B-Zell-Lymphome beobachtet. Insgesamt werden in modernen Klassifikationen ca. 15 verschiedene Typen kutaner Lymphome differenziert, die unterschiedliche Verläufe und damit auch unterschiedliche Therapienotwendigkeiten zeigen. Neben relativ langsam sich ausdehnenden, eher indolenten Lymphomtypen werden auch aggressive hochmaligne Lymphomentitäten der Haut beobachtet. Beispiele sind hierfür in Abbildung 5*A* und *B* gegeben.

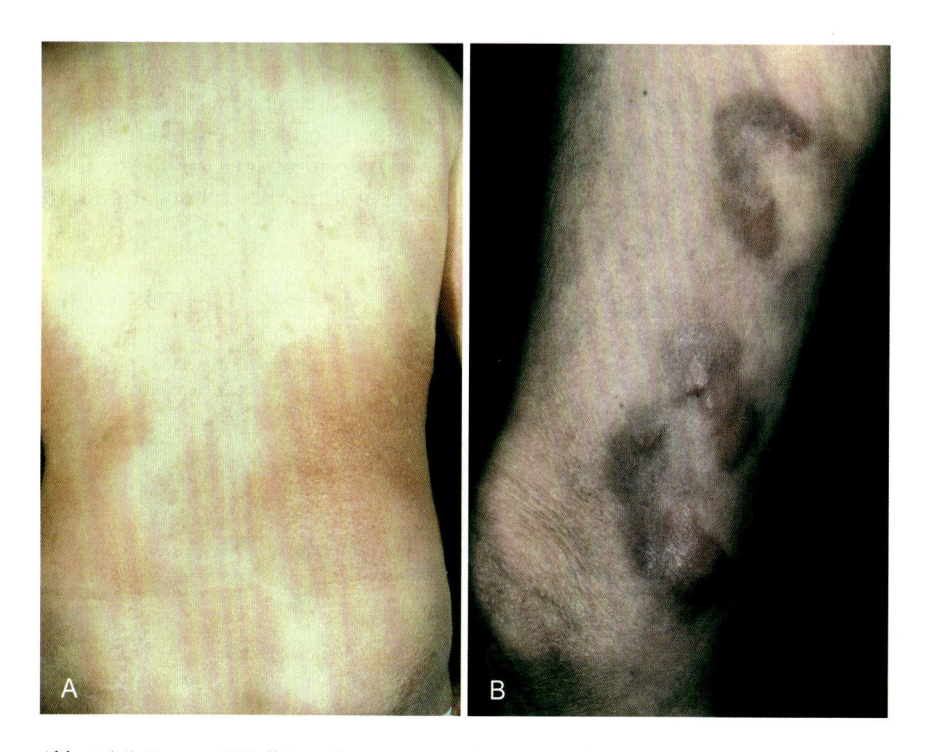

Abb. 5 (*A*) Kutanes T-Zell-Lymphom vom Typ der Mycosis fungoides mit großflächiger, nicht im Hautniveau befindlicher Infiltration. (*B*) Kutanes B-Zell-Lymphom mit plattenartigen Infiltraten.

5. Spezifische Immuntherapie

Seit nahezu einem Jahrhundert ist der Gedanke, maligne Tumoren durch Anregung des patienteneigenen Immunsystems zu bekämpfen, für die medizinische Forschung außerordentlich faszinierend. Der entscheidende Ansatz zum Verständnis spezifischer Immuntherapien gegen maligne Tumoren des Menschen lag zunächst in der Erkenntnis, daß spezifische Immunreaktionen gegen Tumoren auf der Aktivität von zytotoxischen CD8-positiven T-Zellen basieren. Deren Generierung wird von CD4-positiven Helferzellen kontrolliert, und T-Zell-Hilfe ist für die Induktion von zytotoxischen T-Zellen unerläßlich

(STUHLER et al. 1993). Darüber hinaus war für das Verständnis der Abläufe der Tumorzytotoxizität die Erkenntnis von grundlegender Bedeutung, daß die Erkennung von Tumorzellen über kleine Eiweißbruchstücke (Peptide) geschieht, die sich in der Regel aus 9 Aminosäuren zusammensetzen und auf den Oberflächen von Tumorzellen durch Moleküle des *Major Histocompatibility Complex* (MHC) gebunden sind und den T-Zellen präsentiert werden. Die Bindungsspezifität der MHC-Moleküle ist durchaus unterschiedlich, und angesichts der Vielfalt verschiedener MHC-Moleküle innerhalb der Population und damit auch der großen Variationsmöglichkeit von einem Patienten zum anderen ergibt sich eine erhebliche Komplexität, wenn man derartige Therapieverfahren zu allgemein anwendbaren Modalitäten entwickeln will (BITTON et al. 2002). Allerdings sind auch hier erhebliche Fortschritte gemacht worden. Die wichtigsten Schritte in der Generierung ausreichender Mengen zytotoxischer Zellen gegen tumoreigene Zellen sind in Abbildung 6 dargestellt; gleichzeitig sind hier einige der wissenschaftlich untersuchten Fragestellungen angeführt, die derzeit im Zentrum vieler Untersuchungen stehen.

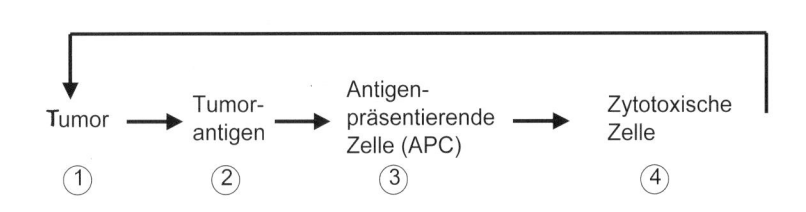

Tumor ⟶ Tumorantigen ⟶ Antigenpräsentierende Zelle (APC) ⟶ Zytotoxische Zelle

① ② ③ ④

1. Genetische Mechanismen der Tumorzellheterogenität, immunsuppressive Effekte, Escape-Mechanismen, klinisches Verhalten

2. Proteinexpression der Tumorzellen, Bestimmung von T-Zell-Epitopen, Isolierung natürlicher Tumorantigene

3. *In-vitro*-Generierung (Funktion der entstehenden Zellen), Zahl, Frequenz und Dauer der Applikation, Antigentransfer durch Peptide, Proteine, DNA-Transfektion, nackte DNA), Nutzung der patienteneigenen APCs, Bereitstellung von T-Zell-Hilfe (Adjuvans, allogenes MHC)

4. *In-vitro*-Expansion, *In-vivo*-Expansion, Monitoring von Zahl und Funktionszustand

Abb. 6 Tumorzellimmunologie mit einigen beteiligten Komponenten sowie mögliche Variable zur wissenschaftlichen Analyse oder der Beeinflussung zu therapeutischen Zwecken.

Die Identifikation von mit Tumoren assoziierten Antigenen und T-Zell-Epitopen hat die Entwicklung von Vakzinen gegen maligne Tumoren grundlegend bestimmt (PARDOLL et al. 2002, STEVANOVIC 2002). Bislang wurden etwa 60 mit Tumoren assoziierte T-Zell-Antigene und etwa 250 mit Tumoren assoziierte T-Zell-Epitope identifiziert. Die Kenntnis derartiger Antigene schafft die Voraussetzung für die Entwicklung von Impfstoffen, aber auch die Basis für die Überwachung von tumorspezifischen Immunreaktionen. Hierzu stehen heute Verfahren zur Verfügung, die es erlauben, nicht nur die Frequenz derartiger tumorantigenspezifischer zytotoxischer T-Zellen in verschiedenen Kompartimenten von Tumorpatienten nachzuweisen (z. B. Blut, Lymphknoten, Metastasen), sondern auch Einblicke in den Funktionszustand dieser Zellen zu gewinnen.

Ein erster Durchbruch beim Nachweis antigenspezifischer T-Zellen wurde Mitte der 90er Jahre mit der Entwicklung der MHC-Tetramerentechnologie durch die Arbeitsgruppe von MCMICHAEL in Oxford erreicht. Hierbei werden rekombinant hergestellte MHC-Moleküle, die mit einem synthetischen Peptid beladen sind, mittels Streptavidin tetramerisiert, um die typischerweise sehr schwache Bindung von MHC-Peptidkomplexen an den korrespondierenden Antigenrezeptor der T-Zellen zu verstärken (ALTMAN et al. 1996). Mit dieser Technik können antigenspezifische T-Zellen angefärbt und dann per Durchflußzytometrie nachgewiesen und quantifiziert werden. Heute werden MHC-Tetramere regelmäßig für das sogenannte Immunmonitoring eingesetzt, um den Status spezifischer Immunantworten und Veränderungen dieses Status unter Immuntherapie zu untersuchen. Eine zweite Technik wurde von unserer Arbeitsgruppe eingesetzt, um funktionell aktive tumorspezifische T-Zellen im Zusammenhang mit verschiedenen immuntherapeutischen Interventionen zu analysieren (KERN et al. 1998). Hierbei werden weiße Blutzellen, die auch T-Zellen enthalten, mit einem synthetischen T-Zellepitop inkubiert. Nach Permeabilisierung der Zellmembran der Zellen können in den Zellen Zytokine und damit diejenigen T-Zellen nachgewiesen werden, die auf das Epitop mit Zytokinproduktion reagiert haben. Durch Kombination beider Verfahren kann bestimmt werden, welcher Anteil der tumorspezifischen T-Zellen eines Patienten aktiv und welcher infolge der Erkrankung bereits funktionsuntüchtig geworden ist. Eine dritte Technik zum Nachweis und Quantifizieren antigenspezifischer T-Zellen ist die ELISPOT-Technik. Das ist im Prinzip ein klassischer ELISA-Nachweis von Zytokinen, bei dem allerdings ein erster Antikörper zum Nachweis der Zytokine auf die Testplatte fixiert wird, bevor die T-Zellen stimuliert werden (CZERKINSKY et al. 1988). Dadurch werden die Zytokine, die eine Zelle nach Stimulation produziert, unmittelbar abgefangen, und die T-Zelle stellt sich nach der zytokinspezifischen Färbereaktion als ein Fleck dar. Diese Flecken können ausgezählt werden. Alle drei Techniken werden eingesetzt, um die Fähigkeit eines Patienten, auf ein bestimmtes tumorassoziiertes Antigen zu reagieren, zu messen. Die so gewonnenen Daten dienen als wesentliche Kontrollgrößen für die Effekte immuntherapeutischer Eingriffe und sind damit wichtige Instrumente bei der Entwicklung und Optimierung neuer Immuntherapien.

Die große Mehrzahl der bis zum heutigen Tag bekannten Tumorantigene ist mit malignen Melanomen der Haut assoziiert (RENKVIST et al. 2001, WANG et al. 2001). Infolge dessen sind die meisten klinischen Studien sowie die begleitend durchgeführten tumorimmunologischen Untersuchungen am Modell des malignen Melanomens der Haut durchgeführt worden. Es läßt sich eindeutig zeigen, daß mit verschiedenen Impftechniken die Zahl von tumorspezifischen zytotoxischen Zellen im Blut erhöht werden kann. Aus ethischen Gründen läßt sich die Entwicklung derartiger neuer Therapieverfahren jedoch zunächst nur bei Patienten durchführen, die sich mit der Ausbildung systemischer Metastasen bereits im Endstadium der Erkrankung befinden. Hier ist allerdings eine Reihe von ungünstigen Faktoren vorhanden, die das Auftreten klinischer Effekte durch die Vakzination eher unwahrscheinlich machen. So ist durch das ungünstige Verhältnis von Tumorzellen zu immunologischen Effektorzellen ein klinisches Ansprechen nicht so wahrscheinlich wie in früheren Phasen der Erkrankung, auch dürfte die genetische Heterogenität der Milliarden Tumorzellen, die sich im Patientenorganismus entwickelt haben, ein weiteres Hindernis für das letztendlich erfolgreiche Wirken einer Immuntherapie sein. Dennoch ist durch diese Arbeiten bereits eine Vielzahl entscheidender Erkenntnisse gewonnen worden (STUHLER und WALDEN 2002).

Derzeit sind bei der Immuntherapie des malignen Melanomens folgende Parameter variabel (BERRENS 1998, BERZOFSKY et al. 2001):

- *Wahl des Antigens*: Tumorzellen, fusionierte Tumorzellen, Tumorzellysate, anderweitig modifizierte Tumorzellen, Tumorantigene, Peptide, Antigen- oder Peptidgemische, DNA, die für Tumorantigene kodiert (GURUNATHAN et al. 2000, MATEO et al. 1999, MULLER 1999, PARMIANI et al. 2002, REYES-SANDOVAL et al. 2001, STEVENSON et al. 2001).
- *Adjuvantien zur Aktivierung der T-Zell-Hilfe*: dendritische Zellen (unterschiedlicher Herstellungstechnik), einschließlich der Fusion dendritischer Zellen mit Tumorzellen, Interferon, virale Antigene oder andere häufig auftretende, dem Immunsystem bekannte Antigene (sogenannte *Recall*-Antigene), verschiedene weitere Adjuvantien (z. B. *Toll-like*-Rezeptor-Agonisten, Lipide etc.) (BORGES et al. 1994, O'HAGAN et al. 2001, MOINGEON et al. 2001, SCHIJNS 2001).
- *Dosis der Vakzine*: Bei Verwendung von Tumorzellen steht häufig nur für einige Vakzinationen Material zur Verfügung, wodurch sich die Antigenmenge limitiert; eine zu hohe Antigenmenge kann ebenso wie eine zu niedrige Antigenmenge zur Toleranzinduktion führen.

– *Häufigkeit der Vakzination*: Bislang fehlen klare wissenschaftlich belegte Daten, wie häufig eine Tumorvakzination zur Erreichung eines optimalen Effektes durchgeführt werden soll.
– *Dauer der Vakzination*: Die derzeit laufenden Vakzinationsstudien haben alle einen Endpunkt, an dem der Effekt evaluiert wird und wo die Vakzine abgesetzt wird. Eine Fortsetzung der Vakzination könnte aber Vorteile mit sich bringen.

Der von uns gewählte Ansatz zur Vakzinationstherapie des malignen Melanoms basiert zum einen auf der Verwendung von Tumorzellen, die mit allogenen dendritischen Zellen fusioniert werden (zur Aktivierung der T-Zell-Hilfe) (TREFZER et al. 2000), zum anderen beim Nichtvorhandensein von Tumorzellen auf der Anwendung von tumorspezifischen T-Zell-Epitopen, die zusammen mit *Recall*-Antigenen eingesetzt werden. Ein Beispiel für das therapeutische Ansprechen eines Patienten, der mit der erstgenannten Technologie, der sogenannten Hybridzell-Vakzination behandelt worden ist, ist in Abbildung 7A dargestellt. Es zeigt sich, daß eine lokoregionäre Metastasierung unter alleiniger Applikation der Hybridzell-Vakzine zur vollständigen Rückbildung gebracht werden konnte. Die Expansion von tumorantigen-spezifischen T-Zellen kann mittels der von KERN et al. (1998) beschriebenen Technik bei Melanompatienten gezeigt werden (Abb. 7B).

Unserer Arbeitsgruppe ist es erstmals gelungen, tumorspezifische T-Zell-Epitope bei malignen Lymphomen der Haut zu charakterisieren. Hierzu wurde eine Kombination von immunologischen Techniken (T-Zell-Aktivierungsassays) mit massenspektroskopischen Sequenzierungstechniken eingesetzt. Auch synthetisch mit Hilfe kombinatorischer Peptidbibliotheken bestimmter T-Zell-Epitope, sogenannte Mimotope, Mimetika natürlicher Epitope, lassen sich zur Aktivierung von patienteneigenen zytotoxischen Zellen verwenden (LINNEMANN et al. 2001). Die ersten auf diese Weise identifizierten Peptide werden auch von zytotoxischen Zellen anderer Patienten erkannt, die ein gleiches HLA-Allel (HLA-B8) aufweisen. Das therapeutische Ansprechen eines Patienten unter der Gabe solcher Mimotope ist in Abbildung 8 dargestellt. Nach einem ersten therapeutischen Ansprechen kam es allerdings im weiteren Verlauf zu einer Tumorprogression unter einer leukämischen Aussaat der Lymphomzellen in das periphere Blut. Die zytotoxischen Zellen waren auch in der Phase der Tumorprogression im peripheren Blut nachweisbar, allerdings

---

Abb. 7 *rechts* (*A*) Therapie mit Hybridzellvakzine beim malignen Melanom. (*a*) vor Therapie, (*b*) zwei Monate nach Therapiebeginn, (*c*) 4 Monate nach Therapiebeginn, (*d*) 14 Monate nach Therapiebeginn. (*B*) Expansion von MART-1/MelanA- bzw. Tyrosinase-spezifischen T-Zellen. *Oben* vor, *unten* nach Vakzinierung mit Hybridzellen.

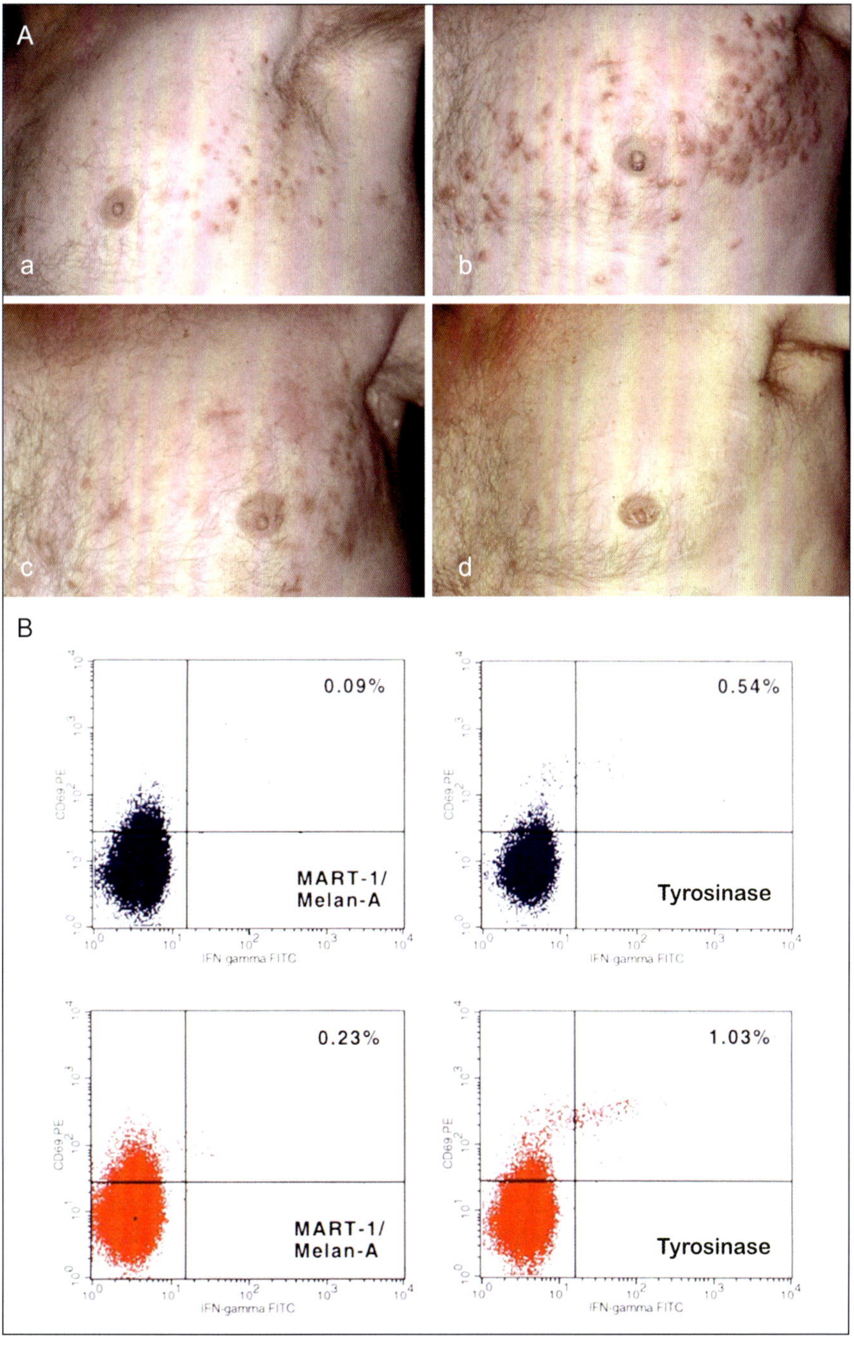

A
a
b
c
d
B
0.09%
MART-1/
Melan-A
0.54%
Tyrosinase
0.23%
MART-1/
Melan-A
1.03%
Tyrosinase
CD69 PE
IFN-gamma FITC

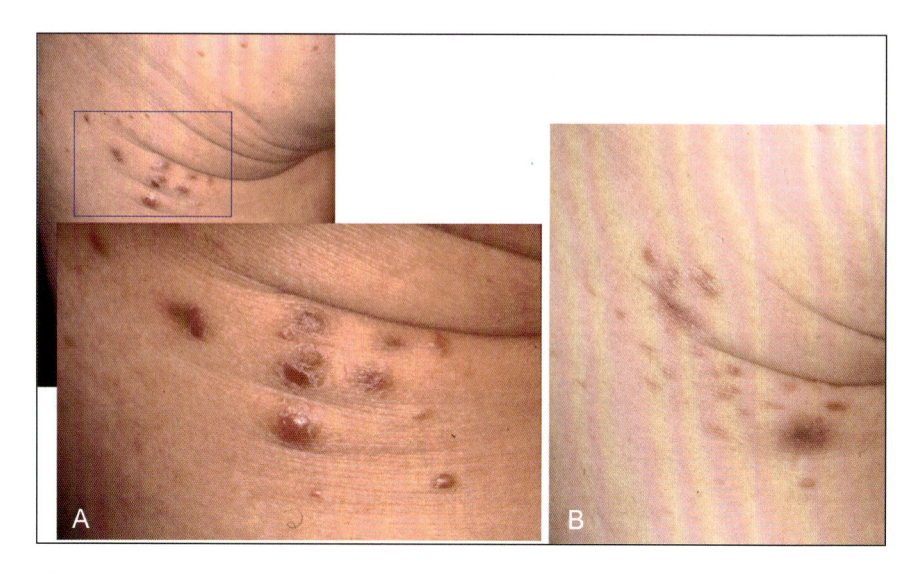

Abb. 8 (*A*) Patientin mit kutanem T-Zell-Lymphom vor Peptidvakzination. (*B*) Gleiche Patienten nach Mimotop-Vakzination

offenbar ohne ausreichende biologische Wirkung. Daß ihre toxische Funktion jedoch nicht vollständig verlorengegangen war, konnte gezeigt werden, als diese mimotopspezifischen zytotoxischen Zellen aus dem Blut heraus isoliert und mit den ebenfalls aufgereinigten Tumorzellen koinkubiert wurden. *In vitro* zeigten sich die zytotoxischen Zellen durchaus in der Lage, die Tumorzellen abzutöten. Diese Beobachtung belegt eindrucksvoll, daß die Interaktion zwischen Tumor und Immunsystem innerhalb eines Tumorpatienten weitaus komplexer ist, als dies möglicherweise heute angenommen wird. Gleichzeitig zeigen diese frühen therapeutischen Vakzinationsversuche, daß es zukünftig möglich werden könnte, mit derartigen Tumorantigenen, ausgewählt nach dem jeweiligen HLA-Haplotyp des Patienten, Krebs zu behandeln.

Zusammenfassend läßt sich feststellen, daß die Vakzination gegen menschliche Krebserkrankungen aus der Phase der Empirie in eine Phase der wissenschaftlichen Analyse einzelner beteiligter Prozesse übergetreten ist, die es aller Wahrscheinlichkeit nach erlauben wird, gezielt Modifikationen der jetzt eingesetzten Therapieverfahren herbeizuführen, so daß die gewünschten immunologischen Effekte in stärkerem Umfang ausgelöst werden, als das bislang der Fall ist (JÄGER et al. 2002). Weiterhin sind eine ganze Reihe von prospektiven, randomisierten klinischen Studien initiiert worden, die das klinische Ansprechen in wissenschaftlich gesicherter Weise untersuchen. Es versteht sich von selbst, daß die hierbei tätigen wissenschaftlichen Gruppen auch im Rahmen der klinischen Anwendung bei größeren Studien eine Reihe von immunologischen Begleituntersuchungen durchführen, um klinisches Ansprechen und immunologische Parameter miteinander zu korrelieren.

6. Unspezifische Immuntherapie

Unter einer unspezifischen Immuntherapie werden immuntherapeutische Maßnahmen zusammengefaßt, die ohne die Verwendung von Tumorantigenen arbeiten. Derartige unspezifische Immuntherapien sind seit langem in der Krebstherapie bekannt, erinnert sei hier nur an den Einsatz von Bakterienextrakten durch Dr. COLEY bereits Anfang des 20. Jahrhunderts, den Einsatz von *Mycobacterium tuberculosis* vom Stamm Bacille Calmette-Guerin (BCG-Impfungen) bis hin zur seit etwa 20 Jahren durchgeführten Interferon-α2-Therapie bei einer Vielzahl von malignen Tumoren.

Im Rahmen der vorliegenden Übersicht soll auf eine Neuentwicklung aufmerksam gemacht werden, die topische unspezifische Immuntherapie. Hierbei sind zwei Entwicklungen von allgemein medizinischem Interesse: zum einen die Anwendung von Imidazochinolinen (z. B. Imiquimod, Resiquimod) (DOCKRELL et al. 2001) bzw. zum anderen die Anwendung von unmethylierten CpG-reichen DNA-Sequenzen (sogenannte CpG-Oligonukleotide). Beide therapeutische Optionen wurden innerhalb der letzten 10 Jahre aus ganz unterschiedlichen Richtungen heraus entwickelt, ihre Wirkmechanismen konnten erst kürzlich aufgeklärt werden, wobei sich zeigte, daß die Wirksamkeit bei beiden Substanzklassen über die Aktivierung eines Rezeptorsystems zustande kommt, welches zunächst als *Toll*-Rezeptor bei der *Drosophila*-Fliege entdeckt worden war. Der *Toll*-Rezeptor bei der Fruchtfliege ist für die embryonale ventrodorsale Differenzierung von entscheidender Bedeutung.

Im Rahmen einer gezielten molekularbiologischen Suche zeigte sich, daß der *Toll*-Rezeptor von *Drosophila* zu einer größeren Familie von verwandten Rezeptoren gehört, die als *Toll-like*-Rezeptoren (TLR) bezeichnet werden. *Toll-like*-Rezeptoren fungieren als Rezeptoren der Zelloberfläche zur Erkennung stereotyper Bausteine von Bakterien, Viren und Pilzen (DUNNE und O'NEILL 2001, MEDZHITOV 2001). Beim Menschen sind bislang zehn *Toll-like*-Rezeptoren identifiziert worden, die so unterschiedliche molekulare Strukturen wie Lipopolysaccharide, bakterielle DNA (CpG-Oligonukleotide) oder Bestandteile der Zellwand von Mykobakterien erkennen, zu denen auch Rezeptoren gehören, deren natürliche Liganden bislang nicht identifiziert werden konnten. Ein Beispiel hierfür ist *Toll-like*-Rezeptor 7, an den das Imidazochinolin Imiquimod bindet (HEMMI et al. 2002). Die wissenschaftliche Untersuchung der Heterogenität der *Toll-like*-Rezeptoren sowie ihres Signaltransduktionsweges zählen zu den interessantesten immunologischen Entwicklungen der letzten drei Jahre. Eine Aktivierung von *Toll-like*-Rezeptoren führt zu einer raschen Transkription einer Vielzahl proinflammatorischer Zytokine, so daß die mikrobielle Invasion mit einer sofortigen Entzündungsreaktion beantwortet wird.

Toll-Like-Rezeptoragonisten wie Imiquimod oder CpG-Oligonukleotide werden in der Dermatologie therapeutisch eingesetzt. Imiquimod ist bereits für die Behandlung von genitalen Infektionen durch humanes Papillom-Virus zugelassen (SLADE 1998), und eine Vielzahl von Studien wurde in den letzten Jahren publiziert, die sich mit der Anwendung dieser Substanz bei verschiedenen Formen von Hautkrebs befaßt (TROFATTER 1998). Zwischenzeitlich liegt eine Reihe von Multizenterstudien zur Behandlung des *In-situ*-Karzinoms der Haut vom Typ der aktinischen Keratose sowie zur Therapie oberflächlicher Basalzellkarzinome vor. Darüber hinaus gibt es hochinteressante Einzelbeobachtungen zur Behandlung früher *In-situ*-Melanome, die gelegentlich im Gesicht an Lokalisationen auftreten, an denen eine Operation entstellende Konsequenzen hätte.

In verschiedenen internationalen Multizenterstudien wurden Patienten mit oberflächlichen, aber auch knotigen Basalzellkarzinomen dreimal pro Woche topisch mit Imiquimod behandelt. Nach Ende der sechswöchigen Therapie wurden die behandelten Areale exzidiert und histologisch aufgearbeitet. Bei mehr als 80% der oberflächlichen Basalzellkarzinome war es zu einer histologisch gesicherten vollständigen Rückbildung gekommen (STOCKFLETH und STERRY 2002). Damit stellt, wenn die Zulassung erfolgt sein wird, Imiquimod als *Toll-like*-Rezeptoragonist eine interessante Bereicherung unseres therapeutischen Spektrums beim Basalzellkarzinom dar. Es verwundert daher auch nicht, wenn andere Tumorformen der Haut ebenfalls auf ihr Ansprechen auf eine topische Imiquimod-Therapie hin untersucht wurden.

Aktinische Keratosen als *In-situ*-Phasen des Plattenepithelkarzinoms der Haut wurden ebenfalls durch prospektive randomisierte Multizenterstudien auf ihr Ansprechen hin analysiert, und es zeigten sich gleiche Ansprechraten wie mit konventionellen Therapieverfahren (Abb 9). Vorzüge einer topischen Immuntherapie sind ihre Wiederholbarkeit, die Anwendung durch den Patienten selbst und die Möglichkeit, daß durch die topische Aktivierung des *Toll-like*-Rezeptor-Signaltransduktionsweges und die hierdurch ausgelöste Synthese von proinflammatorischen Zytokinen schließlich auch eine spezifische Immunität induziert wird, die dann auch systemische Effekte hätte. Diese interessante Möglichkeit muß aber noch genauer untersucht werden.

In den letzten Monaten hat eine Reihe von Publikationen Aufsehen erregt, welche Imiquimod bei oberflächlichen *In-situ*-Melanomen als effektives Therapeutikum beschrieben hat. Gerade im Gesichtsbereich gibt es gelegentlich große Melanome, die in die Augenlider hineinreichen, oder aufgrund ihrer Lokalisation nur unter Hinterlassung großer Narbenareale exzidiert werden können. Hier hat sich in ersten Fallstudien gezeigt, daß auch frühe Melanome durch Imiquimod histologisch kontrolliert sich vollständig zur Rückbildung bringen lassen. Es wird spannend sein, wie sich diese noch junge Mole-

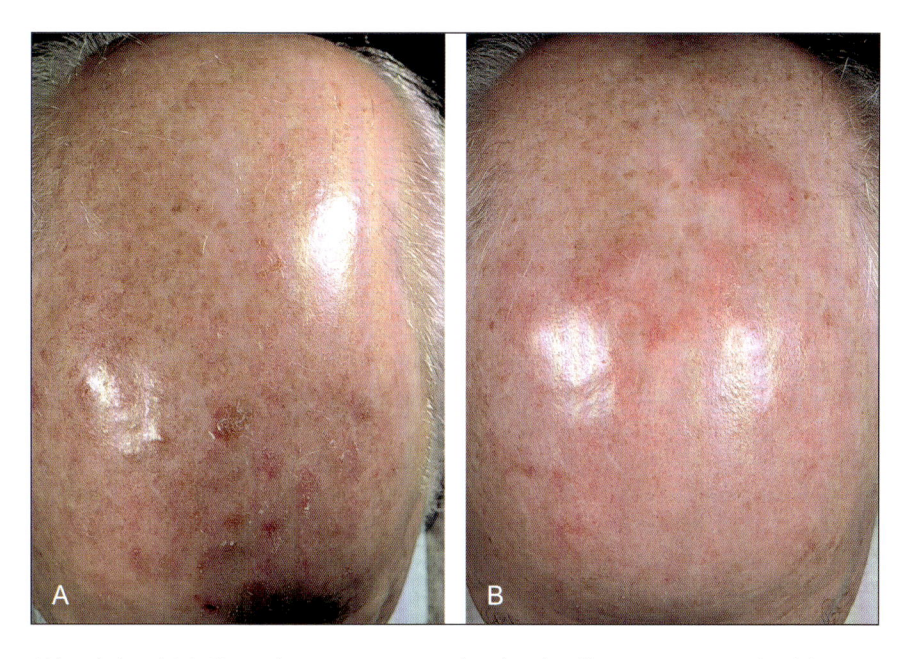

Abb. 9 (A) und (B) Aktinische Keratosen vor und nach Behandlung mit Imiquimod (Bild Sammlung Prof. STOCKFLETH). Nach Therapie ist noch die Rötung der vorangegangenen Entzündungsreaktion sichtbar.

külgruppe der Imidazochinoline in der gesamten übrigen Medizin ihren Stellenwert erobern wird.

Zu Beginn des 20. Jahrhunderts hatte in New York der Arzt Dr. William COLEY beobachtet, wie sich in seltenen Fällen bei Krebspatienten die Tumoren nach einer schweren bakteriellen Infektion zurückbildeten. Er begann mit der systematischen Verabreichung von Bakterienextrakten bei Patienten mit fortgeschrittenen Krebsleiden, bei denen Operationen nicht mehr möglich waren, und sah eine Reihe von eindrucksvollen Rückbildungen. Es war aber noch zu früh für eine systematische naturwissenschaftliche Analyse der zugrunde liegenden Effekten, so daß seine Beobachtungen in Vergessenheit gerieten oder als Zufall abgetan wurden. Durch Untersuchungen eines anderen Amerikaners, Arthur KRIEG, wurden sie wieder ins Licht der Öffentlichkeit geholt. Professor KRIEG arbeitete seit den 90er Jahren des letzten Jahrhunderts mit Oligonukleotiden, die er für Vakzinationszwecke nutzen wollte. Dabei bemerkte er, daß bestimmte Oligonukleotide, die er als Kontrollen einsetzte, erhebliche Aktivierungen des Immunsystems auslösten. Durch systematische Analysen kamen er und seine Mitarbeiter zu dem Ergebnis, daß die immunstimulierende Eigenschaft von Oligonukleotiden an das Vorhandensein von Sequenzen gebunden war, die reich an den DNA-Bausteinen Cytosin und Guanin waren, sogenannte CpG-reiche Sequenzen. Im weiteren Verlauf seiner Arbeiten wurde klar, daß unmethylierte CpG-reiche DNA ein Charakteristikum bakterieller DNA ist, und daß Säugetierzellen Rezeptoren besitzen, um diese DNA zu erkennen und anschließend eine Immunaktivierung auszulösen, die dahin gerichtet ist, die eindringenden Bakterien zu eliminieren (KRIEG 2002). Der Rezeptor ist vor wenigen Jahren als TLR9 identifiziert worden, und heute sind CpG-Oligonukleotide als Adjuvantien bei verschiedenen Impfungen im Einsatz.

Ob CpG-Oligonukleotide auch einen Effekt auf menschliche Tumoren haben könnten, wurde von uns untersucht, nachdem in verschiedenen Tiermodellen gezeigt werden konnte, daß CpG-Oligonukleotide die Wirkung von monoklonalen Antikörpern gegen Tumorzellen verstärken, Vakzinationstherapien gegen experimentelle Tumoren als Adjuvans wesentlich verstärken und auch bei alleiniger Gabe in Tiermodellen wirksam sind. Wir haben in einer Phase-I/II-Studie intrafokale Injektionen von CpG-Oligonukleotiden in Basalzellkarzinome und Melanommetastasen in aufsteigender Dosierung durchgeführt.

Die Erforschung der CpG-Oligonukleotide ist keinesfalls abgeschlossen, sondern beginnt gerade erst. Durch Sequenzmodifikationen lassen sich auch immunsupprimierende Effekte, aber auch immunmodulierende Wirkungen generieren, die bei allergischen Erkrankungen oder Autoimmunopathien wirksam sein könnten. Auch scheint es möglich, die antitumorale Wirkung noch weiter zu verstärken. Gleiches ist natürlich für die Imidazochinoline zu sagen, von denen bisher nur der kleinste Teil der zur Verfügung stehenden Moleküle klinisch evaluiert worden ist. Schließlich scheint es auch möglich, durch gezielte gleichzeitige Stimulation verschiedener *Toll-like*-Rezeptoren synergistische Effekte zu erzielen. Nach unserer Einschätzung steht die Medizin hier erst am Anfang einer äußerst bedeutsamen Entwicklung, mit deren Hilfe es möglich werden kann, phylogenetisch konservierte Rezeptoren für virale und bakterielle Erreger zu therapeutischen Zwecken auszunutzen, und somit innerhalb von sehr kurzer Zeit eine ausgedehnte Stimulation des gewebsständigen Immunsystems zu erzielen.

Zusammenfassend ist festzuhalten, daß über die gezielte Veränderung des adaptiven Immunsystems durch Antigengabe oder durch »unspezifische« Aktivierung des angeborenen Immunsystems therapeutische Effekte erzielt werden können, die angesichts der enormen Zunahme des Hautkrebses neue Optionen eröffnen.

Literatur

ALTMAN, J. D., MOSS, P. A., GOULDER, P. J., BAROUCH, D. H., MCHEYZER-WILLIAMS, M. G., BELL, J. I., MCMICHAEL, A. J., and DAVIS, M. M.: Phenotypic analysis of antigen-specific T lymphocytes. Science 274, 94–96 (1996)

BERRENS, L.: Novel approaches to immunotherapy: epitopes, determinants, activators, or modulators? Allergol. Immunopathol. 26, 27–33 (1998)

BERZOFSKY, J. A., AHLERS, J. D., and BELYAKOV, I. M.: Strategies for designing and optimizing new generation vaccines. Nature Rev. Immunol. *1*, 209–19 (2001)
BITTON, R. J., GUTHMANN, M. D., GABRI, M. R., CARNERO, A. J., ALONSO, D. F., FAINBOIM, L., and GOMEZ, D. E.: Cancer vaccines: an update with special focus on ganglioside antigens. Oncol. Rep. *9*, 267–76 (2002)
BORGES, E., WIESMULLER, K. H., JUNG, G., and WALDEN, P.: Efficacy of synthetic vaccines in the induction of cytotoxic T lymphocytes. Comparison of the costimulating support provided by helper T cells and lipoamino acid. J. Immunol. Methods *173*, 253–63 (1994)
CZERKINSKY, C., ANDERSSON, G., EKRE, H. P., NILSSON, L. A., KLARESKOG, L., and OUCHTERLONY, O.: Reverse elispot assay for clonal analysis of cytokine production. I. Enumeration of gamma-interferon-secreting cells. J. Immunol. Methods *110*, 29–36 (1988)
DOCKRELL, D. H., and KINGHORN, G. R.: Imiquimod and resiquimod as novel immunomodulators. J. Antimicrob. Chemother. *48*, 751–755 (2001)
DUNNE, A., and O'NEILL, L. A.: The interleukin-1 receptor/Toll-like receptor superfamily: signal transduction during inflammation and host defense. Science STKE. 171, re3 (2003)
GURUNATHAN, S., WU, C. Y., FREIDAG, B. L., and SEDER, R. A.: DNA vaccines: a key for inducing long-term cellular immunity. Curr. Opin. Immunol. *12*, 442–447 (2000)
HEMMI, H., KAISHO, T., TAKEUCHI, O., SATO, S., SANJO, H., HOSHINO, K., HORIUCHI, T., TOMIZAWA, H., TAKEDA, K., and AKIRA, S.: Small anti-viral compounds activate immune cells via the TLR7 MyD88-dependent signaling pathway. Nature Immunol. *3*, 196–200 (2002)
JÄGER, E., JÄGER, D., and KNUTH, A.: Clinical cancer vaccine trials. Curr. Opin. Immunol. *14*, 178–182 (2002)
KERN, F., SUREL, I. P., BROCK, C., FREISTEDT, B., RADTKE, H., SCHEFFOLD, A., BLASCZYK, R., REINKE, P., SCHNEIDER-MERGENER, J., RADBRUCH, A., WALDEN, P., and VOLK, H. D.: T-cell epitope mapping by flow cytometry. Nature Med. *4*, 975–978 (1998)
KRIEG, A. M.: CpG motifs in bacterial DNA and their immune effects. Annu. Rev. Immunol. *20*, 709–760 (2002)
LINNEMANN, T., TUMENJARGAL, S., GELLRICH, S., WIESMULLER, K., KALTOFT, K., STERRY, W., and WALDEN, P.: Mimotopes for tumor-specific T lymphocytes in human cancer determined with combinatorial peptide libraries. Eur. J. Immunol. *31*, 156–165 (2001)
MATEO, L., GARDNER, J., CHEN, Q., SCHMIDT, C., DOWN, M., ELLIOTT, S. L., PYE, S. J., FIRAT, H., LEMONNIER, F. A., CEBON, J., and SUHRBIER, A.: An HLA-A2 polyepitope vaccine for melanoma immunotherapy. J. Immunol. *163*, 4058–4063 (1999)
MEDZHITOV, R.: Toll-like receptors and innate immunity. Nat. Rev. Immunol. *1*, 135–145 (2001)
MOINGEON, P., HAENSLER, J., and LINDBERG, A.: Towards the rational design of Th1 adjuvants. Vaccine *19*, 4363–4372 (2001)
MULLER, U. R.: Peptide immunotherapy. Allergy *54*, Suppl. *56*, 45–46 (1999)
O'HAGAN, D. T., MACKICHAN, M. L., and SINGH, M.: Recent developments in adjuvants for vaccines against infectious diseases. Biomol. Eng. *18*, 69–85 (2001)
PARDOLL, D. M.: Spinning molecular immunology into successful immunotherapy. Nature Rev. Immunol. *2*, 227–238 (2002)
PARMIANI, G., CASTELLI, C., DALERBA, P., MORTARINI, R., RIVOLTINI, L., MARINCOLA, F. M., and ANICHINI, A.: Cancer immunotherapy with peptide-based vaccines: what have we achieved? Where are we going? J. Natl. Cancer Inst. *94*, 805–818 (2002)
RENKVIST, N., CASTELLI, C., ROBBINS, P. F., and PARMIANI, G.: A listing of human tumor antigens recognized by T cells. Cancer Immunol. Immunother. *50*, 3–15 (2001)
REYES-SANDOVAL, A., and ERTL, H. C.: DNA vaccines. Curr. Mol. Med. *1*, 217–243 (2001)
SCHIJNS, V. E.: Induction and direction of immune responses by vaccine adjuvants. Crit. Rev. Immunol. *21*, 75–85 (2001)
SLADE, H. B.: Cytokine induction and modifying the immune response to human papilloma virus with imiquimod. Eur. J. Dermatol. *8*, 13–16 (1998)
STEVANOVIC, S.: Identification of tumour-associated T-cell epitopes for vaccine development. Nature Rev. Cancer *2*, 514–520 (2002)

STEVENSON, F. K., ZHU, D., and RICE, J.: New strategies for vaccination and immunomodulation in NHL. Ann. Hematol. *80*, Suppl 3, B132–B134 (2001)
STOCKFLETH, E., and STERRY, W.: New treatment modalities for basal cell carcinoma. Recent Results Cancer Res. *160*, 259–268 (2002)
STUHLER, G., and WALDEN, P.: Collaboration of helper and cytotoxic T lymphocytes. Eur. J. Immunol. *23*, 2279–2286 (1993)
STUHLER, G., and WALDEN, P. (Eds.): Cancer Immune Therapy: Experiences and Future Directions. Weinheim, New York: VCH-Wiley 2002
TREFZER, U., WEINGART, G., CHEN, Y., HERBERTH, G., ADRIAN, K., WINTER, H., AUDRING, H., GUO, Y., STERRY, W., and WALDEN, P.: Hybrid cell vaccination for cancer immune therapy: first clinical trial with metastatic melanoma. Int. J. Cancer *85*, 618–626 (2000)
TROFATTER, K. F. Jr.: Imiqimod in clinical practice. Eur. J. Dermatol. *8*, 17–19 (1998)
WANG, E., PHAN, G. Q., and MARINCOLA, F. M.: T-cell-directed cancer vaccines: the melanoma model. Expert Opin. Biol. Ther. *1*, 277–290 (2001)

Prof. Dr. Wolfram STERRY
Klinik für Dermatologie, Venerologie und Allergologie
Charité – Hochschulmedizin Berlin
Campus Mitte
Schumannstrasse 20/21
10117 Berlin
Bundesrepublik Deutschland
Tel.:   ++49 (0) 3 04 50 51 80 61/62
Fax: ++49 (0) 3 04 50 51 89 11
E-Mail: wolfram.sterry@charite.de

Der Mond und die Kollisionsgeschichte der terrestrischen Planeten

Von Dieter STÖFFLER, Berlin
Mitglied der Akademie
Mit 20 Abbildungen und 4 Tabellen

(Kurzfassung des in der Sitzung der Akademie am 26. 3. 2002 gehaltenen Vortrags)

1. Einleitung

Die seit 1960 höchst erfolgreich betriebene Erforschung des Mondes durch amerikanische und sowjetische/russische Raumfahrtprogramme (Abb. 1) und die Analyse der Gesteine des Mondes in irdischen Laboratorien haben zu einer weitreichenden Erkenntnis geführt: Grundlegende Aspekte der geologischen und biologischen Entwicklung der Erde können ohne ein vertieftes Wissen über die Entstehung und Entwicklung des Mondes nicht verstanden werden. Die Kenntnis des Mondes und der anderen terrestrischen Planeten, die sich seit der Landung des ersten Menschen auf dem Mond im Juli 1969 »explosionsartig« erweitert hat, beinhaltet den fundamentalen Befund, daß alle festen planetaren Körper in ihrer Entstehung und Entwicklung durch hochdynamische und hochenergetische Kollisionsprozesse beeinflußt wurden und auch in Zukunft weiterhin beeinflußt werden. Die Erkenntnis der regulativen Wirksamkeit von Kollisionen der planetaren Körper gleicht einer »kopernikanischen Wende in den Geowissenschaften von der rein geozentrischen zur planetaren Betrachtungsweise« (VON ENGELHARDT 1994, STÖFFLER 2001). VON ENGELHARDT kommentiert: »Sie öffnete ein Tor, durch das uns ein kühler Wind anwehte.« Sie ist verbunden mit einem »Abschied von der heimeligen Heimatgeologie«. Mit anderen Worten, wir haben es mit einem *Paradigmenwechsel* in den Geowissenschaften zu tun, der, wie nachfolgend aufgezeigt wird, von der Planetologie und Astronomie ausging und der auf andere naturwissenschaftliche Disziplinen wie die Biologie und insbesondere auf die phylogenetische Paläontologie ausstrahlt. Der »Neokatastrophismus«, wie ihn HÖLDER (1989) bezeichnet hat, ist nicht mit dem herkömmlichen Paradigma des Gradualismus und Uniformitarismus zu vereinbaren, welches das Theoriengebäude der Geowissenschaften der Erde mehr als 200 Jahre lang beherrscht hat. Impaktprozesse sind weder graduelle noch quasizyklische Langzeitvorgänge wie die Prozesse der Gebirgsbildung, der magmatischen und metamorphen Gesteinsbildung, der Erosion und der Sedimentation. Selbst die Mega-Impaktstrukturen auf der Erde, die einen Durchmesser von über 200 km und eine Exkavationstiefe von mehr als 15 km aufweisen, sind innerhalb von wenigen Minuten entstanden. Die Geburt des Mondes, wenn wir die heute favorisierte Kollisionshypothese für seinen Ursprung akzeptieren, hat sich vor 4,53 Milliarden Jahren innerhalb von 24 Stunden vollzogen (BENZ und CAMERON 1990).

Abb. 1 Teleskopische Aufnahme des Mondes mit Kennzeichnung der Apollo- und Luna-Landestellen (Aufnahme des Lick-Observatory, USA)

2. Ursprung, Aufbau und geologische Entwicklung des Mondes im Überblick

2.1 Entstehung und geologische Entwicklung des Mondes

Die Entstehung des Mondes ist Teil des durch Kollisionen induzierten Bildungsprozesses der terrestrischen Planeten (WETHERILL and STEWART 1993, BENZ et al. 2000). Dieser vollzog sich über die Agglomeration von Staub und größeren Planetesimalen bis hin zur Akkretion von Planetoiden in einem Zeitraum von nur wenigen Millionen bis Zehnermillionen Jahren. Es gilt als gesichert, daß der Mond aus fester Materie akkretierte, welche der Materie der Erde sehr ähnlich ist, wie die Sauerstoff-Isotopenverhältnisse eindeutig zeigen (HARTMANN et al. 1984, CLAYTON 1993, HALLIDAY 2000). Obzwar die Debatte über den Ursprung des Mondes noch nicht abgeschlossen ist, wächst die Zahl und Art der Hinweise, daß der Mond als Folge einer tangentialen Kollision der Proto-Erde mit einem etwa marsgroßen Körper entstand. Diese Hypothese erfordert, daß das bei der Kollision ausgeschleuderte Material, aus dem der Mond akkretierte, vollständig geschmolzen und teilweise verdampft war, eine Schlußfolgerung, die völlig unabhängig davon auch aus der petrographischen Zusammensetzung der Mondkruste gezogen werden muß. Die extrem feldspatreiche Kruste (»anorthositische Kruste«) kann nur aus einem mindestens 500 km tiefen »Magmaozean« durch fraktionierte Kristallisation und Flotation des Feldspats entstanden sein (TAYLOR 1982), was zu einem »komplementären« dunitischen (olivinreichen) Mantel in der tiefsten Zone des Magmaozeans führte (Abb. 2). Bei der fortschreitenden Kristallisation des Magmaozeans kam es vor etwa 4,4 Milliarden Jahren zur Ausbildung einer residualen Schmelzschicht zwischen Feldspatkruste und dunitischem Mantel (SHEARER and PAPIKE 1999; Abb. 2), die an inkompatiblen Elementen, wie z. B. K, U, Th, hoch angereichert war und KREEP-Schicht genannt wurde (KREEP; K = Kalium, REE= rare earth elements, P = Phosphor). Diese wärmeproduzierende Schicht induzierte die ersten magmatischen und vulkanischen Aktivitäten auf dem Mond, die vor 4,3 Milliarden Jahren begannen und zu basaltischen Laven und basischen Intrusionen (Plutone) führten, in denen verschiedene plutonische Gesteine wie Norite, Gabbronorite, Troktolithe, Dunite und Alkali-Anorthosite durch Kristallisationsdifferentiation entstanden (SHEARER and PAPIKE 1999; Abb. 2).

Die etwa 60 bis 110 km mächtige »Ur«-Kruste des Mondes war einem sehr intensiven frühen Impaktgeschehen ausgesetzt und wurde in der Zeit vor 4,4 bis 3,8 Milliarden Jahren bis in mehrere Kilometer Tiefe mechanisch zerbrochen, vermischt und teilweise aufgeschmolzen (Megabreccien des lunaren Hochlandes = Terra-Gebiete). Am Ende dieser Phase hatte sich der Mondmantel durch den Zerfall radioaktiver Elemente soweit aufgeheizt, daß es zu Teilaufschmelzungen in größerer Tiefe kam (Abb. 2). Aus diesen Schmelzen

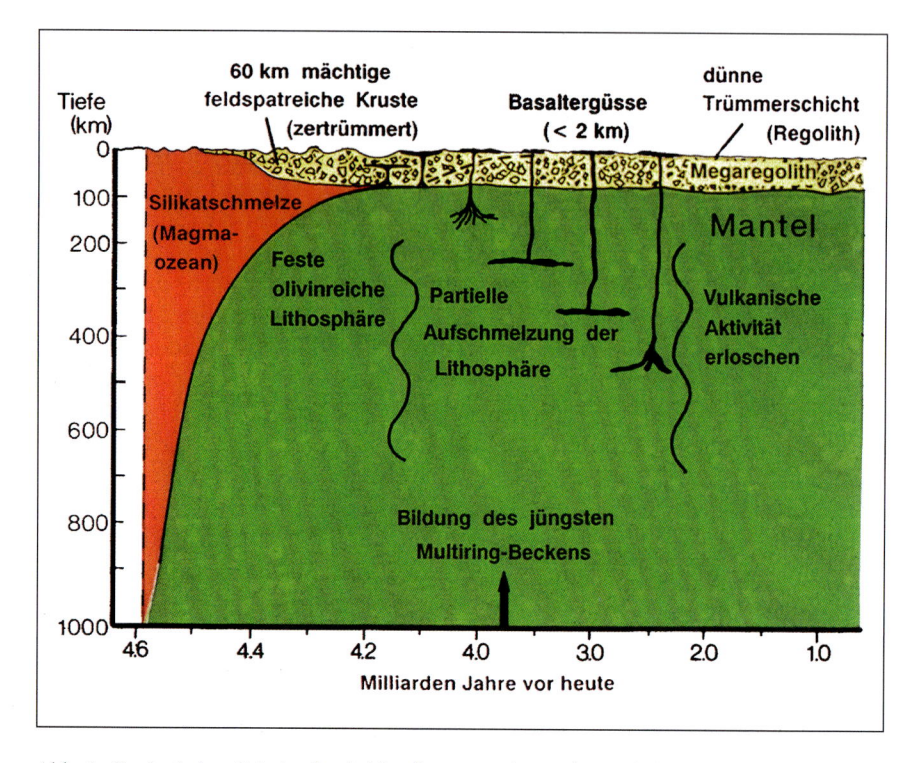

Abb. 2 Geologischer Schnitt durch Mondkruste und Mondmantel als Funktion der Zeit (verändert nach STÖFFLER und RYDER 2001)

leiten sich die basaltischen Laven ab, die sich in der Zeit von 3,9 bis etwa 2 Milliarden Jahren vor heute überwiegend in die großen Impaktbecken ergossen und dort Deckenbasalte großer Ausdehnung (Mare-Gebiete) bildeten (Abb. 1). Sie sind aufgrund des seit 3,8 Milliarden Jahren stark verminderten Impaktgeschehens erhalten geblieben und machen etwa 17 % der Mondoberfläche aus.

2.2 Geologie und Stratigraphie des Mondes

BALDWIN (1949) hatte als erster klare Argumente für die Impaktgenese der Mondkrater, die zuvor als Vulkankrater interpretiert wurden, und für die vulkanische Natur der Mare-Gebiete präsentiert. Er führte auch das Prinzip der relativen Altersdatierung lunarer Oberflächen auf der Basis der Kraterdichte pro Flächeneinheit ein. Den schon von GILBERT (1893) aufgestellten Grundprinzipien folgend, wurde 1962 eine erste vollständige geologische Kartierung des Mondes von SHOEMAKER und HACKMANN vorgelegt, die auf der Beobachtung durch astronomische Teleskope beruhte und später durch die von Raumsonden (Lunar Orbiter, Apollo Orbiter) gewonnenen Orbitalaufnahmen erheblich verbessert wurde (WILHELMS 1987). Diese Kartierung stützte sich ausschließlich auf morphologische Kriterien und auf das Prinzip der Superposition (jüngere Gesteine überlagern ältere Gesteine). Das Ergebnis ist in der Abbildung 3 dargestellt, wobei zwischen Zeitepochen sowie zeitlich-stratigraphischen und lithologisch-stratigraphischen Einheiten unterschieden wird.

Die wichtigste Technik zur Festlegung der lunaren Stratigraphie ist die Impaktkraterstatistik: Bestimmung der Größen-Häufigkeitsverteilung von Impaktkratern auf einer zusammenhängenden Fläche bestimmten geologischen Alters bzw. auf verschiedenen Flächen gleichen geologischen Alters (z. B. einheitliche Basaltergüsse bestimmter, definierbarer Ausdehnung oder Auswurfsdecken von Impaktkratern). Diese Methode wurde zur Standard-Methode für alle festen Planeten und Monde des Sonnensystems (HARTMANN et al. 1981, NEUKUM et al. 2001). Die Anwendung dieses Prinzips für die relative Altersdatierung von Oberflächeneinheiten fester planetarer Körper ist in Abbildung 4 erläutert. Die Kratergrößen-Häufigkeits-Verteilungen für die Hauptepochen der Mondgeschichte (Abb. 5) konnten durch die radiometrische Altersdatierung von Gesteinsproben der Apollo-Missionen, die stratigraphisch definierten geologischen Einheiten des Mondes an den Landestellen der sechs Apollo-Missionen entnommen wurden, zeitlich kalibriert und in Isochronen überführt werden.

Durch die amerikanischen Apollo- und sowjetischen Luna-Missionen, die von insgesamt neun Landestellen des Mondes (Abb. 1) 385 kg Gesteine in irdische Labore zurückbrachten, war es möglich, sieben verschiedene Basaltregionen und die absoluten Alter der Auswurfsdecken von vier Multi-Ring-Impaktbecken und weiterer vier Impaktkrater des Mondes zu bestimmen. Auf diesen unterschiedlichen Oberflächenregionen, die zwischen etwa 4 Milliarden Jahre und 25 Millionen Jahre alt sind, wurden die Kraterdichten gemessen. Daraus konnte die für das Verständnis der Kollisionsgeschichte des Mondes und der terrestrischen Planeten wichtigste Kalibrationskurve abgeleitet werden (Abb. 6), die im nächsten Abschnitt näher besprochen wird.

3. Die Kollisionsgeschichte des Mondes und ihre Bedeutung für das Verständnis der terrestrischen Planeten

3.1 Die Quellenregionen der Impaktoren

Widmen wir uns nunmehr den Fragen der Häufigkeit, Größenverteilung und zeitlichen Entwicklung der *planetenbahn- bzw. mondbahnkreuzenden Kleinkörper*. Hierfür werden wir exemplarisch und wegen der umfangreichen Da-

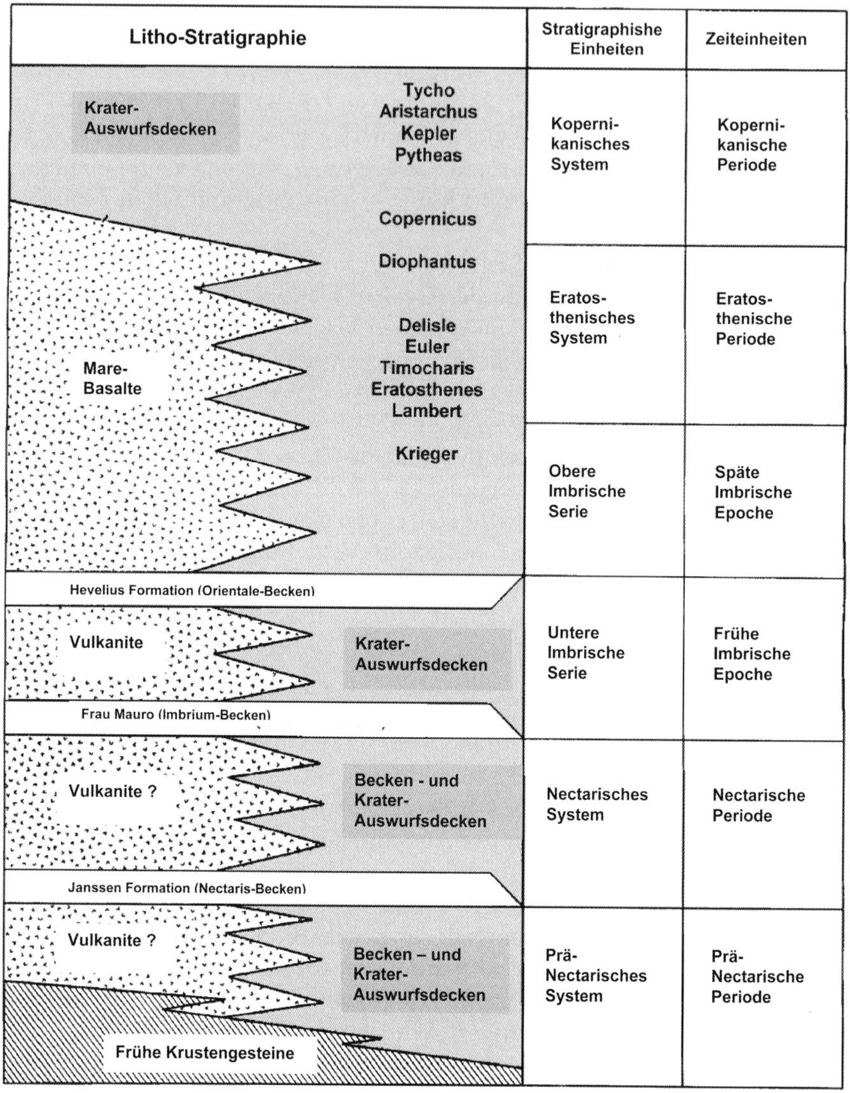

Litho-Stratigraphie		Stratigraphishe Einheiten	Zeiteinheiten
Krater-Auswurfsdecken	Tycho Aristarchus Kepler Pytheas	Kopernikanisches System	Kopernikanische Periode
Mare-Basalte	Copernicus Diophantus Delisle Euler Timocharis Eratosthenes Lambert	Eratosthenisches System	Eratosthenische Periode
	Krieger	Obere Imbrische Serie	Späte Imbrische Epoche
Hevelius Formation (Orientale-Becken)			
Vulkanite	Krater-Auswurfsdecken	Untere Imbrische Serie	Frühe Imbrische Epoche
Frau Mauro (Imbrium-Becken)			
Vulkanite ?	Becken- und Krater-Auswurfsdecken	Nectarisches System	Nectarische Periode
Janssen Formation (Nectaris-Becken)			
Vulkanite ?	Becken – und Krater-Auswurfsdecken	Prä-Nectarisches System	Prä-Nectarische Periode
Frühe Krustengesteine			

Abb. 3 Geologische Zeitepochen und Stratigraphie des Mondes (nach WILHELMS 1987)

tenbasis die von den Kleinkörpern produzierten Einschlagskrater auf dem Erdmond benutzen.

Was die potentiellen Einschlagskörper oder Impaktoren betrifft, so ist zunächst festzuhalten, daß drei große Bereiche im Sonnensystem existieren, die

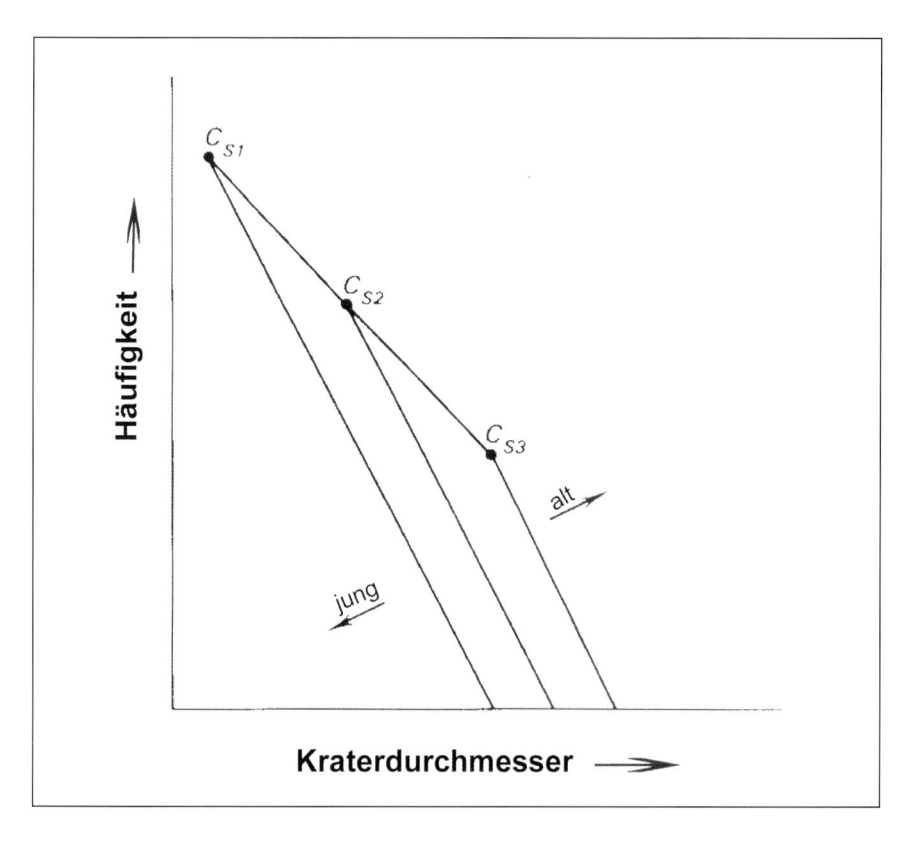

Abb. 4 Prinzip der relativen Altersdatierung von Planetenoberflächen durch Impaktkraterstatistik (verändert nach WILHELMS 1987): kumulative Häufigkeit von Kratern als Funktion des Kraterdurchmessers; die Punkte C_S bezeichnen die kritischen Kraterdurchmesser, bei denen die steilen *Produktionskurven* in die flacheren *Sättigungskurven* übergehen. Auf letzteren wächst die Zahl der Krater bestimmter Größe mit zunehmender Zeit nicht mehr, weil gleich viele Krater zerstört wie neue gebildet werden.

als Quellenregionen für die planetenbahnkreuzenden Impaktoren gelten (Abb. 7):

– der *Asteroidengürtel* zwischen Mars und Jupiter,
– der *Kuiper-Gürtel* jenseits der Neptun und Pluto-Bahnen und
– die sogenannte *Oortsche Wolke*, die Heimat von Milliarden von Kometen, die sich bis ein Viertel eines Lichtjahres ausdehnt.

Diese Kleinkörper des Sonnensystems sind in der Regel nicht wesentlich größer als 1 000 km – das ist der Durchmesser des größten Asteroiden *Ceres* – und weisen eine Größen-Häufigkeitsverteilung auf, die durch gegenseitige

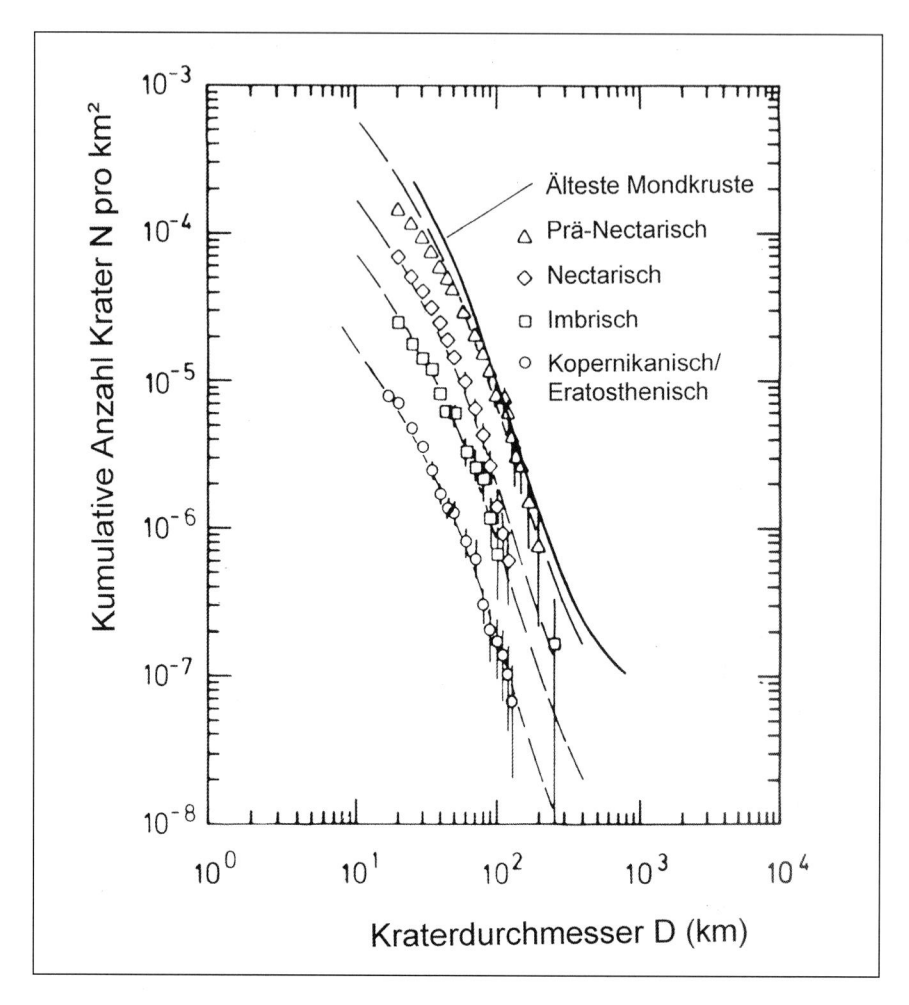

Abb. 5 Größen-Häufigkeitsverteilung von Impaktkratern für verschiedenen Haupteinheiten der lunaren Stratigraphie (verändert nach NEUKUM und IVANOV 1994); vgl. Abb. 3

Kollisionen und Fragmentation der Körper erklärbar ist: die Zahl der Körper wächst exponentiell mit abnehmender Größe (Abb. 8) und weist eine Größenverteilung auf, die ähnlich wie das Mahlgut einer Mühle ist.

Ein gewisser Teil der genannten Kleinkörper laufen auf Bahnen und werden immer wieder auf solche gebracht, die erdbahnkreuzend sind, mit denen wir uns genauer befassen müssen. Betrachten wir vergleichend die Größenverteilung der Impaktkrater auf dem *Mond* (Abb. 9). Sie verläuft ähnlich wie die der

Einschlagskörper (Abb. 8), nämlich nach einer Exponentialfunktion, bei der die Größe D umgekehrt proportional zur Häufigkeit N ist ($N \sim D^{-x}$, wobei $x \approx 2$ ist). Die Ähnlichkeit der Größenverteilungen von Impaktoren und Kratern verwundert nicht, da die *Kratergröße* mit der *Projektilgröße* direkt korreliert ist.

3.2 Der zeitliche Verlauf der Impaktrate im Erde-Mond-System

Was bedeutet der in Abbildung 6 verdeutlichte zeitliche Verlauf der Kollisionshäufigkeit oder Impaktrate für die Entwicklungsgeschichte des Erde-Mond-Systems und der anderen terrestrischen Planeten, für die eine ähnliche zeitliche Veränderung der Impaktrate (HARTMANN et al. 1981) angenommen werden kann?

Drei bemerkenswerte Schlußfolgerungen lassen sich aus der lunaren Kalibrationskurve (Abb. 6) ziehen (STÖFFLER und RYDER 2001):

– Die *Impaktrate* ist seit mindestens 3,5 Milliarden Jahren etwa *konstant*, d. h., gleich viele Impaktoren werden aus den Bereichen außerhalb der Marsbahn nachgeliefert wie durch Einschlag auf den inneren Planeten verlorengehen. Diese Rate stimmt auch ungefähr mit der aus astronomischen Beobachtungen bestimmten heutigen Kollisionshäufigkeit überein (Abb. 10).
– Die *Impaktrate* war in der Zeit zwischen 3,5 und 4,5 Milliarden Jahren um den Faktor *10 bis 1 000 höher* als heute. In dieser Zeit sank die Impaktrate mit einer Halbwertszeit von 140 Millionen Jahren (Abb. 10).
– Die Werte für die Kraterdichte, die auf den alten Kontinentalkernen der Erde gemessen werden können (für 350 und 120 Mill. Jahre alte Oberflächen), liegen nach Umrechnung auf die Bedingungen des Mondes ziemlich genau auf der lunaren Kalibrationskurve.

3.3 Folgerungen für die Kollisionsgeschichte der terrestrischen Planeten

Die exakte Impaktrate ist in der Zeit zwischen 4,5 und 4,0 Milliarden Jahren unbekannt. Dies bedeutet, daß es möglicherweise einen *späten lunaren Impakt-Kataklysmus* mit einem Maximum der Impaktrate zwischen 4,0 und 3,5 Milliarden Jahren vor heute gab oder daß die Impaktrate von einem frühen Maximalwert seit der Entstehung von Erde und Mond exponentiell abfiel (Abb. 10). Die Argumente für einen späten lunaren Kataklysmus (RYDER 2002) sind meines Erachtens nicht oder noch nicht überzeugend genug (WILHELMS 1987, DEUTSCH und STÖFFLER 1987, HARTMANN 1975, STÖFFLER und RYDER 2001). Wir werden daher für das nachfolgend zu diskutierende Bedrohungspotential für das irdische Leben von einem kontinuierlichen Abfall der Impaktrate ausgehen.

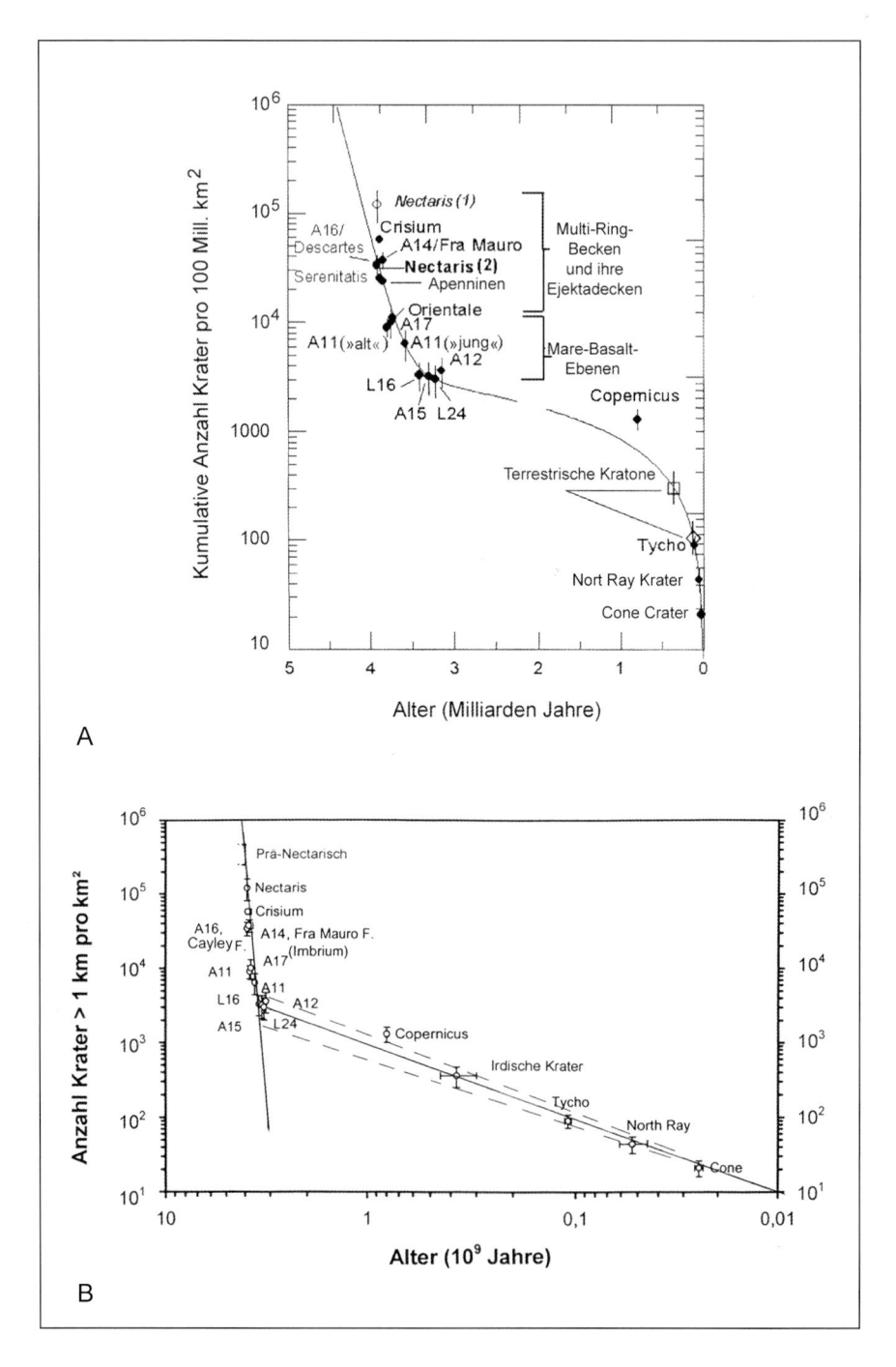

A

B

4. Dynamik interplanetarer Kollisionen und Impaktkratermechanik

4.1 Kollisionsbedingungen im Planetensystem

Wesentlich für die Erfassung der unterschiedlichen Effekte von Kollisionen zweier fester Körper sind die Kollisionsgeschwindigkeit und die relative Größe der Kollisionspartner (Abb. 11 und 12). Grundsätzlich ist mit den folgenden Wirkungen interplanetarer Kollisionen zu rechnen:

– Entstehung der Planeten (Akkretion);
– Bildung planetarer Körper (Asteroiden, Mond) durch Fragmentation (fest) bzw. Fission (flüssig);
– Steuerung der dynamischen Entwicklung der planetaren Körper (Orbital- und Rotationsparameter) und des gesamten Planetensystems;
– Einfluß auf die Entstehung und Entwicklung der Planetenatmosphären;
– dominanter Einfluß auf die frühe geologische Evolution der terrestrischen planetaren Körper;
– dominanter Einfluß auf die Entstehung und regulativer Einfluß auf die Evolution des Lebens.

Welche wesentlichen Effekte sind zu erwarten, wenn sich die Kollisionspartner in ihrer relativen Größe ändern (Abb. 11)? Der Fall a in Abbildung 11 betrifft ungefähr gleich große Körper und hat je nach Kollisionsgeschwindigkeit drei mögliche, grundsätzlich verschiedene Auswirkungen. Bei geringer Geschwindigkeit (vgl. Abb. 12) entsteht ein Doppelkörper (»contact binary«). Bei mittlerer Geschwindigkeit werden beide Körper fragmentiert, aufgrund der geringen Beschleunigung der Fragmente und der Wirkung der Schwerkraft jedoch wieder zu einem intern völlig fragmentierten Körper agglomeriert. Bei hoher Geschwindigkeit kommt es zur Totalfragmentation beider Körper, zur Ejektion der Fragmente und zum Entweichen der Fragmente aus dem Schwerefeld der kollidierten Körper, die sodann auf »erratische« Umlaufbahnen um die Sonne gelangen und somit zu potentiellen planetenbahnkreuzenden Körper werden. Fall b in Abbildung 11 resultiert in der Bildung eines großen Impaktkraters auf dem Zielkörper, dem Auswurf von

---

Abb. 6 *links* (A) Kumulative Häufigkeit von Impaktkratern > 1 km pro 100 Millionen km² auf dem Mond als Funktion des Alters der Oberflächen, auf denen die Kraterdichte bestimmt wurde (nach Daten von STÖFFLER and RYDER 2001); (B) Darstellung wie (A) jedoch mit doppelt-logarithmischen Skalen (nach STÖFFLER and RYDER 2001); eine Fläche von 100 Mill. km² entspricht etwa der Fläche von Deutschland, Frankreich und Österreich zusammen (990 893 km²); die Frau-Mauro-Formation und die Cayley-Formation sind der Ejektadecke des Imbrium-Impaktbeckens zugeordnet; weitere Mutli-Ringbecken: Nectaris, Crisium, Serenitatis; Axx und Lxx = Landestellen von Apollo und Luna (Abb. 1)

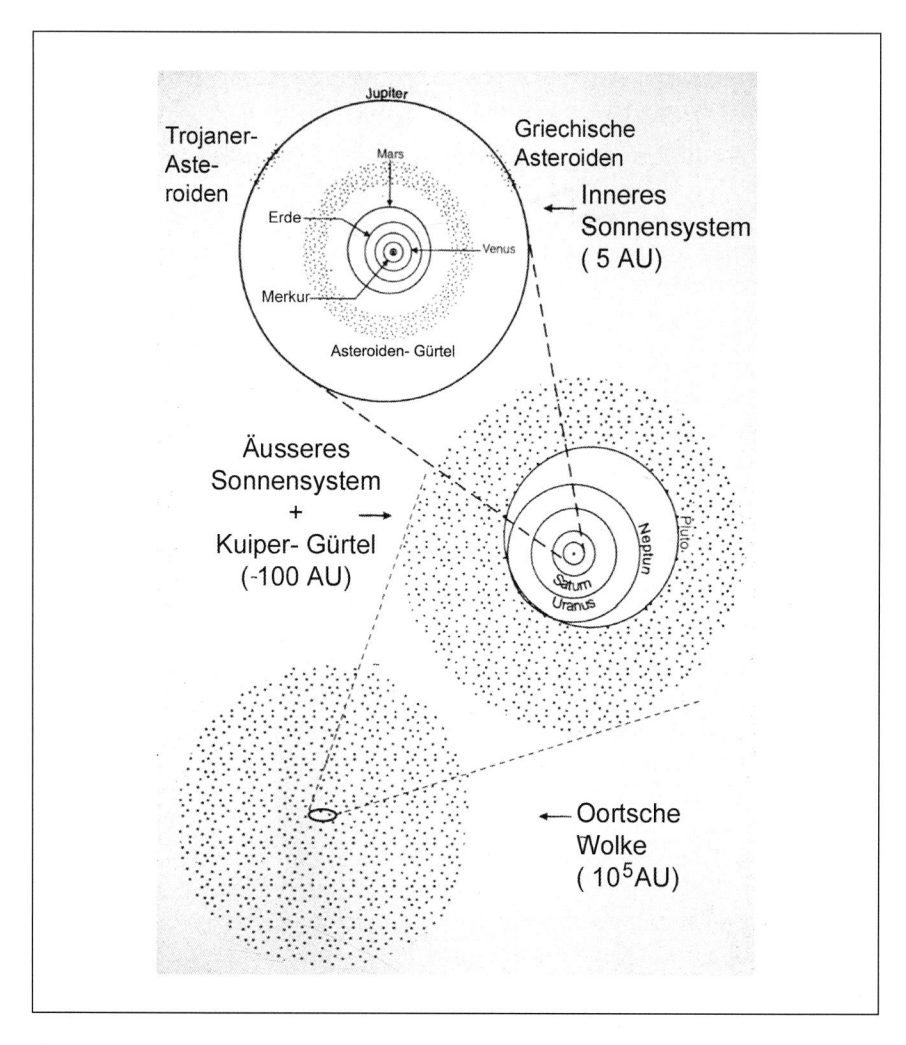

Abb. 7 Die Regionen der Kleinplaneten und Kometen im Sonnensystem (verändert nach PRANTZOS 2000)

Fragmenten aus dem Schwerefeld des Körpers (potentielle planetenbahnkreuzende Körper), und in der antipodalen Spallation von Fragmenten, die entweder »reakkretieren« oder das Schwerefeld des Körpers als potentielle planetenbahnkreuzende Körper verlassen. Fall c (»erosive Kollision«) führt zur Kraterbildung und zur Ausbildung von Ejektadecken auf dem Zielkörper, die je nach Größe des Zielkörpers diesen global oder partiell bedecken.

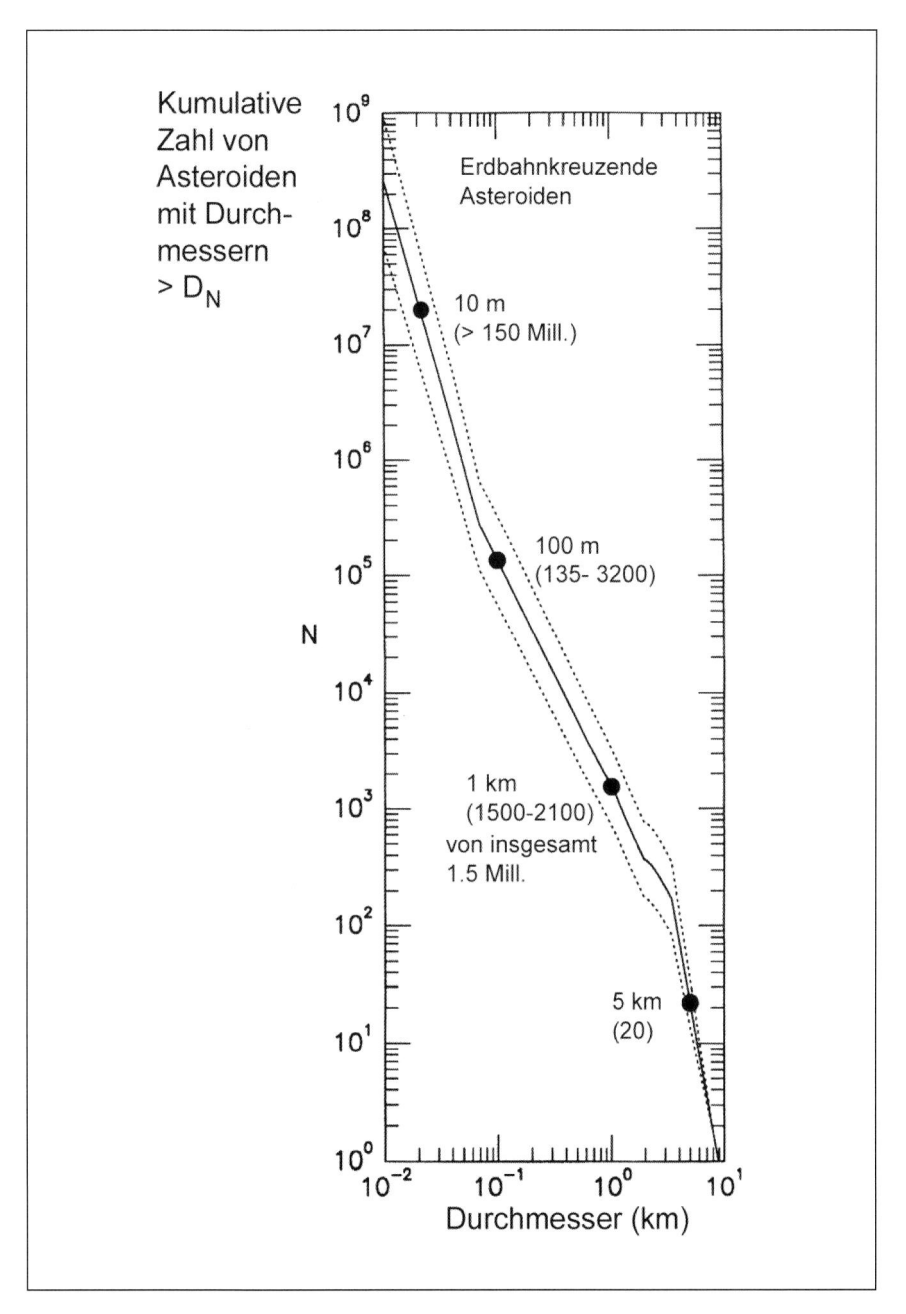

Abb. 8 Größen-Häufigkeitsverteilung der Asteroiden nach teleskopischen Beobachtungen und Berechnungen (verändert nach RABINOWITZ et al. 1994)

N
Kumulative Anzahl von Kratern mit Durchmessern $>D_N$ pro 1 Mill. km und 1 Milliarde Jahre

Mond

○ North Ray (Auswurfsdecke)
◆ Tycho (Auswurfsdecke)
▨ Apollo 17 Landeregion
◕ Aristarchus (Auswurfdecke)
□ Mare Serenitatis (Sulpicius Gallus Region)
△ Mare Region westlich Delisle
■ Theophilus (Auswurfdecke)

Standard-Verteilung der Kratergrößen (Produktionsfunktion)

▲ A 15 u. Landestelle
× Mare Serenitatis
○ Mare Orientale
▽ Montes Apenninus (Region 15/413)
▼ Montes Apenninus (gesamt)
● Mendeleev (Kraterboden)

D Kraterdurchmesser (km)

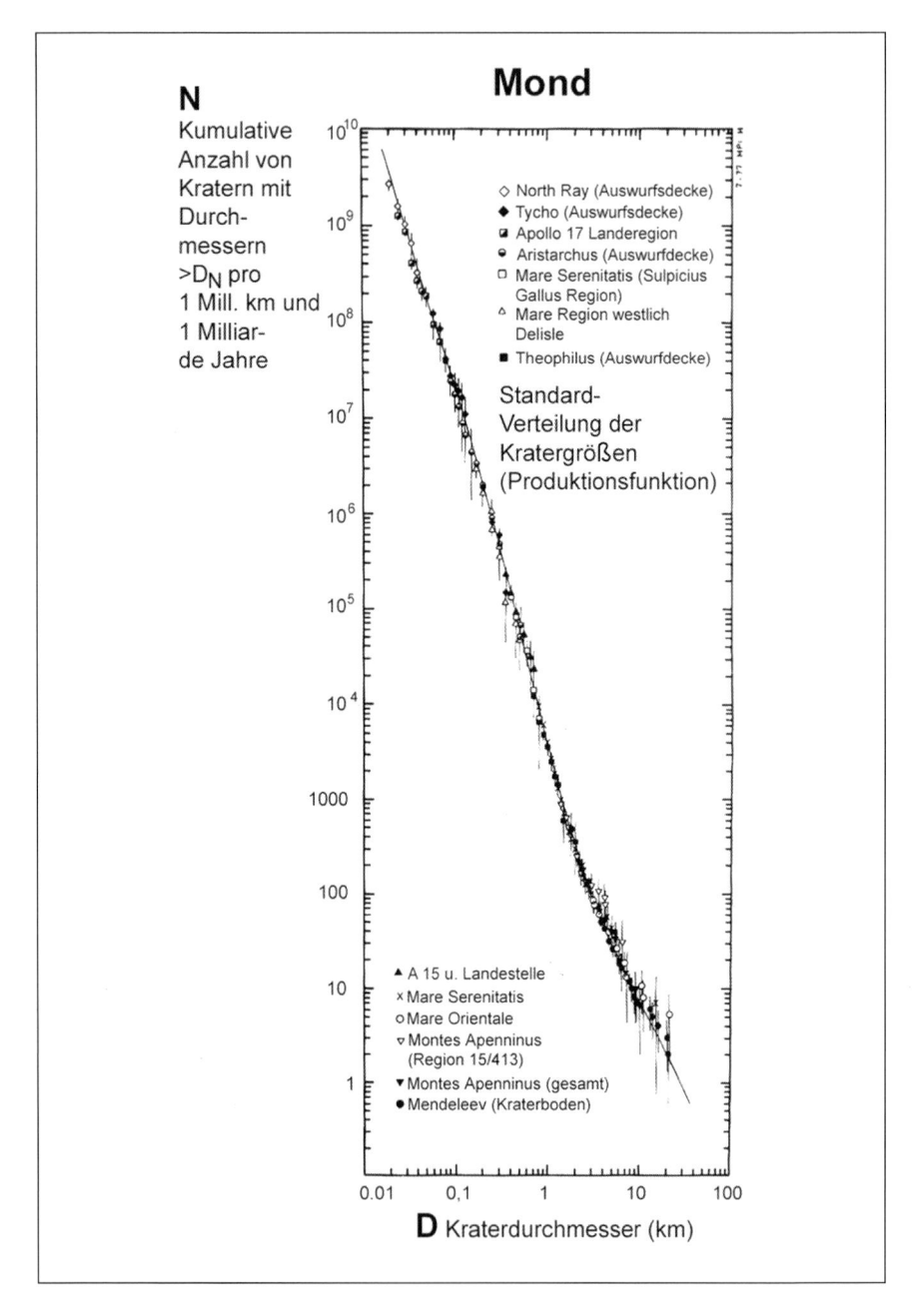

Abb. 9 Größen-Häufigkeitsverteilung der Impaktkrater des Mondes (verändert nach NEUKUM und IVANOV, 1994)

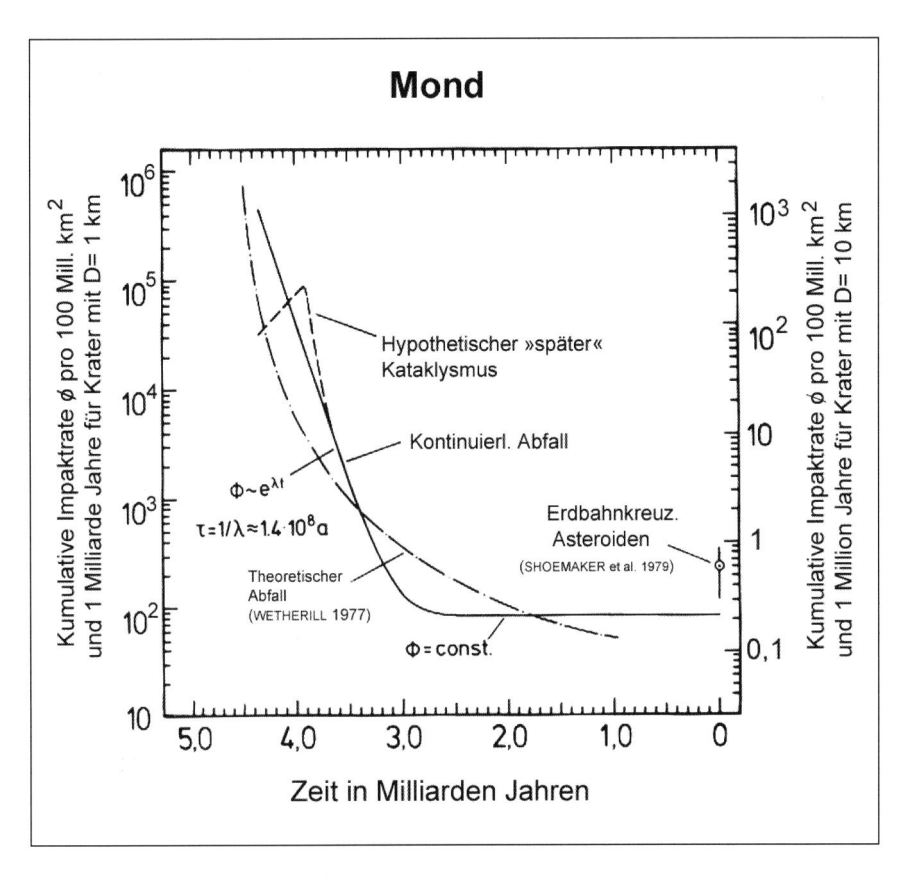

Abb. 10 Impaktrate des Mondes für Krater mit einem Durchmesser von 1 km bzw. 10 km im Verlauf der vergangenen 4,5 Milliarden Jahre (verändert nach NEUKUM und IVANOV 1994)

Fall d repräsentiert die für alle größeren terrestrischen Körper (Planeten, Monde, große Planetoiden) charakteristische Entwicklung der planetaren Krusten, die aus multiplen, übereinander gelagerten Ejektadecken (Megaregolith) bestehen, in denen die primordialen Krustengesteine durchmischt sind. Diese für den Erdmond exemplarische und detailliert bekannte Situation gilt jedoch nur für planetare Körper, die keine ausgeprägte endogene geologische Aktivität aufweisen. Die Erde besaß eine solche Krustenstruktur allenfalls im frühen Archaikum, die später durch die plattentektonischen und vulkanischen Prozesse zerstört wurde. Ähnliches gilt für Teilbereiche von Venus und Mars.

Die beschriebenen Kollisionsszenarien müssen im Gesamtkontext der Entstehung des Planetensystems gesehen werden: Akkretion von Staub, Planetesimalen und größeren planetaren »Embryos« zu den heutigen Planeten und

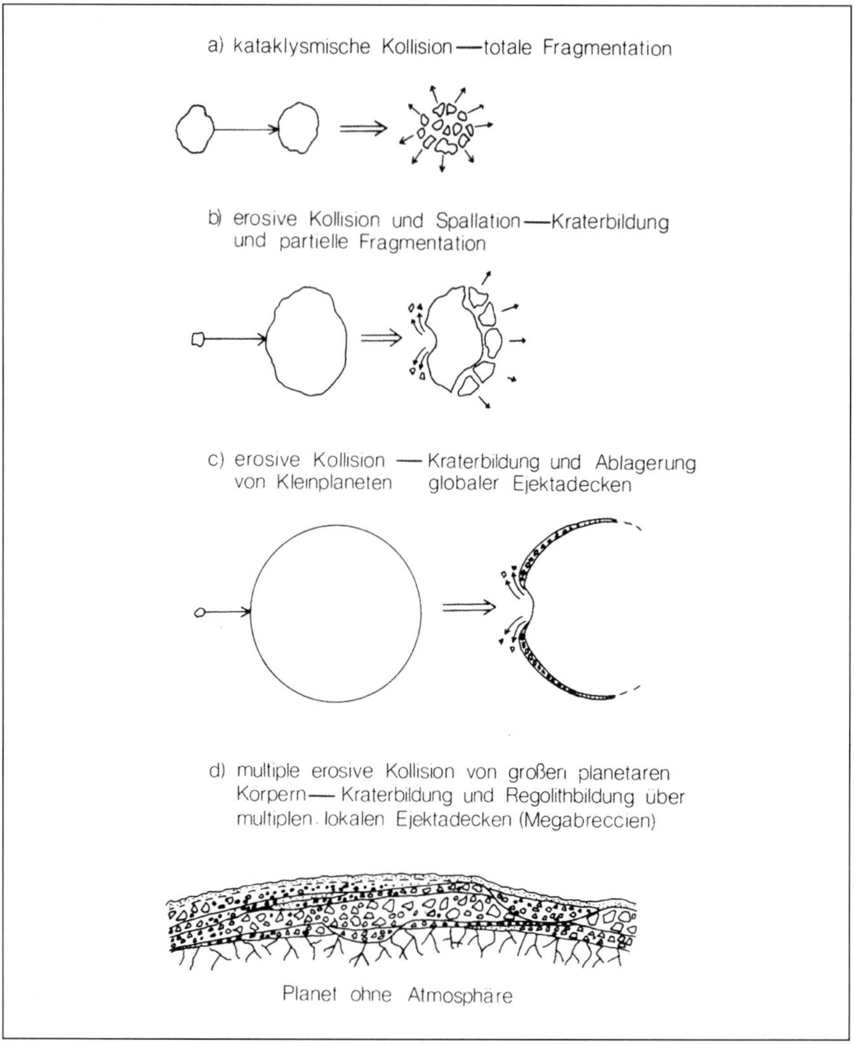

Abb. 11 Kollisionsszenarien bei Variation der relativen Größe von Impaktor und Zielkörper (STÖFFLER 1987; verändert nach HARTMANN 1983)

Satellitensystemen. Das heute favorisierte Modell der Planetenentstehung (Abb. 13), welches auf SAFRONOV (1969), WETHERILL, WEIDENSCHILLING, KAULA und andere Autoren zurückgeht (siehe Literatur in BENZ et al. 2000) ist in seinem physikalischen und zeitlichen Ablauf relativ gut verstanden. Beginnend mit der sogenannten »protoplanetaren Akkretionsscheibe« (MORFILL

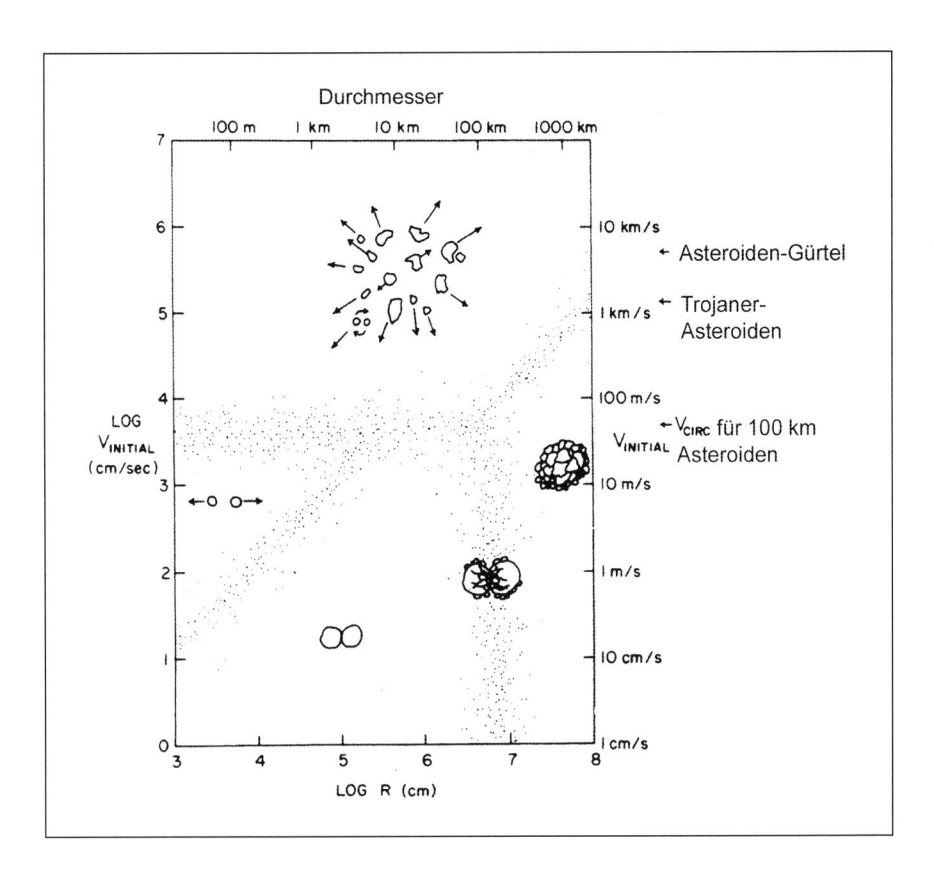

Abb. 12 Effekte von Kollisionen gleich großer Körper bei variabler Kollisionsgeschwindigkeit (verändert nach HARTMANN 1979); $v_{INITIAL}$ = Annäherungsgeschwindigkeit der Körper in großer Entfernung (außerhalb der Gravitationswirkung der Körper), v_{CIRC} = Kreisbahngeschwindigkeit um die Sonne; R = Radius

1985), die aus dem Solargas und staubförmiger fester Materie besteht, entwikkeln sich aus den auf Kreisbahnen befindlichen Partikeln Staubagglomerate, die durch Adhäsionskräfte an Größe solange zunehmen, bis gravitative Wechselwirkungen wirksam werden, die in der Folge zu Bahnstörungen führen (Anwachsen der Exzentrizität und der Inklination der Bahnen). Dadurch wächst die Kollisionshäufigkeit der inzwischen zu Planetesimalen und kleinen Planetoiden angewachsenen Körper und in einer Art »Runaway«-Prozeß verschwinden sehr schnell die zahlreichen kleineren Körper auf Kosten einiger weniger großer, den Protokörpern der späteren Planeten. Die Zeitskala für die Entstehung der Körper des inneren Sonnensystem ist aufgrund der Daten für kurzlebige Radioisotope recht genau bekannt (z. B. ^{26}Al, ^{53}Mn, ^{129}I, ^{182}Hf; BENZ et al. 2000, LUGMAIR und SHUKOLUKOV 2001). Die Bildung der ersten festen Kristallaggregate im Solargas (Ca-Al-reiche Einschlüsse in C-Chondriten) erfolgt im Zeitraum von 4,571 bis 4,569 ± 0,002 Milliarden Jahren vor heute, und die Bildung der größten terrestrischen Planeten war vor 4,535 ± 0,01 Milliarden Jahren abgeschlossen, also nur etwa 30 bis 40 Millionen Jahre später als die Bildung der ersten festen Materie im Solarnebel (Tab. 1).

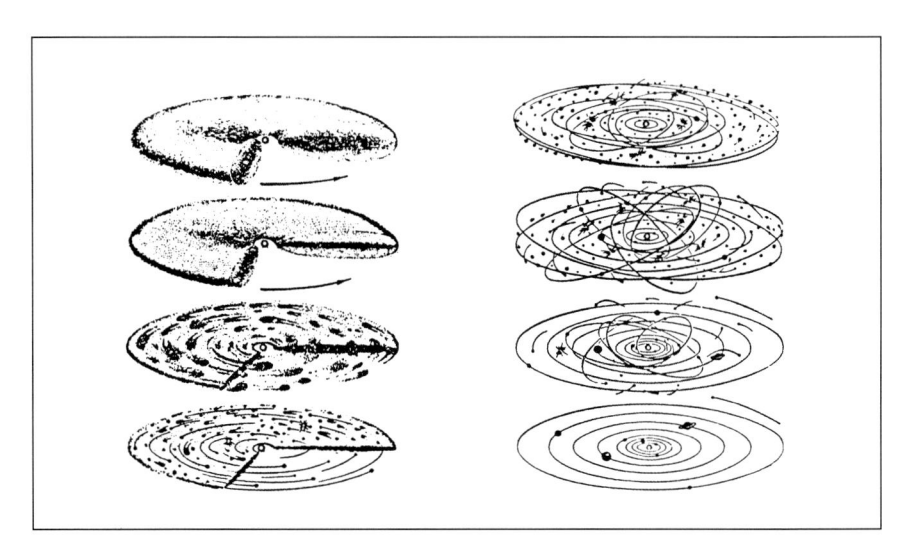

Abb. 13 Das Safronov-Kaula-Wetherill-Modell der Entstehung des Planetensystems (siehe Text)

Tab. 1 Wesentliche Zeitmarken in der Entwicklung des Kosmos und des Sonnensystems

Ereignis	Absolute Zeit (Milliarden Jahre)
Urknall (»Big Bang«)	15
Extrasolarer Staub in Meteoriten	5,0
Älteste feste Materie des Solarnebels (CAIs, Chondren)*	4,571 bis 4,569 ± 0,002
Kleinplaneten (Asteroiden)*	4,565
Planet Mars*	4,551
Erde-Mond-System*	4,535 ± 0,01
Älteste irdische Mineralien (Zirkon)	4,4
Ältestes irdisches Gestein (Acasta-Gneis, Canada)	4,0
Älteste Lebensspuren	3,8
Älteste Fossilien (Bakterien)	3,5
Älteste Einzeller (Eukaryoten)	1,8
Älteste Vielzeller	0,8

* Daten auf der Basis der ^{182}Hf-^{182}W- und ^{53}Mn-^{53}Cr-Chronometer (LUGMAIR und SHUKOLUKOV, 2001, HALLIDAY, 2000) und anderen Quellen

4.2 Entstehung des Mondes

Aus den computergestützten Modellrechnungen, die im Zusammenhang mit der Entstehung der terrestrischen Planeten durchgeführt wurden (WETHERILL und STEWART 1993 und Literatur in BENZ et al. 2000) ergibt sich mit statistisch hinreichend sicherer Wahrscheinlichkeit eine frühe Kollision der Protoerde mit einem etwa marsgroßen Körper. Bei tangentialer Kollision – wie bereits im Abschnitt 2.1 angedeutet – führt diese zur Ejektion geschmolzener und verdampfter Materie, die auf eine Umlaufbahn um die Erde gerät und dort nach kurzer Zeit (ca. 1 – 2 Tage) zu einem mondgroßen Körper akkretiert (CAMERON 1984, BENZ und CAMERON 1990, BENZ und ASPAUGH 1999, HALLIDAY 2000). Diese Modellrechnungen, die chemische Zusammensetzung der Gesteine der Erde und des Mondes und das auf irdische und Mondgesteine angewendete ^{182}Hf-^{182}W-Chronometer erfordern, daß die Kollision noch während der Akkretionsphase der Erde stattfand und der metallische Erdkern schon vorhanden war. Diesbezüglich wird heute angenommen, daß der Erdkern kontinuierlich während der Akkretion gebildet wurde, d. h. durch Aufschmelzen der im akkretierenden Material fein verteilten chondritischen Eisen- und Eisensulfidpartikel und dem nachfolgendem gravitativem Absinken dieser Schmelzen zum Erdkern (z. B. HALLIDAY 2000).

4.3 Impaktkratermechanik

Morphologie der Krater

Die Impaktkrater des Mondes und der anderen terrestrischen planetaren Körper weisen ein breites Spektrum charakteristischer Formen auf, die sich mit zunehmender Kratergröße systematisch ändern (MELOSH 1989, STÖFFLER 1987, 1991): kleine schüsselförmige Krater, komplexe Krater mittlerer Größe mit Zentralberg und terrassierten Kraterrändern, große komplexe Krater mit innerem Ringwall (»peak-ring«) und terrassierten Rändern, und sehr große Multi-Ringbecken (SPUDIS 1993), die eine zentrale Depression und bis zu sechs konzentrische Ringstrukturen aufweisen (meist drei Ringstrukturen einschließlich des terrassierten äußeren Kraterrands; HEAD 1976). Beispiele für diese Kratertypen sind in der Abbildung 14 dargestellt.

Bildungsprozeß

Aus Gründen der Anschaulichkeit kann man die Kraterbildung in drei aufeinanderfolgende Phasen gliedern, obzwar diese Phasen einander partiell überlappen: (a) Kompressionsphase, (b) Exkavationsphase und (c) Modifikationsphase (RODDY et al. 1977, MELOSH 1989, 1996). Die *Kompressionsphase* verläuft weitgehend unabhängig von der Größe des Projektils (Impaktors). Beim Kon-

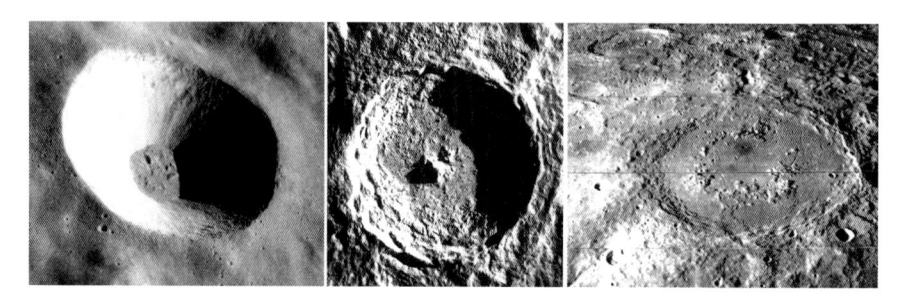

Abb. 14 Die Grundtypen einfacher und komplexer Impaktkrater an Beispielen des Mondes: (A) Krater Alfraganus C (Durchmesser: 10 km; Apollo 16 Panoramic Cemera Frame 4615), (B) Krater Tycho (Durchmesser: 85 km; Lunar Orbiter Aufnahme V 125M), (C) Ring-Impaktbecken Schrödinger (Durchmesser: 320 km, Lunar Orbiter Aufnahme IV 9M)

takt mit dem Zielkörper (Planetenoberfläche) entstehen zwei Stoßwellen (Stoßfronten), die sich mit Überschallgeschwindigkeit einerseits rückwärts in das Projektil bewegen und andererseits im Planeten halbkugelschalig nach unten ausbreiten. Aufgrund der hohen »kosmischen« Aufprallgeschwindigkeit, die im Falle der Erde zwischen etwa 12 und 72 km/s liegt, im Mittel jedoch ca. 20–25 km/s beträgt, breiten sich die Stoßwellen im letzteren Fall mit ca. 18 bis 20 km/s aus. Dies führt zu einer extrem hohen Kompression von Projektil und Gesteinsuntergrund, wo Drucke von etwa 4–5 Megabar (400–500 GPa ≈ 4–5 Mill. Atmosphären) und Temperaturen von weit über 10 000 K entstehen, d. h. die feste Materie nahe dem Einschlagspunkt verdampft. Die sich hemisphärisch ausbreitende Stoßwelle verliert mit zunehmender Entfernung vom Einschlagspunkt an Energie und verursacht daher im Gesteinsuntergrund Zonen abnehmenden Drucks und Temperatur (Abb. 15). Dort, wo die Stoßwelle die freie Oberfläche erreicht, z. B. an der Rückseite des Projektils und an der Planetenoberfläche in einiger Entfernung vom Impaktzentrum, entstehen Entlastungs-(Verdünnungs)wellen, durch die der hohe Druck abgebaut und das dekomprimierte Material mit hoher Geschwindigkeit radial nach außen auf ballistische Bahnen und nach unten beschleunigt wird: Die *Exkavationsphase* ist im Gang (siehe Pfeile in Abb. 15).

Das Auswurfsmaterial bildet einen Kegelmantel, der sich am Kraterrand befindet und sich mit dem rasch wachsenden Krater nach außen bewegt (STÖFFLER et al. 1975, MELOSH 1989, 1996). Diese Bewegung kommt zum Stillstand, wenn die Energie am Kraterrand zu einer Beschleunigung des Materials nicht mehr ausreicht und die sogenannte »momentane«, vorübergehend existierende schüsselförmige »Kraterhohlform« (»transient cavity«) entstanden ist (MELOSH 1989, 1996). Das Gesteinsmaterial des Auswurfs stammt aus unterschiedlichen Druck-Temperatur-Zonen des Kraterungrundes und wird aus dem oberen »doppelschüsseligen« Bereich (siehe momentane Exkavationshohl-

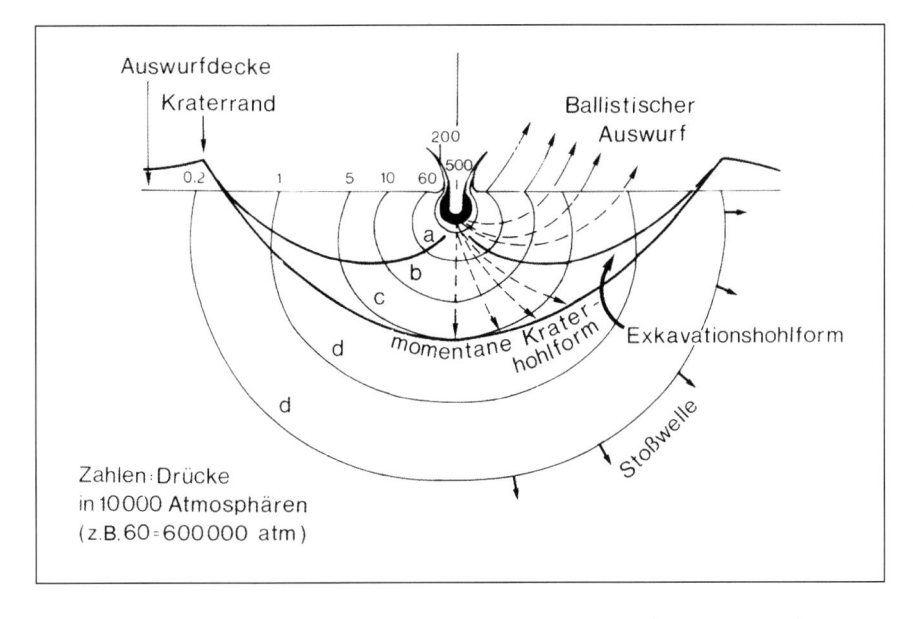

```
Auswurfdecke
  Kraterrand                           Ballistischer
                        200             Auswurf
                        500
   0.2     1    5  10  60
                        a
                        b
                     c
                d        momentane Krater     Exkavationshohlform
                                  hohlform
                 d                            Stoßwelle

Zahlen: Drücke
in 10 000 Atmosphären
(z.B. 60 = 600 000 atm)
```

Abb. 15 Die Entstehung eines Impaktkraters: Ausbreitung der Stoßwellen, Massenbewegung und Bildung der transienten Kraterhohlform (aus STÖFFLER 1987)

form in Abb. 15) ausgeschleudert, während das Material unterhalb der Exkavationshohlform in den Krateruntergrund gepreßt wird (Kompaktion). Dies bedeutet, daß nur ein Teil der Kraterhohlform durch ballistischen Auswurf erzeugt wird.

Bei kleinen Kratern, d. h. bei Mikrokratern und Kratern bis zu Durchmessern von einigen Kilometern, bleibt die transiente Kraterhohlform unverändert erhalten und wird zum finalen Krater (»Festigkeitskrater«). Für kleine Krater gilt für die Beziehung zwischen der kinetischen Energie des Projektils E und dem Kraterdurchmesser D folgende, etwas vereinfachte Gleichung: $E = a\, D^{1/3}$, wobei a = const.). Wird die transiente Hohlform wesentlich größer, so wird diese instabil und kollabiert (*Modifikationsphase 1*). Bei größeren Kratern (> ca. 17 km auf dem Mond und 3–4 km auf der Erde) ist die von der Stoßwelle zerbrochene hemisphärische Gesteinszone, in der keine Gesteinsfestigkeit mehr vorhanden ist, größer als der finale Krater (»Schwerkraftkrater«), d. h., der Krater bildet sich vollständig in quasi kohäsionsloser Materie, so daß die Schwerkraft g ins Spiel kommt und die obige Beziehung zu modifizieren ist: $D = b\, (E/g)^{1/4}$ (b = const.). Beim Kollaps großer transienter Kraterhohlformen kommt es daher zunächst zu einer hochdynamischen Modifikation: Die kohäsionslosen Gesteinsmassen schießen im Zentrum nach oben und bilden einen in sich wiederum instabilen Zentralberg, der bei sehr großen Kratern seinerseits kollabiert und zur Ausbildung eines sehr flachen Multi-Ringbeckens führt (Abb. 14). Bei Kratern mittlerer Größe wird der Zentralberg zwar modifiziert, bleibt aber als kleiner zentraler »Kegel« erhalten (Abb. 14B). An die dynamische Modifikationsphase schließen sich allein durch die Schwerkraft und Isostasie bedingte tektonische Bewegungen an (z. B. KENKMANN 2003), die vor allem die Form und innere Struktur des Kraterrandes und des Zentralberges weiter modifizieren (*Modifikationsphase 2*).

5. Kollisionsgeschichte der Erde

Wie zuvor bereits erwähnt, wurde in der irdischen Geologie zunächst die Wirkung von Impaktprozessen negiert, vermutlich auch weil der weitaus größte Teil der Kraterpopulation durch andere geologische Prozesse, die an die Plattentektonik gekoppelt sind, ausgelöscht worden ist. Wenn man jedoch die quantitativ bekannte Kollisionsgeschichte des Mondes auf die Erde überträgt, was zwingend ist, so wird sehr schnell klar, daß extreme Auswirkungen auf (*1*) die Entwicklung der frühen Erdkruste und der Atmosphäre, (*2*) die Entstehung des Lebens, (*3*) die klimatische Entwicklung und (*4*) die spätere Entwicklung der Biosphäre bestanden haben müssen (MELOSH 1989, AHRENS 1993, GEHRELS 1994, THOMAS et al. 1997, LEWIS 1997, DAUBER und MULLER 1999, STEEL 2001, RYDER 2002). Die Hemmnisse für die Aufnahme dieses Paradigmas in das geologische Weltbild werden vielleicht durch einen Blick auf eine Weltkarte klarer, in der die lediglich 160 bekannten bzw. noch bestehenden irdischen Impaktkrater und deren Alter eingetragen sind (Abb. 16). Die Altersverteilung verläuft entgegen der vom Mond her zu erwartenden Altersverteilung (Abb. 6, 10): Es müßte mehr alte als junge Krater geben. Kein noch erkennbarer irdischer Impaktkrater ist jedoch älter als 2 Milliarden Jahre. Nur drei Krater – *Vredefort, Sudbury und Chicxulub* – weisen Durchmesser von 200 km und darüber auf. Aufgrund der Mondkraterstatistik müßte es aber über 1400 Krater auf der Erde geben, die größer als 200 km sind. Warum ist diese Feststellung wichtig?

Die Antwort ist, daß kleinere Krater keine globalen katastrophalen Wirkungen entfalten. Dies liegt in der Impaktkraterbildung selbst begründet. Im zentralen Bereich des Kraters bildet sich eine explosionsartig nach oben schießende Ejektions- und Glutwolke aus verdampftem und aufgeschmolzenem Material und staubfeinen Partikeln des Impaktors und des vom Impakt betroffenen Untergrundes. Gas, Schmelze und Staub werden bei großen Kratern (> ca. 150 km) über die Stratosphäre global verteilt mit extremen Folgen, die wir abschließend am Beispiel des Chicxulub-Kraters diskutieren werden.

5.1 Frühe Impaktprozesse: Bedeutung für die Entstehung des Lebens

Mit zunehmender Kratergröße werden die globalen Effekte dramatischer und führen zu einer globalen Erhitzung der Planetenoberfläche und biologisch ge-

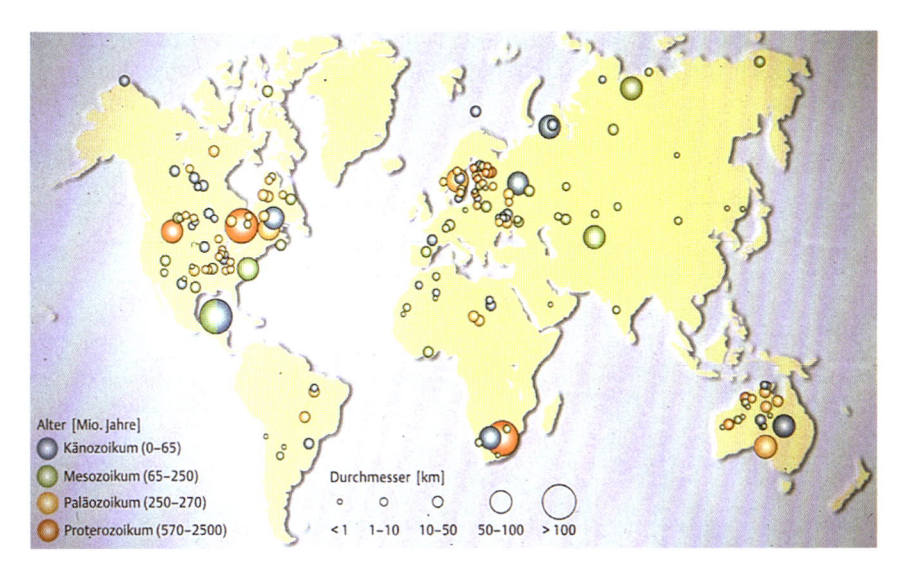

Abb. 16 Karte der Erde mit Angabe der Lage, der Größe und des Alters der bekannten irdischen Impaktkrater (Daten aus verschiedenen Quellen, insbesondere GRIEVE 1987, GRIEVE und PILKINGTON 1996; Darstellung aus LANGENHORST 2002)

sehen zu einer Sterilisierung (Abb. 17). Nach der lunaren Kraterstatistik müßten solche globalen Sterilisierungen der Erde in den ersten 600 Millionen Jahren der Entwicklung mehrfach erfolgt sein, was mit der beobachteten späten Entstehung des Lebens vor etwa 3,8 bis 3,9 Milliarden Jahren in Bezug stehen könnte. Die Impakttheoretiker schließen aus der Kraterstatistik, daß irdische Organismen nicht früher als vor 4 Milliarden Jahren entstehen konnten (Abb. 18). Die Sicherheit einer solchen Aussage hängt natürlich von einigen, nicht genau bekannten Parametern ab, die in die entsprechenden Modellrechnungen eingehen. Macht man die in der Tabelle 2 dargestellten Annahmen über die Zeiträume, die für die sogenannte *Abiogenese* benötigt werden, d. h. für die Zeit, die erforderlich ist, um aus vorhandenen präbiotischen Bausteinen (Bausteine der Proteine und der RNS/DNS, die bereits vor 4,5 Milliarden Jahren existierten, wie wir aus Meteoriten wissen; Tab. 3), selbst-reproduzierende Organismen – prokaryotische Einzeller – zu entwickeln. Diese Zeit beträgt nach verschiedenen Modellen 100000 Jahre bis 10 Millionen Jahre und liegt damit in der gleichen Größenordnung wie die Zeitintervalle für globale Sterilisierungen der Erde in den ersten 600 Millionen Jahren ihrer Geschichte (Abb. 18). Demnach könnte das irdische Leben mehrfach entstanden und mehrfach wieder ausgelöscht worden sein. Dieses Szenario, was durchaus nicht unbestritten ist, würde möglicherweise erfordern, daß sich das Leben vor 3,9 Milliarden Jahren aus präbiotischen Bausteinen entwickelte, die von den Impaktoren selbst eingebracht wurden (THOMAS et al. 1997, RYDER 2002). Einige Typen von Asteroiden und die Kometen enthalten beträchtliche Anteile hochpolymerer Kohlenwasserstoffverbindungen, darunter auch Aminosäuren (Tab. 3).

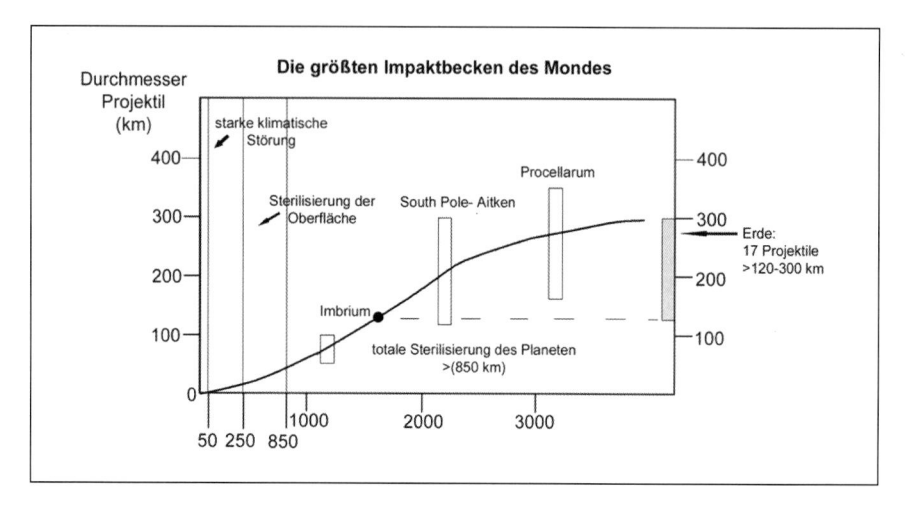

Abb. 17 Die größten Impaktkrater des Mondes und der Zusammenhang zwischen Kratergröße und den globalen Wirkungen für die Erde: (1) starke klimatische Störung, (2) Sterilisierung der Erdoberfläche und (3) totale Sterilisierung des Planeten (Daten aus MAHER und STEVENSON, 1988)

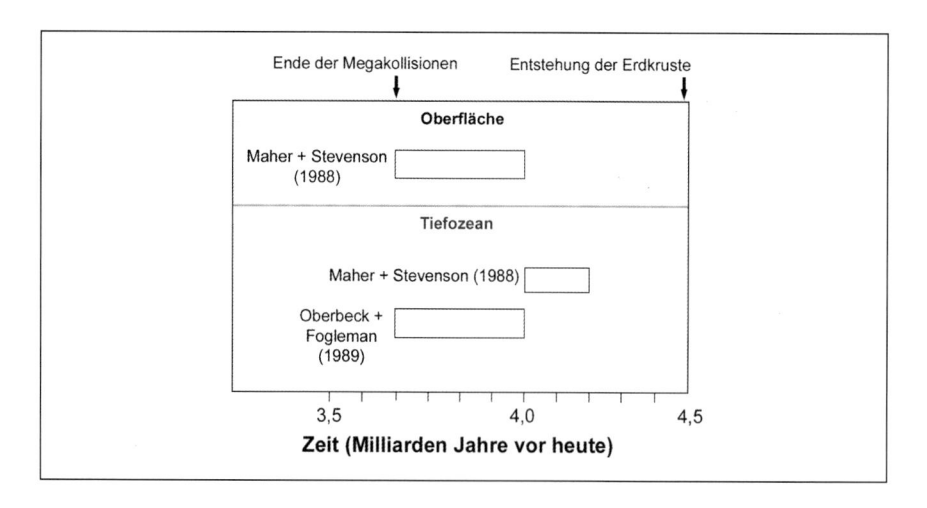

Abb. 18 Auftreten erster Lebensformen auf der Erde nach impakttheoretischen Voraussagen von MAHER und STEVENSON (1988) und OBERBECK und FOGLEMAN (1989)

Tab. 2 Geschätzte Zeiträume für die sogenannte Abiogenese unter verschiedenen ökologischen Bedingungen

Ökologisches System	Zeitdauer (Jahre)
Hydrothermal (Tiefsee) BAROSS und HOFFMANN 1985	100 000 bis 1 Mill.
Aquatisch – »warm puddle« (Flachwasser) LAZCANO et al. 1983	300 000 bis 3 Mill.
Subaerisch (Böden) CAIRN-SMITH 1985	1Mill. bis 10 Mill.

Tab. 3 Organische Verbindungen im kohligen Chondriten Murchison (aus GOLDSMITH und OWEN 1992)

Klasse	Konzentration (ppm)	Anzahl identifizierter Verbindungen
Aminosäuren	60	74
Aliphatische Kohlenwasserstoffe	> 35	140
Aromatische Kohlenwasserstoffe	15 – 28	87
Carboxylsäuren	> 300	20
Dicarboxylsäuren	> 30	17
Hydroxycarboxylsäuren	15	7
Purine und Pyrimidine	1.3	5
Heterozyklische Verbindungen (N)	7	32
Amine	8	10
Amide	55 – 70	> 2
Alkohole	11	8
Aldehyde und Ketone	27	9
Gesamt	>560	411

5.2 Spätere Impaktprozesse: Einfluß auf die Evolution des Lebens

Lassen Sie uns zum Abschluß der Betrachtungen über die Wirkungen von Mega-Impakten auf die *Biosphäre* in die jüngere Zeit der Entwicklung der Erde und des Lebens gehen. Es geht um die Problematik der Massenextinktionen der komplexen Fauna und Flora in der jüngsten Epoche der Erdgeschichte, dem Phanerozoikum. Im Jahr 1980 entdeckte die Arbeitsgruppe von ALVAREZ in Berkeley eine Ir-Anomalie in der Tonschicht der Kreide-Tertiär-Grenze (ALVAREZ et al. 1980), die nur durch eine extraterrestrische Quelle zu erklären war und die in den darauffolgenden Jahren von vielen Autoren (Literatur in SMIT 1999) weltweit gefunden wurde. In dieser Schicht sind nicht nur Iridium, sondern alle Elemente der Platingruppe angereichert, deren Gehalte in Meteoriten und demzufolge in Asteroiden, den Impaktoren großer Einschlagkrater, um den Faktor 100 bis 10 000 höher liegen als in irdischen

Krustengesteinen. In rascher Folge wurde eine Vielzahl weiterer *Impaktindikatoren im Grenzton* identifiziert: Schmelzkügelchen, impaktmetamorphe Quarz- und Zirkonkörner, Rußspuren von globalen Bränden und mehrere Isotopenanomalien, insbesondere des Kohlenstoffs und Sauerstoffs (SMIT 1999).

1990 wurde dann der von 1000 m Sedimentschichten überdeckte Verursacher des Geschehens, der Impaktkrater *Chicxulub* in Mexiko entdeckt (HILDEBRAND et al. 1991), ein Krater mit einem Durchmesser von etwa 200 km und einem Alter von *65 Millionen Jahren*, ein Alter, welches im Rahmen der Fehlergrenzen mit dem Alter der Schmelzkügelchen im Kreide-Tertiär-Grenzton identisch ist. Trotz heftigen Widerstands der dem Gradualismus und der Absolutheit eines falsch verstandenen aktualistischen Prinzips immer noch verhaftenden Geologen und Paläontologen (z. B. OFFICER et al. 1987, KELLER 1989, COURTILLOT 1994) hat sich die Überzeugung heute durchgesetzt, daß eine Kausalität zwischen dem Chicxulub-Ereignis und der Massenextinktion an der Kreide-Tertiärgrenze besteht. Wichtige Effekte mit globaler Wirkung rühren von der Verdampfung des Ozeans und den fast 3 km mächtigen Kalk-, Dolomit- und Ca-Sulfat-Schichten des Krateruntergrundes her, die eine gewaltige, klimatisch höchst wirksame und toxische Anreicherung der Atmosphäre mit Kohlendioxid, Schwefeloxiden und Stickoxiden verursachte (IVANOV et al. 1996, PIERAZZO et al. 1998, PIERAZZO und MELOSH 1999, KRING 2000). Diese Anreicherung beträgt das Millionenfache der durch vulkanische Eruptionen erzeugbaren Werte (KRING 1993, 2000).

Die regionalen und globalen Wirkungen des Chicxulub-Impakts und ihre Dauer sind in der Tabelle 4 zusammengefaßt. Sie reichen von orkanartigen Stürmen und Tsunamis über die Unterbrechung der Photosynthese, globalen Bränden, Effekten eines »nuklearen Winters«, saurem Regen, Zerstörung der Ozonschicht bis hin zu längerfristigen Treibhauseffekten. Diese Effekte werden durch hochaufwendige impaktmechanische Modellrechnungen gestützt, von denen ich ein Beispiel besprechen möchte.

Die *numerische Simulation* bezieht sich auf einen chondritischen Asteroiden (durch das olivinreiche Gestein »Dunit« simuliert) mit 10 km Durchmesser und einer Impaktgeschwindigkeit von 20 km/s. Der Untergrund wird von 100 m ozeanischem Wasser und 2900 m Wechsellagen von Karbonaten und Ca-Sulfat aufgebaut, die darunter liegende Kruste wird durch 30 km Granit simuliert (Abb. 19). Die Entwicklung der Glutwolke ist in der Abbildung 19*B* mit fortschreitender Zeit – in Sekunden gemessen – dargestellt und zeigt die Verteilung der ursprünglichen Ausgangsmaterialien (Projektil, Wasser, verschiedene Gesteinsarten) in der aufsteigenden Glutwolke. In der Abbildung 19*C* ist die Temperaturverteilung in der Glutwolke nach 5 Sekunden dargestellt. Halten wir nur soviel fest: Die Ejektionswolke dehnt sich mit mehreren Kilometern pro Sekunde in die Stratosphäre aus und erreicht nach 15 Sekunden eine Höhe von über 150 Kilometern. Die Temperaturen in der Glutwol-

Tab. 4 Wirkungen des Chicxulub-Impakts auf die Atmosphäre und das ökologische System; R= Regional, G = Global (nach KRING 2000)

Art der Wirkung		Zeitskala der Wirkung
Stoßfront (Luft)	R	Sekunden
Tsunamis	R	Stunden
Extreme Stürme (bis 500 km/h)	R	Stunden
Unterbrechung der Solarstrahlung	G	Monate
Kälteperiode	G	Monate
Globale Brände	R/G	Monate
Pyrotoxine (Dioxin, PAH)	G	Jahre
SO_2-Injektion (Saurer Regen, Abkühlung)	R/G	Jahre
CO_2-H_2O-»Treibhaus«-Effekt	G	Dekaden von Jahren
NO_x-Produktion (Zerstörung der Ozon-Schicht, saurer Regen)	G	Dekaden von Jahren

ke liegen zwischen 1000 und 10000 Grad Kelvin, d. h., die Materie befindet sich überwiegend in gasförmigem und schmelzflüssigem Zustand. Ich hoffe, es ist überflüssig zu betonen, daß Wirkungen und Temperaturen dieses Ausmaßes und mit diesen Zeitskalen von endogenen Kräften der Erde, z. B. Vulkanexplosionen, nicht erzeugt werden können.

Akzeptiert man die Impaktursache für die Massenextinktion vor 65 Millionen Jahren, so stellt sich folgerichtig die Frage, ob die anderen großen Massenextinktionen der vergangenen 600 Millionen Jahre – es sind mindestens vier massive Ereignisse und mehrere kleinere Extinktionsereignisse bekannt – dieselbe oder eine andere Ursache haben. Für die Zeit der beiden großen Massensterbe-Ereignisse an der *Perm/Trias-Grenze* vor etwa 250 Millionen Jahren und an der *Frasne/Famenne-Wende* im Oberdevon vor ca. 360 Millionen Jahren sind Impaktindikatoren in Gesteinsschichten entsprechenden Alters bekannt, jedoch nicht die zugeordneten Impaktkrater. Dies ist jedoch kein ausreichendes Argument gegen die Impakthypothese, hatten wir doch vor etwa 15 Jahren noch dieselbe »offene« Situation an der Kreide-Tertiär-Grenze, als Chicxulub noch nicht entdeckt war. Ohne die strittige Debatte hier weiter zu vertiefen, erscheint mir sinnvoll, nochmals die Impaktkrater-Statistik in Erinnerung zu rufen und die Frage zu stellen: Wie oft treten Mega-Impakte mit globaler Wirkung statistisch in 600 Millionen Jahren auf?

Hierfür gibt es verläßliche und voneinander unabhängige astronomische und geologische Daten, über die wir im Zusammenhang mit dem Mond bereits gesprochen haben. Wir betrachten ein vielzitiertes Diagramm (Abb. 20), in welchem die Beziehung zwischen einerseits der Impaktorgröße, der Kratergröße und der zugeordneten Energie (in Megatonnen TNT) und andererseits der Häufigkeit von Impakten dargestellt ist. Hieraus ergibt sich, daß Impaktereignisse der Größenordnung von Chicxulub alle 100 bis 200 Millionen Jah-

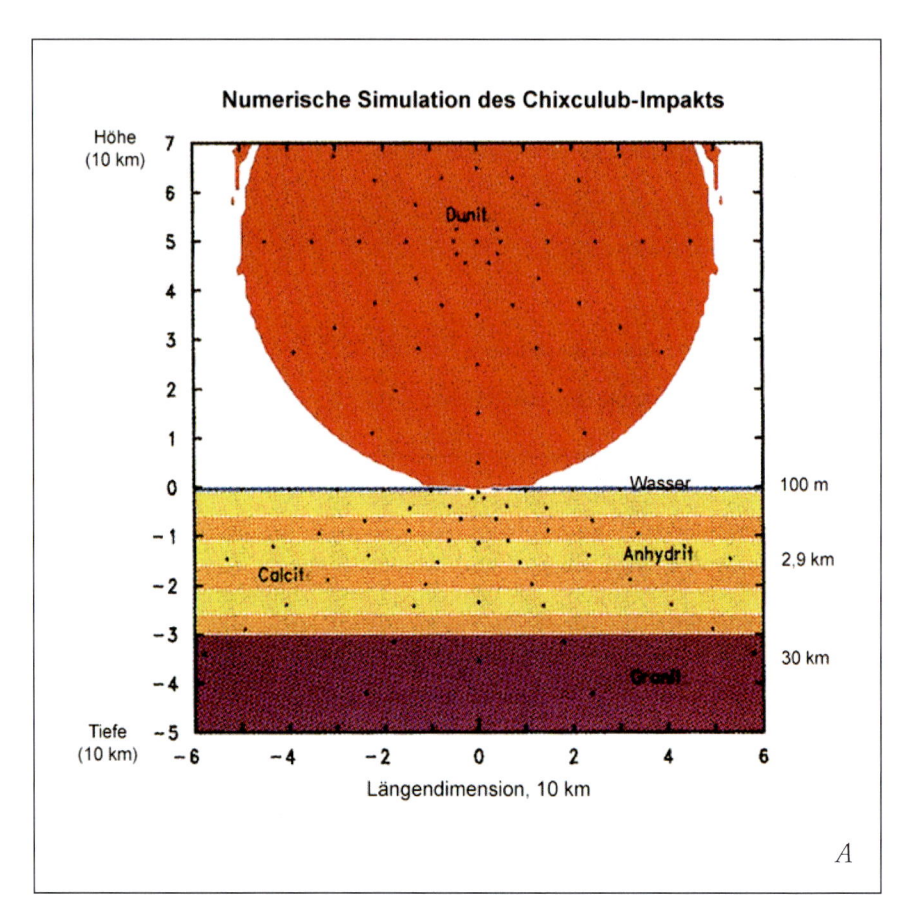

Abb. 19 (*A*) Ausgangsbedingungen für die numerische Simulation des Chicxulub-Impakts. Für den Impaktor und die getroffenen Gesteinsschichten wurden in den Modellrechnungen die Zustandsgleichungen für Luft (Atmosphäre), Dunit (Impaktor), Wasser (Ozean), Calcit (Kalk) und $CaSO_4$ (Anhydrit) eingesetzt und ein vertikaler Einschlag mit 20 km/s angenommen (nach PIERAZZO et al. 1998); (*B, rechts oben*) Entwicklung der zentralen Ejektionswolke von Chicxulub nach Modellrechnungen von PIERAZZO et al. (1998) für die Zeitpunkte 2, 5, 15 und 30 Sekunden nach dem Impakt; Farbkennzeichnung des Projektils und des Untergrundes wie in Abb. 19*A*; man beachte die charakteristische und relativ geordnete Verteilung von Wasser (gasförmig), Kalk und Anhydrit (gasförmig) und Projektil (gasförmig) nach 15 Sekunden; später wird auch der granitische Untergrund in die Verdampfung, Aufschmelzung und Ejektion mit einbezogen; Länge der Pfeile ist proportional zur Ejektionsgeschwindigkeit (siehe Eichpfeil von 5 km/s); nach PIERAZZO et al. 1998; (*C, rechts unten*) Verteilung der Materie und der Temperatur in der durch numerische Simulation erzeugten Ejektionswolke des Impaktkraters von Chicxulub, 5 Sekunden nach dem Impakt, für einen vertikalen Einschlag und einen Einschlag unter einem Winkel von 45 Grad (nach PIERAZZO und MELOSH 1999).

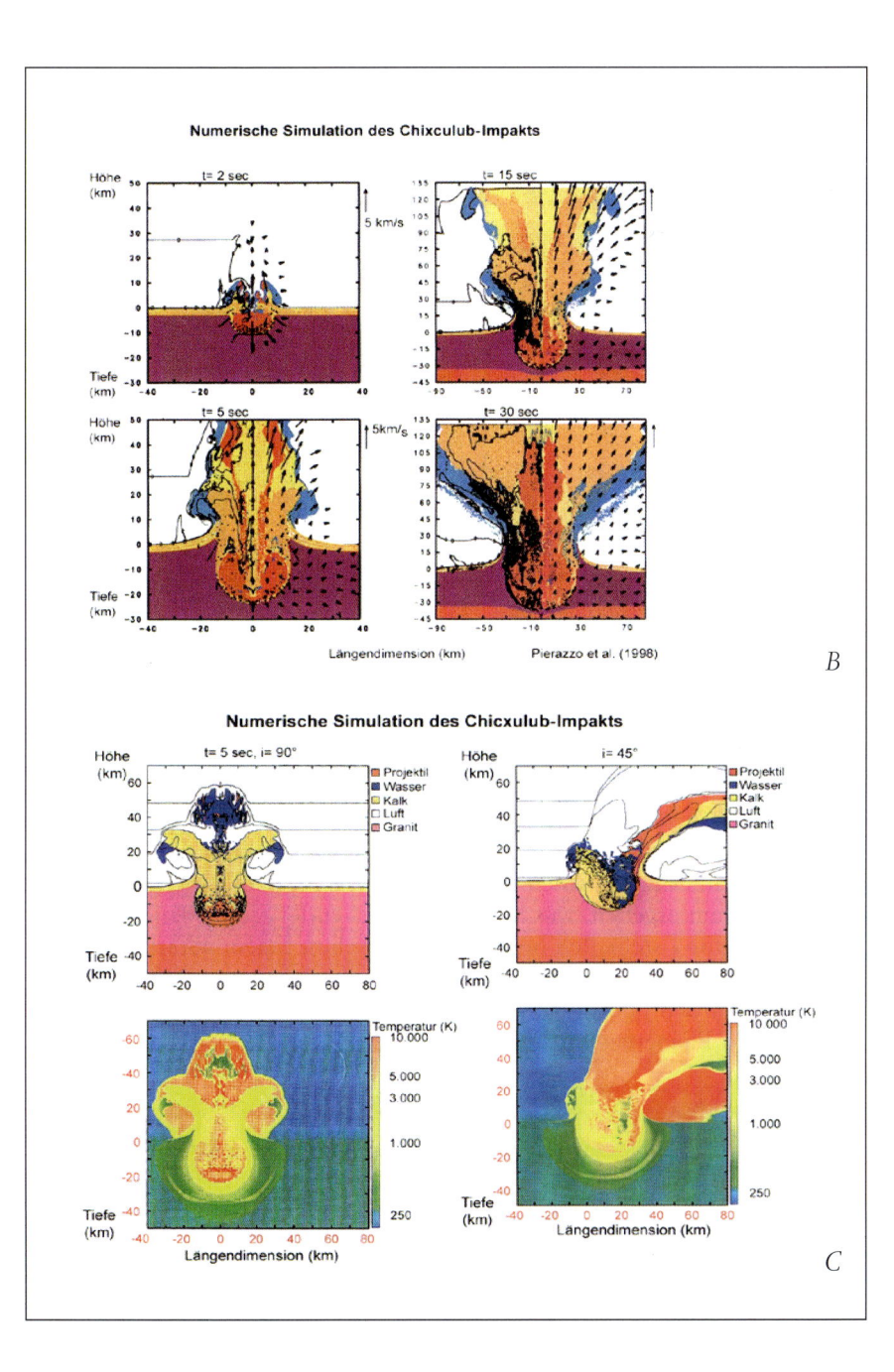

Numerische Simulation des Chixculub-Impakts

Pierazzo et al. (1998)

B

Numerische Simulation des Chicxulub-Impakts

C

383

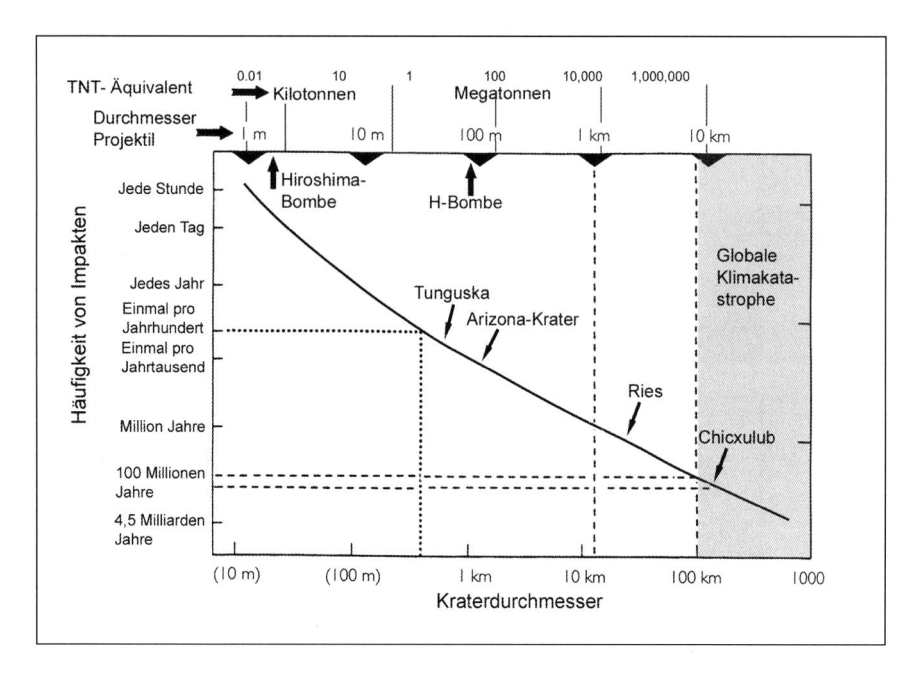

Abb. 20 Beziehung zwischen der Häufigkeit von Impakten auf der Gesamterde, der Größe der Impaktoren bzw. Impaktkrater und der diesen zugeordneten Energien in Megatonnen TNT (1 Megatonne TNT = 4,2 × 10^{15} Joule = 4,2 × 10^{22} erg); Daten verschiedener Autoren (SHOEMAKER, CHAPMAN, MORRISON, NEUKUM, GRIEVE u. a., Diagramm nach HARTMANN und IMPEY 1994); Darstellung modifiziert und verbessert nach WARD und BROWNLEE (2000).

re vorkommen. Daraus würden sich drei bis sechs Massenextinktionen für das Phanerozoikum ergeben, was in zufriedenstellender Übereinstimmung mit der Beobachtung steht. Ich höre den Leser schon sagen: »Statistik kleiner Zahlen«, und ich entgegne ihm: Die Datenbasis bezieht sich auf die vergangenen 3,5 Milliarden Jahre, also auf 15 bis 30 Ereignisse, wovon eben drei bis sechs auf das Phanerozoikum entfallen.

Literatur

AHRENS, T. J.: Impact erosion of terrestrial planetary atmospheres. Annu. Rev. Earth Planet. Sci. *21*, 525–555 (1993)
ALVAREZ, L. W., ALVAREZ, W., ASARO, F., and MICHEL, H. V.: Extraterrestrial cause for the Cretaceous-Tertiary extinction. Science *208*, 1095–1108 (1980)
BALDWIN, R. B.: The Face of the Moon. Chicago: University of Chicago Press 1949
BAROSS J. A., and HOFFMANN, S. E.: Submarine hydrothermal events and associated gradient environments as sites for the origin of life. Org. Life Evolut. Biosphere *15*, 327–345 (1985)
BENZ, W., and ASPAUGH, E.: Catastrophic collisions revisited. Icarus *142*, 5–20 (1999)
BENZ, W., and CAMERON, A. G. W.: Terrestrial effects of the giant impact. In: NEWSOM, H. E., and JONES, J. H. (Eds.): Origin of the Earth; pp. 61–67. New York: Oxford Univ. Press 1990

BENZ, W., KALLENBACH, R., and LUGMAIR, G. W.: From Dust to Terrestrial Planets. Space Science Reviews 92. Dordrecht: Kluwer Academic Publ. 2000

CAIRN-SMITH, A. G.: Scientific American 256, 90–100 (1985)

CAMERON, A. G. W.: The impact theory for origin of the Moon. In: HARTMANN, W. K., PHILLIPS, R. J., and TAYLOR, G. J. (Eds.): Origin of the Moon; pp. 609–616. Houston: Lunar and Planetary Institute 1984

CLAYTON, R. N.: Oxygen isotopes in meteorites. Annu. Rev. Earth Planet. Sci. 21, 115–149 (1993)

COURTILLOT, V.: Mass extinction in the last 300 million years: one impact and seven flood basalts? Isr. J. Earth Sci. 43, 255–266 (1994)

DAUBER, P. M., und MULLER, R. A.: Der dreifache Urknall. Darmstadt: Wiss. Buchgesellschaft 1999

DEUTSCH, A., and STÖFFLER, D.: Rb-Sr analyses of Apollo 16 melt rocks and a new age estimate for the Imbrium basin: Lunar basin chronology and the early heavy bombardment of the Moon. Geochimica Cosmochimica Acta 51, 1951–1964 (1987)

ENGELHARDT, W. VON: Von der Geologie zur Planetologie. In: PFEIFFER, J., und FICHTNER, G. (Eds.): Erlebte Geschichte. S. 51–64. Tübingen: Verlag Schwäbisches Tagblatt 1994

GEHRELS, T. (Ed.): Hazards Due to Comets and Asteroids. Tucson: University of Arizona Press 1994

GILBERT, G. K.: The moon's face, a study of the origin of its features. Phil. Soc. Washington Bull. 12, 241–292 (1893)

GOLDSMITH, D., and OWEN, T.: The Search for Life in the Universe. Addison-Wesley Publishing Company 1992

GRIEVE, R. A. F.: Terrestrial impact structures. Annu. Rev. Earth Planet. Sci. 15, 245–270 (1987)

GRIEVE, R. A. F., and PILKINGTON, M.: The signature of terrestrial impacts. AGSO, J. Australian Geology and Geophysics 16, 399–420 (1996)

HALLIDAY, A. N.: Terrestrial accretion rates and the origin of the moon. Earth Planet. Sci. Lett. 176, 17–30 (2000)

HARTMANN, W. K.: Moons and Planets. Belmont: Wadsworth Publishing Co. 1983

HARTMANN, W. K.: »Lunar cataclysm«: A misconception? Icarus 24, 181–187 (1975)

HARTMANN, W. K.: Diverse puzzling asteroids and a possible unified explanation. In: GEHRELS, T. (Ed.): Asteroids; pp. 466–479. Tucson: The University of Arizona Press 1979

HARTMANN, W. K., and IMPEY, C.: Astronomy: The Cosmic Journey. Belmont: Wadsworth 1994

HARTMANN, W. K., STROM, R. G., WEIDENSCHILLING, S. J., BALSIUS, K. R., WORONOW, A., DENCE, M. R., GRIEVE, R. A. F., DIAZ, J., CHAPMAN, C. R., SHOEMAKER, E. M., and JONES, K. L.: Chronology of planetary volcanism by comparative studies of planetary cratering. In: *Basaltic Volcanism Study Project*: Basaltic Volcanism on the Terrestrial Planets; pp. 1049–1128. New York: Pergamon Press 1981

HARTMANN, W. K., PHILLIPS, R. J., and TAYLOR, G. J. (Eds.): Origin of the Moon. Houston: Lunar and Planetary Institute 1984

HEAD, J. W.: The significance of substrate characteristics in determining morphology and morphometry of lunar craters. Proc. Lunar Sci. Conference 7th, 2913–2929 (1976)

HILDEBRAND, A. R., PENFIELD, G. T., KRING, D. A., PILKINGTON, M., CAMARGO Z. A., JACOBSEN, S. B., and BOYNTON, W. V.: Chicxulub crater: A possible Cretaceous/Tertiary boundary impact crater on the Yucatán Peninsula, Mexico. Geology 19, 867–871 (1991)

HÖLDER, H.: Kurze Geschichte der Geologie und Paläontologie. Heidelberg: Springer 1989

IVANOV, B. A., BADUKOV, D. D., YAKOVLEV, O. I., GERASIMOV, M. V., DIKOV, Y. P., POPE, K. O., and OCAMPO, A. C.: Degassing of sedimentary rocks due to Chicxulub impact: Hydrocode and physical simulations. In: RYDER, G., FASTOVSKY, D., and GARTNER, D. (Eds.): The Cretaceous-Tertiary event and other catastrophes in earth history. Geol. Soc. Amer. Special Paper 307, 125–140, Boulder COL (1996)

KELLER, G.: Extended period of extinctions across the Cretaceous/Tertiary boundary in planktonic foraminifera of continental-shelf sections: Implications for impact and volcanism theories. Geol. Soc. Amer. Bull. 101, 1408–1419 (1989)

KENKMANN, T.: Processes of shock metamorphism and impact crater collapse. Habil. FU Berlin, Institut für Geologische Wissenschaften 2003

KRING, D. A.: The Chicxulub impact event and possible causes of K-T boundary extinctions. In: BOAZ, D., and DORNAN, M. (Eds.): Proceedings of the First Annual Symposium of Fossils of Arizona, Mesa, Arizona, Mesa Southwest Museum and Southwest Paleontological Society, 63–79 (1993)

KRING, D. A.: Impact events and their effect on the origin, evolution, and distribution of life. GSA Today 10, No.8, 1–7 (2000)

LANGENHORST, F.: Einschlagkrater auf der Erde. Sterne u. Weltraum 6, 34–44 (2002)

LAZCANO, A., ORÓ, J., and MILLER, S. L.: Primitive earth environments: Organic syntheses and the origin and early evolution of life. Precambrian Res. 20, 259–282 (1983)

LEWIS, J. S.: Bomben aus dem All. Basel: Birkhäuser 1997

LUGMAIR, G. W., and SHUKOLUKOV, A.: Early solar system events and timescales. Meteoritics and Planet. Sci. 36, 1017–1026 (2001)

MAHER, K. A., and STEVENSON, D. J.: Impact frustration of the origin of life. Nature 331, 612–614 (1988)

MELOSH, H. J.: Impact Cratering – A Geologic Process. Oxford, New York: [[Verlag?]] 1989, 2. Aufl. 1996

MORFILL, G. E.: Physics and chemistry in the primitive solar nebula. In: LUCAS, R. A., OMONT, A., and STORA, R. (Eds.): Birth and Infancy of Stars; pp. 693–792. Amsterdam: North Holland Publishers 1985

NEUKUM G., KÖNIG, B., and ARKANI-HAMED, J.: A study of lunar impact crater size-distribution. The Moon 12, 201–229 (1975)

NEUKUM, G., and IVANOV, B. A.: Crater size distribution and impact probabilities on earth from lunar, terrestrial-planet, and asteroid cratering data. In: GEHRELS, T. (Ed.): Hazards Due to Comets and Asteroids; pp. 359–416. Tucson: The University of Arizona Press 1994

NEUKUM, G., IVANOV, B. A., and HARTMANN, W. K.: Cratering records in inner solar system in relation to the lunar reference system. Space Science Rev. 96 (1/4) 55–86 (2001)

OBERBECK, V. R., and FOGLEMAN, G.: Estimates of the maximum time required to originate life. Origins Life 19, 549–560 (1989)

OFFICER, C. B., HALLAM, A., DRAKE, C. L., and DEVINE, J. D.: Late Cretaceous and paroxysmal Cretaceous/Tertiary extinctions. Nature 326, 143–149 (1987)

PIERAZZO, E., and MELOSH H. J.: Hydrocode modeling of Chicxulub as an oblique impact event. Earth Planet. Sci. Lett. 165, 163–176 (1999)

PIERAZZO, E., KRING, D. A., and MELOSH, H. J.: Hydrocode simulations of the Chicxulub impact event and the production of climatically active gases. J. Geophys. Res. 103, 28607–28625 (1998)

PRANTZOS, N.: Our Cosmic Future: Humanity's Fate in the Universe. Cambridge, MA: Cambridge University Press 2000

RABINOWITZ, D. L., BOWELL, E., SHOEMAKER, E. M., and MUINONEN, K.: The population of Earth-crossing asteroids. In: GEHRELS, T. (Ed.): Hazards Due to Comets and Asteroids; pp. 285–312. Tucson: The University of Arizona Press 1994

RODDY, D. J. PEPIN, R. O., and MERRILL, R. B.(Eds.): Impact and Explosion Cratering. New York: Pergamon Press 1977

RYDER, G.: Mass flux in the ancient Earth-Moon system and benign implications for the origin of life on Earth. J. Geophys. Res. 107 (E4), 5022, DOI 10.1029/2001JE001583 (2002)

SAFRONOV, V. S.: Evolution of Protoplanetary Cloud and Formation of the Earth and Planets. Moscow: Nauka Press 1969 (English translation in: NASA TTF-677, 1972)

SHEARER, C. K., and PAPIKE, J. J.: Invited review: Magmatic evolution of the Moon. Amer. Min. 84, 1469–1494 (1999)

SHOEMAKER, E. M., and HACKMAN, R. J.: Stratigraphic basis for a lunar time scale. In: KOPAL, Z., and MIKHAILOV, Z. K. (Eds.): The Moon; pp. 289–300. London: Academic Press 1962

SHOEMAKER, E. M., WILLIAMS, J. G., HELIN, E. F., and WOLFE, R. F.: Earth-crossing asteroids – Orbital classes, collision rates with earth, and origin. In: GEHRELS, T. (Ed.): Asteroids; pp. 253–282. Tucson: University of Arizona Press 1979

SMIT, J.: The global stratigraphy of the Cretaceous-Tertiary boundary impact ejecta. Annu. Rev. Earth Planet. Sci. *27*, 75–113 (1999)
SPUDIS, P. D.: The Geology of Multi-ring Impact Basins: The Moon and other Planets. Cambridge: Cambridge University Press 1993
STEEL, D.: Zielscheibe Erde. Stuttgart: Kosmos 2001
STÖFFLER, D.: Impaktkrater auf benachbarten Himmelskörpern. Rieser Kulturtage Band VI/I 1986, 20–47. Nördlingen: F. Steinmeier 1987
STÖFFLER, D.: Kollisionen im Sonnensystem. Rieser Kulturtage, Dokumentation, Band VIII 1990, 13–30. Nördlingen: F. Steinmeier 1991
STÖFFLER, D.: Das Nördlinger Ries: von der Sphinx der Geologie zum Kronzeugen der Planetologie. Rieser Kulturtage, Dokumentation, Band XIII 2000, 85–100. Nördlingen: F. Steinmeier 2001
STÖFFLER, D., GAULT, D. E., WEDEKIND, J., and POLKOWSKI, G.: Experimental hypervelocity impact into quartz sand: Distribution and shock metamorphism of ejecta. J. Geophys. Res. *80*, 4062–4077 (1975)
STÖFFLER, D., and RYDER, G.: Stratigraphy and isotope ages of lunar geologic units: Chronological standard for the inner solar system. In: KALLENBACH, R., GEISS, J., and HARTMANN, W. K. (Eds.): Chronology and Evolution of Mars. Space Science Reviews *96*, 9–54. Dordrecht: Kluwer Publ. 2001
TAYLOR, S. R.: Planetary Science: A Lunar Perspective. Houston: Lunar and Planetary Institute 1982
THOMAS, P. J., CHYBA, C. F., and MCKAY, C. P. (Eds.): Comets and the Origin and Evolution of Life. New York: Springer 1997
WARD, P. D., and BROWNLEE, D.: Rare Earth – Why Life Is Uncommon in the Universe. New York: Copernicus Springer 2000
WETHERILL, G. W.: Evolution of the earth's planetesimal swarm subsequent to the formation of the earth and moon. Proceedings 8th Lunar Science Conference, Houston, Texas, 1–16 (1977)
WETHERILL, G. W., and STEWART, G. R.: Formation of planetary embryos – effects of fragmentation, low relative velocity, and independent variation of eccentricity and inclination. Icarus *106*, 190–209 (1993)
WILHELMS, D. E.: The Geologic History of the Moon. U.S. Geol. Surv. Prof. Pap. *1348*, pp. 302 (1987)

Prof. Dr. rer. nat. Dieter STÖFFLER
Institut für Mineralogie
Naturhistorisches Forschungsinstitut »Museum für Naturkunde«
Zentralinstitut der Humboldt-Universität zu Berlin
Invalidenstraße 43
10099 Berlin
Bundesrepublik Deutschland
Tel.:   ++49 (0) 30 20 93 88 43
Fax: ++49 (0) 30 20 93 85 65
E-Mail: dieter.stoeffler@rz.hu-berlin.de

Solarzellen mit hohem Wirkungsgrad

Von Hans-Joachim QUEISSER, Stuttgart
Mitglied der Akademie
Mit 6 Abbildungen

(Kurzfassung des in der Sitzung der Akademie am 30. 4. 2002 gehaltenen Vortrages)

»Solarzellen!« – dieses Wort erregt Hoffnung auf eine besonders umweltfreundliche Energie-Gewinnung. Sonnenlicht bringt um ein Vielfaches mehr Energie auf die Erde, als die Menschheit verbraucht. Eine Solarzelle wandelt die Strahlungsenergie der Sonne in nutzbare elektrische Energie um, ohne daß dabei Abfall entsteht, Teile bewegt werden, Lärm entsteht, Geruchsbelästigung auftritt. Die Belastung der Umwelt besteht nur darin, daß große Flächen vorhanden sein müssen, um die tiefschwarzen Zellen der Sonne entgegenzustellen. Warum also nicht unseren Energiebedarf gänzlich mit diesen scheinbar so idealen Elementen decken?

Solarzellen aber sind noch immer teuer, sie liefern nur dann Strom, wenn die Sonne wirklich scheint, also benötigt man irgendwelche Speicherung, etwa mit den vom Auto bekannten Bleibatterien oder rein chemisch als Wasserstoff. Der Wirkungsgrad der Umwandlung ist grundsätzlich begrenzt, hier ist Forschung und Entwicklung nötig, genau wie die Verbilligung der Zellen ein heute bedeutsames Projekt ist, um die Solarzelle überhaupt konkurrenzfähig zu machen.

Die Wirkungsweise einer Solarzelle ist einfach (WÜRFEL 2000). Sonnenlicht fällt auf die großflächige Zelle ein. Die Energie des Lichts hängt von seiner Frequenz ν ab; je höher diese Frequenz – also je kürzer die Wellenlänge des Lichts – um so größer ist die Energie $h\nu$ der Photonen, der Quantenteilchen des Lichts. Die Zelle besteht aus einem halbleitenden Material. Halbleiter stehen mit ihrer Leitfähigkeit für Elektrizität zwischen den gutleitenden Metallen und den nichtleitenden Isolatoren. Das Element Silizium ist ein typischer Halbleiter; es ist das Material der heutigen Mikroelektronik (QUEISSER 1985). Durch Zugabe geringer Mengen von Dotieratomen kann man die Leitfähigkeit in riesigen Bereichen gezielt verändern. Die wichtigste Energie eines Halbleiters wird mit E_G bezeichnet; es ist die Mindestenergie, die nötig ist, um ein Elektron aus dem Verband der Bindungselektronen herauszulösen und als bewegliches, negativ geladenes Teilchen freizusetzen. Zurück bleibt dann ein »Loch« in der Gesamtheit der bindenden Elektronen. Ein solches Loch wirkt wie ein bewegliches Teilchen mit positiver elektrischer

Ladung. Licht mit Quantenenergien hν größer als E_G schafft also im Halbleiter ein Paar aus Elektron und Loch. Diese beiden Träger der Elektrizität müssen getrennt werden und zu den Kontakten nach außen zugeführt werden, dann hat man eine Batterie mit Minus- und Pluspol.

Die Trennung der Träger erfolgt durch Dotierung des Halbleiters. Zugabe von Elektronen-spendenden Atomen, wie etwa der 5-wertige Phosphor im 4-wertigen Silizium, ergibt eine Zone mit überwiegenden negativen Elektronen, darum n-Typ genannt. Umgekehrt bewirkt die Zugabe von Elektronen-aufnehmenden Atomen, etwa das 3-wertige Bor im 4-wertigen Silizium, eine Zone mit vorwiegend positiven Ladungsträgern, den Löchern. Grenzen n- und p-leitende Zonen im Halbleiterkristall aneinander, so spricht man von einem p-n-Übergang. Solche p-n-Übergänge wirken in Transistoren, und sie sind auch das Bestimmende in einer Solarzelle. Die vom Sonnenlicht erzeugten Elektronen wandern in die n-Zone, wo ihre Energie am niedrigsten ist. Umgekehrt laufen die Löcher in die p-Zone. An den äußeren Kontakten einer Zelle werden dann die Ladungsträger abgegriffen und können im angeschlossenen Verbraucher einen elektrischen Strom erzeugen. Die Abbildung 1 gibt ein Schema einer solchen Anordnung.

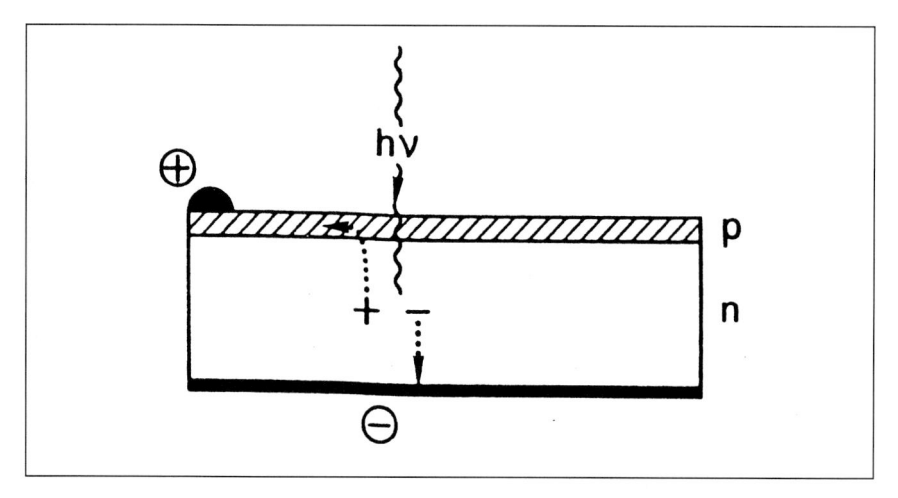

Abb. 1 Prinzip der Energiewandlung mit einer p-n-Solarzelle

Wichtig ist also, daß das Sonnenlicht möglichst viele Paare aus Elektronen und Löchern erzeugt und daß diese freigesetzten Träger sich keineswegs wieder vereinigen, bevor sie getrennt an die Kontakte geführt werden. Bleiben Loch und Elektron im Inneren eines Silizium-Halbleiterkristalls nahe beieinander, so ist die Wahrscheinlichkeit groß, daß das Elektron wieder in das Loch, die freie Stelle in der Menge der bindenden Elektronen, zurückspringt. Dieser Vorgang heißt Rekombination. Eine Solarzelle mit hohem Wirkungsgrad der Energiewandlung muß also möglichst geringe Rekombination zeigen.

Die Auswahl des günstigsten Materials für beste Wirkungsgrade bedeutet eine Anpassung des Wertes von E_G an das Sonnenspektrum. Wählt man E_G besonders niedrig, so wird man die meisten Anteile des Sonnenlichts, also selbst die energieschwachen Teile im roten Bereich, noch nutzen können, denn alle Quantenenergien hv übertreffen E_G. Man wird mit einer solchen Zelle relativ große Ströme erzielen, weil eben die Zahl der lichterzeugten Trägerpaare sehr groß wird. Jedoch bewirken solche niedrigen Werte von E_G, daß die elektrischen Spannungen am Kontakt sehr niedrig werden, denn in erster Näherung hängt die erzielbare Spannung direkt von E_G ab. Umgekehrt erhält man für groß gewählte Werte von E_G zwar hohe Ausgangsspannungen, jedoch bleiben die verfügbaren Ströme gering. Das physikalische Problem ist also, für das Sonnenspektrum das optimale E_G auszurechnen und dann ein Halbleiter-Material zu finden, dessen Wert diesem Optimum nahe kommt.

Die erste Entdeckung des sogenannten »photovoltaischen Effekts«, also der Erzeugung einer meßbaren elektrischen Spannung durch Lichteinstrahlung, war schon sehr früh gefunden, vor allem im 19. Jahrhundert mit dem Element Selen oder mit Verbindungen wie dem Cadmiumsulfid. Der Effekt mit diesen Stoffen war jedoch sehr schwach, ließ sich aber immerhin für Belichtungsmesser oder als Sensor bei Lichtschranken nutzen. Als Erfinder der ersten tatsächlich nutzbaren Solarzelle gelten die Forscher CHAPIN, FULLER und PEARSON, die zur frühen Phase der Transistor-Entwicklung bei den *Bell Telephone Laboratories* in Murray Hill, New Jersey (USA), an Halbleitern, besonders an Germanium und Silizium, arbeiteten (CHAPIN et al. 1954). Trotz der damals noch recht niedrigen Ausbeute dachte man seinerzeit sofort an Anwendungen. Die *Bell Laboratories* waren verpflichtet, alle ihre Erfindungen den US-Streitkräften vorzuführen. Dort aber bestand überhaupt kein Interesse an einer so schwächlichen Batterie; wissenschaftliche Veröffentlichung, zivile Nutzung und Patentanmeldung wurden sofort gestattet. Die amerikanische Telefongesellschaft *American Telephone and Telegraph Co.* machte Versuche mit Siliziumzellen in sonnenreichen ländlichen Gegenden im Süden der USA. Man hoffte, auf diese Weise die ständig auszuwechselnden Batterien einsparen zu können. Doch diese Versuche nahe dem Städtchen Americus im Bundesstaat Georgia schlugen fehl, unter anderem, weil die Vögel die samtschwarzen Flächen sehr anreizend fanden und sie mit undurchsichtigen Kotschichten bedeckten. Die Wartung der Zellen wäre also sogar noch teurer gekommen als die bislang übliche Ersetzung von elektrochemischen Standard-Batterien.

Besonderes Interesse an den amerikanischen Erfindung aber gab es schon sehr früh in der Sowjetunion. Bei der Planung des ersten Satelliten mußte eine Energiequelle gefunden werden, die sehr geringes Gewicht hatte und dennoch genügend elektrische Leistung für den Sender bot. Tatsächlich nutzte der erste »Sputnik« Solarzellen aus Silizium. Schlagartig änderte sich nach dem »Sputnik-Schock«

die Lage in den USA: Solarzellen wurden wichtig in Forschung, Entwicklung und Fertigung, um mit der Sowjetunion gleichzuziehen.

In dieser Zeit emigrierte ich nach Kalifornien. Ich begann im Jahre 1959 als Physiker im kleinen Labor der Firma *Shockley Transistor Corp.* William SHOCKLEY, Miterfinder des Transistors und dafür Nobelpreisträger der Physik, hatte mich nach meiner Promotion in Experimentalphysik in Göttingen angeheuert. Seine Firma war extrem bescheiden untergebracht in einer ehemaligen Aprikosen-Scheune in 391 South San Antonio Road in Mountain Vioew, California. Dieses ärmliche Gebäude ist heute anerkannt als die eigentliche Wiege des »Silicon Valley« (QUEISSER 1985). SHOCKLEY war von der US-Ostküste hierher in den Westen gezogen und wollte mit seiner Erfindung eines Halbleiter-Schaltelements, einer sogenannten Vierschichtdiode, Reichtum erwerben. Diese Vierschichtdiode funktioniert nur mit Silizium, nutzt nämlich die nichtidealen Kennlinien zwischen Strom und Spannung (HUBNER 1998). Während man im Rest der Welt weiterhin mit den idealen Kennlinien des halbleitenden Elements Germanium Transistoren herstellte, erforschte SHOCKLEY das weitaus schwieriger zu handhabende Silizium. Er bewarb sich um Forschungsprojekte an diesem Halbleitermaterial, und dazu war das lebhafte Interesse der US-Regierungsstellen an Solarzellen aus Silizium gerade sehr günstig.

Meine ersten Projekte bei SHOCKLEY betrafen also Solarzellen. Erstens baute ich eine Multizelle, um durch eine Hintereinanderschaltung höhere Ausgangsspannungen zu erhalten. Abbildung 2 zeigt eine solche Silizium-Multizelle (QUEISSER 1959). Mit extrem dünnen (60 µm) Plättchen stellte ich durch Dotierungsdiffusion von der Vorder- und der Rückseite diese Zellen mit ihren in Reihe geschalteten *p-n*-Übergängen her. Diese Bauelemente waren eigentlich die ersten wirklich integrierten Schaltkreise, aber mit einer nicht gerade praktischen Herstellungstechnik. Heutige Schaltkreis-»chips« werden immer nur von einer Seite bearbeitet.

Das zweite Projekt war theoretischer Natur. Ein Labor der *US Air Force* wollte eine saubere Berechnung des für Solarzellen optimalen Materials. Silizium war zwar als eine gute und ökonomisch vernünftige Wahl des Halbleitermaterials erwiesen, doch gab es Verfechter der Idee, daß Verbindungshalbleiter, wie etwa das Galliumarsenid (GaAs) oder Zinkselenid (ZnSe), grundsätzlich günstiger sein sollten. Diese Materialien haben etwas höhere Werte für E_G als das Silizium; außerdem ist bei vielen Vertretern dieser Halbleiterfamilien die Kopplung des Lichts an die Elektronen des Kristalls prinzipiell stärker, was grundsätzlich zu intensiverer, damit günstigerer Absorption des Sonnenlichts führt.

SHOCKLEY und ich wollten eine wirklich saubere, von thermodynamischen Grundsätzen geleitete Theorie finden, während zu dieser Zeit nur sehr pragmatische und empirische Überlegungen existierten. Die Ingenieure der Zellenproduktion versuchten damals vor allen Dingen, sämtliche Verlustmechanismen zu verringern. Verluste treten vielfach auf. Die Zellenoberfläche wirft einen Teil des Lichts zurück. Alle Lichtquanten mit zu niedriger Energie bleiben vollkommen ungenutzt,

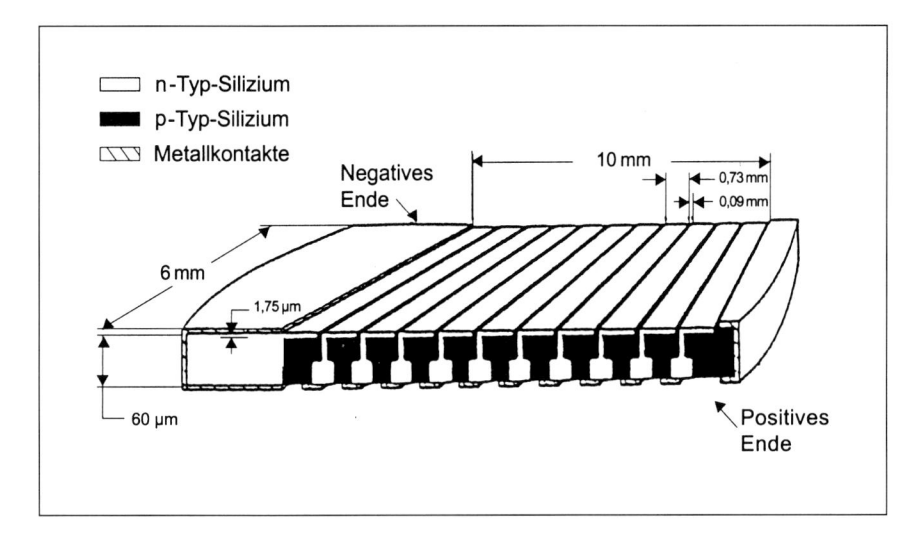

Abb. 2 Schema einer Multizelle aus sehr dünnem Silizium

dies sind die energieschwachen roten Anteile des Spektrums. Aber auch die sehr hochenergetischen Lichtquanten im blauen Ende des Spektrums werden nur ungenügend in elektrische Energie umgewandelt; sie erzeugen energetische Löcher und Elektronen, deren Energie aber nicht umwandelbar ist, denn diese energiereichen Ladungsträger geben sehr schnell ihren Überschuß an die Atome des Kristalls ab, sie erzeugen also nutzlose Erwärmung des Kristallgitters. Außerdem entstehen Verluste in den Kontakten, denn auch hier erzeugt der nach außen fließende Strom ebenfalls nutzlose Erwärmung. Weitere Verluste treten durch die Oberfläche auf, wo Träger rekombinieren; schließlich entstehen Verluste durch die Nichtidealitäten in der Abhängigkeit des Stroms von der Spannung im *p-n*-Übergang der Zelle (WOLF 1960). Uns erschien dieser rein praktisch motivierte Ansatz als zu naiv. Wir verglichen diese letztlich unwissenschaftliche Methode mit den Ansätzen der Erbauer der ersten Dampfmaschinen. Auch hier bekämpfte man die Verluste durch Reibung oder Wärmeabgabe zunächst rein handwerklich. Man wußte zunächst überhaupt nicht, wo für eine Dampfmaschine der theoretische Wert der optimalen Nutzung von Wärme zur Überführung in mechanische Energie lag. Den Durchbruch schaffte CARNOT; er zeigte, daß allein aus der relativen Temperaturdifferenz ein bester Wirkungsgrad entsteht. Damit entstand die physikalische Disziplin der Thermodynamik, also der berechenbaren, quantitativen Wärmelehre.

Unser Ansatz nutzte das Prinzip des detaillierten Gleichgewichts aus der statistischen Mechanik. Jedem Prozeß entspricht der entgegengesetzte mit der gleichen Wahrscheinlichkeit. Unsere zentrale Annahme war, daß die ideale Zelle als Rekombinationsvorgang der solar erzeugten Träger Loch und Elektron lediglich

»strahlende« Prozesse sind. Also darf ein Elektron nur dann in ein Loch zurückfallen, wenn durch diesen Übergang wieder Licht erzeugt wird. Dieser Ansatz verbietet also die in der Natur leider sehr häufigen Vorgänge, daß der Übergang letztlich nur wieder Schwingungen der Kristallatome, also nur Wärme, erzeugt. Das Maß der Abstrahlung von der Zelle, die eine bestimmte Temperatur, zum Beispiel Raumtemperatur, besitzt ist durch die Plancksche Quantentheorie der Strahlung eines schwarzen Körpers fest vorgegeben. Diese Abstrahlung – und nicht mehr – muß im Idealfall erfüllt sein. Mit dieser Überlegung wird die Lebensdauer der von der Sonne erzeugten Elektronen und Löcher so lang wie nur möglich. Man sieht, daß solche langen Lebensdauern dann dafür sorgen, daß die Träger wirklich ihre Kontakte erreichen und nicht irgendwo sonst in der Zelle durch Rekombination nutzlos verschwinden.

Die Resultate unserer Rechnungen sind in der Abbildung 3 wiedergegeben (SHOCKLEY und QUEISSER 1961). Man erkennt ein breites Maximum von etwa 30 % Wirkungsgrad in Abhängigkeit des Wertes für E_G. Das besonders wichtige halbleitende Element Silizium liegt noch gut in diesem breiten Maximum. Eingezeich-

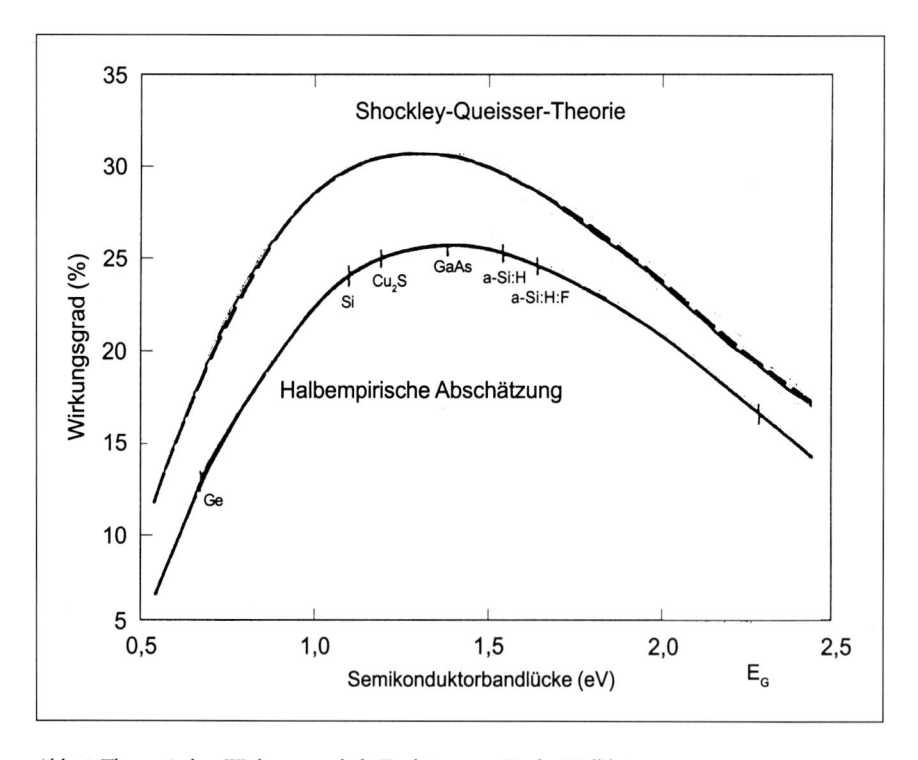

Abb. 3 Theoretischer Wirkungsgrad als Funktion von E_G des Halbleiters

net in Abbildung 3 ist weiterhin der bis dahin allgemein akzeptierte halbempirische Grenzfall mit verringerten Verlusten.

Diese Rechnungen wurden in einem Manuskript zusammengefaßt, das aber zunächst von der Zeitschrift *Journal of Applied Physics* als unwesentlich und als nicht neu abgelehnt wurde. Wir überarbeiteten das Papier grundlegend, danach wurde es zur Veröffentlichung angenommen (SHOCKLEY und QUEISSER 1961). Unsere Arbeit wurde aber damals kaum zur Kenntnis genommen, schon gar nicht von den Praktikern der Zellenentwicklung. Heute aber ist diese Arbeit als die wissenschaftliche Grundlage der Solarzellen anerkannt, sie wurde zum Beispiel in verschiedenen Sammelbänden der wichtigsten Publikationen nachgedruckt und wird in den Lehrbüchern zitiert. Martin GREEN von der australischen *University of New South Wales* ist mit seinen Zellen sehr nahe an das von uns vorhergesagte Maximum gelangt; er nennt diesen Erfolg »das Ende der zweiten Generation von Zellen« (GREEN et al. 1985).

Die »erste Generation« bestand nach GREENS Definition aus der Art von Zellen in den fünfziger Jahren des 20. Jahrhunderts, als man sich erstmals Mühe gab, mit guten einkristallinen Siliziumscheiben Zellen zu bauen. Typische Wirkungsgrade lagen nur bei etwa 5 %. Die »zweite Generation« wird durch das Erreichen einer Solarzelle von über 25 % Ausbeute erreicht, wie in Abbildung 4 schematisch gezeigt.

Diese Zelle aus sehr perfektioniertem Si vermindert sehr erfolgreich alle bekannten Verlustfaktoren. Die Oberfläche besteht aus invertierten Pyramiden, die jedes einfallende Sonnenlicht – notfalls nach mehreren Reflektionen an

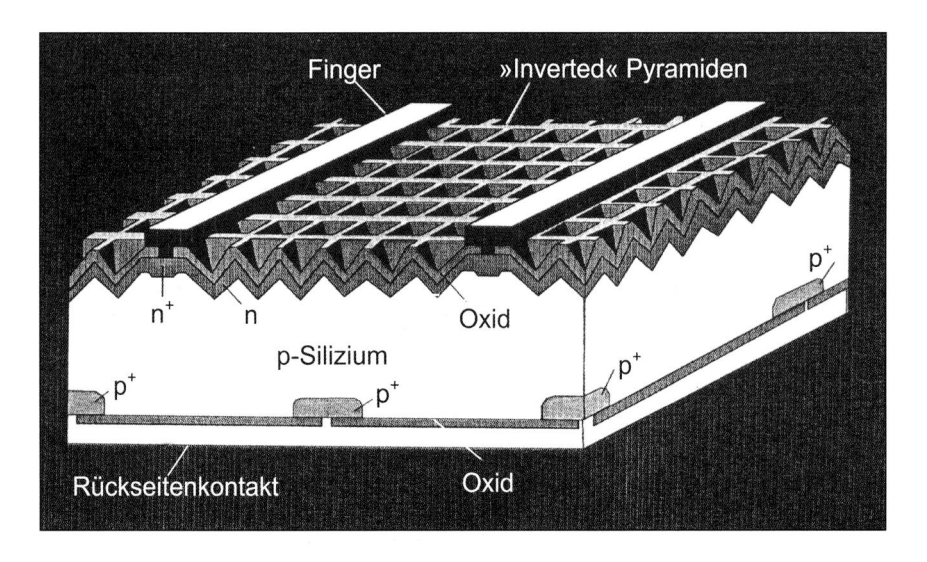

Abb. 4 Hocheffizienz-Si-Zelle nach GREEN

den Pyramidenflächen – in den Si-Halbleiter eindringen lassen; Reflektionsverluste sind nun vernachlässigbar. Die Rückseitenkontakte sind so klein wie möglich gehalten, weil metallische Kontakte grundsätzlich zu verstärkter Rekombination führen. Außerdem ist die gesamte Oberfläche durch eine saubere Oxidation sorgfältig geschützt. An der zur Sonne gewandten Oberfläche sorgen sorgfältig optimierte Kontaktstreifen dafür, daß die Kontaktwiderstände so gering wie möglich sind und gleichzeitig die das einfallende Licht abschattende Fläche der Kontaktstreifen so klein wie möglich wird. Solche Zellen stellen heute die erreichbaren Rekorde in der Energieumwandlung dar. Abbildung 5 zeigt die zeitliche Entwicklung dieser besten Ausbeuten. Aus Abbildung 4 wird sofort klar, daß solche Zellen mit ihrer komplizierten Herstellungstechnik und den großen Kosten des ausgewählt guten Materials viel zu teuer sind, um in der Energiegewinnung konkurrenzfähig zu sein.

Unter den konkurrierenden Stoffen ragt heute besonders das mit »CIS« abgekürzte System aus Kupfer(**Cu**)-Indium-Diselenid heraus, das besonders an der Universität Stuttgart zu hoher Leistungsfähigkeit bei relativ einfacher Herstellung durch gleichzeitiges Aufdampfen der einzelnen atomaren Komponenten entwickelt wurde (RAU und SCHOCK 2000). Industrieunternehmen stellen inzwischen Zellen und großflächige Module her. Die besten Wirkungsgrade liegen heute bei etwa 17 % für die Einzelzelle, sind also durchaus wettbewerbsfähig. Allerdings ist das Selen nicht ganz harmlos, es könnte wegen seiner Giftigkeit ein Umweltproblem in der Einführung entstehen.

Die physikalischen, technischen und ökonomischen Probleme der Solarzellen bestehen also darin, hochwertige Zellen zu sehr geringen Kosten herzustellen. Eine Mindestausbeute von etwa 10 % scheint notwendig zu sein, anderenfalls lassen sich die Kosten für die Aufstellung, Wechselrichtung, Verkabelung und Speicherung gar nicht bewältigen. Zellen aus amorphem, billig herzustellendem Silizium sind nur für Armbanduhren und ähnliche tragbare Geräte geringen Energiebedarfs zu verwenden, wo die horrenden Kosten einer Kilowattstunde keine Rolle spielen, weil der Energiebedarf für die Mikroelektronik dieser Geräte so gering ist.

Solarzellen für die Energieversorgung von Satelliten müssen leicht sein, die Kosten spielen hier keine entscheidende Rolle. Hochwertige Si-Zellen oder Zellen aus Galliumarsenid werden für diese Zwecke genutzt. Solche Zellen sollten weiterhin widerstandsfähig gegen die im Weltraum auftretende Partikelstrahlung sein; hier ist GaAs sehr günstig. Es besteht heute weitgehende Übereinkunft, daß Solarzellen für Energiegewinnung auf der Erde nur aus dünnen Schichten bestehen sollten, um die Materialkosten weit abzusenken. Gleichzeitig aber soll ein guter Wirkungsgrad erzielt werden. Man ist inzwischen international übereingekommen, diese Aufgabe als das Ziel einer »dritten Generation von Solarzellen« zu definieren. Solche Zellen müssen auf irgendeine technische Weise die Begrenzung der Shockley/Queisser-Theorie überwinden. Diese Theorie beschrieb ja nur Zellen mit einem einzigen p-n-Übergang,

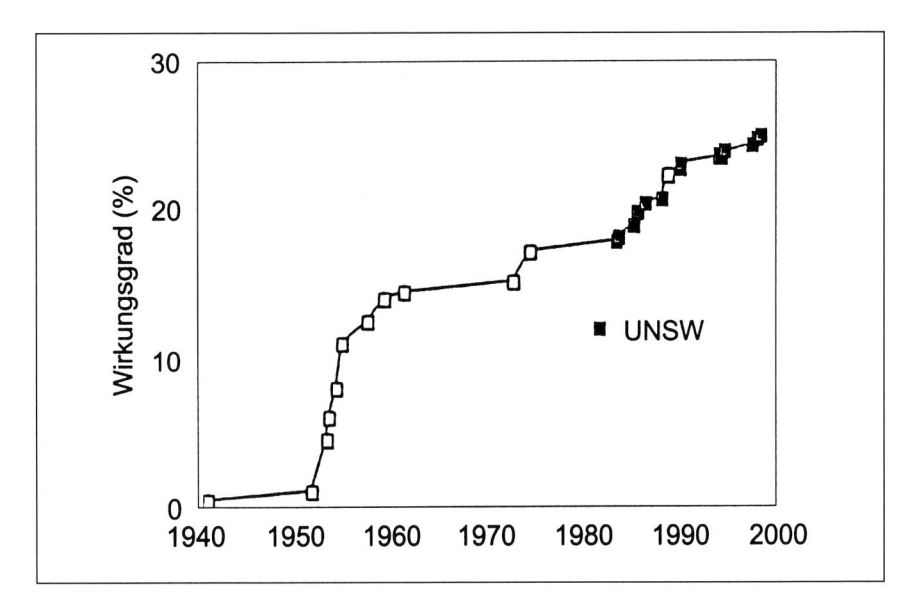

Abb. 5 Zeitliche Entwicklung der maximalen Wirkungsgrade von Si-Zellen (UNSW: Univ. of New South Wales, M. GREEN)

ohne Fokussierung des einfallenden Sonnenlichtes und mit dem einkalkulierten Verlust der höherenergetisch erzeugten Elektronen und Löcher.

Konzentration des Sonnenlichts, etwa durch eine Sammellinse, führt sofort zu höheren Wirkungsgraden. Jede Konzentration erniedrigt die Entropie, damit steigt automatisch die Ausbeute. Mit der Nutzung von Konzentratoren muß jedoch eine mechanische Nachführung gesichert werden, damit die Ausrichtung auf das einfallende Licht stets gewährleistet ist. Mit extrem hohen Konzentrationsverhältnissen, etwa um den Faktor 500 – wie bei einem starken Brennglas –, muß die Zelle noch mit Wasser gekühlt werden. Erste rechnerische Abschätzungen zeigen, daß solche Lösungen vielleicht konkurrenzfähig sein würden (BENÍTEZ 2002).

Arbeiten am Stuttgarter Max-Planck-Institut für Festkörperforschung widmeten sich dem Problem, aus der Überschußenergie der mit blauem Licht erzeugten Ladungsträger Nutzen zu ziehen. Statt einfach Wärme zu erzeugen, sollten solche Träger ihre Energie und den Impuls nutzen, um ein zweites Elektron/Loch-Paar zu generieren. An sehr sorgfältig hergestellten Siliziumzellen zeigte sich, daß solche Prozesse im blauen Spektralbereich tatsächlich existieren. Abbildung 6 zeigt ein Schema eines möglichen Prozesses. Aufgetragen sind hier die Elektronen e und Löcher h (»*holes*«) im Bandschema der erlaubten Zustände in Abhängigkeit von ihren Wellenvektoren k. Das energiereiche, »heiße« Elektron e_1 stößt mit einem tiefliegenden Elektron zusammen und hebt es als Elektron e_2 in den freien Zustand. So sind aus einem hochenergetischen Lichtquant zwei Paare entstanden (KOLODINSKI et al. 1994). Wenn es gelänge, solche Prozesse – trotz der großen Konkurrenz der Wärmeerzeugung durch Gitterschwingungen – zur Vorherrschaft zu bringen, dann ließen sich die Ausbeuten bis zu mindestens rund 40 % steigern; doch zeigte sich, daß dies praktisch eine sehr schwierige Aufgabe ist (WOLF et al. 1998).

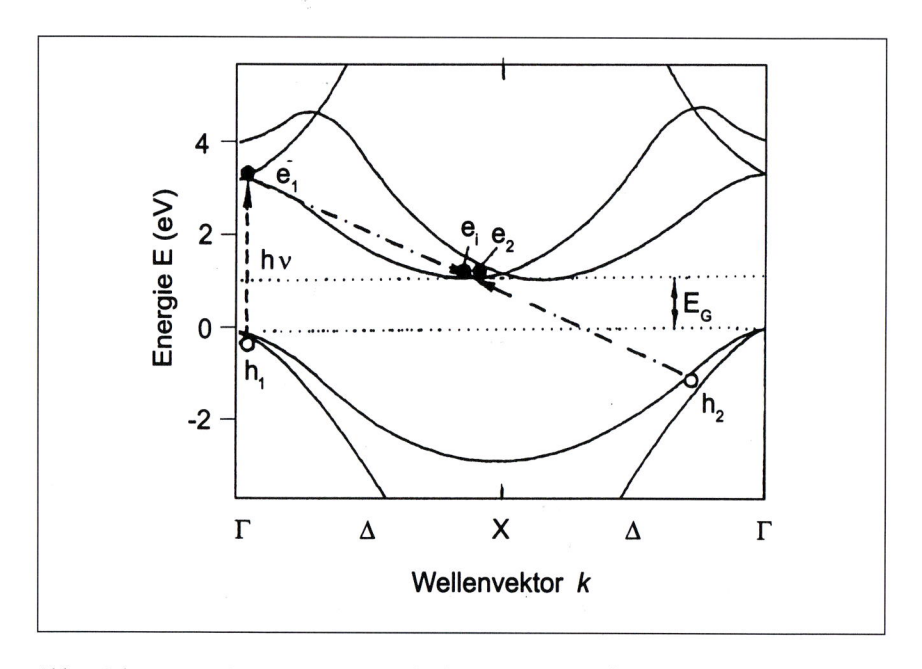

Abb. 6 Schema einer Zweipaar-Erzeugung durch ein hochenergetisches Photon

Pakete von aufeinander gestapelten Zellen aus unterschiedlichen Materialien bieten eine weitere Möglichkeit zu hohen Wirkungsgraden. Man läßt dazu das Sonnenlicht zunächst auf eine blau-empfindliche Zelle fallen und nutzt diese Strahlung. Alles Licht niederer Energie wird durchgelassen und fällt auf eine darunter liegende Zelle, die etwa auf den grün-gelben Spektralbereich angepaßt ist und das rote, also niederstenergetische Licht für die unterste Zelle durchläßt. Damit ist eine wesentlich bessere Anpassung des Zellpakets an die Sonnenstrahlung gegeben, als es mit nur einer einzigen Zelle möglich ist. Hiermit sind bereits sehr gute Ergebnisse erzielt worden, beispielsweise von der japanischen Gruppe um YAMAGUCHI in Nagoya. Eine große Zahl von aufeinanderliegenden dünnen Schichten von Verbindungshalbleiter-Mischkristallen wurde mit dem äußerst aufwendigen Verfahren der Molekularstrahl-Epitaxie im Hochvakuum hergestellt. Ausbeuten von über 37 % wurden erzielt, doch sind die Herstellungskosten bislang noch viel zu hoch (YAMAGUCHI 2001).

Energiewandlung mit Solarzellen hat erhebliche Nachteile gegenüber den konventionellen Kraftwerken. Der erzeugte Gleichstrom muß durch einen Wechselrichter phasenkorrekt in das Netz eingespeist werden. Nur bei Sonnenschein wird Elektrizität geliefert, also muß immer ein kontinuierlich laufendes Kraftwerk vorhanden sein; Solarenergie kann nur Spitzen der Energieversorgung abdecken. Speicherung ist möglich, bringt aber wiederum zusätzliche Kosten. In Europa, vor allem in den höheren Breiten, ist die Einstrahlung weit niedriger als im tropischen Gürtel. Aus politischen Erwägungen muß daher die Sonnenenergie – vor allem mit Solarzellen, nicht so sehr zur Wassererwärmung – kräftig mit Steuergeldern gestützt werden. Im Jahre 2001 war in Deutschland diese Subvention sehr beachtlich: die Energieversorgungsunternehmen waren per Gesetz gezwungen, Strom abzunehmen und dafür 0,99 DM pro Kilowattstunde zu erstatten. Weltweit steigt zur Zeit der Markt für Solarkollektoren, aber die Subventionen betragen etwa die Hälfte des Marktes! Sehr geeignet sind Solarzellen im sogenannten Inselbetrieb, also beispielsweise in Wüstengegenden ohne Elektrizitätsnetz, aber auch für Parkschein-Automaten, Füllsender in den Bergen, Überwachungselektronik an Autobahnen. Entscheidend sind in der Konkurrenz natürlich die Preise für Rohöl und Erdgas, die nach aller Voraussicht weiter steigen werden.

Der Hoffnungsträger Halbleiter-Solarzelle ist durch starke finanzielle Förderung der Regierungen weltweit massiv weiterentwickelt worden und hat erhebliche Anstiege der Wirkungsgrade zu verzeichnen. Ökonomische Probleme aber bleiben bestehen im Wettbewerb mit den herkömmlichen Energieträgern. Hoffnungen ruhen auf materiesparenden Dünnschichtzellen aus Halbleiterstoffen, die absolut ungiftig und wohlfeil in großen Mengen verfügbar sind.

Literatur

BENÍTEZ, P.: (Univ. Politécn. Madrid), Cercedilla Conference (2002), Veröff. demn.
BLAKES, A. W., and GREEN, M. A.: 20 % efficiency silicon solar cells. Appl. Phys. Lett. *48*, 215–217 (1985)
CHAPIN, D. M., FULLER, C. S., and PEARSON, G. L: A new silicon p-n photocell for converting solar radiation into electrical power. J. Appl. Phys. *25*, 676–677 (1954)
HUBNER, K.: The four-layer diode in the cradle of Silicon Valley. In: »Semiconductor Silicon« (HUFF, H. R., ed.) Electrochem. Soc. Proc. *98–1*, 48–54 (1998)
KOLODINSKI, S., WERNER, J. H., WITTCHEN, T., and QUEISSER, H.-J.: Quantum efficiencies exceeding unity due to impact ionization in silicon solar cells Appl. Phys. Lett. *63*, 2405–2409 (1994)
QUEISSER, H.-J.: Contract DA 36039 SC – 85339 (1959), siehe auch »Future Generation of Photovoltaic Technologies«, American Inst. of Physics Proceedings *40*, 267–285 (1997)
QUEISSER, H.-J.: Kristallene Krisen. 2. Aufl. München: Piper 1985
RAU, U., and SCHOCK, W.: Electronic properties of Cu(In,Ga)Se$_2$ heterojunction solar cells-recent achievements, current understanding, and future challenges. Appl. Phys. *A69*, 131–145 (1999)
SHOCKLEY, W., and QUEISSER, H.-J.: Detailed balance limit of efficiency of p-n junction solar cells. J. Appl. Phys. *32*, 510–519 (1961)

WOLF, M.: Limitation and possibilities for improvements of photovoltaic energy converters. Proc. IRE 48, 1246–1263 (1960)
WOLF, M., BRENDEL, R., WERNER, J. H., and QUEISSER, H.-J.: Solar cell efficiency and carrier multiplication $Si_{1-x}Ge_x$. J. Appl. Phys. 83, 4213–4221 (1998)
WÜRFEL, P.: Physik der Solarzellen. Heidelberg: Spektrum Akademieverlag 2000
YAMAGUCHI, M.: Dresden Conference 2001, J. Phys. E (in press)

Prof. Dr. Hans-Joachim QUEISSER
em. Direktor des Max-Planck-Instituts für Festkörperforschung
Heisenbergstraße 1
70569 Stuttgart
Bundesrepublik Deutschland
Tel.:   ++49 (0) 71 16 89 16 01
Fax: ++49 (0) 71 16 89 16 02
E-Mail: queisser@fkf.mpg.de

Jahrbuch 2002 der Deutschen Akademie der Naturforscher Leopoldina (Halle/Saale)
LEOPOLDINA (R. 3) 48 (2003): 401–413

Zur Pharmakologie sogenannter Lifestyle-Präparate. Antiadiposita, Finasterid und Sildenafil

Von Hasso SCHOLZ, Hamburg
Mitglied der Akademie
Mit 6 Abbildungen und 5 Tabellen

(Kurzfassung des in der Sitzung der Akademie am 30. 4. 2002 gehaltenen Vortrages)

Mit »Lifestyle-Präparaten« sind die gewichtsreduzierenden Substanzen (Antiadiposita) Sibutramin (Reductil®) und Orlistat (Xenical®), das bei androgenetischem Haarausfall wirksame Finasterid (Propecia®) und das bei erektiler Dysfunktion eingesetzte Sildenafil (Viagra®) gemeint. Im folgenden werden die pharmakologischen Eigenschaften dieser Substanzen kurz zusammengefaßt. Auf weiterführende Literatur zu Antiadiposita (HAMANN und GRETEN 1999, ADAM et al. 2000, LAUFS und BÖHM 2000), Finasterid (RITTMASTER 1994, KAUFMAN et al. 1998, WOLFF und KUNTE 1999, WEBER 2002) und Sildenafil (KRANE et al. 1989, FELDMAN et al. 1994, SCHMIDT 1998, ULLRICH und HAEN 1999, STIEF et al. 2000, RALL 2001, HELLWIG 2002) wird verwiesen.

Gewichtsreduzierende Substanzen (Antiadiposita)

Sibutramin

Sibutramin ist wie die Anorektika (Appetitzügler) Norpseudoephedrin (früher z. B. Mirapront® N; Abb. 1A; außer Handel seit 2001) sowie Fenfluramin und Dexfenfluramin (früher Ponderax® bzw. Isomeride®; Abb. 1B; außer Handel seit 1997) ein indirekter Monaminagonist. Derartige Substanzen stimulieren Monoaminrezeptoren; sie interagieren mit diesen aber nicht selbst, sondern erhöhen die Konzentration physiologischer Transmitter wie Noradrenalin, Dopamin oder Serotonin am Rezeptor. Sibutramin beeinflußt vor allem den Serotoninstoffwechsel. Im Gegensatz zu Norpseudoephedrin (Abb. 2A) sowie Fenfluramin und Dexfenfluramin (Abb. 2B) stimuliert es aber nicht die Freisetzung von Neurotransmittern, sondern hemmt deren Wiederaufnahme in die präsynaptische Nervenfaser und damit die Inaktivierung (Abb. 2C; HEAL et al. 1998). Auch die Wiederaufnahme von Noradrenalin wird gehemmt. Die Erhöhung der Konzentration von

Serotonin am Rezeptor bewirkt keine Anorexie, sondern eine Steigerung des Sättigungsgefühls. Zusätzlich führt Sibutramin über eine Noradrenalin-bedingte Stimulation von adrenergen Beta 3-Rezeptoren zu einer Steigerung des Grundumsatzes. Insgesamt bewirkt die Substanz also eine Abnahme der Kalorienaufnahme bei gleichzeitiger Zunahme des Energieverbrauchs. Es ist bemerkenswert, daß Sibutramin (Abb. 1C) im Gegensatz zu Norpseudoephedrin (Abb. 1A) sowie Fenfluramin und Dexfenfluramin (Abb. 1B) keine Amphetamin-ähnliche Struktur aufweist. Der unterschiedliche Wirkungsmechanismus, d. h. Hemmung der Neurotransmitter*inaktivierung*, aber keine Steigerung der Neurotransmitter*freisetzung*, wird als Erklärung dafür herangezogen, daß Sibutramin bei wiederholter Einnahme offenbar keiner Wirkungsabschwächung (Gewöhnung) unterliegt. Sibutramin wird gut resorbiert und unterliegt einem ausgeprägten *First-pass*-Effekt. Es entsteht eine Reihe von Metaboliten, die zur Wirkung von Sibutramin wesentlich beitragen. Die Eliminationshalbwertszeiten der Metabolite betragen 14 bis 16 Stunden, was eine einmal tägliche Gabe von 10–15 mg oral erlaubt. Unerwünschte Wirkungen betreffen vor allen Dingen das autonome Nervensystem, den Magen-Darm-Trakt und das ZNS (Tab. 1). Hervorzuheben sind die Zunahmen von Herzfrequenz und Blutdruck sowie atropinartige Nebenwirkungen wie Obstipation und Miktionsstörungen. Hinweise auf pulmonale Hypertonie, Neurotoxizität oder Herzklappenschäden wie bei den Amphetamin-ähnlichen Substanzen (ABENHAIM et al. 1996, CONOLLY et al. 1997, MCCANN et al. 1997, KHAN et al. 1998) wurden bisher nicht beobachtet. Die für Sibutramin geltenden Indikationen und Kontraindikationen sind in Tabelle 1 zusammengefaßt. Der Gewichtsverlust mit Sibutramin, zusätzlich zu hypokalorischer Diät gegeben, beträgt etwa 10–20 % innerhalb eines Jahres (Abb. 3; HANSEN et al. 1999).

Orlistat

Orlistat (Xenical®) hat ebenfalls keine strukturellen Ähnlichkeiten mit Amphetamin (Abb. 4). Es hemmt die intestinale Pankreaslipase und führt dadurch zu einer Hemmung der Fettresorption. Orlistat wird praktisch nicht resorbiert und hat deshalb keine nennenswerten systemischen Nebenwirkungen. Es ist, in Verbindung mit einer hypokalorischen Kost, wie Sibutramin zur Behandlung von adipösen Patienten mit einem Körpermasseindex (BMI = *Body Mass Index*; Gewicht in kg/ Größe in m × Größe in m) von über 30 kg/m^2 oder von präadipösen Patienten (BMI 25,0–29,9 kg/m^2) mit begleitenden Risikofaktoren indiziert. Die Dosis von Orlistat beträgt 120 mg oral unmittelbar vor, während oder bis zu einer Stunde nach jeder Mahlzeit. Der Gewichtsverlust beträgt wie bei Sibutramin etwa 10 bis 20 % innerhalb eines Jahres (SJÖSTRÖM et al. 1998, DAVIDSON et al. 1999). Orlistat kann die Resorption von fettlöslichen Vitaminen (A, D, E, K) beeinträchtigen. Die Nebenwirkungen von Orlistat sind hauptsächlich gastrointestinaler Natur. Gastrointestinale Schmerzen, Stuhlerweichung, Fettstühle und Steigerung

CH₂-CH(CH₃)-NH₂   CH₂-CH(CH₃)-NH-CH₃   CH(OH)-CH(CH₃)-NH₂

Amphetamin   Methamphetamin   Norpseudoephedrin
                    früher Pervitin ®   früher z. B.
                                            Mirapront N ®

A

CH₂-CH(CH₃)-NH₂   CH₂-CH(CH₃)-NH-C₂H₅   CH₂-CH(CH₃)-NH-C₂H₅
                              CF₃   CF₃

Amphetamin   Fenfluramin   Dexfenfluramin
                    früher Ponderax®   früher Isomeride®
                    Racemat   (+)-(S)-Isomer

B

$_2(H_3C)-CH-CH_2-CH-N-(CH_3)_2$

Cl—⟨ ⟩—▢

Sibutramin (Reductil®)

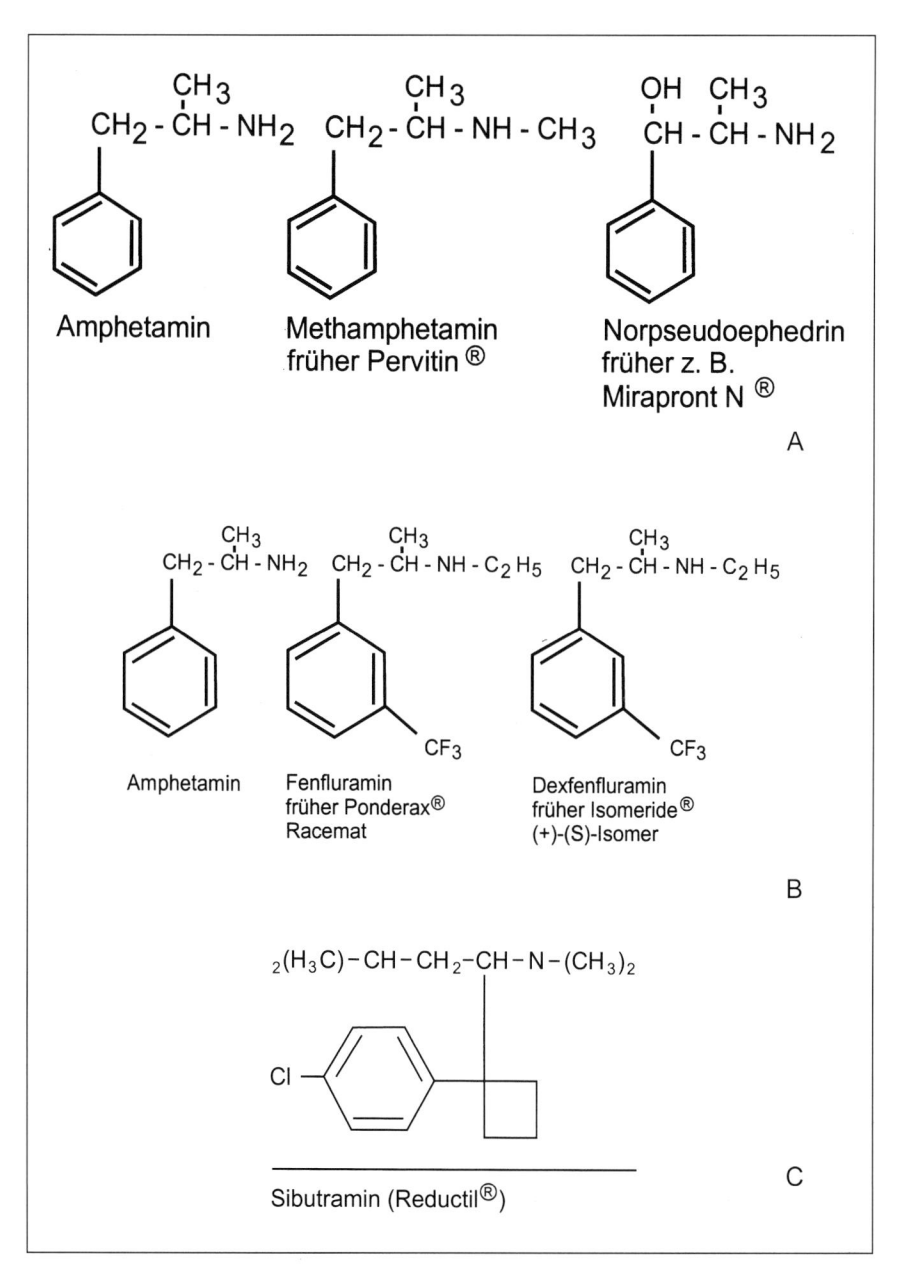

C

Abb. 1 Strukturformel (*A*) des Anorektikums Norpseudoephedrin im Vergleich zu Amphetamin und Methamphetamin, (*B*) der Anorektika Fenfluramin und Dexfenfluramin im Vergleich zu Amphetamin, (*C*) von Sibutramin

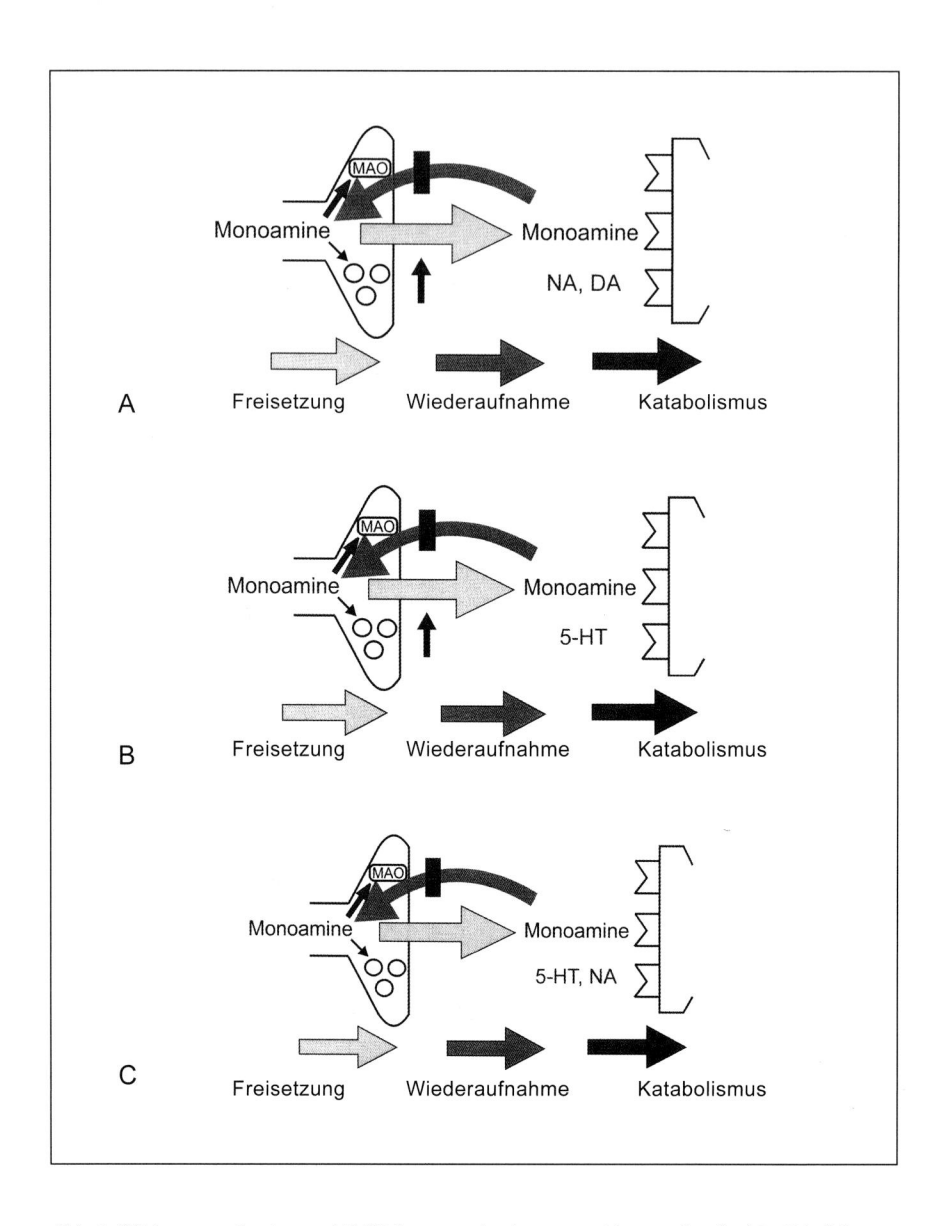

Abb. 2 Wirkungsmechanismen. (*A*) Wirkungsmechanismus von Norpseudoephedrin. Die Substanz hemmt die Wiederaufnahme in die Nervenendigung und damit die Inaktivierung der Monoamine Noradrenalin (NA) und DA (Dopamin). (*B*) Wirkungsmechanismus von Fenfluramin und Dexfenfluramin. Die Substanzen hemmen die Wiederaufnahme von Serotonin (5-HT) in die und steigern die Freisetzung von Serotonin aus der Nervenendigung. (*C*) Wirkungsmechanismus von Sibutramin. Sibutramin hemmt die Wiederaufnahme in die Nervenendigung und damit die Inaktivierung von Serotonin (5-HT) und Noradrenalin (NA)

Tab. 1 Sibutramin: Indikation und Anwendung, unerwünschte Wirkungen und Kontraindikationen

Indikation	unterstützende Maßnahme bei Adipositas; zusätzlich zu Reduktionsdiät bei BMI[1] über 30 kg/m² bzw. über 27 kg/m² bei adipositasbedingten Risikofaktoren
Anwendung	länger als 3 Monate nur bei Patienten, die auf die Therapie ansprechen, d. h. Gewichtsverlust in 3 Monaten von ≥ 5 %
Unerwünschte Wirkungen – kardiovaskulär: Tachykardie, Hypertonie, Flush – Magen-Darm-Trakt: Appetitlosigkeit, Obstipation, Übelkeit – Zentralnervensystem: Mundtrockenheit, Schlaflosigkeit, Schwindel, Parästhesien, Depressionen, Kopfschmerzen – Harnwege: Miktionsstörungen	
Kontraindikationen – Anorexie oder Bulimia nervosa – gleichzeitige Anwendung von MAO-Hemmern – unzureichend eingestellte Hypertonie – Koronare Herzkrankheit, Herzinsuffizienz, Herzrhythmusstörungen, Schlaganfall oder TIA in der Anamnese – Prostatahyperplasie, Glaukom – schwere Leber- oder Nierenfunktionsstörungen	

[1] BMI = *Body Mass Index* (Körpergewicht in kg/Körpergröße in m × Körpergröße in m)

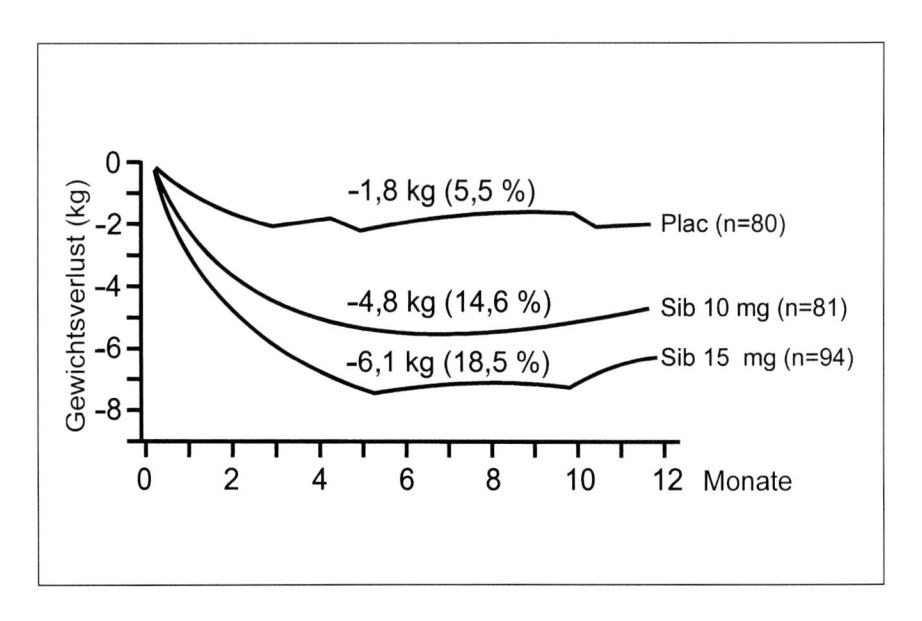

Abb. 3 Gewichtsverlust unter dem Einfluß von Sibutramin bei einer Behandlungsdauer von 12 Monaten (Basis-BMI: 33 kg/m², nach LEAN 1997)

der Defäkationshäufigkeit sind als Folge der Hauptwirkung nicht selten. Zur Zeit sollte Orlistat nicht länger als zwei Jahre angewendet werden.

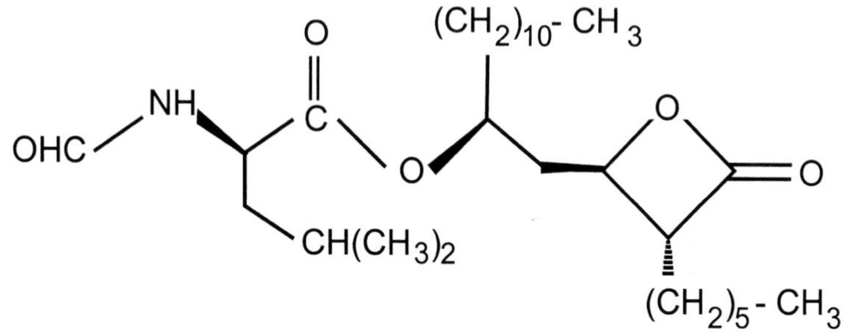

Abb. 4 Strukturformel von Orlistat

Finasterid

Finasterid (Proscar®, Propecia®, Abb. 5A) hemmt die 5α-Reduktase und dadurch die Umwandlung von Testosteron in Dihydrotestosteron (Abb. 5B). Dihydrotestosteron vermittelt *in utero* die externe Virilisierung, also die Ausbildung von Penis und Skrotum, und postpubertär das Wachstum der Prostata sowie von Bart-, Axillar- und Genitalbehaarung, den Rückgang der Kopfbehaarung an Stirn und Hinterkopf und das Auftreten von Akne (Tab. 2; IMPERATOR-MCGINLEY et al. 1974). Die Wirkung von Finasterid wird therapeutisch in einer Dosis von 5 mg/d bei der Prostatahyperplasie (Proscar®) und von 1 mg/d bei der androgenetischen Alopezie ausgenutzt (Propecia®). Finasterid stabilisiert das Fortschreiten der androgenetischen Alopezie bei Männern im Alter von 18 bis 41 Jahren, allerdings nur solange die Substanz eingenommen wird (WOLFF und KUNTE 1998). In der Regel ist eine Anwendung über 6 bis 12 Monate erforderlich, bevor eine Stabilisierung des Haarausfalls erwartet werden kann. Man kann davon ausgehen, daß Finasterid bei etwa 2/3 der Männer mit leichtem bis mittelgradigem Haarausfall zu einem Anstieg der Anzahl an Haaren und zu einer Zunahme der Haardichte führt. Bei vollständigem Haarausfall ist Finasterid unwirksam. Finasterid ist also kein »Haarwuchsmittel«, sondern ein »Hemmstoff des Haarwachstumsstops«. An Nebenwirkungen werden in 1 bis 2 % erektile Dysfunktion, verminderte Libido und vermindertes Ejakulatvolumen beschrieben, die aber nicht signifikant häufiger als bei Placebo sind (WOLFF und KUNTE 1998). Auch Gynäkomastie und Brustkrebsrisiko waren mit Finasterid nicht signifikant häufiger als bei Placebo.

Da Dihydrotestosteron *in utero* für die externe Virilisierung bei männlichen Feten notwendig ist, ist Finasterid kontraindiziert bei Frauen in der Schwangerschaft. Ähnliche Effekte durch das Ejakulat von mit Finasterid behandelten Männern sind nicht bzw. erst bei unrealistisch hohen Ejakulatmengen von mehr als drei Liter pro Tag zu erwarten.

Tab. 2 Wirkung von Testeron und Dihydrotestosteron *in utero* und postpubertär (IMPERATOR-MCGINLEY 1974)

Testeron	Dihydrotestosteron

in utero
– interne Virilisierung
  Ausbildung von Vas deferens,
  Samenblase und Nebenhoden
	in utero
	– externe Virilisierung
	  Ausbildung von Penis und Skrotum

postpubertär – Zunahme der Muskelmasse – Wachstum von Penis und Skrotum – Veränderung der Stimme – männliches Sexualverhalten, Spermatogenese	postpubertär – Wachstum der Prostata – Bart-, Axillar-, Genitalhaare – Rückgang der Kopfbehaarung an Stirn und Hinterkopf – Akne

Sildenafil

Es wird vermutet, daß 20 bis 50 % der 30 bis 80 Jahre alten Männer in den USA und bei uns an erektiler Dysfunktion leiden (FELDMAN et al. 1994). Die möglichen Ursachen der erektilen Dysfunktion sind zahlreich (Tab. 3). Dementsprechend gibt es zahlreiche Therapien mit peroralen und anderen Verfahren (Tab. 3), wobei mit Sildenafil (Viagra®; Struktur im Vergleich zu Theophyllin in Abb. 6A) erstmals eine Art Durchbruch gelungen ist (GOLDSTEIN et al. 1998). Sildenafil ist im Gegensatz zu dem unselektiven Phosphodiesterase-(PDE)-Hemmer Theophyllin ein selektiver Hemmstoff der PDE Typ 5 (Tab. 4; CARTER et al. 1998), die im Corpus cavernosum zum Abbau des Botenstoffes cGMP führt, der wiederum unter dem Einfluß von NO gebildet wird (Abb. 6B).
Sildenafil führt also zu einem Anstieg der intrazellulären cGMP-Konzentration mit konsekutiver Erweiterung der penilen arteriellen Gefäße, was zu einem Blutanstau im Penis und zur Erektion führt. Sildenafil wird in Dosen von 25 bis 100 mg oral etwa eine Stunde vor dem Geschlechtsverkehr eingenommen. Die Eliminationshalbwertszeit beträgt etwa 4 Stunden. Unerwünschte Wirkungen sind gastrointestinale Störungen sowie Folgen der Vasodilatation: Kopfschmerzen, Flush, Rhinitis. Auch Sehstörungen in Form von Lichtempfindlichkeit, verschwomme-

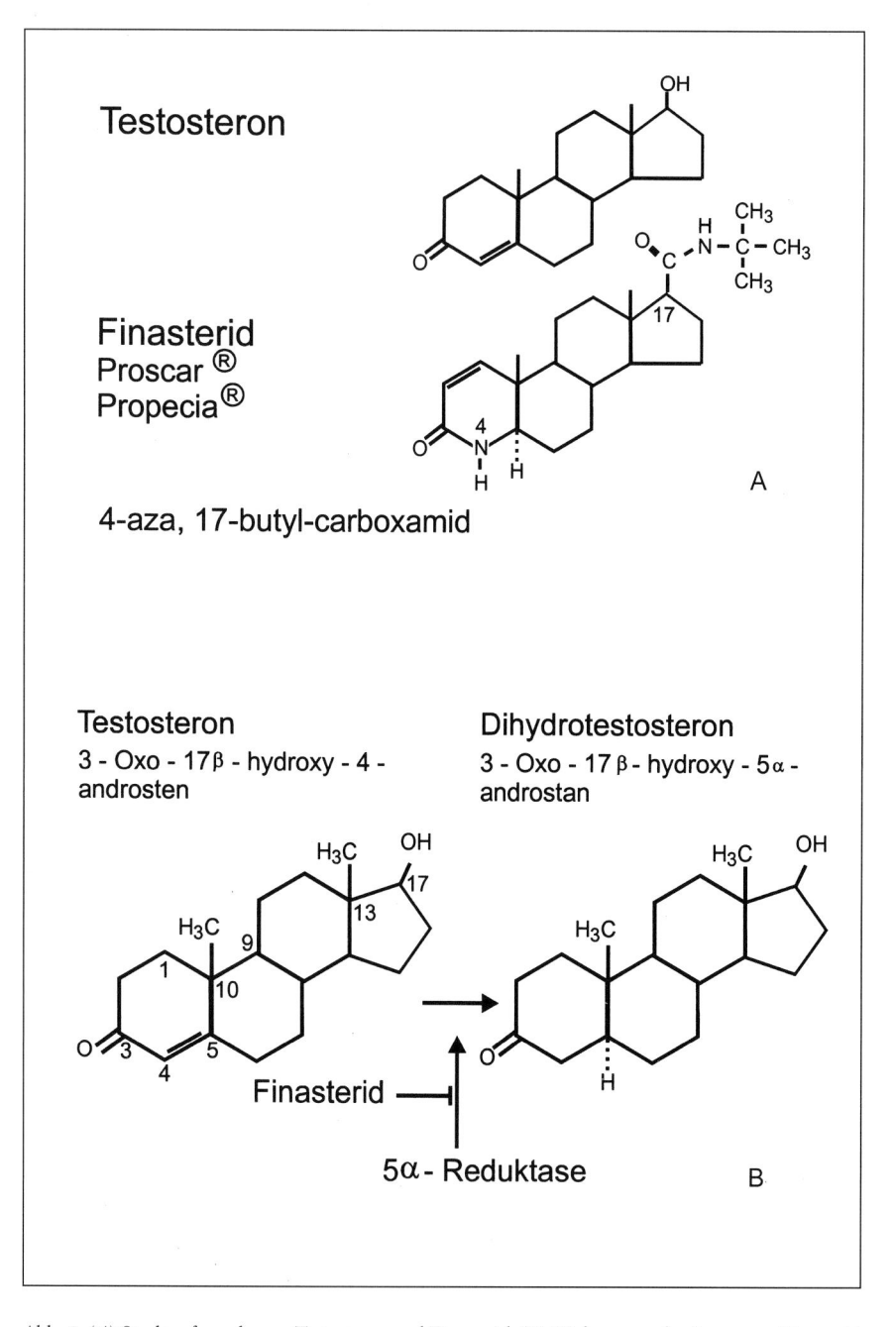

Abb. 5 (*A*) Strukturformeln von Testosteron und Finasterid. (*B*) Wirkungsmechanismus von Finasterid

Tab. 3 Ursachen und Therapie der erektilen Dysfunktion

Ursachen der erektilen Dysfunktion
– Arteriosklerose – Diabetes mellitus – Hypertonie – Prostatektomie – Testosteronmangel, Hyperprolaktinämie – Alkohol – Betarezeptorblocker, zentrale Antihypertensiva, CSE-Hemmer, Neuroleptika, Antidepressiva
Therapie der erektilen Dysfunktion

– Topische Therapie
  – Glyceroltrinitrat, Papaverin, Minoxidil, Capsaicin
– Transurethrale Therapie
  – Alprostadil (MUSE = Medicated Urethral System for Erection)
– Hormonelle Therapie
  – Testosteron als Pflaster bei Testosterondefizit
– Schwellkörperautoinjektionstherapie (SKAT)
– Perorale Therapie
  – Apomorphin, sl; zentraler Dopaminagonist; Ixense®, Uprima®
  – Phentolamin; α1/α2-Blocker; Vasomax®
  – Trazodon; indirekter Serotonin-Antagonist, α1/α2-Blocker
  – Yohimbin; α2-Blocker; Pluriviron®
  – Sildenafil; PDE-5-Hemmer; Viagra®

Tab. 4 Hemmung verschiedener Phosphodiesterase (PDE)-Isozyme durch Sildenafil (verändert nach CARTER et al. 1998)

PDE-Isozym	Quelle	IC50 (µM)	Potenz
1	humaner Herzventrikel	0,29	1/100
2	humanes Corpus cavernosum	> 30	1/10344
3	humanes Corpus cavernosum	17	1/5862
4	humaner Skelettmuskel	7,3	1/2517
5	humanes Corpus cavernosum	0,0029	1
6	bovine Retina	0,038	1/13

nem Sehen und veränderten Farbwahrnehmungen kommen vor; dies wird darauf zurückgeführt, daß die in der Retina vorkommende PDE Typ 6 von Sildenafil ebenfalls gehemmt wird (siehe Tab. 4). Ein erhöhtes kardiovaskuläres Risiko, von dem einer erhöhten und ungewohnten körperlichen Aktivität einmal abgesehen,

Sildenafil (Viagra^R)   A

B

Theophyllin

Reiz → NO Stickstoffmonoxid

Guanylat-
cyclase

GTP

Sildenafil

GMP

Phosphodiesterase (Typ 5)

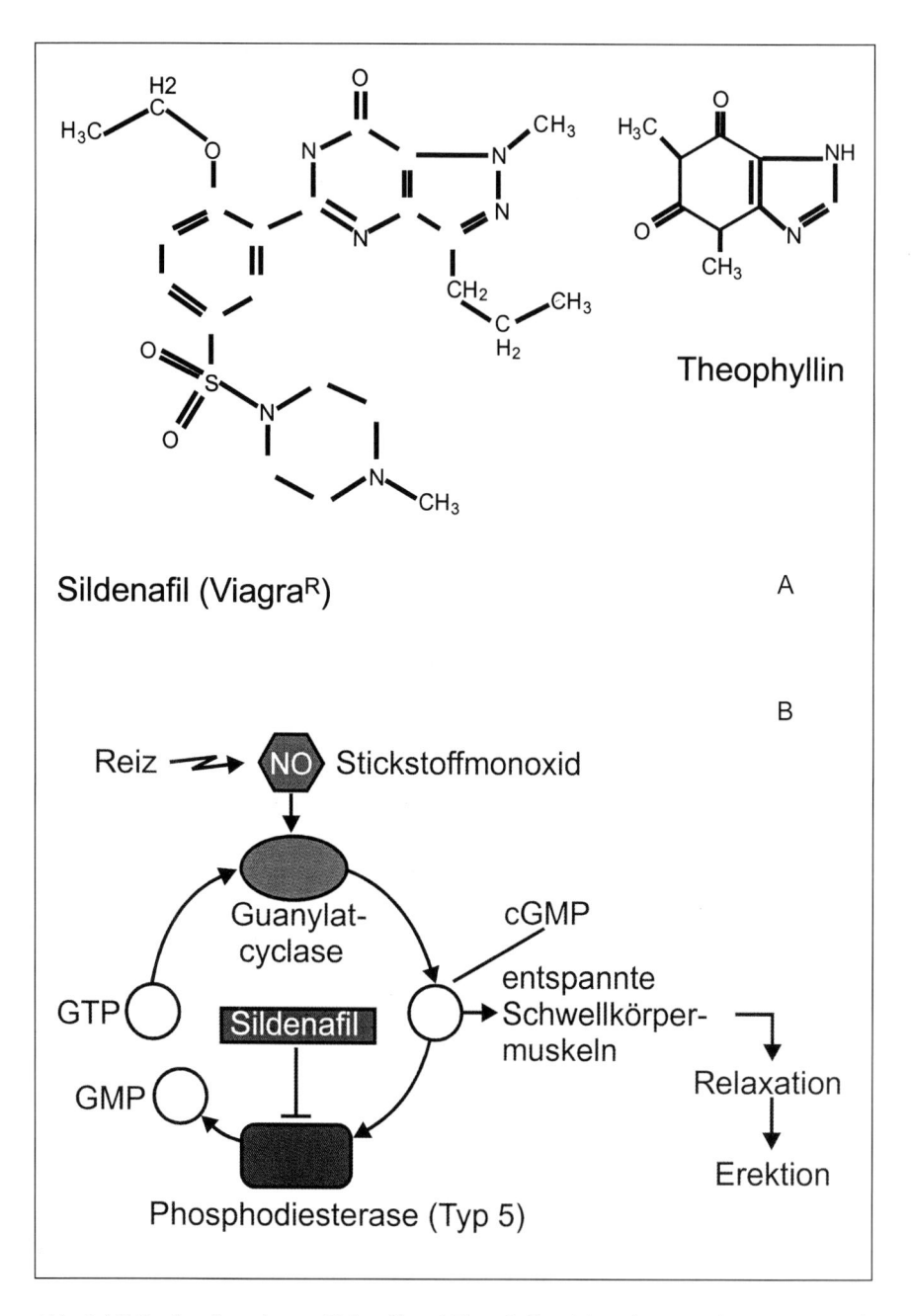

cGMP

entspannte
Schwellkörper-
muskeln

Relaxation

Erektion

Abb. 6 (*A*) Strukturformeln von Sildenafil und Theophyllin. (*B*) Wirkungsmechanismus von Sildenafil

scheint Sildenafil nicht zu haben (ZUSMAN 1999, HERRMANN et al. 2000, WILKENS et al. 2001). Wichtig ist aber, daß die Wirkung von Sildenafil durch NO-Donatoren (organische Nitrate, Molsidomin) und durch CYP3A4-Hemmstoffe (z. B. Erythromycin) verstärkt wird. Sildenafil ist kontraindiziert bei gleichzeitiger Anwendung von NO-Donatoren (Cave: lebensbedrohlicher Blutdruckabfall) und bei Patienten mit Risikofaktoren (z. B. ausgeprägte Angina pectoris, schwere Herzinsuffizienz), bei denen eine ungewohnte sexuelle Aktivität zu einem Myokardinfarkt führen könnte (Tab. 5). Ob sich das kürzlich zur sublingualen Therapie der erektile Dysfunktion eingeführte Apomorphin (Ixense®, Uprima®) durchsetzen wird, läßt sich zur Zeit noch nicht beurteilen (siehe HELLWIG 2002).

Tab. 5 Kontraindikationen für Sildenafil

- NO-Donatoren
  Cave: lebensbedrohlicher Blutdruckabfall
- ausgeprägte stabile und instabile Angina pectoris
- schwere Herzinsuffizienz
- Schlaganfall oder Myokardinfarkt in den letzten 6 Wochen
- ungenügende körperliche Untersuchung auf Diabetes, Hochdruck, Hypercholesterinämie und sonstige Risikofaktoren
  Cave: Myokardinfarkt
- Hypotonie < 90/50 mm Hg

Zusammenfassung

Die pharmakologischen Eigenschaften der gewichtsreduzierenden Substanzen (Antiadiposita) Sibutramin (Reductil®) und Orlistat (Xenical®), des bei androgenetischem Haarausfall wirksamen Finasterid (Propecia®) und des bei erektiler Dysfunktion eingesetzten Sildenafil (Viagra®) werden besprochen. Der Begriff »Lifestyle-Präparate« wird verwendet, weil die Kosten für diese Substanzen von den Krankenkassen nicht übernommen und die Substanzen nicht als »Arzneimittel, die bei anerkannten Indikationen wirksam sind«, angesehen werden. Abgesehen von Finasterid kann man meines Erachtens zu dieser Auffassung durchaus verschiedener Meinung sein.

Literatur

ABENHAIM, L., MORIDE, Y., BRENOT, F., RICH, S., BENICHOU, J., et al.: Appetite-suppressant drugs and the risk of primary pulmonary hypertension. New Engl. J. Med. *335*, 609–616 (1996)
ADAM, O., ARNOLD, R., and FORTH, W.: Adipositas-Therapeutika. Dtsch. Apoth. Ztg. *140*, 1442–1448 (2000)
CARTER, A. J., BALLARD, S. A., and NAYLOR, A. M.: Effect of the selective phosphodiesterase type 5 inhibitor sildenafil on erectile function in the anesthetized dog. J. Urol. *160*, 242–246 (1998)
CONNOLLY, H. M., CRARY, J. L., MCGOON, M. D., HENSRUD, D. D., EDWARDS, B. S., et al.: Valvular heart disease associated with fenfluramine-phentermine. New Engl. J. Med. *337*, 581–588 (1997)

DAVIDSON, M. H., HAUPTMAN, J., DiGIROLAMO, M., FOREYT, J. P., HALSTED, C. H., et al.: Weight control and risk factor reduction in obese subjects treated for 2 years with orlistat. A randomized controlled trial. JAMA *281*, 235–242 (1999)

FELDMAN, H. A., GOLDSTEIN, I., HATZICHRISTOU, D. G., KRANE, R. J., and MCKINLAY, J. B.: Impotence and its medical and psychosocial correlates: Results of the Massachusetts male aging study. J. Urol. *151*, 54–61 (1994)

GOLDSTEIN, I., LUE, T. F., PADMA-NATHAN, H., ROSEN, R. C., STEERS, W. D., et al.: Oral sildenafil in the treatment of erectile dysfunction. New Engl. J. Med. *338*, 1397–1404 (1998)

HAMANN, A., und GRETEN, H.: Neue Optionen für die Adipositas-Therapie. Dtsch. Ärztebl. *96*, A-3240–A-3242 (1999)

HANSEN, D. L., TOUBRO, S., STOCK, M. J., MACDONALD, I. A., and ASTRUP, A.: The effect of sibutramine on energy expenditure and appetite during chronic treatment without dietary restriction. Int. J. Obes. *23*, 1016–1024 (1999)

HEAL, D. J., ASPLEY, S., PROW, M. R., JACKSON, H. C., MARTIN, K. F., et al.: Sibutramine: a novel antiobesity drug. A review of the pharmacological evidence to differentiate it from d-amphetamine and d-fenfluramine. Int. J. Obes. *22* (Suppl. 1), 18–28 (1998)

HELLWIG, B.: Erektionsstörungen. Neue Pillen für die Lust: schneller wirksam und besser verträglich? Dtsch. Apoth. Ztg. *142*, 2220–2233 (2002)

HERRMANN, H. C., CHANG, G., KLUGHERZ, B. D., and MAHONEY, P. D.: Hemodynamic effects of sildenafil in men with severe coronary artery disease. New Engl. J. Med. *342*, 1622–1626 (2000)

IMPERATOR-MCGINLEY, J., GUERRORO, L., GAUTIER, T., and PETERSON, R. E.: Steroid 5α-reductase deficiency in man: An inherited form of male pseudohermaphroditism. Science *186*, 1213–1215 (1974)

KAUFMAN, K. D., OLSEN, E. A., WHITING, D., SAVIN, R., DE VILLEZ, R., et al.: Finasteride in the treatment of men with androgenetic alopecia. J. Amer. Acad. Dermatol. *39*, 578–589 (1998)

KHAN, M.A., HERZOG, C. A., PETER, J. V. S., HARTLEY, G. G., MADLON-KAY, R., et al.: The prevalence of cardiac valvular insufficiency assessed by transthoracic echocardiography in obese patients treated with appetite-suppressant drugs. New Engl. J. Med. *339*, 713–718 (1998)

KRANE, R. J., GOLDSTEIN, I., and SAENZ DE TEJADA, I.: Impotence. New Engl. J. Med. *321*, 1648–1659 (1989)

LAUFS, U., und BÖHM, M.: Kardiovaskulärer Risikofaktor Adipositas. Dtsch. Med. Wochenschr. *125*, 262–268 (2000)

MCCANN, U. D., SEIDEN, L. S., RUBIN, L. J., and RICAURTE, G. A.: Brain serotonin neurotoxicity and primary pulmonary hypertension from fenfluramine and dexfenfluramine. JAMA *278*, 666–672 (1997)

LEAN, M. E. J.: Sibutramine – a review of clinical efficacy. Int. J. Obes. *21* (Suppl. 1), 30–36 (1997)

RALL, B.: Apomorphinhydrochlorid. Zentraler Angriff bei Erektionsproblemen. Dtsch. Apoth. Ztg. *141*, 2700–2704 (2001)

RITTMASTER, R. S.: Finasteride. New Engl. J. Med. *330*, 120–125 (1994)

SCHMIDT, R.: Erektile Dysfunktion. Wie wird sie heute medikamentös behandelt? Dtsch. Apoth. Ztg. *138*, 4433–4436 (1998)

SJÖSTRÖM, L., RISSANEN, A., ANDERSEN, T., BOLDRIN, M., GOLAY, A., et al.: Randomised placebo-controlled trial of orlistat for weight loss and prevention of weight regain in obese patients. Lancet *352*, 167–172 (1998)

STIEF, C. G., TRUSS, M. C., BECKER; A. J., KUCZYK, M., und JONAS, U.: Pharmakologische Therapiemöglichkeiten der Erektionsstörung. Dtsch. Ärztebl. *97*, A-457–A-460 (2000)

ULLRICH, T., und HAEN, E.: Sildenafil (Viagra®). Wirkstoffeigenschaften, Indikationen, rechtliche Problematik. Med. Monatsschr. Pharm. *22*, 233–245 (1999)

WEBER, C.: Schönheit und Lust aus der Apotheke. PTA heute *5*, 14–32 (2002)

WILKENS, H., GUTH, A., KÖNIG, J., FORESTIER, N., CREMERS, B., et al.: Effect of inhaled iloprost plus oral sildenafil in patients with primary pulmonary hypertension. Circulation *104*, 1218–1222 (2001)

WOLFF, H., und KUNTE, C.: Die Behandlung der androgenetischen Alopezie des Mannes mittels systemischer 5α-Reduktase-Hemmung. Hautarzt 49, 813–817 (1998)
ZUSMAN, R. M. (Ed.): Cardiovascular data on sildenafil citrate. Amer. J. Cardiol. 83, 1C–44C (1999)

Prof. Dr. Dr. h. c. Hasso SCHOLZ
Institut für Experimentelle und Klinische Pharmakologie und Toxikologie,
Universitätsklinikum Hamburg-Eppendorf
Martinistraße 52
20246 Hamburg
Bundesrepublik Deutschland
Tel.:   ++49 (0) 4 04 28 03 21 80
Fax: ++49 (0) 4 04 28 03 48 76
E-Mail: h.scholz@uke.uni-hamburg.de

Mikro- und Nanostrukturen pflanzlicher Oberflächen: Vielfalt, Entstehung, Funktion und technische Umsetzung

Von Wilhelm BARTHLOTT, Mitglied der Akademie, Zdenek CERMAN und Kerstin KOCH, Bonn

Mit 6 Abbildungen

(Kurzfassung des in der Sitzung der Akademie am 28. 5. 2002 vom Erstautor gehaltenen Vortrages)

1. Einleitung

Grenzflächen zwischen Festkörpern und ihrer gasförmigen oder flüssigen Umgebung sind heute ein Gegenstand intensiver Forschung. In der unbelebten und belebten Natur spielen sich zentrale Vorgänge an Grenzflächen ab; von der globalen Dimension der Biosphäre bis zu den Membranen unserer Zellen. In der Festkörperphysik und in den Materialwissenschaften spielt die Erforschung von Grenzflächen heute eine bedeutende Rolle. Berechnung und Modellierung ihrer Eigenschaften erweisen sich teilweise als extrem kompliziert und unzugänglich. Mit dem Quantenphysiker Wolfgang PAULI (1900–1958) ist man versucht zu sagen: »Gott schuf die Materie, aber die Oberfläche ist des Teufels.« Die relevanten Strukturen reichen häufig über den Bereich der klassischen Lichtmikroskopie hinaus in den nanostrukturellen Bereich hinein. Die Nanotechnologie ist, wie die Biodiversität, das Zauberwort, beide sind kaum über ein Dutzend Jahre alt.

Auch die Oberflächen von Pflanzen, über die beinahe jede Interaktion mit ihrer Umwelt abläuft, sind besonders im Mikro- und Nanometerbereich äußerst komplex aufgebaut. Der Erstautor hat sich, beginnend mit seiner Doktorarbeit in Heidelberg, seit 1970 bis heute, intensiv mit der Raster-Elektronenmikroskopie, später ergänzt durch die Raster-Kraftmikroskopie und andere Methoden, mit der Struktur und Funktion biologischer Oberflächen befaßt. Der Schwerpunkt lag dabei auf den kutikularen Oberflächen von Pflanzen (Blätter). Bis heute wurden rund 15 000 verschiedene Arten untersucht und über 300 000 elektronenmikroskopische Aufnahmen archiviert.

2. Vielfalt und Entstehung von Mikro- und Nanostrukturen

Mikro- und Nanostrukturen pflanzlicher Oberflächen können in ihrer Entstehung unterschiedlichsten Ursprungs sein. Die äußere Topologie der Kutikula wird in erster Linie von der darunter liegenden Zellwand bestimmt, kann aber auch aus subkutikularen Einlagerungen (Abb. 1) von Mineralkörpern (Silikate, Oxalate) oder aus einer Faltung der Kutikula (Abb. 2) resultieren (BARTHLOTT und EHLER 1977, BARTHLOTT 1990). Bei einer Vielzahl pflanzlicher Oberflächen finden sich auf der Kutikula nur wenige Nano- bis Mikrometer große Wachskristalle. Bekannte Beispiele hierfür sind die weißlichen Beläge auf Pflaumen, Weintrauben oder auf Kohl- und Porreeblättern. Spätestens durch die Rekristallisationsuntersuchungen von JEFFREY et al. (1976) und BAKER (1982) wurde klar, was DE BARY bereits 1871 vermutet hatte: Die Wachse sind »Krystalliner Natur«, und alleine die Chemie der Wachse bestimmt deren Form (MEUSEL et al. 2000). Pflanzliche Wachse bestehen aus sehr komplexen chemischen Gemischen, u. a. aus aliphatischen und zyklischen Kohlenwasserstoffverbindungen (HOLLOWAY 1994). So komplex wie die Chemie, so vielfältig sind auch die Formen der Wachse. Neben relativ glatten, nur wenige Mikrometer dicken Wachsfilmen finden sich ebenso massive Wachskrusten oder nur wenige Nano- bis Mikrometer große Röhrchen, Schuppen, Fäden und Stäbchen (Abb. 3). Eine aktuelle Klassifikation in 23 unterschiedliche Wachstypen wurde 1998 von BARTHLOTT et al. veröffentlicht. Der Transport der Wachse vom Syntheseort im Zellinneren durch die Kutikula blieb lange Zeit rätselhaft und war Gegenstand intensiver Forschungen. Man vermutete Mikrokanäle durch die Kutikula, durch die das Wachs ausgepreßt werden könnte – der Nachweis gelang nie eindeutig. Eine weitere These postulierte »Transportproteine« für die Wachse bzw. deren Vorstufen. Inzwischen scheint die Frage des Transports der Wachse geklärt zu sein: NEINHUIS et al. (2001) konnten zeigen, daß die Wachse in einer Art »Wasserdampfdestillation« durch die Kutikula transportiert werden und auf der Oberfläche auskristallisieren. Dies erklärt schlagartig eine Reihe längst bekannter Befunde: Sonnenexponierte Oberflächen sind stärker bewachst als solche im Schatten, wischt man die Wachsbeläge ab, wachsen sie durch die erhöhte kutikulare Transpiration an manchen Pflanzen innerhalb weniger Tage auf die ursprüngliche Höhe wie ein Rasen wieder nach.

3. Funktionen

Die klassische Funktion von Oberflächenstrukturen (insbesondere von Wachsen) sah man in einer Reduktion der kutikularen Transpiration (JEFFREE et al. 1971). Früh wurde zudem erkannt, daß die Oberflächenstrukturierung weitere spezielle Funktionen übernehmen kann, die unter anderem häufig mit den mechanischen Eigenschaften (z. B. Gleitstrukturen carnivorer Pflanzen)

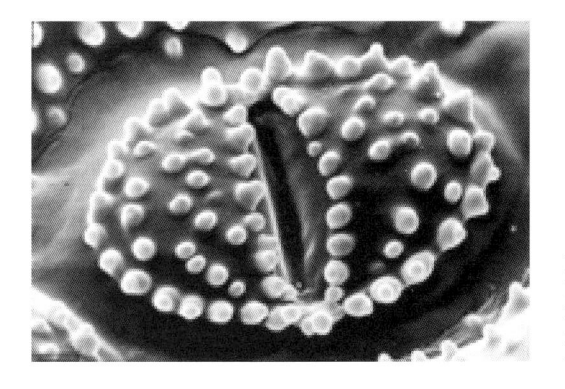

Abb. 1 Ein weiteres Beispiel für Mikrostrukturierungen sind subkutikulare Einlagerungen von Silikaten, hier am Beispiel des Ackerschachtelhalms (*Equisetum arvense* L.).

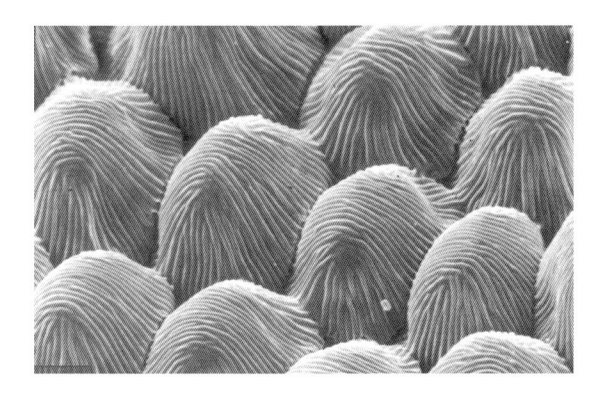

Abb. 2 Ein Beispiel für die Mikrostrukturierung von pflanzlichen Oberflächen zeigen die Blütenblätter der Hundskamille (*Anthemis arvensis*, L.). Hier sind die Zellen konvex gewölbt, und die Kutikula der Zellen weist eine Faltung auf.

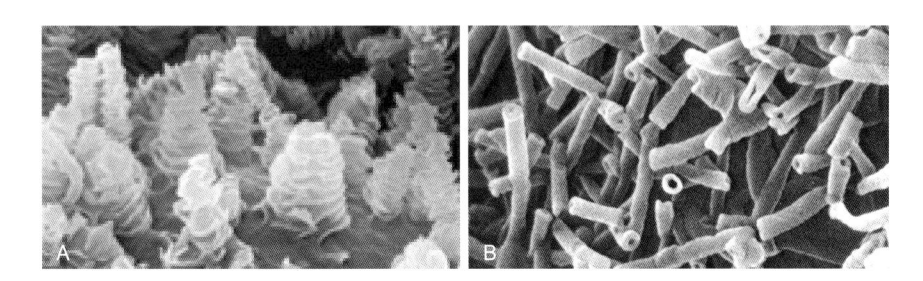

Abb. 3 Der *Aristolochia*-Wachstyp (*A*) ist durch Wachskristalle in Form quer gerieft er Stäbchen charakterisiert und ist typisch für Arten innerhalb der Gruppe der *Magnoliopsida*. Röhrchenförmige Wachskristalle (*B*), wie die hier abgebildeten Nonacosanol-Röhrchen, sind auf den Blättern der Lotus Blume ausgebildet und charakteristisch für Arten der *Ranunculopsida*.

zusammenhängen. Prinzipiell kann man die Funktionen von Mikro- und Nanostrukturen drei Bereichen zuordnen (Reflektion, Benetzung und Selbstreinigung).

Wenn man eine intakte mit Wachs »bereifte« Weinbeere anfaßt, sind die Fingerspuren mit dem bloßen Auge erkennbar, weil in diesen Bereichen die Feinstruktur der Wachskristalle und damit die Reflexion der Oberfläche verändert wurde. Viele Pflanzen der ariden Lebensräume bilden eine dichte Schicht kristalliner Wachse auf ihren Oberflächen aus, die Licht im sichtbaren Bereich von 400 bis 700 nm Wellenlänge reflektieren und sie damit vor Photoinhibition der Photosynthese schützen (ROBINSON et al. 1993). Im Extremfall kann die Entfernung der Wachskristalle, bei intensivster Bestrahlung, die Effektivität des Photosynthese-II-Apparates um bis zu 50 % reduzieren (BAKER et al. 1997). Die Reflexion der Strahlung dient zudem auch der Regulierung des Temperaturhaushaltes der Pflanzen (BARNES und CARDOSO-VILHENA 1996).

Einen weiteren Komplex in der Interaktion bildet die, durch die Strukturierung veränderte, Benetzungseigenschaft der Oberfläche. Diese wird durch die drei Grenzflächenspannungen zwischen Festkörper/Gas, Flüssigkeit/Gas und Flüssigkeit/Festkörper bestimmt (WENZEL 1936, CASSIE und BAXTER 1944). Mit Hilfe des Kontaktwinkels zwischen dem Wassertropfen und der Oberfläche wird die Be- oder Unbenetzbarkeit beschrieben (Abb. 4). Dabei werden Oberflächen mit einem Kontaktwinkel < 90° als benetzbar und > 90° als unbenetzbar definiert. Für ideal glatte Oberflächen kann ein Kontaktwinkel bei extrem wasserabstoßender Chemie maximal ca. 120° erreichen. Ist die Oberfläche mikro- und/oder nanostrukturiert, erreicht man eine extreme Hydrophobie mit Kontaktwinkeln, die sich gegen 180° bewegen, d. h., die Wassertropfen perlen von der Oberfläche ab. Diese superhydrophoben Oberflächen sind derzeit Gegenstand intensiver Untersuchungen in der Festkörperphysik (RICHARD und QUÈRÈ 1999, HERMINGHAUS 2000, ÖNER und MCCARTHY 2000) und in den Materialwissenschaften (WULF et al. 2002). Dieses Phänomen wurde für viele Pflanzen (BARTHLOTT und NEINHUIS 1997) beschrieben und ebenfalls bei einigen Insekten gefunden (WAGNER et. al 1996). Die Superhydrophobie der Oberflächen kann erst durch Mikrorauhigkeiten, z. B. die Wachskristalle, erreicht werden, die die Grenzfläche zwischen Flüssigkeit und Gas stark vergrößern (DETTRE und JOHNSON 1964). Es entsteht eine Komposit-Oberfläche mit eingeschlossenen Lufträumen zwischen den Wachsstrukturen. In einem solchen Fall liegt der Tropfen nur an wenigen Spitzen der Oberfläche auf und zieht sich auf Grund der eigenen hohen Oberflächenspannung zu einer Kugel zusammen. Die Voraussetzungen für dieses Phänomen sind lediglich die wasserabstoßende Chemie und die Mikro- und Nanostrukturierung der Oberfläche. Da die Superhydrophobie, die ein physiko-chemisches Phänomen darstellt, nicht auf biologische Oberflächen beschränkt ist, kann diese auch in die Technik übertragen werden.

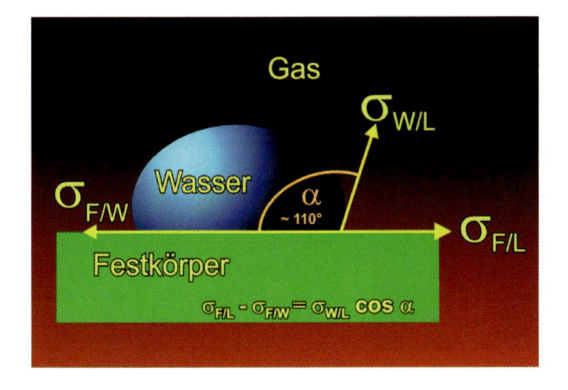

Abb. 4 Die Benetzung von Oberflächen wird über den Kontaktwinkel bestimmt. Dieser ist ein Resultat der Grenzflächenspannungen zwischen Festkörper/Gas ($\sigma_{F/L}$), Flüssigkeit/Gas ($\sigma_{W/L}$) und Flüssigkeit/Festkörper ($\sigma_{F/L}$).

Bei all den unterschiedlichen Funktionen von Oberflächen wurde ein Effekt lange Zeit übersehen. Die Minimierung der Kontaktfläche durch Strukturen verringert die Adhäsion zwischen der Oberfläche und Kontaminationen (Staub, Pilzsporen). Dies in Kombination mit den abrollenden Wassertropfen führt zu einer Selbstreinigung der Pflanzen (Abb. 5). Wir haben darauf erstmals vor knapp dreißig Jahren verwiesen (BARTHLOTT und EHLER 1977) und dieses inzwischen als »Lotus-Effekt« bekannt gewordene Phänomen detailliert untersucht (BARTHLOTT und NEINHUIS 1997, 2001). Dieser letztere Selbstreinigungseffekt erweist sich von besonderem technischem Interesse (BAEYER 2000).

4. Technische Umsetzung

Biologische superhydrophobe Oberflächen wurden in Jahrmillionen durch Versuch und Irrtum optimiert. Sie lassen sich nachbauen – mit einer für den Techniker überraschenden Konsequenz: rauhe Oberflächen bleiben sauberer als glatte, wenn man ganz bestimmte mikro- oder nanostrukturelle Dimensionen einhält. Da dieses Ergebnis der botanischen Grundlagenforschung technisch genutzt werden kann, wurde ein Patent angemeldet, welches 1998 erteilt wurde.

Inzwischen ist es erfolgreich gelungen, selbstreinigende Oberflächen in einem bionischen Prozeß in die Technik zu übertragen. Korrosion von Materialien, allmähliche Verschmutzung und auch die Besiedlung und Zerstörung von Werkstoffen durch Mikroorganismen sind alltägliche Probleme für Ingenieure und Anwender. Der Einsatz von selbstreinigenden Materialien stellt eine mögliche Lösung dieser Probleme dar und kann gleichzeitig dabei helfen, die Umwelt zu schonen, da auf giftige Biozide und umweltbelastende Tenside verzichtet werden kann. Neben einer Vielzahl von Prototypen im ge-

Abb. 5 Wegen der geringen Adhäsion auf der mikro- und nanostrukturierten Oberfläche des Lotusblattes (*Nelumbo nucifera*) liegen die Schmutzpartikel nur lose auf und werden bei Regen vollständig abgewaschen.

samten Materialbereich ist bereits seit 1999 eine Fassadenfarbe mit selbstreinigenden Eigenschaften auf dem Markt (BORN et al. 2000). In naher Zukunft werden weitere Anwendungen, z. B. im textilen Bereich (Abb. 6), bei Architekturgläsern und selbstreinigenden Dächern, erwartet. Weitere Informationen und aktuelle Entwicklungen können der Homepage www.lotus-effect.de entnommen werden.

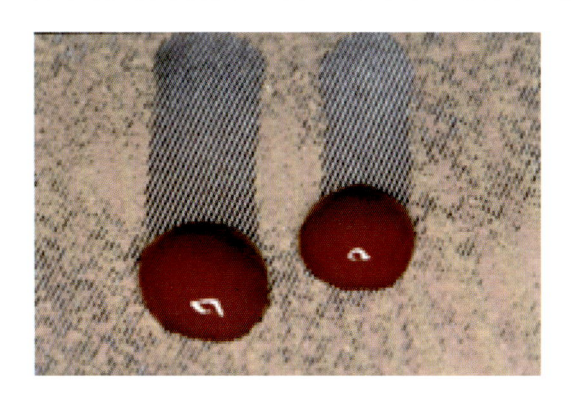

Abb. 6 Inzwischen ist es gelungen, die Selbstreinigung nach dem Vorbild der Natur auf viele Materialien zu übertragen. Textile Oberflächen lassen sich dann z. B. mit Ketchup reinigen.

Literatur

BAEYER, H. C. VON: The Lotus-Effect. The Sciences, January/February, 12–15 (2000)
BAKER, E. A.: Chemistry and morphology of plant epicuticular waxes. In: CUTLER, D. F., ALVIN, K. L., and PRICE, C. E. (Eds.): The Plant Cuticle; pp. 139–166. London: Academic Press 1982
BAKER, D. H., SEATON, G. G. R., and ROBINSON, S. A.: Internal and external photoprotection in developing leaves of the CAM plant *Cotyledon orbiculata*. Cell and Environment *20*, 617–624 (1997)
BARNES, J.D., and CARDOSO-VILHENA, J.: Interactions between electromagnetic radiation and the plant cuticle. In: KERSTIENS, G. (Eds.): Plant Cuticles, an Integrated Approach. BIOS, Scientific Pub., 157–170 (1996)
BARTHLOTT, W.: Scanning electron microscopy of the epidermal surface in plants. In: CLAUGHER, D. (Eds.): Scanning EM in Taxonomy and Functional Morphology. Systematics Association's Special Vol. *41*, 69–94. Oxford: Clarendon Press 1990
BARTHLOTT, W., und EHLER, N.: Raster-Elektronenmikroskopie der Epidermisoberflächen von Spermatophyten. Tropische und subtropische Pflanzenwelt *19*, 367–467 (1977)
BARTHLOTT, W., und NEINHUIS, C.: Purity of the sacred lotus, or escape from contamination in biological surfaces. Planta *202*, 1–8 (1997)
BARTHLOTT, W., und NEINHUIS, C.: Der Lotus-Effekt: Selbstreinigende Oberflächen nach dem Vorbild der Natur. Int. Textile Bull. *1*, 8–12 (2001)
BARTHLOTT, W., NEINHUIS, C., CUTLER, D., DITSCH, F., MEUSEL, I., THEISEN, I., and WILHELMI, H.: Classification and terminology of plant epicuticular waxes. Bot. J. Linnean Soc. *126*, 237–260 (1998)
BARY, A. DE : Über die Wachsüberzüge der Epidermis. Bot. Zeitschr. *29*, 128–139, 145–154, 605–619 (1871)
BORN, A., ERMUTH, J., und NEINHUIS, C.: Fassadenfarbe mit Lotus-Effekt: Erfolgreiche Übertragung bestätigt. Phänomen Farbe *2*, 34–36 (2000)
CASSIE, A. B. D., and BAXTER, S.: Wettability of porous surfaces. Transaction Faraday Soc. *40*, 546–551 (1944)
DETTRE, R. H., and JOHNSON, R. E.: Contact angle hysteresis II. Contact angle measurements on rough surfaces. In: GOULD, R. F. (Eds.): Advances in Chemistry Series; pp. 136–144. Los Angeles: American Chemical Society 1964
HERMINGHAUS, S.: Roughness-induced non-wetting. Europhysics Lett. Vol. *52*, No. 2, 165–170 (2000)
HOLLOWAY, P. J.: Section I-reviews. Plant cuticles: Physiochemical characteristics and biosynthesis. In: PERCY, K. E., CAPE, C. N., JAGELS, R., and SIMPSON, C. J. (Eds.): Air Pollutants and the Leaf Cuticle. Berlin, Heidelberg: Springer 1994
JEFFREE, C. E., JOHNSON, R. P., and JARVIS, P. G.: Epicuticular wax in the stomatal antchamber of Sitka spruce and its effects on the diffusion of water vapor and carbon dioxide. Planta *98*, 1–10 (1971)
JEFFREE, C. E., BAKER, E. A., and HOLLOWAY, P. J.: Origins of the fine structure of plant epicuticular waxes. In: DICKINSON, C. H., and PREECE, T. F. (Eds.): Microbiology of Aerial Plant Surfaces; pp. 119–158. London, New York, San Francisco: Academic Press 1976
MEUSEL, I., BARTHLOTT, W., KUTZKE, H., and BARBIER, B.: Crystallographic studies of plant waxes. Powder Diffraction *15/2*, 123–129 (2000)
NEINHUIS, C., and BARTHLOTT, W.: Characterization and distribution of water-repellent, self-cleaning plant surfaces. Ann. Botany *79*, 667–677 (1997)
NEINHUIS, C., KOCH, K., and BARTHLOTT, W.: Movement and regeneration of epicuticular wax through plant cuticles. Planta *213/3*, 427–434 (2001); DOI: 10.1007/s004250100530
ÖNER, D., and MCCARTHY, T. J.: Ultrahydrophobic surfaces. Effects of topography length scales on wettability. Langmuir *16*, 7777–7782 (2000)
RICHARD, D., and QUÉRÉ, D.: Viscous drops rolling on tilted non-wettable solid. Europhysics Lett. *48*, No. 3, 286–291 (1999)

ROBINSON, S., LOVELOCK, C. E., and OSMOND, C. B.: Wax as a mechanism for protection against photoinhibition. A study of Cotyledon orbiculata. Botanica Acta *106*, 307–312 (1993)
WAGNER, T., NEINHUIS, C., and BARTHLOTT, W.: Wettability and contaminability of insect wings as a function of their surface sculptures. Acta Zoologica *77*, 213–225 (1996)
WENZEL, R. N.: Resistance of solid surfaces to wetting by water. Industrial and Engineering Chemistry *28*, 988–994 (1936)
WULF, M. A., WEHLING, A., and REIS, O.: Coatings with self-cleaning properties. In: ADLER, H.-J. P., and POTJE-KAMLOTH, K. (Eds.): Quo Vadis – Coatings?; pp. 459–467. Weinheim: WILEY-VCH 2002

Prof. Dr. Wilhelm BARTHLOTT
Universität Bonn
Nees-Institut für Biodiversität der Planzen
Meckenheimer Allee 170
53115 Bonn
Bundesrepublik Deutschland
Tel.:   ++49 (0) 2 28 73 25 26
Fax: ++49 (0) 2 28 73 31 20
E-Mail: barthlott@uni-bonn.de

Fortschritte in Diagnose und Therapie der sogenannten angeborenen Hüftluxation (DDH) durch die Sonographie

Von Reinhard GRAF, Stolzalpe/Österreich
Mitglied der Akademie
Mit 5 Abbildungen

(Kurzfassung des in der Sitzung der Akademie am 28. 5. 2002 gehaltenen Vortrages)

Historisches

Die Hüftdysplasie und die sogenannte »kongenitale« Hüftluxation ist das häufigste »angeborene Leiden« am Halte- und Bewegungsorgan überhaupt. Das Leiden ist in seinen Grundzügen bereits seit HIPPOKRATES bekannt, beschreibt er doch dieses Krankheitsbild in seiner Arbeit »Über die Krankheiten« und im Kapitel »Über die Gelenke« mit den Hauptsymptomen, nämlich Bewegungseinschränkungen und Beinlängendifferenzen. Auch archäologische Befunde und die Analyse des Acetabulums eines Neandertalers lassen darauf schließen, daß dieses Individuum sich offensichtlich nur hinkend fortbewegen konnte (SOURNIA et al. 1980).

Epidemiologie

Hinsichtlich der *Häufigkeit* des Leidens schwanken die Angaben. Festzustehen scheint, daß es vorwiegend ein Problem der weißen Rasse ist (TÖNNIS 1984). Nimmt man die Behandlungsrate als Maß für das Auftreten, so liegt die Gesamtdysplasiequote großer zentraleuropäischer Studien im Mittel bei 4,69 %. Beim Vergleich von Häufigkeiten sind nicht nur regionale und rassische Gesichtspunkte zu beachten, sondern es ist auch zu differenzieren, welches Stadium der Erkrankung (Pfannenfehlbau, Instabilität, welcher Typ der Luxation, etc.) in die Behandlungsrate einfließt. Allein die Tatsache, daß die Häufigkeit der *Dysplasiecoxarthrose* im höheren Lebensalter ca. 10 % beträgt (GRILL und MÜLLER 1995), zeigt unabhängig von der persönlichen Problematik des Betroffenen und dessen Familie die große volkswirtschaftliche Bedeutung dieses Problemkreises.

Ätiologie und Pathogenese

Die normale Hüftgelenksentwicklung als *dynamischer* Prozeß läßt sich zwar lückenhaft, aber doch sehr früh und über die Geburt hinaus verfolgen. Diesem *Entwicklungsprozeß* steht eine Störung gegenüber, bei der es nicht nur zum Stillstand der Pfannendachossifikation, sondern auch zur Deformierung der knorpeligen Pfannenanlage mit konsekutiver Luxation des Hüftkopfes kommen kann, so daß im schlimmsten Fall der Hüftkopf bereits vor der Geburt aus der Pfanne getreten (luxiert) ist (»kongenitale Hüftluxation«). In günstigeren Fällen ist der intrauterine Reifungsprozeß offensichtlich nicht so stark gestört, so daß bei der Geburt der Hüftkopf zwar zentriert in der Pfanne steht, diese aber ein Ossifikationsdefizit hat und trotz klinischer Untersuchung, die in diesem Fall negativ ausfällt, es bei weiterem Reifungsstillstand zur Deformierung der Pfanne kommen kann und das Gelenk zu einem verspäteten Zeitpunkt als »übersehene« Hüftluxation imponiert. Entsprechend den heutigen Erkenntnissen und Wissensstand über die Ossifikationspotentiale im Bereich der Wachstumszone der Pfanne reagiert diese empfindlich auf Druck- und Scherkräfte, sowohl im positiven als auch im negativen Sinne. Die *Hüftluxation und -dysplasie* ist somit nicht angeboren, sondern versteht sich *als dynamischer Prozeß mit bereits intrauterin beginnender Hüftreifungsstörung* (»DDH«) (KLICIC 1987).

Davon abzugrenzen sind *teratologische* Hüftluxationen, bei denen schon primär eine embryologische Fehlbildung des Hüftgelenkes vorliegt (z. B. bei der Arthrogryposis multiplex).

Terminologie

Der Terminus Hüftdysplasie und Hüftluxation wird verschieden verwendet. Im *angloamerikanischen* Sprachraum wird der Begriff *Hüftdysplasie* meist als *Sammelbegriff* verwendet und inkludiert sowohl den Fehlbau der Pfanne als auch die Hüftluxation an sich. Im zentraleuropäischen, insbesondere im *deutsch*sprachigen Raum wird als *Hüftdysplasie* der *Pfannenfehlbau* bezeichnet, wobei die Hüftdysplasie *mit und ohne Hüftkopfluxation* vorliegen kann. Demzufolge wäre der Fehlbau der Hüftgelenkspfanne (Hüftdysplasie) die Voraussetzung für die Hüftkopfluxation. Die sonographische Terminologie und Stadieneinteilung entspricht weitgehend dem dynamischen Gleitprozeß des Hüftkopfes aus der Pfanne.

Klinik und klinische Diagnostik

Die verschiedensten klinischen Zeichen können auf eine Hüftluxation hinweisen, wobei deren Wertigkeit in Abhängigkeit vom Alter und Schweregrad der Dislokation gesehen werden muß. Genannt werden Faltenasymmetrien (denen aber heute kaum noch ein pathognomischer Wert zukommt), Bewegungseinschränkungen, pathologischer Tastbefund und die sogenannten Instabilitätszeichen. Alle klinischen Untersuchungstechniken beschränken sich im wesentlichen auf das Erkennen von *Stellungsveränderungen* des Hüftkopfes zur Hüftgelenkspfanne. Klinische Untersuchungstechniken zur Diagnostik des Pfannenfehlbaues gibt es nicht, so daß der *Pfannenfehlbau*, der letzten Endes ebenso dramatische Folgen für den Träger des Hüftgelenkes haben kann, *durch eine klinische Untersuchung allein nicht* entdeckt werden kann.

Ein bildgebendes Verfahren, das jederzeit anwendbar, jederzeit verfügbar, sowohl die knöchernen als auch die knorpeligen Gelenksanteile sichtbar macht, nicht invasiv und ohne Strahlenbelastung ist, könnte im Idealfall alle diese diagnostischen Probleme lösen.

Hüftsonographie (GRAF 1982, 2000)

An Bildgebung stehen zur Diagnose von Hüftreifungsstörungen die Sonographie, das Röntgen, die Computertomographie und NMR, die letzteren kombiniert mit Kontrastmitteldarstellungen, zur Verfügung. Hinsichtlich der Gewichtung steht die *Sonographie* im 1. Lebensjahr zur Diagnostik von Hüftreifungsstörungen als reproduzierbares, beliebig oft einsetzbares, kostengünstiges und nicht invasives Verfahren ohne jegliche Strahlenbelastung an erster Stelle.

Die Säuglingshüfte ist vorwiegend *hyalin knorpelig präformiert* und nur zum kleineren Teil aus knöchernen Strukturen aufgebaut, die auch im Röntgen sichtbar sind. Vor allem die für die Pathologie wesentlichen Strukturen, wie die Veränderung des hyalin knorpelig präformierten Pfannendaches, das Verhalten des Labrum acetabulare und die Stellung des Hüftkopfes können sonographisch eindeutig diagnostiziert werden. (Abb. 1*A/B*)

Prinzipien des Luxationsprozesses und Terminologie

Kommt es aufgrund von »zu wenig« belastbarer knöcherner Hüftkopfüberdachung zu einer Dezentrierung des Hüftkopfes, weil der hyalin knorpelig präformierte Pfannendachanteil den Hüftkopf nicht mehr in der Urpfanne halten kann, so kommt es zu charakteristischen Veränderungen (»Schleifspuren«) am Pfannendach. Der an und für sich dynamische Luxationsprozeß kann statisch in entsprechende Stadien, die ihren Ausdruck in der sonographischen Typologie finden, eingeteilt werden. Werden nun die »Schleifspuren« an der knöchernen, aber noch viel mehr an der knorpeligen Pfanne entsprechend typisiert, geben sie ein charakteristisches Bild der pathoanatomischen Veränderungen, die während des Gleitprozesses des Hüftkopfes aus der Pfanne entstehen. Die sonographische Diagnostik ist daher eine *Analyse des anatomi-*

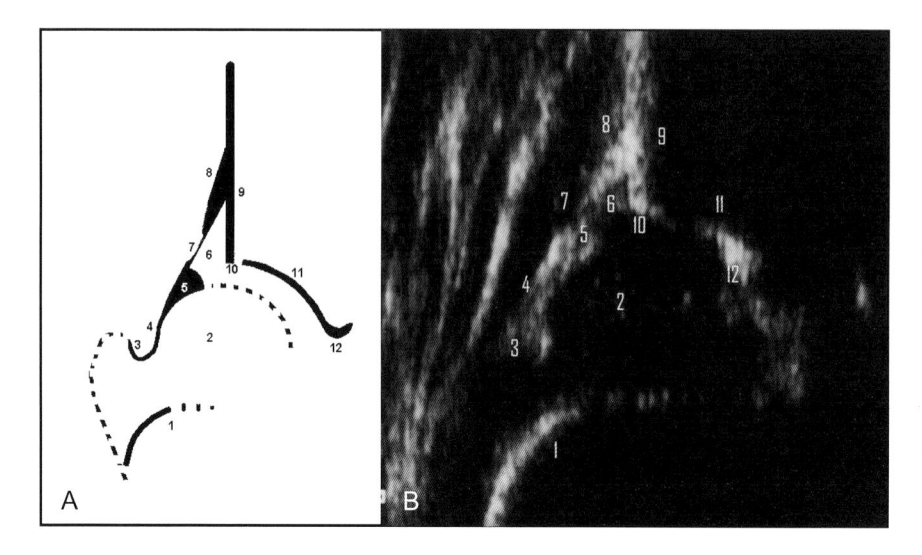

Abb. 1 (A) Skizze mit sonographisch relevanten anatomischen Strukturen eines Säuglingshüftgelenkes. 1 Knorpelknochengrenze am Schenkelhals, 2 Hüftkopf, 3 Umschlagfalte, 4 Gelenkkapsel, 5 Labrum acetabulare, 6 hyalin knorpelig präformiertes Pfannendach, 7 Perichondriumloch, 8 proximales Perichondrium, 9 Echo des Os ilium, 10 knöcherner Erker, 11 knöcherne Pfanne, 12 Unterrand des Os ilium. (B) Sonogramm mit den anatomischen Strukturen, korrelierend zu (A), Hüfttyp I.

schen, bzw. pathoanatomischen Zustandes der Hüftgelenkspfanne und analysiert direkt deren Veränderungen.

Es ist daher eine exakte *Terminologie* der Strukturen des Säuglingshüftgelenkes notwendig: Der Hüftkopf wird von der Hüftgelenkspfanne überdacht. Die Hüftgelenkspfanne besteht aus einem knöchernen und einem knorpeligen Anteil. Der knorpelige Anteil besteht aus dem faserknorpeligen Labrum acetabulare, das peripher dem noch nicht ossifizierten hyalin knorpelig präformierten Pfannendach aufsitzt. Beim Luxationsprozeß kommt es durch den luxierenden Hüftkopf zu einer charakteristischen Deformierung des hyalin knorpelig präformierten Pfannendaches, wobei je nach Typ verschieden große Anteile des hyalin knorpelig präformierten Pfannendaches nach kranial oder nach kaudal in Richtung der Urpfanne gepreßt werden.

Grundprinzipien der Methode

Das 3-dimensionale Gebilde des Hüftgelenkes kann durch beliebige Schnittebenen darstellt werden. Allerdings kommt es je nach Schnittebene auch verschieden zur Darstellung (GRAF 1993). Aus Gründen der Reproduzierbarkeit muß eine *standardisierte* Ebene, die sowohl die knöchernen, als auch die knorpeligen Verhältnisse darstellt, durch das Gelenk gelegt werden (GRAF 1995)

(Abb. 2): Eine Raumebene ist durch drei Koordinationspunkte, »Landmarks« bestimmt. Die erste und wichtigste für die Hüftgelenkssonographie relevante Struktur ist der *Unterrand des Os ilium* in der Fossa acetabuli. Dieser kleine Anteil des Os ilium liegt annähernd in der Mitte des Acetabulums und signalisiert bei Darstellung als scharfes, kräftiges Echo, daß die Schnittebene durch das »Zentrum« der Pfanne gelegt wurde. Die 2. Landmark ist der *Schnittebenenbereich in der Mitte des tragenden Pfannendachanteiles*. Schnittebenen im ventralen oder im dorsalen Anteil dürfen aufgrund ihrer differenten Ausprägung des knorpeligen und knöchernen Pfannendaches nicht zur Diagnose herangezogen werden. Um zu vermeiden, daß das Hüftgelenk schräg angeschallt wird, muß das *Labrum acetabulare* als 3. Landmark dargestellt werden. Fehlt nur eine der drei Landmarks, so darf das Sonogramm für eine Beurteilung nicht herangezogen werden. Dieses Prinzip wird nur bei *dezentrierten* Gelenken durchbrochen (GRAF 1990).

Prinzipiell dürfen Hüftgelenke nur im Standardschnitt (= Meßebene) meßtechnisch beurteilt werden.

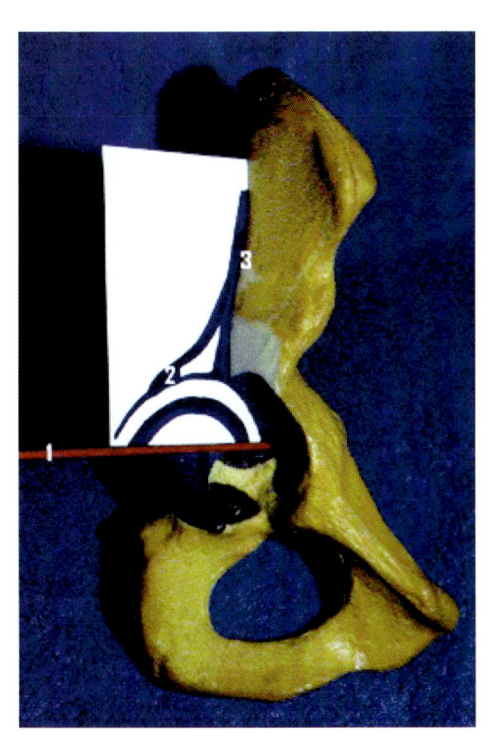

Abb. 2 Die Standardebene am Knochenmodell. Die sonographische Schnittebene geht durch den Unterrand des Os ilium in der Fossa acetabuli (1), durch den mittleren Anteil der knöchernen Pfanne, gekennzeichnet durch eine gestreckt nach cranial verlaufende Echogenität des Darmbeines (3) und muß als 3. Landmark das Labrum acetabulare (2) darstellen.

Die Ultraschalluntersuchung der Säuglingshüfte – Technik

Die Säuglingshüfte wird nach einem streng standardisierten System untersucht. Zur streßfreien Lagerung und Erleichterung der Untersuchung wird der Säugling in eine speziell konstruierte Lagerungsschale gebettet, das Hüftgelenk mit einem 5- oder 7,5-mHz-Linear-Schallkopf nach streng standardisierten Richtlinien abgetastet. Um eine exakte Führung des Schallkopfes zu ermöglichen, wird meist noch ein Schallkopfführungsarm benützt. Unter diesen Umständen dauert die Untersuchung des Hüftgelenkes nur wenige Minuten, wobei die Kürze der Untersuchung nicht darüber hinwegtäuschen darf, daß diese für den Säugling sehr schonende Untersuchung einer speziellen Ausbildung und eines intensiven Trainings des Arztes bedarf (Abb. 3).

Die Beurteilung des Hüftgelenkes erfolgt in sonographischen Hüfttypen

– Typ I: Dies ist ein »ausgereiftes« Gelenk; dieser Hüfttyp signalisiert einen Verknöcherungsgrad des Pfannendaches, bei dem in der Regel eine weitere altersentsprechende Gelenksentwicklung zu erwarten ist. Oft wird der Hüft-

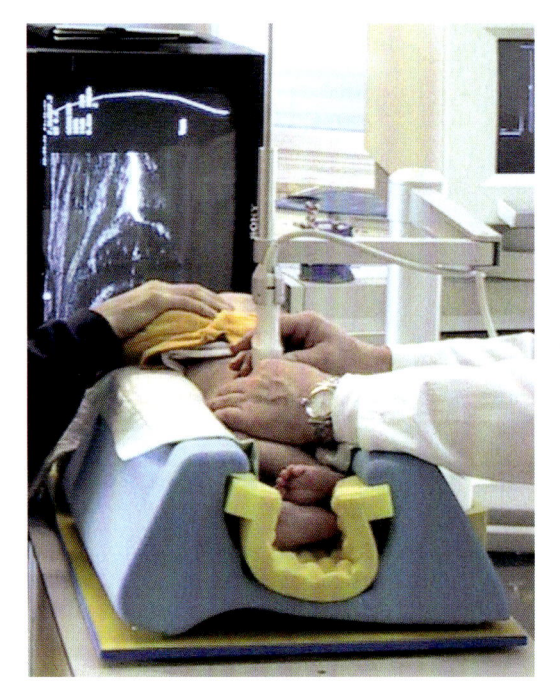

Abb. 3 Hüftsonographische Untersuchung des Säuglings mit Liegeschale und Schallkopfführung zum verkippungsfreien Aufsetzen des Transducers

typ I in den Hüfttyp I a oder I b unterteilt. Beide Hüfttypen sind nach heutigem Wissensstand gesunde Gelenke. Die Unterscheidung in I a und I b erfolgte aufgrund verschiedener Formen des knorpeligen Pfannendaches. I a oder I b darf nicht suggerieren, daß I b schlechter wäre als Hüfttyp I a. Die Unterteilung ist vergleichbar mit »blond« oder »schwarzhaarig«. Die zukünftige Bedeutung von Typ I a oder I b wird die Langzeitbeobachtung klären müssen.
- Typ II: Dieser Hüfttyp charakterisiert bei guter Gesamtüberdachung des Hüftkopfes durch die Pfanne, daß die Pfannendachanlage noch nicht vollständig verknöchert ist. Je nach Alter des Säuglings kann diese durchaus dem Alter entsprechen und akzeptiert werden (Typ II a) oder für das entsprechende Alter ein zu wenig an knöcherner Pfannendachausbildung signalisieren (Typ II b).

  Besondere Aufmerksamkeit verdient der Typ II c (kritische Zone). Bei diesem Hüfttyp befindet sich der Hüftkopf zwar in der Pfanne, die Pfannendachanlage ist aber so wenig verknöchert, daß der Hüftkopf den weichen verbiegbaren restlichen Pfannendachknorpel wegdrücken kann und dadurch der Hüftkopf im Nachhinein aus der Pfanne gleitet. Dieser Hüfttyp verdient unsere besondere Aufmerksamkeit, weil diese Hüftgelenke sofort behandelt werden müssen, dadurch das Herausgleiten des Hüftkopfes aus der Pfanne gestoppt werden kann und eine sich entwickelnde Hüftgelenksluxation rechtzeitig verhindert wird.
- Typ III/Typ IV: Diese Hüfttypen zeigen an, daß sich der Hüftkopf nicht mehr in der Pfanne befindet und je nach Hüfttyp der Pfannendachknorpel in einer bestimmten Form deformiert wurde. Es liegt das Vollbild einer Hüftgelenksverrenkung vor (Abb. 4).

Therapeutische Prinzipien

Problemstellung

Mit den diagnostischen Möglichkeiten der vorsonographischen Ära konnte meist nicht eine exakte pathoanatomische Bestandsaufnahme des Hüftgelenkes erhoben werden. Dementsprechend sind die Behandlungsergebnisse auch schwer vergleichbar, weil eigentlich nicht bekannt ist, welche pathoanatomische Situation mit welchem Behandlungsmittel therapiert wurde. Es geht daher nicht darum, welches Behandlungsmittel das Beste ist, sondern herauszufinden, welches Behandlungsmittel in welcher pathoanatomischen Situation am besten (biomechanisch) wirksam ist. Hier hilft die exakte sonographische Bestandsaufnahme.

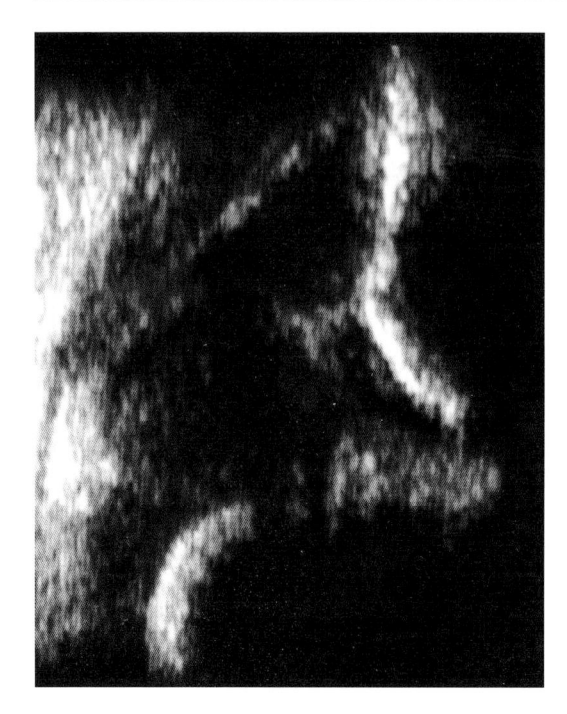

Abb. 4 Dezentriertes Hüftgelenk – Typ IV

Therapieziel

– Rückführung der pathoanatomischen Veränderungen in den altersentsprechenden anatomischen Normalzustand.
– Nutzung des altersabhängigen Ossifikationspotentiales des Hüftgelenkes (Reifungskurve) (TSCHAUNER et al. 1994). Entsprechend diesen Erkenntnissen sollte, wenn notwendig, gleich nach der Geburt mit der Therapie begonnen werden.
– Vermeidung von Schädigungen bestehender Strukturen, insbesondere der Wachstumszonen an der Hüftpfanne, sowie Vermeidung von Hüftkopfnekrosen.

Die sonographiegesteuerte Therapie

Die Repositionsphase (Abb. 5*A*)

Bei *dezentrierten* Gelenken, entsprechend den sonographischen Typen D, IIIa, IIIb und Typ IV, ist als erster Behandlungsschritt die *Reposition* des Hüftkopfes notwendig. Welches Therapiemittel zur Anwendung kommt, ist irrelevant, wenn nur das Grundprinzip, nämlich, daß durch den Behandlungsmechanismus der Hüftkopf wieder in der Urpfanne zentrisch eingestellt wird, eingehalten wird. Einige Repositionsmittel sind dafür besser, einige wahrscheinlich weniger gut geeignet. Prinzipiell muß es sich jedoch im weitesten Sinne des Wortes um eine »Repositionsorthese« handeln: (manuelle Reposition, Reposition durch Extension, durch Spezialbandagen).

Durch die dynamische sonographische Untersuchung (Streßuntersuchung) unter Zug, leichter Abduktion und Innenrotation, kann in Zweifelsfällen leicht abgeschätzt werden, ob eine primäre manuelle Reposition möglich ist, oder doch extendiert werden muß.

Bevorzugt man ein dynamisches Behandlungsprinzip zur Reposition in Form einer Pavlikbandage, ist darauf zu achten, daß die Zügelchen derart angelegt werden, daß durch die Eigenbewegungen des Kindes auch ein Repositionsvorgang ausgelöst werden kann.

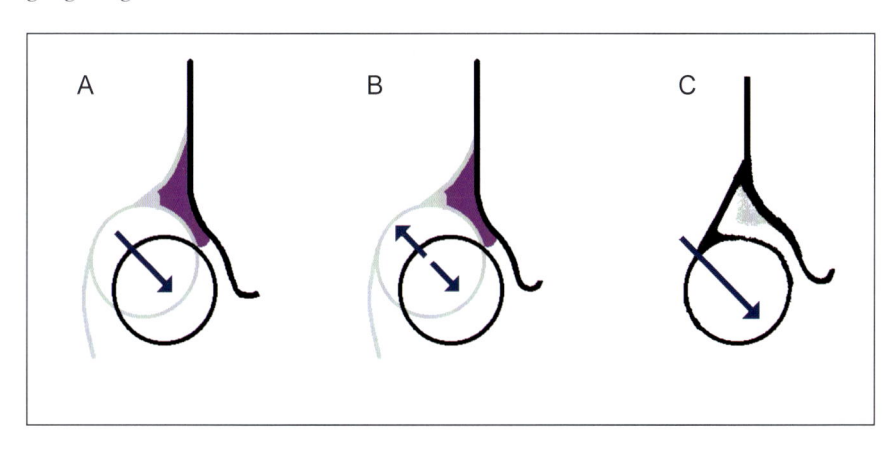

Abb. 5 (A) In der Repositionsphase muß der Hüftkopf wieder in die Urpfanne gebracht werden. (B) In der Retentionsphase muß ein Zurückspringen des Hüftkopfes in die Sekundärmulde und neuerliche Deformierung des knorpelig präformierten Pfannendaches verhindert werden. (C) In der Nachreifungsphase muß durch craniocaudalen Druck das hyalin knorpelig präformierte Pfannendach entlastet werden, um eine Ossifikation desselben zu ermöglichen.

Die Retentionsphase (Abb. 5B)

Das *Behandlungsprinzip* muß darin bestehen, den Hüftkopf sicher in der Primärpfanne zu halten (»retinieren«). Auf keinen Fall darf er reluxieren oder ständig bei Bewegung des Beinchens zwischen Primär- und Sekundärpfanne hin- und herspringen, da ansonsten durch die Druck- und Scherkräfte auf das knorpelige Pfannendach die Reorganisation des hyalin-knorpelig präformierten Pfannendaches nicht möglich ist. Scherdruckkräfte auf das knorpelige Pfannendach, die in kaudo-kranialer Richtung wirken, sind daher strikte zu vermeiden. Sie würden zur Reluxation mit allen Konsequenzen führen. Der Hüftkopf muß in der Pfanne in eine *pfannendachentlastende* Stellung gebracht werden. Dies kann durch die Kopftiefeinstellung in einer Sitzhockposition erreicht werden. Dies bedeutet eine *Flexion* im Hüftgelenk von mindestens 90°, besser noch 100°. Die Stabilisierung des Hüftkopfes in der Pfanne erfolgt durch eine Abduktion bis 45° – max. 50°. Ein *Mehr an Abduktion* sollte unbedingt vermieden werden, weil durch zunehmenden Druck auf den Hüftkopf die Blutsinusoide im knorpeligen Hüftkopf kollabieren und eine Kopfnekrose provoziert wird (INARIA et al. 1998).

Neben dieser pfannendachentlastenden Stellung durch Kopftiefeinstellung muß zusätzlich die Reluxation des Hüftkopfes in die Sekundärmulde strikte vermieden werden. Anderenfalls hat nicht nur das deformierte hyalin-knorpelig präformierte Pfannendach keine Chance, sich kongruent über den Hüftkopf zu legen, sondern auch die ausgeweitete Gelenkskapsel kann nicht schrumpfen und so zur Stabilität des Gelenkes beitragen. Es ist daher *eine stabile Retention mit relativer Ruhe im Kopf-Pfannen-System* erforderlich. Es ist verständlich, daß gerade in dieser heiklen Retentionsphase

- ein ständiges Hin- und Hergleiten des Kopfes von der Primär- in die Sekundärmulde,
- eine Remodellierung und
- den Gelenkskapselschrumpfungsprozeß nicht zuläßt (TÖNNIS 1984).

Sowohl die Remodellierung des deformierten hyalin-knorpelig präformierten Pfannendaches, aber auch der Schrumpfungsprozeß der Gelenkskapsel bedarf *Zeit*. Der Zeitraum für die Retentionsphase beträgt in Abhängigkeit der Deformierung des Pfannendaches und des Alters des Patienten erfahrungsgemäß 2–4 Wochen.

Verwendet man die sonographische Typologie, so sind dies ehemals dezentrierte Gelenke vom Typ D, IIIa, IIIb und Typ IV, die reponiert wurden und nun in die Retentionsphase eintreten, oder Gelenke vom *Typ IIc – instabil*.

Die Behandlung in dieser Phase muß durch eine Retentionsorthese, die die biomechanischen Bedingungen Sitzhockstellung mit Kopftiefeinstellung und sichere Stabilisierung gewährleistet, sein. Wir sind Verfechter einer sicheren Retention und verwenden für diesen Zweck den Sitzhockgips.

Die Nachreifungsphase (Abb. 5C)

Nach abgeschlossener Retentionsphase ist das Gelenk stabil und tritt in die Nachreifungsphase ein. Die biomechanische Situation entspricht der einer *Pfannendysplasie*. Vom pathoanatomischen Standpunkt ist der Hüftkopf zwar tief in der Pfanne eingestellt, das hyalin-knorpelige Pfannendach hat sich »entfaltet« und seine ursprüngliche Form wieder erlangt und liegt kongruent über dem Hüftkopf. Die Gelenkskapsel ist straff, das Hüftgelenk ist *stabil*, das Pfannendach ist aber noch nicht ausreichend ossifiziert. Druck- und Scherkräfte auf das knorpelige Pfannendach in kaudo-kranialer Richtung würden eine neuerliche Deformierung des Pfannendaches und somit eine Reluxation provozieren. Es müssen pfannendachentlastende Maßnahmen gesetzt werden, wobei Strampelbewegungen in einem bestimmten Umfang, soweit sie nicht Druck- und Scherkräfte auf das Pfannendach ausüben, zugelassen werden können. Es gilt daher weiterhin das Sitzhockprinzip bei wieder zugelassener Beweglichkeit der Beinchen.

Typische *Nachreifungsbehelfe*, die eine Flexion bei mittelgradiger Abduktion und gleichzeitigen Strampelbewegungen ermöglichen, sind zahlreich, wobei sämtliche Spreizhosen und Splints im wesentlichen diesen Bedürfnissen entsprechen.

Auswirkungen der Hüftsonographie

Aufgrund der sich bietenden Möglichkeiten hat sich die Hüftsonographie rasch verbreitet. Sie ist in Österreich, Deutschland und in der Schweiz Teil der Vorsorgeuntersuchung und wurde als allgemeines Screening eingeführt. So berichten GRILL und MÜLLER (1995), daß nur ein Jahr nach Einführung des allgemeinen Hüftgelenksscreenings in Österreich 1992 die operativen Hüfteinstellungen auf 0,23 Promille gesenkt werden konnten. Dies ist die niederste Rate an offenen Einstellungen weltweit. Die Summe der Kosten für ein allgemeines flächendeckendes Screening und der daraus folgenden konservativen frühzeitig einsetzenden Therapie lagen um ein Viertel unter den alleinigen Kosten für operative Behandlungen in der vorsonographischen Ära (GRILL et al. 1995). Auch wenn an der Effizienz und Kosteneinsparung, Verkürzung der Behandlungsdauer, Verminderung der operativen Eingriffe kein Zweifel besteht, müssen Fragen über den optimalen Zeitpunkt des Sreenings, Ausbildungs- und Qualitätssicherungsprobleme laufend diskutiert und in Zukunft auch besser als bisher evaluiert werden. Die Forderung nach einem Hüftscreening des Säuglings unmittelbar postnatal mit Therapiebeginn bis zum 7. Lebenstag bringt wesentlich bessere Behandlungsergebnisse in kürzerer Zeit als eine Diagnose und ein Therapiebeginn nach dem 30. Lebenstag (DUCHOW und HESS 2000). Auch die Evaluierung eines Schweizer Screeningpools (SCHILT 2001) konnte bei postpartalem Screening mit sofort einsetzender Therapie eine wesentlich raschere Ausreifung bei besserem Endergebnis der Gelenke nachweisen. Generell führt der frühe Einsatz der Hüftsonographie zu einer deutlichen Senkung der notwendigen Operationen, verkürzten konservativen und weniger aggressiven Behandlungen bei deutlich verbesserten Behandlungsergebnissen und deutlicher Senkung der Kopfnekroserate. Auf Grund der guten Kosten-Nutzen-Relation (CLEGG et al. 1999) sind Bestrebungen im Gange, die Hüftsonographie als Vorsorgeuntersuchung auch in Großbritannien einzuführen.

Literatur

CLEGG, J., BACHE, C. E., and RAUT, V. V.: Financial justification for routine ultrasound screening of the neonatal hip. J. Bone Joint Surg. *81-B(5)*, 852–857 (1999)
DUCHOW, J., und HESS, T.: Die Hüftsonographie des Neugeborenen – welchen Einfluss hat der Zeitpunkt des Screenings auf Therapieverlauf und -dauer? Z. Orthop. *138* (2000)
GRAF, R.: Ultraschalldiagnostik bei Säuglingshüften. Orthop. Prax. *8/18*, 583–624 (1982)
GRAF, R.: Sonographie der Säuglingshüfte. Z. Orthop. *128*, 355 (1990)
GRAF, R.: Sonographie der Säuglingshüfte. Ein Kompendium. 4. Aufl. Stuttgart: Enke 1993
GRAF, R.: Kursus der Hüftsonographie beim Säugling. Stuttgart, Jena, New York: G. Fischer 1995
GRAF, R.: Sonographie der Säuglingshüfte und therapeutische Konsequenzen. 5. Auflage. Stuttgart, New York: Thieme 2000
GRILL, F., und MÜLLER, D.: Die Diagnostik der Hüftgelenksdysplasie in Österreich – eine Effizienzbetrachtung des Ultraschallscreenings der Neugeborenenhüfte. Diss. med. Fak. A. L. Universität Freiburg/Breisgau 1995
INARIA, M., GALLORDO, A., PRIMA, C., and GORRIGA, F.: Variation of the vascularization of the neonatal femoral hold in the dynamic maneuvers: study with power doppler. Proceedings Ismus Aula Medica Madrid *140* (1998)
KLICIC, P.: Let's adopt the term: »Development displacement of the hip« (DDH). Proceedings No 86 of International Meeting On Care of Babies' Hips. Beograd. Oct. *1–3* (1987)
SCHILT, M.: Die Auswirkung des Hüftsonographie-Screenings auf die Behandlungskosten der kongenitalen Hüftluxation. Ultraschall in Med. *22*, 46 (2001)
SOURNIA, J. C., PULET, J., und MARTINY, M.: Illustrierte Geschichte der Medizin. Salzburg: Andreas & Andreas 1980
TÖNNIS, D.: Die angeborene Hüftdysplasie und Hüftluxation im Kindes- und Erwachsenenalter. Berlin, Heidelberg, New York, Tokyo: Springer 1984
TSCHAUNER, C., KLAPSCH, W., BAUMGARTNER, A., und GRAF, R.: »Reifungskurve« des sonographischen Alpha-Winkels nach Graf unbehandelter Hüftgelenke im ersten Lebensjahr. Z. Orthop. *132*, 502–504 (1994)

Univ. Prof. Prim. Dr. Reinhard GRAF
Allgemeines und orthopädisches Landeskrankenhaus
8852 Stolzalpe
Austria
Tel.:   ++43 35 32 24 24 22 16
Fax: ++43 35 32 24 24 34 25
E-Mail: reinhard.graf@lkh-stolzalpe.at

Metallhaltige Kohlenstoffstangen – ein Kapitel aus der Grundlagenforschung

Von Helmut WERNER, Würzburg
Mitglied der Akademie
Mit 13 Abbildungen

(Kurzfassung des in der Sitzung der Akademie am 25. 6. 2002 gehaltenen Vortrages)

Bis vor wenigen Jahren konnte man in allen gängigen Lehrbüchern der Chemie lesen, daß Kohlenstoff in der Natur elementar nur in Form von Graphit und Diamant vorkommt. Eine weitere Kohlenstoffmodifikation der Zusammensetzung C_{60} wurde in kleinen, nicht isolierbaren Mengen erstmals 1985 von KROTO, CURL und SMALLEY nachgewiesen und 1990 von KRÄTZSCHMER und Mitarbeitern in wägbarer Form erhalten (KROTO et al. 1985, KRÄTZSCHMER et al. 1990). Wenig später gelang auch die Isolierung von weiteren Vertretern der sogenannten *Fullerene* (KROTO 1992), die ihren Namen nach dem für seine Kuppelbauten bekannten Architekten BUCKMINSTER FULLER erhielten und deren chemische und physikalische Eigenschaften in den letzten 12 Jahren intensiv untersucht wurden. Für ihre bahnbrechenden Beiträge zu dieser Entwicklung wurden KROTO, CURL und SMALLEY 1996 mit dem Nobelpreis für Chemie ausgezeichnet.

Außer Graphit, Diamant und den Fullerenen gibt es jedoch auch eine kettenförmige Anordnung von Kohlenstoffatomen, die man als *Carbin* bezeichnet. Nachdem schon zu Beginn des 20. Jahrhunderts über ihre Existenz spekuliert und mehrfach Versuche zu ihrer Herstellung unternommen worden waren, konnten als erstes die Radioastronomen das Vorkommen dieser Kohlenstoffmodifikation nachweisen. Aus dem Auftreten charakteristischer Banden in den Absorptionsspektren interstellarer Materie schlossen sie, daß in der Atmosphäre vor allem der »Roten Riesen« Moleküle der allgemeinen Zusammensetzung C_x mit bis zu 24 Kohlenstoffatomen in der Kette gebildet werden. Es schien naheliegend, für diese Ketten eine Polyinstruktur (in Anlehnung an die bekannten und isolierbaren Polyine) anzunehmen, obwohl eine Polyenstruktur mit kumulierten Kohlenstoff-Kohlenstoff-Doppelbindungen nicht auszuschließen war (Abb. 1).

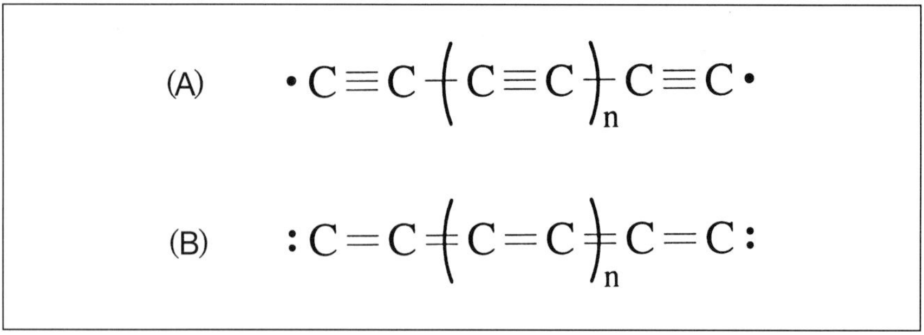

$$\text{(A)} \quad \bullet C \equiv C \left\{ C \equiv C \right\}_n C \equiv C \bullet$$

$$\text{(B)} \quad : C = C \left\{ C = C \right\}_n C = C :$$

Abb. 1 Polyin- (*A*) und Polyen-Struktur (*B*) für Carbin

Die einfachste Möglichkeit der Stabilisierung der Polyinstruktur besteht darin, die endständigen Kohlenstoffatome mit Alkyl- oder Arylgruppen R zu verknüpfen und so den Diradikalcharakter aufzuheben. Die Lehrbücher der Organischen Chemie geben über die verschiedenen Synthesewege solcher disubstituierten Polyine Auskunft. Statt einer Gruppe R kann jedoch auch ein Metall, wie z. B. Li, oder noch besser ein Metall-Ligand-Fragment, wie z. B. $Cu(PR_3)$ oder $Re(NO)(PPh_3)(C_5Me_5)$, verwendet werden, wobei die Voraussetzung ist, daß das Metall bzw. das Metall-Ligand-Fragment ein einfach besetztes Orbital besitzt, das mit dem einfach besetzten Orbital des endständigen C-Atoms der Polyinkette kombinieren kann. In Abbildung 2 sind die Möglichkeiten der Stabilisierung skizziert.

Die eindrucksvollsten Beispiele für neuartige Kohlenstoffverbindungen mit »nackten C_n-Einheiten« (LANG 1994) hat in den letzten Jahren der Arbeitskreis von J. A. GLADYSZ beschrieben (BARTIK et al. 1996). Das Syntheseprinzip ist in Abbildung 3 am Beispiel einer Rheniumverbindung mit einer linearen ReC_8Re-Kette angegeben. Aus dem Butadiinyl-Komplex (abgekürzt: ReC_4H) wurde durch Eglington-Kupplung mit Kupfer(II)-acetat in Pyridin unter Spaltung der C-H-Bindung der Ausgangssubstanz und Kettenverdopplung die gewünschte metallhaltige Kohlenstoffstange erhalten. Aus ReC_4H läßt sich in vier Schritten auch das homologe $ReC_{10}H$ herstellen, dessen Umsetzung mit $Cu(OAc)_2$ in Pyridin eine Kette aus 2 Rhenium- und 20 Kohlenstoffatomen ergibt (BARTIK et al. 1996, DEMBINSKI et al. 2000).

Wir haben uns in den eigenen Arbeiten vor allem mit der Stabilisierung der Polyenstruktur von C_x beschäftigt. Da in einem »nackten« Polyen die endständigen Kohlenstoffatome jeweils über zwei für die Bildung der Kette nicht benötigte Elektronen verfügen, sind für die Absättigung entweder zwei Gruppen R pro terminales C-Atom oder ein Metall-Ligand-Fragment [M], das ähnlich wie eine Lewis-Säure eine Elektronenpaar-Lücke aufweist, erforderlich (Abb. 4). Die von uns bevorzugten Metall-Ligand-Fragmente enthalten als Zentral-

(A) durch zwei Alkyl- oder Arylgruppen R

$$R-C\equiv C-(C\equiv C)_n-C\equiv C-R$$

(B) durch eine Gruppe R und ein Metall

$$[M]-C\equiv C-(C\equiv C)_n-C\equiv C-R$$

(C) durch zwei Metalle

$$[M]-C\equiv C-(C\equiv C)_n-C\equiv C-[M]$$

Abb. 2 Möglichkeiten der Stabilisierung der Polyinstruktur von Carbin

atom Rhodium oder Iridium und als zusätzliche Bindungspartner außer der C_nRR'-Einheit Chlorid und zwei tertiäre Phosphane (meist Triisopropylphosphan $PiPr_3$), die eine *trans*-Stellung einnehmen (Abb. 5). Die Cumulenyliden-Liganden C_nRR' können als Homologe der Carbene CRR' angesehen werden, deren Metallkomplexe sich nicht erst seit der Verleihung des Nobelpreises für Chemie 1973 an E. O. FISCHER weltweit großen Interesses erfreuen.

Den Zugang zu den einfachsten Vertretern der in Abbildung 5 gezeigten Verbindungen des formalen Typs MC_2 fanden wir, als wir uns mit dem Reaktionsverhalten von Acetylen und seinen Derivaten in der Koordinationssphäre von Rhodium beschäftigten. Es war bekannt, daß Rhodium in der Oxidationsstufe +1 quadratisch-planare Komplexe der allgemeinen Zusammensetzung *trans*-$[RhCl(L)(PR_3)_2]$ bildet, wobei als Ligand L auch Acetylenderivate in Betracht kamen. Diese Komplexe waren jedoch wenig stabil, so daß ihre Chemie nicht näher untersucht wurde. Wir hofften, durch Verwendung raumerfüllender (sperriger) Phosphane PR_3 die Moleküle stabilisieren zu können, und es gelang uns tatsächlich, ausgehend von der sehr luftempfindlichen zweikernigen Verbindung $[Rh(\mu\text{-}Cl)(PiPr_3)_2]_2$ durch Umsetzung mit Acetylen oder des-

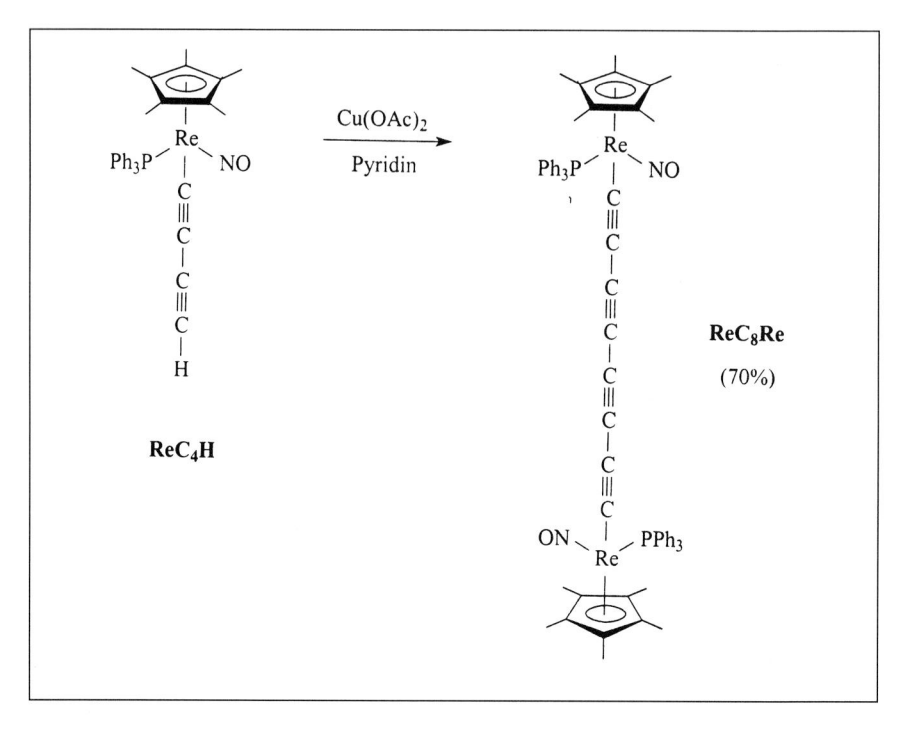

Abb. 3 Synthese eines Rheniumkomplexes mit einer linearen ReC$_8$Re-Kette durch Eglington-Kupplung

sen Derivaten HC ≡ CR die in Abbildung 6 angegebenen Alkinkomplexe **1** mit R = H, CH$_3$, *tert*-C$_4$H$_9$, C$_6$H$_5$ etc. zu isolieren (GARCIA ALONSO et al. 1985, WERNER et al. 1988). Bei den Reaktivitätsstudien fanden wir jedoch, daß in Abhängigkeit von dem Rest R die Komplexe **1** im Temperaturbereich von 25 bis 60 °C eine quantitative Umlagerung eingehen und die Isomere **3** bilden. Diese Umlagerung erfolgt schrittweise, so daß wir in einigen Fällen (z. B. für R = *tert*-C$_4$H$_9$) auch die Zwischenstufe **2** fassen konnten (WERNER und BREKAU 1989). In anderen Fällen (z. B. für R = C$_6$H$_5$) gelang es, das Intermediat **2** mit Pyridin abzufangen und in Form eines 1:1-Addukts zu charakterisieren.

Das Bemerkenswerte an den in Abbildung 6 zusammengefaßten Ergebnissen war nicht, daß Komplexe mit der Moleküleinheit M = C = CRR' existieren (dies war bereits durch 1977 und 1978 publizierte Arbeiten bekannt; siehe ANTONOVA et al. 1977, BRUCE et al. 1978, DAVISON et al. 1978), sondern wie leicht Alkine unter Mithilfe eines Metalls zu den Vinyliden isomerisieren. Für die freien Moleküle HC ≡ CR und C = CHR verläuft die Isomerisierung nämlich genau in die umgekehrte Richtung. Nach einer theoretischen Studie (GALLO et al. 1990) beträgt der Energieaufwand für die Tautomerisierung von

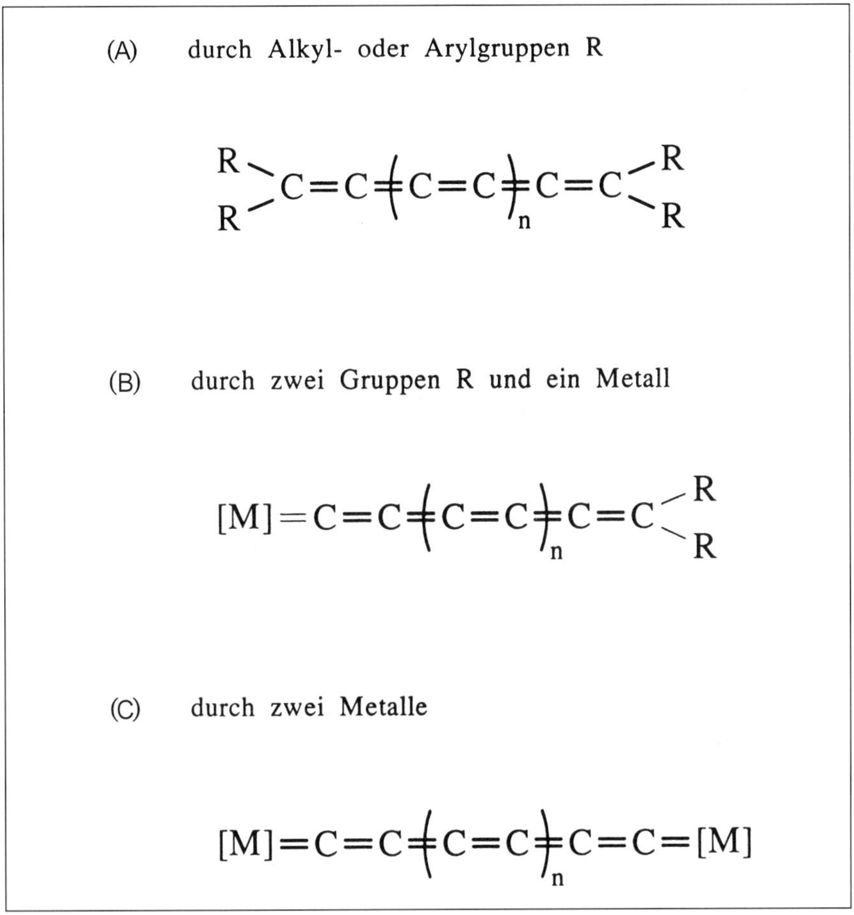

(A) durch Alkyl- oder Arylgruppen R

$$\begin{array}{c}R\\R\end{array}\!\!>\!\!C\!=\!C\!\!\left\{\!C\!=\!C\!\right\}_{n}\!\!C\!=\!C\!<\!\!\begin{array}{c}R\\R\end{array}$$

(B) durch zwei Gruppen R und ein Metall

$$[M]\!=\!C\!=\!C\!\!\left\{\!C\!=\!C\!\right\}_{n}\!\!C\!=\!C\!<\!\!\begin{array}{c}R\\R\end{array}$$

(C) durch zwei Metalle

$$[M]\!=\!C\!=\!C\!\!\left\{\!C\!=\!C\!\right\}_{n}\!\!C\!=\!C\!=\![M]$$

Abb. 4 Möglichkeiten der Stabilisierung der Polyenstruktur von Carbin

$C = CH_2$ zu $HC \equiv CH$ nur ca. 3 kcal/mol, während für die Rückreaktion von $HC \equiv CH$ zu $C = CH_2$ eine Aktivierungsenergie von ca. 43 kcal/mol aufgebracht werden muß. Die Triebkraft für die überraschende Umwandlung von **1** nach **3** ist nach Aussage der Theorie (SCHILLING et al. 1979, KOSTIC et al. 1982) in den sehr guten π-Akzeptoreigenschaften der Vinylidene zu suchen, die selbst diejenige von CO übertreffen soll. Vinylidene können also, gerade von den elektronenreichen Metallen Rhodium und Iridium, auf dem Weg der sogenannten »Rückbindung« (engl. »back donation«) Elektronendichte übernehmen und so die Bindung M = C stabilisieren. Die zunächst von den Theoretikern (SILVESTRE und HOFFMANN 1985) bezweifelte Annahme, daß **2** eine

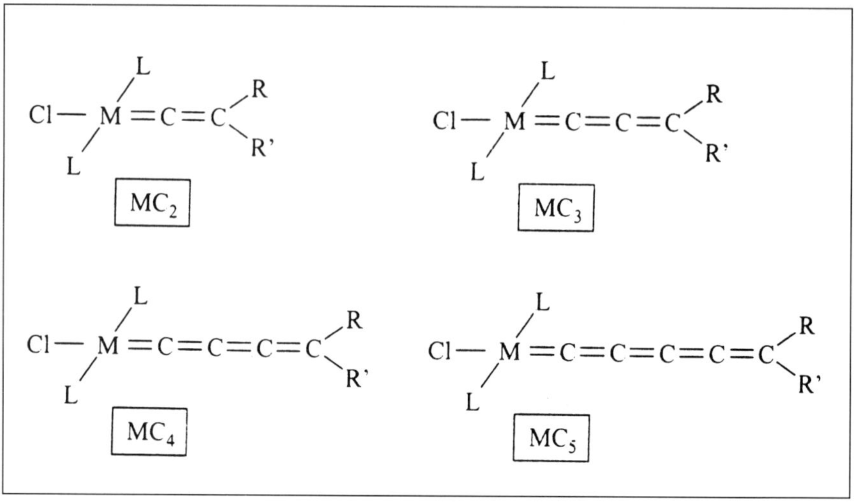

$$Cl-\underset{L}{\overset{L}{M}}=C=C\overset{R}{\underset{R'}{\diagdown}}$$
$\boxed{MC_2}$

$$Cl-\underset{L}{\overset{L}{M}}=C=C=C\overset{R}{\underset{R'}{\diagdown}}$$
$\boxed{MC_3}$

$$Cl-\underset{L}{\overset{L}{M}}=C=C=C=C\overset{R}{\underset{R'}{\diagdown}}$$
$\boxed{MC_4}$

$$Cl-\underset{L}{\overset{L}{M}}=C=C=C=C=C\overset{R}{\underset{R'}{\diagdown}}$$
$\boxed{MC_5}$

Abb. 5 In der Gruppe des Autors synthetisierte metallhaltige Cumulene mit M = Rh, Ir und L = PiPr$_3$

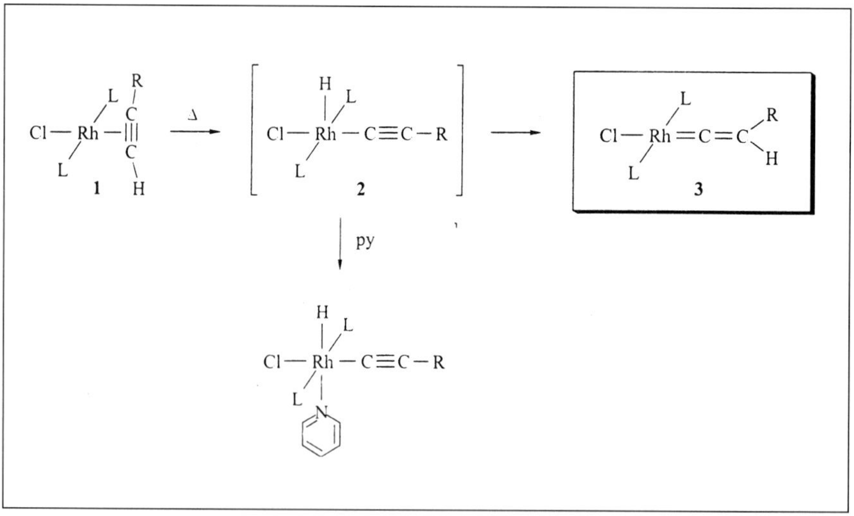

Abb. 6 Schrittweise Umwandlung eines Alkins in das isomere Vinyliden in der Koordinationssphäre von Rhodium(I) (L = PiPr$_3$)

wirkliche Zwischenstufe bei der Reaktion von **1** zu **3** ist, wurde in jüngerer Zeit nicht nur durch eine kinetische Studie (LASS 1996), sondern auch durch *Ab-initio*-Rechnungen (WAKATSUKI et al. 1997) bestätigt.

Die für die Vinylidene belegten guten π-Akzeptoreigenschaften dürften auch für die Kohlenstoff-reicheren Molekülfragmente C_3RR', C_4RR' und C_5RR' gelten. Die Synthese der entsprechenden Rhodium- und Iridium-Komplexe (siehe Abb. 5) erfolgte in den Jahren 1989–2000 und ging von funktionalisierten Alkin- bzw. Diin-Derivaten aus. Relativ einfach gestaltete sich die Erzeugung einer C_3RR'-Einheit, da hierfür (allerdings für Ruthenium als Zentralatom) wichtige Vorarbeiten gemacht worden waren (SELEGUE 1982). Vorläufer für die Molekülfragmente C_3RR' (als Allenylidene bezeichnet) sind in jedem Fall Propargylalkohole HC ≡ CCR(R')OH, die nach primärer Koordination und Bildung von **4** in die isomeren Vinyliden-Metallverbindungen **5** umlagern (siehe Abb. 7). Nach Säure-katalysierter Wasserabspaltung entstehen daraus die gesuchten Komplexe **6**. Wichtig ist hierbei, daß die Reste R und R' nicht CH_3 oder andere primäre oder sekundäre Alkylgruppen sind, da sonst die Eliminierung von H_2O einen der am γ-Kohlenstoffatom gebundenen Reste einbezieht und so z. B. für R = R' = CH_3 anstelle von [Rh] = C= C = $C(CH_3)_2$ das Isomer [Rh] = C = CH-$C(CH_3)$ = CH_2 entsteht (RAPPERT et al. 1992). Im Fall von Iridium als Zentralatom sind die Verhältnisse sehr ähnlich, so daß, analog wie in Abbildung 6 und Abbildung 7 für Rhodium gezeigt, ausgehend von Alkinen HC ≡ CR bzw. Propargylalkoholen HC ≡ CCR(R')OH die analogen Vinyliden- bzw. Allenyliden-Iridiumkomplexe zugänglich sind (HÖHN und WERNER 1990, WERNER et al. 1997).

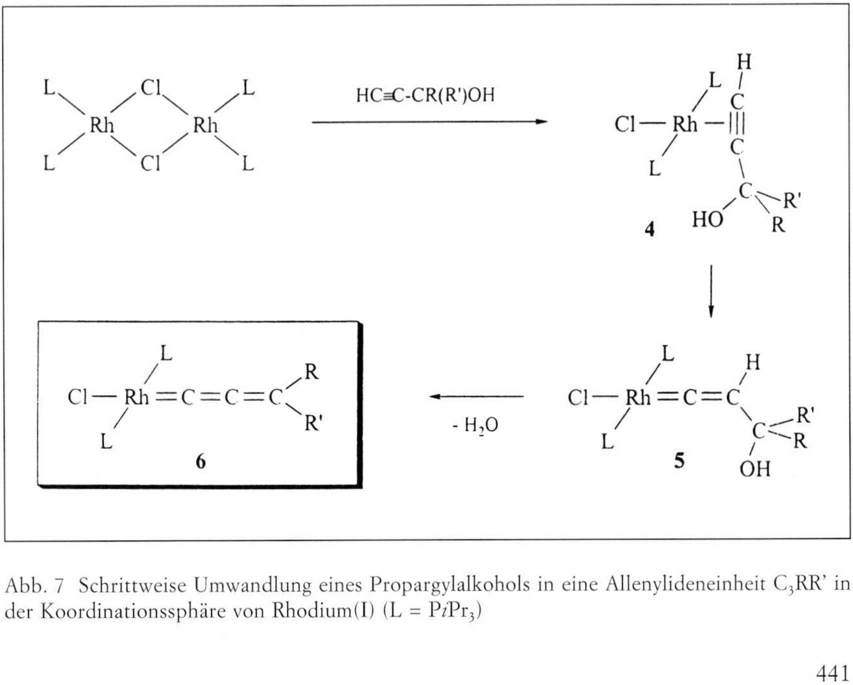

Abb. 7 Schrittweise Umwandlung eines Propargylalkohols in eine Allenylideneinheit C_3RR' in der Koordinationssphäre von Rhodium(I) (L = $PiPr_3$)

Die Synthese der MC$_4$- und MC$_5$-Verbindungen gestaltete sich erheblich schwieriger. BRUCE und Mitarbeiter hatten versucht, durch Umsetzung des sehr empfindlichen Butadiins HC ≡ C–C ≡ CH mit geeigneten Rutheniumderivaten einen Komplex mit der Moleküleinheit Ru = C = C = C = CH$_2$ zu isolieren, was jedoch wegen dessen Instabilität mißlang (BRUCE et al. 1996). Sie konnten lediglich durch Abfangreaktionen die *In-situ*-Bildung eines solchen Teilchens nachweisen. Uns gelang es, durch Umwandlung des Ketons HC ≡ CC(O)CHPh$_2$ in das Enoltriflat HC ≡ CC(OTf) = CPh$_2$ den geeigneten Vorläufer für die C$_4$Ph$_2$-Einheit zu erzeugen und ausgehend von dem Dihydridoiridium-Komplex **7** die Verbindung **8** zu synthetisieren (Abb. 8). Sie stellt das erste Metallacumulen mit einer MC$_4$-Einheit dar, die – wie die Röntgenstrukturanalyse deutlich machte – streng linear ist (ILG und WERNER 2000). In jüngster Zeit konnten wir zeigen, daß **8** eine erstaunliche Reaktivität besitzt und sowohl mit Brönsted- und Lewis-Säuren als auch mit Lewis-Basen unter Modifizierung der Cumulengruppierung reagiert (ILG und WERNER 2002).

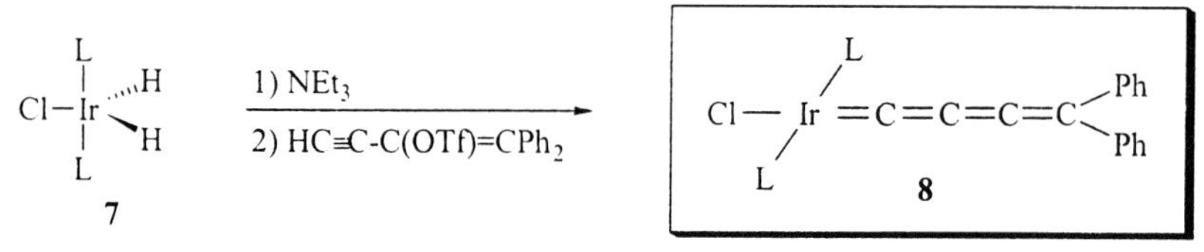

Abb. 8 Synthese des ersten Metallkomplexes mit einer linearen MC$_4$-Einheit (L = PiPr$_3$)

Der vorläufig letzte Vertreter der MC$_x$-Familie wurde ebenfalls mit **7** als Ausgangsverbindung erhalten (Abb. 9). In diesem Fall war der Baustein für das C$_5$R$_2$-Fragment der nicht einfach herzustellende C$_5$-Alkohol HC ≡ C–C ≡ C–CPh$_2$OH, der mit **7** in einer Art Säure-Base-Reaktion zu der isolierbaren Zwischenstufe **9** reagiert. Aus dieser entsteht in trickreicher Weise durch zweistufige Umsetzung mit dem Anhydrid der Trifluormethansulfonsäure und Triethylamin der gesuchte Komplex **10** in 78%iger Ausbeute. Die Röntgenstrukturanalyse lieferte auch hier den Beweis, daß die IrC$_5$-Einheit exakt linear ist (LASS et al. 1996). Die zu **10** analoge Rhodiumverbindung ist ziemlich labil und wurde von uns spektroskopisch charakterisiert. Sie reagiert mit Diazomethan zu einem Komplex mit π-gebundenem Hexapentaen CH$_2$ = C = C = C = C = CPh$_2$, das in freier Form nicht existiert und durch die Bindung an das Metall stabilisiert wird (KOVACIK et al. 1997).

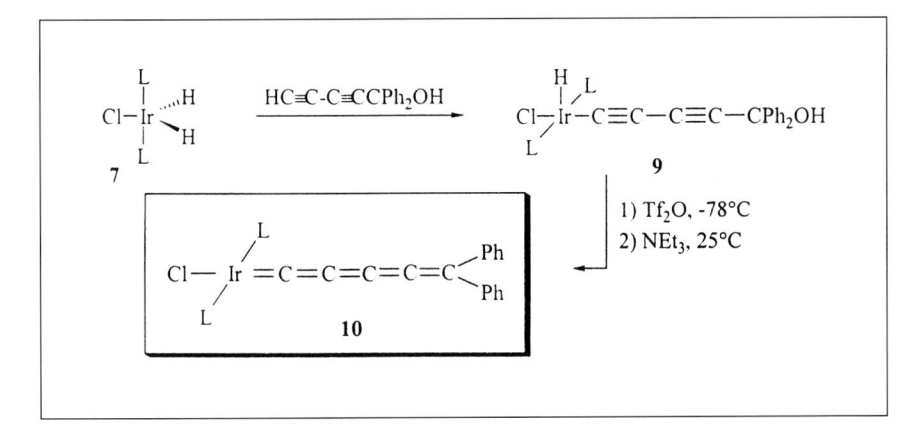

$$\underset{7}{\overset{L}{\underset{L}{Cl-\overset{|}{\underset{|}{Ir}}}}\overset{\text{\tiny{,,,}}H}{\underset{H}{\diagdown}}} \xrightarrow{HC\equiv C-C\equiv CCPh_2OH} \underset{9}{Cl-\overset{H}{\underset{L}{\overset{|}{\underset{|}{Ir}}}}-C\equiv C-C\equiv C-CPh_2OH}$$

$$\underset{10}{Cl-\overset{L}{\underset{L}{\overset{/}{\underset{/}{Ir}}}}=C=C=C=C=C\overset{Ph}{\underset{Ph}{\diagdown}}}$$

1) Tf$_2$O, -78°C
2) NEt$_3$, 25°C

Abb. 9 Schrittweise Synthese des ersten quadratisch-planaren Metallkomplexes mit einer linearen MC$_5$-Einheit (L = PiPr$_3$)

Vor kurzem ist es uns gelungen (Abb. 10), zwei Cumuleneinheiten der Zusammensetzung L$_2$Rh = C = C = CRR' über eine C$_4$-Brücke zu verknüpfen und so eine durch zwei Metallatome modifizierte Stange mit dem linearen Grundgerüst C$_3$RhC$_4$RhC$_3$ darzustellen (GIL-RUBIO et al. 2000b). Die Triebkraft für die Verbrückung ist hier zweifellos die Bildung des Nebenprodukts Ph$_3$SnOH bzw. Ph$_3$SnF, da die jeweilige Bindung Sn-O bzw. Sn-F thermodynamisch außerordentlich stabil ist. Die Komplexe des Typs **11** sind sehr beständig und können für kurze Zeit sogar an Luft gehandhabt werden. Trotz des ungesättigten Charakters der Einheiten Rh = C = C = CPh$_2$ und Rh–C ≡ C–C ≡ C–Rh ist keine merkliche Tendenz zur Polymerisation festzustellen.

Erstaunlicherweise gelingt es durch einfache Umsetzung der Verbindung **11** mit Kohlenmonoxid die zwei C$_3$-Fragmente mit dem zentralen C$_4$-Baustein zu verbinden und in der Koordinationssphäre der beiden Metallzentren eine C$_{10}$-Kette aufzubauen (Abb. 11). Mechanistisch ist die bereits bei Raumtemperatur ablaufende Umsetzung wahrscheinlich so zu verstehen, daß durch die Anlagerung eines CO-Moleküls an ein Rhodiumatom der Bruch einer Rh-C-Einfachbindung stattfindet und die Gruppe C$_4$Rh = C = C = CPh$_2$ auf das α-C-Atom der zweiten Rh = C = C = CPh$_2$-Einheit wandert. Die Wiederholung dieses Vorgangs, den man auch als zweifache Insertion der Allenylidenliganden C$_3$Ph$_2$ in die Rh-C$_4$-Bindung auffassen kann, liefert das symmetrisch konfigurierte Produkt **12**. Dieses ist offensichtlich kinetisch, jedoch nicht thermodynamisch begünstigt, so daß bereits bei 45 °C eine Isomerisierung zu **13** eintritt (GIL-RUBIO et al. 2000a).

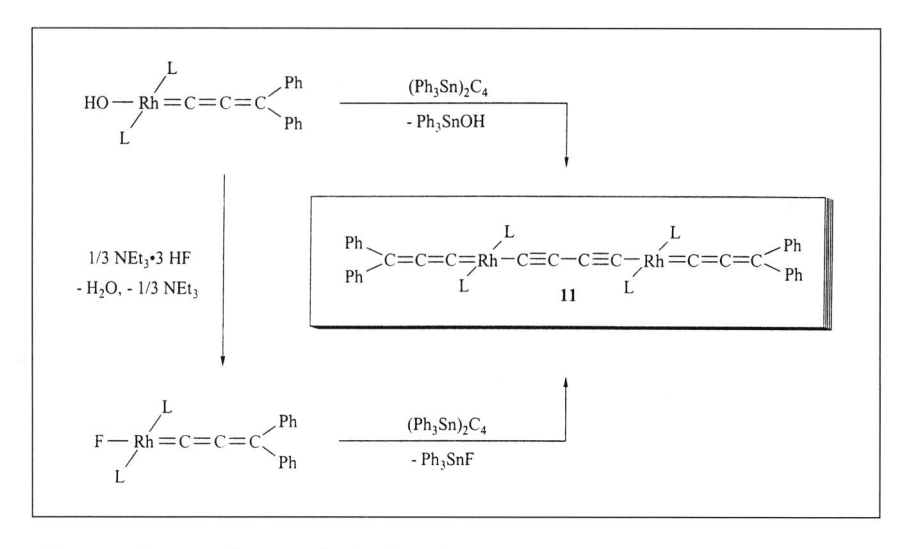

```
                                    (Ph₃Sn)₂C₄
    HO—Rh=C=C=C<Ph    ———————————→
         L       Ph    - Ph₃SnOH
         L                                                    ↓
         |
   1/3 NEt₃·3 HF              Ph\         L        L       \Ph
                                 C=C=C=Rh—C≡C—C≡C—Rh=C=C=C
   - H₂O, - 1/3 NEt₃         Ph/         L   11   L       /Ph
         |
         ↓
         L
    F—Rh=C=C=C<Ph    (Ph₃Sn)₂C₄
         L       Ph  ———————————→
                      - Ph₃SnF                               ↑
```

Abb. 10 Synthesewege für einen Rhodiumkomplex mit einer linearen C₃RhC₄RhC₃-Kette (L = P*i*Pr₃)

Zwei Rh = C = C = CRR'-Molekülbausteine können nicht nur durch eine C_4-, sondern auch durch eine N_3-Brücke verknüpft werden (Abb. 12). Als Vorstufe für die Darstellung von **14** dienen die Azidorhodium(I)-Komplexe *trans*-[Rh(N₃)(= C = C = CRR')(P*i*Pr₃)₂], die im Gegensatz zu Metallaziden problemlos zu handhaben sind. Wir hatten erwartet, daß die Umsetzung mit dem Meerwein-Reagenz [OMe₃]BF₄ zur oxidativen Addition eines Methylkations an das metallische Zentrum führt, nicht jedoch zum Angriff auf den Azidliganden. Möglicherweise findet dieser erwartete Reaktionsschritt statt und ergibt unter Abspaltung von Methylazid ein koordinativ ungesättigtes [Rh(= C = C = CRR') (P*i*Pr₃)₂]⁺-Fragment, das mit noch vorhandenem Ausgangsmaterial unter Verbrückung reagiert (LAUBENDER und WERNER 1999). Mehrere Versuche, die kationischen Komplexe **14** zu neutralen Radikalen zu reduzieren, sind erfolglos geblieben.

Die Frage, wie weit man in einer isolierbaren Verbindung mit der Baueinheit M = C(= C)$_n$= CRR' die Kohlenstoffkette ausdehnen kann, läßt sich momentan nur schwer beantworten. Mit länger werdender Kette nimmt vermutlich die kinetische Instabilität zu, so daß Folgereaktionen mit den zur Erzeugung der MC_{n+2}-Gruppierung verwendeten Reagenzien die Isolierung der gewünschten Verbindung verhindern. Daß es prinzipiell möglich ist, ein Molekül mit dem Baustein MC₇RR' *in situ* zu erhalten, haben Studien im Arbeitskreis von H. FISCHER in Konstanz gezeigt (ROTH und FISCHER 1996). Die Endgruppen R und R' waren dabei NMe₂, was aus elektronischer Sicht für eine Stabilisierung der Kette günstig sein sollte.

```
        L              L
Ph  \           /            \           Ph
     C=C=C=Rh—C≡C—C≡C—Rh=C=C=C
Ph  /       / \           / \             \ Ph
           L  L  11      L  L
```

```
                    CO │ 25°C
                       ↓
         Ph                        Ph
         /                          \
   Ph—C                              C—Ph
       \\                           //
        C                          C
    L \  \                        /  / L
       \  C—C≡C—C≡C—C            /
        Rh          12          Rh
       /  \                    /  \
     OC    L                  L    CO
```

```
                    │ 45°C
                    ↓
```

```
         Ph                            Ph
         /                              \
   Ph—C                                  C—Ph
       \\                               //
        C—C≡C—C≡C—C≡C—C
    L \                                /  L
       Rh          13                Rh
       /  \                         /  \
     OC    L                       L    CO
```

Abb. 11 Bildung von Rhodiumkomplexen mit einer C_{10}-Brücke durch CO-induzierte zweifache Insertion von C_3Ph_2-Liganden in Rh-C-Bindungen (L = PiPr$_3$)

Die längsten bisher bekannten metallhaltigen Kohlenstoffstangen haben LEHN und Mitarbeiter beschrieben (WONG et al. 2000). Ausgehend von dem noch relativ kleinen Molekül **15** mit dem Gerüst $C_4Ru_2C_4$ gelingt es auf ähnlichem Wege wie bei GLADYSZ (siehe Abb. 3), die Kettenlänge zu verdoppeln und mit **15** eine Verbindung mit 4 Ruthenium- und 16 Kohlenstoffatomen in linearer Anordnung zu isolieren (Abb. 13). Eine nochmalige Verlängerung um die Einheit $C_4Ru_2C_4$ liefert einen Komplex mit insgesamt 30 Atomen in der Kette, von denen 6 Rutheniumatome sind. Wegen der Möglichkeit, Elektronendich-

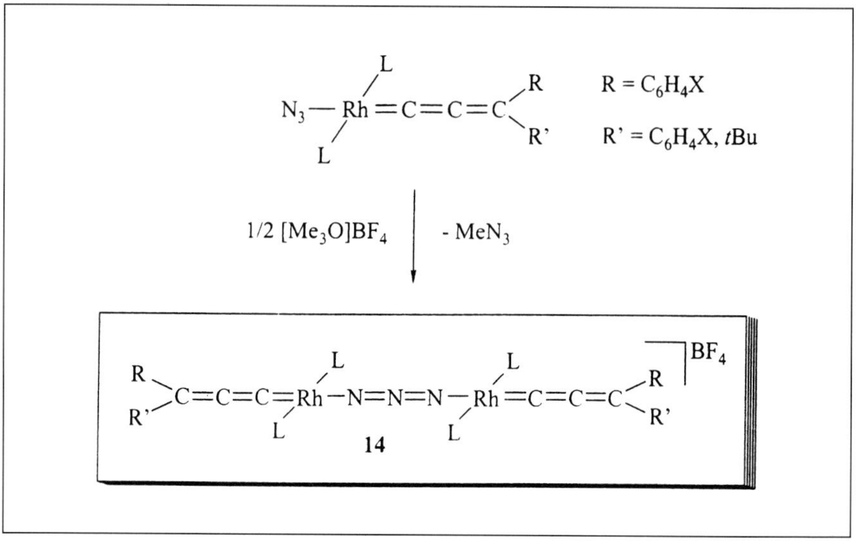

$$N_3-\underset{L}{\overset{L}{Rh}}=C=C=C\overset{R}{\underset{R'}{\diagdown}} \qquad R = C_6H_4X \\ R' = C_6H_4X, tBu$$

$$\downarrow \quad 1/2\,[Me_3O]BF_4 \quad -MeN_3$$

$$\left[\overset{R}{\underset{R'}{\diagup}}C=C=C=\underset{L}{\overset{L}{Rh}}-N=N=N-\underset{L}{\overset{L}{Rh}}=C=C=C\overset{R}{\underset{R'}{\diagdown}}\right]BF_4$$
14

Abb. 12 Synthese eines kationischen Rhodiumkomplexes mit einer $C_3RhN_3RhC_3$-Kette (L = PiPr$_3$)

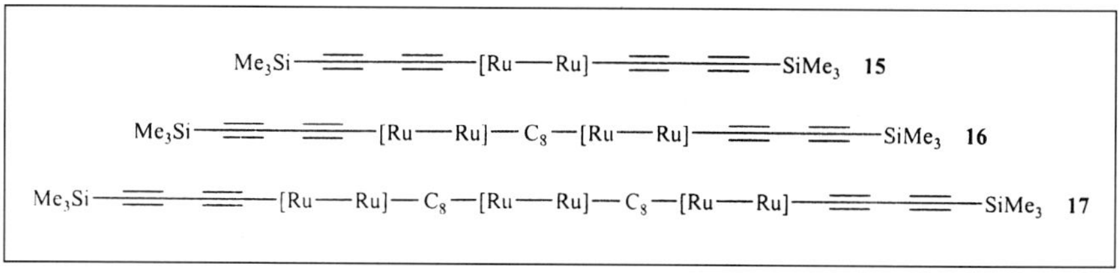

$Me_3Si{=\!=\!=}{=\!=\!=}[Ru-Ru]{=\!=\!=}{=\!=\!=}SiMe_3$ **15**

$Me_3Si{=\!=\!=}{=\!=\!=}[Ru-Ru]-C_8-[Ru-Ru]{=\!=\!=}{=\!=\!=}SiMe_3$ **16**

$Me_3Si{=\!=\!=}{=\!=\!=}[Ru-Ru]-C_8-[Ru-Ru]-C_8-[Ru-Ru]{=\!=\!=}{=\!=\!=}SiMe_3$ **17**

Abb. 13 Beispiele für molekulare »metallorganische Drähte«. Die Metallatome der einzelnen Einheiten [Ru--Ru] sind jeweils noch durch 4 Formamidinliganden verbrückt.

te entlang der Kette zu verschieben, haben die Autoren die Verbindungen **15** und **16** als »metallorganische Drähte« bezeichnet, wobei es offen bleiben muß, ob die vorhandene Leitfähigkeit auch für praktische Zwecke nutzbar ist. In jedem Fall eröffnen sich hier interessante Perspektiven, die unsere Kenntnisse über die Bindungsmöglichkeiten der dem *Carbin* zugrunde liegenden, kettenförmigen C_x-Fragmente wesentlich bereichern.

Literatur

ANTONOVA, A. B., KOLOBOVA, N. E., PETROVSKY, P. V., LOKSHIN, B. V., and OBEZYUK, N. S.: J. Organomet. Chem. *137*, 55–67 (1977)

Bartik, T., Bartik, B., Brady, M., Dembinski, R., und Gladysz, J. A.: Angew. Chem. *108*, 467–469 (1996)
Bruce, M. I., Hinterding, P., Low, P. J., Skelton, B. W., and White, A. H.: J. Chem. Soc. Chem. Commun. 1009–1010 (1996)
Bruce, M. I., and Wallis, J.: Organomet. Chem. *161*, C1–C4 (1978)
Davison, A., and Selegue, J. P.: J. Amer. Chem. Soc. *100*, 7763–7765 (1978)
Dembinski, R., Bartik, T., Bartik, M., Jaeger, and M., Gladysz, J. A.: J. Amer. Chem. Soc. *122*, 810–822 (2000)
Gallo, M. M., Hamilton, T. P., and Schaefer III, H. F.: J. Amer. Chem. Soc. *112*, 8714–8719 (1990)
Garcia Alonso, F. J., Höhn, A., Wolf, J., Otto, H., und Werner, H.: Angew. Chem. *97*, 401–402 (1985)
Gil-Rubio, J., Laubender, M., and Werner, H.: Organometallics *19*, 1365–1372 (2000a)
Gil-Rubio, J., Weberndörfer, B., und Werner, H.: Angew. Chem. *112*, 814–818 (2000b)
Höhn, A., und Werner, H.: J. Organomet. Chem. *382*, 255–272 (1990)
Ilg, K., und Werner, H.: Angew. Chem. *112*, 1691–1693 (2000)
Ilg, K., and Werner, H.: Chem. Eur. J. *8*, 2812–2820 (2002)
Kostic, N. M., and Fenske, R. F.: Organometallics *1*, 974–982 (1982)
Kovacik, I., Laubender, M., and Werner, H.: Organometallics *16*, 5607–5609 (1997)
Krätzschmer, W., Lamb, L. D., Fostiropoulos, K., and Huffman, D. R.: Nature *347*, 354–358 (1990)
Kroto, H. W.: Angew. Chem. *104*, 113–133 (1992)
Kroto, H. W., Heath, J. R., O'Brien, S. C., Curl, R. F., and Smalley, R. E.: Nature *318*, 162–163 (1985)
Lang, H.: Angew. Chem. *106*, 569–572 (1994)
Lass, R. W.: Diss. Univ. Würzburg (1996)
Lass, R. W., Steinert, P., Wolf, J., and Werner, H.: Chem. Eur. J. *2*, 19–23 (1996)
Laubender, M., and Werner, H.: Chem. Eur. J. *5*, 2937–2946 (1999)
Rappert, T., Nürnberg, O., Mahr, N., Wolf, J., and Werner, H.: Organometallics *11*, 4156–4164 (1992)
Roth, G., and Fischer, H.: Organometallics *15*, 5766–5768 (1996)
Schilling, B. E. R., Hoffmann, R., and Lichtenberger, D. L.: J. Amer. Chem. Soc. *101*, 585–591 (1979)
Selegue, J. P.: Organometallics *1*, 217–218 (1982)
Silvestre, J., and Hoffmann, R.: Helv. Chim. Acta *68*, 1461–1506 (1985)
Wakatsuki, Y., Koga, N., Werner, H., and Morokuma, K.: J. Amer. Chem. Soc. *119*, 360–366 (1997)
Werner, H., und Brekau, U.: Z. Naturforsch. *44b*, 1438–1446 (1989)
Werner, H., Garcia Alonso, F. J., Otto, H., und Wolf, J.: Z. Naturforsch. *43b*, 722–726 (1988)
Werner, H., Lass, R. W., Gevert, O., and Wolf, J.: Organometallics *16*, 4077–4088 (1997)
Wong, K.-T., Lehn, J.-M., Peng, S.-M., and Lee, G.-H.: Chem. Commun. 2259–2260 (2000)

Prof. Dr. Helmut Werner
Institut für Anorganische Chemie
Universität Würzburg
Am Hubland
97074 Würzburg
Bundesrepublik Deutschland
Tel.:   ++49 (0) 93 18 88 52 61
Fax: ++49 (0) 93 18 88 46 23
E-Mail: helmut.werner@mail.uni-wuerzburg.de

In der Vortragssitzung der Akademie am 25. 6. 2002 hielt Herr Hans-Detlev SAEGER, Dresden, Mitglied der Akademie, einen Vortrag über das Thema:

Der unklare Pankreastumor: Diagnostisches und therapeutisches Dilemma.

Derzeit sterben jährlich in Deutschland etwa 11 000 Patienten an einem Tumor der Bauchspeicheldrüse (Pankreas), das sind 50 % mehr Menschen, als in den Jahren 1999 oder 2000 durch Verkehrsunfälle ums Leben kamen. Neue bildgebende Verfahren erleichtern es zwar, diese Tumore in einem recht frühen Stadium zu entdecken. Aber nicht immer ist es damit bereits möglich, gut- und bösartige Tumoren zu unterscheiden; oftmals bringt erst eine Operation Klarheit. Die operative Entfernung eines Pankreastumors ist allerdings mit besonderen Risiken verbunden, da die Bauchspeicheldrüse Verdauungsfermente produziert, die bei der Operation leicht aus dem verletzten Gewebe austreten und gesundes Gewebe schädigen können. Hans-Detlev SAEGER stellte in seinem Vortrag dar, durch welche Maßnahmen es in den vergangenen Jahren gelungen ist, die Sterberate als Folge der Operation von ehemals 30 % auf 5 % Prozent zu senken und auch die Überlebensrate nach der Entfernung eines bösartigen Tumors deutlich zu steigern. Weiterhin berichtete er, welche neuen molekulargenetischen Erkenntnisse es über sogenannte Kandidatengene gibt, die Aufschluß darüber geben könnten, ob es sich bei der Geschwulst um einen gut- oder bösartigen Tumor handelt und künftig operative Eingriffe und damit das genannte Risiko auf ein Minimum reduzieren können.

Ein Autorenreferat liegt nicht vor.

In der Vortragssitzung der Akademie am 24. 9. 2002 hielt Herr Florian HOLS-BOER, München, Mitglied der Akademie, einen Vortrag über das Thema:

Antidepressiva-Entwicklung durch Hypothesen oder Pharmakogenomik?

Die Errungenschaften der Genomforschung haben große Erwartungen an die Entwicklung neuer Medikamente geweckt. Jeder Mensch hat in seiner Erbsubstanz etwa drei Millionen geringfügiger Veränderungen (sogenannte SNP's), die ihn von anderen unterscheiden. Die hierdurch entstehende individuelle Spezifität kann therapeutisch durch »maßgeschneiderte Medikamente« genutzt werden. Florian HOLSBOER zeigte in seinem Vortrag die Möglichkeit, daß wir eines Tages mit Hilfe eines höchstpersönlichen Gen- und Proteinprofils in der Apotheke ein individuell für uns synthetisiertes Medikament abholen können. Der Weg bis dahin ist jedoch noch weit. Zunächst muß es gelingen, die mit Hilfe der Biotechnologie aufgetürmte Informationsfülle zu sichten und Wissensfundamente für neue prüfbare Hypothesen zu schaffen. Die am Max-Planck-Institut für Psychiatrie unter Leitung von HOLSBOER entwickelten Untersuchungen am Streßhormonsystem, bis hin zur Entwicklung innovativer Medikamente, sind ein Beispiel für den neuen Weg der Biomedizin.

Ein Autorenreferat liegt nicht vor.

Landschaftsökologische Erkundungen im Mittelsibirischen Bergland

Von Ādolfs KRAUKLIS, Riga
Mitglied der Akademie
Mit 10 Abbildungen und 2 Tabellen

(Kurzfassung des in der Sitzung der Akademie am 24. 9. 2002 gehaltenen Vortrages)

1. Zur Zielrichtung der Landschaftsforschungen in Sibirien

In Sibirien mit seinen weiten oft menschenleeren Räumen orientiert sich die Geoökologie verständlicherweise vor allem auf die Erkundung naturnaher Landschaften. Aber auch hier kann man vermehrt Erschließungsprojekte registrieren, die weitgehende Veränderungen des Landschaftshaushaltes mit sich bringen. Dabei darf die starke natürliche Dynamik landschaftlicher Prozesse nicht übersehen werden. Daneben führen selbstredend die generelle Intensivierung der Forschungen sowie das Fortschreiten von zonalen zu regionalen und lokalen Betrachtungsmaßstäben zur Erkenntnis einer auch in Sibirien oft sehr kontrastreichen Landschaftsstruktur. Schon seit den 60er Jahren werden Untersuchungen der aktuellen und potentiellen Zustandsänderungen der Landschaften unter Einwirkung der natur- und menschenbedingten Faktoren durchgeführt und mit der Erfassung der Diversität, der Bau-, Verteilungs- und Gefügemuster der Landschaften gekoppelt. Diese struktur-dynamische Zielrichtung der landschaftsökologischen Forschungen stellt den Kern des sibirischen Geosystemansatzes dar (SOTCHAVA 1962, 1972, 1974a, 1978).

Der Terminus *Geosystem* wurde bereits in den 60er Jahren vorgeschlagen (SOTCHAVA 1963, STODDART 1967, NEEF 1968, BERTRAND 1968). Er rückt die *raum-zeitlichen* Auswirkungen des Stoff-, Energie- und Informationsaustausches in den Mittelpunkt des Landschaftsbegriffes. Er geht im Grunde genommen so auch in den jüngsten Entwicklungskontext der Landschaftsökologie ein (FORMAN 1995, ZONNEVELD 1995, FARINA 1997, KRÖNERT et al. 2001).

Aus methodischer Sicht liegt der Schwerpunkt der sibirischen Geosystemforschungen *erstens* auf den stationären langdauernden Beobachtungen, Messungen und Experimenten, die in speziell ausgerüsteten Modellarealen unter möglichst exakter Erfassung der Struktur und Dynamik der elementaren Landschaftseinheiten und Landschaften durchgeführt werden, und *zweitens* auf der geographischen Extrapolation dieser Ergebnisse auf der Grundlage der Interpretation der Fernerkundungsdaten, der Landschaftskartierung des Territoriums und der Erarbeitung mathematisch-statistischer Geosystemmodelle.

Dieser Forschungsansatz beruht auf folgenden theoretischen Ausgangsvorstellungen: Die elementare Landschaftseinheit wird als eine durch Stoff-, Energie- und Informationsaustausch geprägte synergetische (SCHMITHÜSEN und NETZEL 1963, SCHMITHÜSEN 1976; im wesentlichen auch im Sinne von HAKEN 1978) Verbindung der Lebewesen, des Bodens und des Muttergesteins, des Wassers und der bodennahen Luftschicht in einem »Punkt« (einem im geographischen Sinne ganz einheitlichen Teil) der Erdoberfläche betrachtet und als *Biogeozönose* (SUKACHEV 1949, 1966) oder *Ökotop* (TROLL 1939, 1950) bezeichnet. Die *Landschaft* ist dann eine durch Austauschprozesse geprägte Verbindung der Biogeozönosen, d. h. ein synergetisches Biogeozönosemosaik lokaler Größenordnung.

Die Austauschvorgänge schaffen eine Übereinstimmung sowohl zwischen den genannten Erdkomponenten in jeder Biogeozönose als auch zwischen den verschiedenen Biogeozönosen in jeder Landschaft. Der Austausch und die landschaftsökologische Übereinstimmung äußern sich vor allem in der *topischen* und der *chorischen* Dimension. Die Biogeozönose wird als ein Landschaftsteil und die Landschaft als ein Biogeozönosengefüge erfaßt. Darüber hinaus sind sowohl Landschaften als auch Biogeozönosen in einer dynamischen Verknüpfung mit dem *regionalen und zonalen Hintergrund* zu betrachten.

Eine der ersten wichtigen Präsentationen der in Sibirien entwickelten Forschungsansätze war das internationale Symposium *Topologie der Geosysteme*, das unter aktiver Beteiligung u. a. der prominenten deutschen Geographen E. NEEF und J. SCHMITHÜSEN sowie von H. BARSCH, G. HAASE, H. HUBRICH und H. RICHTER 1971 in Irkutsk stattfand (*Topology of Geosystems* 1971, SOTCHAVA 1974b). Auch die weiteren Forschungen wurden unter Berücksichtigung des internationalen Kontextes durchgeführt, so daß die in diesem Vortrag verwendeten theoretischen Vorstellungen weitgehend an die in Mitteleuropa bekannten landschaftsökologischen Begriffe anschließen (NEEF 1963, HAASE 1991).

2. Forschungsstationen und Modellareale

Um entsprechende landschaftsökologische Grundlagenforschungen durchführen zu können, wurde in den 60er Jahren des vergangenen Jahrhunderts für Ost-, Mittel-, West- und Südsibirien ein spezielles Netz von Forschungsstationen eingerichtet. Seitdem werden in ausgewählten Modellarealen Landschaftseinheiten im Hinblick auf folgende Sachverhalte untersucht:

– Strahlungs- und Wärmebilanz, Wasserkreislauf, Kreislauf der Biomasse und der chemischen Elemente, biologische Produktivität;
– hydrothermische und phänologische Jahreszeiten und deren alljährliche Schwan-

kungen, Störungen des Landschaftshaushaltes, Verlauf der primären und sekundären Sukzessionen und Stabilitätsverhältnisse;
- räumliche und zeitliche Wechselbeziehungen der Landschaftsmerkmale in den topischen und chorischen sowie den regionalen und zonalen (globalen) Dimensionen.

Daran schließt sich die mathematische Modellierung der Ergebnisse und ihre kartographische Darstellung an. Nicht zuletzt geht es darum, die voraussichtliche Entwicklung der Geosysteme einzuschätzen.

Seit den 60er Jahren ist eine Vielzahl an Monographien und Sammelbänden erschienen, in denen die Ergebnisse der Untersuchungen in den Modellarealen in der topischen und chorischen Dimension dargelegt werden (VOROBJOV et al. 2001, *Geographie* 2001). Gleichzeitig wurde die Landschaftsforschung aus regionaler und globaler Sicht entwickelt. Unter diesen Arbeiten sind in erster Linie die Landschaftskarte der Angara-Jenissej-Region und Transbaikaliens (MIKCHEEV und RYASHIN 1977) sowie die landschaftsgeographische Gliederung Nordasiens (SOTCHAVA 1978) zu erwähnen. Entsprechende Untersuchungen der Modellareale werden gemeinsam mit Landschaftskartierungen auch für angewandte Forschungen zur Lösung der komplexen Entwicklungsprobleme Sibiriens genutzt. Als Beispiele seien Beiträge zur Erschließung der Taiga, zur Nutzung der Wasserressourcen Sibiriens, zur Bildung des Kansk-Atschinsker Rohstoff- und Energiekomplexes und zur umweltgerechten Bewirtschaftung der Baikalregion genannt, die während der 60er bis 80er Jahre besondere Bedeutung erlangten (VOROBJOV und SNYTKO 1984, VOROBJOV und GERLOFF 1987) und auch heute noch sehr wichtig bleiben (*Geographie* 2001).

Eine der sechs Hauptforschungsstationen (Tschunojar) wurde 1963 im Angara-Jenissej-Gebiet errichtet, das als ein typisch borealer Raum Mittelsibiriens gilt (Abb. 1). Als Modellareal wurde eine naturnahe, im wesentlichen unbewohnte Landschaft der Taiga ausgewählt, deren wirtschaftliche Erschließung bevorstand (SOTCHAVA und KRAUKLIS 1964, KRAUKLIS 1979).

Die Untersuchungen wurden auf den einander zugeordneten Modellflächen der verschiedenen Größenordnung durchgeführt. Als Modellareale galten:

- Modellbiogeozönosen (0,25–1 ha),
- Modellketten der Biogeozönosen (die 1–2 km langen und 100 m breiten Catenen oder Transsekten),
- ihre nächste (lokale) Umgebung (15 km^2), die teilweise als ein elementares Wassereinzugsgebiet zu untersuchen war, und
- die regionale Umgebung (rund 600 km^2).

Während der ersten Jahre wurden nur fast unberührte Naturlandschaften hinsichtlich ihrer Struktur und Dynamik untersucht (KRAUKLIS et al. 1967, SOTCHAVA

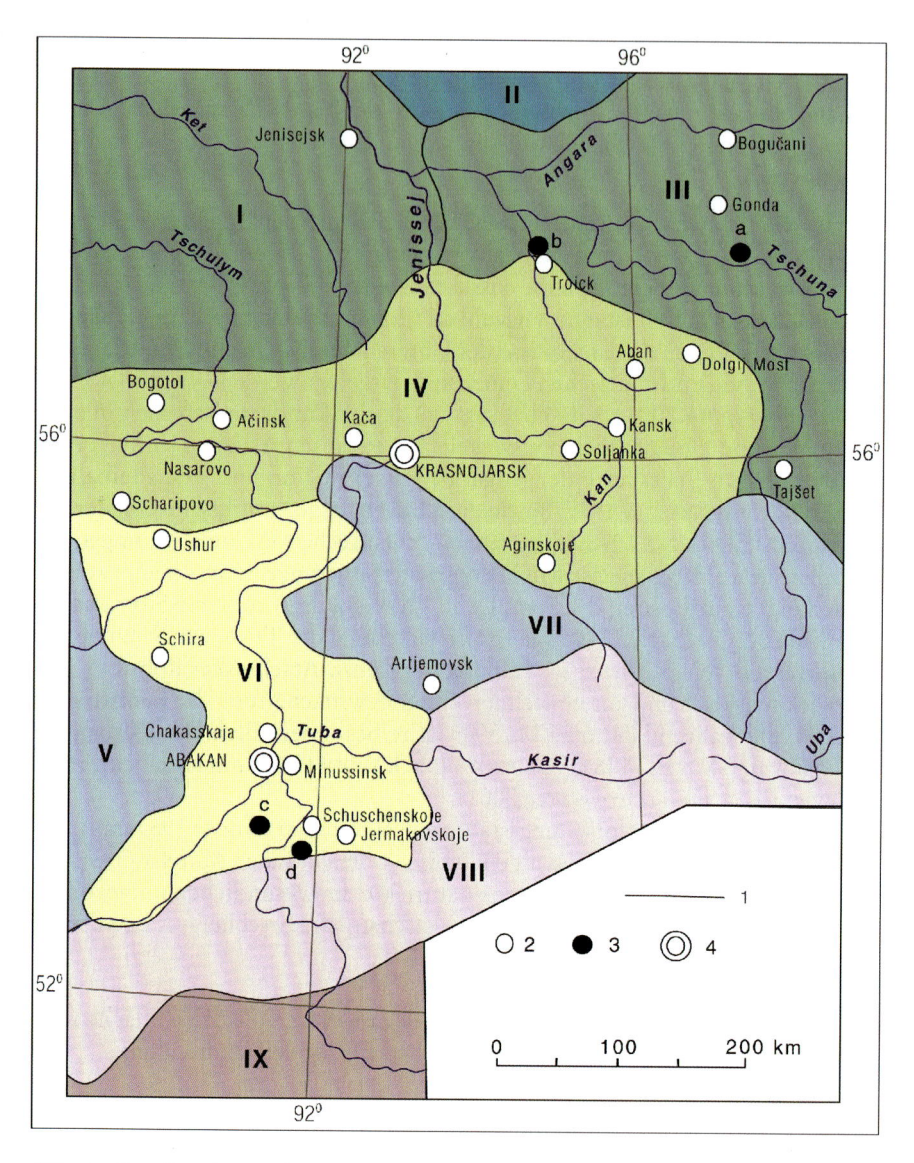

Abb. 1 Das Forschungsgebiet im Süden Mittelsibiriens. Bezeichnungen: 1 – Grenze der Regionen; 2 – meteorologische Stationen; 3 – Forschungsstationen (a – Tschunojar, ab 1963; b – Opok; c – Novo-Nikolajevka, ab 1970; d – Lenskij, ab 1970); 4 – Verwaltungszentren. Das Angara-Jenissej-Gebiet erlaubt hinsichtlich der geographischen Breite Vergleiche mit nemoralen Regionen Europas. Allerdings handelt es sich um ein innerkontinentales Gebiet enger Verflechtungen zwischen Taiga-, Randtaiga- (dem hemiborealen Ökoton), Waldsteppen- und Steppenformationen. Hier sind Gebirgslandschaften und Ebenen miteinander verknüpft. Dieses Gebiet läßt auch deutliche Verbindungen des Mittelsibirischen Berglandes

1969, KRAUKLIS 1972, 1975, 1976). In den folgenden Jahren wurden auch Modellflächen, die durch Auswirkungen des Holzeinschlags und dessen Nebenwirkungen (vor allem der Waldbrände), des Baues der Eisenbahnlinie sowie der Entwicklung der industriellen Infrastruktur, der Siedlungen und des Straßennetzes charakterisiert waren, in die Untersuchungen einbezogen. Kernpunkte des Forschungsprogramms waren die Beobachtung der Zustandsveränderungen der borealen Landschaften, die Modellierung und Prognose der Dynamik der Geosysteme und die landschaftsökologische Auswertung der Folgeerscheinungen (KRAUKLIS 1979, 1980, KOSMATSCHEV 1985, KRAUKLIS 1993).

Die weitere Entwicklung der stationaren Untersuchungen führte zu Fragestellungen, die Modellareale von regionaler Größenordnung benötigten. Als ein Beispiel kann die Forschung zur landschaftsökölogischen Verflechtung von Taiga und Steppe angeführt werden (KRAUKLIS und SUVOROV 1988). Dies war ein Versuch, die Ergebnisse der topischen und chorischen Untersuchungen in zonaler und regionaler Sicht auszuweiten und zu vertiefen. Es handelt sich um ein Projekt, das auf vier weitflächigen Modellarealen der Angara-Jenissej-Region durchgeführt wurde (Abb. 2 und Tab. 1) und das gleichzeitig auch zur Entwicklung der Landnutzung und des Umweltschutzes in dem vom wachsenden Kansk-Atschinsker Rohstoff- und Energiekomplex beeinflußten Teil der Angara-Jenissej-Region genutzt werden sollte. Dazu wurde ein spezifischer Forschungsansatz entwickelt, der mehrere zuvor wenig genutzte geobotanische, zoologische und klimatologische Verfahren einbezog (KRAUKLIS 1987, BESSOLITZINA et al. 1991).

---

mit den nachbarlichen Großräumen – dem Südsibirischen Gebirgssystem, dem Westsibirischen Tiefland sowie den östlich vom Baikalsee gelegenen Regionen – erkennen. Den Verflechtungsmustern nach dürfte das Gebiet in folgende Landschaftsregionen eingegliedert sein: I – planares Mosaik der Taiga und Randtaiga, die Tschulim-Abdachungsebene; II – submontan-montanes Mosaik der Taiga, das Jenissej-Mittelgebirge; III – collin-submontanes Mosaik der Taiga und der fragmentarischen Randtaiga mit einzelnen Waldsteppenbeständen, das Angara-Plateau; IV – planar-collines Mosaik der Randtaiga und Waldsteppe mit der fragmentarischen Steppe und Taiga, das Vorland des Ostsajanischen und Kusneczkij-Alatau-Gebirges; V – submontan-montan-subalpines Mosaik der Taiga mit den Matten sowie mit der fragmentarischen Tundra und Randtaiga, das Kuzneczkij-Alatau-Mittelgebirge; VI – collines Mosaik der Steppe und Waldsteppe mit den einzelnen Randtaiga- und Taigabeständen, das intramontane Minussinsker Becken; VII – submontan-montan-subalpines Mosaik der Randtaiga und Taiga mit der fragmentarischen Tundra und den Matten, Ostsajanisches Mittelgebirge; VIII – montan-subalpin-alpines Mosaik der Tundra, des Golez und der Matten mit der fragmentarischen Taiga, West- und Ostsajanisches Hochgebirge; IX – submontan-montan-subalpin-alpines Mosaik der Steppe, der Tundra und des Golez mit der fragmentarischen Taiga, das intramontane Tuwa-Becken mit der Umgebung.

Tab. 1 Die untersuchten Probenflächen (siehe Abb. 2)

Biogeozönosetyp	Modellareal und Probenflächenummer			
	A	K	N	M
Steppen				
1. Solontschak				*33*
2. Halophytsteppen				25, 29, *31, 32*
3. »Echte« Steppen		10, 11, <u>28</u>		<u>18</u>, <u>19</u>, <u>20</u>, 24, 26, 27
4. Petrophytsteppen	**48**		20	8, **21, 22, 23**
5. Wiesensteppen		12, <u>27</u>	<u>9</u>, <u>22</u>	7
Wiesen				
6. Steppewiesen	45	12a	17	
7. Wald- und Auenwiesen	<u>41</u>, 44	19b	<u>6</u>, 11, *15*	*3*
Krautreiche Laub-, Kiefern- und Lärchenwälder				
8. Wiesensteppenwälder		13, 19, 21a, 21b	13, 16, **19**, 21	17
9. Hemiboreale Wälder der Collin- und Planarstufe	36, 37	1, 5, 7, 11a, 23, 24	3, 5, 7, 10, 12	14, 15
10. Hemiboreale Wälder der Submontanstufe		<u>18</u>, 25		<u>4</u>, <u>5</u>, <u>6</u>, 6a,
Dunkle boreale Nadelwälder (Taiga)				
11. Tannen- und Zirbelwälder der Submontanstufe		<u>15</u>, **15a**, *17*		1, 2
12. Tannenwälder der Collinstufe	34		1, 4	
13. Fichtenwälder der Talsohlen	**42, 43**	**2, 19a**		
Kiefernwälder der Sandstandorte				
14. Boreale Wälder	50			13a
15. Steppewälder	49			13, 14, 15, 16
Stark veränderte Biogeozönosen				
16. Acker	38, 40, 46, 47	3, 9, 14, 20, 23a	8, 14, 18, 23	12, 28, 30
17. Brachen	39, 39a, 45a	6, 21, 22,		10, 11
18. Holzschläge	35	4, 16	2	

48 – Skelettboden, <u>27</u> – Skelettboden von der Tiefe 20–50 cm, <u>40</u> – Halbhydromorpher Boden, **47** – Hydromorpher Boden

Zugleich wurde das von L. G. Ramenskij (1938, 1956) erarbeitete Verfahren aktualisiert, das er seinerzeit als *Ökotopologie* oder *Landökologie* bezeichnete.

Eine frühere deutschsprachige Zusammenfassung behandelte vor allem die Landschaftsdynamik (Krauklis 1987). Hier stehen neben neuen Ergebnissen die regionalen und zonalen Aspekte der Landschaftsstruktur im Vordergrund.

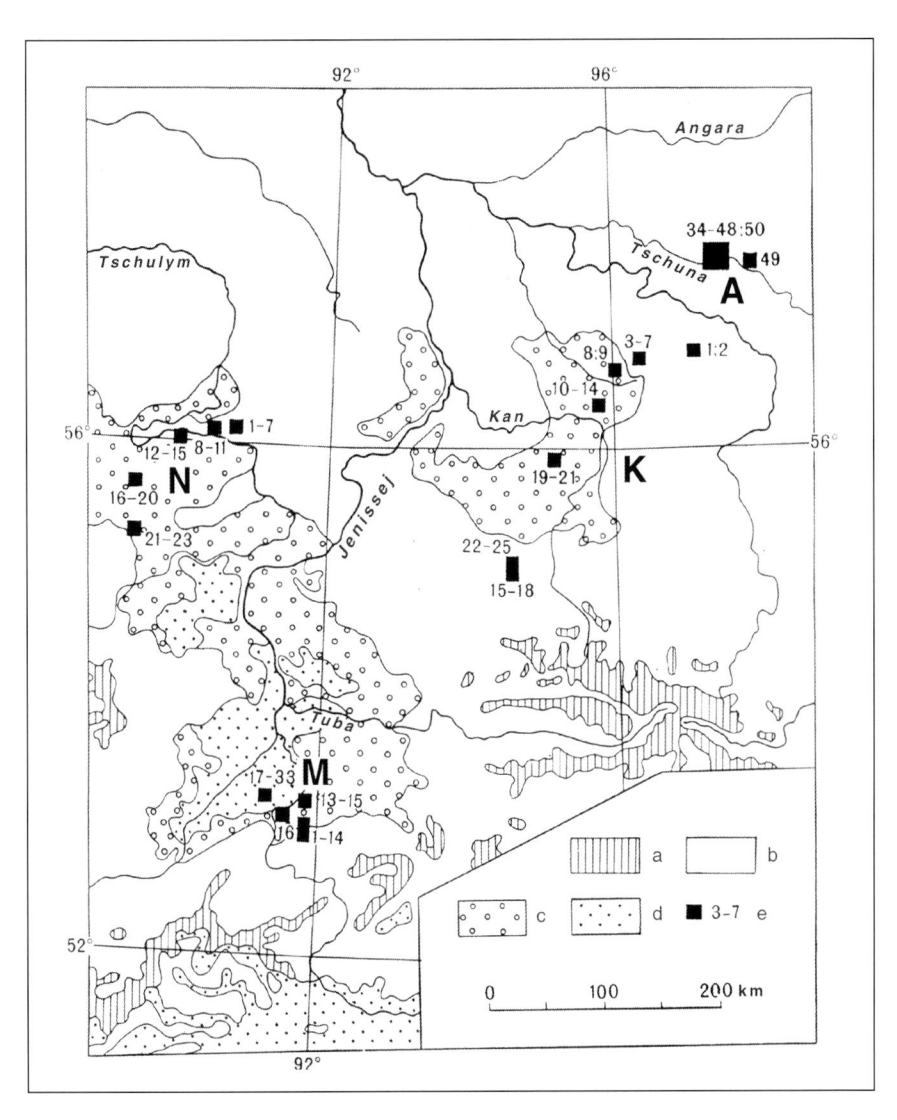

Abb. 2 Potentielle natürliche Vegetation des Forschungsgebietes (nach LAVRENKO und SOTCHAVA 1955; mit einigen Änderungen): a – Hochgebirgsvegetation (Golez, Tundra, Matten); b – boreale (Taiga) und hemiboreale (Randtaiga) Vegetation der Gebirge und Ebenen; c – Waldsteppe; d – Steppe; Probenfläche und ihre Nummern. Regionale Modellareale: A – Angara-Plateau (Biogeozönosenaufnahmen in den Jahren 1986 und 1987); K – Kansker Becken und Ostsajanisches Vorgebirge (1987); N – Nasarovskaja Becken, Arga- und Solgon-Gebirgsrücken (1984); M – Minussinsker Becken und Westsajanisches Vorgebirge (1986). Beobachtungen und Messungen sind auf jeder Probenfläche (250 m²) wenigstens zweimal (Ende Mai – Anfang Juni und Anfang Juli) durchgeführt worden. (Nach Geobotanitscheskaja Karta SSSR 1955; mit einigen Änderungen)

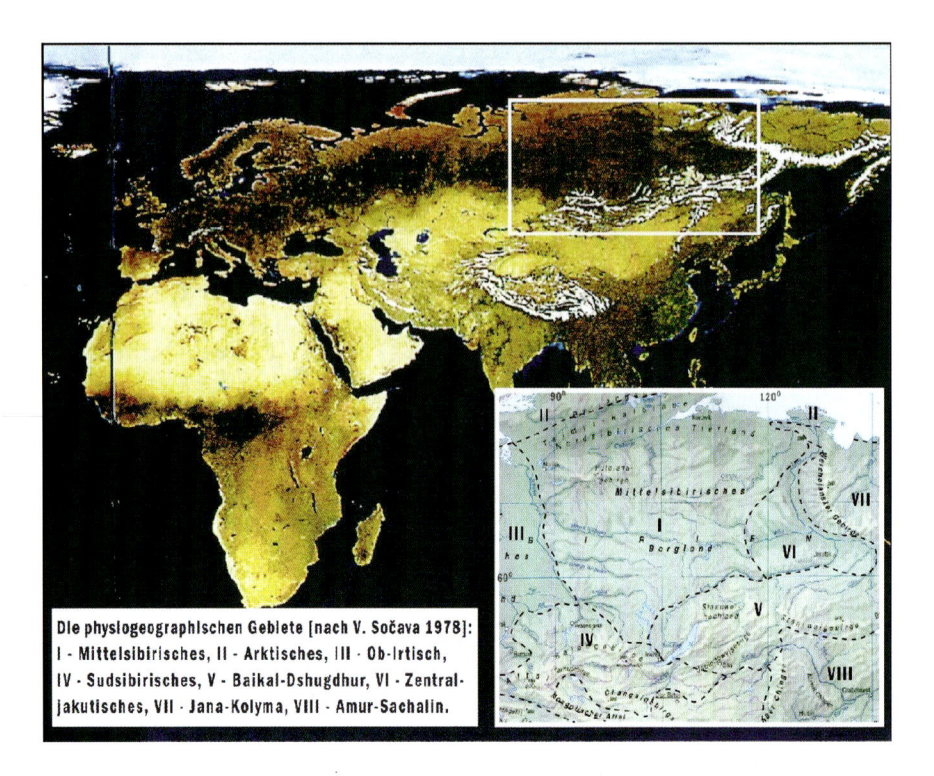

Abb. 3 Das Mittelsibirische Bergland aus zonaler und regionaler Sicht (aus: Neuer illustrierter Atlas der Welt, München Knuth 1998/99)

3. Der zonale Hintergrund und die Biogeozönosentypen

Im wesentlichen ist das Mittelsibirische Bergland eine tief zertalte und zum Teil gebirgige Hochebene (meist 400–600 m NN). Sie erstreckt sich von den Niederungen im Küstengebiet des Arktischen Ozeans zwischen das monotone Westsibirische Tiefland und die ostsibirischen Gebirgsgebiete und Niederungen bis zu den an Innerasien grenzenden südsibirischen Gebirgssystemen (Abb. 3). Wie der subpolare Nordrand empfangen auch die Westwinddriftbreiten Mittelsibiriens kaum Wärme- und Feuchtezuschüsse der Ozeane. Daher ist das Temperaturregime hier sehr hart und der Jahresniederschlag verhältnismäßig gering. Nördlich 60°–65° n. Br. herrscht kontinuierlich Permafrost, der südlich davon noch sporadisch und diskontinuierlich festzustellen ist (Tab. 2).

Im Süden und Osten Mittelsibiriens (vor allem in den tiefen und weiten Flußtälern) ist die Differenz zwischen der jährlichen Niederschlagssumme und der potentiellen Verdunstung gering. Für große Flächen liegt diese Kennziffer unter der klimatischen Trockengrenze, so daß bis zum Polarkreis und darüber hinaus

Tab. 2 Klimaangaben für die Taiga des Angara-Gebiets (Forschungsstation Tschunojar, Beobachtungsort Tannenwald) und die Steppe des Minussinsker Beckens (Minussinsk – Versuchsfeld) in Vergleich zu der boreo-nemoralen Zone (Riga) Europas

Beobachtungs-ort	Lufttemperatur, °C				Nieder-schlag, mm/a	Schnee-höhe, cm	Bodentemperatur, °C*	
	Januar	Juli	Jahres-mittel	Jahres-amplitude			20 cm	160 cm
Tschunojar 57,5° n. Br.	–21,4	17,6	–2,5	39,0	486	71	2,1 (–2,1; 9,6)	2,4 (0,4; 5,1)
Minussinsk, 53,7°n. Br.	–21,2	19,6	–0,2	40,8	362	25	4,6 (–11,0; 19,0)	4,6 (–0,7; 11,9)
Riga, 57° n. Br.	–5,0	17,1	5,6	22,1	617	11	7,6 (–0,9; 17,5)	7,9 (3,8; 13,2)

* Jahresmittel, in Klammern – Monatsmittel für Februar und August.

Steppeninseln verbreitet sind (Abb. 4). Allerdings wird das Niederschlagsdefizit durch die Winterkälte gemindert. Da es im Winter meist kein Tauwetter gibt, wird fast der ganze Schneewasservorrat bis zum Frühling festgehalten. So besteht bis in den Sommer hinein nur selten Wassermangel. Dazu trägt auch die lange Dauer des Bodenfrostes bei (Abb. 5).

Das Mittelsibirische Bergland gehört fast völlig zur Taigazone, die hier eine innerkontinentale Taigazone colliner Höhenstufe darstellt. Zusammen mit der südsibirischen Gebirgstaiga erreicht die Nord-Süd-Ausdehnung der borealen Nadelwälder hier (von rund 70° bis zu 50°–45° n. Br.) ihr Maximum (siehe Abb. 3).

Die nördliche Subzone der Taiga wird von lichten, in der Regel an ewigen Bodenfrost gebundenen Lärchenwäldern *(Larix dahurica)* Ostsibiriens beherrscht. In die mittleren und südlichen Subzonen erstreckt sich die durch sogenannte dunkle Nadelbäume, wie Tanne *(Abies sibirica)*, Zirbel *(Pinus sibiricus)*, Fichte *(Picea obovata)*, geprägte Taiga Westsibiriens und der südsibirischen Gebirge. Sie kommt vor allem auf den recht feuchten (westlichen und höheren) Bereichen vor. Größtenteils wird diese dunkle Taiga durch die mehr trocken- und feuerbeständigen Lärchen- und/oder Kiefernwälder *(Larix sibirica* resp. *Pinus sylvestris)* ersetzt, die zum Teil als Sekundärwälder (Dauergesellschaften) betrachtet werden. Außerdem werden weite Flächen von den sekundären Kurzgesellschaften – den borealen Birken- und Espenwäldern *(Betula platyphylla* und *Popula tremula)* – eingenommen.

In der Nachbarschaft von Siedlungen und landwirtschaftlich genutzten Flächen häufen sich krautreiche Laub- und Nadelwälder. Nach der Artenzusammensetzung und den Bodeneigenschaften können sie als hemiboreale oder Waldsteppenbiogeozönosen klassifiziert werden. Stellenweise kommen auf den Sonnenseiten der Steilhänge Steppeninseln vor, meist durch Gräser, Sträucher

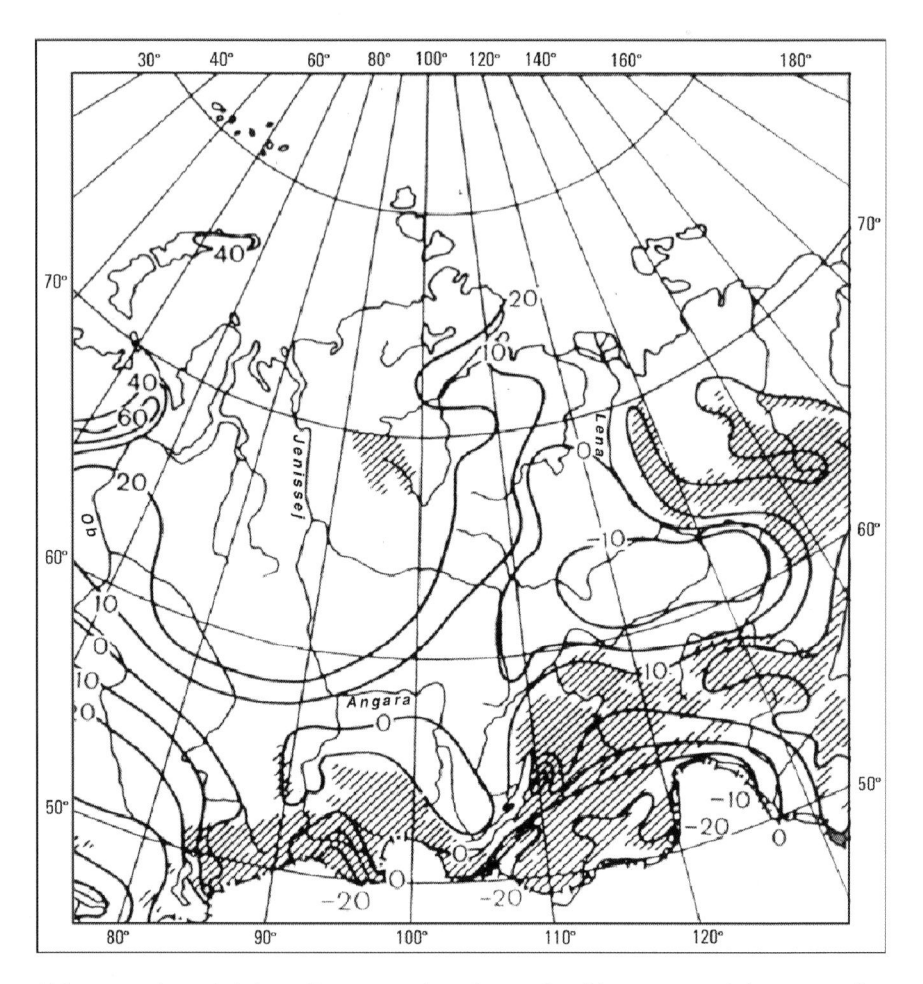

Abb. 4 Mittlere jährliche Differenz zwischen der Niederschlagsmenge und der potentiellen Verdunstung. Aus ZUBENOK 1976

und Kräuter geprägte Xeropetrophyten-Biogeozönosen. Öfter sind Steppenarten eine Komponente der mäßig feuchten Grasfluren (z. B. Auenwiesen), die dann Steppenwiesen (»versteppte« Wiesen) genannt werden.

Das heterogene Biogeozönosenmosaik der Landschaften, das als Verflechtung von Taiga und Steppe in der chorischen und der topischen Dimension in Erscheinung tritt, ist in erster Linie auf die ökologischen Auswirkungen des geringen Niederschlagsüberschusses zurückzuführen. Dieser ist jedoch kein typischer hydrothermischer Hintergrund der borealen Zone. Im Hauptgebiet der borealen Zone Mittelsibiriens werden »azonale« Biogeozönosentypen meist durch

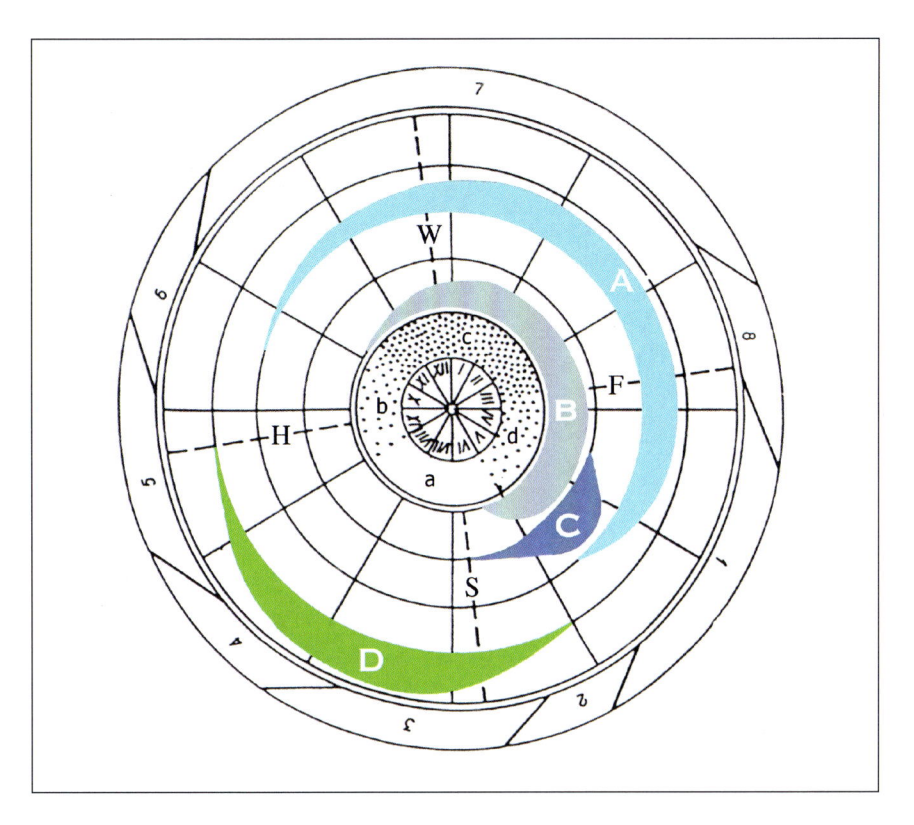

Abb. 5 Jahreszeitenphasen der dunklen Taiga des Angara-Plateaus (*Abies-sibirica*-Wald, Forschungsstation Tschunojar): 1 – Erstfrühling, 2 – Vollfrühling/Frühsommer, 3 – Hochsommer, 4 – Spätsommer, 5 – Herbst, 6 – Vorwinter, 7 – Hochwinter, 8 – Nachwinter/Vorfrühling. A – Schneedecke, B – gefrorener Boden, C – Gravitationswasser im Boden, D – sommergrüne Phytomasse; F – Frühlings-, H – Herbsttagundnachtgleiche, S – Sommer-, W – Wintersonnenwende; I–XII – Monate. Jahresgang der Lufttemperatur: a – frostlose Periode, b – Übergang von positiven zu negativen Temperaturen, c – ständig unter 0 °C, d – Übergang von negativen zu positiven Temperaturen.

spezifische (basenreiche und sandige) Bodensubstrate, das einen erhöhten Kontinentalitätsgrad aufweisende Lokalklima der großen Flußtäler bzw. durch menschliche Eingriffe in den Landschaftshaushalt hervorgerufen.

Im südlichen Randgebiet der Taiga, insbesondere im Gebirgsvorland, gibt es fast ein Gleichgewicht von Niederschlags- und Verdunstungsmengen (siehe Abb. 4). Hier finden sich als häufigste Biogezönosetypen bald lichte krautreiche Kiefern-, Birken-, Espen- und Lärchenwälder, bald aus Wiesen- und Waldkräutern sowie Steppengräsern bestehende Grasfluren (Wiesensteppen und Steppenwiesen), die oft an ausgedehnte Acker- und Weideflächen anschließen. Die typischen

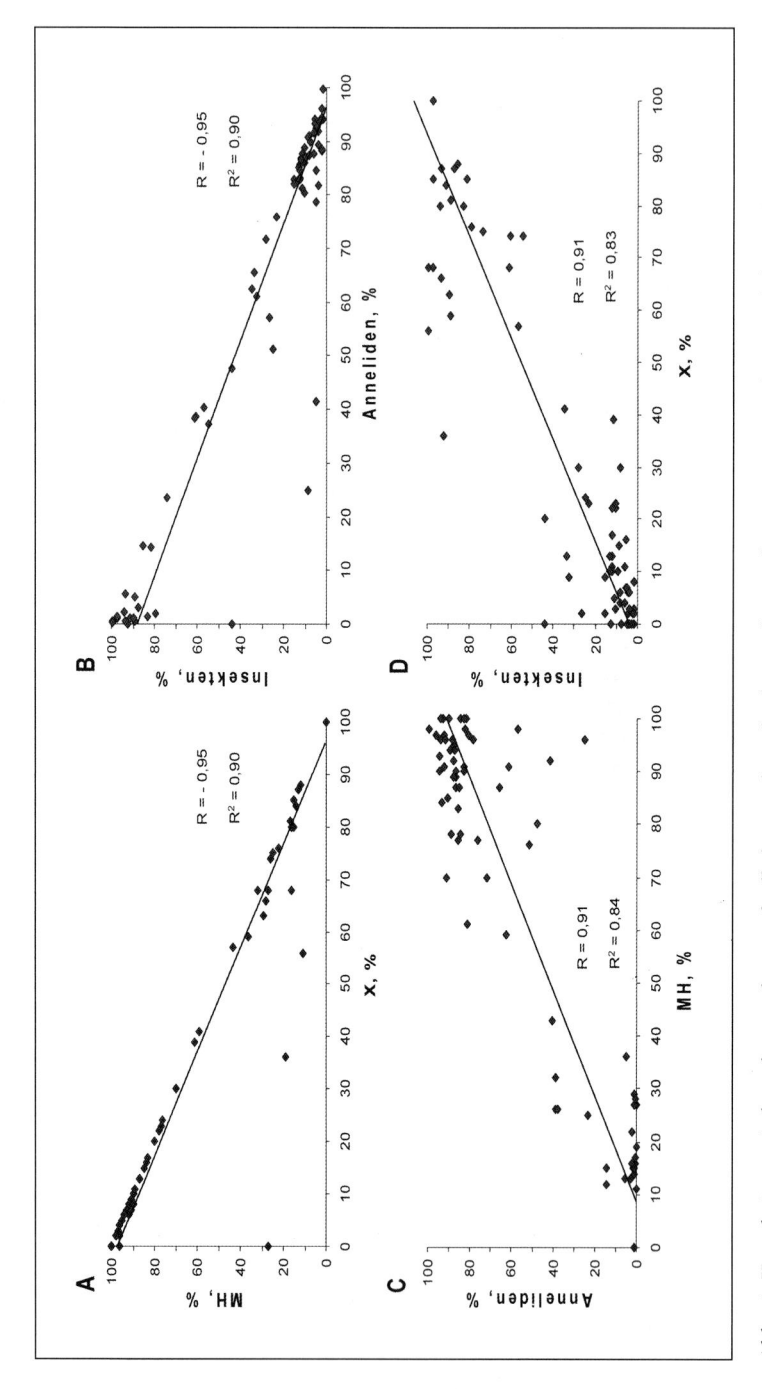

Abb. 6. Korrelation zwischen den trockenempfindlichen und trockenbeständigen Pflanzenarten (*A*), den trockenempfindlichen Pflanzenarten und Anneliden (*C*), den trockenbeständigen Pflanzenarten und Insekten (*B*), den trockenbeständigen Pflanzenarten und Anneliden (*C*), den trockenbeständigen Pflanzenarten und Insekten (*D*). Trockenempfindliche Arten (MH) – Gesamtzahl der Meso-, Mesohygro-, Mesopsychro- und Hygrophyten, trockenbeständige (X) – Gesamtzahl der Xero-, Xeropetro- und Mesoxerophyten. Kennziffer für Anneliden und Insekten – prozentualer Anteil am gesamten Lebendgewicht der wirbellosen Bodentiere.

Borealwälder bilden hier nur mehr oder weniger bedeutende Inseln, die hauptsächlich in höheren, der submontanen Stufe entsprechenden Lagen oder auf den Talsohlen (moorige Fichtenbestände) und Sandterrassen (Kiefernwälder, die oft auch Steppenarten einschließen) lokalisiert sind.

Die sogenannten echten Steppen – d. h. Grasfluren der schmalblättrigen, horstbildenden Gräser wie *Stipa*-, *Helictotrichon*-, *Koeleria*-Arten, *Festuca vallesiaca*, *F. sulcata* – treten im Mittelsibirischen Bergland nur spärlich in Erscheinung. Sie sind aber in den Modellarealen, die Vorgebirge und intramontane Becken einschließen, reichlich vertreten (siehe Abb. 2). Hier wurden auch hemiboreale und boreale Waldbiogeozönosen verschiedener Höhenstufen untersucht (siehe Tab. 1). Unter ihnen gibt es humide, kraut- und strauchreiche Wälder aus Tanne, Zirbel, Espe und Birke mit bedeutendem Anteil der nemoralen Arten, die als *Tschernjewaja*-Taiga oder *Tschernj* bezeichnet werden.

Die Verflechtung von Taiga und Steppe zeigt sich bald in topischer und chorischer, bald in regionaler und globaler Dimension. Das Zusammenspiel der an verschiedene Dimensionen anknüpfenden Landschaftsteile und Landschaften ist eine der kennzeichnenden Beschaffenheiten Mittelsibiriens. Die Kenntnis dieser Verflechtungsmuster ermöglicht es, die Landschaftsstrukturen sowie die Dynamik der Stoff- und Energieflüsse im Jahresgang wie auch langzeitliche Veränderungen zu erfassen. Ziel ist nicht zuletzt, zur Sicherung einer nachhaltigen Entwicklung der Landschaften Sibiriens beizutragen, indem für bevorstehende größere Erschließungsprojekte entsprechende Grundlagen und Lösungen bereitgestellt werden. Folglich widmet sich der Hauptteil dieses Beitrags den Verflechtungsmustern von Taiga-, Randtaiga-, Waldsteppe- und Steppe-Biogeozönosen in Landschaften des Angara-Jenissej-Gebiets und der angrenzenden innerkontinentalen geographischen Räume Mittel-, Ost-, Süd- und Westsibiriens.

4. Einige landschaftsökologische Wechselbeziehungen im Verflechtungsbereich von Taiga und Steppe

Die Forschungen reichen von den borealen Biogeozönosen, die als typischer Bereich des relativen Niederschlagsüberschusses gelten, bis zu den durch ein Niederschlagsdefizit gekennzeichneten echten Steppenbiogeozönosen. Sowohl aus technischen als auch theoretischen Gründen ist es leider kaum möglich, das Verhältnis des Niederschlags zur potentiellen Verdunstung für jede Probenfläche zu bestimmen und so die Biogeozönosen in dieser Hinsicht eingehender zu vergleichen. Allerdings gestatten die Felddaten, auf die Frage einzugehen, wieweit der zonale hydrothermische Hintergrund im ökologischen Spektrum der Vegetationseinheiten zur Auswirkung gelangt. Unter diesem Gesichtspunkt ist es möglich, auch die Zusammensetzung der wirbellosen Bodenfauna, die in der Tierbiomasse dominiert, zu betrachten und auf Wechselbeziehungen zwischen diesen Biogeozönosekomponenten einzugehen. Was die hydrothermischen Verhältnisse

betrifft, so erwies sich das Bodentemperaturregime als einer der ausschlaggebenden Faktoren, die die zonale Beschaffenheit des landschaftsökologischen Wirkungsgefüges im Verflechtungsbereich von Taiga und Steppe bedingen. Der Vortrag wies vor allem auf die beiden folgenden Gruppen hin:
- die an mäßige oder erhöhte Feuchtigkeit angepaßten Pflanzen, d. h. relativ trockenempfindlichen Arten – Meso-, Mesohygro-, Mesopsychro- und Hygrophyten, und
- die trockenbeständigen Arten – Xero-, Xeropetro- und Mesoxerophyten.

Auf die nur in zwei Biogeozönosentypen vorkommenden Halophyten soll hier nicht näher eingegangen werden.

Den größten Anteil der Bodentiere (dem Lebendgewicht nach) bilden *erstens* die Anneliden (Regenwürmer und Enchytraeiden), die typische Vertreter einer »Feuchthauttiere« genannten ökomorphologischen Gruppe sind, und *zweitens* die gegenüber Austrocknung und übermäßiger Erwärmung des Bodens in der Regel weniger empfindlichen Insekten. Der Anteil der übrigen wirbellosen Bodentiere an der Gesamtmasse ist gering. Um den ökologischen Sachverhalt darzustellen, wurden die Feuchtigkeits- und Nährkraft-Kennziffern der Standorte nach der Artenzusammensetzung der Pflanzengesellschaften mit der Reihen-Koordinationsmethode von L. G. RAMENSKIJ (1938, 1956) berechnet. Im wesentlichen sind diese den ökologischen Zeigerwerten nach H. ELLENBERG (1979) gleichwertig.

Die statistische Datenbearbeitung zeigt, daß in den naturnahen Biogeozönosen (etwa 70 Probenflächen) eine enge positive Korrelation (R = 0,91) trockenempfindlicher Pflanzen mit den »Feuchthauttieren« sowie der trockenbeständigen Pflanzenarten mit den Insekten besteht (Abb. 6). Eine fast ebenso enge negative Korrelation tritt sowohl zwischen den trockenempfindlichen Pflanzenarten und den Insekten (R = – 0,95) als auch den trockenbeständigen Pflanzen und den Anneliden (R = – 0,84) auf. Dasselbe gilt für die Korrelationen zwischen trockenempfindlichen und trockenbeständigen Pflanzenarten und zwischen Anneliden und Insekten. Die Verteilung der Probenflächen in der graphischen Korrelationsdarstellung ist sehr ungleichmäßig. Es gibt entweder »feuchte« oder »trockene« Biogeozönosen, aber es fehlt fast völlig an »mittleren« Biogeozönosen, obwohl etwa die Hälfte der beprobten Areale nach den üblichen Klassifikationskriterien zur Randtaiga und Waldsteppe gehören.

In der dunklen Taiga (*Abies sibirica*, *Pinus sibirica*, *Picea obovata*) sind 95–100 % der Pflanzenarten nur an mäßige oder erhöhte Feuchtigkeit der Standorte angepaßt. In Böden, die hier größtenteils zum Podsoltyp, aber in den Gebirgen teilweise auch zu Braunerden oder Greyzems gehören, sind mit 80–95 % der Gesamtmasse trockenempfindliche Tiere vorherrschend (Regenwürmer ergeben 70–90 %, Enchytraeiden – meist um 5 %). In der südsibirisch mongolischen Steppe (*Stipa krilovii*, *Helictotrichon desertorum*) – einem Bereich mit Niederschlagsdefizit – sind dagegen die Pflanzengesellschaften in erster Linie aus trockenbeständigen Arten (70–90 %) zusammengesetzt. Auf den geringmächtigen Schwarzerden findet man nur noch Insekten (Abb. 7 und 8).

Die Waldsteppe ist ein Gebiet in etwa gleichhoher Niederschlags- wie auch potentieller Verdunstungsmengen. Jedoch tritt hier in keiner Biogeozönose der gleiche Anteil an trockenempfindlichen und trockenbeständigen Lebensformen in Erscheinung. Sowohl in der Vegetation als auch in der wirbellosen Bodentierwelt gibt es einen sehr scharfen Übergang von der Dominanz der mesophylen zum Vorherrschen der trockenbeständigen Formen, der mit der typologischen Grenze zwischen den krautreichen Grasbiogeozönosen der Waldsteppe – Steppenwiesen und Wiesensteppen – zusammenfällt.

Die Steppenwiesen wachsen auf dunklen Greyzem-Böden, wobei die Beschaffenheit der Unterböden oft an Schwarzerden erinnert. Dennoch fehlt es hier fast völlig an Pflanzenarten der »echten« Steppen, hingegen kommen mehrere Arten vor, die auch in den dunklen Nadelwäldern verbreitet sind. Der Anteil der trockenbeständigen Pflanzenarten beträgt 30–40 %, jener der trockenempfindlichen 60–70 %; in ähnlicher Weise liegt der Anteil der Anneliden an der Bodentiermasse bei 65–90 % und jener der Insekten bei nur 10–35 %. Umgekehrte Verhältnisse finden sich in den Wiesensteppen. Hier dominieren trockenbeständige Pflanzen (70–75 %) und Insekten (55–75 %), dagegen werden die trockenempfindlichen Pflanzen (25–30 %) und Anneliden (25–40 %) zurückgedrängt. Diese Biogeozönosen sind mit Schwarzerden verbunden und enthalten viele Pflanzenarten der »echten« Steppen, jedoch keine der dunklen Taiga. Erwähnt sei, daß krautreiche hemiboreale Wälder, die meist Biogeozönosen mit Greyzem-Böden sind, im ökologischen Artspektrum der Taiga sehr ähnlich, aber kaum mit der Steppe vergleichbar sind (siehe Abb. 7 und 8).

Das Gesamtlebendgewicht der wirbellosen Bodentiere und die ökologische Struktur ihrer Zönosen wird vor allem durch den Anteil der Anneliden geprägt, die die größte Körpermasse haben und Saprophagen sind. Daher gelten krautreiche hemiboreale Wälder, Wiesen und zum Teil dunkle boreale Wälder als Biogeozönosen mit verhältnismäßig hoher Zoomasse und beträchtlicher Aktivität in der Humusbildung. Dagegen ist in der Steppe die Zoomasse gering, wobei Phyto- oder Zoophagen vorherrschen (Abb. 9). Das ist auch für Ackerflächen charakteristisch. Die Tierbiomasse liegt dort unter 1–2 g/m². Der Anteil der Insekten beträgt meist 75–95 %; die Anneliden sind nur mit Enchytraeiden vertreten (1–10 %). Das gilt für die meisten Ackerflächen, aber auch in der Steppe, etwa der Waldsteppe, Randtaiga und Taiga. Dagegen zeigen die Pflanzenartenspektren auf den Ackerflächen keine Xerophytisierung. Die starke sommerliche Erwärmung des Oberbodens scheint vielerorts einer der begrenzenden ökologischen Faktoren zu sein (siehe Abb. 9).

Zwischen den zonalen Eigenschaften der Biogeozönosen und der Verteilung der Schneedecke gibt es weitgehende Wechselwirkungen. In der Südtaiga erreicht die Schneehöhe 70–80 cm (in der submontanen und montanen Taiga 100 cm

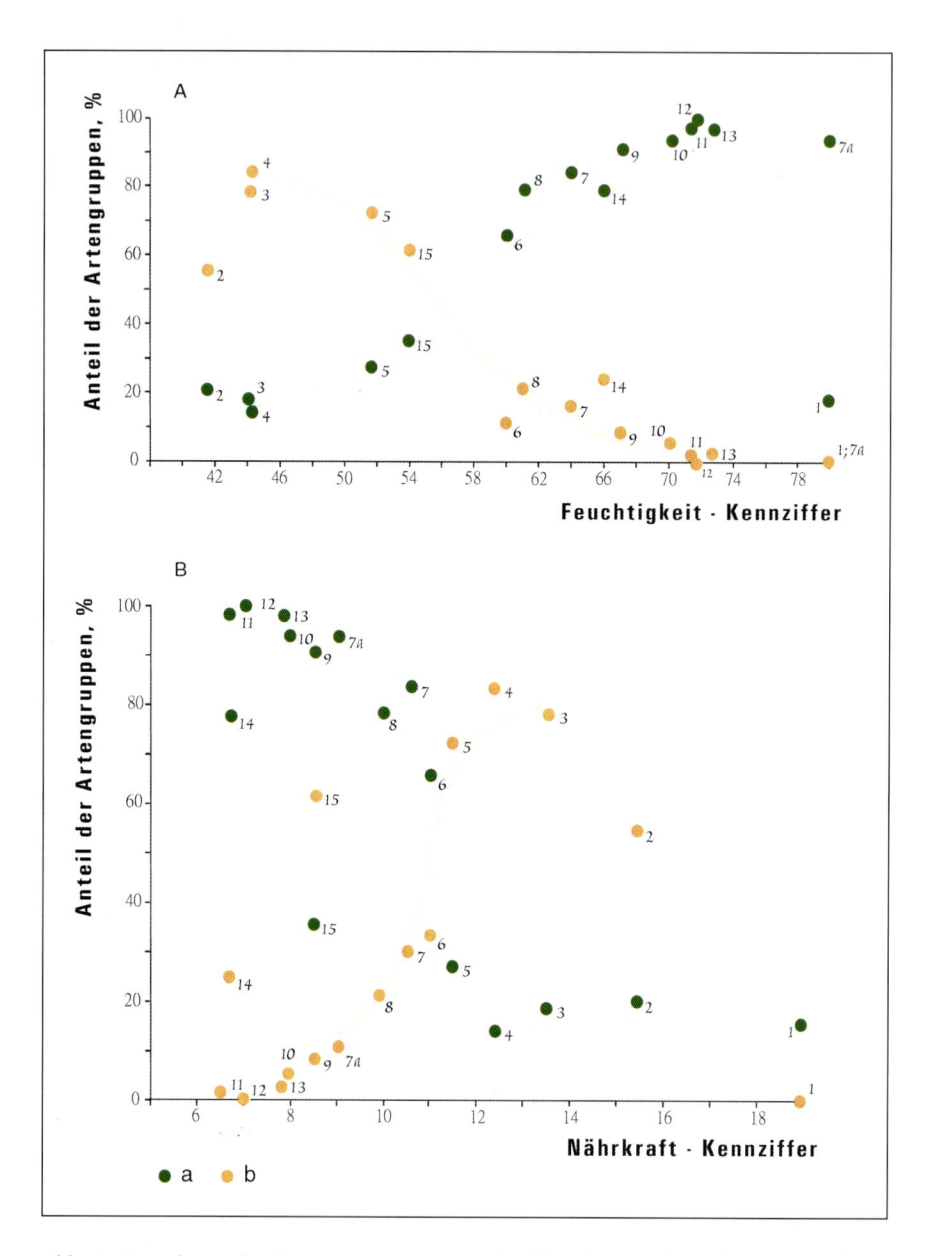

Abb. 7. Einordnung der Biogeozönosentypen (siehe Tab. 2) nach dem mittleren Anteil der trockenempfindlichen (a) und trockenbeständigen (b) Pflanzenarten im Hinblick auf die ökologischen Feuchtigkeits- (*A*) und Bodennährkraft- (*B*) Kennziffern (berechnet nach RA-MENSKIJ et al. 1956). Zonale Biogeozönosentypen: 1, 2, 3, 4 – Steppe; 5, 6, 8, 15 – Waldsteppe; 7, 9, 10, 14 – Randtaiga; 11, 12, 13 – Taiga; 7a – quellige montane Hochstaudenwiese.

und noch mehr); der Schnee liegt wenigstens sechs Monate. Dagegen ist die Schneeauflage in der Steppe sehr fragmentarisch und unbeständig. Je dicker die Schneedecke ist, desto geringer ist die Abkühlung des Bodens im Winter und desto weniger Wärme wird für das Tauen und die Erwärmung des Bodens im Frühling und Sommer gebraucht. Höhe und Dauer der Schneeschicht sind daher die Faktoren, die in entscheidender Weise das Bodentemperaturregime im Verflechtungsgebiet von Taiga und Steppe bestimmen. Als kritische Grenze während der kältesten Periode des Winters ist eine Schneehöhe von etwa 40–50 cm anzusehen: Wird diese Schneehöhe erreicht, setzt das die weitere Abkühlung des Bodens stark herab. Diese Größe kennzeichnet auch die typologische Grenze zwischen den krautreichen Wäldern und den Graslandbiogeozönosen (Steppenwiesen und Wiesensteppen). Daher gibt es zwei verschiedene Typen der Wechselwirkung der bodennahen Luftschicht und des Bodens und folglich auch zwei sehr unterschiedliche Typen des Bodentemperaturregimes (Abb. 10).

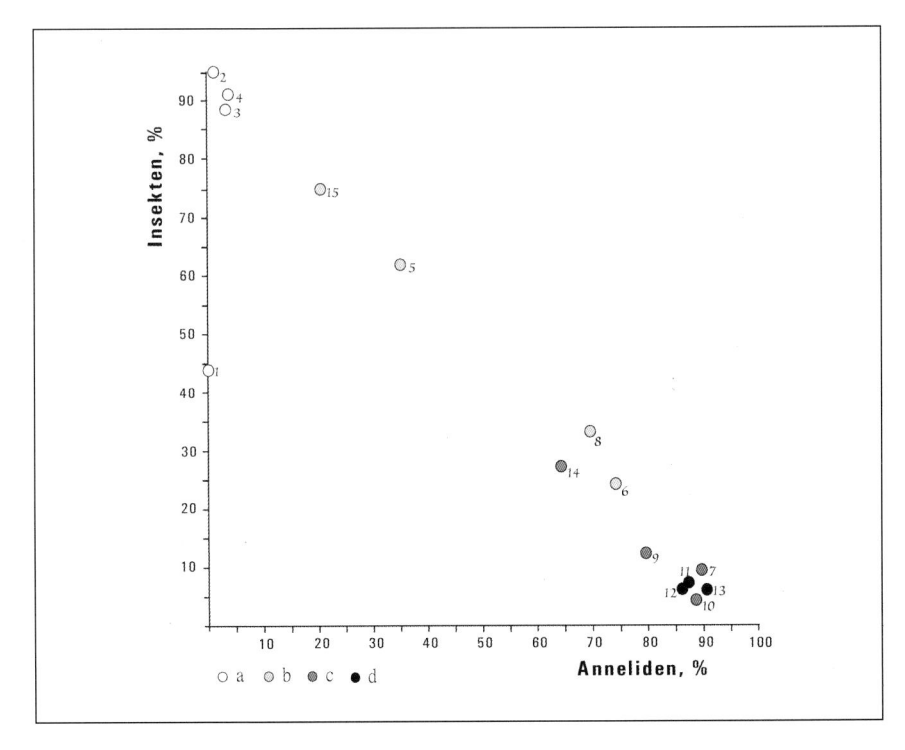

Abb. 8. Einordnung der Biogeozönosentypen (siehe Tab. 2) nach dem mittleren Anteil der typischen »Feuchthauttiere« (Anneliden) und der gegenüber Austrocknung und übermäßiger Erwärmung des Bodens in der Regel weniger empfindlichen Insekten am gesamten Lebendgewicht der wirbellosen Bodentiere; a – Steppe, b – Waldsteppe, c – Randtaiga, d – Taiga

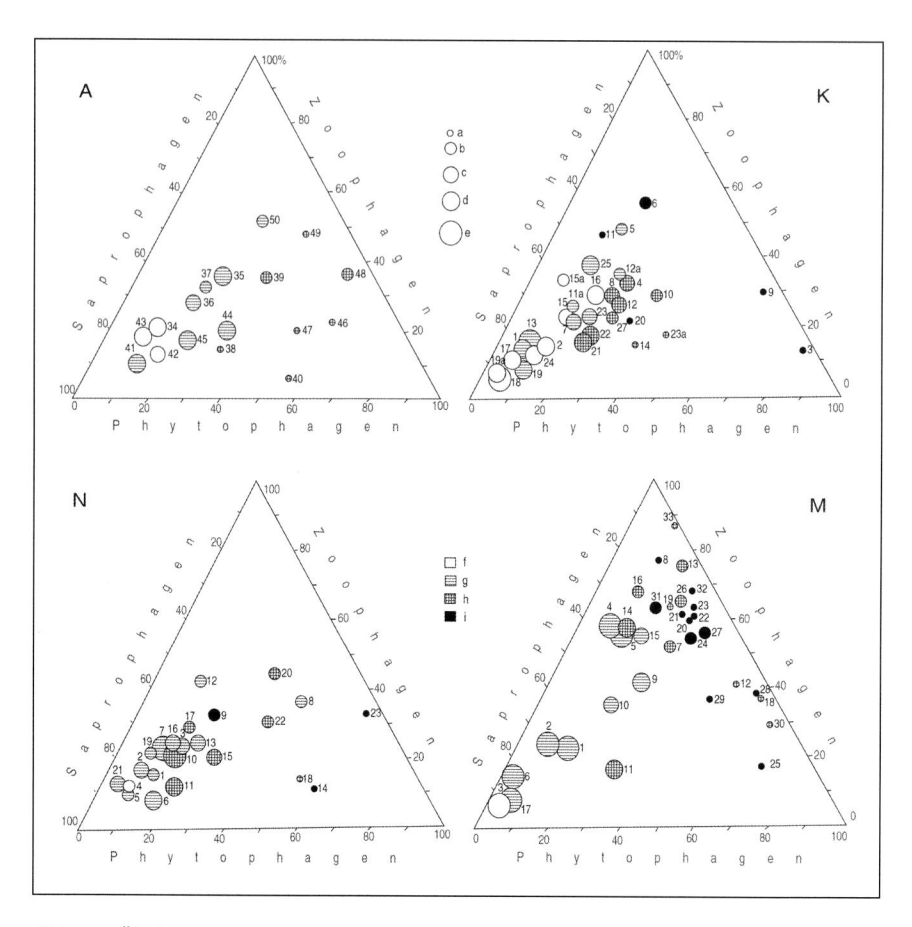

Abb. 9 Ökologische Struktur der Bodentiergesellschaften und Bodentemperatur. Das Lebendgewicht (g/m²): a – < 5,0; b – 5,1–15,0; c – 15,1–25,0; d – 25,1–50,0; e – > 50,0. Bodentemperatur in Juli (°C in der Tiefe 20 cm): f – < 10,0; g – 10,1–15,1; h – 15,0–20,0; i – > 20,0. A, K, N, M – regionale Modellareale (siehe Tab. 1 und Abb. 2).

Die wichtigsten Eigenschaften der zum Steppen- und Waldsteppentyp gehörenden schneearmen Graslandbiogeozönosen sind:

- intensive Wärmeflüsse im Boden sowohl im Winter (von unten nach oben) als auch im Sommer (von oben nach unten);
- starkes Erkalten (–10 °C bis –15 °C in einer Tiefe von 20 cm) und tiefes Gefrieren des Bodens im Winter (200–250 cm in der Steppe, 150–240 cm in der Waldsteppe);
- starke Erwärmung des Bodens im Sommer, so daß die Temperatur des Oberbodens höher als die Lufttemperatur ist, auch während der Vegetationsperiode

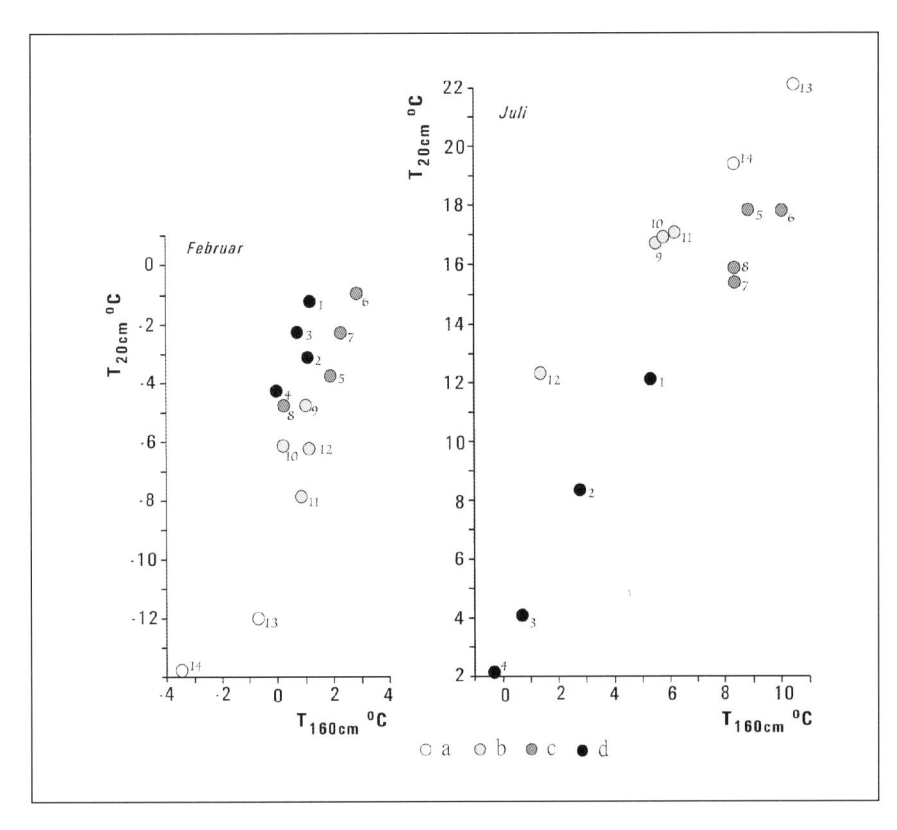

Abb. 10. Einordnung der Beobachtungsorte nach mittlerer Februar- und Juli-Temperatur des Bodens in der Tiefe von 20 und 160 cm (1977–1986). Der zonale Standorttyp: a – Taiga, b – Randtaiga, c – Waldsteppe, d – Steppe. Forschungsstation Tschunojar: 1 – entwaldeter Beobachtungsort (ein Grasfleck am Südhangfuß), 2 – Tannenwald (A/34 in Tab. 2, ebene Wasserscheide), 3 – Zirbel-Fichtenwald mit Tannenjungwuchs (Talsohle), 4 – Zirbelwald mit Tannenjungwuchs (Nordhangfuß mit Permafrost in einer Tiefe von rund 150 cm); Meteorologische Stationen: 5 – Jermakovskoje, 6 – Artjomovsk, 7 – Katscha, 8 – Atschinsk-Bahnhof, 9 – Bogutschani, 10 – Soljanka, 11 – Krasnojarsk-Versuchsfeld, 12 – Ushur-Bahnhof, 13 – Minussinsk-Versuchsfeld, 14 – Schira-Bahnhof.

(dies gilt nur für die Steppe), was das Leben von vielen Pflanzenarten und wirbellosen Bodentieren begrenzt.

Die schneereichen borealen und hemiborealen Wald- und Wiesenbiogeozönosen lassen sich durch folgende Eigenschaften kennzeichnen:

– sowohl im Winter als auch im Sommer geringe Bodentemperaturgradienten;
– nur mäßig kalter (–0,5 °C, –4 °C in einer Tiefe von 20 cm), aber dennoch ziemlich tief (100–120 cm) gefrorener Boden im Winter;

- kühler (in der dunklen Taiga) oder mäßig warmer (in den Laubwäldern und Grasländern) Boden im Sommer, so daß die Temperatur des Oberbodens niedriger als die Lufttemperatur ist;
- in der Taiga kann dieser Sachverhalt als limitierender ökologischer Faktor wirken, in den krautreichen Baumbeständen der Waldsteppe und teilweise auch der Randtaiga scheint er jedoch für Lebewesen günstig zu sein.

5. Ausblick

Zu Beginn der Untersuchungen der raum-zeitlichen Muster der Landschaftsstruktur und -dynamik dienten die Forschungsstationen in den Modellarealen als Hauptinstrument zur Erhebung möglichst exakter Ausgangsdaten. Im Laufe der Zeit wurde jedoch das Bedürfnis stärker, die Multidimensionalität des Landschaftshaushalts und des Wirkungsgefüges zu berücksichtigen, um eine möglichst exakte flächenhaft vollkommene landschaftsökologische Erfassung der Erdräume zu gewährleisten. Die Fallstudie zur Verflechtung von Taiga und Steppe kann dafür als ein Beispiel gelten.

In ähnlicher Weise traten »scaling patterns and processes across landscapes« allmählich in den Vordergrund der allgemeinen Landschaftsökologie und führten zu der Einsicht, daß »the requirement to place a pattern or a process in space at the correct scale is a common goal of landscape ecologists« (FARINA 1997). Der Schwerpunkt dieser Richtung, die für Sibirien besondere Bedeutung erlangt (*Geographie* 2001), liegt in Forschungsansätzen, die sich auf die Nutzung der mit Geofernerkundung gekoppelten Geographischen Informationssysteme stützen. Diese Untersuchungen fördern wiederum die Ansätze der terrestrischen landschaftsökologischen Forschungsstationen, wie es z. B. das in den 90er Jahren etablierte weltweite internationale Netz der Forschungsstationen (*US LTER* 1998) anregte. Die interdisziplinäre Ausrichtung der Forschung und die internationale Kooperation auf dem Feld der schon von C. TROLL (1963) propagierten »Landschaftsökölogie als geographisch-synoptischer Naturbetrachtung« kann zur optimalen Erschließung Sibiriens und zur Gestaltung von harmonischen Kulturlandschaften in der ganzen Welt Erhebliches beitragen.

Literatur

BERTRAND, G.: Paysage et géographie physique globale. Esquisse methodologique. Revue des Pyrénées et du Sud-Ouest 3, 249–272, Toulouse (1968)

BESSOLITZINA, E. P., KAKAREKA S. V., KRAUKLIS, A. A., and KREMER L. K.: Geosystems of the taiga-steppe contacts: south of Central Siberia. Novosibirsk: Nauka 1991 (russ.)

ELLENBERG, H.: Zeigerwerte der Gefässpflanzen Mitteleuropas. 2. Auflage. Scripta Geobot. 9, 1 bis 122 (1979)

FARINA, A.: Principles and Methods in Landscape Ecology. London: Chapman & Hall 1997

FORMAN, R.: Land Mosaics. The Ecology of Landscapes and Regions. Cambridge: Cambridge University Press 1995

Geographie des Asiatischen Russlands auf der Wende des Jahrhunderts. Materialien zur XI. Wissenschaftlichen Konferenz der Geographen Sibiriens und des Fernen Ostens. Irkutsk: Institut Geografii SO RAN 2001 (russ.)
HAASE, G. (Ed.): Naturraumerkundung und Landnutzung. Geoökologische Verfahren zur Analyse, Kartierung und Bewertung von Naturräumen. Beiträge zur Geographie, IGG Leipzig, *34/1* und *34/2* (1991)
HAKEN, H: Synergetics. Heidelberg: Springer 1978
KOSMATSCHEV, K. P. (Ed.): Dynamik der Geosysteme und Erschließung der Taiga des Angara-Gebiets. Novosibirsk: Nauka 1985 (russ.)
KRAUKLIS, A. A.: Factoral dynamic rows of taiga geosystems and principles of their construction. Reports of the Institute of Geography of Siberia and the Far East *37*, 126–137 (1972)
KRAUKLIS, A. A. (Ed.): Natürliche Regime und Topogeosysteme der Taiga des Angara-Gebiets. Novosibirsk: Nauka 1975 (russ.)
KRAUKLIS, A. A.: Les structures locales géographiques de la taïga de la région del' Angara. Reports of the Institute of Geography of Siberia and the Far East *51*, 104–128 (1976)
KRAUKLIS, A. A.: Problems of the Experimental Landscape Science. Novosibirsk: Nauka 1979 (russ.)
KRAUKLIS, A. A. (Ed.): Modelling and Forcasting Geosystem Dynamics. Irkutsk: Institut Geografii Sibiri i Dalnego Vostoka 1979 (russ.)
KRAUKLIS, A. A. (Ed.): Investigations on the State of Taiga Geosystems. Irkutsk: Institut Geografii Sibiri i Dalnego Vostoka 1980 (russ.)
KRAUKLIS, A. A.: Landschaftsökologische Auswirkungen der anthropogenen Vegetationsdynamik auf die südliche Taiga in Mittelsibirien. Peterm. Geogr. Mitt. *131*, 157–162 (1987)
KRAUKLIS, A. A.: Natur der Landschaften und Landeskultur. In: VOROBJEV, V. V., und TSCHISTJAKOV, A. I. (Eds.): Probleme der komplexen Entwicklung Sibiriens. S. 150–158. Sankt-Petersburg: Nauka 1993 (russ.)
KRAUKLIS, A. A., and SUVOROV, E. G. (Eds.): Landscape Ecological Research in the Angara Region's Taiga. Irkutsk: Institut Geografii SO RAN 1988 (russ., engl. abstract)
KRAUKLIS, A. A., VOJLOCHNIKOV , V. A., ZLOBINA , E. M., KREMER , L. K., et al.: Le rythme saisonnier de la taïga sombre résineuse du pays préangarien inférieur. Dokladi Instituta Geografii Sibiri i Dalnego Vostoka *14*, 18–33 (1967) (russ., fr. résumé)
KRÖNERT, R., STEINHARDT, U., and VOLK, M. (Eds.): Landscape Balance and Landscape Assessment. Berlin, Heidelberg, New York: Springer 2001
LAVRENKO, E. M., und SOTCHAVA, V. B. (Eds.): Geobotanische Karte der UdSSR. Moskau: GUGK 1955
MIKCHEEV, V. S., and RYASHIN, V. A.: Landscapes of the south of Eastern Siberia. Map in scale 1:1 500 000. Moskow-Irkutsk: GUGK 1977
NEEF, E.: Dimensionen geographischer Betrachtungen. Forschungen und Fortschritte *37*, 361–363 (1963)
NEEF, E.: Über Geosysteme. In: Ausgewählte Schriften. S. 138–144. Gotha: VEB Hermann Haack 1983 (als Manuskript vervielfältigt 1968)
RAMENSKIJ, L. G.: Einführung in die komplexe bodenkundlich geobotanische Landforschung. Moskau: Selchosgis 1938 (russ.)
RAMENSKIJ, L. G., TZATZENKIN, I. A., TSCHISHIKOV, O. N., und ANTIPIN, N. A.: Ökologische Bewertung des Grünlandes nach der Pflanzendecke. Moskau: Selchosgis 1956 (russ.)
SCHMITHÜSEN, J.: Allgemeine Geosynergetik. Grundlagen der Landschaftskunde. Berlin, New York: Springer 1976
SCHMITHÜSEN, J., und NETZEL, E.: Vorschläge zu einer internationalen Terminologie geographischer Begriffe auf der Grundlage des geographischen Synergismus. Geographisches Taschenbuch *1962/1963*, 283–286 (1963)
SOTCHAVA, V. B.: Points de départ de la classification des terrains de taïga sur la base de la science des paysages géographiques. Dokladi Instituta Geografii Sibiri i Dalnego Vostoka *11*, 14–23 (1962) (russ.)
SOTCHAVA, V. B.: Définition de quelques notions et termes de la géographie physique. Dokladi Instituta Geografii Sibiri i Dalnego Vostoka *3*, 50–59 (1963) (russ.)

SOTCHAVA, V. B. (Ed.): Taïga méridionale de la région ï Angara. La structure et les régimes naturels du paysages géographique de taïga. Leningrad: Nauka 1969 (russ., fr. résumé)
SOTCHAVA, V. B.: Geographie und Ökologie. Peterm. Geogr. Mitt. *116*, 1–10 (1972)
SOTCHAVA, V. B.: Das Systemparadigma in der Geographie. Peterm. Geogr. Mitt. *118*, 161–166 (1974a)
SOTCHAVA, V. B. (Ed.): Topological Aspects of the Study of Geosystems. Novosibirsk: 1974b (russ.)
SOTCHAVA, V. B.: Introduction into Study of the Geosystems. Novosibirsk: Nauka 1978 (russ.)
SOTCHAVA, V. B., et KRAUKLIS, A. A.: Etudes des paysages des territoires de taïga (objectives, méthodes, perspectives). Dokladi Instituta Geografii Sibiri i Dalnego Vostoka 5, 33–37 (1964) (russ.)
STODDART, D. R: Organism and ecosystem as geographical models. In: CHORLEY, R. J., and HAGGETT, P. (Eds.): Models in Geography; pp. 511–548. London: Methuen 1967
SUKACHEV, V. N.: Über Beziehung der Begriffe »geographische Landschaft« und »Biogeozönose«. Voprosi geografii. *16*, 45–60 (1949) (russ.)
SUKACHEV, V., and DYLIS, N.: Programme and Methods of Biogeocoenological Investigations. Moscow: Nauka 1966 (russ.)
Topology of Geosystems – 71. Materials for the Symposium. Irkutsk: Institut Geografii Sibiri i Dalnego Vostoka SO AN SSSR 1971
TROLL, C.: Luftbildplan und ökologische Bodenforschung. Zeitschr. Ges. für Erdkunde Berlin *7/8*, 241–298 (1939)
TROLL, C.: Die geographische Landschaft und ihre Erforschung. Studium generale *3*, 163–181 (1950)
TROLL, C.: Landschaftsökölogie als Geographisch-synoptische Naturbetrachtung. In: Ökologische Landschaftsforschung und vergleichende Hochgebirgsforschung. Wiesbaden 1963
US LTR Network Office: The International Long Term Ecological Research Network. Albuquerque: University of New Mexico 1998
VOROBJOV, V. V., und GERLOFF, U. J. (Eds.): Erschließung Sibiriens und des Fernen Ostens: Geschichte, Konzeptionen, Ergebnisse, Vergleiche. Gotha: VEB Hermann Haack 1987
VOROBJOV, V. V., und SNYTKO, V. A. (Eds.): Geography in Siberia. For the XXV International Geographical Congress. Irkutsk: Institut Geografii SO AN SSSR 1984
VOROBJOV, V. V., SNYTKO, V. A., und NETSCHAEVA E. G. (Eds.): Viktor Borisovitsch Sotchava. Lebenslauf und Werk. Novosibirsk: Isdatelstvo SO RAN 2001 (russ.)
ZONNEVELD, I. S.: Land Ecology. An Introduction to Landscape Ecology as a Base for Land Evaluation, Land Management and Conservation. Amsterdam: SPB Academic Publishing 1995
ZUBENOK, L. I.: Evaporation on the Continents. Leningrad: Gidrometeoizdat 1976 (russ.)

Prof. Dr. Ādolfs KRAUKLIS
Universität Lettlands
Abteilung für Geographie
Rainis Boulevard 19
LV 1586 Riga
Lettland
Tel.:   ++37 17 34 16 94
Fax: ++37 17 33 27 04

Gerechtigkeit: nur eine rationale Wahl?

Von Leo MONTADA, Trier
Mitglied der Akademie

(Kurzfassung des in der Sitzung der Akademie am 22. 10. 2002 gehaltenen Vortrages)

Gerechtigkeit als Bewertungsstandard und als Motiv

Soziale Verhältnisse werden an Standards der Gerechtigkeit bewertet. Die sozialen Verhältnisse können als *Verteilungen* von Gütern, Macht, Rechten, Chancen, Pflichten und Lasten, als *Austausch* zwischen Personen oder sozialen Einheiten oder als *Vergeltung* von Handlungen oder Unterlassungen spezifiziert werden. Die sozialen Verhältnisse werden durch Verfassungen und Rechtsordnungen wesentlich bestimmt. Folglich sind die Verfassungen und Rechtsordnungen ebenfalls an Maßstäben der Gerechtigkeit zu bewerten und mit Maßstäben der Gerechtigkeit zu legitimieren (z. B. ZIPPELIUS 1994).

Verschiedene Gerechtigkeitsstandards stehen in prinzipieller Konkurrenz zueinander (bei Verteilungen etwa das Gleichheits-, das Leistungs-, das Bedürftigkeits-, das Senioritätsprinzip, das Prinzip der Besitzstandswahrung u. a.). Auch deshalb sind Gerechtigkeitskonflikte häufig (MONTADA 2003). Folglich sind Verfahren der Entscheidungsfindung oder der Konfliktlösung erforderlich, die ihrerseits bezüglich Gerechtigkeit zu bewerten sind (LIND und TYLER 1988).

Die Frage, die in diesem Vortrag gestellt wurde, betrifft nicht die Diversität, die Geltungsbegründung und -begrenzung von Gerechtigkeitsstandards, sondern die Motive, überhaupt Gerechtigkeitsstandards im eigenen Werten und Handeln anzulegen. Insbesondere ging es dabei um folgende Frage: *Ist das Gerechtigkeitsmotiv als primordial anzusehen oder ist die Beachtung oder Forderung von Gerechtigkeit eine rationale Wahl im Dienste anderer Zwecke?*

Gerechtigkeit als rationale Wahl

Sozialvertragstheorien: Gerechtigkeit – eine rationale Wahl zum eigenen Nutzen

Gerechtigkeit, eine gerechte Gesellschaftsordnung als rationale Wahl im Eigeninteresse der Staatsgründer – das ist eine Denktradition in Sozialvertragstheorien von Thomas HOBBES im 17. Jahrhundert bis John RAWLS heute (1971): Der Aufbau gerechter normativer gesellschaftlicher Ordnungen verhindert gewaltsame Konflikte zwischen Individuen, schafft Sicherheit und entspricht insofern dem wohlverstandenen Eigeninteresse der Menschen. Wie Russel HARDIN (1996) es formuliert hat: Mit dem Rücken an der Wand der Realität begründen *alle* Philosophen gesellschaftliche und soziale Normen mit gegenseitigem Nutzen der Menschen, also mit Eigeninteresse.

Ob das Eigeninteresse der Menschen ausreicht, die Einhaltung des Sozialvertrags – der Normen – zu motivieren, ist freilich eine andere Frage. Schon David HUME (1978) hatte diesbezüglich Zweifel und postulierte, daß für die Erklärung der Einhaltung der Regeln (der Gerechtigkeit) die Idee der Tugend herangezogen werden müsse. Adam SMITH (1776) glaubte hingegen in seiner Theorie der Marktordnung, daß sich die für den allgemeinen Wohlstand günstige Ordnung wie durch eine unsichtbare Hand gesteuert einstelle, wenn alle ihre wohlverstandenen Eigeninteressen verfolgen (SMITH 1776/1963).

Ökonomische Analyse des Verhaltens

Diese Grundüberzeugung beherrscht heute den »mainstream« in den Wirtschaftswissenschaften und hat in den Sozial- und Verhaltenswissenschaften mit dem *Rational-Choice*-Modell Verbreitung gefunden (KALS 1999). Im ökonomischen Modell des Verhaltens, haben *zwei Postulate quasi axiomatischen Status*:

– Rationale Entscheidungen zwischen zwei und mehr Optionen sind vom erwarteten Nutzen geleitet. Rationale Entscheider wählen die Option, von der sie selbst den größten Nutzen für ihre Anliegen erwarten – was immer diese Anliegen sind.
– Rationale Entscheider versuchen den eigenen Nutzen zu maximieren, nicht den Nutzen von anderen. Sie berücksichtigen die Geschicke anderer nur insofern, als diese Auswirkungen auf ihren eigenen Nutzen haben können. Der Nutzen anderer oder der Gemeinnutzen kann insofern nur ein Nebenprodukt des dem Eigeninteresse dienenden Handelns sein.

Diese Quasi-Axiome wären trivial, wenn sie nicht mehr bedeuteten, als daß jeder Mensch seine eigenen Motive verfolgt, was immer diese sind. Was sonst? Damit diese Axiome theoretisch gehaltvoll werden, muß eine Motivation spezifiziert werden. Und diese Motivation ist Eigeninteresse.

In der »ökonomischen Analyse des Verhaltens« (zum Überblick vgl. RAMB und TIETZEL 1993) besteht die Grundidee darin, auch hinter phänotypisch tugendhaftem Handeln Eigeninteressen aufzuspüren. *Ein Gerechtigkeitsmotiv – wie auch Gemeinsinn und soziale Verantwortung – wird nicht als primordial – als eigenständig – anerkannt, sondern auf Eigeninteresse zurückgeführt.* Einige Beispiele zur Illustration:

- Die belastende Betreuung behinderter Eltern kann hypothetisch auch auf selbstbezogene Motive zurückgeführt werden, wie z. B. eine günstige Selbstdarstellung in der Öffentlichkeit oder Erhaltung der emotionalen oder finanziellen Zuwendungen durch die Eltern.
- Die Verbesserung sozialstaatlicher Leistungen kann erklärt werden mit dem Motiv von Politikern, bei der nächsten Wahl die Stimmen der so Begünstigten zu erhalten.
- Die Unterlassung opportunistischen eigennützigen Verhaltens im Geschäftsleben kann damit erklärt werden, daß dieses für längerfristige Geschäftsbeziehungen nicht selbstdienlich wäre.
- Kooperation wird mit wohlverstandenem Eigeninteresse erklärt (AXELROD 1987).

Daß alle möglichen Handlungen hypothetisch auf Eigeninteresse als Motiv rückführbar sind, erübrigt allerdings nicht die empirische Prüfung dieser Hypothesen.

Der Mythos Eigeninteresse in unserem Kulturkreis

Es gehört zur Natur des *Homo sapiens*, daß er Kulturen bildet und daß er Theorien und Modellvorstellungen über sich selbst, über andere Menschen und die Welt bildet. Die Theorien und Modelle können richtig oder falsch sein, sie haben Einfluß auf das Erleben, auf Urteile und Wertungen, auf Handeln. Ohne die subjektiven Theorien und Modellvorstellungen zu kennen, kann man Menschen nicht verstehen und ihr Handeln und Erleben nicht erklären und vorhersagen. Die subjektiven Theorien und Modellvorstellungen der Menschen sind auch durch Kulturen geprägt.

Eigeninteresse sei das kardinale Motiv des Menschen: Das behaupten heute einflußreiche Teile der Wissenschaft, und das glaubt eine breite Öffentlichkeit. Sozial- und verhaltenswissenschaftliche Theorien und Modelle wirken immer dann selbstbestätigend, wenn ihre Annahmen über die Natur des Menschen geglaubt werden (MILLER 1999). Insofern tragen die ökonomische Theorie des Verhaltens, die Evolutionsbiologie, der Behaviorismus und andere Modelle, die dem Eigeninteresse eine dominante Rolle im Handeln und im Handlungserfolg zuschreiben, zur Selbstbestätigung ihrer Annahmen bei, wenn sie erst einmal in einer breiten Öffentlichkeit für richtig gehalten werden. Dies wird in der kulturvergleichenden Forschung herausgestellt, etwa in der Unterscheidung individualistischer und kollektivistischer Kulturen (MARKUS und KITAYAMA 1991, SHWEDER 1991).

Eigeninteresse als präskriptive soziale Norm

Die Psychologen MILLER und RATNER (1996) belegen empirisch, daß von vielen Menschen nur Verhalten, das mit Eigeninteressen übereinstimmt, als »normal« angesehen wird: Soziale Engagements ohne Eigeninteresse werden vielfach als unverständlich, auffällig und gar als abweichend eingeschätzt (z. B. das Engagement von Heterosexuellen für die Rechte von Homosexuellen).

Eigeninteresse als Motiv, als Zweck des Handelns ist in unserem Kulturkreis eine präskriptive soziale Norm geworden. Die Menschen glauben nicht nur, daß andere Menschen aus Eigeninteresse handeln, sie erleben eine Norm des Eigeninteresses derart, daß sie auch prosoziale eigene Handlungen mit Eigeninteresse begründen (WUTHNOW 1991), daß sie ihre Überzeugungen (z. B. über Maßnahmen einer besseren Integration ethnischer Minoritäten) nicht gerne öffentlich vertreten, wenn diese nicht einem offenkundigen Eigeninteresse entsprechen: Sie erwarten dann Unverständnis und Irritation bei anderen. Sie erwarten auch, nicht ernst genommen zu werden, und scheuen deshalb vor öffentlichen Einlassungen zurück (RATNER und MILLER 2001).

Wenn Eigeninteresse als Rechtfertigung andernfalls unverständlichen sozialen Handelns verwendet wird, dann ist das ein Beleg dafür, daß dieses Motiv eine präskriptive Norm geworden ist. Solche Begründungen und Rechtfertigungen tragen zur deskriptiven Normalität des Eigeninteresses bei.

Jedoch wird die Wirkungsmacht von Eigeninteresse überschätzt, weshalb man vom Mythos Eigeninteresse sprechen kann: Weder finanzielle Anreize noch die persönliche Interessenlage haben einen so großen Einfluß auf Handeln, wie allgemein erwartet wird. Nur zwei von vielen Beispielen seien zur Illustration genannt:

– Entgegen verbreiteten Mutmaßungen unterscheiden sich weiße Studierende in den USA in ihrer Sorge und in ihrem Engagement für die Rechte von ethnischen Minoritäten nicht von den Studierenden aus ethnischen Minoritäten (MILLER und RATNER 1996).
– SEARS und FUNK (1991) haben nachgewiesen, daß die Haltungen gegenüber politischen Programmen viel weniger durch deren materielle Auswirkungen auf die persönliche Situation beeinflußt sind als durch politische Grundüberzeugungen.

Reviews dieser Forschung liefern z. B. GREEN (1994) und MANSBRIDGE (1990).

Wege der Verbreitung von Eigeninteresse als deskriptive und präskriptive Norm

Wie wird der Mythos Eigeninteresse vermittelt? Es gibt einige Untersuchungen, die zeigen, daß Studierende der Wirtschaftswissenschaften, wo Eigennutz in der Modellbildung als die wesentliche Motivation der Menschen herausgestellt wird, eine höhere Bereitschaft zu eigennützigem Handeln aufweisen als andere Studierende, z. B. eine fehlerhafte Rechnung zu eigenen Gunsten nicht zu korrigieren oder einen wertvollen Fund für sich zu behalten oder sich in experimentellen Spielen zu sozialen Dilemmata eigennützig verhalten (z. B. Camerer und Thaler 1995, Frank et al. 1996, Marwell und Ames 1981).

Weiter: Menschen, die von anderen egoistisches Handeln erwarten, handeln ihrerseits – vielleicht zur Vermeidung von eigenen Nachteilen – ebenfalls egoistisch (Frank et al. 1996, Orbell und Dawes 1993). Negative Erwartungen über andere bestätigen sich dann selbst, denn wenn man sich selbst egoistisch verhält, tun andere das reziprok auch (Darley und Fazio 1980).

Für die Bevölkerung insgesamt einflußreich sind wohl die vielen alltäglichen indirekten Hinweise und Fragen: Lohnt es sich für Dich? Zahlt sich das aus? Was ist Dein Interesse? Nimm Deinen Vorteil wahr! Die vielen Funktionäre in Politik und Verbänden appellieren selten an soziale Verantwortung und Bürgersinn: Sie bedienen die Interessen ihrer Klientelen.

Was tragen die Wissenschaften bei?

Der Verweis auf Eigeninteresse ist sehr verbreitet in den Diskussionsabschnitten von Forschungsberichten, auch solchen über Gerechtigkeit, Altruismus oder gemeinnützige Engagements, und zwar ohne empirischen Beleg. Es gibt auch prominente psychologische Theorien der Gerechtigkeit, die das Besorgtsein um Gerechtigkeit explizit im Dienst von Eigeninteresse sehen (zum Überblick Tyler et al. 1997), ohne jeden empirischen Beleg. Green (1994) beklagt in seinem Buch *Pathologies of Rational Choice Theory* die Häufigkeit von *Post-hoc*-Interpretationen mit dem Motiv Eigeninteresse in den Politischen Wissenschaften. Wenn ein wissenschaftliches Modell sich als Glaubensüberzeugung etabliert hat, dann gibt es keine ernsthaften wissenschaftlichen Prüfungen mehr, sondern nur noch konfirmierende Interpretationsbemühungen.

Wenn Wissenschaften das Eigeninteresse als das dominante, natürliche Motiv propagieren, dann bedeutet dies eine Rechtfertigung für eigennütziges Verhalten im täglichen und im politischen Leben. Wenn dann noch das evolutionsbiologische Argument hinzukommt, daß dieses Motiv sich im biologischen Selektionsprozeß als das erfolgreichste erwiesen habe (hierzu kritisch z. B. Güth und Kliemt 1994), dann wird das zu seiner Legitimierung und seiner Prävalenz in der Population zusätzlich beitragen.

Die Falle des Reduktionismus: Eigeninteresse als einziges primordiales Motiv hat keinen wissenschaftlichen Erklärungswert!

In der ökonomischen Analyse des Verhaltens werden auch solche Phänomene, die »oberflächlich betrachtet« dem Eigeninteresse zu widersprechen scheinen, hypothetisch auf ein zugrundeliegendes Eigeninteresse zurückgeführt. Insofern kann etwa durch Verweis auf phänotypisch selbstloses Handeln die Grundannahme, daß das Eigeninteresse das omnipräsente fundamentale Motiv sei, nicht erschüttert werden.

Mit einigem Einfallsreichtum ist es immer möglich, solche Hypothesen zu generieren, die jede »Oberflächenmotivation« auf ein zugrundeliegendes fundamentales Eigeninteresse zurückführen und sozial als Eigeninteresse zu »demaskieren«. Diese Form der Hypothesenbildung ist kreativ, aber natürlich noch keine valide wissenschaftliche Beweisführung.

Eigeninteresse: Wissenschaftliche Hypothese oder anthropologischer Glaubenssatz?

Wissenschaftlich zu erklären sind inter- und intraindividuelle Unterschiede im Handeln, Fühlen, Werten, Urteilen. Wenn diese Reduktionen auf Eigeninteresse das Ziel oder den Effekt haben, eine »Ein-Motiv-Theorie« zu etablieren, dann ist dieser Versuch für das wissenschaftliche Ziel der Erklärung und Vorhersage von inter- und intraindividuellen Unterschieden unproduktiv. Wir brauchten dann weitere Theorien, um zu erklären, warum dasselbe Motiv zu unterschiedlichen Manifestationen im Handeln und Werten führen kann. Die Sparsamkeit der Ein-Motiv-Theorie ist eine scheinbare. Zur Erklärung und Vorhersage der beobachtbaren Unterschiedlichkeit muß man in diesem Falle andere theoretische Konstrukte heranziehen, weil verschiedene Motive ja zur Erklärung nicht zur Verfügung stehen. Ein-Motiv-Theorien sind anthropologische Vorentscheidungen, die weder wissenschaftliche Validität noch Nutzen haben. *Sie sind Teil eines Glaubenssystems, nicht eines Wissenssystems.*

Die wissenschaftlich fruchtbarere Strategie der Theorienbildung läßt alle plausiblen Motivhypothesen zu und macht sie empirisch prüfbar, indem z. B. versucht wird, valide Meßinstrumente zu operationalisieren. Die differentielle Psychologie hat hierfür eine leistungsfähige Methodologie entwickelt.

Nicht einmal die Bedeutung des Konzeptes Eigeninteresse ist eindeutig festgelegt. In der Literatur ist ein breites Spektrum von Bedeutungen zu finden (z. B. GREEN 1994): Steigerung oder Bewahrung von Einkommen, Vermögen, Macht, Rechten, sozialem Status, Privilegien, sozialer Sicherheit, ja auch: Selbstachtung, persönliche Identität, soziale Identität. Einige dieser Kategorien sind ihrerseits sehr facettenreich, und jede Facette birgt andere Instrumentalitäten, z. B. Selbstachtung: Selbstachtung kann durch materiellen Besitz, eigene Leistungen, soziale Zugehörigkeiten, soziale Kontakte, moralisches Handeln, gerechtes Urteilen, altruistisches Handeln u. v. a. m. bestätigt oder bestärkt werden.

Wenn alle diese verschiedenen Motivkategorien etwas Gemeinsames hätten, müßte das empirisch über Dimensionsanalysen und Validitätsstudien nachzuweisen sein, was nicht geschehen ist. Um einen solchen gemeinsamen Faktor inhaltlich zu identifizieren, wäre es methodisch angemessen, Konstrukte zu erfassen, die mutmaßlich nicht zu diesem Faktor Eigeninteresse gehören (die sogenannte diskriminante Validierung). Könnte dies Verantwortung für andere sein, Liebe zu anderen, Gemeinsinn oder das Gerechtigkeitsmotiv?

Das Gerechtigkeitsmotiv

Das präskriptive Wesen der Gerechtigkeit

Wenn wir einen Gerechtigkeitsstandard für gültig halten, sehen wir uns selbst und alle anderen verpflichtet, diesem Standard zu entsprechen. Was sind die Indikatoren für diese Verpflichtung? Es ist vor allem *Empörung über diejenigen*, die die Norm verletzen, es ist die Einforderung ihrer Beachtung, und es ist die Tendenz zur Bestrafung von Verletzungen der Norm. Wenn wir selbst die Norm verletzt haben, sind *Schuldgefühle* der Indikator für das präskriptive Wesen der Norm. Schuldgefühle disponieren u. a. zu einer Bitte um Vergebung, zu einem Schuldausgleich, zu einer Sühne oder zu einer Rekonstruktion des Fehlers, durch die die eigene Verantwortung oder die resultierende Ungerechtigkeit geleugnet wird. Wahrgenommene Ungerechtigkeit motiviert zur Wiederherstellung von Gerechtigkeit, ersatzweise zu einer Neubewertung eines Falles, so daß er nicht mehr ungerecht erscheint.

Strategische Beachtung von Empörung

Zweifellos gibt es einen strategischen Gebrauch von Gerechtigkeit, etwa um Eigeninteressen zu verfolgen. Eine Kategorie strategischer Benutzung besteht darin, daß man die Gerechtigkeitsstandards anderer Personen berücksichtigt. Zum Beispiel kann ein Arbeitgeber die Gerechtigkeitsvorstellungen der Beschäftigten berücksichtigen, um Gefühle der Unzufriedenheit, der Empörung und daraus folgende negative Konsequenzen zu vermeiden. In dieser strategischen Anwendung wird Gerechtigkeit nicht als Zweck in sich selbst, sondern als Mittel benutzt, aber der Arbeitgeber ist sich der normativen präskriptiven Natur der Gerechtigkeit in den Köpfen seiner Arbeitnehmer sehr wohl bewußt. Mit anderen Worten: Der Arbeitgeber nimmt die subjektive Gerechtigkeit der Arbeitnehmer als präskriptive Norm und deren erwartete Empörung ernst. Jon ELSTER (1989) hat in seinem Buch *Cement of Society* argumentiert, daß eine Instrumentalisierung von Normativem schon logisch voraussetzt, daß das Normative einen nicht instrumentellen Eigenwert hat, was dann Eigeninteresse sozusagen parasitär ausnutzen kann.

Ein Beispiel aus der experimentellen Ökonomie: Das ultimative Verhandlungsspiel. Das Spiel (engl. *Ultimatum Game*; GÜTH et al. 1982) besteht darin, daß ein Geldbetrag auf zwei Spieler A und B zu verteilen ist, die miteinander nicht bekannt sind und die nur einen einmaligen Austausch, nicht fortgesetzte Interaktionen, erwarten. Das Spiel hat drei Regeln: (*1.*) Der Spieler A ist frei, einen Aufteilungsvorschlag zwischen sich selbst und B zu machen. Zwischen 100 % für sich selbst und 100 % für B ist alles möglich. (*2.*) Über den Vorschlag darf nicht gesprochen oder verhandelt werden. (*3.*) Wenn B den Vorschlag von A akzeptiert, wird dieser so ausgezahlt. Wenn B den Vorschlag zurückweist, gehen beide Spieler leer aus.

Die Standardannahme der ökonomischen Theorie ist, daß A dem Spieler B eigennützigerweise nur einen Minimalbetrag anbietet und daß es im rationalen Eigeninteresse von B liegt, diesen anzunehmen. Denn wenig ist mehr als nichts.

Anomalien aus Sicht der ökonomischen Verhaltenstheorie. Die Zurückweisung des Vorschlags wird jedoch wahrscheinlich, wenn Spieler B sich von A *unfair* behandelt fühlt. Deshalb wird der vorschlagsberechtigte Spieler A, auch wenn er den eigenen Anteil bei seinem Aufteilungsvorschlag zu maximieren versucht, die vermuteten Vorstellungen des zweiten Spielers über eine faire Verteilung in Rechnung stellen müssen.

Aus Hunderten von Experimenten ist bekannt, daß Vorschläge, die weniger als 20 % der Summe für B vorsehen, mit einer Wahrscheinlichkeit von ca. 50 % abgelehnt werden (ROTH 1995). Nur Vorschulkinder lassen sich häufig mit weniger abspeisen (CAMERER und THALER 1995).

In den letzten beiden Jahrzehnten sind viele weitere experimentelle Spiele entwickelt worden, deren Ergebnisse vom *Rational-Choice*-Modell her betrachtet als Anomalien (CAMERER und THALER 1995) zu werten sind. Sie widerlegen, daß alle Menschen immer aus Eigennutz handeln. Plausible Interpretationen ihres Handelns nehmen Bezug auf Motive und Prinzipien der Austauschgerechtigkeit und der Vergeltungsgerechtigkeit (zum Überblick vgl. FEHR und SCHMIDT 2001).

In diesen experimentellen Spielen wird nicht nur die strategische Beachtung möglicher Empörung anderer Spieler deutlich, sondern auch selbst erlebte Empörung über unfairen Eigennutz von Spielern, mit der Konsequenz, daß unfairer Eigennutz bestraft wird, auch wenn dies für den Strafenden selbst kostspielig ist (z. B. FEHR und GÄCHTER 2002). Heftige Empörung motiviert zur Vergeltung, »koste es, was es wolle«.

Dennoch: die Ergebnisse dieser Forschungsrichtung der experimentellen Ökonomie sprechen zwar nicht für eine ausschließliche, aber doch für eine hohe Wirksamkeit von Eigennutz. Fraglich ist jedoch die Generalisierbarkeit dieser Ergebnisse, die »ökologische Validität« der Experimente: Zum Beispiel wurde die subjektive Auffassung der experimentellen Spiele durch die Teilnehmer nicht erfaßt. Auch sind die Handlungsmöglichkeiten in diesen Experimenten durch Instruktionen und Anordnungen so sehr begrenzt, daß geklärt werden müßte, welche lebensweltlichen Handlungssituationen im Verständnis der Teilnehmer hier modelliert werden. Die Erfassung des Verständnisses der Spieler von diesen Spielen (z. B.: Ist das Spiel nur ein Test für die rationale Verfolgung von Eigeninteresse oder eine Simulation lebensweltlicher sozialer Austauschsituationen?) und ihrer emotionalen und kognitiven Bewertungen des Handelns anderer Spieler ist (noch) nicht Standard in dieser Forschungsrichtung.

Erlebte Schuld und Empörung

Die persönlichen normativen Überzeugungen bezüglich Gerechtigkeit drücken sich in zwei Klassen von Emotionen aus: in Schuldgefühlen und Gefühlen der Empörung, wenn persönlich akzeptierte Normen der Gerechtigkeit verletzt werden, wenn die Verantwortlichkeit dafür nicht fraglich ist und wenn keine überzeugenden Rechtfertigungen für den Normverstoß anerkannt werden. Beide Emotionskategorien repräsentieren das präskriptive Wesen von Normen (MONTADA 1993, vgl. auch STRAWSON 1974, TUGENDHAT 1993). Aus diesem Grunde haben wir in der eigenen Arbeitsgruppe diesen Emotionen besondere Aufmerksamkeit geschenkt.

Ein Forschungsbeispiel: Relative Privilegierung. Wie reagieren Menschen in relativ guten Lebensverhältnissen auf Nöte, Elend und Probleme von Menschen, denen es schlechter geht als ihnen selbst, z. B. armen Menschen in den Entwicklungsländern, den Arbeitslosen im eigenen Land, Behinderten, Asylbewerbern (MONTADA et al. 1986, 1988). Wie reagieren Menschen emotional, wenn sie mit der Lebenssituation Benachteiligter konfrontiert werden? Mit Sympathie oder mit ärgerlichen Vorwürfen der Selbstverschuldung, mit Stolz auf eigene Leistungen, mit Zufriedenheit über ihre eigenen besseren Lebensbedingungen, mit Schuldgefühlen über die eigene relativ privilegierte Situation (die sie vielleicht nicht als völlig verdient ansehen) oder mit Empörung über die Ungerechtigkeit der Benachteiligung anderer oder der sozialen Ungleichheit insgesamt?

Wir fanden große individuelle Unterschiede in diesen emotionalen Reaktionen. Schuldgefühle – die wir in diesem Falle existentielle Schuldgefühle nannten – und Empörung über die ungerechte Benachteiligung anderer erwiesen sich dabei als normalverteilte Variablen in mehreren großen heterogenen Stichproben, alles andere als exotische Anomalien. Schuld und Empörung haben theoretisch plausibel interpretierbare Korrelate, z. B. die Wahrnehmung der gegebenen sozialen Ungleichheit zu ihren Gunsten als ungerecht, die Wahrnehmung eines Zusammenhangs zwischen den eigenen besseren Lebensbedingungen und den schlechteren der Benachteiligten (im Sinne einer kausalen Verbindung oder im Sinne, daß Umverteilungen des Wohlstandes möglich wären). Sowohl existentielle Schuldgefühle wie auch Empörung über Ungerechtigkeit disponieren zu prosozialen Aktivitäten zugunsten der Benachteiligten: Schuldgefühle etwas mehr zu persönlichen Verzichtleistungen, Empörung mehr zu politischem Protest.

Frage: Sind Schuldgefühle und Empörung auf Eigeninteresse reduzierbar? Wir haben auch Indikatoren für Eigeninteresse erhoben. Es mag sein, daß Privilegierte gewaltsame Umverteilungsversuche von Seiten der sozial Benachteiligten fürchten. Wir haben deshalb Furcht vor eigenen Verlusten als einen ersten Indikator für Eigeninteresse erhoben. Ein zweiter Indikator für Eigeninteresse war der Ärger über die Benachteiligten, der Selbstverschuldungsvorwürfe impliziert und dazu disponiert, die bestehenden Ungleichheiten nicht als ungerecht einzuschätzen, die eigenen Vorteile als verdient zu rechtfertigen und eine Unterstützung der Schlechtergestellten abzulehnen.

Diese emotionalen Indikatoren für Eigeninteresse sind mit Schuldgefühlen und Empörung nur schwach korreliert, positiv mit Furcht vor Verlusten, negativ mit Ärger über die Benachteiligten. Diese Emotionen bilden eindeutig verschiedene Faktoren, und es gibt keine Datenbasis dafür, Schuld und Empörung auf Eigeninteresse zu reduzieren.

Verflechtungen und Entflechtungen von Gerechtigkeitsmotiv und Eigeninteresse

Wir haben in diesen Studien versucht, Gerechtigkeitsmotive und Eigeninteresse zu entflechten, indem wir Menschen in den Blick nahmen, die im Vergleich zu den Benachteiligten relativ privilegiert sind, jedoch ihre Überzeugungen und Standards der Gerechtigkeit durch ihre eigene Besserstellung verletzt sahen und sich deshalb moralisch unwohl fühlten, und die sich verantwortlich fühlen, die wahrgenommene Ungerechtigkeit zu korrigieren.

Während Forderungen nach Gerechtigkeit aus einer Position der relativen Deprivation, sei sie persönlich oder sei sie auf die eigene Bezugsgruppe bezogen (CROSBY 1976, RUNCIMAN 1966) plausibel als durch Eigeninteresse motiviert interpretiert werden können, ist dies nicht so einfach mit Forderungen nach mehr Gerechtigkeit im Sinne der Umverteilung von oben nach unten aus einer privilegierten Position heraus. Andere Autoren (EDELSTEIN und KRETTENAUER 1996, MAES 1998) haben ähnliche Daten publiziert, die diese theoretischen Interpretationen stützen.

Aus der Perspektive der ökonomischen Analyse des Verhaltens kann man selbstverständlich fragen: Ist es nicht eine rationale Wahl, die letztlich dem Eigeninteresse dient, wenn man exorbitante soziale Ungleichheiten korrigiert? Die Gegenfrage lautet: »Warum Schuldgefühle und Empörung anstelle von Furcht vor gewaltsamen Versuchen der Umverteilung oder anstelle einer kühlen strategischen Entscheidung, die Ungleichheiten zu dämpfen?«

Es ist alles andere als unüblich, daß soziale Bewegungen für mehr Gerechtigkeit initiiert und unterstützt werden durch Personen, denen zumindest keine vordergründigen Eigeninteressen unterstellt werden können. KENISTONS (1970) Studie über die Proteste der studentischen Jugend gegen den Vietnamkrieg in den sechziger Jahren, die Studien von HAAN et al. (1968) und FISHKIN et al.

(1973) über Aktivisten der Bürgerrechtsbewegung in den sechziger Jahren sind Beispiele hierfür. Moralische Orientierung und soziale Verantwortlichkeiten wurden identifiziert als die motivationale Basis, nicht Eigeninteresse.

Phänomene wie »survivor guilt«, wie sie etwa für die Überlebenden des Holocausts (BARON 1987) oder der Atombombe von Hiroshima (LIFTON 1967) beschrieben wurden, demonstrieren, daß nicht alle Menschen eigene Vorteile in jeder Situation positiv bewerten. Die Beziehungen zu den Opfern, den Benachteiligten werden nicht von allen Menschen als Konkurrenzbeziehung aufgefaßt. Nicht wenige schließen die Opfer, die Benachteiligten in die eigene Solidaritätsgemeinschaft ein (DEUTSCH 1985). Sie präferieren das Gleichheitsprinzip und das Bedürftigkeitsprinzip vor dem Leistungsprinzip, wie das für nahe Beziehungen (DEUTSCH 1975) postuliert worden ist (vgl. auch SCHMITT und MONTADA 1981).

Selbst im Wirtschaftsleben herrscht nicht immer das am Eigeninteresse orientierte Konkurrenzprinzip. Schuldgefühle von Managern wegen betriebsbedingter Entlassungen von Arbeitnehmern (SMITH 1994) indizieren, daß das Management bei Entlassungen mehr Gerechtigkeitsprobleme hat, als man auf der Basis des ökonomischen Verhaltensmodells erwarten würde. Schuldgefühle bei den Arbeitnehmern, die die betriebsbedingten Entlassungen überlebt haben, sind ein anderes Beispiel.

Weitere empirische Evidenz gegen eine Übergeneralisierung des ökonomischen Verhaltensmodells entnehme ich den Studien über ökologisches Engagement in meiner Arbeitsgruppe (MONTADA und KALS 2000). Ein in vielen Studien repliziertes Ergebnis ist, daß ein weit größerer Teil der Varianz des Umweltengagements und entsprechender Verzichtbereitschaften durch soziale Verantwortung (auch für künftige Generationen) motiviert ist als durch Eigeninteresse, die erlebte Ungerechtigkeit in der Verteilung von Nutzen und Risiken durch umweltbelastendes Handeln ebenfalls.

In diesen Studien wurden auch Eigeninteressen erfaßt, die mit Umweltschutz interferieren, z. B. individuelle Freiheitsrechte, Rechte auf Genuß und Bequemlichkeit, Interesse an ökonomischem Wohlstand. Diese Werte und Motive interferieren mit moralischen Verpflichtungen zum Umweltschutz. Wir konnten aber mit mehreren Studien an heterogenen Stichproben zeigen, daß sich bei einem beträchtlichen Teil der Population diese Eigeninteressen nicht gegenüber moralischen Pflichten und Gerechtigkeitsmotiven durchsetzen.

Trittbrettfahren und Gerechtigkeit

Jede Handlung, jedes Engagement kann durch verschiedene Motive, normative Orientierungen, Wertorientierungen, Interessen oder Bedürfnisse motiviert sein. In der ökonomischen Analyse des Verhaltens spielt das Trittbrettfahren eine bedeutsame Rolle, weil Trittbrettfahren sozusagen als Inkarnation des Eigeninteresses gilt: Es herrscht Konsens, daß Trittbrettfahren eine rationale Wahl ist, die dem Eigeninteresse dient. Man hat Nutzen ohne Kosten und Investitionen.

Aber auch bezogen auf das Trittbrettfahren sind Gerechtigkeitsmotive zu bedenken. Trittbrettfahrer werden von jenen, die sich entschieden haben, Zeit und Kosten zu investieren und sich für ein wertvolles Ziel zu engagieren, nicht als rationale Entscheider im Sinne des ökonomischen Modells anerkannt und respektiert. Statt dessen werden sie für ihr Trittbrettfahren kritisiert als eigennützig, als ausbeuterisch, als pflichtvergessen und – wenn möglich – werden sie bestraft (auch wenn die Strafe für den Strafenden kostspielig ist, vgl. FEHR und GÄCHTER 2002). Es gibt eine Norm der Solidarität (DAWES und THALER 1988).

Ein interessantes Ergebnis aus Gemeinschaftsgüter-Spielen ist folgendes: Viele Spieler scheinen bereit zu Kooperation (zu gemeinsinnigem Handeln) zu sein, stellen aber ihr kooperatives Verhalten ein, wenn sie bemerken, daß dieses von anderen ausgenutzt wird. Ich fasse diesen Befund unter *die These von den demotivierenden oder auch demoralisierenden Wirkungen beobachteten Trittbrettfahrens*. Die theoretische Deutung ist noch zu klären: Setzt sich hier ein Eigeninteresse durch, wenn wegen fehlender Kooperation von Mitspielern Verluste zu erwarten sind, oder ist das eine Reaktion auf die wahrgenommene Ungerechtigkeit straflosen Trittbrettfahrens (oder strafloser Ausbeutung durch Trittbrettfahrer). Die häufige Nutzung von Strafen für dieses Verhalten, die auch für den Strafenden kostenreich sind, spricht für letzteres (FEHR et al. 1998).

Vieles aber, was auf den ersten Blick wie Trittbrettfahren aussieht, beruht auf Gerechtigkeitsmotiven. Wir haben uns in unseren Studien zur Umweltpolitik mit dem Problem des Trittbrettfahrens auseinandergesetzt. Wir haben verschiedene Grundtypen von Umweltschutzpolitiken bewerten lassen: Appelle zum Umweltschutz, Besteuerung von umweltbelastenden Aktivitäten (z. B. Energieverbrauch), Subventionierung von umweltschützenden Handlungs- und Produktionsalternativen (z. B. Subventionierung des öffentlichen Verkehrs zur Eindämmung des privaten Autoverkehrs) und Verbote von umweltbelastenden Aktivitäten und Produktionsprozessen. Das wesentliche Ergebnis in mehreren Studien war, daß *eine Politik der Appelle in bezug auf Gerechtigkeit die schlechtesten Noten bekommt*, und zwar in heterogenen Stichproben (MONTADA und KALS 1995).

Wir haben genauer ermittelt, was denn an Appellen, die jedem die Freiheit lassen, sie zu befolgen oder nicht, ungerecht sein könnte. Die Antwort: Freiheit erlaubt Trittbrettfahren. Außerdem tragen diejenigen, die die Appelle befolgen, z. B. den öffentlichen Nahverkehr benutzen und insofern den Privatverkehr in Innenstädten reduzieren, zur Nutzenmaximierung der Nichtbefolger, der Trittbrettfahrer, noch erheblich bei: Sie machen die Innenstädte und auch den Fernverkehr für diejenigen, die weiterhin die privaten Fahrzeuge benutzen, angenehmer. Deshalb werden Besteuerungen oder Verbote als gerechter bewertet, weil sie Trittbrettfahren verhindern.

Strafloses Trittbrettfahren ist die beste Wahl im Eigeninteresse. Es kann aber auch die beste Wahl gerechtigkeitsmotivierter Personen sein, um ungerechte Vorteile von Trittbrettfahrern zu verhindern: Wenn die normativen Kontextbedingungen so wären, daß die Trittbrettfahrer Sanktionen zu erwarten hätten, dann würden diese Menschen gerne gemeinsinnig handeln. Wenn aber Trittbrettfahren nicht sanktioniert wird, sondern erfolgreich ist, handeln sie so, daß sie gegenüber den Trittbrettfahrern nicht benachteiligt sind.

Gerechtigkeit und Eigeninteresse im Wettbewerb und in sozialen Konflikten

Wenn im legitimen *Wettbewerb* die Eigeninteressen der Parteien aufeinandertreffen, dann sollte unterstellt werden können, daß alle davon ausgehen, daß alle »legitimer Weise« ihre Eigeninteressen verfolgen. Eigennütziges Handeln ist eine legitime Option im Wettbewerb und sollte nicht Empörung oder Feindseligkeit bei einer anderen Partei auslösen, denn jede Partei unterstellt, daß alle ihr Eigeninteresse bestmöglich verfolgen. Divergenzen zwischen den Eigeninteressen von Parteien können durch Verhandlung, durch kooperative Strategien, durch Kompromisse harmonisiert werden: Sonst gibt es Gewinner und Verlierer.

Soziale Konflikte, die Gerechtigkeitsansprüche und Ungerechtigkeitswahrnehmungen implizieren, sind völlig anderer Art. Ungerechtigkeit führt zu Vorwürfen, Ungerechtigkeit rechtfertigt den Anspruch auf Kompensation oder Bestrafung. Die Partei, die Standards der Gerechtigkeit verletzt, wird moralisch verurteilt. Die Beziehungen zwischen den Parteien werden negativ. Ein ungerechter Austausch ist eine Hypothek für künftigen Austausch. Ungerecht behandelt, benachteiligt zu werden, ist etwas anderes, als in einem fairen Wettbewerb verloren zu haben. Ein verlorenes Spiel begründet keine Ansprüche auf Kompensation, ein ungerechter Nachteil begründet hingegen einen solchen Anspruch usw.. Die Auseinandersetzung mit Ungerechtigkeitserfahrungen erfordert Strategien, die entweder die Standards der Gerechtigkeit relativieren oder sie erfordert eine Relativierung der Verantwortlichkeit der »Sünder«. Beides ist nicht notwendig und nicht angezeigt, wenn Eigeninteresse als das legitime Motiv aller konfligierenden Parteien unterstellt wird.

Worum geht es?

Es geht selbstverständlich nicht darum, Eigeninteresse – materielles Eigeninteresse – als mächtiges Motiv vieler Menschen zu leugnen, das hieße, die Realität zu leugnen. Es geht auch nicht darum, dieses Motiv ethisch generell abzuwerten, denn dieses Motiv motiviert viele Handlungen, gegen die auch ein idealer ethischer Diskurs kein Verdikt aussprechen könnte: zu vielerlei produktivem Handeln und zu Wohlstand.

Da es aber auch zu vielem Handeln motiviert, das in ethischen Diskursen als Verfehlung bewertet wird, das dem noch existierenden moralischen Konsens, das Verfassungsprinzipien und dem positiven Recht widerspricht, ist es verhängnisvoll, dieses Motiv als das grundlegende Motiv allen menschlichen Handelns, wenn nicht gar als das einzige primordiale – nicht abgeleitete – Motiv zu postulieren und damit in naturalistischem Fehlschluß *zu legitimieren, ohne es zu kultivieren*, d. h. ohne es an die Kette von Gerechtigkeit, Anstand, Gemeinsinn und soziale Verantwortung zu legen bzw. mit diesen zu harmonisieren.

Kultivierung des Eigeninteresses durch Gerechtigkeit setzt eine Kultivierung des Gerechtigkeitsmotivs voraus

Die Einflußmächtigkeit von Eigeninteresse steht außer Frage. Der Status des Gerechtigkeitsmotivs als primordiales (nicht zweckrationales) Motiv ist ebenfalls nicht zu leugnen. Eigeninteresse kann durch das Gerechtigkeitsmotiv kontrolliert und kultiviert werden. Allerdings bedarf auch das Gerechtigkeitsmotiv der Kultivierung, denn Überzeugungen, was gerecht und was ungerecht ist, sind häufig sehr einseitig. Und sie motivieren schlimme Handlungen bis zu Terrorismus, Genoziden und Bürgerkriegen. Das Reden über Gerechtigkeit – auch in der Politik – ist häufig erschreckend unbedarft.

Nicht jede Forderung nach Gerechtigkeit ist gerecht im Sinne einer ausgewogenen Berücksichtigung verschiedener Prinzipien und gerechter Entscheidungsverfahren. Sie ist es auch nicht bezogen auf die Verzweigung von Konsequenzen und Betroffenheiten durch eine Lösung. RÜTHERS (1991) hat in einer Schrift *Das Ungerechte in der Gerechtigkeit* festgehalten, daß wohl keine Lösung eines Ungerechtigkeitsproblems existiert, die nicht unter anderer Sichtweise wieder neue Ungerechtigkeit schaffen würde. Das gilt für Gerichtsurteile, für die Steuerpolitik, für die Frauenpolitik, für die Beschäftigungspolitik, für die Sozialpolitik und vieles andere mehr.

Die Auseinandersetzungen über Gerechtigkeit sind um so heftiger, je einseitiger sie geführt werden. Gefordert ist perspektivische Flexibilität und Beachtung der gegebenen Komplexität, die Berücksichtigung vieler divergierender Gesichtspunkte. Wie eine Kultivierung des Gerechtigkeitsmotivs möglich ist, ist aber ein anderes Thema.

Literatur

AXELROD, R.: Die Evolution der Kooperation. München: Oldenbourg 1987
BARON, L.: The holocaust and human decency: A review of research on the rescue of Jews in NAZI occupied Europe. Humboldt J. Social Relations 13, 237–251 (1987)
BROCKNER, J.: Perceived fairness and survivors' reactions to layoffs, or how downsizing organizations can do well by doing good. Social Justice Research 7, 345–363 (1994)

CAMERER, C. F., and THALER, R. H.: Ultimatum, dictators, and manners. J. Economic Perspectives 9, 209–219 (1995)
CROSBY, F. A.: A model of egoistical relative deprivation. Psychological Review 83, 85–131 (1976)
DARLEY, J. M., and FAZIO, R. H.: Expectancy confirmation processes arising in the social interaction sequence. Amer. Psychologist 35, 867–881 (1980)
DAWES, R. M., and THALER, R. H.: Cooperation. J. Economic Perspectives II, 187–197 (1988)
DEUTSCH, M.: Equity, equality, and need: What determines which value will be used as the basis for distributive justice? J. Social Issues 31, 137–149 (1975)
DEUTSCH, M.: Distributive Justice: A Social Psychological Perspective. New Haven, CT: Yale University Press 1985
EDELSTEIN, W., and KRETTENAUER, T.: Justice as solidarity: A study of political socialization of adolescents from East and West Germany within the theoretical framework of Durckheim's Sociology of morality. Social Justice Research 9, 281–304 (1996)
ELSTER, J.: The Cement of Society. Cambridge: Cambridge University Press 1989
FEHR, E., and GÄCHTER, G.: Altruistic punishments in humans. Nature 415, 137–140 (2002)
FEHR, E., KIRCHSTEIGER, G., and RIEDL, A.: Gift exchange and reciprocity in competitive experimental markets. Europ. Economic Review 42, 1–34 (1998)
FEHR, E., and SCHMIDT, R.: Theories of fairness and reciprocity – evidence and economic applications. University Zürich: Institute for Empirical Research in Economics. Working Paper No. 75 (2001)
FISHKIN, J., KENISTON, K., and MCKINNON, C.: Moral reasoning and political ideology. J. Personality and Social Psychology 27, 109–119 (1973)
FRANK, R. H., GILOVICH, T., and REGAN, D. T.: Do economists make bad citizens? J. Economic Perspectives 10, 187–192 (1996)
GREEN, D.: Pathologies of Rational Choice Theory: A Critique of Applications in Political Science. New Haven, CT: Yale University Press 1994
GÜTH, W., and KLIEMT, H.: Competition or co-operation: On the evolutionary economies of trust, exploitation, and moral attribution. Metroeconomica 45, 2 (1994)
GÜTH, W., SCHMITTBERGER, R., and SCHWARZE, B.: An experimental analysis of ultimatum bargaining. J. Economic Behaviour and Organization 3, 367–388 (1982)
HAAN, N., SMITH, M. B., and BLOCK, J.: Moral reasoning of young adults: Political-social behavior, family background, and personality correlates. J. Personality and Social Psychology 10, 183–201 (1968)
HARDIN, R.: Distributive justice in a real world. In: MONTADA, L., and LERNER, M. J. (Eds.): Current Societal Concerns about Justice; pp. 9–24. New York: Plenum Press 1996
HOBBES, T.: Leviathan. New York: Dutton 1959 (Original work published 1651)
HUME, D.: A Treatise of Human Nature. Oxford: Clarendon Press 1978
KALS, E.: Der Mensch nur ein zweckrationaler Entscheider? Zeitschr. für Politische Psychologie 7(3), 267–293 (1999)
KENISTON, K.: Student activism, moral development, and morality. Amer. J. Orthopsychiatry 40, 577–592 (1970)
LIFTON, R. J.: Death in Life. Survivors of Hiroshima. New York: Random House 1967
LIND, E. A., and TYLER, T. R.: The Social Psychology of Procedural Justice. New York: Plenum Press 1988
MAES, J.: Existentielle Schuld und Verantwortung für den Aufbau an ostdeutschen Hochschulen. In: REICHLE, B., und SCHMITT, M. (Eds.): Verantwortung, Gerechtigkeit, Moral. S. 99 bis 114. Weinheim, München: Juventa 1998
MANSBRIDGE, J. J. (Ed.): Beyond Self-interest. Chicago: The University of Chicago Press 1990
MARKUS, H. R., and KITAYAMA, S.: Culture and the self: Implications for cognition, emotion and motivation. Pschological Review 98, 224–253 (1991)
MARWELL, G., and AMES, R. E.: Economists free ride, does anyone else? J. Public Economics 15, 295–310 (1981)
MILLER, D. T.: The norm of self-interest. Amer. Psychologist 54, 1053–1060 (1999)

MILLER, D. T., and RATNER, R. K.: The power of the myth of self-interest. In: MONTADA, L., and LERNER, M. J. (Eds.): Current Societal Concerns about Justice; pp. 25–48. New York: Plenum Press 1996

MONTADA, L.: Moralische Gefühle. In: EDELSTEIN, W., NUNNER-WINKLER, G., und NOAM, G. (Eds.): Moral & Person. S. 259–277. Frankfurt: Suhrkamp 1993

MONTADA, L.: Justice, equity, and fairness in human relations. In: WEINER, I. (Ed.): Handbook of Psychology, Vol. 5 (Volume Editors: MILLON, T., and LERNER, M. J.). Hoboken, NJ: Wiley 2003

MONTADA, L., and KALS, E.: Perceived justice of ecological policy and proenvironmental commitments. Social Justice Research 8, 305–327 (1995)

MONTADA, L., and KALS, E.: Political implications of psychological research on ecological justice and proenvironmental behaviors. Int. J. Psychology 35, 168–176 (2000)

MONTADA, L., SCHMITT, M., and DALBERT, C.: Thinking about justice and dealing with one's own privileges: A study of existential guilt. In: BIERHOFF, H. W., COHEN, R. L., and GREENBERG, J. (Eds.): Justice in Social Relations; pp. 125–143. New York: Plenum Press 1986

MONTADA, L., SCHNEIDER, A., und REICHLE, B.: Emotionen und Hilfsbereitschaft. In: BIERHOFF, H. W., und MONTADA, L. (Eds.): Altruismus – Bedingungen der Hilfsbereitschaft. S. 130–153. Göttingen: Hogrefe 1988

ORBELL, J., and DAWES, R. M.: Social welfare, cooperators advantage, and the option of not playing the game. Amer. Sociological Review 787–800 (1993)

RAMB, B.-T., and TIETZEL, M.: Ökonomische Verhaltenstheorie. München: Franz Wahlen 1993

RATNER, R. K., and MILLER, D. T.: The norm of self-interest and its effects on social action. J. Personality and Social Psychology (81)1, 5–16 (2001)

RAWLS, J.: A Theory of Justice. Cambridge, MA: Harvard University Press 1971

ROTH, A. E.: Bargaining Experiments. In: KAGEL, J., and ROTH, A. E. (Eds.): Handbook of Experimental Economics (S. L.). Princeton: Princeton University Press 1995

RÜTHERS, B.: Das Ungerechte an der Gerechtigkeit. Zürich: Edition Interfrom 1991

RUNCIMAN, W. G.: Relative Deprivation and Social Justice. London: Routledge & Kegan Paul 1966

SCHMITT, M., und MONTADA, L.: Determinanten der Gerechtigkeit. Zeitschr. für Sozialpsychologie 13, 32–44 (1981)

SEARS, D. O., and FUNK, C. L.: The role for self-interest in social and political attitudes. In: ZANNA, M. P. (Ed.): Advances in Experimental Social Psychology (Vol. 24); pp. 2–91. New York: Academic Press 1991

SHWEDER, R. A.: Thinking through Cultures: Expeditions in Cultural Psychology. Cambridge, MA: Harvard University Press 1991

SMITH, A.: An Inquiry into the Nature and Causes of the Wealth of Nations. Homewood, IL: Irwin 1963 (Original published 1776)

SMITH, L.: Burned-out bosses. Fortune 130, 44–52 (1994)

STRAWSON, P. F.: Freedom and Resentment and Other Essays. London: Routledge & Kegan 1974

TUGENDHAT, E.: Die Rolle der Identität in der Konstruktion der Moral. In: EDELSTEIN, W., NUNNER-WINKLER, G., und NOAM, G. (Eds.): Moral & Person. S. 33–47. Frankfurt: Suhrkamp 1993

TYLER, T. R., BOECKMANN, R. J., SMITH, H. J., and HUO, Y. J.: Social Justice in a Diverse Society. Boulder, CO: Westview Press 1997

WUTHNOW, R.: Acts of Compassion. Princeton, NJ: Princeton University Press 1991

ZIPPELIUS, R.: Rechtsphilosophie. München: C. H. Beck 1994

Prof. Dr. Leo MONTADA
Universität Trier
FB I – Psychologie
54286 Trier
Bundesrepublik Deutschland
Tel.:   ++49 (0) 65 12 01 20 51
Fax: ++49 (0) 65 12 01 29 61
E-Mail: montada@uni-trier.de

Auf der Suche nach dem Engramm –
Wie und Wo speichert das Gehirn Informationen?

Von Frank Rösler, Marburg
Mitglied der Akademie
Mit 9 Abbildungen

(Kurzfassung des in der Sitzung der Akademie am 22. 10. 2002 gehaltenen Vortrages)

Einer der akribischsten Erforscher des menschlichen Gedächtnisses war sicherlich Marcel Proust. In seiner mehr als 5000 Druckseiten umfassenden Studie *Auf der Suche nach der verlorenen Zeit* hat er das Phänomen »Gedächtnis« mit unglaublicher Präzision aus der introspektiven Sicht behandelt und es in seinem Facettenreichtum, in seiner assoziativen Vernetztheit, in seiner Interaktion mit den aktuellen, situativen Gegebenheiten beschrieben. Aber wir müssen gar nicht Proust bemühen, wir wissen alle aus eigener Erfahrung, daß wir nahezu beliebig mit unseren Erinnerungen spielen können: Wir rufen frühere Erlebnisse und Erfahrungen wieder wach – intentional oder nicht intentional, wir wechseln dabei mühelos die Zeitperspektive – stellen nebeneinander was wir gestern, vor einem Jahr oder vor 20 Jahren erlebt haben. Nach Jahren finden wir noch einen Weg in der Stadt, in der wir als Kind gelebt haben und unter Tausenden von Gesichtern erkennen wir sofort das eines uns sehr vertrauten Menschen wieder. Bei alle dem scheint die Speicherfähigkeit unseres Gedächtnisses unbegrenzt und ein Leben lang verfügbar zu sein. Zwar geht es in der Kindheit und Jugend leichter, sich etwas zu merken, aber auch im Alter von 50 oder 70 Jahren kann man sich immer noch Namen, Gesichter, Fakten, Wege, Bilder einprägen. Wir besitzen einen gigantischen Speicher für ganz unterschiedliche Dinge: Wege, Gesichter, Melodien, Handgriffe, Objekte, Gerüche, Bilder, Tanzfiguren, Wörter, Geschichten. Diejenigen, die auf ihrem Computer Bilddateien oder Wavelet-Dateien speichern, wissen, wie riesig der Speicherbedarf für ein einziges gescanntes Bild ist, und dies läßt erahnen, wie groß die Speicherkapazität unseres Gedächtnisses sein muß.

Und zu alle dem ist das, was uns per Introspektion als Gedächtnisinhalt zugänglich ist, was uns als deklaratives Gedächtnis bewußt wird, nur die »Spitze des Eisbergs«. Gedächtnis ist in unserer Psyche allgegenwärtig. Wir würden kein Wort verstehen, kein Objekt erkennen, kein Fahrzeug lenken, keinen

Satz sprechen, keinen Nagel in die Wand schlagen und kein Problem lösen können, wenn wir nicht in all diesen Fällen bereits Gedächtnisrepäsentationen zur Verfügung hätten. Nur weil wir schon etwas wissen, können wir Neues aufnehmen und verstehen, können wir wiederum neue Informationen – Texte, Bilder, Handlungen – generieren. Gedächtnis ist das zentrale Phänomen, durch das alle anderen psychischen Prozesse überhaupt erst möglich werden. Es schließt alle kognitiven Funktionen ein, und es gibt gute Gründe anzunehmen, daß Informationsverarbeitung von Organismen nichts anderes ist als ein Abgleich, eine Resonanz wahrgenommener und gespeicherter Informationen (BRAITENBERG und SCHÜZ 1991).

Als Naturwissenschaftler, als Experimentalpsychologen geben wir uns nicht mit der Introspektion zufrieden. Wir wollen wissen »Wo sitzt das Gedächtnis« und »Wie funktioniert es«, – wie ist Speicherung und Abruf möglich, wie ist das im Nervensystem realisiert? Karl LASHLEY (1890–1958) war einer der ersten, die systematisch untersucht haben, wo im Gehirn das Gedächtnis lokalisiert sein könnte, wo Engramme abgelegt und abgerufen werden. LASHLEY untersuchte Ratten in Diskriminationslernaufgaben und setzte dann systematisch Läsionen in der Hirnrinde, zum Teil Abtragungen, zum Teil einfach Schnitte, wodurch die Verbindungswege zwischen verschiedenen Arealen unterbrochen wurden. Aufgrund seiner Forschungsarbeiten wurde er zum Skeptiker hinsichtlich der Lokalisierbarkeit von Funktionen, so wie sie von den Phrenologen vermutet und von Neurologen wie Paul BROCA und Carl WERNICKE durch Läsionsbefunde für Sprachfunktionen bestätigt wurden. Fazit seiner Bemühungen war die folgende Aussage, die man in seinem Werk *In Search of the Engram* findet: »This series of experiments has yielded a good bit of information about what and where the memory trace is not. ... The engram is represented throughout the region. ... The so called associative areas are not the storehouses for specific memories.« (LASHLEY 1950).

Nahezu zeitgleich mit dieser sehr pessimistischen Zusammenfassung LASHLEYS erschien eine Publikation, die im Tenor genau das Gegenteil behauptete. Es war die Fallgeschichte des inzwischen in jedem Lehrbuch der Neuropsychologie erwähnten Patienten H. M., bei dem man eine vollständige Temporallappenläsion auf beiden Seiten des Gehirns durchgeführt hatte (SCOVILLE und MILNER 1957). Sinn und Zweck der Operation, die der Neurochirurg SCOVILLE durchführte, war es, den Patienten von quälenden epileptischen Anfällen zu befreien. Reseziert wurden dabei die Strukturen Temporallappenpol, Gyrus piriformus, Uncus, Amygdala, Gyrus parahippocampalis und Hippocampus. Das Überraschende an diesem und ähnlichen Fällen ist die von der Neuropsychologin Brenda MILNER erstmals beschriebene Symptomatik: Der Patient hatte nach der Operation eine totale anterograde Amnesie für deklarative und episodische Gedächtnisinhalte, d. h., er konnte sich nichts Neues mehr merken, er lebte vom Zeitpunkt der Operation an nur noch im »Hier und Jetzt«. Sein

Altgedächtnis jedoch, also seine Erinnerungen an Episoden, Erfahrungen und Wissen vor der Operation und sein Arbeitsgedächtnis waren intakt und nicht auffällig beeinträchtigt. Aus diesen beiden richtungsweisenden Befunden ist zu folgern:

- Es gibt abgrenzbare Bereiche des ZNS, die für Gedächtnisfunktionen essentiell sind. Dies zeigt H. M. im Gegensatz zu Lashleys Befunden.
- Aber es gilt auch, ganz im Sinne von Lashley, daß diese Strukturen nicht das Engramm enthalten können. Sonst hätte H. M. nach der Operation vollständig gedächtnislos sein müssen.

Beide Folgerungen haben die neurowissenschaftliche Gedächtnisforschung der letzten 40 Jahre sehr stark geprägt: Man sucht und analysiert die Flaschenhalsstrukturen, die für den Vorgang des Einprägens und des Abrufs bedeutsam sind (siehe z. B. Brand und Markowitsch 2003), und man sucht weiter danach, wo das Engramm abgelegt ist und welche Eigenschaften es hat. Diese zweite Forschungsfrage ist der Gegenstand des vorliegenden Beitrages. Ehe ich dazu einige experimentelle Befunde referiere, möchte ich kurz eine Methode beschreiben, mit der sich biologisch arbeitende Experimentalpsychologen dieser Frage widmen. Abschließend wird eine neurowissenschaftliche Gedächtnistheorie skizziert, die es erlaubt, die berichteten Ergebnisse zu integrieren.

Die Beobachtung kognitiver Prozesse mittels hirnelektrischer Potentiale

Eine Methode, die Experimentalpsychologen zur Beobachtung gedächtnisrelevanter Phänomene einsetzen, ist das Elektroenzephalogramm (EEG), also die Registrierung hirnelektrischer Massenpotentiale. Wenn man Elektroden auf dem Kopf von Probanden anbringt, kann man bei hinreichender Verstärkung sehr schwache, im µVolt-Bereich liegende Spannungsänderungen messen. Wenn man dann noch geeignete Signalextraktionsverfahren einsetzt, lassen sich sogenannte ereigniskorrelierte Signale erfassen, also Spannungsänderungen, die kritischen Ereignissen entweder folgen, einem akustischen oder visuellen Reiz, oder auch kritischen Ereignissen, z. B. einer Bewegung, einer Artikulation, vorausgehen (Lutzenberger et al. 1985; vgl. Abb. 1). Einzelne Komponenten dieser sogenannten ERPs, von engl. *event-related potentials*, hängen systematisch mit Informationsverarbeitungsprozessen zusammen, d. h., man kann bestimmte Komponenten bestimmten Verarbeitungsprozessen zuordnen. Dabei sind die frühen Komponenten eher mit der sensorischen Verarbeitung und elementaren Wahrnehmung verbunden, die späteren mit höheren kognitiven Prozessen, und die, die einer Handlung unmittelbar vorausgehen, mit der Initiierung und Ausführung motorischer Programme (vgl. Rösler und Heil 1998, Rugg und Coles 1995).

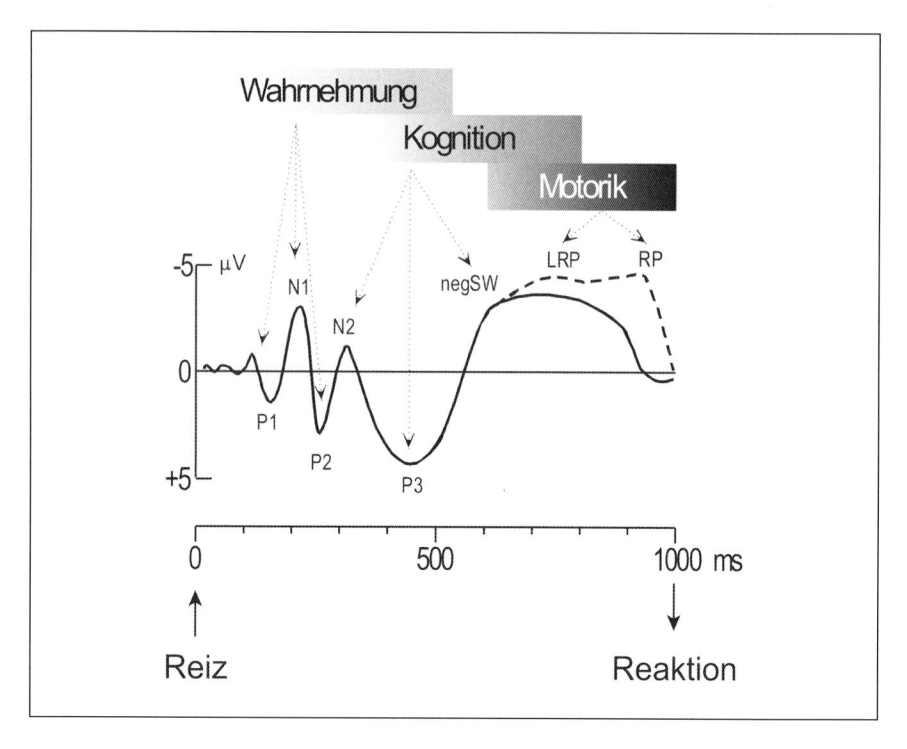

Abb. 1 Schematische Darstellung eines ereigniskorrelierten Hirnrindenpotentials (ERP von engl. *event-related potential*). Zum Zeitpunkt 0 ms wird ein Reiz (z. B. ein Bild) dargeboten, zum Zeitpunkt 1000 ms erfolgt eine Handlung des Probanden, z. B. ein Tastendruck nach einer Entscheidung. Auf die Reizdarbietung folgen zunächst Komponenten, die mit der sensorischen Verarbeitung zusammenhängen (P1, N1). Ihre Amplitude und Latenz wird z. B. von der Helligkeit, der Farbe und dem Kontrast des Reizes bestimmt. Danach folgen Komponenten (N2, P3, ...), in denen sich kognitive Prozesse abbilden, z. B. ob ein Reiz beachtet wurde oder nicht, mit welcher subjektiven Wahrscheinlichkeit ein Reiz erwartet wurde, oder ob ein Reiz eine erwartete semantische Bedeutung hatte oder nicht, etc. Kurz vor einer motorischen Aktion treten im ERP Komponenten auf, die mit der Handlungsvorbereitung zusammenhängen, z. B. welche Hand reagieren wird (LRP).

In den Komponenten bilden sich Aktivitätsänderungen vorwiegend kortikaler Zellverbände ab (BIRBAUMER et al. 1990, MITZDORF 1991, NUNEZ 1981; siehe Abb. 2). An den Pyramidenzellen entstehen bei Reizung über die thalamischen Afferenzen Senken und Quellen, die sich im EEG als positive und negative Potentialverschiebungen darstellen. Bei Hyperpolarisation der apikalen Dendriten mißt man eine relative Positivierung, bei Depolarisation eine relative Negativierung. Das heißt, es gilt die Zuordnung: langsame Negativierung = Zustand relativer Erregtheit des kortikalen Areals und langsame Positivierung = Zustand relativer Deaktivierung oder Inhibition des kortikalen Areals. Die Polarität und die Amplitude der ERPs sagen uns also etwas über den relativen Aktiviertheitszustand und die Topographie etwas über die räumliche Verteilung der aktiven kortikalen Zellverbände.

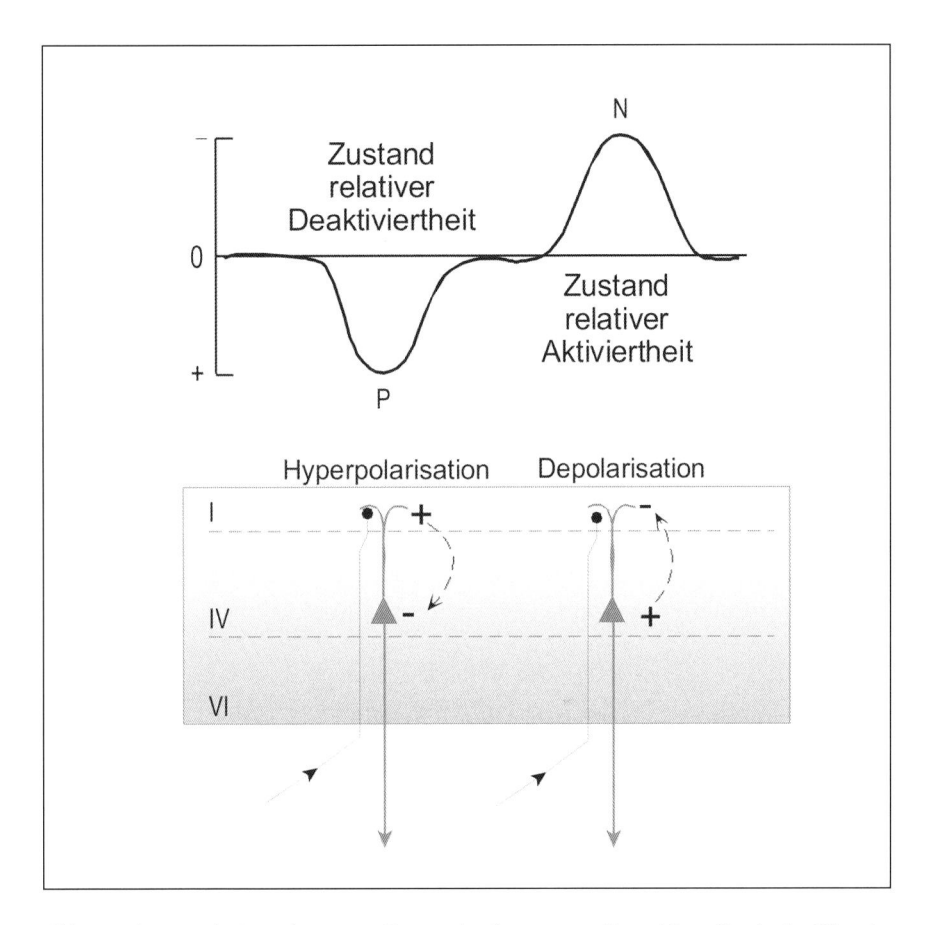

Abb. 2 Schematische Zuordnung von Potentialänderungen an Pyramidenzellen in der Hirnrinde und den im ERP registrierbaren Auslenkungen. Bei einer Hyperpolarisation an den apikalen Dendriten (inhibitorische postsynaptische Potentiale) kommt es im Oberflächenpotential zu einer positiven Auslenkung, bei einer Depolarisation (exzitatorische postsynaptische Potentiale) zu einer negativen Auslenkung. Diese Zuordnung gilt bevorzugt für eher langsame Potentialänderungen im EEG/ERP (Dauer mehr als 300 ms) und ist als statistische Zuordnung zu verstehen, d. h., bei einer bestimmten, im EEG/ERP registrierten Potentialänderung ist eine große Zahl der Zellen in der Hirnrinde in einem relativen Zustand der Deaktiviertheit bzw. der Aktiviertheit. Die im EEG/ERP beobachtbaren langsamen Potentialänderungen zeigen somit an, welche kortikalen Zellverbände in einer bestimmten Zeitspanne mehr oder weniger stark beansprucht werden (vgl. BIRBAUMER et al. 1990, GOFF et al. 1978, SPECKMANN und CASPERS 1979, CREUTZFELDT 1995, MITZDORF 1991).

Die Messung des EEG erlaubt es also, ohne Eingriff von außen die Hirnaktivität zu beobachten, während die Probanden in kontrollierten experimentalpsychologischen Situationen bestimmte Aufgaben lösen müssen. Der Vorteil gegenüber anderen bildgebenden Verfahren, z. B. der Positronen-Emissions-Tomographie (PET) oder der funktionellen Magnet-Resonanz-Tomographie (fMRT), wird sofort erkennbar, wenn man sich verdeutlicht, was mit der einen bzw. der anderen Methode gemessen wird. Mit den bildgebenden Verfahren PET und fMRT erfaßt man die reaktive Änderung der Durchblutung einzelner Hirnareale, die eintritt, wenn Nervenzellen feuern und aufgrund dessen verstärkt mit Sauerstoff versorgt werden müssen. Dieses Signal hat eine Latenz von mindestens 1 bis 2 Sekunden (WEISHAUPT et al. 2001). Mit dem EEG bzw. dem durch Signalextraktionsverfahren daraus abgeleiteten ERP erfaßt man unmittelbar, ohne zeitliche Verzögerung, Änderungen der Nervenzellaktivität. Die zeitliche Auflösung des EEG liegt also in genau der Größenordnung, die für psychische Prozesse bedeutsam ist – im Bereich von einigen hundert Millisekunden. Hinzu kommt, daß das EEG ohne großen Aufwand, kostengünstig, ohne Beeinträchtigung der Person und ohne gesundheitliche Risiken, beliebig oft und lange aufgezeichnet werden kann. Man ist also in der Gestaltung der Versuchsanordnung kaum eingeschränkt. Es sei allerdings auch nicht verschwiegen, daß mit der elektroenzephalographischen Methode primär nur Aktivitätsänderungen nahe an der Schädeloberfläche erfaßt werden können,[1] während die anderen bildgebenden Verfahren eine dreidimensionale Erfassung der Hirnaktivität ermöglichen. Jede Methode hat also ihre Vor- und Nachteile.

Abruf langfristig gespeicherter, episodischer Gedächtnisinhalte

Wie untersucht man die Aktivierung von Gedächtnisspuren, von Engrammen? Man könnte direkt Wissen abfragen, z. B. Fragen stellen wie »War Hans BERGER, der Psychiater aus Jena, der Entdecker des Elektroenzephalogramms, Mitglied der Leopoldina?« und parallel dazu mit dem EEG untersuchen, wann welche Hirnareale aktiviert werden.[2] Solche Fragen aktivieren zwar auch

---

[1] Dies gilt zumindest für Signale, die eine vergleichsweise große Amplitude haben und dadurch bereits aufgrund weniger Replikationen reliabel gemessen werden können. Unter geeigneten Bedingungen lassen sich auch Aktivitätsänderungen aus tiefer liegenden Strukturen erfassen, z. B. sogenannte Hirnstamm-Potentiale, die die Weiterleitung auditiver Signale in den Kernen der Hörbahn anzeigen.

[2] Hans BERGER wurde 1937 zum Mitglied der Leopoldina gewählt. Über seine Entdeckung, die Möglichkeit Hirnströme von der ungeöffneten Schädeldecke messen zu können, hat er erstmals 1929 im *Archiv für Psychiatrie* (BERGER 1929) und dann zusammenfassend 1938 in den *Nova Acta Leopoldina* berichtet (BERGER 1938).

Gedächtniseinträge, aber sie lösen im Kopf eines Probanden unter Umständen auch eine ganze Reihe weiterer kognitiver Prozesse aus, die nicht unbedingt etwas mit Gedächtnissuche im engeren Sinne, mit der Reaktivierung von Repräsentationen zu tun haben müssen. Der Proband muß eine solche Frage erst einmal auditiv oder visuell wahrnehmen und verstehen und dann sein Gedächtnis durchsuchen. Aber vielleicht führt das nicht gleich zum Ziel. Er initiiert dann möglicherweise Problemlösungsstrategien und generiert Hinweisreize (Wo schaue ich nach, wen frage ich?). Schließlich muß er über die gewonnenen Informationen entscheiden, dann eine Reaktion vorbereiten und schließlich eine Antwort geben. Wenn man parallel zu einer so komplexen Situation die Hirnaktivität mißt, dann wird es kaum möglich sein zu sagen, welcher Teilprozeß sich in einem Signal (z. B. in einer Komponente des ERP) abbildet. Man muß also eine Versuchsanordnung schaffen, mit der die Prozesse der Gedächtnisreaktivierung und der Gedächtnissuche akzentuiert werden, d. h., die zeitlich überlappenden Teilprozesse müssen voneinander getrennt und der Prozeß des Gedächtnisabrufs muß möglichst in die Länge gezogen werden.

In den vergangenen Jahren haben wir eine Versuchsanordnung entwickelt, mit der es möglich ist, Gedächtnisabruf in relativer »Reinkultur« zu untersuchen (HEIL et al. 1994, RÖSLER et al. 1995a). Zunächst erfahren die Probanden eine Lernphase. Sie müssen z. B. Assoziationen zwischen Bildern und Positionen in einem »Schachbrett« erlernen (Abb. 3, *links oben*). Verschiedene Bilder sind mit unterschiedlichen und unterschiedlich vielen Positionen verknüpft. Insgesamt gibt es 54 verschiedene Bilder und 18 Positionen. 18 Bilder sind mit genau einer Position assoziiert, 18 mit genau 2 Positionen und 18 mit drei Positionen. Die Probanden lernen das Material bis zur vollständigen Beherrschung. Am nächsten Tag gibt es einen Gedächtnistest. Den Probanden werden jeweils zwei Bilder gezeigt, und sie müssen entscheiden, ob diese beiden Bilder über einen gemeinsamen Mediator miteinander assoziiert sind oder nicht (Abb. 3, *links unten*). Der Trick der Anordnung liegt darin, daß zum Zeitpunkt der Gedächtnisaktivierung die im Gedächtnis repräsentierten Elemente, also die Schachbrettpositionen, gar nicht mehr gezeigt werden. Und man kann die Frage nach dem gemeinsamen Mediator nur beantworten, wenn man die Mediatoren auch wirklich reaktiviert. Entscheidungen allein aufgrund des Gefühls – »das kommt mir bekannt vor« – sind somit nicht möglich.

Die Versuchsanordnung hat aber noch eine andere, sehr schöne Eigenschaft. Man kann nämlich ganz einfach die Mediatoren austauschen, ohne den Rest der Versuchsanordnung in irgendeiner Weise verändern zu müssen. Man kann z. B. statt räumlicher Positionen Farbflächen verwenden und die Assoziationen zwischen den Bildern und den Farben erlernen lassen. (Wenn man dieselben Bilder verwendet, müssen die Assoziationen zu Farben natürlich mit einer anderen Probanden-Gruppe trainiert werden.) Beim Test müssen dann Far-

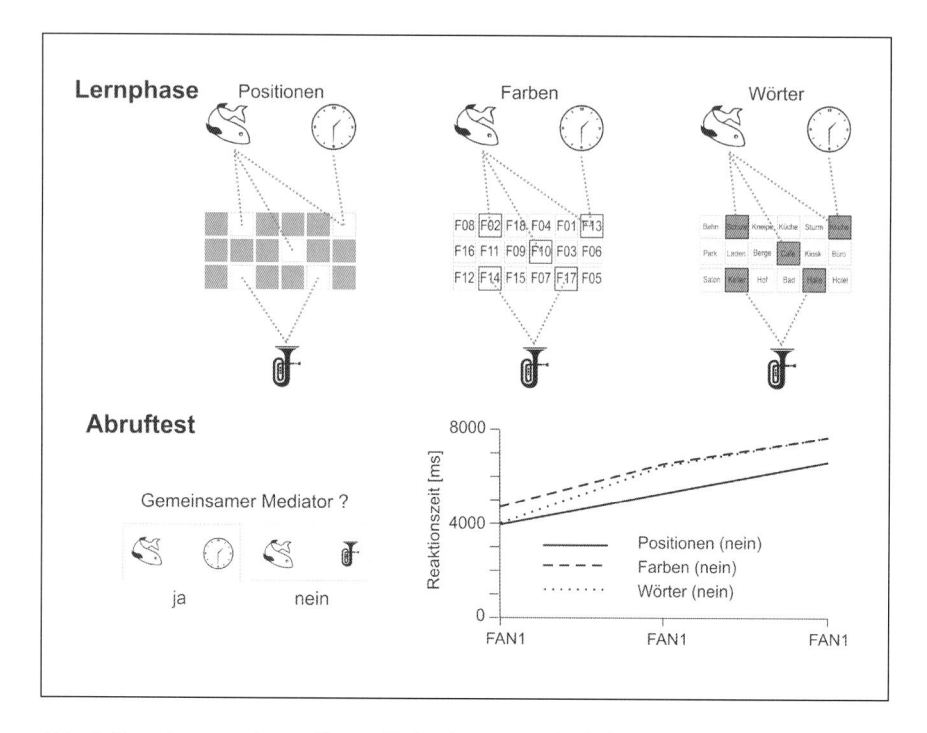

Abb. 3 Experiment zur kontrollierten Reaktivierung von Gedächtnisrepäsentationen. Die Probanden erlernen Assoziationen zwischen Bildern und Raumpositionen (*links oben*), zwischen Bildern und Farbflächen (*Mitte oben*; die Farben sind durch die Kürzel F1 ... symbolisiert) oder zwischen Bildern und Wörtern (*rechts oben*). Die Bilder können jeweils mit unterschiedlich vielen Mediatoren (Positionen, Farben oder Wörtern) verknüpft sein. In den Bedingungen »Farben« und »Wörter« werden die Anordnungen bei jedem Lerndurchgang neu gemischt, so daß mit den Bildern keine Raumpositionen der Mediatoren assoziiert werden können. In einem Abruftest (*links unten*) müssen die Probanden entscheiden, ob die gezeigten Bilder über einen gemeinsamen Mediator, also je nach Bedingung eine Raumposition, eine Farbe, oder ein Wort miteinander assoziiert sind oder nicht. Die Aufgabe kann nur und nur dann gelöst werden, wenn die Assoziationen zu den Mediatoren auch tatsächlich im Gedächtnis reaktiviert werden (nach RÖSLER et al. 1995a, HEIL et al. 1994). *Rechts unten* sind die Entscheidungszeiten im Abruftest für die drei unterschiedlichen Mediatoren dargestellt (nach RÖSLER et al. 1995a).

ben reaktiviert werden, wobei die zur Reaktivierung der Mediatoren benutzten Items (die Bilder) wieder die gleichen sind wie bei den Positionen. Und schließlich kann man, wieder mit einer anderen Probanden-Gruppe, statt Farben oder Positionen, Wörter als Mediatoren verwenden (Abb. 3, *oben rechts*).

Zunächst muß man sicherstellen, daß die drei Bedingungen auf der Ebene des Verhaltens äquivalent sind, d. h. gleich schwierig. Die Entscheidungszeiten im Abruftest zeigen genau dies. Sie sind für Positionen, Farben und Wörter fast gleich. Die drei Bedingungen sind also, was die Schwierigkeitsanforderungen anbelangt, äquivalent, und Unterschiede in Biosignalantworten können somit nicht auf Schwierigkeitsunterschiede zurückgeführt werden. Man sieht außerdem, daß die Abrufzeit um so länger wird, je mehr Assoziationen überprüft werden müssen. Sind beide Bilder mit nur einem Mediator assoziiert, so dauert es 4 s, sind beide Bilder mit drei Mediatoren assoziiert, dauert es im Mittel fast 8 s, bis man die Antwort geben kann.

Die hirnelektrischen Potentiale wurden in der Abrufsituation von 18 Elektrodenpositionen mit Gleichspannungsverstärkern registriert. In allen drei Bedingungen zeigten sich sehr langsame negative Potentiale in der Phase, in der die Probanden die episodischen Informationen reaktivieren mußten, also zwischen Darbietungsbeginn der Probenreize und Abgabe der Reaktion. Diese langsamen Negativierungen hatten je nach Material eine andere Topographie, das Maximum der Negativierung lag bei verbalen Assoziationen über dem linken frontalen, bei räumlichen Assoziationen über dem parietalen und bei Farbassoziationen über dem okzipitalen Kortex (siehe Abb. 4). Aufgrund der übereinstimmenden Reaktionszeiten ist zu vermuten, daß für den Abruf bei allen drei Materialien immer die gleichen Prozeßeigenschaften gelten. Offenbar werden unabhängig vom Material die episodischen Repräsentationen jeweils sequentiell durchsucht. Die langsamen Hirnrindenpotentiale zeigen dagegen an, daß diese Reaktivierungsprozesse in distinkten, materialspezifischen, kortikalen Strukturen ablaufen. Dabei handelt es sich um kortikale Bereiche, die auch aufgrund anderer Befunde, z. B. Läsionsstudien an Patienten und tierexperimentellen Untersuchungen, ebenfalls mit den jeweiligen Materialien in Verbindung gebracht wurden. Dies belegt zum einen die Validität der topographischen Information, die aus langsamen Potentialen abgeleitet werden kann. Zum anderen macht die unterschiedliche Topographie aber auch deutlich, daß an der Reaktivierung von episodischen Gedächtnisinhalten ganz entscheidend kortikale Strukturen beteiligt sind. Die Befunde passen sehr gut zu einem Modell von DAMASIO (1989b), wonach anzunehmen ist, daß Repräsentationen in genau jenen kortikalen Regionen gespeichert und reaktiviert werden, in denen diese Repräsentationen auch ursprünglich durch Wahrnehmungsinhalte erzeugt worden waren (siehe unten).

Haben diese im EEG beobachtbaren Aktivierungsmuster wirklich etwas mit dem Gedächtnisabruf zu tun? Nun, wir haben uns die Aktivierungsmuster noch genauer angesehen. Dazu wurden unterschiedliche Mediatoren in einem Experiment realisiert. Je nach dargebotenem Eingangsreiz (den Bildern) mußten die gleichen Probanden also entweder nach gemeinsamen Positionen oder nach gemeinsamen Wörtern im Gedächtnis suchen. Diese Folgeuntersuchungen zeigen (RÖSLER et al. 1993, HEIL 1994, RÖSLER et al. 1995b, HEIL et al. 1996), daß die modalitätsspezifischen Negativierungen auch systematisch mit dem Ausmaß der Suchprozesse im Gedächtnis kovariieren: Mit zuneh-

Standardisierte Topographie
2.5 - 3.5 s nach Testreizbeginn

Mediatoren — negativ

Positionen

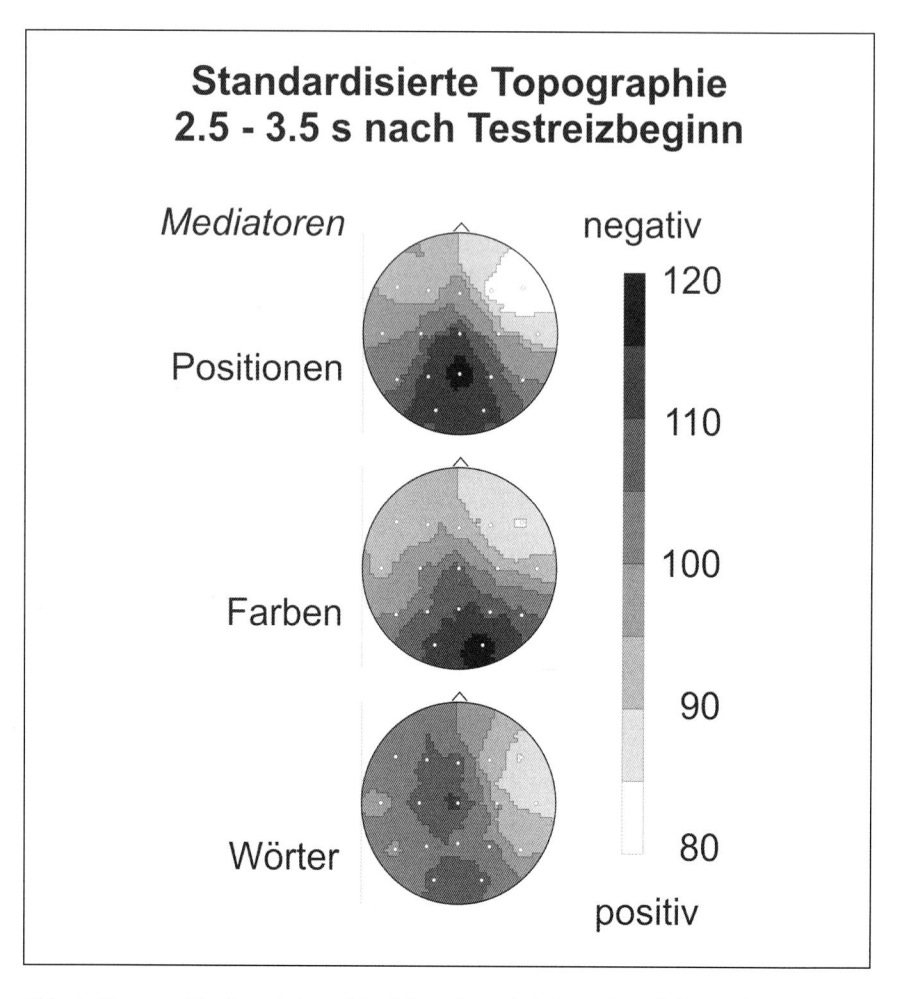

Farben

Wörter

120
110
100
90
80

positiv

Abb. 4 Topographie der mittleren hirnelektrischen Aktivität während der Reaktivierung von Repräsentationen unterschiedlicher Art in der in Abbildung 3 skizzierten Versuchsanordnung. Man erkennt, daß das Maximum der Negativierung (= schwarz) je nach Material an unterschiedlichen Orten auftritt: Bei verbalem Material über dem linken anterioren bis zentralen, bei räumlichem Material über dem parietalen und bei Farben über dem okzipitalen Kortex. Ein zum Gesamtdurchschnitt der Potentialverteilung über dem Schädel relativ negatives Potential bedeutet, daß die betreffenden kortikalen Areale stärker aktiviert sind als die übrigen (vgl. Abb. 2; Daten aus RÖSLER et al. 1995a).

mendem Fächerungsgrad der von zwei Proben ausgehenden Assoziationen wächst die Amplitude der langsamen Negativierung (vgl. Abb. 5). Diese Amplitudenvariation war jeweils an den Elektrodenpositionen besonders ausgeprägt, an denen ohnehin das Maximum der Negativierung auftrat, also über links-frontalen Positionen (F3) bei verbalen und über parietalen Positionen (Pz) bei räumlichen Assoziationen. Die monotone Beziehung zwischen Amplitude und Anzahl relevanter Assoziationen scheint zudem spezifisch für die Reaktivierung episodischer Repräsentationen zu sein, denn eine systematische Variation der Fächerung von bereits vor dem Experiment existierenden semantischen Assoziationen bewirkte in der gleichen Versuchsanordnung keine Amplitudenvariation (vgl. HEIL 1994, RÖSLER et al. 1995b). Schließlich gelang es mit der beschriebenen Versuchsanordnung auch, die These DAMASIOS zu belegen, daß beim Erlernen von Assoziationen dieselben materialspezifischen Zellverbände aktiviert werden wie bei deren Reaktivierung (HEIL et al. 1996).

Insgesamt zeigen diese Studien zum assoziativen Lernen und zum kontrollierten Abruf von episodischen Repräsentationen, daß sich in hirnelektrischen Potentialen spezifische Korrelate des Speicherns und des Abrufs manifestieren. Eine materialspezifische Topographie ist nicht nur interexperimentell

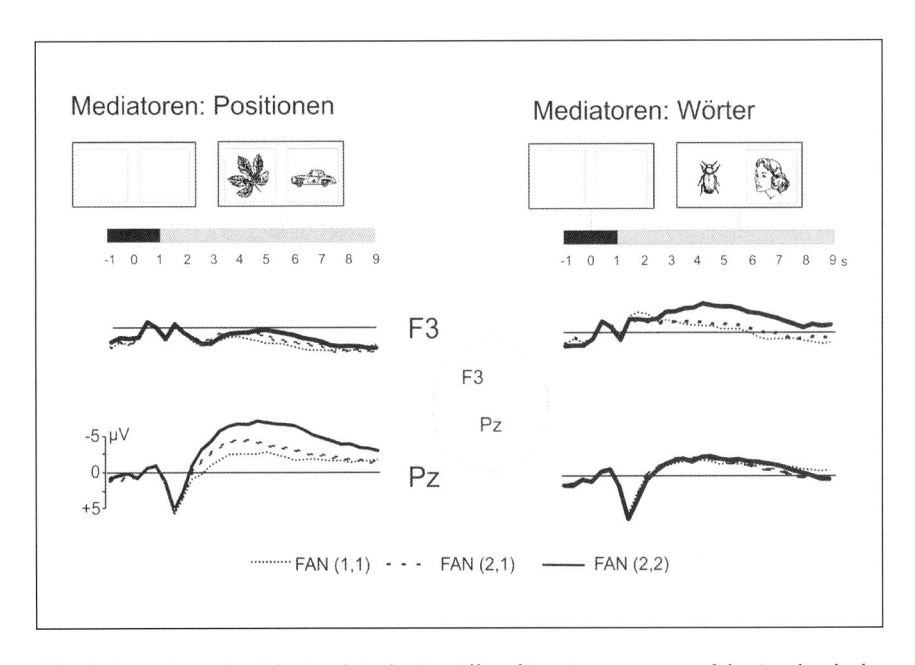

Abb. 5 Auswirkung der Schwierigkeit des Zugriffs auf Repräsentationen auf die Amplitude der langsamen negativen Potentiale. Mit zunehmender Fächerung der Assoziationen steigt die Reaktionszeit (Abb. 3, *rechts unten*). Gleichzeitig wird die Amplitude größer, und zwar je nach Material an genau jenen Orten, an denen für das betreffende Material ohnehin die maximale Negativierung (= Aktivierung) beobachtet wird, also bei verbalem Material über dem linken-anterioren Kortex (Elektrode F3) und bei Raumpositionen über dem parietalen Kortex (Elektrode Pz) (Daten aus HEIL et al. 1997).

vorhanden, sie läßt sich auch intraexperimentell nachweisen, und sie ist eng korreliert mit der Schwierigkeit des Abrufs. Je intensiver man im Gedächtnis suchen muß, um so stärker ist die Amplitude an dem jeweiligen, materialspezifischen Maximum. Die aus dem EEG abgeleiteten Daten stützen somit die These, daß material- und modalitätsspezifische Speichersysteme existieren. Zugleich machen die Reaktionszeiten und die Amplitudenvariationen aber auch deutlich, daß für den Abruf aus diesen Systemen jeweils die gleichen Prozeßgesetzmäßigkeiten zu gelten scheinen.

Dieser Befund ist nicht an die spezifische Anordnung des Fächerungsparadigmas gebunden. In einem ganz anders gestalteten Experiment zeigte sich ein vergleichbares Muster (HEIL et al. 1999; Abb. 6). Hier mußten die Probanden Handlungsphrasen erlernen, also Phrasen wie »hebe den Stift«, »kämme das Haar« usw. Dies geschah in zwei Probandengruppen mit unterschiedlichen Instruktionen: In der einen Gruppe sollten die Probanden die Phrasen, die auditiv dargeboten wurden, nur anhören, und es wurde ihnen gesagt, daß sie sich so viele wie möglich merken sollten. In der zweiten Gruppe sollten die Probanden die Phrasen anhören und dann jeweils mit einem imaginierten Objekt, also einem vorgestellten Stift, einem vorgestellten Ball oder Kamm, genau die Handlung ausführen. Später erfolgte dann ein Wiedererkennungstest, d. h., die Probanden mußten in einer Serie visuell dargebotener Phrasen diejenigen identifizieren, die sie zuvor in der Lernphase erfahren hatten. Registriert wurden wieder die ERPs auf die Abrufreize. Auch hier zeigten sich markante topographische Unterschiede, u. a. derart, daß die mittels Handlung eingeprägten Phrasen beim Abruf stärkere Aktivierungen über dem motorischen Kortex auslösten als die passiv eingeprägten Phrasen. Man beachte: Auch hier sind die Abrufreize in beiden Bedingungen gleich. Die unterschiedliche Topographie geht darauf zurück, daß je nach Lernbedingung und den dabei erzeugten Repräsentationen unterschiedliche Partionen des Gedächtnisses aktiviert werden.

Speicherung und Transformation von Inhalten des Arbeitsgedächtnisses

Die im vorangegangenen Abschnitt geschilderten Versuchsanordnungen betrafen das längerfristige, episodische Gedächtnis. Als episodisch wird diese Form des Gedächtnisses bezeichnet, weil sich die Inhalte darauf beziehen, in welchem raum-zeitlichen Kontext Ereignisse aufgetreten sind. Die Probanden mußten in den Versuchsanordnungen lernen, welche durch den Versuchsleiter definierten Assoziationen galten. Sie mußten nicht die Wörter, Farben oder Handlungsphrasen in ihrer Bedeutung erlernen – diese Fakten waren vor dem Versuch bereits bekannt. Im Gegensatz dazu würde man von Faktengedächtnis sprechen, wenn es um die Einprägung und den Abruf von Wissen geht, also z. B. »ist $3 \cdot 4 = 13$?« oder »heißt die Hauptstadt von Norwegen

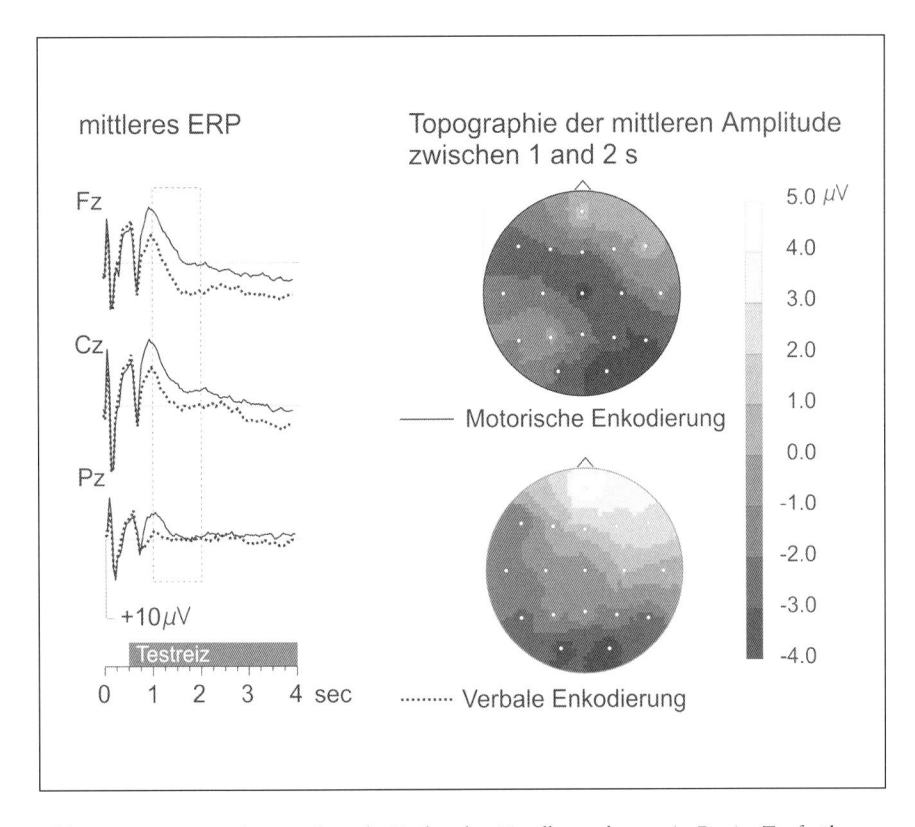

Abb. 6 In einer Lernphase mußten die Probanden Handlungsphrasen (z. B. »im Topf rühren«, usw.) entweder nur anhören oder mit einem vorgestellten Werkzeug tatsächlich ausführen. Im Abruftest sollten sie entscheiden, ob eine Handlungsphrase zuvor in der Lernphase dargeboten worden war oder nicht. *Links* sind die ERPs aus der Abrufphase dargestellt, *rechts* die Topographie der mittleren Amplitude zwischen 1 und 2 s nach Testreizdarbietung. Man erkennt, daß Phrasen, die motorisch enkodiert, also während der Lernphase tatsächlich ausgeführt wurden, beim Abruf stärker frontozentrale Areale aktivieren als Phrasen, die nur passiv (verbal) eingeprägt wurden (Daten aus HEIL et al. 1999).

Oslo?« (vgl. NIEDEGGEN und RÖSLER 1999, NIEDEGGEN et al. 1999). Und als längerfristig ist das Gedächtnis zu bezeichnen, weil Einprägen und Abruf mindestens einen Tag auseinander lagen. Die Inhalte des Gedächtnisses mußten also das momentane Bewußtsein für einige Zeit verlassen haben, ehe sie wieder aktualisiert wurden.

Neben der längerfristigen Speicherung gibt es phänomenologisch noch andere Gedächtnisformen. Psychologen unterscheiden zwischen Langzeit- und Arbeitsspeicher, und introspektiv ist uns diese Unterscheidung auch geläufig. Eine eben nachgeschlagene Telefonnummer hat man schnell wieder vergessen, sie hat nur den Zustand des Arbeitsgedächtnisses erreicht, während manch andere Telefonnummer, z. B. die der ersten Freundin, ein Leben lang behalten wird, auch wenn man sie gar nicht mehr braucht. Wie sieht es mit solchen Gedächtnisinhalten aus, die nur kurzfristig behalten werden müssen? Wo werden diese abgelegt? Auch hierzu möchte ich eine Versuchsanordnung schildern.

Den Hintergrund dieser Studie bildet eine Heuristik, die auf BADDELEY (1986) zurückgeht. Danach wird angenommen, daß es zwei funktional getrennte Speichereinheiten gibt, die mit unterschiedlichen Kodierungen arbeiten, die *phonologische Schleife* und der *visuell-räumliche Skizzenblock*. Die beiden Speicherstrukturen sind für unterschiedliche Repräsentationen spezialisiert und sind funktional voneinander unabhängig. Der phonologische Speicher ist für alle sprachlichen Inhalte zuständig, also Wörter, Texte, arithmetische Gleichungen, der visuell-räumliche Skizzenblock dagegen für alles Nicht-sprachliche, wie Bilder, räumliche Relationen, Ortswissen, usw.

Bettina ROLKE aus unserer Arbeitsgruppe hat versucht, die beiden Teilspeicher bei sonst gleicher Beanspruchung des Systems unabhängig voneinander zu belasten (ROLKE et al. 2000; Abb. 7). In einer verbalen Bedingung sahen die Probanden jeweils eine Serie von vier Wörtern. Jedes Wort war für 600 ms sichtbar, getrennt vom nächsten um 200 ms. 2 s nach dieser Wortreihe sah der Proband einen Hinweisreiz, der ihn instruierte, unterschiedliche Operationen mit den Wörtern durchzuführen. Entweder sollte die Sequenz so im Arbeitsgedächtnis behalten werden, wie sie dargeboten worden war (Bedingung: speichere), oder einzelne Elemente sollten im Gedächtnis umgestellt werden. Im einfacheren Fall sollten das zweite und das dritte Element vertauscht werden (transformiere, einfach), im schwierigeren Fall das erste mit dem zweiten und das dritte mit dem vierten (transformiere, schwierig). Danach folgte dann im Abstand von 4 s eine Sequenz von Displays mit einem der zuvor gesehenen Wörter. Der Proband hatte zu entscheiden, ob das Wort an der Stelle erschien, die je nach Instruktion die richtige war. In der non-verbalen Version dieses Versuches wurden statt der Wörter Schachbrettmuster dargeboten, bei denen jeweils ein zu merkendes Feld durch eine andere Helligkeit hervorgehoben war.

Auch hier wurde zunächst die Schwierigkeitsäquivalenz der Bedingungen in Vorversuchen überprüft. Reaktionszeiten und Fehlerraten zeigten, daß die beiden Aufgabentypen das Arbeitsgedächtnis in etwa gleich stark beanspruchten und daß die Belastung monoton über die Teilbedingungen anstieg (siehe ROLKE et al. 2000).

Die hirnelektrischen Potentiale zeigten wiederum an Hand der *slow waves* eine systematische Aktivierung während der Phase, in der die Probanden die Repräsentationen behalten bzw. damit manipulieren mußten (Abb. 7 *unten*). Bei den Wörtern ist diese Aktivierung auf den linken anterioren Kortexbe-

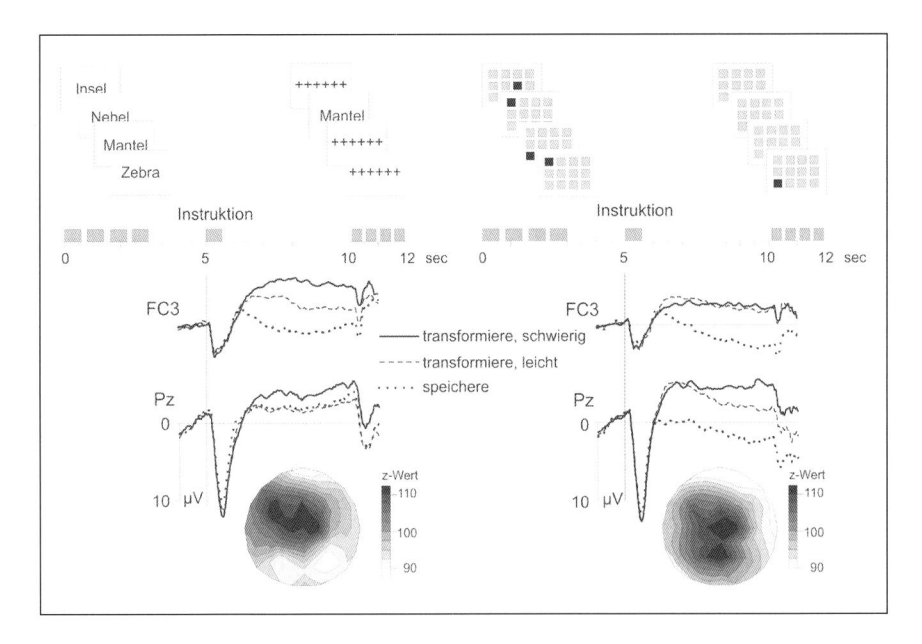

Abb. 7 Langsame Hirnrindenpotentiale während des Behaltens bzw. der Veränderung von verbalen (*links*) bzw. räumlichen (*rechts*) Informationen im Arbeitsgedächtnis. Der obere Teil der Abbildung zeigt die Versuchsanordnung (*siehe Text*). Darunter stehen die ERPs, die nach einem Instruktionsreiz registriert wurden. Dieser Reiz verlangte von den Probanden, die Reizanordnung entweder unverändert im Arbeitsgedächtnis zu behalten (speichere) oder sie weniger (transformiere, leicht) oder mehr (transformiere, schwer) im Arbeitsgedächtnis zu verändern. Ganz unten sind die standardisierten Topographien der mittleren Amplitudendifferenzen zwischen den Bedingungen »transformiere, schwer« und »speichere« gezeigt. Stärkere Aktivierung (Negativierung) in den Transformationsbedingungen ist durch stärkere Schwärzung angezeigt. (Daten aus ROLKE et al. 2000.)

reich eingeschränkt – über dem parietalen Bereich gibt es nur geringe Unterschiede. Bei den Positionen zeigt sich ein anderes Bild, der maximale Unterschied zwischen der einfachen Speicherbedingung und der schwierigsten Manipulationsbedingung zeigt sich über dem parietalen Kortex. Abgeschwächte Effekte gibt es auch anterior, möglicherweise, weil manche der Probanden die Positionen zum Teil auch sprachlich kodiert haben. Nichtsdestotrotz, wenn man die Amplitudenunterschiede zwischen den Kontrollbedingungen und den schwierigsten Bedingungen in ihrer Verteilung über der Schädeldecke auswertet, ergibt sich ein deutlich unterschiedliches Bild: Bei Wörtern eine Aktivierung über dem fronto-zentralen Bereich, bei Positionen über dem parieto-zentralen Bereich.

Als wesentliche Befunde dieser Untersuchungen lassen sich also festhalten: Langsame negative Potentiale des EEG zeigen bei Beanspruchungen des Gedächtnisses eine materialspezifische Topographie und eine schwierigkeitsabhängige Amplitude. Vergleichbare Effekte wurden bei der Reaktivierung von Informationen im episodischen (Langzeit)-Gedächtnis und bei der Speicherung und der Transformation von Repräsentationen im Arbeitsgedächtnis beobachtet. Dies heißt, langsame negative Potentiale im EEG indizieren den Aktivierungszustand kortikaler Zellverbände, wenn Gedächtnisrepräsentationen reaktiviert, gespeichert und verändert werden. Und in bezug auf unsere Ausgangsfrage – wo speichert das Gehirn Informationen? – läßt sich feststellen: Die Großhirnrinde ist ganz unmittelbar daran beteiligt, wenn Informationen gespeichert und reaktiviert werden. Dies konvergiert mit Befunden, die mit anderen Methoden, z. B. PET oder fMRI, gewonnen wurden (CABEZA und NYBERG 1997, CABEZA 2000, CABEZA und NYBERG 2000, ISHAI et al. 2000, BUCKNER und WHEELER 2001).

Wie wird gespeichert – lokalisiert oder verteilt?

Viele Untersuchungen, in denen man die Durchblutungsänderungen des Gehirns mittels funktioneller Kernspinmessung bei Gedächtnisaufgaben erfaßt hat, deuten darauf hin, daß es eng umgrenzte kortikale Areale gibt, die für die Speicherung und den Abruf ganz spezifischer Kategorien zuständig sind. So wurde z. B. von ISHAI et al. (2000) in einer Studie zum Arbeitsgedächtnis gezeigt, daß fMRI-Erregungsmaxima für Häuser, Gesichter und Stühle im temporalen und okzipitalen Kortex eng umgrenzt und unterschiedlich lokalisiert waren. Auch einige neuropsychologische Befunde stützen die Vermutung einer kategoriespezifischen Speicherung. So wurden spezifische Defizite der Wiedererkennungsleistungen für Gesichter (Syndrom der Prosopagnosie; z. B. DE RENZI 2000), für Früchte und Gemüsearten (HART et al. 1985) oder für belebte und nicht belebte Entitäten nach eng umschriebenen Läsionen beobachtet (WARRINGTON und SHALLICE 1984, WARRINGTON und MAC CARTHY 1987).

Eine solche Zuordnung von kategoriespezifischen Gedächtnisrepräsentationen zu eng umgrenzten Kortexarealen ist erstaunlich, denn aus welchem Grunde sollen sich phylo- oder ontogenetisch so abgegrenzte Speichersysteme für die Exemplare von distinkten Kategorien ausgebildet haben? Nun muß man allerdings aus den Beobachtungen nicht unbedingt folgern, daß die Exemplare einer Kategorie als Entität an einem bestimmten Ort lokalisiert sind. Eine plausiblere Erklärung für diese sehr spezifischen Ausfälle bei Patienten bzw. für die eng umgrenzten Aktivierungsmuster in Bildgebungsstudien ist, daß die Exemplare einer Kategorie jeweils elementare Merkmale gemeinsam haben (z. B. visuelle, auditorische, taktile, kinästhetische Elemente) und daß diese Merkmale jeweils in spezialisierten kortikalen Arealen verarbeitet und gespeichert werden (ALLPORT 1985). Wenn durch eine Hirnverletzung die Verarbeitung dieser Elementarmerkmale gestört ist, so geht auch der Zugriff auf die Exemplare einer Kategorie verloren, die sich aus den Merkmalen konstituieren. Ähnlich wird die doppelte Dissoziation erklärt, die man bei Patienten mit Schwierigkeiten beim Zugriff auf verschiedene Wortkategorien beobachtet hat, z. B. beim Zugriff auf Verben und Nomen. Man vermutet, daß Verben enger an Merkmale von der Bewegung gekoppelt sind, Nomen dagegen eher an Merkmale der visuellen Wahrnehmung. Dementsprechend sollte Wissen über Verben (d. h. das Gedächtnis für Verben) eher gestört sein, wenn Läsionen in der Nähe oder im Bereich des Motorkortex auftreten, während das Gedächtnis für (konkrete) Nomen beeinträchtigt sein sollte, wenn Läsionen die primären und sekundären sensorischen Areale betreffen. Einige Befunde lassen sich in der Tat in diesem Sinne deuten (CARAMAZZA und HILLIS 1991, DAMASIO und TRANEL 1993, CARAMAZZA und SHELTON 1998).

Wir haben nachgeschaut, ob sich in der hirnelektrischen Aktivität topographische Unterschiede bei der Aktivierung von Wortkategorien ergeben (RÖSLER et al. 2001, KHADER et al. 2001). In einem Bahnungsexperiment wurden dazu die ERPs für Nomen und Verben miteinander verglichen. Dabei zeigten sich geringfügige, aber reliable Unterschiede im Bereich zwischen 200 und 500 ms nach Beginn der Wortdarbietung. Allerdings überlappten die Topographien für Nomen- und Verb-evozierte Potentiale beträchtlich, und wenn man Orte der kortikalen Generatoren schätzt, dann ergibt sich für jede der beiden Wortkategorien eine sehr breite Verteilung über große Bereiche des Kortex. Die Schätzung der Generatoren wurde dabei durch die individuelle Kortexanatomie eingegrenzt, und das Modell wurde so definiert, daß Dipole nur in der Kortexoberfläche möglich waren (HAAN et al. 2000). Dieser Befund einer breiten und überlappenden Verteilung von Generatoren widerspricht zunächst den in fMRI-Studien beobachteten, scharf abgegrenzten und kaum überlappenden Aktivierungen für verschiedene Gedächtniskategorien. Allerdings könnte es sich bei den eng lokalisierten Topographien auch um eine Folge der Auswertungsmethoden handeln, die in Bildgebungsstudien eingesetzt werden. Um signifikante fMRI-Aktivierungen beobachten und darstellen zu können, muß eine Schwelle definiert werden, ab der man eine Aktivierung als bedeutsam anerkennt. Wählt man die Schwelle zu niedrig, ist der gesamte Kortex aktiviert, wählt man sie zu hoch, entdeckt man nur die »Spitze des Eisbergs«, d. h. also nur die Maxima der Aktivierung, obwohl unter Umständen benachbarte und weiter entfernte Kortexareale ebenfalls, wenn auch in geringerem Maße, aktiviert werden. Um den alpha-Fehler der statistischen Entscheidung möglichst klein zu halten, wählt man in der Regel in fMRI-Studien die Schwelle relativ hoch. Dadurch begrenzt man die als bedeutsam erkannten Aktivierungen aber zwangsläufig auf die Maxima und auf eng umgrenzte Orte.

Die Tatsache einer eher breiten und damit notwendigerweise überlappenden Verteilung von fMRI-Aktivierungen bei Gedächtnisaufgaben haben HAXBY et al. (2001) mit einer etwas anderen Auswertungsmethode belegt. Den Probanden wurde eine sogenannte 1-*back*-Arbeitsgedächtnisaufgabe abverlangt. Dazu wurden Serien von Bildern aus unterschiedlichen Kategorien – Häuser, Gesichter, Stühle, Flaschen usw. – in schneller Folge (1 Bild pro Sekunde) dargeboten. Die Probanden mußten jeweils aufeinanderfolgende Bilder vergleichen und immer, wenn nacheinander zwei identische Objekte aus unterschiedlichen Perspektiven gezeigt wurden, mit einem Tastendruck reagieren. Das heißt, die Probanden mußten sich jedes Bild einprägen und es bis zur Darbietung des nächsten im Arbeitsgedächtnis halten. Nur so konnten sie die geforderten Vergleiche durchführen.

In dieser Studie wurden nicht nur, wie sonst üblich, die maximalen BOLD-Aktivierungen untersucht, sondern auch die Ähnlichkeiten der Aktivierungsmuster aus unterschiedlichen Durchgängen und für unterschiedliche Kategorien. So wurden z. B. für die Kategorie Gesichter alle geradzahligen bzw. ungeradzahligen Durchgänge gegenübergestellt, ebenso für die Kategorie Häuser usw. Man kann dann die Aktivierungswerte aus jeder Bedingung in einem Vektor anordnen. Die Felder des Vektors sind durch die Raumpositionen, die sogenannten Voxel (Volumenelemente), der Aufzeichnung definiert. Diese Vektoren kann man korrelieren, und man erhält so eine Quantifizierung der Ähnlichkeit des räumlichen Verteilungsmusters der Aktivierungen. Der Vorteil gegenüber der traditionellen Auswertung ist darin zu sehen, daß nun auch geringe Aktivierungswerte in die Berechnung mit eingehen. Die Ähnlichkeit wird für die Gesamtverteilung bestimmt, nicht nur für die Orte maximaler Aktivierung. Die Ähnlichkeiten der Aktivierungsmuster können innerhalb einer Kategorie und zwischen den unterschiedlichen Kategorien berechnet werden. Zu erwarten ist natürlich eine hohe Ähnlichkeit innerhalb und eine geringe zwischen den Kategorien.

Dies wurde auch beobachtet. Die mittlere Ähnlichkeit der Aktivierungsmuster innerhalb der Kategorie Gesichter betrug z. B. .81, die innerhalb der Kategorie Häuser .87, während die Ähnlichkeiten zwischen den Kategorien gering bzw. zum Teil sogar negativ ausfielen, also quasi ein Antimuster andeuteten. Die Verteilung der Aktivierungen für verschiedene Kategorien zeigte dabei ein hohes Maß an Überlappung, d. h., es wurden weitgehend dieselben Zellverbände aktiviert.

Der Sachverhalt ist in Abbildung 8 schematisch dargestellt. Im oberen Teil (Neokortex) sind durch die Punkte elementare Zellverbände symbolisiert, die jeweils Merkmale kodieren sollen (visuelle, auditive, somatosensorische usw. Merkmale). Ein Konzept ist durch die Menge aktivierter Zellverbände repräsentiert, z. B. ein Gesicht durch die schwarzen Punkte, ein Haus durch die weißen Punkte. Die wiederholte Aktivierung des gleichen Gesichts oder des gleichen Hauses löst ein sehr ähnliches Aktivierungsmuster aus, in Abbildung 8 angedeutet durch die beiden, ein wenig gegeneinander versetzten schwarzen bzw. weißen Kreise. Dies verdeutlicht die von HAXBY et al. gefundene große Übereinstimmung der Aktivierungsmuster einer Kategorie. Gleichzeitig gilt, daß die Aktivierungsmuster verschiedener Kategorien nur wenig bis gar nicht übereinstimmen (Abb. 8, schwarze *versus* weiße Punktmuster). Dies ist möglich, obwohl die Aktivierungsmuster der verschiedenen Kategorien sehr stark überlappen (Schnittmenge der schwarzen und weißen Kreise) und die Schwerpunkte der Aktivierungsmuster unter Umständen nur wenig auseinander liegen. Das heißt, die Befundmuster aus der Studie von HAXBY et al. (2001), aber auch unsere Modellrechnungen zur Lokalisation der Generatoren verschiedener Wortkategorien lassen sich sehr gut mit der Theorie einer merkmalsbasierten Kodierung der Gedächtnisinhalte in Einklang bringen.

Flaschenhalsstrukturen und Speichergebiete

Nun bleibt noch, um die Sache abzurunden, die Frage, wie die Flaschenhalsstrukturen im medialen Temporallappen (der Hippocampus und die ihn umgebenden Kortizes) mit den sensorischen und motorischen Projektionsfeldern bei der Gedächtnisbildung und der Engrammreaktivierung interagieren. Eine Gedächtnistheorie, die hierauf eine Antwort gibt und die die verschiedenen Elemente des Puzzles aus Empirie und Theorie integriert, zeichnet sich inzwischen ab. Die wesentlichen Ideen dieses, in vielen Details noch sehr spekulativen Ansatzes stammen aus ganz unterschiedlichen neurowissenschaftlichen Disziplinen: der Neuroanatomie (BRAITENBERG und SCHÜZ 1991), der Neurologie bzw. klinischen Neuropsychologie (DAMASIO 1989b), der experimentellen Neuropsychologie (FUSTER 1995, ZOLA-MORGAN und SQUIRE 1993) und der Modellierung neuronaler Netzwerke (MCCLELLAND et al. 1995, O'REILLY und RUDY 2001).

Ausgangspunkt des Ansatzes ist die Annahme, daß der Neokortex ein riesiges Speichersystem ist, in dem alle Gedächtnisinhalte in Form veränderter synaptischer Konnektivitäten abgelegt sind. Man unterscheidet dabei nicht, wie es bei früheren kognitiven Modellen der Fall war (z. B. ATKINSON und SHIFFRIN 1968), zwischen Strukturen, die für die Speicherung spezialisiert sind, und solchen, die die Informations*verarbeitung* leisten. Statt dessen wird angenommen, daß Informationen in genau jenen kortikalen Zellverbänden abgelegt werden, in denen auch die sogenannte Informationsverarbeitung bei der Wahrnehmung, der Vorstellung, dem Denken und der Planung von Handlungen stattfindet. Diese Verarbeitungsprozesse sind dabei nichts anderes als ein Abgleich aktueller, über die Sinnesorgane aufgenommener bzw. intern aktivierter Erregungsmuster mit gespeicherten Mustern. Ein Engramm wird durch ein Muster synaptischer Verbindungen definiert, und eine Gedächtnisrepräsentation ist als neuronales Erregungsmuster in einem Zellverband zu verstehen, das seine spezifische Ausprägung durch die beteiligten synaptischen

Verbindungen erhält. Ein Wahrnehmungsinhalt aktiviert somit ein spezifisches Erregungsmuster in den beteiligten Zellverbänden aufgrund des physikalischen Input *und* aufgrund der bereits vorliegenden synaptischen Konnektivitäten. Wenn das Erregungsmuster zu einem bekannten, stabilen Muster konvergiert, dann »erkennt« das System ein Objekt, eine Person usw. Das heißt, Wahrnehmung und alle anderen kognitiven Aktivitäten sind als Anpassungen aktueller von der Außenwelt getriebener Aktivierungsmuster an die vorhandenen synaptischen Verbindungen in kortikalen neuronalen Zellverbänden zu verstehen. Alle Informationsverarbeitungsprozesse – Wahrnehmung, Sprachverstehen, Problemlösen – sind letztendlich nichts anderes als eine Form von Resonanz von Gedächtnisrepräsentationen (SHASTRI und AJJANAGADDE 1993). Damit ist jeder kognitive Akt in seiner eigentlichen Bedeutung ein Vorgang des Gedächtniszugriffs. Kognitive Prozesse ohne Beteiligung von Gedächtnis, ohne eine Reaktivierung von gespeicherten Repräsentationen, sind nicht denkbar.

Eine langfristige Speicherung von Gedächtnisinhalten kann mittels zweier unterschiedlicher Mechanismen erfolgen (MCCLELLAND et al. 1995, O'REILLY und RUDY 2001; vgl. Abb. 8). Zum einen kann jede Aktivierung im Neokortex auch zu einer Veränderung synaptischer Konnektivitäten führen. Diese Änderungen sind sehr geringfügig, zumindest ist dies für das Erwachsenenalter anzunehmen, und sie reichen in der Regel nicht aus, um eine vollständige Rekonstruktion eines nur einmal vorhandenen Aktivierungsmusters zu gewährleisten. Wenn allerdings das gleiche Aktivierungsmuster mehrfach instantiiert wird, dann akkumulieren die jeweils sehr geringfügigen synaptischen Änderungen, und die Spur gräbt sich so tief ein, daß zu einem späteren Zeitpunkt tatsächlich das gesamte Aktivierungsmuster durch einen internen oder externen Hinweis wieder rekonstruiert werden kann. Speicherung, die auf diese Weise stattfindet, gehört zur Kategorie des impliziten Lernens, wie es z. B. beim nicht bewußten Verarbeiten von bahnenden Reizen (PALLER und GROSS 1998) oder beim Erlernen sensomotorischer Sequenzen stattfindet (RÜSSELER und RÖSLER 2000).

Der zweite Mechanismus nutzt die sogenannten Flaschenhalsstrukturen, also den Hippocampus, den Gyrus parahippocampalis, den entorhinalen Kortex, die Mamillarkörper usw. (MARKOWITSCH 2000). Dieser Mechanismus ermöglicht explizites und schnelles Lernen. In einem ersten Schritt werden sehr schnell die synaptischen Konnektivitäten im Hippocampus und in den unmittelbar damit verbundenen Strukturen des Temporallappens angepaßt. Hierzu wird das Aktivierungsmuster, das in den sensorischen und motorischen Projektionsfeldern des Neokortex vorherrscht, in eine komprimierte Form übertragen, die ein sehr viel kleineres Ensemble von Neuronen und synaptischen Verbindungen umfaßt als das vollständige neokortikale Muster. Es kann als eine Art Adreßkode verstanden werden, mit dessen Hilfe die Gesamtmenge der im Neokortex beteiligten Zellverbände reaktiviert werden kann. Wiederum kann diese Reakti-

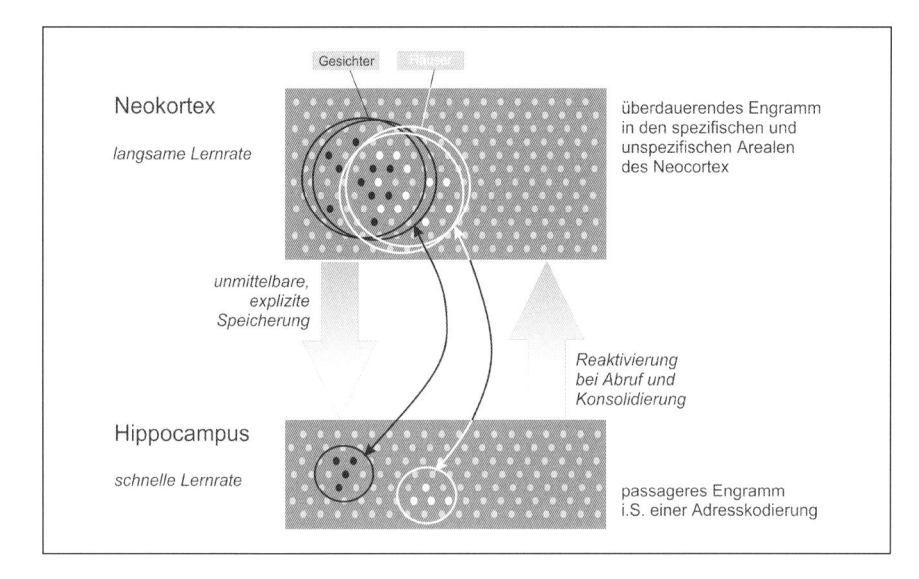

Abb. 8 Schematische Darstellung der Aktivierung von Gedächtnisrepräsentationen im Neokortex und Hippocampus. *Im oberen Kasten* (Neokortex) sind durch Punkte elementare Zellverbände symbolisiert, die jeweils Merkmale kodieren sollen (visuelle, auditive, somatosensorische, usw.). Ein Konzept ist durch die Menge aktivierter Zellverbände repräsentiert, z. B. ein Gesicht durch die schwarzen Punkte, ein Haus durch die weißen Punkte. Die Kreise sollen die Menge aller durch ein Konzept aktivierten Merkmale symbolisieren. Bei wiederholter Aktivierung variiert die Merkmalsmenge geringfügig, daher die leicht versetzten Kreise. Verschiedene Konzepte aktivieren sehr viele gleiche Merkmale, jedoch in unterschiedlichen Konfigurationen, d. h., die aktivierten Merkmalsmengen überlappen stark. *Im unteren Kasten* (Hippocampus) ist die Adreßkodierung für die Konzepte symbolisiert. Hierzu ist jeweils eine geringere Menge von Zellverbänden erforderlich, und die für verschiedene Konzepte genutzten Zellverbände sind klar getrennt. Im Neokortex und Hippocampus gelten unterschiedliche Lernraten für die Veränderung synaptischer Konnektivitäten, die Engrammbildung im Hippocampus erfolgt schnell, die im Neokortex langsam. Erst durch wiederholte Aktivierung der Repräsentation im Neokortex kann sich somit ein dauerhaftes Engramm bilden, das dann auch unabhängig von der hippocampalen Adreßkodierung verfügbar ist (Darstellung nach O'REILLY und RUDY 2001, modifiziert und ergänzt).

vierung durch einen internen oder einen externen Hinweisreiz ausgelöst werden, also durch eine andere Gedächtnisspur oder durch einen externen physikalischen Reiz. Die in den Flaschenhalsstrukturen verfügbare »Kurzschrift« des Gedächtnisinhalts kann durch die dort vorhandenen Plastizitätsmechanismen (Langzeitpotenzierung [LTP] und Langzeitunterdrückung [LTD]) in ein stabiles, lange verfügbares Engramm übertragen werden. Die Konnektivitätsänderungen, die in diesen Flaschenhalsstrukturen pro Aktivierungszustand eintreten, sind größer als im Neokortex, d. h., die Lernrate ist größer. Aufgrund dessen kann ein dauerhaftes Engramm bereits nach wenigen Wiederholungen etabliert werden (vgl. BROWN und AGGLETON 2001).

Das neokortikale Aktivierungsmuster, das einem Gedächtnisinhalt entspricht, kann auch unabhängig von aktuellen externen Hinweisreizen reinstantiiert werden, z. B. intentional durch Strategien wie der des »stillen Wiederholens«, oder nicht intentional aufgrund von assoziierten Hinweisreizen. Solche Reinstantiierungen ereignen sich möglicherweise auch während des Schlafs (MAQUET 2000). Wenn diese Reinstantiierungen wiederholt stattfinden, dann kommt es aufgrund der auch im Neokortex vorhandenen Plastizitätsmechanismen zu einer langsamen und dauerhaften Änderung der synaptischen Konnektivitäten, d. h., die Gedächtnisspur wird konsolidiert. Nach einer hinreichend langen Phase der Konsolidierung kann dann das gesamte Engramm auch ohne den Umweg über die Flaschenhalsstrukturen und die Adreßkodierung allein im Kortex reaktiviert werden. Der Prozeß der Konsolidierung benötigt Zeit, denn die lernbedingten Änderungen der synaptischen Konnektivitäten im Kortex sind gering und werden erst nach zahlreichen Wiederholungen stabil.

Mit diesem Szenario läßt sich die Symptomatik von H. M. kohärent erklären. Sein Faktenwissen war intakt, da dies zum Zeitpunkt der Operation bereits als rein kortikale Repräsentation etabliert war. Da aber nach der Operation der Mechanismus der schnellen Adreßkodierung nicht mehr zur Verfügung stand, konnte sich H. M. keine neuen Informationen mehr einprägen. Und zugleich bestand auch eine geringe und mit zunehmendem Abstand von der Läsion in die Vergangenheit reichende weniger ausgeprägte retrograde Amnesie. Diese betraf die Repräsentationen, die zum Zeitpunkt der Operation nur passager gespeichert, also noch nicht vollständig konsolidiert waren.

Die Theorie postuliert, daß die Reaktivierung von kurzfristig über die Adreßkodierung gespeicherten Inhalten und die Reaktivierung dauerhafter Engramme in genau jenen kortikalen Arealen stattfinden, in denen die Information auch sensorisch verarbeitet wird. Folglich ist eine kodierungsspezifische Trennung von Repräsentationen zu erwarten, die der Modalitätsspezifität des Kortex entspricht. Die beim Gedächtnisabruf in Bildgebungsstudien beobachteten Aktivierungsmuster scheinen dies zu bestätigen: Beim Zugriff auf Gedächtnisinhalte, die durch visuellen Input übermittelt wurden, werden bevorzugt die primären, sekundären und tertiären visuellen Areale im okzipitalen, parietalen und temporalen Kortex aktiviert (ISHAI et al. 1999, 2000). Entsprechend müßten beim Abruf von Gedächtnisinhalten, die durch somatosensorische, auditive oder motorische Merkmale definiert sind, auch die dafür spezialisierten Hirngebiete ansprechen. Hierzu gibt es bislang weniger experimentelle Belege als im Falle visuell definierter Entitäten, aber erste Befunde, z. B. die oben beschriebene Studie zum Abruf ausgeführter *versus* nur gehörter Handlungen (HEIL et al. 1999), stützen auch diese Vorhersage der Theorie (siehe auch AMEDI et al. 2001).

Die Theorie unterscheidet zwischen Lang- und Kurzzeitgedächtnis nicht im Sinne unterschiedlicher Strukturen. Der Unterschied wird vielmehr funktional gesehen und ergibt sich aus dem Status der Aktivierungsmuster. Repräsentationen, die den Status des Langzeitgedächtnisses haben, sind nach erfolgreicher Konsolidierung gegeben, wenn also die kortikalen synaptischen Verbindungen allein zur Reaktivierung des Engramms ausreichen. Ein längerfristiges, aber noch nicht permanentes Gedächtnis ist für diejenigen Repräsentationen anzunehmen, für die eine Adreßkodierung im Hippocampus vorliegt und für die eine Konsolidierung noch nicht abgeschlossen ist. Kommt es nicht zu einer wiederholten Reaktivierung dieser Inhalte in den kortikalen Strukturen, so gehen diese Repräsentationen verloren. Kurzzeitgedächtnis im eigentlichen Sinne ist für diejenigen Aktivierungsmuster anzunehmen, die nur durch sen-

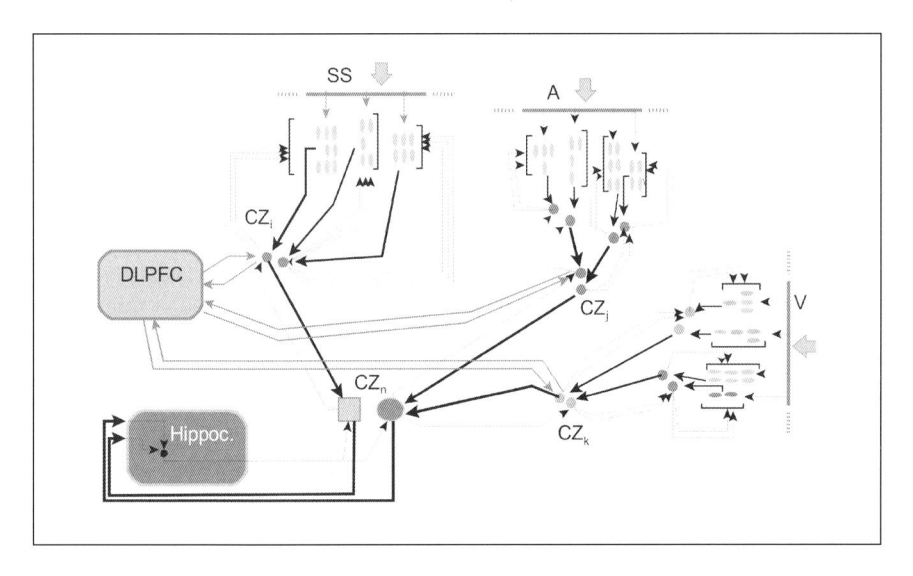

Abb. 9 Gedächtnisrepräsentationen entsprechen Aktivationsmuster in kortikalen Zellverbänden. Unterschiedliche Codes (z. B. verbal, räumlich, visuell, auditiv usw.) sind in topographisch distinkten Zellverbänden repräsentiert; dies sind genau diejenigen Zellverbände, die auch für die »online Verarbeitung« der sensorischen Information spezialisiert sind, also im somatosensorischen (SS), auditiven (A), visuellen (V) und weiteren spezialisierten Kortizes. In sogenannten Konvergenzzonen (CZ_i, CZ_j, CZ_k) und im Hippocampus erfolgt eine Form der Adreßkodierung. Diese Adreßkodierung kann im Hippocampus und den anderen Strukturen des medialen Temporallappens kurzfristig gespeichert werden, so daß es möglich ist, das gesamte kortikale Aktivierungsmuster über vor- und rücklaufende Verbindungen zu rekonstruieren. Langfristige Speicherung erfolgt in Form veränderter synaptischer Konnektivitäten im Kortex nach einer Phase der Konsolidierung, und dies heißt, daß mehrfach das kortikale Muster reaktiviert wurde. Der dorsolaterale präfrontale Kortex (DLPFC, und möglicherweise weitere Strukturen des Frontallappens) regeln, ebenfalls über vor- und rücklaufende Verbindungen zu den sensorischen Arealen, den Informationsfluß und die Aufmerksamkeit für die aktuell aktivierten Repräsentationen, also für die Inhalte des Arbeitsgedächtnisses (Darstellung nach DAMASIO 1989a, modifiziert und ergänzt).

sorischen Input kortikal erzeugt wurden und für die (noch) keine Adreßkodierung im Hippocampus angelegt worden ist.

In allen Fällen, also unabhängig vom Gedächtnisstatus, wird jedoch kortikal das gleiche Aktivierungsmuster ausgelöst. Auch dies stimmt mit den in fMRI- und EEG-Studien gemachten Beobachtungen überein. So konnten wir z. B. übereinstimmende *Slow-wave*-Muster sowohl beim Abruf episodischer, verbaler und räumlicher Informationen aus dem längerfristigen Gedächtnis als auch bei der Transformation verbaler und räumlicher Informationen im Arbeitsgedächtnis beobachten (vgl. Abb. 4 und 7).

Die Aktivierungsmuster, durch die die Gedächtnisrepräsentationen definiert sind, involvieren räumlich verteilte Zellverbände mit unterschiedlichen funktionalen Eigenschaften – z. B. Zellverbände, die für Farbe, Form, Bewegung usw. spezialisiert sind. Ein Engramm ist also durch ein verteiltes Muster simultaner Aktivierungen definiert. Über kurz- und weiterreichende neuronale Faserverbindungen werden diese Aktivierungen vermutlich durch synchronisierte Oszillationen zusammengebunden (ECKHORN et al. 1988, SINGER 1989, 1993, MUNK 2003).

Soweit berücksichtigt das Schema nur die wechselseitige Verschaltung von speicherrelevanten Flaschenhalsstrukturen im Bereich des Temporallappens und des übrigen Neokortex. Für das sogenannte Arbeitsgedächtnis muß aber eine weitere Struktur in das Schema integriert werden. In psychologischen Modellen des Arbeitsgedächtnisses wird neben Speicherstrukturen – phonologische Schleife und visuell-räumlicher Skizzenblock – auch noch eine Funktionseinheit postuliert, die den Informationsfluß steuert (BADDELEY 1986). Diese sogenannte zentrale Exekutive regelt, welche Repräsentationen im Zentrum des Momentanbewußtseins stehen, sie hält die Elemente der Speicherstrukturen über kurze Zeitspannen aktiv und aktiviert bzw. deaktiviert Strategien, die bei der Transformation von Inhalten des Arbeitsgedächtnisses erforderlich sind. Bis vor kurzem war die zentrale Exekutive ein reines Postulat aufgrund experimentalpsychologischer Befunde (MAYR 2003). Inzwischen hat man aber durch Studien mit bildgebenden Verfahren und in tierexperimentellen Untersuchungen Gebiete im Bereich des frontalen Kortex eingegrenzt, denen die genannten Funktionen zugeordnet werden können. Bei Arbeitsgedächtnisaufgaben wurde z. B. immer wieder eine Aktivierung des dorsolateralen präfrontalen Kortex (DLPFC) beobachtet (D'ESPOSITO et al. 2000), und in tierexperimentellen Studien mit Tiefenableitungen wurden im DLPFC Neurone gefunden, die selektiv während des kurzfristigen Behaltens von Informationen aktiv sind (LEVY und GOLDMAN-RAKIC 2000). Ebenso konnte man selektiv das Arbeitsgedächtnis beeinträchtigen, wenn das Gebiet des DLPFC experimentell ausgeschaltet wurde (PETRIDES 2000). Es gibt auch Belege dafür, daß der DLPFC mit den sensorischen Projektionsfeldern ebenso vor- und rücklaufend verschaltet ist wie der Hippocampus. Man kann also vermuten, daß der DLPFC ebenfalls eine Adreßkodierung ermöglicht, die die Aktivierung der Inhalte des Arbeitsgedächtnisses regelt.

Fazit

In seiner ersten Publikation zum Elektroenzephalogramm äußerte Hans BERGER (1929) die Hoffnung, »... daß es gelingen möchte ... die durch verschiedene psychische Akte am ... Gehirn entstehenden Ströme wahrzunehmen«. Die in diesem Beitrag beschriebenen und viele andere Experimente zeigen, daß sich im Elektroenzephalogramm tatsächlich sehr spezifische, mit höheren kognitiven Prozessen zusammenhängende Phänomene abbilden (vgl. RUGG und COLES 1995, RÖSLER und HEIL 1998)

Die langsamen Negativierungen, die wir während des Abrufs langfristig gespeicherter episodischer Gedächtnisinhalte und bei der kurzfristigen Speicherung bzw. bei der Transformation von Inhalten des Arbeitsgedächtnisses beobachten konnten, verdeutlichen, daß bei diesen Aufgaben je nach Material unterschiedliche Bereiche des Neokortex aktiviert werden. Die Amplitude dieser Negativierungen kovariiert dabei ortspezifisch mit dem Ausmaß der Beanspruchung des Systems. Dies läßt den Schluß zu, daß es sich um spezifische, mit den Gedächtnisprozessen verknüpfte Phänomene handelt und nicht etwa um unspezifische Änderungen des Vigilanzniveaus.

Unsere Befunde sind mit aktuellen neurowissenschaftlichen Theorien kompatibel, wonach Gedächtnisrepräsentationen als Aktivierungszustände von kortikalen Zellverbänden verstanden werden, die sich gleichermaßen für kurzfristig und langfristig gespeicherte Inhalte in den sogenannten sensorischen und motorischen Verarbeitungsgebieten der Hirnrinde ausbilden. Speicherung erfolgt dabei vermutlich zunächst in Form einer Adreßkodierung in sogenannten Flaschenhalsstrukturen (u. a. im Hippocampus). Über diese schnelle Speicherung der Adressen können die vollständigen Repräsentationen in der Hirnrinde reaktiviert werden. Bei wiederholten Reaktivierungen verändern sich die synaptischen Konnektivitäten in der Hirnrinde, so daß dann durch externe Reize auch ohne den Umweg über die Flaschenhalsstrukturen Gedächtnisspuren direkt in der Großhirnrinde reaktiviert werden können.

Und um zur Einleitung dieses Beitrages zurückzukehren: Bei manchen begnadeten Menschen reicht dann der Duft einer Tasse Lindenblütentee und der Geschmack einer Madeleine, um Gedächtnisspuren aufzuwecken, die mehr als 5000 Romanseiten füllen.

Literatur

ALLPORT, D. A.: Distributed memory, modular subsystems and dysphasia. In: NEWMAN, S., and EPSTEIN, R. (Eds.): Current Perspectives in Dysphasia. Edinburgh: Churchill Livingstone 1985
AMEDI, A., MALACH, R., HENDLER, T., PELED, S., and ZOHARY, E.: Visuo-haptic object-related activation in the ventral visual pathway. Nature Neuroscience 4, 324–330 (2001)

ATKINSON, R. C., and SHIFFRIN, R. M.: Human memory: A proposed system and its control processes. In: SPENCE, K. W. (Ed.): The Psychology of Learning and Motivation: Advances in Research and Theory; pp. 89–195. New York: Academic Press 1968
BADDELEY, A.: Working Memory. Oxford: Oxford University Press 1986
BERGER, H.: Über das Elektrenkephalogramm des Menschen 1. Mitteilung. Archiv für Psychiatrie 87, 527–570 (1929)
BERGER, H.: Über das Elektrenkephalogramm des Menschen. Nova Acta Leopoldina 38, 173–309 (1938)
BIRBAUMER, N., ELBERT, T., CANAVAN, A. G. M., and ROCKSTROH, B.: Slow potentials of the cerebral cortex and behaviour. Physiological Reviews 70, 1–41 (1990)
BRAITENBERG, V., and SCHÜZ, A.: Anatomy of the Cortex. Heidelberg: Springer 1991
BRAND, M., and MARKOWITSCH, H. J.: The principle of bottleneck structures. In: KLUWE, R. H., LÜER, G., and RÖSLER, F. (Eds.): Principles of Learning and Memory; pp. 171–184. Basel, Boston, Berlin: Birkhäuser 2003
BROWN, M. W., and AGGLETON, J. P.: Recognition memory: What are the roles of the perirhinal cortex and the hippocampus? Nature Reviews/Neuroscience 2, 51–61 (2001)
BUCKNER, R. L., and WHEELER, M. E.: The cognitive neuroscience of remembering. Neuroscience 2, 624–634 (2001)
CABEZA, R.: Functional neuroimaging of episodic memory retrieval. In: TULVING, E. (Ed.): Memory, Consciousness, and the Brain: The Tallinn Conference; pp. 76–90. Philadelphia, PA, US: Psychology Press/Taylor & Francis 2000
CABEZA, R., and NYBERG, L.: Imaging cognition: An empirical review of PET studies with normal subjects. J. Cognitive Neuroscience 9, 1–26 (1997)
CABEZA, R., and NYBERG, L.: Imaging cognition II: An empirical review of 275 PET and fMRI studies. J. Cognitive Neuroscience 12, 1–47 (2000)
CARAMAZZA, A., and HILLIS, A. E.: Lexical organization of nouns and verbs in the brain. Nature 349, 788–790 (1991)
CARAMAZZA, A., and SHELTON, J. R.: Domain-specific knowledge systems in the brain: The animate-inanimate distinction. J. Cognitive Neuroscience 10, 1–34 (1998)
CREUTZFELDT, O. D.: Cortex Cerebri. Oxford, UK: Oxford University Press 1995
DAMASIO, A. R.: The brain binds entities and events by multiregional activation from convergence zones. Neural Computation 1, 123–132 (1989a)
DAMASIO, A. R.: Time-locked multiregional retroactivation: A systems-level proposal for the neural substrates of recall and recognition. Cognition 33, 25–62 (1989b)
DAMASIO, A. R., and TRANEL, D.: Nouns and verbs are retrieved with differently distributed neural systems. Proc. Natl. Acad. Sci. USA 90, 4957–4960 (1993)
DE RENZI, E.: Prosopagnosia. In: FARAH, M. J., and FEINBERG, T. E. (Eds.): Patient-based Approaches to Cognitive Neuroscience; pp. 85–95. Cambridge, MA: MIT Press 2000
D'ESPOSITO, M., POSTLE, B. R., and RYPMA, B.: Prefrontal cortical contributions to working memory: Evidence from event-related fMRI studies. Experimental Brain Research 133, 3–11 (2000)
ECKHORN, R., BAUER, R., JORDAN, W., BROSCH, M., KRUSE, W., MUNK, M., and REITBOECK, H. J.: Coherent oscillations: A mechanism of feature linking in the visual cortex? Multiple electrode and correlation analysis in the cat. Biol. Cybernetics 60, 121–130 (1988)
FUSTER, J. M.: Memory in the Cerebral Cortex. Cambridge, MA: MIT Press 1995
GOFF, W. R., ALLISON, T., and VAUGHAN, H. G.: The functional neuroanatomy of event-related potentials. In: CALLAWAY, E., TUETING, P., and KOSLOW, S. H. (Eds.): Event-Related Brain Potentials in Man; pp. 1–80. New York: Academic Press 1978
HAAN, H., STREB, J., BIEN, S., and RÖSLER, F.: Individual cortical current density reconstructions of the semantic N400 effect: Using a generalized minimum norm model with different constraints (L1 and L2 norm). Human Brain Mapping 11, 178–192 (2000)
HART, J., BERNDT, R. S., and CARAMAZZA, A.: Category-specific naming deficit following cerebral infarction. Nature 316, 439–440 (1985)

HAXBY, J. V., GOBBINI, M. I., FUREY, M. L., ISHAI, A., SCHOUTEN, J. L., and PIETRINI, P.: Distributed and overlapping representations of faces and objects in ventral temporal cortex. Science 293, 2425–2430 (2001)
HEIL, M.: Die Topographie langsamer Gleichspannungspotentiale bei Gedächtnisaktivierungsprozessen verbaler und räumlicher Information. Nichtveröff. Diss. Department of Psychology, Univ. Marburg 1994
HEIL, M., RÖSLER, F., and HENNIGHAUSEN, E.: Dynamics of activation in long-term memory: The retrieval of verbal, pictorial, spatial, and color information. J. Experimental Psychology: Learning, Memory and Cognition 20, 185–200 (1994)
HEIL, M., RÖSLER, F., and HENNIGHAUSEN, E.: Topographically distinct cortical activation in episodic long-term memory: The retrieval of spatial versus verbal information. Memory & Cognition 24, 777–795 (1996)
HEIL, M., RÖSLER, F., and HENNIGHAUSEN, E.: Topography of brain electrical activity dissociates the retrieval of spatial versus verbal information from episodic long-term memory in humans. Neuroscience Lett. 222, 45–48 (1997)
HEIL, M., ROLKE, B., ENGELKAMP, J., RÖSLER, F., ÖZCAN, M., and HENNIGHAUSEN, E.: Event-related brain potentials during recognition of ordinary and bizarre action phrases following verbal and subject-performed encoding conditions. Europ. J. Cognitive Psychology 11, 261–280 (1999)
ISHAI, A., UNGERLEIDER, L. G., MARTIN, A., and HAXBY, J. V.: The representation of objects in the human occipital and temporal cortex. J. Cognitive Neuroscience 12, 35–51 (2000)
ISHAI, A., UNGERLEIDER, L. G., MARTIN, A., SCHOUTEN, J. L., and HAXBY, J. V.: Distributed representation of objects in the human ventral visual pathway. Proc. Natl. Acad. Sci. USA 96, 9379–9384 (1999)
KHADER, P., STREB, J., SCHERAG, A., and RÖSLER, F.: Electrophysiological differences between noun and verb processing in a minimal sentence context. Cognitive Brain Research, in print (2003)
LASHLEY, K. D.: In search of the engram. Symposia of the Society for Experimental Biology 4, 454–482 (1950)
LEVY, R., and GOLDMAN-RAKIC, P. S.: Segregation of working memory functions within the dorsolateral prefrontal cortex. Experimental Brain Research 133, 23–32 (2000)
LUTZENBERGER, W., ELBERT, T., ROCKSTROH, B., und BIRBAUMER, N.: Das EEG. Berlin: Springer 1985
MAQUET, P.: Sleep on it! Nature Neuroscience 3, 1235–1236 (2000)
MARKOWITSCH, H. J.: The anatomical bases of memory. In: GAZZANIGA, M. S. (Ed.): The New Cognitive Neurosciences; pp. 781–795. Cambridge, Mass: MIT Press 2000
MAYR, U.: Toward principles of executive control: How mental sets are selected. In: KLUWE, R. H., LÜER, G., and RÖSLER, F. (Eds.): Principles of Learning and Memory; pp. 223–240. Basel, Boston, Berlin: Birkhäuser 2003
MCCLELLAND, J. L., MCNAUGHTON, B. L., and O'REILLY, R. C.: Why there are complementary learning systems in the hippocampus and neocortex: Insights from the successes and failures of connectionist models of learning and memory. Psychological Review 102, 419–457 (1995)
MITZDORF, U.: Physiological sources of evoked potentials. In: BRUNIA, C. H. M., MULDER, G., and VERBATEN, M. N. (Eds.): Event-Related Brain Research; pp. 47–57. Amsterdam: Elsevier 1991
MUNK, M. H. J.: The principle of controlling neuronal dynamics in neocortex: Rapid reorganization and consolidation of neuronal assemblies. In: KLUWE, R. H., LÜER, G., and RÖSLER, F. (Eds.): Principles of Learning and Memory; pp. 187–206. Basel: Birkhäuser 2003
NIEDEGGEN, M., and RÖSLER, F.: N400-effects reflect activation spread during arithmetic fact retrieval. Psychological Science 10, 271–276 (1999)
NIEDEGGEN, M., RÖSLER, F., and JOST, K.: Processing of incongruous mental calculation problems: Evidence for an arithmetic N400-effect. Psychophysiology 36, 307–324 (1999)
NUNEZ, P. L.: Electrical Fields of the Brain. New York: Oxford University Press 1981
O'REILLY, R. C., and RUDY, J. W.: Conjunctive representations in learning and memory: Principles of cortical and hippocampal function. Psychological Review 108, 311–345 (2001)

PALLER, K. A., and GROSS, M.: Brain potentials associated with perceptual priming vs explicit remembering during the repetition of visual word-form. Neuropsychologia 36, 559–571 (1998)
PETRIDES, M.: The role of the mid-dorsolateral prefrontal cortex in working memory. Experimental Brain Research 133, 44–54 (2000)
RÖSLER, F., und HEIL, M.: Kognitive Psychophysiologie. In: RÖSLER, F. (Ed.): Ergebnisse und Anwendungen der Psychophysiologie. S. 165–224. Göttingen: Hogrefe 1998
RÖSLER, F., HEIL, M., and GLOWALLA, U.: Monitoring retrieval from long-term memory by slow event-related brain potentials. Psychophysiology 30, 170–182 (1993)
RÖSLER, F., HEIL, M., and HENNIGHAUSEN, E.: Distinct cortical activation patterns during long-term memory retrieval of verbal, spatial and color information. J. Cognitive Neuroscience 7, 51–65 (1995a)
RÖSLER, F., HEIL, M., and HENNIGHAUSEN, E.: Exploring memory functions by means of brain electrical topography: A review. Brain Topography 7, 301–313 (1995b)
RÖSLER, F., STREB, J., and HAAN, H.: Event-related brain potentials evoked by verbs and nouns in a primed lexical decision task. Psychophysiology 38, 694–703 (2001)
ROLKE, B., HEIL, M., HENNIGHAUSEN, E., HÄUSSLER, C., and RÖSLER, F.: Topography of brain electrical activity dissociates the sequential order transformation of verbal versus spatial information in humans. Neuroscience Lett. 282, 81–84 (2000)
RÜSSELER, J., and RÖSLER, F.: Implicit and explicit learning of event sequences: Evidence for distinct coding of perceptual and motor representations. Acta Psychologica 104, 45–67 (2000)
RUGG, M. D., and COLES, M. G. H.: The ERP and cognitive psychology: Conceptual issues. In: RUGG, M. D., and COLES, M. G. H. (Eds.): Electrophysiology of Mind: Event-related Brain Potentials and Cognition; pp. 27–39. Oxford: Oxford University Press 1995
SCHNEIDER, W., and SHIFFRIN, R. M.: Controlled and automatic human information processing: I. Detection, search, and attention. Psychological Review 84, 1–66 (1977)
SCOVILLE, W. B., and MILNER, B.: Loss of recent memory after bilateral hippocampal lesions. J. Neurology, Neurosurgery and Psychiatry 20, 11–21 (1957)
SHASTRI, L., and AJJANAGADDE, V.: From simple associations to systematic reasoning: A connectionist representation of rules, variables and dynamic bindings using temporal synchrony. Behavioral and Brain Sciences 16, 417–494 (1993)
SINGER, W.: Search for coherence: A basic principle of cortical self-organization. Concepts in Neuroscience 1, 1–26 (1989)
SINGER, W.: Synchronization of cortical activity and its putative role in information processing and learning. Annu. Review Physiology 55, 349–374 (1993)
SPECKMANN, E. J., and CASPERS, H. (Eds.): Origin of Cerebral Field Potentials. Stuttgart: Thieme 1979
WARRINGTON, E., and MAC CARTHY, R. A.: Categories of knowledge: Further fractionations and an attempted integration. Brain 110, 1273–1296 (1987)
WARRINGTON, E., and SHALLICE, T.: Category specific semantic impairments. Brain 107, 829–854 (1984)
WEISHAUPT, D., KÖCHLI, V. D., und MARINCEK, B.: Wie funktioniert MRI? Berlin: Springer 2001
ZOLA-MORGAN, S. M., und SQUIRE, L. R.: Neuroanatomy of memory. Annu. Review of Neuroscience 16, 547–563 (1993)

Prof. Dr. Frank RÖSLER
Philipps-Universität-Marburg
FB Psychologie
Gutenbergstraße 18
35032 Marburg
Bundesrepublik Deutschland
Tel.:   ++49 (0) 64 21 2 82 36 67
Fax: ++49 (0) 64 21 2 82 89 48
E-Mail: roesler@mailer.uni-marburg.de

In der Vortragssitzung der Akademie am 26. 11. 2002 hielt Herr Volker DIEHL, Köln, Mitglied der Akademie, einen Vortrag über das Thema:

Morbus Hodgkin: Vom Molekül zur Heilung.

Das Hodgkin-Lymphom, auch Morbus Hodgkin genannt, ist eine eher seltene Erkrankung des jungen Erwachsenen. Es handelt sich dabei um eine Erkrankung der Lymphozyten des Immunsystems, die für unsere Abwehr gegen Viren, Bakterien und Pilze und andere Umweltfeinde verantwortlich sind. Etwa 2000 junge Menschen im Alter zwischen 15 und 35 Jahren erkranken pro Jahr in Deutschland an dieser bösartigen Lymphknotengeschwulst. Von ihnen können heute etwa 90 % geheilt werden. Damit gehört diese Krankheit zu den am besten heilbaren Tumorerkrankungen des Erwachsenen. Der Tumor entsteht meist als eine Lymphknotenschwellung im Hals- oder Achselhöhlenbereich und wird häufig begleitet von Nachtschweiß, Juckreiz, Gewichtsabnahme, Fieber, Müdigkeit oder Apathie. Die Tumorzellen sind die spezifischen Reed-Sternberg-Zellen. Die Therapie des Hodgkin-Lymphoms richtet sich nach dem klinischen Ausbreitungsstadium bei Diagnosestellung und besteht im wesentlichen aus einer Chemotherapie, unterstützt durch eine in Ausnahmefällen notwendige lokale Strahlentherapie, wenn der Tumor bei Diagnose bereits sehr groß ist. DIEHL berichtete in seinem Vortrag, durch welche konzertierte Aktionen zwischen Internisten und Strahlentherapeuten – finanziell unterstützt durch das Bundesforschungsministerium und die Deutsche Krebshilfe– es in Deutschland gelungen ist, Diagnose, Therapie und Nachsorge von Patienten mit dieser Erkrankung flächendeckend zu standardisieren und zu verbessern.

Ein Autorenreferat liegt nicht vor.

Jahrbuch 2002 der Deutschen Akademie der Naturforscher Leopoldina (Halle/Saale)
LEOPOLDINA (R. 3) 48 (2003): 521–537

Mikrobiologie im Zeitalter von Bioinformatik und Genomforschung

Von Alfred Pühler, Bielefeld
Mitglied der Akademie
Mit 6 Abbildungen und 1 Tabelle

(Kurzfassung des in der Sitzung der Akademie am 26. 11. 2002 gehaltenen Vortrages)

1. Einleitung

Durch die intensive Nutzung von Bioinformatik und Genomforschung findet zur Zeit ein Paradigmenwechsel in der biologischen Forschung statt. Dabei wird die Forschungssequenz, über Morphologie, Physiologie und Biochemie zur Molekularbiologie zu gelangen, auf den Kopf gestellt. Ausgangspunkt sind die enormen Mengen an molekularen Daten, die über Genomforschung und Bioinformatik für ausgewählte Organismen gewonnen werden. Wie der vorliegende Artikel verdeutlicht, kann dieser Paradigmenwechsel insbesondere im Fachgebiet Mikrobiologie gezeigt werden. Zunächst wird ein vom Bundesministerium für Bildung und Forschung (BMBF) gefördertes Kompetenznetzwerk über »Genomforschung an Bakterien für den Umweltschutz, die Landwirtschaft und die Biotechnologie« vorgestellt. Anschließend wird der beschriebene Paradigmenwechsel anhand des Aminosäure-produzierenden Bakteriums *Corynebacterium glutamicum* und des symbiontisch Stickstoff-fixierenden Bodenbakteriums *Sinorhizobium meliloti* demonstriert.

2. Das Bielefelder Kompetenznetzwerk »Genomforschung an Bakterien für den Umweltschutz, die Landwirtschaft und die Biotechnologie«

Das BMBF fördert mit dem Forschungsprogramm *GenoMik* seit Mitte des letzten Jahres drei Kompetenznetzwerke, die sich alle der bakteriellen Genomforschung widmen. Diese drei Netzwerke werden von den Universitäten Bielefeld, Göttingen und Würzburg koordiniert. Speziell das Bielefelder Kompetenznetzwerk beschäftigt sich mit Genomforschung an Bakterien für den Umweltschutz, die Landwirtschaft und die Biotechnologie. Das Instrument »Kompetenznetzwerk« kann als zukunftsweisend für die Forschungsförderung gesehen werden, denn es ist so angelegt, daß einschlägige Gruppen aus Universitäten, Forschungseinrichtungen und Industrie zusammen an einem ausgewählten Thema arbeiten. Im Bielefelder Kompetenznetzwerk kooperieren z. B. zwölf Hochschulen, drei Forschungsinstitute und zwei Firmen (Abb. 1).

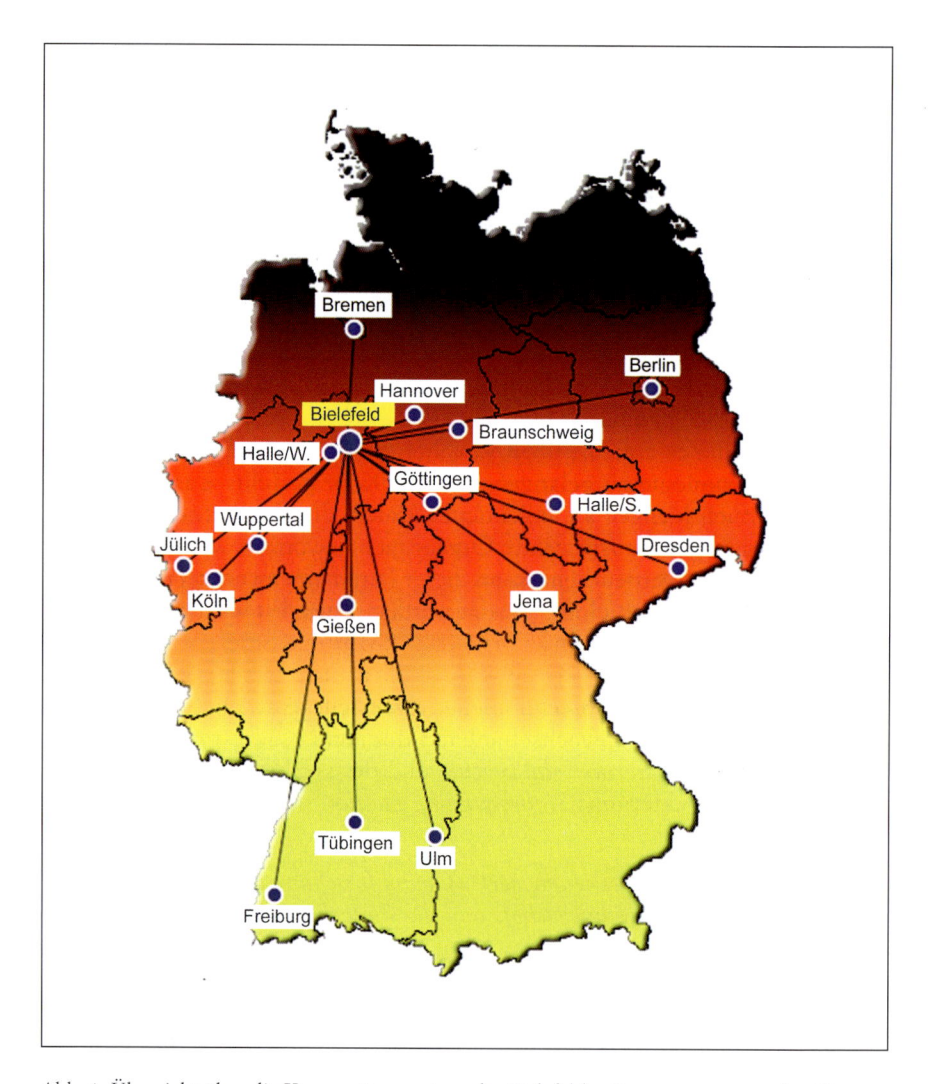

Abb. 1 Übersicht über die Kooperationspartner des Bielefelder Kompetenznetzwerks »Genomforschung an Bakterien für den Umweltschutz, die Landwirtschaft und die Biotechnologie« aus den Bereichen *Universitäten und Hochschulen*: Bielefeld, Bremen, Freiburg, Gießen, Halle-Wittenberg, Köln, Tübingen, Ulm, BUGH Wuppertal, MH Hannover und TU Dresden; *Forschungszentren*: GBF Braunschweig, FZ Jülich und HKI Jena sowie den *Firmen*: Degussa AG (Halle/Westfalen) und Combinature Biopharm AG (Berlin).

Eine spezielle Eigenschaft der genannten Netzwerke ist, daß sie mit sogenannten Kompetenzzentren ausgestattet sind. Diese Kompetenzzentren, die sowohl personell als auch finanziell vom BMBF getragen werden, sollen die Methodenentwicklung auf dem Gebiet der Genom- und Postgenomforschung vorantreiben und die etablierten Technologien an die Kooperationspartner weitergeben. Die Ansiedlung von Kompetenzzentren an Universitäten ist nun der entscheidende Schachzug. Dadurch entstehen an den Universitäten Forschungsschwerpunkte, die nicht nur national, sondern auch international wahrgenommen werden. Den Universitäten gelingt es dadurch, ihrer Aufgabe auf dem Forschungssektor gerecht zu werden und auf ausgewählten Gebieten die Forschungsspitze zu halten. Das Bielefelder Kompetenzzentrum für bakterielle Genomforschung setzt sich insgesamt aus vier Abteilungen zusammen, die sich der Hochdurchsatzsequenzierung, der Transkriptom- und Proteomforschung sowie der Bioinformatik widmen.

In der Abteilung Hochdurchsatzsequenzierung werden Sequenzierreaktionen automatisiert mittels einer Roboterstraße durchgeführt. Kapillarsequenziergeräte dienen dann zur Sequenzermittlung. Mit einer solchen Ausstattung ist es möglich, die Sequenz bakterieller Genome im Hochdurchsatzverfahren zu ermitteln. Es soll angemerkt werden, daß zur Assemblierung des Gesamtgenoms bereits eine umfangreiche Bioinformatik benötigt wird. Daran schließt sich dann die Genfindungs- und Annotationsphase an, die einen Überblick über die Genausstattung des bearbeiteten Bakteriums liefert.

Die Abteilung Transkriptomforschung baut auf den Genomdaten eines definierten Organismus, z. B. eines Bakteriums, auf und ermittelt hochparallel in Abhängigkeit von definierten Umweltbedingungen den Expressionszustand aller identifizierten Gene des zu untersuchenden Organimus. Dazu wurde die Makro- und Mikroarray-Technologie etabliert, wobei die Makroarray-Technologie mit Nylonfilter und die Mikroarray-Technologie mit Glasträgern arbeitet. In beiden Fällen werden Genproben aller Gene eines Genoms dicht an dicht auf Filter oder Träger aufgebracht und mit spezifisch markierter RNA aus dem zu analysierenden Organismus hybridisiert. Die Menge an gebundenem Transkript gibt dann die Höhe der Expressionsrate des entsprechenden Gens wieder. Als Genproben werden PCR-Produkte oder Oligonukleotide verwendet. Die Auswertung der Arrays gelingt mittels spezifischer Lesegeräte, wobei die weitere Verarbeitung der Signale erneut von einer aufwendigen Bioinformatik abhängt. Die Abteilung Transkriptomforschung an der Universität Bielefeld besitzt die notwendige Ausstattung an Geräten, wie Hochdurchsatz-PCR-Maschinen, Spotter, Hybridisierungsmaschine und Lesegerät.

Die Abteilung für Proteomforschung beschäftigt sich wieder hochparallel mit der Analyse aller Proteine eines definierten Organismus. Die Auftrennung der Proteinfraktion gelingt dabei über 2D-SDS-Polyacrylamid-Gelelektrophorese. Die Identifizierung der Proteinspots erfolgt dann mittels Massenspektrometrie, wobei das Protein aus dem zu analysierenden Spot zunächst mittels Trypsin verdaut wird. Die Massenspektrometrie liefert das Massenprofil der tryptischen Fragmente. Durch Vergleich mit *in-silico*-erzeugten Massenprofilen aller Proteine auf Basis vorliegender Genomdaten kann dem Proteinspot anschließend meist eindeutig das zugehörige Protein bzw. Gen zugeordnet werden. Erneut wird deutlich, daß Proteomforschung wiederum eine umfangreiche Bioinformatikunterstützung benötigt. In der Bielefelder Abteilung für Proteomforschung sind sowohl die apparative Ausrüstung, z. B. 2D-PAGE und MALDI-TOF-MS, als auch die benötigte Bioinformatik zur »online«-Identifizierung der Proteinspots vorhanden.

Die Abteilung für Bioinformatik kann als Herzstück der Bielefelder Genomforschung bezeichnet werden. Wie bereits dargestellt, wird Bioinformatik sowohl bei der Sequenzermittlung als auch bei der Transkriptom- und der Proteomforschung benötigt. Die Bioinformatik ist dafür mit Hochleistungsrechnern ausgestattet, die auch die Berechnung bakterieller Genome erlauben. Besonders hervorzuheben ist, daß viele der eingesetzten Programmpakete in Bielefeld entwickelt wurden. Im einzelnen handelt es sich dabei um BioMake, GenDB, GOPArc, EMMA und ProDB. Das Werkzeug BioMake, das zur automatischen Weiterverarbeitung von »shotgun«- bzw. EST-Sequenzen dient, erlaubt die Visualisierung und Annotation der anfallenden Daten und ermöglicht zum Beispiel eine Kontrolle des Sequenzierfortschritts. Das Annotationssystem GenDB wird inzwischen weltweit zur Analyse von bakteriellen Genomen eingesetzt und implementiert neben einer flexiblen Genvorhersage auch vielfältige Strategien zur automatischen und manuellen Annotation. Die Speicherung und Analyse von Transkriptomdaten wird bereits seit einiger Zeit mit der EMMA-Software durchgeführt, welche neben den wichtigsten Verfahren zur Normalisierung auch eine Reihe von Datenanalyse-Algorithmen beinhaltet. Die Speicherung von Proteom-Experimenten und die Auswertung von Massenspektrometrie-Daten werden durch das ProDB-Werkzeug unterstützt. Das GOPArc-System dient schließlich als Modul zur Integration von Gen-Ontologien (GO) und metabolischen Stoffwechselwegen wie KEGG und MetaCyc. GOPArc erlaubt die Abbildung von Genom-, Transkriptom- und Proteomdaten sowie eine direkte Verknüpfung der korrelierenden Informationsquellen.

Das Bielefelder Genomforschungsnetzwerk beschäftigt sich mit der Sequenzerstellung von insgesamt fünf Genomen (Tab. 1). Darunter befindet sich das pflanzenwuchsfördernde Bakterium *Azoarcus* sp. BH72, ein vielversprechendes, Stickstoff-fixierendes Bakterium, das mit Gras und Reis Assoziationen eingeht und daher von großer landwirtschaftlicher Bedeutung ist (REINHOLD-HUREK und HUREK 1998). Für den landwirtschaftlichen Sektor spielen auch die phytopathogenen Bakterien *Clavibacter michiganensis* subsp. michiganensis (JAHR et al. 1999) und *Xanthomonas campestris* pv. vesicatoria (NOEL et al. 2001) eine große Rolle. Bei *Clavibacter michiganensis* subsp. michiganensis handelt es sich um einen Gram-positiven bakteriellen Schädling der Tomate, der für große Ernteverluste verantwortlich gemacht wird. Da über die pathogene Interaktion von Gram-positiven Bakterien mit Pflanzen wenig bekannt ist, sollte die Genomanalyse viele interessante Erkenntnisse liefern. Als zweites phytopathogenes Bakterium wird *X. campestris* pv. vesicatoria, ein Pathogen von Paprika und Tomate, einer Genomanalyse unterzogen. Von Interesse ist, daß die Genome von *Xanthomonas campestris* pv. campestris und *Xanthomonas axonopodis* pv. citri bereits sequenziert vorliegen (DA SILVA et al. 2002) und damit für eine komparative Genomforschung zur Verfügung stehen. Auf dem Umweltsektor wird das Genom des marinen Bakteriums *Alcanivorax borkumensis* sequenziert, das als obligater Kohlenwasserstoffverwerter besonders für den Erdölabbau in marinen Habitaten eingesetzt werden kann (YAKIMOV et al. 1998). Schließlich wird noch das Genom des Myxobakteriums *Sorangium cellulosum* (MÜLLER et al. 2000) sequenziert, das mit ca. 12 Megabasen das zur Zeit größte bakterielle Genom darstellt. *S. cellulosum* ist vor allem wegen seiner Kapazität zur Ausbildung von Sekundärmetaboliten von großem medizinischem Interesse. Darüber hinaus interessiert auch die morphologische Differenzierung von *S. cellulosum*, die nach Vorliegen der Genomsequenz besser verstanden werden sollte. Es ist vorgesehen, die genannten fünf Genome zunächst bis zu einer achtfachen Abdeckung zu sequenzieren. Nach Assemblierung der Sequenzdaten ist dann geplant, die Genomsequenz mittels »gap closure« und »polishing« fertigzustellen. Für diese letzten Schritte wurden BAC-Banken erstellt, die für ein anschließendes »sequence walking« eingesetzt werden. Die Sequenzierarbeiten sind bereits weit fortgeschritten. Bei fast allen Projekten ist die »shot gun«-Phase abgeschlossen. Auch die »finishing«-Phase ist bei einzelnen Projekten schon gut vorangekommen.

Das Bielefelder Genomforschungsnetzwerk beschäftigt sich aber nicht nur mit Genomsequenzierung. Dieser Teil ist eine notwendige Voraussetzung für

Tab. 1 Genomprojekte des Bielefelder Kompetenznetzwerkes zur Genomforschung an Bakterien für den Umweltschutz, die Landwirtschaft und die Biotechnologie.

Bakterienstamm	Genomgröße	Projektleiter
Alcanivorax borkumensis SK2	ca. 3,2 Mb	K. N. TIMMIS, GBF Braunschweig
Azoarcus sp. BH72	ca. 4,4 Mb	B. REINHOLD-HUREK, U Bremen
Clavibacter michiganensis subsp. michiganensis	ca. 3,5 Mb	R. EICHENLAUB, U Bielefeld
Sorangium cellulosum So ce56	ca. 12 Mb	R. MÜLLER, GBF Braunschweig
Xanthomonas campestris pv. vesicatoria 85–10	ca. 5,4 Mb	U. BONAS, U Halle

eine funktionelle Genomforschung, die besonders Transkriptom- und Proteomforschung mit einschließt. Für zwei Bakterien, deren Genome bereits analysiert vorliegen, nämlich für *Sinorhizobium meliloti* 1021 (GALIBERT et al. 2001) und für *Corynebacterium glutamicum* (TAUCH et al. 2002), stellt die Transkriptom- und Proteomanalyse einen Teil des Bielefelder Genomforschungsnetzwerks dar. Über die genombasierte Funktionsanalyse für diese beiden Bakterien wird in den folgenden zwei Kapiteln berichtet.

3. Genomforschung an Corynebacterium glutamicum, einem biotechnologisch interessanten, zur Aminosäureproduktion genutzten Bakterium

Am Lehrstuhl für Genetik der Universität Bielefeld wird das Gram-positive, nicht sporulierende Bodenbakterium *C. glutamicum* aufgrund seiner Kapazität zur Aminosäureproduktion genetisch analysiert. Insbesondere wurde für *C. glutamicum* ein reiches Arsenal an genetischen und gentechnischen Methoden entwickelt, so daß man heutzutage fast alle Werkzeuge in Händen hält, die man für eine molekulargenetische Analyse und für eine gezielte gentechnische Optimierung von Produktionsstämmen benötigt (PÜHLER und KALINOWSKI 1995). Es ist daher nicht verwunderlich, daß auch der letzte Schritt der genetischen Analyse, nämlich die Sequenzierung des *C.-glutamicum*-Genoms in Angriff genommen wurde. Der Lehrstuhl für Genetik der Universität Bielefeld koordinierte daher ein Genomprojekt, das von der Fa. Degussa AG in Auftrag gegeben wurde. Die Sequenzierstrategie bestand zunächst darin, die klonierten DNA-Fragmente einer geordneten Cosmid-Bibliothek zu sequenzieren. Leider erwies sich die geordnete Cosmid-Bibliothek aber als nicht vollständig, so daß zusätzlich noch eine geordnete BAC-Bibliothek erstellt werden mußte, die zum Schließen der vorhandenen Lücken genutzt werden konnte (TAUCH et al. 2002). Insgesamt liegt jetzt für *C. glutamicum* ein ringförmiges Chromosom von 3,28 Mb vor. Mit Hilfe des GenDB-Programms wurde eine Annotation durchgeführt. In Abbildung 2 ist die aktuelle Version des *C.-glutamicum*-Chromosoms wiedergegeben.

Nach Kenntnis der Genomsequenz von *C. glutamicum* besteht nun die Möglichkeit, die funktionelle Analyse mit einer komplett neuen Forschungsstrategie anzugehen. Im Falle von *C. glutamicum* soll dies anhand eines regulatorischen Proteins dargestellt werden, das bei der Biosynthese der schwefelhaltigen Aminosäure Methionin eine Rolle spielt. Der Methioninbiosyntheseweg ist in Abbildung 4 skizziert. Da die Vermutung bestand, daß das Gen *metY*, das für eine O-Acetyl-L-Homoserin-Sulfhydrylase kodiert, transkriptionell reguliert wird, wurde das Promotorfragment des *metY*-Gens zur Isolierung von DNA-bindenden Proteinen eingesetzt. Dazu wurde das Promotorfragment des *metY*-Gens an magnetische Kügelchen gebunden und anschließend mit Proteinen aus einer *C.-glutamicum*-Kultur beladen. Die bindenden Proteine wur-

C. glutamicum
ATCC 13032
3.282.711 bp

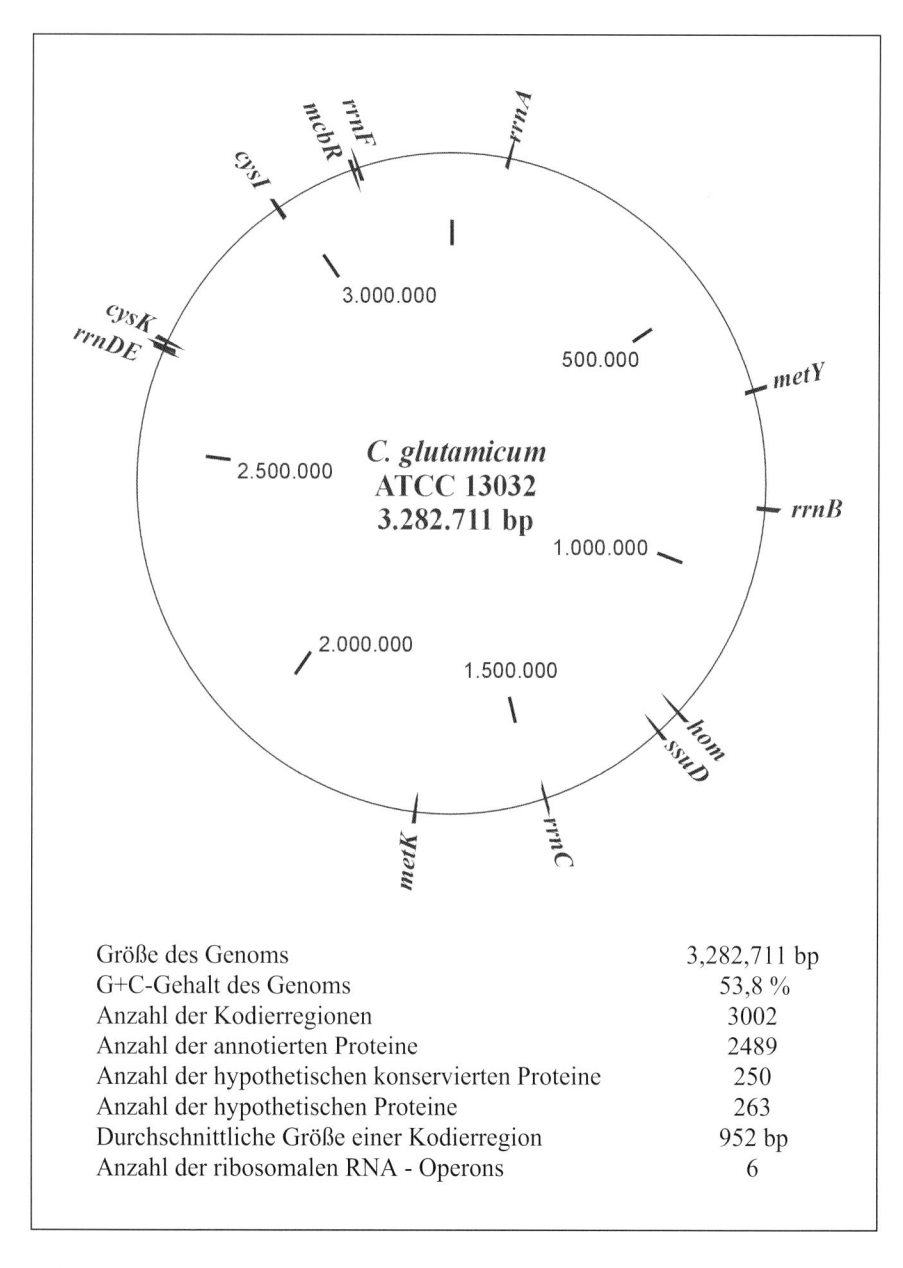

Größe des Genoms	3,282,711 bp
G+C-Gehalt des Genoms	53,8 %
Anzahl der Kodierregionen	3002
Anzahl der annotierten Proteine	2489
Anzahl der hypothetischen konservierten Proteine	250
Anzahl der hypothetischen Proteine	263
Durchschnittliche Größe einer Kodierregion	952 bp
Anzahl der ribosomalen RNA - Operons	6

Abb. 2 Das Genom von *Corynebacterium glutamicum*. Dargestellt ist das 3,28 Mb große, ringförmige Chromosom von *C. glutamicum*. Eingezeichnet sind neben den *rrn*-Operons für ribosomale RNA-Moleküle vor allem ausgewählte Gene für den Biosyntheseweg schwefelhaltiger Aminosäuren. Zusätzlich sind einige Basisdaten des *C.-glutamicum*-Genoms aufgelistet.

den abgewaschen und in einem 1D-SDS-Polyacrylamidgel aufgetrennt. Die Identifizierung der Proteinbanden erfolgte mittels MALDI-TOF unter Einsatz des Programmpakets ProDB. Zwei interessante DNA-bindende Proteine wurden identifiziert. Es handelt sich um einen transkriptionellen Regulator der LacI-Familie und um einen transkriptionellen Regulator der TetR-Familie. Der zweite Regulator erwies sich in den anschließenden Experimenten als ein genereller, transkriptioneller Repressor, der eine große Anzahl von Genen aus dem Methionin- und Cysteinbiosynthesecluster reguliert. Der Regulator wurde deshalb McbR (von *M*ethionin- und *C*ystein-*B*iosynthese*r*epressor) und das dazugehörige Gen *mcbR* genannt.

Nach Identifizierung des regulatorischen Proteins McbR standen zunächst molekularbiologische Fragen im Vordergrund. Von Interesse ist z. B. die Bestimmung der Operatorsequenz der McbR-Bindestelle im *metY*-Promotorbereich. Diese Operatorsequenz läßt sich bequem nach Etablierung eines Gelshift-Testverfahrens bestimmen. Dazu ist es nötig, das McbR-Protein zu reinigen und die spezifische Bindung an die *metY*-Promotorregion über Gelshift zu zeigen. Dieses Gelshift-Testverfahren wurde in der Zwischenzeit etabliert. Es führte nach Kompetition mit synthetischen DNA-Fragmenten, deren Sequenzen dem *metY*-Promotorbereich entstammen, zur Identifizierung der Operatorsequenz. Auf die detaillierte Darstellung der geschilderten Experimente soll in diesem Artikel verzichtet werden. Es bleibt aber anzumerken, daß das Gelshift-Testverfahren auch noch zur Identifizierung des Coeffektors eingesetzt werden kann. Für Repressoren der TetR-Familie ist bekannt, daß nach Zugabe des Coeffektors die Repressoren ihre Bindeeigenschaft verlieren. Falls man nun einen Hinweis auf die Natur des Coeffektors hat, kann man diesen im Gelshift-Testverfahren einsetzen und testen, ob eine Bindung noch stattfindet. Erste Versuche mit dem McbR-Repressor zeigen, daß sich dieser Versuchsansatz als erfolgreich erweist.

Um die Bedeutung des McbR-Repressors für den *C.-glutamicum*-Stoffwechsel abschätzen zu können, muß noch die Frage nach seinen Zielgenen gestellt werden. Dieser Frage wurde auf Proteomebene durch Vergleich von Wildtyp- und *mcbR*-Mutantenstamm nachgegangen. Eine *C.-glutamicum-mcbR*-Mutante konnte über reverse Genetik als Deletionsmutante erzeugt werden. Wildtyp- und *mcbR*-Mutante wurden anschließend in Minimalmedium mit und ohne Methionin angezogen. Das Zellmaterial wurde geerntet und aus den vier Ansätzen jeweils die zytoplasmatischen Proteine isoliert. Nach Auftrennung der vier Proteingemische im 2D-SDS-Proteingel wurde nach Proteinspots gesucht, die im Wildtypstamm nach Methioningabe in ihrer Stärke reduziert vorliegen und im Mutantenstamm von Methionin nicht beeinflußt werden. Es konnten sechs solche Proteinspots identifiziert werden (Abb. 3). Mittels MALDI-TOF und ProDB gelang wiederum eine Identifizierung der sechs auffälligen Proteinspots. Im einzelnen handelt es sich um MetY (O-Acetyl-L-Homoserin-

Sulfhydrylase), MetK (S-Adenosyl-L-Methion-Synthase), CysK (L-Cystein-Synthase), Hom (Homoserin-Dehydrogenase), CysI (NADPH-abhängige Sulfit-Reduktase) und SsuD (Alkansulfonat-Monooxygenase). Die Identifizierung dieser sechs Genprodukte und der dazugehörigen Gene führte zu einem überraschenden Ergebnis. Die identifizierten Zielgene konnten alle in einem metabolischen Netzwerk angeordnet werden, das für die Biosynthese von Schwefel-haltigen Aminosäuren verantwortlich ist (Abb. 4).

An dieser Stelle muß noch nachgetragen werden, daß für McbR noch nicht gezeigt ist, daß es sich um einen transkriptionellen Repressor handelt. Dazu sollte die Promotoraktivität der betroffenen Gene in Abhängigkeit von McbR-Protein und in An- und Abwesenheit von L-Methionin getestet werden. Dies gelang mit Hilfe der »real time RT-PCR«-Methode, die im Vergleich zu einem Standard die Zu- bzw. Abnahme von spezifischen Transkripten mißt, woraus man auf die Aktivität von Promotoren unter wechselnden Umweltbedingun-

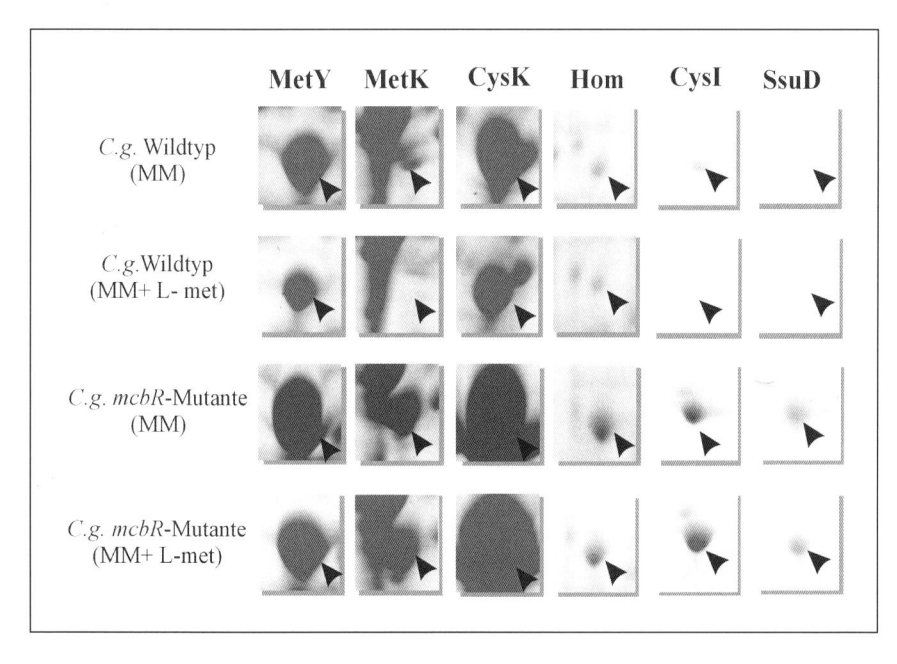

Abb. 3 Zusammenstellung von auffälligen Proteinspots aus 2-dimensionalen Proteingelen von C.-glutamicum-Stämmen. Der C.-glutamicum-Wildtypstamm und die mcbR-Mutante wurden im Minimalmedium mit und ohne L-Methionin-Zusatz angezogen. Zytoplasmatische Proteine wurden in 2D-SDS-Polyacrylamidgelen aufgetrennt. Proteinspots, die je nach Stamm und Anzuchtsverfahren in ihrer Intensität auffällig waren, konnten mittels Fingerprint-Verfahren identifiziert werden. Die identifizierten Proteinspots MetY, MetK, CysK, Hom, CysI und SsuD sind vergleichend dargestellt.

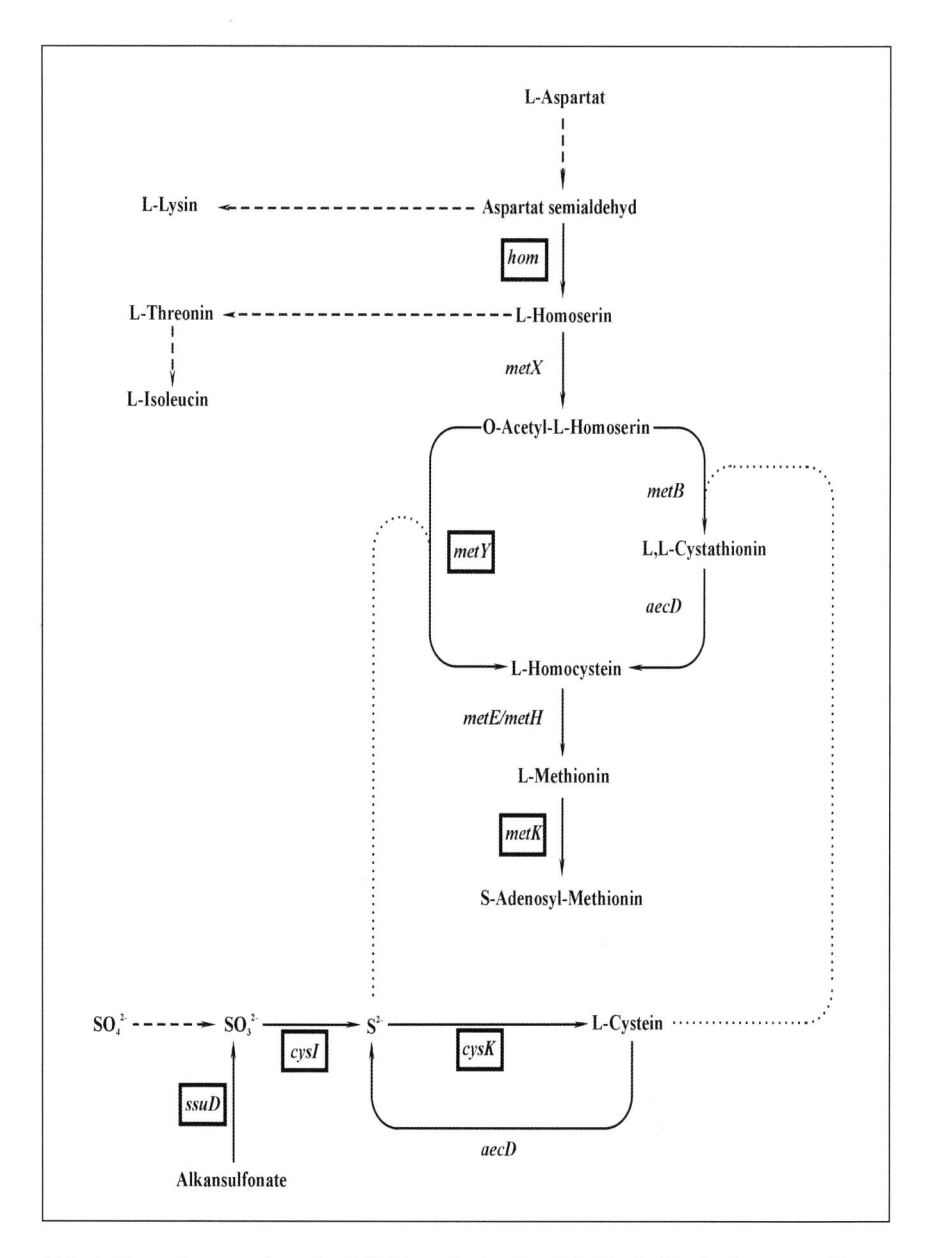

Abb. 4 Biosyntheseweg der schwefelhaltigen Aminosäure Methionin für *C. glutamicum.* Dargestellt ist der Biosyntheseweg der schwefelhaltigen Aminosäure Methionin. Neben der Erzeugung der Ausgangssubstanz L-Homoserin sind vor allem die Verzweigungen im Schwefelstoffwechsel von *C. glutamicum* aufgeführt. Die mit Umrahmung präsentierten Gene werden im Text angesprochen.

gen schließen kann. Für den *metY*-Promotor konnte gezeigt werden, daß seine Aktivität im Wildtypstamm in Gegenwart von L-Methionin reduziert wird, und daß diese Reduktion im *mcbR*-Mutantenstamm nicht mehr vorhanden ist. Dabei ist noch anzumerken, daß die Aktivität im *mcbR*-Mutantenstamm bis zu 40fach gesteigert wird. Mit diesem Experiment ist nun eindeutig nachgewiesen, daß es sich bei dem McbR-Protein um einen Repressor handelt, der die Transkription des *metY*-Gens reguliert. Für die Promotoren der fünf anderen Gene, nämlich *metK*, *cysK*, *hom*, *cysI* und *ssuD* wurden im Prinzip ähnliche Ergebnisse erzielt, so daß man allgemein davon ausgehen kann, daß das McbR-Protein auch bei diesen Genen als transkriptioneller Repressor wirkt.

4. Genomforschung an Sinorhizobium meliloti, einem Bodenbakterium mit der Fähigkeit zur symbiontischen Stickstoff-Fixierung

Das Gram-negative Bodenbakterium *S. meliloti* stellt aufgrund seiner Fähigkeit, in Symbiose mit Leguminosen, insbesondere mit Luzerne, Luftstickstoff zu binden, ein weltweit interessantes Untersuchungsobjekt dar. *S. meliloti* induziert dabei an den Wurzeln seiner Wirtspflanze sogenannte Wurzelknöllchen, die über Infektionsschläuche von dem Mikrosymbionten besiedelt werden. Nach Ausbildung der Symbiose leben *S.-meliloti*-Zellen umgewandelt zu Bakteroiden innerhalb von Pflanzenzellen. Die Bakteroide werden von der Pflanze ernährt und liefern als Gegenleistung fixierten Luftstickstoff. Aufgrund dieser pflanzlichen Interaktion wird der Mikrosymbiont *S. meliloti* seit langem genetisch analysiert. Insbesondere wurden die Fixierungsgene *nif* und *fix* sowie die Nodulationsgene *nod* in vielen Einzelheiten aufgeklärt. Es ist daher nicht verwunderlich, daß im Zeitalter der Genomforschung *S. meliloti* ebenfalls für eine Genomsequenzierung ausgesucht wurde. Im Vorfeld war bereits bekannt, daß *S. meliloti* ein komplexes Genom besitzt, das aus dem eigentlichen Chromosom und den beiden Megaplasmiden pSymA und pSymB besteht. Zur Sequenzierung dieses komplexen Genoms arbeiteten mehrere internationale Forschergruppen zusammen. Das eigentliche Chromosom wurde im Rahmen eines EU-Projekts unter der Federführung von F. GALIBERT, Rennes, Frankreich, sequenziert (CAPELA et al. 2001). Die Sequenzierung des pSymA-Plasmids wurde von S. LONG, Stanford, USA, durchgeführt (BARNETT et al. 2001), während die Sequenzierung des pSymB-Plasmids in Bielefeld, Deutschland, im Rahmen eines BMBF-Projekts erfolgte (FINAN et al. 2001). Teile des pSymB-Plasmids wurden auch in Kanada sequenziert. Von Interesse ist, daß von Anbeginn der Sequenzierung an sowohl für das Chromosom als auch für das Megaplasmid pSymB geordnete BAC-Klone vorlagen, die nach dem »shot gun«-Verfahren sequenziert wurden. Insgesamt läßt sich als Ergebnis festhalten, daß das *S.-meliloti*-Chromosom eine Größe von 3,65 Mb, das pSymA-Plasmid von 1,35 Mb und das pSymB-Plasmid von 1,68 Mb besitzt

(Abb. 5). Aus der Genomsequenz von *S. meliloti* lassen sich folgende Erkenntnisse gewinnen (GALIBERT et al. 2001): Das Chromosom enthält die üblichen Haushaltsgene. Das pSymA-Plasmid trägt all die bekannten Nodulations- und Fixierungsgene, während pSymB durch DNA-Regionen mit Polysaccharid-Biosynthese- und ABC-Transportergenen auffällt. Von speziellem Interesse ist der G+C-Gehalt der einzelnen Replikons. Da der G+C-Gehalt von pSymA wesentlich geringer ist als der des Chromosoms und des pSymB-Plasmids, kann man davon ausgehen, daß pSymA über horizontalen Transfer erworben wurde. Anzumerken bleibt noch, daß das pSymB-Plasmid ein essentielles Gen, nämlich ein Gen für die Arg-tRNA, trägt, und daß deshalb das pSymB-Plasmid nicht verloren gehen kann.

Auch im Falle von *S. meliloti* soll aufgezeigt werden, wie nach Vorliegen der Gesamtgenomsequenz eine neue Forschungsstrategie zum Erfolg führt. Als Untersuchungsobjekt wurde am Lehrstuhl für Genetik der Universität Bielefeld die Eisenversorgung bei *S. meliloti* gewählt. Wie bei allen symbiontischen und pathogenen Wechselwirkungen zwischen Mikroorganismen und höheren Eukaryoten spielt die Eisenversorgung des Mikroorganismus eine bedeutende Rolle. Im Falle der Knöllchensymbiose zwischen Rhizobien und Leguminosen weiß man, daß Eisen speziell als anorganische Komponente in dem Enzym Nitrogenase gebraucht wird. *S. meliloti* sollte deshalb mit speziellen Eisentransportsystemen ausgerüstet sein. Insgesamt kennt man bis heute drei unterschiedliche Eisenaufnahmesysteme. Es handelt sich dabei um den »siderophore-«, den »ferric-« und den »metal«-Typ. Ein zentraler Teil all dieser Eisenaufnahmesysteme besteht aus einem periplasmatischen Bindeprotein, einer Permease, die in die Zytoplasmamembran eingelagert ist, und einer zytoplasmatischen ATPase. Im Falle des »siderophore«-Typs werden vom Bakterium Siderophore synthetisiert und ins Medium exkretiert, wo diese Siderophore freie Eisen(III)-Ionen einfangen können. Der Eisen(III)-Siderophore-Komplex kann dann über einen Rezeptor der äußeren Membran aufgenommen werden. Im Falle des »ferric«-Typs werden Eisen-bindende Proteine direkt über einen Rezeptor der äußeren Membran aufgenommen. In beiden Fällen wird der Ton-Komplex zur Energetisierung der äußeren Membran benötigt. Als dritter Typ wird der »metal«-Typ beschrieben, der insgesamt noch am wenigsten erforscht ist. Bis heute ist nicht klar, ob der »metal«-Typ einen Rezeptor in der äußeren Membran und den Ton-Komplex benötigt. Auf alle Fälle kann dieser Rezeptor auch dann Eisen aufnehmen, wenn es in chelatierter Form vorliegt. Mit Hilfe von bioinformatischen Werkzeugen wurde nun das Genom von *S. meliloti* auf das Vorhandensein von Eisen-ABC-Transportern durchgemustert. Dabei wurden acht DNA-Regionen identifiziert, die möglicherweise für Eisen-ABC-Transporter kodieren. Der »siderophore«-Typ wurde viermal, der »ferric«-Typ dreimal und der »metal«-Typ einmal gefunden. Von Interesse ist auch, daß sich die gefundenen acht DNA-Regionen auf alle drei Replikons verteilen. Besonders das pSymB-Megaplasmid ist mit

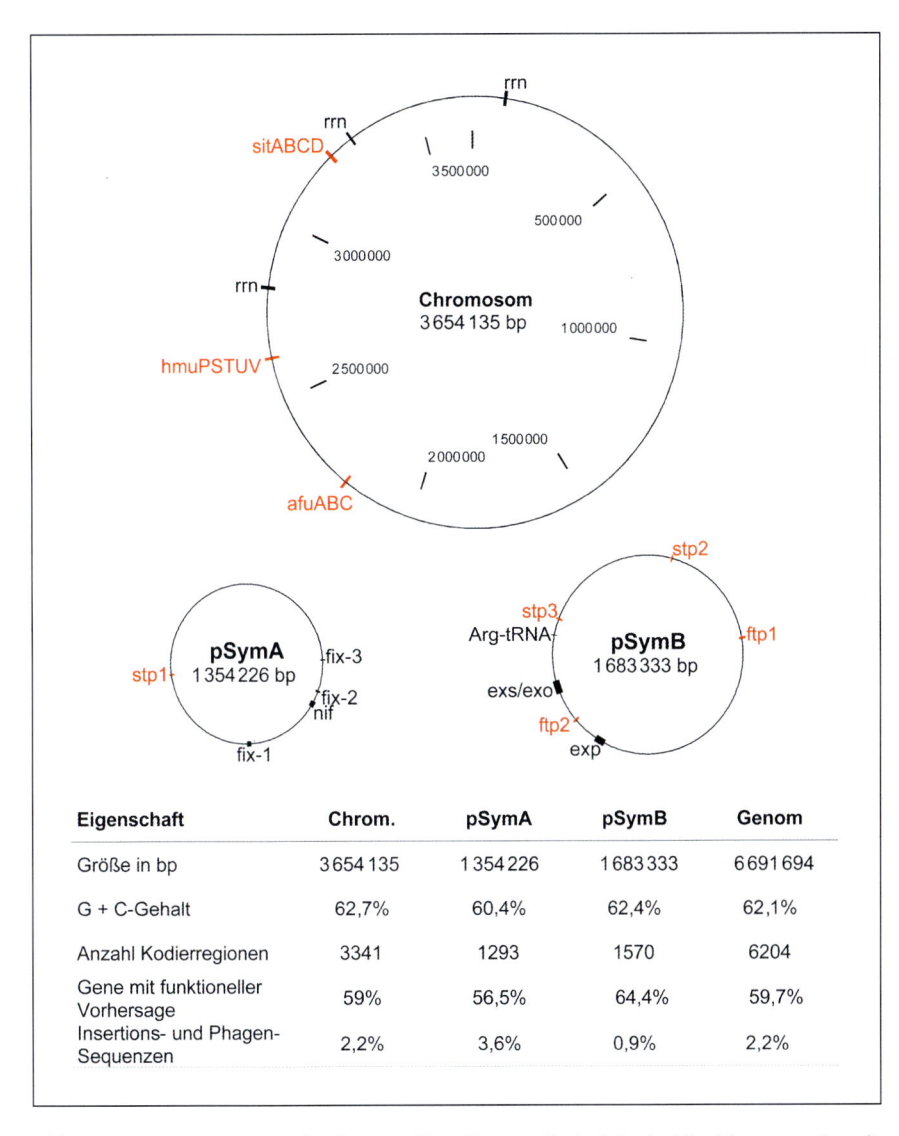

Eigenschaft	Chrom.	pSymA	pSymB	Genom
Größe in bp	3 654 135	1 354 226	1 683 333	6 691 694
G + C-Gehalt	62,7%	60,4%	62,4%	62,1%
Anzahl Kodierregionen	3341	1293	1570	6204
Gene mit funktioneller Vorhersage	59%	56,5%	64,4%	59,7%
Insertions- und Phagen-Sequenzen	2,2%	3,6%	0,9%	2,2%

Abb. 5 Das Genom von *Sinorhizobium meliloti*. Dargestellt sind die drei Replikons von *S. meliloti*, nämlich das Chromosom und die beiden Megaplasmide pSymA und pSymB. Auf dem Chromosom sind als Markergene die drei *rrn*-Operons für ribosomale RNA-Moleküle eingezeichnet. Das Megaplasmid pSymA ist durch die *nif*-Genregion und die *fix-1-*, *fix-2-* und *fix-3-*Genregion gekennzeichnet. Auf dem Megaplasmid pSymB sind die Genregionen *exs/exo* und *exp* für Polysaccharidbiosynthese und das Arg-tRNA-Gen vermerkt. Die in Rot gekennzeichneten Gene betreffen die Eisen-Transport-Systeme vom »siderophore«-Typ (*stp1*, *stp2* und *stp3* und *hmuPSTUV*), vom »ferric«-Typ (*ftp1*, *ftp2* und *afuABC*) sowie vom »metal«-Typ (*sitABCD*). Zusätzlich sind einige Basisdaten zum *S. meliloti*-Genom aufgelistet.

vier DNA-Regionen an der Spitze, wodurch die Aussage verstärkt wirkt, daß das pSymB-Megaplasmid viele Genregionen trägt, die den Kontakt zur Umgebung herstellen.

Wie bereits dargestellt, befindet sich unter den DNA-Regionen, die für Eisen-ABC-Transporter verantwortlich zeichnen, ein ABC-Transporter des »metal«-Typs. Die vier Gene, die in dieser DNA-Region liegen, werden mit *sitA, B, C* und *D* bezeichnet, da ihre Genprodukte eine hohe Identität zu den Genprodukten des *sit*-Operons des humanpathogenen Bakteriums *Salmonella typhimurium* aufweisen. Es wird allgemein angenommen, daß *sitA* für ein periplasmatisches Bindeprotein, *sitB* für eine ATPase und *sitC* sowie *sitD* für eine Permease kodieren. Außerdem kann man aus der Lage der Gene folgern, daß diese ein Operon, also das *sitABCD*-Operon, bilden. Von besonderem Interesse ist noch, daß sich vor dem *sitABCD*-Operon in gegenläufiger Orientierung ein *fur*-Gen (*fur* von Fe uptake regulator) befindet. Da vor dem *sitA*-Gen noch ein Fur-Boxmotiv gefunden werden konnte, kann davon ausgegangen werden, daß das *sitABCD*-Operon von dem Fur-Protein reguliert wird. Diese Annahme sollte nun im weiteren analysiert werden.

Zur Aufklärung der Regulation des *sitABCD*-Operons wurden Transkriptomanalysen eingesetzt. Dazu wurde ein Mikro-Array konstruiert, der im wesentlichen auf PCR-Fragmenten von den im *S.-meliloti*-Genom gefundenen Genen aufbaute. In wenigen Fällen wurden noch 70-mer Oligonukleotide als Genproben verwendet. Insgesamt gelang es, 6206 *S.-meliloti*-Genproben auf dem Mikro-Array aufzubringen. Um nun den Einfluß des *fur*-Gens auf die Expression aller *S.-meliloti*-Gene zu testen, wurde noch eine definierte *fur*-Deletionsmutante konstruiert. Sowohl der *S.-meliloti*-Wildtyp als auch die *fur*-Mutante wurden im Minimalmedium angezogen, und aus beiden Kulturen wurde Gesamt-RNA isoliert und unterschiedlich markiert. Die *fur*-Mutanten-RNA wurde mit CY3 markiert und damit mit grüner Fluoreszenz versehen, während die Wildtyp-RNA mit CY5 markiert und damit mit roter Fluoreszenz ausgestattet wurde. Beide RNA-Isolate wurden nach Durchmischung zur Hybridisierung des *S. meliloti* 62K PCR Mikro-Arrays verwendet. Die Ergebnisse sind in Form eines »scatter blot« dargestellt (Abb. 6). Man sieht, daß die Gene *sitA, sitB, sitC* und *sitD* in der *fur*-Mutante überexprimiert wurden. Der Fur-Repressor unterdrückt im Wildtyp also die Expression des *sitABCD*-Operons. Gleichzeitig findet man, daß in der *fur*-Mutante die Gene der Rhizobactinsynthase, nämlich *rhbA, rhbB, rhbC, rhbD, rhbE* und *rhbF*, in ihrer Expression abgesenkt wurden. Da die *rhb*-Gene keine *fur*-Boxmotive tragen, kann für die abgesenkte Transkription augenblicklich kein Modell angegeben werden. Die Transkriptomanalyse hat damit ein klares Bild geliefert. Der Fur-Repressor ist offensichtlich für die direkte Regulation des *sit*-Operons verantwortlich, während die *rhb*-Gene über einen unbekannten Mechanismus reguliert werden.

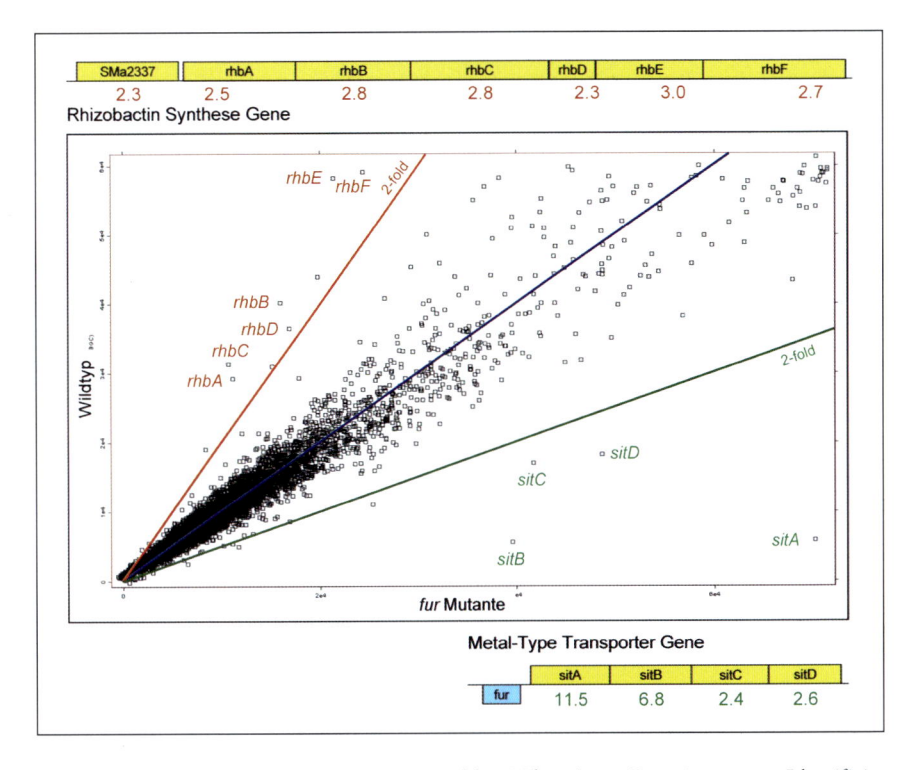

Abb. 6 »Scatter plot«-Auswertung eines *S.-meliloti*-Mikro-Array-Experiments zur Identifizierung von Fur-regulierten Genen. Der dargestellte »scatter plot« eines *S.-meliloti*-Mikro-Array-Experiments zeigt die Genexpression von Wildtyp- und *fur*-Mutantenstamm. Die grün markierten Punkte geben die mehr als 2fach hochregulierten Gene im Mutantenstamm, die rot markierten Punkte die mehr als 2fach herunterregulierten Gene im Mutantenstamm an. Die aus dem Mikro-Array-Experiment herausgelesenen Induktionsfaktoren für die *sit*-Gene sind in Grün angegeben, während die Absenkungsfaktoren für die *rhb*-Gene in Rot eingetragen sind.

5. Ausblick

Mit diesem Artikel sollte dargestellt werden, wie mittels Bioinformatik und Genomforschung im Fachgebiet Mikrobiologie ein neues Zeitalter eingeläutet wird. Anhand von *C. glutamicum*, einem zur Aminosäureproduktion genutzten Bakterium, wurde beschrieben, wie die Verwendung der genomischen Information zur Identifizierung und Charakterisierung eines transkriptionellen Repressors führte und wie mittels Proteomansätzen ein metabolisches Netzwerk aufgespannt werden konnte, das von diesem transkriptionellen Repressor reguliert wird. Als zweites Beispiel wurde das symbiontisch Stickstoff-fixierende Bakterium *S. meliloti* genutzt, dessen genomische Information dazu beitrug, einen Überblick über DNA-Regionen mit Eisentransportsystemen zu gewinnen. Durch Verwendung eines Gesamtgenom-Mikro-Arrays wurde die Regulation eines *fur*-Repressorgens aufgeklärt. Diese beiden Beispiele zeigen, wie Bioinformatik und Genomforschung den eingangs geschilderten Paradigmenwechsel auslösen. In Zukunft sind nun die fünf im Rahmen des Bielefelder Genomforschungsnetzwerks bearbeiteten Genomprojekte von besonderem Interesse. Nach Vorliegen von Gesamtgenomsequenzen sollten bereits viele Einzelheiten über den Lebensstil der für den Umweltschutz, die Landwirtschaft und die Biotechnologie bedeutenden Bakterien vorliegen.

Dank

Die in diesem Artikel geschilderten Arbeiten wurden von einer großen Anzahl von Mitarbeitern durchgeführt. Für das Bielefelder Kompetenzzentrum sind W. SELBITSCHKA als Geschäftsführer, O. KAISER für die Sequenzierung, S. RÜBERG in der Transkriptomforschung, T. PATSCHKOWSKI in der Proteomforschung und F. MEYER mit seinen Mitarbeitern D. BARTELS, T. BEKEL und A. GOESMANN in der Bioinformatik tätig. Die *C.-glutamicum*-Gruppe setzt sich aus J. KALINOWSKI und seinen Mitarbeitern S. MORMANN, D. REY und A. TAUCH zusammen. Die Eisen-Transportsysteme bei *S. meliloti* wurden von S. WEIDNER und seinen Mitarbeitern V. BARTELSMEIER, J. BUHRMESTER und T.-C. CHAO analysiert. Die Erstellung des *S.-meliloti*-Mikro-Array wurde von A. BEKKER und ihren Mitarbeitern L. KROL und S. RÜBERG durchgeführt. Allen diesen Personen bin ich zu großem Dank für ihre Arbeit verpflichtet. Gleichzeitig geht mein Dank an das BMBF, ohne dessen finanzielle Unterstützung das Bielefelder Kompetenznetzwerk nicht existieren würde.

Literatur

BARNETT, M. J., FISHER, R. F., JONES, T., KOMP, C., ABOLA, A. P., BARLOY-HUBLER, F., BOWSER, L., CAPELA, D., GALIBERT, F., GOUZY, J., GURJAL, M., HONG, A., HUIZAR, L., HYMAN, R. W., KAHN, D., KAHN, M. L., KALMAN, S., KEATING, D. H., PALM, C., PECK, M. C., SURZYCKI, R., WELLS, D. H., YEH, K.-C., DAVIS, R. W., FEDERSPIEL, N. A., and LONG, S. R.: Nucleotide sequence and predicted functions of the entire *Sinorhizobium meliloti* pSymA megaplasmid. Proc. Natl. Acad. Sci. USA 98, 9883–9888 (2001)

CAPELA, D., BARLOY-HUBLER, F., GOUZY, J., BOTHE, G., AMPE, F., BATUT, J., BOISTARD, P., BECKER, A., BOUTRY, M., CADIEU, E., DREANO, S., GLOUX, S., GODRIE, T., GOFFEAU, A., KAHN, B., BAMSPERGER, U., RENARD, C., THEBAULT, P., VANDENBOL, M., WEIDNER, S., and GALIBERT, F.: Analysis of the chromosome sequence of the legume symbiont *Sinorhizobium meliloti* strain 1021. Proc. Natl. Acad. Sci. USA 98, 9877–9882 (2001)

DA SILVA, A. C. R., FERRO, J. A., REINACH, F. C., FARAH, C. S., FURLAN, L. R., QUAGGIO, R. B., MONTEIRO-VITORELLO, C. B., VAN SLUYS, M. A., ALMEIDA, N. F., ALVES, L. M. C., DO AMARAL, A. M., BERTOLINI, M. C., CAMARGO, L. E. A., CAMAROTE, G., CANNAVAN, F., CARDOZO, J., CHAMBERGO, F., CLAPINA, L. P., CICARELLI, R. M. B., CAUTINHO, L. L., CURSINO-SANTOS, J. R., ELDORRY, H., FARLA, J. B., FERREIRA, A. J. S., FERREIRA, R. C. C., FERRO, M. I. T., FORMIGHIERI, E. F., FRANCO, M. C., GREGGIO, C. C., GRUBER, A., KATSUYAMA, A. M., KISHI, L. T., LEITE, R. P., LEMOS, E. G. M., LEMOS, M. V. F., LOCALL, E. C., MACHADO, M. A., MADEIRA, A. M. B. N., MARTINEZ-ROSSI, N. M., MARTINS, E. C., MEIDANIS, J., MENCK, C. F. M., MIYAKI, C. Y., MOON, D. H., MOREIRA, L. M., NOVO, M. T. M., OKURA, V. K., OLIVEIRA, M. C., OLIVEIRA, V. R., PEREIRA, H. A., ROSSI, A., SENA, J. A. D., SILVA, C., DE SOUZA, R. F., SPINOLA, L. A. F., TAKITA, M. A., TAMURA, R. E., TEIXEIRA, E. C., TEZZA, R. I. D., TRINDADE DOS SANTOS, M., TRUFFI, D., TSAI, S. M., WHITE, F. F., SETUBAL, J. C., and KITAJIMA, J. P.: Comparison of the genomes of two *Xanthomonas* pathogens with differing host specificities. Nature 417, 459–463 (2002)

FINAN, T. M., WEIDNER, S., WONG, K., BUHRMESTER, J., CHAIN, P., VORHÖLTER, F.-J., HERNANDEZ-LUCAS, I., BECKER A., COWIE, A., GOUZY, J., GOLDING, B., and PÜHLER, A.: The complete sequence of the 1,683-kb pSymB megaplasmid from the N2-fixing endosymbiont *Sinorhizobium meliloti*. Proc. Natl. Acad. Sci. USA *98*, 9889–9894 (2001)
GALIBERT, F., FINAN , T. M., LONG, S. R., PÜHLER, A., ABOLA, A. P., AMPE, F., BARLOY-HUBLER, F., BARNETT, M. J., BECKER, A., BOISTARD, P., BOTHE, G., BOUTRY, M., BOWSER, L., BUHRMESTER, J., CADIEU, E., CAPELA, D., CHAIN, P., COWIE, A., DAVIS, R. W., DREANO, S., FEDERSPIEL, N. A., FISHER, R. F., GLOUX, S., GODRIE, T., GOFFEAU, A., GOLDING, B., GOUZY, J., GURJAL, M., HERNANDEZ-LUCAS, I., HONG, A., HUIZAR, L., HYMAN, R. W., JONES, T., KAHN, D., KAHN, M. L., KALMAN, S., KEATING, D. H., KISS, E., KOMP, C., LELAURE, V., MASUY, D., PALM, C., PECK, M. C., POHL, T. M., PORTETELLE, D., PURNELLE, B., RAMSPERGER, U., SURZYCKI, R., THEBAULT, P., VANDENBOL, M., VORHÖLTER, F.-J., WEIDNER, S., WELLS, D. H., WONG, K., YEH, K.-C., and BATUT, J.: The composite genome of the legume symbiont *Sinorhizobium meliloti*. Science *293*, 668–672 (2001)
JAHR, H., BAHRO, R., BURGER, A., AHLEMEYER, J., and EICHENLAUB, R.: Interactions between *Clavibacter michiganensis* and its host plants. Environm. Microbiol. *1*, 113–118 (1999)
MÜLLER, R., GERTH, K., BRANDT, P., BLÖCKER, H., and BEYER, S.: Identification of an L-dopa decarboxylase gene from *Sorangium cellulosum* So ce90. Arch. Microbiol. *173*, 303–306 (2000)
NOEL, L., THIEME, F., NENNSTIEL, D., and BONAS, U.: cDNA-AFLP analysis unravels a genome-wide *hrpG*-regulon in the plant pathogen *Xanthomonas campestris* pv. vesicatoria. Mol. Microbiol. *41*, 1271–1281 (2001)
PÜHLER, A., und KALINOWSKI, J.: Molekulargenetik am Beispiel Aminosäure-produzierender Corynebakterien. Biologie in uns. Zeit *25*(4), 221–229 (1995)
REINHOLD-HUREK, B., and HUREK, T.: Life in grasses: diazotrophic endophytes. Trends Microbiol. *6*, 139–144 (1998)
TAUCH, A., HOMANN, I., MORMANN, S., RÜBERG, S., BILLAULT, A., BATHE, B., BRAND, S., BROCKMANN-GRETZA, O., RÜCKERT, C., SCHISCHKA, N., WRENGER, C., HOHEISEL, J., MÖCKEL, B., HUTHMACHER, K., PFEFFERLE, W., PÜHLER, A., and KALINOWSKI, J.: Strategy to sequence the genome of *Corynebacterium glutamicum* ATCC 13032: use of a cosmid and a bacterial artificial chromosome library. J. Biotechnology *95*, 25–38 (2002)
YAKIMOV, M., GOLYSHIN, P. N., LANG, S., MOORE, E. R., ABRAHAM, W. R., LÜNSDORF, H., and TIMMIS, K. N.: *Alcanivorax borkumensis* gen.nov sp.nov., a new, hydrocarbon-degrading and surfactant-producing marine bacterium. Int. J. Syst. Bacteriol. *48*, 339–348 (1998)

Prof. Dr. Alfred PÜHLER
Universität Bielefeld
Fakultät für Biologie
Lehrstuhl für Genetik
33594 Bielefeld
Bundesrepublik Deutschland
Tel.:   ++49 (0) 52 11 06 56 07
Fax: ++49 (0) 52 11 06 56 26
E-Mail: secretary@genetik.uni-bielefeld.de

Pharmazie im Dienste der Theologie: Aussage und Geschichte des Sinnbildmotivs »Christus als Apotheker«

Von Fritz Krafft, Marburg
Mitglied der Akademie
Mit 11 Abbildungen

(Vortrag in der vorweihnachtlichen Sitzung der Akademie am 10. 12. 2002)

Meine sehr verehrten Damen und Herren, Benno Parthier hat mich gebeten, in dieser vorweihnachtlich-besinnlichen Sitzung der Leopoldina über mein jüngstes wissenschaftshistorisches Forschungsgebiet zu sprechen. Ich habe diese Einladung gerne angenommen und hoffe, daß Sie die von mir gewählte Thematik als sowohl dem christlichen Fest als auch der dadurch angeregten Besinnlichkeit angemessen empfinden werden.

Damit die Ausführungen nicht allzu abstrakt ausfallen, werde ich im ersten Teil eine Bildinterpretation vornehmen, in einem zweiten Teil die wissenschaftlichen, sozialen und theologischen Voraussetzungen für dieses Bildwerk ansprechen, um im abschließenden dritten Teil die Fortwirkungen des in dem Gemälde dargestellten Sinnbildmotivs in großen Schritten bis in unsere Zeit zu verfolgen[1].

Das zu interpretierende Gemälde ist ein kleinformatiges Öltafelbild auf Kupfer (Abb. 1)[2]. Es ist seit 1969 Eigentum des Marburger Universitätsmuseums

---

[1] Siehe den historischen Abriß bei Krafft 2001b, 2002b – jeweils beruhend auf den Forschungsergebnissen in Krafft 2001a.
[2] Bild-Nr. H-110: Christus in der Himmelsapotheke, Genrebild von Michel Herr (1619), Universitätsmuseum für Kunst und Kulturgeschichte Marburg, Inv.-Nr. 7040; siehe auch Anm. 6. – Die Identifizierung der Bilder erfolgt nach der letzten Liste bei Hein ²1992, 15–20, erweitert und mit neuer Bildauswahl gegenüber der ersten Auflage Hein 1974. – Der Apotheker und Nestor der deutschen Pharmaziegeschichte Prof. Dr. Wolfgang-Hagen Hein ist übrigens der Sohn des Hallenser Apothekers Otto Hein, der seit 1940 zu den Förderern der Leopoldina zählte und ab Dezember 1943 bis zu seinem Tod 1968, also über ein Vierteljahrhundert, einer ihrer Vertreter im Vorstand gewesen war, zum Schluß der einzige und letzte, nachdem 1965 beschlossen worden war, keinen Förderer mehr in den Vorstand zuzuwählen. Als er in den *Informationen* las, daß ich vor der Leopoldina einen Vortrag über ein gemeinsames Forschungsgebiet halten würde, bat er mich sofort, der Versammlung herzliche Grüße von ihm auszurichten, was ich gerne tat.

für Kunst und Kulturgeschichte, wo es Wolf-Dieter MÜLLER-JAHNCKE 1975 entdeckte. Er war für das Motiv sensibilisiert worden durch die Vorarbeiten zu einer Ausstellung, die Wolfgang Hagen HEIN ihm aus Anlaß des internationalen Kongresses für Geschichte der Pharmazie 1975 im Bremer Focke-Museum gewidmet hatte (HEIN 1975). Noch im selben Jahr haben beide in einer gemeinsam verfaßten Arbeit das Bild dann einer breiteren Öffentlichkeit vorgestellt[3].

Abb. 1   Christus als Apotheker (1619). Genrebild von Michel HERR

Bis zu diesem Zeitpunkt war nur eine Miniatur im Geschworenen-Buch der Nürnberger Wundärzte und Barbiere aus dem Jahre 1626 bekannt gewesen[4], die sich daraufhin als zeitgenössische, in der Ausführung künstlerisch nicht auf derselben Höhe stehende Kopie erwies, aber dennoch zu Unrecht seitdem

---

3   HEIN und MÜLLER-JAHNCKE 1975; siehe auch Anm. 5.
4   Bild-Nr. H 23: Christus in der Himmelsapotheke (1626), Miniatur in Wasserfarben auf Pergament, Kopie des Tafelbildes von Michel HERR (1619) im Geschworenenbuch der Nürnberger Zunft der Barbiere und Wundärzte, Germanisches Nationalmuseum Nürnberg, Inv.-Nr. Hs. 81412; siehe auch Anm. 5. – Siehe HEIN 1974, 22 f.

in Vergessenheit geriet. Beide Bildwerke waren in der vom 29. November 2002 bis zum 16. Februar 2002 im Museum Altomünster gezeigten Ausstellung zum Thema »Christus als Apotheker« unter dem Titel: *Christus ruft in die Himmelsapotheke* erstmals nebeneinander zu sehen.[5]

Dargestellt ist eine an einer Straßenecke gelegene Apotheke, wie sie auch von anderen Bildwerken der frühen Neuzeit her bekannt ist. Durch Hochklappen der Fensterläden ist sie nach zwei Seiten hin geöffnet, und über die als Rezepturtisch und Verkaufstresen dienende Fensterbank hinweg öffnet sich der Blick auf einen dahinter stehenden Apotheker bei einer damals für ihn typischen Handlung, dem Abwägen einfacher Arzneimittel mittels einer Handwaage für ein *Receptum*, für eine nach Rezept hergestellte zusammengesetzte Arznei, ein *Compositum* oder *Confectum*. Den Hintergrund der Offizin bildet ein Repositorium mit Apotheken-Standgefäßen, deren Signaturen allerdings nur angedeutet sind. Rechts blickt man durch beide Fensteröffnungen auf die Renaissance-Fassade des Nürnberger Rathauses.

Was aber schon auf den ersten Blick etwas Besonderes gegenüber anderen Apotheken-Darstellungen der Zeit ausmacht, ist das zahlreiche Publikum, das Offizin und Apotheker regelrecht belagert. Sieht man nämlich von den beiden sich dem Betrachter zuwendenden und den Blick auf den ›Apotheker‹ lenkenden Personen im linken Vordergrund (quasi in einer anderen Bildebene) ab – von der jungen Frau mit Kind, die ihre Arznei bereits erhalten hat, und von dem jungen Mann, der sein Rezept noch in der Hand hält –, so ist dieses Publikum durch Attribute und Kleidung als ein für die Zeit der Bildentstehung und überhaupt für Zeiten vor der Einführung allgemeiner Sozial- und Krankenversicherung höchst ungewöhnliches gekennzeichnet: Es sind Arme und Bettler, Kranke und Krüppel (die rechte Figur mit Stock, Kürbisflasche und Leprosenklapper), Personen, die damals nie hätten einen Arzt für ein Rezept konsultieren und Arzneien in einer anderen als einer Kloster-Apotheke hätten erwerben können.

Der jenseits der Fensterbank Agierende ist denn auch kein gewöhnlicher Apotheker. Heiligenschein und traditioneller blauer Überwurfmantel kennzeichneten ihn vielmehr für jedermann als den Heiland JESUS CHRISTUS, und auch der Blick in die Offizin eröffnet Ungewöhnliches: Da sind zwar an einem Nagel am Mittelpfosten erledigte Rezepte aufgespießt, da steht darunter auf dem Tisch ein in vier Fächer unterteilter offener Kasten (mit Löffel), wie er zum Anbieten von Gewürzdrogen seinerzeit üblich war, und da befinden sich auf dem mit grünem Tuch bedeckten altarartigen Seitentisch eine zum Teil gefüllte Arzneiflasche, eine Pillenschachtel und Schreibzeug (Tintenfaß, Fe-

---

5 KRAFFT 2002a: Bild-Nr. H-110, hier S. 136–139 und 118 (Farbtafel); Bild-Nr. H-23, hier S. 140 f. und 119 (Farbtafel).

derkiele, Papier); aber deren Funktion sollte kaum die übliche gewesen sein. Stehen doch auf dem Tisch auch die mosaischen Gesetzestafeln und nehmen die Stelle des für die Rezepturen zu beachtenden amtlichen Arzneibuchs ein. Auch andere Gegenstände sind eindeutig in die analoge Sinnebene einer Himmelsapotheke transferiert worden: Laut Signaturen enthalten die links und rechts auf dem Rezepturtisch stehenden hohen Holzbüchsen nämlich keine Arzneidrogen gegen leibliche Beschwerden, sondern Liebe, Glaube und Hoffnung, die drei christlichen Kardinaltugenden der paulinischen Tradition, also Seelenarzneien.[6]

Auch was der Apotheker CHRISTUS dem bis zur Füllung aufgerollten Sack für Trockendrogen mit der Rechten entnimmt und auf die ihr zugewandte Waagschale legt, um damit das Schälchen aus einem apothekenüblichen Einsatzgewicht auf der rechten aufzuwiegen, sind keine Kräuter oder sonstige Drogen, sondern kleine Kreuze, Sinnbilder des eigenen, zur Erlösung der an ihn glaubenden Menschen ertragenen Leidens und des Leids, das dem Gläubigen als dessen eigenes Kreuz zur Prüfung und Stärkung seines Glaubens auferlegt wird. Gleichzeitig offizinelle und christlich-symbolische Funktion verkörpern die in einer feinen Glasvase neben den Gesetzestafeln stehenden Blumen. Sie finden sich wie alle anderen Bildelemente später häufig im Zusammenhang des Bildmotivs wieder.[7]

Das kleine Gemälde soll also keine Apotheke für Leibesarzneien darstellen, wenn eine solche auch die reale Szenerie der dargestellten Bildebene ausmacht, sondern die ›geistliche‹ oder ›Seelen-Apotheke‹ CHRISTI, des ›apothecarius caelestis‹, die als die Bildaussage bestimmende, analoge Sinnebene im geistigen Auge des kundigen Betrachters hinter dem optischen Erscheinungsbild entsteht – jedenfalls wenn er die vielfältigen Zeichen richtig deutet. Erforderlich für das rechte Verständnis ist also die Zugehörigkeit zum Erfahrungsraum des christlichen Abendlandes und das verinnerlichte Wissen um christliche Glaubensinhalte.

Daß der Betrachter sich mit dieser Deutung der analogen Ebene der Bildaussage (oder ›message‹) auf dem rechten Weg befindet, wird dann bestätigt durch die an die Pfosten und in die Fensterlaibungen gehängten vier bildlichen Darstellungen. Sie enthalten Szenen aus CHRISTI Leben und Wirken – links die Geburt, sodann seine Auferstehung und rechts die Himmelfahrt. Unter das Bild der Auferstehung ist kaum lesbar auf den Pfosten geschrieben: »ICH BIN DIE AUFERSTEHUNG UND DAS LEBEN / WER AN MICH GLAUBET DER WIRD

---

6 Zu den christlichen Tugenden als Seelenarzneien siehe KRAFFT 2002a, Kapitel 3: »Die Arzneien der ›geistlichen‹ Apotheke« und 7: »Die symbolische und volksheilkundliche Pflanzenwelt der Bilder«.

7 Siehe dazu KRAFFT 2002a, S. 75–94.

LEBEN [ob er gleich stürbe.]«, Worte CHRISTI aus dem Johannes-Evangelium (12, 25). In der hinteren Laibung des rechten Fensters hängt eine vierte Grafik mit dem Bild des Guten Hirten, Sinnbild für die Lebenseinstellung und -aufgabe des Heilands und eines jeden christlichen Seelsorgers in seiner Nachfolge, abgesichert durch auf das Bild im Bild geschriebene Worte CHRISTI aus dem Johannes-Evangelium (10, 11): »Ich bin ein guter Hirte / Ein guter Hirte lesset sein Leben für die Schafe.« – Der Gute Hirte ist als reales Analogon der sinnbildlichen Allegorie der Pastoraltheologie und christlichen Seelsorge übrigens ein altes und im Barock sehr beliebtes Thema der bildenden Kunst gewesen.[8]

Ist man einmal für die Thematik sensibilisiert, so stellen sich sofort neue bestätigende Zeichen und Bildinhalte ein. Am augenfälligsten ist wohl die rotweiße Triumphfahne, die an einem frisch ausschlagenden, also zu neuem Leben erweckten (wiederauferstandenen) hölzernen Kreuzstab hängt und wieder von zwei geflügelten Engelknaben über CHRISTUS gehalten wird. Damit nämlich überhaupt nicht erst Zweifel an der aus den Zeichen erschlossenen Bildaussage aufkommen können, wird CHRISTUS und sein in der apothekarischen Handlung symbolisch zusammengefaßtes Heilswerk durch auf diese Fahne geschriebene Bibelzitate charakterisiert. Wir lesen:

»Ich Bin der Herr dein / Artzt, dein heiland, / Vnd ein Meister Zuhilf / Der all dein gebrechen / heilet, [...] / Die starcken dörffen [= bedürfen] deß Artztes nicht / Sundern die Krancken, darumb kompt / alle Zu mir die ihr miehselig Vnd / Beladen seit, Jch will euch erquicken. / Kompt Her Vnnd kaufft ohne gelt, / Vnnd umb sunst [...].«

Der erste Satz ist aus mehreren Versatzstücken aus Bibelstellen zusammengesetzt, der zweite besteht ebenfalls aus mehreren Zitaten, die hier aber im Wortlaut soweit leicht abgewandelt werden, daß sie syntaktisch aufeinander bezogen werden können: Die Versatzstücke stammen aus Exodus 15, 26 (»denn ich bin der Herr dein Arzt«), Psalm 103, 3 (»Lobe den Herrn, der dir alle Sünden vergibt und heilet alle deine Gebrechen«) und Jesaja 63, 1 (»Ich bins, der Gerechtigkeit lehret und ein Meister bin zu helfen«). Nur genannt sind darüber hinaus zum ersten Satz Jesaja 45, 22 und 60, 20, sowie zum zweiten Teil Johannes 7, 37/38 (»Wen da dürstet / der kome zu mir / vnd trincke. / Wer an mich gleubet / wie die Schrift saget / von des Leibe werden ströme des lebendigen wassers fliessen.«).

Die zum zweiten Satz zusammengefaßten Verse stammen aus dem Matthäus-Evangelium und lauten: »Die Starcken dürffen des Artztes nicht / Sondern die krancken« (9, 12) und »Kommt her alle, die ihr mühselig und beladen seid, ich

---
8 Siehe STOCK 2001, S. 137–163.

will euch erquicken. Nehmet auf euch mein Joch [nämlich das Kreuz] und lernet von mir [...,] so werdet ihr Ruhe finden für eure Seele« (11, 28) – die zweite Hälfte dieses Verses, die hier durch die wörtliche Wiedergabe der ersten nur mit anklingt, aber in die eigentliche Handlung des Apothekers CHRISTUS eingeht, ist übrigens auf dem wenig später entstandenen Bildpaar von Werder und Plötzin in vollem Wortlaut wiedergegeben.

Text und Darstellung sind eng aufeinander bezogen: Nicht die Starken und Reichen, sondern die Schwachen und Kranken strömen herbei und belagern den Heiland; sie alle erhalten ›Erquickung‹ und Vergebung der Sünden, weil der ›himmlische Apotheker‹ kein Geld nimmt, sondern seine Arzneien kostenfrei abgibt, wie der letzte Satz auf der Fahne mit Jesaja 55, 1 verkündet: »Kommt her und kauft ohne Geld und umsonst« – das entspricht aber allein der lutherischen Rechtfertigungslehre, wie ich noch darlegen werde.

Das Bild entspricht auch mehreren der Forderungen, die Martin LUTHER an reformatorisches Bildgut gestellt hatte[9]: Nach seinen Vorstellungen, die in der Folge auch weitgehend umgesetzt wurden, soll die Ikonographie CHRISTUS nicht als Schmerzensmann und Leidenden oder als gestrengen Weltenrichter darstellen, sondern lieblich und als Freund und Erlöser der Menschen, besonders der Armen und Kranken; sie soll der Illustrierung und Erklärung der Worte CHRISTI und von Aussagen der Bibel dienen, um sie dem Betrachter besser einzuprägen; und sie soll schließlich hierzu das Alte Testament als prophetische Hinführung zum Geschehen des Neuen Testaments deuten – jeweils gestützt durch eine Verbindung von Wort und Bild; denn »erst die Schriftworte bei dem Bild geben ihm den richtigen Sinn. Nicht das Bild allein, sondern Bild und Schrift zusammen sollen den Betrachter zum Lob Gottes ermuntern« (M. LUTHER[10]).

Neu ist auf diesem Genrebild auch, daß der ›Heiland‹ CHRISTUS erstmals nicht als Arzt und Heiler (wie ihn schon das Neue Testament vorgibt), sondern als Arznei bereitender Apotheker dargestellt wird[11], der seine *Simplicia* der schon von dem griechischen Kirchenvater und Patriarchen von Konstantinopel IOANNES CHRYSOSTOMOS[12] im vierten Jahrhundert als ›Apotheke der Seelenarzneien‹ bezeichneten Heiligen Schrift entnimmt.

Das bestätigt auch das Publikum, das keine ärztliche Behandlung, sondern individuell bereitete Arznei erwartet, und zwar kostenfrei und ohne Rezept. Ein solches hat dem Apotheker nur der junge Mann aus der kleinen Gruppe

---

9 Siehe STEIGER 1999 und STIRM 1977.
10 Zitiert nach STIRM 1977, S. 88.
11 Siehe im einzelnen jetzt KRAFFT 2002a, Kapitel 2: »Christus als Arzt« und 8: »Christus als Apotheker«.
12 JOHANNES CHRYSOSTOMOS 1862, Sp. 361, 1924, Homilie IX, 1.

links im Vordergrund vorzuweisen, die ja einer anderen gesellschaftlichen Schicht entstammt. Es weist aber in dieselbe Richtung und lautet: »Mein Hoffnung zu Gott [...] hilff mir ...«. Auf dieses ›mir‹ beziehen sich dann die Initialen »M H«; der damit bezeichnete ist also die abgebildete Person. Wer diese ist, läßt sich dann dem Maler-Signet auf der Innenseite der von zwei geflügelten Engelknaben hoch gehaltenen rechten Lade entnehmen. Hier steht zu oberst in Wiederaufnahme des Rezeptinhaltes ein Vers aus dem Lukas-Evangelium (17, 13b): »Jesus Liber Maister erbarme dich Unser.« Darunter folgt Datierung und Maler-Signet: »Michel Herr hat es gefertigt in Nürnberg am 7. Februar 1619« (»MDCXIX. Mensis Februarius 7· Niermberg. Michel Herr Fecit«). Das »M H« des Rezeptes ist somit als ›Michel HERR‹ aufzulösen; und der junge Mann wird ein Selbstporträt des Malers darstellen sollen.[13]

Michel (oder: Michael) HERR ist ein bekannter protestantischer Maler, der auch als Zeichner und gesuchter Bibelillustrator hervortrat. 1591 im protestantischen Metzingen bei Reutlingen geboren, war er nach einer Malerlehre in Stuttgart 1610 nach Nürnberg gekommen, wo er bis zu seinem Tod im Jahre 1661 wirkte, zuerst als Geselle, ab 1622 als Meister und Bürger. Nürnberg, seit dem 15. Jahrhundert Handelsmetropole im Süden Deutschlands, über die zum Beispiel auch der gesamte Drogen- und Gewürzhandel aus der Levante über Venedig in den Norden abgewickelt wurde, hatte sich als Stadt eines selbstbewußten, durch den Handel auch mit eigenen Erzeugnissen des Metallhandwerks reich gewordenen und gebildeten Bürgertums bereits 1525 der lutherischen Reformation angeschlossen und war im 16. und 17. Jahrhundert auch das süddeutsche Zentrum des protestantischen Verlagswesens gewesen, in dem selbst zur Zeit des Dreißigjährigen Krieges neben Volks- und Schulbüchern umfangreiche Erbauungs- und Emblemliteratur sowie Bibelausgaben, wie die mehrfach aufgelegte Kurfürsten- und die Dilherr-Bibel, erschienen, für die HERR jeweils Illustrationen schuf.

Auch sein kleines Bild hat offensichtlich im zeitgenössischen Nürnberg einiges Aufsehen erregt und mehrere direkte Nachahmungen und verschiedenartige Weiterführungen des Sinnbildmotivs erfahren[14]; die direkteste ist die genannte Kopie. Die Verbildlichung des Heilandsrufs zu einer kompakten und eindeutigen Bildaussage hatten den hochgebildeten und angesehenen Meister der Nürnberger Zunft der Barbiere und Wundärzte Conrad SCHORTZ (1575 bis 1632) so zu überzeugen vermocht, daß er das Gemälde als Titelbild in das

---

13 HEIN und MÜLLER-JAHNCKE 1975, S. 20 f., sprechen sogar von einem »Selbstbildnis des Künstlers mit seiner Familie«, doch ist HERRS erste, zudem kinderlose Ehe mit der Kaufmannstochter Blandina SATTLER (gestorben 1640) erst am 8. Mai 1622 geschlossen wurden, nachdem er im selben Jahr die Meisterwürde und das Bürgerrecht erlangt hatte. Zur Biographie und zum Werk M. HERRS generell siehe GATENBRÖCKER 1996.
14 Siehe dazu KRAFFT 2001a, S. 215–233.

von ihm 1626 gestiftete Geschworenen-Buch kopieren ließ. Der Kopist ist namentlich nicht bekannt; Stifter der Kopie war SCHORTZ' Schwager, der damals 21jährige Nürnberger Amtmann Melchior MESCHKER.

Das Herrsche Bild ist das frühest bekannte Bildwerk, auf dem CHRISTUS als Apotheker auftritt; und es spricht sehr vieles dafür, daß das kein Zufall ist, sondern Michel HERR tatsächlich der Schöpfer des Sinnbildmotivs gewesen ist. Es gibt auch noch ein weiteres Bildwerk von ihm, eine Zeichnung aus demselben Jahr 1619 (Abb. 2). Sie ist bisher anders gedeutet worden, nämlich als Frontispiz-Entwurf für ein bergbaukundliches[15] oder ein pharmazeutisches Werk[16], ist aber eindeutig der Entwurf für das Titelblatt zu einem protestantischen Erbauungs- oder Gebetbuch, das allerdings nicht gedruckt worden zu sein scheint[17]. Die Mitte ist für die Aufnahme des Titels gedacht; um dieses Titelfeld herum sind vier Szenen gruppiert. Die Szene rechts in der Mitte stellt ebenfalls das Motiv ›CHRISTUS als Apotheker‹ in seiner ›Seelen-Apotheke‹ dar, wenn auch anders als auf dem Genrebild gestaltet. Das hatte auch die Kunsthistorikerin Silke GATENBRÖCKER noch nicht erkannt, als sie 1991 anläßlich einer Herr-Ausstellung zu der von ihr weiterhin als »Bergbau-Frontispiz« bezeichneten Zeichnung[18] immerhin schon resümierend schrieb[19]: »Zusammengefaßt handelt es sich [...] um Gotteslob in einer für den Protestantismus charakteristischen Form, die die Aufforderung an den Menschen beinhaltet, sich der erwiesenen Gnade würdig zu erweisen, indem er die zur Verfügung gestellten Möglichkeiten mit Fleiß benutzt.«

Es soll aber sicherlich CHRISTUS sein, der hier, wiederum über die als Tresen dienende Fensterbank einer nach zwei Seiten geöffneten, von zahlreichem Publikum belagerten Apotheke hinweg, seine ›Arznei‹ abgibt. Das bestätigt auch die Inschrift über dem Abgabefenster; denn die Alliteration »gratia gratis« ist kaum mit »Dank ist umsonst« zu übersetzen, wie es die bisherigen Interpreten taten, ohne dann den möglichen Sinn zu hinterfragen, sondern mit »[Gottes, oder auch: CHRISTI] Gnade ist umsonst« – natürlich nicht im Sinne von ›vergebens‹, sondern von ›kostenlos‹, ›ohne Vorleistung‹. Und das erinnert dann sofort an den Vers Jesaja 55,1, aus dem die Triumphfahne des Herrschen Genrebildes den letzten Satz als Gesamtfazit zitiert: »Kompt Her Vnnd kaufft ohne gelt, / Vnnd umb sunst.«

Bestätigt wird diese Deutung durch die den vier Bildteilen zugegebenen Aussagen, zu denen jeweils *Deus* zu ergänzen ist: oben zu *vivificat* (»[Gott] erweckt zum Leben«), links zu *sanctificat* (»[Gott] macht heilig«), unten im berg- und hüttenmännischen Bildteil, der den Montanhistoriker Rainer SLOT-

---

15 Zuerst von SLOTTA 1981.
16 Zuerst von GRAEPEL 1998.
17 Siehe KRAFFT 2000.
18 GATENBRÖCKER 1996, zu Z 253 im Tafelteil.
19 GATENBRÖCKER 1991, S. 100.

Abb. 2 Entwurf zu einem Frontispiz eines protestantischen Gebet- oder Erbauungsbuchs von Michel HERR (1619)

TA zur ursprünglichen Deutung als Frontispiz für ein Bergbau-Buch veranlaßt hatte, zu *fructificat* (»[Gott] schafft Früchte und Erträge«) und rechts zu *purificat* (»[Gott] macht rein«) – aber eben nicht durch die ›purgierenden‹ Mittel aus der leiblichen Apotheke, wie es der Pharmaziehistoriker Peter GRAEPEL deutete, sondern durch die ›Läuterung der Seelen‹, die Erlösung des hilfesuchenden ›Patienten‹ von seinen Sünden.

Wir kämen durch diese beiden Bildbeispiele von Michel HERR auf die Zeit um das Jahr 1619 für die Entstehung des Sinnbildmotivs ›CHRISTUS als Apotheker‹. Es stellt eine Verbildlichung des sogenannten Heilandsrufs aus dem Matthäus-Evangelium 11, 28 dar, der auch auf sämtlichen späteren Ausführungen des Motivs, von denen gegenwärtig etwas mehr als 150 bekannt sind, zitiert wird: »Kommt her zu mir alle, die ihr mühselig und beladen seid, ich will euch erquicken.« Diese Werbung CHRISTI, seiner Gemeinschaft in Gott, seinem Vater, beizutreten, begründete und begründet letztlich immer wieder neu das Evangelium und die Christenheit als diese Gemeinschaft; und zur veranschaulichenden Umschreibung dessen, was der Gläubige in dieser Gemeinschaft zu erwarten hat, wurde schon im Neuen Testament auf der Grundlage der rational-wissenschaftlichen Medizin des Hellenismus metaphorisch auf das Begriffsfeld Arzt/Arznei/Apotheke zurückgegriffen, und zwar allein schon deshalb, um CHRISTUS in der anfänglichen Konkurrenzsituation über den hellenistischen Heilgott ASKLEPIOS (beziehungsweise AESCULAP) obsiegen lassen zu können.

*

Es verwundert daraufhin schon, daß eine Verbildlichung des mit CHRISTUS schon eh und je verbundenen Begriffsfeldes trotz der Benennung und trotz dem Agieren von CHRISTUS als Arzt und Heiler in den Büchern und Briefen des Neuen Testaments erst im 16. Jahrhundert aufzutreten scheint.[20] Für die Verbildlichung des Heilswerks müssen aber wie in jedem Emblem oder allegorischen Sinnbild mindestens zwei Sinnebenen mit einander verknüpft werden. Es ist zum einen die bildlich dargestellte, vordergründige Ebene einer realen Szenerie, die ein möglichst jedermann bekanntes, anschauliches Geschehen darstellt – in dem hier angesprochenen Bildmotiv ist es das zeitgemäße Bereiten einer Arznei durch den Apotheker in seiner Apotheke – und zum anderen die dazu analoge, aber ›kryptische‹, hintergründige Sinnebene, die wie jedes soziale, emotionale oder geistige Geschehen eigentlich nicht dar-

---

20 Siehe MÜLLER 1954.

stellbar ist – hier die Sorge des Heilands um das Seelenwohl (später auch das Leibeswohl) des an ihn als Gottes Sohn glaubenden Menschen, somit sein Erlösungswerk. Diese ›kryptische‹, vom Kundigen aus richtig gelesenen ›Zeichen‹ auf dem allegorischen Bildwerk, zu denen hier auch einschlägige Bibelverse gehören, zu erschließende hintergründige Bildebene enthält stets gleichzeitig die Message des Bildes, seine Aussage.

Es bedurfte deshalb der Vorliebe des Barocks für Emblematik und Allegorese und deren methodischer Perfektionierung, um das Begriffsfeld Arzt/Arznei/Apotheke für das Heilsgeschehen auch bildlich umzusetzen. Bildliche Darstellungen CHRISTI als Arzt treten deshalb erst im 16. Jahrhundert auf.

Danach bedurfte es dann aber weiterhin der programmatischen Verwissenschaftlichung und Akademisierung der Apothekerkunst, wie sie erst zu Beginn des 17. Jahrhunderts erfolgten und im Zuge dessen den Apotheker dem sozial hochstehenden und angesehenen Arzt gleichstellten, um überhaupt das Erlösungswerk CHRISTI nicht nur durch ihn als Arzt (wie es die Bibel vorgibt), sondern auch durch ihn als Arznei bereitenden Apotheker allegorisch verbildlichen zu können.

Ich kann in diesem Zusammenhang nur andeutungsweise darauf eingehen, welche soziokulturellen Voraussetzungen hierfür hatten geschaffen werden müssen, und muß dazu auf die einschlägigen Kapitel in dem gerade erschienenen Katalog- und Begleitband zu der genannten Ausstellung in Altomünster verweisen.[21]

Eine Grundvoraussetzung waren die ersten deutschen Übersetzungen des deuterokanonischen *Ecclesiasticus Jesus Sirach* durch den reformierten Protestanten und Freund HYLDRICH ZWINGLIS LEO JUD (1482–1542) und Martin LUTHER, die zuerst 1529 in Basel beziehungsweise 1532 in Wittenberg erschienen. Hier wird erstmals durch eine entsprechende Übersetzung des 38. Kapitels der zu ihrer Zeit bereits als Institution und Stand etablierte Apotheker, den die antiken und mittelalterlichen Bibelfassungen noch nicht kennen konnten, auch begrifflich in die deutsche (protestantische) Bibel eingeführt – mit der Folge, daß seitdem im Bereich der Gültigkeit dieser Übersetzungen, und das heißt im deutschen Sprachraum, nicht nur unter den Lutheranern und den Reformierten, sondern auch unter den Katholiken, die den Begriff in ihre deutschen Übersetzungen für diese Passage übernommen[22], nicht mehr nur Arzt,

---

21 KRAFFT 2002a, Kapitel 6: »Christus als Apotheker«; siehe auch KRAFFT 2001a, Kapitel 6: »Der geistige Ursprung des Bildmotivs ›Christus als Apotheker‹«, sowie übergreifend KRAFFT 1999.
22 Die vorlutherschen deutschen Übertragungen übersetzten den ›unguentarius‹ noch historisch richtig mit ›Salbenmacher‹ oder ›-mischer‹; mit ›Apotecker‹ übersetzt ihn dann erstmals Leo JUD in seinen *Apocryphi* (zuerst Basel: Christoph Froschauer d. Ä. 1529). LUTHER hat sich zu dieser Übersetzung, die seiner zuvor gekommen war, zwar abfällig geäußert, den Begriff aber wohl an dieser Stelle übernommen. Sein Übersetzungstext mit dem Begriff ›Apotecker‹

Medizin und Heilpflanzen, sondern auch der Apotheker und seine Kunst durch die Bibel als von Gott gewollt und erschaffen gerechtfertigt schienen. Die Apothekerkunst war daraufhin anderen Künsten gleichgestellt, für die eine entsprechende Rechtfertigung im Anschluß an Kirchenväter wie AUGUSTINUS wieder betont im 16. und 17. Jahrhundert, und da vor allem innerhalb des Protestantismus, vorgenommen wurde; und mit seiner Kunst wurde auch der Stand des Apothekers als gottgewollt sozial aufgewertet, wenn Leo JUD übersetzt: »Der Herr hat die artzney von der erd geschaffen / vnd der weiß würt kein scheüwen drab haben. [...] Der Herr hat den menschen weyßheit vnd verstandt geben / das man jn eere in seinen wunderthaten. Mit denen heylt er nun die menschen / vnd nimpt jre schmertzen hyn / von denen machet der Apotecker ein vermischung / noch mag nyemant seine werck alle vollenden.« und LUTHER Vers 7 übersetzt: »(Der Herr läßt die Arznei aus der Erden wachsen ...) Damit heilet er und vertreibt die Schmerzen, und der Apotheker macht Arznei daraus. Summa / Gottes werck kan man nicht alle erzelen.«[23]

Zur Veranschaulichung der biblisch gerechtfertigten soziologischen Situation der Wissenschaftsgeschichte der Chymiatria und Pharmacia im frühen 17. Jahrhundert möchte ich nur die Unterschiedlichkeit der Berufung auf den *Ecclesiasticus* vor und nach dem Bewußtwerden der in diesen Übersetzungen enthaltenen Möglichkeiten aufzeigen: Hieronymus BRUNSCHWYGS berühmte und bis ins ausgehende 16. Jahrhundert vielfach wieder aufgelegte *Haußapoteck ... für den gemainen mann*, erstmals 1500 als *Thesaurus pauperum* und 1529 deutsch erschienen, beruft sich auf dem Titelholzschnitt noch auf *Jesus Sirach* 38, 4 (Abb. 3) in der Übersetzung von LEO JUD: »Der Herr hat die artzney von // der erden erschaffen / vnd der Weyse // wirdt kain scheüen darab haben.« LUTHERS Übersetzung lautet: »Der Herr lesst die Ertzney aus der Erden wachsen / vnd ein Vernünfftiger veracht sie nicht.« Mit dem Vers wird dann innerhalb der Rechtfertigung der Heilkunde regelrecht die Forderung unterstri-

---

ist dann von dem Calvinisten Johannes PISCATOR (zuerst Herborn 1602–1604) übernommen worden. Die katholische deutsche Bibel von Johann DIETENBERGER (zuerst Mainz 1534) übersetzt nach Leo JUD (»Der Herr hat den menschen weißheit vnd verstand geben / daß man jn ehre in seinen wunderthaten. Mit denen heilt er nun die menschen / vnd nimpt jre schmertzen hin / von denen machet der Apotecker süsse artzney vnd salb zu gesundheit / vnd werden doch seine werck nit vollenden.«), während Johann ECK (zuerst Ingolstadt 1534) sich mehr an das Original gehalten hat (»Vnd der höchst hat kunst geben den menschen / das er geehrt würd in sein wunderwercke. In disen dingen hailt er / vnd legt den schmertzen / vnd der Apotecker macht confect der süssigkait / vnd salben macht er der gesundthait / vnd seine werck werden nit vollendt.«). DIETENBERGERS Bibel erfuhr eine sehr große Verbreitung. Daß er LUTHERS Übersetzung intensiv benutzte, geht schon daraus hervor, daß er in der ersten Ausgabe sogar dessen Psalmenzählung übernahm, ohne zu bemerken, daß diese von der *Vulgata* und der vorlutherischen und katholischen abwich, was er dann in der zweiten Ausgabe (Köln 540) korrigierte.

23 Zu LUTHERS Übersetzung des Jesus-Sirach-Textes siehe KRAFFT 1999, S. 33–36.

chen, daß ein gottesfürchtiger Christ seinen Leib mittels Arznei gesund zu erhalten habe. Aber die Arznei ist hier das von Gott erschaffene Heilkraut und Mineral (von dem man ebenfalls annahm, daß es ›aus der Erden wachse‹), es sind die *Simplicia*; und so wird verständlich, daß etwa ein PARACELSUS sich dieser Forderung trotz seiner häufig wiederholten Apotheker-Schelte anzuschließen vermochte; denn erst der Apotheker ist es, der mit seiner Kunst die von Gott erschaffenen *Simplicia* zu den vom Menschen zum eigenen Gebrauch erstellten *Composita* und *Confecta*, den zusammengesetzten Arzneimitteln, verarbeitet. Genau dieser Vers wurde dann aber etwa auch 1568 über das Portal der Raths-Apotheke im neu errichteten Rathausflügel in Hannover gesetzt[24], jetzt im Wortlaut der Übersetzung LUTHERS: »Der HERR läßt die Artzney auß der Erden wachsen // und ein Vernunfftiger verachtet sie nicht«; und das fand bis ins ausgehende 19. Jahrhundert vielfältige Nachahmung[25].

Neuartig verfuhr dagegen im Jahre 1611/12 der Erbauer des berühmten und als Zeitzeugnis einzigartigen Standerkers der Rats-Apotheke der lutherischen Hansestadt Lemgo (Abb. 4)[26]. Hier wird der Text aus dem Anfang des 38. Kapitels zu einem unterhalb des Giebels umlaufenden Spruchband mit folgendem Wortlaut verdichtet (die Buchstabenfolge des Spruchbands ist hier in den Versalien der Inschrift in Fettdruck wiedergegeben, in der Grundschrift sind dagegen die Hinzufügungen gesetzt, das sind die Verszählung und die ausgelassenen Partien aus der Lutherübersetzung sowie in kleinerer Schrift über den Zeilen die abweichenden Formulierungen im Text LUTHERS; der erste Teilsatz befindet sich an der linken Seitenfront, der zweite auf der linken und der dritte auf der rechten Hälfte der Vorderfront, der vierte auf der rechten Seitenfront):

[I] (9) **WEN DV KRANK BIST, SO** verachte dis nicht, sondern **BITTE DEN HERN** Las von der sünde /

[II] (10) **VND LAS AB VON SVNDEN,** (9) **SO WIRD ER DICH GESVND MACHEN //** (2) und (12): Denn der HERR hat jn geschaffen

[III] (12) **DARNACH LAS DEN ARTZ ZV DIR, DEN**[n] **DER HOCHST**[e] **HAT IN GESCHAFF**[en] **/** vnd die Ertzney kompt von dem Höhesten

[IV] (2) **DIE ARTZNEI KOMPT VOM HER**[n], (7) Damit heilet er vnd
        vnd der Apotheker macht Ertzney draus
vertreibt die schmertzen, **V**[n]**D DER AP**[o]**TEKER BEREIT**[et] **SIE**

---

24 Siehe GUTMANN 1975, S. 14–19.
25 Siehe KRAFFT 1999, S. 120–122.
26 Siehe hierzu KRAFFT 1999, S. 75–122, sowie 2002c.

Abb. 3 Titelholzschnitt zu Hieronymus Brunschwygs *Haus-Apoteck* (1538)

Es ist zwar bereits bei der ersten Erwähnung des Erkers in der Literatur 1913 von Arnold KLEBS erkannt worden, daß dieser Wortlaut auf dem Anfang von *Jesus Sirach*, Kapitel 38, beruht; nur hatte er die Vorlage für den vierten Abschnitt an der rechten Seitenfront nicht gefunden und gemeint, dem Text sei »weise hinzugefügt« worden, »daß auch die Arznei vom Herrn kommt und in der Apotheke zu haben ist«. Wenn der letzte Teil der Inschrift (»und der Apotheker bereitet sie«), der übrigens in kleinerer Schrift in zwei Zeilen übereinander geschrieben ist, überhaupt erwähnt wurde, so ist diese Einschätzung beibehalten und auch in der letzten einschlägigen Arbeit im Jahre 1989 von Georg SCHWEDT wiederholt und weiter ausgeschmückt worden, wenn er schreibt: »Der Spruch aus dem Buch Jesus Sirach [...] ist hier um den Hinweis, daß der Apotheker die Arznei bereitet, ergänzt worden. Ein interessantes Dokument früher Imagepflege.«[27]

Andere etwa sprachen von einer geschickt hinzugesetzten Reklame, ohne dabei jeweils zu bedenken, daß im frühen 17. Jahrhundert trotz allem Selbstbewußtsein und neu gewonnenen Ansehen auch ein Apotheker es nicht gewagt hätte, sich neben dem biblischen Wort selber derartig herauszustellen, ohne sich dafür auf eine gleichrangige Autorität berufen zu können. Der letzte Teil der Inschrift ist denn auch, wie sich meiner obigen Analyse unschwer entnehmen läßt, ein nur wegen des syntaktischen Anschlusses aufgrund der Umstellung leicht verändertes Zitat aus demselben Zusammenhang, aus dem auch der übrige Text stammt: Dadurch daß die zweite Hälfte von Abschnitt III aus Vers 12 bei *Jesus Sirach* den gleichlautenden Teil von Vers 2 wiederholt, schließt sich hier in Abschnitt IV die Fortsetzung von Vers 2 nahtlos an; und die darin erwähnte ›Arznei‹ wird dann mit Vers 7 näher bestimmt.

Der Spruch ist den baulichen Gegebenheiten konstruktiv angepaßt und in vier Teilaussagen unterteilt, von denen die ersten beiden des Kranken eigenes Zutun, vor allem das Ablassen von den Sünden, und Gottvertrauen im Gebet ansprechen – den Bereich der ›geistlichen Apotheke‹ – und die beiden letzten das Vertrauen in Arzt und Apotheker als ebenfalls von Gott geschaffene Instanzen der ›leiblichen‹ Apotheke.

Der Erker verknüpft durch dieses Zitat das Programm der neuen Medizin und Pharmazie, das letztere erstmals akademisch machte, mit dem für einen protestantischen Christen gültigen biblischen Zeugnis und stützt es damit als ein von Gott dem Menschen gegebenes. Das Programm seinerseits wird in dem zwischen den beiden Stockwerken des Erkers eingefügten umlaufenden Figurenfries durch die Porträts von zehn Ahnherren der beiden darin verbundenen Medizinen, der galenisch-humoralpathologischen und der paracelsisch-chymiatrischen, veranschaulicht. Dabei wird der Bezug zur paracelsischen

---

27 SCHWEDT 1989, S. 2345.

Abb. 4 Standerker der Rats-Apotheke von Lemgo (1611/12)

Chymiatrie durch das äußerst getreue, plastisch umgesetzte Zitat von vier Porträts, darunter auch PARACELSUS selbst, aus dem Titelkupfer zu Oswald CROLLS erstmals 1609 in Frankfurt erschienenen und danach vielfach, auch in Übersetzungen, erneut gedruckten *Basilica chymica*[28] angezeigt.

---

28 CROLL 1609.

In diesem Werk waren nämlich die chymiatrischen Inhalte paracelsischer Arzneikunde von ihrem mystisch-philosophischen Überbau weitgehend befreit und dadurch erstmals lehrbar gemacht worden. Johannes HARTMANN, der Inhaber der ersten, 1609 an der Marburger Universität eingerichteten Professur für Chymiatrie[29], hatte diese *Basilica chymica* seinem erstmals auch praktischen chymiatrischen Unterricht von Anfang an zugrundegelegt, ab 1611 in einer von ihm annotierten, dann wie die Originalausgabe und eine deutsche Übersetzung mehrfach aufgelegten *Editio secunda*[30]. In seiner Programmschrift zum Antritt der Professur hatte HARTMANN ausdrücklich die Notwendigkeit einer innigen Verknüpfung von hippokratisch-galenischer und chymiatrisch-paracelsischer Medizin gefordert[31], wie er sie dann besonders in seinem praktischen Unterricht im Laboratorium[32] in die Tat umzusetzen gedachte.

Während aber die seit dem ausgehenden 16. Jahrhundert zur ›Theophrastia sancta‹ hochstilisierte christlich-reformierte Natürliche Theologie des PARACELSUS, die Oswald CROLL in seiner Einleitung noch als Zusammenschluß der Erkenntnisebenen des »Lichtes der Natur« und des »Lichtes göttlicher Gnade« gefeiert hatte, mehr und mehr als häretisch empfunden und verfolgt wurde, verkündete die eindrucksvolle Gesamtkomposition des Lemgoer Apotheken-Erkers, daß die von PARACELSUS initiierte und von CROLL erneuerte Chymiatrie orthodoxem christlichen (das heißt hier natürlich: protestantischem) Glauben voll und ganz entspreche und in der Bibel (seit Leo JUDS und LUTHERS Übersetzung) als gottgewollt und von Gott erschaffen bestätigt werde.

Die Wissenschaft unter Einschluß der praktischen Pharmazie rechtfertigte sich hier somit aus der Religion und Theologie und paßte sich dabei deren zeitgenössischen Ansprüchen an. Es ist die Zeit, als auch der Katholik Galileo GALILEI und vor allem der überzeugte Protestant Johannes KEPLER ihre stolz als ›neu‹ verkündete Wissenschaft mit einer neuen, einer historischen Interpretation der Bibel als der übergeordneten Instanz zu stützen suchten. Eine solche Berufung auf die Bibel als »Gottes Wort« war zwar damals nichts grundsätzlich Neues; und das wurde auch erst im Zeitalter der Aufklärung anders, als zumindest das richtungweisende Primat der gemeinsam angestrebten Harmonie nicht mehr unwidersprochen der Religion und Theologie zugestanden wurde.

---

29 Siehe zuletzt KRAFFT 1999, S. 67–74, und die dort genannte Literatur.
30 Vgl. die Bibliographie der Ausgaben der *Basilica chymica* bei KÜHLMANN und TELLE 1996, S. 251 bis 274.
31 HARTMANN 1609. Siehe auch die Zusammenfassung mit Teilübersetzungen von BAUER[-MAHLMANN] 1999, S. 533–543.
32 Das Labortagebuch aus dem Jahr 1625 ist erhalten. Siehe GANZENMÜLLER 1941, dazu DÜBBER 1969, S. 212–217.

Neuartig war aber die Umkehrung des Verhältnisses von nehmendem und gebendem Teil innerhalb der angestrebten Harmonie von Religion und Wissenschaft in dem von Michel HERR geschaffenen Sinnbildmotiv, insofern hier die Religion sich der Wissenschaft und ihrer Anwendungen als eines jedermann bekannten Analogons bediente, um das eigene, bildlich nicht adäquat darstellbare Anliegen der Verkündung des christlichen Heilsgeschehens programmatisch und propagandistisch zu veranschaulichen.

Voraussetzung hierfür war, wie angedeutet, das Zusammenwirken mehrerer, im zweiten Jahrzehnt des 17. Jahrhunderts gleichzeitig kumulierender religiöser, wissenschaftlicher und sozialer Entwicklungen gewesen. Zu den wesentlichen, diesen speziellen historischen Erfahrungsraum als Voraussetzung konstituierenden Präsentabilien zählen neben der Möglichkeit der biblischen Rechtfertigung von Apothekerkunst und Apothekerstand durch Martin LUTHERS deutsche Übersetzung: die Verwissenschaftlichung und Akademisierung der Chymiatrie sowie deren Akzeptanz und staatliche Förderung (auch durch die hessische Medizinalordnung und Taxe von 1616, die Bereitung und Abgabe chymiatrischer Arzneien Apothekern und entsprechend ausgebildeten Ärzten vorbehielten und diese damit ökonomisch absicherten[33]), vor allem aber die damit verbundene Annäherung des Apothekers an den Arzt in akademischer Ausbildung und sozialem Ansehen. Nur auf dieser Basis hatte der Arzt, vornehmlich der »Seelenarzt« JESUS CHRISTUS in der Ausgestaltung der protestantischen Erbauungsliteratur zum ›Apotheker‹ mutieren können, der seine ›Seelenarzneien‹ selber bereitet und abgibt.

Es ist auch die Zeit, in der Michel HERR diese Umdeutung zum ›Christus als Apotheker‹ erstmals in einem Genrebild von 1619 und in anderer Form auf einem im selben Jahr entstandenen Entwurf zum Titelkupfer eines protestantischen Erbauungs- oder Gebetbuch als vollzogen bestätigt; und es ist höchst wahrscheinlich, daß HERR es auch war, der dieses Sinnbildmotiv schuf.

*

Das Motiv hat dann während des 17. Jahrhunderts zahlreiche Nachwirkungen vor allem im Raum Nürnberg/Augsburg – hier sogar im Schulbereich[34] – gehabt, die ihre Spuren hinterlassen haben. Im dritten Teil meines Vortrags möchte ich mich aber vor allem den Nachwirkungen des Bildmotivs in der sehr rasch erfolgenden Umgestaltung zu einem dann vorerst weitgehend unverändert tradierten Andachtsbild widmen.

---

33 Siehe hierzu DÜBBER 1969, S. 217, 265, 279 f.
34 Siehe Bild-Nr. H-4, KRAFFT 2002a, S. 159–162 (Katalog A-09).

Die ältesten erhaltenen, sehr ähnlichen Beispiele stammen bereits aus der Zeit um das Jahr 1630. Es sind zwei Glasbilder aus dem Konstanzer Raum[35] und das Bildpaar in den evangelischen Kirchen von Werder[36] und Plötzin bei Potsdam. Abbildung 5 zeigt das weniger bekannte Bild aus der Dorfkirche von Plötzin[37], dessen Rahmen wohl noch der ursprüngliche ist. Die Bilder müssen durch eine gemeinsame Vorlage angeregt worden sein, vermutlich einen Kupferstich, der vom Bildaufbau her wohl genauer durch die Ölgemälde wiedergegeben sein wird. Möglicherweise stammt die Zeichnung dazu sogar von Michel HERR selbst, und man wird sie sich ähnlich vorstellen müssen wie die die katholische Tradition des Bildmotivs begründende Musterzeichnung von etwa 1650, auf die ich noch zurückkommen werde.

In dieser fast schematisierten Form eines Andachtsbildes, in der CHRISTUS als einziges Gegenüber des Betrachters auftritt, wurde der allegorisierende Inhalt des Motivs des Genrebildes zwar in einem radikalen Abstraktionsschritt auf das Wesentliche verkürzt, doch blieb die hinter der realen Bildebene befindliche Sinnebene der Bildaussage für den Zeitgenossen aus den beigegebenen Bibelversen und aus den vermehrten Standgefäßen und Büchsen mit den Signaturen christlicher Tugenden und Seelenarzneien eindeutig erkennbar. (Schon in den ältesten Beispielen finden sich neben den paulinischen Tugenden Liebe, Glaube und Hoffnung etwa: Geduld, Beständigkeit, Friede, Hülfe in der Not, Barmherzigkeit, Wahrheit, Gerechtigkeit, Demut usw.). Die vordergründige Bildebene der Apotheke wird hier zwar durch den Wegfall des Repositoriums im Hintergrund verkürzt (das später, mehr oder weniger deutlich ausgeführt, wieder aufgenommen werden sollte), doch als Ersatz dafür auch wieder dadurch verdeutlicht, daß der Sack mit den kleinen Kreuzen die Aufschrift ›Kreuzwurz‹ erhält. Das ist der Name einer durchaus offizinellen Heilpflanze, die der Volksmedizin als Allheilmittel diente und deshalb auch *Heil aller Schäden* genannt wurde, des Madelger oder Kreuz-Enzians, der seinen Namen von dem kreuzförmigen Spalt erhielt, der bei einem Querschnitt durch die Wurzel entsteht – und daraufhin auch zu den symbolischen Pflanzen des christlichen Volksglaubens zählt(e).

---

35 Bild-Nr. H-97, KRAFFT 2002a f. (Katalog A-05): bleigefaßtes Glasrundbild aus dem Jahr 1630 (Schweizerisches Landesmuseum, Zürich, Inv.-Nr. IN 67/52). – Bild-Nr. H-80: signiertes bleigefaßtes Glasbild-Fragment von Hieronymus SPENGLER (1589–1635) (ehemals im Besitz des Schweizer Apothekers Franz FÄH, Glarus: gegenwärtige Besitzer unbekannt). Zu beiden Bildern KRAFFT 2001a, S. 31–36.
36 Bild-Nr. H-117, KRAFFT 2001a, S. 22: Ölgemälde in der Evangelischen Heilig-Geist-Kirche in Werder/Havel (um 1630).
37 Bild-Nr. H-113, KRAFFT 2002a, S. 114–147 (Katalog A-04): Ölgemälde in der Evangelischen Pfarrkirche in Plötzin (um 1630); ältere Literatur bei KRAFFT 2001a, S. 13–22, Anm.12.

Abb. 5 Christus als Apotheker (um 1630). Ölgemälde in der Evangelischen Pfarrkirche von Plötzin

Der hinter einem Rezepturtisch stehende CHRISTUS, der stets einen in der Farbe unterschiedlichen, roten oder blauen Überwurfmantel über einem weißlichen bis bräunlichen Gewand trägt, hebt mit der Linken eine Handwaage, während seine Rechte in den Kreuzwurz-Sack greift, um ein weiteres Kreuzchen auf die ihr zugewandte Waagschale zu legen. Auf dem mit grünem Tuch bedeckten, altarartigen Rezepturtisch stehen neben einem Schalengewichtssatz und gelegentlich einzelnen Gewichtsschälchen die genannten Standgefäße mit Seelenarzneien, einfache Holzbüchsen oder, wie hier, wertvolle Fayencen. Auch die Schriftträger für die Bibelverse variieren von an einer Kreuzstandarte hängenden Schildern, wie auf dem Plötzin/Werder-Bildpaar, zu Rezeptbögen oder weißen Tüchern, die, wie auch auf diesem Bildpaar, gleich einem Altartuch oder Antependium vom Rezepturtisch herabhängen, bis hin zu Anschlagbriefen und Kartuschen. Die Inschriften können aber auch nach dem Vorbild von Renaissance-Porträts hochgestellter Persönlichkeiten links und rechts vom Kopf CHRISTI direkt auf dem neutralen, dunklen Hintergrund oder einer Wand angebracht werden. So etwa auf dem in Abbildung 6 wiedergegebenen kleinformatigen Bild aus dem Jahre 1647[38], das als Hintergrund links eine von einem dunkelvioletten Vorhang halb verdeckte Säule und rechts einen Doppel-Pfeiler mit Rundbogen zeigt und damit wohl eher das Innere einer Kirche zur Passionszeit denn einer Apotheke andeuten soll. Hier ist übrigens die Signatur *Glaube* erstmals (jedenfalls für die bekannten Bilder) nicht mehr einem Apothekenstandgefäß, sondern einem Kelch, dem Symbol für ›Glaube‹, zugeordnet, so daß die Aufschrift eigentlich überflüssig geworden ist – die katholische Musterzeichnung und danach alle katholischen Bilder sollten das übernehmen.

Bei diesem Bild ist sicherlich mit der Hintergrundgestaltung an eine zusätzliche Sinnebene gedacht: CHRISTUS im Tempel, dem Haus seines Vaters, und zwar nachdem er die Wechsler daraus vertrieben hat, die ja die gleiche und ebenfalls als Standeszeichen dienende Waage für ihr häufig betrügerisches Geschäft nutzen. An diesem Ort, besagen die beiden kryptischen Ebenen der Bildaussage, ist allein CHRISTUS der rechtmäßige ›Händler‹. Allein er darf hier seinen Verkaufsstand aufstellen; er handelt aber mit Gnade und anderen christlichen Seelenarzneien, die er zur Läuterung der Seelen kostenfrei abgibt, wie in der Wandinschrift neben CHRISTI Kopf wieder mit Jesaja 55, 1 verkündet wird: »Kompt her vnd kaufft // ohne geldt Vndt vmb//sonst, Beides Wein vnd

---

38 Bild-Nr. H-44, KRAFFT 2002a, S. 150f. (Katalog Nr. A-06): Öltafelbild aus dem Jahre 1647 im Martin von Wagner-Museum der Universität Würzburg. Die im Folgenden vorgebrachte Deutung wurde zuerst vorgeschlagen von KRAFFT 2002d.

Abb. 6 Christus als Apotheker (1647). Ölgemälde im Martin von Wagner-Museum der Universität Würzburg

Milch.« Das hieße aber auch, daß CHRISTUS mit seinen kostenfreien Seelenarzneien auch andere, nicht ohne Gegenwert erfolgende Händel aus der Kirche vertrieben hat – und wer denkt da nicht sogleich an den Ablaßhandel, an die

Kommerzialisierung des Meßwesens und anderes, das Martin LUTHER als Unwesen der ›Papisten‹ verdammt hatte.

Auch das Bildpaar von Plötzin und Werder trägt den Jesaja-Vers an oberster Stelle auf der Standarte, sogar in vollständigerer Form: »Wollan alle die ihr dürstig seyd, kompt // her zum wasser vnd die ihr nicht geldt // habt, Kompt her, Kauffett vnd essett. // Kompt her vnd Kaufft ohne geld und // umb sonst, beÿde Wein vnd Milch.« In der Kurzform tritt der Vers zusammen mit Matthäus 11, 28 auch etwa in dem um 1680 entstandenen Andachtsbild aus der evangelischen Nikolaikirche zu Isny auf, vermutlich einem individuell gestalteten Bild, und wieder an herausragender Stelle, nämlich in das Bild oben und unten abschließenden Rollwerkkartuschen[39].

Auf diese beiden Verse beschränken sich die Bibelzitate auch auf einem 1668 gestifteten, 1960 wiederentdeckten 1,60 m hohen Wandfresko in der evangelischen Pfarrkirche St. Peter zu Jesingen. Dieses Fresko gehört zu einer in mehreren Ölbildern vertretenen Gruppe, deren Beispiele deshalb wohl alle in den Beginn des letzten Drittels des 17. Jahrhunderts gehören, wie auch das in Abbildung 7 dargestellte Bild, eine Totentafel aus dem Kreuzgang der ehemaligen evangelischen Hospitalkirche in Stuttgart[40]. Hier in der Ölbild-Fassung ist Platz für mehrere Bibelzitate; an erster Stelle links oben steht aber wieder der Vers Jesaja 55, 1, und rechts oben der bis auf wenige technisch bedingte Ausnahmen auf keinem Bild fehlende Heilandsruf Matthäus 11, 28.

Etwas interessantes Neues in dieser Bildgruppe ist die Ergänzung der Holzbüchsen mit Seelenarzneien auf dem Rezepturtisch durch drei links stehende Gefäße für Flüssigkeiten, eine Deckelkanne mit der Aufschrift *Wein*, ein Krug mit der Aufschrift *Milch* sowie eine Glasflasche mit der Aufschrift *Wasser*. Diese drei Flüssignahrungen in dafür jeweils spezifischen Gefäßen entsprechen nämlich der genauen bildlichen Ausdeutung des Jesaja-Verses, dem damit noch größeres Gewicht verliehen wird: »Wolan alle die jr dürstig seid / kommet her zum Wasser / vnd die jr nicht Gelt habt, [...] Kompt her vnd keufft on gelt vnd umb sonst / beide wein vnd milch.« – Wir werden darauf noch zurückkommen.

In der letzten protestantischen, schon pietistischen Bildgruppe, von der bislang dreizehn zwischen 1713 und 1747 entstandene Vertreter aus dem deutschsprachigen Raum bekannt sind (sowie als einzige Beispiele des Sinnbildmotivs überhaupt drei nach 1747 gemalte aus dem schwedischen Sprachraum und ein

---

39 Bild-Nr. H-83, KRAFFT 2002a, S. 168f. (Katalog Nr. A-11): »Die Gaistliche Apendeck«, anonymes Ölgemälde im Paul-Fagius-Haus der Evangelischen Kirchen- und Hospitalpflege Isny, um 1680; siehe auch KRAFFT 2001a, S. 48–50 mit älterer Literatur.

40 Bild-Nr. H-91, KRAFFT 2002a, S. 170–172 (Katalog Nr. A-12); zur gesamten Bildgruppe siehe KRAFFT 2001a, S. 38–48, auch mit älterer Literatur.

Abb. 7 Christus als Apotheker (um 1670). Öltafelbild (Totentafel) aus dem Kreuzgang der ehemaligen evangelischen Hospitalkirche in Stuttgart, Stadtarchiv Stuttgart

russischer Kupferstich)[41], wird der Jesaja-Vers auf einem vorn vom Rezeptur- und Altartisch herabhängenden Antependium dem Betrachter regelrecht plakativ entgegengehalten (siehe Abb. 8[42]). Oben auf der kleinen firmenschildartigen Rollwerkkartusche steht denn auch zur Bekräftigung: »Dieser [das heißt: CHRISTUS] nimmt die Sünder an.« Es handelt sich übrigens um die einzigen protestantischen Andachtsbilder, auf denen neben CHRISTUS eine weitere Person auftritt. Diese ist allerdings keine Assistenzfigur wie die Engel oder sonstigen Hilfspersonen, die auf katholischen Bildern die Arznei bereiten oder CHRISTUS dabei helfen; sondern ein reumütiger Sünder oder wohl vielmehr eine reumütige, gelegentlich allzu männlich ausgefallene Sünderin, wie eindeutig auf den späteren Bildern und auf den Beispielen aus Schweden. Gedacht war wohl an MARIA MAGDALENA, die biblische Sünderin *par excellence*, in der sich der Betrachter des Bildes widergespiegelt sehen soll. Die Sünder-Person trägt jeweils ein auf eine der Waagschalen lastendes Spruchband mit der Aufschrift: »Meine Sünden sind schwer und übergroß und reuen mich von Herzen«; und trotz einer sich an die linke Waagschale hängenden Teufelsgestalt wiegt das Kruzifix auf der anderen Waagschale die Sünden auf – und rettet so die Seele des Bittstellers vor der Hölle. Hier erfolgte also eine direkte Anlehnung an die Vorstellung von einer Seelenwägung am Tage des Jüngsten Gerichts, die sicherlich schon Michel HERR vorgeschwebt hatte, wenn auch als im Sinne LUTHERS zu widerlegende und abzuwandelnde Anschauung. Er hatte sich seinerzeit auch mit der bildlichen Umsetzung der Seelenwägung durch den ›praepositor Paradisi‹, den Erzengel MICHAEL, beschäftigt[43].

Der Text des Spruchbandes ist übrigens dem Kirchenlied *Allein zu Dir, Herr Jesu Christ, mein Hoffnung steht auf Erden* des lutherischen, in Straßburg als Pfarrer wirkenden Lieddichters Konrad HUBERT (1507–1577) entnommen. 1540 erstmals gedruckt und seit 1545 in die evangelischen Gesangbücher eingegangen, gibt es sehr gut Inhalt und Zielsetzung des protestantischen Sinn-

---

41 Zur gesamten Bildgruppe und zu den Unterschieden der einzelnen Mitglieder siehe jetzt KRAFFT 2003.
42 Bild-Nr. H-92, KRAFFT 2002a, S. 193–195 (Katalog Nr. A-19): Ölgemälde aus dem Anfang des 18. Jahrhunderts im Württembergischen Landesmuseum Stuttgart (Inv.-Nr. 1922/150); ältere Literatur bei KRAFFT 2001a, S. 59f., Anm.75.
43 Siehe KRAFFT 1999, S. 52; GATENBRÖCKER 1996, S. 313–315

bildmotivs seit dem Genrebild von Michel HERR wieder. Die zitierte zweite Strophe lautet[44]:

»Mein Sünd' sind schwer und übergroß
und reuen mich von Herzen;
derselben mach mich frei und los
durch deinen Tod und Schmerzen;
und zeige deinem Vater an,
daß du hast gnug für mich getan,
so werd ich los der Sünden Last.
Erhalt mich fest
in dem, was du versprochen hast.«

Irgendetwas muß es mit dem Jesaja-Vers auf sich haben, daß er auf keinem durch die Benutzung von LUTHERS Übersetzung und Psalmenzählung als protestantisch ausgemachten Bild unseres Motivs fehlt und meist sogar an der herausragendsten Stelle steht, in manchen Bildern sogar als einziger Text auf CHRISTI Triumphfahne[45]. Es war jedenfalls überraschend, als ich bei einer statistischen Analyse der Bildtexte feststellte, daß von den beiden am häufigsten auftretenden Versen, Matthäus 11, 28 und Jesaja 55, 1, ersterer auf keinem Bild mit Texten fehlt, letzterer aber stets dann fehlt, wenn die Darstellung durch bestimmte Kriterien als katholisch einzuordnen war. Zu den Kriterien, die für katholische Herkunft zeugen, zählen Assistenzpersonen und -engel (einschließlich des Heiligen Geistes und Gott Vaters), die Beichte, der Ablaß sowie die gegen Sünden aufzurechnenden sogenannten Guten Werke als Signaturen, die alle der Rechtfertigungslehre LUTHERS widersprächen, Hostie und Konsekration sowie Herz-Jesu-Darstellungen, daneben aber auch die von der LUTHERS abweichende Psalmenzählung der *Vulgata* und vom Sinn seiner Übersetzung abweichende Bibeltexte, jedenfalls soweit sie LUTHERS Rechtfertigungslehre eindeutig widersprächen. Der Vers mußte also innerhalb des Protestantismus des ausgehenden 16. und frühen 17. Jahrhunderts eine wichtige Rolle gespielt haben.

Einen ersten Hinweis lieferte der Marginalverweis von LUTHER selbst. »Joh[annes] 7« meint die Verse 7, 37/38 des Johannes-Evangeliums, in denen sich JESUS ähnlicher Worte wie der des Propheten bedient (schon HERR zitierte diese Verse zusätzlich). In der Folge wird der Jesaja-Vers jedoch immer häu-

---

44 Evangelisches Gesangbuch 1992, Nr. 232; Gesangbuch der Evangelisch-reformierten Kirchen der deutschsprachigen Schweiz 1998, Nr. 208.
45 So auf dem pietistischen großformatigen Bildpaar »Wohlbestellte Seelen-Apotheke«. Bild-Nr. H-25, KRAFFT 2001a, S. 27–31: Ölgemälde von J. Marie APPELIUS aus dem Jahre 1731 (Germanisches Nationalmuseum Nürnberg, Inv.-Nr. PHM 2900); Bild-Nr. H-119, KRAFFT 2002a, S. 197–207 und 122 (Katalog Nr. A-21, Farbtafel 6a).

Abb. 8 Christus als Apotheker mit reumütigem Sünder (Anfang 18. Jahrhundert). Ölgemälde, Württembergisches Landesmuseum, Stuttgart

figer als biblisches Grundzeugnis für die unter Berufung auf die Paulus-Briefe von Martin LUTHER entwickelte Rechtfertigungslehre eingesetzt. Danach werden ja nicht mehr (wie weiterhin im Katholizismus) gute Taten, Ablaßzahlungen und Heiligenverehrungen bei der Seelenwägung am Tage des Jüngsten

Gerichts von CHRISTUS gegen die Sünden aufgewogen werden, sondern allein der Glaube an ihn als Gottes Sohn, den Liebe und Hoffnung sowie andere christliche Tugenden (die somit auch als Seelenarzneien dienen) stützen und bestärken, genügt für die Vergebung der Sünden, und das jederzeit. Seelennahrung und Seelenarznei werden demgemäß von CHRISTUS an die Gläubigen ohne Gegenleistung, kostenlos und umsonst, abgegeben und sind deshalb auch für jeden Mittellosen erhältlich.

Der *Heidelberger Katechismus* von 1563, der eine gleich weite Verbreitung fand wie der *Kleine Katechismus* Martin LUTHERS und eine weit größere als der gesamte *Liber concordiae*, beantwortet entsprechend diesem ›sola fide‹-Prinzip Frage 60, »Wie bist du gerecht vor Gott?« (nicht: Wie *wirst* du gerecht vor Gott?), mit den Worten[46]: »*Allein* durch wahren Glauben in Jesum Christum; also daß ... Gott *ohn alle meine Verdienste*, aus lauter Gnaden, mir die vollkommene Genugtuung, Gerechtigkeit und Heiligkeit Christi schenket und zurechnet, als hätte ich nie eine Sünd begangen noch gehabt ...« Nicht der Mensch kommt, wie nach katholischer Rechtfertigungslehre, durch Frömmigkeit und »gute Werke« zu Gott, sondern Gott ist hiernach in CHRISTUS zum Menschen gekommen, um ihn in seiner Sündhaftigkeit aufzunehmen und aus freier Gnade zu rechtfertigen.

Das wohl wirksamste Werk protestantischer Erbauungsliteratur, Johann ARNDTS *Vier Bücher vom wahren Christentum*, die vollständig erstmals 1610 erschienen und später zu »sechs Büchern« erweitert wurden, kleidet diese Gedanken in die Worte (Buch III, 2)[47]:

»... der Glaube tut alles, was zu tun ist, aus freiem Geiste: das ist, er überlässet sich Gott, der alles aus Gnaden in uns wirket. Und das ist's auch, davon Jesajas prediget, dass wir zum Herrn kommen sollen, Ihn zu hören und umsonst kaufen, beide Wein und Milch. Jes[aja] 55, 1.«

Auch in dem damaligen und generellen »Bestseller der geistlichen Literatur«, den *Meditationes Sacrae ad veram pietatem excitandam* Johann GERHARDS von 1606, die schon im Folgejahr in deutscher Übersetzung und insgesamt in etwa 220 Druckausgaben erschienen, widmen sich unter anderen die Meditationen 18 und 19 diesem Punkt der Rechtfertigungslehre unter Berufung auf eben diesen Jesaja-Vers. In ersterer[48] heißt es:

»Wer mein Fleisch jsset / vnd trinckt mein Blut / der hat das ewige Leben / spricht der Herr Christus [Johannes VI, 56]. ... Lasset vns demnach satt wer-

---

46 Catechismus Oder Christlicher Vnderricht / wie der in Kirchen vnd Schulen der Churfürstlichen Pfaltz getrieben wirdt. Heidelberg: J. Mayer 1563; zitiert nach: Heidelberger Katechismus 1990.
47 Zitiert nach ARNDT 1996, 512.
48 GERHARD 2000, S. 103–107 (lateinisch) / 430–434 (deutsch).

den nicht von vnsern Wercken / sondern von des Herrn Speise. Lasset vns truncken werden von dem reichen Getrâncke nicht vnsers Hauses / sondern des Herrn. Das ist der rechte Brunn des Lebens / wer des Wassers trincket / das wird in jm werden ein Brunn des Wassers / das da quillet in das ewige Leben. Alle die euch dürstet / kommet zu diesem Wasser / vnd die ihr nicht Geld habt / Kompt / keuffet ohne Geldt / esset« [in einer Marginalie wird dazu auf Jesaja 55, 1 als Quelle verwiesen].

Außerhalb der protestantischen Rechtfertigungslehre stehen deshalb auch die über die christlichen Tugenden hinausgehenden sieben leiblichen und geistlichen Werke der (menschlichen) Barmherzigkeit, die sogenannten ›guten Werke‹, die nach altem und katholischem Glauben für den Menschen verdienstlich und heilsnotwendig sind und ob einer Belohnung und Anrechnung beim Weltgericht geleistet werden. Es hat sicherlich großer Überzeugungsanstrengungen bedurft, bis von diesen über Jahrhunderte tradierten und geübten und beim katholischen Nachbarn weiterhin gültigen Vorstellungen Abschied genommen wurde zugunsten der unter dem Schlagwort ›sola fide‹ zusammengefaßten Einstellung des lutherischen und reformierten Protestantismus.

Die konfessionsbildenden und letztlich kirchenspalterischen unterschiedlichen Auffassungen stellen ja noch heute das größte Hindernis ökumenischen Übereinkommens dar. Demgegenüber war aber die Zeit der Entstehung und Ausbreitung des Bildmotivs immerhin die des Dreißigjährigen Krieges, in dem es stets um die Verteidigung protestantischer Glaubensinhalte gegen den politisch übermächtig erscheinenden, gegenreformatorischen Katholizismus ging. Gegenseitige Einflußnahme der beiden großen Konfessionen war schon durch die vor dem Frieden von 1648 ständig über die Bevölkerung hinweg hin und her verschobenen Glaubensgrenzen bedingt; denn nach dem Augsburger Religionsfrieden von 1555, der den Reichsständen Religionsfreiheit zugesichert hatte, waren die Untertanen gemäß dem Rechtssatz »cuius regio eius religio« der Konfessionsentscheidung der jeweiligen Obrigkeit ausgesetzt.

Daß die mit dem Andachtsbildmotiv noch stärker als mit dem recht einflußreichen Herrschen Genrebild verbundene programmatische Stoßrichtung zur Propagierung lutherischen Glaubensbekenntnisses ihre Wirkung nicht verfehlte, geht nicht nur aus den zahlreichen Bildbeispielen im Protestantismus hervor, sondern auch aus der bald erfolgenden Reaktion seitens des römischen Katholizismus. Dieser bediente sich dazu desselben Mittels eines Andachtsbildes mit demselben Sinnbildmotiv und entwarf gleichsam als eine kleine ›Gegenreformation‹ ein Gegenbild, dessen Wirkung dann vor allem im süddeutschen Raum bis nach Tirol fast noch erfolgreicher, vor allem aber nachhaltiger als das protestantische Vorbild bis ins ausgehende 19. und teilweise bis ins 20. Jahrhundert gewesen ist.

Aus der breit gestreuten vielfältigen Wirkung, die neben anderen beispielsweise zu über dreißig fast identischen, nur in Kleinigkeiten voneinander abweichenden Bildwerken führte[49], ist wieder auf einen Kupferstich als Multiplikator zu schließen, der bisher allerdings ebensowenig aufgefunden worden ist wie im Falle des älteren protestantischen Andachtsbildes. In diesem zweiten Fall ist aber die Originalvorlage für diesen Kupferstich erhalten. Es ist eine leider undatierte und anonyme, aber von höchster künstlerischer Qualität zeugende lavierte Zeichnung im Schweizerischen Landesmuseum, die sich durch das Gradnetz und die erläuternden Zusätze eindeutig als Musterzeichnung erweist (Abb. 9)[50]. Man nimmt an, daß sie aus der Zeit um 1650 stammt; sie könnte aber auch etwas älter sein. Zumindest muß sie vor dem Bild in Sankt Pölten entstanden sein, das 1657 von Jacob RING und seiner Ehefrau Maria RINGIN dem dortigen Bürgerspital gestiftet wurde und bereits sämtliche Elemente dieser Zeichnung umsetzte (Abb. 10)[51].

Katholische Glaubenslehre spricht sich seit dem gegenreformatorischen Tridentinischen Konzil ausdrücklich gegen die sofortige Erlösung des sündigen, aber gläubigen Menschen von seinen Sünden allein durch das Leid und den Gnadenakt CHRISTI und den Glauben an ihn als Gottes Sohn aus. Da schon in der Musterzeichnung daraufhin nichts mehr ab- oder aufgewogen wird, sind auch keine Kreuze mehr erforderlich, kein Sack, sie aufzunehmen, und keine Gewichte, sie abzuwägen. All das fehlt deshalb auf diesen katholischen Andachtsbildern; und die Waage wird funktionslos oder vielmehr zum gleichgewichtigen Symbol der Gerechtigkeit, wie häufig im Anschluß an die Musterzeichnung auf oder an die Waage geschrieben ist, beispielsweise auch auf dem St. Pölter Bild. Die Kreuze sind real zu dem geworden, was der Allegorese des dem Gläubigen zugeteilten individuellen ›Kreuzes‹ auf den protestantischen Bildern zugrunde lag, zur pflanzlichen Trockendroge ›Kreuzwurz‹, die auf dem Tisch liegt. Später wird diese Kreuzwurz auch wieder symbolisch überhöht und unter Beibehaltung der Beschriftung »Kreuzwurz(el)« zu einer Dornenkrone, wie auf dem etwa hundert Jahre später entstandenen Bild im Freisinger Diözesanmuseum[52].

---

49 Siehe KRAFFT 2001a, S. 108–116.
50 Bild-Nr. H-98, KRAFFT 2002a, S. 208–212 (Katalog Nr. A-22): Lavierte Federzeichnung, um 1650 (Schweizerisches Landesmuseum Zürich, Inv.-Nr. LM 4154); zu Einzelheiten und zur Deutungsgeschichte siehe KRAFFT 2001a, S. 117–124.
51 Bild-Nr. H-63, KRAFFT 2002a, 213 f. (Katalog Nr. A-23), und 2002a, 107 f. mit Farbabbildung: Christus als segnender Apotheker, Ölgemälde von 1657, dem St. Pöltener Bürgerspital gestiftet von Jacob RING und Maria RING (Stadtmuseum St. Pölten).
52 Bild-Nr. H-10, KRAFFT 2002a, 106f., 125 (Farbtafel 9), 219–221 und 125 (Katalog Nr. A-22): Christus als segnender Apotheker mit Gedichttext, Ölbild um 1750 (Diözesanmuseum Freising, Inv.-Nr. Pr. 65).

Die auf den protestantischen Bildern zum Wägen miteinander koordinierte Handlung beider Hände CHRISTI wird aufgegeben. Seine freigewordene Rechte ist vielmehr zum Segnen erhoben, wohl weniger zum Segnen des Betrachters, als zur sakramentalen Konsekration des Wandels von Brot und Wein im

Abb. 9 Christus als Apotheker (um 1650). Katholische Musterzeichnung, Schweizerisches Landesmuseum, Zürich

Kelch vor sich auf dem Tisch in Leib und Blut seiner selbst, wie beispielsweise auf dem Sankt Pöltener Bild, während die Zeichnung eher die Verkündigungsgeste zeigt, wie es beispielsweise das Freisinger Bild wiederholt. Beides, die Einsegnung und die Verkündung, gilt aber gleichermaßen der Eucharistie als dem eigentlichen Wunder des zur Realpräsenz CHRISTI gewandelten Brots und

Abb. 10 Christus als segnender Apotheker (1657). Ölgemälde, von Jacob und Maria RING dem St. Pöltener Bürgerspital gestiftet, Stadtmuseum St. Pölten

Weins, wie das Tridentinum 1551 ebenfalls gegen die Lutheraner ausdrücklich bekräftigt hatte.

Der Inhalt der bildlichen Darstellungsebene wird dadurch eindeutiger und dem Besucher katholischer Gottesdienste geläufiger. So verkünden denn diese Bilder, von der Darstellungsweise her nicht weniger kämpferisch, daß die Eucharistie die eigentliche, von CHRISTUS bereitete Arznei sei, das Allheilmittel – wenn diese Arznei auch nicht von den Sünden befreien soll, seine Wirkung vielmehr die Seele des Gläubigen in ihrem Bemühen um Vorleistungen dazu stärken und kräftigen soll. So hatte es schon das Mittelalter gelehrt, und der römische Katholizismus hielt und hält daran fest, so daß auch eine häufigere Einnahme die Wirkung zu verstärken vermag. Schon AMBROSIUS hatte ja im vierten Jahrhundert gelehrt, daß das eucharistische »tägliche Brot auch als Heilmittel gegen tägliche Krankheit und Schwachheit genommen« werden könne (»iste panis quotidanus sumitur in remedium quotidianae infirmitatis«[53]); und Thomas VON AQUINO bezeichnete das Sakrament der Eucharistie unter Bezugnahme auf Matthäus 9, 12 als »quaedam spiritualis medicina«, als eine ›geistliche Medizin‹, den Schwachen zum Heil, und für die von der Sünde Befreiten eine »stärkende Arznei« (eine »medicina confortativa«)[54]. Die über dem in der Mitte vor CHRISTUS stehenden Kelch schwebende Hostie erstrahlt deshalb auf den Gemälden auch in fahlem hellgrünen Licht und ist meist zusätzlich mit einer Aureole umgeben, so daß sie, wenn schon nicht die Mitte des Bildes, so doch als Blickfang sein optisches Zentrum einnimmt, hinter das selbst CHRISTUS zurücktreten kann.

CHRISTUS wird auch nicht mehr als agierender Apotheker dargestellt. Dennoch behält das mit dem protestantischen Bildmotiv ursprünglich eng verbundene Ambiente einer Apotheke seinen Sinn als Aufbewahrungsort für Seelenarzneien. Daraufhin wird dann aber auch besonders deutlich, welche Rolle die Offizin des Apothekers mit ihren spezifischen Standgefäßen in dem Sinnbild ›CHRISTUS als Apotheker‹ überhaupt generell spielte, so daß die wissenschaftlichen, religiösen und sozialen Voraussetzungen eine für seine inhaltliche Gestaltung glückliche Konstellation ergaben. CHRISTUS erstellt nämlich auf den protestantischen, aber auch auf einigen wenigen danach konzipierten katholischen Bildern (siehe unten zu Abb. 11), eine dem Betrachter und seinen Bedürfnissen angemessene, jeweils individuelle Rezeptur, die nicht nur aus den auferlegten ›Kreuzen‹ zur Festigung des Glaubens besteht, sondern viele weitere Ingredienzien enthält, die wie früher die Simplicia einer individuellen Leibesarznei vom Apotheker seinem Arzneidepot, seiner Kräuterkammer und

---

53 Nach AURELIUS AUGUSTINUS: Summa theologiae. Pars III, Quaestio LXXIX, Articulus IV.
54 Nach AURELIUS AUGUSTINUS: Summa theologiae. Pars III, Quaestio LXXX, Art. IV; Quaestio LXI, Articulus III und öfter.

seinen Standgefäßen, in durch das ärztliche Rezept vorgeschriebenen Mengen zu entnehmen waren. Nur sind hier nach den Signatur-Aufschriften in den Gefäßen und Schubladen nicht die üblichen Simplicia einer leiblichen Apotheke enthalten, sondern die Ingredienzien für die Seelenarzneien sind die christliche Tugenden, von den drei paulinischen, sogenannten göttlichen Tugenden Liebe, Glaube, Hoffnung, die kaum auf einem Bild fehlen, bis hin zu den ›guten Werken‹ der Barmherzigkeit, die sich nur auf katholischen Bildwerken finden. So kann CHRISTUS als Seelsorger dem einen ein bißchen Demut, Geduld und Sanftmut zuteilen, dem anderen Mäßigkeit, Bescheidenheit und Aufrichtigkeit oder auch Großmut, Mitleid und Friede, um im Glauben gestärkt zu werden. Auf katholischen Bildern finden sich darüber hinaus etwa Beten, Beichten, Fasten und Almosengeben sowie die Sakramente und die ›guten Werke‹.

Die Unterschiede werden aber selbst dann deutlich, wenn, wie bei dem in Abbildung 11 gezeigten Bild aus dem Kloster Pfullingen, nach dem protestantischen Muster (siehe oben Abb. 7) eine Seelenarznei hergestellt wird. Übernommen werden die drei links auf dem Tisch stehenden speziellen Gefäße, die aber nur aus dem Zusammenhang von Jesaja 55, 1 verständlich werden, welcher Bibelvers aber nur im protestantischen Umfeld sinnvoll gewesen ist. So kann denn auch der Milchkrug (neben Wasserflasche und Weinkanne) in einen kleinen Tischmörser geändert werden, um dem assistierenden Engel die wichtigste Hilfstätigkeit eines Apothekengehilfen, das Stößeln, zuweisen zu können. Eine solche Assistenzfigur ist natürlich in protestantischem Umfeld undenkbar. Die Seelenarznei schließlich, die CHRISTUS mit Unterstützung des Engels erstellt, wird nach einem vorgegebenen Rezept bereitet, das unter dem Bild steht: »Ein guette Köstliche artzney für all[erl]ey Kranckheiten der Seelen zu gebrauchen« – ein Gebetsvorschlag, der mit den Worten beginnt:

»Erstlich schicke einen Boten deines andächtigen Gebets in die Apotheke der Heiligen Dreifaltigkeit und bitte den Apotheker, das ist den Heiligen Geist, daß er dir gebe 1 Lot Sanftmütigkeit, 2 Lot Demütigkeit, 3 Lot Barmherzigkeit, 4 Lot Geduld und 5 Lot Reinheit des Herzens, Gemüts und Leibes. Dies stoß alles untereinander [was der Engel tut], 6 Lot Zucker göttlicher Liebe, Betrachtung des unschuldigen Blutvergießens unsers lieben Herrn Jesu Christi ...«

Daß in diesem übernommenen Text der Heilige Geist der Apotheker ist, während im Bild selbst gemäß der Gestaltung des Sinnbildmotivs CHRISTUS diese Tätigkeit ausübt, ist wohl weder dem Maler noch dem Schöpfer der Vorlage aufgefallen. Diese Version des Bildes kann also nicht eine eigenständige katholische Weiterbildung eines protestantischen Motivs gewesen sein; und tatsächlich läßt sich das ›Rezept‹ literarisch bis ins späte 15. Jahrhundert zurück-

Abb. 11 Christus als Apotheker mit assistierendem Engel bei der Bereitung einer ›guetten köstlichen Artzney‹ (um 1700). Ölgemälde aus dem Kloster Pfullendorf, Schweizerisches Pharmaziehistorisches Museum, Basel

verfolgen.⁵⁵ Der Rezepttext ist einige Jahrhunderte früher entstanden. Er lag vor und ist dann nach dem protestantischen Vorbild der Motivgestaltung in ein katholisches Bild umgesetzt worden – das daraufhin einen inhaltlichen Widerspruch enthält.

So erfährt das interkonfessionelle Sinnbildmotiv ›CHRISTUS als Apotheker‹ auch innerhalb der apothekarisch-pharmazeutischen Bildinhalte in der Sinnbildebene durchaus konfessionelle Differenzierungen, die gerade durch das Nebeneinanderstellen protestantischer und katholischer Bildwerke zu ein und demselben Sujet, wie in der bereits erwähnten Ausstellung, besonders deutlich werden. Das Ambiente einer Apotheke behält zwar seinen Sinn als Aufbewahrungsort für Seelenarzneien, aber schon die Handwaage erklärt sich nur noch aus der Herkunft des Bildmotivs aus dem Protestantismus. Ansonsten werden die einzelnen Elemente der katholischen Musterzeichnung auch fast sklavisch wiederholt.

Daneben gibt es allerdings auch individuelle Darstellungen mit bestimmten Elementen der katholischen Version, die sogar im Laufe des 18. Jahrhunderts, nachdem der Pietismus die letzte protestantische Neufassung des Motivs geschaffen hatte, eine neue Hochkonjunktur erfuhren, die übrigens auch dazu führte, daß an manchen Orten Tirols das Sinnbild ›CHRISTUS als Apotheker‹ regelrecht zu einem Kultbild mit Wallfahrtszuzug der ländlichen Bevölkerung, teilweise bis in die zweite Hälfte des 20. Jahrhunderts, werden konnte. Ebenso wie man es von der Eucharistie erwartete, erflehte man von diesem CHRISTUS als »unserem Herrn in der Apotheke« etwa in der Antonius-Kapelle in Maurach bei Jenbach in Tirol⁵⁶ oder in Kapelle und Pfarrkirche St. Jakob in Aufham bei Bad Reichenhall⁵⁷ auch die Heilung von körperlichen Gebrechen; und man widmete ihm im Erfolgsfall auch Votivbilder, von denen einige erhalten sind⁵⁸, wie es sonst nur für MARIA oder einen Heiligen als Fürbittern erfolgt.

Inzwischen sind die Bilder allerdings als Zeichen eines gewandelten Frömmigkeitsverhaltens und -verständnisses weitgehend aus den Kirchen verschwunden, in den meisten Fällen schon während des 19. Jahrhunderts. Erst das wissenschaftliche Interesse der Pharmaziegeschichte, das sich seit dem ausgehenden 19. Jahrhundert des vermeintlich pharmazeutischen Sujets angenommen hat, lenkte die Aufmerksamkeit wieder auf das Bildmotiv und entwickelte Verständnis für die darin ausgedrückte Volksfrömmigkeit – ausgelöst durch den ehemaligen Apotheker Theodor FONTANE, der auf seinen Wanderungen durch die Mark Brandenburg in der Sakristei der evangelischen Heilig-Geist-Kirche von Werder an der Havel ein solches Bild in verstaubtem

---

55 Siehe hierzu KRAFFT 2002a, S. 106–114; das Umfeld des ›Rezepts‹ wurde jetzt wieder von germanischer Seite durchleuchtet von TELLE 2004.
56 Bild-Nr. H-50, KRAFFT 2002a, S. 262–265 (Katalog Nr. A-40).
57 Bild-Nr. H-2, KRAFFT 2002a, S. 255–257 (Katalog Nr. A-38).
58 Beispielsweise Bild-Nr. H-3, KRAFFT 2002a, S. 258 (Katalog Nr. A-38a).

Zustande entdeckt und wegen der Abnormität dieses »Bild-Curiosums« 1872 in seiner Beschreibung des Havellandes berücksichtigt hatte[59]. Inzwischen ist stolz gezeigter, elektronisch gesicherter einziger Bildschmuck der Kirche, was FONTANE noch wegen der Geschmacklosigkeit als nur im Protestantismus möglich deklariert hatte, als man sich »unter dem nachwirkenden Einfluss der zweiten schlesischen Dichterschule ... zu Anfang des vorigen [das ist: des 18.] Jahrhunderts« in solchen »Spielereien erging« und »es Mode wurde, einen Gedanken, ein Bild in unerbittlich-consequenter Durchführung zu Tode zu hetzen«.

Ich hoffe, Ihnen wenigstens andeutungsweise nahe gebracht zu haben, daß dieses Urteil aus der Sicht des 20. Jahrhunderts, das zunehmend auch volkstümliche Kulturerzeugnisse aus ihrer Zeit heraus zu erklären oder gar zu verstehen gelernt hat und nicht mehr den eigenen Geschmack als Maßstab wählt, zu revidieren ist. Heute sind jedenfalls die wenigen Kirchen und Klöster, die ihre Bilder aus dem 17. und 18. Jahrhundert mit dem Sinnbild-Motiv ›CHRISTUS als Apotheker‹ nicht bewußt oder unbewußt zerstört oder entäußert haben, froh darüber; sie haben ihre im Geheimen überdauerten Schätze wieder aus den Boden- und Abstellkammern hervorgeholt und lassen ihnen, eingedenk der langen Vernachlässigung, um so größere Liebe und Obhut angedeihen – was wir auch bei der Zusammenstellung der Ausstellung immer wieder für uns schmerzvoll zu erfahren hatten. Nicht weit entfernt von Halle finden Sie ein solches Bild in der Heilig-Geist-Kirche in Werder an der Havel und im nahen Plötzin (diese gehören zu den ältesten) sowie in der Kirche von Seebach bei Eisenach und im Stadt- und Bergbaumuseum in Freiberg (die beiden letzteren aus der Mitte des 18. Jahrhunderts, sie enthalten die letzte protestantische Version mit CHRISTUS und der Sünderin).

Viele Bilder sind, wie das zuletzt genannte, zur Zeit des großen Desinteresses an dem Bildmotiv aus den Klöstern und Kirchen wenigstens in die Museen (das heißt meist: in deren Magazine) oder in Privatbesitz gelangt; und sie sind damit natürlich nur schwer zugänglich – es sei denn, Sie nutzen die einmalige und wohl nie wiederkommende Gelegenheit der Ausstellung, die gegenwärtig in Altomünster fünfzig dieser Bilder aus dem gesamten deutschsprachigen Raum zusammenführt. Ich lade Sie herzlich dorthin ein – oder wenigstens zum Studium des ausführlichen Begleitbuchs und Katalogs; feiern wir doch in diesen Tagen die Geburt des Sünden vergebenden und heilenden JESUS CHRISTUS, des Heilands der Christenheit, zum 2002. Mal. Das Ihnen vorgestellte interkonfessionelle Bildmotiv mit konfessionellen Differenzierungen kann sicherlich auch heute noch dazu beitragen, sich des Sinns dieses Festes in Besinnlichkeit zu erinnern.

---

59 FONTANE 1960, 412–418. – In Verkennung der Zusammenhänge und entgegen allen zwischenzeitlichen kunsthistorischen Einwänden ist die alte Datierung und Interpretation FONTANES wiederholt worden von SEIDEMANN (2001).

Literatur

[ARNDT, J.]: Johann Arnd's Sechs Bücher vom wahren Christentum nebst dessen Paradies-Gärtlein. Mit der Lebensbeschreibung des seligen Mannes und seinem Bildnis. Bielefeld: Missionsverlag der Evangelisch-Lutherischen Gebetsgemeinschaften 1996

BAUER [-MAHLMANN], B. (Ed.): Melanchthon und die Marburger Professoren (1527–1627). Katalog und Aufsätze. (Schriften der Universitätsbibliothek Marburg Bd. 89), 2 Bde., Marburg: Universitätsbibliothek 1999

CROLL, O.: Basilica Chymica continens Philosophicam propria laborum experientia confirmatam descriptionem et usum Remediorum Chymicorum selectissimorum é Lumine Gratiae et Naturae Desumptorum. In fine libri additus est Autoris ejusdem Tractatus Nouus de Signaturis Rerum Jnternis. Frankfurt am Main: Cl de Marne und J. Aubry's Erben 1609

DÜBBER, I.: Zur Geschichte des Medizinal- und Apothekenwesens in Hessen-Kassel und Hessen-Marburg von den Anfängen bis zum Dreißigjährigen Krieg. Rer. Nat. Diss. Univ. Marburg 1969

FONTANE, T.: Wanderungen durch die Mark Brandenburg. Bd. 3 Havelland. Sämtliche Werke, Bd. 11. München: Nymphenburger Verlagshandlung 1960

GANZENMÜLLER, W.: Das chemische Laboratorium der Universität Marburg im Jahre 1615. Angewandte Chemie 54, 209–228 (1941)

GATENBRÖCKER, S.: Michael Herr. Ein Künstler zwischen Manierismus und Barock – Katalog der ausgestellten Werke. In: Stadt Metzingen (Ed.): Michael Herr 1591–1661 [Ausstellung anläßlich seines 400. Geburtstages im Rathaus der Stadt Metzingen vom 15. November bis 4. Dezember 1991]. S. 11–28 und 57–116. Metzingen: Stadt Metzingen 1991

GATENBRÖCKER, S.: Michael Herr (1591–1661). Beiträge zur Kunstgeschichte Nürnbergs im 17. Jahrhundert. Mit Werkverzeichnis. (Uni Press Hochschulschriften, Bd. 76.) Münster: LIT Verlag 1996; zugleich Phil. Diss. Universität Münster 1995

GERHARD, J.: Meditationes Sacrae (1606/07). Lateinisch-deutsch. Kritisch hrsg., kommentiert und mit einem Nachwort versehen von Johannes Anselm STEIGER. (Doctrina et pietas. Abteilung 1: Johann-Gerhard-Archiv Bd. 3), 2 Bde. Stuttgart-Bad Cannstatt: frommann-holzboog 2000

GRAEPEL, P. H.: Apothekenszene in einem Frontispiz von Michael Herr. Geschichte der Pharmazie – DAZ-Beilage 50, 43–44 (1998)

GUTMANN, S.: Alte deutsche Apotheken. Ausschnitte aus 700 Jahren deutscher Apothekengeschichte. Ausgabe 1975/10. Ettlingen: W. Spitzner Arzneimittelfabrik 1975

[Heidelberger Katechismus]: WEBER, O. (Ed.): Heidelberger Katechismus. Hamburg: Furche Verlag, 4. Aufl. 1963. Bielefeld: Luther Verlag 1990. Gütersloh: (Gütersloher Taschenbücher Siebenstern, 1293) Gütersloher Verlags-Haus Mohn 1990

HARTMANN, J.: Philosophus sive Naturae consultus Medicus, Oratione Publica initio Professionis su[a]e ab Authore factus et productus. Accesit Programma Publicum ad Professionis Chymiatricae consilia et rationis indigitans. Marburg: Paul Egenolph 1609

HEIN, W.-H.: Christus als Apotheker. (Monographien zur pharmazeutischen Kulturgeschichte Bd. 3) Frankfurt am Main: Govi-Verlag 1974

HEIN, W.-H.: Christus als Apotheker. Ausstellung Focke-Museum Bremen vom 30.9.–2.11.1975. (Hefte des Focke-Museums 43). Bremen: Focke-Museum 1975

HEIN, W.-H.: Christus als Apotheker. 2., neubearbeitete Auflage. (Monographien zur pharmazeutischen Kulturgeschichte Bd. 3). Frankfurt am Main: Govi-Verlag 1992

HEIN, W.-H., und MÜLLER-JAHNCKE, W.-D.: Ein *Christus als Apotheker*-Bild von Michael Herr vom Jahre 1619. Beiträge zur Geschichte der Pharmazie – DAZ-Beilage 27/3, 19–21 (1975)

[IOANNES CHRYSOSTOMOS:] S. P. N. Joannis Chrysostomi, Archiepiscopi Constantinopolitani, Opera omnia quae exstant. Opera et studio D. Bern[ardi] de Montfaucon. Editio novissima, accurante et denuo recognoscente J. P. Migne. Bd 12 (Patrologiae cursus completus, Patrologiae Graecae tomus LXII), Paris 1862

[IOANNES CHRYSOSTOMOS:] Des Heiligen Kirchenlehrers Johannes Chrysostomus Kommentar zu den Briefen des hl. Paulus an die Philipper und Kolosser. Aus dem Griechischen übersetzt von W. STODERL. (Bibliothek der Kirchenväter, [Reihe 1] Bd. 8) Kempten/München: Kösel 1924

KLEBS, A. C.: Die Lemgoer Ratsapotheke. Historische Reiseskizze. Archiv für die Geschichte der Naturwissenschaften und der Technik 5, 102–107 (1913)

KRAFFT, F.: »Die Arznei kommt vom Herrn, und der Apotheker bereitet sie« – Biblische Rechtfertigung der Apothekerkunst im Protestantismus: Apotheken-Auslucht in Lemgo und Pharmako-Theologie. (Quellen und Studien zur Geschichte der Pharmazie Bd. 76) Stuttgart: Wissenschaftliche Verlagsgesellschaft 1999

KRAFFT, F.: Eine ›neue‹ Christus-als-Apotheker-Darstellung von Michael Herr. Überlegungen zur Herkunft des Bild-Motivs. Geschichte der Pharmazie – DAZ-Beilage 52/1–2, 2–15 (2000)

KRAFFT, F.: Christus als Apotheker. Ursprung, Aussage und Geschichte eines christlichen Sinnbildes. (Schriften der Universitätsbibliothek Marburg Bd. 104) Marburg: Universitätsbibliothek 2001a

KRAFFT, F.: Arzneien »umb sonst und on gelt« aus Christi Himmelsapotheke. Pharmazeutische Zeitung 146, 4440–4447 (51/52, 10–17) (2001b)

KRAFFT, F.: Christus ruft in die Himmelsapotheke. Die Verbildlichung des Heilandsrufs durch Christus als Apotheker. Begleitbuch und Katalog zur Ausstellung im Museum Altomünster (29. November 2002 bis 26. Januar 2003). Mit Beiträgen von Christa HABRICH und Woty GOLLWITZER-VOLL. (Quellen und Studien zur Geschichte der Pharmazie Bd. 81) Stuttgart: Wissenschaftliche Verlagsgesellschaft 2002a

KRAFFT, F.: Der Heiland als Apotheker in der Himmelsapotheke. Cistercienserchronik 109, 225–240 (2002b)

KRAFFT, F.: Apothekenerker von Lemgo. Künstlerisches Zeugnis für ein Reformprogramm der Pharmazie. Pharmazeutische Zeitung 147, 2860–2865 (Nr. 28, 44–49) (2002c)

KRAFFT, F.: Pharmazie und Theologie. Von den verschiedenen Sinnebenen eines Andachtsbildes. In: SCHÜRMANN, A., und WEISS, B. (Eds.): Chemie – Kultur – Geschichte. Festschrift für Hans-Werner Schütt zum 65. Geburtstag. S. 245–255. Diepholz: GNT-Verlag 2002d

KRAFFT, F.: Christus in der Himmelsapotheke mit reumütigem/r Sünder/in. Die pietistische Erweiterung eines protestantischen Andachtsbildmotivs. In: FRIEDRICH, C., und BERNSCHNEIDER-REIF, S. (Eds.): Rosarum litterarum. Beiträge zur Pharmazie- und Wissenschaftsgeschichte. Festschrift zum 65. Geburtstag von Peter Dilg. S. 161–182. Frankfurt am Main: Govi-Verlag 2003

KÜHLMANN, W., und TELLE, J. (Eds.): Oswaldus Crollius, De signaturis internis rerum. Die lateinische Editio princeps (1609) und die deutsche Erstübersetzung (1623), hrsg. und eingeleitet. (Heidelberger Studien zur Naturkunde der frühen Neuzeit Bd. 5) Stuttgart: F. Steiner 1996

MÜLLER, W. J.: Christus als Arzt. In: Reallexikon zur deutschen Kunstgeschichte. Begonnen von O. SCHMITT†, fortgeführt von E. GALL †, L. H. HEYDENREICH und H. M. Frhr. VON ERFFA, hrsg. von L. H. HEYDENREICH und K.-A. WIRTH. Bd. 3, 636-639. Stuttgart: A. Druckenmüller 1954

SCHWEDT, G.: Apotheken in historischen Gebäuden. Renaissance I: Die Ratsapotheken in Einbeck und Lemgo. Deutsche Apotheker Zeitung 129, 2344–2346 (1989)

SEIDEMANN, J.: Christus als Apotheker. Pharmazeutische Zeitung 146, 710–711 (Nr. 9, 74–75) (2001)

SLOTTA, R.: Frontispiz (Entwurf) von Michael Herr, Tuschezeichnung, nach 1620 (Meisterwerke Bergbaulicher Kunst und Kultur, Nr. 11). Der Anschnitt. Zeitschrift für Kunst und Kultur im Bergbau 33, Heft 2, Beilage (1981)

STEIGER, J. A.: Martin Luthers allegorisch-figürliche Auslegung der Heiligen Schrift. Zeitschrift für Kirchengeschichte 110, 331–351 (1999)

STIRM, M.: Die Bilderfrage in der Reformation. Gütersloh: Gütersloher Verlagshaus Mohn 1977

STOCK, A.: Poetische Dogmatik: Christologie. 4. Figuren. Paderborn usw.: Ferdinand Schöningh 2001

TELLE, J.: Das Rezept als literarische Form. Zum multifunktionalen Gebrauch des Rezepts in der deutschen Literatur. Berichte zur Wissenschaftsgeschichte 27 (2004, im Druck)

Prof. Dr. Fritz KRAFFT
Schützenstraße 18
35096 Weimar (Lahn)
Bundesrepublik Deutschland
Tel.:   ++49 (0) 6 42 17 75 92
Fax: ++49 (0) 64 21 79 47 25
E-Mail: krafft@mailer.uni-marburg.de

Wissenschaftshistorische Seminare

Die 1999 eingeführten Seminare zur Aktivierung wissenschaftshistorischer Studien der Akademie sowie des kollegialen wissenschaftlichen Austausches wurden auch 2002 mit einer Reihe von Veranstaltungen fortgesetzt. Die Referate mit anschließender ausführlicher Diskussion fanden im monatlichen Turnus statt. Wie in den letzten Jahren waren außer den Mitgliedern und den wissenschaftshistorisch arbeitenden Mitarbeitern der Leopoldina die Mitglieder des Lehrkörpers der Martin-Luther-Universität sowie interessierte Laien und die hallesche Studentenschaft besonders angesprochen.

Die Vorträge sollen in einmal jährlich erscheinenden speziellen Heften der Reihe *Acta Historica Leopoldina* veröffentlicht werden. Im Berichtszeitraum sprachen:

29. 1. 2002
Henrik EBERLE, Halle
Die Universität Halle 1933–1945 – Der Umbau zur nationalsozialistischen Gebrauchshochschule

19. 2. 2002
Ingrid KÄSTNER, Leipzig
Deutsch-russische Wissenschaftsbeziehungen im 20. Jahrhundert am Beispiel des Bechterew-Institutes in St. Petersburg

19. 3. 2002
Klaus HENTSCHEL, Göttingen
Das Kartieren des Sonnenspektrums im 19. Jahrhundert

16. 4. 2002
Annette VOGT, Berlin
Das ungewöhnliche Forscherehepaar Timofeeff-Ressovsky – die russisch-sowjetischen Genetiker im Kaiser-Wilhelm-Institut für Hirnforschung in Berlin (1925–1945)

7. 5. 2002
Claude DEBRU, Paris (Mitglied der Akademie)
Zur Geschichte und Philosophie der Biotechnologien

4. 7. 2002
Hans-Theodor KOCH, Merseburg
Die Wittenberger Hochschulmedizin zwischen 1502 und 1700

15. 10. 2002
Christoph MEINEL, Regensburg (Mitglied der Akademie)
Baumeister der Zukunft: Molekülmodelle und die Eroberung des Raums in der Chemie des 19. Jahrhunderts

5. 11. 2002
Achim TRUNK, Berlin
Butenandt und die Blutproben aus Auschwitz. Eine Revision

3. 12. 2002
Stefan WOLFF, München
Physiker im Krieg der Geister – die »Aufforderung« von Wilhelm Wien

5. Reden, Berichte, Abhandlungen

Grußadresse zur 95. Jahresversammlung der Deutschen Zoologischen Gesellschaft am 22. Mai 2002 in Halle

Von Benno PARTHIER
Präsident der Akademie

Meine verehrten Damen und Herren:

Es ist mir eine Freude und Ehre, der Festversammlung der Deutschen Zoologischen Gesellschaft anläßlich ihrer 95. Jahresversammlung in Halle die Grüße der Leopoldina im 350. Jahre des Bestehens dieser ältesten deutschen Wissenschaftsakademie in ihrer Heimatstadt Halle zu überbringen. Das ist eine beziehungsreiche buchenswerte Angelegenheit, neben der üblichen akademischen Schleichwerbung. Wenn unsere Seite dabei mit der historischen Abgeklärtheit einer älteren Dame gegenüber dem 250 Jahre jüngeren zoologischen Springinsfeld auftritt, sei dies keineswegs Überheblichkeit – schon gar nicht eingedenk früherer gemeinsamer Wohngemeinschaft im heutigen Zoologischen Institut am Domplatz 4. Ich komme darauf noch zurück.

Bereits vor acht Jahren hatte ich die Gelegenheit, der 87. Jahresversammlung der Deutschen Zoologischen Gesellschaft eine Gruß-Aufwartung zu machen, es war in Jena am 25. Mai 1994. Dort hatte der Leopoldina-Präsident mehr historischen Redestoff für die Beziehungen zwischen unserer Akademie und den Zoologen der Jenenser Universität als heute in Halle. Ich erinnere nur an die Namen Lorenz OKEN, Ernst HAECKEL, HUFELAND und DÖBEREINER, Leopold GEGENBAUR und Manfred GERSCH. Ganz präsidial konnte ich an den medizinischen Zoologen Dietrich Georg KIESER anknüpfen, der von 1858 bis 1862 den XII. Leopoldina-Präsidenten stellte und in dieser kurzen Amtszeit – bei Amtsantritt war er bereits 79 Jahre alt – sehr viel getan hat, um die Akademie in die Schlagzeilen der wissenschaftlichen Öffentlichkeit jener Zeit zu bringen. KIESER hatte den Ehrgeiz, etwas vereinfacht gesagt, aus der Leopoldina eine nationale deutsche Akademie zu machen, vergleichbar mit der *Royal Society* in London oder der *Académie des Sciences* in Paris. Damals machte vor allem die Politik nicht mit. Heute wollen die deutschen Politiker eine nationale

Akademie der Wissenschaften schaffen, aber die Betroffenen, d.h. die bestehenden Akademien insbesondere, wollen es eher nicht. Nationale Ethikräte werden auch ohne nationale Akademien gegründet, und das sei gut so, pflegt man in Berlin zu sagen.

Gab es nun Leopoldina-Mitglieder an der halleschen Universität, Zoologen vergleichbar mit den Jenensern, die über den provinziellen Rahmen der Stadt und des Umlandes hinaus bekannt waren? Geht man historisch weiter zurück, dann erweist sich fast jeder damalige Mediziner oder Naturwissenschaftler unter den halleschen Leopoldina-Mitgliedern als Polyhistor, ich denke an Friedrich HOFFMANN oder Georg Ernst STAHL. Man sollte auch nicht vergessen, daß die Zoologie noch ganz in die Medizin, besonders in die Anatomie, eingebettet war. Die Trennung fand bekanntlich viel später statt, und sogar mein Zoologie-Professor für die Grundvorlesung, Ludwig FREUND (Leopoldina-Mitglied 1953), den wir Präbiologen mit Wißbegierde hörten, hatte noch Medizin *und* Zoologie studiert.

Schweife ich etwas weiter aus, dann wäre festzustellen, daß der XIX. Präsident der Leopoldina, Johannes WALTHER, obgleich Geologe in Halle, doch ein Schüler HAECKELS gewesen und dessen Anhänger geblieben ist. Im Präsidium unter Emil ABDERHALDEN saß Ulrich GERHARDT (seit 1925 Leopoldina-Mitglied), welcher Leiter des Instituts für Anatomie und Physiologie der Haussäugetiere gewesen ist, über enge Kontakte zu Kreisen des Widerstandes gegen das NS-Regime verfügte und beim Neuaufbau der halleschen Universität nach dem Kriegsende gefragt war. Über die Stadtgrenzen hinaus bekannt waren natürlich auch die Namen von Paula HERTWIG, Genetikerin und Direktorin des Biologischen Instituts an der Medizinischen Fakultät, und von ihrem Nachfolger, Hans Albrecht FREYE, die seit 1953 bzw. 1971 zu den Leopoldina-Mitgliedern zählten. Letzterer wurde 1991 in der Aufbauphase nach der Wende Staatssekretär im Ministerium für Wissenschaft und Forschung in Sachsen-Anhalts Regierung. Nicht vergessen werden sollte Wilhelm ROUX (Leopoldina-Mitglied 1901), ein Entwicklungsbiologe in der Medizin, ebenfalls Haeckel-Schüler, der durch seine »Entwicklungsmechanik der Tiere« berühmt wurde und den Lehrstuhl für Anatomie in Halle seit 1895 inne hatte. ROUX war über viele Jahre hinweg Adjunkt, Obmann und Stellvertreter des XVII. Präsidenten, des Mathematikers WANGERIN.

Schauen wir auf die führenden Zoologen im engeren Sinne, das heißt auf die Direktoren des Zoologischen Instituts der Universität, dann wäre zuerst Christian Ludwig NITSCH zu nennen, der im Jahre 1818 in die Leopoldina gewählt wurde und als Ornithologe, Botaniker und Naturhistoriker sowie Direktor des Naturalienkabinetts bekannt war, dieses vor dem Verfall rettete und dann ausbaute. Genannt zu werden verdient Ferdinand Carl Valentin HAECKER (1910 Mitglied), ein anerkannter Ornithologe und der Genetik zugewandt. Auch Berthold KLATT (Leopoldina-Mitglied 1931), Wolfgang Freiherr

VON BUDDENBROCK (1936) und Adolf REMANE (1935) sollten in den Matrikeln der Akademie nicht übersehen werden. – Bei aller Anerkennung, die Sie Ihren ehemaligen Kollegen und wir unseren früheren Mitgliedern zollen: Bedeutende Fahnenträger der Leopoldina sind sie nicht gewesen.

Herr GATTERMANN sagte mit Blick auf die Leopoldina in seinem Vortrag zur Geschichte der Zoologie in Halle: »Die Leopoldina zog gemeinsam mit der Zoologie 1886 in das Gebäude Domplatz 4 ein. Nach 18 Jahren ›Kommune‹ zog die Leopoldina dann 1904 in die Bebel-Straße.« (Die natürlich damals Friedrich-Straße hieß.) – Die genauer recherchierenden Wissenschaftshistoriker der Leopoldina haben jedoch herausgefunden, daß zunächst die Leopoldina allein, aus Dresden kommend, 1878 nach Halle zog, ein Jahr später bereits die Bibliothek aus Dresden nachholte, die wie das kleine Sekretariat der Akademie im Nordflügel des zur Medizinischen Fakultät gehörenden Hauses Domplatz 4 eine Herberge fand, nachdem die Chirurgie zuvor daraus gewichen war. Die Zoologen folgten tatsächlich erst 1886 im Nachzug für die dann ausziehenden Internisten. Dennoch, 18 Jahre Gemeinsamkeit unter einem Dach erschien als eine beidseitig sinnvolle Lösung, wenn nur alles reibungslos verliefe. Es ist jedoch fraglich, ob es immer so gewesen ist, denn der zoologische Institutsdirektor Georg Hermann GRENACHER wollte wohl gern Leopoldina-Mitglied werden, aber geworden ist er es nicht. Nichts ist problematischer bei Akademie-Zuwahlen als enge lokale Kollegialität!

Meine Damen und Herren, über die Leopoldina der Neuzeit wäre viel zu sagen, was jedoch hier und heute nicht vorgesehen ist. Vielleicht sollte ich erwähnen, daß sich die Akademie auch fachlich erweitert hat: Einige Sektionen, die geistes- und sozialwissenschaftlich geprägt, aber von empirischer Natur und in den Grenzbereichen zu den Naturwissenschaften anzusiedeln sind, kamen neu dazu, zum Beispiel Wissenschaftstheorie, Empirische Psychologie und Kognitionswissenschaften. Eingerichtet wurde auch eine Sektion Ökowissenschaften, gewissermaßen ausgegliedert aus den Sektionen Zoologie und Botanik, nachdem wir diese beiden klassischen Fachbereiche zu einer Sektion »Organismische Biologie« vereint haben. Das geschah zufällig zur gleichen Zeit, als sich auch auf der politischen Bühne Deutschlands Rot und Grün zusammenrauften.

Keinen Zufall nenne ich, daß sowohl in Jena vor acht Jahren wie in Halle in diesem Jahr die jeweiligen Vorsitzenden der Deutschen Zoologischen Gesellschaft Leopoldina-Mitglieder sind (Franz HUBER damals, Gerhard NEUWEILER heute) und die in beiden Festsitzungen Ausgezeichneten ebenfalls Leopoldina-Mitglieder sind (Rüdiger WEHNER damals, Friedrich BARTH heute).

Damit gratuliere ich Ihnen, lieber Herr BARTH, auch als Präsident der Leopoldina im Namen unseres Präsidiums, sehr herzlich zu dieser hohen und verdienten Auszeichnung der Deutschen Zoologischen Gesellschaft, der Karl-Ritter-von-Frisch-Medaille.

Sie werden »Vater der Spinnen« genannt. Das sollten Sie als Ehrenbezeichnung werten, so wie es unter den Leopoldina-Mitgliedern auch den jeweiligen »Vater« der Bienen, der Ameisen und der Fledermäuse gibt. Bei den Spinnentieren denke ich wiederum an den bereits erwähnten Ordinarius Ludwig FREUND, der, mit einem beeindruckenden weißen Haarschopf über den großen sprechenden Augen, im doppelten Sinne blauäugig das variantenreiche Liebesleben der Spinnen und die darauf folgenden Tragödien ausmalend uns zu begeistern wußte, und die Nichtbiologen im Hörsaal gleichfalls. – Damit schließt sich, zumindest für mich persönlich, der hallesche zoologische Kreis.

Prof. Dr. Dr. h. c. Benno PARTHIER
Deutsche Akademie der Naturforscher
Leopoldina
Postfach 110543
06019 Halle (Saale)
Bundesrepublik Deutschland
Tel.:   ++49 (0) 34 54 72 39 18
Fax: ++49 (0) 34 54 72 39 19

Grußadresse zur Festveranstaltung der Jungen Akademie am 29. Juni 2002 in Berlin

Von Benno PARTHIER

Präsident der Akademie

Liebe Mitglieder der Jungen Akademie, verehrte Frau Bundesministerin BULMAHN, lieber Herr SIMON und andere bilaterale jungakademische Gründungshelfer, meine verehrten Damen und Herren!

Die Junge Akademie kommt in die Jahre. Verstummt sind die Fragen der Kollegen und in der Öffentlichkeit, was Die Junge Akademie eigentlich sei, was sie solle, was sie wolle und was sie täte. Die Junge Akademie ist bekannt geworden in der Gesellschaft, als eine zwar kleine, aber unübersehbare Größe in der reichhaltigen Akademienlandschaft der Bundesrepublik Deutschland. International steht sie konkurrenzlos im Raum. Sollte es dennoch Nachfragewünsche hier im Auditorium geben, verweise ich auf die Kurz-Charakterisierung in der DUZ, dem unabhängigen Hochschulmagazin, und zitiere: »Die Junge Akademie wurde im Juni 2000 von der Berlin-Brandenburgischen Akademie der Wissenschaften und der Deutschen Akademie der Naturforscher Leopoldina als Akademie des wissenschaftlichen Nachwuchses – zunächst für zehn Jahre – gegründet. Sie unterliegt der Verantwortung der beiden Akademie-Präsidenten. Die Finanzierung der ersten Jahre haben das Bundesforschungsministerium und die Volkswagen-Stiftung übernommen. Ziel ist, den wissenschaftlichen und interdisziplinären Diskurs unter herausragenden Nachwuchswissenschaftlern in Deutschland zu fördern. Die Mitglieder werden für die Dauer von fünf Jahren in die Junge Akademie gewählt. Sie erhalten jeweils ein Forschungsbudget von einmalig rund 25 600 Euro. Die Zahl der Mitglieder ist auf 50 begrenzt. Ein Stimmrecht in dem Dachverband ›Union der Akademien der Wissenschaften‹ hat die Junge Akademie nicht.« (DUZ 6/2002, S. 13.)

Die Junge Akademie kommt in die Jahre ihres Wachstums, quantitativ und qualitativ. Dabei darf es bleiben, denn eine alte Junge Akademie wird es nicht geben, da sind ihre Statuten vor. In den zwei Jahren nach der Gründung hat sie sich verdoppelt, mit nunmehr vierzig Mitgliedern ist die kritische Masse überwunden. Sie hat ihr geistiges Kapital in die naturwissenschaftlichen und in die geistes-kultur-sozialwissenschaftlichen Disziplinen investiert mit dem

Ziel, die Divergenzen der beiden Kulturen zu gemeinsamen Aufgaben und in gemeinsamen Arbeitsgruppen zusammenzuführen an der Schnittstelle zwischen Wissenschaft und Gesellschaft. Das ist das wohl wichtigste Kriterium in den selbstgestellten Herausforderungen, nach deren Erfüllung die Elternakademien und darüber hinaus der Wissenschaftsbetrieb und die Wissenschaftspolitik fragen werden, ja fragen müssen.

Welche Aktivitäten kann die Junge Akademie vorweisen, nachdem die ersten vier Arbeitsgruppen mit den Schwerpunktthemen »Selbstorganisation«, »Repräsentation«, »Wissenschaftspolitik« sowie »Wissenschaft und sozialer Kontakt« eingerichtet worden waren und die Akteure auszogen, um das Fürchten zu lernen, vielleicht sogar gelegentlich das Fürchten zu lehren?

Als Dieter SIMON vor zwei Jahren die Taufe der Jungen Akademie zelebrierte, waren den umstehenden Taufpaten verschiedenster Provenienz die Erwartungen von den Augen abzulesen, und heute werden zumindest die Insider sagen: Alle Achtung! Der Vorstand der Jungen Akademie mit Margit KNOBLAUCH, Eva-Maria ENGELEN, Rainer Maria KIESOW, Jens BECKERT, Ulrich SCHOLLWÖCK hat sich erfolgreich bemüht, der Struktur »Junge Akademie« Leben einzuhauchen, in den Arbeitsgruppen Aktivitäten zu induzieren.

Nur stichwortartig erwähne ich einige Positiva, denn ich möchte dem Bericht des Vorsitzenden nicht vorgreifen:

- »Wie werde ich Professor?« heißt ein Positionspapier der Arbeitsgruppe Wissenschaftspolitik, das von Giovanni GALIZIA als Sprecher öffentlich vorgestellt und in dem besonders die Erscheinungsform der Junior-Professuren kritisch begrüßt wurde.
- Das Thema der Arbeitsgruppe Selbstorganisation hat sogar zu einem gemeinsamen Symposium mit der Leopoldina in Darmstadt geführt, unter hervorzuhebender Beteiligung von Marc-Thorsten HÜTT. Miloš VEC wird in seinem Vortrag heute auch die Selbstorganisation in Gesellschaft und Denksystemen mit einbeziehen.
- Die Arbeitsgruppe Repräsentation wird eine Sommerschule in Italien mit dem Thema »Emotionale Wende? Die Junge Akademie der Gefühle« durchführen, welche die VW-Stiftung mit fast 70 000 Euro unterstützt, schrieb uns Eva-Maria ENGELEN.
- Das als öffentliche »Preisfrage 2001« designierte Thema »Was ist es, das in uns schmerzt?« hat ein unerwartet vielfaches Echo gefunden; die Preise werden heute verliehen.
- *Last but not least*, die »Feuertaufe« der Aktivitäten der Jungen Akademie darf die Leopoldina als ein Geschenk zu ihrer 350-Jahrfeier betrachten. »Science goes Pop?« – ein Workshop, den die Junge Akademie intellektuell und weitgehend organisatorisch vorbereitete und durchführte. Zu Beginn gab es den Vorschlag der Leopoldina, daß Mitglieder aus der Jungen

Akademie mit analog jungen Wissenschaftlern aus anderen europäischen Akademien als Redner über das Thema sprechen und diskutieren. Die Junge Akademie dagegen favorisierte als Alternative, recht viele hochkarätige, aber ältere Wissenschaftler als Korsettstangen einzuziehen. Durchgeführt wurde die dritte Variante, ein 50 : 50-Kompromiß aus beiden Vorstellungen. – Als ein Gründervater fanden Paul BALTES und als Vorsitzender Rainer Maria KIESOW die richtigen Einführungsworte zu diesem Thema, und Martin KORTE, Doris KOLESCH, Henning SCHMIDGEN, Sebastian CONRAD, Alexandra FREUND und Klaus PIAS vertraten entweder als Vorsitzende der drei Themenkomplexe oder als Vortragende die Junge Akademie sehr repräsentativ. Die gelungenen Vorträge der jungen standen denen der älteren Redner nicht nach.

»Science goes Pop?« war ein mutiger Versuch, in eine alte Akademie mit eingefahrenen Riten ein modernes anspruchsvolles Programm einzupflanzen, darunter auch eine Präsentation über »Diderot's Moleküle« durch Katja BECKER-BRANDENBURG und Martin KORTE, die durch ein neues virtuelles Element, das an Pop-Art erinnert, die Veranstaltung bereicherte. Die Junge Akademie hat ihre Gesellenprüfung mit Glanz bestanden. Herzlichen Dank nochmals vom Leopoldina-Präsidium.

Eine dialektische Beziehung zwischen Mitglied und Corporation ist essentiell für jedes akademische Leben. Ob die Junge Akademie ein Modell sein oder werden kann für zukünftige neue Entwicklungen in den herkömmlichen Akademien, ein Brückenmodell besonderer Art für Naturwissenschaftler und Geisteswissenschaftler, läßt sich noch nicht erkennen. Deutlich erkennbar ist jedoch ein Anteil von 37,5 % weiblichen Mitgliedern, geradezu ein akademisches Idealmaß. Als bikulturelles Versuchskaninchen im Hinblick auf eine Nationalakademie sich verbrauchen zu lassen, wäre einerseits unzumutbar wie andererseits verdienstvoll, besonders wenn das Übungsmuster so elegant umschrieben wird wie durch Dieter SIMON im Jahre 2000: »Ein lokalisierter Ort für die Einübung der Dialogfähigkeit«.

Die Junge Akademie ist in die Jahre gekommen – und sollte dort noch lange gedeihen zum Wohle der Wissenschaft und zur Freude einer aufgeschlossenen Gesellschaft.

Prof. Dr. Dr. h. c. Benno PARTHIER
Deutsche Akademie der Naturforscher
Leopoldina
Postfach 110543
06019 Halle (Saale)
Bundesrepublik Deutschland
Tel.: ++49 (0) 34 54 72 39 18
Fax: ++49 (0) 34 54 72 39 19

Hommage der Leopoldina für Manfred Eigen[1]

Von Benno PARTHIER, Halle (Saale)
Präsident der Akademie

Herr Professor DENECKE vom Leopoldina-Krankenhaus, seines Zeichens Organisator dieser Tagung in Schweinfurt, hat den Namen Deutsche Akademie der Naturforscher Leopoldina mit dem Festvortrag der Veranstaltung verbunden – aus verständlichem Grund, schließlich ist diese älteste der deutschen Akademien vor 350 Jahren hier in Schweinfurt von vier Stadtärzten gegründet worden. Damit gibt er der Leopoldina die Ehre und mir die Freude, den Festredner, das Leopoldina-Mitglied Professor Manfred EIGEN, anzukündigen und in gebotener Kürze vorzustellen – was nicht leicht ist. Das heißt nämlich, viele wissenschaftliche Eulen nach Athen zu tragen. Selbstverständlich ist Herr EIGEN Ihnen allen bekannt. Die Hochachtung vor dieser herausragenden Persönlichkeit verpflichtet mich jedoch, bei der Aufzählung vielfacher Meriten auch Leopoldina-spezifisches zu nennen.

Manfred EIGEN gehört zu den in der ganzen Welt meistgeehrten und höchstgeehrten Wissenschaftlern. Natürlich liegt der Grund in seinen Leistungen, die auf der Entwicklung neuer Denkrichtungen in verschiedenen Disziplinen der Naturwissenschaften und in der Einführung neuer Methoden beruhen. Welcher Problematik er sich auch zuwendete, immer wurde er zum Pionier einer neuen Entwicklungsrichtung. Den Nobelpreis für Chemie erhielt er 1967 (zusammen mit NORRISH und PORTER) für die Entwicklung von Methoden zur Untersuchung extrem schnell verlaufender chemischer Prozesse. Das waren Experimente, die Herr EIGEN bereits durchgeführt hatte, als er höchstens 25 Jahre alt war (EIGEN 1954). Sie hatten Weiterungen für die Enzymologie, für die Messung allosterischer Reaktionen der Enzyme. Göttingen und die Max-Planck-Gesellschaft jubelte dem Laureaten zu – er war bereits Direktor am Max-Planck-Institut für Physikalische Chemie und wurde nun Leiter der Abteilung Chemische Kinetik.

---

1 Einführung zum Festvortrag von Manfred EIGEN anläßlich der 79. Tagung der Vereinigung der Bayerischen Chirurgen am 20. Juli 2002 in Schweinfurt.

Ob intuitiv oder durch Logistik sei dahingestellt – Manfred EIGEN, der Kinetiker und Physikochemiker, hatte schnell erkannt, daß die Zukunft neuer, paradigmatischer Erkenntnisse der Naturwissenschaften in den Biowissenschaften, speziell in der Molekularbiologie liegt. Wichtige grundlegende Erkenntnisse dazu wurden etwa zur gleichen Zeit erreicht in Form von strukturellen Aufklärungen wichtiger Biomakromoleküle, besonders der DNA durch WATSON, CRICK, Rosalind FRANKLIN, WILKINS, sowie in der Struktur der Proteine, besonders durch Linus PAULING. Ferner wurde das Geheimnis der Übersetzung von genetischer Information in zelluläre Protein-Strukturen gelüftet, der genetische Code wurde entschlüsselt (OCHOA, NIRENBERG, KHORANA in den USA, dazu auch WITTMANN in Deutschland). – Dadurch wurde es möglich, die Mechanismen zu verstehen, welche den Phänomenen der Vererbung und schließlich der biologischen Evolution im Sinne DARWINS zu Grunde liegen. Selbstorganisation hieß das Zauberwort, das Manfred EIGEN in beeindruckender Weise in die Schriftform goß (EIGEN 1971, EIGEN und SCHUSTER 1977, 1978).

Nun wurden im Laboratorium von EIGEN auch Experimente zum Verständnis der Evolution angestellt mit dem einfacheren System der RNA-Replikation in RNA-Viren, die RNA, aber nicht DNA als Genom aufweisen. Diese Viren erschienen ihm als Modell einer frühen Evolution geeignet. Daraus gingen Überlegungen auch in die Richtung, wie wohl die Erbsubstanz in den frühesten Evolutionsphasen ausgesehen haben könnte. Es wurde das tRNA-Molekül favorisiert. Ich erinnere mich selbst noch gut an seinen diesbezüglichen Vortrag in Halle 1979 in der Leopoldina über *Das Urgen* (EIGEN 1980).

Wieder in Halle, 1991, sprach Herr EIGEN über *Virus-Quasispezies, die Büchse der Pandora* (EIGEN 1992). Dabei ging es um Variabilität, Zufallsproblematik, Fehlerrate, Mutantenverteilung im molekularen Bereich der Genome bzw. der Viren selbst. Dieses geschah in einer Kurt-Mothes-Gedenkvorlesung – ich komme noch darauf zurück. Wichtig wurde ihm in diesem Zusammenhang die Möglichkeit einer Bekämpfung virusverursachter Krankheiten wie AIDS, Poliomyelitis und Influenza. Auch bei einer neuen Krankheit – BSE der Rinder und Creutzfeldt-Jakob-Krankheit bei Menschen – bot sich geradezu an, die molekulare Spezies der Krankheitserreger, die Prionen, ins Visier zu nehmen. Diesem Prionenproblem widmete sich EIGEN in den 90er Jahren und publizierte dazu (u. a. EIGEN 1996, 2001).

Es zeichnete sein Denken bezüglich anwendungsorientierter, praktisch nutzbarer Wissenschaftsbetrachtung aus, daß Manfred EIGEN diagnostische Methoden zu entwickeln begann, um Einzelmoleküle quantitativ zu analysieren. Immer hat er sich mit sehr kleinen oder sehr großen Zahlen beschäftigt. Es war sein Ehrgeiz, Einzelmoleküle wahrnehmbar zu machen und routinemäßig zu bestimmen. Die grundlegende Arbeit hierzu wurde 1994 zusammen mit Rudolf RIGLER in den *Proceedings of the National Academy of Sciences* publiziert (EIGEN und RIGLER 1994).

Damit war der Schritt zur Biotechnologie getan. Vor allem fluoreszenzspektroskopische Methoden wurden nun im Laboratorium in Göttingen zu verschiedenen Problemen entwickelt, u. a. auch als Methode zur schnellen Bestimmung von Enzymaktivitäten (EIGEN 1998). Das Thema seines heutigen Vortrages reflektiert vor allem dieses methodisch neue Forschungsfeld: *Molekulare Diagnostik in der Humanmedizin.*

Stets hat Herr EIGEN seine wissenschaftlichen Ergebnisse in einem großen, durchaus naturphilosophisch zu bezeichnendem Rahmen der Erkenntnistheorie gestellt, aber stets ist der Physiker, Molekularbiologe und Virusforscher streng wissenschaftlich in seinen Gedanken geblieben, nie ist er im Denken »ausgeflippt«, wie es sogenannte Zukunftsforscher zu tun pflegen. 1979 hat er vor der Siemens-Stiftung einen Vortrag über »Goethe und das Gestaltsproblem in der modernen Biologie« gehalten, dessen Inhalt die konservativen und dissipativen Strukturen behandelte. Fragen des Zufalls oder der Gesetzmäßigkeit kleidete er in einen Vortrag »Moleküle, Information und Gedächtnis«. Weitere Beispiele ließen sich als Beleg seiner geistigen Bandbreite anführen. – Noch in erfreulichster Erinnerung ist mir der Klaviervirtuose Manfred EIGEN, der aus einem musikalisch geprägten Elternhaus stammt, als er zur Jahresversammlung der Leopoldina 1991 mit MOZARTS Klavierkonzert in A-Dur, KV 414, diese Jahresversammlung unvergeßlich bereicherte.

Natürlich folgte dem Nobelpreis eine lange Reihe weiterer Auszeichnungen und Ehrungen in aller Welt. Hochangesehene Preise, auch die Aufnahme in den Orden »Pour le mérite«, zwölffacher *Doctor honoris causa* (die Ehrendoktorwürden verliehen von international sehr angesehenen Universitäten), Ehrenmitglied in mehr als 20 Akademien der Wissenschaften, inklusive der Päpstlichen, sprechen eine beredte Sprache. Darunter ist auch seine Mitgliedschaft in der Leopoldina, und diese war, soweit ich weiß, die erste Akademie überhaupt, die Manfred EIGEN 1964 im Alter von 37 Jahren in ihre Reihen wählte. Erwähnenswert ist auch, daß die Begründung zum Aufnahmeantrag die absolut kürzeste in der Leopoldina der letzten 150 Jahre sein dürfte. Ich zitiere sie in Gänze: »Herrn Eigens Leistungen, besonders auf dem Gebiet der Relaxationserscheinungen, sind so allgemein bekannt und anerkannt, daß mir eine weitere Begründung überflüssig erscheint.« Datum, Unterschrift. – Das zeugt auch von der das Präsidium überzeugenden Intuition des Antragsstellers, eine große Begabung rechtzeitig erkannt zu haben, deren Geistesgröße in den folgenden Jahrzehnten uns und die wissenschaftliche Welt nie enttäuschte.

Und ein Letztes sei dem Leopoldina-Präsidenten gestattet, ehe er Ihnen, Herr EIGEN, das Podium überläßt. Nach der Verleihung der Carus-Medaille der Leopoldina (1967, noch vor dem Nobelpreis) und des damit gekoppelten Carus-Preises der Stadt Schweinfurt sind Sie heute wieder in unsere Gründerstadt zurückgekehrt. Ich nutze diese seltene Gelegenheit, Sie persönlich zu treffen, um Ihnen eine weitere, seit zwei Jahren ausstehende Auszeichnung der Leopoldina zu überreichen. Im Namen des Präsidiums hole ich dieses heute nach und übergebe an Sie die kleine, aber feine goldene Gedenkmünze zum 100. Geburtstag von Kurt MOTHES. Sie wurde jenen 18 Gedenkrednern verliehen, die nach dem Tode von Kurt MOTHES über 18 Jahre hinweg mit einem wissenschaftlichen Vortrag an diesen großen Präsidenten erinnert haben. Von dieser Medaille sind nur 20 Exemplare geprägt worden, vergleichsweise viel weniger als die bisher vergebenen Nobelpreis-Medaillen. Diesen gewiß hinkenden Vergleich neutralisiere ich mit einem sehr herzlichen persönlichen Dank und unseren nachträglichen Glückwünschen zur Vollendung Ihres 75. Geburtstages.

Literatur

EIGEN, M.: Über die Kinetik schnell verlaufender Ionenreaktionen in wässriger Lösung. Z. physikal. Chemie N. F. *1*, 176 (1954)

EIGEN, M.: Selforganization of matter and the evolution of biological macromolecules. Naturwissenschaften *58*, 465 (1971)

EIGEN, M.: Das Urgen. Nova Acta Leopoldina N. F. *52*, Nr. 243 (1980)

EIGEN, M.: Virus-Quasispezies, die Büchse der Pandora. Jahrbuch 1991. Leopoldina (R. 3) *37*, 109 (1992)

EIGEN, M.: Prionics or the kinetic basis of prion diseases. Biophys. Chem. *63*, A1 (1996)

EIGEN, M.: Rapid assay processing by integration of dual-color fluorescence cross-correlation spektroscopy: High throughput screening for enzyme activity. Proc. Natl. Acad. Sci. USA *95*, 1421 (1998)

EIGEN, M.: BSE und das Prionen-Problem. Spektrum d. Wissenschaft *4*, 40 (2001)

EIGEN, M., and RIGLER, R.: Sorting single molecules: Application to diagnostic and evolutionary biotechnology. Proc. Natl. Acad. Sci. USA *91*, 5740–5747 (1994)

EIGEN, M., and SCHUSTER, P.: The hypercycle. A principle of natural self-organization. Naturwissenschaften *64*, 541 (1977), *65*, 7 und 341 (1978)

Prof. Dr. Benno PARTHIER
Deutsche Akademie der Naturforscher
Leopoldina
Postfach 110543
06019 Halle (Saale)
Bundesrepublik Deutschland
Tel.:   ++49 (0) 34 54 72 39 18
Fax: ++49 (0) 34 54 72 39 19

Address from the Leopoldina Academy – Delivered at the International Congress on Traditional Asian Medicine in Halle, August, 19, 2002

Benno PARTHIER
President of the Academy

Dear Colleagues, Ladies and Gentlemen:

The convener of the congress, Professor Rahul Peter DAS invited me to deliver an address from the internationally reputed Leopoldina Academy on occasion of this 5th International Congress on Traditional Asian Medicine here in Halle.

It is my pleasure to introduce you briefly to the history and present state of our academy, which has been situated in Halle for the last 125 years and throughout the years has been a manifested institution in the scientific and cultural landscape of the city and its surroundings, although with varying acceptance and recognition. It is worth mentioning that of the about 1000 elected members of the Leopoldina 45 per cent are more or less tightly connected with medicine. (There was at least one Leopoldina member in Halle, Reinhold F. G. MÜLLER [1882–1966], who was intensively engaged in traditional Indian medicine, according to Professor DAS' letter of August 12, 2002.)

This year the German Academy of Natural Scientists Leopoldina (this is a long but the correct name) is celebrating its 350th anniversary. This academy, in its essence a Learned Society, is the oldest one in the German speaking countries and, moreover, one of the oldest academies of the world.

In 1652, four physicians in the Free City of Schweinfurt, near Würzburg, founded a society called *Academia Naturae Curiosorum*. The initiator of the project, Johann Laurentius BAUSCH, was elected first president of the academy. BAUSCH had imported the idea of establishing this academy in Germany from his *peregrinatio academica* in Italy, where he had visited the *Accademia Secretorum Naturae* in Naples and the *Accademia dei Lincei* in Rome.

There is no doubt that the major purpose for the foundation of the academy was to improve knowledge of medical sciences for the individual scholar as well as in general. The Academy's Statutes of this time indicate that the practical viewpoints dominated in the research projects undertaken by the fellows. Each member was obliged to prepare a scientific paper on natural products capable of curing diseases. This is noteworthy about 50 years prior to the foundation of the Brandenburg Society in Berlin in 1700, when Gottfried Wilhelm LEIBNIZ used the utilistic slogan »theoria cum praxi«. In Schweinfurt in 1652 the written aim of the *Curiosi* in the *Academia* was: »the enlightenment of medical science and the usefulness therefrom for the fellow-creature« – which has to be read as »exploring nature for the benefit of the human being«. This is still our basic aim and claim at the present time.

The academy's first periodical (*Ephemerides*) was issued as early as in 1670. This series is still existing as *Nova Acta Leopoldina*. The first volume was dedicated to the Emperor, LEOPOLD I (1650–1705) in Vienna, who ruled the Holy Roman Empire for more than forty years, and he was known for his lively interest in the arts and sciences.

The academy reached its first peak in 1687, when LEOPOLD I raised it to an »Imperial Academy« and provided the presidents with the privileges of the Counts Palatine of the Lateran. These included the right to award academic degrees, to legalise illegitimate children, and many other privileges, but most important was the abolition of censorship for the printed products of the *Academia*.

For more than 200 years the academy's headquarters alternated according to the presidents' places of residence, actually 13 times, but the library moved several times, too.

In 1878, the physicist Karl Hermann KNOBLAUCH of the University in Halle became president, and the academy moved for the last time, settling in Halle as from that year. As a result of the library's expansion, there was an increasing need to acquire housing property which could provide sufficient space for a large-scale academic institution. At present four buildings constitute the property of the Leopoldina; they form a well-defined site in the city centre of Halle.

The reign of German dictators lasted for almost 60 years, at least in East Germany, where the Leopoldina was situated behind the so-called »iron curtain«, a result of World War II and Germany's division. In 1932, during the fascistic dictatorship, Emil ABDERHALDEN, a physiological chemist at Halle University, was elected president of the academy and stayed in office until 1950.

His major contribution to the Leopoldina was the attempt to shield it against the Nazi government system of control and interference. He was able to manage, at least partially, arrangements which protected the academy against interventions by the state. However, ABDERHALDEN and his confidants could not prevent the exilation order of the regime to remove all Jewish members from the academies in Germany. In most cases the victims were exiled around the world, if not tortured in concentration camps, where several Jewish Leopoldina members died. This was certainly the darkest period in the academy's history.

At the end of World War II the Soviet Military Administration paralysed any scientific and cultural institutions in East Germany. The Leopoldina maintained itself in a semi-legal form with minimal activities for a couple of years. The academy existed *de facto* but not *de jure* until 1952, when on the occasion of its 300th anniversary it was officially reanimated by the East German government. The academy was subordinated to, but also funded by, the Ministry of Higher Education, which felt responsible for the political and ideological leadership of the Leopoldina.

The situation in divided Germany soon changed to a political separation campaign, in which every economic, cultural and scientific detail was involved. It was a lucky chance for the academy that with Kurt MOTHES a very courageous and decided president was elected, who stayed in this position of responsibility for 20 years (1954–1974). His opinion was very definitely in favour of a non-divided Germany, but since this seemed to be unattainable politically, he devoted his life to maintaining the unity of Germany in terms of science and at the level on which scientists from both states got the opportunity to meet as much as possible. Such occasions were provided by the Leopoldina's Annual Congresses or various symposia usually organized in Halle or elsewhere in East Germany. MOTHES also managed to incorporate a West German Vice-president into the presidium.

The enclosure of East Germany in 1961 by building a wall through Berlin and drawing barbed wire around the country was a hard blow for the Leopoldina and its president. He protested orally and in written form and attacked the highest-ranking politicians, who started to make easier the complications with the Leopoldina, after MOTHES had threatened that the academy might move to West Germany, back to the roots of its original foundation.

Kurt MOTHES' successor Heinz BETHGE also fought as hard for independence as MOTHES did, but he tried to deal more pragmatically with the government and the official administrators. Anyway, the Leopoldina existed as an »Island in the Red Sea« until the political hurricane in autumn 1989. Then, after the reunification of the two divergent parts of Germany to a single entity in 1990, the situation changed considerably.

The Leopoldina Academy at Present

The number of elected members is restricted to one thousand, only referring to fellows less than 75 years old, i.e. the whole *corpus academicum* will be about 25% larger, as a consequence of a reformed election order which has been introduced last year. About 40 fellows can be elected annually. The election process is selective, of course; primarily in the sense that it is based on unequivocal scientific excellence of the candidates, who are proposed and applied for membership by fellow scientists.

The election is selective, secondly, in respect to the organisational structure of the academy: This is represented by 27 scientific sections, grouped in science (11 sections, from mathematics to biology, but also technology), in medicine (12 sections), and in »empirical humanities«. The latter group of four sections consists of the history of science and medicine, the theory of science, the economics and empirical social sciences, the empirical psychology and cognitive science.

The election procedure is selective, thirdly, from a geographical point of view: three quarters of the members are residents of the German speaking countries, Germany, Switzerland and Austria (these are the so-called core countries = Stammländer). The other members are inhabitants of more than 30 other countries throughout the world. Theoretically every member has equal rights and obligations.

We regard five aspects in our activities as important:

1. The promotion of interdisciplinary arrangements in various forms as a basic obligation of academies and learned societies, as well as the printed dissemination of the results to the scientific community.
2. The distribution of general scientific knowledge to the public, in accordance with slogans such as: »science and society« or »public understanding of science« or »academy should leave its ivory tower«.
3. The role as an advisory council for influencing governments and public administrations in science policy.
4. The promotion of young scientists.
5. Relations with national and international academies of sciences.

In 1996 the presidium of the Leopoldina came to the conclusion that a profound structural and functional reform was needed, including the idea that »national tasks« should be incorporated into our future developmental program. Meanwhile, the structure has been optimized and, in addition to the existing arrangements, *ad hoc* commissions have been set up, which are focused on current problems as a sign of our willingness to support politics and society.

Last year the senate of the Leopoldina decided to stimulate the formation of an independent *German Science Convention* as a platform or forum for discussion and decision on scientific affairs of national importance. This institution should incorporate the representatives of the Union of German Academies of Sciences and of the Leopoldina, respectively, and in addition, representatives from those institutions where research is actually concentrated (Max Planck Society, Helmholtz Society, Leibniz Society, etc.).

On behalf of Leopoldina's presidium I congratulate the organisers and the participants of this congress for the attractive program and wish you interesting discussions and successful results here and further on.

Prof. Dr. Benno PARTHIER
Deutsche Akademie der Naturforscher
Leopoldina
Postfach 110543
06019 Halle (Saale)
Bundesrepublik Deutschland
Tel.: ++49 (0) 34 54 72 39 18
Fax: ++49 (0) 34 54 72 39 19

Leopoldina und GDNÄ

Grußwort anläßlich der Jahresversammlung der GDNÄ
am 21. September 2002 in Halle (Saale)

Von Benno PARTHIER, Halle (Saale)
Präsident der Akademie

Herr Präsident EMMERMANN, Herr Ministerpräsident BÖHMER, Frau Oberbürgermeisterin HÄUSSLER, Magnifizenz GRECKSCH, meine sehr verehrten Damen und Herren!
  Wenn die in Halle ansässige Leopoldina der Gesellschaft Deutscher Naturforscher und Ärzte (GDNÄ) anläßlich ihrer diesjährigen Versammlung in Halle eine Grußadresse widmen darf, dann geht der Blick zurück zu gemeinsamen Quellen, zur Gründung der GDNÄ im Wirkungskreis der 170 Jahre älteren Schwester, damals Kaiserlich Leopoldino-Carolinische Akademie der Naturforscher, heute in Kurzform »Leopoldina«.
  Initiatoren und Gründerväter der GDNÄ waren Leopoldina-Mitglieder, allen voran Lorenz OKEN und Carl Gustav CARUS. Beide waren keine einfachen Mitglieder der Akademie. OKEN, der in unseren Matrikeln den Beinamen »Hercules« führte – das konnte nur geistig gemeint gewesen sein –, war über dreißig Jahre hinweg einer der Adjunkten und damit enger Präsidenten-Berater. CARUS opferte ganz und gar die letzten sieben Jahre seines Lebens der Leopoldina als deren XIII. Präsident. – OKEN, ein naturphilosophisch und politisch engagierter Feuerkopf voller Ideen; CARUS der angesehene Mediziner und schöngeistige Ästhet der Romantik. An GOETHES Neigungen (jener Ab-, dieser Zu-) schieden sich denn auch die Geister der beiden. In der Idee, Versammlungen der Deutschen Naturforscher und Ärzte durchzuführen und anschließend eine entsprechende Gesellschaft zu gründen, stimmten sie jedoch überein.
  Bereits im Vorfeld der 1822 auf der ersten Versammlung vollzogenen Gründung gab es eine große Chance für die deutsche Wissenschaft, die vertan wurde, als OKENS neue Idee und NEES VON ESENBECKS in die Jahre gekommene leopoldinische Akademie keinen gemeinsamen Ansatz fanden zur Schaffung einer gemeinschaftlichen Einrichtung für alle deutschen Naturforscher und Ärzte. Nach der Meinung angesehener Wissenschaftler wäre in

erster Linie die damalige Leopoldina dafür in Frage gekommen. Wäre dies gelungen, dann hätte die deutsche Wissenschaft bereits vor 180 Jahren mit der englischen *Royal Society* und der französischen *Académie des Sciences* gleichgezogen, und alle rezenten Querelen um eine deutsche Nationalakademie wären überflüssig. Die Medien, Wissenschaft und Politik, Bund und Länder, Wissenschaftsrat, das ganze Spektrum von Akademien in der Bundesrepublik Deutschland müßten sich heutzutage damit nicht mehr beschäftigen oder darüber erregen.

Warum haben uns die Altvorderen diese Aufregung nicht erspart? Warum hat der vitale, allerdings gleichfalls hitzköpfige und streitlustige Leopoldina-Präsident und Botanikfreund GOETHES, Christian Gottfried NEES VON ESENBECK, mit seinem kongenialen Adjunkten Lorenz OKEN keinen gemeinsamen Weg finden können oder wollen? Es gab Verfechter für eine Vereinigung aller deutschen Naturforscher und Ärzte in der Leopoldina vor und nach der Gründung der GDNÄ. Einer der frühesten und eifrigsten war der hallesche Adjunkt Johann Salomo Christoph SCHWEIGGER, der bereits 1818 (also drei Jahre vor OKENS Aufruf in dessen Zeitschrift *Isis*) öffentlich geschrieben hatte, daß die Leopoldina nur weiter an Bedeutung gewinnen könne, wenn sie ihre Organisation und Aktivitäten reformiere, wozu »akademische Versammlungen der Naturforscher Deutschlands« durchzuführen wären »analog der Einrichtung und dem Zweck, den die Naturforscher der Schweiz bey der ihrigen haben«.[1] Eine Schweizerische Naturforschende Gesellschaft war bereits 1815 ins Leben gerufen worden. SCHWEIGGER hatte auch vorgeschlagen, eine erste Versammlung 1820 in Berlin durchzuführen.

Der gerade gewählte Präsident NEES VON ESENBECK war gefordert, aber er taktierte, zum Teil aus persönlichen Gründen wegen seiner Berufung an die Preußische Universität Bonn, sprach sich gegen die fortschrittlichen Pläne seiner Adjunkten OKEN und SCHWEIGGER aus, und letzterem antwortete er: »Was mit Umgestaltung anfängt, endet gewöhnlich mit Zerstörung, und gerade der jetzige Moment, wo ein großer deutscher Staat die Akademie auf ihren alten Fuß anerkennt, wo ich den Kaiser von Oestreich, für dessen Erblande ohnehin unserer Statuten und Privilegien noch ausdrücklich fortbestehen, um die Aufrechterhaltung derselben gebeten, und des Königs von Baiern Majestät die Verfassung und die Urkunden der Akademie [...] vorgelegt habe, – in diesem Augenblick eine totale Vernichtung der akademischen Verfassung auch nur in Anregung zu bringen, geschweige denn so voreilig wie Sie wünschen, auszusprechen, – hieße doch offenbar mit der Würde dieser erhabenen Monarchen ein Spiel treiben woran ich nicht ohne Entsetzen denken kann.«[2]

---

1 JAHN 1998, hier S. 106.
2 ZAUNICK 1964, hier S. 26.

Mißtrauen und die Angst um den möglichen Verlust des Präsidentenamtes, das er schließlich 40 Jahre lang inne behielt, schimmert hier durch. Zusätzliche Meinungsverschiedenheiten mit OKEN führten zu einer Fehde, die auf einem anderen Feld konkurrierender Interessen, der Naturphilosophie, ausgetragen wurde.

Im Ergebnis dieser interkollegialen Frustration berief OKEN die erste Versammlung deutscher Naturforscher und Ärzte nach Leipzig ein, eben *nicht* gemeinsam oder in Abstimmung mit der Leopoldina, obwohl man OKEN eine Absicht zur Gemeinsamkeit unterstellen mag, wenn er wider NEES' Willen diesen als Teilnehmer Nummer 2 in die Liste der ersten Versammlung eintrug. NEES boykottierte die ersten fünf, von ihm als »Wanderversammlungen« mißbilligten Veranstaltungen. Der Keim absehbarer Divergenzen zwischen beiden naturforschenden Institutionen war gelegt. Bemerkenswert bleibt, daß die Leopoldina unter NEES' Amtsführung ihre 200-Jahrfeier 1852 in Wiesbaden im engen Kontakt mit der Versammlung der GDNÄ durchführte.[3] Aber da war OKEN bereits mehr als ein Jahr tot.

Neben dieser subjektiven, personenbezogenen Komponente als der meiner Meinung nach ausschlaggebenden Ursache einer ungewollten Vereinigung gibt es auch sachliche, objektive Gründe, warum eine gemeinsame organisatorische Vertretung der Naturwissenschaftler und Mediziner in Deutschland damals und auch später nicht zustande kam. Die junge aufstrebende Gesellschaft übernahm Aufgaben, die von der Akademie nicht gelöst werden konnten. Deren relative und seit 1878 definitive Seßhaftigkeit sowie die Verkettung des Schicksals der Leopoldina mit dem jeweiligen Präsidenten auf Lebenszeit, wodurch Entschlüsse und Handlungen vom Senilitätsgrad des ersten Mannes abhängig wurden, betraf die GDNÄ nicht. Ihre physische und geistige Flexibilität durchzog bald ganz Deutschland und gewann die besten Köpfe zur Widerspiegelung der Fortschritte in den Naturwissenschaften und Medizin in attraktiven Vorträgen. Entscheidend war jedoch, daß die Naturforscher sich persönlich kennenlernten und in direkten Gedankenaustausch traten, was in einer nur korrespondierend organisierten Akademie nicht üblich und kaum möglich war. Die korrespondierende Akademie hatte nur einen Vorteil: Weil man sich nicht persönlich kannte, schätzte man sich um so höher.

Die immer größer werdenden GDNÄ-Versammlungen zogen Lehrer und Gelehrte Deutschlands in ihren Bann.[4] Die Leopoldina jedoch stagnierte in der Zeit des Aufbruchs der modernen Naturwissenschaften. Die GDNÄ hatte ihr hier den Rang abgelaufen, und das akademische Zentrum verlagerte sich ohnehin nach Berlin. Die Gesellschaft war damit zu einer wich-

---

3 NEES VON ESENBECK 1852, S. 1–12.
4 PFANNENSTIEL 1958, QUERNER und SCHIPPERGES 1972.

tigen und notwendigen Ergänzung der Akademien geworden, speziell zur Leopoldina.

Wir heutigen institutionellen Erben müssen weder ein Kriegsbeil eingraben noch eine öffentliche Friedenspfeife rauchen. Spätestens seit 1950, in der Reanimation beider Einrichtungen nach der Beendigung des Zweiten Weltkrieges, treffen sich die deutschen Naturforscher und Ärzte bei den jährlich alternierenden, geschwisterlich ähnlichen Jahresversammlungen der Leopoldina einerseits und der GDNÄ andererseits.

Ein besonders hervorzuhebendes Verhältnis der beiden Institutionen zueinander wurde von der Geschichte bzw. von der Politik herbeigeführt, nämlich durch die Teilung Deutschlands und damit die Trennung in eine westdeutsche und ostdeutsche Wissenschaft. Sowohl GDNÄ als auch Leopoldina haben sich trotz unerträglicher Grenzziehungen bemüht, ihre Versammlungen so abzustimmen, daß es in jedem Jahr eine übergreifende gesamtdeutsche Versammlung, ein großes Fest der Wissenschaften gab und gibt. Beide Institutionen ergänzten sich fast bis zur Identität, nachdem die Leopoldina ihre Versammlungen jeweils unter ein umfassendes Rahmenthema stellte und die GDNÄ dieser Sitte folgte.

In der Regel waren die Vorsitzenden und der Vorstand der GDNÄ auch angesehene Leopoldina-Mitglieder. Deshalb gab es auch keine Konkurrenz, so daß Kurt MOTHES als Präsident in Personalunion bei der einzigen Versammlung der GDNÄ auf dem Territorium der DDR, 1964 in Weimar, diplomatisch feststellte: »Die Gesellschaft deutscher Naturforscher und Ärzte ist ein strahlendes Kleinod im Kranze der kulturellen Einrichtungen der Staaten deutscher Sprache. Möchte sie nicht zu einem Gegenstand der Erinnerung werden, sondern immer modern und lebendig dem Wandel der Bedürfnisse folgend ihre wissenschaftliche Funktion über die Grenzen der Disziplinen und Staaten hinaus weiterhin erfüllen«.[5]

Mit ähnlichen Gedanken hoffen wir auch jetzt und zukünftig, daß die gegenseitige Befruchtung beider Organisationen bei der Verbreitung wissenschaftlicher Erkenntnisse zum Nutzen aller erhalten bleibt. Verbunden mit leopoldinischen Grüßen, auch im Namen des Präsidiums unserer Akademie, und in Dankbarkeit für die gemeinsam zurückgelegten Jahrzehnte wünsche ich dieser attraktiven 122. Versammlung in Halle viele und nachhaltige Erfolge.

Verehrter Herr Kollege EMMERMANN, liebe GDNÄ-Mitglieder und Gäste: An dieser geweihten Stätte habe ich mein Grußwort intensiver als üblich, aber bewußt wissenschaftshistorisch angereichert, und es bleibt Ihnen überlassen, ob sie mein Wortgeflecht als einen gemeinsamen Lorbeerkranz anerkennen wollen.

---

5 MOTHES 1964, S. 5.

Literatur

JAHN, I.: Gründung und Spezialisierung der Gesellschaft Deutscher Naturforscher und Ärzte im 19. Jahrhundert – eine Neubesinnung. In: ENGELHARDT, D. VON (Ed.): Zwei Jahrhunderte Wissenschaft und Forschung in Deutschland. Entwicklungen – Perspektiven (Sympos. Lübeck). S. 101–121. Stuttgart: Wissenschaftl. Verlagsges. 1998

MOTHES, K.: Vorwort. In: MOTHES, K. (Ed.): Festgabe der Deutschen Akademie der Naturforscher Leopoldina zur 103. Versammlung der Gesellschaft Deutscher Naturforscher und Ärzte zu Weimar vom 4. bis 9. Oktober 1964. Nova Acta Leopoldina 29, Nr. 171 (1964)

NEES VON ESENBECK, C. G. D.: Die Kaiserl. Leopoldinisch-Carolinische Akademie der Naturforscher feiert ihr zweihundertjähriges Jubiläum im Kreise der Versammlung der Naturforscher und Aerzte in Wiesbaden. Breslau 1852

PFANNENSTIEL, M.: Geschichte der Gesellschaft Deutscher Naturforscher und Ärzte. Berlin: Springer 1958

QUERNER, H., und SCHIPPERGES, H. (Eds.): Wege der Naturforschung 1822–1972 im Spiegel der Versammlungen Deutscher Naturforscher und Ärzte. Berlin: Springer 1972

ZAUNICK, R.: J. S. C. Schweiggers »Vorschläge zum Besten der Leopoldinisch-Carolinischen Akademie der Naturforscher« (Oktober 1818) mit dem Plan zur Abhaltung von »akademischen Versammlungen der Naturforscher Deutschlands«. Nova Acta Leopoldina N. F. 29, Nr. 171, 7–36 (1964)

Prof. Dr. Dr. h. c. Benno PARTHIER
Deutsche Akademie der Naturforscher
Leopoldina
Postfach 110543
06019 Halle (Saale)
Bundesrepublik Deutschland
Tel.:   ++49 (0) 34 54 72 39 18
Fax: ++49 (0) 34 54 72 39 19

though
Jahrbuch 2002 der Deutschen Akademie der Naturforscher Leopoldina (Halle/Saale)
LEOPOLDINA (R. 3) 48 (2003): 603–612

6. Veröffentlichungen der Akademie

Nova Acta Leopoldina, Neue Folge

Herausgegeben von Benno PARTHIER, Präsident der Akademie (Halle/Saale) (ISSN 0369-5034, Kommissionsverlag bis 31. 12. 2002 J. A. Barth in Georg Thieme Verlag KG, Rüdigerstraße 14, 70469 Stuttgart, ab 1. 1. 2003 Wissenschaftliche Verlagsgesellschaft mbH Stuttgart, Birkenwaldstraße 44, 70191 Stuttgart, Bundesrepublik Deutschland)

Band 87
Nr. 325 **Academia 350**
Die Leopoldina-Feiern in Schweinfurt und Halle 2002
Vorträge der Festveranstaltungen aus Anlaß des 350jährigen Gründungsjubiläums der Deutschen Akademie der Naturforscher Leopoldina
am 17. und 18. Januar 2002 in Schweinfurt und vom 18. bis 20. Juni 2002 in Halle (Saale)
Herausgegeben von Benno PARTHIER (Halle/Saale)
(2003, 248 S., 19 Abb., 2 Tab., 24,80 Euro, ISBN 3-8047-2000-5)

Die Deutsche Akademie der Naturforscher Leopoldina feierte im Jahre 2002 ihre Gründung vor 350 Jahren mit zwei Festveranstaltungen. Im Januar in der Gründungsstadt Schweinfurt standen die historischen Wurzeln der Akademiegründung im 17. Jahrhundert im Mittelpunkt. Nach der Begrüßung durch Akademiepräsident Benno PARTHIER untersuchte Lorraine DASTON (Berlin) das Thema »Die Akademien und die Neuerfindung der Erfahrung im 17. Jahrhundert«. Richard TOELLNER (Rottenburg) nannte seine Ausführungen zu den Quellen der Akademiegründung »Im Hain des Akademos auf die Natur wißbegierig sein: Vier Ärzte der Freien Reichsstadt Schweinfurt begründen vor 350 Jahren eine Naturforscherunternehmung«. Der Schweinfurter Festakt brachte nach der Begrüßung durch Frau Oberbürgermeisterin Gudrun GRIESER und einer Folge von Grußadressen (u. a. vom bayerischen Ministerpräsidenten Edmund STOIBER) abschließend eine Standortbestimmung der ältesten deutschen Akademie in der Gegenwart von Präsident PARTHIER (»Die Leopoldina heute«). Außerdem wird die im Rahmen der Feierlichkeiten erfolgte diesjährige Verleihung des Carus-Preises der Stadt Schweinfurt dokumentiert. Die Juniveranstaltung in Halle (Saale) widmete sich nach Grußworten des Bundespräsidenten Johannes RAU und des sachsen-anhaltinischen Ministerpräsidenten Wolfgang BÖHMER den internationalen Aspekten des Leopoldina-Wirkens mit einem Symposium »Science und Society«, das gemeinsam von Vertretern der ältesten europäischen Akademien, der *Royal Society* (Lord Robert MAY, London), der *Académie des Sciences* (Jean-Pierre KAHANE, Paris), der *Accademia Nazio-*

nale dei Lincei (Sergio CARRÀ, Rom) und der Leopoldina (Hans MOHR, Freiburg i. Br.), getragen wurde. Die Beiträge behandeln das gesamte Spannungsfeld von Wissenschaft, Politik, Gesellschaft und Demokratie. Darüber hinaus dokumentiert der Band den von der Jungen Akademie, einer Tochterinstitution von Leopoldina und Berlin-Brandenburgischer Akademie, im Rahmen der Leopoldina-Jubelfeier veranstalteten Workshop »Science und Society: Science Goes Pop?«, der versuchte, der Popularisierung von Wissenschaft und dem Bild des Wissenschaftlers in der Öffentlichkeit nachzugehen.

Band 87
Nr. 327 **BSE – Wahnsinn und Wirklichkeit**
Leopoldina-Symposium vom 4. bis 5. Mai 2001 in Wien
Herausgegeben von Gottfried BREM (Wien) und Mathias MÜLLER (Wien)
(2002, 210 S., 59 Abb., 15 Tab., 24,95 Euro, ISBN 3-13-135581-6)

Wohl noch nie in der Geschichte der Menschheit hat eine Rinderkrankheit derart massive und umfassende Reaktionen in der Gesellschaft ausgelöst wie BSE (Bovine Spongiforme Enzephalopathie). Dabei haben Seuchenzüge bei Nutztieren in den letzten Jahrhunderten durch die damit verbundene Mortalität bei den Tieren schon öfters zu viel weitreichenderen und teilweise wesentlich dramatischeren Folgen für die Ernährungs- und damit Überlebenssituation des Menschen geführt. Auch kennen wir viele Fälle von Erkrankungen und Todesfällen bei Konsumenten, die durch Zoonosen oder mikrobielle Kontaminationen von tierischen Produkten verursacht wurden und werden. Ein Grund für die teilweise panikartigen Reaktionen nach dem Auftreten von BSE liegt darin, daß diese Krankheit trotz intensiver Forschung in zentralen Punkten immer noch unverstanden ist und daß sie wegen des unerwarteten Übertragungsweges, der langen Inkubationszeit und des Fehlens einer Therapie als sehr heimtückisch empfunden wird. Bei der Ätiologie und Epidemiologie der Transmissiblen Spongiformen Enzephalopathien (TSEs) sind noch viele Fragen unbeantwortet, auch wenn es zunehmend gelingt, die Pathomechanismen der Erkrankungen langsam zu verstehen. Ziel des Leopoldina-Symposiums war es, der Wissenschaft, den Medien und der Öffentlichkeit einen Überblick über das gegenwärtig verfügbare Wissen und den Stand der Forschung in einer interdisziplinär ausgerichteten Veranstaltung zu liefern und ein hoch qualifiziertes Forum für die Diskussion drängender Fragen zu bieten. Der Band bringt Beiträge zu sechs Themenblöcken: Molekulare Mechanismen, Modelle, Nicht-Prion-Theorien als Alternative zu den Prion-Theorien, Nachweisverfahren, Infektion und Epidemiologie und Genetische Komponenten. Der wissenschaftliche Vortragsreigen reichte von einem Überblick der Molekulargenetik der Transmissiblen Spongiformen Enzephalopathien über Fragen der Struktur des Prion-Proteins sowie therapeutische und prophylaktische Ansätze bei Prionen-Erkrankungen bis hin zu epidemiologischen Fragen und Vorsorgemaßnahmen. Auch Prionen-Erkrankungen des Menschen und mögliche Zusammenhänge zum BSE-Geschehen werden behandelt.

Band 87
Nr. 328 **Biodiversität und Landschaftsnutzung in Mitteleuropa**
Leopoldina-Symposium vom 2. bis 5. Oktober 2001 in Bremen
Herausgegeben von Gotthilf HEMPEL (Bremen), Gerhard RÖBBELEN (Göttingen), Annette OTTE (Gießen) und Christian WISSEL (Leipzig)
(2003, 434 S., 135 Abb., 51 Tab., 39,80 Euro, ISBN 3-8047-2031-5)

Seitdem die UN-Konferenz zu Umwelt und Entwicklung von Rio de Janeiro 1992 die Biodiversitätskonvention verabschiedete, ist »Biodiversität« ein viel benutzter Begriff. Vielfaltseigenschaften bilden zunehmend auch normative Merkmale bei Naturschutzregelungen. Während man bei »Erhaltung der Biodiversität« zuerst an den Schutz tropischer Regenwälder oder die unter Naturschutz gestellten seltenen Pflanzen- und Tierarten denkt, lenkt der Band den Blick auf unsere unmittelbare Umgebung. Über den Artenschutz hinaus bezieht er das Wechselspiel zwischen den Veränderungen der Landschaften und deren Pflanzen- und Tiergemeinschaften in die Betrachtungen mit ein. Experten aus den Disziplinen Pflanzen-, Tier- und Landschaftsökologie, Modellierung, Pflanzenproduktion und -züchtung sowie Agrarökonomie und Naturschutz liefern 14 ausführliche Abhandlungen und 21 kürzere Beiträge. Die Themen reichen vom Begriff »Biodiversität« über die Entwicklung der Biodiversität mitteleuropäischer Kulturlandschaften, die Funktionen der Biodiversität und die Interaktionen und Prozesse in Kulturlandschaften Mitteleuropas bis hin zu Beziehungen zur nachhaltigen Landbewirtschaftung, zur Ökonomie und zum Naturschutz. Es werden sowohl Probleme der Kulturpflanzenevolution und der Pflanzenzüchtung als auch der Landnutzungsdynamik und der Landschaftsfragmentierung behandelt. Die Untersuchungsgebiete reichen von Salzwiesen über Agrarökosysteme (Grünland) bis zu Bergbaufolgelandschaften. Einen Schwerpunkt bildet die Genese der Kulturlandschaften Mitteleuropas.

Band 87
Nr. 329 **Molecular Investigation of Metabolism and Transport of Drugs –
From Animal to Human Tissue**
Leopoldina-Symposium, gemeinsam veranstaltet von der Europäischen Gesellschaft für Biochemische Pharmakologie (ESBP) und der Deutschen Akademie der Naturforscher Leopoldina vom 27. bis 29. September 2001 in Halle (Saale)
Herausgegeben von Johannes DOEHMER (München), Christian FLECK (Jena), Dietrich KEPPLER (Heidelberg), Dieter MÜLLER (Jena) und Karl J. ULLRICH (Frankfurt/Main)
(2003, 378 S., 94 Abb., 40 Tab., 37,80 Euro, ISBN 3-8047-2032-3)

In den vergangenen vier Jahren ist es zu einem enormen Erkenntniszuwachs sowohl auf dem Gebiet des Arzneimittelmetabolismus als auch im Zusammenhang mit dem Transport von Medikamenten im Organismus und ihrer Ausscheidung gekommen. Viele Details über Biotransformationsenzyme, die Arzneimittel abbauen, und über Carrier, die Medikamente im Organismus transportieren und über den Harn und die Galle ausscheiden, erlauben nunmehr konkrete Aussagen zu Struktur und Funktion. Die Brisanz der Thematik hatte sich erst kurz vor der Veranstaltung in der Affäre um das Lipobay® gezeigt, die hätte verhindert werden können, wenn sich die Ärzte, die die Substanz einsetzten, besser über jene jetzt bekannten Wechselwirkungen in Kombination mit anderen Pharmaka informiert hätten. Der Band behandelt in 37 ausführlicheren Abhandlungen und 19 Kurzfassungen das wichtige Gebiet des Arzneimitteltransportes in Niere und Leber – ein Aspekt, der von wesentlicher Bedeutung auch für das Verständnis des Arzneimittelmetabolismus ist. Pharmaka müssen zunächst in die Leberzellen hinein transportiert werden, um dort metabolisiert werden zu können. Anschließend ist ein Austransport der Metabolite Voraussetzung für die endgültige Ausscheidung der Abbauprodukte über den Harn bzw. die Galle. Die Beiträge konzentrieren sich auf drei Schwerpunkte, nämlich die Biotransformation von Arzneimitteln und Fremdstoffen, den renalen und hepatischen Transport von Arzneimitteln und Fremdstoffen sowie die Interaktionen zwischen Biotransformationsprozessen und Transportvorgängen in Niere und Leber. Die Beiträge demonstrieren vor allem die Verflechtung der Biotransformationsprozesse und Transportvorgänge in Niere und Leber in mannigfaltiger

Weise. Die Existenz vielfältiger Parallelen und die gegenseitige Bedingtheit von Metabolismus und Transport lieferten neue Erkenntnisse.

Band 88
Nr. 330 **Chemistry and Mathematics: Two Scientific Languages of the 21st Century**
Leopoldina-Symposium, gemeinsam veranstaltet von der Deutschen Akademie der Naturforscher Leopoldina, der Göttinger Akademie der Wissenschaften und der Académie des Sciences, France, vom 11. bis 13. Oktober 2001 in Göttingen
Herausgegeben von Hans FÖLLMER (Berlin), François MATHEY (Palaiseau), Herbert W. ROESKY (Göttingen) und Jürgen TROE (Göttingen)
(2003, 160 S., 106 Abb., 2 Tab., 28,80 Euro, ISBN 3-8047-2038-2)

Die Mathematik erlangt in der Chemie immer größere Bedeutung. In den Beiträgen wird u. a. gezeigt, wie nützlich mathematische Verfahren für Bestimmung und Vorhersage chemischer Strukturen sind. Behandelt werden der Informationsgehalt chemischer Namen und Formeln, insbesondere die umfassende Information, die von chemischen Molekülformeln geliefert wird. Dabei zeigt sich die Chemie als eine Theorie, die induktive Gesetze, Experimente und Intuition verbindet. Sie weist eine Vielzahl interessanter Berührungsfelder mit der Mathematik auf, in die sich u. a. durch Modellvergleiche interessante Einblicke gewinnen lassen. Diese reichen von der Computerchemie bis zu Anwendungen in der virtuellen Kristallographie und im Verbrennungsmotorenbau, aber auch auf dem Gebiet der Biologie. Darüber hinaus wird historischen Beziehungen in den Sprachen von »Chemie« und »Mathematik« nachgegangen, die auch eine Brücke zu Poesie und Musik schlagen können. Alle Beiträge sind in englischer Sprache abgefaßt.

Band 89
Nr. 335 **Festliche Übergabe des Präsidentenamtes von Benno Parthier an Volker ter Meulen**
am 13. Februar 2003 im Freylinghausen-Saal der Franckeschen Stiftungen zu Halle (Saale)
Herausgegeben vom Präsidium der Akademie
(2003, 54 S., 17 Abb., 22,80 Euro, ISBN 3-8047-2039-0)

Die Übergabe des Präsidentenamtes in der Deutschen Akademie der Naturforscher Leopoldina lieferte die Gelegenheit für eine erneute Standortbestimmung der Akademie, nachdem die Leopoldina erst 2002 ihr 350. Gründungsjubiläum begangen hatte. Nach der Begrüßung durch Leopoldina-Vizepräsident Ernst-Ludwig WINNACKER (Bonn/München) beschäftigte sich der scheidende Präsident Benno PARTHIER (Halle/Saale) mit den erforderlichen Weichenstellungen und Entwicklungen der Wirkungsfelder der Akademie in den zurückliegenden Jahren seiner Präsidentschaft. In seiner Antrittsrede umriß der neue Präsident Volker TER MEULEN (Würzburg) die weiteren Aufgaben der Leopoldina und ging dabei auch auf die heißdiskutierte Frage einer nationalen Akademie für Deutschland ein. In seinem Festvortrag sprach Wolfgang FRÜHWALD (München) zum Thema »Eine liebenswerte Wissenschaft und ein glücklicher Sisyphos. Zum Leben und zur Arbeit einer nationalen Akademie«.

Jahrbuch der Akademie
(ISSN 0949-2364, direkt von der Akademie zu beziehen.)

Jahrbuch 2001
Leopoldina (Reihe 3), Jahrgang 47. 2001
Herausgegeben von Benno PARTHIER (Halle/Saale)
(2002, 679 S., 118 Abb., 8 Tab., 10,20 Euro)

Das Jahrbuch berichtet über die wissenschaftlichen und wissenschaftspolitischen Aktivitäten der Leopoldina im Jahre 2001. Der Band enthält, neben Angaben zu Präsidium, Senatoren und Mitgliedern, Berichte über die Jahresversammlung 2001 »Wasser – essentielle Ressource und Lebensraum« und die Symposien, Meetings bzw. Workshops »Andreas Elias von Büchner und seine Zeit«, »BSE – Wahnsinn und Wirklichkeit«, »Gaterslebener Begegnung 2001: Freiheit und Programm in Natur und Gesellschaft«, »Single Molecule Chemistry«, »Molecular Investigation of Metabolism and Transport of Drugs – From Animal to Human Tissue«, »Biodiversität und Landschaftsnutzung in Mitteleuropa«, »Chemistry and Mathematics: Two Scientific Languages of the 21st Century«, »Klimawechsel vor dem Einfluß des Menschen« sowie die Akademische Gedenkfeier für Heinz BETHGE (1919–2001), XXIII. Präsident der Akademie. Berichte über die monatlichen Sitzungen der Akademie sowie Mitteilungen aus Archiv, Bibliothek und Redaktion der Akademie sowie Satzung, Wahlordnung und Geschäftsordnung der Akademie ergänzen die Jahresübersicht.

Acta Historica Leopoldina
Herausgegeben von Menso FOLKERTS (München), Mitglied der Akademie
(ISSN 0001-5857, Kommissionsverlag bis 31. 12. 2002 J. A. Barth in Georg Thieme Verlag KG, Rüdigerstraße 14, 70469 Stuttgart, ab 1. 1. 2003 Wissenschaftliche Verlagsgesellschaft mbH Stuttgart, Birkenwaldstraße 44, 70191 Stuttgart, Bundesrepublik Deutschland)

Nr. 18(7) **Der Briefwechsel von Johann Bartholomäus Trommsdorff (1770–1837)**
Bearbeitet und kommentiert von Hartmut BETTIN (Marburg), Christoph FRIEDRICH (Marburg) und Wolfgang GÖTZ (Ahaus)
Lieferung 7: Lindes – Merck.
(2002, 260 S., 10 Abb., 19,95 Euro, ISBN 3-13-136281-2)

J. B. TROMMSDORFF gilt als »Vater der wissenschaftlichen Pharmazie«. Er begründete das vielbeachtete *Journal der Pharmacie* und engagierte sich in standes- und sozialpolitischen Fragen der Goethe-Zeit. Seine umfangreiche Korrespondenz spiegelt die Entwicklung von Chemie und Pharmazie im beginnenden 19. Jahrhundert, aber auch die Veränderungen des Apothekenwesens und der Apothekerausbildung seiner Zeit. Die gesamte Edition (mehr als 250 Briefpartner und über 1500 erhaltene Briefe) ist jetzt schon eine bedeutende wissenschaftshistorische Quelle. Im Mittelpunkt dieses Bandes stehen umfangreiche Korrespondenzen mit bedeutenden Apothekern wie August Friedrich Theodor LUCAE (1800–1848) aus Berlin, Carl Friedrich Wilhelm MEISSNER (1792–1853) aus Halle, dem Schöpfer des Terminus »Alkaloid«, und Theodor Wilhelm MARTIUS (1796–1863) aus Erlangen sowie die zahlreichen Schreiben des bislang wenig beachteten Hallenser Technologieprofessors Johann Ludwig Georg MEINECKE (1781–1823) und des bekannten Darmstädter Apothekers und Fabrikanten Heinrich Emanuel MERCK (1794–1855). Wie schon in den vorangegangenen Lieferungen werden langjährige und intensive Kontakte TROMMSDORFFS zu ehemaligen Schülern deutlich. TROMMSDORFF pflegte diese Kommunikation und schuf, in Verbindung mit seinem Journal, ein weitverzweigtes europäisches Beziehungs- und Informationssystem. So geben u. a. mehrere in Riga und St. Petersburg wirkende Briefpartner Einblick in TROMMSDORFFS intensive Rußlandkontakte. Es kann als eine Besonderheit angesehen werden, daß in diesem Band drei Frauen zu Wort kommen. Gerade an ihren Briefen wird sichtbar, daß TROMMSDORFFS Kommunikationsbeziehungen in starkem Maße auf freundschaftlichen und verwandtschaftlichen Bindungen fußten. Zudem enthält auch die 7. Lieferung eine Fülle interessanter Randinformationen. So ist etwas über die Anfänge der Runkelrübenzuckerfabrikation in Deutschland, die Sicherheitsprobleme bei der Zündholzfabrikation, über TROMMSDORFFS Leidenschaft für SHAKESPEARE, über die Art und Weise der Bekämpfung von Salpeter im Mauerwerk des Russischen Palais, über einen Großbrand im Hamburger Hafen, über den Abschied einer gefeierten Operndiva in Berlin u. a. m. zu erfahren. TROMMSDORFF war – obwohl Zeit seines Lebens als Apotheker tätig – ein Naturforscher im umfassenden Sinne, dessen Briefwechsel nicht nur zur Pharmaziegeschichte und zur Frühgeschichte der chemisch-pharmazeutischen Industrie, sondern in gleichem Maße für Chemie-, Biologie-, Medizin-, Technik- und Physikhistoriker eine wertvolle Quelle darstellt, die Material für neue wissenschaftsgeschichtliche Ansätze offeriert und gelegentlich überlieferte wissenschaftshistorische Ansichten zu korrigieren oder zu ergänzen vermag. Schließlich bietet diese ausgebreitete Korrespondenz – weit über TROMMSDORFFS Wirkungsort Erfurt und das nahegelegene Weimar hinaus – auch viele kulturhistorische Bezüge, so daß das Interesse an diesen Briefen keineswegs auf Wissenschaftshistoriker beschränkt bleibt.

Nr. 38 **Das Allgemeine und das Einzelne – Johann Wolfgang von Goethe und Alexander von Humboldt im Gespräch**
Leopoldina-Meeting, gemeinsam veranstaltet von der Deutschen Akademie der Naturforscher und der Martin-Luther-Universität Halle-Wittenberg am 29. und 30. Oktober 1999 in Halle (Saale),
Herausgegeben von Ilse JAHN (Berlin) und Andreas KLEINERT (Halle/Saale)
(2003, 199 S., 11 Abb., 24,80 Euro, ISBN 3-8047-2050-1)

Als dieses Meeting Ende Oktober 1999 stattfand, waren schon zahlreiche nationale und internationale Veranstaltungen zum Gedenken einerseits an den 250. Geburtstag von Johann Wolfgang VON GOETHE (28. August 1749) und andererseits an die Abreise Alexander VON HUMBOLDTS nach Amerika vor 200 Jahren (5. Juni 1799) vorangegangen.
  Beide Persönlichkeiten waren Mitglieder der Deutschen Akademie der Naturforscher Leopoldina, HUMBOLDT bereits ab 1793, GOETHE ab 1818. So nahm die Leopoldina diese zwei Jubiläen zum Anlaß, nach den Beziehungen und dem gegenseitigen Gedankenaustausch beider zu Problemen und Methoden der zeitgenössischen Naturwissenschaften zu fragen und noch nicht geklärte Aspekte in Vorträgen und im Wechselgespräch zu beleuchten.
  Nach den Grußworten des Präsidenten der Leopoldina (Benno PARTHIER, Halle/Saale) und des Rektors der Martin-Luther-Universität (Reinhard KRECKEL, Halle/Saale) führte Dorothea KUHN (Marbach) in das interdisziplinär weit gespannte Thema ein. Wolf VON ENGELHARDT (Tübingen) stellte neue Einsichten zu »Goethe und Alexander von Humboldt – Bau und Geschichte der Erde« vor (Neptunismus-Vulkanismus-Streit), Xosé A. FRAGA (A Coruña, Spanien) erforschte HUMBOLDTS und GOETHES Rezeption und Wirkung in der spanischen Naturwissenschaft

des 19. Jahrhunderts, Manfred WENZEL (Marburg) analysierte die Problemkreise um Galvanismus und vergleichende Anatomie in den Korrespondenzen zwischen GOETHE, Alexander VON HUMBOLDT und Samuel Thomas SOEMMERRING. Das Verhältnis beider »Zentralfiguren europäischer Kultur« zur physischen Anthropologie verglich Renato G. MAZZOLINI (Trient) mit den zeitgenössischen Diskursen über Rassentheorien, rassistische Literatur und der »Konstruktion einer europäischen somatischen Identität«. GOETHES Einfluß auf den jungen HUMBOLDT verdeutlichte Shu Ching HO (Freiburg i. Br.) (»Vom atomistischen Weltbild zum organischen Universum«). Gisela NICKEL (Ober-Olm) stellte beide als Wetterkundler in ihren völlig unterschiedlichen Herangehensweisen vor (»wechselseitige Anregung oder Nichtbeachtung?«), Otto KRÄTZ (München) behandelte ihr Verhältnis zur Chemie (»Inwiefern es möglich sei, der organisch chemischen Operation des Lebens beizukommen«), und Ludolf VON MACKENSEN (Kassel) plädierte anhand von eindrucksvollen optischen Experimenten für Weiterungen aus GOETHES Farbenlehre und zeigte die nachvollziehbaren Gründe auf für ihre Ablehnung bzw. das Nichtverstehen durch HUMBOLDT (wie der meisten zeitgenössischen Physiker), während Ulrike LEITNER (Berlin) in HUMBOLDTS Schriften Anregungen und Reflexionen GOETHES aufspürte. Dietrich VON ENGELHARDT (Lübeck) stellte beide Geistesgrößen unter dem Titel »Das Allgemeine und das Einzelne, der Begriff und die Erscheinung« in den »Kontext der Philosophie und Wissenschaft der Natur um 1800«. Das Resümee der Tagung zog Ilse JAHN (Berlin) unter Berücksichtigung der bis dahin noch nicht behandelten Metamorphosenlehre.

Die zusammengefaßt wiedergegebenen Diskussionen vermitteln einen lebhaften Eindruck vom Erfolg der Veranstaltung und geben vielfältige Anregungen für weitere Forschungen.

Nr. 40   **Christian Gottfried NEES VON ESENBECK:**
Briefwechsel mit Johann Wolfgang von Goethe nebst ergänzenden Schreiben
Bearbeitet von Kai Torsten KANZ
(2003, 470 S., 10 Abb., 34,80 Euro, ISBN 3-8047-2001-3)

Der Band enthält die zwischen dem Botaniker und Präsidenten der heutigen Deutschen Akademie der Naturforscher Leopoldina, Christian Gottfried NEES VON ESENBECK (1776–1858), und dem Dichter und Naturforscher Johann Wolfgang VON GOETHE (1749–1832) in den Jahren 1816 bis 1831 gewechselten mehr als 150 Schreiben. Damit wird eine der bedeutendsten naturwissenschaftlichen Korrespondenzen des alten GOETHE erstmals vollständig und in kommentierter Form zugänglich gemacht. Ergänzend werden die Korrespondenz zwischen NEES VON ESENBECK und GOETHES Sekretär ECKERMANN sowie weitere Briefe ediert. Neben einer Einführung in die Ausgabe sind die Texte vollständig durch Register (Personen, Sachen, Orte) erschlossen. Die historische Bedeutung Christian Gottfried Daniel NEES VON ESENBECKS (1776–1858) liegt neben seiner vierzigjährigen Amtszeit als XI. Präsident der Leopoldina (1818–1858) in seinem wissenschaftlichen Lebenswerk als Botaniker, Naturphilosoph und Wissenschaftsorganisator, in seiner Tätigkeit als Hochschullehrer an den Universitäten Erlangen, Bonn und Breslau sowie in seinem engagierten sozialpolitischen Wirken. Sein Leben und Werk ist in vielfacher Weise ein Spiegel der Wissenschafts- wie auch der allgemeinen Geschichte der ersten Hälfte des 19. Jahrhunderts. Seine umfangreiche Korrespondenz, die sich über weit mehr als 4000 Briefe ausdehnt, stellt einen Schlüssel zum Verständnis seines Wirkens dar. Darüber hinaus sind die Briefe für eine Vielzahl weiterer Fragestellungen aus der Wissenschafts-, Literatur- und Kulturgeschichte sowie der politischen Geschichte (Arbeiterbewegung, Christkatholizismus, Revolution von 1848) von herausragendem Quellenwert. Der vorliegende Band eröffnet die schwerpunktmäßig ausgewählten Editionen dieser Korrespondenzen in der Reihe *Acta Historica Leopoldina*.

Nr. 41 **Christian Gottfried NEES VON ESENBECK:**
Ausgewählter Briefwechsel mit Schriftstellern und Verlegern (Johann Friedrich von Cotta, Johann Georg von Cotta, Therese Huber, Ernst Otto Lindner, Friederike Kempner)
Bearbeitet von Johanna BOHLEY
(2003, 424 S., 5 Abb., 24,80 Euro, ISBN 3-8047-2002-1)

Der »Ausgewählte Briefwechsel mit Schriftstellern und Verlegern« umfaßt drei größere Schriftwechsel NEES VON ESENBECKS, die aus dem Blickwinkel der Autor-Verleger-Korrespondenz sowie aus dem freundschaftlichen Briefwechsel mit Schriftstellern drei unterschiedliche Lebens- und Werkphasen des Gelehrten beleuchten. Der erste Teil der Edition beinhaltet den Briefwechsel mit Johann Friedrich VON COTTA (1764–1832), Therese HUBER (1764–1829), Johann Georg VON COTTA (1796–1863) und dem Verlagshaus Cotta, der sich über die Jahre 1815 bis 1835 erstreckt und für die Geschichte des Buchwesens sowie für die Kultur- und Wissenschaftsgeschichte relevant wird. Im speziellen spielen Aspekte der früheren Popularisierungsbestrebungen in den Wissenschaften und die naturwissenschaftliche Publikationspraxis eine zentrale Rolle. Den zweiten Briefwechsel bestimmt die Korrespondenz mit Ernst Otto LINDNER (1820–1867), der als philosophischer und musikwissenschaftlicher Schriftsteller und Redakteur der *Vossischen Zeitung* in Berlin wirkte. Der Briefwechsel aus den Jahren 1841 bis 1857 entwirft ein differenziertes Zeitbild zur kulturellen, politischen, philosophischen, universitären und akademischen Situation im Vormärz, das in der Reaktionszeit eine bezeichnende Wendung erfährt. Der dritte Briefwechsel beinhaltet die Briefe an die schlesische Schriftstellerin, Dichterin und Philanthropin Friederike KEMPNER (1828–1904) im Zeitraum von 1850 bis 1858. Er liefert vor allem neues Quellenmaterial für das literarische, religiöse, philosophische und publizistische Geistesleben während der Reaktionszeit.

Festschrift

350 Jahre Leopoldina
Anspruch und Wirklichkeit
Festschrift der Deutschen Akademie der Naturforscher Leopoldina
1652–2002
Herausgegeben von Benno PARTHIER (Halle/Saale) und
Dietrich VON ENGELHARDT (Lübeck)
(2002, 816 S., 130 Abb., 54,90 Euro, ISBN 3-928466-45-3, zu beziehen vom Verlag Druck-Zuck GmbH, Seebener Straße 4, 06114 Halle/Saale, Buchbestellung on-line: www.druck-zuck.net)

Die älteste deutschsprachige Akademie prüft »Anspruch und Wirklichkeit« ihrer Vergangenheit und läßt 350 Jahre wechselvoller Geschichte in ihren naturwissenschaftlichen und medizinischen Rahmenbedingungen Revue passieren. Die Festschrift wendet sich an eine interessierte Öffentlichkeit, die allmählich diese besondere Akademie in der deutschen und internationalen Akademienlandschaft mit ihrer spezifischen wissenschaftlich-kulturellen Bedeutung wahrnimmt, nachdem die Wirkungen von 40 Jahren defizitärer Existenz »hinter dem eisernen Vorhang« überwunden werden konnten. Der Inhalt gliedert sich in die Komplexe »Geschichte der Leopoldina in Schwerpunkten«, »Die Leopoldina im Spiegel einzelner Wissenschaftsdisziplinen«,

Querschnittsthemen und Anhänge. Der historische Teil enthält Beiträge von Richard TOELLNER («Im Hain des Akademos auf die Natur wißbegierig sein: Vier Ärzte der Freien Reichsstadt Schweinfurt gründen die Academia Naturae Curiosorum»), Uwe MÜLLER («Die Leopoldina unter den Präsidenten Bausch, Fehr und Volckamer (1652–1693)»), Thomas SCHNALKE («Die korrespondierende Akademie – Organisation und Entwicklung der Leopoldina um 1750»), Kai Torsten KANZ/Johanna BOHLEY/Dietrich VON ENGELHARDT («Die Leopoldina zwischen Französischer Revolution und innerer Reform: Die Präsidentschaften von Nees von Esenbeck, Kieser und Carus von 1818 bis 1869»), Michael KAASCH/Joachim KAASCH («Von der Akademiereform über Konsolidierung und Kontinuität in die Krise – Die Leopoldina unter den Präsidenten Behn, Knoblauch, Freiherr von Fritsch und Wangerin von 1870 bis 1921» und »Zwischen Inflationsverlust und großdeutschem Anspruch – Die Leopoldina unter den Präsidenten Gutzmer und Walther von 1921 bis 1932»), Sybille GERSTENGARBE/Eduard SEIDLER (»›... den Erfordernissen der Zeit in vollem Ausmaß angepaßt.‹ – Die Leopoldina von 1932 bis 1945«), Benno PARTHIER/ Sybille GERSTENGARBE (»›Plötzlich mußte ich Geschäfte übernehmen.‹ – Die Leopoldina von 1945 bis 1954«, »›Das Schicksal Deutschlands ist das Schicksal unserer Akademie‹ – Die Leopoldina von 1954 bis 1974«), Hermann-J. RUPIEPER (»›... das Amt verlangt doch viel an Pflichten und Arbeit, und man wird an seinen Vorgängern gemessen‹ – Der XXIII. Präsident Heinz Bethge von 1974 bis 1990) sowie Benno PARTHIER (»»Verantwortung ... ist in der Freiheit besonders groß« – Die Leopoldina der Gegenwart«). Im Spiegel einzelner Wissenschaftsdisziplinen wird die Leopoldina dargestellt von Fritz HARTMANN (»Ärztliche Praxis und klinische Medizin in der Leopoldina«), Irmgard MÜLLER (»Repräsentanten der biologischen Forschung in der Leopoldina von 1880 bis 1945«), Klaus SANDER (»Entwicklungsbiologen in der Leopoldina und ihr Weg ins molekulare Zeitalter«), Lothar JAENICKE (»Die Biochemie im Spiegel der Leopoldina«), Werner SCHROTH/ Horst REMANE (»Die Chemie im Blickfeld der Leopoldina«), Eugen SEIBOLD/Bernhard FRITSCHER (»Die Geowissenschaften im zwanzigsten Jahrhundert und die Leopoldina«), Andreas KLEINERT/ Gunnar BERG (»Die Physik im Spiegel der Leopoldina seit 1880«), Gudrun WOLFSCHMIDT (»Die Leopoldina-Astronomen und der Wissenschaftsfortschritt«) sowie Menso FOLKERTS und Eberhard KNOBLOCH (»Die Mathematik in der Leopoldina«). Überblicksdarstellungen bieten Dorothea KUHN/Gisela Nickel/Thomas NICKOL/Kai Torsten KANZ (»Wissenschaftsgeschichte und Editionen der Leopoldina«), Ilse JAHN (Preise und Medaillen – Wissenschaftsförderung und Ehrungen durch die Leopoldina) sowie Klaus SANDER (»Nobelpreisträger in der Leopoldina – Namen, Daten und historisches Umfeld«). Umfangreiche Anhänge (Übersicht über die Sektionen der Akademie 1872–2002, Jahresversammlungen 1955–2003, Symposien, Meetings, Diskussionskreise 1952–2002, Schriftenreihen der Akademie; Empfänger von Medaillen, Preisen und anderen Ehrungen; Präsidenten der Akademie seit 1652; Zeittafel zur Akademiegeschichte) ergänzen den über ein Personenverzeichnis erschlossenen Band.

Sonderschriften

Struktur und Mitgliederbestand
Stand vom 1. Januar 2003
Herausgegeben von Benno PARTHIER (Halle/Saale)
(2003, 239 S., 6 Abb., 10,20 Euro)

Der Band enthält Angaben zu Präsidium, Senat, Adjunktenkreisen und Sektionen sowie übersichtlich geordnet das aktualisierte Verzeichnis der Mitglieder. Ergänzend werden Informationen über die Präsidenten der Akademie seit 1652, die Auszeichnungen der Akademie und die Ehrenförderer vermittelt.

**The German Academy of Natural Scientists Leopoldina
History, Structure, Tasks**
Herausgegeben von Benno PARTHIER (Halle/Saale)
Übersetzung der 8. vollständig neu bearbeiteten Auflage von »Die Akademie der Naturforscher. Geschichte, Struktur, Aufgaben«.
2. englischsprachige Ausgabe
(2002, 38 S., 19 Abb.)

Die Deutsche Akademie der Naturforscher Leopoldina gehört zu den ältesten, ununterbrochen bestehenden Gelehrtengesellschaften der Welt und ist die älteste Akademie in Deutschland. Durch ihre historisch bedingte Struktur, durch ihre Geschichte sowie ihre Mitgliederzusammensetzung aus Naturwissenschaftlern, Medizinern und Wissenschaftshistorikern nationaler und internationaler Herkunft besitzt die Leopoldina ein einzigartiges Profil. Die kleine Schrift in englischer Sprache stellt in weit umfangreicherer und reicher illustrierter Form als die vorangehende Ausgabe die Leopoldina in ihrem spezifischen Aufbau und ihren besonderen Aufgaben vor und gibt einen kurzen Überblick über die wechselvolle Geschichte der Akademie.

Umtrunk 2002
Ein *Curriculum vitae* in essayistischen Fragmenten und anderen Darlegungen
herausgeberisch verantwortet von Benno PARTHIER
(2002, 98 S.)

Das Bändchen vereinigt im Umfeld des 70. Geburtstages von Leopoldina-Präsident Benno PARTHIER entstandene persönliche Erinnerungen des Jubilars, in denen sich Zeitgeschichte spiegelt, mit Grußworten und Laudationes aus Anlaß seiner Ehrenpromotion am 3. Juli 2002 in Würzburg (von Rainer HEDRICH und Markus RIEDERER), der Geburtstagsfeier am 30. August 2002 im Institut für Pflanzenbiochemie Halle (Saale) (von Ulrich WOBUS), der Geburtstagsfeier der Leopoldina am 4. Oktober 2002 im Freylinghausen-Saal der Franckeschen Stiftungen (Volker TER MEULEN, Hans MOHR, Heinz RIESENHUBER) sowie Dankesworten des Geehrten (u. a. anläßlich der Verleihung des Ehrenbechers der Stadt Halle am 2. Oktober 2002 in der Marktkirche).

7. Spender für das Archiv und die Bibliothek 2002

Kalle A. Achté, Helsinki
Alexander-von-Humboldt-Stiftung, Bonn
Friedrich G. Barth, Wien
Neil Bartlett, Orinda
Gunnar Berg, Halle (Saale)
Alexander Berghaus, Halle (Saale)
Heinz Bielka, Berlin
Wolfgang Boden, Dessau
Botanischer Verein Sachsen-Anhalt, Halle (Saale)
Otto Braun-Falco, München
Marlis Buchmann, Zürich
G. Roberto Burgio, Pavia
Martin Carrier, Bielefeld
Bodo Christ, Freiburg (Br.)
Yves Cramon, Leipzig
Gregor Damschen, Halle (Saale)
Wilfried Dathe, Halle (Saale)
Joseph W. Dauben, New York
Mathias Deutsch, Erfurt
Deutsche Forschungsgemeinschaft, Bonn
Deutsche Gesellschaft für Geschichte und Theorie der Biologie, Neuburg
Andreas Diekmann, Bern
Carl Djerassi, San Francisco
Hans-Dieter Dörfler, Dresden
Gernot Duncker, Halle (Saale)
Henrik Eberle, Halle (Saale)
Irenäus Eibl-Eibesfeldt, Andechs
Dietrich von Engelhardt, Lübeck
Helmut Eschrig, Dresden
European Science Foundation, Strasbourg
Falk Foundation, Freiburg (Br.)
FAO, Rom
Karsten Fehlhaber, Leipzig
Friedbert Ficker, Zwickau
Fritz-Thyssen-Stiftung, Köln
Menso Folkerts, München
D. Carleton Gajdusek, Baltimore/Tromso
Gerd Gigerenzer, Berlin
Karl-Heinz Glassmeier, Braunschweig
Gerda Gornik, Halle (Saale)
Martina Gross, Sprockhövel
GSF-Forschungszentrum, Neuherberg
Jörg Hacker, Würzburg
Heinz Häfner, Heidelberg
Dieter Häussinger, Düsseldorf
Rudolf Hagemann, Halle (Saale)
Jörg Hallerbach, Rösrath
Ilkka Hanski, Helsinki
Fritz Hartmann, Hannover
Gotthilf Hempel, Molfsee
Theodor Hiepe, Berlin
Gerhard Hildebrandt, Gnetsch
Claudia Hilpert, Mainz
Wieland Hintzsche, Halle (Saale)
Friedrich Hirzebruch, St. Augustin
Louis Francois Hollender, Strasbourg

Karl Holubar, Wien
Paul Hoyningen-Huene, Zürich
Franz Huber, Starnberg
Humboldt-Stiftung, Bad Godesberg
Ilse Jahn, Berlin
Peter Jonas, Freiburg (Br.)
Jürgen Jost, Halle (Saale)
Ingrid Kästner, Leipzig
Kai Torsten Kanz, Lübeck
Gebhard Kirchgässner, St. Gallen
Andreas Kleinert, Halle
Hans-Theodor Koch, Merseburg
Eduard I. Kolchinsky, St. Petersburg
Fritz Krafft, Marburg
Vasilij V. Kuprijanov, Moskva
Landesanstalt für Pflanzenbau, Forchheim
Michael Landthaler, Regensburg
Otto L. Lange, Würzburg
Lehmanns Buchhandlung, Halle (Saale)
Konrad Lindner, Leipzig
Heinz Lüllmann, Kiel
Regina Meyer, Halle (Saale)
Ingrid Mletzko, Halle (Saale)
Günter Möbus, Greifswald
Hans Mohr, Freiburg i. Br.
Leo Montada, Trier
Nicolas Moussiopoulos, Thessaloniki
Helmut Moritz, Graz
Thomas Nickol, Halle (Saale)
Robert Offner, Speichersdorf
Satoshi Omura, Tokyo
Orden Pour le Merite für Wissenschaften und Künste, Bonn
Paul Otte, Mainz
Reinhard Pabst, Hannover
Benno Parthier, Halle (Saale)
Lothar Pelz, Rostock
Heinz Penzlin, Jena
Detlev Ploog, München
Peter Propping, Bonn

Manfred Reichstein, Halle (Saale)
Horst Remane, Leipzig
Martin Röllinghoff, Erlangen
Frank Rösler, Marburg
Gabriele Rommel, Niederstedt
Hans Rotta, Stuttgart
Walter Roubitschek, Halle (Saale)
Torsten Rüting, Hamburg
Elena Sakanjan, Moskau
Joachim-Hermann Scharf, Halle (Saale)
Harald Schicha, Köln
Wolfgang P. Schleich, Ulm
Angelika Schmidt, Hamburg
Rudolf Manfred Schmidt, Halle (Saale)
Ulrich Schneeweiss, Berlin
Peter Schopper, Freiburg (Br.)
Rüdiger Schultka, Halle (Saale)
Christoph J. Scriba, Hamburg
Dietmar Seyferth, Lexington, MA
Siemens-Stiftung, München
Wolf Singer, Frankfurt (Main)
Andreas Stark, Halle (Saale)
Friedrich Stelzner, Bonn
Manfred Stern, Halle
Friedrich-Ernst Stieve, München
Stifterverband, Essen
Stiftung Volkswagenwerk, Hannover
Dietrich Stoyan, Freiberg
Suhrkamp Verlag, Frankfurt (Main)
Jochen Thamm, Halle (Saale)
Rüdiger Thiele, Halle (Saale)
Michael Tomasello, Leipzig
Union der deutschen Akademien der Wissenschaften, Mainz
Siegfried Emanuel Waxmann, Winterberg
Carl Friedrich Frhr. von Weizsäcker, Rott am Inn
Westermann-Verlag, Braunschweig
Gerald Wiemers, Leipzig

Edward O. WILSON, Cambridge, MA
Wissenschaftliche Verlagsgesellschaft, Stuttgart
Wissenschaftsrat, Köln
Hans WUSSING, Leipzig

Josef ZANDER, Grünwald
Hubert ZIEGLER, München
Klaus F. ZIMMERMANN, Bonn
Zoologischer Garten, Köln
Zoologischer Garten, Leipzig

Personenregister

Abderhalden, E. 224, 225, 294, 582, 594
Abenhaim, L. 402, 411
Abola, A. P. 536, 537
Abraham, W. R. 537
Achté, K. A. 613
Ackermann, D. 135
Adam, D. 202
Adam, K. 98
Adam, O. 401, 411
Adam, O. 328, 334
Adler, H.-J. P. 422
Adrian, K. 354
Aeschlimann, A. 195
Aesculap 548
Aggleton, J. P. 511, 516
Ahlmeyer, J. 537
Ahlers, J. D. 353
Ahrens, T. J. 376, 384
Ajjanagadde, V. 510, 518
Akira, S. 353
Alba, A. de 230
Albrecht von Brandenburg 282
Ale-Agha, N. 302, 303
Alibert, J.-L. 115
Allgöwer, M. 193
Allison, T. 516
Allport, D. A. 506, 515
Almeida, N. F. 536
Alonso, D. F. 353
Altman, J. D. 344, 352
Alvarez, L. W. 379, 384
Alvarez, W. 384
Alves, L. M. C. 536
Alvin, K. L. 421
Amado, M. 336
Amaral, A. M. do 536
Ambrosius 571
Amedi, A. 512, 515
Ames, R. E. 479, 489
Ampe, F. 536, 537
Amprino, R. 193
Andersen, T. 412
Andersson, G. 353
Andres, W. 17, 97
Anfinsen, C. 259

Angelo, J. De 304
Angerer, P. 334
Anichini, A. 353
Anken, E. van 253
Antipin, N. A. 473
Antonova, A. B. 438, 446
Appelius, J. M. 564
Aquino, T. von 571
Arbuzova, A. 326, 334
Ariëns, E. J. 97
Aristoteles 141
Arkani-Hamed, J. 386
Arndt, J. 566, 576
Arndt, M. 209
Aromaa, A. 304
Arzt, E. 17
Asaro, F. 384
Aschenbrenner, R. 194
Ascherio, A. 335
Asklepios 548
Aspaugh, E. 373, 384
Aspley, S. 412
Aspöck, H. 15, 279, 280
Astley, S. B. 300, 303
Astrup, A. 323, 334, 412
Atkinson, R. C. 509, 516
Audring, H. 354
August II. der Starke 284
Augustinus 550
Aurelius Augustinus 571
Aurich, H. 191
Authier, A. 191
Autrum, H. 193
Axelrod, R. 477, 488
Azar, H. 164

Babinet, C. 318
Bach, J. S. 140, 230, 236
Bache, C. E. 434
Bacon, F. 228, 240
Baddeley, A. 504, 514, 516
Badukov, D. D. 385
Baer, R. 114
Baeyer, H. C. von 419, 421
Bagshaw, C. R. 318
Bahro, R. 537
Baier, F. J. (von) 224

Baier, J. J. (von) 224
Baker, D. H. 418, 421
Baker, E. A. 416, 421
Bakolitsa, C. 316, 318
Baldwin, R. B. 358, 384
Ballard, S. A. 411
Balsius, K. R. 385
Baltes, P. B. 9, 246, 248, 587
Bamberg, M. 195
Bamsperger, U. 536
Ban, N. 254
Banchieri, A. 230
Bangerter, A. 97
Baranowski, B. 192
Barbier, B. 421
Bardwell, J. C. A. 258
Bargmann, W. 184
Barloy-Hubler, F. 536, 537
Barnes, J. D. 418, 421
Barnett, M. J. 531, 536, 537
Baron, L. 485, 488
Baross, J. A. 379, 384
Barouch, D. H. 352
Barsch, H. 454
Bartels, D. 536
Bartelsmeier, V. 536
Barth, F. 583
Barth, F. G. 195, 613
Barthel, H. 213
Barthlott, W. 195, 415, 416, 418, 419, 421, 422
Bartik, B. 447
Bartik, M. 447
Bartik, T. 436, 447
Bartlett, N. 191, 613
Bary, A. de 416
Bathe, B. 537
Batelli, F. 297, 303
Batut, J. 536, 537
Bauer, C. 98
Bauer, H. 97
Bauer, R. 191, 516
Bauer(-Mahlmann), B. 555, 576
Baumann, K. H. 329, 334
Baumann, P. 274
Baumgartner, A. 434

Bausch, J. L. 66, 223, 229, 232, 283, 593, 611
Baxter, S. 418, 421
Beck, F. 265, 269
Beck, H. 98
Beck, M. 279
Beck, M. A. 298, 304
Becker, A. 536, 537
Becker, A. J. 412
Becker, K. 252
Becker, R. 192
Becker-Brandenburg, K. 246, 249, 587
Beckert, J. 586
Beer, C. 209
Behn, W. F. G. 224, 611
Behrends, J. C. 267
Bekel, T. 536
Bell, J. I. 352
Belyakov, I. M. 353
Benad, G. 191
Benichou, J. 411
Benitez, P. 397, 399
Benz, W. 356, 357, 370, 371, 373, 384, 385
Berg, G. 9, 285, 611, 613
Berger, H. 496, 515, 516
Berger, J. G. von 283
Berghaus, A. 613
Berndt, R. S. 516
Berrens, L. 345, 352
Berry, Sir C. 191
Bershadsky, A. D. 318
Bertolini, M. C. 536
Bertrand, G. 453, 472
Berzofsky, J. A. 345, 353
Besnier, E. 164
Bessolitzina, E. P. 458, 472
Bethe, H. 194
Bethge, H. 102, 127, 144, 181, 189, 225, 238, 595, 607, 611
Betke, K. 9
Bettin, H. 607
Beutelspacher, A. 246
Beveridge, W. 193
Beyer, S. 537
Bieber, T. 19
Bielka, H. 15, 613
Bien, S. 516
Bierhoff, H. W. 490
Biermann, K.-R. 97, 98

Biermann, L. 180
Bigl, V. 237, 290
Billault, A. 537
Biller, G. C. 236
Birbaumer, N. 494, 495, 516, 517
Bitton, R. J. 343, 353
Blakes, A. W. 399
Blank, L. 209
Blasczyk, R. 353
Blobel, G. 195
Block, J. 489
Blöcker, H. 537
Blüher, M. 209
Boaz, D. 386
Böck, A. 191, 195
Bock, H. E. 194
Boden, W. 613
Bodenstein, A., genannt Karlstadt 282
Bodian 163
Boeckmann, R. J. 490
Boehm, T. 20
Böger, I. 224, 248
Bohley, J. 294, 610, 611
Böhme, U. 236
Böhmer, W. 236, 238, 248, 285, 597, 603
Bohr, A. 105–107, 192
Bohr, N. 101, 105, 106, 123, 142
Boike, J. 209
Boistard, P. 536, 537
Boldrin, M. 412
Bonas, U. 273, 524, 537
Bonhoeffer, F. 191
Bonhoeffer, K. F. 188
Boor, C. de 191
Bopp, F. 123
Borges, E. 345, 353
Bork, H.-R. 21
Born, A. 420, 421
Borst, H.-G. 192
Bostedt, H. 14, 279
Bostick, R. 335
Bothe, G. 536, 537
Boutry, M. 536, 537
Boveri, T. 136
Boveris, A. 304
Bowell, E. 386
Bowser, L. 536, 537
Boyle, R. 228

Boynton, W. V. 385
Brachey, A. 335
Bradshaw, A. M. 23, 195
Brady, M. 447
Brahms, J. 236
Braitenberg, V. 492, 509, 516
Brand, M. 493, 516
Brand, S. 537
Brandt, P. 537
Braun, H. A. 267
Braun-Falco, O. 9, 107–109, 116, 192, 613
Bravais 126
Brekau, U. 438, 447
Brem, G. 12, 604
Brendel, R. 400
Brenig, B. 195
Brennan, M. 304
Brenner, S. 192, 195
Brenot, F. 411
Bridgman, P. W. 142
Brindle, N. P. J. 316, 318
Brinkmann, B. 12
Broca, P. 492
Brock, C. 353
Bröcker, E.-B. 24
Brockmann-Gretza, O. 537
Brockner, J. 488
Brook, Sir R. J. 25
Brosch, M. 516
Brown, M. W. 511, 516
Brownlee, D. 384, 387
Bruce, M. I. 438, 442, 447
Bruijn, H. 298, 304
Brunia, C. H. M. 517
Brunnberg, L. 25
Brunschwyg, H. 550, 552
Bubeck, P. 318
Buchmann, M. 613
Büchner, A. E. von 224
Buchner, E. 134
Buchner, J. 259
Buckminster Fuller, R. 435
Buckner, R. L. 506, 516
Budde, W. 175, 176
Buddenbrock, W. von 583
Buhrmester, J. 536, 537
Bukau, B. 260
Bulmahn, E. 239, 585
Burckhardt, G. 26
Burgen, Sir A. S. V. 109–111, 192

Burger, A. 537
Burgio, G. R. 613
Bürkle de la Camp, H. 173
Burmester, B. R. 193
Burridge, K. 312, 314, 315, 318
Busse, R. F. E. 27
Butenandt, A. 225, 580

Cabeza, R. 506, 516
Cadieu, E. 536, 537
Cairn-Smith, A. G. 379, 385
Callaway, E. 516
Calov, R. 294
Camargo, L. E. A. 536
Camargo, Z. A. 385
Camarote, G. 536
Camerer, C. F. 479, 482, 489
Cameron, A. G. W. 356, 373, 384, 385
Canavan, A. G. M. 516
Cannavan, F. 536
Cape, C. N. 421
Capela, D. 531, 536, 537
Capps, N. E. 335
Caramazza, A. 507, 516
Carasso, R. L. 327, 336
Cardoso-Vilhena, J. 418, 421
Cardozo, J. 536
Carnero, A. J. 353
Carnot, L. N. 393
Carniel, E. 274
Carrà, S. 236, 243, 244, 248, 604
Carrier, M. 14, 613
Carstensen, G. 111–113, 192
Carter, A. J. 407, 409, 411
Carus, C. G. 224, 597, 603, 611
Caspers, H. 495, 518
Cassie, A. B. D. 418, 421
Castelli, C. 353
Catenhusen, W.-M. 236, 239, 248
Caterina, R. De 329, 335
Cautinho, L. L. 536
Cebon, J. 353
Cerman, Z. 415
Červený, V. 191
Chain, P. 537
Chambergo, F. 536
Chance, B. 297, 298, 304

Chang, G. 412
Changeux, J.-P. 196
Chao, T.-C. 536
Chapin, D. M. 391, 399
Chapman, C. R. 384, 385
Chargaff, E. 98
Charkevic, D. A. 192
Che, M. 28
Chen, Q. 353
Chen, Y. 354
Chlupác, I. 98
Cho, A. 202
Chopin, F. 289, 291
Chorley, R. J. 474
Chothia, C. 252
Christ, B. 196, 613
Christophers, E. 13, 109
Chrzanowskawodnicka, M. 312, 314, 315, 318
Chyba, C. F. 387
Cianciotto, N. 274
Cicarelli, R. M. B. 536
Civatte, A. 113
Civatte, J. 113–116, 192
Clapina, L. P. 536
Clark, A. J. 110
Clarke, J. 236
Clarke, S. D. 327, 334, 335
Claugher, D. 421
Clausing, A. 207, 215, 220, 222
Claussen, M. 294
Clayton, R. N. 357, 385
Clegg, J. 434
Cohen, R. 191
Cohen, R. L. 490
Coles, M. G. H. 493, 515, 518
Coley, W. 349, 351
Condorelli, L. 178
Connolly, H. M. 402, 411
Conrad, S. 246, 587
Conrad, X. 207
Coppens, Y. 246
Cori, C. F. 135
Cori, G. T. 135
Cotta, J. F. von 610
Cotta, J. G. von 610
Courtillot, V. 380, 385
Cowie, A. 537
Crafoord, C. 139
Craig, S. W. 315, 316, 318

Cramon, Y. 613
Crary, J. L. 411
Cremers, B. 412
Creutzfeldt, O. D. 495, 516
Crick, F. H. C. 590
Critchley, D. R. 315, 318
Croll, O. 554, 555, 576, 577
Crosby, F. A. 484, 489
Csillik, B. 192
Curl, R. F. 435, 447
Cursino-Santos, J. R. 536
Cutler, D. 421
Cutler, D. F. 421
Cutler, R. G. 299, 304
Cuvier, G. 150
Czerkinsky, C. 344, 353

da Silva, A. C. R. 525, 536
Dalbert, C. 490
Dalerba, P. 353
Damasio, A. R. 499, 501, 507, 509, 513, 516
Damschen, G. 613
Darley, J. M. 479, 489
D'Armiento, F. P. 335
Darwin, C. 150, 272, 590
Das, R. P. 593
Daston, L. J. 29, 227, 228, 248, 603
Dath, D. 100, 101
Dathe, W. 613
Dauben, J. W. 613
Dauber, P. M. 376, 385
Davidson, M. H. 402, 412
Davies, J. E. 318
Davis, M. M. 352
Davis, R. W. 536, 537
Davison, A. 438, 447
Dawes, R. M. 479, 486, 489, 490
Dawson, B. 191
De Angelo, J. 304
de Bary, A. 416
de Boor, C. 191
De Caterina, R. 329, 335
de Duve, C. 193
de Pereda, J. M. 318
De Renzi, E. 506, 516
de Souza, R. F. 536
Debatin, K.-M. 196
Debru, C. 579
Degos, R. 114

619

Dehlinger, U. 123
Dejam, A. 304
Delbrück, M. 251
Delius, H. F. (von) 66, 224
Delorme, G. 116–117, 192
Dembinski, R. 436, 447
Dence, M. R. 385
Denecke, H. 589
Denk, H. 15
Descartes, R. 228, 240
D'Esposito, M. 514, 516
Dettre, R. H. 418, 421
Deuerling, E. 260
Deutsch, A. 363, 385
Deutsch, M. 485, 489, 613
De Villez, R. 412
Devine, J. D. 386
Dhom, G. 118–120, 192, 196
Diaz, J. 385
Dichgans, J. 13, 196
Dickinson, C. H. 421
Diebold, J. J. 191
Diehl, V. 519
Diekmann, A. 613
Dietenberger, J. 550
Dietschy, J. M. 327, 335
Dietz, W. H. 335
Dietzel, K. 98
DiGirolamo, M. 412
Dikov, Y. P. 385
Dilg, P. 577
DiMascio, P. 300, 304
Ditsch, F. 421
Dittmann, A. 97
Dittrich, T. 269
Djerassi, C. 247, 248, 613
do Amaral, A. M. 536
Döbereiner, J. W. 581
Dobzhansky, T. G. 276
Dockrell, D. H. 349, 353
Doehmer, J. 605
Donnay 126
Dörfler, H.-D. 613
Dornan, M. 386
Dörner, G. 196
Down, M. 353
Drake, C. L. 386
Dralle, H. 31
Dreano, S. 536, 537
Drenckhahn, D. 12
Drenth, P. J. D. 237, 240, 241, 248

Dröge, W. 303, 304
Drougas, H. 335
Dübber, I. 555, 556, 576
Dubilier, N. 274
Dubinin, N. P. 193
Duchow, J. 433, 434
Dudel, J. 186
Dullo, W. C. 294
Duncker, G. 14, 613
Dunne, A. 349, 353
Dupuis, M. 336
Düren, E. 192
Dürr, H.-P. 196
Duve, C. de 193
Dwyer, P. 304
Dylis, N. 474

Ebashi, S. 192
Ebeling, W. 267
Eberherr, C. 235
Eberl, H. 262
Eberle, H. 579, 613
Ebrahim, S. 335
Eck, J. 550
Eckermann, J. P. 609
Eckert, J. 9
Eckhorn, R. 514, 516
Edelstein, W. 484, 489, 490
Eder, K. 12, 293
Edsall, J. T. 98
Edwards, B. S. 411
Eggers, H. J. 192
Egli, H. 173
Ehler, N. 416, 419, 421
Ehlers, J. 196
Ehrendorfer, F. 192
Eibl-Eibesfeldt, I. 613
Eichelbaum, M. 196
Eichenlaub, R. 525, 537
Eichler, O. 304, 305
Eigen, M. 135, 192, 235, 272, 589–592
Einhäupl, K. M. 237
Einstein, A. 142
Eisen, H. 318
Ekeland, I. 101
El-Dorry, H. 536
Elbert, T. 516, 517
Ellenberg, H. 466, 472
Elliott, S. L. 353
Elster, J. 481, 489
Emmermann, R. 597, 600

Endress, P. K. 196
Engelen, E.-M. 586
Engelhardt, D. von 151, 247, 249, 250, 285, 601, 609–611, 613
Engelhardt, W. von 193, 355, 385, 608
Engelkamp, J. 517
Ensunsa, J. L. 304
Epstein, R. 515
Erffa, H. M. Frhr. von 577
Erhardt, M. 287
Erickson, K. L. 335
Erke, H. P. 353
Ermuth, J. 421
Ertl, Georg 32
Ertl, Gerhard 189, 196
Ertl, H. C. 353
Eschrig, H. 33, 196, 613
Euler, L. 156, 157
Euler, U. von 159
Ewbank, J. 275

Fäh, F. 557
Fainboim, L. 353
Farah, C. S. 536
Farah, M. J. 516
Farina, A. 453, 472
Farla, J. B. 536
Fastovsky, D. 385
Fazio, R. H. 479, 489
Federspiel, N. A. 536, 537
Fedorow 126
Fehlhaber, K. O. K. 34, 293, 613
Fehr, E. 35, 482, 486, 489
Fehr, J. M. 223, 224, 611
Feigenbaum, M. J. 266
Feinberg, T. E. 516
Feldman, H. A. 401, 407, 412
Fenn, J. 202
Fenn, W. O. 304
Fenske, R. F. 447
Fermi, E. 142
Ferreira, A. J. S. 536
Ferreira, R. C. C. 536
Ferro, J. A. 536
Ferro, M. I. T. 536
Feskens, E. J. 304
Fichtner, G. 385
Ficker, F. 237, 613
Fiedler, K. 36

Finan, T. M. 531, 537
Fink, G. 304
Finley, B. 275
Finn, R. 157
Firat, H. 353
Fischer, E. O. 437
Fischer, E. P. 246, 248
Fischer, G. S. 9, 210, 212, 235, 248, 258
Fischer, H. 444, 447
Fischer, M. 209
Fisher, R. F. 536, 537
Fishkin, J. 484, 489
Flamm, H. 279, 280
Fleck, C. 605
Flier, J. S. 335
Fock, U. 209, 309
Fogleman, G. 378, 386
Folkerts, M. 14, 607, 611, 613
Föllmer, H. 11, 606
Folsom, A. 335
Fontane, T. 574–576
Foote, C. S. 298, 300, 304
Ford, E. S. 322, 335
Forestier, N. 412
Foreyt, J. P. 412
Forman, R. 453, 472
Formighieri, E. F. 536
Forster, B. 209
Fostiropoulos, K. 447
Fraga, X. A. 608
Francis, C. A. 99
Franco, M. C. 536
Frank. R. H. 479, 489
Franklin, R. 590
Franz, V. 148
Franz, W. 14
Frauenfelder, H. 120–121, 192
Freidag, B. L. 353
Freistedt, B. 353
Fremann, D. 330, 331, 336
Freund, A. M. 246–248, 587
Freund, J. 268
Freund, L. 582, 584
Freye, H. A. 582
Freygang, W. H. 186
Fridovich, I. J. 297, 304
Friedel 126
Friederici, A. D. 14
Friedrich, B. 271

Friedrich, C. 607
Friedrich III. (Friedrich I.) 283
Friedrich III. der Weise 281
Fritsch, K. Frhr. von 224, 611
Fritsche, Th. R. 274
Fritscher, B. 611
Fritz, G. 99
Fritz, P. 12, 191, 294
Frömter, E. 13
Frondel, C. 99, 193
Frotscher, M. 196
Frühwald, W. 197, 606
Fues, E. 123
Fuller, C. S. 391, 399
Funk, C. L. 478, 490
Furey, M. L. 517
Furlan, L. R. 536
Fürstner, A. 37
Fuster, J. M. 509, 516

Gabri, M. R. 353
Gächter, G. 482, 486, 489
Gaddum, J. H. 110, 159
Gaertner, C. 304
Gajdusek, D. C. 613
Galibert, F. 526, 531, 532, 536, 537
Galilei, G. 228, 555
Galizia, G. 586
Gall, E. 577
Gallo, M. M. 438, 447
Gallordo, A. 434
Ganzenmüller, W. 555, 576
Garcia Alonso, F. J. 438, 447
Gardner, J. 353
Garrido, R. 336
Gartner, D. 385
Gatenbröcker, S. 545, 546, 563, 576
Gattermann, R. 583
Gault, D. E. 387
Gauß, C. F. 156
Gauthier-Vollars 163
Gayon, J. 38
Gazzaniga, M. S. 517
Gegenbaur, L. 581
Gehrels, T. 376, 385, 386
Gehring, W. J. 15, 197
Geiger, B. 311, 312, 314, 315, 318, 319

Geiger, H. 210
Geiler, G. 9, 120, 192
Geiss, J. 387
Gelfand, M. L. 157
Gellrich, S. 353
Genscher, H.-D. 246
Gentz, M. 287
Genzel, L. 192
Genzel, R. 38
Geoffroy Saint Hilaire, E. 150
Georgi, F. 168
Gerasimov, M. V. 385
Gerhard, J. 566, 576
Gerhardt, U. 582
Gerloff, U. J. 455, 474
German, J. B. 304
Gerok, W. 179
Gersch, M. 183, 581
Gerschman, R. 297, 304
Gerstengarbe, S. 294, 611
Gerth, K. 537
Gethmann, C. F. 39, 287
Gevert, O. 447
Giaquinta, M. 41
Giebisch, G. H. 192
Giehl, K. 318
Giere, W. 160
Gigerenzer, G. 613
Gil-Rubio, J. 443, 447
Gilbert, D. L. 304
Gilbert, G. K. 358, 385
Giles, G. I. 304
Giles, N. M. 304
Giles, W. H. 335
Gillott, T. 327, 335
Gilmore, A. 318
Gilovich, T. 489
Gjunter, N. M. 157
Gladysz, J. 436, 445, 447
Gläßer, D. 9, 191, 210
Glassmeier, K.-H. 613
Gleiter, H. 197
Gleiter, S. 209
Glemser, O. 193
Glockshuber, R. 262
Gloux, S. 536, 537
Glowalla, U. 518
Gobbini, M. I. 517
Godar, D. 300, 304
Godrie, T. 536, 537
Goebel, W. 13, 271, 275
Goesmann, A. 536

Goethe, J. W. von 140, 238, 294, 591, 597, 598, 608, 609
Goff, W. R. 495, 516
Goffeau, A. 536, 537
Golding, B. 537
Goldman-Rakic, P. S. 514, 517
Goldschmidt, S. 134
Goldsmith, D. 379, 385
Gollnick, K. 298, 304
Gollwitzer-Voll, W. 577
Golyshin, P. N. 537
Gomez, D. E. 353
Gonsalves, J. L. 304
Goodall, J. 197
Göpfert, M. 213
Gornik, G. 613
Gorriga, F. 434
Gösele, U. M. 42
Gottfried, K. 101
Götz, W. 607
Gould, R. F. 421
Goulder, P. J. 352
Gouzy, J. 536, 537
Grabowski, Z. R. 192
Graepel, P. H. 546, 548, 576
Graevenitz, A. von 191
Graf, R. 423, 425–427, 434
Graffi, A. 193
Graßhoff, G. 42
Grassmann, J. 336
Grecksch, W. 237, 285, 290, 293, 597
Green, D. 478–480, 489
Green, D. E. 304
Green, M. 395, 397, 399
Greenberg, J. 490
Greggio, C. C. 536
Gregor, I. 247
Grenacher, H. 583
Grieser, G. 227, 230, 235, 236, 248, 603
Griesinger, C. 202
Grieve, R. A. F. 377, 384, 385
Grill, F. 423, 433, 434
Grömping, Y. 260
Gross, M. (I) 202
Gross, M. (II) 510, 518
Gross, Martina 613
Gross, Roy 271, 275
Gross, Rudolf 193

Grössing, H. 285
Grossmann, S. 125, 266
Gruber, A. 536
Grün, S. 267
Gruss, P. 197, 237
Guericke, O. von 281, 283, 285
Guo, Y. 354
Gurjal, M. 536, 537
Gürtler, H. 191
Gürtler, R. E. 280
Gurunathan, S. 345, 353
Gustav III. 247
Gütgemann, A. 173
Güth, W. 479, 481, 489
Guthmann, M. D. 353
Gutmann, S. 551, 576
Gutzmer, A. 224, 611

Haag, R. 122–124, 125, 192
Haan, H. 507, 516, 518
Haan, N. 484, 489
Haase, G. 191, 454, 473
Haber, F. 304
Habrich, C. 577
Hacker, J. 197, 235, 248, 277, 613
Hackman, R. J. 358, 386
Haeckel, E. 581, 582
Haecker, C. V. 582
Haen, E. 401, 412
Haensler, J. 353
Häfner, H. 197, 613
Hafner, K. 192
Hagedorn, J. 11
Hagemann, R. 613
Hager, M. 209
Haggett, P. 474
Haken, H. 192, 454, 473
Hallam, A. 386
Hallerbach, J. 613
Halliday, A. N. 357, 372, 373, 385
Hallpike, C. S. 168
Halsted, C. H. 412
Hamann, A. 401, 412
Hamilton, T. P. 447
Hammond, A. L. 101
Hänggi, P. 267–269
Hanitzsch, R. 210
Hansen, D. L. 402, 412
Hanski, I. A. 45, 613

Harbeck, B. 316, 318
Hardin, R. 476, 489
Hardt, W.-D. 273
Harker 126
Harms, H. 193
Harms, I. 98
Harms, J. W. 183
Hart, J. 506, 516
Hartl, F. U. 46, 197, 201
Hartley, G. G. 412
Hartman, P. 125–127, 192
Hartmann, F. 197, 611, 613
Hartmann, J. 236, 555, 576
Hartmann, W. K. 357, 359, 363, 370, 371, 384–387
Hassenstein, B. 127–130, 192, 197
Hassenstein, H. 129, 130, 197
Hatzichristou, D. G. 412
Hauck, B. 227, 231, 232, 248
Hauptman, J. 412
Hauptmann, M. 236
Hausen, H. zur 13
Hauser, M. 267
Hausladen, A. 298, 304
Häusler, H. 159
Häussinger, D. 43, 613
Häussler, C. 518
Häussler, I. 227, 236, 246, 293, 597
Haxby, J. V. 507, 509, 517
Hazen, S. L. 305
Head, J. W. 373, 385
Heal, D. J. 401, 412
Heath, J. R. 447
Heberer, G. 148
Hebra, F. von 114
Hecker, M. 197
Hedrich, R. 612
Heil, M. 493, 497–499, 501–503, 512, 515, 517, 518
Heimann, A. 133
Heimann, H. 131–133, 192
Hein, O. 539
Hein, W.-H. 539, 540, 545, 576
Heinrich, U. 300, 304, 305
Heinz, D. 253, 254
Heisenberg, W. 105, 142, 144, 180
Heiss, C. 302, 304

Heitz, P. U. 15, 235, 248
Helenius, A. 255
Helin, E. F. 386
Heliovaara, M. 304
Hellauer, H. 159
Hellwig, B. 401, 411, 412
Helmchen, H. 133
Helmreich, E. J. M. 133–137, 192
Helms, J. 14, 170, 191, 197
Hemmi, H. 349, 353
Hemmings, L. 318
Hempel, G. 604, 613
Hendler, T. 515
Hengstschläger, M. 279
Henle, G. 193
Hennecke, H. 273
Hennighausen, E. 517, 518
Henning, B. 336
Henning, T. 197
Henschen, C. 167
Hensel, F. 197
Henseleit, K. 43
Hensrud, D. D. 411
Hentschel, K. 579
Hentschel, U. 272
Hepp, H. 13
Herberth, G. 354
Herfarth, C. 13, 141
Herminghaus, S. 418, 421
Hernandez-Lucas, I. 537
Herr, M. 539, 540, 545–548, 556, 557, 563, 564, 576, 577
Herrmann, H. C. 411, 412
Herrmann, T. 14
Herrmann, W. A. 198
Hertog, M. G. 300, 304
Hertwig, P. 582
Herzog, C. A. 412
Herzog, T. 148
Hescheler, J. 187
Hess, B. 99, 137, 138, 192
Hess, T. 433, 434
Hessel, F. 334
Heydenreich, J. 210
Heydenreich, L. H. 577
Hhakulinen, T. 304
Hiepe, T. 163, 279, 280, 293, 613
Higgins, J. T. 335
Hilbert, D. 156

Hildebrand, A. R. 380, 385
Hildebrandt, G. 613
Hill, J. O. 335
Hillen, W. 47
Hillis, A. E. 507, 516
Hilpert, C. 613
Hinterding, P. 447
Hintzsche, W. 613
Hippokrates 423
Hirzebruch, F. 192, 198, 613
Hitler, A. 134
Ho, S. C. 609
Hobbes, T. 476, 489
Hobom, B. 195
Hoerauf, A. 275
Hoffmann, F. 283, 582
Hoffmann, H. 148
Hoffmann, J. 330, 335
Hoffmann, R. 439, 447
Hoffmann, Roald 191, 247
Hoffmann, S. E. 379, 384
Hofmann, E. 210
Hofmann, F. 187, 198
Hofschneider, P. H. 198
Hoheisel, J. 537
Hohenberger, W. 48
Höhn, A. 441, 447
Hölder, H. 355, 385
Hölldobler, B. 198
Holle, F. 113
Hollender, L. F. 139–141, 192, 613
Holley, R. 152
Hollmann, P. C. 304
Hollomey, S. 336
Holloway, P. J. 416, 421
Holmes, K. C. 100
Holsboer, F. 451
Holst, E. von 128
Holstein, T. W. 267
Holt, M. R. 318
Holt, R. R. 304
Holton, G. 141–143, 192
Holubar, K. 280, 614
Homann, I. 537
Hong, A. 536, 537
Hood, J. D. 169
Hooper, L. 332, 335
Hopf, E. 157
Hoppe, K. 145
Hoppe, R. 144, 147, 192
Hoppeler, H. 49

Horiuchi, T. 353
Horn, S. 97
Horner, L. 193
Hornstra, G. 336
Horton, T. J. 323, 335
Horvitz, H. R. 195
Hoshino, K. 353
Hoyningen-Heune, P. 614
Hu, F. B. 333, 335
Hubbard, N. E. 326, 335
Huber, F. 583, 614
Huber, M. 253
Huber, R. 191, 254
Huber, T. 610
Hubert, K. 563
Hubnes, K. 392, 399
Hubrich, H. 454
Hucke, O. 209
Hufeland, C. W. 581
Huff, H. R. 399
Huffman, D. R. 447
Huizar, L. 536, 537
Humboldt, A. von 150, 240, 608, 609
Hume, D. 476, 489
Huo, Y. J. 490
Hurek, T. 524, 537
Huthmacher, K. 537
Hütt, M.-T. 265, 267, 269, 586
Hüttelmaier, S. 315–318
Hutter, O. 186
Huxley, H. E. 100
Huxley, Sir A. F. 193
Hyman, R. W. 536, 537

Ilg, K. 442, 447
Illenberger, S. 313, 318
Imperator-McGinley, J. 406, 407, 412
Impey, C. 384, 385
Inaria, M. 432, 434
Ingber, D. E. 318
Ioannes Chrysostomos 544, 576, 577
Isenberg, G. 187
Ishai, A. 506, 512, 517
Ivanov, B. A. 362, 368, 369, 380, 385, 386

Jäckle, H. 198
Jackson, H. C. 412

623

Jackson, P. 318
Jacob, C. 299, 303, 304
Jacob, F. 318
Jacobi, M. 101
Jacobsen, S. B. 385
Jaeger, J. 213
Jaeger, M. 447
Jaenicke, L. 98, 137, 155, 611
Jaenicke, R. 251, 263
Jagels, R. 421
Jäger, D. 353
Jäger, E. 348, 353
Jäger, W. 237
Jahn, A. 102, 195
Jahn, Ilse 148–151, 192, 198, 598, 601, 608, 609, 611, 614
Jahn, Isolde 149
Jahn, W. 148
Jahr, H. 525, 537
Jakob, U. 259
Janasek, D. 209
Jarchau, T. 318
Jarvinen, R. 304
Jarvis, P. G. 421
Jaschhof, M. 213
Jaubert de Beaujeu, M. 193
Jeffree, C. E. 416, 421
Jendraschak, E. 335
Jentsch, S. 255
Jochum, C. 209
Jockusch, B. M. 309, 312, 314, 318, 319
Johann Friedrich I. der Großmütige 282
Johannes Chrysostomos 544, 576, 577
Johannes Paul II. 199
Johnson, R. E. 418, 421
Johnson, R. P. (I) 315, 316, 318
Johnson, R. P. (II) 421
Jonas, P. 614
Jonas, U. 412
Jones, J. H. 384
Jones, K. L. 385
Jones, T. 536, 537
Jongkees, L. B. W. 193
Jongsma, H. J. 302, 304
Jordan, W. 516
Jost, J. 50, 614
Jost, K. 517

Jousilahti, P. 336
Jud, L. 549, 550, 555
Judex, M. 209
Jülicher, F. 267
Julius, L. 101
Jump, D. B. 327, 335
Jung, G. 353
Jung, Gregor 209
Junge, K. 100
Jungkunz, H. 231
Jungmann, H. 304

Kaasch, J. 4, 250, 294, 611
Kaasch, M. 4, 250, 286, 288, 292, 294, 295, 611
Kagel, J. 490
Kahane, J.-P. 242, 243, 248, 603
Kahn, B. 536
Kahn, D. 536, 537
Kahn, M. L. 536, 537
Kaischew, R. 193
Kaiser, O. 536
Kaiser, P. 304
Kaiser, S. 336
Kaisho, T. 353
Kakareka, S. V. 472
Kalden J. R. 51, 198
Kalinowski, J. 526, 536, 537
Kallenbach, R. 385, 387
Kalman, S. 536, 537
Kals, E. 476, 485, 486, 489, 490
Kaltoft, K. 353
Kaminski, W. E. 329, 335
Kamprad, F. 14
Kantz, H. 268
Kanz, K. T. 609, 611, 614
Känzig, W. 99, 192
Kaper, J. 273, 275
Kappers, J. A. 193
Karl VI. 283
Karl VII. 283
Kästner, I. 579, 614
Katan, M. B. 304
Katsuyama, A. M. 536
Kaufman, K. D. 401, 412
Kaula 370
Kautsky, H. 298, 304
Keating, D. H. 536, 537
Keck, G. 52
Keen, C. L. 304

Keidel, W. D. 193
Keller, G. 380, 385
Kelm, M. 302, 304
Kemler, R. 309, 318
Kempner, F. 610
Kende, H. 191
Keng, T. 304
Keniston, K. 484, 489
Kenkmann, T. 376, 386
Kepler, J. 252, 253, 285, 555
Keppler, D. 605
Kern, F. 344, 346, 353
Kessler, H. 53, 198
Khader, P. 507, 517
Khan, M. A. 402, 412
Khorana, H. G. 151, 154, 192, 590
Kiefhaber, T. 256
Kiefl, R. 334, 335
Kieser, D. G. (von) 224, 581, 611
Kiesow, R. M. 227, 246, 249, 586, 587
Kind, I. 336
Kinghorn, G. R. 353
Kippenhahn, R. 181
Kirch, E. 118
Kirchgässner, G. 614
Kirchgeßner, M. 336
Kirchmaier, G. K. 283
Kirchsteiger, G. 489
Kirschner, J. M. R. 54
Kishi, L. T. 536
Kiss, E. 537
Kitajima, J. P. 536
Kitayama, S. 477, 489
Klaesi, J. 132
Klapsch, W. 434
Klare, H. 193
Klareskog, L. 353
Klatt, B. 582
Klebs, A. C. 553, 577
Kleihauer, E. 192
Klein, J. 227, 237
Klein, O. 105
Kleinbongard, P. 304
Kleinert, A. 198, 608, 611, 614
Klemm, W. 144, 145
Klicic, P. 424, 434
Kliemt, H. 479, 489
Klingemann, H.-D. 191

Klix, F. 192
Klöppel, G. 201
Klotz, L.-O. 303, 304
Klug, A. 100
Klugherz, B. D. 412
Klusman, I. 235, 250
Kluwe, R. H. 516, 517
Knekt, P. 300, 304
Knoblauch, C. H. 224, 594, 611
Knoblauch, M. 586
Knobloch, E. 285, 611
Knop, J. 55
Knuth, A. 353
Koch, H. 11, 191
Koch, H.-T. 580, 614
Koch, K. 415, 421
Köchli, V. D. 518
Kochsiek, K. 9
Koert, U. 195
Koga, N. 447
Köhler, G. 235
Köhler, W. 9, 210, 227, 237, 279, 280, 290
Koivisto, E. 192
Kolchinsky, E. I. 614
Kolesch, D. 246, 587
Kolobova, N. E. 446
Kolodinski, S. 398, 399
Komp, C. 536, 537
König, B. 386
König, J. 412
Konnerth, A. 198
Kopal, Z. 386
Körber, R. 293
Korn, A. 209
Kornberg, A. 135
Korte, B. 198
Korte, M. 246, 249, 587
Koslow, S. H. 516
Kosmatschev, K. P. 458, 473
Kostic, N. M. 439, 447
Kostyuk, V. A. 302, 304
Kovacik, I. 442, 447
Kraemer, T. 304
Krafft, F. 143, 285, 539, 541, 542, 544–546, 549–551, 555–557, 559, 561, 563, 564, 568, 574, 577, 578, 614
Kramer, M. 198
Kramers, H. A. 105

Krane, R. J. 401, 412
Krätz, O. 609
Krätzschmer, W. 435, 447
Krauklis, A. 191, 453, 455, 457, 458, 472–474
Kraus, K. 232
Krause, F. 192
Krebs, H. 43
Kreckel, R. 608
Kreft, J. 273
Kremer, L. K. 472, 473
Krettenauer, T. 484, 489
Krieg, A. M. 351–353
Kring, D. A. 380, 381, 385, 386
Kristic, R. V. 311, 318
Kroemker, M. 318
Krol, L. 536
Kromhout, D. 304
Krönert, R. 453, 473
Kroto, H. W. 435, 447
Krüger, G. 11
Kruse, W. 516
Kubatzki, C. 294
Kuczyk, M. 412
Kuffler, S. 185
Kühlmann, W. 555, 577
Kuhn, D. 608, 611
Kuhn, H. 188
Kühn, H. 304
Kümmel, W. F. 14, 199
Kümmerle, F. 193
Kumpulainen, J. 304
Kunckel, J., Ritter von Löwenstern 283
Kunst, F. 273
Kunte, C. 401, 406, 413
Küppers, B.-O. 199
Kuprijanov, V. V. 193, 614
Kurosch 157
Kushi, L. 330, 335
Kutzke, H. 421

Labitzke, K. 294
Ladyšenskaja (Ladyshenskaja), O. A. 156, 158, 192, 199
Lagrange, J. L. 156
Lamb, L. D. 447
Lämmel, E. 97
Lamprecht, W. 134
Landthaler, M. 614
Lang, H. 436, 447

Lang, S. 537
Lange, O. L. 192, 614
Langenhorst, F. 377, 386
Langer, F. 209
Langer, G. 132
Langley, J. N. 110
Lanzendörfer, M. 253
Larass, I. 334
Laron, Z. 192
Lasarow, A. 209
Lashley, K. D. 492, 493, 517
Lass, R. W. 440, 442, 447
Lassus, R. de 230
Laubender, M. 444, 447
Laufs, U. 401, 412
Lavoisier, A. L. 247
Lavrenko, E. M. 459, 473
Lazarus, S. A. 304
Lazcano, A. 379, 386
Lean, M. E. J. 412
Lee, G.-H. 447
Lee, Y. W. 336
Lehmann, M. J. 209
Lehn, J.-M. 445, 447
Lehnartz, E. 173
Leibniz, G. W. 228, 241, 594
Leiderer, P. 56
Leite, R. P. 536
Leitner, U. 609
Lelaure, V. 537
Lembeck, F. 158, 192
Lemonnier, F. A. 353
Lemos, E. G. M. 536
Lemos, M. V. F. 536
Lennert, K. A. 164
Leopold I. 283, 594
Leps, W. 252
Leray, J. 157
Lerchner, G. 237, 290
Lerner, M. J. 489, 490
Leroux 163
Levelt, W. 237
Levitt, M. 255
Levy, R. 514, 517
Lewis, J. S. 376, 386
Libby, P. 329, 335
Lichte, H. 57
Lichtenberger, D. L. 447
Liddington, R. C. 318
Liesenfeld, O. 279
Lifton, R. J. 485, 489
Lilie, H. 262

Lind, E. A. 475, 489
Lindberg, A. 353
Lindinger, M. 202
Lindner, E. O. 610
Lindner, K. 614
Lindsay, D. G. 300, 303
Linné, C. von 150
Linnemann, T. 346, 353
Linseisen, J. 330, 331, 335, 336
Linß, W. 12, 191
Ljapunov, A. M. 157
Locall, E. C. 536
Lodin, Z. 192
Loewi, O. 159, 160
Lohmann, D. 192, 210
Löhr, C. 210
Lohse, D. 58
Lojda, Z. 192
Lokshin, B. V. 446
Long, S. R. 531, 536, 537
Loo, J. van de 191, 199
Lorimer, G. 260
Löther, R. 149
Lotka, A. J. 266
Lottspeich, F. 252
Lovász, L. 58
Lovelock, C. 422
Low, P. J. 447
Lucae, A. F. T. 607
Lucas, R. A. 386
Lue, T. F. 412
Lüer, G. 516, 517
Luft, F. C. 59
Lugmair, G. W. 372, 385, 386
Lüllmann, H. 614
Lully, J. B. 236
Lünsdorf, H. 537
Lüscher, E. 167–169
Lüst, R. 180, 227
Luther, M. 282, 544, 549, 550, 551, 555, 556, 561, 563–566, 577
Lüttge, U. 12, 265, 269
Lutzenberger, W. 493, 517
Lynen, F. 235

Mac Carthy, R. A. 506, 518
MacDonald, I. A. 412
MacGillavry, C. 127
Machado, M. A. 536
Mackensen, L. von 609

Mackichan, M. L. 353
MacPherson, J. C. 305
Madeira, A. M. B. N. 536
Madlon-Kay, R. 412
Maes, J. 484, 489
Maher, K. A. 378, 386
Mahoney, P. D. 412
Mahr, N. 447
Maier, W. 14
Malach, R. 515
Malchow, H. 267
Malke, H. 191
Mancini, F. P. 335
Manin, Y. I. 191, 199
Mannherz, H. G. 195
Manns, M. P. 62
Mansbridge, J. J. 478, 489
Manz, N. 209
Maquet, P. 512, 517
Marchionini, A. 114
Marincek, B. 518
Marincola, F. M. 353, 354
Markowitsch, H. J. 493, 510, 516, 517
Markus, H. R. 477, 489
Martens, H. 14
Martin, A. 517
Martin, K. F. 412
Martinez-Rossi, N. M. 536
Martins, E. C. 536
Martiny, M. 434
Martius, C. 135
Martius, T. W. 608
Marwell, G. 479, 489
Marx, J. 195
Mascher, D. 186
Masuy, D. 537
Masuzaki, H. 322, 335
Mateo, L. 345, 353
Mathey, F. 199, 606
Matile, P. 191
Matthes, K. 294
Mau, H. 175
Maximilian I 281
May, R. M. 236, 241, 242, 249, 266, 603
Mayboroda, O. 318
Mayer, K. U. 14
Mayer, R. 192
Mayr, A. 161–163, 192
Mayr, E. 194, 271, 272
Mayr, U. 514, 517

Mazzolini, R. G. 609
McCann, U. D. 402, 412
McCarthy, T. J. 418, 421
McClelland, J. L. 509, 510, 517
McCord, J. 297, 304
McDonald, T. 187
McGoon, M. D. 411
McGregor, A. 318
Mcheyzer-Williams, M. G. 352
McKay, C. P. 387
McKinlay, J. B. 412
McKinnon, C. 489
McLaughlin, St. 334
McMichael, A. J. 344, 352
McNamee, H. P. 315, 318
Mcnaughton, B. L. 517
Medawar, Sir P. 110
Medzhitov, R. 349, 353
Meidanis, J. 536
Meinecke, J. L. G. 608
Meinel, C. 580
Meissner, C. F. W. 607
Meißner, F. 177
Melanchthon, P. 282
Melchers, F. 13, 199
Melosh, H. J. 373, 374, 376, 380, 386
Menck, C. F. M. 536
Mendelssohn-Bartholdy, F. 234, 236
Menke, W. 193
Mensink, R. P. 336
Merck, H. E. 607, 608
Merrill, R. B. 386
Meschker, M. 546
Metzger, G. B. 223
Meulen, V. ter 9, 205, 222, 237, 246, 289, 606, 612
Meusel, I. 416, 421
Meves, H. 101
Meyer, F. 536
Meyer, H. J. 236
Meyer, R. 614
Meyer-Berkhout, U. 101
Meyn, K.-U. 237
Michael, G. 193
Michaelis, L. 297, 304
Michel, H. V. 384
Mikcheev, V. S. 455, 473
Mikhailov, Z. K. 386

Mikolajczyk, M. 191
Miller, D. T. 477, 478, 489, 490
Miller, S. L. 386
Millon, T. 490
Milner, B. 492, 518
Milstein, C. 99
Mink, P. 335
Mirzabekov, A. D. 191
Mitscherlich, E. 99
Mittag, M. 267
Mittelstraß, J. 14, 199, 237, 246, 249, 287
Mitzdorf, U. 494, 495, 517
Miyaki, C. Y. 536
Mletzko, I. 614
Möbus, G. 614
Möckel, B. 537
Moeller, C. 123
Mogalle, J. 207
Mohr, H. 9, 200, 244, 245, 249, 290–292, 604, 612, 614
Moingeon, P. 345, 353
Molenda, C. E. 305
Montada, L. 475, 483, 485, 486, 489, 490, 614
Monteiro-Vitorello, C. B. 536
Moon, D. H. 536
Moore, E. R. 537
Morad, M. 186
Moran, N. 274
Moreira, L. M. 536
Morfill, G. E. 370, 386
Moride, Y. 411
Moritz, H. 614
Mörl, F. 175
Mormann, S. 536, 537
Morokuma, K. 447
Morrison 384
Morscher, E. 166
Mortarini, R. 353
Morton, N. M. 335
Moschner, J. 318
Moss, F. 268
Moss, P. A. 352
Mößbauer, R. L. 121
Mothes, K. 189, 225, 238, 289, 592, 595, 600, 601
Mottelson, B. 106
Moussiopoulos, N. 64, 614
Moya, A. 273
Mozart, W. A. 230, 591

Mühlethaler, K. 99
Muinonen, K. 386
Mulder, G. 517
Müller, A. 199
Müller, C. 132
Müller, D. 423, 433, 434, 605
Müller, H. J. 193
Müller, H. L. 336
Müller, I. 611
Müller, Mathias 604
Müller, Max 132
Müller, R. 525, 537
Muller, R. A. 376, 385
Müller, R. F. G. 593
Müller, S. 65
Müller, T. 334
Müller, U. 66, 226, 249, 611
Muller, U. R. 345, 353
Müller, W. 576
Müller, W. J. 548, 577
Müller-Hermelink, H. K. 15
Müller-Hill, B. 100
Müller-Jahncke, W.-D. 540, 545, 576
Müller-Krumbhaar, H. 66
Mullins, J. J. 335
Munk, M. 514, 516, 517
Munk, W. H. 193
Müntz, K. 191
Murray, D. 334
Muscholl, E. 160

Napoleon I. 284
Napoli, C. 324, 335
Naumann, G. O. H. 199
Naylor, A. M. 411
Neef, E. 453, 454, 473
Nees von Esenbeck, C. G. D. 224, 225, 249, 294, 597, 598, 599, 601, 609–611
Negendank, J. 294
Neher, E. 235
Neinhuis, C. 416, 418, 419, 421, 422
Nennstiel, D. 537
Nester, E. 273
Netschaeva, E. G. 474
Netzel, E. 454, 473
Neugebauer, G. 11, 307
Neukum, G. 359, 362, 368, 369, 384, 386
Neumann, H. W. 13, 199

Neupert, W. 12
Neuweiler, G. 583
Newman, S. 515
Newsom, H. E. 384
Newton, I. 156, 228
Nezelof, C. 163, 192
Nezelof, L. 164
Nickel, G. 609, 611
Nickol, T. 294, 611, 614
Niedeggen, M. 503, 517
Niehrs, C. 67
Niestroj, I. 304
Niggli, E. 102, 126
Nilsson, L. A. 353
Nirenberg, M. W. 152, 153, 192, 590
Nishijima, K. 237
Nishina, Y. 105
Nishiyama, M. 262
Nishizuka, Y. 191
Nitsch, L. 582
Nix 18
Noam, G. 490
Noel, L. 525, 537
Noffke, N. 213
Normile, D. 202
Norrish, E. G. W. 589
Nöth, H. 227, 237
Novo, M. T. M. 536
Nowotny, H. 246, 249
Nunez, P. L. 494, 517
Nunner-Winkler, G. 490
Nürnberg, O. 447
Nüsslein-Volhard, C. 235
Nutton, V. 67
Nyberg, L. 506, 516
Nye, S. W. 304

Oberbeck, V. R. 378, 386
Oberdisse, K. 99
Oberling, C. 167
Obezyuk, N. S. 446
OBrien, S. C. 447
Obst, H. 290
Obst, K. 209
Ocampo, A. C. 385
Ochmann, H. 273
Ochoa, S. 153, 590
Oesterhelt, D. 199
Officer, C. B. 380, 386
Offner, R. 614
O'Hagan, D. T. 345, 353

627

Ohanian, V. 318
Oken, L. 581, 597–599
Oksche, A. 199
Okura, V. K. 536
Olbertz, J.-H. 236
Olgin, J. E. 302, 304
Oliveira, M. C. 536
Oliveira, V. R. 536
Olsen, E. A. 412
Omont, A. 386
Omura, S. 614
Oncken, O. 69
O'Neill, L. A. 349, 353
Öner, D. 418, 421
Oppenheimer, R. 143
Orbell, J. 479, 490
Ordemann, A. 267
O'Reilly, R. C. 509–511, 517
O'Reilly Sternberg, H. 193
Oró, J. 386
Ortmann, E. 247
Osche, G. 130, 200
Osmond, C. B. 422
Otte, A. 604
Otte, P. 165, 166, 192, 614
Otto, H. 447
Ouchterlony, O. 353
Ourisson, G. 236, 240, 249
Owen, T. 379, 385
Özcan, M. 517

Pabst, R. 614
Packer, L. 303, 304
Padma-Nathan, H. 412
Palade, G. E. 193
Palinski, W. 335
Paller, K. A. 510, 518
Palm, C. 536, 537
Palme, H. 69
Palumbo, G. 335
Papike, J. J. 357, 386
Pappi, F. U. 70
Paracelsus 551, 554, 555
Pardoll, D. M. 344, 353
Park, K. 30
Parmiani, G. 345, 353
Parthier, B. 4, 9, 102, 107, 109, 111, 113, 116, 117, 120, 121, 125, 127, 130, 133, 137, 138, 141, 143, 147, 151, 155, 158, 160, 163, 164, 166, 170, 172,

175, 177, 179, 181, 182, 184, 187, 189, 191, 200, 206, 210, 212, 223, 225, 227, 233–237, 247–250, 279, 280, 289–293, 539, 581, 584, 585, 587, 589, 592, 593, 596, 597, 601, 603, 606– 608, 610–612, 614
Parthier, C. 290
Patel, B. 318
Paterson, J. 335
Patschkowski, T. 536
Paul, W. 101
Pauli, W. 105, 415
Pauling, L. 590
Pearson, G. L. 391, 399
Peck, M. C. 536, 537
Pekkanen, J. 336
Peled, S. 515
Pelz, L. 13, 237, 614
Pelzer, D. 187
Penfield, G. T. 385
Peng, S.-M. 447
Penzlin, H. 184, 191, 227, 614
Peper, K. 186
Pepin, R. O. 386
Percy, K. E. 421
Pereda, J. M. de 318
Pereira, H. A. 536
Perren, S. 191
Perutz, M. F. 99, 100
Peter, J. V. S. 412
Peter, K. 13
Peter, M. 100
Peters, J. C. 335
Peterson, R. E. 412
Petrides, M. 514, 518
Petrovskij, B. V. 193
Petrovskij, I. G. 157
Petrovsky, P. V. 446
Peyerimhoff, S. D. 191, 200
Pfaltz, C. R. 167, 169, 192
Pfannenstiel, M. 599, 601
Pfanner, N. 200
Pfefferle, W. 537
Pfeifer, U. 12
Pfeiffer, J. 385
Pflugfelder, O. 183
Phan, G. Q. 354
Philips, D. 100

Phillips, R. J. 385
Pias, C. 247, 249, 587
Pierazzo, E. 380, 382, 386
Pietrini, P. 517
Pikovsky, A. 267
Pilkington, M. 377, 385
Pirson, A. 193
Piscator, J. 550
Pitzen, P. 173, 174
Planck, M. 142
Plester, D. 170, 171, 192
Ploog, D. 614
Pohl, R. W. 188
Pohl, T. M. 537
Poincaré, J. H. 156
Polaczek, D. 197
Polidori, M. C. 299, 304
Polkowski, G. 387
Pollich von Mellerstadt, M. 281
Pollmann, K.-E. 237
Pope, K. O. 385
Porter, G. 100, 589
Portetelle, D. 537
Portmann, A. 167
Postiglione, A. 335
Postle, B. R. 516
Poswillo, D. E. 192
Potje-Kamloth, K. 422
Pouchard, M. 71
Pozaryski, W. 193
Prange, H. 293
Prantzos, N. 366, 386
Preece, T. F. 421
Prelog, V. 152, 154
Price, C. E. 421
Price, C. J. 318
Priestley, J. 247
Prigogine, I. 193
Prima, C. 434
Prineas, R. 335
Pritschow, G. 72, 200
Privalle, C. 304
Procaccia, I. 73
Prochorov, A. M. 100
Propping, P. 614
Proust, M. 491
Prow, M. R. 412
Pühler, A. 272, 521, 526, 537
Pulet, J. 434
Purnelle, B. 537
Puska, P. 336

Putlitz, G. Frhr. zu 11, 227
Putz, R. 200
Pye, S. J. 353

Quaggio, R. B. 536
Queisser, H.-J. 389, 392, 394, 395, 399, 400
Quèrè, D. 418, 421
Querner, H. 599, 601
Quinkert, G. 192

Rabi, I. I. 106
Rabinowitz, D. L. 367, 386
Radbruch, A. 353
Radtke, H. 353
Raghunathan, T. 336
Rajewsky, K. 99
Rall, B. 401, 412
Ramb, B.-T. 476, 490
Ramenskij, L. G. 458, 466, 468, 473
Ramsperger, U. 537
Rappert, T. 441, 447
Rascher, U. 267
Rathmayer, W. 191
Ratner, R. K. 478, 490
Rau, J. 236, 237, 249, 603
Rau, U. 396, 399
Raulff, U. 246, 247, 249
Raut, V. V. 434
Rawls, J. 476, 490
Raynal, R. 100
Rechenberg, H. 202
Reed, G. W. 335
Regan, D. T. 489
Rehn, J. 100
Reichardt, W. 128, 129
Reichle, B. 489, 490
Reichstein, M. 614
Reil, J. C. 284
Reinach, F. C. 536
Reinhard, M. 316, 319
Reinhold-Hurek, B. 524, 525, 537
Reinke, P. 353
Reinstein, J. 260
Reis, O. 422
Reitboeck, H. J. 516
Remane, A. 583
Remane, H. 611, 614
Rembrandt Harmensz van Rijn 229

Renard, C. 536
Renkvist, N. 345, 353
Renner, O. 148
Renzi, E. De 506, 516
Reunanen, A. 304
Reuter, H. 13, 111, 200
Rey, D. 536
Reyes-Sandoval, A. 345, 353
Rheinberger, H.-J. 74
Rice, J. 354
Rich, S. 411
Richard, D. 418, 421
Ricaurte, G. A. 412
Richter, E. F. 236
Richter, H. 454
Richter, H. R. 168, 169
Riedel, R. 207, 210, 215
Riederer, M. 200, 612
Riedl, A. 489
Riedl, J. 335
Riemann, B. 156
Riemersma, S. R. 335
Riesenhuber, H. 200, 233, 290–292, 612
Rigler, R. 590, 592
Rimm, E. B. 335
Ring, J. 568, 570
Ring, M. 568, 570
Rissanen, A. 412
Rissanen, H. 304
Rittmaster, R. S. 401, 412
Rivoltini, L. 353
Röbbelen, G. 604
Robbins, P. F. 353
Robertson, A. 152
Robinson, S. 418, 422
Robinson, S. A. 421
Rockstroh, B. 516, 517
Roddy, D. J. 373, 386
Rode, M. 294
Rodriguez, H. 299, 304
Roesky, H. W. 11, 200, 237, 290, 606
Röhlinger, P. 231
Rolke, B. 504, 505, 517, 518
Rolle 162
Röller, H. 192
Röllinghoff, M. 200, 614
Rommel, G. 614
Roquette, P. J. 192, 201
Rosen, R. C. 412
Rösler, F. 14, 200, 491, 493,
497–501, 503, 507, 510, 515–518, 614
Ross, J. 98
Rossi, A. 536
Rossier, B. C. 75
Rössler, H. 172, 174, 192
Roth, A. E. 482, 490
Roth, G. 444, 447
Rothkegel, M. 318, 319
Röthlein, B. 202
Rothmund, M. 76
Rotta, H. 614
Roubitschek, W. 210, 614
Roux, W. 582
Rüberg, S. 536, 537
Rubin, L. J. 412
Ruby, E. 275
Rückert, C. 537
Rüdel, R. 186
Rüdiger, M. 318, 319
Rudolph, R. 251, 260
Rudy, J. W. 509–511, 517
Rugg, M. D. 493, 515, 518
Runciman, W. G. 484, 490
Rupieper, H.-J. 611
Rüsseler, J. 510, 518
Rust, W. 236
Rüther, W. 174
Rüthers, B. 488, 490
Rüting, T. 614
Ryashin, V. A. 455, 473
Ryder, G. 358, 363, 365, 376, 378, 385–387
Rypma, B. 516

Sadik, C. 302, 304
Saedler, H. 12
Saeger, H.-D. 201, 449
Saenz de Tejada, I. 412
Saffert, E. 250
Safronov, V. S. 370, 386
Sakanjan, E. 614
Sakmann, B. 235
Salto, S. 353
Saltzer, W. 285
Sander, E. 175–177, 192
Sander, K. 611
Sander, R. 177
Sangiorgi, M. 178, 193, 237
Sanjo, H. 353
Sansonetti, P. J. 77
Sarton, G. 143

629

Sato, S. 353
Sattler, B. 545
Sauer, R. 201
Savin, R. 412
Saynor, R. 327, 335
Schacky, C. von 334, 335
Schaefer, H. 185
Schaefer, H. F. 447
Schäfer-Somi, S. 279
Scharf, J.-H. 9, 614
Scheel, D. 289
Scheele, C. W. 247, 297
Scheffold, A. 353
Scheibel, T. 263
Scheich, H. 237
Schellenberger, A. 9, 138, 210
Schenck, G. O. 298, 304
Scherag, A. 517
Scherbaum, W. A. 78
Scheuermann, T. 261
Schewe, T. 302, 304
Schicha, H. 614
Schiene-Fischer, C. 258
Schijns, V. E. 345, 353
Schiller, F. 140
Schilling, B. E. R. 439, 447
Schilt, M. 433, 434
Schinzel, A. 191
Schipanski, D. 236
Schipperges, H. 599, 601
Schischka, N. 537
Schlag, P. M. 79
Schlegel, A. W. 232
Schleich, W. P. 81, 201, 614
Schlöndorff, D. O. W. 82
Schlüter, A. 180, 181, 193
Schlüter, K. 316, 318, 319
Schlüter, O. 225, 226, 249
Schmalzried, H. 191
Schmid, F. X. 257
Schmid, R. 181, 182, 193, 237
Schmidgen, H. 246, 249, 587
Schmidt, A. 614
Schmidt, C. 353
Schmidt, E. 153
Schmidt, K.-H. 191
Schmidt, M. 191
Schmidt, R. 482, 489
Schmidt, R. 401, 412
Schmidt, R. F. 186
Schmidt, R. M. 201, 614

Schmidt-Küntzel, B. 211
Schmithüsen, J. 454, 473
Schmitt, D. 305
Schmitt, M. 485, 489, 490
Schmitt, O. 577
Schmittberger, R. 489
Schmitz, H. H. 304
Schmutzer, E. 107
Schnalke, T. 611
Schneeweiss, U. 614
Schneider, A. 490
Schneider, G. 149
Schneider, W. 518
Schneider, Wolfgang (Vörstetten) 193
Schneider, Wolfgang (Würzburg) 83
Schneider-Mergener, J. 353
Schnitzer-Ungefug, J. 211
Schober, K. L. 175, 176
Schock, W. 396, 399
Schollwöck, U. 586
Scholz, H. 191, 401, 413
Schopfer, P. 84
Schopper, P. 614
Schortz, C. 545, 546
Schouten, J. L. 517
Schramm, D. D. 302, 304
Schreber, J. C. D. (von) 224
Schreck, G. 236
Schreiber, K. 192
Schrenk, D. 198
Schreyer, W. 201
Schröder, G. 239
Schrödinger, E. 251
Schroeck, L. (von) 224
Schroth, W. 611
Schubert, F. 234
Schubert, J. 14
Schubert, R. 192
Schuler, B. 257
Schultka, R. 614
Schulz, G. 187
Schulz, G. E. 12, 253
Schulz, L.-C. 100
Schulz, M. 15
Schulze, E.-D. 12
Schumann, R. 234
Schürch, M. 167
Schürmann, A. 577
Schuster, P. 9, 237, 590, 592
Schütt, H.-W. 577

Schüz, A. 492, 509, 516
Schwab, M. 191, 201, 294
Schwab, M. E. 235, 248, 250
Schwalbe, H. 202
Schwartz, M. A. 318
Schwarz, E. 261
Schwarz, I. 98
Schwarze, B. 489
Schwedt, G. 553, 577
Schweigger, J. S. C. 598, 601
Schwertmann, U. 192
Schwienbacher, C. 315, 319
Scoville, W. B. 492, 518
Scriba, C. J. 614
Scriba, P. C. 13, 182
Sears, D. O. 478, 490
Seaton, G. G. R. 421
Seckl, J. R. 335
Seckler, R. 261
Seder, R. A. 353
Sedov, L. I. 193
Seebach, D. 191
Seeger, A. 192
Seibold, E. 611
Seidemann, J. 575, 577
Seiden, L. S. 412
Seidler, E. 611
Seifert, F. A. 11
Seifert, G. 201
Seitz, F. 193
Selbitschka, W. 536
Selegue, J. P. 441, 447
Semm, K. 192
Sena, J. A. D. 536
Senglaub, K. 149
Setubal, J. C. 536
Sevanian, A. 298, 305
Seyferth, D. 614
Shakespeare, W. 608
Shallice, T. 506, 518
Shastri, L. 510, 518
Shearer, C. K. 357, 386
Shelton, J. R. 507, 516
Shemin, D. 182
Shen, Z. 305
Shiffrin, R. M. 509, 516, 518
Shinyama, H. 335
Shockley, W. 392, 394, 395, 399
Shoemaker, E. M. 358, 384–386
Shreffer, J. 304

Shukolukov, A. 372, 386
Shuvalov, V. A. 85
Shweder, R. A. 477, 490
Siegmund-Schultze, R. 98
Sies, H. 201, 227, 237, 290, 297, 298, 303–305
Silva, A. C. R. da 525, 536
Silva, C. 536
Silvestre, J. 439, 447
Simon, D. 237, 585–587
Simons, K. 201
Simpson, C. J. 421
Singer, T. 209
Singer, W. 267, 514, 518, 614
Singh, M. 353
Sircar, S. 193
Siscovick, D. S. 328, 336
Sjöström, L. 402, 412
Skelton, B. W. 447
Slade, H. B. 350, 353
Slezak, H. 192
Sliney, D. H. 304
Slotta, R. 546, 548, 577
Sluys, M. A. van 536
Smalley, R. E. 435, 447
Šmahel, F. 237
Smend, R. 227
Smirnov, V. I. 157
Smit, J. 379, 380, 387
Smith, A. 476, 490
Smith, G. D. 335
Smith, H. J. 490
Smith, L. 485, 490
Smith, M. B. 489
Snytko, V. A. 455, 474
Sobolev, S. L. 157
Soborowski, K. 145
Socolich, R. J. 335
Soemmerring, S. T. 609
Soffel, H. 12
Sotchava, V. B. 453–455, 459, 473, 474
Sournia, J. C. 423, 434
Souza, R. F. de 536
Speckmann, E. J. 495, 518
Spence, K. W. 516
Spengler, H. 557
Spiegelman, D. 335
Spielhagen, R. F. 294
Spinola, L. A. F. 536
Spohn, W. K. 86
Springer, T. A. 99

Spudis, P. D. 373, 387
Squire, L. R. 509, 518
Stahl, G. E. 283, 582
Stahl, W. 300, 301, 303–305
Stamler, J. S. 304
Stampfer, M. J. 335
Stämpfli, R. 101
Stanke, G. 318
Stark, A. 614
Starke, K. 191
Staudinger, U. M. 86
Steel, D. 376, 387
Steers, W. D. 412
Steglich, W. 11
Stegmann, U. 209
Steiger, J. A. 544, 576, 577
Stein, G. 191
Steinbuch, K. 193
Steinert, M. 275
Steinert, P. 447
Steinhardt, U. 473
Steklov, V. A. 157
Stelzer, F. 209
Stelzner, F. 614
Sterba, G. 183, 184, 193
Stern, L. 297, 303
Stern, M. 614
Sterner, R. 257
Sterry, W. 337, 350, 353, 354
Stetter, K. O. 201
Stevanovic, S. 344, 353
Stevenson, D. J. 378, 386
Stevenson, F. K. 345, 354
Stewart, G. R. 357, 373, 387
Stief, C. G. 401, 412
Stieve, F.-E. 614
Stirm, M. 544, 577
Stock, A. 543, 577
Stock, M. J. 412
Stockfleth, E. 350, 354
Stoddart, D. R. 453, 474
Stoderl, W. 577
Stöffler, D. 355, 358, 363, 365, 370, 373–375, 385, 387
Stöhr, M. 209
Stoiber, E. 230, 231, 250, 603
Stora, R. 386
Stoyan, D. 88, 614
Stradins, J. 237
Sträter, U. 285
Strawson, P. F. 483, 490

Streb, J. 516–518
Strom, R. G. 385
Strunz, H. 193
Stuhler, G. 343, 345, 354
Sudau, A. 209
Suerbaum, S. 273
Suhrbier, A. 353
Sukachev, V. N. 454, 474
Sulston, J. E. 195
Sulzberger, M. 114
Summerbell, C. D. 335
Surel, I. P. 353
Surzycki, R. 536, 537
Sutherland, E. 135
Suvorov, E. G. 458, 473
Sverak, V. 65

Takeda, K. 353
Takeuchi, O. 353
Takhtajan, A. L. 193
Takita, M. A. 536
Tallarida 179
Tammann, A. 191
Tamura, R. E. 536
Tanaka, K. 202
Tass, P. 268
Taube, R. 210
Tauch, A. 526, 536, 537
Tautz, J. 289
Taylor, G. J. 385
Taylor, S. R. 357, 385, 387
Teixeira, E. C. 536
Telegdi, V. 101
Telemann, G. P. 236
Telle, J. 555, 574, 577, 578
Temme, E. H. 327, 336
ter Meulen, V. 9, 205, 222, 237, 246, 289, 606, 612
Tezza, R. I. D. 536
Thaler, R. H. 479, 482, 486, 489
Thamm, J. 614
Thauer, R. K. 12, 15
Thebault, P. 536, 537
Thefeld, W. 322, 336
Theisen, I. 421
Thelen, M. 88
Thiede, J. 294
Thiel, C. 191
Thiel, G. 267
Thiele, R. 614
Thieme, F. 537

631

Thierstein, H. R. 89
Thirring, W. E. 192
Thom, R. 101
Thomas 266
Thomas, K. 236
Thomas, P. 139
Thomas, P. J. 376, 378, 387
Thompson, R. L. 335
Thornton, J. 252
Tietzel, M. 476, 490
Tigges, U. 319
Timmis, K. N. 525, 537
Timofeeff-Ressovsky, E. A. 579
Timofeeff-Ressovsky, N. Y. 579
Toborek, M. 329, 336
Todd, A. R. 152, 154
Toellner, R. 223, 224, 228–230, 250, 603, 611
Toennis, J. P. 201
Tomasello, M. 614
Tomizawa, H. 353
Tönnis, D. 423, 432, 434
Torelli, G. 236
Torri, P. 236
Toubro, S. 412
Tranel, D. 507, 516
Trautwein, W. 185, 193, 201
Trede, M. 113
Trefzer, U. 337, 346, 354
Trindade dos Santos, M. 536
Troe, J. 11, 606
Trofatter, K. F. Jr. 350, 354
Troitskaya, V. A. 193
Troll, C. 454, 472, 474
Trommer, K. 148
Trommer, O. 148
Trommer, P. 148
Trommsdorff, E. V. 202
Trommsdorff, J. B. 607, 608
Tronnier, H. 304, 305
Trueb, L. F. 203
Truffi, D. 536
Trümper, J. 11, 202
Trunk, A. 580
Truss, M. C. 412
Tsal, S. M. 536
Tschauner, C. 430, 434
Tschebotarew, D. F. 193
Tschishikov, O. N. 473
Tschistjakov, V. A. 473

Tueting, P. 516
Tugendhat, E. 483, 490
Tulving, E. 516
Tumenjargal, S. 353
Tuomilehto, J. 336
Turba, F. 135
Tyler, T. R. 475, 479, 489, 490
Tzatzenkin, I. A. 473

Uhlmann, E. 148
Ulbig, S. 101
Ullrich, A. 202
Ullrich, K. J. 605
Ullrich, T. 401, 412
Unger, F. 237
Ungerleider, L. G. 517
Unna, P. G. 114
Ursini, F. 298, 305
Uschmann, G. 149, 150

van Anken, E. 253
van de Loo, J. 191, 199
Van de Velde, C. 237
Van Sluys, M. A. 536
van Zwieten, P. A. 191
Vandenbol, M. 536, 537
Vartiainen, E. 333, 336
Vater, A. 283
Vaughan, H. G. 516
Vec, M. 586
Velde, C. Van de 237
Verbaten, M. N. 517
Verheule, S. 302, 304
Verhulst, P. F. 266
Vesentini, E. 237
Vestweber, D. 90
Vetsch, M. 262
Virchow, R. 135
Vizi, S. 237
Vogel, E. 192
Vogel, U. 273
Vogt, A. 579
Vogt, P. K. 191
Voigt, E. 194
Vojlochnikov, V. A. 473
Volckamer, J. G. (von) 224, 611
Volk, H. D. 353
Volk, M. 473
Volterra, V. 266
Vorhölter, F.-J. 537
Vorobjov, V. V. 455, 473, 474

Wachsmuth, W. 112
Wagner, H. J. 196
Wagner, M. 274
Wagner, T. 418, 422
Waites, G. 318
Wakatsuki, Y. 440, 447
Walden, P. 337, 345, 353, 354
Wallborn, H. 236
Wallis, J. 447
Walter, U. 319
Walther, H. 9, 202
Walther, J. 224, 294, 582, 611
Wang, E. 345, 354
Wang, J. F. 304
Wangerin, A. 224, 582, 611
Warburg, O. 134, 297, 305
Ward, P. D. 384, 387
Warrington, E. 506, 518
Wasternack, C. 289
Watson, C. J. 182
Watson, J. D. 590
Waxmann, S. E. 614
Weber, C. 401, 412
Weber, M. 91
Weber, O. 576
Weberndörfer, B. 447
Wedekind, J. 387
Wehling, A. 422
Wehner, R. 12, 202, 583
Weibel, E. 237
Weidenschilling, S. J. 370, 385
Weidmann, S. 185
Weidner, S. 536, 537
Weiler, E. W. 92
Weiner, I. 490
Weingart, G. 354
Weishaupt, D. 496, 518
Weiss 139
Weiss, B. 577
Weiss, J. 297, 304
Weisskopf, V. F. 101
Weissman, J. 259, 262
Weizsäcker, C. F. Frhr. von 193, 202
Weizsäcker, V. von 151
Wekerle, H. 93
Wells, D. H. 536, 537
Welzig, W. 227, 232, 250
Wendt, F. von 224
Wengraitis, S. P. 304
Wenk, C. 336

Wenking, H. 129
Wenzel, M. 609
Wenzel, R. N. 418, 422
Wermuth, N. 94
Werner, H. 435, 438, 441, 442, 444, 447
Werner, J. H. 399, 400
Wernicke, C. 492
Werthemann, A. 167
Westhof, E. 256
Wetherill, G. W. 357, 370, 373, 387
Wexler, S. 298, 300, 304
Weyrich, C. 14, 94
Wheeler, M. E. 506, 516
White, A. H. 447
White, F. F. 536
Whiting, D. 412
Wiebusch, M. 304
Wiemers, G. 614
Wien, W. 580
Wiesmuller, K. H. 353
Wightman, A. S. 123
Wigner, E. 123
Wilders, R. 302, 304
Wilkens, H. 411, 412
Wilhelmi, H. 421
Wilhelms, D. E. 359–361, 363, 387
Wilhelmy, H. 193
Wilkins, M. H. F. 590
Willett, W. C. 335
Williams, J. G. 386
Willstätter, R. 134
Wilson, E. O. 615
Winkler, H. 275
Winkler, J. 318
Winnacker, E.-L. 9, 205, 227, 237, 241, 606
Winter, H. 354
Winter, J. 209
Winterfeldt, E. 191

Wirth, K.-A. 577
Wiseman, S. 305
Wissel, C. 604
Witkop, B. 193
Witt, H. T. 188, 189, 193, 202
Witt, P. N. 132
Wittchen, T. 399
Wittig, S. 14, 202
Wittmann, G. 590
Witztum, J. L. 335
Wobus, U. 200, 289, 292, 612
Wohlfarth, G. B. 223
Wolf, M. 393, 398, 400
Wolf, J. 447
Wolf, K.-J. 117
Wolf-Heidegger, G. W. 167
Wolfe, R. F. 386
Wolff, H. 401, 406, 413
Wolff, S. 580
Wolfram, G. 321, 323, 324, 327–331, 334–336
Wolfschmidt, G. 611
Wondratschek, H. 127
Wong, K. 537
Wong, K.-T. 445, 447
Wood, C. 318
Woodruff, D. P. 23
Wörner, J.-D. 95
Woronow, A. 385
Wrenger, C. 537
Wu, C. Y. 353
Wu, J. 335
Wu, Z. 202
Wulf, M. A. 418, 422
Würfel, P. 389, 400
Wussing, H. 615
Wuthnow, R. 478, 490
Wüthrich, K. 202, 203

Yakimov, M. 525, 537

Yakovlev, O. I. 385
Yamaguchi, M. 398, 399, 400
Yeh, K.-C. 536, 537
Yehuda, S. 327, 336
Yehuda Levenberg, S. 318
Yeomans, V. 330, 336
Yoshimoto, T. 304

Zacher, H. 227
Zamir, E. 312, 314, 315, 319
Zander, J. 615
Zanna, M. P. 490
Zaunick, R. 225, 226, 250, 598, 601
Zeidler, E. 158
Zemann, J. 210
Zenner, H.-P. 172, 203
Zetsche, F. 153
Zhang, R. 302, 305
Zhu, D. 354
Ziegler, H. 615
Ziegler, W. H. 315, 319
Ziesniss, A. 319
Zimmermann, K. F. 615
Zinke, J. 294
Zintzen, C. 227, 232, 233, 237, 250, 290
Zippelius, R. 475, 490
Zlobina, E. M. 473
Zohary, E. 515
Zola-Morgan, S. M. 509, 518
Zöllner, C. F. 234
Zöllner, N. 334
Zonneveld, I. S. 453, 474
Zubenok, L. I. 462, 474
Zumbusch, L. von 114
zur Hausen, H. 13
Zusman, R. M. 411, 413
Zwingli, H. 549
Zwieten, P. A. van 191
Zwislocki, J. 167